1 MONTH OF FREE READING

at

www.ForgottenBooks.com

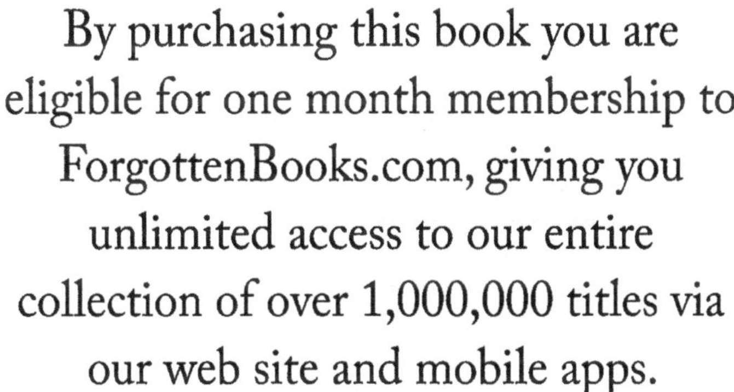
By purchasing this book you are eligible for one month membership to ForgottenBooks.com, giving you unlimited access to our entire collection of over 1,000,000 titles via our web site and mobile apps.

To claim your free month visit:

www.forgottenbooks.com/free990430

* Offer is valid for 45 days from date of purchase. Terms and conditions apply.

ISBN 978-0-364-17345-9
PIBN 10990430

This book is a reproduction of an important historical work. Forgotten Books uses state-of-the-art technology to digitally reconstruct the work, preserving the original format whilst repairing imperfections present in the aged copy. In rare cases, an imperfection in the original, such as a blemish or missing page, may be replicated in our edition. We do, however, repair the vast majority of imperfections successfully; any imperfections that remain are intentionally left to preserve the state of such historical works.

Forgotten Books is a registered trademark of FB &c Ltd.
Copyright © 2018 FB &c Ltd.
FB &c Ltd, Dalton House, 60 Windsor Avenue, London, SW19 2RR.
Company number 08720141. Registered in England and Wales.

For support please visit www.forgottenbooks.com

Gewerbeblatt

für das

Großherzogthum Hessen.

Zeitschrift des Landesgewerbvereins.

Redigirt

von

Dr. Hesse.

Einundfünfzigster Jahrgang.

1888.

(Mit vielen in den Text gedruckten Abbildungen.)

Darmstadt.

Buchdruckerei von Heinrich Brill.

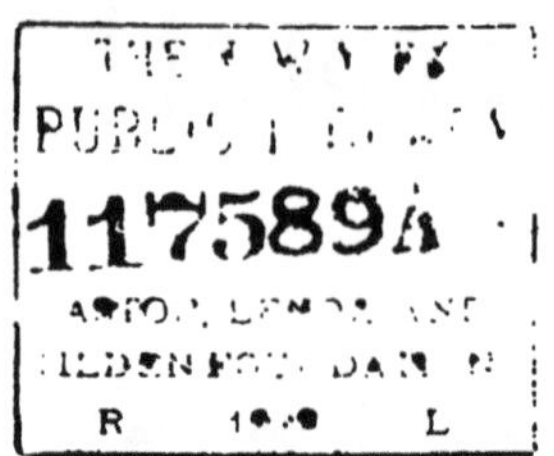

Inhalts-Verzeichniß

für den Jahrgang 1888 des

Gewerbeblattes für das Großherzogthum Hessen.

---

1) Benachrichtigungen in Angelegenheiten des Vereins, Anzeigen u. s. w.

2) Ausschuß-Sitzungen, General-Versammlungen 2c.

Verzeichniß der Ausschuß-Miglieder des Großh. Gewerbvereins, S. 370.

Verzeichniß der Handwerkerschulen, der daran betheiligten Lehrer und Schüler. Jahrgang 1887/88, S. 302.

Zugangs-Verzeichniß der Bibliothek des Großh. Gewerbvereins, S. 22, 212' 217, 285, 296.

3. Aufsätze über gewerbliche und Verkehrs-Anstalten, über Förderung einzelner Gewerbszweige 2c.

4) Gegenstände der speciellen Technik ꝛc.

Mit Beiträgen zum Jahrgang 1888 des Gewerbeblattes für das Großherzogthum Hessen haben uns folgende Herren in dankenswerther Weise unterstützt:

Alberti, Ingenieur, Darmstadt; Bergen, Gastechniker, Gießen; Breyer, Fabrikant, Ludwigshafen; Braun, Kreisbaumeister, Erbach; Dr. Dietz, Universitätsamtmann, Gießen; Dr. Fahrion, Chemiker, Darmstadt; Fink, Geheimerath, Darmstadt; Fuchs, Fabrikant, Pforzheim; Gawalovski, Gerichtschemiker, Brünn; Hamm, Agent, Darmstadt; Husnik, Professor, Prag; Dr. Kappesser, Oberstabsarzt, Darmstadt; Kircheis, Fabrikant in Aue, Sachsen; Lüders, Patentanwalt, Görlitz; Mix & Genest, Fabrikanten, Berlin; Möser, Fabrikinspektor, Darmstadt; Odernheimer, Fabrikant, Nieder-Ingelheim; Pfannmüller, Geh. Oberbergrath, Darmstadt; Pohl, Schreinermeister, Steglitz; Reinhardt, Culturingenieur, Darmstadt; Sack, Patentanwalt, Leipzig; Sann, Buchbinder, Gießen; Schenck, Fabrikant, Darmstadt; Schmaltz, Gebr., Fabrikanten, Offenbach a. M.; Schwarzmann, Möbelfabrikant, Mainz; Dr. Sonne, Chemiker, Darmstadt; Steuernagel, Bauinspektor, Köln; Dr. Thiel, Professor, Darmstadt; Wagner, Ingenieur und Sekretariats-Assistent, Darmstadt; Wagner & Strecker, kunstgewerbliches Bureau, Mainz; Webel, Techniker, Worms; Dr. Weidig, Chemiker, Philadelphia; v. Willmann, Professor, Darmstadt; Zimmer, Kunstgewerbeschüler, Worms; sowie die Vorsitzenden, resp. Schriftführer vieler Lokalgewerbvereine des Großherzogthums.

Gewerbeblatt

für das

Großherzogthum Hessen.

Zeitschrift des Landesgewerbvereins.

Erscheint wöchentlich. Auflage 4500. Anzeigen für die durchgehende Petitzeile oder deren Raum bei ein- und zweimaliger Aufnahme 30 Pf., bei drei- und mehrmaliger Aufnahme 25 Pf.

№ 1. Januar 1888.

An unsere Leser.

Das Gewerbeblatt wird in dem nunmehr beginnenden einundfünfzigsten Jahrgange in üblicher Weise in wöchentlichen Lieferungen erscheinen und als Organ der Großherzoglichen Centralstelle für die Gewerbe und den Landesgewerbverein zur unentgeltlichen Versendung an die Mitglieder des Landesgewerbvereins gelangen. Es wird wie seither bemüht sein, der Erfüllung der bekannten Zwecke zu dienen, zu welchen es gegründet wurde. Unsere Leser ersuchen wir auch diesmal wieder, uns durch Zusendung von Originalbeiträgen, durch häufige Mittheilung über Neuerungen, Erfahrungen und Wahrnehmungen aus den einzelnen Gebieten zur Erreichung des vorgesteckten Zieles gütigst unterstützen zu wollen. Wo zum besseren Verständniß des Textes Zeichnungen nothwendig oder wünschenswerth erscheinen, sind wir bereit, sobald uns die nöthigen Unterlagen durch Scizzen, Photographieen ꝛc. gegeben sind, deren Herstellung zu übernehmen, ebenso scizzenhafte Mittheilungen durch weiteres Ausarbeiten zu vervollständigen.

Von den Anfragen der verschiedensten Art, welche fortwährend an die Großh. Centralstelle für die Gewerbe und den Landesgewerbverein gerichtet werden, sollen mit Zustimmung der Fragesteller einzelne im Gewerbeblatt besprochen werden; ebenso können darin von unseren Mitgliedern bestimmte Fragen zur allgemeinen Discussion gestellt werden, wobei die Redaction selbstverständlich die Ansichten ihrer Correspondenten nicht vertritt.

Beiträge für das Gewerbeblatt, sowie Bücher, deren Besprechung gewünscht wird, bitten wir der Redaction direct zuzusenden; soweit es die Tendenz des Blattes gestattet, wird denselben eine thunlichst rasche Berücksichtigung zu Theil werden.

Der Anzeiger, welcher seither beigegeben wurde, wird nunmehr nicht mehr als besondere Beilage erscheinen, da sein Inhalt mit dem des Hauptblattes verbunden werden wird; die seither für denselben aufgewendeten Kosten werden in anderer Weise für das Gewerbeblatt Verwendung finden. Anzeigen, deren Aufnahme gewünscht wird, bitten wir nunmehr direct der Redaction zugehen zu lassen.

Im Großherzogthum wird das Gewerbeblatt ganz portofrei ausschließlich an die Mitglieder des Landesgewerbvereins verschickt, Nichtmitglieder können nur durch unsere Vermittlung bei den Kaiserlichen Postverwaltungen darauf abonniren.

Darmstadt, den 1. Januar 1888.

Die Redaction des „Gewerbeblattes für das Großherzogthum Hessen".

Bekanntmachung,

betr. die Correspondenz der Mitglieder des Landesgewerbvereins mit der Großh. Centralstelle für die Gewerbe und den Landesgewerbverein.

Die verehrlichen Mitglieder des Landesgewerbvereins werden ergebenst ersucht, alle Correspondenzen, welche Angelegenheiten des Landesgewerbvereins, technische Anfragen, Auskunfts-Ertheilungen rc. betreffen, nicht an die Person des Präsidenten und nicht an die Person des General-Secretärs, sondern an die Adresse zu richten: **„Großh. Centralstelle für die Gewerbe und den Landesgewerbverein, Darmstadt, Neckarstraße 3."**

Darmstadt, den 2. Januar 1888.

Großh. Centralstelle für die Gewerbe und den Landesgewerbverein.

Fink. Dr. Hesse.

Zur Hausentwässerungsfrage.

Einer der wichtigsten Theile der Städteentwässerung ist unstreitig die Hauskanalisation. Mag das Netz der Straßenkanäle noch so vorzüglich angelegt sein, so wird dasselbe ohne eine solid ausgeführte und gut wirkende Hausentwässerung seinen Zweck nicht erfüllen und keineswegs die sanitären Vortheile und Annehmlichkeiten bieten, welche man von der Anlage erwarten muß. Ungeachtet dieses wichtigen Umstandes hat man häufig der Anlage der Hausentwässerung bei uns nur wenig Beachtung geschenkt. Noch vor Kurzem begnügte man sich in manchen Städten damit, die sämmtlichen Abwässer eines Hauses oberirdisch, womöglich nach einem einzigen Schlammfang abzuleiten, aus welchem dieselben dann unterirdisch dem Kanal zugeführt wurden. Hatte man an dem Schlammfang noch einen Wasseranschluß angebracht, und das Regenrohr zur Ventilation angeschlossen, so glaubte man ein Uebriges gethan zu haben und freute sich, die so lästigen und gesundheitsbedenklichen Unrathsstoffe auf so leichte und rasche und so billige Weise aus dem Hause entfernt zu haben. Leider stellte sich diese Auffassung aber bald als trügerisch heraus, denn Verstopfungen der Rohrleitung, unerträglicher Kanalgeruch im Hause, vorzüglich bei Regen und wechselnder Witterung, sowie Auftreten von Krankheiten zeigten, daß durch diese allzu ursprünglichen mangelhaften Anlagen nicht nur keine Verbesserung, sondern geradezu eine Verschlechterung der Verhältnisse herbeigeführt worden war.

Die Sachlage ist dann zumeist auch erkannt worden und hat man sich in einer Reihe von Städten bemüht, durch weitgehende, sachgemäße Vorschriften Anlagen zu schaffen, welche den sanitären und technischen Anforderungen Rechnung tragen.

Die Hausentwässerungsfrage scheint indessen, wenn man von den eingehenden Untersuchungen und Bestrebungen Kenntniß nimmt, welche darin in anderen Ländern, wie in England und vorzüglich in Amerika gemacht worden sind, damit vielleicht noch nicht zum Abschluß gelangt zu sein. Interessant sind in der diesbezüglichen zahlreichen Literatur des Auslandes unter anderen das Buch von T. Pridgen Teale zu Leeds „On dangers to health in our own houses“, in das deutsche übersetzt von J. K. H. der Prinzessin Christian von Schleswig-Holstein, sowie die zahlreichen Schriften des bekannten Ingenieurs William Paul Gerhard zu New-York.

Nach unseren deutschen Anschauungen auf diesem Gebiete und Mangels vorliegender gründlicher und ausreichender Untersuchungen und Erfahrungen hierin, will es uns allerdings anfänglich schwer fallen, an den manchmal etwas übertrieben künstlichen und kostspieligen Einrichtungen der Amerikaner Geschmack zu finden, bei näherem Studium läßt sich indessen die Berechtigung derselben nur schwer von der Hand weisen.

Es dürfte daher hier von Interesse sein, den Inhalt einer Polizeiverordnung über Hausentwässerungsanlagen kennen zu lernen, welche auf Vorschlag der städtischen Verwaltung im Mai l. J. für die Stadt Köln erlassen worden ist, da dieselbe in einigen Punkten den vorgeschrittenen Anschauungen Rechnung trägt. Die Bestimmungen derselben über die technische Ausführung lauten wie folgt:*)

§. 2. Beschaffenheit der Leitungen.

Die Weite der Hauptleitung soll in der Regel 15 cm betragen; für besonders kleine Grundstücke ist eine Hauptleitung von 10 cm Weite ausreichend.

Nur bei außergewöhnlich großen Grundstücken ist eine größere Weite der Hauptleitung als 15 cm statthaft. Jedes Grundstück enthält mindestens eine selbständige Anschlußleitung; unter besonderen Umständen kann indeß eine zweite und dritte Anschlußleitung gestattet werden.

Die Gefälle aller Leitungen sind nach Möglichkeit gleichmäßig und nicht schwächer als 1 : 100 anzuordnen.

Für sorgfältigste Muffendichtung mit geeignetem Material und für die Zugänglichkeit aller Theile der Leitung ist Sorge zu tragen.

Alle Nebenleitungen sind von der Wasseraufnahmestelle ab in

---

*) §. 1 betrifft Einreichung der Baugesuche. Die Red.

thunlichst direkter Linie, ohne Einschaltung von Schlammfängen und dergleichen, in die Hauptleitung einzuführen.

Die Leitungen von 8 bis 15 cm Weite sollen entweder aus hartgebrannten, innen und außen glasirten Thon- oder Steingutröhren oder aus gußeisernen Röhren bestehen, welche innen und außen mit Asphaltfirniß überzogen sind.

Gußeisenrohre sind überall da anzuordnen, wo die Leitung frei aufgehängt oder ein nachträgliches Setzen derselben im Erdreich zu befürchten ist. Leitungen von geringerer Weite als 8 cm werden aus Gußeisen oder starkwandigen Bleiröhren gefertigt.

§. 3 Spülsteine, Ausgüsse, Abläufe, Ueberläufe, Einläufe.

Jeder Spülstein, jeder Ausguß oder sonstiger Ablauf ist mit einem Siebe und mit einem Syphon zu versehen. Letzterer muß an der tiefsten Stelle eine Putzschraube besitzen oder in sonstiger Weise reinigungsfähig sein. Ist das Haus an die Wasserleitung angeschlossen, so muß über jedem Ausguß ein Wasserhahn angebracht werden.

Die Spülsteinabläufe größerer Küchen sind außerdem mit einem zeitweise zu reinigenden Fettfang zu versehen.

Die Ueberläufe von Regensärgen oder andern Wasserbehältern sollen in den Wasserspiegel eintauchen und außerdem durch ein zugängliches Syphon abgeschlossen werden.

Die zur Entwässerung der Höfe oder Keller dienenden Einläufe müssen mit einem Sinkkasten (Schlammfang) zur periodischen Reinigung, die Kellereinläufe außerdem mit einem zugänglichen Wasserverschluß versehen werden.

§. 4. Regenrohre.

Die Regenrohre an der Straßenseite der Gebäude sind in der Regel in das für das Grundstück bestimmte, im Straßenkörper seitens der Stadt angelegte Kanalanschlußrohr innerhalb des 25 cm breiten Abstandes vor der Mauerflucht einzuführen. Nur bei sehr langen Grundstücksfronten wird unmittelbarer Anschluß der Regenrohre an den Straßenkanal gestattet.

Der untere Theil des Regenrohres muß bis auf wenigstens 1 m Höhe über der Trottoirfläche aus Gußeisen bestehen. Am Fuße desselben ist ein Sinkkasten einzuschalten, welcher die vom Dache kommenden Schmutztheile, Steine und dergleichen zurückhält. Der Sinkkasten kann mit einem Geruchverschluß versehen werden.

§. 5. Lüftung.

Jedes Fallrohr ist in derselben Weite und möglichst ohne Krümmung bis über das Dach emporzuführen.

Die obersten Punkte der Syphonkrümmer sind mit dem emporgeführten Fallrohr behufs der Lüftung und zur Verhütung der Entleerung des Wasserverschlusses in Verbindung zu setzen.

Münden in ein Fallrohr Zuflüsse von mehr als zwei Stockwerken, so ist neben dem Fallrohr ein besonderes Lüftungsrohr anzulegen, welches mit den höchsten Punkten aller Syphonkrümmer verbunden wird. Zur Förderung des Luftwechsels empfiehlt es sich, außerdem an einer nicht überbauten Stelle eine Oeffnung für den Eintritt der Luft in das Hausrohrnetz vorzusehen.

§. 6. Hauptwasserverschluß.

An der Innenseite der Frontmauer ist in der Hauptleitung ein bequem zugänglicher, leicht zu reinigender Hauptwasserverschluß einzuschalten. Wird derselbe auf einem freien Vorhofe oder im Vorgarten angelegt, so ist die Einrichtung so zu treffen, daß die Ausströmung der Luft aus dem Straßenkanal verhindert, dagegen der Eintritt der Luft in die Hausleitung ermöglicht wird. An tiefliegenden Punkten kann die Ausstattung des Hauptwasserverschlusses mit einer selbstthätigen Sicherheitsvorrichtung gegen Rückstau vorgeschrieben werden.

§. 7. Anzeige, Aufsicht und Abnahme.

Der Hauseigenthümer ist verpflichtet, vor Beginn der Arbeiten der Polizeibehörde Mittheilung zu machen. Die Beamten der letztern sind berechtigt, die Arbeiten zu beaufsichtigen, sowie die fertige Leitung einer Wasserprobe zu unterwerfen, auch solche Constructionstheile, welche dem beabsichtigten Zwecke nicht entsprechen, auszuscheiden.

§. 8. Nach Inbetriebsetzung der Entwässerungsanlage sind alle bestehenden oberirdischen und ältern unterirdischen Abwässerungseinrichtungen sofort zu beseitigen; die Senkgruben sind zu reinigen und mit reinem Boden zu verfüllen.

Es unterscheiden sich diese Bestimmungen von den mir bekannten anderweitig bestehenden Vorschriften durch die besondere Sorgfalt, welche auf eine ganz vorzügliche Lüftung des Hausrohrnetzes gelegt wird, sowie durch den Umstand, daß letzteres, mit Ausnahme der ventilirenden Regenrohre, durch den Hauptwasseranschluß vollständig gegen den Straßenkanal abgesperrt wird und eine ständige Lufterneuerung im Rohrnetz erfolgt, und zwar nicht aus dem Straßenkanal, sondern durch directe Zuführung von frischer Luft.

Der Architecten- und Ingenieurverein für Niederrhein und Westfalen, welcher auf Anregung des Herrn Stadtbaumeisters Stübben diese Verordnung vor ihrem Erlaß im Verein zur Besprechung brachte, hat sein weiteres Interesse an der Sache dadurch gezeigt, daß er im Verlage von Du Mont-Schauberg zu Köln ein Schriftchen herausgegeben hat: „die Hausentwässerung, unter besonderer Berücksichtigung der für die Stadt Köln gültigen Verordnungen“. Dasselbe bringt die betreffenden Polizeiverordnungen und enthält als Erläuterung zu denselben eine Abhandlung über die Erfordernisse einer guten Hausentwässerung, bespricht die Lüftung und Spülung derselben, führt die einzelnen Theile einer solchen Anlage durch Beschreibung und Zeichnung vor und bringt drei Scizzen von Hausentwässerungsanlagen unter Anlehnung an die Kölner Bauweise.

Vielleicht dienen vorstehende Mittheilungen dazu, um im Kreise der Fachgenossen bezüglich der Frage der Hausentwässerung weitere Anregung zu geben und Erfahrungen zu sammeln und Erhebungen anzustellen, auf Grund welcher die Frage einer befriedigenden Lösung näher geführt wird.

Köln, im December 1887.

Steuernagel, Abtheilungs-Baumeister.

Zu unserer Abbildung.

Das von Herrn R. Strecker zu Mainz mitgetheilte Motiv zu einem Wandbrunnen ist in seiner Ausführung aus Gußeisen gedacht, wobei einzelne Details in Kupfer-, sowie Antikbronce-Imitation behandelt werden können.

Ausstellungen zu München im Jahre 1888.

Der Bau des Ausstellungspalastes für die deutsch-nationale Kunstgewerbe-Ausstellung zu München ist nunmehr so weit fortgeschritten, daß jeder Zweifel über die rechtzeitige Fertigstellung des umfangreichen Gebäudecomplexes als beseitigt betrachtet werden kann.

So reichlich indessen in dem imposanten 400 Meter langen Gebäude die Räume für Unterbringung der Ausstellungsgegenstände vorgesehen waren, so haben sich doch dieselben in Folge der großartigen Betheiligung aus allen Theilen Deutschlands als fast nicht ausreichend erwiesen. Die weitaus größten Ausstellungsflächen beanspruchen naturgemäß die preußische und die bayerische Abtheilung. Beide werden ein großartiges Bild ihrer kunstgewerblichen Production zur Vorführung bringen. Ihnen schließen sich als die nächstgrößten Ausstellungsgruppen Sachsen, Baden und was sicherlich allerwärts mit besonderer Freude begrüßt werden wird — Elsaß-Lothringen an, während über die Betheiligung aus Württemberg und den übrigen deutschen Bundesstaaten noch keine zuverlässigen Angaben vorliegen.

Bekanntlich hat sich das österreichische Landescomité veranlaßt gesehen, infolge ungenügender finanzieller Unterstützung seitens des Staates seine Thätigkeit einzustellen, so daß das Arrangement einer officiellen österreichischen Collectiv-Ausstellung als gescheitert betrachtet werden muß. Trotzdem aber ist eine würdige Vertretung des österreichischen Kunstgewerbes vollkommen gesichert, da eine Reihe der bedeutendsten Firmen Oesterreichs nunmehr direct bei dem Directorium zu München angemeldet hat und überdies einige maßgebende Kunstindustrielle Wien's in richtiger Erkenntniß der Tragweite des Unternehmens die Agitation für dasselbe übernommen haben. Es kann somit, obwohl die Anmeldungstermine noch nicht abgelaufen sind, bereits heute mit Sicherheit ausgesprochen werden, daß Deutschlands Kunstindustrie im nächsten Jahre auf der Ausstellung zu München in glänzender Weise vertreten sein wird. Gleich rüstig schreiten die Vorarbeiten für die zur selben Zeit in München stattfindende internationale Kunstausstellung fort, die sich nicht minder hervorragend zu gestalten verspricht, so daß ein Wettkampf zwischen Kunst und Kunstindustrie von höchstem Interesse in Aussicht steht.

In Verbindung hiermit steht die Kraft- und Arbeitsmaschinen-Ausstellung. Welches wohlwollende Interesse man auch dieser Ausstellung entgegenbringt, zeigt die allerhuldvollste Uebernahme des Protectorates seitens Seiner Königl. Hoheit des Prinzregenten von Bayern, sowie die Bewilligung eines namhaften Zuschusses seitens der Bayer. Staatsregierung.

Die vom Architecten des Kunstgewerbevereins Herrn Brochier gefertigten Pläne sind soweit festgestellt, daß man zur Detaillirung derselben schreiten kann. Was uns davon zugänglich war, läßt nicht nur eine vorzügliche Eintheilung des Innern erkennen, sondern bietet auch im Aeußeren ein hübsches architectonisches Bild und eine besondere Zierde des im Innern der Stadt gelegenen Ausstellungsplatzes. Eine besondere Sorgfalt wird auf die Inbetriebsetzung der ausgestellten Maschinen gelegt und wird gerade hierin ein wesentlicher Fortschritt in dem Arrangement von Maschinen-Ausstellungen zu verzeichnen sein. Es ist dies ein Punkt, der für die ausstellenden Fabrikanten von größter Bedeutung ist.

Die Ausstellung bezweckt, Motoren in sich aufzunehmen, deren Betriebskraft in der Regel 3 Pferdekräfte nicht übersteigt, und beschränkt sich auf Arbeitsmaschinen, welche dem Handwerksbetriebe dienlich sind.

Programme nebst Anmeldeformular sind auf dem Bureau der Gr. Centralstelle, Neckarstraße 3, einzusehen.

Anzeigen.

Jubelfeier

des fünfzigjährigen Bestehens der Handwerkerschule zu Gießen am 15. Januar 1888.

Alle ehemaligen Lehrer und Schüler unserer Handwerkerschule, sowie Freunde und Gönner des Gewerbvereins, werden zu dieser Jubelfeier freundlichst eingeladen.

Sonntag den 15. Januar 1888 Nachmittags 4 Uhr Fest-Act im Saal auf Lony's Bierkeller (West-Anlage).

Preisvertheilung an die, in Darmstadt prämiirten, hiesigen Lehrlinge.

Fest-Bankett.

Am 14. und 15. Januar, Ausstellung von Zeichnungen und Modellirarbeiten ehemaliger und derzeitiger Schüler in den Schullokalen am Asterweg.

Anmeldungen zur Theilnahme werden bis zum 12. Januar 1888 an Herrn Hauptlehrer Aug. Hug in Gießen erbeten.

Der Vorsitzende des Gewerbvereins:

Dr. H. von Ritgen.

Redacteur Dr. Hesse. — Druck von Heinrich Brill.
In Commission bei L. Brill in Darmstadt.

Gewerbeblatt

für das

Großherzogthum Hessen.

Zeitschrift des Landesgewerbvereins.

Erscheint wöchentlich. Auflage 4500. Anzeigen für die durchgehende Petitzeile oder deren Raum bei ein- und zweimaliger Aufnahme 30 Pf., bei drei- und mehrmaliger Aufnahme 25 Pf.

№ 2. Januar 1888.

Die Ausartungen des modernen Handels.

Die Anpreisung von Waaren im Geschäftsverkehr bildete unlängst im Verein der Deutschen Kaufleute in Berlin den Gegenstand eines öffentlichen Vortrages, in welchem der Rechtsanwalt Dr. Grelling die kaufmännische Anpreisung in ihren verschiedenen Arten an der Hand des Reichsstrafgesetzbuches auf ihre Strafwürdigkeit untersuchte.

Wenn man die vielen schwindelhaften Annoncen in Localblättern oder auch die Schaufenster so mancher Geschäftsleute betrachtet, wo „Ausverkäufe" wegen „Geschäftsaufgabe", wegen „Ladenveränderung" oder „Vergrößerung des Geschäfts", „aus einer Konkursmasse", wegen „Abreise" und dergleichen mehr bekannt gemacht werden, wo „Fabrikpreise", „Spottpreise", „Selbstkostenpreise" u. s. w. als Lockmittel dienen sollen, dann kommt man unwillkürlich zu der Frage „Ist das Recht", oder vielmehr „Ist das erlaubt?", denn daß solches Geschäftsgebahren nicht recht ist, das sagt sich jeder rechtliche Kaufmann und Handwerker selbst, der sein Geschäft auf soliderer Basis betreibt.

Aus dem Strafgesetzbuche können in Bezug hierauf nur die Paragraphen Anwendung finden, welche vom Betruge handeln. Jedoch verlangt der Wortlaut des Gesetzes die Herbeiführung und den Eintritt eines nachweisbaren Vermögensschadens, und so sind bisher alle Geschäftsanpreisungen, auch wenn sie in der Irrthumserregung, Täuschung, Vorspiegelung von unwahren Thatsachen, Beweggründen, Absichten ꝛc., Seitens des Verkäufers, um das Publikum heranzuziehen, bestanden, nicht als strafbar anzusehen gewesen, so lange nicht nachgewiesen werden konnte, daß das Geschäft lediglich in Folge der Täuschung ꝛc. abgeschlossen worden, und daß der verlangte, resp. der gezahlte Preis für die Waare zu hoch gewesen sei.

Kürzlich aber hat das Reichsgericht Anlaß genommen, dem Betrugsparagraphen eine weitgehendere Bedeutung zu geben. Das Feilbieten von Waaren, welche den vom Verkäufer gemachten Angaben in Bezug auf Herkunft, Beschaffenheit nicht entsprechen, ferner das Feilbieten aus einem andern Beweggrunde, als dem behaupteten, soll schon als Betrug angesehen werden, wenn sich der Käufer durch die falsche Vorspiegelung veranlaßt gefunden hat, etwas zu kaufen, was er sonst vielleicht nicht gekauft hätte.

In dieser letzteren Ueberredung zum Kauf durch falsche Vorspiegelung, welche in dem Käufer den Gedanken erregt, er könne einen Vortheil wahrnehmen, welcher doch thatsächlich nicht existirt, — darin allein wird künftig schon die Vermögensbeschädigung begründet, einerlei, ob Werth und Preis der Waare erheblichen Unterschied aufweisen oder nicht.

Diese Neuerung ist sehr wichtig und vielleicht mehr als jedes andere Mittel geeignet, die Wanderlager und ähnliche unsolide Konkurrenz in ihrem Treiben zu beschränken. Betreffs der Wanderlager haben letzthin die preußischen Minister des Innern und des Handels bei den Bezirksregierungen darauf hingewirkt, daß die Behörde durch aufmerksame und thatkräftige Handhabung der bestehenden Anordnungen diese Schädigung des stehenden Gewerbes zu verhindern suchen sollen. Es soll dabei hauptsächlich auf die Versuche zur Steuerhinterziehung geachtet werden, welche diese Geschäfte dadurch zu Stande bringen, daß sie ihre Waaren ortsansässigen Firmen oder gewerbsmäßigen Versteigerern übergeben. Ueberhaupt sind die Polizeibehörden angewiesen, ihr Augenmerk auf die bei Versteigerungen und Ausverkäufen hervortretenden strafrechtlichen Ausschreitungen zu lenken. Alle diese Maßnahmen finden durch die erwähnte reichsgerichtliche Entscheidung eine wirksame Unterstützung und die solide Geschäftswelt wird davon mit Genugthuung Kenntniß nehmen.

Auch die Abzahlungsgeschäfte bilden den Gegenstand eingehendster Erörterungen bei Interessenten und Nichtinteressenten. Nicht alle stimmen ohne Weiteres dagegen — hat sich doch der Nürnberger Polizeisenat darüber günstig geäußert und gesagt, durch das Bestehen von 6 Abzahlungsgeschäften in Nürnberg seien viele Geschäftsleute genöthigt worden, ebenfalls das Abzahlungssystem einzuführen. Mißstände seien dabei nicht zu Tage getreten. Ein gänzliches Verbot der Abzahlungsgeschäfte erscheine nicht angezeigt, dies würde einem Verbot des Kreditirens überhaupt gleichkommen.

Dem letzteren Satze können wir aber doch nicht beipflichten und möchten uns vielmehr den Ausführungen anschließen, welche das „Süddeutsche Bank- und Handelsblatt" in einer bemerkenswerthen Studie über die Abzahlungsgeschäfte macht.

Die Abzahlungsgeschäfte werden in dem betr. Artikel allgemein behandelt und auch z. B. die Theilzahlung auf literarische Werke ꝛc. unter denselben Gesichtspunkt gestellt und dabei hauptsächlich folgendes hervorgehoben:

Anfänglich befaßten sich die Theilzahlungsgeschäfte mit dem Vertrieb von Gegenständen, welche bestimmten produktiven Zwecken dienten, d. h. in ihrer Gebrauchsart selbst dem Erwerber einen gewissen Nutzen abwarfen und, wie man zu sagen pflegt, in kurzer Zeit sich selbst bezahlt machten. Hier kam die geschäftliche Speculation, welche durch Hingabe der Waare auf Kredit die Beschaffung derselben ermöglicht, dem Käufer auch wirklich zu Gute. Denn denken wir nur an die Nähmaschinen, die Mäh-, Dresch-, Bau- u. dergl. Maschinen. Hier konnte der Käufer während der Zeit, daß er Abzahlungen machte, mittels der Waare eine Steigerung seines Erwerbes durchführen. Diese Dinge liegen heute ganz anders. Der berechtigte Theilzahlungsmodus hat einer Krediterweiterung Platz gemacht, welche in solchem Maßstabe den thatsächlichen Erwerbs- und Vermögensverhältnissen des Kreditnehmers total zuwider läuft, indem oder weil die Theilzahlung ganz allgemein angewendet und sogar auf Waaren erstreckt wird, welche reine Konsumartikel sind, die also an sich keinen positiven Nutzen abwerfen, sondern höchstens ein momentanes Bedürfniß befriedigen (Kleidung, Hauseinrichtung), oder Unterhaltungs- und Vergnügungszwecken dienen (Literarische Werke, Musikgegenstände). Hier wird also die Waare schon abgenutzt, unter Umständen werthlos oder gänzlich konsumirt, noch ehe sie vollständig bezahlt ist, d. h. also ehe der Käufer seinen Verhältnissen nach im Stande ist, die Kaufsumme zu bezahlen, und ein solcher Kredit ist ein unwirthschaftlicher Kredit.

Derselbe gewährt vielleicht eine augenblickliche Abhilfe im Bedürfnißfalle, aber eine wirthschaftliche Erleichterung ist und kann ein solches Geschäftsverfahren nie sein, es müßte dann die Aussicht für den Käufer bestehen, einmal unverhofft zu Geld zu kommen (Erbschaft, Heirath, Lotterie) und dann die rückständigen Schulden zu bezahlen. Darauf kann aber doch der Verkäufer nie rechnen und er gibt daher Kredit, d. h. er bezeugt Vertrauen in die bestehende wirthschaftliche Finanzlage des Käufers, wo in Wirklichkeit kein Kredit mehr vorhanden ist, sondern nur die größte Unwirthschaft der socialen Verhältnisse.

Während so auf einer Seite für den Käufer in Abzahlungsgeschäften das Prinzip aufgestellt wird, daß es „unwirthschaftlich" sei, etwas zu verbrauchen, was man momentan nicht bezahlen kann, wird betreffs der Zulässigkeit der Abzahlungsgeschäfte auf das Reichswuchergesetz von 1880 verwiesen, welches denjenigen mit Strafe bedroht, der „unter Ausbeutung der Nothlage, Unerfahrenheit oder des Leichtsinnes eines Anderen demselben Gelddarlehen gewährt, welche in auffälligem Mißverhältniß stehen zu den Gegenleistungen, die dieser hierfür zu machen hat", und daraus gefolgert, daß in gewissen Fällen dieses Gesetz auf Abzahlungsgeschäfte Anwendung finden könnte. (Ill. Ztg. f. B.-Ind.)

Innungswesen im Großherzogthum Hessen *)

Neu errichtet wurden im Jahr 1887 folgende vier Innungen: Alzey, Schuhmacher-Innung für den ganzen Kreis Alzey; Gießen, Fleischer-Innung; Groß-Gerau, Schneider-Innung für den Kreis

*) Vergl. Gewerbeblatt von 1887, Nr. 3, S. 18.

Groß-Gerau; Heppenheim, Barbier-, Friseur- und Heilgehülfen-Innung für den Kreis Heppenheim. — Dagegen besteht in Worms eine Innung für Friseure und Perrückenmacher nicht mehr.

Die Gesammtzahl der Innungen im Großherzogthum Hessen beträgt hiernach gegenwärtig (Anfang 1888) **28**, gegen 25 am 1. Januar 1887. — Es bestehen Innungen für: Metzger 4; Bäcker 5; Barbiere, Heilgehülfen, Friseure und Perrückenmacher 5; Friseure und Perrückenmacher 1; Schuhmacher 2; Schneider 2; Schreiner 1; Weißbinder, Maler und Lackirer 1; Spengler und Installateure 2; Schlosser 1; Glaser 1; Wagner 1; Schornsteinfeger 1; Schmiede 1.

Diese gegenwärtig bestehenden 28 Innungen vertheilen sich auf 8 Städte des Großherzogthums wie folgt:

Darmstadt. 10 Innungen, für: Metzger; Schuhmacher; Schreiner; Spengler und Installateure; Weißbinder, Maler und Lackirer; Schornsteinfeger (für das ganze Großherzogthum); Barbiere, Heilgehülfen, Friseure und Perrückenmacher; Perrückenmacher und Friseure; Schlosser; Bäcker.

Mainz. 7 Innungen, für: Metzger; Bäcker; Barbiere, Friseure und Perrückenmacher; Glaser; Wagner; Schmiede; Spengler.

Gießen. 3 Innungen, für: Bäcker; Metzger; Barbiere, Friseure und Perrückenmacher.

Groß-Gerau. 1 Innung, für: Schneider.

Offenbach. 2 Innungen, für: Bäcker; Barbiere, Friseure und Perrückenmacher.

Heppenheim. 2 Innungen, für: Schneider; Barbiere, Friseure und Heilgehülfen.

Alzey. 2 Innungen, für: Bäcker; Schuhmacher.

Worms. 1 Innung, für: Bäcker. F.

Verschiedene Mittheilungen.

Patente von im Großherzogthum Hessen wohnenden Erfindern.

Patentanmeldungen. — Kl. 33, H. 7351. Toilette-Einsatz für Reisetaschen; E. Ph. Hinkel in Offenbach a. M.

Patentertheilungen. — Kl. 11, Nr. 42435. Vergoldestock mit Handvergoldeapparat für Buchbinder; J. P. Sann und H. Kraft in Gießen; vom 7. August 1887 ab. — Kl. 12, Nr. 42482. Entlustungs- und Ablaufvorrichtung an aus mehreren übereinanderliegenden Schichten bestehenden Filtern; F. Hamm in Darmstadt; vom 1. Februar 1887 ab. — Kl. 15, Nr. 42399. Kolumnenschnur-Ruthe an Ausschluß-Eckstücken, Regletten und Stegen für Buchdruckereien; J. M. Huck & Co. in Offenbach a. M.; vom 22. Juli 1887 ab. — Kl. 22, Nr. 42466. Verfahren zur Ueberführung gewisser nach Patent Nr. 38735 erhältlicher Farbstoffe in gegen Alkalien beständige Farbstoffe; II. Zusatz zum Patent Nr. 38735; A. Leonhardt & Co. in Mühlheim i. Hessen; vom 16. November 1886 ab. — Kl. 42, Nr. 42345. Magnetnadel; R. Röttger in Mainz; vom 16. Juni 1886 ab. — Kl. 44, Nr. 42361. Neuerung an Apparaten zum Füllen von Flaschen und Fässern mit gashaltigen Flüssigkeiten; L. A. Enzinger in Worms; vom 19. Mai 1887 ab. — Kl. 44, Nr. 42363. Flaschenschwenkmaschine; W. A. Zemsch in Worms, Luginsland Nr. 18; vom 24. Mai 1887 ab. — Kl. 64, Nr. 42300. Neuerung an Flaschenverkapselungsmaschinen; G. Lorenz und W. Blöcher in Rüsselsheim a. M.; vom 23. August 1887 ab.

Ueber die Temperatur in geheizten Zimmern wurden in der letzten Sitzung der Berliner meteorologischen Gesellschaft durch deren Vorsitzenden, Professor v. Bezold einige sehr bemerkenswerthe gelegentliche Mittheilungen gemacht. Derselbe hatte vor einer Reihe von Jahren zu München in vier übereinander gelegenen, durch Centralheizung erwärmten Klassen eines Schulgebäudes an zahlreichen Stellen Thermometer aufgestellt und zu verschiedenen Stunden des Tages ablesen lassen. Im Erdgeschosse zeigte sich, namentlich am Morgen, eine außerordentlich große Zunahme der Temperatur von unten nach oben; dieselbe betrug in der Nähe des Fußbodens an der dem Eintritt der Heizröhren gegenüberliegenden Wand nur 8 Grad, während sie bis auf 40 Grad C. an der Decke anstieg. Im Laufe des Vormittags kamen die Differenzen in vertikaler und horizontaler Richtung zwar einigermaßen zum Ausgleich, aber auch am Nachmittage war unten in der Nähe der Wand, durch welche die heiße Luft eintrat, „och eine Temperatur von 15 Grad, während die gegenüberliegende Wand in gleicher Höhe nur 10 bis 11 Grad C. hatte. Viel geringer waren die Temperaturverschiedenheiten in den Zimmern der mittleren Stockwerke. Im obersten Zimmer ging am Morgen von der erwärmten Wand eine Schicht warme Luft nach der anderen Seite fort, die mit der Entfernung an Breite mehr und mehr abnahm, sodaß die gegenüberliegende kalte Wand in ihrer Mitte die höchste Temperatur besaß und von dort aus sowohl nach unten, als auch nach oben hin an Temperatur abnahm. Redner hob hervor, daß ein großer Theil der Klagen über die Mängel von Centralheizungsanlagen jedenfalls auf den von ihm festgestellten großen Verschiedenheiten der Temperatur in vertikaler Richtung beruhen, welche nothwendig ähnliche Unterschiede im Feuchtigkeitsgehalt der Luft zur Folge haben müßten.

Email-Schrot zum Reinigen von Flaschen ꝛc. Als einen sehr brauchbaren Ersatz für Bleischrot bringt die Firma Th. Kommerell, Email-Industrie in München, neuestens Email-Schrot in den Handel, welches in mehreren Staaten patentirt ist. Das Email-Schrot besteht aus kleinen porcellanartigen Kügelchen, welche nicht nur sehr hart, sondern auch frei von allen gesundheitsgefährdenden Beimengungen sind. Die rauhe Oberfläche des Emailschrotes bewirkt, ohne das Glas zu ritzen, eine sehr intensive Reibung, wodurch selbst stark verunreinigte Flaschen viel rascher, als mit Bleischrot oder Spülketten, von allem Schmutz befreit werden können.

In der Regel genügt es, wenn die mit einem Theil Emailschrot und zwei Theilen Wasser bis zur Hälfte gefüllten Flaschen stark geschüttelt werden; in Fällen, wo der Zweck mit kaltem oder warmem Wasser nicht erreicht werden sollte, kann man an dessen Stelle auch Soda, Lauge oder irgend eine lösende Substanz verwenden, da Email-Schrot weder von Säuren noch Alkalien angegriffen wird.

Der billige Preis des Email-Schrotes gestattet seine Anschaffung jeder Familie, und da sich dasselbe weder abnützt, noch sonst dem Verderben ausgesetzt ist, so macht sich das Email-Schrot selbst in solchen Haushaltungen bezahlt, wo es nur hin und wieder verwendet wird.

Ein Liter Email-Schrot kostet nur 2 Mark 80 Pf., während für das gleiche Volumen des viel schwereren Blei-Schrotes, unter Zugrundelegung des Detailpreises von 25 Pf. per Pfund, 3 Mark 50 Pf. bezahlt werden müssen, daß also letzteres um ca. 25% theurer ist, als Email-Schrot.

Die mit Email-Schrot vorgenommenen Proben beim Reinigen von stark beschmutzten Flaschen ergaben ein überraschendes Resultat; denn das harte Email-Schrot bewirkt thatsächlich eine kräftigere Reibung, als das weiche Blei-Schrot, und wenn Flaschen gereinigt werden sollen, die nebst Schmutz auch noch mit unangenehmen Gerüchen behaftet sind, so genügt die Beigabe eines kleinen Quantums Chlorkalk zu dem Email-Schrot, um selbst ganz alte Flaschen zum Gebrauche für jedes Getränk verwendbar zu machen.

Muster sind in unserer technischen Mustersammlung einzusehen.

Schutz von Mauern gegen Wasserdurchdringung. Die Mauern erhalten zu diesem Zwecke zwei aufeinander folgende Anstriche, und zwar den einen aus Seife und Wasser, den andern aus Alaun und Wasser.. Auf 1 Liter Wasser werden 300 gr. Seife, resp. 50 gr. Alaun verwendet. Am besten erfolgt der Anstrich nach vorausgehender gründlicher Reinigung der Mauern bei einer Temperatur von ca. 8° R. Der Seifenanstrich wird zuerst siedend heiß mit einem flachen Pinsel aufgetragen, nach 24 Stunden ist derselbe hart und trocken geworden und es folgt nunmehr der Alaunanstrich mit einem Wärmegrad von 13—17° R. Nach 24 Stunden wird der ganze Vorgang wiederholt und richtet sich die Zahl der erforderlichen Anstriche nach dem Wasserdrucke, welchem die Mauern ausgesetzt sind. Das Verfahren ist unter dem Namen Sylvester-Proceß bekannt.

Aus den Lokalgewerbvereinen.

Herbstein. Sonntag den 11. v. Mts. hielt Herr Straßenmeister Faust von hier in einer Generalversammlung unseres Localgewerbvereins einen Vortrag über „Baumaterialien und Hausschwamm". Der Vortrag, zu welchem auch Nichtmitglieder erschienen waren, war gut besucht und wurde mit Interesse angehört und sehr beifällig aufgenommen. Redner betonte, daß im Vortrage wesentlich Neues nicht erscheinen werde, daß es vielmehr der Zweck des Vortrags sein solle, auf die großen Zerstörungen, hauptsächlich an landwirthschaftlichen Gebäuden, welche durch den Hausschwamm verursacht werden, hinzuweisen und das Entstehen, die Verbreitung desselben zu erklären, sowie die bekannten Mittel über das Verhüten und die Beseitigung des Hausschwammes zu besprechen. Redner hob hervor, daß mit diesem Thema eine Besprechung über die Beschaffenheit und Verwendung der hierher gehörigen Baumaterialien nicht wohl umgangen werden könne und führte seinen Zuhörern aus den ihm zu Gebote stehenden Lehrmitteln und aus der Praxis ein übersichtliches, klares Bild, worin die Nachtheile einer nachlässigen, sorglosen oder unverständigen Mörtelbereitung und die Verwendung von ungeeignetem Bauholz, sowie der Mangel gehöriger Ventilation in Keller und Ställen 2c. für Jedermann ohne Mühe zu erkennen waren. Redner verstand es, seinen Vortrag (von 3 Uhr Nachmittag bis zum einbrechenden Abend, welcher die von auswärts erschienenen Mitglieder zum Aufbruch gemahnte), unter passenden Einflechtungen von der Bauweise unserer Vorfahrern und auch aus seinen zum Theil in fernen Ländern gesammelten Erfahrungen, zu einem interessanten, allgemein verständlichen und lehrreichen zu gestalten und es wurde deshalb am Schlusse desselben der Wunsch allgemein ausgesprochen, Herr Faust möge die Fortsetzung des Vortrags bald folgen lassen. (Lauterbacher Anzeiger.)

Darmstadt. Am 16. v. M. fand im Damensalon des Saalbaues unter zahlreicher Betheiligung der Vortrag des Herrn Friedrich Kofler statt über Handwerk und Kunst in den ältesten Zeiten unseres Landes, der, veranschaulicht durch zahlreiche Originalfunde und Zeichnungen, ein treffliches Bild von den gewerblichen und Kunst-Zuständen der alten in der Mittelrhein-Gegend ansässigen Germanen und Römer gab und die Anwesenden sichtlich befriedigte.

Nach einer Untersuchung der Frage, welche Hülfsmittel die Menschen zu ihrem Unterhalt und Schutze damals besaßen, und einem Hinweise auf die diesbezüglichen Funde innerhalb des Großherzogthums gab der mehrfach erwähnte Einfluß der Römer auf die Germanen dem Redner Veranlassung, das römische Gewerbe in gedrängter Darstellung den Zuhörern vorzuführen. Schon lange vor unserer Zeitrechnung gewannen und verarbeiteten die Römer Eisen, wie u. a. die Entdeckung einer römischen Eisenschmelze auf dem Drusenkuppel bei der Saalburg beweist. In der Töpferei waren sie Meister; im Unterschied gegen die germanischen Gefäße wurden die römischen auf der Drehscheibe gemacht und zeigen oft eigenthümliche Verzierungen, namentlich Figuren, in erhabener Arbeit, besonders die aus sehr feinem Thon gefertigten und sehr festen sog. Terra-sigillata-Gefäße; Bruchstücke von Formen fanden sich bei Mainz. Aus Glas wußten die Römer allerlei Gefäße mit prachtvollen Verzierungen und Gravierungen herzustellen; daß sie auch schon Glasscheiben kannten, beweisen die aufgefundenen Scheibenreste in römischen Kastellen 2c. Dazu kommen als römische Erzeugnisse zahlreiche Schmucksachen, theilweise mit Tauschierung und Niello versehen, wie Fibeln, Hals- und Armbänder, ferner Siegelringe mit tief oder erhaben eingeschnittenen Figuren u. dgl. m. Von der römischen Malerei sind in unserem Lande kaum mehr als die linearen Elemente der Wohnräume erhalten. Was die römischen Werkzeuge anbelangt, so sind dieselben in allen Gewerben, die man heute noch betreibt, fast ganz dieselben geblieben, so beim Zimmermann, bei den Metallgewerben, namentlich dem Waffenschmied, Schlosser 2c. (das römische Bolzenschloß wurde im ganzen Mittelalter bei uns verwendet und noch heutzutage findet sich hie und da ein solches als Scheunenschloß im Taunus im Gebrauch). Daneben zeigen die römischen Haus- und Kirchengeräthe aus Eisen große Uebereinstimmung mit den unserigen, total aber verschieden war die römische Mühle, die Redner kurz beschreibt. Ersteres ist ferner der Fall mit den Ackergeräthschaften (Hakenpflug, Häufelpflug, Sichel 2c.) und heute verfertigt man wieder Schippen und Spaten nach römischem Muster.

Was von römischen Bauwesen erhalten ist, gibt ein ehrendes Zeugniß für den guten Geschmack und das große technische Verständniß der Römer. In unserer

Gegend sind hier meist die Aufschließungen in und um Trier und Mainz zu erwähnen, wie der Eigelstein und die Wasserleitung bei Mainz, die Reste der Rheinbrücke daselbst, der Mainbrücke bei Groß-Krotzenburg nach dem hessischen Ufer, diejenige bei Seligenstadt 2c., ferner die Reste der die größeren Orte verbindenden guten römischen Straßen, deren größte in unserer Gegend von Mainz über Gernsheim, Ladenburg in der Richtung nach Basel führte. Daran reihten sich einige Bemerkungen über das römische Mauerwerk, das Trocken- oder Mörtel- oder sog. Gußmauerwerk war, die Herstellung der Häuser 2c., worauf Redner zum Schluß noch die Frage aufwarf, woher man wohl wisse, daß die Germanen in den Gewerben etwas von den Römern gelernt hätten, und diese Frage dahin beantwortete, daß die römischen Meister ihren Fabrikaten, wenn sie die Werkstätte verließen, oft Stempel aufgedrückt hätten und man auf solchen Stempeln vielfach völlig deutsche Namen gefunden habe. Mit dem Eintritt der Völkerwanderung beginnt eine neue Zeitperiode, die allemanisch-fränkische Zeit, die, wie Redner am Ende seiner trefflichen, illustrativ aufs wirksamste erläuterten Ausführungen bemerkte, vielleicht Stoff zu einer späteren Darstellung bieten möchte.

Der Vortrag war durch die Theilnahme Sr. Königl. Hoh. des Großherzogs und JJ. GG. HH. der Prinzen Alexander, Heinrich und Wilhelm ausgezeichnet. (D. Z.)

Groß-Umstadt. Unter Anwohnung fast sämmtlicher Mitglieder des hiesigen Localgewerbevereins und auch anderer Zuhörer hielt Herr Universitätsamtmann Dr. Dietz von Gießen am 19. v. Mts. im Saale des „Rheinischen Hofs" dahier den angekündigten Vortrag über das Unfallversicherungswesen. Der Vortragende verbreitete sich in etwas mehr als einstündiger Rede, in präciser klarer Weise über das Gesammtgebiet der social-politischen Gesetzgebung, das Haftpflichtgesetz von 1871, Krankenversicherungsgesetz von 1883, Unfallversicherungsgesetz von 1884 — die beiden Letzteren ins Leben getreten durch die denkwürdige kaiserliche Botschaft von 1881 — deren wesentlichste Bestimmungen er in eingehendster Weise beleuchtete und deren hohen Werth für die gesammte deutsche Nation er auch mit mannigfachen Beispielen belegte. Daß 47 Millionen Krankenunterstützungsgeld in Deutschland, im Laufe eines Jahres, 1886, zur Auszahlung gekommen, beweist recht augenfällig die große Bedeutung und Wirkung der betr. Gesetze. — Redner erläuterte eingehend den Begriff „Fabrik", „Betriebsunfall" im Sinne des Unfallversicherungsgesetzes, ebenso die Bildung und Natur der „Berufsgenossenschaften", die einzelnen „Gefahrenklassen", die Beitrags- und Entschädigungssätze u. s. w. Er wies dann auf den für Hessen gegenwärtig den Ständen vorliegenden Gesetzentwurf, betreffend die Ausführung der Unfall- und Krankenversicherung der in land- und forstwirthschaftlichen Betrieben beschäftigten Personen auf Grund des Reichsgesetzes vom 5. Mai 1886 und auf das vom Reich in Aussicht stehende, das ganze Humanitätswerk krönende Altersversorgungs- bezw. Invaliditätsgesetz hin. Mit sichtlich großem Interesse folgten die Zuhörer dem belehrenden Vortrag, den wir hier in Berücksichtigung des zur Verfügung stehenden Raums leider nur in kurzen Umrissen streifen konnten. Es dürfte keinem Zweifel unterliegen, daß in keinem Lande der Welt seitens des Staates für Unglück und Noth seiner einzelnen Glieder so vorgesorgt ist und wird, als in Deutschland.

Dem Vortragenden wurde am Schlusse lebhaftester Beifall gezollt und außerdem stattete ihm der Vorsitzende des Gewerbevereins, Herr A. Staab, wärmsten Dank ab, dem sich gewiß jeder Zuhörer aus vollem Herzen anschließt. (O. B.)

Litteratur.

Neue Initialen von E. Franke. Verlag von Orell, Füßli & Cie., Zürich. Heft 6—11. Preis des einzelnen Heftes 1 Mark 60 Pf.

Die vorliegenden Hefte der von uns schon früher besprochenen Sammlung bringen wieder eine Reihe von Alphabeten, welchen man den Vorzug origineller Erfindung nicht absprechen kann. Besonders verdient das Heft XI Beachtung, auch die an Holzarchitectur erinnernden Formen des VIII. Heftes, sowie die gothischen des IX., bei welchem die Grundformen sich kräftig aus den mehr zurücktretenden Verzierungen herausheben.

Karmarsch und Heerens technisches Wörterbuch. Dritte Auflage, ergänzt und bearbeitet von Kick und Gintl, Professoren an der k. k. technischen Hochschule zu Prag. Prag 1887, Verlag von A. Haase. Die vorliegende 88. Lieferung des trefflichen Werkes enthält die Artikel „Transmissionen" (Schluß) bis „Trocknen". Preis einer Lieferung 2 Mark.

„Neueste Erfindungen und Erfahrungen" auf den Gebieten der praktischen Technik, der Gewerbe, Industrie, Chemie, der Land- und Hauswirthschaft ꝛc. (A. Hartleben's Verlag in Wien). Pränumerationspreis 7 Mk. 50 Pf.

Das erste Heft des XV. Jahrganges enthält: Beiträge zur Technik der Glasdecoration. — Erfahrungen aus der technischen Praxis. — Praktisch-wissenschaftliche, neue Ergebnisse für die Färberei und Textil-Industrie. — Neue verbesserte Arbeitswerkzeuge. — Ein praktischer Motor für das Gewerbe. — Neuer transportabler Destillir-Apparat zur Darstellung ätherischer Oele — Neue chemisch-technische Fortschritte. — Praktische Anweisung zum Bronciren von Flechtwaaren. — Praktische Herstellung von Gravierarbeiten. — Praktische Erfahrungen. — Praktische Erfahrungen in der Malerei. — Aus der Werkstatt. — Erfahrungen in der pharmaceutisch-chemischen Praxis. — Neuerungen in der Herstellung von Clichés. — Praktische Neuerungen im Eisenbahnwesen. — Neue dynamo-electrische Gleichstrommaschine mit Innenpolen. — Elektrische Schnellbohrmaschine mit directem Antrieb. — Praktische Erfahrungen über das Bunsen-Element. — Das Zukunftsfahrzeug. — Neuer Apparat zum Klären von Flüssigkeiten. — Neue praktische Erfahrungen in der Glas-Fabrikation. — Neue Erscheinungen in der Parfumerie-Fabrikation. — Theoretische und praktische Erfahrungen in der Färberei. — Fortschritte in der Abfall-Industrie. — Fortschritte in der Holzstoffverwerthung. — Fortschritte in der Thonwaaren-Fabrikation. — Bezugsquellen für Maschinen, Apparate und Materialien. — Concentrirte wässerige Lösung von Borsäure. — Ein neues Reagens auf Alkaloide. — Eine Zauberprobe zur Erkennung einer künstlichen Färbung des Rothweines und deren wahrer Werth. — Landwirthschaftliche Notizen. — Gärtnerische Erfahrungen. — Reinigung von Trinkwasser. — Patina-Imitation. — Aetzmittel für Stahl. — Diamantkitt. — Kleinere Mittheilungen. — Neuigkeiten vom Büchermarkte. — Eingegangene Bücher und Brochuren. — Patent-industrielle Notizen. — Ausstellungs-Notizen. — Kalender-Nachzügler. — Neue Erscheinungen auf dem Patentgebiete. — Fragekasten. — Beantwortungen. — Briefkasten.

Die Hausentwässerung unter besonderer Berücksichtigung der für die Stadt Köln gültigen Verordnungen mit 6 Tafeln. Herausgegeben von dem Architecten- und Ingenieur-Verein für Niederrhein und Westfalen. Köln 1887. Verlag der M. Dumont-Schauberg'schen Buchhandlung.

Bezüglich dieser Brochure gestatten wir uns auf den Inhalt des Artikels in Nr. 1 unseres Blattes zu verweisen.

Ueber Volks- und Arbeiter-Bäder von Dr. med. Oscar Lassar. Separatabdruck aus der „Concordia", Zeitschrift des Vereines zur Förderung des Wohles der Arbeiter. (IX. Jahrgang 1887, Nr. 8/9.) Mainz. Karl Wallau's Druckerei. 1887. Preis 20 Pfennige.

Der bekannte, zur Förderung des Wohles der Arbeiter gegründete Verein „Concordia" (mit dem Sitz zu Mainz) hat sein Interesse kürzlich der Hebung des vaterländischen Badewesens zugewandt und Herrn Dr. Lassar zu Berlin, einen Vorkämpfer auf diesem Gebiete, zur Ausarbeitung der vorliegenden kleinen Schrift aufgefordert, welche in klaren Zügen die vorhandenen Mißstände und die Wege, dieselben auszugleichen, darlegt. Als Badeform der Zukunft betrachtet derselbe das lauwarme Seifbrausebad, welches die einfachste und billigste, nach Raum- und Zeitansprüchen bescheidenste Form ausreichender Körperreinigung darstelle.

Jeder Leser der Brochure wird es der „Concordia" Dank wissen, diese Frage von Neuem zum Gegenstande der öffentlichen Discussion gemacht zu haben, und empfehlen wir die Lectüre vor Allem den Gemeindebehörden, insbesondere derjenigen Plätze, welche sich im Augenblicke mit der Frage von Schul- und Volks-Bädern zu beschäftigen Veranlassung haben.

Redacteur Dr. Hesse. — Druck von Heinrich Brill.
In Commission bei L. Brill in Darmstadt.

Gewerbeblatt

für das

Großherzogthum Hessen.

Zeitschrift des Landesgewerbvereins.

Erscheint wöchentlich. Auflage 4500. Anzeigen für die durchgehende Petitzeile oder deren Raum bei ein- und zweimaliger Aufnahme 30 Pf., bei drei- und mehrmaliger Aufnahme 25 Pf.

№ 3. Januar 1888.

Bekanntmachung,

die Nachweisung von Regie-Bauarbeiten betreffend.

Die nachfolgende Bekanntmachung des Reichs-Versicherungsamtes bringen wir mit dem Bemerken zur öffentlichen Kenntniß, daß die Großherzoglichen Bürgermeistereien als diejenigen Behörden bestimmt worden sind, welchen die vorgeschriebenen Nachweisungen vorzulegen sind.

Darmstadt, den 17. December 1887.

Großherzogliches Ministerium des Innern und der Justiz.

Finger.

Köhler.

Bekanntmachung,

betreffend die Nachweisungen von Regie-Bauarbeiten.

Vom 12. December 1887.

Nach §. 22, Absatz 1 des Bauunfallversicherungs-Gesetzes vom 11. Juli 1887 (Reichs-Gesetzblatt Seite 287) haben Unternehmer, welche Regie-Bauarbeiten ausführen, zu deren Ausführung, einzeln genommen, mehr als 6 Arbeitstage thatsächlich verwendet worden sind, von einem von dem Reichs-Versicherungsamt zu bestimmenden und öffentlich bekannt zu machenden Zeitpunkte ab der von der Landes-Centralbehörde bestimmten Behörde nach einem von dem Reichs-Versicherungsamt vorzuschreibenden Formular längstens binnen 3 Tagen nach Ablauf eines jeden Monats eine Nachweisung der in diesem Monate bei Ausführung der Bauarbeiten verwendeten Arbeitstage und der von den Versicherten dabei verdienten Löhne und Gehälter vorzulegen.

Als Zeitpunkt, von welchem ab die Nachweisungen vorzulegen sind, wird hiermit der 1. Januar 1888 bestimmt.

Für die einzureichenden Nachweisungen wird das unten abgedruckte Formular vorgeschrieben.

Im Uebrigen wird wegen der Anmeldung auf die beigefügte Anleitung hingewiesen.*)

Berlin, den 12. December 1887.

Das Reichs-Versicherungsamt.
Bödiker.

Von den Berufsgenossenschaften.

Soeben ist die dem Reichstage zugegangene, vom Reichs-Versicherungsamt aufgestellte Nachweisung über die Rechnungsergebnisse der Berufsgenossenschaften auf das Jahr 1886 publicirt worden, und zum ersten Mal wird uns damit eine Uebersicht über ein volles Jahr der berufsgenossenschaftlichen Thätigkeit gegeben. Man hört häufig die Ansicht äußern, daß unserem realistischen Zeitalter nichts Anderes imponire als Zahlen, und diese auch nur dann, wenn sie möglichst hoch seien. Ueber die Berechtigung einer solchen Anschauung wollen wir hier in keine Untersuchung eintreten; wenn dieselbe aber Anspruch auf Richtigkeit hat, so dürften die in der erwähnten Nachweisung enthaltenen Angaben einen tiefen und nachhaltigen Eindruck hervorzurufen nicht verfehlen.

62 Berufsgenossenschaften mit 366 Sectionen, 742 Mitgliedern der Genossenschaftsvorstände, 2356 Mitgliedern der Sectionsvorstände, 6501 Vertrauensmännern, 39 angestellten besoldeten Beauftragten (Revisions-Ingenieuren), 404 Schiedsgerichten und 2445 Arbeitervertretern sind im Jahre 1886 in Action gewesen, um die Unfallversicherung für 269 174 Betriebe und 3 473 435 versicherte Personen, deren für die Umlage anrechnungsfähige Löhne die Summe von 2 228 338 865,59 Mk. betrugen, durchzuführen. Dazu kommen 47 Ausführungsbehörden der Reichs- und Staatsbehörden mit 48 Schiedsgerichten und 432 Arbeitervertretern, welche ihre Thätigkeit der Versicherung von 251 878 im Staatsdienst angestellten Arbeitern widmeten. Welche Fülle von geistiger Kraft, welche Zeit ist hier Seitens der Betriebsunternehmer zum Wohle der arbeitenden Klassen ohne Entgelt aufgewendet worden!

Noch bedeutender aber waren die materiellen Leistungen. Von den Berufsgenossenschaften allein sind im Laufe des Jahres 1886 gezahlt worden: an Entschädigungsbeträgen 1 711 699,98 Mark, an laufenden Verwaltungskosten 2 324 294,32 Mark, an Kosten der Unfalluntersuchungen, der Feststellung der Entschädigungen, an Schiedsgerichts-

---

*) Formular und Anleitung sind im Großh. Regierungsblatt, Beilage Nr. 32, veröffentlicht. D. Red.

und Unfallverhütungskosten 277 247,60 Mark. Mit dem Reservefonds in Höhe von 5 401 878,06 Mark und den Kosten aus der Uebernahme von mit Privatgesellschaften abgeschlossenen Versicherungsverträgen betrug die effective Ausgabe der 62 Berufsgenossenschaften 10 305 253,20 Mk. Für 9723 Unfälle wurden Entschädigungen gezahlt, 5935 Angehörige von Getödteten wurden versorgt.

Als das Unfallversicherungsgesetz vom 6. Juli 1884 am 1. October 1885 in Kraft trat und mit diesem Termin die Berufsgenossenschaften ihre Thätigkeit aufnahmen, konnte man eine gewisse Sorge darüber nicht unterdrücken, ob Industrie und Gewerbe bereits so stark seien, daß sie eine so ausgedehnte Selbstverwaltung ohne Weiteres würden durchführen können, heute zeigt es sich, daß jene Sorge unbegründet war. Wenn aber der berufsgenossenschaftliche Organismus von seiner Thätigkeit ein so glänzendes Zeugniß ablegen kann, so wird man doch nicht vergessen dürfen, daß ein hohes Verdienst daran diejenigen Männer haben, welche sich in größter Uneigennützigkeit zum Wohl der arbeitenden Klassen nicht nur, sondern auch zur finanziellen Entlastung ihrer Erwerbsgenossen den mannigfachen ehrenamtlichen Pflichten unterziehen, welche dieser Zweig der Selbstverwaltung mit sich bringt, und man wird nicht übersehen dürfen, daß die ihnen schon jetzt zugemuthete Arbeit eine große ist. Für diese Männer ist die Nachweisung über die Rechnungsergebnisse ein ehrendes Monument; noch ehrender indessen für diejenigen, welche den Anstoß zu unserer socialpolitischen Gesetzgebung gegeben haben und nun mit Befriedigung ersehen können, daß die einmal mit unserer modernen Art und Weise des maschinellen und sonstigen industriellen wie gewerblichen Betriebs verbundene Gefahr, soweit es in menschlicher Kraft steht, beschränkt und, soweit sie nicht zu beseitigen ist, in ihren materiellen Folgen wenigstens ausgeglichen wird.

(Berl. Pol. Nachr.)

Normen für einheitliche Lieferung und Prüfung von Portland-Cement.

Infolge eines Antrages des Vorstandes des Vereins Deutscher Cementfabrikanten und auf Grund einer Vorlage des genannten Vereines sind nachstehende revidirte Normen für einheitliche Lieferung und Prüfung von Portland-Cement aufgestellt und veröffentlicht worden.

Begriffserklärung von Portland-Cement.

Portland-Cement ist ein Produkt, entstanden durch Brennen einer innigen Mischung von kalk- und thonhaltigen Materialien als wesentlichsten Bestandtheilen bis zur Sinterung und darauf folgender Zerkleinerung bis zur Mehlfeinheit.

I. Verpackung und Gewicht.

In der Regel soll Portland-Cement in Normalfässern 180 kg Brutto und ca. 170 kg Netto und in halben Normalfässern von 90 kg Brutto und ca. 83 kg Netto verpackt werden. Das Brutto-Gewicht soll auf den Fässern verzeichnet sein.

Wird der Cement in Fässern von anderem Gewicht oder in Säcken verlangt, so muß das Bruttogewicht auf diesen Verpackungen ebenfalls durch deutliche Aufschrift kenntlich gemacht werden.

Streuverlust, sowie etwaige Schwankungen im Einzelgewicht können bis zu 2% nicht beanstandet werden.

Die Fässer und Säcke sollen außer der Gewichtsangabe auch die Firma oder die Fabrikmarke der betreffenden Fabrik mit deutlicher Schrift tragen.

II. Bindezeit.

Je nach der Art der Verwendung kann Portland-Cement langsam oder rasch bindend verlangt werden.

Als langsam bindend sind solche Cemente zu bezeichnen, welche erst in zwei Stunden oder in längerer Zeit abbinden.

III. Volumbeständigkeit.

Portland-Cement soll volumbeständig sein. Als entscheidende Probe soll gelten, daß ein auf einer Glasplatte hergestellter und vor Austrocknung geschützter Kuchen aus reinem Cement, nach 24 Stunden unter Wasser gelegt, auch nach längerer Beobachtungszeit durchaus keine Verkrümmungen oder Kantenrisse zeigen darf.

IV. Feinheit der Mahlung.

Portland-Cement soll so fein gemahlen sein, daß eine Probe desselben auf einem Sieb von 900 Maschen pro Quadratcentimeter höchstens 10% Rückstand hinterläßt. Die Drahtstärke des Siebes soll die Hälfte der Maschenweite betragen.

V. Festigkeitsproben.

Die Bindekraft von Portland-Cement soll durch Prüfung einer Mischung von Cement und Sand ermittelt werden. Die Prüfung soll auf Zug- und Druckfestigkeit nach einheitlicher Methode geschehen, und zwar mittelst Probekörper von gleicher Gestalt und gleichem Querschnitt und mit gleichen Apparaten.

Daneben empfiehlt es sich, auch die Festigkeit des reinen Cements festzustellen.

Die Zerreißungsproben sind an Probekörpern von 5 qcm Querschnitt der Bruchfläche, die Druckproben an Würfeln von 50 qcm Fläche vorzunehmen.

VI. Zug- und Druckfestigkeit.

Langsam bindender Portland-Cement soll bei der Probe mit 3 Gewichtstheilen Narmalsand auf ein Gewichtstheil Cement nach 28 Tagen Erhärtung — 1 Tag an der Luft und 27 Tage unter Wasser — eine Minimal-Zugfestigkeit von 16 kg pro Quadratcentimeter haben. Die Druckfestigkeit soll mindestens 160 kg pro Quadratcentimeter betragen.

Bei schnell bindenden Portland-Cementen ist die Festigkeit nach 28 Tagen im Allgemeinen eine geringere, als die oben angegebene. Es soll deshalb bei Nennung von Festigkeitszahlen stets auch die Bindezeit aufgeführt werden.

Zu unserer Abbildung.

In derselben bringen wir heute einen Versuch eines Schülers der erweiterten Handwerkerschule zu Worms, Herrn Georg Zimmer. Die Ausführung des Zierschränkchens ist in gewachstem Nußbaumholz gedacht, während bei den Intarsien farbige Hölzer mit ungarischem Eschenholzgrund zur Verwendung kommen können.

Nachrichten aus der chemischen Prüfungs- und Auskunfts-Station für die Gewerbe.

(Heinrichstraße 55, Darmstadt.)

Nach einer Mittheilung des Vorstandes dieser Station sind bei derselben vom 1. October bis 31. December 1887 nachfolgende Gegenstände zur Untersuchung eingegangen: 1) drei Gesteine; 2) vier Erden; 3) ein Thon; 4) vier Erze; 5) zwei Brennstoffe; 6) drei Mörtel; 7) zwei Cemente; 8) eine Thonwaare; 9) zwei Schmieröle; 10) sechs

Weine; 11) zwei Gerbstoffe; zusammen 31 Proben. Außerdem wurden in 7 Fällen Gutachten und Auskunft ertheilt. Aus dem vorigen Vierteljahr blieben besonderer Verhältnisse halber 2 Aufträge unerledigt, desgleichen sind von den vorstehenden drei, davon einer auf besonderen Wunsch des Einsenders, noch nicht zur Erledigung gekommen.

Zugänge zu der Bibliothek des Großh. Gewerbvereins vom 1. November bis 31. December 1887.

Technologie.

Biedermann. Technisch-Chemisches Jahrbuch 1886/87. IX. Band. Berlin.
Fischer, Hermann. Karmarsch's Handbuch der Mechanischen Technologie. 6. Auflage. Leipzig. 1.—3. Lieferung.

Mechanik und Maschinenbau, Werkzeuge.

Behrend, Gottlieb. Eis- und Kälteerzeugungs-Maschinen. 2. Auflage. Halle a. S. 1888. 1. Heft.
Musterbuch von W. Kissner, Scheerenfabrik in Groß-Umstadt, Hessen.
Pinzger, L. Die Berechnung und Construction der Maschinen-Elemente. 3. Heft. Die Keilverbindungen und die Schraubenverbindungen. Leipzig, 1886.
Richard, H. Die Näh-Maschine. 3. Auflage. Leipzig, 1887.
Uhland, W. H. Skizzenbuch für den Praktischen Maschinen-Constructeur. X. Band. Leipzig, 1887.

Metallurgie, Hüttenkunde, Bergbau, Salinenwesen.

Tecklenburg, Th. Handbuch der Tiefbohrkunde. Band II. Das Spülbohrsystem. Leipzig, 1887.

Feuerungsanlagen, Anwendung der Wärme.

Pütsch, Albert. Neue Gasfeuerungen. Sachliche Würdigung der seit 1880 auf diesem Gebiete in Deutschland ertheilten Patente. Berlin, 1888.

Eisenbahnwesen.

Strub, Emil. Die Drahtseilbahn Territet-Montreux-Glion. Aarau, 1888.

Physik, Electrotechnik etc.

Mascart und Joubert. Lehrbuch der Elektricität und des Magnetismus. Deutsch von Dr. Leopold Levy. II. Band. Berlin, 1888.

Chemie.

Klein, Dr. Joseph. Ueber die Anwendbarkeit des Dithiokarbaminsauren Ammons in der Analyse. Habilitationsschrift. Hamburg. 1887.

Seife- und Lichterfabrikation, Fette, Oele, Harze.

Mierzinsky, Dr. St. Die Riechstoffe und ihre Verwendung zur Herstellung von Duftessenzen, Haarölen, Pommaden, Riechkissen rc. rc. Weimar, 1888.

Werke über darstellende Geometrie, Schattenconstruction, Perspective, Zeichnen überhaupt, Zeichenvorlagen und Schreibvorschriften.

Kissel, Clemens. Unentbehrliches Handbuch der Schriftenmalerei für Architekten, Maler, Graveure, Schildermaler, Lithographen rc. Mainz, 1887.

Wagner und Eyth. Vorlagen aus dem Gebiete des klassischen antiken Ornaments für den Freihandzeichenunterricht. Karlsruhe. 1. u. 2. Liefr.

Lehrbücher der gesammten Baukunst und der Bau-Ingenieurkunst.

Mehrtens, G. Eisen und Eisenkonstruktionen. Berlin, 1887.

Scharowsky, C. Musterbuch für Eisen-Constructionen. Leipzig und Berlin, 1887. Erster Theil. 1. und 2. Lieferung.

Vorlegeblätter und Schriften für Maurer, Steinhauer, Zimmerleute und Tüncher.

Behse, Dr. W. H. Die praktischen Arbeiten und Baukonstruktionen des Zimmermanns in allen ihren Theilen. Achte Auflage. Mit einem Atlas. Weimar, 1887.

Dachbedeckungen.

Landsberg, Th. Die Glas- und Wellblechdeckung der eisernen Dächer. Darmstadt, 1887.

Civilbauwesen, Pläne für Stadt- und landwirthschaftliche Gebäude etc., Skizzen, Details.

Caspar, Ludwig. Innere Architektur und Dekoration der Neuzeit. Nach ausgeführten Arbeiten. Frankfurt a. M., 1888. 1. Lieferung.

Lambert und Stahl. Motive der Deutschen Architektur des XVI., XVII. u. XVIII. Jahrhunderts. Stuttgart, 1888. I. Abth. Lief. 1.

Bautischlerarbeiten.

Rothe, Josef. Vorlagen für Bau- und Möbeltischler. Zum Gebrauche von gewerblichen Fach- und Fortbildungsschulen. Wien, 1888. I. Serie.

Bauvoranschläge, Verschiedenes und Allgemeines.

Erlach, Heinrich. Sprüche und Reden für Maurer bei Legung des Grundsteins zu allerlei öffentlichen und Privatgebäuden. Weimar, 1888.

Rebber, Wilhelm. Anlage und Einrichtung von Fabriken. Weimar, 1888.

Kunstgeschichte, Kunstindustrie, Ornamentirung und Erzeugung von Gegenständen der Kunst und Kunstindustrie.

Capeinick, Jean. Farbige Blumen. Kunststudien. 12 Chromotafeln. Berlin, 1887.

Die Kunstdenkmäler des Großherzogthums Baden. Beschreibende Statistik, im Auftrage des Großherzoglichen Ministeriums der Justiz, des Kultus und Unterrichts in Verbindung mit Dr. Jos. Durm und Geh. Hofrath Dr. E. Wagner, herausgegeben von Dr. Fr. X. Kraus. Erster Band. Die Kunstdenkmäler des Kreises Konstanz. Freiburg, 1887.

Schultz, Alwin. Einführung in das Studium der neueren Kunstgeschichte. 2. Auflage. Prag und Leipzig, 1887.

Sybel, Ludwig v. Weltgeschichte der Kunst bis zur Erbauung der Sophienkirche. Marburg, 1888.

Möbel und Tapezierarbeiten, Dreherarbeiten und Korbmacherarbeiten.

Graef, Max. Detaillirbuch für Holzindustrie. Halle a. S. 1.—9. Heft.

Habermann, de Cuvilliés u. A. Vorbilder der Kunsttischlerei im Style des Rococo. 16. Tafeln. Berlin, 1887.

Huber. Allerlei Schreinwerk. III. Serie.: Einzelheiten für Holzarchitektur. Berlin. 1. u. 2. Lieferung.

Kick und Seubert. Mustersammlung für Möbeltischler. Eine Sammlung meist ausgeführter Entwürfe und Zeichnungen von Möbeln aller Art. Ravensburg, 1887.

Handel, Buchführung, Handelsgesetzgebung, Wechsellehre, Geschäftsbetrieb.

Lachner, Carl. Lehrhefte für den Einzelunterricht an Gewerbe- und Handwerkerschulen. VI. Theil. Hefte 1—4. Gewerbliche Buchführung für Tischler, Schlosser, Schuhmacher, Bäcker. Leipzig, 1887.

Volkswirthschaft im Allgemeinen.

Roscher, Wilhelm. Nationalökonomik des Handels und Gewerbefleißes. Fünfte Auflage. Stuttgart, 1887.

Verschiedenes.

Danckelmann, Freiherr v. Zur Erhaltung und Beförderung Bürgerlichen Wohlstandes. Ein Berather in allen Vermögensangelegenheiten. Tübingen, 1887.

Rauscher, Ferd. Em. Der Handfertigkeits-Unterricht, seine Theorie und Praxis. 3 Theile. Wien, 1885—1888.

Rücklin, Fr. Die Volksgewerbeschule, ihre sozialwirthschaftliche Aufgabe, ihre Methode und naturgemäße Gestaltung. Leipzig, 1888.

Statuten und Jahresberichte von Gewerbevereinen, Gewerbeschulen, Handelskammern, Verkehrsanstalten u. s. w.

Bericht über die Thätigkeit des Dresdener Kunstgewerbe-Vereines 1885—86. Dresden, 1887.

Gewerbeverein zu Erfurt. Jahres-Bericht 1886/87.

Jahresbericht der Großh. Handelskammer zu Offenbach a. M. für das Jahr 1886.

Jahresbericht der Großh. Handelskammer zu Mainz für die Jahre 1885 und 1886.

Jahresberichte der Großherzoglich Hessischen Handelskammer zu Darmstadt. XX. Jahresbericht für 1886.

Programm der Großh. Hess. Technischen Hochschule zu Darmstadt 1887/88.

Programm der Königl. Technischen Hochschule zu Hannover 1887/88.

Programm der k. k. deutschen technischen Hochschule in Prag für 1887/88.

Schriften über Landwirthschaft und landwirthschaftliche Maschinen, Gartenbaukunst.

Jäger, H. Gartenkunst und Gärten sonst und jetzt. Berlin, 1888.

Geographische Werke, Karten, Reisehandbücher, geschichtliche Mittheilungen.

Becker, Dr. Adalbert. Beiträge zur Geschichte der Frei- und Reichsstadt Worms und der daselbst seit 1527 errichteten höheren Schulen. Darmstadt, 1880.

Penck, Prof. Dr. Albrecht. Das Deutsche Reich. Wien, Prag und Leipzig, 1887.

Sprachwörterbücher, Repertorien der technischen Literatur, Bücherkataloge, Adreßbücher.

Kobitek, J. Repertorium der wichtigsten Zeitschriften des Hochbauwesens. Leipzig, 1887.

Zeitschriften.

Neueste Erfindungen und Erfahrungen. Jahrgang, 1887.

Entscheidungen des Reichsversicherungsamts.

Ein Maurer wurde beim Mauern in brennender Hitze, welche durch die von dem Mauerwerk zurückgeworfenen Sonnenstrahlen noch erhöht wurde, durch Hitzschlag (Sonnenstich) getödtet. Laut Rekursentscheidung des Reichs-Versicherungsamts vom 14. November 1887 ist dieser Unfall als bei dem Betriebe eingetreten anzusehen, weil die Einwirkung der Hitze und der Sonnenstrahlen auf das Gehirn des Verstorbenen durch die eigenthümlichen Anforderungen seiner Thätigkeit im Betriebe veranlaßt wurde. —

Ein im Eisenbahndienst beschäftigter Güterbodenarbeiter hatte sich nach Schluß der Arbeit auf den Heimweg gemacht. Anstatt einen für die Arbeiter zur Heimkehr bestimmten angelegten Weg zu benutzen, kreuzte er diesen Weg und schlug die Richtung über den Bahnkörper und die Geleise ein; hier wurde er von einer Lokomotive überfahren und getödtet.

Den Entschädigungsanspruch der Wittwe hat das Reichs-Versicherungsamt unter dem 14. November 1887 zurückgewiesen, weil im Sinne des Unfallversicherungsgesetzes ein bei dem Betriebe eingetretener Unfall nicht vorliege. Denn der Getödtete befand sich, als der Unfall sich ereignete, nach beendeter Arbeit auf dem Heimwege und auch bereits nicht mehr im Banne des versicherungspflichtigen Gesammtbetriebes des Eisenbahn. Indem er vielmehr den für die Arbeiter zur Heimkehr bestimmten Weg, als er ihn erreicht hatte, nicht aufnahm, sondern kreuzte, um über die Geleisanlagen weiter zu schreiten, hatte er sich freiwillig außerhalb des Zusammenhangs und des Bannes des Eisenbahnbetriebes gesetzt. Bei dieser Zurückweisung bleibt die Entscheidung darüber offen, ob den Hinterbliebenen des Getödteten, welcher nicht als „Arbeiter bei dem Betriebe" umgekommen und mithin nicht nach Maßgabe des Unfallversicherungsgesetzes versichert war, gemäß §. 95 a. a. O. etwa ein Entschädigungsanspruch auf Grund des §. 1 des Haftpflichtgesetzes vom 7. Juni 1871 noch zusteht. Die letztere Bestimmung mit dem Schutz, welchen sie jedem „Menschen" gewährt, ist auch für Eisenbahnarbeiter insoweit in Kraft geblieben, als dieselben nicht in ihrer Eigenschaft als „Arbeiter" gegen die Folgen von „Unfällen bei dem Betriebe" der gesetzlichen Unfallversicherung unterliegen.

Aus Anlaß einer Katasterbeschwerde hat das Reichs-Versicherungsamt unter dem 21. November 1887 dahin entschieden, daß eine mit vier Arbeitern betriebene mechanische Werkstatt, zu deren Beleuchtung der Unternehmer das durch einen im Keller des betreffenden Hauses befindlichen Gasmotor von zwei Pferdekräften erzeugte elektrische Licht verwendet, gemäß §. 1 Absatz 3 des Unfallversicherungsgesetzes versicherungspflichtig ist.

Die Entscheidung beruht auf der Erwägung, daß der Gasmotor in dem vorliegenden Falle sich als eine zur Betriebsanlage gehörende Kraftmaschine darstellt, und daß somit das gesammte gewerbliche Unternehmen als ein unter Verwendung eines durch elementare Kraft bewegten Triebwerkes stattfindender Betrieb im Sinne der angezogenen Gesetzesstelle anzusehen ist.

Da ein derartiger Betrieb an sich versicherungspflichtig ist, so bleibt diese Versicherungspflicht auch während der den Verhältnissen entsprechenden zeitweiligen Nichtbenutzung des Gasmotors beziehungsweise der durch denselben betriebenen elektrischen Beleuchtungsanlage bestehen.

Verschiedene Mittheilungen.

Patente von im Großherzogthum Hessen wohnenden Erfindern.

Patentanmeldungen. — Kl. 22, O. 948. Verfahren zur Darstellung gelber basischer Farbstoffe der Phenylacridingruppe, genannt Benzoflavine; K. Oehler in Offenbach a. M. — Kl. 22, O. 976. Neuerung in dem Verfahren zur Darstellung gelber basischer Farbstoffe der Phenylacridingruppe, genannt Benzoflavine; Zusatz zur Anmeldung O. 948; K. Oehler in Offenbach a. M. — Kl. 39, M. 5471. Verfahren zum Bedrucken von Celluloid; Fritz Meyer in Bingen a. Rh. — Kl. 42, B. 7884. Anzeigevorrichtung für schädliche Gase; Paul Binsfeld in Köln a. Rh. und Gustav d'Orville in Offenbach a. M.

Patentertheilungen. — Kl. 48, Nr. 42559. Thürschloß; J. Ph. Klein in Offenbach a. M.; vom 6. October 1886 ab.

Drehbare Blumentische. Beim Begießen der auf Blumentischen aufgestellten Pflanzen macht sich oft der Uebelstand geltend, daß die nach dem Fenster &c. zu stehenden schwer zugänglich sind, deßhalb manchmal übersehen werden, oder ein Abrücken des Blumentisches erfordern. Dieser Unannehmlichkeit wird nun dadurch begegnet, daß man den Korb des Blumentisches um einen in der Mitte unterhalb seines Blechtellers angebrachten festen Zapfen drehbar macht, sodaß jede Pflanze der Reihe nach bequem versorgt werden kann und das Aufbauen und Gruppiren derselben bedeutend erleichtert ist. Derartige Blumentische, deren Untergestell noch zusammenlegbar ist, welche Einrichtung auch mancherlei Vortheile mit sich bringt, werden von der Fabrik eiserner Möbel Carl Schmidt zu Leipzig-Reudnitz hergestellt und sind von dort durch jedes größere Geschäft für Haus- und Gartengeräthe zu beziehen.

Senföl als vorzügliches Schmiermaterial wird vom Civilingenieur M. Thier in Erfurt empfohlen, und zwar besonders das von der Firma Gebr. Born in Ilversgehofen bei Erfurt ursprünglich zu Speisezwecken hergestellte. Nach Untersuchungen von Professor Gustav Hermann in Aachen soll die Schmierfähigkeit des Born'schen Senföles sich zu Olivenöl von 263 zu 168, zu Naphtha (Vulkanöl) wie 263 zu 125 verhalten. Als weiterer Vorzug des Senföls wird gerühmt, daß es erst bei —7 bis 8° R. gerinne und nicht leicht ranzig werde, also keine Fettsäuren bilde, welche die Metalle angreifen. Da Senföl ein beliebtes Speiseöl ist, so wird es zum Gebrauche durch eine Kleinigkeit Petroleum, Thran oder ähnliche Zusätze denaturirt.

Lehrlingsarbeiten-Ausstellung zu Bamberg. Die „Mittheilungen des Bayerischen Gewerbemuseums zu Nürnberg" schreiben hierüber unter Anderem:

Der hiesige Gewerbestand verfügt neben den trefflichsten Kräften leider auch über eine Anzahl von Meistern und Gesellen, die in ihrer Unfähigkeit, neben den Reparaturen, dem alltäglichen Geschäfte, einen Gegenstand zu fertigen, jedem strebsamen Schaffen Haß und Neid entgegentragen und die tüchtigen Meister, die ihren *Lehrlingen wirkliche Lehrer* sein wollen, bei jeder Gelegenheit verunglimpfen.

Die Lehrlingsarbeiten-Ausstellungen bieten diesen Elementen unseres Gewerbestandes die willkommenste Gelegenheit, den Meistern der ausstellenden Lehrlinge gegenüber ihre „Ueberlegenheit“ kund zu thun, welche sich meist darin äußert, daß der „Fachmann“ die Selbstständigkeit der vom Lehrlinge gefertigten Arbeit unter schweren Beleidigungen des betreffenden Lehrmeisters als ein Ding der Unmöglichkeit darstellt.

Solche Angriffe halten die Meister ab, ihre Lehrlinge fernerhin zur Betheiligung anzueifern, schrecken die Lehrlinge ab, Beweise ihres Könnens zu liefern. Wo immer sich Zweifel aufdrängten, brachte der Gewerbeverein die ihm zu Gebote stehenden Mittel zur Lösung derselben rücksichtslos zur Anwendung. Und in keinem Falle ergab es sich bis jetzt, daß der zur Nacharbeit in fremder Werkstätte verurtheilte Lehrling sich als unfähig zur Fertigung der von ihm ausgestellten und angezweifelten Arbeit erwiesen hätte.

Diese Thatsachen erbringen nun wieder auch dafür den erfreulichen Beweis, daß wir einen festen Kern gediegener Meister besitzen, die sich unermüdlich der Heranbildung ihrer Lehrlinge annehmen.

Preisausschreiben. Das Königlich Württembergische Finanz-Ministerium erläßt ein Preisausschreiben an die Architekten des Deutschen Reichs zur Erlangung von Entwürfen für den Neubau eines Landes-Gewerbemuseums in Stuttgart. Der Bau soll zugleich die Diensträume der Königlich württembergischen Centralstellen für Gewerbe und Handel und für Landwirthschaft enthalten und für die Bausumme von 2 235 000 Mark herstellbar sein. Die Entwürfe sind bis spätestens Dienstag, den 15. Mai 1888, Abends, an das Sekretariat des Finanz-Ministeriums einzusenden (in üblicher Weise mit Motto sowie einem Couvert, enthaltend Namen und Wohnort des Urhebers). Die ausgesetzten Preise sind: 1. Preis 7000 Mark, 2. Preis 4500 Mark, 3. Preis 2500 Mark. Im Fall der 1. Preis keinem der eingehenden Entwürfe zuerkannt wird, soll der Betrag desselben zum Ankauf von 4 Entwürfen aus der Preisbewerbung verwandt werden. Das Preisgericht ist zusammengesetzt aus 4 Ministerialbeamten und 5 Architekten. Bauprogramme nebst Situationsplan und Bedingungen können unentgeltlich von dem Sekretariat des württembergischen Finanz-Ministeriums bezogen werden.

Litteratur.

Geographisch-Statistisches Welt-Lexikon von Emil Metzger. Verlag von Felix Krais in Stuttgart. 18 Lieferungen à 50 Pf.

Das von uns schon mehrfach empfohlene geographische Welt-Lexikon schreitet rüstig vorwärts, die heute eingegangenen Lieferungen 10—13 führen bis zum Artikel Sarkaicza. Je mehr sich das Werk dem Ende nähert, desto werthvoller wird es für den praktischen Gebrauch. Sämmtliche irgendwie nennenswerthe Wohnorte der Erde, sämmtliche Länder, Völkerstämme, Berge, Flüsse, Seen, Meere &c. &c. können nun von A—S in dem praktisch angeordneten Werke sofort gefunden werden. Wir empfehlen das Welt-Lexikon jedem Gebildeten zur Anschaffung.

Naturwissenschaftlich-Technische Umschau. Illustrirte populäre Halbmonatsschrift über die Fortschritte auf den Gebieten der angewandten Naturwissenschaft und technischen Praxis. Unter Betheiligung hervorragender Mitarbeiter herausgegeben von A. Rohrbach, Ober-Ingenieur in Berlin. IV. Jahrgang, 1. Heft. Jena, Fr. Mauke's Verlag (A. Schenk) 1888. Preis per Quartal 3 Mark.

Das vorliegende Heft dieser von verschiedener Seite gut empfohlenen Zeitschrift hat folgenden Inhalt:

Electroautomatische Ausschaltung und Einstellung von Telegraphen- und Telephon-Stationen, für erstere kombinirt mit Einrichtungen zum Gegensprechen; Schmelzofen mit Dampfstrahl, Patent F. A. Horbertz, Eisengießerei und Maschinenfabrik in Köln; Der Panama-Kanal in seinen jetzigen Verhältnissen; Ueber Luftfeuchtigkeit im Allgemeinen und das Polymeter, ein neues Instrument zum Bestimmen der Luftfeuchtigkeit des Wetters; Die Prüfung des Petroleums hinsichtlich seiner Verfälschung mit Solaröl; Durchlüftung des Trink- und Nutzwassers; Kleine Mittheilungen; Litteratur; Korrespondenz und Auskunft; Inserate.

Lexikon des Handels- und Gewerberechts für den Kaufmann und Gewerbetreibenden von Dr. jur. A. Löbner. Aus der Reihe der bekannten „Meyers Fach-Lexika", Leipzig 1882; Ladenpreis 5 Mark 50 Pf., jetzt bei Gustav Fock in Leipzig; herabgesetzter Preis 1 Mark 75 Pf.

Eine Rechtskunde, die nicht nur über die Bestimmungen des Handelsgesetzbuchs und des Gewerberechts sachgemäße Auskunft gibt, sondern auch alle übrigen Gesetze, wie Wechselrecht, Gerichtskosten, Musterschutz ꝛc., berücksichtigt und gemeinverständlich erläutert.

Hirth's Formenschatz. Eine Quelle der Belehrung und Anregung für Künstler und Gewerbetreibende. — Jährlich 12 Hefte 4° à 1 Mark 25 Pf. — Band 1—10 140 Mark.

Diese berühmte Sammlung von Dr. G. Hirth ist anerkanntermaßen das Beste, Vollständigste und Billigste, was man jungen Künstlern in die Hand geben kann. Serie I und II je 10 Mark, Serie III bis X je 15 Mark. Jede Serie selbstständig mit erläuterndem Text. Das Werk wird fortgesetzt, auch das bisher Erschienene kann in Lieferungen à 1 Mark bezw. 1 Mark 25 Pf. nach und nach bezogen werden. Das erste Heft des Jahrgangs 1888 ist nunmehr erschienen.

Anweisung für den elektrischen Lichtbetrieb für Inhaber elektrischer Beleuchtungsanlagen und deren Maschinisten, gemeinfaßlich zusammengestellt von Dr. Oscar May, Leipzig, F. W. v. Biedermann.

Ein recht empfehlenswerthes Schriftchen, das in gedrängter Kürze und leichtverständlicher Form, die für den elektrischen Lichtbetrieb nöthigen Anweisungen enthält. Für Besitzer elektrischer Beleuchtungsanlagen von großem Nutzen, da dadurch leicht ein Ueberblick über die Funktionen des Maschinisten gegeben wird, für Letzteren von Vortheil, da es ihm die Erwerbung der erforderlichen Geschicklichkeit für einen guten Lichtbetrieb sehr erleichtern wird. Außer dem elektrischen Theil enthält das Büchlein auch das Wichtigste über die Wartung der Dampfmaschine, und was Manchem willkommen sein wird, die Vorsichtsbedingungen der Feuerversicherungsgesellschaften für elektrische Lichtanlagen. Der billige Preis von nur 1 Mark gestattet leicht die Anschaffung des kleinen Werkchens. Br.

Anzeigen.

Neu. Patent-Projections-Schultafel. Neu.

Zweckmäßiges Unterrichtsmittel für alle Schulen. Prospecte gratis und franko von

Gewerbelehrer **Emele, Wiesloch** (Baden).

Redacteur Dr. Hesse. — Druck von Heinrich Brill.
In Commission bei L. Brill in Darmstadt.

Gewerbeblatt

für das

Großherzogthum Hessen.

Zeitschrift des Landesgewerbvereins.

Erscheint wöchentlich. Auflage 4500. Anzeigen für die durchgehende Petitzeile oder deren Raum bei ein- und zweimaliger Aufnahme 30 Pf., bei drei- und mehrmaliger Aufnahme 25 Pf.

№ 4. Januar 1888.

Bekanntmachung,

betreffend die Unfallversicherung von Arbeitern und Betriebsbeamten in Betrieben, welche sich auf die Ausführung von Bauarbeiten erstrecken.

Der „Reichs-Anzeiger“ publicirt nachstehende Bekanntmachung:

Auf Grund des §. 1, Absatz 8 des Unfallversicherungsgesetzes vom 6. Juli 1884 (Reichs-Gesetzbl. S. 69) in Verbindung mit §. 12, Absatz 1 des Gesetzes, betreffend die Unfallversicherung der bei Bauten beschäftigten Personen, vom 11. Juli 1887 (Reichs-Gesetzbl. S. 287) hat der Bundesrath in seiner Sitzung vom 15. December 1887 beschlossen,

1) daß Arbeiter und Betriebsbeamte, welche von einem Gewerbetreibenden, dessen Gewerbebetrieb sich erstreckt:

a. auf das Bohnen der Fußböden, auf die Anbringung, Abnahme oder Reparatur von Oefen und anderen Feuerungsanlagen oder von Tapeten bei Bauten,

b. auf die Anbringung, Abnahme oder Reparatur von Wettervorhängen und -Läden (Rouleaux, Marquisen, Jalousien) oder von Ventilatoren bei Bauten,

c. auf die Ausführung anderer, noch nicht gegen Unfall versicherter Arbeiten bei Bauten, die ihrer Natur nach der Ausführung von Hochbauten näher stehen, als der Ausführung von Eisenbahn-, Kanal-, Wege-, Strom-, Deich- und ähnlichen Bauarbeiten,

in diesem Gewerbebetriebe beschäftigt werden, vom 1. Januar 1888 ab versicherungspflichtig sind;

2) daß diese Betriebe aus der auf Grund des Gesetzes vom 11. Juli 1887 (Reichs-Gesetzbl. S. 287) gebildeten Tiefbau-Berufsgenossenschaft ausgeschieden werden;

3) daß die unter Ziffer 1a. aufgeführten Betriebe den örtlich zuständigen Hochbaugewerks-Berufsgenossenschaften zugetheilt werden;

4) daß die unter Ziffer 1b. und 1c. aufgeführten Betriebe, soweit sich dieselben lediglich auf das Anbringen oder Abnehmen der Wettervorhänge und -Läden ꝛc. bei Bauten erstrecken, den Baugewerks-Berufsgenossenschaften, soweit sie sich dagegen auch mit der Herstellung der betreffenden Gegenstände befassen, denjenigen Berufsgenossenschaften zugewiesen werden, welchen sie angehören würden, sofern sie mindestens zehn Arbeiter regelmäßig beschäftigen und demgemäß schon nach §. 1, Absatz 4 des Unfallversicherungsgesetzes vom 6. Juli 1884 versicherungspflichtig sein würden.

Erwerbungen für die technische Mustersammlung.

Stein-, Glas- und Thonwaaren.

Majolika-Gegenstände, ein Humpen, drei Vasen, ein Krug. Erzeugnisse der Majolika-Fabrik von Johann Glatz in Villingen i. Baden.

Töpfergeschirr. Eine größere Sammlung von Erzeugnissen von Karl Briem, Hafnermeister in Freiburg i. Br., enthaltend Küchengeschirre, Zierteller, verschiedene Gebrauchsgegenstände und Kindergeschirrchen; zusammen 183 Nummern.

Maschinen, Werkzeuge, Instrumente, Apparate.

Dampfmaschinen-Modelle für Betrieb mit Spiritusflamme, 2; das eine Modell mit stehendem Kessel; das andre eine Dampf-Feuerspritze veranschaulichend. Erworben von Mechaniker J. W. Albert in Frankfurt a. M.

Simshobel mit Anschlag; D. R.-P. Nr. 33684. Von Tischlermeister Karl Pohl in Steglitz bei Berlin.

Textilindustrie und Bekleidung.

Gewebemuster, 5 Nummern, 3 Sammte und 2 Brokate; erworben von Dr. K. Helbing in München.

Bauwesen.

Gips-Dielen für Zwischenböden, Decken, Zwischenwände, Wandverkleidungen; ein Probe-Abschnitt aus der Fabrik von A. & O. Mack in Ludwigsburg i. W. Abmessungen der Fabrikate: Länge 2,50 m, Breite 20—25 cm, Dicke 3—7 cm; Gewicht von 25—50 kg pro qm. — Geschenk der Herren Martenstein & Josseaux in Offenbach a. M.

Litteratur: Prachtwerke, Photographien, Zeichnungen, Musterbücher.

Gruz, H. Der Decorationsmaler. Motive zur modernen Decken- und Wandmalerei. Berlin. 1. und 2. Lieferung.

Hoffmann, Adolph. Rococo-Möbel. Berlin.

Kunst-Schmiede-Eisen-Sammlung des Architekten Friedrich Hasselmann in München. 60 Tafeln. München, 1881.

Meisterwerke schwäbischer Kunst aus der kunsthistorischen Abtheilung der Schwäbischen Kreisausstellung Augsburg 1886. Herausgegeben von der Vorstandschaft der Kunsthistorischen Ausstellung. 33 Tafeln. München, 1886.

Imprägnirte Strohschutzkappen für Reben.

Mitgetheilt von Herrn J. A. Odernheimer zu Nieder-Ingelheim.

Maifröste! Wie oft haben dieselben in einer Nacht die ganze Hoffnung des Winzers vernichtet; wie viele Versuche sind gemacht worden, dagegen anzukämpfen, welche sich alle mehr oder weniger zwecklos oder zu theuer erwiesen haben. Im letzten Frühjahre wurden Versuche gemacht, die Weinberge durch Papierumhüllungen zu schützen, welche jedoch resultatlos blieben, da kein Frost eintrat. Dagegen wurde dabei eine andere Erfahrung gemacht, welche die Anwendung dieser Papierumhüllungen sehr bedenklich erscheinen läßt. Abgesehen davon, daß solche einer raschen Vernichtung durch Regen und Wind anheimfallen, zeigte es sich, daß das naßgewordene Papier sich um die jungen Triebe anlegt und hierdurch ein viel leichteres Erfrieren ermöglicht; in den Weinbergen, wo diese Papierumhüllungen zur Anwendung gekommen waren, fand man die Triebe gedrückt, wovon in den ringsum liegenden, nicht auf diese Weise einem beabsichtigten Schutze anvertrauten Weinbergen Nichts zu bemerken war. Außerdem entziehen diese Papierumhüllungen den Trieben das zur Entwicklung Nothwendigste, das Licht; auch erscheint es als eine unausführbare Arbeit, jeden Abend dieselben überzuhängen und Morgens wieder abzunehmen.

Dem gegenüber kann von den von mir angewandten Strohschutzkappen ein besserer Erfolg erwartet werden. Auf ihre Isolirfähigkeit konnten dieselben noch nicht erprobt werden, weil Fröste ausgeblieben waren; dagegen fallen die Gefahren der Papierumhüllungen bei den Strohkappen weg; der Zutritt von Licht und Luft zu den Trieben ist nicht abgeschnitten und dem imprägnirten Stroh schadet weder Regen noch Wind.

Die Anwendung der imprägnirten Strohschutzkappe ist eine sehr einfache und erfordert keinen großen Zeitaufwand. Dieselbe wird einfach über Pfahl und Rebe gestülpt, setzt sich auf die Erde und schließt so den ganzen Stock ein. Schließt die Kappe oben nicht eng genug an, so muß dieser Anschluß durch einen anhaftenden Bindfaden bewerkstelligt werden.

Durch Anwendung dieser Strohschutzkappen kann man die Weinberge jeder Zeit fertig machen, und, derartig geschützt, so lange stehen lassen, bis voraussichtlich keine Maifröste mehr eintreten. Bei einer Höhe von 70 cm und einer Breite von 40 cm gewährt die Strohschutzkappe dem Wachsthum Raum genug, um nicht störend auf dasselbe einzuwirken. Bei der Entfernungsarbeit werden die Kappen, welche mit Bändern versehen sind, aufgebunden. Beim Aufsetzen richte man es so ein, daß die Bänder an den Pfahl kommen, beim Aufbinden fällt dann die Kappe von selbst auseinander. Mäuse und anderes Ungeziefer werden durch die Imprägnation ferngehalten. In Anbetracht, daß die imprägnirte Strohschutzkappe wetterfest ist, erscheint der Preis von 6 Pf. per Stück als eine so geringe Ausgabe, daß dieselbe sich bei der ersten Gelegenheit auf Jahre hinaus bezahlt macht.

Verschiedene Mittheilungen.

Electrische Eisenbahnen befinden sich z. Z. in Europa folgende, und zwar in Deutschland: Berlin-Lichterfelde; Sachsenhausen-Offenbach; Zauckerode-Grubenbahn; Neue-Staßfurt-Grubenbahn; Hohenzollern-Grubenbahn; München-Schwabing; Rosenheim; im übrigen Europa: Mödling (Wien); Brighton; Portrush; Beßpool; Blackpool.

Braunsteinbergwerk bei Gießen. Die Förderung desselben betrug im Jahre 1885 bei einer durchschnittlichen Arbeiterzahl von 285 Mann 51 Tons Braunstein und 74116 Tons manganhaltigen Eisenstein; im Jahre 1886 bei einer durchschnittlichen Arbeiterzahl von 320 Mann 11 Tons Braunstein und 94422 Tons manganhaltigen Eisenstein.

Der Bundesrath hat beschlossen, daß bis zum 30. Juni 1888 allen Gewerbtreibenden, welche Lacke oder Polituren bereiten, die Denaturirung des dazu zu verwendenden Branntweins mit ½ Proc. Terpentinöl auch dann gestattet werden darf, wenn die Lacke oder Polituren nicht zur Verarbeitung im eigenen Fabrikationsbetriebe (§. 10 des Regulativs), sondern zum Handel bestimmt sind.

Aus den Lokalgewerbvereinen.

Darmstadt. Prämienvertheilung. Sonntag Nachmittag, den 8. Januar, fand in der Aula des Gymnasiums die Prämien-Vertheilung an die Aussteller von Lehrlings-Arbeiten aus Darmstadt und Bessungen in feierlicher Weise statt. Auf Wunsch des Comités des Lokalgewerbvereins hatte der Präsident der Großh. Centralstelle für die Gewerbe es übernommen, die von dem Landesgewerbverein gewährten Prämien persönlich dem Lokal-Comité zur Vertheilung zu übergeben. — Nach einleitendem, gut ausgeführtem Gesangsvortrage des Gesangvereins „Liedertafel" richtete Geheimerath Fink folgende Ansprache an die zahlreich versammelten Meister, Eltern, Lehrlinge und Mitglieder des Lokalgewerbvereins. — Verehrte Anwesende! Die von dem Landesgewerbverein veranstaltete, im Juli 1887 in Darmstadt abgehaltene allgemeine Ausstellung von Lehrlingsarbeiten aus dem Großherzogthum Hessen dürfte bei Ihnen Allen noch in freundlicher Erinnerung stehen. — Es war die größte Ausstellung der Art, welche bis jetzt in Deutschland abgehalten wurde. Sie hat nicht nur in unserem engeren Vaterland, sondern auch in weiteren Kreisen lebhaftes Interesse erregt. — Vor Allem haben die Grundsätze, nach welchen unsere Ausstellung veranstaltet wurde — die Stellung bestimmter, einfacher, den betreffenden Gewerben und den zurückgelegten Lehrjahren entsprechenden Aufgaben, mit Zurückdrängung selbstgewählter, den Kräften der Lehrlinge nicht entsprechender Arbeiten — in fachmännischen Kreisen lebhafte Anerkennung gefunden. — Eigenthümlich unseren Lehrlingsarbeiten-Ausstellungen ist es aber auch, daß nicht an einzelne, wenige, durch ausgezeichnete Leistungen hervorragende Lehrlinge Geldprämien vergeben werden; sondern daß, auf Grund sorgfältiger Prüfung aller Arbeiten durch eine besondere Commission von Sachverständigen, eine größere Zahl kleinerer Prämien, bestehend in Handwerkszeugen, nützlichen Büchern, Reißzeugen 2c., vergeben werden. Hierdurch werden Anregungen in weitere Kreise getragen. — In Folge hiervon konnte indessen die Prämien-Vertheilung unserer jüngsten Ausstellung nicht am Schluß derselben stattfinden, weil die Auswahl und Anschaffung der zahlreichen Prämien längere Zeit in Anspruch nahm. — Die Großherzogliche Centralstelle für die Gewerbe und den Landesgewerbverein hatte mit ca. 80 Lokal-Comités das *Prämiirungsgeschäft* zu erledigen, und es erschien angemessen, zunächst die Geschäfte für die auswärtigen Comités, zuletzt für Darmstadt, zu vollziehen. Hiermit, verehrte Anwesende, wollen Sie es entschuldigen, daß erst heute der Act der Preisvertheilung für die Lehrlinge von Darmstadt-Bessungen stattfindet.

Unter den 1800 eingegangenen Anmeldungen zur Betheiligung an der allgemeinen Ausstellung von Lehrlingsarbeiten befanden sich 356 aus Darmstadt und Bessungen; es war dies die verhältnißmäßig größte Zahl aus Städten des Großherzogthums. — Von den bemerkten 356 angemeldeten Ausstellern haben jedoch 95 derselben Arbeiten nicht geliefert. Auch dieser Ausfall ist verhältnißmäßig am größten bei Darmstadt. Indessen bilden die verbliebenen 261 Aussteller des hiesigen Lokal-Comités immer noch, vergleichsweise, den größeren Theil der ca. 1600 Lehrlinge des Großherzogthums, welche sich faktisch an der Ausstellung betheiligt haben. — Von den 261 Lehrlingen aus Darmstadt-Bessungen sind von der Prüfungs-Commission ausgezeichnet worden mit: Note 1, für vorzügliche und sehr gute Leistungen, 39; Note 2, für gute Leistungen, 94; Note 3, für befriedigende Leistungen, 83; zusammen 216 Lehrlinge. — Die mit den Noten 1 und 2 ausgezeichneten Lehrlinge erhalten Prämien und die mit der Note 3 bedachten Lehrlinge sind in dem Bericht der Prüfungs-Commission mit ehrenvollen Erwähnungen ausgezeichnet worden. — Es bleiben also nur 45 Lehrlinge, welchen, wegen verhältnißmäßig zu schwacher Leistungen, die Prüfungs-Commission Auszeichnungen nicht zuerkannt hat. — Aber auch diese Lehrlinge verdienen Anerkennung dafür, daß sie sich an dem Concurrenzkampf betheiligt haben. Wegen ihres Mißerfolgs bei der Prämiirung sollen sie nicht mißmuthig werden; sie sollen vielmehr sich angeregt fühlen, um so eifriger die Ergänzung der mangelnden Fertigkeiten zu betreiben und sich für folgende Weltkämpfe auf dem Felde der Arbeit rüsten. — Ich übergebe hiermit dem Lokal-Comité Darmstadt die von dem Landesgewerbverein für hiesige Lehrlinge ausgewählten und angeschafften Prämien mit der Bitte, dieselben an die Prämianten vertheilen zu wollen.

Der Vorsitzende des Lokal-Comités, Herr Professor Lincke, nahm die Prämien unter dem Ausdrucke des Dankes an die Centralstelle für die Gewerbe und den Landesgewerbverein in Empfang, sprach sich über die große Bedeutung von Lehrlingsarbeiten-Ausstellungen aus, und verlas dann gruppenweise die Namen der mit den Noten I, II und III ausgezeichneten Lehrlinge. Unter Mitwirkung von Mitgliedern des Lokal-Comités wurden die Prämien zur Vertheilung gebracht und Herr Professor Lincke richtete an jede Gruppe besondere, warm empfundene Ansprachen, in welchen er die Prämiirten zu den erworbenen Auszeichnungen beglückwünschte, zu fernerem eifrigen Streben anregte, und die Aufgaben bezeichnete, welche demnächst die gegenwärtigen Lehrlinge als Gewerbetreibende, Meister und Bürger in Werkstätten und im öffentlichen Leben zu erfüllen haben werden. — In seinem Schlußwort dankte Geheimerath Fink Namens des Landesgewerbvereins Allen, welche an dem Zustandekommen und der Durchführung des Unternehmens der Lehrlingsarbeiten-Ausstellung mitgewirkt haben, vornehmlich den Herrn Lehrmeistern und den Mitgliedern des Lokal-Comités. Der Thätigkeit des Lokal-Comités Darmstadt und seines Vorsitzenden, Herrn Professor Lincke, sei die verhältnißmäßig so zahlreiche Betheiligung hiesiger Lehrlinge an der Ausstellung zu verdanken. Möchte auch fernerhin die wirksame Unterstützung dieser Männer dem Landesgewerbverein in Verfolg dessen Aufgaben verbleiben. An die Lehrlinge gewendet, bemerkte derselbe: Die auf Grund des Urtheils der Prüfungs-Commission, von dem Landesgewerbverein gewährten Prämien sind in der Hoffnung und Erwartung bewilligt worden, es möchten die Lehrlinge hierin eine Anregung finden, nicht nachzulassen in dem Streben nach tüchtiger, gewerblicher Fach-Ausbildung, und möchten sich stets eines sittlichen, braven Verhaltens befleißigen. — Die Prämiirten können sich des errungenen Erfolgs freuen; sie sollen beachten, daß nicht der Geldwerth der empfangenen Prämien zunächst in Betracht kommt, sondern das Urtheil der Sachverständigen-Commission. Die Prämiirten sollen sich aber vor dem Dünkel bewahren, daß sie in ihren Gewerben schon Besonderes leisten, und sollen sich nicht über ihre Neben-Jungen erheben. Nur Lehrlingsarbeiten haben uns vorgelegen; diese sind noch lange nicht Meisterarbeiten. Alle haben noch viel, sehr viel zu lernen, bis sie Meisterhaftes leisten können. — Ich möchte Euch bewahren vor dem Dünkel, daß Ihr glaubt, Ihr könnet und wisset schon Viel; denn Einbildung hindert die Ausbildung. Lehrlinge! Die Grundzüge Eures Verhaltens seien: Sittlichkeit, Ordnungssinn, Pünktlichkeit, Zuverlässigkeit, Verträglichkeit und Liebe zur Arbeit. — Werkthätiges Schaffen von Gegenständen des Gebrauchs, mit dem Streben *nach technischer* Vollendung, edler Formgebung und künstlerischer

Darstellung, erzeugen innere Befriedigung. — In freudiger Arbeit ruht ein unendlicher Segen; sie nährt die Liebe zum Haus und der Familie, die Liebe zur Werkstätte und den Genossen, die Anhänglichkeit an die Heimath, an das engere und an das weitere Vaterland. — So schließe ich mit dem Ruf: Handwerk, Arbeit, Vaterland hoch! Diesem Ruf stimmte die Versammlung lebhaft bei. — Mit abermaligem Gesang schloß die einfache, aber würdige Feier.

Pfungstadt, 9. Januar. Prämienvertheilung. Gelegentlich der am letzten Sonntag Nachmittag auf hiesigem Rathhause stattgehabten Prüfung der Zeichnungen der hiesigen Handwerkerschüler durch Herrn Dr. Hesse fand gleichzeitig die Vertheilung der Preise an diejenigen Lehrlinge statt, welche sich an der im Juli v. J. in Darmstadt stattgehabten Ausstellung von Lehrlingsarbeiten betheiligten und Prämien erhielten. Nach Vertheilung der Prämien richtete Herr Ulrich, Präsident des Localgewerbvereins, eine kurze Ansprache an die betreffenden Lehrlinge, worin er sie ermahnte, auch fernerhin auf der bereits betretenen Bahn weiter zu schreiten und sich zu tüchtigen Handwerkern auszubilden, alsdann würde sich zeigen, daß das Handwerk immer noch einen goldenen Boden habe. (Pf. A.)

Darmstadt. In der am 6. Januar stattgehabten Versammlung der Mitglieder des Localgewerbvereins, der ersten Versammlung nach den Festtagen, nahm der Vorsitzende, Herr Bergrath Tecklenburg, Veranlassung, den besten Wünschen für das fernere Gedeihen des Vereins, wie des Darmstädter Gewerbestandes, Ausdruck zu geben. Sodann wurde mitgetheilt, daß die Vereinsstatuten in der Commission berathen und auch von der Großh. Centralstelle geprüft wurden, so daß dieselben nunmehr zur Vorlage gelangen können. Bezüglich des projectirten Gewerbehauses wird erwähnt, daß Programm und Bauplan aufgestellt sind, weshalb auch diese Angelegenheit demnächst in Berathung genommen werden kann. — Dem im Vorjahre verstorbenen Rentner Schröder, einem verdienten Vorstandsmitglied und erstem Lehrer der Handwerkerschule, wurden Worte des ehrenden Gedächtnisses gewidmet. — Nunmehr erhielt Herr Dr. Sonne das Wort zu dem angekündigten Vortrag über Conservirung von Nahrungsmitteln. In längerer Ausführung hob Redner einleitungsweise u. A. hervor, daß es sich hier um eine junge, erst in der Entwickelung begriffene Industrie handelt, bezüglich deren sich gegenwärtig noch gar nicht übersehen läßt, welche Ausdehnung sie gewinnen wird. Noch heute verdirbt, namentlich in entlegeneren Gegenden, in Feld und Garten gar Vieles, dessen Transport nicht lohnend, dessen Aufbewahrung nicht möglich ist, weil in Folge der in der Luft enthaltenen zahlreichen Keime und Sporen mikroskopisch kleiner Thiere und Pflänzchen, welche in die betreffenden thierischen oder vegetabilischen Stoffe eindringen, eine Zersetzung, d. h. diejenigen Erscheinungen eintreten, welche wir als Gährung, Fäulniß und Verwesung bezeichnen. Immerhin hat man es in der Hand, Gemüse, Früchte, Fleisch, Eier ꝛc. durch gewisse Conservirungsmethoden haltbar zu machen und in dieser Beziehung existirt ein Unterschied in den Jahreszeiten so gut wie nicht mehr.

Nachdem er auf die große Bedeutung und nationalökonomische Wichtigkeit der Conservirung, zumal des Fleisches, hingewiesen hatte, ging Redner zur Besprechung der wichtigsten Conservirungsmethoden über. Besondere Beachtung verdient die Fleischconservirung, bezüglich deren man verschiedene Methoden kennt: das Salzen oder Pöckeln, das Conserviren unter Luftabschluß, das Eintrocknen, die Aufbewahrung in Kälte- oder Eiskammern, das Imprägniren mit antiseptischen Substanzen und die Herstellung von Fleischextract, Fleischconserven und Fleischzwieback. Sämmtliche Methoden wurden eingehend besprochen und erntete der Redner den wohlverdienten Beifall der Versammlung.

In der Ausschußsitzung vom 10. Januar wurde u. A. beschlossen, an die hiesigen Gewerbtreibenden und Geschäftsleute die Aufforderung ergehen zu lassen, künftig Gegenstände von allgemeinem Interesse in gewerblicher Hinsicht, wie Werkzeuge, Apparate, Möbel, Bureauobjekte u. dgl. m., in den Wochenversammlungen auszustellen; daran soll dann ev. eine Besprechung derselben seitens der Aussteller oder durch den Vorsitzenden angeknüpt werden.

In der am 13. Januar stattgefundenen Wochenversammlung hielt Herr Regierungsmaschinenbauführer Lindner einen Vortrag über Verschiedenes aus der Geschichte des Eisenbahnwesens. Nachdem Redner auf die technische Seite der Entwicklung der Eisenbahnen eingegangen war, behandelte er dieselbe auch nach der Betriebs- und politischen Seite hin, beleuchtete die Bedeutung der Gründung des Vereins Deutscher Eisenbahnverwaltungen, die Gründung des

Reichseisenbahnamtes, den Erlaß eines Betriebsreglements, einer Signalordnung, einer Ordnung für Secundärbahnen u. s. w. Für den sorgfältig ausgearbeiteten inhaltreichen Vortrag zollte man dem Redner verdienten lebhaften Applaus, worauf noch die Beantwortung einer im Verein eingegangenen Frage durch Herrn Dr. Sonne erfolgte.

Gießen. Am 14. und 15. d. M. feierte unsere Handwerkerschule das Jubelfest ihres fünfzigjährigen Bestehens. Eingeleitet wurde dasselbe durch eine in den Zeichensälen des Schulhauses am Asterweg veranstaltete Ausstellung von Zeichnungen und Modellirarbeiten dermaliger und früherer Schüler der Handwerkerschule, welche ein klares Bild über die Leistungen, die Entwicklung und die Fortschritte derselben zu geben, recht geeignet erschien. Der eigentliche Festact fand Sonntag den 15. d. M. Nachmittags 4 Uhr in den festlich geschmückten Räumen des Lony'schen Bierkellers statt, zu welchem sich Schüler und Freunde der Anstalt in solcher Zahl eingefunden hatten, daß der Saal sie kaum zu fassen vermochte. Herr Geheimerath Dr. v. Ritgen eröffnete nach 4 Uhr die Festlichkeit und bewillkommnete die Anwesenden, unter welchen sich die Vertreter der Landes-Universität, der verschiedenen Behörden und Schulen, des Stadtvorstandes u. s. w. befanden, im Namen des Localgewerbvereins Gießen, woran er einen kurzen Ueberblick über die Entstehung und Entwicklung der Handwerkerschule anschloß. Ein das Bestreben und Wirken der Handwerkerschule in hohem Grade ehrendes Schreiben des Herrn Rectors der Landes-Universität gab dem Redner Gelegenheit, in einer an die Schüler gerichteten Ansprache, dieselben aufzufordern, in ihren Bestrebungen nicht zu erlahmen, wenn auch das Glück nicht immer lächele, und schloß derselbe mit dem Wunsche, daß Alle in der Arbeit, welche sie selbst geleistet, Zufriedenheit und Genüge finden möchten.

Herr Professor Dr. Buchner gab dann in der eigentlichen Festrede einen Abriß der Geschichte der Anstalt, welche mit der Geschichte und Entwicklung der Stadt Gießen innig verbunden ist; er beleuchtete die Schwierigkeiten, die „Kinderkrankheiten", mit welchen sie im Anfange ihrer Entwicklung zu kämpfen hatte; wie sie mit der Zeit zum kräftigen Sprossen von Bürgersinn und Handwerkertüchtigkeit ausgewachsen und wie mit der zunehmenden Vergrößerung und Verschönerung der Stadt auch die wachsende Erkenntniß von der Nützlichkeit der Schule stets Hand in Hand gegangen sei. Eine in großem Maßstabe hergestellte graphische Darstellung der Besuchsziffern gab ein anschauliches Bild von dem Wachsen der Schule, sowie den Einflüssen, welche äußere Verhältnisse, Kriegsjahre u. s. w. auf den Besuch derselben ausgeübt haben. Mit herzlichem Danke an Alle, welche zu so erfreulichen Ergebnissen und damit zu tüchtiger Ausbildung, besonders der Bauhandwerker, beigetragen, mit Dank gegen die Großh. Centralstelle für die Gewerbe, welche der Schule reiche Unterstützung verliehen, zugleich auch mit dem Ausdruck rückhaltloser Anerkennung für die Schüler, welche nach vollbrachtem hartem Tagewerk an ihrer Fortbildung arbeiten, und keinen Weg hierbei scheuen; mit dem Danke gegen die stets treugebliebene Thätigkeit des Vorsitzenden des hiesigen Localgewerbvereins, des Herrn Geheimeraths Prof. Dr. v. Ritgen, mit diesem Danke schloß der fesselnde, durch Reichthum des Inhalts, wie humorvolle Färbung gleich anregende Vortrag.

Hierauf ergriff der Generalsecretär der Centralstelle des Landesgewerbvereins, Herr Dr. Hesse aus Darmstadt, das Wort, um zu constatiren, daß die Schulen des Handwerkervereins sich in einem Zustande befänden, mit welchem man zufrieden sein könne. Die Ausstellung von Lehrlingsarbeiten in Darmstadt im Jahre 1887 sei auch von außerhalb Hessens gelegenen Theilen besucht gewesen, in den hierüber veröffentlichten Berichten, sowie in den an den Centralvorstand gerichteten Schreiben habe man sich mit größter Befriedigung geäußert über ihre Leistungen, namentlich habe man die Prinzipien der Lehrlingsarbeiten-Ausstellung lobend erwähnt. An Stelle des verhinderten Präsidenten des Landesgewerbvereins, Herrn Geheimerath Fink, überbringe er die Grüße des letzteren und die Wünsche für das fernere Blühen, Wachsen und Gedeihen der Anstalt. — Herr Beigeordneter Gnauth spricht Namens der Stadt seine Befriedigung über die Bestrebungen der Handwerkerschule aus; Stadt und Bürgerschaft hätten allen Grund, mit deren Leistungen zufrieden zu sein, die Fortschritte der Stadt zeugten von den Fortschritten und dem Streben der Anstalt. Seien auch die der Schule zu Gebote stehenden Lokale nicht immer so gewesen, wie sie hätten sein sollen, für die Zukunft dürfe man auch hierin das Beste hoffen. Der Stadtvorstand sei der herzlichen Einladung des Gewerbvereins mit Dank gefolgt, er (Redner) habe den Versammelten noch mitzutheilen, daß der Stadtvorstand beschlossen habe, dem Verein zur Anschaffung von Modellen für den Zeichenunterricht einen Credit von 100 Mark zu bewilligen. Er füge dieser Mittheilung den Wunsch für das fernere Gedeihen der Anstalt bei. — Herr Realschuldirector Nodnagel überbringt die Glückwünsche der Realschule und des Realgymnasiums. Die Lehrerschaft dieser Schulen habe ganz besonderen Antheil an den Bestrebungen der Handwerkerschulen. So verschieden auch die Ziele der Schule seien, in dem Bestreben nach Förderung des Schönen und Guten seien sie eins. In diesem Bewußtsein begrüße die Realschule die Handwerkerschule. Redner fügte dem Wunsche für das Wachsen, Blühen und Gedeihen der letzteren den Wunsch bei, daß der Handwerkerschule in Zukunft ausgedehntere Räumlichkeiten zur Verfügung stehen möchten. — Herr Director Schiele, als zweiter Vorsitzender des Localgewerbvereins, ergreift hierauf das Wort, um mitzutheilen, daß der Vorstand des Localgewerbvereins Gießen beschlossen habe, Herrn Geheimerath Professor v. Ritgen in Anerkennung der Verdienste, die derselbe seit so langen Jahren um den Verein und die Handwerkerschule sich erworben, zum Ehrenpräsidenten zu ernennen. Er theile diesen Beschluß des Vorstandes hierdurch mit, das Diplom werde dem geehrten Herrn Ehrenpräsidenten später überreicht werden. — Herr Geheimerath von Ritgen dankte in tiefempfundenen Worten für diese Ehre; soviel er vermöge, wolle er auch in Zukunft für die Schule und den Verein thätig sein. — Herr Architect Hug theilte sodann mit, daß die Preise für die in Darmstadt prämiirten Lehrlingsarbeiten jetzt vertheilt werden würden. Die erschienenen Lehrlinge nahmen hierauf der Reihe nach aus den Händen des Herrn v. Ritgen, welcher an jeden der Lehrlinge einige beherzigende Worte richtete, die Preise, unter welchen recht werthvolle und nützliche Gegenstände sich befanden, entgegen. Damit war der officielle Theil des Festes geschlossen und die Theilnehmer vereinigten sich zu einem gemüthlichen Commers bei einem Glas Bier und Musik. Von den hierbei ausgebrachten Toasten erwähnen wir den des Herrn Professor v. Ritgen auf Se. Majestät den Kaiser und Se. Königliche Hoheit den Großherzog, des Herrn Aug. Heß auf die Centralstelle, des Herrn Dr. Molly auf den Stadtvorstand, des Herrn Commerzienrath Noll auf Se. Kaiserliche Hoheit den Kronprinzen und dessen so sehr erhoffte baldige Genesung, des Herrn Gaswerk-Directors Bergen auf Herrn v. Ritgen, des Letzteren auf die Lehrer der Schule, insbesondere auf Herrn Architekt Hug, des Generalsecretärs Dr. Hesse auf den Lokalgewerbverein Gießen, des Herrn Professor Dr. Buchner auf die Schüler, wie endlich den des Herrn Stadtverordneten Petri auf den Vorstand des Lokalgewerbvereins. Unter Absingen verschiedener Festlieder entwickelte sich bald eine allgemeine Festfreude, unter welcher der Tag zur Zufriedenheit aller Theilnehmer seinen Abschluß fand.

Anzeigen.

Technische Staatslehranstalten zu Chemnitz.

Am 9. April 1888 beginnt ein neuer Lehrcurs

der Abtheilungen der **Königlichen Höhern Gewerbschule** für mechanische und chemische Technik,

der **Königlichen Werkmeisterschule** (für Maschinenbauer, Schlosser, Spinner u. s. w.) und

der **Königlichen Müllerschule.**

Anmeldungen sind bis zum 25. März zu bewirken. Die Bauabtheilung der Königlichen Höhern Gewerbschule, die Königliche Baugewerkenschule, die Königliche Färberschule und die Königliche Fachschule für Seifensieder eröffnen ihre neuen Lehrcurse nur zu Michaelis. Prospect und Lehrplan der einzelnen Abtheilungen sendet auf Erfordern

die Direction
der technischen Staatslehranstalten zu Chemnitz.
Regierungsrath Prof. **Berndt.**

Redacteur Dr. Hesse. — Druck von Heinrich Brill.
In Commission bei L. Brill in Darmstadt.

Gewerbeblatt

für das

Großherzogthum Hessen.

Zeitschrift des Landesgewerbvereins.

Erscheint wöchentlich. Auflage 4500. Anzeigen für die durchgehende Petitzeile oder deren Raum bei ein- und zweimaliger Aufnahme 30 Pf., bei drei- und mehrmaliger Aufnahme 25 Pf.

M 5. Februar 1888.

Bekanntmachung,

betreffend die Zustellung des Gewerbeblattes.

Zufolge verschiedener Anfragen sehen wir uns veranlaßt, die verehrlichen Mitglieder des Landesgewerbvereins zu ersuchen, bei etwaigen Unregelmäßigkeiten in der Zustellung des Gewerbeblattes ihre Reclamationen an die betreffenden Postanstalten zu richten. Wohnungswechsel am Ort sind gleichfalls direct den Postanstalten mitzutheilen, während Ueberzüge an andere Wohnplätze uns anzuzeigen sind und von uns der Postbehörde zur Kenntniß gebracht werden.

Darmstadt, den 26. Januar 1888.

Großherzogliche Centralstelle für die Gewerbe und den Landesgewerbverein.

Fink. Dr. Hesse.

Internationale Jubiläums-Ausstellung zu Melbourne 1888.

Der Anmeldetermin für diese Ausstellung ist abgelaufen. — Mit Circularschreiben vom 9. Januar hat der Herr Reichs-Commissär (Regierungsrath Wermuth, Berlin W, Wilhelmstraße 74) die deutschen Aussteller davon in Kenntniß gesetzt, daß der Norddeutsche Lloyd in Bremen sich bereit erklärt hat, für die Verschiffung der Ausstellungsgüter nach Melbourne die im Jahr 1887 gültig gewesenen billigeren Frachtsätze, mit einer Ermäßigung von 20%, zu gewähren. Die Aussteller, welche von diesen Vortheilen Gebrauch machen wollen, haben sich dieserhalb sofort an Herrn J. H. Bachmann in Bremen zu erklären, welcher dann speciell mit den Ausstellern in besonderes Benehmen treten wird. – Empfohlen wird, die Güter bereits mit dem am 22. Februer d. J. aus Bremerhaven abgehenden Dampfer zu verschiffen. Das Gros der Ausstellungsgüter aber muß spätestens mit dem am 21. März d. J. ab Bremerhaven fälligen Dampfer abgehen, da nur so eine ausreichende Berücksichtigung desselben bei der Raumvertheilung erfolgen kann. Nur ausnahmsweise, insbesondere insofern der Raum auf dem Dampfer nicht ausreicht, oder die Ausstellungsgüter nachweislich nicht haben fertig gestellt werden können, wird die Verschiffung mit dem Dampfer des folgenden Monats (18. April) stattfinden dürfen. -- Die deutschen Eisenbahnen gewähren 50% Frachtermäßigung. — Diejenigen Aussteller, welche einer anderen Schiffahrts-Gelegenheit als der des Norddeutschen Lloyd den Vorzug geben, haben dieses dem Herrn Reichs-Commissär nach Berlin mitzutheilen. — Die für den Transport der Ausstellungsgüter erforderlichen Papiere, Beklebezettel &c. werden zeitig vor der Absendung den Ausstellern von dem Reichs-Commissär zugestellt.

Aus dem Großherzogthum Hessen haben sich folgende Firmen zur Betheiligung an der Melbourner Ausstellung angemeldet:

1. Mayer, Michel & Deninger in Mainz; Lederfabrikanten.
2. Simon Wolf in Mainz; Schuhwaarenfabrikant.
3. Franz Piez in Mainz; Circular-Pumpenfabrikant.
4. Dörr & Reinhardt in Worms; Lederfabrikanten.
5. Dick & Kirschten in Offenbach; Luxuswagen- und Wagentheile-Fabrikanten.
6. Julius Formstecher in Offenbach; Albuminpapier-Fabrikant.
7. J. A. Galette & Co. in Offenbach; Staniolkapseln- und Kellereigeräthschaften-Fabrikanten.
8. Carl Traiser in Darmstadt; Fein-Mechaniker und Reißzeugfabrikant.
9. Heyligenstädt & Co. in Gießen; Maschinenfabrikanten.

Der Großh. Centralstelle für die Gewerbe und den Landesgewerbverein ist Seitens des Herrn Reichs-Commissärs ein Exemplar des Ausstellungsplans für die Melbourner Ausstellung, desgl. der Versendungspapiere mitgetheilt worden. Interessenten können hiervon auf dem Bureau des Landesgewerbvereins — Neckarstraße 3 in Darmstadt — Einsicht nehmen.

Die Grundzüge der Alters- und Invaliden-Versicherung der Arbeiter.

Berathen in der Sitzung der hierzu einberufenen Commission des Landesgewerbvereins, am 12. Januar 1888.

In Erledigung eines von Großherzoglichem Ministerium des Innern und der Justiz erhaltenen Auftrages, eine gutächtliche Aeußerung über die „Grundzüge der Alters- und Invaliden-Versicherung der Arbeiter" abzugeben, erschien es der Großherzoglichen Centralstelle für die Gewerbe und den Landesgewerbverein zweckmäßig, eine besondere Commission, gebildet aus Vertretern von Lokalgewerbvereinen, Mitgliedern des Ausschusses des Landesgewerbvereins und einigen Beamten zu bestellen, wobei besondere Rücksicht darauf genommen wurde, daß sowohl die Groß-Industrie, wie das Handwerk vertreten waren. Es wurden deßhalb zunächst die sämmtlichen Vorstände der Lokalgewerbvereine ersucht, für den Fall, daß sich der betreffende Lokalgewerbverein an den Verhandlungen betheiligen wolle, Vertreter zu bezeichnen. Ein Theil der Lokalgewerbvereine hat dem entsprochen, ein anderer Theil hat, als im Wesentlichen mit den „Grundzügen" einverstanden, seine specielle Vertretung für nicht erforderlich erachtet; von einigen Vereinen ist eine Antwort nicht eingelaufen. Außer den vorgeschlagenen Vertretern der Lokalgewerbvereine wurden noch 24 weitere Sachverständige geladen, von welchen indessen ein Theil wegen Krankheit oder anderen dringenden Abhaltungen nicht erschien. Anwesend waren im Ganzen 23 Commissionsmitglieder; nämlich außer den Mitgliedern der Großherzoglichen Centralstelle für die Gewerbe und den Landesgewerbverein, Geheimerath Fink und Generalsecretär Dr. Hesse, die Herren:

Blänkle, Friedrich, Graveur in Michelstadt; Büchner, Wilhelm, Fabrikant in Pfungstadt; Christ, Bürgermeister in Wörrstadt; Dittmar, Director in Mainz; Göhrich, Heinrich III., Schmiedmeister in Babenhausen; Jochem, F., Instrumentenfabrikant in Worms; Junck, Kaufmann in Sprendlingen (Rheinhessen); Klotz, Weißbindermeister in Darmstadt; Lincke, Felix, Professor an der technischen Hochschule in Darmstadt; Merck, Wilhelm, Fabrikant in Darmstadt; Möser, Wilhelm, Fabrik-Inspector in Darmstadt; Müller, Gustav, Commerzienrath in Bensheim; Pfeiffer, Philipp, Lederfabrikant in Eberstadt; Reuleaux, Commerzienrath in Mainz; Römheld, Julius, Commerzienrath in Mainz; Schiele, Hütteningenieur in Gießen; Schoberth, Eisenbahnbaumeister in Alsfeld; Ulrich, J., Brauereibesitzer in Pfungstadt; v. Wedekind, Amtmann in Darmstadt; Weil, Schlossermeister in Bingen; Worret, J., Rentner in Worms.

Den Vorsitz führte der Präsident der Großherzoglichen Centralstelle für die Gewerbe und den Landesgewerbverein, Geheimerath Fink.

Derselbe eröffnete die Sitzung mit einem Rückblick auf die Geschichte und Entwicklung der socialen Gesetzgebung seit dem Jahre 1879, in welchem der Reichstagsabgeordnete Stumm den Antrag auf Einführung obligatorischer, nach dem Muster der bergmännischen Knappschaftsvereine zu bildender Alters-Versorgungs- und Invalidenkassen einbrachte; er wies darauf hin, daß demselben aber damals zu schwer wiegende legislatorische Bedenken und zu viele versicherungstechnische Ausführungsschwierigkeiten im Wege gestanden hätten. Inzwischen sei auf dem Wege der Gesetzgebung durch Erlaß der Krankenversicherungs- und Unfallversicherungs-Gesetz vorangegangen worden, wodurch die Grundlage für eine weitere Ausbildung gegeben worden sei, insbesondere sei auch durch die Berufszählung des Jahres 1882, sowie durch die bei Ausübung der beiden vorgenannten Gesetze gemachten Erfahrungen einiges statistische Material gewonnen worden, auf Grund dessen der in der neuesten Vorlage einbegriffene Kreis der zu Versichernden auf 12 Millionen Personen, nämlich 7½ Million männlicher und 4½ Million weiblicher Arbeiter berechnet worden sei. Die neue Vorlage, deren Hauptinhalt von dem Vorsitzenden in gedrängter Darstellung bezeichnet wird, könne, ohne manche der früher gehegten Bedenken, recht wohl als Grundlage für ein Gesetz dienen; sie erscheine als ein Ausgleich gegenüber den Verpflichtungen und Belastungen, welche das Reich durch die allgemeine Wehrpflicht und das indirecte Besteuerungssystem den Arbeitern und der unbemittelteren Bevölkerung auferlegt; die Gleichheit der Beiträge und der Rente, sowie die Höhe des Betrages der letzteren könnten als angemessene Vorschläge bezeichnet werden. Die vorstehende Discussion könne sich nun nicht auf alle Einzelnheiten der Grundzüge erstrecken, namentlich seien die Bestimmungen, welche sich mit der Ausführung beschäftigten, den Berathungen anderweitiger Körperschaften zu überlassen; es erscheine angemessen, in eine kurze Generaldebatte einzutreten, um sich dann auf die Berathung der einzelnen Hauptpunkte zu beschränken.

Herr Commerzienrath Römheld von Mainz bezeichnet als solche folgende Fragen:

1) Soll die Versicherung der Invaliden und Alten überhaupt erfolgen und in welchem Umfange?

2) Wie soll die Versicherung ihren Ausdruck finden, in Auszahlung eines Kapitals, oder Verleihung einer Rente?

3) Wer soll der Träger der Versicherung sein?

4) Welche Mittel sind hierzu erforderlich?

5) Wer bezahlt dieselben?

6) Wie werden dieselben aufgebracht, auf dem Wege des Prämien- oder Umlageverfahrens?

Nachdem der Vorsitzende diese Vorschläge für die Berathung als im Wesentlichen mit den von ihm beabsichtigten übereinstimmend bezeichnet hatte, leitete er die allgemeine Debatte mit dem Hinweise darauf ein, daß die vorgelegten Grundzüge fast überall eine freundliche Aufnahme gefunden hätten und daß die Idee der Alters- und Invaliden-Versicherung durchweg sympathisch begrüßt worden sei.

Hierauf ergriff Herr Fabrikant Wilhelm Büchner von Pfungstadt zur Stellung folgender Anträge das Wort:

„Ich beantrage:

1) Die Alters-Versorgung für unbemittelte Arbeiter wird vom 65. Jahre an vom Reich in der Art übernommen, daß im höchsten Falle 200 Mark für einen Mann und 100 Mark für eine Frau gezahlt werden. Die Höhe des Betrages setzt der Einzelstaat auf Beschluß des Kreistages des betreffenden Bezirkes für jeden einzelnen Fall, nach Lage der Vermögensverhältnisse des zu Versorgenden, fest. Reclamation mit positiver Entscheidung ist bei dem Provinzialtage zulässig.

2) Die Invaliditäts-Versorgung für unbemittelte Arbeiter wird vom Reiche in der Art übernommen, als der jährliche Bedarf festgestellt wird. Dieser Bedarf wird auf die Einkommensteuer der Einzelstaaten, oder, wo solche nicht besteht, auf eine analoge Steuer des Einzelstaates aus-

geschlagen, von dem Einzelstaat durch Steuerzettel mit der Bezeichnung „Invaliden-Versorgung Unbemittelter“ erhoben und dem Reiche zugeführt. Die zu gewährende Rente hat sich nach dem einzelnen Falle zu richten, worüber ein allgemein bindendes Schema für das Reich aufzustellen ist.“

Motive:

ad 1) Die indirecten Steuern bilden die Haupt-Einnahme des Reichs. Sie werden von der Hauptmasse der Bevölkerung aufgebracht. Die Hauptmasse der Bevölkerung ist aber die arbeitende Klasse jeder Art von Beschäftigung und ist zweifellos die unbemittelte, die sich Nichts oder Wenig ersparen kann. Darum ist es gerecht, daß der Staat für dieselbe sorgt. Den Gemeinden wie Privaten werden dadurch Unterstützungen gewährt. 70 Millionen kostete die Armenpflege in Deutschland, von denen ein wesentlicher Theil für die Gemeinden erspart werden kann. Wenn in Deutschland so bedeutenden Anforderungen für das Militär genügt wird, dann ist die Uebernahme der Altersversorgung Unbemittelter (Männer, Frauen und Kinder) eine Ehrenpflicht für das Reich. Auf diese Weise werden kolossale Kosten und Arbeit gegenüber den jetzigen Grundzügen gespart werden und wird die Altersversorgung rasch ins Leben gerufen werden können. Der Staat ist nun der Allesabsorbirende geworden, er will auch die socialen Fragen lösen; so gebe man denn ihm diese schwierige Materie in die Hand; denn zu warten, ist eine Verschiebung, womit der Zweck nicht gefördert wird. Auf diese Weise wird der Staat bald kräftiger empfinden, daß nicht alle Mittel zu friedlichen Kriegszwecken verwendet werden dürfen.

ad 2) Auch hier leitet mich der Gedanke, die arbeitende Klasse, welche unter dem Drucke der indirecten Steuern leidet, von jeder weiteren Last fern zu halten. Die Invalidenversorgung ist unstreitig eine schwierigere, als die Alters-Versorgung, wo der Geburtsschein die Grundlage ist. Drum soll sie wohl durch das Reich im Ganzen vertreten werden, aber der Ausschlag soll in die Hände einer Lokalbehörde gelegt werden, die jeden einzelnen Fall besser beurtheilen kann. Durch die Ausgabe eines Steuerzettels soll jedem Steuerzahler klar gemacht werden, wozu diese Steuer verwendet wird. Die Invalidität wird nicht nur durch die Industrie hervorgerufen, vielleicht noch am Meisten durch den Krieg im Frieden. Auch hier werden die Kosten um ein Bedeutendes vermindert und die Fragen schneller erledigt werden.“

Der Antragsteller führt diese Vorschläge weiter aus und hebt insbesondere hervor, daß nach jüngst veröffentlichten Mittheilungen die Unfall-Berufs-Genossenschaften ganz unverhältnißmäßig hohe Verwaltungskosten aufzuweisen haben.

Commerzienrath Römheld berichtigt zunächst die von dem Vorredner erwähnte und auch vielfach in die Tagespresse übergegangene ungünstige Beurtheilung der Leistungen der Berufsgenossenschaften, und bittet, dieselben doch eingehender in Erwägung zu ziehen, da die bekannt gewordenen Verhältnißzahlen, auf welche sich das voreilige Urtheil gründe, nicht maßgebend seien. Die Arbeiten der Berufsgenossenschaften seien kaum eingeleitet; bis jetzt liegen verhältnißmäßig noch wenig Unfälle vor, trotzdem benöthigten die Genossenschaften bereits des vollständigen Apparates. Je mehr man sich dem Beharrungszustande nähern werde, um so mehr würden die Verwaltungs- und andere allgemeine Kosten, den Rentenbeträgen gegenüber, zurücktreten. Auf die Anträge Büchner übergehend bezeichnet er den vorgeschlagenen Weg als sehr einfach erscheinend, doch aussichtslos für die Annahme im Reichstage; es sei deßhalb ein Weg einzuschlagen, auf welchem wirklich Etwas zu erreichen wäre. Ob die Verbindung der Altersrente mit der Invalidenrente zweckmäßig sei, erscheine allerdings zweifelhaft; denn es würde Schwierigkeiten verursachen, den zu Versichernden die Zahlung der Beiträge zu derselben während der vorgesehenen 30 Jahre annehmbar erscheinen zu lassen; es dürfte sich vielleicht empfehlen, die Versicherten als solche von der Beitragsleistung auszuschließen. Seinem persönlichen Wunsche nach möchten die Versicherungsbeiträge allein von den Arbeitgebern und dem Reiche zu tragen sein; dieselben seien nicht unerschwinglich und könnten von diesen beiden Factoren übernommen werden.

Der Vorsitzende macht darauf aufmerksam, daß die Anträge Büchner in den deutschen Bundesstaaten ein einheitliches System der Besteuerung zur gleichmäßigen Vertheilung der erwachsenden Lasten voraussetzten, was gegenwärtig nicht zutreffend sei. Auch sei es bedenklich, verschiedene Renten-Sätze nach Maßgabe der Vermögensverhältnisse der zu Versorgenden vorzusehen, und hierüber von Fall zu Fall durch Communalbehörden oder Communalverbände entscheiden zu lassen. Da nach den vorliegenden Anträgen die Kosten dem Reiche zur Last fallen sollten, so würde dies vielfach zu Versuchen einer unberechtigten Ausnützung desselben führen, indem die Renten so günstig wie möglich bemessen würden, weil das Reich ja doch zahlen müsse. Er sei nicht in der Lage, die praktische Ausführbarkeit der gestellten Anträge, in Rücksicht auf gegenwärtig bestehende Verhältnisse, anzuerkennen.

Nach einigen weiteren Bemerkungen der Herren Jochem von Worms, Römheld von Mainz und Ulrich von Pfungstadt, in welchen auch hervorgehoben wurde, daß es sich nicht empfiehlt, die Arbeiter von allen Beiträgen für ihre Invaliden- und Altersversorgung frei zu lassen, wurden bei den hierauf erfolgenden Abstimmungen die Anträge Büchner mit 17 gegen 6 Stimmen abgelehnt.

Herr Büchner behielt sich hierauf die Berechtigung vor, bei der weiteren Berathung der einzelnen Punkte der Grundzüge mitzuwirken und entsprechend Stellung zu nehmen.

(Fortsetzung folgt.)

Zu unserer Abbildung.

Gitter (S. 43), im Besitze des Herrn Architecten Zillinger zu Eßlingen. Beginn des XVII. Jahrhunderts. Aufgenommen von Herrn Kreisbaumeister Braun in Erbach i. O. Maßstab 1 : 16.

Entscheidungen des Reichsgerichts.

Hinsichtlich der Bestimmungen der §§. 135, 136 der Reichs-Gewerbeordnung, daß die Beschäftigung von Kindern unter 14 Jahren in Fabriken die Dauer von sechs Stunden täglich nicht überschreiten darf, daß ferner zwischen den Arbeitsstunden an jedem Arbeitstage, regelmäßige Pausen gewährt werden und daß die Pausen für Kinder eine halbe Stunde betragen müssen, hat das Reichsgericht, IV. Strafsenat, durch Urtheil vom 30. September v. J. ausgesprochen, daß Kindern unter 14 Jahren täglich mindestens 2 Arbeitspausen von je einer halben Stunde zu gewähren sind, und daß durch Gewährung von nur einer Arbeitspause von einer Stunde dieser gesetzlichen Pflicht nicht genügt wird. „Der von der Revision vertretenen Ansicht, daß Kindern nur eine Pause von einer halben Stunde zu gewähren sei, steht der Wortlaut des Gesetzes, welches im §. 136 von Pausen und insbesondere auch von denjenigen für Kinder nur in der Mehrzahl spricht, mindestens nicht entschieden zur Seite. Vollkommen deutlich bestimmte der denselben Gegenstand betr. §. 129 der Gewerbeordnung in deren ursprünglichen Fassung vom 21. Juni 1869 unterschiedslos für sämmtliche jugendliche Arbeiter, also sowohl für Kinder unter 14 Jahren, als auch für junge Leute im Alter von 14—16 Jahren, daß denselben zwischen den Arbeitsstunden Vor- und Nachmittags eine Pause von einer halben Stunde und Mittags eine ganze Freistunde gewährt werden müsse. Hierbei hat es inhalts der Motive zum Entwurf des Gesetzes, betreffend die Abänderung der Gewerbeordnung vom 17. Juli 1878, durch welches der §. 136 in seiner gegenwärtigen Fassung entstanden ist, sowie inhalts des Kommissionsberichts zu diesem Entwurf im Wesentlichen verbleiben sollen. Darnach erscheint es aber nicht statthaft, abgesehen von der hier nicht in Frage stehenden einstündigen Mittagspause, die „Kinder in Betreff der Anzahl und Dauer der Pausen mit einem geringeren Maße von Arbeitsunterbrechung für bedacht zu erachten, als die jungen Leute". Im Uebrigen ist der gesetzlichen Vorschrift nicht etwa schon dadurch genügt worden, daß die Pausen im Ganzen genommen eine volle Stunde oder mehr betragen haben. Vielmehr muß gesetzlich jede einzelne der beiden Pausen auf die Dauer von mindestens einer halben Stunde bemessen werden." —

Unter das Verbot der Beförderung von verschlossenen Briefen, resp. Briefpacketen, von Akten mit einer Postanstalt nach anderen Orten auf andere Weise, als durch die Post, können nach einem Urtheil des Reichsgerichts, III. Strafsenats, vom 15. Oktober v. J., auch Packete, welche nur verschlossene oder unverschlossene Mittheilungen an den Adressaten enthalten, fallen, die durch eine die Abstreifung nicht gestattende geknotete Umschnürung verschlossen sind. Ist ein derartiges Packet zugleich mit anderen Colli durch die Eisenbahn versendet worden, so hat sich der Absender einer Postportodefraudation schuldig gemacht, selbst wenn das Packet nur solche an den Adressaten gerichtete Schriftstücke enthalten hat, welche den Inhalt der übrigen Colli betrafen. — Die beiden Inhaber eines Speditionsgeschäfts in Plauen hatten im Dezember 1886 mittelst der Eisenbahn 17 Packete, die ihnen von Kunden zur Beförderung übergeben waren, an den Spediteur H. in Breslau zwecks Vertheilung Seitens desselben an die in Breslau wohnhaften Destinatäre verfrachtet. Diesen Packeten war von ihnen ein mit Bindfaden kreuzweise umschnürtes und geknotetes Packet beigefügt worden, welches drei Packetbegleitscheine in Bezug auf die Zahl der übrigen Packete und eine für den Spediteur in Breslau bestimmte Versandtliste enthielt. Dieses Beilagspacket war als selbständiges Packet auf dem Frachtbriefe vermerkt, mit den übrigen 17 Packeten von der Eisenbahnverwaltung verwogen und nach den Frachtsätzen für Eilgut mit angerechnet worden. Die beiden Spediteure in Plauen wurden wegen Postportodefraudation verurtheilt und die von ihnen eingelegte Revision wurde vom Reichsgericht verworfen, indem es begründend ausführte: „Es ist zunächst nicht zu beanstanden, daß die im Packet enthaltenen Schriftstücke, insofern sie schriftliche Mittheilungen an den abwesenden Empfänger

H. enthielten, als Briefe im Sinne des Postgesetzes aufzufassen seien. War das, diese unverschlossenen Briefe enthaltende Packet seinerseits verschlossen, so waren nach §. 1 Absatz 3 Satz 1 des Postgesetzes, die darin befindlichen und beförderden Briefe den, nach §. 1 Absatz 1 postzwangspflichtigen verschlossenen Briefen gleichzuachten. Dadurch wurde das sie enthaltende verschlossene Packet zwar nicht selbst zu einem verschlossenen Briefe, wohl aber zu einem, mit Rücksicht auf seinen Inhalt postzwangspflichtigen Gegenstande. Das, die als verschlossen zu achtende Briefe enthaltende Packet durfte seinerseits von Plauen nach Breslau gegen Bezahlung nur durch die Post versendet, und es mußte für dasselbe an die Post das tarifmäßige Postporto entrichtet werden. . . . . . Was dagegen zu dem Begriffe des „Verschlusses“ erforderlich ist, darüber entscheidet die Auffassung des gewöhnlichen Lebens, insbesondere des Handels und Verkehrs. — Im Allgemeinen wird an den Begriff des Verschlusses einer Sendung eine weitere Anforderung nicht zu stellen sein, als daß an derselben irgend eine Vorkehrung angebracht oder mit derselben eine Manipulation vorgenommen worden sei, welche das Hinzugelangen zu dem Inhalte der Sendung nur unter Ueberwindung eines gewissen Hemmnisses und — von dem Falle der Verletzung der Sendung oder des Verschlusses abgesehen — nur unter Entwickelung einer besonderen, unter den Begriff der Eröffnung des Verschlusses fallenden Thätigkeit möglich macht. Ein bloßes Zusammenfalten eines Papiers wird deshalb beispielsweise nicht als ein Verschluß, das Auseinanderfalten desselben nicht als das Oeffnen eines solchen angesehen werden können. Daß dagegen das dem Hinzugelangen zum Inhalt entgegenstehende Hinderniß von erheblicherer Art, und daß das Oeffnen des Verschlusses (im Gegensatze zum Beschädigen) mit Schwierigkeit verbunden sein müsse, das ist aus dem Begriffe des „Verschlusses“ nicht zu entnehmen.“

Verschiedene Mittheilungen.

Innungswesen. Nach dem „Diamant“ hatte eine Innung voriges Jahr einen Vertrag ausgearbeitet mit der Bestimmung, daß derjenige, welcher den Vorschriften zuwider oder billiger arbeitet, als darin festgesetzt, in eine Strafe von 200 Mark verfällt. Der Vertrag wurde von sämmtlichen Innungsmitgliedern unterzeichnet, aber bereits nach 14 Tagen hatten sich einige derselben Uebertretungen zu Schulden kommen lassen, indem sie die Arbeit zu billigerem Preis als festgesetzt lieferten. Derjenige, dessen Zuwiderhandlung zuerst bemerkt wurde, sollte gerichtlich belangt werden, aber die Innung nahm davon Abstand, weil inzwischen noch weitere ähnliche Fälle laut geworden waren, und sie in die Lage gekommen wäre, gegen eine ganze Reihe von Mitgliedern Klage einzureichen.

Eine goldähnliche hübsche Legirung erhält man durch Verschmelzen von 16 Theilen Kupfer, 1 Theil Zink und 7 Theilen Platin. Das Kupfer und Platin werden zuerst mit Borax, dann mit pulverisirter Holzkohle überdeckt und dann geschmolzen, worauf das Zink zugegeben wird. Die erzeugte Legirung ist außerordentlich gut bearbeitbar und läßt sich zu feinstem Draht ziehen, sie wird niemals blau.

Aus den Lokalgewerbvereinen.

Babenhausen, 9. Jan. Die erste Versammlung des hiesigen Localgewerbvereins im Jahre 1888 wurde am 7. Januar im Gasthause „Zum Adler“ abgehalten. In derselben sprach Herr Dr. Sonne aus Darmstadt über das Wasser in gesundheitlicher und technischer Beziehung. Der Inhalt des Vortrages läßt sich dahin zusammenfassen, daß zunächst die großartigen Wasserwerke der Völker des Alterthums erwähnt und sodann auf die Thatsache, daß im Mittelalter schlechtes Wasser mehrfach verheerende Krankheiten in stark bevölkerten Städten veranlaßte, hingewiesen wurde. Weiter wurde auseinandergesetzt, welche Anforderungen an ein gutes Trinkwasser gestellt werden müssen, sowie der Nachweis der im natürlichen Wasser vorkommenden Stoffe durch eine Reihe von Versuchen geführt und verschiedene Babenhäuser Brunnenwasser untersucht. Uebergehend zur Verwendung des Wassers in der Technik und den Gewerben, wurden die Ursachen erläutert, warum das Kesselspeisewasser die Dampfkessel abnutzt, auch einige Mittel zur Verhütung der Kesselsteinbildung angegeben. Die Reinigung des Wassers auf chemischem Wege wurde ebenfalls durch einen Versuch erklärt. Dann wurde über die Methoden, welche dazu dienen, unreines Wasser wieder brauchbar zu machen, Einiges angeführt, sowie auf die Wasserversorgung großer Städte mit Trink- und Gebrauchswasser hingewiesen. Reicher Applaus wurde dem Redner für den interessanten und nützlichen Vortrag zu Theil, dem noch der Vorsitzende, Herr Lehrer Krauß, seinen besonderen Dank anfügte. An der Discussion betheiligten sich die Herren Schmidt, Krauß, Haas und Dr. Sonne. Letzterer hob noch hervor, wie wichtig es sei für die Orte im Großherzogthum, ihre Brunnenwasser regelmäßig auf gesundheitsschädliche Stoffe untersuchen zu lassen. Die Versammlung war ziemlich zahlreich besucht, und hatten auch Nichtmitglieder hierzu freien Zutritt. Kr.

Ober-Ramstadt. Am 15. Januar hielt Herr Universitätsamtmann Dr. Dietz aus Gießen in unserem Lokalgewerbvereine einen Vortrag über die Kranken- und Unfall-Versicherung. Derselbe war von den meisten Mitgliedern und sehr vielen Gästen, im Ganzen von ca. 150 Personen besucht, namentlich waren sehr viele benachbarte Gemeinden durch ihre Bürgermeister vertreten. Der Vortrag wurde sehr beifällig aufgenommen und entspann sich nach demselben eine sehr lebhafte Debatte über einzelne praktische Fälle. Sch.

Bingen, den 16. Jan. 1888. Am gestrigen Tag, dem 15. Januar 1888, hatte unsere Handwerkerschule ein kleines, aber recht freudiges Fest. Um 11½ Uhr erschienen auf ergangene Einladung viele Freunde und Gönner der Handwerkerschule in den Zeichenlocalitäten, um der Vertheilung der von Großh. Centralstelle zu Darmstadt den Ausstellern von Lehrlingsarbeiten zuerkannten Prämien beizuwohnen. Einer der Säle war zu diesem Zwecke festlich geschmückt.

Nachdem der Vorsitzende, Herr Wittner, den Act mit einigen einleitenden Worten eröffnet hatte, gab derselbe dem Schriftführer Herrn J. Choquet das Wort, welcher dann in trefflicher und kundiger Weise das Schicksal der Zeichenschule in den letzten 14 Jahren beleuchtete und zu dem Resultat kam, daß wir mit unseren heutigen Verhältnissen uns ganz wohl zufrieden geben könnten, hätten doch heute 3 Lehrer vollständig zu thun, während zu Beginn besagter Periode 1 Lehrer kaum mehr beschäftigt gewesen sei. — „Was will die Zeichenschule"? und „was ist die Zeichenschule"?, das war das Thema, das der Redner in sehr beredter und würdiger Weise behandelte. Nach beendigtem Vortrag betrat Herr J. Weil, Schlossermeister dahier, in seiner Eigenschaft als Vertreter des Vorsitzenden die Tribüne, lud die zu prämiirenden Schüler durch Vorlesung ihrer Namen ein, hervorzutreten und vertheilte mit wohlgemeinten Worten die ihnen bestimmten Belohnungen. Zur Ermunterung der Schüler und zur Freude der Lehrer setzte auch der Vorstand hiesigen Localgewerbvereins den fleißigsten Schülern zum Theil werthvolle Prämien aus, welche gleichfalls zur Vertheilung kamen. Von einer Anzahl Herren, Mitglieder einer hiesigen Corporation, gelangten sodann an die von Großh. Centralstelle bedachten Lehrlinge ansehnliche und werthvolle Geschenke zur Vertheilung, deren Ueberreichung unter sinnvollen, auf die Geschenke besonders passenden, wohlgemeinten Ermahnungen seitens eines dieser Herren vor sich ging. Zum Schlusse erstattete Herr Zeichenlehrer Illert Namens der Schüler den pflichtschuldigen Dank allen Wohlthätern, insbesondere auch der Großh. Centralstelle, welche durch die Prämien die Veranlassung zu dieser Festlichkeit bot und forderte die Schüler auf, durch ein herzliches „Lebe Hoch" den Gefühlen des Dankes Ausdruck zu geben, in welches auch die Lehrer und übrigen Anwesenden einstimmten.

Der Herr Vorsitzende dankte hierauf den Anwesenden für das Interesse, das sie an dem Gedeihen der Schule bekunden und für die Ehre, die sie der Versammlung durch ihr Erscheinen erwiesen.

Nun wurde die gemeinsame Besichtigung der in 3 Sälen ausgestellten Zeichnungen vorgenommen, an welche sich alsdann der Besuch der Ausstellung durch das Publikum anschloß, welcher den ganzen Nachmittag währte und am heutigen Tage sich fortsetzte. Möge diese kleine Festlichkeit den erhofften Erfolg haben und das Interesse für das Institut wecken, kräftigen und beleben.

Worms, 19. Jan. Die Uebergabe der Prämien an die Handwerkslehrlinge, welche bei der im Sommer vorigen Jahres in Darmstadt stattgefundenen Ausstellung von Lehrlingsarbeiten ausgezeichnet worden sind, gestaltete sich zu einer recht schönen Feier. Prämiiert wurden im ganzen 44 Lehrlinge, darunter zwei mit dem ersten und zwanzig mit dem zweiten Preis. Zweiundzwanzig Lehrlingen wurde eine lobende Erwähnung zu theil in der Form eines Gedenkblattes. D. Z.

. **Babenhausen**, 19. Jan. Vor einem zahlreichen Auditorium hielt gestern im Gasthause „Zum Darmstädter Hof" Herr Ingenieur Brockmann aus Offenbach im hiesigen Gewerbverein einen Vortrag über die technische Verwendung der flüssigen Kohlensäure. Redner erwähnte zunächst die Herstellung derselben, ihre Aufbewahrung und die erste Anregung zur industriellen Verwerthung. Weiter wurden hervorgehoben die drei großen Vorzüge der flüssigen Kohlensäure: ihre große Kompressibilität, die Aufspeicherung einer großen Menge mechanischer Arbeit in derselben und die durch sie erreichbare beträchtliche Kälteerzeugung. Als praktische resp. mögliche Verwendungsarten der flüssigen Kohlensäure wurden erwähnt: bei der Mineralwasserfabrikation, zur Herstellung von Schaumweinen, im Feuerlöschwesen, beim Abziehen eiserner Ringe der Kanonenrohre (Krupp, Essen), zum Betrieb der Motoren und Trambahnwagen, zum Ersatz des theuren Ammoniaks bei Eismaschinen, in der Lederfabrikation 2c. Als besonders wichtig und praktisch empfahl Redner die Anwendung der flüssigen Kohlensäure beim Bierausschank. Ein Bierpressions-Apparat von Fleischer und Mühlich in Frankfurt a. M. wurde beschrieben und in Thätigkeit vorgeführt. Feste Kohlensäure gelangte zur Darstellung, ferner war ein Dampfmaschinchen (Modell) mit Kohlensäure in Betrieb gesetzt. Der äußerst interessante, von vielen Versuchen und Demonstrationen begleitete Vortrag wurde von den Anwesenden mit lebhaftem Beifall aufgenommen. Namens des Gewerbvereins sprach der Vorsitzende, Herr Lehrer Krauß, dem Redner seinen aufrichtigen Dank aus. Nach Schluß der Versammlung wurde dem Verein eine Ueberraschung zu Theil, indem Herr Bierbrauereibesitzer Michel hier in liebenswürdiger Weise ein Faß seines edlen Gebräues stiftete, das mit dem Kohlensäure-Apparat in Zapf genommen wurde. Der Stoff mundete allen vortrefflich, und der Vorsitzende brachte als Zeichen des Dankes und der Hochachtung auf die Gesundheit des gütigen Gebers einen Toast aus, dem man im Angesicht der schäumenden Pokale freudig zustimmte. Kr.

Darmstadt, In der neunten Versammlung am 20. d. M. machte Herr Aich-Inspektions-Assistent Rumpf ausführliche, auf eigne Anschauung gegründete Mittheilungen über die vorjährige Ausstellung von deutschen Kunstschmiede-Arbeiten in Karlsruhe, die mancherlei Interessantes boten und von der zahlreichen Zuhörerschaft am Schlusse mit verdientem Beifall und Dank belohnt wurden. Einleitend wurde der geschichtlichen Entwickelung der Kunstschmiederei gedacht und dann zur Besprechung der wichtigsten Objecte der Karlsruher Ausstellung übergegangen. Dieselbe gewann wesentlich Anschaulichkeit durch das Vorzeigen von recht gelungenen Reproduktionen mehrerer der betr. Kunstschmiede-Arbeiten, sowie einiger Arbeiten selbst, theilweise von prächtiger Ausführung, welche in dankenswerther Weise von der Centralstelle für die Gewerbe, sowie einigen hiesigen Meistern für den Abend zur Verfügung gestellt waren. Die in einem besonderen Gebäude, dessen rationelle Plananlage hervorgehoben wurde, befindliche, von ca. 60 Ausstellern mit über 400 Gegenständen beschickte Ausstellung zerfiel in zwei Abtheilungen, nämlich eine für Kunstschmiedearbeiten und eine zweite, die vier Gruppen folgenden Inhalts umfaßte: 1) Darstellung der Schmiedeeisen-Technik, als Schmieden, Schweißen, Treiben, Herstellung von Verbindungen 2c.; 2) geschichtlicher Ueberblick der Entwickelung der Kunstschmiede-Technik von der romanischen Periode bis heute, bestehend in ca. 300 chronologisch geordneten Aufnahmen; 3) Entwürfe und Aufnahmen von Kunstschmiede-Arbeiten; 4) Litteratur, betreffend die Kunstschmiederei. Den Gesammteindruck der Karlsruher Ausstellung resumirend, konstatirte Redner, daß das deutsche Kunsthandwerk hier zum ersten Male in sehr beachtenswerther Weise einem großen Publikum vor Augen getreten, und daß die erfreulicherweise von Fachleuten zahlreich besucht gewesene Ausstellung gezeigt habe, daß auf dem Gebiete des Kunsthandwerks Schule und Museum Hand in Hand mit der Werkstatt gehen müssen, um Ersprießliches zu leisten, und knüpfte Herr Rumpf hieran den Wunsch, daß das Unternehmen dazu beigetragen haben möge, den Sinn für die Kunstschmiederei in weiteren Kreisen zu wecken, damit dessen Arbeiten auch entsprechende Anerkennung und Lohn in höherem Maße als bisher vielfach *zu Theil werde*. — Hieran schloß sich ein Ueberblick über Leistungen der Kunstschmiederei, denen wir in unserer Stadt an Thoren, Balkonen, Veranden, Dachbekrönungen, Stiegengeländern ꝛc. begegnen und wurde hierbei namentlich der mehrfach vertretenen meist tüchtigen Arbeiten hiesiger Meister gedacht und im Hinblick auf diese Leistungen der Wunsch ausgesprochen, daß es vielleicht durch das Zusammenwirken des Lokalgewerbvereins und hiesiger Kunstfreunde auch hier demnächst gelingen möge, eine Ausstellung ähnlich der in Karlsruhe zu Stande zu bringen, wobei gewiß die Gewerbtreibenden unseres Landes sich zahlreich betheiligen würden. — Nächstdem erstattete Herr Techniker Neumann in anschaulicher Weise ein Referat über die hiesige Handwerkerschule. Daraus sei erwähnt, daß die Schule gegenwärtig 220—240 Schüler, und zwar in jeder Abtheilung 50—56, zählt. Die jährlichen Ausgaben betrugen letzthin 5000—5500 Mark; unter den Einnahmen figuriren als feste Posten die Beiträge des Landesgewerbvereins und der Stadt (die auch das Lokal stellt) mit 1300 resp. 800 Mark p. a.; dazu kommen an Schulgeldern 2000—2500 Mark ꝛc., während der Rest der Ausgaben durch den Lokalgewerbverein gedeckt wird; im Vorjahre war ein Zuschuß desselben von nicht weniger als 907 Mark erforderlich. Die Anmeldungen zur Schule haben sich namentlich seit Errichtung der obligatorischen Fortbildungsschule vermehrt, sodaß die heute bestehenden Klassen meist überfüllt erscheinen und die Errichtung weiterer Klassen alsbald nöthig werden wird. Mit Rücksicht auf das finanzielle Resultat der letzten Jahre plaidirt Redner für Erhöhung des Zuschusses Seitens des Landesgewerbvereins. Ueber die durch das Referat in Anregung gebrachte Frage der Errichtung eines Gewerbvereinshauses als eignen Heims der Schule vernahmen wir u. a., daß die zur Berathung derselben niedergesetzte Commission ihre umfassenden Vorarbeiten nahezu beendet hat und eine entsprechende Eingabe an den Stadtvorstand mit thunlichster Beschleunigung gerichtet werden soll. — Noch sei erwähnt, daß die ausgestellten Kunstschmiede-Arbeiten, welche die Centralstelle erworben, sehr sehenswerth sind und noch in den nächsten 14 Tagen in der Technischen Mustersammlung zu besichtigen sind (später kommen sie in anderen Orten unseres Landes zur Ausstellung).

D. Z.

Wörrstadt. Vor einem zahlreichen Publikum hielt Herr Universitätsamtmann Dr. Dietz aus Gießen am 22. d. M. Vortrag über die Kranken- und Unfallversicherung der Arbeiter. Der Herr Vortragende verbreitete sich zuerst in kurzer aber klarer Weise über die schon mehr bekannte Krankenversicherung, um alsdann länger bei der Unfallversicherung zu verweilen. In rein sachlicher Weise erläuterte er an Hand von Beispielen die Rechte und Pflichten der Versicherten, die Eintheilung der Verwaltung u. s. w. und schloß seinen Vortrag nach 1½ stündiger anregender Rede mit dem Hinweis auf die in Aussicht stehende Alters- und Invalidenversorgung. An der sehr animirten Discussion nahmen die verschiedensten Handwerker regen Antheil und trugen die gestellten Einzelnfragen, welche durch Herrn Dr. Dietz in sehr treffender und schlagfertiger Weise erläutert wurden, zur Klarstellung der Gesetzesbestimmungen wesentlich bei.

Br.

Fürth i. O. Am 22. Januar sprach Herr Generalsecretär Dr. Hesse in unserem Lokalgewerbvereine über die Grundzüge der Alters- und Invaliden-Versicherung der Arbeiter. Trotz des schlechten Wetters hatten sich zahlreiche Besucher eingestellt, sodaß der gewählte Saal dieselben nicht vollständig zu fassen vermochte. Nach einem kurzen Rückblick auf die Geschichte und Entwicklung unserer socialpolitischen Gesetzgebung besprach der Vortragende in gedrängter Darstellung den Inhalt der „Grundzüge", um sodann auf die von den verschiedenen Körperschaften gepflogenen Berathungen über dieselbe, sowie die dabei zu Tage getretenen Anschauungen einzugehen. Er hob hierbei hauptsächlich die Punkte hervor — Umfang der Versicherung, Rente oder Kapital, Reichszuschuß, Umlage- oder Deckungsverfahren, Betrag der Rente, die Berufsgenossenschaften als Träger der Versicherung, das Markensystem ꝛc. —, welche voraussichtlich bei den bevorstehenden Verhandlungen im Reichstage Anlaß zu Debatten und Meinungsverschiedenheiten geben werden. Der Vortrag schloß mit einem kurzen Berichte über die Verhandlungen der zur Berathung der „Grundzüge" eingesetzten Commission des Landesgewerbvereins und die von derselben gefaßten Beschlüsse.

Druckfehlerberichtigung: Seite 33, Zeile 24 ist zu lesen „Wettkämpfe" statt „Weltkämpfe".

Redacteur Dr. Hesse. — Druck von Heinrich Brill.
In Commission bei L. Brill in Darmstadt.

Gewerbeblatt

für das

Großherzogthum Hessen.

Zeitschrift des Landesgewerbvereins.

Erscheint wöchentlich. Auflage 4500. Anzeigen für die durchgehende Petitzeile oder deren Raum bei ein- und zweimaliger Aufnahme 30 Pf., bei drei- und mehrmaliger Aufnahme 25 Pf.

№ 6. Februar 1888.

Die Grundzüge der Alters- und Invaliden-Versicherung der Arbeiter.

Berathen in der Sitzung der hierzu einberufenen Commission des Landesgewerbvereins, am 12. Januar 1888.

(Fortsetzung.)

Die Versammlung trat hierauf in die specielle Berathung über den Umfang und Gegenstand der Versicherung ein.

Der betreffende §. 1. der „Grundzüge" lautet:

Gegen die Erwerbsunfähigkeit, welche in Folge von Alter, Krankheit oder von nicht durch reichsgesetzliche Unfallversicherung gedeckten Unfällen eintritt, werden nach Maßgabe der nachfolgenden Bestimmungen versichert:

a. Personen, welche als Arbeiter, Gehilfen, Gesellen, Lehrlinge oder Dienstboten gegen Lohn oder Gehalt beschäftigt werden;

b. Betriebsbeamte sowie Handlungsgehilfen und Lehrlinge einschließlich der Gehilfen und Lehrlinge in Apotheken, deren durchschnittlicher Jahresarbeitsverdienst an Lohn oder Gehalt 2000 Mark nicht übersteigt, sowie

c. die gegen Lohn oder Gehalt beschäftigten Personen der Schiffsbesatzung deutscher Seefahrzeuge.

Durch Beschluß des Bundesraths kann die Bestimmung des Absatzes 1 auch auf selbstständige Gewerbetreibende der Hausindustrie erstreckt werden. Durch Beschluß des Bundesraths kann ferner bestimmt werden, daß und inwieweit diejenigen Gewerbetreibenden, in deren Auftrag und für deren Rechnung von Hausgewerbetreibenden gearbeitet wird, als beitragspflichtige Arbeitgeber der letzteren und ihrer Gehülfen, Gesellen und Lehrlinge gelten sollen.

Commerzienrath Römheld erachtete die in pos. b der Ziffer 1 angenommene obere Grenze von 2000 Mark für nicht zutreffend und beantragte, statt des vorgesehenen Betrags eine obere Grenze von 3000 Mark anzunehmen.

Herrn Professor Lincke erschien es zweifelhaft, ob es überhaupt nöthig sei, eine obere Grenze des Einkommens festzusetzen; auch erachte er es bei dem thatsächlich häufig eintretenden Umstande, daß Gesellen zeitweise als selbstständige Meister arbeiten, dann aber wieder in Gesellenstellung zurücktreten, für eine Härte, daß dieselben während der ersteren Zeit der Wohlthat der Versicherung, wenn sie nicht ²/₃ des Beitrages weiter zahlen, ebenso verlustig gehen würden, wie in dem Falle, wenn, wie bei Bauhandwerkern, die Arbeit der Jahreszeit halber auf längere Zeit eingestellt würde.

Commerzienrath Römheld erklärte hiernach, daß, da auch das Unfallversicherungsgesetz die gleiche obere Grenze von 2000 Mark enthalte, er von seinem Antrage absehe. Der angeführte Wechsel in der Stellung der Versicherten zwischen Arbeitnehmer und selbstständigen Gewerbetreibenden begreife allerdings eine Verlängerung der Carenzzeit in sich, wenn die Beiträge nicht mit ²/₃ ihrer Höhe weiter entrichtet würden, mache aber die einmal erlangten Ansprüche nicht illusorisch.

Weißbindermeister Klotz von Darmstadt, weist darauf hin, daß auch Arbeiter der Baugewerke in den für ihren Hauptberuf ungünstigen Jahreszeiten leicht anderweitige Beschäftigung finden können, und dadurch während dieser Zeit nur in eine andere Berufsgenossenschaft übertreten.

Herr Kaufmann Junck, Vorstand des Lokalgewerbvereins in Sprendlingen (Rheinhessen), erachtet den Einschluß der Kleingewerbetreibenden in den Kreis der Versicherung für geboten, und zwar derjenigen Kleinmeister, welche nicht mehr als 1 Gehülfen regelmäßig beschäftigen. Diese Art von Geschäftstreibenden, welche sich namentlich auf dem Lande vielfach vorfindet, sei der Stellung und Lage nach von Arbeitnehmern des gleichen Berufes nicht verschieden; solche Kleinmeister treten häufig wieder in die Reihen der Arbeiter zurück, weßhalb die Versicherung auch auf dieselben auszudehnen sein würde, was er hiermit durch einen entsprechenden Zusatz d zu pos. 1 beantrage.

Herr Römheld hält es jedoch bei dem Mangel eines Ueberblickes über die Zahl solcher Kleinmeister und die Ungewißheit, wieweit der gestellte Antrag führe, für zweckmäßiger, dem Bundesrathe es anheimzugeben, die Bestimmungen des Absatzes 1 auch auf die genannten kleinen Gewerbetreibenden erstrecken zu können und stellt entsprechenden Antrag.

Herr Ingenieur Schiele von Gießen will im Falle der Annahme des Antrags Junck denselben auch auf die kleinen Landwirthe erstreckt sehen.

Herr Jochem von Worms warnt vor dem Antrage Junck als vor einem gefährlichen Wege, von dem man nicht wisse, wohin er führe; auch entzöge man damit einem Theile dieser Gewerbetreibenden, vielleicht gegen ihren Willen, die Selbstständigkeit; viel eher könne er sich für den Antrag Römheld aussprechen.

Commerzienrath Reuleaux von Mainz ist gegen eine Ausdehnung des Paragraphen, dessen Umfang er nur nach Maßgabe des Unfallversicherungsgesetzes gewünscht hätte. Auch die Alters-Versicherung wäre, seiner Ansicht nach, zunächst besser aus den Grundzügen weggeblieben; der Versicherungszwang hierzu errege unter den Arbeitern nur böses Blut und bringe Mißverständnisse. Auch sei es als ein entschiedener Mangel zu bezeichnen, daß mit den Grundzügen das statistische Material, welches für dieselben als Grundlage gedient hat, nicht zur Veröffentlichung gelangte, da hierdurch eine Prüfung wesentlich erschwert, wenn nicht unmöglich gemacht sei.

Bei der darauf folgenden Abstimmung wird der Antrag Junck mit 14 gegen 9 Stimmen abgelehnt, worauf Herr Ingenieur Schiele den seinigen zurückzieht. Der Antrag Römheld wird hierauf mit dem Amendement Ulrich, denselben auch auf die kleinen Landwirthe zu erstrecken, mit 16 gegen 7 Stimmen angenommen.

Es wird also unter sonstiger Zustimmungserklärung zu dem vorgeschlagenen Umfange und Gegenstand der Versicherung gewünscht, daß in Ziffer 1, letzter Absatz, hinter den Worten „selbstständige Gewerbetreibende der Hausindustrie“ gesetzt werde: „sowie auf die sonstigen kleineren Gewerbetreibenden und Landwirthe, insofern solche nicht mehr wie einen Arbeiter regelmäßig beschäftigen, erstreckt werden.“

Der §. 5, zu dessen Berathung nunmehr übergegangen wurde, lautet:

5) Die Alters- sowie die Invalidenversorgung besteht in der Gewährung jährlicher Renten.

Altersversorgung erhält ohne Rücksicht auf seine Erwerbsfähigkeit Derjenige, welcher das 70. Lebensjahr vollendet hat.

Invalidenversorgung erhält ohne Rücksicht auf das Lebensalter Derjenige, welcher nachweislich dauernd völlig erwerbsunfähig ist.

Völlig erwerbsunfähig ist Derjenige, welcher in Folge seines körperlichen oder geistigen Zustandes weder im Stande ist, die gewöhnlichen Arbeiten, welche seine bisherige Berufsthätigkeit mit sich bringt, regelmäßig zu verrichten, noch durch andere, seinen Kräften, Fähigkeiten und der vorhandenen Arbeitsgelegenheit entsprechende Arbeiten den Mindestbetrag der Invalidenrente zu erwerben.

Ohne weitere Debatte erklärt sich die Versammlung für die in Vorschlag gebrachte Gleichheit der Rente und der Beiträge, sowie für die Gewährung der Unterstützungen in Form von Renten.

Nach kurzer Discussion über die Altersgrenze bezüglich der Altersversicherung, an welcher sich der Vorsitzende, die Herren Graveur Blänkle aus Michelstadt, Lincke und Klotz von Darmstadt, Römheld von Mainz, Büchner von Pfungstadt, Jochem von Worms, Müller von Bensheim und der Generalsecretär betheiligen, und wobei insbesondere auch hervorgehoben wurde, daß die Bedenken, welche gegen 70 Jahre bei der Altersversicherung erhoben worden sind, auf Mißverständniß der vorliegenden „Grundzüge“ beruhen, wird der in den Grundzügen vorgesehenen Altersgrenze von 70 Jahren mit 17 gegen 6

Stimmen zugestimmt. Hierdurch wurden die Anträge, welche auf 60, resp. 65 Jahre gestellt worden waren, erledigt.

Die nunmehr der Berathung unterstellten Ziffern 8 und 9 der „Grundzüge" haben folgenden Wortlaut:

8) Die Wartezeit (Ziffer 7) beträgt:
1) bei der Altersrente 30 Beitragsjahre (Ziffer 9),
2) bei der Invalidenrente 5 Beitragsjahre.

Der Zurücklegung einer Wartezeit bedarf es nicht, wenn die Erwerbsunfähigkeit erweislich Folge einer Krankheit ist, welche der Versicherte bei der Arbeit oder aus Veranlassung derselben sich zugezogen hat.

Solchen Personen, welche vor Ablauf der Wartezeit aus einer anderen als der vorstehend angegebenen Ursache erwerbsunfähig werden, kann auf ihren Antrag aus Billigkeitsgründen eine Rente bis zur Hälfte des Mindestbetrages der Invalidenrente gewährt werden, sofern sie die gesetzlichen Beiträge während mindestens eines Beitragsjahres geleistet haben. Eine solche Bewilligung ist jedoch unstatthaft, insofern der Erwerbsunfähige erst zu einer Zeit, in welcher seine Erwerbsunfähigkeit bereits beschränkt war, in eine die Versicherungspflicht begründende Beschäftigung eingetreten ist, und Thatsachen vorliegen, welche die Annahme rechtfertigen, daß dies in der Absicht geschehen sei, um den Anspruch auf Rente zu erwerben.

9) Als Beitragsjahr (Ziffer 8) gilt ein Zeitraum von 300 Arbeitstagen. Die innerhalb eines Kalenderjahres mehr geleisteten Arbeitstage werden bei Berechnung der Wartezeit auf das nächstfolgende Beitragsjahr in Anrechnung gebracht.

Solchen Personen, welche, nachdem sie in eine die Versicherungspflicht begründende regelmäßige Beschäftigung eingetreten waren, wegen bescheinigter Krankheit verhindert gewesen sind, diese Beschäftigung auszuüben, oder welche behufs Erfüllung der Militärpflicht in Friedens-, Mobilmachungs- oder Kriegszeiten zum Heere oder zur Flotte eingezogen gewesen sind, oder in Mobilmachungs- oder Kriegszeiten freiwillig militärische Dienstleistungen verrichtet haben, werden diese Zeiten, soweit es sich um die Erfüllung der Wartezeit handelt, als Arbeitszeiten in Anrechnung gebracht.

Hierzu beantragt Herr Römheld, daß statt der 5 Beitragsjahre als Wartezeit für die Invalidenrente gesetzt werde: 1500 Arbeitstage, daß aber sonst das Beitragsjahr zu 300 Arbeitstagen gerechnet werde. Die mögliche Arbeitszeit sei bei verschiedenen Berufsarten, wie bei Bauhandwerkern, landwirthschaftlichen Arbeitern 2c., in verschiedenen Jahren, je nach Gunst oder Ungunst der Witterung u. s. w., eine sehr schwankende; es erscheine deßhalb einfacher und sachgemäßer die Wartezeit auf 1500 Tage zu bestimmen, als wie die Verrechnungen etwaiger Ueberschüsse einzelner Jahre, wie solche in den Grundzügen vorgesehen ist, einzuführen.

Auf eine Anfrage des Herrn Ingenieur Schiele von Gießen wird nach kurzer Discussion der Antrag des Herrn Eisenbahnbaumeisters Schoberth von Alsfeld mit allen gegen 2 Stimmen angenommen, daß als Arbeitstag die innerhalb 12 Zeit-Stunden, einerlei ob Tag oder Nachts, geleistete Arbeit zu betrachten sei.

Hierauf wird der Antrag Römheld, statt der Wartezeit von 5 Jahren 1500 Tage zu setzen und das Beitragsjahr zu 300 Arbeits-Tage zu normiren, einstimmig angenommen.

Die Berathung über Ziffer 10 der „Grundzüge", Aufbringung der Mittel, wurde vorläufig zurückgestellt, um später mit der Frage, ob Prämien- oder Umlageverfahren, behandelt zu werden. Die betreffende Bestimmung der „Grundzüge" lautet:

10) Die Mittel zur Gewährung der Alters- und Invalidenrenten werden vom Reich, den Arbeitgebern und den Versicherten zu je einem Drittel aufgebracht.

Die Aufbringung erfolgt seitens des Reichs durch Uebernahme von einem Drittel derjenigen Gesammtbeträge, welche an Renten in jedem Jahre thatsächlich zu zahlen sind, seitens der Arbeitgeber und der Versicherten durch Entrichtung laufender Beiträge.

Näheres über den Betrag der Rente bestimmt Ziffer 13:

13) Die Renten werden für Kalenderjahre berechnet.

Die Invalidenrente beträgt bei Männern 120 Mark jährlich und steigt nach Ablauf der ersten 15 Beitragsjahre für jedes vollendete weitere Beitragsjahr um je 4 Mark jährlich bis zum Höchstbetrage von jährlich 250 Mark*).

Die Altersrente beträgt jährlich 120 Mark. Die Altersrente kommt in Fortfall, sobald dem Empfänger Invalidenrente gewährt wird,

Weibliche Personen erhalten ²/₃ des Betrages dieser Renten.

So lange der Berechtigte nicht im Inlande wohnt, ist die Zahlung der Renten einzustellen.

Ist der Berechtigte ein Ausländer, so kann ihn die Versicherungsanstalt für seinen Anspruch mit dem dreifachen Betrage der Jahresrente abfinden.

Die Altersrente beginnt mit dem ersten Tage des 71. Lebensjahres, die Invalidenrente mit dem Tage, an welchem der Verlust der Erwerbsfähigkeit eingetreten ist. Dieser Zeitpunkt ist in der Entscheidung über die Invalidisirung festzusetzen; sofern eine solche Festsetzung nicht getroffen ist, gilt als Anfangstermin der Invalidenrente der Tag, an welchem der Anspruch auf Anerkennung der Erwerbsunfähigkeit bei der unteren Verwaltungsbehörde gestellt worden ist.

Bezüglich des Betrages der Renten war die Versammlung mit den angenommenen Sätzen der Invaliditätsrente einverstanden, nicht so vollständig mit denen der Altersrente.

Herr Kaufmann Junck von Sprendlingen stellte den Antrag, daß als Altersrente der Betrag von 200 Mark festgesetzt werde und daß das Reich zur Deckung der dadurch entstehenden Mehrkosten ebensoviel zahle, wie die Arbeitgeber und Arbeitnehmer zusammen; also, nach den Sätzen der Vorlage, 4 Pfennig per Tag und Kopf.

Herr Graveur Blänkle von Michelstadt will die Altersrente in der Höhe der Maximalinvalidenrente (250 Mark) festgesetzt sehen; wo-

*) Der Höchstbetrag der Rente wird somit nach Ablauf von 48 Beitragsjahren erreicht, also bei Personen, welche mit dem Beginn des 19. Lebensjahres in eine die Versicherungspflicht begründende Beschäftigung eingetreten sind, nach Ablauf von 18 + 48 = 66 Lebensjahren.

zu Herr Schoberth bemerkt, daß er aus moralischen Gründen auch derselben Ueberzeugung sei; der Betrag von 120 Mark Altersrente, gegenüber den Sätzen der Invalidenrente, würde zur Simulation und Corruption führen; der 68jährige noch rüstige Arbeiter würde suchen, für invalid erklärt zu werden, um in den Bezug des höheren Rentensatzes zu gelangen.

Die Herren Römheld und Büchner erachten die eingebrachten Anträge für bedenklich; es sei geboten, mit Vorsicht vorzugehen und nicht Verpflichtungen zu übernehmen, welchen vielleicht später nicht genügt werden könnte.

Herr Professor Lincke ist gleichfalls für eine Erhöhung der Altersrente, aber noch nicht zur Zeit. Zunächst soll die Wohlthat der Versicherung auf möglichst breite Schichten der Bevölkerung, ohne Bevorzugung einer einzelnen Klasse, Ausdehnung finden und in der ganzen Vorlage der Begriff „Menschen" gegenüber dem Begriff „Arbeiter" mehr betont werden.

Die Anträge Junck und Blänkle werden mit allen gegen 4 Stimmen abgelehnt und ist damit der Entwurf der Grundzüge, auch bezüglich des den weiblichen Personen bestimmten Betrages, worüber eine kurze Discussion entstanden war, angenommen. (Schluß folgt.)

Deutsch-nationale Kunstgewerbe-Ausstellung zu München 1888.

Die Bemühungen des für das Großherzogthum Hessen gebildeten Landes-Comités, eine rege Betheiligung diesseitiger Fabrikanten und Kunstgewerbetreibenden bei der 1888 in München stattfindenden deutsch-nationalen Kunstgewerbe-Ausstellung herbeizuführen, sowie die Kunstgewerbs-Erzeugnisse des Großherzogthums in München in einer „Collectiv-Ausstellung" zu vereinigen, waren nicht von dem gewünschten Erfolg. Die Ausstellungs-Müdigkeit und mancherlei andere Verhältnisse traten der bemerkten Absicht hindernd entgegen. Das Project einer Collectiv-Ausstellung mußte deßhalb fallen gelassen werden. Nur folgende fünf Aussteller aus dem Großherzogthum haben definitive Betheiligungs-Erklärungen abgegeben:

1. Hartmann, Friedrich, in Michelstadt, Elfenbeingraveur.
2. Wallau, Heinrich, in Mainz, Buch- und Kunstdruckerei.
3. Vombach, F. L., in Offenbach a. M., Kunstgießerei.
4. Kreuzer & Böhringer in Lindenfels, Syenit-Schneiderei und -Schleiferei.
5. C. Hochstätter & Söhne in Darmstadt, Tapetenfabrikanten.

Entscheidungen des Reichsversicherungsamtes.

In einer Rekursentscheidung vom 27. September v. J. („Nr. 451 der Amtl. Nachr. des R.-V.-A.") hat das Reichs-Versicherungsamt Folgendes ausgeführt: Wenn ein Betrieb in das Genossenschaftskataster aufgenommen worden ist (§§. 34 ff. des Unfallversicherungsgesetzes), so kann bei

Eintritt eines Unfalls die Zugehörigkeit des Betriebes zur Berufsgenossenschaft nicht wieder in Frage gestellt und die Entschädigungspflicht nicht angezweifelt werden, so lange der Betrieb noch im Kataster verzeichnet steht. Der betreffende Unternehmer muß im eignen Interesse und im Interesse seiner Arbeiter die Gewißheit haben, daß ein in seinem katastrirten Betriebe vorkommender Unfall Seitens der Genossenschaft werde entschädigt werden (vergleiche Bescheid 138, „Amtliche Nachrichten des R.-V.-A." 1886 Seite 55). Dieser Grundsatz, welcher nur im Falle doloser Erwirkung der Aufnahme in das Kataster eine Ausnahme zuläßt, gilt auch gegenüber eingetretenen Betriebsveränderungen, welche ein Ausscheiden des Betriebes aus der Berufsgenossenschaft bedingen können; denn auch für diesen Fall bietet das Unfallversicherungsgesetz durch die Bestimmungen im §. 38 in Verbindung mit §. 104 die nöthigen Handhaben, um die Streichung von Betrieben, die ihres versicherungspflichtigen Charakters entkleidet sind, im Genossenschaftskataster herbeizuführen.

Bei Beurtheilung der Frage, unter welchen Voraussetzungen das Vorhandensein eines Motors den Betrieb, dem er dient, in seinen übrigen Theilen versicherungspflichtig macht, kommt es nach einer Rekursentscheidung des Reichs-Versicherungsamts vom 27. September v. J. (452) stets auf die Lage des einzelnen Falles, insbesondere auf die Bedeutung des Motorenbetriebs im Vergleich zu dem sonstigen Betriebe nach Größe, Arbeiterzahl, wirthschaftlichem Aufwande u. s. w. an. In einem Gefäßvermessungsbetriebe waren überhaupt nur drei Personen beschäftigt, von denen mindestens eine den Gasmotor zu besorgen hatte; hier wohnte dem letzteren offenbar eine solche Wichtigkeit bei, daß die mit ihm verbundene Versicherungspflichtigkeit das ganze Unternehmen ergreifen mußte und ergriffen hat. Unter diesem Gesichtspunkt und im Hinblick auf die fortdauernde Wirkung der Eintragung des Betriebes in das Kataster (vergleiche den Bescheid 451) ist es daher für Entscheidung ohne Belang, daß zur Zeit des Unfalls der Motorenbetrieb als solcher eingestellt war; denn eben der Gesammtbetrieb, „bei welchem" der Unfall unbestritten sich ereignet hat, war versichert worden und die Entschädigungsverbindlichkeit der Berufsgenossenschaft blieb bestehen, solange nicht wegen dauernd veränderter Verhältnisse eine Streichung des Betriebes im Kataster erfolgte.

Ein Fabrikkutscher bewegte auf Befehl seines Vorgesetzten die für den Betrieb gehaltenen Pferde und fand hierbei den Tod. In Uebereinstimmung mit dem Schiedsgericht hat das Reichs-Versicherungsamt durch Entscheidung vom 22. November v. J. (453) den Entschädigungsanspruch der Wittwe und der Kinder der Getödteten für gerechtfertigt anerkannt. Der Betrieb im Sinne des §. 1 Absatz 1 des Unfallversicherungsgesetzes stellt sich nicht lediglich als Inbegriff aller Thätigkeiten dar, welche von den eigentlichen Fabrikarbeitern innerhalb der Betriebsstätte vorgenommen werden und unmittelbar dem Zweck der Herstellung eines Produkts dienen, sondern umfaßt auch diejenigen Thätigkeiten, welche die Zwecke der Produktion mittelbar fördern und von Betriebsarbeitern verrichtet werden, die den eigentlichen technischen Verrichtungen fern stehen (vergleiche Entscheidung 418, „Amtliche Nachrichten des R.-V.-A." 1887 Seite 355). Letzteres trifft bei dem getödteten Kutscher zu, dessen Thätigkeit unter Anderem darauf gerichtet war, das Gespann in gebrauchsfähigem Zustande zu erhalten. Daß das Bewegen der Pferde unter Benutzung eines Kutschwagens erfolgte und mit einer Spazierfahrt der Ehefrau des Fabrikdirektors verbunden war, ist ohne Belang. Der dem Ehemann der Klägerin zugestoßene Unfall, welcher den Tod desselben herbeigeführt hat, steht sonach in einem, wenn auch nur mittelbaren, ursächlichen Zusammenhang mit dem Betriebe und ist daher als ein Betriebsunfall im Sinne des §. 1 Absatz 1 des Unfallversicherungsgesetzes anzusehen, für dessen Folgen die Beklagte durch Zahlung der gesetzlichen Rente einzutreten hat.

Der Nachtwächter auf einer Zeche wurde bei der Verfolgung von Dieben, welche in die Betriebsstätte eingedrungen waren, durch einen Steinwurf am Auge verletzt. In Uebereinstimmung mit dem Schiedsgericht hat das Reichs-Versicherungsamt durch Rekursentscheidung vom 3. Januar d. J. hierin einen Betriebsunfall erkannt. Es kann dahin gestellt bleiben, wie die Verletzung eines Betriebsarbeiters durch einen von außen geworfenen Stein zu beurtheilen sein würde. Für denjenigen Angestellten des Werks aber, dessen besondere Verrichtungen in der nächtlichen Bewachung der Betriebsstätte und in der Abwehr des Eindringens von Dieben u. s. w. bestehen, sind gewaltthätige Angriffe von Dieben als eine der Gefahren anzusehen, welche mit seinen Obliegenheiten im Betriebe verbunden sind. Nach der Sachlage ist anzunehmen, daß der Steinwurf von den Seitens des Wächters verjagten Dieben oder von deren Genossen ausgegangen ist; die dadurch hervorgerufene Verletzung ist mithin im vorliegenden Falle „bei dem Betriebe" eingetreten.

Aus den Lokalgewerbvereinen.

Alsfeld. Am 22. d. M. hielt Herr Dr. Sonne aus Darmstadt im hiesigen Localgewerbverein einen Vortrag über die Haltbarmachung der Nahrungs- und Genußmittel. Die zahlreich versammelte Zuhörerschaft, unter welcher sich auch einige Damen befanden, folgte dem lehrreichen Vortrage mit sichtlichem Interesse und stimmte dem Danke, welchen der Vorsitzende des Vereins dem Redner abstattete, freudig zu. S.

Butzbach. Der im Dezember vorigen Jahres gegründete Localgewerbeverein für Butzbach und Umgegend hielt den 23. Januar seine erste allgemeine Versammlung im Gasthaus zum Löwen ab. Der Vorsitzende des Vereins, Herr Spenglermeister K. Wenzel, eröffnete dieselbe mit einer kurzen Ansprache, nach welcher er Herrn Dr. W. Sonne aus Darmstadt, das Wort zu einem Vortrage ertheilte. Derselbe sprach über „das Wasser in gesundheitlicher und technischer Beziehung."

Der Inhalt des Vortrags läßt sich dahin zusammenfassen, daß zunächst die großartigen Wasserwerke der Völker des Alterthums erwähnt und sodann auf die Thatsache, daß im Mittelalter schlechtes Wasser mehrfach verheerende Krankheiten in stark bevölkerten Städten veranlaßte, hingewiesen wurde. Weiter wurde auseinandergesetzt, welche Anforderungen an ein gutes Trinkwasser gestellt werden müssen, sowie der Nachweis der im natürlichen Wasser vorkommenden Stoffe durch eine Reihe von Versuchen geführt. Eine während des Vortrags vorgenommene Untersuchung von Wasser aus dem Butzbacher Marktbrunnen, welcher durch Quellwasser gespeist wird, ergab, daß das Wasser dieses Brunnens als ein vorzügliches zu bezeichnen ist.

Uebergehend zur Verwendung des Wassers in der Technik und den Gewerben, wurden die Ursachen erläutert, warum das Kesselspeisewasser die Dampfkessel abnutzt auch einige Mittel zur Verhütung der Kesselsteinbildung angegeben. Die Reinigung des Wassers auf chemischem Wege wurde ebenfalls durch einen Versuch erklärt. Dann wurde über die Methoden, welche dazu dienen, unreines Wasser wieder brauchbar zu machen, einiges angeführt, sowie auf die Versorgung der Schiffe und großen Städte mit Trink- und Gebrauchswasser hingewiesen.

Nachdem für diesen interessanten und belehrenden Vortrag die zahlreichen Zuhörer dem Redner den verdienten lebhaften Applaus gezollt, blieb man noch einige Zeit bei einem Glas Bier gemüthlich beisammen. W.

Redacteur Dr. Hesse. — Druck von Heinrich Brill.
In Commission bei L. Brill in Darmstadt.

Gewerbeblatt

für das

Großherzogthum Hessen.

Zeitschrift des Landesgewerbvereins.

Erscheint wöchentlich. Auflage 4500. Anzeigen für die durchgehende Petitzeile oder deren Raum bei ein- und zweimaliger Aufnahme 30 Pf., bei drei- und mehrmaliger Aufnahme 25 Pf.

№ 7. Februar 1888.

Die Grundzüge der Alters- und Invaliden-Versicherung der Arbeiter.

Berathen in der Sitzung der hierzu einberufenen Commission des Landesgewerbvereins, am 12. Januar 1888.

(Schluß.)

Die Versammlung trat hierauf in die Debatte über die Organisation, die Aufbringung der Mittel und das Verfahren ein. Die betreffenden Vorschläge der „Grundzüge" lauten:

19) Die Alters- und Invalidenversicherung erfolgt durch die zur Durchführung der Unfallversicherung errichteten Berufsgenossenschaften beziehungsweise durch das Reich, die Bundesstaaten, Communalverbände oder andere öffentliche Verbände, welche auf Grund der Unfallversicherungsgesetze an die Stelle von Berufsgenossenschaften getreten sind. Jedem dieser Träger der Alters- und Invalidenversicherung liegt die letztere bezüglich derjenigen Personen ob, für welche er Träger der Unfallversicherung ist, dem Reich und den Bundesstaaten auch bezüglich derjenigen unter Ziffer 1 fallenden Personen, welche in Verwaltungen des Reichs beziehungsweise der Bundesstaaten beschäftigt werden, ohne der Unfallversicherung zu unterliegen.

Soweit es sich dagegen um andere unter Ziffer 1 fallende, der Unfallversicherung nicht unterliegende Personen handelt, treten für die Alters- und Invalidenversicherung an die Stelle der Berufsgenossenschaft weitere Communalverbände nach näherer Bestimmung der Landesgesetze, in solchen Bundesstaaten aber, in welchen weitere Communalverbände nicht bestehen, oder in welchen durch die Landesgesetzgebung bestimmt wird, daß der Staat hinsichtlich der Alters- und Invalidenversicherung an die Stelle der weiteren Communalverbände treten soll, der Bundesstaat. Durch die Landesgesetzgebung kann angeordnet werden, daß mehrere weitere Communalverbände zur gemeinsamen Uebernahme der Alters- und Invalidenversicherung, soweit ihnen dieselbe nach den vorstehenden Bestimmungen obliegt, vereinigt werden.

Die Höhe der für den Arbeitstag zu entrichtenden Beiträge ist für jede Versicherungsanstalt rc. (Ziffer 21) derart im Voraus festzustellen, daß durch die Beiträge die Verwaltungskosten, die erforderlichen Rücklagen zum Reservefonds und zwei Drittel des Kapitalwerthes der der Versicherungsanstalt durch Renten voraussichtlich entstehenden Belastung gedeckt werden. Die Feststellung des Beitrags erfolgt einheitlich für alle im Bezirk der Versicherungsanstalt beschäftigten versicherungspflichtigen männlichen, beziehungsweise weiblichen Personen derart, daß die Beiträge der letzteren auf zwei Drittel der Beiträge der ersteren zu bemessen sind.

33) Innerhalb 10 Jahren nach dem Inkrafttreten des Gesetzes ist für jede Versicherungsanstalt rc. von dem Reichs-(Landes-)Versicherungsamt die Höhe derjenigen Beiträge festzustellen, welche für die in der Versicherungsanstalt beschäftigten versicherten Personen für den Kopf und Arbeitstag zu entrichten sind. Diese Feststellungen sind zu veröffentlichen. Das Reichs-(Landes-)Versicherungsamt bestimmt, mit welchem Zeitpunkt dieselben in Kraft treten sollen. Die Feststellungen sind in bestimmten Zeiträumen, mindestens aber von 10 zu 10 Jahren zu revidiren.

Bis zur Feststellung eines anderen Beitrages hat jede Versicherungsanstalt rc. für den Kopf und Arbeitstag, bei versicherten männlichen Arbeitern vier Pfennige, bei versicherten weiblichen Arbeitern $^2/_3$ dieses Betrages an Beiträgen zu erheben.*) Bruchtheile sind für die Löhnungsperiode auf volle Pfennige nach oben abzurunden.

34) Jede Versicherungsanstalt gibt Marken aus. Aus denselben muß ersichtlich sein:

a. der Name und die Ordnungsnummer der Versicherungsanstalt;
b. der Betrag des Geldwerthes, welchen die Marke darstellt.

Größe, Farbe und Apoints werden vom Reichs-Versicherungsamt festgestellt und veröffentlicht.

Jede Versicherungsanstalt hat Markenverkäufer zu bestellen, von welchen die Marken käuflich zu erwerben sind.**)

35) Jeder Versorgungsberechtigte erhält bei dem Eintritt in die Beschäftigung ein Quittungsbuch, auf dessen Titelblatt der Name und Wohnort, sowie der Geburtsort und das Geburtsjahr des Inhabers verzeichnet sind. Das Formular für das Quittungsbuch hat das Reichs-Versicherungsamt festzustellen.

37) In das Quittungsbuch hat der Arbeitgeber bei jeder Lohnzahlung den entsprechenden Betrag von Marken derjenigen Versicherungs-

*) So daß bei männlichen Arbeitern für den Kopf und Tag 2 Pfennige vom Arbeitgeber, 2 Pfennige vom Arbeiter entrichtet werden.
**) Analog dem Verkauf von Postbriefmarken.

anstalt, zu welcher der Betrieb gehört, einzukleben und die Hälfte dieses Betrages von der Lohnzahlung zu kürzen. Die eingeklebten Marken sind zu entwerthen.

Zu Ziffer 19 der „Grundzüge", *Organisation der Versicherung*, bemerkt Herr *Römheld*, daß seiner Ansicht nach a priore am Besten das Reich als Träger der Versicherung erscheine. Jedoch werde hierdurch ein breitspuriger und kostspieliger Apparat erforderlich. Dagegen beständen die erforderlichen Einrichtungen im Wesentlichen bereits bei den Berufsgenossenschaften. Auch sei der Verkehr dieser Körperschaften mit den Interessenten fortwährend ein lebhafter; es sei mehr Garantie für sachgemäße Urtheile vorhanden, und es würde die hervorgerufene Mehr-Arbeit nicht allzu schwierig von diesen Körperschaften zu überwinden sein. Deßhalb erscheine es zweckmäßig, die Unfall-Berufsgenossenschaften zu Trägern der Versicherung zu machen, außen stehende Betriebe denselben einzuverleiben, oder, wo dies nicht angeht, andere Verbände zu errichten. Allerdings werde mit dem Wachsen der Arbeit eine Aenderung in der Organisation der Berufsgenossenschaften eintreten müssen; aus den Vorsitzenden der Sectionen müßten Beamte werden, um eine geschäftsführende bleibende Spitze zu sichern. Um dies zu erleichtern, müsse der Staat auf die Möglichkeit der Ausbildung junger Leute im Versicherungswesen auf den Universitäten und technischen Hochschulen Bedacht nehmen. Ueberhaupt müsse in dieser Richtung demnächst eine erziehliche Einwirkung auf die Betriebsinhaber erfolgen; in der Unfallversicherung gelange Manches noch nicht zur Durchführung, weil die richtige Ausbildung, speciell des Lohnwesens, noch nicht vorhanden sei. Es wäre wünschenswerth, daß auch in den Handwerker- und Gewerbe-Schulen diese Verhältnisse Berücksichtigung fänden, damit die jungen Leute namentlich lernen, ein richtiges Lohnbuch zu führen. — Der Vorsitzende sagt diese Berücksichtigung zu. — Herr *Schiele* wies noch darauf hin, daß es wünschenswerth sei, die Arbeitgeber bezüglich der Aufstellung des nöthigen statistischen Materials nur von einer Seite in Anspruch zu nehmen; diese Arbeiten müßten doch einmal für die Berufsgenossenschaften angefertigt werden; etwa nöthige weitere Angaben gingen dabei unter der Hand mit. — Die Versammlung erklärt sich mit den vorgetragenen Anschauungen einverstanden.

Bezüglich *der zu erwartenden Kosten der Alters- und Invalidenversicherung* bemerkte Herr *Römheld*, daß im Jahre 1882 207000 Invaliden, einschließlich Unfallsinvaliden, vorhanden gewesen wären, darunter 82000 über 70 Jahre. Der Procentsatz wechsele sehr nach den einzelnen Berufsarten und variire zwischen 1—30% (Bergbau). Nach Abzug der Unfallversicherung wäre ein Procentsatz von 5% hoch gegriffen; bei 12 Millionen Arbeiter ergäbe dies im Beharrungszustande 600000 Invaliden- und Alters-Versicherte. Rechne man hier pro Kopf, incl. Verwaltung, den ebenfalls hohen Betrag von 200 Mark, so erscheine eine Jahres-Kostensumme von 120 Millionen; oder auf den Arbeiter 10 Mark. Der Vorschlag der „Grundzüge" würde unnöthigerweise in ca. 10 Jahren eine Milliarde festlegen; es sei unzulässig, diese Summe der Industrie und den Arbeitern zu entziehen; dabei komme ferner in Betracht, daß die Berufsgenossenschaften nicht darauf eingerichtet seien, so bedeutende Kapitalien zinstragend anzulegen und diese Vermögen zu verwalten. Viel mehr empfehle sich das Umlageverfahren, unter Schaffung eines ausreichenden Reservefonds; hierfür sei zunächst ein Anfangsbeitrag von 3 Pf. ausreichend, sodaß der Arbeiter pro Kopf und Tag 1 Pf. zu zahlen haben würde. Eine spätere Correctur bleibe für den Bedürfnißfall vorbehalten.

Die Versammlung erklärt sich hiermit einstimmig einverstanden.

Weiter betonte Herr Römheld, daß die Anlage des Reservefonds und des Betriebskapitals in die Hand des Reiches zu legen sei, wie auch die Auszahlung der Renten durch eine Reichskasse zu erfolgen habe. Dadurch würde der nothwendige Apparat einfacher und es könnte die Verrechnung zwischen den Berufsgenossenschaften fallen gelassen werden, wenn man die gesammten Berufsgenossenschaften als eine Einheit betrachte, welcher gegenüber die durch die verschiedenen Gefahrenklassen hervorgerufenen Differenzen in der Belastung doch nur geringfügig erscheinen. Die betreffende Berufsgenossenschaft zahle ihren Antheil pro rata temporis in die allgemeine Reichskasse, aus welcher nachher sämmtliche Renten ohne weitere Repartirung bestritten würden; die Verrechnung falle weg; außerdem sei aber dadurch die Möglichkeit einer Einheits-Marke — also eine höchst bedeutende Vereinfachung der Geschäftsführung — gegeben.

Mit diesen Ausführungen erklärt sich die Versammlung durchaus einverstanden.

Bei der Frage der Aufbringung der Mittel*) betont Herr Römheld nochmals seinen Wunsch, dieselbe dem Reiche und dem Arbeitgeber allein zu überlassen, welch letzterer doch für den Arbeiter zahlen müsse; der Betrag würde sich im Beharrungszustande nur auf 1,66 Pf. für Reich und Arbeitgeber stellen und die bereits gehörten Klagen der Arbeiter fielen weg.

Dem entgegnen die Herrn Commerzienrath Müller von Bensheim, Jochem von Worms und Klotz von Darmstadt; der Betrag von 1 Pf. pro Tag bedeute keine Belastung; die Bezahlung bedeute erst das Recht des Arbeiters zu einer Rente, welche sonst ein Almosen sei; der Arbeiter solle das Bewußtsein behalten, an seiner Existenz mitzuarbeiten; besser sei ihm der Betrag in den Steuern zu erlassen. Auch würde die Wohlthat des Gesetzes mißachtet, wenn keine Gegenleistung vorliege; ferner schütze das durch die Zahlung hervorgerufene Interesse des Arbeiters gegen die Simulation.

Herr Ulrich würde den Mehrbetrag gerne für die Arbeiter auf sich nehmen, muß sich aber den vorgetragenen Gründen anschließen. — Herr Büchner stimmt mit Herrn Römheld überein, da der Arbeiter in den Steuern, besonders in den indirecten, bereits seinen Antheil zahle. — Herr Lincke glaubt, daß man mit dem Erlaß der Zahlung anderen Menschen, welche sich in keiner besseren äußeren Lage, wie die Arbeiter befinden, Unrecht thue und daß die Arbeiter durch Leistung einer Zahlung erst ein Anrecht auf ihre Mitwirkung erlangen könnten.

Gegen die Anschauungen Römheld's spricht sich die Versammlung mit allen gegen 4 Stimmen aus; ist aber einstimmig der Ansicht, daß die nothwendigen Mittel, incl. allgemeiner und Verwaltungskosten, zu

*) Siehe Seite 53, Ziffer 10.

gleichen Theilen von den Arbeitgebern, Arbeitnehmern und dem Reiche aufgebracht werden sollten.

Herr Landtagsabgeordneter Dr. Schröder hat schriftlich einen Antrag eingebracht, trotz der nothwendigen Eile für die Erledigung auszusprechen, „daß die Anhörung geregelter Arbeiter-Organe, wie z. B. der Hülfskassen, über die „Grundzüge" im wohlverstandenen Interesse künftiger gedeihlicher Wirksamkeit angezeigt sei."

Der Vorsitzende bemerkt, daß diese Frage bei der Centralstelle bereits erwogen worden sei, daß aber, wenn Arbeiterkreise gehört werden sollen, dieses allgemein und ähnlich wie bei der Enquête über die Sonntags-Arbeit, durch Mittheilung von Fragebogen, welche die hauptsächlichsten Bestimmungen enthalten, geschehen müßte. Die Versammlung erklärte sich hiermit einverstanden.

Der Vorsitzende sprach hierauf den Anwesenden den Dank für ihr zahlreiches Erscheinen aus, sowie für die bei der Berathung bewiesene Ausdauer, welche allerdings der Wichtigkeit der Sache entspräche. Nachdem noch festgestellt war, daß bei den nicht zur Sprache gebrachten Punkten der Vorlage eine Verschiedenheit der Anschauung im Wesentlichen nicht vorhanden sei, insbesondere noch auf Wunsch des Herrn Büchner von Pfungstadt die Uebereinstimmung mit dem Wunsche des Preußischen Volkswirthschaftsrathes erklärt worden war, in Ziffer 7 der „Grundzüge" hinter „schuldhafte" noch „strafgerichtlich festgestellte Betheiligung" einzufügen, wurde die Versammlung um 3 Uhr Nachmittags geschlossen.

Kraft- und Arbeitsmaschinen-Ausstellung für das Deutsche Reich in München.

Vom 1. August bis 15. October 1888.

So weit sich die Stimmung zur Zeit, wo erst die Programme und Betheiligungs-Formulare hinausgegeben sind, beurtheilen läßt, ist dieselbe nichts weniger als „ausstellungsmüde". Es spricht ja auch sehr viel zu Gunsten derselben; so vor allem der gesicherte außerordentliche Fremdenzufluß durch die „Internationale Kunst- und Deutsch-nationale Kunstgewerbe-Ausstellung", sowie durch den „Bayerischen wie Allgemeinen deutschen Handwerkertag". Immerhin kann das allein nicht genügen, sondern es muß in den betreffenden Ausstellerkreisen die Ansicht vorhanden sein, daß derartige Ausstellungen für den Fabrikanten doch nutzbringend sind!

Diesen Nutzen zu einem möglichst hohen zu gestalten, ist die Aufgabe der leitenden Persönlichkeiten. Die Zusammenstellung des Directoriums und der Ausschüsse ergab sich aus folgenden Ursachen: erstens war es der hiesige Gewerbeverein, der die Initiative dazu ergriffen hat, und zweitens der Polytechnische Verein, der — um die Unterstützung des Unternehmens ersucht — die betreffenden Persönlichkeiten der technischen Wissenschaft und Praxis aus seinem Ausschusse dazu delegirt hat.

Das Ausstellungs-Gebäude kommt auf den Isarthorplatz zu stehen, unmittelbar neben der Kunstgewerbe-Ausstellung und an einer Pferde-

Ansicht des Ausstellungs-Gebäudes.

bahn-Haltestelle, es wird den Ausstellern einen Raum von 4000 qm bieten — einen Raum, der voraussichtlich zu klein sein wird. Aus diesem Grunde wird es sich empfehlen, die Anmeldungen *möglichst bald* an das Bureau: München, Pfistergasse 1, gelangen zu lassen.

Wesentlich für das Bild, das diese Ausstellung bieten soll, ist die ausgedehnte Vorführung der Maschinen im Betriebe, sowie die Ausscheidung von Maschinen ꝛc. des Großbetriebes. Dadurch gelangt auch die kleinste Maschine zur Geltung, was bei größeren Maschinen-Ausstellungen nicht der Fall sein kann, weil die kleineren Ausstellungsobjekte durch das Auftreten der Schaustücke größter Art und Wirkung in den Hintergrund gedrängt werden.

Als Anmeldungstermin gilt der 1. März; für die Anlieferung der 1. Juli; für die Eröffnung der 1. August, und der Schluß der Aus-Ausstellung erfolgt den 15. Oktober 1888.

Die Platzmiethe beträgt für den qm Boden 15 Mark, für den qm Wand 10 Mark, während 1/4 Pferdekraft für den halben Tag zu 1 Mark geliefert wird.

Für die Prämiirung sind von Seite des Staates die nöthigen Mittel in Aussicht gestellt.

Wasserdichte Glasdächer.*)

(Aus dem „Diamant", Glas-Industriezeitung, Leipzig.)

Die Eindeckung größerer Glasdächer wird meistens heute noch ebenso wie früher mit gewöhnlichem Kitt ausgeführt, welcher auch genügend zu dichten scheint und anfangs wenig Reparaturen bedarf, obschon das Schwitzwasser trotz aller künstlichen Vorrichtungen nicht exakt abgeleitet werden kann. Aber auch die verschiedensten Kittmischungen haben sich nicht besser bewährt auf längere Dauer, als wie der gewöhnliche Leinöl-Kreide-Kitt. Zweifellos ist, daß bei Holzconstructionen die Einkittung des Dachglases einigermaßen genügt und ziemlich lange allen Einflüssen widersteht, wenigstens besser, als wie bei Eisenconstructionen.

Bei letzteren führen Kälte und Wärme größere oder kleinere Zusammenziehungen oder Ausdehnungen der Eisenmassen herbei, wodurch die Kitteinlagen rissig werden und dann Regenwasser durchlassen; hiervon sind die Holzconstructionen zwar auch berührt, aber doch nicht in so hohem Grade, wohingegen die Holzmassen bei feuchtem Wetter quellen und nachher eintrocknen, wodurch dann ebenfalls die Kittmassen zerrissen werden und dieselben Uebelstände folgen; je größer die Glasdächer sind, um so empfindlicher und schneller machen sich die hieraus hervorgehenden Mängel bemerkbar. Sind die Glastafeln nicht mit genügendem Spielraum eingeschnitten, dann springen dieselben infolge der Zusammenziehung bei Temperaturdifferenzen resp. Aufquellung der Constructionen bei Feuchtigkeit deshalb, weil das Glas die Ausdehnungs- oder Zusammenziehungsfähigkeit nicht in gleichem Maße besitzt. Die Schwierigkeiten, welche die Ansammlung und Ableitung der kondensirten Schwitzwassermassen fast unmöglich machen, bilden noch weitere Uebelstände, welche bisher nicht beseitigt werden konnten.

Es mögen die Verkittungen bei kleineren Glasdächern mit Holzconstructionen und auch die verschiedenen Schwitzwasser-Abführungen verhältnißmäßig genügen, obschon diese niemals als mustergiltig bezeichnet werden können.

Bei größeren Glasdächern werden jedoch die Eigenschaften des Holzmaterials weniger zu berücksichtigen sein, weil Eisenconstructionen mehr und mehr Anwendung finden, schon der kleinen Profile wegen, welche dem Lichteinfall nur schmale Schattenobjekte bieten und freie Spannbogen ermöglichen in Größenverhältnissen, wie kein Holzmaterial es vermag. Und gerade für große Glasdächer mit Eisenconstructionen hat

*) Vergleiche auch Gewerbeblatt 1883, S. 308.

sich die Einlagerung des Glases in Kittdichtungen als völlig unzureichend erwiesen.

Gewächshäuser, Perronhallen, Lichthöfe ꝛc. von größeren Dimensionen müssen, wenn dieselben den Zwecken entsprechen sollen, vor allen Dingen viel Licht einlassen, Schneemassen tragen, Regenwasser abhalten können und die ablaufenden Schwitzwässer völlig sammeln und sicher ableiten. Alle diese Eigenschaften aber werden vorzüglich nur dann wirklich erreicht, wenn Eisenconstructionen angewendet, die Eindeckung vermittelst Gummistreifen mit Filzunterlagen ausgeführt und Zinkblechrinnen untergelegt werden.

Man sucht deshalb bei den meisten neueren Glasdachconstructionen die Verwendung des Kittes ganz zu umgehen und sinnreiche Ersatzmittel einzuführen; so bei dem System, welches vor einigen Jahren von der Firma Grover & Co. in London vorgeschlagen wurde, wobei Bleistreifen auf Holz genagelt und nachher eingebogen werden, oder bei Dachverglasungen mit Randstreifen von Prof. Göller in Stuttgart und noch manch anderer, deren jede ihren Vortheil, aber auch ihren Nachtheil für sich haben mag.

Von bedeutendstem praktischen Werthe ist das System, welches bei der Glasdacheindeckung der neuen Wagenreparaturwerkstatt der Thüringischen Eisenbahn in Gotha angewendet worden ist. Die sehr einfache Construction ist aus nebenstehender Illustration deutlich ersichtlich. Die eigentliche Grundlage wird durch das Zoreseisen Z gebildet, rinnenförmigen Eisensparren, die in Zwischenräumen je nach der Größe der Glastafeln das Dachgerüste der Breite nach durchschneiden; Quersparren kommen hierbei in Wegfall, was nicht nur die Schönheit der Deckung, sondern auch die Fülle des eindringenden Lichtes erhöht. Die Glasplatten ruhen vollständig sicher unter der Deckplatte D durch eine im Centrum befindliche Schraube festgeschraubt. Damit beim Anziehen der Schraube die Rohglasplatten Gl. nicht zerbrechen, sind elastische Zwischenlagen in Form von Gummistreifen G unter Hespeneisen H darauf gebracht, während die entsprechend nachgiebige Unterlage aus Filzstreifen F besteht. Eine rationelle Beseitigung des Schwitz- und Durchschlagwassers wird durch die Schweißrinnen S bewirkt, welche aus Zinkstreifen a gebogen und zwischengeschraubt sind, zugleich das Herunterrutschen der Filzstreifen verhindern. Die Arbeit, welche mit dieser Art der Verglasung verknüpft ist, läßt sich, wie ersichtlich, leicht ausführen, dabei ist sie höchst sauber und exakt; Erneuerungen können ohne Schwierigkeit vorgenommen werden und ist nur das Lösen der Schrauben erforderlich, um die Glasplatten ꝛc. herausheben zu können. So vereinigt die Construction alles in sich, was ihr für die Dauer Werth zu geben vermag; auch im Preise kommt sie nicht höher zu stehen, als andere neuere Dachverglasungen, die ihren Zweck weniger vollkommen erfüllen. Vielleicht ist es möglich, auch noch Verbesserungen herbeizuführen, wie z. B. ein Ersatz der Gummistreifen durch billigere Verdichtungsmittel ꝛc., in Bezug auf einfache Construction und leichte Aus-

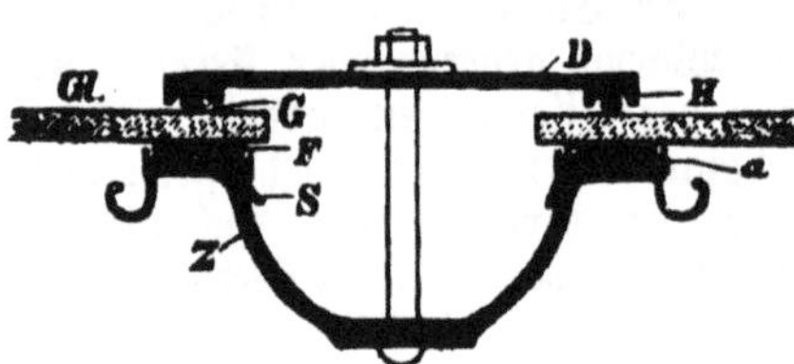

führung und auf gute Haltbarkeit dürfte aber alles erreicht sein, was zweckdienlich ist, und deshalb glauben wir unseren Lesern mit diesem ausführlichen Bericht einen guten Dienst zu leisten.

Verschiedene Mittheilungen.

Postverkehr. Mittelst der deutschen Reichs-Postdampfer der ostasiatischen und der australischen Linie können fortan Postpackete im Gewicht bis 5 kg nach Ceylon versandt werden.

Das vom Absender im Voraus zu entrichtende Porto beträgt für ein Packet im vorgedachten Gewicht 3 Mark 80 Pf.

Ueber die näheren Versendungsbedingungen ertheilen die Postanstalten auf Verlangen Auskunft.

Desgleichen können Postpackete ohne Werthangabe im Gewicht bis 3 kg nach Natal versandt werden.

Ueber die Taxen und Versendungsbedingungen ertheilen die Postanstalten auf Verlangen Auskunft.

Vom 1. Januar 1888 ab können nach San Salvador, der Hauptstadt der Republik Salvador, Zahlungen bis zum Betrage von 100 Pesos Gold im Wege der Postanweisung durch die deutschen Postanstalten vermittelt werden.

Auf den Postanweisungen, zu deren Ausstellung Formulare der für den internationalen Postanweisungsverkehr vorgeschriebenen Art zu verwenden sind, ist der dem Empfänger zu zahlende Betrag vom Absender in Pesos und Centavos (Goldgeld) anzugeben; die Umrechnung auf den hierfür in der Markwährung einzuzahlenden Betrag wird durch die Aufgabe-Postanstalt bewirkt.

Die Postanweisungsgebühr beträgt 20 Pf. für je 20 Mark, mindestens jedoch 40 Pf. Der Abschnitt kann zu Mittheilungen jeder Art benutzt werden. Die Postanweisungszahlungen können auch telegraphisch, gegen Entrichtung der Telegrammgebühren neben den Postanweisungsgebühren, überwiesen werden. Ueber die sonstigen Versendungsbedingungen ertheilen die Postanstalten auf Erfordern Auskunft.

Von jetzt ab können Postpackete ohne Werthangabe im Gewicht bis 3 kg nach Bathurst (Gambia), Sierra Leone und Lagos versandt werden. Ueber die Taxen und Versendungsbedingungen ertheilen Postanstalten auf Verlangen Auskunft.

Vom 20. Jan. ab kann für die mittelst der deutschen Postdampfer zu befördernden Postpackete nach Ceylon, den Straits-Settlements, Hongkong, Shanghai (Deutsche Postagentur) und den anderen chinesischen Plätzen, sowie nach Apia (Samoa-Inseln) und Tongatabu (Tonga-Inseln) auch der Weg über Italien (Brindisi) benutzt werden. Wegen des Landtransits durch Oesterreich und Italien stellt sich zum Theil die Taxe etwas höher, als bei direkter Verschiffung über Bremen. Das Porto beträgt für ein Postpacket im Gewicht von 3 kg nach Ceylon und den Straits-Settlements 3 Mk. 80 Pf., nach Honkong 4 Mk. 40 Pf., nach Shanghai 4 Mk., nach den anderen chinesischen Plätzen 4 Mk. 60 Pf., nach Apia und Tongatabu 4 Mk. Ueber das Weitere ertheilen die Postanstalten auf Verlangen Auskunft.

Vom 1. Februar ab können im Verkehr mit Norwegen Gelder bis zum Meistbetrage von 730 Kronen im Wege des Postauftrages unter den für den Vereinsverkehr geltenden Bestimmungen und Gebühren eingezogen werden. Wechselproteste werden durch die norwegischen Postanstalten nicht vermittelt.

Aus den Lokalgewerbvereinen.

Oppenheim, 29. Januar. (Vortrag.) Heute Nachmittag hielt Herr Prof. Dr. Thiel aus Darmstadt auf Veranlassung des Vorstandes des Lokalgewerbvereins im Schwibinger'schen Saale einen Vortrag über die Einrichtung und den Zweck der chemisch-technischen Prüfungs- und Auskunfts-Station in Darmstadt, Heinrichstraße 55. Dieser vorzüglichen Anstalt ist die Aufgabe gestellt, wissenschaftliche und technische Untersuchungen im Interesse oder auf Verlangen von Gewerbetreibenden oder Fabrikanten und in diesem Falle gegen eine mäßige Vergütung auszuführen. Außerdem übernimmt sie die chemische Prüfung der in den Gewerben verwendeten Materialien in Bezug auf Reinheit und auf etwaige Verfälschungen. Hierbei gab Redner einige recht schlagende Beispiele von der Nützlichkeit der Einrichtung der Anstalt, über Untersuchungen von Mehl, Gerste, Kalksteinen ꝛc., welche von Gewerbetreibenden nachgesucht wurden, die dann dadurch vor Ausbeutung gesichert waren. Ferner giebt die Anstalt auf Anfragen Auskunft über Neuerungen, Verbesserungen oder Störungen des Betriebs von Gewerben, und erstattet Gutachten über die Untersuchungen. Die Anwesenden folgten dem Vortrag des Herrn Prof. Dr. Thiel mit großer Aufmerksamkeit. (Ldskr.)

Bingen, 1. Februar. Herr Universitätsamtmann Dr. Dietz von Gießen hielt am Samstag, den 28. v. Mts., im hiesigen Lokalgewerbverein unter Anwesenheit auch anderer Zuhörer den angekündigten Vortrag über das Unfallversicherungswesen. Der Vortragende verbreitete sich in etwas mehr als einstündiger Rede in sehr präciser klarer Weise über das Gesammtgebiet der socialen Gesetzgebung, das Haftpflichtgesetz von 1871, Krankenversicherungsgesetz von 1883, Unfallversicherungsgesetz von 1884, deren wesentlichste Bestimmungen er in eingehendster Weise beleuchtete. Redner erläuterte ausführlich den Begriff „Fabrik", „Betriebsunfall" im Sinne des Unfallversicherungsgesetzes, ebenso die Bildung und Natur der „Berufsgenossenschaften", die einzelnen „Gefahrenklassen", die Beitrags- und Entschädigungssätze u. s. w. Sämmtliche Zuhörer folgten mit sichtlich sehr großem Interesse dem belehrenden Vortrag und wurde am Schlusse desselben dem Redner der lebhafteste Beifall gezollt. — In der darauf folgenden Diskussion wurden von vielen Anwesenden recht bemerkenswerthe Fragen an Herrn Dr. Dietz gerichtet und von demselben bereitwilligst erläutert. Auch wurden noch die Untersuchungen bei einem Unfalle, der gedehnte Begriff „Fabrik" u. m. a. näher besprochen und förderte diese Aussprache manche Belehrung zu Tage. Da die Zeit schon ziemlich vorangeschritten, stattete der Vorsitzende, Herr J. H. Wittner, dem Vortragenden den wärmsten Dank ab und auch jeder Zuhörer schloß sich demselben aus vollem Herzen an. (B. A.)

Darmstadt. In der am 3. d. M. stattgehabten Generalversammlung des Lokalgewerbvereins wurden der seitherige 1. Vorsitzende, Herr Bergrath Tecklenburg, und dessen 1. Stellvertreter, Herr Geh. Baurath Busch wieder- und als 2. Stellvertreter Herr Landtagsabgeordneter Dr. Schröder mit großer Majorität gewählt. In den Ausschuß kam an Stelle des eine Wiederwahl ablehnenden Herrn Hofschlosser H. Emmel Herr Weißbindermeister Fritz Mahr zur Wahl; außerdem wurde für das verstorbene Ausschußmitglied Rentner Schröder Herr Dr. W. Sonne gewählt. — Nach der hierauf von Herrn Aich-Inspektions-Assistent Rumpf erstatteten Rechnungsablage betrugen pro 1886 die Gesammt-Einnahmen 2244 Mk., d. h. 151 Mk. weniger als im Vorjahre. Die Ausgaben betrugen 2098,30 Mk. (1860.73). Der Kassevorrath stellte sich Ende 1886 auf 145.72 Mk. und ergiebt sich also, verglichen mit dem vorjährigen Kassevorrath, eine Differenz von rund 389 Mk. Das Vereinsvermögen beläuft sich auf circa 12000 Mk., angelegt in hessischen Staatsobligationen ꝛc. Dem Rechner wurde bez. der von Herrn Oberrechnungs-Revisor Weber geprüften und im wesentlichen als richtig befundenen Rechnung Decharge ertheilt und gegen die im Vorstande beschlossene Verlegung des Beginns des Rechnungsjahrs auf den 1. April nichts zu erinnern gefunden. — Die im Entwurf vorliegenden, aus 30 Paragraphen bestehenden neuen Statuten wurden von der Versammlung en bloc angenommen. — Es finden voraussichtlich in dieser Saison noch zwei Vereinsversammlungen statt.

Nach Erledigung des geschäftlichen Theiles sprach Herr Professor v. Willmann in anderthalbstündigem, sehr instructivem Vortrage über Centralheizungen. (D. Ztg.)

Gießen. Am 31. v. M. sprach Herr Dr. W. Sonne aus Darmstadt im hiesigen Lokalgewerbverein über die Haltbarmachung drr Nahrungsmittel, insbesondere die Conservirung des Fleisches und die hierbei gebräuchlichen Methoden.

Am Schlusse des Vortrags gab Herr Dr. Sonne der Hoffnung Ausdruck, daß es durch die neuerdings veröffentlichten Gesetze über den Verkehr mit zink- und bleihaltigen Gegenständen, sowie über die Nichtverwendung schädlicher Farben gelingen werde, den Lebensmittelmarkt und also auch die Nahrungsmittelconserven vor gefälschten Fabrikaten zu schützen. Durch den beständig steigenden Consum der haltbar gemachten Nahrungsmittel werden diese in Zukunft noch erheblich billiger und so von weittragender Bedeutung für eine gute und billige Ernährung des Volkes werden.

Am 5. d. M. fand eine gemeinsame Besichtigung der rühmlichst bekannten Brühl'schen Druckerei durch die Mitglieder des Lokalgewerbvereins statt.

Langen. Auf Wunsch des hiesigen Lokalgewerbvereins hielt am 5. Februar Herr Geheimerath Fink einen Vortrag über die Ausbildung der Lehrlinge für Handwerk und Fabrik. Zunächst warf derselbe einen Rückblick auf die gewerblichen Verhältnisse zu Anfang dieses Jahrhundert, die Zeit, in welcher Fabriken bei uns kaum bestanden und die Mehrzahl der Kleingewerbe noch in Zünften vereinigt waren. — Die Zunftverhältnisse und die Ausbildung der Lehrlinge in dieser Zeit wurden kurz geschildert und sodann als Ursachen für die Entwicklung der Fabrik-Industrie und den Verfall der Zünfte bezeichnet: Erfindung und Verbreitung der Dampfmaschinen; Entwicklung der Maschinen-Fabrikation; Einführung der Arbeitstheilung; Befriedigung des Drangs nach mehr persönlicher und wirthschaftlicher Freiheit; Verkehrserleichterungen; Handelsfreiheit rc. — Allmählige Beseitigung der Beschränkungen des freien Gewerbebetriebs durch die Zünfte, und Einführung vollständiger Gewerbefreiheit im Jahre 1866. — Die Mehrzahl der Fabriken hat sich aus früheren Handwerksbetrieben entwickelt. Neben den Kleingewerben besteht jetzt eine bedeutende Groß-Industrie; dabei hat die Zahl der in den Kleingewerben beschäftigten Personen — Meister, Gesellen und Lehrlinge — nicht ab- sondern zugenommen; eine Folge der steigenden Consumtionsfähigkeit des Volks und auch des Exports. — Veränderte Stellung des Lehrlings, Eleven, jugendlichen Arbeiters in Werkstätte und Fabrik, sowie in der Familie des Meisters; namentlich in Städten. — Ausbildung der Lehrlinge für das Handwerk in den Werkstätten, auf Werkplätzen und in den Handwerkerschulen. — Bedeutung des Zeichnens, der darstellenden Geometrie und der Buchführung für alle Handwerker ohne Ausnahme. — Gewerbliche Fachschulen mit Lehrwerkstätten; deren Nutzen für manche Zwecke, aber Bedenken für die handwerksmäßige Ausbildung. — Lehre und Ausbildung der Fabrikanten-Söhne; wissenschaftliche Ausbildung in höheren technischen Lehranstalten. — Weitere Erfordernisse zum erfolgreichen selbstständigen Gewerbebetrieb, außer der praktischen und theoretischen Geschäftsbildung, als: Ordnungssinn, Pünktlichkeit, Zuverlässigkeit, Sparsamkeit in Material, Geld und Zeit, Unternehmungsgeist. — Concurrenzverhältnisse tüchtiger Meister, gegenüber ungebildeten Meistern. — Appell an die Versammlung, die Handwerkerschule zu stützen und für deren Weiterentwicklung thätig zu sein. — Die Ausführungen des zweistündigen Vortrags erfolgten unter steter Bezugnahme auf naheliegende praktische Beispiele und Erfahrungen, unter Betonung, daß der Vortragende seine persönlichen Ansichten zum Ausdruck bringe, und mit der Bitte an die Anwesenden, gegentheilige Ansichten äußern zu wollen. Letzteres geschah indessen nicht, wonach der Vorsitzende des Lokalgewerbvereins, Herr Otto, Namens der Versammlung dem Vortragenden warmen Dank aussprach.

Litteratur.

Leipziger Großindustrie und Großhandel in ihrer Kulturbedeutung. Geschildert von Paul Hirschfeld. Mit einem Vorworte von Dr. Rudolph Wachsmuth, Vorsitzendem der Handelskammer zu Leipzig. Leipzig, Duncker & Humblot. 1887.

Das vorliegende, eigenartige Werk, ein Ehrendenkmal für die Leipziger Industrie, versetzt uns mit Wort und Bild mitten in das emsige, geschäftliche Getriebe der hochaufgeblühten Handels- und Industriestadt an der Pleiße. Nachdem die Einleitung einen gedrängten Ueberblick über die Entwickelung der Stadt, besonders zur Metropole für das Buchgewerbe gegeben, gestattet uns das Werk, indem es uns mit 66 Hauptvertretern des Handels und der Industrie bekannt macht, einen ziemlich vollständigen und Staunen und Hochachtung erweckenden Einblick in die verschiedensten Zweige derselben, welcher noch durch die beigegebenen Abbildungen der einzelnen Etablissements wesentlich unterstützt wird. Die Ausstattung ist, wie bei einem solchen Werke nicht anders erwartet werden kann, eine vorzügliche und erweckt das Ganze den lebhaften Wunsch, auch andere Stätten des deutschen Gewerbefleißes dem gegebenen Beispiele folgen zu sehen.

Wie fertigt man technische Zeichnungen? Leitfaden für Herstellung von technischen Zeichnungen jeder Art von A. zur Megede, Königlicher Regierungs-Baumeister und Assistent an der Königl. technischen Hochschule zu Berlin. Berlin, 1887. Polytechnische Buchhandlung von A. Seydel. W. Wilhelmstr. 84. Preis 1 Mk. 20 Pf., gebunden 1 Mk. 50 Pf.

Eine durchaus empfehlenswerthe, fleißige Arbeit, welche ihren Zweck vollständig erfüllt. Praktischen Erfahrungen entsprungen, wird das Büchlein den Lehrern an technischen Lehranstalten eine willkommene Erleichterung gewähren; es wird allen denen, welche sich auf einen technischen Beruf vorbereiten, ein treuer Rathgeber, und denen, die nur gelegentlich zur Herstellung von technischen Zeichnungen veranlaßt werden, ein zuverlässiger Wegweiser sein. Aber auch schon Vorgeschrittene werden manches ihnen noch unbekannte, nützliche Zeichengeräth kennen lernen, und manchen brauchbaren Wink finden, der ihnen in Schule und Bureau wichtige Dienste leisten kann. Wir können das Werkchen nur durchaus empfehlen.

Die Kunst, es Allen recht zu machen, scheint sich die praktische Zeitung für alle Hausfrauen „Fürs Haus" erfolgreich zum Ziel erwählt zu haben, denn dieselbe zählt bereits 100 000 Abonenten. In der That versteht „Fürs Haus" für Jeden etwas zu bringen, für die einfachste Küche, wie für den herrschaftlichen Haushalt. Gewiß, „Fürs Haus" ist für alle erdenklichen Vorfälle im häuslichen Leben der allerbeste Berather. Seine hunderttausend Leserinnen sind zugleich die Mitarbeiter, die aus dem Schatze ihrer Erfahrungen den Mitschwestern das Beste, Erprobteste mittheilen und viele, viele Zuschriften drücken der erfahrenen Schriftleitung ihren Dank aus für die Bereicherungen, die man im inneren und äußeren Leben durch „Fürs Haus" empfing. Man hat sich daher unter dem Blatte nicht etwa eine Art Kochbuch in Zeitungsformat vorzustellen, — nein, künstlerische Illustrationen, sinnige Gedichte, gehaltvolle, fesselnde Erzählungen und Novellen, Preisräthsel und eine allerliebste Rubrik „Fürs kleine Volk" geben „Fürs Haus", das sich sogar aus der Herrenwelt viele Freunde errungen hat, ein anheimelndes Aeußere. Es wird daher Niemand bereuen, dieses wirklich gediegene Blatt angeschafft zu haben, umsoweniger als der Preis für das Vierteljahr nur 1 Mark beträgt. Alle Postämter und Buchhandlungen nehmen Bestellungen an. Probenummern gratis in jeder Buchhandlung, sowie durch die Geschäftsstelle „Fürs Haus" zu Dresden-N.

Anzeigen.

Unter dem Protectorate S. K. H. des Prinz-Regenten Luitpold von Bayern.

Kraft- und Arbeitsmaschinen-Ausstellung in München 1888

für das deutsche Reich.

Alle jene Herren Fabrikanten, welche bis zur Stunde das Ausstellungsprogramm noch nicht direct zugesandt erhielten, machen wir hiemit darauf aufmerksam, dass es sich um die Ausstellung von kleinen Motoren bis zu ca. 3 Pferdekräften handelt und dass blos solche Arbeitsmaschinen ins Auge gefasst sind, welche für den Handwerksbetrieb hervorragend verwendbar sind.

Bureau: **München, Pfisterstrasse 1/1.**

Anmeldefrist: 1. März. Ablieferungsfrist: 1. Juli. Dauer: 1. August bis 15. Oktober.

Redacteur Dr. Hesse. — Druck von Heinrich Brill.

In Commission bei L. Brill in Darmstadt.

Gewerbeblatt

für das

Großherzogthum Hessen.

Zeitschrift des Landesgewerbvereins.

Erscheint wöchentlich. Auflage 4500. Anzeigen für die durchgehende Petitzeile oder deren Raum bei ein- und zweimaliger Aufnahme 30 Pf., bei drei- und mehrmaliger Aufnahme 25 Pf.

№ 8. Februar 1888.

Eine neue Vervielfältigungsmethode.

Herr Professor J. Husnik in Prag hat sich unter dem Namen „Leimtypie" ein neues Verfahren patentiren lassen, nach welchem Leimclichés als Buchdruckplatten in Anwendung gebracht werden. Man druckt dabei direct von der Leimschichte, welche an einer Metallplatte fest anhaftet und auf einem Holzstocke, wie Zinkplatten, befestigt ist. Die Leimclichés lassen sich lange aufbewahren, sind nur vor längerer Einwirkung von directen Sonnenstrahlen und Feuchtigkeit zu schützen und sind nur durch Terpentinöl, Petroleum oder Benzin zu reinigen. Herr Professor Husnik theilt über dieses Verfahren Folgendes mit:

„Die Herstellung solcher Druckplatten geschieht, indem Chromatogelatinfolien unter Negativen belichtet, dann auf Zinkplatten mit Hilfe einer besonderen, patentirten Weise befestigt und mit einer Bürste und einer Lösung von doppelt chromsauren Salzen durch Reibung von der belichteten Seite aus entwickelt werden. Die Entwickelung dauert nur ½—5 Minuten, binnen welcher Zeit das Relief ganz vertieft erscheint, so daß es für den typographischen Druck gänzlich geeignet ist.

Bedenkt man, daß das Material sehr billig ist und die Herstellung nur einige Minuten in Anspruch nimmt, und daß hierzu keine geübten Kräfte nothwendig sind, so muß man eine solche Methode mit Freuden begrüßen, denn die Zinkographie, welche bis jetzt das schnellste bekannte Reproductionsverfahren ist, beansprucht doch wenigstens einen Tag zur Herstellung oder Vertiefung eines Clichés, und sehr routinirte Kräfte, welche ungemein gesucht und gezahlt werden.

Die Leimtypie giebt alle Details des Originals viel besser, als die Zinkographie, weil der Leim eine homogene Masse bildet, welche mit mathematischer Sicherheit nach dem Grade der Belichtung sich auswäscht oder vertieft, wogegen das Zink immer mit Kohle oder Blei verunreinigt ist und auch eine krystallinische Beschaffenheit zeigt, weshalb das Aetzen nie mit der Genauigkeit und Schärfe vor sich geht, um den wahren Charakter des Originals wiederzugeben.

Benhöveur hat schon 1878 ebenfalls ein Patent auf Erzeugung von Leimdruckplatten genommen, da er aber nur mit Wasser und Bürste die Leimfolien entwickelt hat, so wurden auch die feinen Striche und Punkte der Zeichnung weggerieben und das Verfahren wurde wegen mangelhafter Platten niemals angewendet.

Süverkropf, der ein Jahr später dasselbe Verfahren patentirte, jedoch statt des Wassers Essigsäure kalt zur Entwickelung benützte, war auch nicht glücklicher in seinen Erfolgen, weil die Essigsäure ebenfalls die belichteten Theile angreift.

Nur durch die Benützung von Lösungen der doppeltchromsauren Salze wurde diese Methode lebensfähig, denn ich habe eine neue Eigenschaft der Chromsalze entdeckt, welche bis dahin nicht bekannt war, oder wenigstens nirgends veröffentlicht worden ist, und welche darin besteht, nicht allein die Gelatine in kaltem Zustande aufzulösen, sondern auch die bereits belichteten Theile des Bildes noch mehr zu härten. Nur durch diese Verbesserung ist es möglich, Druckplatten von genügender Tiefe herzustellen, ohne daß die feinsten Theile des Bildes weggerieben werden.

Aber selbst diese Neuerung in der Herstellung von Leimdruckplatten hätte keinen bedeutenden Erfolg gehabt, wenn ich nicht gleichzeitig die Leimfolien derart auf Zinkplatten befestigt hätte, daß diese den Druck in der Presse und den Zug der Firnißfarbe mit aller Sicherheit aushalten. Ja, die Leimfolien haften besser auf ihrer Unterlage, als die Galvanos, welche letztere sogar ohne Schwierigkeit abgerissen werden können, wogegen eine Leimfolie nur stückweise mit einem Messer und bei Anwendung von viel Kraft abgerissen werden kann. Wäre die Befestigung nicht so gut, so müßte man von den Leimplatten erst Galvanos herstellen, und dann wäre die Methode nicht mehr so lebensfähig.

Nur für Auflagen, bei denen es in die Hunderttausende geht, also für Inserate und große Illustrations-Journale, wo auch von Holzschnitten nicht gedruckt werden darf, macht man von den Leimplatten galvanoplastische Abformungen.

Der Druck von Leimplatten erfordert weniger Zurichtung, als von Zinkplatten, und braucht keine andere Vorsicht, als daß die Platten nicht benetzt werden dürfen, weil man sie einige Stunden wieder trocknen müßte, wenn sie gedruckt werden sollen. Auch empfiehlt sich, die Platten mit Benzin statt mit Terpentin zu waschen, weil Terpentin die Masse, mit welcher die Leimfolien befestigt sind, auflöst, was aber auch nicht so schnell geht und nur bei öfterer Benützung schädlich sein könnte; directes Sonnenlicht im Sommer schadet auch, wenn es die Platten erhitzt."

Zur eigenen Beurtheilung, wie der Druck von Leimplatten aussieht, fügen wir zwei Beispiele, eine Reproduction einer Photographie und diejenige einer Federzeichnung bei.

Deutsche Allgemeine Ausstellung für Unfallverhütung, Berlin 1889.

In der von dem Vorsitzenden des Geschäftskomités, Direktor Roesicke, Berlin, geleiteten, aus allen Theilen Deutschlands zahlreich besuchten Sitzung des Ehrenkomités der Ausstellung vom 17. Dezember v. J. hielt der Kaiserliche Regierungsrath Reichel, Kommissar des Reichsversicherungsamts für die Ausstellung, im Anschluß an den von ihm auf Wunsch des Geschäftskomités verfaßten Ausstellungsprospekt einen eingehenden Vortrag „über das Wesen und die Ziele der Ausstellung, sowie über die Gruppen-Eintheilung", welcher, mit lebhafter Zustimmung aufgenommen, geeignet ist, auch weiteren Kreisen einen klaren Einblick in dieses zeitgemäße, gemeinnützige, in seiner Art bisher einzig dastehende Ausstellungsunternehmen zu bieten. Wir verfehlen daher nicht, unsern Lesern nachfolgend einige der hauptsächlichsten Gesichtspunkte des Vortrags mitzutheilen.

Die Ausstellungsgegenstände sollen bestehen: in Maschinen, Apparaten, Vorkehrungen, Werkzeugen, Arbeitsstücken und Arbeitsmaterialien, — in Modellen, — in Plänen, Zeichnungen, Photographieen und Beschreibungen, — in Vorschriften, Fabrikordnungen, Statuten und Druckwerken, — welche sich auf Unfälle und auf die Unfallverhütung in den unter die Unfallversicherungsgesetze des Deutschen Reiches fallenden Betrieben beziehen. Zugelassen sind ferner (aus den unten angegebenen Gesichtspunkten) alle Gegenstände, welche sich auf den Arbeiterschutz überhaupt und die Wohlfahrt der Arbeiter in versicherten Betrieben beziehen.

Im Allgemeinen wird der Ausstellung von Gegenständen in natürlicher Größe und von Modellen der Vorzug zu geben sein. Maschinen sind möglichst „im Betriebe" vorzuführen.

Da nicht nur Schutzvorrichtungen an sich, sondern auch vollständige Maschinen und Apparate „mit" Schutzvorrichtungen zur Vorführung gelangen, wird die Ausstellung annähernd den Charakter einer Industrie-Ausstellung erhalten, nur mit dem Unterschiede gegenüber sonstigen Industrie-Ausstellungen, daß Gegenstände, welche lediglich den technischen Zwecken eines Gewerbes dienen, ohne ihrer ganzen Art oder Ausstattung nach eine Beziehung zur Unfallverhütung bezw. zum Arbeiterschutz überhaupt erkennen zu lassen, ausgeschlossen sind, und daß es z. B. bei ausgestellten Maschinen nicht lediglich oder vorzugsweise auf die Produktionsfähigkeit der Maschine, sondern auf die Produktionsfähigkeit und die Fürsorge für die Unfallverhütung „zugleich“ ankommen wird.

Die beste Schutzvorrichtung macht eine schlechte Maschine nicht empfehlenswerth; aber eine an sich gute Maschine, welche gleichzeitig musterhaft ausgerüstet ist vom Standpunkte der thunlichsten Unfallverhütung, *wird angesichts der erheblichen Lasten, welche die Unfallversicherungsgesetze den Berufsgenossenschaften auferlegen,* fortan nothwendig vor einer gleich guten Maschine *ohne* genügende Schutzvorrichtungen den Vorzug verdienen müssen. Die Ausstellung wird daher namentlich allen Maschinenfabrikanten, welche der Frage der Schutzvorkehrungen ein besonderes Interesse bereits zugewendet haben oder fortan zuzuwenden beabsichtigen, eine günstige Gelegenheit bieten, ihre Erzeugnisse bei den Mitgliedern der Berufsgenossenschaften bestens einzuführen.

Aber nicht allein auf die Betheiligung von Maschinenfabrikanten und von Verfertigern von Schutzvorrichtungen ist Werth zu legen. Das ganze Unternehmen beruht auf dem Boden der berufsgenossenschaftlichen Gesammt-Interessen. Sein Ziel ist, die Unfallverhütung in allen versicherten Betrieben — durch Vergleichung und Klarstellung des Werthes der zur Zeit von der Technik gebotenen Vorrichtungen zum Schutze der Arbeiter, durch Austausch aller einschlägigen Erfahrungen, — *soweit irgend möglich* zu fördern. Hierfür ist es von großer Wichtigkeit, daß auch diejenigen Betriebsunternehmer, welche bewährte Vorkehrungen irgend welcher Art zum Schutze der Arbeiter in ihren Betrieben besitzen, ohne dieselben geschäftlich zu vertreiben, diese Vorkehrungen — wenn auch nur in Modellen oder Zeichnungen, Photographieen und Beschreibungen — zur Ausstellung entsenden. Dabei möge sich Niemand abhalten lassen durch die Auffassung, daß diese oder jene Vorkehrung zum Schutze und zur Wohlfahrt der Arbeiter zu geringfügig für die Ausstellung sei. Für diese Ausstellung gilt der Wahlspruch: *Nichts ist gering,* was Menschenleben zu schützen und zu erhalten vermag!

Bei der Eintheilung des Ausstellungsstoffes ist der Gesichtspunkt maßgebend gewesen, daß viele Maschinen, Apparate ꝛc. so allgemeiner Art sind — hierher gehören namentlich die Motoren, Transmissionen, Fahrstühle, Dampfkessel — daß man sie und die bei ihrem Betriebe anzuwendenden Schutzmaßnahmen als etwas den versicherten Betrieben Gemeinsames ansehen darf. Die Gruppen-Eintheilung sieht daher eine Abtheilung A., Gruppen I.—X., vor, welche diesen gemeinsameren Interessen Rechnung trägt, während eine weitere Abtheilung B., Gruppen XI.—XXI., die engeren Interessen der einzelnen Gewerbe (Gewerbegruppen, Berufsgenossenschaften) berücksichtigt. Wo hiervon in einzelnen Fällen abgewichen ist, sind besondere praktische Gründe bestimmend gewesen. Eine dritte Abtheilung C., Gruppe XXII. umfaßt die einschlägige Litteratur.

Die Gruppen-Eintheilung zeigt hiernach das folgende Schema:*)

*) Das ausführliche *Programm* der Ausstellung ist auf dem Bureau der Großherzoglichen Centralstelle für die Gewerbe und den Landesgewerbverein, Neckarstraße 8, einzusehen. Auch kann dasselbe von dem Schriftführer der Ausstellung, Director Max *Schlesinger*, Berlin SW., Kochstraße 3 unentgeltlich bezogen werden. Die Anmeldungen zur Ausstellung haben *bis zum 1. Juli 1888* zu erfolgen.

Gruppe. **Abtheilung A.**

I. u. II. Verhütung von Unfällen an bewegten Maschinentheilen im Allgemeinen: Schutzvorrichtungen an Transmissionswellen, Zahnrädern, Riemenzügen; — Ausrück-, Schmiervorrichtungen u. a. m.

III. Schutzmaßnahmen beim Betriebe von Fahrstühlen, Aufzügen, Krahnen und Hebezeugen.

IV. Schutzmaßnahmen an Motoren.

V. Schutzmaßnahmen beim Betriebe von Dampfkesseln und sonstigen Apparaten unter Druck.

VI. Vorbeugungsmittel gegen und Rettungsmittel bei Feuersgefahr in versicherten Betrieben.

VII. Fürsorge für gute Beleuchtung und Verhütung von Unfällen durch die Beleuchtungseinrichtungen.

VIII. Verhütung von Unfällen durch giftige und ätzende Stoffe, durch schädliche Gase und Verschiedenes.

IX. Persönliche Ausrüstung der Arbeiter.

X. Fürsorge für Verletzte.

Abtheilung B.

XI. Maßnahmen zum Schutze und zur Wohlfahrt der Arbeiter in der Metall-Industrie,

XII. in der Holz-Industrie,

XIII. in der Textil-Industrie,

XIV. in der Papier-, Leder- und polygraphischen Industrie,

XV. in der Industrie der Nahrungs- und Genußmittel,

XVI. in der chemischen, Glas- und keramischen Industrie,

XVII. in der Bergbau- und Steinbruchs-Industrie,

XVIII. im Baugewerbe,

XIX. u. XX. in den Verkehrsgewerben (Verkehr zu Lande und zu Wasser) und

XXI. in der Land- und Forstwirthschaft.

Abtheilung C.

XXII. Litteratur (Ausstellungsbibliothek).

Wenn die Gruppen-Eintheilung die Grenze der Unfallverhütung nicht scharf zieht, sondern auch den Arbeiterschutz überhaupt und die Wohlfahrt der Arbeiter in versicherten Betrieben mit berücksichtigt, so sprechen hierfür die folgenden Erwägungen. Unfallverhütung und Krankheitverhütung sind auf manchen Gebieten nur schwer zu trennen. Die *plötzliche* Einwirkung von giftigen Gasen bringt auf den menschlichen Organismus oft einen Schaden hervor, welcher als „Unfall“ bezeichnet wird, während sie bei *allmählicher* Einwirkung derselben Gase im Laufe der Jahre ein Schaden herausbildet, welcher eine „gewerbliche Krankheit“ genannt wird. Doch wird unzweifelhaft Alles, was zur Verhütung solcher Krankheiten geschieht, gleichzeitig auch der Unfallverhütung dienen. Zuweilen ist auch die Beseitigung von Dämpfen und von Staub unmittelbar insofern als eine Maßnahme der Unfallverhütung anzusehen, als sich erfahrungsmäßig in Betriebsräumen, welche mit Staubmassen oder undurchsichtigen Dämpfen erfüllt sind, sehr viel leichter Unfälle ereignen, wie in Räumen mit reiner Luft und freier Umschau.

Dazu kommt noch ein weiterer Gesichtspunkt: der Arbeiter, welcher in einer guten, gesunden Luft thätig ist, wird einer drohenden Gefahr mit viel klarerem Kopfe begegnen, als derjenige, dessen Kopf benommen wird in der schlechten Luft, in welcher er sein Tagewerk verrichten muß. Der gesunde, kräftige Arbeiter wird auch nicht so leicht den Folgen mancher Unfälle unterliegen. Aus diesen und sonstigen verwandten Gründen sind die Vorkehrungen zur Lüftung der Arbeitsräume und manches andere, was auf den ersten Blick als fremdartig und kaum auf eine Ausstellung für Unfallverhütung gehörend erscheint, als den Zwecken der Ausstellung förderlich in die Gruppen-Eintheilung mit aufgenommen worden.

Eine besondere Aufmerksamkeit hat die Gruppen-Eintheilung den Schutzmaßnahmen an bewegten Maschinentheilen zugewendet, da die für das Jahr 1886 im Reichs-Versicherungsamt zusammengestellte offizielle Statistik der Unfälle in den versicherten Betrieben ergiebt, daß ungeachtet des Ueberwiegens verschiedener Anlässe für die Unfälle in den einzelnen Gewerben im Gesammtbereiche der Unfallversicherung die Unfälle, welche durch „bewegte Maschinentheile" veranlaßt werden, unter den schweren Fällen an Zahl die erste Stelle einnehmen.

Von welcher Bedeutung die den Berufsgenossenschaften auferlegte Pflicht der Verhütung der Unfälle ist, und von welcher Tragweite hiernach die Ziele dieser Ausstellung sind, geht nach derselben Statistik daraus hervor, daß im Jahre 1886 in den zu dieser Zeit versicherten Betrieben mehr als 100 000 Unfälle sich ereigneten, darunter etwa 10 Prozent entschädigungspflichtige Fälle. Diese Zahlen sind für die Jahre 1887 und 1888 noch höher anzunehmen, da der gesetzlichen Unfallversicherung inzwischen weitere Gewerbebetriebe unterstellt worden sind. Wenn es auch niemals gelingen wird, diese Unfälle sämmtlich zu verhüten, so erscheint es doch nach den bisherigen Erfahrungen wohl erreichbar, durch Verbesserung der Einrichtungen und Anwendung geeigneter Schutzmaßnahmen jene ungeheuere Zahl von Körperverletzungen um ein Erhebliches zu vermindern und auf ein Mindestmaß zurückzuführen.

Dieses Endziel zum Segen des vaterländischen Gewerbebetriebes wesentlich zu fördern, möge diesem Ausstellungsunternehmen beschieden sein!

Verschiedene Mittheilungen.

Patente von im Großherzogthum Hessen wohnenden Erfindern.

Patent-Anmeldungen. — Kl. 6, H. 7429. Verfahren zur Vorbereitung des Malzes für die Herstellung von Farbmalz; Martin Haumüller in Worms. — Kl. 21, K. 5872. Lederstanze mit ein- und ausschaltbarem Auswerfer; Hermann Kraft in Gießen. — Kl. 47, H. 7387. Als Bremse verwendbares Klinkenschaltrad mit doppelten Antriebshebeln; Heinrich Herrmann in Mainz, Bahnhofsplatz 7.

Patent-Ertheilungen. — Kl. 13, Nr. 42855. Sicherheitsapparat für Dampfkessel; H. Hommel in Mainz, Heiligegeist-Gasse 5 und W. Busch in Mainz, [illegible] Nr. 4; vom 7. August 1887 ab. — Kl. 38, Nr. 42595. Maschine zum Schneiden viereckigen Holzdrahts zur Zündholzfabrikation; Ph. Gunder in Darmstadt; vom 7. August 1887 ab. — Kl. 42, Nr. 42850. Neuerung an dem in den Patentschriften Nr. 6368 und 6946 beschriebenen Gasmesser; E. Haas in Mainz [illegible]; vom 30. Juni 1887 ab. — Kl. 50, Nr. 42941. Zellenwalze mit verstellbarer Zellentiefe; Krebiehl & Schwahn in Heppenheim a. d. Wiese; vom 14. Juni 1887 ab. — Kl. 58, Nr. 42894. Neuerung an Filterpressen; L. A. Enzinger in Worms; vom 26. April 1887 ab.

Vorsicht beim Gebrauch von Sprengstoffen. Wie nothwendig es ist, bei dem Gebrauch von Sprengstoffen stets die größte Vorsicht anzuwenden, geht aufs neue aus einem unlängst erschienenen Schriftchen des Direktors der Augenklinik zu Gießen, Herrn Professor Dr. von Hippel über Verletzungen der Augen durch Dynamit hervor.

Wir entnehmen demselben folgende Mittheilungen, deren Beachtung wir allen denjenigen, welche sich mit Sprengarbeiten beschäftigen, namentlich also den Berg- und Steinbruchsarbeitern, dringend empfehlen.

Herr Professor Dr. von Hippel schreibt:

Vom Jahre 1880—1886 kamen in meiner Klinik 20 Fälle von Dynamitverletzungen der Augen zur Aufnahme, und zwar 17 doppelseitige und 3 einseitige. 19 mal handelte es sich um Bergleute, welche meist beim Sprengen von Gestein im Schacht verunglückt waren, einmal um einen ländlichen Arbeiter, der den fest in der Erde haftenden Stumpf eines Baumes durch Dynamit hatte beseitigen wollen; alle Patienten standen im besten Mannesalter.

Obgleich die Bergpolizei-Verordnungen Anweisungen über die Aufbewahrung und Verwendung des Dynamit, sowie die dabei zu beobachtenden Vorsichtsmaßregeln geben, scheinen dieselben den Bergleuten zum Theil nicht ausreichend bekannt gemacht und eingeschärft zu werden; einige meiner Patienten behaupteten wenigstens auf das Bestimmteste, von den bezüglichen Vorschriften nie etwas gehört zu haben. Die Mehrzahl hatte die Verletzung allerdings wohl nur eigener grober Unvorsichtigkeit zuzuschreiben. In 13 Fällen erfolgte dieselbe dadurch, daß die in Brand gesteckte Zündschnur etwas langsamer als gewöhnlich glimmte und die Bergleute in der Meinung, dieselbe wäre erloschen, sich voreilig dem Bohrloch näherten, um eine neue Schnur an der Patrone zu befestigen. Fast stets trat gerade in diesem Moment die Explosion ein und die Wirkung war dann natürlich furchtbar. Drei Patienten verunglückten bei dem Versuch, eine nicht explodirte Patrone aus dem Bohrloch zu entfernen, eine Manipulation, die übrigens wegen ihrer Gefährlichkeit auf das Strengste verboten ist, zwei durch Explosion von Minen, über deren Lage sie nicht orientirt waren; einer dadurch, daß er mit einem brennenden Licht der Zündschnur einer Patrone zu nahe kam, welche er wegen der Nässe im Schacht mit einem Harzüberzug versehen sollte; der letzte endlich in der Weise, daß er, um sich rasch warmes Wasser zu schaffen, eine rothglühende Eisenstange in einen Eimer mit Wasser tauchte, in welchem unmittelbar vorher ohne sein Wissen gefrorene Dynamitpatronen aufgethaut waren.

Der Rheinische Kunstverein veranstaltet während des Jahres 1888 1) ständige Kunst-Ausstellungen der Kunstvereine zu Baden-Baden, Freiburg i. B., Heidelberg und Karlsruhe; 2) Wander-Ausstellungen der Kunstvereine zu Darmstadt mit den Zweigvereinen zu Offenbach a. M., Worms und Gießen vom 1. April bis 21. Mai, ferner zu Heidelberg vom 27. Mai bis 24. Juni, zu Karlsruhe vom 1. bis 29. Juli, zu Freiburg i. B. vom 5. August bis 2. September, zu Hanau vom 9. bis 30. September und zu Mainz vom 7. bis 31. Oktober. — Die genannten Vereine haben in dem Jahre 1886 Ankäufe von Kunstwerken für 54735 Mark vermittelt. — Näheres wird durch die einzelnen Vereine oder den zeit. Präsidenten des Rheinischen Kunstvereins, Geheimen Ober-Baurath Dr. Müller zu Darmstadt, bereitwilligst mitgetheilt werden.

Zum Befestigen kleiner Gegenstände an gedrechselten Sachen schmilzt man 2 Theile Kolophonium mit je 1 Theil Wachs und Terpentin zusammen und setzt 2 Theile fein gepulverten Ziegelstein zu. Der Kitt erhärtet schnell und hält gut. (Ill. Ztg. f. Blech-Ind.)

Die Declination der Magnetnadel betrug für Darmstadt zu Anfang dieses Jahres 12° 1' (Nordende gegen Westen), die Inclination 65° 59' (Nordende abwärts). Darmstadt liegt unter 49° 52' 20'' nördlicher Breite und 26° 19' 16'' östlicher Länge.

Redacteur Dr. Hesse. — Druck von Heinrich Brill.
In Commission bei L. Brill in Darmstadt.

Gewerbeblatt

für das

Großherzogthum Hessen.

Zeitschrift des Landesgewerbvereins.

Erscheint wöchentlich. Auflage 4500. Anzeigen für die durchgehende Petitzeile oder deren Raum bei ein- und zweimaliger Aufnahme 30 Pf., bei drei- und mehrmaliger Aufnahme 25 Pf.

№ 9. März 1888.

Erfindungs-Patente.

Rückblick auf die für das Großherzogthum Hessen ertheilten Erfindungs-Patente.

Das Großherzogthum Hessen besaß kein eigenes Patentgesetz. Bis zum Jahr 1840 wurden auch nur selten Patente nachgesucht und ertheilt. Von da an mehrten sich die Gesuche von In- und Ausländern wegen Verleihung von Erfindungs-Patenten. Die Centralstelle des Gewerbvereins wurde von Großherzoglichem Ministerium des Innern und der Justiz mit der Vorprüfung dieser Gesuche betraut.

Bestimmungen, welche bei Ertheilung von Erfindungs-Patenten maßgebend waren, fanden sich: 1) Unter Titel IX. der Verfassungsurkunde, Art. 104, welcher bestimmt, daß ausschließliche Handelsprivilegien nicht, außer zufolge eines besonderen Gesetzes, verliehen werden sollen. Dagegen können Patente für Erfindungen, auf bestimmte Zeit, von der Regierung ertheilt werden. 2) In der Verordnung vom 17. November 1858, die Erfindungs-Patente betr. Diese regelte das Verfahren, welches bei Gesuchen um Patente für neue Erfindungen einzuhalten war (Gewerbeblatt von 1858, S. 385). 3) In der zwischen den Zollvereins-Regierungen abgeschlossenen „Uebereinkunft wegen Erfindungs-Patenten und Privilegien, vom 21. September 1842" (Gewerbeblatt von 1849, S. 255). Es sollten hiernach Patente überall nur für wirklich neue und eigenthümliche Gegenstände ertheilt werden. Demgemäß war eine Vorprüfung in Betreff der Neuheit einer behaupteten Erfindung nothwendig, ohne Rücksicht auf ihre Zweckmäßigkeit, da diese erst durch Erfahrung erprobt werden sollte. — Außerdem waren bestimmte Grundsätze für die

Verleihung von Erfindungs-Patenten und deren Außerkraftsetzung Mangels der Ausführung innerhalb einer bestimmten Zeit, festgestellt, um das diesseitige Verfahren mit den in anderen deutschen Staaten bestandenen gesetzlichen Bestimmungen thunlichst in Uebereinstimmung zu bringen. Von dem Erlaß eines eigenen Patentgesetzes für das Großherzogthum Hessen war im Hinblick auf Verhandlungen wegen Einführung eines allgemeinen deutschen Patentgesetzes abgesehen worden. — Nach der Gründung des Deutschen Reichs kamen diese Verhandlungen zum Abschluß. — Das deutsche Patentgesetz vom 25. Mai 1877 trat am 1. Juli 1877 in Kraft und damit erlosch die Mitwirkung der Centralstelle des Gewerbvereins für die Begutachtung von Patentgesuchen für das Großherzogthum Hessen.

Die nachstehende Uebersicht dürfte nicht ohne Interesse sein.

Uebersicht der im Großherzogthum Hessen während der Jahre 1827 bis zum 30. Juni 1877 ertheilten Erfindungs-Patente und der seit Juli 1877 von Angehörigen des Großherzogthums Hessen erworbenen Erfindungs-Patente für das Deutsche Reich.

a. Hessische Patente.

Jahrgänge.	Zahl der Patente.			Jahrgänge.	Zahl der Patente.			Jahrgänge.	Zahl der Patente.		
	Angehörige des Großherzogthums.	Auswärtige.	Zusammen.		Angehörige des Großherzogthums.	Auswärtige.	Zusammen.		Angehörige des Großherzogthums.	Auswärtige.	Zusammen.
1827	2	—	2	1848	1	6	7	1863	15	11	26
1828	2	—	2	1849	1	2	3	1864	10	7	17
1829	1	—	1	1850	1	4	5	1865	12	11	23
1831	1	—	1	1851	—	1	1	1866	1	5	6
1835	—	1	1	1852	2	6	8	1867	9	15	24
1838	1	—	1	1853	1	7	8	1868	18	19	37
1839	1	1	2	1854	—	6	6	1869	9	17	26
1840	2	3	5	1855	6	5	11	1870	9	10	19
1841	4	1	5	1856	5	7	12	1871	7	5	12
1842	4	7	11	1857	5	6	11	1872	7	10	17
1843	3	3	6	1858	7	6	13	1873	10	22	32
1844	3	5	8	1859	4	5	9	1874	13	25	38
1845	2	3	5	1860	4	8	12	1875	7	10	17
1846	6	4	10	1861	12	7	19	1876	16	42	58
1847	5	7	12	1862	9	14	23	1877 ½ Jahr	5	43	48

b. Reichs-Patente.

Jahrgänge.	Angehörige des Großherzogthums.	Auswärtige.	Zusammen.	Jahrgänge.	Angehörige des Großherzogthums.	Auswärtige.	Zusammen.	Jahrgänge.	Angehörige des Großherzogthums.	Auswärtige.	Zusammen.
1877				1880	44	3922	3966	1884	56	4403	4459
½ Jahr	32	158	190	1881	51	4288	4339	1885	44	3974	4018
1878	47	4153	4200	1882	61	4070	4131	1886	47	3961	4008
1879	38	4372	4410	1883	56	4792	4848	1887	?	?	3882

Nach einer Mittheilung in Nr. 2 des deutschen „Patentblatts“ sind von Mitte 1877 bis Ende 1887 im Ganzen 83480 Patentanmeldungen bei dem Kaiserlichen Patentamt erfolgt. Hiervon sind nur 42451 Patente ertheilt worden; ein Theil derselben (219) wurde später vernichtet und zurückgenommen, während 30738 mittlerweile abgelaufen oder, wegen Nichtzahlung der Gebühren, als erloschen erklärt wurden. Am Jahresschluß 1887 standen hiernach noch 11512 Erfindungs-Patente im Deutschen Reich, also auch im Großherzogthum Hessen, in Kraft. — Die Bibliothek des Landesgewerbvereins besitzt die Patentschriften, welche von Interessenten im Lesesaal der Bibliothek durchgesehen werden können. F.

Dampf-Oelreinigungsapparat.

In Fabriken, welche die Schmierung der Arbeitsmaschinen, Transmissionen &c. nicht mit consistentem Fett bewerkstelligen, sondern der Verwendung dünnflüssiger Schmieröle den Vorzug geben, war bisher die Frage der Wiederbrauchbarmachung der Tropföle eine ungelöste, da die verschiedenen Methoden dieselben zu reinigen sehr ungenügend, besonders aber sehr umständlich waren.

Auch selbst die in den letzten Jahren empfohlenen Apparate entsprachen, außer den dafür verlangten enorm hohen Preisen, keineswegs den Anforderungen und so verwendete man in Folge dessen lieber billige Schmieröle ohne Aufsammlung des Tropföls, als daß man bessere Oele benutzte und die Tropföle zum Reinigen und Wiederverwendung aufsammelte.

Billige Schmieröle sind nun selbstverständlich nicht die besten und hat in manchen Fällen deren Verwendung schon üble Folgen gehabt. Da aber in ausgedehnten Etablissements jährlich große Summen auf das Schmiermaterial entfallen, so lag es nahe, daß man zur Ersparniß hierin von billigen Offerten Gebrauch machte, auch selbst wenn man von der geringen Qualität des Oels überzeugt war.

Anders liegt die Sache jetzt bei Benutzung des neuen „Dampf-Oelreinigungsapparates“. Derselbe gestattet die Verwendung besserer Oele dadurch, daß dieselben, selbstredend unter entsprechendem Quantitätsverlust, stets wieder gereinigt und verwendet werden können.

Auf diese Weise werden nun die besten Schmieröle auch die billigsten.

Daß aber ein wirkliches Bedürfniß nach einem brauchbaren Oelreinigungsapparat vorlag, wird dadurch bestätigt, daß in der kurzen Zeit der Existenz mehrere hundert Exemplare in Gebrauch genommen wurden.

Unentbehrlich dürfte derselbe werden für alle größeren Fabriketablissements, Brauereien, Gasmotorenbesitzer, sowie für Oelhandlungen und Raffinerien.

Der Apparat besteht im Wesentlichen aus einem oberen halbkugelförmigen Behälter für die Oelfüllung, in welchen die Zuleitung des Dampfes erfolgt und den mit demselben durch ein heberförmiges Zwischenstück verbundenen Filtrirkammern, durch welche das Oel passiren muß, um aus denselben gereinigt abgelassen zu werden. Der Dampf findet seinen Auslaß vor der kürzeren Filterkammer, während der Schlammablauf an dem birnförmigen Untertheile angebracht ist.

Die Vorzüge dieses Dampf-Oelreinigungsapparates bestehen darin, daß man vermittelst desselben in kürzester Zeit — in einer Stunde circa

10 Kilo — bereits verbrauchtes Tropf- und Ablauföl, sowie Maschinenfette vollständig gereinigt wieder herstellen kann. Auch ist der Apparat ohne Anwendung von Dampf zum Reinigen aller existirenden Arten von Schmierölen zu gebrauchen, jedoch ist hierzu längere Zeit erforderlich. Derselbe scheidet bei der Reinigung des Oeles sämmtliche beim Gebrauch desselben mitgenommenen fremden Bestandtheile wieder aus.

Ferner eignet sich derselbe zum Reinigen des rohen Leinöls, um dasselbe für Gebrauchszwecke herzustellen.

Dieser Dampf-Oelreinigungsapparat zeichnet sich vor allen anderen durch seine leichte Handhabung und Bedienung, wenig Verbrauch an Filterstoffen, große Leistung und erheblich billigeren Preis aus.

Auf Wunsch wird diesem Apparat ein kleiner Dampferzeuger extra mitgeliefert, falls kein Dampf vorhanden ist.

Der Oelreinigungsapparat wird vollständig betriebsfertig für Dampf-Filtration fertig gestellt. Bei Filtration ohne Dampf ist nur erforderlich, die obere Filterschicht aus dem Oelbassin herauszunehmen und die Filterschicht im Heber etwas zu lockern.

Zwei Meter Anschluß-Schlauch für Dampfzuführung, sowie ein passender Mutterschlüssel werden dem Apparat beigefügt.

Der Preis eines betriebsfertigen Apparates beträgt 100 Mark und können solche durch die Maschinenhandlung von Friedrich Hamm dahier, welchem Herrn wir auch vorstehende Mittheilungen verdanken, bezogen werden. Ebendaselbst sind Apparate und damit gefilterte Oele zur Einsicht aufgestellt.

Nullenzirkel.

Im Interesse des zeichnenden Publikums, besonders aber der Maschinentechniker, machen wir auf die Construction eines Nullenzirkels aufmerksam, die sich dem dabei wohl überhaupt Erreichbaren sehr nähern dürfte.

Wie nebenstehende Abbildung zeigt, hat derselbe zunächst eine Fallvorrichtung, wodurch die Ziehfeder nur durch ihr eigenes Gewicht und das ihrer Führung belastet, über das Papier gleitet.

Bei sehr kleinen Kreisen sind nämlich die Ungleichheiten des Zeichenpapiers im Verhältniß so bedeutend, daß eine reine Linie nicht entstehen kann, wenn wie gewöhnlich die Reißfeder gewaltsam über die Poren und Erhöhungen des Papiers hingezogen wird.

Für größere Radien kann diese Fallvorrichtung, weil sie hier nicht so nöthig ist, mittelst der Schraube a festgestellt werden.

Eine weitere Verbesserung ist eine Geradführung, durch welche die Ziehfeder bei jeder Radiusgröße senkrecht steht. Die Ziehfedern sind stets so geschliffen, daß sie nur bei senkrechter Stellung saubere Linien ziehen.

Durch die Biegung der Feder und des Nadeleinsatzes gegen einander können diese Theile, desgleichen auch der Bleistifteinsatz bis zur Berührung, zum Zwecke Herstellung der kleinsten Kreise, genähert werden.

Aus diesem Grunde ist auch die alte Fassung des Bleistiftes statt der sonst gebräuchlichen Schrauben-Hülse gewählt worden.

Das Umstellen der Reißfeder gegen den Bleistift ist sehr einfach und bequem. Es genügt das Lösen der Schraube b und Umstellen, ohne die Mikrometerschraube c zu berühren.

Dieser Nullenzirkel ist durch die Firma K. Traiser, Reißzeugfabrik in Darmstadt zu beziehen und kostet in Neusilber ausgeführt mit Etuis 14 Mark.

Ein für unsere technische Mustersammlung angekauftes Exemplar befindet sich in unserem Zeichenbureau im Gebrauch und hat sich gut bewährt. A.

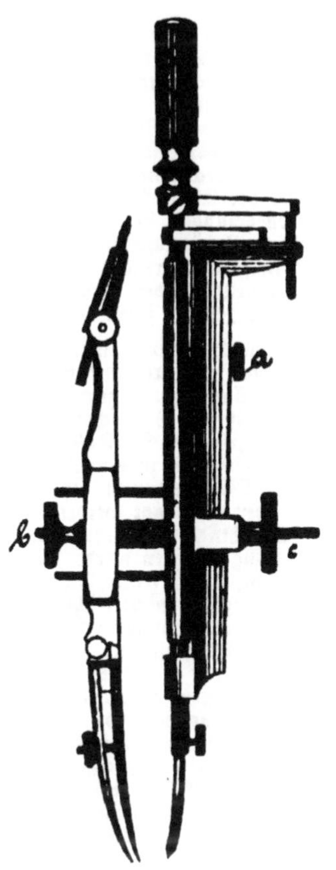

Verschiedene Mittheilungen.

Wagenräder aus Papier. (N. A. Ztg.) Seit längerer Zeit sind auf amerikanischen Eisenbahnen Wagenräder mit Scheiben aus Papierstoff im Gebrauch. Diese Scheiben bestehen aus einzelnen Lagen kräftigen Papiers, welche mit Reiskleister unter starkem hydraulischem Druck nach und nach bis zu der gewünschten Stärke aufeinander geklebt werden. Vermöge der der Papiermasse innewohnenden größeren Elastizität und geringeren Dehnbarkeit bei Wärmeveränderungen gegenüber dem Metall wurde von der Verwendung der Papierscheibenräder im Eisenbahnbetrieb eine Erhöhung der Betriebssicherheit, insbesondere eine geringere Abnutzung der Radreifen und ein ruhiger, geräuschloser Lauf der Fahrzeuge erhofft. Diese Annahme veranlaßte seit dem Jahre 1881 einige Eisenbahnverwaltungen Deutschlands, Versuche mit Papierscheibenrädern anzustellen, und zwar wurden solche Räder mit wenigen Ausnahmen nur unter Personen- und Schlafwagen meist in schnellfahrenden Zügen verwendet, wobei zum Theil Bremsen auf dieselben wirkten. Anfänglich schienen die in Amerika erzielten günstigen Wahrnehmungen sich zu bestätigen, insbesondere wurden weder Reifenbrüche, noch andere Unfälle bekannt, deren Ursachen auf die Verwendung von Papierscheibenrädern hätten zurückgeführt werden können. Im Monat Dezember 1886 jedoch erhielt das Reichs-Eisenbahnamt Kenntniß von einer, anscheinend durch derartige Räder verursachten Entgleisung eines Personenwagens, bei welcher es sich zeigte, daß die Papierscheiben sämmtlicher vier Räder völlig ausgebrochen und sowohl die sonst unbeschädigt gebliebenen Reifen, als auch die Achsen mit den an ihnen festsitzenden metallenen

Naben unter dem Wagen fortgeschleudert waren. Da nach dem Aussehen des Bruchs der Papierscheiben auf eine im Gefüge des Materials eingetretene Veränderung geschlossen werden mußte, so wurden die auf den Eisenbahnen Deutschlands verwendeten Papierscheibenräder einer eingehenden Untersuchung unterworfen, wobei mehrfache Beschädigungen im Material, namentlich Ausbrüche an der Peripherie der Papierscheiben in einer Länge bis zu 330 mm und einer Tiefe bis zu 90 mm entdeckt wurden. Diese Beschädigungen fanden sich vorwiegend an Rädern, welche der Einwirkung einer Bremse ausgesetzt waren. Wegen der nach diesen Wahrnehmungen für den Eisenbahnbetrieb möglichen Gefahren werden die vorhandenen Papierscheibenräder, wie uns mitgetheilt wird, fortan weder unter Bremsen noch in schnellfahrenden Zügen verwendet werden, auch wird die Beschaffung derartiger neuer Räder so lange unterbleiben, bis erhebliche Verbesserungen in der Herstellungsweise jeden Zweifel an der Haltbarkeit ausschließen.

Die Herstellung von **Flaschen aus Papier**, welche geeignet sind, zum Transport und zur Aufbewahrung von Flüssigkeiten zu dienen, scheint jetzt eine größere Ausdehnung gewinnen zu sollen. In England hat sich nämlich in der letzten Zeit eine Gesellschaft gebildet, welche, mit einem Vermögen von 120,000 Pfd. Sterl. (1,200,000 Fl. Gold) ausgestattet, große Fabriken gründen will, in denen nach in England zu erwerbenden Patenten Flaschen aus Papier hergestellt werden sollen. Wie weit nun die Glasflasche durch die Papierflasche verdrängt werden wird oder verdrängt werden kann, läßt sich zwar nicht vorausbestimmen, aber es ist immerhin denkbar, daß die Verwendung der Glasflaschen eine erhebliche Einschränkung erfahren werde. Das Glas wird für gewisse Zwecke, wie zum Tafelgebrauche, wegen seiner Durchsichtigkeit wohl stets beibehalten werden, sowie Wasser- und Weingläser nicht leicht durch Metall-, Holz-, Papier- oder andere Becher verdrängt werden können. Aber besonders für einen Zweck, nämlich für die Versendung von Flüssigkeiten, dürften die Papierflaschen die Korbflaschen (Demijohns) vielleicht zuerst verdrängen. Diesen gegenüber haben die Papierflaschen den großen Vortheil, daß sie außerordentlich leicht und weniger zerbrechlich als Glasflaschen sind. Bei dem Transport von Wein und anderen Flüssigkeiten wird durch die sonst so sehr empfehlenswerthen Korbflaschen eine bedeutende Gewichtserhöhung herbeigeführt, da selbe aus dickem, starkem Glase hergestellt sein müssen, und werden dadurch die Transportkosten erheblich vertheuert. Die Papierflaschen, welche besonders in Amerika schon viel angewendet werden, sind derart hergestellt, daß sie von Flüssigkeiten, wie Wein, Spiritus u. a., nicht leiden, das heißt: das Papier ist eben derart hergerichtet, daß es von den genannten Flüssigkeiten nicht angegriffen wird.

An der Hand mehrfacher ganz räthselhafter **Gasexplosionen**, welche in der letzten Zeit von der Berliner Feuerwehr beobachtet worden sind, hat der Brand-Direktor Stude eine Reihe von Versuchen angestellt, welche zu einer ganz neuen Theorie über die Ursachen von Gasexplosionen geführt haben. Die Theorie selbst und die in Frage kommenden praktischen Erfahrungen werden von dem Brandmeister der Berliner Feuerwehr Hrn. Bruhns in einer der neuesten Nummern des „Central-Bl. der Bauverw." entwickelt und klar gestellt. Bisher hat man wohl angenommen, daß Gasexplosionen entstehen, wenn Jemand mit nicht genügend verwahrtem Licht einen Raum, in welchem sich ausgeströmtes Leuchtgas befindet, betritt. Vielfach kommen nun aber auch Explosionen vor, bei denen solche unmittelbare Ursache gänzlich ausgeschlossen erscheint. Die vom Branddirektor Stude aufgestellte Theorie, welche Hr. Bruhns durch praktische Erfahrungen erhärtet, geht nun im Allgemeinen dahin, daß man die Annahme aufgeben müsse, daß Gase „vollkommen elastisch" sind und „keine Kohäsion" besitzen, daß man vielmehr annehmen müsse, daß die kleinsten Theilchen des Leuchtgases eine, wenn auch nur ganz schwache Anziehungskraft aufeinander haben, vielfach sich auf rauhen Wandflächen ablagern und eine Art von zusammenhängender Zündschnur bilden, welche oft da eine Explosion hervorruft, wo von einem unmittelbaren Herantreten mit Licht an die gasausströmende Stelle keine Rede ist. Indem Brandmeister Bruhns auf die große Bedeutung dieser Beobachtungen hinweist, spricht er die Vermuthung aus, daß die gewaltige Explosion in der neuen Wesermühle in Hameln vielleicht auch auf eine solche unscheinbare Zündflamme zurückzuführen ist.

Innungswesen. Der Bundesrath hat in seiner Sitzung vom 15. Dec. 1888 beschlossen: dem Innungsverbande „Verband von Glaser-Innungen Deutschlands" in Berlin auf Grund des § 104h der Reichs-Gewerbeordnung die Fähigkeit beizulegen, unter seinem Namen Rechte, insbesondere Eigenthum und andere dingliche Rechte an Grundstücken zu erwerben, Verbindlichkeiten einzugehen, vor Gericht zu klagen und verklagt zu werden.

Ausländische Maße und Gewichte. Das Kreisamt zu Gießen hat im Anschlusse an die Circularverfügung der preußischen Minister für Handel und Gewerbe und des Innern vom 29. December v. J. ein Ausschreiben erlassen, um die Nachtheile zu vermeiden, welche Gewerbetreibenden daraus erwachsen, daß es ihnen durch die über die Maß- und Gewichtspolizei geltenden Vorschriften unmöglich gemacht wird, für die Zwecke ihres Gewerbebetriebs ausländische Maße und Gewichte zu benützen. Selbstverständlich ist es für Kaufleute und Fabrikanten, welche in unmittelbarem Verkehr mit dem Auslande stehen, unter Umständen von erheblichem Werthe, zur Vermessung von Waaren für den Export oder zur Nachvermessung der vom Ausland bezogenen Waaren sich ausländischer Maße ꝛc. zu bedienen; sie sind, wenn ihnen dies nicht gestattet wird, darauf angewiesen, die Vermessungen mit inländischen Maßen vorzunehmen und auf die betreffenden ausländischen Maßgrößen umzurechnen, ein Verfahren, welches für große Geschäfte einen Verlust an Zeit und Arbeitskraft mit sich bringt. Die erwähnte, von Gewerbetreibenden erhobene Beschwerde ist insofern begründet, als es bei der Auslegung, welche die einschlagenden Vorschriften der Maß- und Gewichtsordnung und des Strafgesetzbuchs seither bei den Polizei- und Gerichtsbehörden vielfach gefunden haben, nicht ausgeschlossen ist, daß Gewerbetreibende, welche sich im Besitze ausländischer, mit dem vorschriftsmäßigen Aichstempel nicht versehener Maße ꝛc. befinden, zur Bestrafung gezogen werden, ohne Rücksicht darauf, ob diese Maße zur Verwendung im öffentlichen Verkehre thatsächlich gedient haben oder nicht. Eine solche Handhabung stehe nach der Ansicht der genannten oberen Verwaltungsbehörden mit dem Sinne der erwähnten Vorschriften nicht im Einklang, da letztere blos den Zweck verfolgen, die Anwendung unvorschriftsmäßiger Maßgeräthe im öffentlichen Verkehre zu verhindern. Darum werden die Polizeiorgane angewiesen, ausländische, mit dem Aichstempel nicht versehene Maße und Gewichte nur dann zu beanstanden, wenn sie sich an solchen öffentlichen Verkehrsstellen vorfinden, an welchen Waaren nach Maß und Gewicht umgesetzt werden.

Aus den Lokalgewerbvereinen.

Michelstadt. Am 14. Januar d. J. sprach Herr Universitätsamtmann Dr. Dietz von Gießen in unserem Lokalgewerbvereine über das Gesammtgebiet der neueren socialpolitischen Gesetzgebung, insbesondere das Haftpflichtgesetz, das Kranken- und das Unfallversicherungsgesetz. Die sehr zahlreich erschienenen Zuhörer folgten mit sichtlich großem Interesse dem belehrenden Vortrage. J.

Sprendlingen i. Rh. Am Abend des 21. Januar hielt Herr Universitätsamtmann Dr. Dietz aus Gießen in unserem Lokalgewerbverein einen Vortrag über das Kranken- und das Unfallversicherungs-Gesetz. Die Versammlung war gut besucht, wenn auch viele Interessenten, besonders auswärtige, durch die äußerst ungünstige Witterung am Erscheinen verhindert waren. Redner erntete auch hier für seinen klaren und sehr verständlichen 1½stündigen Vortrag reichen Beifall. J.

Westhofen. Der am Abend des 26. Januar auf Wunsch des hiesigen Lokalgewerbvereins von Herrn Dr. Sonne aus Darmstadt gehaltene Vortrag „Ueber Conservirung der Nahrungs- und Genußmittel“ hatte sich eines zahlreichen Besuchs zu erfreuen. Mit gespannter Aufmerksamkeit und regem Interesse folgte die Versammlung den gediegenen Ausführungen des hochgeehrten Herrn Referenten. Nachdem derselbe die hohe Bedeutung einer gesunden, kräftigen Nahrung für Reich und Arm hervorgehoben, ging Redner auf die verschiedenen Conservirungsmethoden unserer wichtigsten Nahrungsmittel — Fleisch, Milch, Eier, Gemüse und Früchte — über. Daß die hierbei gegebenen Belehrungen die Zuhörer aufs Höchste befriedigten, zeigte der am Schlusse dem Herrn Referenten im Namen derselben von dem Vorstande unseres Vereins gespendete Dank, mit dem Wunsche „es möge uns vergönnt sein, Herrn Dr. Sonne im nächsten Winter wieder in unserer Mitte zu sehen“. H.

Pfungstadt. Am 26. Januar sprach Herr Universitätsamtmann Dr. Dietz aus Gießen in äußerst anregendem, von der Versammlung mit lebhaftem Beifall aufgenommenem Vortrage über das Unfallversicherungsgesetz und die Krankenversicherung der Arbeiter. Die zahlreich versammelte Zuhörerschaft stimmte dem Danke, welchen der zweite Vorsitzende unseres Vereins, Herr Bürgermeister Schiemer, dem Herrn Redner abstattete, freudig zu. K.

Schotten. Am 28. v. Mts. hielt der Obmann des Hessischen Landes-Lehrer-Vereins, Herr Bakes aus Darmstadt, im hiesigen Lokalgewerbvereine einen Vortrag über „Elternhaus und Schule". Nach Feststellung des Zieles der Erziehung, die Heranführung des sich entwickelnden Einzelwesens zu einer edlen Menschlichkeit, verbreitete sich Redner über die Fragen: 1) Was hat das Elternhaus zu thun? 2) Was die Schule? 3) Wie können Elternhaus und Schule sich gegenseitig in ihrer Thätigkeit ergänzen? Der Vortrag fand bei der zahlreichen Zuhörerschaft lebhaften Anklang.

Friedberg. Am 1. Februar hörten wir in unserem Lokalgewerbvereine einen Vortrag des Herrn Universitätsamtmannes Dr. Dietz aus Gießen über das Unfallversicherungsgesetz. Ohne auf den Inhalt desselben näher einzugehen, beschränken wir uns auf die Mittheilung, daß derselbe wie überall, so auch hier mit lebhafter Befriedigung aufgenommen wurde. H.

Oberstadt. Am 3. Februar hielt der hiesige Lokalgewerbverein im „Deutschen Hof" seine Jahresversammlung ab. Nachdem dieselbe durch den Vereinspräsidenten Herrn Ph. Pfeiffer eröffnet war, erhielt der Vereins-Sekretär Herr Kleinschmidt das Wort zum Vortrag der 1887er Rechnung, welche durch eine hierzu ernannte Commission geprüft und in allen Theilen für richtig befunden wurde. Die finanziellen Verhältnisse des Vereins haben sich in einer Weise gebessert, daß das Baarvermögen sich Ende 1888 auf circa 570 Mark belaufen wird, wofür der umsichtigen Leitung der Vorstandsmitglieder mit der Bitte gedankt werden soll, auch fernerhin dieser so gemeinnützigen Sache ihre Kräfte widmen zu wollen.

Ferner sei erwähnt, daß im Jahre 1887 vier Vorträge von dem hiesigen Vereine veranstaltet wurden; außerdem betheiligte sich der Verein an der Ausstellung von Lehrlingsarbeiten in Darmstadt, wobei 11 Schüler unserer Sonntagszeichenschule prämiirt wurden.

Dienstag den 7. Februar hielt Herr Dr. Sonne aus Darmstadt in unserem diesjährigen Vereinslokale „zur Eisenbahn" einen Vortrag über „Haltbarmachung der Nahrungs- und Genußmittel", welcher von circa 45 Personen besucht und recht beifällig aufgenommen wurde.

Für die wärmere Jahreszeit ist ein Ausflug nach Darmstadt zur Besichtigung der technischen Mustersammlung und des Großh. Hoftheaters in Aussicht genommen. — In der letzten Ersatzwahl für den Vorstand wurden die Herrn Pfarrer Schüler, Beigeordneter Pfeiffer, Schreinermeister Jost und Maurermeister Philipp Simon gewählt.

Ferner ist bei hinlänglicher Betheiligung die Errichtung eines Kursus zur Erlernung der Rundschrift beabsichtigt; die nöthigen Bekanntmachungen hierüber werden in Bälde erfolgen.

Bensheim, 12. Febr. Die Vertheilung der von Großh. Centralstelle zu Darmstadt den der hiesigen Handwerkerschule angehörigen Ausstellern von Lehrlingsarbeiten zuerkannten Prämien wurde am vorletzten Sonntage vor den versammelten Schülern beider Abtheilungen unserer Schule durch den Vorstand vorgenommen. Die an dem Concurrenzkampfe betheiligten Jungen, welche sich auch in der Zeichenschule durch besonderen Fleiß und gutes Verhalten ausgezeichnet hatten, erhielten außer den Prämien noch geschmackvoll ausgeführte Diplome. Herr Commerzienrath Gustav Müller, Vorsitzender des hiesigen Vereins, richtete dabei eine wohlgelungene Ansprache an die Schüler, darin betonend, daß durch diese Anerkennungen auch Anregung zur Förderung des Eifers in der praktischen gewerblichen Fachausbildung gegeben sein möge. Es gehöre dazu vor allem Liebe zu dem Berufe und Vertrauen zur eigenen Leistungsfähigkeit. Mit einer gründlichen praktischen müsse aber auch eine gute theoretische Fachausbildung vereinigt sein, weshalb alle Schüler bestrebt sein sollten, auch in der Zeichenschule durch eifrigen Fleiß und ein musterhaftes Betragen sich auszuzeichnen. Herr Bürgermeister van Gries hob hierauf die Verdienste des Vorsitzenden um unsere Schule hervor und gab der Hoffnung Ausdruck, daß Vorstand und Lehrer in treuem Einvernehmen auch für die Folge die Berufsbildung der angehenden Handwerker fördern möchten. B.

Redacteur Dr. Hesse. — Druck von Heinrich Brill.
In Commission bei L. Brill in Darmstadt.

Gewerbeblatt

für das

Großherzogthum Hessen.

Zeitschrift des Landesgewerbvereins.

Erscheint wöchentlich. Auflage 4500. Anzeigen für die durchgehende Petitzeile oder deren Raum bei ein- und zweimaliger Aufnahme 30 Pf., bei drei- und mehrmaliger Aufnahme 25 Pf.

№ 10. März 1888.

Das neue Stadtbad in Offenbach.

(Nach der „Deutschen Bauzeitung".)

Offenbach a. M., die gewerbreiche Fabrikstadt Hessens mit 29500 Einwohner, ist vor kurzem durch Eröffnung seines nach den Plänen des dortigen Stadtbaumeisters Herrn Baurath Raupp erbauten „Stadtbades" in die Reihe derjenigen verhältnißmäßig wenigen Städte Deutschlands getreten, welche Volksbäder mit geheizten Schwimmbassins besitzen. Dank den Bemühungen der dortigen gemeinnützigen Baugesellschaft, welche im Verein mit der städtischen Verwaltung je 20000 Mark als unverzinslichen Beitrag zu den Baukosten stiftete, ist hier mit einer Gesammtsumme von nur 120000 Mark eine sehr umfangreiche, zweckmäßige, den Bedürfnissen der verschiedensten Bevölkerungs-Klassen einer Fabrikstadt Rechnung tragende und würdig ausgestattete Anlage geschaffen, die mit Recht verdient auch in weiteren technischen Kreisen bekannt zu werden.

Der in der Stadt, in der Nähe der Schlosser'schen Liegenschaft, gelegene Bauplatz wurde durch Erwerbung zweier Wohnhäuser, (wovon das eine Eckhaus) nebst deren Hofraithen gewonnen. Der Ankauf der beiden Häuser, die einen Miethsertrag von über 2000 Mark ergeben, kostete 65000 Mark. Diese Häuser bleiben vorläufig erhalten, da die neue Bade-Anstalt in deren Hofraithen, welche an die andere Straße grenzten, errichtet werden konnte, und sollen erst später, wenn eine Vergrößerung nothwendig wird, niedergelegt werden.

In einem an der Straße stehenden zweigeschossigen Querbau mit hohem Untergeschoß und daran schließenden eingeschossigen Flügelbau ist die Anlage mit allem Zubehör untergebracht. Und zwar im Kellergeschoß die Heiz- und Lüftungsanlage (Dampfluftheizung), im Erdgeschoß Kasse, Wartezimmer, bezw. Garderobe, 8 Wannen-Badezellen, gleich viel Ruhezellen für die römisch-irischen und Dampfbäder, im Obergeschoß die Wohnung des Bademeisters und die Sitzungszimmer der Gesellschaft, welche das Bad gebaut hat. In einem in der Mittelaxe des Querbaues, nach der Tiefe des Grundstückes sich erstreckenden Langbau befinden sich das Schwimmbassin mit hohem Seitenlicht, 8 weitere Badezellen für Wannenbäder, ein medicinisches Bad, die nöthigen Garderoberäume, Aborte und eine Anzahl Brause-Douchebäder, sowie 3 Sonder-Kabinen für Frauendouchen; im Kellergeschoß liegt noch der Ofen zum Wäschetrocknen und die sehr geräumige Waschküche.

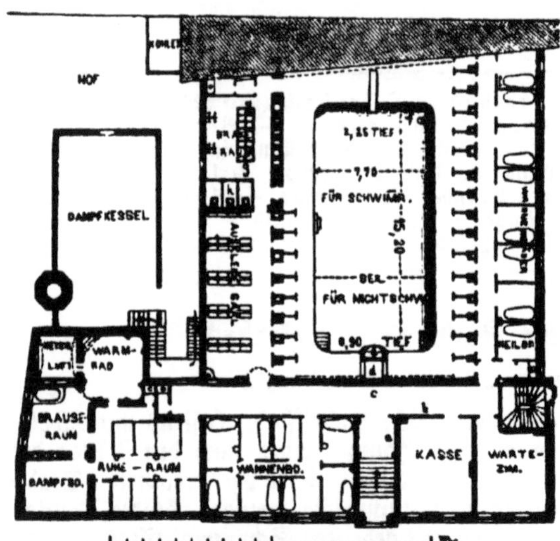

a Ausgabe der Eintrittskarten. b Ausgabe der Wäsche. c Wasser-Zuleitung für das Bassin. d Grotte. e Kaskade. f Wasser-Ablauf. g Fußwäsche. h Brauseraum für Frauen.

Das Schwimmbassin faßt bei 15,20 m Länge und 7,70 m Breite sowie 2,20 m größter und 0,90 m kleinster Tiefe, 188 cbm Wasser und ist zu beiden Seiten von zusammen 24 Auskleidezellen, welche unmittelbaren Zugang von den außen vorbei führenden Gängen bezw. der Hauptgarderobe und dem Douchenraum haben, und nach dem Bassin zu nur mit Vorhängen geschlossen sind, begrenzt. Die oberen Wandflächen der beiden Schmalseiten der Schwimmhalle zieren 3 wohlgelungene Wandgemälde von der Hand des Direktors der dortigen Kunstgewerbeschule, Herrn Schurig, entworfen und gemalt — das untere eine Rheinsage, das obere die Stadt Offenbach mit dem alten Schloß nebst dem Main darstellend.

Die Zuführung des Wassers nach dem Schwimmbassin ist in eigenartiger Weise, gewissermaßen als Fortsetzung des auf dem Bilde veranschaulichten Mainflusses gestaltet, der sich von oben herab über einen Grottengang als große, wirkliche Kaskade in das Bassin ergießt. Der zwischen Bassin und Ankleidezellen an beiden Längs- und Querseiten angeordnete Gang führt unter dieser Grotte durch, während sich der Wasserzufluß darüber ergießt. Vorerst wird das Wasser aus der städtischen Wasserleitung seitens der städtischen Verwaltung der Badegesellschaft zu sehr billigem Preise als Betriebswasser zur Verfügung gestellt. Für den Fall jedoch, daß dieses nicht ausreichen sollte, oder in trockener Jahreszeit im Hochsommer nicht ganz ausreichen sollte, ist Ersatz durch Mainwasser vorgesehen.

Es ist zu diesem Zwecke auf der unteren Terrasse des Gartens der Schlosser'schen Liegenschaft unmittelbar am Maine ein Brunnen abgeteuft, der sein Wasser aus dem Flusse entnimmt und durch eine Rohrleitung mittels Pulsometer nach der Badeanstalt befördert. Das entnommene Mainwasser muß vorher filtrirt werden; es wird deshalb nach dem Dachstock des vorderen Flügels gehoben und hier durch 8 Tuchfilter (von Dr. Gerson in Hamburg) gereinigt. Das Wasser fließt aus diesen Filtern dem Behälter im Dachstock zu und wird von hier aus unter natürlichem Druck durch Leitungen an die Verbrauchsstellen befördert.

Schwimmbassin, Wannen- und Brause-Douchebäder, sowie die römisch-irischen Bäder und das Dampfbad sollen für beiderlei Geschlechter zu gleicher bezw. zu verschiedenen Tageszeiten dienen. Es sind deshalb 8 Badezellen im vorderen Querflügel und 8 solche seitlich der Schwimmhalle im Längsflügel untergebracht, welcher auf der entgegen gesetzten Langseite auch die Brause-Douchen enthält. Wird also das Schwimmbassin vom weiblichen Geschlecht benutzt, so können um dieselbe Zeit auch die 8 Wannenbäder, das medicinische Bad und die Brause-Douchen von Frauen benutzt werden, während zu gleicher Zeit im Vorderbau die daselbst befindlichen anderen 8 Wannenbäder, sowie die römisch-irischen Bäder und das Dampfbad vom männlichen Geschlecht benutzt werden können, ohne daß sich beide Geschlechter begegnen müssen, indem die eine Abtheilung links, die andere rechts vom Haupteingang ihren Zugang hat. Die römisch-irischen Bäder enthalten 8 Ruhezellen, ein Tepidarium (das warme Luftbad), ein Caldarium (das heiße Luftbad) und Frigidarium (den Brauseraum) mit einer Menge verschiedenartiger Douchen: Sitzdouchen, Brause-, Spitz-, Strahl-, Dampfstrahl-Douchen u. s. w. ausgestattet. Die 8 Ruhezellen im Vorraum sind mit je einem Ruhebett, Stuhl, kleinem Schränkchen, Kleiderhaken und Spiegel ausgestattet und gegen den Mittelgang mit einem Vorhange abgeschlossen; Gänge und Zellen sind mit Teppichen belegt. Die Wannenbäder enthalten emaillirte Gußeisen-Wannen.

Sämmtliche Räume der Anstalt werden durch eine Dampf-Luftheizung erwärmt und gelüftet, welche die bekannte Berliner Firma: Aktien-Gesellschaft Schäffer & Walker zum Gesammtpreise von rund 30000 Mk. geliefert hat. Die Anlage ist derart getroffen, daß jede der 6 Abtheilungen des Bades: Schwimmhalle, die beiden Abtheilungen für Wannenbäder, das römisch-irische Bad mit Dampfbad, die Douchebäder, der Trockenofen und die Waschküche für sich in Benutzung genommen und außer Betrieb gesetzt werden können, ohne daß eine andere Abtheilung darunter zu leiden hat. Während eines strengen Winters dürften vermuthlich die Schwimmhalle und die Douchebäder längere Zeit außer Betrieb bleiben, während die übrigen Abtheilungen noch benutzt werden.

In konstruktiver Beziehung verdient ferner die in großem Umfange erfolgte Verwendung des Monier-Systems (Metallgerippe mit Cement und Cementbeton umhüllt) Erwähnung, das sich hier sehr gut bewährt hat.*) Neben sämmtlichen Decken sind namentlich die Wände und der

*) Die Monier-Ausführungen erfolgten durch die Firma Aug. Martenstein & Josseaux zu Offenbach. Nach Mittheilung derselben ist der oben erwähnte Brunnenschacht gleichfalls nach diesem Systeme hergestellt. Der 5 m hohe,

Boden des Schwimmbassins in dieser Weise ausgeführt. Trotz ihrer äußerst geringen Dicke von nur 5 bezw. 6 cm vermögen erstere dem bedeutenden Wasserdrucke des Bassins zu widerstehen; der Bassinboden, 6 cm starke Monier-Platten, liegt ohne Gegengewölbe unmittelbar auf dem Erdreich auf. Die Zwischenwände der Badezellen sind in „Rabitzputz" gleichfalls nur 5 cm stark hergestellt. Zum Anstrich derselben, sowie der Wände des Schwimmbassins ist sogen. „Emaillefarbe" verwendet — eine Erfindung der Firma **Mainz & Heck** in Offenbach, — die den damit gestrichenen Flächen das Ansehen emaillirter Gegenstände geben und dieselben für Wasser undurchlässig machen soll.

Der Zweck dieser Mittheilung, welche keine eigentliche Veröffentlichung der Anlage geben will, schließt ein Eingehen auf weitere Einzelheiten der baulichen Anordnung aus, die ein mit dem Entwurfe einer ähnlichen Anstalt beauftragter Techniker besser an Ort und Stelle studiren wird. Wichtiger erscheint es für diejenigen Fachgenossen, welche im Interesse ihrer Mitbürger für die Gründung öffentlicher Badeanstalten in anderen Städten Deutschlands wirken wollen, einige Angaben über die geschäftliche Seite und den Betrieb des Unternehmens zu machen.

Es wurde bereits erwähnt, daß zu den Anlagekosten im Betrage von 120000 Mk. die gemeinnützige Baugesellschaft und die Stadt Offenbach je 20000 Mk. als unverzinsliche Beträge beigesteuert haben; 75000 Mk. sind durch Antheilscheine von je 100 Mk. unter der Bürgerschaft aufgebracht und werden zu 5 Procent verzinst, während aus den Betriebs-Ueberschüssen jährlich eine Anzahl Antheilscheine zurück gekauft werden soll. Nach Tilgung der ganzen Schuld von 75000 Mk. fällt die Anstalt als Eigenthum der Stadt Offenbach anheim. Um die Verzinsung und die Betriebskosten zu decken, müssen jährlich 18000 Mk. eingenommen werden.

Es sind nun für die Benutzung der verschiedenen Bäder je nach der Tageszeit verschiedene Preise gestellt und es ist dabei berücksichtigt, daß auch die ärmere Bevölkerung an den Segnungen einer solchen Anstalt vollauf Antheil nehmen kann. So sollen namentlich die Brause-Douchen (10 Pf. für das Bad) und das Schwimmbassin zu gewissen Tageszeiten für sehr ermäßigte Preise den Arbeitern zur Verfügung gestellt werden. Mittwochs von 1—5, sowie Sonnabends von 1—9 Uhr Abends sollen Erwachsene zu 10 Pf. und Kinder zu 5 Pf. Brause- und Schwimmbäder nehmen können. Sonst kosten Einzelkarten für das Schwimmbad für Erwachsene 30 Pf. (10 Karten 2,50 Mk.), für Kinder und Schüler 20 Pf. (10 Karten 1,50 Mk.). Dauerkarten kosten für Erwachsene für 1 Jahr 25 Mk., 1/2 Jahr 15 Mk., 1/4 Jahr 10 Mk., 1/12 Jahr 4 Mk., für Schüler bezw. 12,50, 7,50, 5 und 2 Mk., für jedes weitere Kind derselben Familie bezw. 8, 5, 3,50 und 1,50 Mk. Wannenbäder 1. Klasse mit Brause kosten einzeln 1 Mk., 10 Karten 8 Mk., solche 2. Klasse ohne Brause 50 Pf., 10 Karten 4 Mk., eine

---

1,5 m im Durchmesser weite Cylinder wurde mit nur 5 cm starken Wandungen auf der Oberfläche fertig hergestellt und in die Baugrube, welche 2 m hoch mit Wasser angefüllt war, hinabgelassen. Bei der Versenkung zerplatzte die Kette des Flaschenzuges, das Gefäß stürzte mit großer Gewalt hinab, ohne eine *wesentliche* Beschädigung zu erleiden. Die Red.

Zusatzkarte für Benutzung der Brause 15 Pf. Ein Kind unter 10 Jahren in Begleitung Erwachsener ist frei. (Preise ohne Wäsche.) Römisch-irische Bäder für Frauen und Männer kosten einzeln 2 Mk., 10 Karten 17 Mk., an allen Wochentagen indeß für Männer von 6—9 Uhr Abends, an Sonn- und Feiertagen von 9 Uhr Vormittags bis 1 Uhr Nachm. nur 1,50 Mk. Reinigungs- und Brause-Bäder für Erwachsene kosten 10 Pf., für Kinder 5 Pf. Außerdem werden Wannenbäder an bestimmten Tagen und zu bestimmten Zeiten zum ermäßigten Preise von nur 25 Pf. gegeben, doch kann hierzu die Wäsche aus der Anstalt nicht entliehen werden, desgleichen werden zu bestimmten Zeiten römisch-irische Bäder, aber nur auf ärztliche Verordnung, an Unbemittelte zu 1 Mk. verabreicht. Heilbäder werden wie Wannenbäder 1. Klasse, die Zuthaten zum Selbstkostenpreis berechnet.

Mainz. W. Wagner.

Entscheidungen des Reichsversicherungsamtes.

Ein Armbruch, welchen sich der verletzte Fabrikarbeiter in der Fabrik gelegentlich einer Rauferei mit einem seiner Mitarbeiter bei einem Fall auf die Erde zugezogen hat, ist in Uebereinstimmung mit dem Schiedsgericht durch Rekurs-Entscheidung des Reichs-Versicherungsamts vom 22. November v. J. für einen Betriebsunfall nicht erachtet worden.

In einer Rekursentscheidung vom 26. November v. J. hat das Reichsversicherungsamt Folgendes ausgeführt: Bei der Beurtheilung der Erwerbsfähigkeit eines Verletzten im Allgemeinen darf nicht lediglich das bisherige Arbeitsfeld des zu Entschädigenden und der Verdienst, welchen er etwa nach der Verletzung noch hat, in Rücksicht gezogen werden. Vielmehr ist einerseits der körperliche und geistige Zustand in Verbindung mit der Vorbildung desselben zu berücksichtigen und andererseits zu erwägen, welche „Fähigkeit" ihm zuzumessen sei, auf dem Gebiet des wirthschaftlichen Lebens sich einen „Erwerb" zu verschaffen („Erwerbsfähigkeit"). Es soll ihm nach dem Gesetz derjenige wirthschaftliche Schaden, welcher ihm durch die Verletzung zugefügt worden ist, ersetzt werden, und dieser Schaden besteht in der Einschränkung der Benutzung der dem Verletzten nach seinen gesammten Kenntnissen und körperlichen wie geistigen Fähigkeiten auf dem ganzen wirthschaftlichen Gebiet sich bietenden Arbeitsgelegenheiten.

Das Reichs-Versicherungsamt hat in einer Entscheidung vom 25. November v. J. in Uebereinstimmung mit dem Schiedsgericht angenommen, daß eine geringe Schwäche und Krümmung des kleinen Fingers der linken Hand, welche bei dem Fuhrknecht einer Brauerei als Folge eines Betriebsunfalls zurückgeblieben ist, eine Verminderung der Erwerbsfähigkeit des Verletzten nicht zur Folge habe.

Ein Arbeiter, welcher durch einer Betriebsunfall den rechten Arm verloren hatte, erlitt nach Abschluß des wegen dieser Verletzung eingeleiteten Heilverfahrens eine die Arbeitsfähigkeit der linken Hand wesentlich beeinträchtigende Verwundung dadurch, daß er in seinem Schlafzimmer strauchelte und bei dem Bestreben, sich mit der linken Hand festzuhalten, mit der letzteren in eine Fensterscheibe fiel. Da diese Verletzung vermeintlich nicht eingetreten sein würde, wenn der Verletzte den rechten Arm noch gehabt hätte und sich mit demselben hätte stützen oder festhalten können, so erachtete das Schiedsgericht den Entschädigungsanspruch auch wegen der Folgen dieser Verletzung für gerechtfertigt und billigte die Rente für völlige Erwerbsunfähigkeit zu. Das Reichs-Versicherungsamt hat durch Rekursentscheidung vom 22. Dezember 1887 die Rente wieder auf den Betrag von 75 Proz. herabgesetzt, weil der die Verletzung der linken Hand verursachende Fall in die Fensterscheibe, welcher später als der entschädigungspflichtige Unfall eingetreten ist, mit dem Betriebe oder mit der früheren Verletzung nicht ursächlich zusammenhing, sondern die Folge des Strauchelns im Zimmer war.

Zur Begründung des Anspruchs auf Erhöhung der Rente für den Verlust eines Auges wurde von dem Verletzten geltend gemacht, daß seine Erwerbsfähigkeit außerdem durch eine frühere Quetschung der Hüfte, sowie durch Steifheit des linken Daumens beeinträchtigt sei. Das Reichs-Versicherungsamt hat durch Rekursentscheidung vom 10. Januar 1888 die Berücksichtigung dieser Schäden abgelehnt; es ist zwar richtig, daß bei der Festsetzung der Rente ein ursächlicher Zusammenhang zwischen den geltend gemachten einzelnen — auch den älteren — Gebrechen des Klägers nicht nachgewiesen zu sein braucht, aber es ist erforderlich, daß dieselben die Herabsetzung der Erwerbsfähigkeit in gegenseitigem Zusammenhange beeinflussen. Das letztere würde z. B. der Fall sein, wenn ein Einäugiger durch einen Betriebsunfall auch sein letztes Auge verliert. Im vorliegenden Falle fehlt ein solcher Zusammenhang.

Ein früherer Spinnmeister trat Ende Februar 1886 in eine Spinnerei mit der Aussicht ein, bei Abgang des dort angestellten Selfaktorspinners an dessen Stelle zu rücken. Nachdem er sich inzwischen in anderer Weise nützlich gemacht hatte, wurde er am 17. März 1886, an welchem Tage jener seine Stellung verließ, definitiv als Selfaktorspinner angenommen. Am 18. März wurde ihm der Selfaktor übergeben, den er reinigte, putzte und zur Fabrikation, welche wegen Mangels an Garn augenblicklich ruhte, vorbereitete. Auch am 19. März beschäftigte er sich in ähnlicher Weise an dem Selfaktor. Am 20. März verunglückte er, als er gelegentlich beim Garnaufwinden half, und wurde in Folge eines Sturzes völlig erwerbsunfähig. Das Reichs-Versicherungsamt hat auf den erhobenen Rekurs den Entschädigungsanspruch — entgegen den Vorentscheidungen, welche den Lohn eines gewöhnlichen Fabrikarbeiters zu Grunde gelegt hatten — nach dem Einkommen des früheren Selfaktorspinners bemessen. Da Kläger nicht ein volles Jahr vor dem Unfall in dem Betriebe beschäftigt war, kam es gemäß §. 5 Absatz 4 des Unfallversicherungsgesetzes lediglich auf denjenigen Betrag an, welchen während des gedachten Jahreszeitraums ein Arbeiter derselben Art in demselben Betriebe bezogen hatte. Arbeiter derselben Art mit dem Kläger ist aber nicht jeder Fabrikarbeiter, sondern allein der bisherige Selfaktorspinner gewesen. Denn Kläger war in die Beschäftigung eines solchen, wenn auch zunächst nicht in ihren eigenartigen Verrichtungen, mit der Uebernahme der Maschine auf Grund des Arbeitsvertrages eingetreten, und würde bei vorkommender Arbeitsgelegenheit für den Betrieb auch die gedachten Verrichtungen als Selfaktorspinner damals bereits ausgeführt haben. Gleichwie aber ein jahrelang thätiger Selfaktorspinner dadurch nicht vorübergehend diese Eigenschaft verliert, daß tageweise keine Arbeitsgelegenheit für die Maschine vorliegt, so hindert auch zu Anfang einer solchen Stellung der gleiche Umstand allein nicht, daß ein Arbeiter schon als Selfaktorspinner zu gelten hat.

Für das Kind eines durch Unfall getödteten Arbeiters wurde die demselben zustehende Rente bis zum letzten Tage desjenigen Monats beansprucht, in dessen Verlauf das Kind am 17. Tage gestorben war. Auf den Rekursantrag der Berufsgenossenschaft hat das Reichs-Versicherungsamt durch Entscheidung vom 22. Dezember 1887 als Endtermin für diese Rentenzahlung den Todestag des Kindes festgesetzt. Wenn nach §. 66 des Unfallversicherungsgesetzes die Entschädigungsrenten in monatlichen Raten im Voraus zu zahlen sind, so besteht dessen ungeachtet der Rentenanspruch naturgemäß niemals länger als bis zum Tode des Berechtigten, zu dessen Unterhalt die Rente bestimmt ist. Gegenüber der angeführten Formvorschrift über die Art der Auszahlung ist das materielle Recht hinsichtlich der Dauer des Rentenbezuges für den vorliegenden Fall im §. 6 des Unfallversicherungsgesetzes zu finden, wo unter Ziffer 2a ohne Abrundung auf Monatsbeträge als Endtermine aufgeführt sind: der Tod oder die Wiederverheirathung der Wittwen, die Zurücklegung des fünfzehnten Lebensjahres für ein Kind.

Zur Auslegung des §. 2 Absatz 2 des Bauunfallversicherungsgesetzes hat das Reichs-Versicherungsamt anläßlich der Prüfung des Nebenstatuts für die Versicherungsanstalt einer Baugewerks-Berufsgenossenschaft ausgesprochen, daß, wenn durch Statut die Versicherungspflicht auf auf Baugewerbetreibende ausgedehnt ist, welche nicht regelmäßig wenigstens einen Lohnarbeiter beschäftigen, und wenn ferner vorgeschrieben ist, daß diese Gewerbetreibenden sich innerhalb bestimmter Zeit nach dem Inkrafttreten des Bauunfallversicherungsgesetzes bei dem Genossenschaftsvorstande anzumelden haben, nicht bestimmt werden kann, daß die Gewerbetreibenden fraglicher Art, welche jene Anmeldung unterlassen haben und für welche die Aufnahme in die Versicherungsanstalt auch nicht durch die Genossenschaftsorgane herbeigeführt worden ist, keinen Anspruch auf eine etwaige Entschädigung haben.

Aus dem Unfall eines Arbeiters auf dem Wege zur Arbeitsstelle wurde ein Entschädigungsanspruch gegen die Berufsgenossenschaft mit der besonderen Begründung hergeleitet, daß der Arbeiter im Auftrage seines Arbeitgebers ein bestimmtes Stück Werkzeug von seiner Wohnung mitzubringen hatte. Das Reichs-Versicherungsamt hat in Uebereinstimmung mit dem Schiedsgericht durch Entscheidung vom 14. Januar 1888 den Anspruch für nicht begründet erachtet. Der Gang zur Arbeitsstelle mußte von dem Arbeiter unternommen werden, gleichviel, ob er von seinem Arbeitgeber den Auftrag zum Mitbringen eines Werkzeugs hatte oder nicht. Das letztere hat auf den Unfall selbst einen Einfluß nicht gehabt, indem der Arbeiter seinen Tod beim Ueberschreiten eines nicht fest zugefrorenen Teiches durch Ertrinken fand. Der Fall ist hiernach nicht anders zu beurtheilen, als die in den Vorentscheidungen behandelten Fälle.

Der Unfall, welcher einen Arbeiter auf dem Heimweg von der Arbeit außerhalb des Bannes des versicherungspflichtigen Betriebes betroffen hat, ist nach einer Rekursentscheidung des Reichs-Versicherungsamts vom 23. Dezember 1887 als bei dem Betriebe eingetreten nicht anzusehen.

Der Kutscher eines der Speditions-, Speicherei- und Kellerei-Berufsgenossenschaft angehörigen Unternehmers wurde, während er mit dem Reinigen eines seinem Arbeitgeber gehörenden Wagens auf offener Straße beschäftigt war, durch ein Stück Holz verletzt, welches ein Zimmergeselle fahrlässigerweise aus einem Fenster des im Umbau befindlichen Hauses des klägerischen Arbeitgebers auf die Straße warf. Das Reichs-Versicherungsamt hat durch Entscheidung vom 2. Januar 1888 den von dem Verletzten wegen der Folgen dieses Unfalls erhobenen Entschädigungsanspruch in Uebereinstimmung mit dem Schiedsgericht zurückgewiesen. Daß ein *Zimmergeselle* aus einem Fenster ein Stück Holz auf die

Straße wirft und dadurch einen auf der letzteren befindlichen Menschen verletzt, hängt nicht mit den Gefahren zusammen, von denen Leben und Gesundheit der Arbeiter im Speditions-, Speicherei- und Kellereibetriebe bedroht sind. Das Unfallversicherungsgesetz aber versichert die Arbeiter nur gegen die ihnen aus solchen Unfällen erwachsenden Schäden, welche sich aus dem Gewerbe, in dem sie thätig sind, ergeben, oder die durch dessen Betrieb veranlaßt werden. Den Kläger hat lediglich ein Unglücksfall betroffen, welchem an der in Rede stehenden Stelle auch jeder Andere, nicht in seinem Betriebe Beschäftigte hätte ausgesetzt sein, und welcher ihn auch überall anderswo außerhalb des Betriebes, in welchem er beschäftigt gewesen, hätte erreichen können.

Ein Fabrikarbeiter saß in der Arbeitspause auf einer Bank zwischen den Kesseln zweier Schweißöfen; er wurde von epileptischen Krämpfen befallen, fiel in Folge hiervon mit dem Gesicht zu Boden in die dort liegende heiße Asche und verletzte sich an den Augen. Nach der Rekursentscheidung des Reichs-Versicherungsamts vom 24. Januar 1888, ist dieser Unfall als bei dem Betriebe eingetreten anzusehen und die Berufsgenossenschaft verpflichtet, nach Maßgabe des Unfallversicherungsgesetzes für den Verletzten zu sorgen. Der Umstand, daß die Arbeiter bei einem Hinfallen in den Fabrikräumen der Gefahr ausgesetzt sind, in Maschinentheile, herumliegende Materialien, Erzeugnisse oder Rückstände des Betriebes zu stürzen und sich daran zu verletzen, muß den Gefahren des Betriebes zugerechnet werden. Wenn der Arbeiter während einer Arbeitspause an einer solchergestalt gefährdeten Stelle verweilte, so befand er sich im Banne des versicherungspflichtigen Betriebes.

Ein Arbeiter ließ sich während der Mittagspause mit einem gleichfalls im Betriebe beschäftigten Arbeiter in eine Neckerei ein, er stürzte aus diesem Anlaß in die zum Betriebe gehörige und auf der Betriebsstätte gelegene, halb mit frisch gelöschtem Kalk gefüllte Grube und verstarb in Folge hiervon. Der ursächliche Zusammenhang zwischen dem Unfall und einer den Zwecken des Betriebes dienenden Einrichtung ist laut der Rekursentscheidung des Reichs-Versicherungsamts vom 16. Januar d. J. hiernach als vorhanden anzusehen und wird auch nicht dadurch aufgehoben, daß der Unfall während der für das Mittagessen und die Erholung der Arbeiter bestimmten regelmäßigen Pause eintrat, da die letzteren auch während dieser Zeit in Folge des fortdauernden Aufenthalts an der Betriebsstätte den Gefahren der zu letzterer gehörigen Einrichtungen ausgesetzt bleiben. Darin aber, daß der Unfall durch eine Neckerei veranlaßt wurde, wie sie während der Erholungspausen unter Arbeitern nicht selten stattfindet, kann ebenfalls ein den Entschädigungsanspruch gesetzlich ausschließender Umstand nicht erblickt werden, da immerhin nur die nicht ausreichend geschützte Kalkgrube die wesentliche Ursache der tödtlichen Verletzungen geworden ist.

Verschiedene Mittheilungen.

Kraft- und Arbeitsmaschinen-Ausstellung in München 1888. Wir machen Interessenten darauf aufmerksam, daß der Anmeldetermin zu dieser Ausstellung am 1. März abgelaufen ist. Soweit man sich ein Bild von den bisherigen Anmeldungen machen kann, ist die Mehrzahl der Arbeitsmaschinen für den Handwerksbetrieb, so in ganz besonderer Weise für die Holz- und Blechbearbeitungsbranche und für die Buchbinderei vertreten. Was die Motoren anlangt, so sind die hauptsächlichsten Systeme des Gasmotoren-Betriebs bereits angemeldet, ebenso Dampfmotoren 2c.

Die zum Betriebe nöthige Kraft ist sichergestellt und vorläufig auf 75 Pferdekräfte normirt, wovon ein nicht unbedeutender Theil auf dem Wege der electrischen Kraftübertragung gewonnen werden soll. Auch die nöthige Wasserkraft ist vom Magistrate München zugesichert worden.

Deutsche allgemeine Ausstellung für Unfallverhütung Berlin 1889. Die Unterstützung, welche dem Ausstellungs-Unternehmen von Seiten der höchsten Reichs- und Staatsbehörden seither zu Theil wurde, findet von Neuem einen hocherfreulichen Ausdruck in einem an den Vorsitzenden des Geschäftskomités der deutschen allgemeinen Ausstellung für Unfallverhütung, Herrn Direktor Roesicke in Berlin gerichteten Schreiben Sr. Durchlaucht des Fürsten von Bismarck.

Desgleichen hat Se. Excellenz der Herr Minister der öffentlichen Arbeiten Maybach in einer an den Vorstand der Ausstellung gerichteten Zuschrift vom 21. d. M. dem letzteren seinen Dank für die Uebersendung des Programms ausgesprochen und zugleich sein lebhaftes Interesse für das Unternehmen zum Ausdruck gebracht.

Recht der Patentnachsuchung der deutschen Erfinder im Auslande. Mittheilungen von Otto Sack, Patentanwalt, Leipzig.*) Es ist für deutsche Patentinhaber resp. Erfinder nicht uninteressant, darüber Aufklärung zu erhalten, unter welchen Verhältnissen Erfindungen im Auslande geschützt werden und inwiefern es möglich ist, daß deutsche Patentinhaber hierbei geschädigt werden können.

In Frankreich, Belgien, Italien, auch Rußland und noch anderen Staaten ist im Patentgesetz ein Paragraph vorgesehen, welcher ausdrücklich gestattet, daß Inländer, also Franzosen u. s.w., eine von Anderen im Auslande gemachte Erfindung in ihrem Heimathlande sich patentiren lassen, ohne daß hierbei vom deutschen Erfinder, sofern derselbe sich nicht selbst ausländische Patente sicherte, Einspruch erhoben werden kann.

Die im Auslagezimmer des Patentamts ausgelegten Anmeldungen bieten sehr bequeme Gelegenheit zur Verschleppung deutscher Erfindungen nach dem Auslande.

Abgesehen davon, daß möglicherweise der deutsche Erfinder persönlich keinen Werth auf ausländische Patente legt, sind doch Fälle denkbar, welche für Fabrikanten, die mit ihren patentirten Fabrikaten Exporthandel treiben, sehr nachtheilig wirken können.

Solche Fälle können ohne Schwierigkeiten unter folgenden Umständen eintreten:

Jemand läßt sich in Deutschland einen Gegenstand durch Patent schützen; es verspricht derselbe großen Erfolg. Ein Ausländer, der die Güte des Gegenstandes erkennt, läßt sich denselben in seinem Heimathlande patentiren, und der deutsche Fabrikant, welcher hauptsächlich auf den Export gerechnet hat, sieht den ausländischen Markt durch das ausländische, einem Anderen gehörige Patent auf seine Erfindung verschlossen.

Nicht allein Ausländer können auf solche Weise dem deutschen Fabrikanten mit vollem Recht dem ausländischen Markt versperren, sondern es ist dies auch möglich durch den deutschen Concurrenzfabrikant, welchem ebenso die Möglichkeit offen liegt, sich eine fremde Erfindung im Auslande patentiren zu lassen.

Der Zweck, der hier im letzteren Falle verfolgt wird, ist ein doppelter:

1) wird dem deutschen Fabrikanten durch die inländische Concurrenz der ausländische Markt abgesperrt und 2) erreicht der betreffende Concurrent, daß, wenn er auch den für ihn im Auslande patentirten Gegenstand nicht in Deutschland fabriciren darf, doch, daß das neue bessere Product seinem älteren minder guten auf dem Auslandsmarkt nicht schadet.

Es sind dies ganz eigenthümliche Verhältnisse, welche obwalten, aber durch die Gestaltung der ausländischen Patentgesetze bedingt werden.

Aus den Lokalgewerbvereinen.

Offenbach. Jahresbericht über die Thätigkeit des Gewerbevereins 1887. Folgende Versammlungen wurden abgehalten: den 10. Januar Jahreshauptversammlung. Tages-Ordnung: 1) Rechenschaftsbericht. 2) Wahl des Vorstandes.

*) Der Verfasser ist auch gern bereit den Lesern dieses Blattes über etwa entstehende Fragen auf dem Gebiete des Patentschutzes kostenlos Auskunft zu ertheilen.

Den 17. Januar: Feierliche Eröffnung des vom Gewerbeverein ins Leben gerufenen Unterhaltungssaales für jugendliche Arbeiter, welches Unternehmen in bereitwilligster Weise von der Stadtverordnetenversammlung durch Ueberlassung geeigneter Räumlichkeiten, sowie von Seiten des Vereins für Volksbildung durch die in denselben Räumlichkeiten zur Verfügung gestellte, außerordentlich reichhaltige Bücherei Unterstützung findet.

Den 27. Januar: Hauptversamlung. Berathungsgegenstände: 1) Die in Darmstadt abzuhaltende Lehrlingsarbeitenausstellung. 2) Der Werth der Einführung von Meisterprüfungen der Bauhandwerker, welch letztere Frage früher geäußerten Ansichten entsprechend dahin entschieden wurde, daß die Einführung derartiger Prüfungen nicht für vortheilhaft zu erachten sei, man vielmehr auf eine gewissenhafte Beaufsichtigung der Bauausführungen hinzustreben habe.

Den 4. April: 1) Berichterstattung über die im laufenden Jahre abgehaltenen Handwerkerprüfungen. 2) Ertheilung der bei dieser Gelegenheit erworbenen Zeugnisse unter geeigneter Ansprache des Vorsitzenden an die jungen Handwerker. 3) Vortrag des Herrn Handelskammersecretär **Schloßmacher** über das Unfallversicherungsgesetz.

Den 26. Juli: Feier des 50 jährigen Bestehens des Landesgewerbvereins in Darmstadt und Besuch der bei dieser Gelegenheit veranstalteten Lehrlingsarbeitenausstellung des Großherzogthums und der Schülerarbeiten der gewerblichen Bildungsanstalten des Landes.

Den 30. Oktober: Gemeinschaftlicher Besuch des der Vollendung entgegengehenden Stadtbades.

Den 4. November: Berathung des Gewerbevereins mit der Handelskammer und unter Betheiligung der bezügl. für das Großherzogthum Hessen eingesetzten Landeskommission über die Beschickung der Münchener Kunstgewerbeausstellung 1888.

Den 7. November: 1) Berathung über die Maßregeln gegen die Abzahlungsgeschäfte. Beschluß: Käufe auf Abzahlung sind an und für sich nicht schädlich, häufig sogar vortheilhaft. Leider aber gestalten sie sich in vielen Fällen zu schwindelhaften Erpressungen der ärmeren Klassen, und wäre dem zu steuern durch Einführung reichsgesetzlicher Bestimmungen, wonach dem Käufer im Falle der Rückgängigmachung des Kaufes ein Theil der geleisteten Anzahlungen (etwa die Hälfte) erstattet werden müßte. 2) Errichtung gewerblicher Genossenschaften. 3) Die deutsche Kunstgewerbeausstellung in München. Vortrag des Herrn Dr. **Geiger** über die geschichtliche Entwicklung des Leihhauswesens.

Den 23. November: Vortrag des Herrn Ingenieur **Brockmann** über die technische Verwendung der flüssigen Kohlensäure.

Den 7. Dezember: Zweiter Vortrag des Herrn Dr. **Geiger** über das Leihhauswesen in Deutschland und seine wirthschaftliche Bedeutung im allgemeinen. Berathung über die Bedeutung von Wirthschaftsgenossenschaften.

Die Unternehmungen des Vereins, sowie die durch ihn vermittelten Veranstaltungen hatten sich meist eines recht guten Gedeihens und Gelingens zu erfreuen. Der Unterhaltungssaal erweist sich als eine Wohlthat für die jungen Leute, wofür der rege Besuch, namentlich in den Wintermonaten, Zeugniß ablegt.

Die Handwerkerprüfungen haben die erwarteten günstigen Erfolge mehr und mehr gerechtfertigt; die Zahl der Geprüften stieg auf 16 gegen 8 im vorigen Jahr.

An der Lehrlingsarbeitenausstellung in Darmstadt betheiligten sich 100 Lehrlinge mit über 200 Arbeiten, und fielen auf hiesige Stadt 75 Auszeichnungen, worunter 39 werthvolle Prämien.

Leider blieben die Bemühungen des Vereins um eine recht rege Theilnahme an der Münchener Kunstgewerbeausstellung ohne Erfolg, was wohl hauptsächlich auf den am hiesigen Orte mehr fabrikmäßigen Betrieb der Geschäfte zurückzuführen ist.

Wie aus Vorstehendem ersichtlich, hat der Verein auch in diesem Jahre seine Thätigkeit fast ausschließlich der Förderung gemeinnütziger Unternehmungen und der Behandlung von Fragen zur Förderung des Gewerbewesens zugewandt. Sch.

Butzbach. Der von Herrn Universitätsamtmann Dr. **Dietz** zu Gießen am 5. d. M. über Kranken- und Unfallversicherung in dem hiesigen Lokalgewerbverein gehaltene Vortrag fand auch hier den verdienten lebhaften Beifall. W.

Darmstadt. In der letzten diesjährigen Winterversammlung des Localgewerbvereins am 17. d. M. hielt Herr Professor **Lincke** den angekündigten Vortrag über die vorjährige Lehrlings-Arbeiten-Ausstellung und das Lehrlingswesen überhaupt. Redner theilte zunächst die auf Umfrage bei hiesigen Gewerbtreibenden, wie sie das hiesige Local-Comité für die Ausstellung unternommen, eingegangenen Wünsche ꝛc. bezüglich solcher Ausstellungen im Wesentlichen mit, als deren wichtigste uns erschienen: Zweckmäßigkeit der gehörigen Abwechselung in der Beschäftigung der Lehrlinge, jedesmalige Angabe der für die Anfertigung der Arbeit gebrauchten Zeit, Ausschließung selbstgewählter Arbeiten, jährliche Wiederholung von Lehrlings-Arbeiten-Ausstellung mit localer Beschränkung unter Aufsicht der Localgewerbvereine und Zulassung nur der im letzten Lehrjahre stehenden oder höchstens ein Jahr aus der Lehre befindlichen Lehrlinge, Maßregeln, um bezüglich der Selbständigkeit einzelner Arbeiten größere Sicherheit zu erlangen, Stellung bestimmter Aufgaben in Verbindung mit der jährlichen Ausstellung der Handwerkerschul-Arbeiten u. dergl. m. Nachdem der Vortragende einige im Ganzen recht günstige Stimmen aus Preußen, Oesterreich ꝛc. über die Darmstädter Ausstellung zur Kenntniß gebracht, war der letzte Theil seiner Ausführungen einer Erörterung der zur Zeit im Lehrlingswesen bestehenden Mißstände und der Mittel zur Behebung derselben gewidmet. In letzterer Beziehung stellte Herr Professor Lincke den Antrag, daß sich der Vereinsvorstand demnächst mit folgenden drei auf eine Besserung des Lehrlingswesens gerichteten Fragen beschäftigen solle: 1) Einrichtung von Lehrlingsprüfungen in sämmtlichen wichtigeren Gewerben; 2) Veranstaltung periodischer Ausstellungen von Lehrlingsarbeiten; 3) Förderung der Frage der Fachschulen, und fand dieser Antrag einstimmige Annahme Seitens der Versammlung. Die reiche Belehrung bietenden Mittheilungen des Redners wurden lebhaft applaudirt.

Ausflüge sind, wie weiter beschlossen wurde, für den kommenden Sommer zunächst projectirt nach Frankfurt a. M. (event. halbtägig), Frankenthal und dem Braunsteinbergwerk Bockenrod bei Reichelsheim, event. auch nach Bad Nauheim und dem Messeler Bergwerk. — Nachdem Herr Spenglermeister Rockel der Verdienste des Vorsitzenden, Herrn Bergrath Tecklenburg, um den Verein in [illegible] Worten gedacht und die Anwesenden sich zum Zeichen der Anerkennung von ihren Sitzen erhoben hatten, gab Herr F. Hamm einige Erklärungen über die von ihm im Locale ausgestellten, mit Interesse von den Anwesenden besichtigten Centralheizungs-Einrichtungen, Fabrikate der Hannover'schen Centralheizungs- und Apparate-Bauanstalt zu Hainholz, als eines vollständigen Dampfniederdruck-Ofens mit Isolirmantel und Ventilations-Einrichtung, eines Gliederofens, eines doppelt wirkenden Zugregulators für Dampf-Niederdruck-Kessel ꝛc., dabei u. A. bemerkend, daß der genannten Firma die Anlage der Heizungs-Einrichtungen der Werkstättenräume im neuen Frankfurter Centralbahnhof übertragen worden sei. Bei der sich immer mehr steigernden Bedeutung der Centralheizungen wäre ein zahlreicher Besuch der Versammlung zu wünschen gewesen. Für Interessenten sei noch angeführt, daß Herr Hamm in seinem Waldstraße 50 befindlichen Geschäftslocale stets die verschiedensten Heiz-, Trocken- und Ventilationsanlagen zur Einsicht derselben ausgestellt hat. (N. H. B.)

Alsfeld. 22. Febr. Im Saale des Gasthofs zum deutschen Haus fand gestern Abend eine Versammlung des Localgewerbvereins statt. Herr Ingenieur K. Brockmann aus Offenbach hielt seinen angekündigten Vortrag über die Verwendung der flüssigen Kohlensäure in der Technik. Nach einem geschichtlichen Rückblick auf die Darstellung flüssiger Gase, die früher eine Merkwürdigkeit der chemischen und physikalischen Laboratorien war, wendete sich Redner zunächst der Anwendung der flüssigen Kohlensäure zur Fabrikation von Kanonen zu, wobei die Wirkung der flüssigen Kohlensäure zur Erzeugung großer Kälte Anwendung findet.

Auch zur Hebung von Schiffen ist die Kohlensäure brauchbar und sind darüber eingehende Versuche auf der Kaiserlichen Werft in Wilhelmshafen angestellt worden. Hauptsächlich findet die Kohlensäure Anwendung beim Bierausschank, wodurch die gesundheitsschädlichen Luftpressionen entbehrlich gemacht werden. Ein neuer Apparat zum Ausschank von Bier mit flüssiger Kohlensäure wird vom Redner demonstrirt. Der Apparat ist von den Herren Fleischer und Mühlich in Frankfurt a. M. zur Verfügung gestellt und besteht aus einem Kessel mit der nöthigen Armatur und einer Flasche aus Schmiedeeisen mit einem patentirten Ventil. In dieser schmiedeeisernen Flasche ist die flüssige Kohlensäure eingeschlossen. Die Flaschen selbst sind auf einen Druck von 300 Atmosphären geprüft, so daß Gefahr vollständig ausgeschlossen ist. Redner demonstrirte die Eigenschaften der flüssigen Kohlensäure und stellte feste Kohlensäure in kreideartigen Stücken dar, welcher Versuch sehr interessirte. In der festen Kohlensäure wurde Quecksilber zum Gefrieren gebracht und das Verhalten der festen Kohlensäure zum Wasser gezeigt.

Redner erläuterte an zwei von Großherzoglicher Centralstelle gütigst zur Verfügung gestellten Modellmaschinen den Betrieb von Motoren mit Kohlensäure und die Anwendung für Feuerspritzen. Auch über die Verwendung der flüssigen Kohlensäure zum Heben von Gegenständen aus dem Wasser wird ein Versuch angestellt, die Fabrikation der künstlichen Mineralwasser erläutert und durch einen Versuch illustrirt, bei welchem den Anwesenden prachtvolles Selterswasser in wenigen Minuten vorgesetzt werden konnte. Nachdem Redner noch der Anwendung der flüssigen Kohlensäure zur Conservirung von Nahrungsmitteln gedacht und die Eisfabrikation mittelst flüssiger Kohlensäure und flüssiger schwefliger Säure erläutert hatte, schloß er seinen sehr interessanten und belehrenden Vortrag, indem er noch zeigte, wie Kohlensäure selbst im Stande ist, rasch eine große Flamme zu löschen. Der Vorsitzende des Vereins dankte hierauf dem Redner für seine Ausführungen, die gewiß Manchem der Anwesenden viel Neues und Interessantes geboten hatten.

S.

Litteratur.

Rodegast, Bernhard: Die Fußbekleidungskunst. Unterrichtsbuch für Schuhmacher, Fachschulen und Fachvereine, sowie zum Selbstunterricht für alle Interessenten der Schuhmacherei. Nebst einem Atlas von 19 Figurentafeln mit 210 Abbildungen. Weimar, 1888. Preis 5 Mark.

Auch im Schuhmachergewerbe erkennt man jetzt mehr und mehr die Nothwendigkeit, daß der alte Stiefel nicht mehr so gedankenlos weiter zu treten sei; man ist vielmehr bestrebt das Wohl des Standes darin zu suchen, daß jeder Einzelne sich zur praktischen Ausübung seines Gewerbes auch die nothwendigsten theoretischen Grundlagen erwerben, bezw. daß den Standesangehörigen, zunächst von den Innungen, die Gelegenheit hierzu geboten werden müsse. Der Verfasser des vorliegenden Werkes, Innungs-Obermeister und Dirigent einer Fachschule für Schuhmacher in Weimar, steht auf diesem Boden und hat aus dem Handwerk und für die Belehrung heraus mit frischer Lebendigkeit ein Unterrichtsbuch geschrieben, das unter den neueren Erscheinungen dieser Litteratur eine hervorragende Stelle einnimmt. Zunächst für den Unterricht einer Fachschule bestimmt, zerfällt das Werk in einen ersten Theil für den Unterricht für Meister und Gesellen und einen zweiten Theil für Lehrlinge. Der Gang der Darstellung ist hierbei natürlich und zwanglos und entspricht zweckmäßig dem Gang bei der Herstellung der Arbeiten. Das Buch eignet sich hiernach auch vollständig zum Selbstunterricht und zu einem Handbuch für Schuhmacher. Ohne weitläufig zu werden verbreitet sich der Verfasser in umfassender, meist gedrungener, abgepaßter Darstellung über alle technischen Verrichtungen, Verhältnisse, Einrichtungen und Hülfswissenschaften der Schuhmacherei. Insbesondere ist dem Bau des menschlichen Fußes, den Fußleiden und der Herstellung naturgemäßer Beschuhung die gebührende Berücksichtigung geworden, und bei der Geschäftsführung ist der Geschäftseinrichtung und namentlich der Waarenkunde eingehend gedacht. Mit warmen Worten zeigt Verfasser dem Klein-Schuhmacher den Weg, wie er gegenüber dem Fabrikbetrieb doch aufkommen könne. Der Preis des Werkes nebst einem Atlas von 19 Tafeln ist ein außerordentlich billiger zu nennen.

W.

Die Feuerlöschpräparate und ihr praktischer Nutzen, von Ingenieur M. Eberhardt aus München. Zürich. Verlag von Orell Füßli & Co. [illegible]

Die großen Theaterbrände der letzten Jahre haben den Verfasser veranlaßt, der Wirksamkeit der Feuerlöschmittel auf experimentellem Wege näher zu treten, bei welcher Gelegenheit er auf Grund der gemachten Erfahrungen ein neues Mittel aus den geeignet scheinenden Salzen zusammengestellt hat. Die Hauptpunkte, auf welche der Verfasser hierbei Rücksicht nahm, waren: Die Lösungsfähigkeit der Salze im kalten Wasser; die feuerlöschende Wirkung; die Wirkung auf das gelöschte Gebäude; der Widerstand gegen Gefrieren und der Preis. Das Schriftchen bricht etwas plötzlich ab und verweist uns auf eine Reihe von Zeitungsartikeln und ein Verzeichniß derjenigen Corporationen ꝛc., welche das Eberhardt'sche Recept erworben haben; immerhin aber können wir Interessenten seine Durchsicht empfehlen. Der Verfasser sagt am Schlusse: „Der Werth einer Erfindung wird in der Regel beurtheilt nach ihrem praktischen Erfolge.“ Warten wir daher ab.

Redacteur Dr. Hesse. — Druck von Heinrich Brill.
In Commission bei L. Brill in Darmstadt.

Gewerbeblatt

für das

Großherzogthum Hessen.

Zeitschrift des Landesgewerbvereins.

Erscheint wöchentlich. Auflage 4500. Anzeigen für die durchgehende Petitzeile oder deren Raum bei ein- und zweimaliger Aufnahme 30 Pf., bei drei- und mehrmaliger Aufnahme 25 Pf.

№ 11. März 1888.

Herannahende Umwandlungen im Industriebetriebe.

Die „Deutsche Industriezeitung“ schreibt hierüber:

Noch ehe unser Jahrhundert zu Ende geht, werden sich im Erwerbsleben der Nationen gewaltige Umwandlungen vollzogen haben, zu denen namentlich die Technik und die Wirthschaftswissenschaften beitragen werden. Der Schwerpunkt des Fortschritts wird in der Neugewinnung und Ersparung von Kräften und in der richtigen Leitung von Natur- und Menschenkräften liegen. Wind- und Wasserkräfte hat man seit Jahrtausenden im Dienste der Industrie verwerthet. Erst der Gegenwart war es vorbehalten, auch Dampf, Gas und Elektricität als Krafterzeuger zu benutzen.

Da kommen nun die Naturforscher und Techniker und eröffnen uns die Aussicht, daß auch die atmosphärische Luft, sei es nun durch Hochdruck oder durch Tiefdruck, als Kraftträger und Krafterzeuger in umfassender Weise verwendet werden wird. Die Aufgabe der Zukunft besteht in der Herstellung großer Centralstationen, von denen aus bewegende Kräfte ausgesendet werden. Zu diesen bewegenden Kräften soll nun künftig auch noch die atmosphärische Luft hinzutreten.

Herr Geh. Rath Professor Reuleaux aus Berlin hat Ende des Monates Januar vor einem zahlreich versammelten Publikum in der Gehe-Stiftung zu Dresden einen fesselnden Vortrag über diese herannahenden Umwandlungen gehalten.

Das charakteristische Gepräge unserer Zeit — so führte Redner aus — sei der Kampf des Kleingewerbes mit dem Kapital, ein Kampf, der mit ungleichen Mitteln geführt werde und in welchem das Kleingewerbe zu erliegen drohe. Immer weitere Gebiete, auf welchem das Kleingewerbe bisher heimisch gewesen, werden von dem Kapital diesem streitig gemacht, und manche Handwerkerfamilie schaue bang auf zu ihrem Ernährer, welcher durch diesen scheinbar unaufhaltsamen Prozeß den zersetzenden politischen Parteitreiben in die Arme getrieben werde. Aber dennoch sei weder theoretisch, noch praktisch der Gegensatz des Kapitals zum Kleingewerbe ein absoluter, im Gegentheil das Kapital sei nur die Wirkung der Arbeit und es nähere sich auch den Bedürfnissen des Kleingewerbes, sobald ihm die Wege gezeigt würden.

Bereits vor 15 Jahren hat Reuleaux ausgeführt, daß durch kleine Kraftmaschinen ein erhöhter Wettbewerb des Kleingewerbes mit den Großbetrieben möglich sei. Besonders wichtig geworden ist der sogen. Otto'sche Gasmotor, dessen bahnbrechende volkswirthschaftliche Bedeutung darin bestehe, daß er seine Kraft von einem Centralpunkt, in der Regel aus einer städtischen Leitung bezieht. Diese Kraft wird übergeleitet auf die Werkstattmaschinen der kleinen Gewerbetreibenden. Die ökonomische Tragweite eines solchen Verfahrens konnte nicht lange unbekannt bleiben.

Vor etwa 15 Jahren seien, so erzählte Redner, solche Motoren mit insgesammt 2000 Pferdekräften in Betrieb gewesen, heute sei ihre Zahl bis zu 60000 Pferdekräften gestiegen. Später habe man, und zwar zuerst in Zürich, kleine Wasserkraftmaschinen für den häuslichen Betrieb hergestellt, die aus den öffentlichen Wasserwerken gespeist würden. Indessen sei das Wasser keine besonders geeignete, namentlich keine billige Kraft, die Unterhaltung einer Wasserkraftmaschine koste wohl 12 Mal so viel, als die eines Gasmotors. Neuerdings sei in Genf eine großartige Wasservertheilungsanlage, welche 175 Motoren in Bewegung setzt, unter Zuhülfenahme der Rhone hergerichtet worden.

Ebenso bestehen z. B. in New-York Anlagen, welche Dampf durch unter Straßen hin gelegte Rohre vertheilen, in Philadelphia ähnliche Einrichtungen mit überhitztem Wasser. Doch ist mit denselben überall ein erheblicher Kraftverlust verbunden.

Die vielbesprochene elektrische Kraftleitung habe bis jetzt noch keine Erfolge aufzuweisen, hier befinde man sich noch im ersten Versuchsstadium, sie könne daher vorläufig nicht in Betracht kommen. Dagegen habe sich ein anderer ausgezeichneter Kraftträger gefunden: die atmosphärische Luft. Sie sei überall vorhanden, koste nichts, sei leicht wie das Gas und ohne dessen schädliche Ausdünstungen. In Paris bestehen 2 Gesellschaften, welche Luftdruckmaschinen mit der treibenden Kraft versorgen, eine davon bereits seit 2 Jahren mit sehr lohnendem Betriebe. Hier sind die Abnehmer fast ausschließlich kleine Leute, die zu ihrem Gewerbe je 1—2 Pferdekräfte brauchen. Von beträchtlichem Umfange ist die Druckluftanlage in dem industriereichen Birmingham, von einer großen Gesellschaft begründet und durch Parlamentsakte geschützt. Die bestehenden Anlagen erzeugen schon jetzt 30000 Pferdekräfte, eine neue Anlage mit abermals 15000 Pferdekräften sei im Bau begriffen. Einige Wochen nach der Genehmigung seien bereits 6000

Pferdekräfte vergeben gewesen, und die Zeit werde kommen, wo alle industriellen Etablissements — die größten und kleinsten — in Birmingham mit Luftdruck arbeiten. Selbst der ärmste Handwerker könne sich diese, durch ein Rohrnetz nach allen Seiten verbreitete Kraft zu nutze machen, da auch die Luftdruckmaschinen von der Gesellschaft gegen billige Entschädigung verliehen würden. Zur Erzeugung der gepreßten Luft werden in Birmingham an der Centralstelle noch Dampfmaschinen verwendet, dagegen sei man in Deutschland bereits mit Versuchen beschäftigt. welche dieselben entbehrlich machen sollen. Es sei dann zu erwarten, daß in kurzer Zeit auch deutsche Industriestädte, wie Chemnitz, Plauen, ja selbst Dresden und Berlin zur Einrichtung solcher Luftdruckanlagen vorschreiten würden.

Dadurch, daß es möglich wäre, 3—4 Atmosphären Druck zu erzeugen, sei die Kraft auch für den Großbetrieb von der hervorragendsten Bedeutung. Der Verbrauch der Kraft sei durch Luftmesser kontrolirbar. Die Vortheile dieser Kraftfabrikation springen in die Augen, zahlreiche Dampfkessel mit Oefen und Schornsteinen fallen weg, die Verunreinigung der Luft mit Ruß und Dampf höre auf, Konzessionen zu neuen Anlagen seien nicht mehr nöthig. Hier zeige sich also das Großkapital dem Kleingewerbe freundlich. Es werde die Aufgabe des nächsten Vierteljahrhunderts sein, das Prinzip der Centralisation der Krafterzeugung und der Vertheilung dieser Kraft an die Gewerbetreibenden in die Praxis zu übersetzen. Das Handwerk werde sich mit den Arbeitsmaschinen, zu deren billiger Herstellung das Kapital sich drängen werde, rasch befreunden. Die Innungen aber könnten, statt sich über fade Formalitäten herumzuzanken, zu Vorschußbanken für Arbeitsmaschinen der Handwerker werden. Mit den Segnungen der Maschine werde wieder frischer Muth das Kleingewerbe beleben und es konkurrenzfähig machen mit dem Kapital.

Uebersetzungsverhältnisse an Drehbänken für Holzdreherei mit Fußbetrieb.

Uebersetzung nennt man bei der Drehbank die Differenz, welche zwischen dem Schnurlauf auf der Spindel und dem Schwungrad, in deren Durchmesser besteht. Die Zahl, welche sich ergibt durch Dividiren des Schnurlaufdurchmessers in die des Schwungrads, benennt das Uebersetzungsverhältniß; ist z. B. der Durchmesser des Schnurlaufs der Spindel 100 mm, der des Schwungrads 600 mm, so ist das Uebersetzungsverhältniß 1 zu 6 = 1 : 6. Die praktische Verwerthung dieser Uebersetzung bedeutet, daß bei einer Umdrehung des Schwungrades, die Spindel oben sich sechsmal dreht.

Dieses Uebersetzungsverhältniß ist auf den Gang und die Leistungsfähigkeit der Drehbank von großem Einfluß und muß entsprechend der Arbeit, für welche die Drehbank bestimmt ist, gewählt werden.

Um aber auf ein und derselben Drehbank nach Erforderniß der mancherlei Arbeiten, welche verschiedene Umdrehungsgeschwindigkeiten der Spindel bedingen, dieses Uebersetzungsverhältniß leicht verändern zu können, dreht man sowohl auf dem Wirbel der Spindel, als auch auf dem Schwungrade mehrere Läufe in verschiedenen Durchmessern ein und zwar so, daß die kleineren Läufe am Schwungrad, wieder den größeren auf dem Wirbel entsprechen; das Uebersetzungsverhältniß wird dadurch ein anderes, d. h. die Umdrehungszahl der Spindel verändert sich, ohne daß dies beim Schwungrad der Fall ist. Immerhin aber entspricht diese Anordnung nicht vollständig dem Bedürfniß, welches bei dem Betrieb der Drechslerei in den verschiedensten Branchen sich zeigt, und muß das Uebersetzungsverhältniß trotz dieser hierdurch möglichen Veränderlichkeit, doch je nach dem Zweck, welchem die Drehbank dienen soll, anders gewählt werden, auch müssen z. B. sehr schnell laufende Drehbänke für leichte Arbeiten entsprechend construirt sein, weil sie sonst zu schwer gehen würden. Es ist deshalb nicht genug zu empfehlen, die Verschiedenheit der Arbeiten für ein und dieselbe Bank nicht zu sehr auszudehnen; eine Drehbank für Alles ist heute nicht mehr mit Vortheil zu verwenden. Nachstehende Tabelle dürfte für ein richtiges Uebersetzungsverhältniß maßgebend und für Fußbetrieb noch zu überwinden sein, wobei immer der schnellste Lauf der Spindel angenommen ist.

Durchmesser des Arbeitsstücks	Uebersetzungsverhältniß
bis 50 mm	1:10
„ 100 „	1:9
„ 150 „	1:8
„ 200 „	1:7
„ 300 „	1:6
„ 400 „ und mehr	1:5.

Für leichte Arbeiten kann das Uebersetzungsverhältniß auch noch größer genommen werden, wenn die Drehbank darnach construirt ist, also der Gang derselben kein zu schwerer ist. (Dtsch. Gewbztg.)

Unsere Abbildungen.

Zur Decoration von Innenräumen eignet sich Papier-Stuck-Masse wegen ihrer großen Leichtigkeit und Trockenheit in hervorragendem Maße. Die beiden Thürverdachungen, welche unsere Abbildungen zeigen,

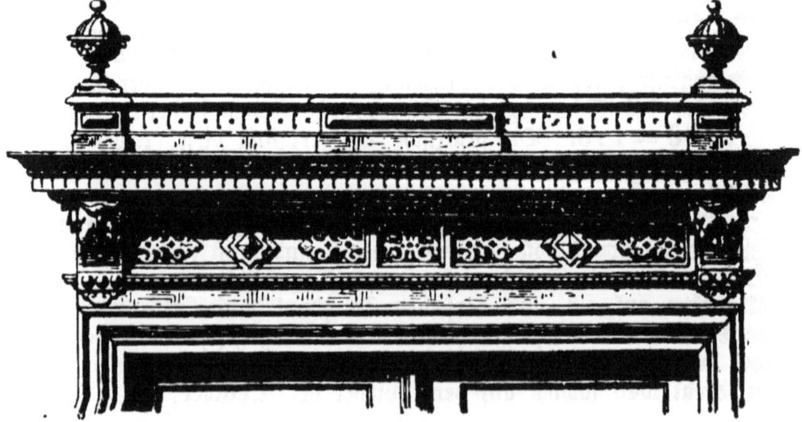

sind nach Entwürfen des technischen Bureaus von Wagner & Strecker zu Mainz von der Ornamentenfabrik von Peter Voegler II. daselbst in diesem Materiale angefertigt worden.

Verschiedene Mittheilungen.

Ueber den Zeichen-Apparat von H. C. Gast in Cöln a. Rhein. Als Weihnachtsgeschenk bezog Einsender dieser Zeilen letzte Weihnachten durch die Handlung von Dr. Oscar Schneider in Leipzig einen sog. patentirten Gast'schen Zeichen-Apparat.

Dieser Apparat besteht aus Pappdeckel und ist zum Zusammenlegen eingerichtet. Obenauf sitzt eine Prismalinse und wirft diese ein Bild der äußeren Gegend und des Gegenstandes, auf den dieselbe gerichtet ist, auf den Boden des Kastens. Durch eine dreieckige Oeffnung sieht man dieses Bild und kann es sichtlich mit einer Bleifeder nachzeichnen. Das Ganze ist weiter nichts, wie die längstbekannte Camera clara. Die schwache Seite des ganzen Apparates besteht aber darin, daß bei der geringsten Handbewegung der ganze Pappdeckelkasten zittert und bebt und die oben befindliche Prismalinse so schlecht in Blech gefaßt und befestigt ist, wie es an Nürnberger Spielwaaren nicht schlechter sein kann und daher ein genaues Einstellen ganz unmöglich ist und ist diese Einstellung doch einmal geglückt, so reicht eine allergeringste Handbewegung mit dem Bleistift hin, um die Linse aus der richtigen Stellung zu bringen. Ein Zeichnen damit, und wäre es nur zum Vergnügen für Knaben, ist ganz unmöglich, und hat der Apparat, den Einsender mit 10 Mark bezahlte, keinen größeren Werth, als eine Prismalinse, welche man bei einem Optiker für 2 Mark haben kann. — Diese großen Mängel hat Einsender dieser Mittheilung Herrn Dr. Oscar Schneider mitgetheilt.

Leimtypie. Unter Bezugnahme auf den Artikel in Nr. 8 unseres Blattes wird manchem unserer Leser die Mittheilung vielleicht nicht unwillkommen sein, daß die Firma Franz Franke zu Berlin W., Wilhelmstraße 33, welche die Generalvertretung für diese Leimtypie für ganz Deutschland hat, Herrn Mechaniker Curt Rube zu Offenbach als weiteren Vertreter für Süddeutschland bestellt hat. Von genannter Firma können gewünschte Leimcliché's nach eingesandten Photographieen bezogen werden. Ein uns eingesandtes Beispiel zeigt die Verwendung solcher Cliché's zu Gratulationskarten mit aufgedrucktem Porträt. Letzteres ist auf einer kleinen Handhebel-Buchdruck-Schnellpresse dargestellt worden.

Exportmusterlager zu Frankfurt a. M. Die Entwicklung des Institutes während des verflossenen Jahres, des zweiten Geschäftsjahres, zeigt einen erheblichen Fortschritt, sowohl in Bezug auf neue Anschlüsse wirklicher Aussteller, als auch hinsichtlich greifbarer Erfolge für die Mitglieder. In einer Reihe von Artikeln sind Aufträge meist von größerem Umfange vermittelt worden; die betr. Industriellen erkennen die Bemühungen und Erfolge des Musterlagers dankbar an. Die Veranschaulichung der Fabrikate am Lager bietet den directesten Erfolg, da die besuchenden ausländischen Geschäftsleute nicht nur Adressen erfahren, sondern die Art und Ausführung der Fabrikate, sowie deren Preislage kennen lernen wollen, um unnütze Versuche und Zeit- und Geldverluste zu ersparen. Die Ausdehnung der überseeischen Verbindungen schreitet dauernd fort und damit die Versendung von Mustercollectionen. Die Thatsache, daß das Exportmusterlager den Industriellen gegen mäßige Beiträge eine ständige Vertretung bietet, welche vielfach wirksamer ist, als die mit großen Kosten verknüpften Ausstellungen, gelangt in den Fabrikantenkreisen immer mehr zur Anerkennung und läßt eine weitere wesentliche Zunahme auch in dem begonnenen Jahre erwarten. Von hessischen Firmen sind in dem Aufsichtsrath z. Zt. vertreten: Karl Schenck zu Darmstadt, Theodor Steinhäuser zu Offenbach und Franz Kupferberg zu Mainz.

Kraft- und Arbeitsmaschinen-Ausstellung für das deutsche Reich, München 1888. Anknüpfend an unsere früheren Hinweise auf diese Ausstellung theilen wir jenen Herrn Fabrikanten, welche sich mit Anfertigung von zur Ausstellung geeigneten Maschinen befassen, mit, daß Prospect und Anmeldeformular auf dem Büreau des Großherzoglichen Landesgewerbvereins, Darmstadt, Neckarstraße 3, eingesehen, im übrigen aber von dem Büreau der Ausstellung, Pfisterstraße 1. zu München bezogen werden können.

Aus den Lokalgewerbvereinen.

Lauterbach. Im hiesigen Localgewerbverein sprach am 22. d. M. Herr Ingenieur Brockmann von Offenbach über Vaseline und dessen Anwendung in Gewerben und in der Industrie. Er sagte u. A:

Die im gewerblichen und technischen Leben einen steten Gebrauchsartikel bildenden Fettarten, als Schmalz, Oel, Butter, Talg, sind entweder animalischen oder vegetabilischen Ursprungs. Die Verwendbarkeit dieser Fette hat beschränkte Grenzen, weil sämmtliche Thier- und Pflanzenfette den Keim einer bald ausbrechenden inneren Zersetzung in sich tragen. Der von der Wissenschaft und Praxis lang gefühlte Mangel einer indifferenten Fettsubstanz ist durch die Erfindung des Vaselins glänzend gelöst worden. Vaseline ist ein Product, rein mineralischen Ursprungs, welches aus Rückständen der Petroleumraffinerien hergestellt wird. In der Technik ist das Vaseline noch nicht in dem vielseitigen Gebrauch, wie es der ganzen Art, seiner Zusammensetzung nach, es wohl verdiente. Als Ueberzug der feinsten Metalle und Werkzeuge wird es mit Erfolg verwendet, um dieselben vor Rost zu schützen. In dieser Beziehung wird ihm keine der seither gebräuchlichen Fettarten gleichkommen, weil dieselben alle Sauerstoff aus der Luft aufnehmen, Verbindungen eingehen, ranzig werden, eintrocknen 2c. Das gelbe Vaseline hat im deutschen Heere bereits große Anwendung gefunden. Auch in der Marine hat man die vielfachen Vortheile, welche das Fett bietet, practisch erprobt und angewendet. Für Maschinen und Apparate, welche lange stehen müssen, ehe sie in Gebrauch genommen werden, ist das Fett von großer Bedeutung. Redner erinnert weiter an die Feuerspritzen, bei denen es im Winter bei großer Kälte vorkommen kann, daß Kolben und Ventile eingefroren sind. Bei Anwendung von Vaseline ist Einfrieren unmöglich. Auch als Lederfett hat sich Vaseline im gewerblichen und technischen Leben gut bewährt und vielseitige Anwendung gefunden. Vaseline genügte hier den höchsten Anforderungen. Auch für den Schreiner scheint das helle Vaselinöl von Bedeutung zu sein, indem damit imprägnirte Hölzer sich schön und leicht poliren lassen. Es soll durch dieses Verfahren das lästige Blindwerden beseitigt werden. Auch zum

Poliren von Marmor soll sich das helle Vaselinöl gut eignen, doch müssen hierüber noch weitere Versuche abgewartet werden.

Die interessanten Ausführungen des Redners waren durch zahlreiche Versuche erläutert und wurden eine große Anzahl Proben von verschiedenen Vaselinsorten aus der Fabrik von Karl Hellfrisch & Co. in Offenbach a. M. vorgelegt. Der beifällig aufgenommene Vortrag gab zu recht lebhaftem Meinungsaustausch der zahlreich erschienenen Zuhörer willkommene Veranlassung. S.

Litteratur.

Geographisch-statistisches Welt-Lexikon von Emil Metzger. Verlag von Felix Krais in Stuttgart. 18 Lieferungen à 50 Pf.

Das von uns schon früher mehrfach empfohlene Nachschlagebuch liegt nunmehr bis zur 15. Lieferung vor, welche die Wohnplätze ꝛc. bis „Uhrichsville" enthält.

Häuselmanns Agenda für Zeichenlehrer. Dritte Abtheilung. Die ornamentale Formbildung. Verlag von Orell Füßli & Co. Zürich. Preis 1 Mk. 50 Pf.

Das im Gewerbeblatt Nr. 18 des vorigen Jahrganges bereits besprochene Unterrichtswerkchen hat jetzt durch das Erscheinen des dritten Theiles „die ornamentale Formbildung" seine Ergänzung erlangt. Die neue Abtheilung bringt uns entwickeltere Blätter und Blumen, nach Vorbild und nach der Natur stilisirt, desgleichen Rosetten und Blattzweige, Palmetten, Holzornamente, Füllungen ꝛc. Ausführung und Zeichnung sind sauber und korrekt.

Die Arbeiter-Versorgung, Centralorgan für die Staats- und Gemeindebehörden, Vorstände der Krankenkassen und Berufsgenossenschaften zur Ausführung der Gesetze betr. das Arbeiter-Versicherungswesen im Deutschen Reiche, herausgegeben von J. Schmitz, erscheint vom 1. Januar 1888 ab im Verlage von H. Worms in Berlin W. 57.

Die nunmehr in den 5. Jahrgang eintretende Zeitschrift hat sich unter der trefflichen Leitung ihres Herausgebers von Nummer zu Nummer mehr bewährt und ist den weitesten Kreisen in den vielfachen Zweifeln auf dem Gebiete der Arbeiterversicherungsgesetzgebung ein willkommener, ja unentbehrlicher Rathgeber geworden. Die „Arbeiter-Versorgung" hat sich die Aufgabe gestellt, der praktischen Durchführung der Kranken- und Unfallversicherungs-Gesetzgebung ihre Kräfte zu widmen und es wird in den betheiligten Kreisen anerkannt, daß sie hierbei schon die trefflichsten Dienste geleistet und in den mannichfaltigen Streitfragen zur Aufklärung und Belehrung sofort bereit war. Ein erweiterter Wirkungskreis eröffnet sich der Zeitschrift mit der Konstituirung der land- und forstwirthschaftlichen Berufsgenossenschaften und endlich mit der demnächst Gesetz werdenden Alters- und Invalidenversicherung. Die Verlegung des Verlages nach Berlin wird dem Blatte wesentlich zum Vortheil gereichen und wir nehmen daher um so lieber Gelegenheit, beim Jahreswechsel die Aufmerksamkeit weiterer Kreise auf die vorzüglich redigirte und von den höchsten Reichs- und Staatsbehörden empfohlene Zeitschrift zu lenken und das Abonnement auf dieselbe zu empfehlen. Bestellungen nehmen alle Buchhandlungen und Postanstalten für 6 Mk. halbjährlich entgegen. Probe-Nummern sendet bereitwilligst die Expedition Berlin W., Bülowstr. 58.

Vorlagen für Bau- und Möbeltischler. Zum Gebrauche an gewerblichen Fach- und Fortbildungsschulen. Mit Unterstützung des K. K. Ministeriums für Cultus und Unterricht herausgegeben von Josef Rothe, Ingenieur und Lehrer an der K. K. Staatsgewerbeschule zu Bielitz. I. Serie. 20 Tafeln. Wien, Verlag von Karl Gräser, 1888. Preis 9 Mk.

Das vorliegende Werk ist mit Rücksicht auf den Unterricht an gewerblichen Fortbildungsschulen entstanden und es verfolgt in erster Linie den Zweck, die Schüler mit dem constructiven Theile ihres Handwerks vertraut zu machen. Viele Vorlagewerke legen mehr Nachdruck auf die architectonische Formengebung als auf das constructive Element, was nicht geeignet für einen fachgemäßen Unterricht für Anfänger erscheint. Das vorliegende Werk zeigt nun die constructiven Verbindungen nicht für sich, was dem Schüler zu wenig interessant sein würde, sondern als Theile eines ganzen Objektes, bei dessen Darstellung jedoch auf reichere Formengebung verzichtet wurde. Die Darstellung ist gefällig, die Ausstattung des Werkes eine gute.

Steinmetzarbeiten im Hochbau. Vorlageblätter zum Gebrauche an gewerblichen Lehranstalten. Mit Unterstützung des K. K. Ministeriums für Cultus und Unterricht herausgegeben von H. Schmid, Ingenieur und Lehrer an der K. K. Staatsgewerbeschule zu Wien. Wien, Verlag von Karl Gräser. 1888.

Das vorliegende Werk ergänzt in erfreulicher Weise die vorhandenen Vorlagen für Steinhauerconstructionen und Steinschnitt, indem es uns eine Reihe von Constructionen zur Verfügung stellt, welche ausgeführten Bauten namhafter Architecten, wie v. Schmidt, v. Ferstel, v. Hansen u. s. w. entnommen sind. Sockel, Fenster, Portale, Bogen, Widerlagspfeiler, Freitreppen, freitragende Treppen, Wendeltreppen, Balkone, Hauptgesimse, Steinmetzarbeiten bei Kanälen rc. mit den nöthigen Details bilden den Inhalt des empfehlungswerthen Werkes, welches dem Zweck entsprechend von der Verlagsbuchhandlung auch im Aeußeren ausgestattet worden ist.

Handbuch der Spiritusfabrikation. Eine Anleitung zum rationellen Branntweinbrennereibetrieb für Landwirthe, Groß-Industrielle und Brennereitechniker, sowie zum Gebrauche an technischen Hochschulen und landwirthschaftlichen Lehranstalten. Nebst einer Uebersicht der Branntweinsteuer in den einzelnen Ländern. Herausgegeben von Dr. R. Ulbricht und Ladislaus von Wagner. Mit einem Atlas von 12 Foliotafeln und 58 in den Text gedruckten Abbildungen. Weimar 1888. Bernhard Friedrich Voigt. Preis 10 Mk.

Obgleich eine große Anzahl Bücher über den genannten Zweig der landwirthschaftlichen Gewerbe bereits existiren, so haben es die Herausgeber doch nicht für überflüssig erachtet, diese schon so reiche Litteratur noch mit einem Werke zu vermehren. Sie beabsichtigten dabei hauptsächlich, ein möglichst kurz gefaßtes Handbuch zu schaffen, welches mit voller Berücksichtigung des heutigen Standes des Brennereiwesens in erster Linie den praktischen Bedürfnissen des Landwirthes, bezw. Brennereitechnikers Rechnung trägt, gleichzeitig aber auch zum Selbstunterricht für alle jene geeignet ist, welche sich mit dem Brennereiwesen vertraut machen wollen. Der reiche Inhalt gliedert sich in folgende Hauptabschnitte: Die Rohstoffe des Brennereigewerbes oder der Spiritusfabrikation; die Malzbereitung; die Verkleinerung des Malzes; das Maischen; die Gährung; die Verarbeitung zuckerhaltiger Rohstoffe; die Destillation und das Raffiniren des Rohspiritus; die Alkoholometrie; die Beziehungen der Spiritusbrennerei zur Landwirthschaft und endlich die Branntweinsteuer. Eine Anzahl Tabellen erhöhen die Brauchbarkeit des Buches. Bemerkt sei noch, daß die Apparate von Venuleth & Ellenberger in Darmstadt an den betreffenden Stellen ihre zukommende Würdigung gefunden haben.

F. H. A. Stöckels Bau-, Kunst- und Möbelschreiner. Ein Rathgeber und Receptbuch über alles Nützliche und Wissenswerthe in der Tischlerkunst. Neunte theilweis umgearbeitete und verbesserte Auflage von August Gräf & Max Gräf in Erfurt. Mit einem Atlas von 36 Tafeln und 3 in den Text eingedruckten Abbildungen. Weimar 1888. Bernhard Friedrich Voigt. Preis 10 Mk. 50 Pf.

Die Thatsache, daß nunmehr die neunte Auflage dieses Lehr- und Hülfsbuches für Tischler vorliegt, beweist daß die Reichhaltigkeit seines Inhaltes ihr rasch viele Freunde erworben hat, zumal mit jeder neuen Auflage der Inhalt vermehrt, Vieles auch durch Zweckmäßigeres ersetzt worden ist. Besondere Beachtung scheinen uns auch die achte und neunte Abtheilung, die Berechnungen von Möbel- und Bautischlerarbeiten zu verdienen. Dagegen ist die zehnte Abtheilung: „Adressen und Bezugsquellen von Fabrikaten, Materialien, Werkzeugen, Maschinen rc., welche für Tischler großen Werth haben und bloß Firmen entnommen sind, welche sich eines guten Renommes erfreuen" wohl etwas einseitig gehalten; bei den Möbelfabriken ist Stuttgart nur mit einer Adresse, Mainz und München aber gar nicht vertreten; bei den Holzbearbeitungsmaschinen vermissen wir Offenbach u. s. w. Dagegen ist der Firma Heckner & Co. in Braunschweig eine ganze, die elfte, Abtheilung gewidmet worden.

Redacteur Dr. Hesse. — Druck von Heinrich Brill.
In Commission bei L. Brill in Darmstadt.

Gewerbeblatt

für das

Großherzogthum Hessen.

Zeitschrift des Landesgewerbvereins.

Erscheint wöchentlich. Auflage 4500. Anzeigen für die durchgehende Petitzeile oder deren Raum bei ein- und zweimaliger Aufnahme 30 Pf., bei drei- und mehrmaliger Aufnahme 25 Pf.

№ 12. März 1888.

Ueber Centralheizungen.

Vortrag, gehalten im Lokalgewerbverein zu Darmstadt am 3. Februar 1888 von Professor L. von Willmann.

Kein Zweig der Technik hat sich, trotz wesentlicher Fortschritte, noch so wenig Eingang in das bürgerliche Leben verschafft, wie die Central- oder Sammelheizung und die mit ihr in enger Verbindung stehende Ventilation oder Lüftung.

Betrachtet man das Wasserversorgungs- und das Beleuchtungswesen, so hat doch Jeder, der eine derartige Anlage gesehen hat, wenigstens den Wunsch, auch in seinem Heim sich nach Belieben Wasser abzapfen, seine Räume in zweckmäßiger und ausgiebiger Weise beleuchten zu können. Handelt es sich dagegen um eine Centralheizung, so begegnet man vielfach noch dem Ausspruch: „Ein guter Ofen ist mir doch lieber!" Und dieser „gute Ofen" versieht den Raum nicht blos mit Wärme, sondern bei jedesmaligem Kohlenschöpfen mit Kohlenstaub, bei jedesmaligem Ausnehmen der Asche mit Aschenstaub, beim Reinigen durch den Ofenputzer mit Ruß; er bedarf der aufmerksamsten Wartung und Bedienung und läßt dennoch den Zimmerinsassen häufig im Stich, indem er zur Unzeit ausgeht, oder bei kalter Witterung zwar glüht, aber den in der Nacht ausgekühlten Raum nicht zu erwärmen im Stande ist.

Hat Jemand viele Räume zu heizen, so ist schon die Bedienung der Oefen etwas höchst Lästiges, abgesehen von der soeben besprochenen Verunreinigung der Luft mit Kohlen- und Aschenstaub. Daher kommt es wohl hauptsächlich, daß meist in Privatwohnungen nur die nothwendigsten Zimmer geheizt werden, während die übrigen Räume eigentlich blos in der warmen Jahreszeit benutzt werden. Man hat aber wenigstens die Beruhigung: es stehn Oefen auch in den übrigen Räumen und man kann, wenn man will und wenn man die Räume braucht, diese Oefen heizen.

Behaglich kann ein solcher Winterzustand nicht genannt werden, und entspricht derselbe wohl, neben den sonstigen Uebelständen der Ofenheizung, einer rationellen Gesundheitspflege?

Beachtet man ferner, welche Brennstoffmengen bei den gewöhnlichen Zimmeröfen unausgenutzt zum Schornstein hinausgeführt werden, oder sich in Form von Ruß an den Schornsteinwandungen ansetzen und das häufige Reinigen derselben nothwendig machen, so muß man doch auch vom wirthschaftlichen Standpunkte dem „guten Ofen" abhold werden.

Nach Prof. H. Fischer*) werden mit einem gewöhnlichen Dienstboten anvertrauten Stubenofen oft nur 15 bis 20 Procent, durchschnittlich 20 bis 30 Procent und im Maximum 40 Procent derjenigen Wärmemenge nutzbar gemacht, die theoretisch erzielt werden könnte. Eine größere gut geleitete Feuerung liefert dagegen durchschnittlich 50 bis 70 Procent Wärmeausbeutung.

Woher kommt nun trotz alledem die ablehnende Haltung des großen Publikums gegen die Centralheizungen?

Für öffentliche Gebäude, namentlich bei Neubauten von Schulen, Krankenhäusern und anderen öffentlichen Anstalten gelangt ja die Centralheizung immer mehr in Aufnahme, für Privatbauten dagegen, für das bürgerliche Wohnhaus wird stets noch dem Zimmerofen der Vorzug gegeben.

Wie behaglich ist aber eine Wohnung mit staubfreier Luft und gleichmäßig erwärmter Zimmerflucht! Gar Mancher würde gern die Mehrkosten der Erheizung seiner sämmtlichen Wohnräume tragen, wenn nicht das lästige Anheizen und Inbrandhalten der Einzelöfen wäre. Im Kostenpunkt des größeren Anlagekapitals ist also nicht ein Grund, wenigstens nicht ein Hauptgrund des ablehnenden Verhaltens gegen die Centralheizungen zu suchen, denn die Anlage einer Wasserleitung, einer Gasleitung oder einer elektrischen Leitung bedingen sogar eine fortlaufende Mehrausgabe und dennoch finden sich für diese Verbesserungen des Comforts immer mehr Theilnehmer. Der Grund des ablehnenden Verhaltens liegt vielmehr in dem verhältnißmäßig geringen Vertrauen, welches der Heiztechnik bis jetzt entgegengebracht wurde. Zum Theil ist dieses Mißtrauen durch einige mißlungene ältere Heizanlagen hervorgerufen, zum Theil dadurch begründet, daß bis vor Kurzem die Regulirfähigkeit der Temperaturen in den einzelnen Räumen eines mittels Centralheizung beheizten Gebäudes noch Manches bezüglich Sicherheit der Funktionirung, Unmittelbarkeit der Wirkungen und leichter Faßlichkeit für die Bedienung zu wünschen übrig ließ.

Man war bis vor Kurzem bei Centralheizungen zu sehr der Willkühr des Heizers überantwortet. Im besten Falle richtete sich dieser seiner Instruction gemäß nach der niedrigeren oder höheren Außentemperatur.

Wäre das Wärmebedürfniß der verschiedenen Räume eines Gebäudes nur von der Temperaturdifferenz zwischen Innen und Außen

*) Handbuch der Architektur III. Theil, 4. Bd., S. 210.

abhängig, so hätte auch die Befolgung einer solchen Instruction genügen müssen, denn so lange nur diese Temperaturdifferenz in Frage kommt, läßt sich das Wärmequantum theoretisch feststellen, welches ein Raum in Bezug auf Größe und Beschaffenheit der ihn umgebenden und abkühlend auf ihn einwirkenden Flächen, zu seiner Warmhaltung nothwendig hat. Diese Wärmemenge wird auch stets in genügender Weise bei Berechnung von Centralheizungen berücksichtigt.

Das Wärmebedürfniß eines Raumes hängt aber auch in hohem Maaße von dem draußen herrschenden Winde, vom Regen, von der Richtung beider und von dem Stande der Sonne gegen den zu erwärmenden Raum ab. Räume, welche bei ruhigem Frost, ohne Wind, sich ganz gut erheizen lassen, sind oft bei milderem Wetter, aber starkem Winde mit begleitendem Regen kaum zu erwärmen.

So konnte es leicht kommen, daß der Heizer einer Centralheizung ganz entsprechend der milderen Außentemperatur heizte und daß die dem Winde nicht ausgesetzten Räume auch hinlänglich erheizt waren, dagegen die auf der anderen Seite des Gebäudes gelegenen Zimmer, wo Wind und Regen sich bemerklich machten, ungemüthlich kalt blieben. Wurde stärker geheizt, so daß die letzteren Räume behaglich erwärmt waren, so wurde auf der entgegengesetzten Seite des Gebäudes über zu große Hitze geklagt — kurz es gab stets irgendwo etwas auszusetzen und schließlich wurde einfach der Heizungsanlage als solcher die Schuld beigemessen.

Eine weitere Abhängigkeit des Wärmebedürfnisses eines Raumes, die sich jeder Berechnung entzieht, ist aber ferner das Wärmebedürfniß der betreffenden Zimmerinsassen. Die Grenze für das Gefühl des Wohlbehagens in einem erheizten Raume ist nicht nur bei den verschiedenen Menschen verschieden, sondern sogar bei dem einzelnen Individuum bekanntlich ein wechselndes.

Es ist daher in hohem Grade wünschenswerth, die Temperaturen der einzelnen Zimmer, sowohl den atmosphärischen Verhältnissen entsprechend, als auch dem individuellen Bedürfniß gemäß regeln zu können. Darin hatte der Zimmerofen bisher den unbestrittenen Vorzug rascher und einfacher Regulierfähigkeit.

Man hat in früheren Jahren auf die verschiedenste Weise versucht, dem Heizer, oder einem Gehülfen die Beobachtung der Temperaturen in jedem einzelnen zu beheizenden Raume zu ermöglichen — durch Thermometer, die vom Gang aus beobachtet werden konnten, durch bewegliche Thermometer, die ganz rasch aus dem zu beobachtenden Raume zum Heizer hinunter gelassen wurden, endlich durch elektrische Uebertragung des Thermometerstandes der betreffenden Räume. Die Regulirung der Wärmezufuhr geschah dann durch den Heizer mittels Klappen und Ventile der verschiedensten Construktion.

So lange nur ein Raum oder wenige Räume auf diese Weise durch den Heizer zu bedienen sind, kann die Leistung einer solchen Anordnung den Anforderungen entsprechen. So wird z. B. für die Beheizung des Sitzungssaales vom deutschen Reichstage, die im Kellergeschoß befindliche Bedienungsmannschaft mittels Sprachrohr von einem im Saal anwesenden Diener über die Temperaturverhältnisse benachrichtigt und wird dem entsprechend die Feuerung und die Wärmezufuhr geregelt.

Wie umständlich ist aber ein solches Verfahren! Bei einer großen Anzahl zu beheizender Räume und namentlich in Privathäusern ist es sogar gar nicht durchzuführen. Ferner haben sich auch die beweglichen Thermometer, sowie die elektrische Uebertragung der Thermometerstände als ebenso unzuverlässig erwiesen, wie die central angebrachten Klappen und Ventile, und es gehört, selbst bei zuverlässiger Funktionirung solcher Einrichtungen, zur richtigen Beobachtung und Berücksichtigung aller einschlägigen Faktoren eine Intelligenz, die von einem gewöhnlichen Heizer nicht verlangt werden kann.

Unabhängigkeit vom Heizer in der Wärmezufuhr für die einzelnen Räume war daher das Bestreben der Heiztechnik in den letzten Jahrzehnten, und als dieses Problem mehr oder weniger gut gelöst war, stellte sich ferner das Bedürfniß ein: dem Mehr- oder Minderbezuge von Wärme entsprechend, das Centralfeuer sich selbstthätig reguliren zu lassen.

Nach zufriedenstellender Lösung dieser beiden Aufgaben hat aber die Centralheizung eine Stellung erlangt, die sie in jeder Beziehung concurrenzfähig auch dem besten Einzelofen gegenüber macht, da sie nicht allein alle Vortheile desselben in sich vereinigt, ohne dessen schwerwiegende Nachtheile zu besitzen, sondern erhebliche Vorzüge aufweist, indem sie bei rationeller Ausführung mit dem geringsten Aufwande von Zeit, Arbeit und Betriebskosten, den höchsten Anforderungen, die man an eine Heizung stellen kann, Genüge leistet.

Die verantwortliche und schwer zur Zufriedenheit zu besetzende Stelle eines ständigen Heizers und Beobachters ist überflüssig geworden. Der Centralofen kann so eingerichtet werden, daß er continuirlich fortbrennt und nur innerhalb einer gewissen Zeit, gewöhnlich alle 24 Stunden mit Brennmaterial versehen und von der abgesonderten Schlacke und Asche gereinigt zu werden braucht, eine Arbeit, die in 10 bis 20 Min. erledigt und schließlich von jedem Dienstmädchen besorgt werden kann. Außerdem regelt sich die Gluth des Feuers selbstthätig, entsprechend der Wärmeentnahme in den verschiedenen Räumen, so daß nicht mehr Kohle verbrannt wird, als zur Lieferung der thätsächlich entnommenen Wärmemenge erforderlich ist.

Wie dieses schon lange erstrebte Ziel jetzt thatsächlich erreicht ist, veranschaulichen nachstehende schematische Skizzen (s. Fig. 8 bis 16), deren Erläuterung sich an die kurze Besprechung der verschiedenen Arten der Centralheizungen anschließen soll.

Die bis jetzt zur Anwendung gekommenen Medien für die Abgabe der an geeigneter Stelle central entwickelten Wärme sind: Luft, Wasser und Dampf.

Man hat zwar statt Wasser auch andere Flüssigkeiten in Vorschlag gebracht*), die weniger leicht gefrieren, so z. B. eine Lösung Chlorkalcium in Wasser, die erst bei 10° C. gefriert und deren Siedepunkt erheblich über 100° C. liegt, oder eine Lösung desselben Salzes in Glycerin, die in dieser Beziehung noch günstigere Eigenschaften zeigt; jedoch ist die Verwendbarkeit derartiger Flüssigkeiten bisher noch zu wenig geprüft worden, um sie als praktisch verwendbar ansehn zu können. Jedenfalls

*) Handbuch der Architektur III. Theil, 4. Bd., S. 258.

würde sich aber eine Heizanlage mit diesen Flüssigkeiten in ihrer Hauptanordnung gar nicht von derjenigen einer Wasserheizung unterscheiden.

Demnach gliedern sich die Centralheizungen ihren die Wärme verbreitenden Medien nach in:

Luftheizungen,
Wasserheizungen,
Dampfheizungen.

Bei der Luftheizung (s. Fig. 1 u. 2) wird in einer Heizkammer H kalte, durch den Kanal L einströmende Außenluft auf etwa 40° C. erhitzt, gelangt dann durch Oeffnungen a in Wandkanäle, aus denen sie durch Oeffnungen c in die zu beheizenden Räume etwa in Mannshöhe eintritt, um sich mit der Zimmerluft vermengend, den Wandflächen Wärme abzugeben. R bedeutet in Fig. 1 eine Reinigungsthür. Eine Erwärmung der Räume ist bei stets neu zugeführter erwärmter Luft nur möglich, wenn in entsprechendem Maaße Zimmerluft durch die Oeffnungen o und u abgeführt wird, d. h. wenn mit der Beheizung der Räume dieselben gleichzeitig ventilirt werden.

I.

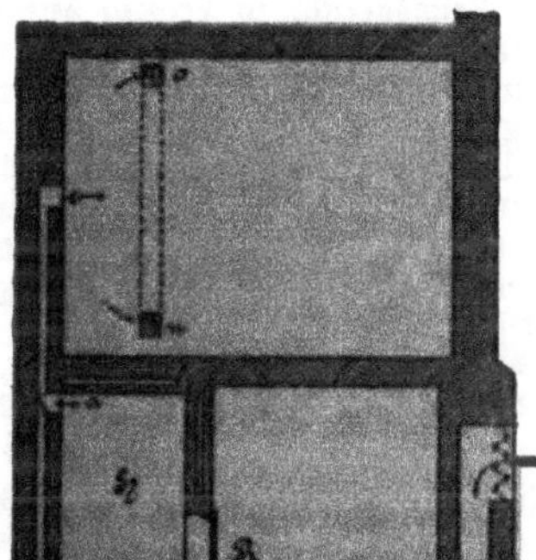

I.

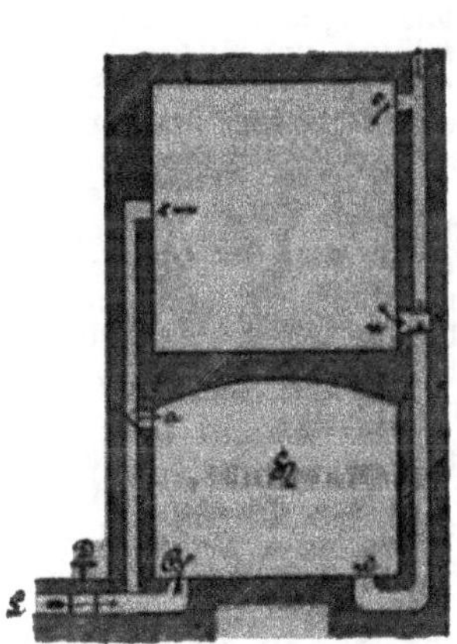

Man nennt dieses Verfahren Ventilationsheizung oder Lüftungsheizung, im Gegensatz zu der Circulationsheizung oder Umlaufsheizung, bei welcher die abgekühlte Zimmerluft stets wieder in die Heizkammer zurückgelangt, um, von neuem erhitzt, den zu heizenden Räumen wieder zugeführt zu werden (s. Fig. 2 bei geschlossener Drosselklappe D und in punktirter Lage befindlicher Klappe bei u).

Für Schulen, Krankenhäuser und Wohngebäude ist, bei Anwendung einer Luftheizung, die Lüftungsheizung die allein richtige, während für nur selten und nur zeitweise benützte Räume, wie die Aula einer höheren Lehranstalt, wie ferner für Kirchen, Conzertsäle 2c. die Umlaufsheizung sehr wohl angewandt werden kann.

(Schluß folgt.)

Aus den Lokalgewerbvereinen.

Groß-Gerau. Im Gewerbeverein hierselbst sprach am Abend des 21. Jan. Herr Amtsrichter Dr. Meisel über „Unser Gerichtsverfahren". Es kann zwar nicht unsere Aufgabe sein, den das allgemeinste Interesse beanspruchenden Vortrag in seinen einzelnen Ausführungen hier wiederzugeben, doch sei es uns vergönnt, der gemeinnützigen Bedeutung des erwähnten Themas wegen, das Bild, welches der Herr Redner von unserer heutigen Gerichtsverfassung im deutschen Reiche entwarf, in großen Umrissen darzulegen. Redner erwähnt im Eingange seines Vortrags, daß ihn die mangelnde Kenntniß der Organisation unseres Gerichtsverfahrens, welche er während seines Hierseins bei Vielen wahrgenommen, zur Wahl dieses Themas namentlich bestimmt haben und entwickelte hierauf die Organisation der verschiedenen Rechtsverhältnisse. Die Grundzüge der gegenwärtigen deutschen Gerichtsverfassung sind nach den Ausführungen des Redners folgende: Bei bürgerlichen Rechtsstreitigkeiten sind die Amtsgerichte erste Instanz; hier entscheiden Einzelrichter. Die Competenz der Amtsgerichte umfaßt: Vermögensrechtliche Ansprüche bis zum Betrag von 300 Mark, Hausmiethestreitigkeiten, Viehmängel (Währschaftsprocesse), Alimentationssachen, Aufgebotsverfahren, letzteres ohne Rücksicht auf den Werth des Objects. Alle Proceßsachen, deren Werthbetrag die amtsgerichtliche Competenzsumme übersteigt, gehen vor die mit drei Richtern besetzten Civilkammern der Landgerichte (Collegialgerichte). Dieselben bilden für die in erster Instanz an die Amtsgerichte verwiesenen Sachen die zweite Instanz (Berufungsgericht). Die Oberlandesgerichte, und zwar die mit fünf Richtern zu besetzenden Civilsenate derselben, entscheiden über die gegen die erstinstanzlichen Endurtheile der Landgerichte eingelegte Berufung und über die gegen sonstige landgerichtliche Entscheidungen gegebenen und eingewendeten Beschwerden. Das Reichsgericht in Leipzig bildet die dritte (Revisions- und Beschwerde-) Instanz. Bei Strafsachen sind die Amtsgerichte mit den Schöffengerichten, die Strafkammern der Landgerichte und die Schwurgerichte, welche periodisch bei den Landgerichten zusammentreten, erste Instanz. Eine eigentliche Berufung (Appellation) ist nur gegen Urtheile der Schöffengerichte statuirt. Sodann besprach Redner noch das Mahnverfahren, die Klage, den Vergleich, Arrest, Offenbarungseid, sowie das Concursverfahren und die freiwillige Gerichtsbarkeit (Nachlässe, zweite Ehe). Mit großem Geschicke entledigte sich der Herr Vortragende seiner eine so umfangreiche Materie und schwieriger Fälle behandelnde Aufgabe und sah sich der Vorsitzende des Lokalgewerbevereins, Herr Th. Kühn, veranlaßt, für die Belehrung über Verhältnisse, die so tief ins öffentliche Leben eingreifen, seinen Dank auszusprechen. (Gr.-G. A.)

Ober-Ramstadt, 4. März. Der stellvertretende Vorsitzende des Lokalgewerbvereins, Herr Oberlehrer Glaser, eröffnete die von ca. 100 Personen besuchte Versammlung, unter Begrüßung des Herrn Geheimeraths Fink, welcher zu dem zugesagten Vortrag „Ueber die Einrichtungen des Landesgewerbvereins" erschienen war. — Der Vortragende warf zunächst einen kurzen Rückblick auf die gewerblichen Verhältnisse zur Zeit der Gründung des Landesgewerbvereins (1836), erörterte das Verhältniß des Vereins zur Staatsregierung, dessen Beziehungen zu den Mitgliedern und den der Zahl nach von Jahr zu Jahr zunehmenden Lokalgewerbvereinen und besprach sodann die verschiedenen Einrichtungen und Veranstaltungen des Landesgewerbvereins, wie: Preisaussetzungen, Bibliothek, technische Mustersammlung, Auskunftsertheilungen über technische Fragen, Vorträge, Industrieschulen, gewerbliche Ausstellungen für die Groß-Industrie, die Kleingewerbe, für Gesellen und Arbeiter, Lehrlinge, &c. &c. — Eine eingehendere Besprechung fanden ferner die Landesbaugewerkschule und die Handwerkerschulen nach deren Einrichtungen und Zielen; hierbei wurde auch den Gemeinden und Sparkassen, welche diese Anstalten unterstützen, dankende Anerkennung gezollt und schließlich der Versammlung die Pflege der neugegründeten Handwerkerschule in Ober-Ramstadt warm empfohlen. Der Vortrag wurde mit Beifall und Dank entgegenommen.

Nach eröffneter Discussion wurden Anfragen zu dem Inhalt des Vortrags nicht gestellt und Bemerkungen zu demselben nicht gemacht. Dagegen wünschte ein Mitglied der Versammlung, daß der Präsident der Centralstelle für die Gewerbe und den Landesgewerbverein sich bezüglich der jüngst im Reichstage gestellten Anträge von Ackermann und Consorten, wegen allgemeiner Wiedereinführung der Meisterprüfungen, äußern wolle. Geheimerath Fink entsprach gerne diesem Wunsche. Er berührte kurz die betreffenden Verhältnisse in Hessen bis zum Jahr 1865, die Ursachen des

Verfalls der Zünfte und der Einführung allgemeiner Gewerbefreiheit. — Die weitaus größere Zahl der Handwerker hat damals für Beseitigung der Beschränkungen im Gewerbebetriebe gestimmt; nur bezüglich der Aufhebung der Meisterprüfungen für die Bauhandwerker waren die Ansichten mehr getheilt. Jetzt wünscht man in manchen Kreisen, aus verschiedenen Gründen, wieder die Einführung von Meisterprüfungen, wenigstens für Maurer, Steinmetzen und Zimmerleute. Diese Frage steht gegenwärtig in Verhandlung. Die nach den Anträgen Ackermanns weitergehenden Forderungen haben im Großherzogthum Hessen nur geringen Anklang gefunden. Würde diesen Anträgen Folge gegeben, so würden bald lebhafte Beschwerden aus den Kreisen der betreffenden Handwerker selbst erhoben werden; insbesondere, weil die Begrenzung der Gewerbsbefugnisse der einzelnen Gewerbe zu endlosen Streitigkeiten führen würde. — Auf Grund der neuen Reichsgesetzgebung haben sich erst 27 Innungen im Großherzogthum Hessen gebildet, während früher die Zahl der Zünfte, obgleich deren weder in Rheinhessen noch in vielen anderen Theilen des Großherzogthums bestanden, viel größer war (1862 noch 512 mit 15780 Meistern). — Der Landesgewerbverein fördert alle Bestrebungen, welche darauf gerichtet sind, die Ausbildung der Gewerbe zu fördern und das Genossenschaftswesen zu pflegen. Eine Rückkehr zu den früheren Beschränkungen des Gewerbebetriebs, wie solche in den Zünften gegeben waren, erscheint aber, nach Lage der gegenwärtigen wirthschaftlichen Verhältnisse und Handelsbeziehungen, nicht durchführbar.

Bingen, 5. März. Auf Veranlassung des hiesigen Lokalgewerbevereins sprach am letzten Dienstag im Parterresaale des „Pariser Hof“ Herr Ingenieur K. Brockmann von Offenbach „über die technische Verwendung der flüssigen Kohlensäure“. Kaum vermochte der Saal die Zuhörer kaum zu fassen, welche sich über das neuerdings so sehr in Aufnahme gekommene flüssige Gas belehren lassen wollten. Um ½9 Uhr eröffnete der Vorsitzende, Herr Wittner, die Versammlung mit einigen einleitenden Worten, worauf Herr Brockmann in einer 1½stündigen Rede ungefähr Folgendes ausführte: Schon in den zwanziger Jahren war es Davy und Faraday gelungen, flüssige Gase herzustellen. Thilorier in Paris construirte zuerst einen Apparat, mit welchem es möglich war, in wenigen Minuten 1 Liter flüssige Kohlensäure herzustellen. Die Anwendung dieses Apparats war aber nicht ganz ungefährlich. Trotz der später von Natterer in Wien construirten besseren Apparate blieb die Herstellung flüssiger Gase eine Specialität, ein Privateigenthum der physikalischen und chemischen Laboratorien, wo die Versuche große Anziehungskraft ausübten. Die erste industrielle Anwendung mit flüssiger Kohlensäure machte Dr. Raydt in Hannover, indem er das Gas zur Hebung von Schiffen vorschlug. Im Großen wendete Fried. Krupp in Essen die flüssige Kohlensäure zur Fabrikation seiner Kanonen an. Ausgedehnte Anwendung findet die flüssige Kohlensäure erst, seitdem man gelernt hatte, die an manchen Orten der Erde in zahllosen Mengen ausströmende Kohlensäure direkt zu verwenden. Dieselbe wird aufgefangen, abgekühlt, comprimirt und gelangt in schmiedeisernen auf einen Druck von ca. 300 Ctr. geprüften Flaschen in den Handel. Durch diese nun verhältnißmäßig billige Darstellung der flüssigen Kohlensäure findet dieselbe ausgedehnte Verwendung beim Bierausschank. Redner demonstrirt einen von den Herrn Fleischer & Mühlich in Frankfurt a. M. zur Verfügung gestellten Apparat, wie derselbe neuerdings zum Bierausschank Verwendung findet. Die Flaschen dieser Apparate sind mit einem eigenen patentirten Ventil versehen, welches Redner näher erläuterte. Der Vortheil des Verzapfens mit Kohlensäure ist ein großer. Bier kann 4 Wochen lang im Anstich bleiben ohne zu verderben. Dabei ist der Verzapf mit Kohlensäure ein verhältnißmäßig billiger und wird vom Redner per Hectoliter auf 40 Pf. veranschlagt. Der Verlust der sonst beim Bierverzapf entsteht, beträgt 4—5 Liter pro Hectoliter. Da beim Verzapf mit Kohlensäure der letzte Tropfen gebraucht werden kann, würde noch eine Ersparniß eintreten. Flüssige Kohlensäure findet ausgedehnte Verwendung in der Mineralwasserfabrikation, sie wird verwendet zu Feuerlöschzwecken, zur Dynamitfabrikation, zur Eisfabrikation rc. Auch zum Betrieb von Maschinen kann flüssige Kohlensäure verwendet werden, was Redner an 2 Modellmaschinen näher erläutert und dieselben in Betrieb setzt. Für das Kleingewerbe ist jedoch hier eine Anwendung nicht zu machen, da sich die Pferdestärke in der Stunde auf 4 Mark stellt. Auch zum Betrieb von Trambahnen wird die Anwendung aus diesem Grunde unrationell. Am Schlusse seines von vielen Versuchen begleiteten Vortrags, unter welch letzteren namentlich die Darstellung fester Kohlensäure interessirte, welche sowie gefrorenes Quecksilber unter den Anwesenden herumgegeben wurde, sprach Redner den Wunsch aus, daß die flüssige Kohlensäure zum Segen der Industrie sich immer mehr einbürgern möge. Reicher Beifall lohnte den Redner für seine interessanten Ausführungen und es entspann sich noch ein recht lebhafter Meinungsaustausch, an welchem sich die Herrn Kreisschulinspektor Krämer, Dr. Ebertsheim, Ed. Gümbel, Augstein, Gundlach, Fuchs und Choquet betheiligten. Der Vorsitzende des Vereins dankte dem Vortragenden und glaubt im Sinne der Anwesenden zu sprechen, daß im nächsten Winter ein anderer Vortrag des Herrn Brockmann folgen möge, der gewiß ebenso interessant würde. Der Vortragende erwiderte, daß er jedem Ruf nach Bingen ungesäumt Folge leisten werde. Herr Kreisschulinspektor Krämer dankte dem Gewerbeverein für die Veranstaltung dieses interessanten Vortrages und wünschte dem Verein ein weiteres Gedeihen, worauf Herr Illert dem Wunsche Ausdruck gab, daß noch manche Herren dem Vereine als Mitglieder beitreten möchten. Dieser Einladung folgend traten an diesem Abend dem Vereine 11 neue Mitglieder bei, was schließlich der Vortrag des Herrn Brockmann zur Folge hatte. (B. A.)

Alsfeld. Am 10. März fand im hiesigen Lokalgewerbverein ein Vortrag des Herrn Generalsekretärs Dr. Hesse aus Darmstadt über die Grundzüge der Alters- und Invalidenversorgung der Arbeiter vor einer sehr zahlreich besuchten Versammlung statt.

Nachdem der Vorsitzende des Lokalgewerbvereins, Eisenbahnbaumeister Schwerdt, der traurigen Ereignisse erwähnt, welche über Deutschland und das deutsche Kaiserhaus hereingebrochen, gedachte er unseres verehrten heimgegangenen Kaisers Wilhelm als des Begründers unserer deutschen Socialpolitik und Schöpfers der zum Schutze und Wohl unserer Arbeiterbevölkerung bereits in Wirksamkeit befindlichen Gesetze, des Kranken- und des Unfallversicherungsgesetzes, sowie des in Bearbeitung stehenden Gesetzes über die Alters- und Invalidenversorgung.

Einer Aufforderung des Vorsitzenden zufolge erhob sich die Versammlung zum Zeichen des Ausdruckes der Trauer über den Hintritt unseres alten ehrwürdigen Kaisers Wilhelm und des tiefen Mitgefühls für unseren allverehrten leider erkrankten Kaiser Friedrich.

Hierauf ergriff Herr Generalsekretär Herr Dr. Hesse das Wort zu dem angekündigten Vortrage. In klarer präciser Sprache verbreitete sich der Vortragende über die Entstehung und Tragweite der Kranken- und Unfallversicherung und ging sodann zu den Grundzügen der Alters- und Invalidenversorgung über, deren Hauptpunkte hervorhebend und erläuternd.

Die Versammlung folgte dem Vortrage mit großer Spannung und stimmte freudig in den Dank ein, welcher der Vorsitzende dem Herrn Vortragenden abstattete.

Anknüpfend an den Vortrag referirte der Vorsitzende über die Abänderungen, welche die von Großherzoglicher Centralstelle berufene Commission in ihrer Berathung der Grundzüge der Alters- und Invalidenversorgung für wünschenswerth bezeichnet hat.

In der sodann eröffneten Diskussion bot sich dem Herrn Generalsekretär mehrfach Gelegenheit, namentlich in Bezug auf das Unfallversicherungsgesetz auf gestellte Anfragen aufklärende Erläuterungen zu geben und fand überhaupt ein lebhafter Gedankenaustausch statt, der deutlich Zeugniß davon ablegte, welch' reges Interesse die Versammelten an dem Vortrage nahmen. Erwähnt mag noch werden, daß aus der Versammlung heraus wiederholt der Wunsch ausgesprochen wurde, bald wieder einen Vortrag ähnlichen Inhalts im hiesigen Lokalgewerbverein zu hören. S.

Litteratur.

Fassadenbaulehre. Herausgegeben von Architect Director Hittenkofer. I. Folge, 5 Blatt. (Fortsetzungen sind in Aussicht genommen.)

Von besonderer Wichtigkeit für eine wohlgefällige Fassadengestaltung ist das Verhältniß der Maueröffnungen zu den umgebenden Wandflächen. An einer Reihe ausgewählter Beispiele weisen die vorliegenden Blätter auf die einfachen Normen hin, welche eine richtige Wahl desselben ermöglichen. Wir verfehlen deßhalb nicht, die Lehrer der Baugewerkschulen u. s. w. auf die kleine Publikation aufmerksam zu machen.

Redacteur Dr. Hesse. — Druck von Heinrich Brill.
In Commission bei L. Brill in Darmstadt.

Gewerbeblatt

für das

Großherzogthum Hessen.

Zeitschrift des Landesgewerbvereins.

Erscheint wöchentlich. Auflage 4500. Anzeigen für die durchgehende Petitzeile oder deren Raum bei ein- und zweimaliger Aufnahme 30 Pf., bei drei- und mehrmaliger Aufnahme 25 Pf.

№ 13. März 1888.

Kunstgewerbliches Zeichnen.

Um strebsamen Gewerbetreibenden Gelegenheit zur Uebung im Zeichnen und Entwerfen von Gegenständen der Kunst-Gewerbe zu bieten, sowie die Sammlungen der unterzeichneten Großherzoglichen Centralstelle an Vorlagewerken, Musterzeichnungen und Modellen auch nach dieser Richtung thunlichst nutzbringend zu machen, haben wir, wie in den Vorjahren, auch jetzt wieder die Einrichtung getroffen, daß vom **9. April bis Ende October**, mit Unterbrechung von 4 Wochen im September, an wöchentlich 2 Nachmittagen, von 2—5 Uhr, im Lokal der Landesbaugewerkschule, Uebungen im kunstgewerblichen Zeichnen unter Leitung des Herrn Architekten Professor Hermann Müller stattfinden. — Zu diesen Uebungen können nur solche Gewerbetreibende zugelassen werden, welche bereits eine angemessene Fertigkeit im Freihand- und geometrischen Zeichnen erworben haben. Auch sind die Zulassungen durch den disponiblen Raum beschränkt. Ein Honorar von 5 Mark wird für den ganzen halbjährigen Curs erhoben.

Anmeldungen zur Betheiligung an dem fraglichen Unterricht haben bis zum **7. April l. J.** auf unserem Bureau mündlich oder schriftlich zu geschehen. Die Entscheidung über Zulassung der Angemeldeten bleibt uns überlassen.

Darmstadt, den 21. März 1888.

Großherzogliche Centralstelle für die Gewerbe und den Landesgewerbverein.

Fink. Dr. Hesse.

Ueber Centralheizungen.

Vortrag, gehalten im Lokalgewerbverein zu Darmstadt am 3. Februar 1888 von Professor L. von Willmann.

(Schluß.)

Die Wasser- und Dampfheizungen (s. Fig. 5 und 7) haben das Gemeinschaftliche, daß ihr Medium zur Wärmeübertragung in einem central angelegten Ofen erhitzt, beziehungsweise gebildet wird und dann durch ein Röhrensystem geleitet an erwünschter Stelle in einen Heizkörper H tritt, der entweder die Stelle des gewöhnlichen Zimmerofens übernimmt, d. h. in dem betreffenden zu erwärmenden Zimmer aufgestellt wird, oder in der Heizkammer einer Luftheizung sich befindet und hier die den Räumen zuzuführende warme Luft erhitzt.

Es kann somit die Erhitzung der Luft in der Heizkammer einer Luftheizung entweder direkt durch die Wandungen eines in die Heizkammer hineinragenden Ofens (s. Fig. 3 und 4) geschehn und nennt man in diesem Fall die Luftheizung eine Feuerluftheizung, oder sie kann durch einen Heizkörper erfolgen, der seinerseits durch heißes Wasser, oder durch Dampf erhitzt wird. In diesen Fällen nennt man die Luftheizung eine Heißwasser-Luftheizung, bezw. eine Dampf-Luftheizung.

Stehn dagegen die Heizkörper in den zu erheizenden Zimmern selbst, so spricht man schlechtweg von einer Wasser- bezw. Dampfheizung.

Besteht endlich der Heizkörper aus einem mit Wasser gefüllten Gefäß, durch welches ein Dampfrohr geleitet ist, oder wird eine Fläche dieses Gefäßes vom Dampf bespült, so daß das eigentliche Wärme abgebende Medium der Dampf, der Wärme ausstrahlende Körper aber das Wassergefäß ist, so kann diese Heizart auch Dampf-Wasser-Heizung genannt werden. Dieselbe ist überall da mit Vortheil anwendbar, wo nur zeitweise geheizt wird und doch das Bedürfniß vorliegt, die Wärme längere Zeit hindurch wirksam zu erhalten.

Die Wasserheizung kann eine Hochdruck-, Mitteldruck- und Niederdruck-Wasserheizung sein.

Die Hochdruckwasserheizung bedingt, um Dampfbildung zu vermeiden ein geschlossenes Röhrensystem, das einem Ueberdruck von etwa 14½ Athmosphären ausgesetzt ist. Die Temperatur beträgt hierbei 200° C. In Folge dieser hohen Temperatur brauchen die Heizkörper nur geringe Dimensionen zu haben.

Für die Mitteldruck-Wasserheizung werden gewöhnlich 150° C. gewählt, wobei der Ueberdruck 3,7 Atmosphären beträgt.

Die Niederdruck-Wasserheizung hat ein offenes Expansionsgefäß E (s. Fig. 5), durch welches jeder Ueberdruck vermieden wird, aber die Temperatur des Wassers 100° C. nicht erreichen darf, um ein Ueberkochen zu verhüten. Gewöhnlich werden 90° C. als Maximaltemperatur gewählt.

Auch bei der Dampfheizung unterscheidet man Hochdruckheizungen und Niederdruckheizungen, je nachdem der Kessel ein geschlossener oder offener ist.

Die Hochdruckheizungen bergen eine gewisse Explosionsgefahr in sich und kommen deshalb für Heizzwecke, namentlich für Wohngebäude nur die Niederdruck-Wasser- und die Niederdruck-Dampfheizung in Betracht, die außerdem als Luftheizung ausgebildet sein können. Man hat in diesem Fall mit Heizkörpern von 80° bis höchstens 90° C. zu rechnen.

Was die Anwendbarkeit der verschiedenen Arten der Centralheizungen betrifft, so ist die Feuerluftheizung in ihrer Verwendung insofern beschränkt, als die Luftkanäle nicht zu lang und möglichst senkrecht geführt sein müssen. Bei einem ausgedehnten Gebäude müßten also mehrere Feuerstellen mit Heizkammern angebracht werden.

Die Wasserheizung gestattet die Anordnung einer beliebigen Anzahl von Heizkammern für eine Feuerstelle, da jedoch auch die Rohrlängen einer Wasserheizung durch mangelnde Auftriebshöhe beschränkt sein können, so eignet sich auch die Wasserluftheizung nicht für jedes Gebäude.

Die Dampfluftheizung ist weder in der Zahl der zu ihr gehörenden Heizkammern, noch in dem Umfang ihrer Ausdehnung beschränkt. Es können daher die umfangreichsten Gebäude, ja sogar Gebäudegruppen von einer Feuerstelle aus mit Hülfe der Dampfluftheizung geheizt werden.*)

Nachtheile der Luftheizung im Allgemeinen sind, daß dieselbe sich in einem bestehenden Gebäude nicht gut anlegen läßt, es muß von vorn herein beim Bau des Gebäudes darauf Rücksicht genommen werden und Abänderungen sind schwer zu treffen. Die Regulirfähigkeit einer Luftheizung ist keine so unmittelbare, wie bei den Dampf- und Wasserheizungen mit Zimmerheizkörpern. Ferner ist die Leistung einer Luftheizung in hohem Grade von der Richtung und Stärke des herrschenden Windes abhängig. Derselbe beeinflußt das Ausströmen der warmen Luft aus den Luftkanälen und daher bleiben gerade die Räume, die am meisten der Wärme bedürfen, stets in der Temperatur zurück. Endlich kommt es bei einer Luftheizung sehr auf die Ausbildung und den Grad der Erwärmung der die Wärme an die Luft der Heizkammer abgebenden Flächen an. Dieselben müssen genügend von der Luft umspült werden können, also gegliedert sein; sie dürfen in nicht zu hohem Grade erhitzt werden, da sonst die in der Luft schwebenden Staubtheilchen versengt werden und die Luft dann den brenzlichen Geruch und die eigenthümliche die Schleimhaut reizende Trockenheit erhält, durch welche sich die älteren Luftheizungsanlagen so unbeliebt gemacht haben; die Wandungen des Ofens oder der Heizkörper müssen möglichst viel senkrechte und möglichst wenig wagrechte Flächen aufweisen, damit sich so wenig wie möglich Staub auf ihnen ablagern kann; endlich müssen sämmtliche Wärme abgebende Flächen zugänglich sein, um von Zeit zu Zeit eine Reinigung zu ermöglichen.

Allen diesen Bedingungen ist leichter mit Heizkörpern von Wasser- oder Dampfheizungen zu genügen, als mit Feueröfen, woher den Wasser- und Dampfluftheizungen vor der Feuerluftheizung der Vorrang gebührt.

Die Dampfheizung hat wiederum vor der Wasserheizung den Vortheil der größeren Unbeschränktheit in der Ausdehnung der Anlage, ferner friert eine Dampfheizung bei nicht continuirlichem Betrieb weniger leicht ein, bei etwa eintretender Undichtigkeit der Leitung ist das

*) Handbuch der Architektur III. Theil, 4. Bd., S. 257.

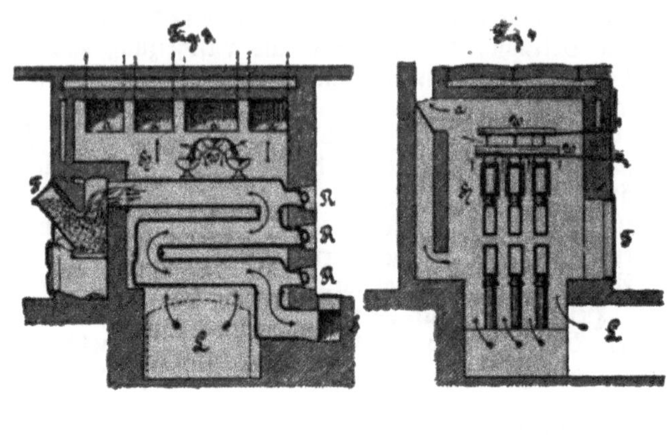

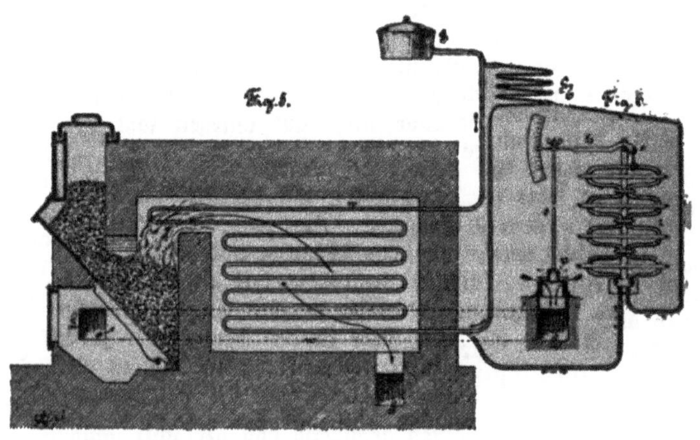

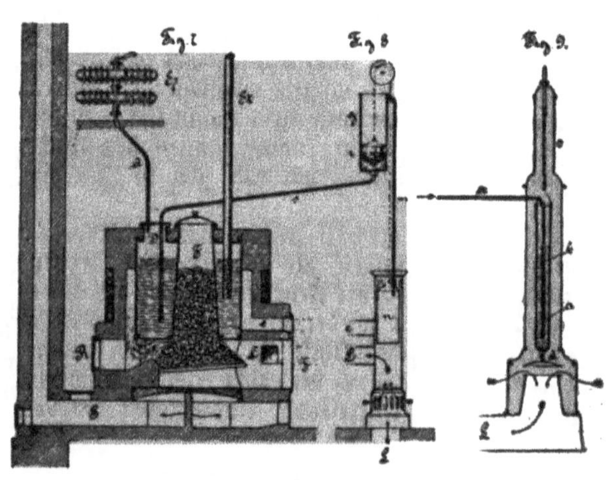

Gebäude weniger gefährdet und die Regulirfähigkeit einer Dampfheizung ist eine größere.

Nach dieser allgemeinen Vergleichung der verschiedenen Heizsysteme erübrigt es nur noch die Haupttheile der Centralheizanlagen an Hand nachstehender schematischer Scizzen kurz zu betrachten.

Als Haupttheile sind hervorzuheben:

1) der Ort der Wärmeerzeugung und Erwärmung des Mediums — der Ofen und die Feuerstelle,
2) die Regelung der Wärmeerzeugung,
3) die Regelung der Wärmeabgabe.

1) Fig. 3 und 4 stellen einen in die Heizkammer H hineingebauten Ofen einer Feuerluftheizung in zwei Vertikalschnitten vor, der sich seiner Construktion nach an die von der Firma Möhrlin in Stuttgart ausgeführten anlehnt. Die Feuergase durchstreichen eine Anzahl nebeneinander befindlicher Rohrzüge, geben ihre Wärme an diese ab und gelangen entsprechend abgekühlt in den Schornstein S. Die aus dem Luftkanal L angesaugte Außenluft umspült die Heizröhren und steigt erwärmt in die Oeffnungen a, um dann durch Kanäle in die betreffenden zu heizenden Zimmer zu gelangen. Zur Vermeidung zu großer Erhitzung der oberen Röhren sind dieselben von einem weniger guten, die Wärme aufspeichernden Wärmeleiter, umhüllt gedacht. Die Reinigung der Heizröhren geschieht durch die Oeffnungen R. Die Heizkammer ist durch die Thür T zugänglich, um von Zeit zu Zeit die Staubablagerungen zu beseitigen. Endlich befinden sich zur Befeuchtung der Luft an geeigneter Stelle Wasserbehälter W entweder mit stehendem, von Zeit zu Zeit nachzufüllendem Wasservorrath, oder mit beständig fließendem Wasser.

Fig. 5 zeigt einen Heißwasserofen der Firma Walz & Windscheid in Düsseldorf. Hier umspülen die Heizgase vor ihrem Abzug in den Schornstein S einen in den Ofen hineinragenden Theil des mit Wasser gefüllten Röhrensystems. Durch den Auftrieb steigt das erwärmte Wasser in eine beliebige Anzahl von Heizkörpern H und gelangt entsprechend abgekühlt zu neuer Erhitzung wieder in den im Ofen befindlichen Röhrentheil w. E ist ein Expansionsgefäß, das bei Hochdruckwasserheizungen geschlossen ist und in Art eines Windkessels wirkt, bei Niederdruckwasserheizungen dagegen offen sein muß und daher einen geringen täglichen Wasserverlust durch Verdampfung erzeugt, welcher von Zeit zu Zeit ersetzt werden muß. Statt der Röhrenform für den im Ofen befindlichen Theil des Röhrensystems hat man bei Niederdruckwasserheizungen auch die Kesselform mit Vortheil angewendet.

Fig. 7 stellt den Ofen einer Niederdruckwasserheizung im Vertikalschnitt dar, wie er unter anderen durch Möhrlin in Stuttgart zur Ausführung gelangt. Derselbe besteht aus einem stehenden Cylinderkessel mit in der Mitte befindlichem Füllschacht, an welchen das horizontale Feuerrohr sich anschließt. Die Heizgase umspülen die vertikalen Wandungen und den Boden des Kessels. Durch das Rohr d findet die Dampfzuführung zu den Heizkörpern H statt und durch dasselbe Rohr gelangt das Condensationswasser wieder zurück in den Kessel. Einzelne Heizfirmen wenden hierfür besondere Röhren an. Das offene Standrohr St mündet ins Freie und hat eine Höhe von 5 m, so daß dadurch Sicherheit dafür besteht, daß der Ueberdruck im Kessel nicht größer als eine halbe Atmosphäre werden kann.

Alle drei hier vorgeführten Beispiele von Centralöfen der verschiedenen Heizsysteme sind mit Füllfeuerung versehn, durch welche die eine Thätigkeit eines ständigen Heizers — das Aufschöpfen der Kohle — überflüssig gemacht wird.

2) Die Regelung der Wärmeerzeugung geschieht bekanntlich durch den Heizer in der Weise, daß er den Zug an der Feuerstelle vergrößert oder verkleinert durch Verringerung oder Vergrößerung der Luftöffnungen an der Feuerungsthür und dadurch gleichzeitig auch die Menge der zugeführten Luft regelt, die ein lebhafteres oder langsameres Verbrennen bewirkt. Auch diese Thätigkeit des Heizers hat man unnöthig gemacht, indem man einen Schieber oder Deckel mit der Heizanlage so in Verbindung bringt, daß derselbe selbstthätig die Luftzuführöffnung mehr oder weniger öffnet, oder auch ganz schließt, je nachdem das Feuer lebhafter oder weniger lebhaft brennen, nur fortglimmen oder ausgehn soll.

Hierzu kann bei allen Heizarten der Wechsel der Temperatur benutzt werden, welcher Gedanke dem in Fig. 6 dargestellten Wärmeregler von Walz & Windscheid*) zu Grunde liegt. Derselbe besteht aus einem Röhrensystem, welches bei höherer Temperatur sich ausdehnend, vermöge der die seitliche Ausweichung verhindernden Umklammerungen, diese Ausdehnung nur in vertikalem Sinne zu äußern vermag.**) Wird nun dieser Metallthermometer in der Heizkammer einer Luftheizung aufgestellt, oder mit einer Wasser- oder Dampfheizung so in Verbindung gebracht, daß das aus den Heizkörpern H zurückkehrende abgekühlte Wasser, oder der zurückkehrende Dampf ihn durchströmen, so wird bei zu hoher Temperatur dieser Heizmedien durch das obere Ende des Thermometers ein Hebel h in Bewegung gesetzt, der an seinem längeren Arm an einer Stange s einen Deckel p trägt, welcher die Luftöffnung eines unter den Feuerrost führenden Luftkanals L verengt. Dadurch wird dem Feuer weniger Luft zugeführt, also dasselbe zu langsamerem Brennen veranlaßt. Sinkt in Folge dessen die Temperatur des Heizmediums zu stark, so wird der Deckel wieder gehoben und dadurch das Feuer mehr angefacht.

Eine noch sicherer wirkende Regelung ist bei den Dampfheizungen durch Benutzung des directen oder indirecten Dampfdruckes möglich. Wird durch die Heizkörper ebensoviel Dampf verbraucht, als im Kessel erzeugt wird, so bleibt die Dampfspannung constant. Wird dagegen weniger verbraucht, so muß offenbar die Spannung im Kessel steigen; umgekehrt wird dieselbe abnehmen, wenn mehr Dampf verbraucht wird. Diese Veränderlichkeit der Dampfspannung im Kessel haben zum ersten Mal Bechem & Post in Hagen zur Bewegung eines Deckels über der Luftzuführungsöffnung benutzt, indem sie (s. Fig. 9) ein unten offenes gebogenes Rohr a mit dem Dampfraum in Verbindung brachten und in ein zweites unten geschlossenes Rohr b münden

*) Derselbe erinnert an Kusenbergs Selbstleerer, D. R.-P. Nr. 430, Dingl. Polyt. Journ. 1877, Bd. 225, S. 30.

**) D. R.-P. Nr. 33406, Ztschr. d. Ver. deutsch. Ing. 1886, S. 145.

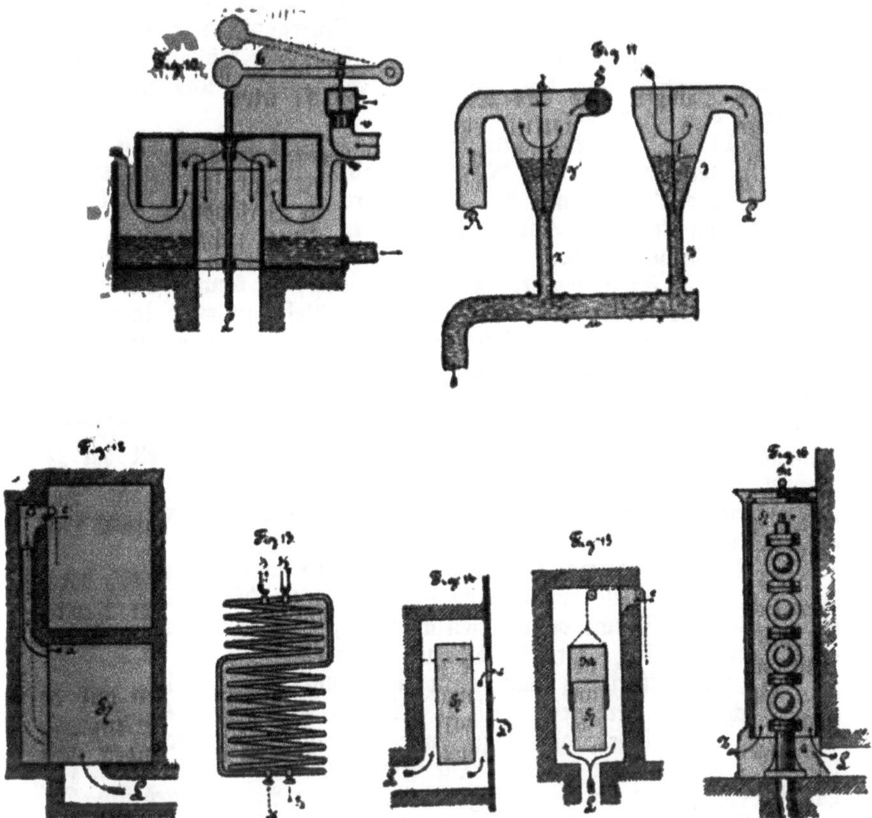

ließen, an welchem der Deckel hing und das an einer verstellbaren Broncefeder aufgehängt war. In das Rohr b wurde so viel Quecksilber gegossen, daß dasselbe auch bei höchster Spannung im Kessel dem Dampf den Weg aus der Röhre a absperrt. Nimmt der Dampfdruck zu, so wird die Röhre b herabgedrückt, die Luftöffnung des unter den Rost führenden Luftkanals wird durch den Deckel verengt und dadurch das Feuer gedämpft. Bei abnehmender Spannung dagegen wird die Luftzuführungsöffnung vergrößert, also das Feuer mehr angefacht.

Der indirecte Dampfdruck, d. h. das Steigen des Wassers im Standrohr, ist in gleicher Weise*) benutzt worden. Bei dem von Möhrlin angewendeten Regulator steigt beim Steigen des Wassers im Standrohr der Schwimmer i (s. Fig. 8), wodurch ein mit ihm im Gleichgewicht befindlicher, an einer über die Rolle r gehender Kette aufgehängter Schieber n vor die Luftzuführungsöffnung L tritt.

D. Martini**) in Hagen benutzt unmittelbar das Steigen des Wassers im Standrohr zur Verengung der Luftzutrittsöffnung (s. Fig. 10), an deren Mündung ein ringförmiges Gefäß sich befindet, in welches die Wandungen einer Glocke ragen. Die Verbrennungsluft muß zwischen

*) Ztschr. d. Ver. deutsch. Ing. 1886, S. 670.
**) D. R.-P. Nr. 21549.

dem unteren Rande der Glocke und dem Wasserspiegel hindurchströmen, um zum Feuer zu gelangen, so daß der Querschnitt mit steigendem Dampfdruck verringert wird. Außerdem hebt bei zu plötzlicher Steigerung des Dampfdruckes das Wasser die Glocke selbst und mit dieser den Kegel des Dampfaustrittsventils v.

Fig. 11 zeigt die Benutzung desselben Gedankens durch Käuffer & Co. in Mainz.*) Die Röhre u und die mit ihr verbundenen Röhren z und z' stehn mit der Standröhre in Verbindung. Die zur Kesselfeuerung strömende Luft muß durch den Spalt t im doppelt trichterförmigen Gefäß g fließen. Verkleinert sich dieser Spalt durch Steigen des Wassers in Folge größerer Dampfspannung, so kann offenbar weniger Luft hindurchströmen. Durch ein zweites Gefäß g' wird in gleicher Weise der Rauchabfluß zum Schornstein geregelt, jedoch gestattet eine Drosselklappe d diesen Rauchabflußregler außer Thätigkeit zu setzen. Dieser letztere Regler hat darin seine Berechtigung, daß bei kleinem Feuer auch weniger Rauch erzeugt wird, also ein geringerer Schornsteinquerschnitt erforderlich und sogar nothwendig wird, weil bei zu großem Schornsteinquerschnitt neben dem aufsteigenden Rauch eine nach unten gerichtete Luftströmung entsteht, die dem Feuer unerwünscht Luft zuführen kann.

3) Zur Regelung der Wärmeabgabe in den einzelnen Räumen liegt der Gedanke am nächsten durch Klappen, Hähne oder Ventile die zuströmende Wärme vollkommen auszunutzen, nur in geringem Maße einströmen zu lassen, oder dieselbe ganz abzuschließen.

Bei der Luftheizung kann man sich kaum anders helfen und es genügt schließlich bei dieser Heizart Klappen an den Ausströmungsöffnungen anzubringen, oder sogenannte Mischklappen anzuwenden, wie sie Fig. 1 und 2 bei a zeigen. Die Firma G. Roren in Leipzig hat sich ein Patent für die in Fig. 12 dargestellte Art der Regelung**) geben lassen. Bei derselben wird durch ein versenkbares Rohr die Luft aus der Heizkammer in beliebiger Höhe, also mit entsprechend verschiedenen Temperaturen entnommen.

Bei der Wasser- und Dampfheizung hat man mit Ventilen schlechte Erfahrungen gemacht. Bei ersterer kühlt der Heizkörper nach Schluß des Ventils zu langsam ab. Man hat deshalb Heizkörper mit verschieden großen Heizflächen in Vorschlag gebracht. Walz & Windscheid empfehlen die in Fig. 13 dargestellte verstellbare Heizschlange, die 1/3 der ganzen Fläche, 2/3 derselben oder die ganze Fläche auszunutzen gestattet. Die gleichartig gezeichneten Pfeile deuten durch ihre Zusammengehörigkeit für jede der drei Möglichkeiten die Richtung der Wasserbewegung an.

Bei der Dampfheizung bewirkt zwar der Schluß eines Ventils genügend rasches Abkühlen, aber das Wiederöffnen des Ventils verursacht die unangenehmsten Geräusche. Außerdem leiden die Röhren der Heizkörper durch den plötzlichen starken Temperaturwechsel. Von dem rasch einströmenden Dampf erhitzt, dehnen sie sich und die Dichtungen werden auch bei bester Ausführung beschädigt. Außerdem nimmt bei Schluß eines Ventils der Dampfverbrauch ruckweise ab, die Spannung

*) D. R.-P. Nr. 29869.
**) D. R.-P. Nr. 10711 vom 10. Dec. 1879, siehe auch Handbuch der Architektur, III. Theil, 4. Bd., S. 248.

im Kessel steigt sehr schnell. Die Gluth des Feuers hat jedoch noch so viel überschüssige Wärme, daß sie dem die Luft abschließenden Regulator nicht sofort folgen kann. In Folge dessen kann die Spannung im Kessel den zulässigen Grad übersteigen und das Wasser zum Standrohr hinausschleudern.

Der einzige zu befriedigenden Resultaten führende Weg war daher hier die Ventile vollkommen zu verbannen und gebührt der Firma Bechem & Post die Anerkennung, die erste derartige Anlage ausgeführt zu haben.

Die Fig. 14 und 15 zeigen die Vorläufer der Ummantelungen, durch welche jetzt die Wirkung der Heizkörper regulirt wird. In Fig. 14 ist die Wand D und mit ihr die Oeffnung c verschiebbar gedacht, so daß der über der Oeffnung c liegende Theil des Heizkörpers außer Thätigkeit tritt. In gleicher Weise wirkt in Fig. 15 der Mantel M. Fig. 16 stellt einen Heizkörper mit Ummantelung dar. Ist der Schieber M geöffnet, so trägt die Luft, an dem Heizkörper wie bei einem Mantelofen circulirend, die Wärme in den zu heizenden Raum, wird der Schieber geschlossen, so hört sofort die Wärmezuführung auf, da die Wände der Ummantelung keine Wärme durchlassen, der Heizkörper bleibt jedoch warm und es hört die Condensation des Dampfes in ihm erst auf, wenn die ihn umgebende Luft seine Temperatur angenommen hat. Dies geht ganz allmählig vor sich und ebenso allmählig wirkt der Regulator. Das Feuer hat also Zeit, dem Wirken des Regulators zu folgen. Soll wieder Wärme entnommen werden, so braucht man blos den Schieber M zu öffnen.

Man hat dieser Einrichtung mit Recht vorgeworfen, daß die Reinigung der Heizkörper sehr erschwert sei, da man die in einem Stück gefertigten Mäntel über die Heizkörper hinaus heben muß, was namentlich die Anbringung der Heizkörper in Mauernischen verhindert. In neuester Zeit jedoch werden auf Anregung des Herrn Architekten Manchot in Mannheim die Mäntel so angefertigt, daß die eine Seitenwand gehörig gedichtet zum Abschrauben eingerichtet wird, wodurch die Heizkörper behufs Reinigung zu jeder Zeit leicht zugänglich sind.

Käuffer & Co. in Mainz*) stellt seine Heizkörper ohne Ummantelung frei in den zu beheizenden Raum, oder in Nischen und regulirt die Wärmeabgabe der Heizkörper durch ein Dampfzutrittsventil. Dafür wendet er aber besondere Röhren für die Rückleitung des Condenswassers an, welche er nicht mit dem Kessel unmittelbar verbindet, sondern in das oben offene Standrohr leitet. Wird das Ventil z. B. nur halb geöffnet, so daß weniger Dampf in den Heizkörper tritt als nothwendig ist, um ihn zu füllen, so gelangt über dem Wasserspiegel des Niederschlagswassers hinweg sich bewegend, Luft in den Heizkörper, füllt den unteren Theil desselben aus und beschränkt den Dampfraum auf die Höhe innerhalb welcher der eintretende Dampf niedergeschlagen wird. Es geben also nur die über dem lufterfüllten Raum befindlichen Heizflächen Wärme ab. Es findet also auch hier eine Verringerung der Heizfläche statt. Läßt man dem gesteigerten Wärmebedarf entsprechend mehr Dampf eintreten, so wird ein Theil der Luft hinausgedrängt und damit die Heizfläche vergrößert.

*) Patent angemeldet, Ztschr. d. Ver. deutsch. Ing. 1886, S. 672.

Die wenigen hier angeführten Beispiele zeigen bereits auf wie verschiedene Weise die Aufgabe gelöst worden ist: beliebige Wärmemengen einem Raume zuzuführen und dadurch gleichzeitig das Feuer entsprechend zu reguliren. Weitere Verbesserungen werden nicht ausbleiben.

Damit ist aber auch jeder Anforderung, die an eine Heizung gestellt werden kann, in hohem Maße entsprochen und es wird bald dahin kommen, daß Jeder wenigstens den Wunsch haben wird, auch bei sich zu Hause eine Centralheizung zu besitzen. Ist aber erst der Wunsch vorhanden, so folgt über kurz oder lang die Ausführung nach. Hat Jemand erst einmal in einer Wohnung mit guter Centralheizung gewohnt, so wird er sich nur im größten Nothfalle dazu entschließen können, eine Wohnung mit Zimmeröfen zu miethen und es wird schließlich im Interesse der Hausbesitzer liegen, Centralheizungen anzulegen und die daraus entstehenden Mehrkosten auf den Miethzins aufzuschlagen. Erst bei Durchführung dieses Gedankens werden wir aber wirklich behaglich und gesund wohnen.

Verzeichniß der Vorlesungen, Uebungen und Praktika,

welche im **Sommersemester 1888** in den sechs Fachabtheilungen der

Großherzoglichen technischen Hochschule zu Darmstadt

gehalten werden.

Mathematische Wissenschaften. — Höhere Mathematik I, Prof. Dr. Gundelfinger. — Höhere Mathematik II, Derselbe. — Methode der kleinsten Quadrate, Prof. Dr. Nell. — Synthetische und darstellende Geometrie I, Prof. Dr. Mehmke. Vortrag. Uebungen. — Einleitung in die Graßmann'sche Ausdehnungslehre, Derselbe. — Arbeiten im mathematischen Institut, Derselbe. — Mathematisches Seminar, Prof. Dr. Gundelfinger. — Hydrodynamik, Prof. Dr. Henneberg. — Theorie der Determinanten, Prof. Dr. Graefe. — Repetitorium der niederen Mathematik, Derselbe. — Geodätische Uebungen, Prof. Dr. Nell, an zwei Nachmittagen; graphische Ausarbeitung der Vermessungen. — Grundzüge der höheren Geodäsie, Derselbe. — Mechanik I (einschließl. der graphischen Statik), Prof. Dr. Henneberg, Vortrag, Uebungen. — Theorie der Constructionen, Prof. Landsberg, Vortrag, Uebungen.

Naturwissenschaften. — Zoologie (Niedere Thiere. Specielles. Mollusken und Arthropoden), Prof. Dr. von Koch. — Zoologisches Praktikum, Derselbe. — Systematische Botanik, Prof. Dr. Dippel, Vortrag, Demonstrationen. — Mikroskopisches Praktikum, Derselbe, (ein Nachmittag). — Allgemeine Mikroskopie, Derselbe. — Demonstrationen nach Bedürfniß (privatim). — Grundzüge der Geologie, Prof. Dr. Lepsius. — Geologische Excursionen an geeigneten Sommertagen, Derselbe. — Mineralogisches Praktikum, Derselbe. — Geologisches Praktikum, Derselbe. — Experimentalphysik Prof. Dr. Himstedt. — Physikalisches Praktikum, Derselbe. — Elemente der Elektrotechnik, Prof. Dr. Kittler. — Experimentalchemie (Organische Chemie), Professor Dr. Staedel. — Analytische Chemie I, Dr. Klein. — Chemische

Uebungen, Professor Dr. Staedel und zwei Assistenten, 5 Tage. — Chemische Technologie I (Organischer Theil), Prof. Dr. Thiel. — Chemisch-technische Uebungen, Derselbe. — Pharmaceutische Chemie (Anorganischer Theil) Dr. Klein. — Ausmittelung der Gifte, Derselbe. — Repetitorium der organischen Chemie, Dr. Bauer.

Pharmacie. — Systematische Botanik, Prof. Dr. Dippel, Vortrag, Demonstrationen. — Mikroskopisches Praktikum mit besonderer Berücksichtigung der pharmaceutischen Rohstoffe, Derselbe, (ein Nachmittag). — Experimentalphysik, Prof. Dr. Himstedt. — Experimentalchemie, Prof Dr. Staedel. — Analytische Chemie I, Dr. Klein. — Pharmaceutische Chemie, Derselbe. — Ausmittelung der Gifte, Derselbe. — Chemische Uebungen, Prof. Dr. Staedel und zwei Asistenten, 5 Tage. — Anleitung zum Untersuchen und Bestimmen offizineller Pflanzen, Obermedicinalrath Dr. Uloth, Vortrag, verbunden mit Excursionen. — Ueber die vom Reich und den Einzelstaaten mit Bezug auf das Apothekerwesen erlassenen gesetzlichen Bestimmungen, Derselbe.

Elektrotechnik. — Elemente der Elektrotechnik, Prof. Dr. Kittler. — Specielle Elektrotechnik, Derselbe. — Mathematische Elektrizitätslehre, Prof. Dr. Himstedt. — Elektrotechnisches Praktikum, Professor Dr. Kittler. — Selbstständige Arbeiten aus dem Gebiete der Elektrotechnik für vorgeschrittenere Studirende, Derselbe.

Technologie. — Mechanische Technologie I, Prof. Brauer. — Bautechnologie, Prof. Dr. Thiel. — Chemische Technologie I, Organischer Theil, Derselbe. — Geschichte der Waffentechnik, Major von Pfister (privatim).

Baukunst und Bauwissenschaften. — Bautechnologie, Professor Dr. Thiel. — Elemente der Bauconstruction, Professor Marx. — Elemente der Bauconstruction, Uebungen, Prof. von Willmann. — Theorie der Constructionen, Professor Landsberg, Uebungen. — Grundbau, Geh. Baurath Prof. Dr. Schmitt. — Constructionen des Hochbaues, Prof. Simons, Vortrag, Uebungen. — Eisenconstructionen des Hochbaues, Prof. Landsberg, Uebungen. — Bauzeichnen, Prof. Marx. — Bauformenlehre, Derselbe, Vortrag, Uebungen. — Baustile II, Derselbe. — Baustil-Uebungen, Derselbe. — Anlage und Einrichtung von Gebäuden I, Geh. Baurath Prof. Wagner. — Anlage und Einrichtung von Gebäuden II, Derselbe. — Entwerfen von Gebäuden, Derselbe, Uebungen. — Bauführung, Derselbe. — Ornamentik, Prof. Simons. — Malerische Perspective, Derselbe. — Elemente der Elektrotechnik, Prof. Dr. Kittler.

Ingenieurwissenschaften. — Bautechnologie, Prof. Dr. Thiel. — Elemente der Bauconstruction, Prof. Marx. — Elemente der Bauconstruction, Uebungen, Prof. von Willmann. — Bauzeichnen, Prof. Marx. — Theorie der Constructionen, Prof. Landsberg, Vortrag, Uebungen. — Grundbau und Brückenbau I, Geh. Baurath Professor Dr. Schmitt. — Brückenbau IV, Prof. Landsberg. — Uebungen zum Brückenbau III und IV, Derselbe. — Uebungen zum Grundbau, Brückenbau I und II und Wasserbau, sowie zur Wasserversorgung, Entwässerung und Reinigung der Städte, Geh. Baurath Prof. Dr. Schmitt. — Wasserbau II, Geh. Baurath Prof. Sonne, Uebungen. Elemente des Wasserbaues A, Prof. von Willmann. — Eisenbahnbau I, Geh.

Baurath Prof. Sonne, Vortrag, Uebungen. — Eisenbahnbau III, Derselbe. — Elemente der Elektrotechnik, Prof. Dr. Kittler.

Culturtechnik. — Wasserbau I, Geh. Baurath Prof. Dr. Schmitt, Uebungen. — Wasserbau II, Geh. Baurath Prof. Sonne, Vortrag, Uebungen.

Maschinenkunde. — Beschreibende Maschinenlehre, Prof. Brauer. — Mechanische Technologie I, Derselbe. — Maschinenelemente, Prof. Lincke. — Maschinenzeichnen, Derselbe. — Maschinenconstruiren, Derselbe. — Kinematik, Derselbe. — Luft- und Gasmotoren, Prof. Brauer. — Arbeitsmaschinen I, Prof Werner, Vortrag, Uebungen. — Arbeitsmaschinen II, Derselbe, Vortrag, Uebungen. — Uebungen im Entwerfen von Fabrikanlagen, Prof. Brauer. — Seminar für Maschinenbau, Derselbe. — Skizzir-Uebungen, Derselbe. — Praktikum für Technologie und Maschinenmeßkunde, Derselbe. — Elemente des Lokomotivbaues, Prof. Lincke, Vortrag, Uebungen. — Die Kostenberechnungen der Maschinenfabrikation, Privatdocent Ingenieur Beck. — Elemente der Elektrotechnik, Prof. Dr. Kittler. — Elektrotechnisches Praktikum, Derselbe.

Allgemein bildende Fächer. — Geschichte der deutschen Litteratur, Prof. Dr. Roquette. — Erklärung ausgewählter Dichtungen der deutschen Litteratur, Derselbe. — Allgemeine Kunstgeschichte, Geh. Hofrath Prof. Dr. Schäfer. — Ausgewählte Kapitel aus der Aesthetik und Kunstgeschichte, Prof. Dr. Adamy. — Geschichte der Philosophie, Prof. Dr. Graefe. — Grundzüge der Rechtswissenschaft, Oberlandesgerichtsrath Heinzerling. — Französische Sprache, Prof. Eger. — Englische Sprache, Derselbe. — Englische Sprache, Dr. Haugen. — Russische Sprache, Major von Pfister (privatim).

Darstellende Künste. — Freihandzeichnen, Prof. Kumpa. — Zeichnen und Malen, Prof. Noak. — Technisches Zeichnen, Prof. Kumpa. — Ornamentik, Prof. Simons. — Malerische Perspective, Derselbe. — Bauzeichnen, Prof. Marx. — Maschinenzeichnen, Prof. Lincke. — Planzeichnen I, Kataster-Ingenieur Göbel. — Planzeichnen II und III, Derselbe.

Die Anmeldungen zur Aufnahme werden bis zum 21. April von der Direction entgegengenommen. Aufnahme und Immatriculation beginnen am 23. April. — Beginn der Vorlesungen und Uebungen des Sommersemesters 1888 Dienstag, 24. April. — Programme sind unentgeltlich durch Vermittelung des Secretariats zu beziehen.

Litteratur.

Kurze Anleitung zu deutschen, französischen, englischen und italienischen Geschäftsbriefen für Kaufleute und Gewerbetreibende von A. Oberholzer und L. Osmond. Heidelberg, Julius Groos' Verlag 1888.

Das Werkchen stellt sich die Aufgabe, jungen Leuten des Kaufmanns- und Gewerbestandes, denen voluminöse Bücher über kaufmännischen Briefstyl, Handelscorrespondenz und dergl. bisher förmlich Furcht und Schrecken einflößten, durch kurze Anleitung den Weg zu zeigen, um das geschäftliche Briefschreiben in klarer, einfacher und ungekünstelter Sprache sich anzueignen. Die Praxis muß das Uebrige thun.

Redacteur Dr. Hesse. — Druck von Heinrich Brill.
In Commission bei L. Brill in Darmstadt.

Gewerbeblatt

für das

Großherzogthum Hessen.

Zeitschrift des Landesgewerbvereins.

Erscheint wöchentlich. Auflage 4500. Anzeigen für die durchgehende Petitzeile oder deren Raum bei ein- und zweimaliger Aufnahme 30 Pf., bei drei- und mehrmaliger Aufnahme 25 Pf.

№ 14. April 1888.

Forstliche Fragen an die Baukundigen.

(Aus dem Centralblatt der Bauverwaltung.)

In der Forstlitteratur wird zur Zeit eine tiefgreifende Abänderung der üblichen Erziehungsart der Waldbäume lebhaft erörtert. Die Baumkronen sollen nicht mehr, wie bisher, dicht ineinander greifen, sondern alle 6 oder 10 Jahre 50—70 cm von einander abgerückt werden. Durch diese Kronenfreihiebe sollen die kräftigsten und höchsten Stämme zu einer raschen Entwicklung befähigt werden und in dieser Weise will man für ausgiebige und beschleunigte Nachzucht der in absehbarer Zeit zur Neige gehenden Starkhölzer sorgen. Aber diese Lichtungshiebe sollen erst dann beginnen, wenn sich der untere, werthvollste Schafttheil der Nutzholzstämme mit der für Balken benutzbaren Länge (man nimmt im Mittel 10—12 m an) im dichten Kronenschluß ebenso astrein ausgebildet hat, wie bisher, sonach lediglich die etwas stärkere Astbildung am oberen, kegelförmigen Schaft bei der Verwendung für bautechnische Zwecke in Betracht kommen wird. Die lebhafte Erörterung dieses sogenannten Lichtungsbetriebes in der forstlichen Litteratur wird voraussichtlich in der Frage gipfeln, ob der erste Kronenfreihieb im 30—40jährigen Alter der Nadelholzbestände und im 40—50jährigen Alter der Eichenbestände vorzunehmen ist, oder ob die Forstwirthschaft in Rücksichtnahme auf die bautechnischen Verwendungszwecke erst 30—40 Jahre später mit diesen Lichtungshieben beginnen darf, wenn die Astreinheit nicht nur bis 10 oder 12 m, sondern noch einige Meter höher am Schaft hinauf reicht. Es sei, so sagt man, nach den Untersuchungen von Nördlinger, Bauschinger u. a. nicht zweifelhaft, daß die Tragfähigkeit des Bauholzes durch starke Aeste verringert werde, während dieselbe ungeschmälert sowohl für das (10—12 m Länge übersteigende) Balkenholz, als für das aus dem oberen Schafttheil noch zu gewinnende, kürzere und schwächere Bauholz beansprucht werde. Hiergegen wird geltend gemacht, daß zunächst die Tragfähigkeit dieses kürzeren und schwächeren Bauholzes bautechnisch wohl kaum bis zu den äußersten Grenzen, zwischen denen sich die akademischen Belastungs- und Zerbrechungs-Versuche bewegt haben, ausgenützt werde und deshalb auch bisher größere Aeste an denselben nicht beanstandet worden seien. Es könne sich nur um die vielleicht verringerte Tragfähigkeit der über 12 m langen Balken, Unterzüge, Durchzüge u. s. w. in dem Endtheil nahe dem Auflagerungspunkte handeln, weil die bisherige Astreinheit bis zu 12 m Länge nicht verringert werde. Zur Verhütung etwaiger Nachtheile habe aber sicherlich die jetzige Bautechnik genügende Ausgleichungsmittel, z. B. eiserne Träger, hochseitigen Beschlag, Verringerung der Spannweite u. s. w. Völlig astrein bleibe auch das im Kronenschluß erzogene Nutzholz nicht und die Verstärkung der Astbasis (etwa 7—8 mm) sei nicht belangreich. Im Vordergrund des Nutzholz-Verbrauchs stehe der Massenverbrauch von Brettern, Dielen und Bohlen, und ohne Lichtung im jugendlichen Alter sei die dringend nöthige Gewinnung starker Bretterklötze innerhalb der bestehenden Waldumtriebszeiten nicht zu erreichen. Auch beim Balken-Verbrauch könne lediglich die Tragfähigkeit der oben genannten Balken-Endstücke möglicherweise geschädigt werden; im übrigen würden alle schwächeren und stärkeren Bauhölzer unter 10—12 m Länge mit bisheriger Astreinheit, aber mit verdoppelten und verdreifachten Massen zum Angebot kommen, und die Gerüsthölzer, Telegraphenstangen, Bergbauhölzer u. s. w. würden weniger dünn und schlank aufwachsen und darum widerstandskräftiger und tragfähiger werden als bisher. Vor allem sei aber das im mäßigen Lichtstand aufwachsende Holz nach den bisherigen Untersuchungen*) schwerer, als das Holz der im dichten Kronenschluß stehenden Waldbäume, und mit der Zunahme des specifischen Gewichts erhöhe sich bekanntlich bei ein und derselben Holzart die Dauer und Tragfähigkeit. Sonstige Mängel und Fehler des Nutzholzes im höheren Alter würden durch die kräftige Entwicklung im Lichtstand wahrscheinlich verringert werden. Eine Belehrung von sachkundiger Seite, ob diese veränderte Erziehungsweise des Nutzholzes bautechnischen Bedenken begegnet, ist um so dringender erwünscht, als die beschleunigte Starkholzzucht im waldreichen Deutschland unverkennbar eine hervorragende volkswirthschaftliche Bedeutung hat.

Eine zweite forstliche Frage an die Baukundigen betrifft das zukünftige Angebot der breiteren und schmäleren Bretter. Ist es bautechnisch möglich, den Verbrauch der über 23—24 cm breiten Bretter zu ermäßigen und durch die Verwendung der Bretter-Breiten von durchschnittlich 18—20 cm zu ersetzen, wenn diese schmäleren Bretter zukünftig mit größeren Massen zum Angebot gelangen werden als bisher? Die Hauptmasse der bisher verbrauchten Bretter, Dielen, Bohlen u. s. w. ist nach den Angaben der Holzhändler über 19 cm, durchschnittlich 24—25 cm breit. Aber in einzelnen deutschen Landesgebieten, z. B. im Königreich Sachsen, werden verhältnißmäßig größere Brettermassen

*) Die Annahme vieler Holzhändler, daß das feinjährige Holz am dauerhaftesten und tragfähigsten sei, hat sich hierbei bis jetzt nicht als stichhaltig erwiesen.

mit 16—19 cm Breite verbraucht, als z. B. im Handelsgebiet des Rheins, und auch am Rhein bürgern sich die schmalen sogenannten Hobelbretter immer mehr ein. Wird die Forstwirthschaft, wenn sie in der Zukunft nach Abholzung der oben genannten Altholzbestände vorherrschend Stämme zum Angebot bringt, welche die über 23 cm breiten Bretter in etwas verringertem Verhältniß, dagegen die 16—22 cm breiten Bretter in stärkerem Verhältniß als bisher liefert, hiermit einen sehr fühlbaren Mißstand für die Bautechnik herbeiführen? Die Beantwortung dieser Frage wird schwierig sein; vielleicht lassen sich immerhin die Verwendungsarten im Bau- und Gewerbebetriebe, welche breitere Bretter über 25 cm unbedingt nöthig haben, aussondern. Bestehen gegen diese Verringerung der Bretterbreite keine Bedenken, so würde sich die Nutzholz-Wirthschaft sowohl in den Staatsforsten, als in den übrigen Waldungen wesentlich einträglicher gestalten lassen, als bisher.

Castell bei Würzburg. Wagener, Forstrath.

Von der Landesbaugewerkschule Darmstadt.

Der Schluß des nunmehr zu Ende gegangenen diesmaligen Wintercursus der Landesbaugewerkschule wurde mit Rücksicht auf die nationale Trauer nicht in gewohnter Weise vollzogen; er fand am 15. März, Nachmittags 3 Uhr in Form einer nicht öffentlichen Prüfung nur in Gegenwart der Mitglieder der Großherzoglichen Centralstelle für die Gewerbe und den Landesgewerbverein, sowie der Herrn Lehrer der Schule statt.

Das Lehrerpersonal hatte in diesem Wintercursus insofern eine Veränderung erfahren, als an Stelle des Herrn Architekten Schnabel Herr Lehramts-Accessist Hönig trat. Auch diesmal hatten die in dem Lehrplane der Anstalt überwiegenden graphischen Unterrichtsfächer, sowie der Modellirunterricht ihre Vertretung in einer in dem zweiten Saale der Schule angeordneten Ausstellung von Zeichnungen, schriftlichen Arbeiten und Modellen gefunden, welche dem öffentlichen Besuche einige Tage offen stand. Diese Ausstellung sowohl, wie die mündliche Prüfung der Schüler, an welcher sich auch die Mitglieder der Großherzoglichen Centralstelle betheiligten, erwiesen, daß auch in dem vergangenen, dem 12. Jahrgange der Schule, die Bemühungen der Herrn Lehrer von erwünschtem Erfolge begleitet waren.

Zu dem Besuche des Unterrichtes hatten sich 86 Schüler angemeldet; 6 davon trafen nachträglich nicht ein, und 8 weitere mußten wegen Platzmangels zurückgestellt werden, sodaß der Cursus von 72 Schülern, 35 in der oberen und 37 in der unteren Abtheilung besucht wurde. Unter denselben befanden sich 49 aus Starkenburg (davon 18 aus Darmstadt), 14 aus Oberhessen, 6 aus Rheinhessen und 3 aus Rheinpreußen. Den Gewerben nach hatten sich eingefunden 25 Maurer, 3 Steinhauer, 7 Zimmerleute, 6 Schlosser, 8 Schreiner, 2 Mechaniker, 2 Mühlenbauer, 11 Weißbinder, Maler und Lackirer, 2 Dachdecker, 1 Glaser, 1 Ziegler, 1 Baueleve, 1 Geometergehülfe und 2 Zeichner. 45 davon besuchten die Anstalt zum ersten Male, 20 zum zweiten Male,

6 zum dritten Male und endlich 1 zum vierten Male. Der Unterricht, welcher während 4 Monaten vom 15. November 1887 bis 15. März 1888 gewährt hatte, umfaßte in wöchentlich 52 Unterrichtsstunden in der unteren Abtheilung 33 Stunden für Zeichnen und Modelliren, 19 Stunden für andere Lehrfächer, in der oberen dagegen 39 Stunden für Zeichnen und Modelliren und nur 13 für andere Fächer. Die Großherzogliche Centralstelle hofft, für den nächsten Cursus eine dritte Abtheilung hinzufügen und das Unterrichtsprogramm entsprechend erweitern zu können.

In dem an die Schüler gerichteten Schlußworte gedachte der Präsident der Großherzoglichen Centralstelle, Herr Geheimerath Fink, in ergreifender Weise des hingegangenen großen Kaisers, er erinnerte daran, wie er in Pflichttreue, Gewissenhaftigkeit und Strenge gegen sich selbst uns Allen ein leuchtendes Vorbild war, dessen Nacheiferung er den Schülern ans Herz legte, um dadurch zu dem innerlich befriedigenden Gefühle erfüllter Pflichten, wie auch zu einer gesicherten äußeren Stellung zu gelangen. Unter dem Eindrucke dieser Worte verabschiedeten sich die Schüler von ihren Lehrern und der Schule und war damit der diesjährige Cursus der Landesbaugewerkschule geschlossen.

Aus den Lokalgewerbvereinen.

Ober-Ingelheim. Auch für unsere Lokalgewerbvereinsmitglieder, sowie für Alle, welche sich dafür interessirten, wurden in diesem Jahre zwei Vorträge abgehalten. Der erste am 29. Januar durch Herrn Dr. Dietz aus Gießen gehalten, handelte von der Kranken- und Unfallversicherung. Es wurden den Zuhörern alle bis jetzt darauf bezüglichen Gesetze nochmals vorgetragen und Manches zur besseren Verständlichkeit durch Beispiele erläutert und ebenso eine Anzahl der bis jetzt ergangenen gerichtlichen Entscheidungen mitgetheilt.

Der zweite Vortrag, durch Herrn Ingenieur Brockmann aus Offenbach am 4. März abgehalten, behandelte die verschiedenen Fettarten, besonders aber das Vaselin und seine technische Verwendung.

Redner führte aus, daß die im gewerblichen Leben gebräuchlichen Fettarten, als Oel, Schmalz, Butter, Talg rc. mehr oder minder dem Verderben ausgesetzt sind, weil sie Keime einer bald ausbrechenden inneren Zersetzung in sich tragen. Mit atmosphärischer Luft in Verbindung gebracht, entwickeln sich in ihnen Fettsäuren, welche das Ranzigwerden, d. h. die Oxydation herbei führen und dadurch ihre Verwendung stark beeinträchtigen. Vaselin hilft diesem Uebelstande ab. Es ist ein Produkt rein mineralischen Ursprungs, welches aus den Rückständen der Petroleumraffinerien gewonnen wird. Je nach dem Grade der Reinigung erhält man verschiedene Oele. Redner zeigt die verschiedensten Präparate vom Rohprodukt bis zum wasserhellen Oele vor. Die Oele, mit Erdwachs oder Paraffin in Verbindung gebracht, liefern die verschiedenen Vaselin-Fette, Lederfett, Waffenfett rc. Redner zeigt auch die verschiedenen Fette vor, welche von der Fabrik Carl Hellfrisch in Offenbach zur Verfügung gestellt waren und erläuterte durch Versuche ihr Verhalten zu Wasser, Aether, Benzol und Schwefelsäure. Vaselin ist ein vorzügliches Mittel, um Metalle vor Rost zu schützen. Da es selbst bei hohem Kältegrad nicht gefriert, ist es auch für manche Maschinen ausgezeichnet. Redner erinnert an die Feuerspritzen, die oft lange stehen müssen und bei denen es vorkommen kann, daß im Winter Kolben und Ventile einfrieren. Durch Vaselin wird diesem vorgebeugt. Als Lederfett hat sich Vaselin gut bewährt und soll den höchsten Anforderungen genügen. Beide Vorträge waren sehr gut besucht und wurden von den Zuhörern mit großer Spannung verfolgt und allgemein wurde der Wunsch ausgesprochen, auch für nächsten Winter ähnliche Vorträge abhalten zu lassen. St.

Pfungstadt. Am 1. März hielt Herr Dr. Sonne aus Darmstadt in unserem Verein einen recht interessanten und lehrreichen Vortrag über: „Conservirung von Nahrungs- und Genußmittel“.

Nachdem der Herr Vortragende einleitungsweise über den großen Werth der Haltbarmachung von Lebensmittel gesprochen, ging er speciell auf die Conservirung von Fleisch, Eier, Milch, Gemüsen und Früchten über. Er besprach in längerem Vortrage und in eingehender Weise die Methode der Conservirung der verschiedenen Nahrungsmittel, die Behandlung derselben bei der Conservirung, die Gewürze ꝛc., welche zur Haltbarmachung erforderlich sind, die Aufbewahrung der conservirten Nahrungsmittel, sowie die allgemeinen Vortheile, welche durch die Conservirung derselben erreicht werden. Die Anwesenden, unter welchen sich auch mehrere Damen befanden, folgten mit sichtlichem Interesse dem lehrreichen Vortrage und stimmten dem Danke, welchen der Schriftführer Steueraufseher Kling dem Redner darbrachte, durch Erheben von den Sitzen freudig zu.

Sonntag den 4. März, Nachmittags 3 Uhr fand in dem Schullokal der hiesigen Handwerkerschule die Vertheilung der Prämien, welche den Schülern bei der am 8. Januar stattgefundenen Prüfung der Zeichnungen durch eine Commission unter dem Vorsitze des General-Sekretärs Herrn Dr. Hesse zuerkannt worden waren, nach den bei dieser Prüfung ertheilten Noten statt. In Verhinderung der beiden Vorsitzenden sprach der Schriftführer Steueraufseher Kling bei Uebergabe der Prämien — welche gleich wie in früheren Jahren aus Büchern, Farben, Reißzeugen, überhaupt aus Gegenständen bestanden, welche sich als Zeichenmaterialien oder für den Beruf eignen — die Erwartung aus, „die Prämien möchten zum fleißigen Besuch der Schule und regerem Eifer anspornen“. Der Vorstand hoffe und erwarte von den Schülern, daß sie sich beeifern würden, damit bei der nächsten Prüfung der Zeichnungen die Prüfungscommission in die Lage versetzt würde, bessere Noten als diesmal vertheilen zu können. K.

Bad-Nauheim. Auch in unserm vielbesuchten Badeorte hat sich nunmehr Dank des Eifers einzelner Persönlichkeiten ein Lokalgewerbverein gebildet. In der am 17. März abgehaltenen constituirenden Versammlung wurde nach Begrüßung der Anwesenden ein Vortrag über die Grundgedanken des Vereins gehalten, dessen Inhalt nach dem „W. A.“ ungefähr folgender war:

„Gewerbvereine müssen Maschinen, Kapital und Concurrenz hochschätzen, weil dieselben der Gesammtheit viel mehr Nutzen als Schaden bringen. Diesen zu vermindern, jenen (den Nutzen) zu erhöhen, dies ist die Aufgabe eines jeden arbeitenden Menschen. Kann hierbei die Vereinsthätigkeit empfohlen werden? Das ist unsere Frage. Wir müssen dieselbe bejahen. Wie ein Chorgesang, so ist auch der Beschluß eines Vereins wirkungsvoller als eine einzelne Stimme. Aehnlich ist es mit jeder andern Vereinsthätigkeit. Wir sehen dieses an den Vorschuß- und Creditvereinen, die im wirthschaftlichen Leben mächtig und unentbehrlich geworden sind. Bei diesen Genossenschaften vereinigen die Mitglieder ihren Credit. Derselbe beruht nicht allein auf Geld und Gut, sondern auch auf persönlichen Eigenschaften. Ein Mann mit wirthschaftlichen und sittlichen Tugenden genießt viel Credit, ein Mann mit schlechten wirthschaftlichen und sittlichen Eigenschaften verliert allen Credit, alles Vertrauen. Ein Gewerbverein will die guten wirthschaftlichen und sittlichen Eigenschaften fördern. Für den Handwerker gibt es keine besseren Eigenschaften als Tüchtigkeit und Fleiß in der Werkstatt. Hierfür sind die Volksschulen nur Vorbereitungsschulen, die Handwerkerschulen aber sind Hilfsschulen: sie helfen dem Meister den Lehrling heranbilden, daß er ein Meister werde. Also sind Hilfsschulen und Handwerksmeister für's Lehren und Lernen gleich wichtig. Zu Folge dieser Thatsache sehen die Gewerbvereine ihre Hauptaufgabe darin, den Werkstätten die Hilfsschulen nahe zu stellen. Was lehren diese Schulen? Zunächst Zeichnen. Nicht nur die Bauhandwerker, sondern auch Schuhmacher, Sattler, Schneider, Wagner, Drechsler, Schmiede, Buchbinder, Tapezierer, Weber, Feinbäcker, sie alle müssen zeichnen, ihre Ideen zu Papier bringen können.

Ferner werden gelehrt und geübt: Modelliren, Rechnen, Materialienkunde, die schriftlichen Arbeiten im Geschäftsleben, Buchführung ꝛc. Letztere, die Buchführung, ist das Gewissen eines Geschäfts, dennoch fehlt sie oft oder ist mangelhaft. Kurz, lernen und immer weiter lernen muß Jeder, der nicht zurückbleiben will. Für die Industrie zumal gibt es, dank der Concurrenz, keinen Stillstand. In der sehr erschwerten Concurrenz den Industriellen beizustehen, sind die Regierungen aller Culturstaaten bemüht. Es gibt aber nach der Erfahrung keine bessere Staatshilfe als mit Schulen. In Hessen sind nahezu 100 Handwerkerschulen thätig, nämlich: Sonntagszeichenschulen, Werktagsabendschulen, erweiterte Handwerkerschulen, Kunstgewerbeschulen und eine Landesbaugewerkschule, die zusammen von ca. 5000 Schülern besucht werden. Der Staat leistet für diese Schulen einen Beitrag von 40000 Mark jährlich.

Nicht nur mit Schulen, sondern auch auf andere Weise ist der Landesgewerbverein durch seine Centralstelle behilflich. Diese Behörde gibt auch Auskunft, Gutachten, Belehrung, Rathschläge; sie unterhält Sammlungen von Büchern, Zeichnungen, Modellen, Werkzeugen 2c.

Ferner redigirt die Centralstelle das Gewerbeblatt, wovon jedes Vereins-Mitglied ein Exemplar unentgeltlich erhält. Der Centralstelle mit einem Präsidenten, einem Generalsecretär und anderen Beamten ist ein Ausschuß zur Seite gestellt, welcher zusammengesetzt ist: 1) aus 48 Mitgliedern, die von zwei zu zwei Jahren von einer jährlich abzuhaltenden Generalversammlung zu wählen sind und 2) aus den zeitigen Vorständen der Lokalgewerbvereine, über 40 an der Zahl. Regelmäßige Aufgabe des Ausschusses ist, die Angelegenheiten des Landesvereins und den Voranschlag zu berathen; auch werden demselben wichtige, das industrielle Leben in Hessen oder im Reich berührende Fragen von der Regierung zur Meinungsäußerung vorgelegt. Es ist also dieser Ausschuß gleichsam das Gewerbeparlament für Hessen.

Nach Bezeichnung der hohen und mannichfaltigen Aufgaben der Gewerbvereine im Allgemeinen, ist es uns ein Leichtes, die Frage zu beantworten: was will ein Lokalgewerbverein zu Bad-Nauheim? Wir könnten nämlich diese Frage kurz so beantworten: Ein Lokalgewerbverein will in seiner Heimath Das ausführen, was ein Landesgewerbverein im ganzen Lande ausrichtet, zunächst also Handwerkerschulen ins Leben rufen und fortführen. In dieser Beziehung gewähren uns die kleinen Orte Altenstadt und Urberach in der Nähe nachahmenswerthe Vorbilder. Unter allen Umständen müssen auch den hiesigen Werkstätten die Schulen näher gestellt werden, damit die Lehrlinge besser mit der Feder und dem Griffel umgehen und auch die Buchführung lernen können. Die hiesigen Handwerksmeister sind verpflichtet und berechtigt, diese Schulhilfe zu fordern.

Einen gewissen Werth können wir auch legen auf die Versammlungen, die der Verein regelmäßig an einem bestimmten Tage monatlich abzuhalten hat. Da sollen sich die Vereinsmitglieder aussprechen und verstehen lernen und sich gegenseitig belehren über technische, gewerbliche Fragen, wozu das Gewerbeblatt und sonstige Schriftstücke Anleitung gewähren, alles unter den Augen des leitenden Vorstandes. Dabei werden die Vereinsmitglieder unversehens duldsamer und freundlich zu einander, daß die Schärfe der Concurrenz sich mildert in heilsamer Wirkung, vorkommenden Falls gewiß auch auf Submissionen. Den sich bildenden Innungen gegenüber werden hier und da die Lokalgewerbvereine für überflüssig erklärt. Mit der Zeit aber wird eine entgegengesetzte Meinung sich bilden; denn die Innungen scheiden die Industriellen nach Handwerken, während die Lokalgewerbvereine alle Handwerker eines Ortes verbinden.

Nun noch ein Schlußwort des Vortrags: Der hiesige Lokalgewerbverein bewirkt, daß in dem Ausschuß des Landesgewerbvereins, in diesem Gewerbeparlament Hessens, wo Bad-Nauheim seither fehlte, dieses künftig vertreten sein wird. In dieser Vereinigung mitzuzählen, ist aber angemessen für eine Badestadt, die, baulustig und hoffnungsreich, bemüht ist, ihren Ruf zu vergrößern. Wir dürfen es darum wiederholt aussprechen: Der Lokalgewerbverein verdient das Wohlwollen der ganzen Einwohnerschaft unserer Stadt. Theilweise versagt man ihm dasselbe. Doch er wird noch manchen Widerwilligen belehren und das Wohlwollen Aller sich erwerben. Dies wünschen wir dem Verein."

Die Versammlung gab ihre Zustimmung für die vorbezeichneten Grundgedanken zu erkennen.

Als Musterstatut hatte die Centralstelle der Gewerbvereine die Statuten des Vereins in Büdingen, die kurz und bündig sind, empfohlen. Die Versammlung nahm darum den hiernach ausgeführten Entwurf einstimmig an. Hierauf erfolgten noch Beitrittserklärungen von 5 Anwesenden. Der Verein hat nun 49 Mitglieder. Nachdem deren Namen verlesen worden waren, erfolgte die Wahl des Vereinsvorstandes. Es wurden folgende Herren gewählt: Werkmeister Sturmfels, Oberlehrer Volk, Schmiedemeister Stoll, Schreinermeister Krug, Spenglermeister Jak. Knieriem, Salinenrentmeister Nebhuth, Schlossermeister Knipp, Kaufmann Müller und Kaufmann Staudt.

Es hat der Vorstand seine Aemter am 19. bereits besetzt, nämlich: Sturmfels, Präsident; Volk, Vicepräsident; Müller, Secretär; Knipp, Rechner.

Der Lokalgewerbverein tritt vom 1. April 1888 an in's Leben. Seine Monatsversammlungen sollen immer, Abends 8 Uhr beginnend, am letzten Samstag eines jeden Monats stattfinden. Wegen der Osterwoche findet die erste Versammlung am 28. April statt. Inzwischen beginnt der Vorstand seine Thätigkeit, insbesondere mit Anschluß des hiesigen Vereins an den Landesgewerbverein.

Möchte nun alles wohl gelingen, was der Verein zur Hebung des Handwerks unternimmt! v.

Friedberg. Am 19. März fand der 5. Unterrichtscursus der erweiterten Handwerkerschule zu Friedberg durch eine öffentliche, von zahlreichen Freunden der Schule besuchte Prüfung in gewohnter Weise seinen Abschluß. Die graphischen Leistungen, sowie die Modellirarbeiten waren zu einer Ausstellung vereinigt, welche, die beiden geräumigen Sääle beinahe ganz ausfüllend, Zeugniß ablegte von dem Eifer, mit welchem Lehrer und Schüler ihrer Arbeit obgelegen hatten.

Die mündliche Prüfung, zu welcher für die Großherzogliche Centralstelle für die Gewerbe und den Landesgewerbverein deren Generalsekretär, Herr Dr. Hesse, erschienen war, wurde eröffnet durch Herrn Architekten Bronner, dem Hauptlehrer der Schule, und erstreckte sich zunächst auf algebraisches und geometrisches Rechnen, Baumaterialienkunde und Bauconstructionslehre. Im Anschlusse hieran prüfte Herr Lehrer Müller in klarer und sicherer Weise über Mechanik, insbesondere die Gesetze des Hebels. Die Antworten der Schüler waren in allen Fächern ist durchweg befriedigend; überhaupt verdienen die in Ausstellung und Prüfung hervorgetretenen Leistungen der Schule gebührende Anerkennung. Nach einigen Worten des Generalsekretärs, mit welchen derselbe die Schüler auf das Vorbild unseres großen, heimgegangenen Kaisers hinwies, wandte sich der Vorsitzende des Lokalgewerbvereins Friedberg, Herr Hofdekorationsmaler Hieronimus, in einer warmen Ansprache zunächst an die Schüler, indem er dieselben zu immer weiterem Streben nach allseitiger Ausbildung ermahnte; den Herrn Lehrern, sowie alle denjenigen, welche die Schule mit Rath und That unterstützten, sprach er den Dank des Lokalgewerbvereins und dessen Vorstandes aus.

Die Prämiirung einzelner besonders tüchtiger Schüler (Gries, Staubi, Braun, Scheuermann), sowie die Vertheilung der Abgangszeugnisse beschloß die Prüfung der erweiterten Handwerkerschule; diejenige der übrigen Curse der Handwerkerschule erfolgte am Abend desselben Tages in einem anderen Lokale und erstreckte sich auf Rechnen, Geometrie, Naturlehre und Baumaterialienkunde. Auch hiermit war eine Auszeichnung einzelner Schüler aus der Werktags-Abendschule, sowie der Sonntagszeichenschule verbunden.

Das Wintersemester war am 31. October 1887 begonnen worden. Die erweiterte Handwerkerschule wurde von 22 Schülern, darunter 13 neu eingetretenen, besucht. 10 derselben waren aus Friedberg selbst, die Uebrigen aus der Umgegend. An dem Unterrichte in der Werktagsabendschule nahmen 30 Schüler, 18 in der oberen und 12 in der unteren Abtheilung, Antheil, während im Ganzen, incl. Sonntagszeichenschule ungefähr 115 Schüler vorhanden waren. Das Lehrerpersonal war im Wesentlichen dasselbe; an Stelle des an der Abendschule und erweiterten Handwerkerschule thätig gewesenen Hülfslehrers, Herrn Kredel, ist Herr Lehrer Müller getreten.

Büdingen. Am 21. März l. J. schloß der Unterrichtskursus 1887—88 der erweiterten Handwerkerschule mit einer öffentlichen Prüfung der Schüler, zu welcher der Präsident der Großherzoglichen Centralstelle für die Gewerbe und den Landesgewerbverein, Herr Geheimerath Fink, aus Darmstadt erschienen war. — Die erweiterte Handwerkerschule zu Büdingen besteht gegenwärtig aus drei Abtheilungen, nämlich: A. Tagesschule mit Unterricht an den Wochentagen während der Zeit von Anfang November bis Ende März des folgenden Jahres. Es betheiligten sich am letzten Kursus derselben 21 Schüler, 8 von Büdingen und 13 aus umliegenden Ortschaften. Den Gewerben nach waren es 3 Maurer, 4 Zimmerleute, 2 Steinhauer, 5 Tüncher und Weißbinder, 2 Schreiner, 1 Schlosser, 1 Schmied, 2 Gärtner und 1 noch ohne Gewerbe. Diese Schüler waren, ihren Vorkenntnissen entsprechend, auf 2 Klassen vertheilt mit je 9 und 12 Schülern. B. Abendschule mit Zeichenunterricht an den Sonntagen. 12 Schüler; Unterricht während des ganzen Jahrs; 3 Schüler von Büdingen und 9 aus umliegenden Ortschaften;

darunter 5 Schlosser, 2 Schreiner, 2 Wagner, je 1 Gärtner, Geometer und Buchbinder. C. Sonntags-Zeichenschule. 28 Schüler; 6 aus Büdingen, 22 aus umliegenden Ortschaften; darunter 6 Maurer, 3 Zimmerleute, 1 Steinhauer, 8 Schreiner, 6 Schlosser, 2 Weißbinder, 1 Wagner und 1 Schneider. — Hauptunterrichtsgegenstände in der Tages- und in der Sonntags-Schule bilden: geometrische Constructionen, Freihandzeichnen, darstellende Geometrie und gewerbliches Fachzeichnen. Weitere Unterrichtsgegenstände sind: Rechnen, Flächen- und Körperberechnungen, deutscher Aufsatz, Buchführung, Mechanik, Bauconstructionslehre, Baumaterialienkunde. — Ein Theil der von den Schülern gefertigten Zeichnungen war auf Rahmen gespannt im Prüfungslokal (Rathhaussaal) ausgestellt. Die anderen Zeichnungen und die Schülerhefte aus den verschiedenen Lehrfächern waren zur Einsicht aufgelegt. Von verschiedenen Schülern waren auch selbstgefertigte Modelle in Holz und Gyps ausgestellt, welche von denselben in deren Werkstätten, nach in der Schule gefertigten Zeichnungen, ausgeführt worden waren. Den Modellirunterricht in die Schule selbst zu verlegen, konnte bis jetzt, wegen Mangel eines geeigneten Lokals, noch nicht ermöglicht werden. — Die vorgelegten Schülerarbeiten befriedigten in hohem Grade und ließen erkennen, daß es sich hier nicht um Copien nach Vorlagen, sondern um sachgemäße Durcharbeitung bestimmter Aufgaben handelt. Einer Seitens der Großherzoglichen Centralstelle für die Gewerbe gegebenen Anregung folgend, hat Herr Architekt Wenck, der Hauptlehrer der erweiterten Handwerkerschule, insbesondere auch die darstellende Geometrie nach gewählten Aufgaben aus den betreffenden Gewerben der Schüler in sehr anzuerkennender Weise praktisch nutzbar und für die Schüler anziehend zu machen verstanden. — Die mündlichen Prüfungen des Lehrers Herrn Wenck erstreckten sich nach und nach auf Arithmetik und Geometrie, Mechanik, Bauconstructionslehre, darstellende Geometrie und Perspektive. Die weiter vorgesehene Prüfung in der Baumaterialienkunde mußte, in Rücksicht auf die vorgeschrittene Zeit, unterbleiben. Herr Lehrer Freimann prüfte in Buchführung. Die Prüfungen beider Lehrer bethätigten zweckmäßige Unterrichtsmethoden und zeigten, daß die Schüler gut geschult und geübt worden sind. Letzteres kam insbesondere auch dadurch zum Ausdruck, daß Geheimerath Fink inmitten eines zur Prüfung gestellten Lehrfaches wiederholt eingriff, selbst die Fragestellungen übernahm und praktische Aufgaben zur Besprechung und Lösung stellte. Hierdurch wurde bekundet, daß die Antworten der Schüler nicht auf mechanisch Eingelerntem und Auswendiglernen basirten, sondern das Resultat wohlgeleiteten Unterrichts waren. — Am Schluß der Prüfung sprach der Vorsitzende des Lokalgewerbvereins, Herr Gemeindebaumeister Muth, Seiner Durchlaucht dem Prinzen Alfred von Ysenburg und Büdingen, dem Präsidenten der Großh. Centralstelle für die Gewerbe, dem Großh. Bürgermeister und den anderen Herrn, welche zum Prüfungsakt erschienen waren, den Dank des Lokalgewerbvereins aus. Herr Architekt Wenck trug seinen Rechenschaftsbericht über das abgelaufene Schuljahr vor, verlas die Schüler, welche sich besonders ausgezeichnet haben und bezeichnete noch kurz die Ziele der Anstalt, sowie die Bedeutung des Zeichnens für alle Gewerbetreibende. Schließlich sprach Geheimerath Fink seine Befriedigung über die Leistungen der Schüler aus und richtete an dieselben Worte der Ermahnung und der Aneiferung für ferneres Streben nach gewerblicher Ausbildung in Werkstätte und Handwerkerschule.

Litteratur.

Nachweisungen der im Deutschen Reiche gesetzlich geschützten Waarenzeichen. Herausgegeben im Auftrage des Reichsamts des Innern. P. Stankiewicz'sche Buchdruckerei, Berlin, S. W. Beuthstraße 5.

Von dem von uns bereits in Nr. 32 des vorjährigen „Anzeigers" besprochenen Werke liegt nunmehr ein Band, Band II, welcher zufolge höherer Bestimmung zuerst fertig gestellt wurde, vor. Da die Betheiligung an der Subscription noch immer nicht der Bedeutung des Unternehmens entspricht, so verfehlen wir nicht, Industrielle und Kaufleute nochmals auf dieses für ihre Interessen so hochwichtige Werk aufmerksam zu machen.

Redacteur Dr. Hesse. — Druck von Heinrich Brill.
In Commission bei L. Brill in Darmstadt.

Gewerbeblatt

für das

Großherzogthum Hessen.

Zeitschrift des Landesgewerbvereins.

Erscheint wöchentlich. Auflage 4500. Anzeigen für die durchgehende Petitzeile oder deren Raum bei ein- und zweimaliger Aufnahme 30 Pf., bei drei- und mehrmaliger Aufnahme 25 Pf.

№ 15. April 1888.

Gefahren des Füllofenfeuerns über Nacht.

Prof. Dr. Meidinger hat diesem Gegenstand in der „Badischen Gewerbezeitung" einen längeren Artikel gewidmet, in welchem er auf die Gefahren hinweist, welche unter Umständen durch nächtliches Ausströmen der Füllöfengase in die Wohnungen entstehen können. Er empfiehlt dagegen im Allgemeinen nachstehende Maßnahmen, durch welche bei gegebenen Verhältnissen dem Ausströmen der Ofengase in die Wohnungen vorgebeugt werden kann.

a. Bezüglich der Räume, in denen ein geheizter Ofen steht.

1. So lange das Feuer stark brennt, bezw. der Ofen sehr heiß erscheint, ist ein Ausströmen der Gase in das Zimmer unmöglich; es müßte denn sein, daß oberhalb des Feuers der innere Ofenraum mit der Zimmerluft durch eine große Oeffnung in Verbindung ist, indem z. B. eine Thür oder Klappe nach vorausgegangenem Füllen des Ofens mit Brennstoff nicht wieder geschlossen wurde — in diesem Falle würde sich jedoch der Zimmerraum sehr schnell mit Rauch oder übelriechenden Dämpfen erfüllen.

2. Bei gleichmäßiger Witterung, gleichgiltig ob der Thermometer unter oder über dem Gefrierpunkt steht, ist ein Ausströmen der Ofengase nicht zu befürchten. Beobachtet man bei steigender Lufttemperatur ein Nachlassen des Feuers, so empfiehlt es sich, die Mittel in Anwendung zu bringen, durch welche das Feuer überhaupt verstärkt wird, also ins-

besondere die Zugöffnung unterhalb des Feuers zu vergrößern; bei den Amerikaner-Oefen auch, die Verbrennungsprodukte von dem glühenden Brennstoff weg unmittelbar in's Kamin einströmen zu lassen, um auf diese Weise das Kamin rasch zu erwärmen. Wenn in dasselbe während einiger Stunden heiße Gase einziehen (Kennzeichen genügenden Hitzegrades: das Rauchrohr darf sich mit der Hand nicht angreifen lassen), so ist jede Gefahr vorüber und der Ofen kann wieder in seinen früheren Zustand versetzt werden. Sollte unter solchen Umständen das betreffende Lokal zu warm werden, so kann man durch Oeffnen eines oberen Fensterflügels oder der Thüre eines Seitenzimmers abhelfen.

3. Bei Anwendung von Oefen, deren Füllraum oben nicht nach dem Kamin (bezw. Rauchrohr) hinführt, wie bei den Amerikaner-Oefen, muß für einen stets guten Verschluß der Füllöffnung Sorge getragen werden; jeder Schmutz (Kohlenklein oder Rost) zwischen Deckel und Ofenkranz ist zu entfernen. Bei Verbindung des Ofens mit einem Bogenrohr, das erst aufsteigt und dann an einer tieferen Stelle in das Kamin einmündet, ist bei schwachem Zug am oberen Rohrtheile Gelegenheit zum Ausströmen von Gasen gegeben. Das Rohr sollte deßhalb recht sorgfältig gedichtet sein. Bei Füllöfen wendet man übrigens diese Rohrform selten an.

b. **Bezüglich der Räume, die nicht geheizt sind:**

4. Besorgnisse wegen etwaigen Austretens von Ofengasen braucht man nur zu hegen bei Vorhandensein von mehreren Stockwerken gemeinsamen Kaminen. Wenn ein Stockwerk ein besonderes Kamin hat, mit welchem die Oefen mehrerer benachbarter Räume verbunden sind, so ist die Möglichkeit, daß die in einem Ofen erzeugten Gase durch den im Nachbarzimmer aufgestellten Ofen heraustreten, zwar nicht ausgeschlossen, aber doch nur wenig wahrscheinlich, sofern der Ofen in dauerndem Feuer steht; immerhin läßt sich das Verhalten leicht ausfindig machen. Wer in den oberen Stockwerken eines Hauses wohnt, wird wohl thun, sich nach der Beschaffenheit der Kamine zu erkundigen und ob, bei Vorhandensein gemeinsamer Kamine, in den unteren Stockwerken Füllöfen in dauerndem Feuer stehen.

5. Gefahren können nur eintreten bei rasch und stark steigender Lufttemperatur, sofern zugleich Windstille herrscht. Wind hat die Eigenschaft, beim Auftreffen auf die, richtig gestaltete, Kaminausmündung saugend zu wirken, Zug hervorzurufen oder zu verstärken; er wird einem etwaigen Niederdruck im Kamin in Folge von Temperaturdifferenz entgegenwirken. Wind kann unter Umständen allerdings auch in das Kamin eindringen und Rückzug erzeugen, sofern dessen Lage ungünstig oder die Beschaffenheit seiner Ausmündung fehlerhaft ist;*) dann kann man überhaupt ein Feuer dauernd nicht unterhalten.

6. Den Zustand eines Kamins in Bezug auf Zug erkennt man leicht und rasch, wenn man die Feuerthüre eines Ofens öffnet und an den Schlitz seitlich eine brennende Kerze hält; schlägt die Flamme in das Innere des Ofens, so ist guter Zug vorhanden und ein Austritt

---

*) Siehe Bad. Gew.-Ztg. 1875, S. 13.

von Gasen einer andern Feuerung nicht zu besorgen; brennt die Flamme gerade in die Höhe oder schlägt sie nach dem Zimmer hin, so ist kein Zug oder es ist Rückzug vorhanden und das Austreten von Gasen möglich.

7. Der Gefahr des Austritts von Gasen beugt man vollständig vor, wenn man einige Stunden ein starkes Feuer, am besten mit Holz, in dem Ofen unterhält, durch welches die Kaminwände rasch erwärmt werden.

8. Wenn man in einem Schlafzimmer oder in einem anstoßenden mit jenem verbundenen Zimmer ein Fenster die Nacht über wenig offen hält, so wird auch im Falle des Ausströmens von Ofengasen die Gefahr einer Vergiftung nicht bestehen.

9. Thüren, Zug-Regulirungsvorrichtungen 2c. an den Oefen sollten immer geschlossen sein, wenn kein Feuer unterhalten wird; die Kaminwände werden weniger warm, wenn von nicht geheizten Oefen aus Luft in dieselben einzieht. In je höherer Temperatur wir aber die Kamine erhalten, um so geringer wird die Gefahr eines Niederdrucks in denselben bei Witterungswechsel sein. Aber dies Mittel kann im Allgemeinen nicht genügen, um das Austreten von Gasen aus dem Ofen heraus zu verhindern, am wenigsten bei Thonöfen und Amerikaner-Oefen.

10. Bei Schluß einer gut dichtenden Rohrklappe würden Gase aus dem Kamin nicht in den Ofen und aus demselben heraustreten können. Rohrklappen sind jedoch überhaupt verwerflich, theilweise verboten; zuweilen schließen sie übrigens auch nicht dicht und würden dann auch die hier erwünschte Wirkung nicht haben. Man könnte jedoch unmittelbar an der Ausmündung des Rohres ins Kamin in einer der Hand gewöhnlich nicht zugänglichen Höhe eine vollkommen dicht abschließende Vorrichtung an dem Rohr anbringen, die man nur beim Heizen des zugehörigen Ofens mit einem besonderen Schlüssel öffnen würde, für gewöhnlich aber verschlossen hielte; dieselbe müßte erst noch besonders konstruktiv ausgebildet werden, da man bis jetzt etwas Geeignetes nicht besitzt. Um dieser Einrichtung vollkommenes Vertrauen schenken zu dürfen, muß auch die Verbindung des Rohres mit dem Kamin sehr sorgfältig gedichtet sein; oft wird hierauf kein Werth gelegt. Da häufig ein Messingkranz über das Rohr an die Kaminwand gelegt ist, so entzieht sich die unvollständige Verkittung des Rohrs mit der Mauer dem Auge.

Zu unseren Abbildungen.

Zwei Gitter (siehe umstehende Seite) am Hause des Fabrikanten Weiß zu Eßlingen a. N. Beginn des 17. Jahrhunderts. Rundes Gitter am Melanchthon-Bau des vormaligen Hessischen Palais zu Frankfurt a. M. Ende des 16. Jahrhunderts. Nach der Natur aufgenommen von dem Großherzoglichen Kreisbaumeister C. Braun zu Erbach i. O.

Erwerbungen für die technische Mustersammlung.

(März 1888.)

Textilindustrie und Bekleidung.

Gewebemuster, Spitzen, Stickereien und Borten, 14 Nummern, erworben von Dr. K. Helbing in München.

Gewebemuster, 6 Nummern, erworben durch Herrn Hofmaler Kröh zu Darmstadt.

Werkzeuge, Leisten und Modelle für Schuhmacher. Von H. Franke, Schuhmachermeister und Leiter der Fachschule für

Schuhmacher in Artern i. Th. 1. Modellwinkel von Messing mit Centimeter- und Stichmaß-Eintheilung, sowie Transporteur; 2. Maßlade mit Centimeter-Eintheilung; 3. Streich- und Höhenmaß; 4. Faustmesser; 5. Kneipmesser, ein schmales, verstellbar; 6. Zuschneidmesser, ganz schmales; 7. Schärfmesser, schmales; 8. Knopflochzange; 9. Revolver-Lochzange; 10. Bogeneisen; 11. acht Paar Herren-Leisten, wobei vier Paar mit halbgeschliffener Spitze; 12. acht Stück Damen-Leisten; 13. zwei Stück Kinder-Leisten; 14. Tabellen über Maße für alle Herren-, Damen- und Kinder-Arbeiten, für Längen von 12—30 cm und je 6 verschiedene Weiten; Separatabdruck aus dem Lehrbuch: Die Schuhmacherei von H. Franke, broschirt; 15. Musterschule, 60 Stück Modelle für Schnittmuster, vom kleinsten Ohrenschuh bis zum Wickelstiefel; 16. Ausschnittmodelle von Zink: drei Halbstiefelvordertheile, zwei desgl. Hintertheile, zwei Kropf- und ein Walkvorschuh und ein Kropfschaft; 17. Walkformen von Pappe zu Zugstiefeln, drei Paar, und ein Paar Hintertheile zu Halbstiefeln.

Holz-, Schnitz- und Flechtwaaren.

Metall-Intarsien. Darstellung der Technik der Zinn-Einlage-Arbeiten in Holz von A. Henke, K. K. Fachlehrer zu Villach in Kärnthen (Oesterreich). Vier Nummern. Vergl. Gewerbeblatt 1887, S. 182.

Litteratur: Prachtwerke, Photographieen, Zeichnungen, Musterbücher.

Caspar, Ludwig. Mustergültige Möbel des XV.—XVII. Jahrhunderts. Aus Kunstsammlungen, Schlössern und Privathäusern. Frankfurt a. M.

Javet. Dessin industriel. II. Série. Berlin, Paris, 1887.

Knochenhauer, Paul F. Niederländische Fliesen-Ornamente. Berlin, 1886.

Probedrucke autotypischer und zinkographischer Buchdruck-Clichés von G. Meisenbach und der Autotypen-Compagnie in München, Dachauerstraße 15. 14 Blätter. — Geschenk.

Walther, Conradin. Die Kunstschlosserei des XVI., XVII. und XVIII. Jahrhunderts. Eine Sammlung vorzüglicher schmiedeiserner Gegenstände aller Art. Stuttgart. 1.—8. Lieferung.

Verschiedene Mittheilungen.

Patente von im Großherzogthum Hessen wohnenden Erfindern.

Patent-Anmeldungen. Kl. 11, H. 7803. Bilderständer mit auswechselbaren Kulissen; C. H. Hammann in Offenbach a. M. — Kl. 21, W. 5031. Vorrichtung zum Anrufen einer beliebigen einzelnen Station in einer Reihe von elektrisch mit einander verbundenen Stationen; Dr. Weckerling in Friedberg. — Kl. 22, O. 1004. Neuerung in dem Verfahren zur Darstellung gelber basischer Farbstoffe der Phenylacridingruppe, genannt Benzoflavine; 3. Zusatz zur Anmeldung O. 948; K. Oehler in Offenbach a. M. — Kl. 42, G. 4683. Billet-Coupirzange; Gandenberger'sche Maschinenfabrik, Georg Göbel in Darmstadt, Schützenstraße 8.

Patent-Ertheilungen. Kl. 6, Nr. 43371. Wendeapparat für Malz u. dergl.; Fr. A. Hartmann in Offenbach a. M. Vom 15. Mai 1887 ab. — Kl. 77, Nr. 43141. Zweikufiger Schlittschuh; L. Knerr in Worms a. Rhein. Vom 8. März 1887 ab. — Kl. 87, Nr. 43036. Hebelplombirzange; Firma Gandenberger'sche Maschinenfabrik von Georg Göbel in Darmstadt, Schützenstraße 8. Vom 6. October 1887 ab.

Kraft- und Arbeitsmaschinen-Ausstellung in München 1888. Die Vorarbeiten für die vom 1. August bis 15. October dauernde Ausstellung machen erfreuliche Fortschritte. Auf ein Bittgesuch des Directoriums haben Se. Königl. Hoheit der Prinzregent allergnädigst zu genehmigen geruht, daß die im Programm vorgesehene Prämiirung auf Staatskosten und unter Leitung des kgl. Staatsministeriums des Innern vollzogen werde. Die näheren Bestimmungen hierüber werden vom kgl. Staatsministerium erlassen werden. Die Anmeldungen sind in den letzten Wochen sehr zahlreich eingelaufen, von vielen Seiten ist aber auch die Anregung eingekommen, bei der Kürze des Anmeldetermins denselben zu verlängern. In Folge dessen hat das Directorium die Anmeldefrist bis 15. April ausgedehnt, zugleich aber auch die Ausstellungsräumlichkeiten durch Anbringung von Gallerien erweitert. Die deutschen Bahnverwaltungen haben die frachtfreie Rückbeförderung unverkauft gebliebener Ausstellungsobjecte nunmehr definitiv genehmigt.

Unter den bisherigen Anmeldungen figuriren fast sämmtliche Systeme von Gasmotoren, sowie Arbeitsmaschinen für die verschiedenen Branchen; unter letzteren sind die hervorragendsten Firmen vertreten. Auch Werkzeuge der verschiedensten Art, insbesondere Neuheiten, sind zahlreich angemeldet, so daß schon nach den bisherigen Anmeldungen die Ausstellung ein umfassendes Bild von den Hilfsmitteln, welche die Fortschritte der Technik dem Handwerksbetriebe bieten, ergeben würde.

Eine japanesische Schlingpflanzen-Königin. Aus Japan wird jetzt ein neuer annueller Hopfen (Humulus japonicus) eingeführt, wohl die schönste aller bis jetzt zum Eingang gelangten, einjährigen, ungemein rasch wachsenden Schlingpflanzen, die zur schnellen Deckung von Einzäunungen, Veranden und Lauben ganz ohne Rivalen ist. Seine zahlreich verzweigten Triebe erreichen in kurzer Zeit die Höhe von 7 bis 8 Meter, reich bedeckt mit schön geformten Blättern, die von der Erde bis in die Spitze stets üppig grün bleiben und weder durch widriges Wetter noch durch Insekten irgendwie beeinträchtigt werden. Er empfiehlt sich ganz besonders durch seine außerordentlich leichte Cultur, da er im Frühjahr wie wohlriechende Wicken an Ort und Stelle in das Freie gesät werden kann. Im Sommer erscheinen die kleinen, zierlichen, wohlriechenden, dem Hopfen ganz ähnlichen Träubchen, die in unzähliger Menge wie kleine Glöckchen herunterhängen, ein entzückender, lieblicher Anblick! Auch zur Aussaat in Töpfe eignet sich der gedachte Hopfen, in überraschend schneller Weise überzieht er ganze Fenster mit dichtem Laub und wuchert ganze Stockwerke kräftig in die Höhe. Frischen Samen dieser interessanten Schlingpflanze mit genauer Kultur-Angabe versendet die Portion zu 60 Pf. und 1 Mark, sowie 10 andere interessante Sorten Schlingpflanzen von jeder 1 Portion für 2 Mark A. Fürst, Baumschulenbesitzer in Schmalhof. Post Vilshofen in Niederbayern.

Befestigung der Petroleumlampen. Nach der österreichischen Zeitschrift für Beleuchtungs-Industrie erhält man einen guten Kitt für die Befestigung der Glaskugel im Lampenfuß, wenn man in einem Blechlöffel ein Stückchen Alaun bis zum Schmelzen erhitzt, die geschmolzene Masse in den Lampenfuß gießt und die Glaskugel rasch hineindrückt, ehe der heiße Alaun wieder erhärtet, was sehr schnell geschieht.

Deutsche Industrie. In dieser Zeit des Hasses der Franzosen gegen alles, was Deutsch ist, und besonders der Auflehnung gegen die Einfuhr deutscher Fabrikate nach Frankreich darf es wohl als eine besondere Auszeichnung für die deutsche Industrie hervorgehoben werden, daß von französischer Seite bei der Instrumentenhandlung von A. W. Zimmermann in Darmstadt, nachdem dieselbe vor Kurzem ein Klavier nach Paris geliefert, eine größere Anzahl von Bestellungen gemacht worden ist unter ganz besonderer Anerkennung der Vorzüglichkeit des von der genannten Firma gelieferten Fabrikats. Es ist dieser Vorzug noch um so höher anzuschlagen, als die französische Industrie selbst auf dem in Rede stehenden Gebiete bekanntlich einen hohen Rang einnimmt. D. Z.

Deutsche Allgemeine Ausstellung für Unfallverhütung, Berlin 1889. Die Reichs- und Staatsbehörden, welche das Ausstellungsunternehmen fortdauernd zu fördern bestrebt bleiben, haben neuerdings auch die direkte Betheiligung an der Ausstellung Seitens der dem Reich und Staat unterstellten Betriebe *in Aussicht gestellt.*

Der Herr Staatsminister Maybach hat dem Vorstande sein bereitwilligstes Entgegenkommen auch bezüglich der Erfüllung einer Reihe weiterer Wünsche zugesichert. Die letzteren richteten sich insbesondere auf Frachtermäßigungen und die Zubilligung niedrigerer Eisenbahnfahrpreise an Arbeiter, welche die Ausstellung besuchen. Die eingegangenen Anmeldungen zur Ausstellung lassen darüber keinen Zweifel, daß die letztere den Character einer Industrie-Ausstellung im großen Stile annehmen wird. Man darf davon um so weniger überrascht sein, wenn man berücksichtigt, daß nicht nur Schutzvorrichtungen an sich, sondern vollständige Maschinen und Apparate mit Schutzvorrichtungen und zwar in den meisten Fällen in praktischer Anwendung, also im Betriebe, zur Vorführung gelangen werden. Auch die Frage wegen der Dauer der Ausstellung dürfte einer sehr erfreulichen Lösung entgegengeführt werden. Es wurden hier und da Befürchtungen laut, daß die Frühjahrsmonate April bis Juni sich der Beschickung und dem Besuch der Ausstellung nicht günstig erweisen würden. Diese Bedenken können als beseitigt angesehen werden, da aller Voraussicht nach auch noch der volle Monat Juli dem Ausstellungsunternehmen zur Verfügung gestellt werden wird. Unbemittelten oder geschäftlich nicht interessirten Ausstellern wird der Vorstand übrigens bezüglich Erlasses oder Ermäßigung der Platzmiethe nach Möglichkeit entgegenkommen. Der Schriftführer der Ausstellung, Herr Direktor Max Schlesinger in Berlin, Kochstraße 3, wird über alle Verhältnisse bereitwilligst Auskunft ertheilen. Der Schlußtermin zur Anmeldung für die Ausstellung ist der 1. Juli 1888.

Aus den Lokalgewerbvereinen.

Bensheim, 26. März. Der Vorstand des hiesigen Lokalgewerbvereins hat in den letzten vierzehn Tagen seinen Mitgliedern und den Freunden des Gewerbestandes drei im „Deutschen Hause" abgehaltene lehrreiche Vorträge geboten. Am 9. d. M. sprach Herr Professor Dr. Thiel aus Darmstadt. Derselbe wies zunächst die Wichtigkeit der Chemie für die Arzneikunde nach und zeigte an Beispielen, wie in der ersten Hälfte dieses Jahrhunderts die Darstellung einiger für die Heilkunde wichtigen Stoffe aus verschiedenen Pflanzen gelang. Hierauf wandte er sich dem Einflusse der Chemie auf das Groß- und Kleingewerbe zu und besprach dabei die Fabrikation der Stearinkerzen, des Dynamits, des Leuchtgases, des Rübenzuckers und der aus den Steinkohlen zu gewinnenden Produkte, besonders der jetzt beliebten Farbstoffe. Die im Dienste der Gewerbe stehende chemisch-technische Prüfungs- und Auskunfts-Station zu Darmstadt wurde hierauf nach ihrem Zwecke und der Art, wie sie ihre Aufgabe zu lösen bestrebt sei, beleuchtet und an einer Reihe von Beispielen nachgewiesen, welchen Dienst dieselbe dem Gewerbestand bei der Untersuchung von Rohstoffen und Produkten zu leisten vermag.

Herr Universitätsamtmann Dr. Dietz von Gießen behandelte am 16. d. M. „das Unfallversicherungsgesetz und die Krankenversorgung der Arbeiter" in übersichtlicher und klarer Weise. Mit sichtlichem Interesse folgten die Anwesenden dem Vortragenden, welcher den für den Gewerbestand so wichtigen Gegenstand nach allen Seiten beleuchtete.

Den dritten Vortrag hielt am 23. d. M. Herr Dr. W. Sonne aus Darmstadt. Nach einem Hinweis auf die großartigen Wasserwerke der Völker des Alterthums wurden die Eigenschaften eines guten Trinkwassers besprochen und mehrere Versuche vorgenommen, um die im natürlichen Wasser vorkommenden Stoffe nachzuweisen. Eine Untersuchung mehrerer Proben von Wasser aus der städtischen Leitung und einer solchen von Grundwasser aus einem durch Tiefbohrung hergestellten Pumpbrunnen ergab, daß das hiesige Wasser als ein recht gutes zu bezeichnen ist und daß dasselbe weder Chlor noch Ammoniak enthält. In eingehender Weise behandelte Redner die Verwendung des Wassers in der Technik und den Gewerben, wobei er besonders das bei dem Betrieb von Dampfmaschinen zur Verwendung kommende Wasser besprach und die Mittel zur Verhütung des nachtheiligen Kesselsteins angab. Ebenso wurde der Wasserversorgung größerer Städte mit gutem Trink- und Gebrauchswasser gedacht und dabei angegeben, in welcher Weise die Reinigung desselben zu geschehen pflegt.

Wie den vorhergehenden Rednern, so dankte Herr Commerzienrath G. Müller, Vorsitzender des hiesigen Lokalgewerbvereins, auch dem Herrn Dr. Sonne für den so belehrenden Vortrag, während die Zuhörer ihren Beifall durch lebhaften Applaus zu erkennen gaben.

B.

Eberstadt. Herr Ingenieur Brockmann aus Offenbach hielt am 7. März in unserm Vereinslokale einen Vortrag über Klein-Motoren, welcher von ca. 45 Personen besucht und recht beifällig aufgenommen wurde. Pf.

Langen. Am Nachmittage des Sonntags am 18. März sprach Herr Generalsecretär Dr. Hesse aus Darmstadt in unserem Lokalgewerbvereine über den Hausschwamm. Er besprach dabei sein Vorkommen, die Bedingungen seiner Existenz, das Verhalten der verschiedenen Holzarten zu demselben, einen etwaigen Einfluß der Fällzeit, um dann seine Entwicklung zu schildern, welche sich in zwei Stadien, in das der Entwicklung und das der Fruchtbildung, trennen läßt. Redner schilderte hierauf den Proceß der Zerstörung des Holzes durch denselben, soweit derselbe bis jetzt erforscht ist, und wies auf die Gefahren hin, welche durch Benutzung inficirten Holzes oder Bauschuttes, durch unrichtige Wahl der Materialien, durch die Verschleppung der Sporen durch die Arbeiter, durch die Verunreinigung von Neubauten u. s. w. für unsere Gebäude sowohl, wie für unsere Gesundheit hervorgerufen werden können. Der weitere Theil des Vortrages behandelte die Fragen: Wie schützen wir uns vor der Einwanderung des Pilzes in unsere Wohnungen und wie beseitigen wir vorhandene Schwammbildungen? Die Beantwortung dieser Fragen ließ sich in dem Satze zusammenfassen, daß wir dafür sorgen müssen, daß weder mit Pilzfäden oder Gewebe inficirtes Holz ꝛc., noch auch Sporen des Hausschwammes in irgend einer Weise in unsere Bauten hineingelangen können, und daß letztere, wenn sie durch irgend eine Veranlassung unseren Bauten zugeführt werden, hier keinen geeigneten Nährboden und stets trockene und gut ventilirte Räume vorfinden. Der Vortragende besprach dabei die natürlichen, den Eigenschaften des Hausschwamms entsprechenden Mittel, welche zu seiner Verhütung und Bekämpfung in Anwendung zu bringen sind, und welche durch keines der vielfach empfohlenen chemischen Mitteln ersetzt werden können. Der Vortrag schloß mit einer kurzen Besprechung und Characteristik der letzteren unter allgemeinem Beifall der zahlreichen Versammlung.

Vilbel. Auf Veranlassung und Kosten des Lokalgewerbvereins dahier hielt Herr Professor Dr. L. Büchner von Darmstadt am 8. Januar l. J. einen Vortrag über den „vorgeschichtlichen Menschen und das Alter des Menschengeschlechts auf der Erde“. Derselbe hatte ein zahlreiches Publikum aus allen Ständen herangelockt und wurde mit größter Aufmerksamkeit und außergewöhnlichem Interesse angehört.

Litteratur.

Die Buchhaltung in ihrem ganzen Umfange und ihren mannigfachen Formen. Von Wilhelm Röhrich.

I. Die Buchhaltung für Fabrikgeschäfte, dargestellt nach einfacher und doppelter Methode an einem zweimonatlichen Geschäftsgange einer Möbelfabrik. Von Wilhelm Röhrich, vormals Direktor der höheren Handelsschule zu Stuttgart. Geb. 2,50 Mk. G. A. Gloeckner, Leipzig.

Der Inhalt vorstehenden Werkes ergibt sich am besten aus den Ueberschriften der 7 Abschnitte, in welche es zerfällt: 1. Geschäfseigenthümer und Geschäft. 2. a) Das erste Inventar; b) Geschäftsvorfälle zweier Monate. 3. Buchungen nach der einfachen Buchhaltung (Kassabuch, Memorial und Hauptbuch). 4. Nebenbücher. Das 2. und 3. Inventar. 5. Die doppelte Buchführung in ihrem Wesen und im Vergleiche mit der einfachen. 6. Die Buchungen nach der doppelten Buchhaltung. 7. Weitere Bucheinrichtungen für beide Buchhaltungsarten. — Da die Darstellung durchaus klar und verständlich und die Ausstattung des Buches tadellos ist, dürfen wir dasselbe den betr. Kreisen angelegentlichst empfehlen.

II. Die Buchhaltung für Gewerbtreibende, dargestellt nach einfacher und doppelter Methode an einem einmonatlichen Geschäftsgange einer Glaserei. Nebst einem Anhange, Kalkulationen und Anschläge verschiedener Gewerbe, sowie die gebräuchlichsten Geschäftsformulare enthaltend. Bearb. von Direktor Gustav Wagner. 2. Aufl. Geh. 1,20 Mk.; geb. 1,80 Mk. G. A. Gloeckner, Leipzig.

Mit Genehmigung des Herrn Röhrich ist dieses Werk als 2. Heft dem obigen Sammelwerke, welches nach und nach vervollständigt werden wird, einverleibt worden, und können wir das oben Gesagte hierfür wiederholen.

Redacteur Dr. Hesse. — Druck von Heinrich Brill.
In Commission bei L. Brill in Darmstadt.

Gewerbeblatt

für das

Großherzogthum Hessen.

Zeitschrift des Landesgewerbvereins.

Erscheint wöchentlich. Auflage 4500. Anzeigen für die durchgehende Petitzeile oder deren Raum bei ein- und zweimaliger Aufnahme 30 Pf., bei drei- und mehrmaliger Aufnahme 25 Pf.

№ 16. April 1888.

Betheiligung des deutschen Kunstgewerbes an der im Sommer l. J. in Kopenhagen mit Unterstützung der Stadt und der dänischen Regierung stattfindenden „Nordischen landwirthschaftlichen Industrie- und Kunst-Ausstellung".

Es wird gewünscht, daß sich die hauptsächlichsten Industrieländer an dieser Ausstellung mit einer Auswahl hervorragender kunstgewerblicher Arbeiten betheiligen möchten. Das Ausstellungs-Comité hat daher für jeden dieser Staaten — auch für Deutschland — eine Fläche von circa 800 qm reservirt. — Platzmiethe wird von den Ausstellern nicht erhoben. — Herr Geheime Ober-Regierungsrath Lüders in Berlin ist veranlaßt worden, die Bildung eines Comités für die Beschickung der Kopenhagener Ausstellung aus Deutschland in die Hand zu nehmen. — Hervorragende Kunstgewerbetreibende, welche sich an der Ausstellung betheiligen wollen, sind ersucht, sich direkt mit Herrn Geh. Ober-Regierungsrath Lüders in Berlin in Benehmen zu setzen, und zwar sofort, weil die Kopenhagener Ausstellung bereits am 15. Mai l. J. eröffnet werden soll.

Gesetz,

betreffend die Abänderung des Gesetzes über den Verkehr mit blei- und zinkhaltigen Gegenständen vom 25. Juni 1887.

(Reichs-Gesetzbl. S. 273.)

Vom 22. März 1888.

Wir **Friedrich**, von Gottes Gnaden Deutscher Kaiser, König von Preußen ꝛc.

verordnen im Namen des Reichs, nach erfolgter Zustimmung des Bundesraths und des Reichstages, was folgt:

Die Vorschrift im §. 8 des Gesetzes, betreffend den Verkehr mit blei- und zinkhaltigen Gegenständen, vom 25. Juni 1887 (Reichs-Gesetzbl. S. 273) wird dahin abgeändert, daß die Bestimmungen im §. 4 Nr. 2, §. 6 desselben Gesetzes auf das Feilhalten und Verkaufen von Konserven erst vom 1. Oktober 1889 ab Anwendung finden.

Urkundlich unter Unserer Höchsteigenhändigen Unterschrift und beigedrucktem Kaiserlichen Insiegel.

Gegeben Charlottenburg, den 22. März 1888.

L. S. **Friedrich.**

von Boetticher.

Mittheilungen der chemischen Prüfungs- und Auskunfts-Station für die Gewerbe.

Ueber Obstsäfte und Obstweine

von Dr. W. Sonne.

Die Herstellung weinähnlicher Getränke aus Johannisbeer- und Stachelbeersäften in kleinem Maßstabe und für den eigenen Verbrauch ist von deutschen Gartenbesitzern schon seit langer Zeit betrieben worden. Seit einigen Jahren werden aber solche Weine auch in den Handel gebracht und es erscheint wohl berechtigt, auf diese Erzeugnisse empfehlend hinzuweisen, da es sich hierbei nicht darum handelt, unseren einheimischen Traubenweinen Concurrenz zu machen. Dagegen wird ein zunehmender Verbrauch von Beerenobstweinen allerdings den Absatz der Südweine verringern, welche aus Griechenland, Italien und Spanien bei uns eingeführt werden. Eine solche Bevorzugung einheimischer Getränke fremden gegenüber wäre indessen nur mit Freuden zu begrüßen, da nach dem Urtheile Dahlen's*) „der starke Johannisbeerwein bei richtiger Bereitung so gut ist, wie mancher sehr theure südländische Wein", und sich der Preis der Beerenobstweine jedenfalls erheblich niedriger stellt, wie der ihrer ausländischen Concurrenten. Von den Traubenweinen unterscheiden sich diese Weine dadurch, daß sie je nach ihrer Bereitungsart mehr oder weniger unvergohrenen Zucker und bedeutend mehr Alkohol enthalten. Selbst bei sorgfältigster Bereitung fehlt ihnen das Bouquet der besseren rheinhessischen oder rheingauer

*) Dahlen, die Weinbereitung S. 961.

Weine, da sich bouquetbildende Stoffe in größerer Menge wohl im Traubensafte, nicht aber im Johannisbeer- und Stachelbeersafte finden. Daher werden die Beerenobstweine stets nur als Frühstücks- und Nachtischweine genossen werden können.

Wie aus den nachstehend mitgetheilten Zahlen hervorgeht, enthalten die Beerenobstsäfte zu wenig Zucker und zu viel Säure, so daß sie ein nur wenig zusagendes Getränk liefern, wenn man sie für sich allein der Gährung überläßt. Es ist daher nöthig, die Säfte so weit mit Wasser zu verdünnen, daß der Säuregeschmack nicht mehr unangenehm hervortritt. Ferner muß durch Zusatz einer ganz erheblichen Menge Rohrzucker (Rübenzucker) dafür gesorgt werden, daß bei der Gährung der Wein einen hohen Alkoholgehalt erhält und doch noch Zucker genug unvergohren bleibt, um dem Getränke den Charakter eines Süßweines zu verleihen. Der Gehalt einiger Johannisbeer- und Stachelbeersäfte aus den Jahren 1886 und 1887 an Zucker (Traubenzucker) und Säure ergiebt sich aus nachstehender Zusammenstellung. Es ist dabei angenommen, daß die Säure als Aepfelsäure im Safte vorhanden sei, indessen sind, um den Vergleich mit Traubensaft zu ermöglichen, die für Aepfelsäure gefundenen Zahlen auch auf Weinsäure umgerechnet worden.

In 100 ccm Saft sind enthalten:

	Zucker	Aepfelsäure	entsprechend	Weinsäure
1886.				
1. Saft von rothen Johannisbeeren (Große rothe Frühbeeren)	4,61 gr	1,99 gr		2,23 gr
2. Saft von rothen Johannisbeeren (Mittelgroße späte Beeren)	6,99 gr	2,14 gr		2,40 gr
3. Saft von weißen Johannisbeeren	5,57 gr	1,83 gr		2,04 gr
1887.				
4. Saft von rothen Johannisbeeren	3,44 gr.	2,20 gr		2,46 gr
5. Saft von weißen Johannisbeeren	4,72 gr	1,96 gr		2,20 gr
1886.				
6. Saft von vollständig reifen Stachelbeeren	7,25 gr	1,39 gr		1,55 gr
7. Saft von nicht vollständig reifen Stachelbeeren	6,10 gr	1,67 gr		1,87 gr

Zum Vergleiche seien einige Säurebestimmungen im Traubenmost angeführt. Es enthielten 100 ccm Most von Rheingauer Rieslingtrauben im Jahre 1883: Thallage 0,95 gr, Höhenlage 1,09 gr Weinsäure, von einer anderen Rheingauer Traubensorte im Jahre 1884: 0,90 gr und von rheinhessischen Trauben im Jahre 1887: 1,12 gr Weinsäure. Der Beerenobstsaft enthält also im Durchschnitt etwa das Doppelte der im Traubenmost vorhandenen Säuremenge. — Die Johannisbeersäfte aus dem Jahre 1887 enthielten weniger Zucker und mehr Säure, wie die aus dem Jahre 1886. In der letzten Zeit der Reife nimmt der Zuckergehalt der Stachelbeeren bedeutend zu, der Säuregehalt dagegen ab.

Die Johannisbeer- und Stachelbeersäfte aus dem Jahre 1886 wurden mit Wasser und reinstem Rübenzucker in verschiedenen Verhältnissen versetzt. Da die Gährung sehr rasch verlief, die Weine bald klar wurden und sich auch beim Abfüllen in Flaschen als haltbar erwiesen, so konnten dieselben schon nach etwa 15 Monaten in den Handel gebracht werden. Nach dieser Zeit wurden sie analysirt. Die dabei erhaltenen Zahlen sind aus nachstehender Tabelle ersichtlich:

In 100 ccm sind enthalten:

	Specifisches Gewicht bei 15° C.	Alkohol	Extract	Mineral-stoffe	Säure (als Aepfelsäure berechnet)
1. Weißer Johannisbeerwein . .	1,0255	11,74 gr	11,06 gr	0,29 gr	1,01 gr
2. Rother Johannisbeerwein . . (Erste Sorte)	1,0277	9,95 gr	11,39 gr	0,21 gr	0,92 gr
3. Rother Johannisbeerwein . . (Zweite Sorte)	1,0611	9,37 gr	20,20 gr	0,39 gr	1,09 gr
4. Stachelbeerwein .	0,9971	12,30 gr	3,93 gr	0,21 gr	0,95 gr

Unter Berücksichtigung des Gehaltes der Weine an Zucker und Glycerin enthalten 100 ccm Wein:

	Zucker	Glycerin	Extractiv-Stoffe nach Abzug von Zucker u. Glycerin	Summe der im Extract vorhandenen Stoffe
1. Weißer Johannisbeerwein . .	8,37 gr	0,2254 gr	2,4646 gr	11,06 gr
2. Rother Johannisbeerwein . . (Erste Sorte)	9,09 gr	0,4034 gr	1,8966 gr	11,39 gr
3. Rother Johannisbeerwein . . (Zweite Sorte)	16,88 gr	0,2011 gr	3,1189 gr	20,20 gr
4. Stachelbeerwein .	1,89 gr	0,4561 gr	1,5839 gr	3,93 gr

Aus diesem Ergebnisse der Analyse folgt, daß der Stachelbeerwein nahezu vollständig vergohren ist, da derselbe nur noch etwa 2% Zucker enthält. Die Johannisbeerweine sind alle noch ziemlich stark zuckerhaltig, so daß erwartet werden kann, es werde der Zuckergehalt der Weine 1 bis 3 bei längerem Lagern im Fasse uud im erwärmten Keller noch theilweise verschwinden. Natürlich wird hierbei eine entsprechende Vermehrung des Alkoholgehaltes eintreten und sich so die Qualität der Weine noch verbessern.

Von dem richtigen Verhältnisse zwischen Wasser, Säure und Zucker hängt der gute Verlauf der Gährung bei Obstweinen in hohem Grade ab. Ein zu großer Zusatz von Zucker kann leicht gährungshemmend wirken, da im Obstsafte keineswegs so viel Gährungskeime vorhanden sind, wie im Traubensaft. Sehr beherzigenswerth erscheint daher der Vorschlag von Gräger,*) man solle auf einen Theil Saft einen Theil Wasser setzen und die beizufügende Zuckermenge, nach Bestimmung der Säure und des Zuckers im ursprünglichen Safte, berechnen und so gestalten, daß das Verhältniß von Säure und Zucker demjenigen in gutem Traubensafte möglichst nahe komme. Allerdings ist hierbei nicht

*) Obstweinkunde, S. 92.

der Säure- und Zuckergehalt von deutschen, sondern von spanischen oder süditalienischen Traubensäften der Berechnung zu Grunde zu leg n. — Aus der Thatsache, daß der mit Zucker und Wasser versetzte Stachelbeersaft schon nach wenig mehr wie einem Jahre fast vollständig vergohren war, während sich im Johannisbeersaft unter gleichen Verhältnissen noch viel unvergohrener Zucker nachweisen ließ, ist zu schließen, daß die Gährpilze im Stachelbeersaft einen weit günstigeren Boden für ihre Thätigkeit finden, wie im Johannisbeersaft. Es wird sich daher empfehlen, Mischungen von einem Theile Stachelbeersaft und zwei Theilen Johannisbeersaft unter Zusatz der nöthigen Mengen von Wasser und Zucker vergähren zu lassen, wodurch sich ohne Zweifel in verhältnißmäßig kurzer Zeit ein vollständig fertiger Obstwein erzeugen läßt.

Trotz der kurzen Zeit, welche nach Beendigung der Hauptgährung verflossen ist, unterscheiden sich die untersuchten Obstweine von anderen Weinen sehr vortheilhaft durch ihre außerordentlich große Haltbarkeit. In Anbruch genommene Flaschen können wochen- ja monatelang bei gewöhnlicher Zimmertemperatur aufbewahrt werden, ohne daß eine merkliche Veränderung des Geruches und Geschmackes der Weine zu bemerken ist. Kleine Reste von weißem Johannisbeerwein, sowie von Stachelbeerwein, welche sich in gewöhnlichen locker verschlossenen Weinflaschen befanden, waren nach vier Monaten noch vollständig trinkbar, dagegen war die dunkelrothe Farbe der beiden Sorten des rothen Johannisbeerweines nach dieser Zeit in Hellroth übergegangen und es hatten die Weine einen leichten bitteren Geschmack erhalten. Wenn sich also die Weine unter diesen sehr ungünstigen Verhältnissen schon so lange hielten, so folgt daraus mit Sicherheit, daß dieselben trotz ihrer Jugend schon jetzt unbedenklich in Flaschen abgefüllt, versendet und beliebig lange aufbewahrt werden können. Daß sie bei längerem Lagern von Jahr zu Jahr besser werden müssen, ist schon oben hervorgehoben worden.

Schließlich möge noch darauf hingewiesen werden, daß durch einen zunehmenden Verbrauch von Beerenobstweinen auch der Landwirthschaft ein nicht unbedeutender Vortheil erwachsen wird. Die Johannisbeere, welche sich nach Dahlen*) an vielen Orten, wo sonst keine Pflanze fortkommen kann, anbauen läßt, liefert mit sehr seltenen Ausnahmen jedes Jahr große Erträge, für welche sich zum Zwecke der Obstweinbereitung ohne Zweifel gute Preise erzielen lassen.

Die Bestimmungen der Mineralstoffe, des Extractes und des Zuckers in den Obstweinen sind von Herrn Dr. W. Fahrion ausgeführt worden.

Die vorstehenden Analysen wurden im Auftrage der bewährten Weinhandlung von W. Kleber in Darmstadt (Mathildenplatz) vorgenommen, welche die Herstellung von Beerenobstweinen im Großen im Jahre 1886 begonnen hat.

Darmstadt, April 1888.

---

*) Dahlen, die Weinbereitung, S. 961.

Entscheidungen des Reichsversicherungsamtes.

Der Unternehmer einer Ziegelei, welcher daneben Landwirthschaft und Pferdezucht treibt, verwendet seine 14 Gespanne und die zu ihrer Bedienung angenommenen Geschirrführer nach Bedarf in seinen verschiedenen Betrieben. Einer von diesen Geschirrführern wurde verletzt, indem er beim Einfahren von zwei jungen Pferden eigener Zucht unter den Wagen gerieth, und starb demnächst an den Verletzungen. Den von seiner Wittwe gegen die Ziegelei-Berufsgenossenschaft erhobene Entschädigungsanspruch hat das Reichs-Versicherungsamt durch Entscheidung vom 22. November v. Js. in Uebereinstimmung mit dem Schiedsgericht zurückgewiesen. Der Unfall ist nicht in der Ziegelei, sondern im Gehöft und bei einer Beschäftigung eingetreten, welche lediglich dem landwirthschaftlichen Betriebe des Unternehmers angehörte. Maßgebend für diese Entscheidung war nur das Verhältniß am Tage des Unfalls und nicht die Erwägung, ob das einzufahrende Gespann demnächst überwiegend in der Ziegelei oder in der Landwirthschaft benutzt werden sollte.

Ein Arbeiter war seit mehreren Tagen und an verschiedenen Orten bei einer gewerbsmäßig betriebenen Dampfdreschmaschine beschäftigt gewesen, als er von einem Unfall bei diesem Betriebe betroffen wurde. Der Geschäftsführer der Dreschmaschine hatte den Arbeiter auf den Gutshof mitgebracht und dem Unternehmer der Landwirthschaft erklärt, dieser Arbeiter hätte ihm stets bei der Maschine geholfen, er sei zuverlässig und brauchbar und beanspruche an Lohn täglich so und so viel. Infolge hiervon hatte der Gutsherr ohne Besprechung mit dem Arbeiter dessen Beschäftigung bei der Maschine stillschweigend genehmigt und denselben täglich direkt in der vom Geschäftsführer angegebenen Höhe gelohnt. In der Rekursentscheidung vom 22. Dezember v. J. hat das Reichs-Versicherungsamt ausgeführt, daß dieser Arbeiter nicht als in dem landwirthschaftlichen Betriebe des den Lohn unmittelbar auszahlenden Gutsherrn beschäftigt anzusehen sei, sondern vielmehr als ein versicherungspflichtiger Arbeiter des Dreschmaschinenbetriebes.

Ein Zimmermann war am Nachmittage eines ungewöhnlich heißen Sommertages nach mehrstündiger Arbeit in voller Sonnenhitze damit beschäftigt, auf einem Stapel Bretter stehend die einzelnen Bretter herunterzuschieben. Er war auch hierbei voll den Sonnenstrahlen ausgesetzt, während die Temperatur der ihn umgebenden Luft durch das Zurückstrahlen der Hitze von den in der Sonne lagernden Brettern aus noch gesteigert war. Während der Arbeit wurde er vom Hitzschlage betroffen und verstarb binnen Kurzem. Das Reichs-Versicherungsamt hat in seiner Sitzung vom 2. Januar d. J. in Uebereinstimmung mit dem Schiedsgericht hierin einen Betriebsunfall erblickt, und die Verurtheilung der betheiligten Berufsgenossenschaft zur Zahlung der gesetzlichen Renten an die Hinterbliebenen anerkannt.

Ein Anstreicher hatte bei Gelegenheit einer gewerblichen Beschäftigung im Hause eines Kunden seines Arbeitgebers auf Verlangen eines Dieners dieses Kunden eine Jalousie am Gewächshause aufziehen helfen und war dabei von einem Unfall betroffen. Nachdem der Verletzte wegen des angeblichen Zusammenhangs zwischen der von ihm verrichteten häuslichen Thätigkeit und dem Gewerbebetriebe seines Arbeitgebers einen Entschädigungsanspruch gegen die Berufsgenossenschaft des Arbeitgebers erhoben hatte, ist durch Rekursentscheidung des Reichs-Versicherungsamts vom 2. Januar d. J. dieser Anspruch in Uebereinstimmung

stimmung mit dem Schiedsgericht zurückgewiesen worden. Es kann dahingestellt bleiben, ob, in welchen Grenzen und unter welchen Voraussetzungen ein direkter Auftrag des klägerischen Arbeitgebers zur Vornahme der betreffenden Verrichtung geeignet gewesen wäre, jenen Zusammenhang herzustellen und damit die betreffende Arbeit zu einer versicherungspflichtigen Thätigkeit „im Betriebe" zu gestalten. Denn ein solcher Auftrag liegt hier nicht vor. Mag die Anweisung des Arbeitgebers dahin gelautet haben, wie Beklagte dies behauptet, Kläger solle sich eines höflichen und zuvorkommenden Benehmens den Kunden gegenüber befleißigen, oder dahin, wie Kläger behauptet, er solle alle kleinen Nebenverrichtungen, welche die Kunden etwa von ihm erforderten, ausführen: in beiden Fällen erscheint dieselbe derartig allgemein und unbestimmt gehalten, daß daraus keinesfalls der hier in Rede stehende Zusammenhang hergeleitet werden kann. Anderenfalls würde der Kreis der der Versicherungspflicht unterliegenden Arbeiten eines jeden Gewerbebetriebes ins Ungemessene erweitert werden, wenn die Begrenzung desselben nicht nur dem Ermessen des Gewerbetreibenden selbst, sondern dem jeweiligen Belieben seiner Kunden, oder gar — wie hier — der Dienerschaft der letzteren überlassen werden sollte.

Aus den Lokalgewerbvereinen.

[illegible]. Im Laufe der vergangenen Wintersaison wurden auch in unserem Lokalgewerbvereine zwei Vorträge gehalten, wozu auch wie seither Nicht-Vereinsmitglieder Einladungen erhalten hatten. Am 10. Februar sprach Herr Universitätsamtmann Dr. Dietz aus Gießen über die Kranken- und Unfallversicherung, am 1[illegible]. März Herr Ingenieur Brockmann aus Offenbach über Kleinmotoren.

Der Vortrag des Herrn Dr. Dietz war klar und verständlich und wurde von den zahlreich erschienenen Zuhörern mit großem Beifall aufgenommen. In der darauf folgenden Discussion wurden von verschiedenen Anwesenden Fragen an Herrn Dr. Dietz gerichtet, welcher dieselben bereitwilligst beantwortete.

Der Vortrag des Herrn Brockmann über Kleinmotoren war gleichfalls gut besucht. Herr Brockmann gab, nachdem er die große Bedeutung der Kleinmotoren für die Kleingewerbe hervorgehoben, eine Uebersicht derselben, erklärte und erläuterte durch Zeichnungen die Wassermotoren, Gasmotoren, Petroleummotoren und Heißluftmotoren und verglich deren Preise mit deren Leistungen. Die Zuhörer folgten diesem Vortrage mit sichtlichem Interesse und fand derselbe beifällige Aufnahme.

J.

[illegible]. Am 7. März fand im Vereinslokal eine gut besuchte Versammlung unseres Lokalgewerbvereins statt. Herr Ingenieur Brockmann aus Offenbach, der hier durch seine früheren Vorträge in sehr gutem Andenken steht, sprach über die „technische Verwendung der flüssigen Kohlensäure". -- Nach einem geschichtlichen Rückblick auf die Herstellung flüssiger Gase, speciell der Darstellung flüssiger und fester Kohlensäure wendete sich Redner zunächst zur Anwendung der flüssigen Kohlensäure zum Heben von Gegenständen aus dem Wasser, erläuterte die Fabrikation von [illegible] mittelst dieses Gases und demonstrirte einen Apparat zum Ausschank von Bier mittelst flüssiger Kohlensäure, wodurch die Luftpressionen vollständig entbehrlich werden. Bier kann mit Hülfe von Kohlensäure längere Wochen, ohne zu verderben, im Anstich bleiben und ist stets frisch und gut. Redner stellte feste Kohlensäure in kreideartigen Stücken dar, welcher Versuch mit höchstem Interesse beobachtet wurde; gefrorenes Quecksilber konnte herum gegeben werden und Eis war in wenigen Secunden dargestellt.

An [illegible] von Großh. Centralstelle in dankenswerther Weise zur Verfügung gestellten Modellmaschinchen erläuterte Redner die Verwendung der flüssigen Kohlensäure zum Betrieb von Maschinen. Leider ist der Preis dieser Betriebskraft so theuer, pro Stunde und Pferdekraft 4 Mark, daß an eine Verwendung für das Kleingewerbe nicht zu denken ist. Zur Herstellung von Mineralwasser und Schaumwein findet flüssige Kohlensäure ausgedehnteste Verwendung. Sie wird gebraucht zum Spunden von Bier, Abfüllen vom Mutterfaß und zum Klären. Die Kohlensäure findet überhaupt Verwendung zur Conservirung von Nahrungsmitteln, zur Eisfabrikation, zu Feuerlöschzwecken &c. Der von vielen Versuchen begleitete Vortrag fand den lebhaftesten Beifall, und sprach der Vorsitzende des Vereins, Herr Kromm, dem Redner den besten Dank aus. Es entstand nun noch eine kleine Discussion, an welcher sich außer dem Vortragenden Herr Dr. Stubenrauch und der Vorsitzende betheiligten, und schied man nach Schluß der Versammlung in dem Bewußtsein, einen belehrenden und angenehmen Abend verlebt zu haben.

Anzeigen.

Die Modellsammlung

eines seit 26 Jahren bestehenden, altrenommirten Bildhauer-Ateliers und Dekorationsgeschäftes ist wegen Erkrankung des Inhabers zu verkaufen.

Die Modelle von Gyps in bestem Zustande bestehen aus: **Reliefs, Medaillons, Kariatyden, Hermen, Garten-** und **Fontaine-Figuren, Säulen-** und **Pilaster-Kapitälen, Fries-, Brüstungs-, Füllungs-** und **Pilaster-Einsätzen, Cassetten, Metopen, Cartouchen, Akroterien, Consolen, Schlusssteinen,** verzierten **Gesimsen, Stäben** und **Gliederungen,** sowie **Rosetten, Balustres, Vasen** und **Postamenten** &c., und dienten zur Ausschmückung von **Façaden** und inneren Räumlichkeiten reicher **Palast-, Theater-, Justiz-, Bahnhofs-, Kirchen-** und **Privat-Bauten.**

Dieselben sind Originale, anderweitig noch nicht vervielfältigt und größtentheils im Geschmack der italienischen Renaissance ausgeführt.

Auch wird eventuell das ganze Etablissement mit Atelierbauten, Hofraum und Wohnhaus unter günstigen Bedingungen verkauft. Anfragen u. H. 1965I.

Gebrüder Fischel in Mainz,
Zwetschenallee No. 13,
Specialität:
Cassenschränke, Gewölbethüren, Cassetten.
Kostenanschläge und Preiscourante gratis.

Redacteur Dr. Hesse. — Druck von Heinrich Brill.
In Commission bei L. Brill in Darmstadt.

Gewerbeblatt

für das

Großherzogthum Hessen.

Zeitschrift des Landesgewerbvereins.

Erscheint wöchentlich. Auflage 4500. Anzeigen für die durchgehende Petitzeile oder deren Raum bei ein- und zweimaliger Aufnahme 30 Pf., bei drei- und mehrmaliger Aufnahme 25 Pf.

№ 17. April **1888.**

Internationale Jubiläums-Ausstellung zu Melbourne 1888.

Es ist nunmehr das offizielle Verzeichniß der Aussteller der deutschen Abtheilung erschienen. Dasselbe enthält, außer den bereits in Nr. 5 des Gewerbeblatts bekannt gegebenen 9 Ausstellern aus dem Großherzogthum Hessen weiter folgende 4 Firmen:

1. Emil Roth, Buchhandlung, Gießen.
2. Christoph Schramm, Lack-, Farben- und Firniß-Fabrik in Offenbach a. M.
3. Weintraud & Co., Portefeuillefabrik in Offenbach a. M.
4. Staudinger Nachfolger, Fein-Mechaniker, Gießen.

Von den angemeldeten 13 Firmen aus dem Großherzogthum Hessen kommen 5 auf Offenbach, 3 auf Mainz, 3 auf Gießen und je 1 auf Worms und Darmstadt.

Nachrichten aus der chemischen Prüfungs- und Auskunfts-Station für die Gewerbe.

(Darmstadt, Heinrichstraße 55.)

Während der Zeit vom 1. Januar bis 31. März 1888 sind bei der Station zur Prüfung eingegangen:

1) Sieben Wasser; 2) Drei Gesteine; 3) Sechs Sand- und Erdproben; 4) Sieben Erze; 5) Fünf Gerbstoffe; 6) Vier Mörtel;

7) Ein Klebstoff; 8) Ein Schmieröl; 9) Drei Fette (Degras); 10) Vier Metalle; 11) Zwei Lacke, zusammen 43 Proben.

Außerdem wurde in 14 Fällen Gutachten oder Auskunft ertheilt. Die noch rückständigen Aufträge des vorigen Vierteljahres, sowie diejenigen des letzten wurden mit Ausnahme einer Probe und eines Gutachtens von größerem Umfange vollständig erledigt. Schließlich wurden in dem nun abgeschlossenen Winterhalbjahre von dem Vorstande der Station 4 und von dem Assistenten 15 Vorträge in Lokalgewerbvereinen abgehalten.

Aus den erfolgten Mittheilungen im Gewerbeblatt, betreffend die Thätigkeit der chemischen Prüfungs- und Auskunfts-Station für die Gewerbe, ist zu entnehmen, daß diese Anstalt recht vielseitig in Anspruch genommen wird. Die Zahl der Aufträge, welche der Station zur Untersuchung und Begutachtung zugegangen ist, bietet indessen allein kein genügendes Bild über deren Thätigkeit, weil diese Aufträge sehr verschiedener Natur sind und theilweise umfänglichere Arbeiten veranlaßten. Ein weiterer Maßstab für die recht erfreuliche Entwickelung der Anstalt bietet, neben der Zahl der Aufträge, die Einnahmen aus Gebühren. In dem abgelaufenen Rechnungsjahr 1887—88 wurden 162 Proben untersucht, sowie in 42 Fällen Gutachten oder Auskunft ertheilt und hierfür wurden, bei einem sehr niedrig bemessenen Tarif 1046 Mark 40 Pf. vereinnahmt. Unter den untersuchten Proben befanden sich 5 Wasser und 9 andere Substanzen, für welche, mit Rücksicht auf öffentliche oder lokale Interessen, keine Gebühren berechnet wurden.

Neues englisches Handelsmarken-Gesetz.

Seit dem 1. Januar d. J. ist, wie die „Badische Gewerbezeitung" schreibt, das neue Handelsmarken-Gesetz (the marchandise Marks Act) vom 23. August 1887 in England in Kraft getreten. Dasselbe richtet sich namentlich gegen die mißbränchliche Anwendung englischer Namen und Handelszeichen für ausländische Waaren und ist seine Kenntniß für Firmen, welche nach England exportiren, sehr wichtig, da Zuwiderhandlungen gegen dasselbe nicht nur Konfiskation der Waare, sondern auch sehr empfindliche Strafen nach sich ziehen können. Wir nehmen daher Anlaß, unsere Leser mit den wesentlichen Bestimmungen des Gesetzes hierdurch, nach der Zeitschrift „Patentanwalt", bekannt zu machen.

Nach diesem Gesetze wird jeder, welcher eine Schutzmarke nachahmt oder fälschlich auf Waaren eine Schutzmarke anbringt, welche einer vorhandenen Schutzmarke so sehr ähnelt, daß eine absichtliche Täuschung hervorgerufen wird, einen Stempel, eine Druckform, Maschine oder sonstiges Instrument zum Zwecke der Fälschung oder behufs Gebrauch bei der Fälschung einer Schutzmarke anfertigt, eine falsche Handelsbezeichnung bei Waaren anbringt, Stempel, Maschinen &c. zum Nachahmen einer Marke besitzt oder eines der erwähnten Vergehen veranlaßt, mit namhaften Geld- und Gefängnißstrafen bedroht; außerdem werden ihm alle Gegenstände, Instrumente und Sachen konfiszirt, vermittelst deren oder in Bezug auf welche eine Verletzung der Gesetze stattgefunden hat. In gleicher Weise wird Derjenige bestraft, welcher Waaren mit falscher Marke und falscher Handelsbezeichnung verkauft, ausstellt, zu gewerblichen Zwecken in Besitz nimmt oder Waaren hat mit Bezeichnungen, welche eingetragenen Handelsmarken so ähnlich sehen, als wären sie auf Täuschung berechnet.

Keine Bestrafung erfolgt nur, wenn bewiesen werden kann, daß alle Vorsicht gebraucht wurde, eine Verletzung des Gesetzes zu vermeiden, oder daß zur Zeit der Verletzung keine Ursache vorhanden war, die Marke für eine gesetzlich geschützte zu halten, daß auf Verlangen der Verletzten diesem alle nöthige Auskunft über den Bezug der Waare und deren Verkäufer gegeben, oder daß überhaupt unwissentlich gehandelt wurde.

Im Sinne des Gesetzes bedeutet der Ausdruck „trade mark“ ein Handelszeichen, welches in das auf Grund des Patent-, Muster- und Markenschutz-Gesetzes vom Jahre 1883 geführte Handelszeichen-Register eingetragen ist. Als Handelsmarke gilt nur ein eingetragenes Handelszeichen und dieser Ausdruck schließt jedes Handelszeichen ein, welches in einer englischen Besitzung oder einem fremden Staate gesetzlich geschützt ist.

Der Schutz des Gesetzes erstreckt sich auf Zahlen, Münzen, Maß, Gewicht und Gehalt der Waaren, auf den Platz oder die Gegend, in welcher sie hergestellt werden, auf die Art der Herstellung, auf das Material, aus welchem die Waaren bestehen, und auf alle Waaren, welche durch ein Patent, Privileg oder das Nachdrucksgesetz geschützt sind. Es bezieht sich ferner auf Marken und Bezeichnungen sowohl von Waaren wie auf Verpackung, Etiquetten und Rollen, worin und womit die Marken verkauft werden.

Die Anwendung irgend einer Darstellung eines Wortes oder eines Zeichens, welche nach Handelsgebrauch gewöhnlich als eine Bezeichnung der obengenannten Dinge gilt, wird als Handelsbeschreibung im Sinne des Gesetzes betrachtet.

Die Benützung falscher Namen und Initialen einer Person sind ebenfalls strafbar, selbst wenn sie nicht von einer eingetragenen Marke stammen oder identisch mit einer solchen oder einem Theile derselben sind. Die offenbare Nachahmung des Namens oder der Initialen einer Person, welche Waaren gleicher Art führt und keine Erlaubniß zum Gebrauche des Namens oder der Initialen gegeben hat, gilt als Fälschung, ingleichen auch die Anwendung einer fiktiven (nur angenommenen) Person oder des Namens von Jemand, der keinen Handel mit solchen Waaren treibt.

Das Gesetz erblickt eine Fälschung darin, wenn Jemand ohne Genehmigung des Inhabers einer Handelsmarke die seine so nahezu ähnlich macht, daß man eine Täuschung annehmen kann, oder wenn Jemand eine eingetragene Marke durch Hinzufügungen, Weglassungen oder auf andere Weise verändert.

Uhrengehäuse dürfen keine Bezeichnung tragen, welche den Glauben erweckt, daß auch das Werk von derselben Person hergestellt sei. Eingeführte Uhrwerke, die amtlich gestempelt werden sollen, müssen von einer Deklaration begleitet sein. Falsche Deklarationen unterliegen einer hohen Geldstrafe.

Alle Waaren außerenglischen Fabrikats, welche einen Namen oder eine Schutzmarke tragen, die den Namen oder die Schutzmarke eines Fabrikanten, Händlers oder Gewerbetreibenden innerhalb Englands darstellt oder darstellen soll, werden, wenn sie nicht von einer bestimmten Angabe des Landes ihrer Herkunft begleitet sind, für die Einfuhr nach England verboten, und steht den Zollbehörden das Recht zu, dieselben zu konfisziren.

Die „Deutsche Industrie-Zeitung" schreibt über denselben Gegenstand:

„Bisher schützte die englische Markenschutzgesetzgebung nur bestimmte, sozusagen individuelle Fabrik- und Handelszeichen und gestattete die Einfuhr fremder Waaren, welche, obwohl im Auslande erzeugt, eine englische Bezeichnung allgemeiner Art führten, so z. B. „English made" (In England gefertigt), „London Manufacture", „Nouveauté de Londres", „Sheffield made" oder die Inschrift des Hosenbandordens „Honni soit qui mal y pense" oder dergleichen. Nach dem neuen Gesetz sind alle derartige Bezeichnungen für Waaren nichtenglischer Erzeugung, insoweit solche nach England eingeführt oder zur Weiterausfuhr nur durchgeführt werden, nicht mehr gestattet, es unterliegen die fälschlich so bezeichneten Waaren bei der Einfuhr der Beschlagnahme und in der That sollen bereits große Mengen derselben seit Neujahr in den englischen Einfuhrhäfen von den Zollbeamten in Beschlag genommen worden sein. Unter denjenigen Staaten, welche von diesem neuen Gesetz — zunächst unlieb — betroffen werden dürften, steht in erster Reihe Deutschland. Vielfach, wenn nicht zumeist auf Verlangen des englischen Zwischenhandels, lieferte die deutsche Industrie eine nicht geringe Anzahl ihrer Erzeugnisse mit einer allgemeinen englischen Bezeichnung und die meisten dieser Waaren aus Deutschland gingen von England aus durch englische Vermittelung als englische in alle Welt zur Vergrößerung des Ruhmes und Gewinnes der englischen Industrie. Das wird fortan, wenn das neue englische Gesetz nicht umgangen wird, nicht mehr möglich sein. Zunächst vielleicht zum Leidwesen der deutschen Industrie, welche in dem gewandten Zwischenhändler ihren bequemen Vermittler verliert. Nunmehr gezwungen, mit ihrem Erzeugniß in Namen und Bezeichnung selbstständig aufzutreten, wird die deutsche Industrie mit Hülfe des deutschen Handels in weiterem Verfolg ihrer Selbstständigmachung auf dem Weltmarkt unmittelbar ihre Abnehmer suchen und finden und dabei den Kreis derselben erweitern. Auf dem Weltmarkt wird man gar bald erkennen, daß nicht Alles englisch war, was bisher als englisch bezeichnet wurde, daß es auch außerhalb Englands leistungsfähige Industrieländer gibt, und es wird daraus die nichtenglische, vor allem die deutsche Industrie Nutzen ziehen und Kräftigung schöpfen, was allerdings nicht in der Absicht der englischen Gesetzgeber lag."

„Das neue englische Markenschutzgesetz scheint deßhalb in kommerziellen Kreisen Englands schon allerlei Befürchtungen durch seine drakonischen Bestimmungen hervorgerufen zu haben. Es hat wenigstens kürzlich eine stark besuchte Zusammenkunft von Mitgliedern der Londoner Handelskammer und zwar unter dem Vorsitze des Präsidenten dieser Kammer, Walter Leaf, stattgefunden, in welcher nach langer Debatte über die Wirkungen der vom Zollamte publizirten Ausführungsbestimmungen auf das Importgeschäft die folgende Resolution angenommen wurde: „Das Exekutiv-Comité der Kammer wird ersucht, an das Schatzamt das Ersuchen zu richten, dasselbe möge umgehend eine zeitweilige Erleichterung der Bestimmungen des Gesetzes in allen denjenigen Fällen eintreten lassen, welche ersichtlich nicht betrügerischer Natur sind." Im Weiteren wurde eine Resolution des Sir Vincent Kennett Barrington angenommen, welche wie folgt lautete: „Das gegenwärtige Meeting der Londoner Handelskammer gibt seiner Zustimmung zu den allgemeinen Prinzipien der Marchandise Marks Act, 1887, Ausdruck, es ist aber der Ansicht, daß die Auslegung seitens der Zollbehörde, sowie die Auslegung der von der Zollbehörde erlassenen Erläuterungen zusammen mit der unnöthigen Bekanntgabe des Ursprungs der Waaren für die merkantilen Interessen unseres Landes schädlich sind."

Allgemeine Aufklärungen über Patentwesen.

Von Otto Sack, Patentanwalt, Leipzig. *)

Internationaler Verein zum Schutz des gewerblichen Eigenthums.

In Deutschland sind über den Internationalen Gewerbeschutz-Verein verschiedentlich irrthümliche Meinungen verbreitet, weshalb es angezeigt erscheint, auf die bisher mit dem Verein, dem Deutschland nicht angehört, gemachten Erfahrungen und Wirkungen hinzuweisen.

Zunächst die wichtigsten Bestimmungen der in Rede stehenden Vereinigung, welche folgende sind:

Art. 1. Die Regierungen von Belgien, Brasilien, Spanien, Frankreich, Guatemala, Italien, den Niederlanden, Portugal, Salvator, Serbien und der Schweiz, Großbritanien und Irland, Tunis und Ecuador bilden einen Verein zum Schutz des gewerblichen Eigenthums.

Art. 2. Die Unterthanen oder Bürger der vertragschließenden Staaten sollen in allen übrigen Staaten des Vereins in Betreff der Erfindungspatente, der gewerblichen Muster und Modelle, der Fabrik- oder Handelsmarken und der Handelsfirmen die Vortheile genießen, welche die betreffenden Gesetze den Staatsangehörigen gegenwärtig gewähren oder in Zukunft gewähren werden.

Demzufolge sollen sie denselben Schutz wie diese und dieselbe Rechtshilfe gegen jeden Angriff auf ihre Rechte haben, vorbehaltlich der Erfüllung der Formalitäten und Bedingungen, welche den Staatsangehörigen durch die innere Gesetzgebung jedes Staates auferlegt werden.

Art. 3. Den Unterthanen oder Bürgern der vertragschließenden Staaten werden gleichgestellt die Unterthanen oder Bürger der dem Verein nicht beigetretenen Staaten, welche auf dem Gebiet eines der Vereinsstaaten domicilirt sind, oder gewerbliche oder Handelsniederlassungen haben.

*) Der Verfasser ist auch gern bereit den Lesern dieses Blattes über etwa entstehende Fragen auf dem Gebiete des Patentschutzes kostenlos Auskunft zu ertheilen.

Art. 4. Derjenige, welcher in einem der vertragschließenden Staaten ein Gesuch um ein Erfindungspatent, ein gewerbliches Muster oder Modell, eine Fabrik- oder Handelsmarke vorschriftsmäßig deponirt, soll zum Zweck der Deposition in den anderen Staaten während der unten bestimmten Fristen vorbehältlich der Rechte Dritter ein Prioritätsrecht genießen.

Demzufolge soll die hiernächst in einem der übrigen Vereinsstaaten vor Ablauf dieser Fristen bewirkte Hinterlegung durch inzwischen eingetretene Thatsachen, wie namentlich durch eine andere Deposition, durch die Veröffentlichung der Erfindung oder deren Verwerthung seitens eines Dritten, durch die Verkaufsstellung von Copien des Musters oder Modelles, durch die Anwendung der Marke nicht unwirksam gemacht werden können.

Die oben erwähnten Prioritätsrechte sollen 6 Monate für Erfindungspatente und 3 Monate für gewerbliche Muster oder Modelle, sowie für Fabrik- oder Handelsmarken dauern; sie sollen für überseeische Länder um einen Monat verlängert werden.

Art. 5. Die durch den Patentinhaber bewirkte Einfuhr von Gegenständen, welche in einem oder dem anderen Vereinsstaat hergestellt sind, in das Land, in welchem das Patent ertheilt worden ist, soll den Verfall des letzteren nicht zu Folge haben.

Gleichwohl soll der Patentinhaber verpflichtet bleiben, sein Patent nach Maßgabe der Gesetze des Landes, in welches er die patentirten Gegenstände einführt, auszuüben.

Entscheidungen des Reichsversicherungsamts.

Der Unternehmer von Pflasterarbeiten, welche zur Befestigung von Strom-Buhnen dienen sollten, ließ die erforderlichen Pflastersteine von den Schiffen, auf denen sie ihm an die Baustelle geliefert wurden, durch seine Arbeiter an den Stellen ausladen, wo sie später verpflastert wurden. Die Pflasterer besorgten auch das Steintragen. Den Unfall eines hierbei verletzten Arbeiters hat die Berufsgenossenschaft, welcher der Pflasterungsbetrieb zugehört, nach der Rekursentscheidung des Reichs-Versicherungsamts vom 22. Dezember v. J. zu entschädigen. Die Annahme ist unrichtig, daß das Ausladen deshalb als eine Handlangerthätigkeit nicht anzusehen sei, weil das Verpflastern der Steine erst einige Zeit später erfolgte, ein Umstand, der zudem erklärt wurde durch den hohen Wasserstand, welcher vorläufig die Ausführung von Pflasterarbeiten hinderte.

Ein Meiereibetrieb, in welchem ohne Verwendung eines Motors im Sinne des §. 1 Absatz 3 des Unfallversicherungsgesetzes vom 6. Juli 1884 unter Beschäftigung von 2 Arbeitern theils im Handbetrieb, theils mit Hülfe eines zeitweise (täglich 3/4 Stunden) durch ein Pferd getriebenen Göpelwerks die durch drei Landwirthe von zusammen etwa 50 Kühen gewonnene und vertragsmäßig täglich an den Beschwerdeführer gelieferte Milch zu Butter (etwa 54 Centner im Jahresdurchschnitt) und zu Käse (etwa 17 Centner) verarbeitet wird, ist nach einer Entscheidung des Reichs-Versicherungsamts vom 21. Februar d. J. als fabrikmäßig und versicherungspflichtig nicht angesehen worden.

Anläßlich mehrfacher Anfragen hat das Reichsversicherungsamt in Bezug auf die Durchführung des Bauunfallversicherungsgesetzes vom 11. Juli 1887 unterm 21. Februar d. J. Folgendes ausgesprochen: 1) Zu den Gewerbetreibenden, welche nicht regelmäßig wenigstens einen Lohnarbeiter beschäftigen, (§. 2 Abs. 2 a. a. O.), sind auch Diejenigen zu zählen, welche überhaupt keinen Arbeiter beschäftigen, sondern allein arbeiten. Der Umstand, daß ein solcher Gewerbetreibender nur während eines Theils des Jahres selbstständig Bauarbeiten ausführt und in der übrigen Zeit als Tagelöhner ꝛc. arbeitet, ändert nichts an der statutarischen Versicherungspflicht des Gewerbetreibenden. 2) Die Verpflichtung zur Einreichung von monatlichen Nachweisungen über ausgeführte Bauarbeiten (§. 22 Abs. 1 a. a. O.) besteht nicht bezüglich solcher Bauarbeiten, welche von einem Gewerbetreibenden in seinem gewerbsmäßigen Baubetriebe ausgeführt werden. 3) Die Frage, ob eine mit kleineren Bauarbeiten, z. B. mit Reparaturarbeiten im Auftrage eines Privatmannes beschäftigte Person diese Bauarbeiten als Baugewerbetreibender ausführt, oder ob eine Regiebauarbeit des Hausbesitzers vorliegt (§. 3, Ziffer 1 beziehungsweise Ziffer 2 a. a. O.), muß nach den thatsächlichen Verhältnissen des einzelnen Falles entschieden werden.

In einer Glasfabrik waren die Arbeiter (Glasmacher) vertragsmäßig verpflichtet, ihre Werkzeuge, namentlich die sogenannten Pfeifen sich selbst anzuschaffen und auf ihr eigenen Kosten im Stande zu halten; dieselben waren und blieben ihr Eigenthum. Ein Glasmacher war bei Gelegenheit der Reparatur einer solchen Pfeife, welche er zu diesem Behufe außerhalb der Arbeitsstunden in eine nicht zur Glasfabrik gehörende Schmiede gebracht hatte und bei deren Reparatur er in der Schmiede anwesend blieb, um die Pfeife sofort wieder zur Arbeit mitnehmen zu können, durch das Herausschlagen des Dornes aus der Pfeife erheblich am Knie verletzt worden. Diese Verletzung hat das Reichs-Versicherungsamt unterm 13. Februar d. J. — in Uebereinstimmung mit dem Schiedsgericht — nicht für einen Betriebsunfall erachtet, da der Glasmacher, als er die Reparatur seiner Pfeife vornehmen ließ, nur in seinem eigenen Interesse handelte, nur seine eigenen Geschäfte besorgte, nicht aber im Betriebe der Glasfabrik thätig war. Dabei ist auch die Behauptung des Klägers, daß den Arbeitern der Glasfabrik das zur Reparatur nöthige Eisen aus der Fabrik geliefert werde, für unerheblich erachtet, weil auch hierdurch die Thätigkeit des Glasmachers bei der Reparatur beziehungsweise diese selbst noch keine Betriebsthätigkeit wird.

Verschiedene Mittheilungen.

Kraft- und Arbeitsmaschinen-Ausstellung in München 1888. Die Ausstellung wird eine nothwendige und vortheilhafte Erweiterung erfahren durch eine Exposition von Fachzeitungen und technischen Werken, zu welchem Zwecke ein eigener Preßpavillon innerhalb des Ausstellungsgebäudes hergestellt werden wird. Einladung nebst Programm und Anmeldebögen werden in den nächsten Tagen an die Herren Verleger zur Versendung gelangen. Der Anmeldetermin endet am 15. Mai. Mit der Kraft- und Arbeitsmaschinen-Ausstellung wird ferner seitens des Verbandes der deutschen Bürsten-, Pinsel- und Kammfabrikanten, welcher in diesem Jahre in München tagen wird, eine Collectiv-Ausstellung von bezüglichen Werkzeugen, Maschinen- und Rohprodukten ꝛc., sowie seitens der Schuhmacher-Innung Münchens aus Anlaß des in München stattfindenden bayerischen Schuhmachertages eine Ausstellung von Rohmaterialien, Werkzeugen, Maschinen und eine Fachausstellung der Lehrlinge, Gehilfen und Meister dieser Innung verbunden werden.

Postpacketverkehr mit Victoria (Australien). Mittelst der deutschen Reichs-Postdampfer können vom 1. April ab Postpackete nach der britischen Kolonie Victoria (Australien) versandt werden.

Die Beförderung der Packete erfolgt, je nach der Wahl des Absenders, über Bremen oder über Brindisi.

Auf dem Wege über Bremen sind Packete bis zu 5 kg, auf demjenigen über Brindisi Packete bis zu 3 kg Gewicht zugelassen. Die Packete müssen frankirt werden.

Ueber die Taxen und Versendungsbedingungen ertheilen die Postanstalten auf Verlangen Auskunft.

Durchbohren von Majolika und Porzellan. Keramische Objecte können ziemlich leicht mit stählernen Werkzeugen durchbohrt werden. Am besten bewähren sich nach dem „Metallarbeiter" Spitzbohrer gewöhnlicher Form, diamantartig gehärtet und bei der Anwendung mit Terpentinöl befeuchtet, wenn es sich um das Durchbohren der Glasur oder eines Glaskörpers handelt. Bei Majolika und Glas ohne Glasur kommt man am besten fort, wenn man die Bohrung unter Wasser vornimmt; so z. B. ist ein Gefäß vorher mit Wasser zu füllen und in ein Gefäß mit Wasser zu stellen, so daß der Bohrer unter dem Wasser zur Anwendung kommt und nach dem Durchdringen des Thonkörpers wieder ins Wasser kommt. Bei innen glasirten Objecten kann statt der Wasserfüllung die Stelle, wo der Bohrer durchkommen muß, mit Kork unterlegt werden. Der Druck, unter welchem der Bohrer angewendet wird, richtet sich nach der Härte des Materials, muß jedoch, wenn der Bohrer dem Austreten auf der anderen Seite nahe ist, allmählich abnehmen und schließlich fast gänzlich aufhören, wenn Ausbrechungen vermieden werden sollen. Um bereits vorhandene kleine Bohrungen zu vergrößern, sind am besten drei- oder vierkantige, glattgeschliffene Reibahlen anzuwenden, und zwar ebenfalls unter Wasser, oder wenn das Material zu hart ist (wie Glas oder Glasur) mit Terpentinöl befeuchtet. Die gleichzeitige Anwendung von Terpentinöl und Wasser bewährt sich in allen Fällen am besten, auch dann, wenn der zu bohrende Gegenstand die bloße Anwendung des Oeles nicht gestattet, wie dies namentlich bei Majolika und nicht glasirtem Porzellan der Fall ist, welche ohne Anwendung des Wassers das Oel einsaugen.

Desinfection der Wände durch Abreiben mit Brot. Daß Brot zum Säubern von Tapeten benutzt wird, ist wohl allbekannt; nach neueren Untersuchungen von Dr. Esmarch in Berlin werden aber auch die Wände durch das Abreiben mit Brot nicht nur von Staub, sondern auch gänzlich von ansteckungsgefährlichen Pilzkeimen gereinigt. Auch sind die Räume sofort wieder beziehbar, was bei Anwendung anderer wirksamer Desinfectionsmittel nicht der Fall ist. Die Reinigung eines Zimmers von ca. 100 cbm Inhalt kostet 3 Mark 50 Pfg. bis 4 Mark.

Wetterfeste Anstriche. Ein vorzügliches Schutzmittel für Metalle aller Art, sowie besonders auch für Blechbedachungen aus Zink bildet der sogenannte vulkanisirte Firniß, welcher 5—10 Prozent Schwefel enthält. Man bereitet denselben nach den „Technischen Mittheilungen für Malerei" in der Weise, daß man eine Lösung von Schwefelblüthen in heißem Terpentinöl herstellt, derselben eine entsprechende Menge Leinölfirniß portionenweise zugießt und das Ganze gut verrührt. Dieser vulkanisirte Firniß besitzt die Eigenschaft, die mit ihm bestrichene Metalle oberflächlich in Schwefelverbindungen überzuführen und dadurch vor Oxydation zu schützen. Reibt man vulkanisirten Firniß mit nicht metallischen Farbekörpern an oder versetzt ihn mit einer Asphaltlösung, so soll man hierdurch ausgezeichnete wetterfeste Anstriche auf Metall jeder Art in beliebiger Farbe erzeugen können.

Zur Lösung eingerosteter Schraubenmuttern wird Kerosinöl empfohlen, welches in kürzester Zeit die kleinsten Ritzen durchdringt, worauf Schraubenmutter oder Bolzen mit dem Hammer etwas geklopft werden, wodurch sie sich in den meisten Fällen leicht lösen lassen; in hartnäckigen Fällen setzt man die so behandelten Verbindungsstellen noch der Einwirkung von Hitze aus. In vielen Fällen hilft auch schon Terpentinöl.

Redacteur Dr. Hesse. — Druck von Heinrich Brill.
In Commission bei L. Brill in Darmstadt.

Gewerbeblatt

für das

Großherzogthum Hessen.

Zeitschrift des Landesgewerbvereins.

Erscheint wöchentlich. Auflage 4500. Anzeigen für die durchgehende Petitzeile oder deren Raum bei ein- und zweimaliger Aufnahme 30 Pf., bei drei- und mehrmaliger Aufnahme 25 Pf.

№ 18. Mai 1888.

Ausschuß-Sitzung des Landesgewerbvereins vom 19. April 1888.

Am 19. April l. J., Vormittags 9½ Uhr hatten sich auf die Einladung Großh. Centralstelle für die Gewerbe und den Landesgewerbverein 39 Mitglieder des Ausschusses zur Berathung der vorliegenden Tagesordnung in den Räumen Großh. Centralstelle eingefunden, 5 Herrn hatten ihr Nichterscheinen entschuldigen lassen.

Der Präsident, Geheimerath Fink, eröffnete die Versammlung mit der Erinnerung an unseren dahingeschiedenen großen Kaiser Wilhelm, dessen Initiative wir die neuen Grundlagen für die sociale Gesetzgebung und das Gewerbewesen zu danken haben, und der als Mensch ein Bild des Fleißes, des Pflichtgefühls, der Arbeitsamkeit und der Pünktlichkeit ein Vorbild für jeden Gewerbetreibenden gegeben hat. Zu Ehren des Andenkens des unvergeßlichen Entschlafenen erheben sich die Anwesenden. Nachdem der Präsident weiter darauf hingewiesen hatte, daß wir nicht wissen, was die Zukunft birgt, daß wir hier nur wünschen und hoffen können, Seine Majestät Kaiser Friedrich möge uns noch lange erhalten bleiben, erinnerte er daran, daß das verflossene Jahr außer der allgemeinen Trauer für das ganze Vaterland, auch speciell unserem Landesgewerbvereine noch besondere Verluste gebracht habe. Der bewährte, das Interesse des Landesgewerbvereins stets fördernde Referent des Großh. Ministeriums des Innern und der Justiz, Herr Ministerialrath Lotheisen ist seinem Wirken plötzlich entrissen worden; ebenso hat der Tod die langjährigen Ausschußmitglieder, die Herrn Civilingenieur Horstmann zu Darmstadt, Rentner J. Schröder zu Darmstadt und Baumeister E. Soherr zu Bingen aus unserer Mitte genommen. — Das Andenken der Genannten wird auf Einladung des Präsidenten gleichfalls von der Versammlung durch Erheben von den Sitzen geehrt.

Generalsecretär Dr. Hesse verlas hierauf folgende geschäftliche Mittheilungen:

„1) Außer den laufenden Geschäften, welche mit der Verwaltung der zu Ihrer Centralstelle gehörigen Einrichtungen und Institute, der Bibliothek, der technischen Mustersammlung, der Landesbaugewerkschule, der Auskunftsertheilungen ꝛc. verbunden sind, sowie der Berichtserstattungen an Großh. Ministerium des Innern und der Justiz, der Correspondenzen mit den Lokalgewerbvereinen und den Handwerkerschulen, dem Rechnungswesen ꝛc. ꝛc., war die Centralstelle insbesondere mit den für die Jubiläumsfeier veranstalteten Ausstellungen im abgelaufenen Jahr besonders beschäftigt. — Zur Jubelfeier ist eine größere Anzahl Beglückwünschungsschreiben und Telegramme von Vereinen und Einzelnen des In- und Auslandes eingelaufen. — Unsere Ausstellung von Schülerarbeiten aus den Kunst-Gewerbe- und Handwerkerschulen, sowie die Ausstellung von Lehrlingsarbeiten haben in weiteren Kreisen mehrfach recht günstige Beurtheilungen erfahren; insbesondere sind auch die leitenden Grundsätze unserer Handwerkerschulen und Lehrlingsarbeiten-Ausstellungen als sachlich zweckmäßig anerkannt worden.

Ueber die Geschäftsführung der Centralstelle werden Sie einen detaillirten Bericht für überflüssig erachten; wir glauben uns deßhalb darauf beschränken zu können, nur Einiges hervorzuheben.

Die Zahl der Lokalgewerbvereine, welche mit dem Landesgewerbverein in Verbindung stehen, beträgt gegenwärtig 44, die Zahl der Mitglieder 4060. Wir zählen 76 Kunstgewerbe-Schulen, erweiterte Handwerkerschulen, Sonntagszeichenschulen und Damenschulen, welche mit dem Landesgewerbverein in Verbindung stehen und von demselben unterstützt werden.

Durch Wechsel der Vorstände von Lokalgewerbvereinen und in Folge Bildung neuer Vereine sind folgende Herren unserem Ausschuß als Mitglieder zugegangen: Lehrer Roth in Altenstadt, Bahnmeister Schilling in Babenhausen, Werkmeister Sturmfels in Bad-Nauheim, Kreistechniker Muth in Büdingen, Spenglermeister K. Wenzel I. in Butzbach, Rentner August Heß in Gießen, Schneidermeister Staab in Groß-Umstadt, Bürgermeister Zipp in Hirschhorn, Ingenieur Schneemann in Ober-Ramstadt, Fabrikant Heyne in Offenbach, Kaufmann Karl Jäger in Schlitz, Lehrer Hartmann in Westhofen und Apotheker Reuling zu Wöllstein. Wir heißen diese Herrn herzlich willkommen. — Leider sah sich Herr Geheimerath Dr. v. Ritgen in Gießen veranlaßt, in Folge hohen Alters, von der Leitung des dortigen Lokalgewerbvereins, welchem derselbe seit einer langen Reihe von Jahren mit Liebe und Erfolg vorgestanden hat, zurückzutreten.

Besondere Conferenzen und Commissions-Sitzungen haben seit der letzten Ausschußsitzung drei stattgefunden; nämlich:

a. Allgemeine Conferenz für die sämmtlichen Lehrer der Handwerkerschulen.

b. Commissions-Sitzung zur Berathung der Grundzüge für eine Alters- und Invaliden-Versicherung der Arbeiter.

c. Vereinigte Sitzung der Centralstelle mit der Handwerkerschul-Commission wegen künftiger Veranstaltung von Schülerarbeiten aus den Handwerkerschulen und Einführung regelmäßiger Visitationen dieser Schulen.

Die Protokolle über die Verhandlungen dieser Sitzungen sind, soweit solche allgemeines Interesse bieten, im Gewerbeblatt veröffentlicht worden; oder es stehen *solche dem verehrlichen* Ausschuß zur Kenntnißnahme zur Verfügung.

Ein von Großh. Regierung gefordertes Gutachten bezüglich des Handels mit goldenen Uhren, in Rücksicht auf die Bestimmungen des Reichsgesetzes über den Feingehalt der Gold- und Silberwaaren, konnte ohne vorgängige Berathung durch eine Commission abgegeben werden, nachdem die Vorstände der Uhrmacherverbände zu Darmstadt und Mainz, sowie eine Anzahl von Uhrenhändlern gehört worden waren. — Bei diesem Anlaß wurde auch, auf Wunsch der betreffenden Gewerbetreibenden, Großh. Ministerium des Innern und der Justiz darauf aufmerksam gemacht, daß, trotz des Verbotes des §. 56, Absatz 2 Ziffer 3 der Gewerbeordnung, öfter Taschenuhren im Umherziehen feil geboten werden. Großh. Ministerium hat hierdurch Veranlassung genommen, durch Ausschreiben an die Großh. Kreisämter geeignete Weisungen für die Polizeibehörden zu erlassen.

Bezüglich der Betheiligung inländischer Gewerbetreibender und Kunsthandwerker an auswärtigen Ausstellungen wurde die Großh. Centralstelle mehrfach von Großh. Ministerium mit Berichten gehört.

Für die in diesem Jahre in München stattfindende nationale deutsche Kunstgewerbe-Ausstellung wurde eine besondere Landes-Commission bestellt. Trotz deren Bemühungen und der thätigen Unterstützung der Großh. Handelskammer in Offenbach, sowie der Lokalgewerbvereine in Mainz, Worms und Offenbach, ist es nicht gelungen, eine solche Zahl von Theilnehmern aus dem Großherzogthum zu gewinnen, daß eine Hessische Collectiv-Ausstellung kunstgewerblicher Erzeugnisse in München hätte veranstaltet werden können. Nur 5 Aussteller aus dem Großherzogthum haben sich für München gemeldet.

Für die internationale Jubiläums-Ausstellung in Melbourne 1888 wurde ein besonderer Reichs-Commissär bestellt, und, auf dessen Wunsch, hat die Centralstelle die Anregung zur Betheiligung inländischer Industrieller unterstützt. 13 Aussteller des Großherzogthums werden sich betheiligen; nämlich 5 aus Offenbach, 3 aus Mainz, 3 aus Gießen, 1 von Worms und 1 von Darmstadt.

An dem sogenannten Wettkampf der Industrieen, mit Ausstellung 1888 in Brüssel, werden sich, soweit der Centralstelle bekannt geworden ist, Angehörige des Großherzogthums nicht betheiligen.

Besondere Anregung zur Betheiligung Deutschlands mit hervorragenden Kunstgewerbs-Erzeugnissen an der 1888 in Kopenhagen stattfindenden Landwirthschafts-, Industrie- und Kunst-Ausstellung wurde erst in allerjüngster Zeit gegeben, und es erscheint zweifelhaft, daß das Großherzogthum sich bei dieser Ausstellung betheiligen wird.

Die Vorbereitungen für die im Jahr 1889 in Berlin geplante deutsche allgemeine Ausstellung für Unfallverhütung sind noch im Gang. Es ist zu hoffen, daß sich an derselben auch Aussteller aus dem Großherzogthum betheiligen.

Die Concurrenz-Ausstellung deutscher Schmiedearbeiten 1887 in Karlsruhe und die Oberrheinische Gewerbe- und Industrie-Ausstellung zu Freiburg i. B. wurden von dem Präsidenten und Generalsekretär besichtigt und gaben Gelegenheit zur Erwerbung verschiedener werthvoller Gegenstände für die technische Mustersammlung. — Es ist die Absicht, diese Gegenstände, sowie andere geeignete Objekte der technischen Mustersammlung, nach und nach bei den Lokalgewerbvereinen, welche hierzu die erforderlichen Lokalitäten besitzen — Mainz, Offenbach, Worms — zeitweise auszustellen, um solche allgemeiner bekannter zu machen. Der Anfang wurde bereits mit Worms gemacht. — Ein

Antrag des Lokalgewerbvereins in Darmstadt, einem Lehrer seiner Handwerkerschule, welcher die Ausstellung in Karlsruhe besucht hat, nachträglich die Erstattung der Kosten aus der Kasse des Landesgewerbvereins zu gewähren, mußte abgelehnt werden, weil hierzu der Ausschuß Mittel nicht vorgesehen hatte und diese Kosten auch aus den eigenen Mitteln des Lokalgewerbvereins bestritten werden konnten.

Durch eine Auflage Großh. Ministeriums des Innern und der Justiz wurde der Centralstelle Gelegenheit gegeben, sich über die Errichtung eines mechanisch-technologischen Laboratoriums, insbesondere für Festigkeitsprüfungen von Materialien, zu äußern. Die Errichtung und Führung eines solchen Laboratoriums aus Fonds des Landesgewerbvereins wurde zunächst nicht für thunlich erachtet, dagegen aber die Verbindung eines solchen mit der Großh. technischen Hochschule für sehr räthlich empfohlen.

Auf Antrag des Ausschusses wurde an Großh. Regierung die Bitte gerichtet, zur Erweiterung der Lokalitäten der technischen Mustersammlung und der Landesbaugewerkschule die Kosten für einen Ergänzungsbau in das Staatsbudget aufzunehmen. Diesem Gesuch hat Großh. Regierung willfahrt und die Stände haben den berechneten Betrag von 25 300 Mark bewilligt. Wir sind hierfür zu lebhaftem Dank verpflichtet. — Das Bauwesen soll ehestens in Angriff genommen und bis Herbst fertig gestellt werden. Dann kann die Landesbaugewerkschule alle Anmeldungen von Schülern berücksichtigen und die technische Mustersammlung kann, mit Zuziehung weiterer Räume, neu geordnet werden. Wir hoffen auch, den in Bearbeitung begriffenen Katalog der technischen Mustersammlung bis dahin druckfertig stellen zu können.

An der Ergänzung des Unterrichtsmaterials für die Handwerkerschulen ist fortgearbeitet worden. Eine neue, die dritte, Auflage der Rößler'schen Vorlegeblätter „Arbeiten des Bautischlers" wurde bearbeitet, gedruckt und ausgegeben. Eine neue Abtheilung „Gitterwerke für Schlosser", für den Fach- und Freihandzeichenunterricht, ist auf dem Bureau bearbeitet, in Ueberdruck gezeichnet und an die Handwerkerschulen abgegeben worden. Gegenwärtig sind in Bearbeitung, bezw. im Druck begriffen zwei Abtheilungen, nämlich: „Volksschulhäuser" nach im Großherzogthum ausgeführten Bauten, und „Zimmermannsarbeiten". — Ferner wurden Vorlegeblätter im Buchhandel angekauft und theils an sämmtliche Schulen, theils an einzelne Handwerkerschulen, für welche entsprechende Bedürfnisse vorlagen, abgegeben. — Jetzt kann, in Folge entsprechender Erhöhung des Staatsbeitrags, mehr als seitdem für Ersatz abgängiger Vorlageblätter durch neuere, bessere Muster geschehen und die Centralstelle wird es sich angelegen sein lassen, nach Maßgabe der verfügbaren Mittel, so rasch als thunlich das Unterrichtsmaterial zu ergänzen.

In den Wintermonaten wurde der Unterricht für Lehrer an Handwerkerschulen auf dem Bureau der Centralstelle fortgesetzt und den betreffenden Lehrern wurden während ihres Aufenthalts in Darmstadt Zuschüsse aus der Kasse des Landesgewerbvereins gewährt.

Als Besoldungszulagen für gering honorirte Lehrer von Handwerkerschulen an kleineren Orten wurden Remunerationen, im Gesammtbetrag von 1435 Mark, bewilligt.

Durch ein Ausschreiben an die sämmtlichen Vorstände der Handwerkerschulen sind die von der Centralstelle und der Handwerkerschul-Commission aufgestellten leitenden Principien für die Aufnahme von Schülern und die Beschränkung der

Zulassung noch schulpflichtiger Knaben zu dem Zeichenunterricht in den Handwerkerschulen, wiederholt betont worden.

Der §. 89 pos 6ᵇ der Ersatz-Ordnung (I. Theil der Wehr-Ordnung vom 28. September 1875) bestimmt, daß von dem Nachweis der wissenschaftlichen Befähigung entbunden werden dürfen: a. kunstverständige oder mechanische Arbeiter, welche in der Art ihrer Thätigkeit Hervorragendes leisten. Die Centralstelle ist mit Rücksicht hierauf mehrfach von der Großh. Prüfungs-Commission für einjährig Freiwillige um Gutachten bezüglich einzelner Gewerbetreibenden, welche von dieser Bestimmung Gebrauch machen wollten, ersucht worden. In einigen Fällen konnte sich die Centralstelle für die Gewährung der fraglichen Begünstigung aussprechen; in anderen nicht, weil diese Begünstigung nur Solchen zu Theil werden soll, welche in ihren Geschäften wirklich Hervorragendes leisten und hierfür den Nachweis erbracht haben. Eine strenge Prüfung solcher Fälle erscheint, der Consequenzen wegen, nothwendig.

Auch im letzten Winter wurden, wie in früheren Jahren, mit Unterstützung des Landesgewerbvereins Vorträge bei Lokalgewerbvereinen in kleineren Orten abgehalten. Im Ganzen waren es 77 solcher Vorträge, wovon die Mitglieder der Centralstelle 7, Herr Professor Dr. Thiel 4, Herr Dr. Sonne 15, Herr Universitätsamtmann Dr. Dietz in Gießen 19, Herr Ingenieur Brockmann in Offenbach 12 und andere Herren 20 übernommen haben. Durch die Vorträge der Mitglieder der Centralstelle, und der Beamten der chemisch-technischen Versuchsstation für die Gewerbe, sind den Lokalgewerbvereinen Kosten nicht erwachsen. Die aus der Kasse des Landesgewerbvereins bestrittenen Beihülfen für die fraglichen Vorträge betragen 975 Mark.

Die Rechnung über die Kosten, welche durch die 50jährige Jubelfeier des Landesgewerbvereins und die Veranstaltung der hiermit verbundenen Ausstellungen entstanden sind, ist noch nicht abgeschlossen. Indessen kann eine vorläufige Uebersicht der Einnahmen und Ausgaben gegeben werden.

Nach dem Voranschlag, welcher dem Ausschuß in dessen Sitzung vom 15. April 1886 bei der Berathung des Voranschlags für das Etatsjahr 1886/87 vorgelegt wurde, waren die Gesammtkosten für die Jubiläumsfeier, Festschrift, Unterrichtsausstellung und Ausstellung von Lehrlingsarbeiten veranschlagt zu 19 500 Mark. Die während drei vorhergehenden Jahren gemachten Rücklagen aus verschiedenen Fonds des Landesgewerbvereins zur Deckung dieser Kosten betrugen 15 500 Mark. Es wurde in Aussicht genommen, daß das hiernach zu erwartende Deficit entweder durch Einschränkung der Ausgaben bei der Ausführung zu begleichen, oder, daß dasselbe, auf die Jahresbudget für 1886/87 und 1887/88 vertheilt, zu decken sein würde. — Wesentliche Ersparnisse sind nun dadurch eingetreten, daß das Ausstellungsgebäude kostenfrei zur Verfügung stand und Annexbauten erspart wurden; sowie, daß, wegen Beschränkung der Festschrift auf eine Darstellung der Handwerker- und Kunstgewerbe-Schulen, diese Schrift einen weit geringeren Kostenaufwand erforderte als vorgesehen worden war. — Zu den bemerkten 15 500 Mark kam noch der Betrag von 50 Mark, welchen der Verein ehemaliger Studirender der Großh. technischen Hochschule als Beitrag zu den Kosten der Prämiirung hervorragender Leistungen von Lehrlingen freundlichst bewilligt hat, und, da die Rücklagen verzinslich angelegt wurden, sind noch circa 1300 Mark an Zinsen erzielt worden, so daß sich die Einnahmen auf circa 16 850 Mark stellen. — Ausgegeben sind bis jetzt 15 682 Mark 53 Pf., nämlich: An den Vorstand des Lokalgewerbvereins in Mainz, als Ersatz für die Kosten wegen Vorbereitung einer Landesgewerbe-Ausstellung zu Mainz, welche aufgegeben werden mußte: 1000 Mark; Allgemeine Kosten für die Festschrift, Inserate, Druckkosten, Ausgaben bei der Jubiläumsfeier: 2187 Mark 23 Pf.; Kosten der Unterrichtsausstellung aus den Kunstgewerbe- und Handwerkerschulen, den Gymnasien, Realschulen und Volksschulen, sowie Kosten der Lehrerconferenz für die Handwerkerschulen: 5249 Mark 13 Pf.; Kosten der Ausstellung von Lehrlingsarbeiten nebst Prämienvertheilung: 7246 Mark 17 Pf. — Es stehen noch einige Rechnungen und Ausgaben aus, nach deren Berichtigung noch ein Kassevorrath von circa 600—700 Mark verbleiben dürfte. Die Centralstelle ist der Ansicht, daß derselbe für die technische Mustersammlung zu verwenden sein wird, weil aus deren Fonds ein größerer Theil der Rücklagen herrührt. — Unter den Kosten für die Unterrichtsausstellung wurde die Neuanschaffung von Holzrahmen, Gestellen und Behängen verrechnet, welche zur Ausstellung von Zeichnungen erforderlich waren. Die Aufbewahrung dieser Ausstellungsmaterialien bei der Centralstelle bot Schwierigkeiten; es wurden deßhalb von denselben abgegeben an die Handwerkerschulen in Mainz 40 Rahmen, 80 Gestelle und 330 m Behänge; Offenbach 30 Rahmen, 40 Gestelle und 250 m Behänge; Worms 25 Rahmen, 30 Gestelle und 120 m Behänge. Diese Schulen können diese Materialien, welche einen Anschaffungswerth von circa 1500 Mark haben, zu ihren Lokalausstellungen benutzen; sie bleiben aber Eigenthum des Landesgewerbvereins und können von demselben für spätere Ausstellungen benutzt werden. — An Einbänden in Mappen für Zeichnungen, welche die Lehrgänge der Schulen darstellten, wurden 608 Mark 83 Pf. verausgabt und diese Mappen sind den betreffenden Unterrichtsanstalten überlassen worden."

Auf die von Seiten des Präsidenten nochmals präcisirte Anfrage erklärte sich die Versammlung einstimmig damit einverstanden, den von der Jubelfeier verbleibenden Kassenvorrath für die Zwecke der technischen Mustersammlung zu verwenden. Herr Reichstagsabgeordneter Ulrich aus Pfungstadt nahm Anlaß, noch besonders auf die für das nächste Jahr in Berlin geplante Ausstellung für Unfallverhütung aufmerksam zu machen und empfahl deren Beschickung, indem er die humanen Zwecke des Unternehmens hervorhob.

2) Als weiteren Gegenstand der Tagesordnung kam zum Vortrag, daß Verhandlungen, welche im verflossenen Jahre wegen Bildung von Lokalgewerbvereinen geführt wurden, zu der Gründung derartiger Vereine zu Butzbach und Bad-Nauheim geführt haben. An ersterem Orte besteht schon seit längeren Jahren eine Handwerker-Sonntagszeichenschule, an letzterem wird eine solche in nächster Zeit errichtet werden. In dem Entwurfe des Voranschlags für 1888 89 ist unter der Rubrik B IX für beide Schulen ein Betrag zur Unterstützung eingestellt. Verhandlungen wegen Bildung eines Lokalgewerbvereins zu Gundersheim in Rheinhessen sind noch im Gang. Der Präsident erläutert das Verfahren, welches bei solchen Verhandlungen Seitens der Centralstelle eingehalten wird. Während bei der Bildung von Lokalgewerbvereinen mindestens 40 Mitglieder erforderlich sind, von welchen angenommen werden kann, daß sie ein dauerndes Interesse an den Vereinsbestrebungen nehmen, wird die Errichtung neuer Handwerkerschulen bereitwilligst durch Abgabe von Vorlegeblättern unterstützt, wenn der Unterricht von qualificirten Lehrern den festgestellten Bedingungen entsprechend ertheilt wird. Solche Handwerkerschulen an Orten, wo Lokalgewerbvereine nicht bestehen, sind inzwischen neu entstanden zu

Groß-Zimmern, zu Mörfelden und zu Sprendlingen, Kreis Offenbach. Die Schule zu Mörfelden untersteht der Aufsicht eines lokalen Handwerkervereins, welcher bis jetzt nicht einen integrirenden Bestandtheil des Landesgewerbvereins bildet; diejenigen zu Groß-Zimmern und Sprendlingen unterstehen besonderen Schulcommissionen. Da diese Schulen nach den bei dem Landesgewerbverein geltenden Grundsätzen errichtet wurden und die Bedingungen Großh. Centralstelle speziell anerkannt haben, so hat sie dieselbe durch Ueberlassung von Vorlegeblättern und Unterrichtsmitteln unterstützt.

3) Der Lokalgewerbverein Altenstadt ist um die Gewährung eines einmaligen Zuschusses für nothwendige Anschaffungen für dessen Handwerkerschule im Betrage von 100 M. eingekommen. Dem Antrage wurde ohne Debatte Folge gegeben.

Der Lokalgewerbverein zu Hirschhorn, welcher schon eine längere Reihe von Jahren besteht, ohne daß demselben bis jetzt für die dortige Handwerkerschule Geldzuschüsse gewährt wurden, wünscht einen jährlichen Beitrag zu den Kosten dieser Anstalt, welcher zur Beschaffung von Unterrichtsmitteln und Geräthen, zur Anschaffung von Lehrmitteln für arme Lehrlinge, sowie zu Prämien für fleißige Schüler Verwendung finden soll.

Der Lokalgewerbverein Heppenheim, welchem im verflossenen Jahre eine einmalige Unterstützung von 120 Mark zur Errichtung einer besonderen Abtheilung für den Freihandzeichenunterricht in dortiger Handwerkerschule versuchsweise gewährt wurde, bittet im Interesse der Schule um fortlaufende Gewährung eines entsprechenden Geldbeitrags.

In Langen hat die Spar- und Leihkasse für die von derselben seiner Zeit gegründete Handwerkerschule seither einen Jahresbeitrag von 750 Mark für diese Anstalt in dankenswerther Weise geleistet. Nachdem in Langen auch ein Lokalgewerbverein gegründet wurde, welcher an der Leitung der Handwerkerschule betheiligt ist, und die Bedürfnisse der Anstalt mit der steigenden Schülerzahl (125) gewachsen sind, so hat der Vorstand des Lokalgewerbvereins auch um eine Unterstützung durch den Landesgewerbverein ersucht.

Ebenso wird von dem Lokalgewerbverein Ober-Ramstadt eine Unterstützung für die dortige Schule, welche seither einen besonderen Geldbeitrag nicht erhalten hat, in Anspruch genommen.

Der Präsident theilte mit, daß für die vorstehenden Schulen entsprechende Geldbeiträge in dem Entwurf des Voranschlags unter Rubrik IX eingestellt worden seien, und es könnten daher die vorliegenden Anträge als erledigt betrachtet werden, wenn der Ausschuß dem zustimmen werde. Auf Antrag des Herrn Commerzienrath Römheld aus Mainz wurden diese Anträge einstimmig genehmigt, worauf Geheimerath Fink ausdrücklich darauf hinwies, daß diese Beiträge nicht als dauernde Unterstützungen, über welche die betreffenden Vorstände immer verfügen könnten, zu betrachten seien. Es sei Pflicht der Centralstelle und des Ausschusses darüber zu wachen, daß die speziell für die Handwerkerschulen verwilligten Gelder auch immer zweckentsprechende Verwendung fänden; es habe der Ausschuß immer über den Gesammtbetrag zu verfügen, dessen Vertheilung nach jeweiligen Bedürfnissen zu regeln sei. Auch erscheine eine Verwendung dieser Gelder für andere Zwecke als für die Handwerkerschulen ausgeschlossen.

4) Die Handwerkerschule zu Höchst i. O., welche von über 160 Schülern aus 28 verschiedenen Orten der Umgegend besucht wird, ist dermalen überfüllt und besitzt nicht die geeigneten Lokale zum Unterbringen der Schüler. Der Unterricht wird von 2 Lehrern in je 5 Stunden an den Sonntagen ertheilt. Die Gemeinde bezahlt den Gehalt des einen Lehrers, der zweite ertheilt den Unterricht insofern bis jetzt unentgeltlich, als er nur an dem von der Breuberger Sparkasse gegebenen Zuschuß von 100 Mark, sowie an den seither von dem Landesgewerbverein zeitweise bewilligten Remunerationen (im letzten Jahre 60 Mark) zur Hälfte Antheil hat. Das Schulgeld für auswärtige Schüler, welches in die Gemeindekasse fließt, beträgt 4 Mark, während die aus Höchst gebürtigen Schüler (26) kein Schulgeld entrichten. Der Vorstand der Schule erachtet die Erbauung eines neuen Zeichensaales und dessen Ausstattung mit Mobilien für nothwendig, um den bestehenden Mißständen abzuhelfen. Die für Verzinsung und Amortisation des Baukapitals, für den Gehalt des zweiten Lehrers, sowie für Heizung und Reinigung des Lokals aufzuwendenden Kosten wurden auf 700 M. im Jahre berechnet, um deren Zuwendung der betreffende Vorstand vorstellig geworden ist.

Der Präsident wies auf den seitherigen Grundsatz hin, nach welchem Geldunterstützungen für Schulen, welche nicht unter der Leitung von Lokalgewerbvereinen stehen, aus der Kasse des Landesgewerbvereins nicht gewährt wurden; hiervon sei nur in einem Falle (Lindenfels) ganz besonderer Umstände halber abgegangen worden. Es sei also zunächst grundsätzlich die Frage zu erledigen, ob das seitherige Prinzip beibehalten werden wolle oder ob man für die Zukunft auch Schulen, welche nicht unter der Leitung von Lokalgewerbvereinen stehen, Geldunterstützungen gewähren wolle. Im vorliegenden Falle könne von der Bewilligung des Gesuches in der Höhe der gestellten Forderung nicht die Rede sein; die Deckung baulicher Kosten sei im Allgemeinen nicht Sache des Landesgewerbvereins, auch gestatteten die zur Verfügung stehenden Mittel die Bewilligung des beanspruchten Zuschusses nicht; da ja auch andere Schulen Berücksichtigung zu finden hätten; höchstens könne eine Aufwendung von 200 Mark erfolgen, welche als Zuschuß zur Besoldung des zweiten Lehrers zu betrachten sein würde.

Bei der sich hieran anschließenden Debatte sprach sich Herr Commerzienrath Römheld von Mainz für das Aufgeben des seitherigen Grundsatzes aus, da die Beiträge aus den Mitteln des Landes gegeben würden, also auch ihre Verwendung eine möglichst allgemeine sein müsse. Schulen, welche unter gleicher Controle ständen, seien daher auch in Bezug auf Geldunterstützungen gleich zu behandeln. Herr Landtagsabgeordneter Dr. Schröder ist mit dem Vorredner einverstanden; aus der Erhöhung der staatlichen Subvention für die Handwerkerschulen entspringe die Verpflichtung einer allgemeinen Unterstützung der Schulen da, wo dieselben sich als dieser würdig und bedürftig erwiesen hätten. Unbedingte Voraussetzung bleibe jedoch die Controle der Schulen durch die Großh. Centralstelle und die Handwerkerschulcommission. Herr Commerzienrath Römheld sprach den weiteren Wunsch aus, daß auch künftige staatliche Verwilligungen Seitens der Stände bedingungslos erfolgen möchten; die Großh. Centralstelle habe bisher immer den wirklichen Bedürfnissen entsprechend ihre Vorschläge gemacht, und es sei wünschenswerth, eine beengende Directive fernzuhalten. Herr Apotheker Kühn von Groß-Gerau äußerte sich in gleichem Sinne wie die beiden Vorredner und wies auf die bei den Voranschlägen zu berücksichtigenden Verhältnisse der einzelnen Schulen hin, worauf der Präsident die Grundsätze entwickelte, welche bei der Aufstellung des Budgets maßgebend waren und wobei die Verschiedenheit der Verhältnisse ihre Beachtung gefunden hat. Die Versammlung sprach sich darauf einstimmig dafür aus, daß *grundsätzlich künftighin die Gewährung von Geldunterstützungen an Handwerkerschulen nicht mehr von der Bedingung abhängen solle, daß dieselben der Leitung von Lokalgewerbvereinen unterstellt sind.* Im vorliegenden Falle wird für die Schule zu Höchst eine Unterstützung bis zu 200 Mark genehmigt.

5) Die *Korbflechtschule* zu *König*, welche vorübergehende Unterstützung aus den Mitteln des Landesgewerbvereins erhalten hat, ist als solche eingegangen, es hat sich ein Privatindustriebetrieb daraus entwickelt. Dagegen ist eine neue derartige Schule in *Beerfelden* eröffnet worden, für welche der landwirthschaftliche Bezirksverein Erbach gleichfalls um eine vorübergehende Unterstützung nachgesucht hat. Dieselbe ist im Prinzip in der letzten Ausschuß-Sitzung für die nächsten drei Jahre bereits genehmigt worden, wenn eine durch Großh. Centralstelle vorzunehmende Untersuchung der Verhältnisse dies wünschenswerth erscheinen lasse. Diese Untersuchung hat inzwischen stattgefunden und schlägt Großh. Centralstelle auf Grund derselben nunmehr die endgültige Gewährung der beantragten Unterstützung in der Höhe von 150 Mark zunächst auf 3 Jahre vor, womit der Ausschuß einstimmig einverstanden sich erklärte.

6) Der folgende Punkt der Tagesordnung betraf die Vorlage und Berathung des Voranschlags über die Einnahmen und Ausgaben des Landesgewerbvereins für 1888/89. Zu Rubrik B VI, „Kosten der Vereinszeitschrift" lag ein Gesuch des Dieners des Lokalgewerbvereins Darmstadt vor, die ihm für das Austragen der Zeitschrift in Darmstadt und Bessungen bewilligte Remuneration entsprechend der Mitgliederzunahme zu erhöhen. Auf Antrag der Centralstelle wird diesem Gesuche Folge gegeben. Bei dieser Gelegenheit wurde von verschiedener Seite der Wunsch geäußert, daß für die Vereinszeitschrift ein größerer Betrag in dem Budget eingestellt werden möge, um Papier und Format entsprechender zu gestalten, sowie Mittel für Honorare zu Beiträgen und Mittheilungen für das Gewerbeblatt zu beschaffen, da solche seither nicht gewährt werden konnten. Der Präsident erläuterte die betreffenden Verhältnisse, wonach die Kasse des Landesgewerbvereins aus den Mitgliederbeiträgen Mittel für allgemeine Zwecke nicht zieht. Für das Gewerbeblatt werden 2 Mark pro Exemplar gerechnet, welcher Betrag die Selbstkosten nicht voll deckte. Würde man die Zeitschrift, wie vorgeschlagen, erweitern, was an sich ganz wünschenswerth sei, so müßten die vermehrten Kosten auf anderem Wege als zu Lasten der Staatssubvention gedeckt werden, da diese zu anderen Zwecken, und nicht für

die Zeitschrift bestimmt sei. Zur weiteren Berathung dieses Gegenstands schlage er die demnächstige Einberufung einer besonderen Commission vor, womit die Versammlung sich einverstanden erklärte.

Zu Rubrik B IX lag ein Antrag des Lokalgewerbvereins Pfungstadt vor, den Geldbeitrag für die dortige Handwerkerschule auf 300 Mark zu erhöhen, weil beabsichtigt ist, einen seither nur versuchsweise eingeführten Unterricht für Buchhaltung dauernd in den Unterrichtsplan dieser Anstalt aufzunehmen. Der Ausschuß erklärte sich hiermit übereinstimmend einverstanden. — Ein von dem Vorstande des Lokalgewerbvereins Darmstadt eingebrachter und von einigen Ausschußmitgliedern unterstützter Antrag, die Geldbeiträge aus der Kasse des Landesgewerbvereins für die Handwerkerschule in Darmstadt von jährlich 1300 Mark auf 3000 Mark zu erhöhen, kam erst in der Sitzung zur Kenntniß der Centralstelle und war bei der Aufstellung des Budgetentwurfes nicht berücksichtigt worden.

Der Präsident bemerkte zu diesem Antrage, daß zur Zeit keine Mittel zur Verfügung ständen, um demselben Folge geben zu können. Ein Zuschuß aus dem Dispositionsfond erscheine nur in dem Falle gerechtfertigt, wenn die Besoldung der Lehrer im Verhältnisse zu anderen eine geringere sei, was nicht als zutreffend erachtet werden könne. Auch sei zu berücksichtigen, daß der Lokalgewerbverein Darmstadt, welcher früher außer der Handwerkerschule noch eine Winterbauschule, sowie eine gewerbliche Fortbildungsschule für Mädchen unterhalten habe, durch Gründung neuer Handwerkerschulen in der näheren Umgebung von Darmstadt, durch die Schaffung der Landesbaugewerkschule, sowie durch die ebenfalls von dem Landesgewerbverein unterstützte Aliceschule eine nicht unwesentliche Entlastung erfahren habe, welcher gegenüber der für die Handwerkerschule geleistete Beitrag doch nicht so gering erscheine. Auch ersparten die in Darmstadt befindlichen anderweitigen Institute des Landesgewerbvereines dem Lokalgewerbvereine daselbst eine Reihe von Ausgaben gegenüber anderen Vereinen. Im Uebrigen hätte der Antrag schon zu einer Zeit eingereicht werden sollen, welche eine Prüfung, resp. eine Berücksichtigung in dem Voranschlage ermöglicht hätte; auch ermangle derselbe bis jetzt jeder näheren Begründung. Wenn man auch den Bedürfnissen der Handwerkerschule zu Darmstadt wohlwollend gegenüberstehe, so seien doch für diesmal Mittel nicht vorhanden, welche nur durch Beeinträchtigung anderer Schulen des Landes gewonnen werden könnten. Herr Bergrath Tecklenburg, Vorsitzender des Lokalgewerbvereins Darmstadt gibt zu, daß der Antrag zu spät und unbelegt eingebracht worden sei, doch liege der Grund hierfür in der Art der Verhältnisse. Uebrigens sei von seiner Seite schon früher auf die Nothwendigkeit einer Erhöhung des Beitrages hingewiesen worden, welche in Aussicht gestellt worden sei, wenn eine Mehrleistung der Stadt Darmstadt für die Zwecke der Handwerkerschule zunächst herbeigeführt werde. Es sei nicht zu verkennen, daß durch die anderweitigen hier bestehenden Institute des Landesgewerbvereins den Mitgliedern in Darmstadt mannigfache Vortheile geboten seien, doch werde z. B. die Landesbaugewerkschule von nur wenigen Schülern aus Darmstadt besucht, da für die meisten Handwerker das Schulgeld zu hoch erscheine. Die Handwerkerschule zu Darmstadt könne nunmehr die angemeldeten Schüler nicht mehr unterbringen, eine große Anzahl hätte zurückgewiesen werden müssen. Zur Beschaffung der erforderlichen Lokalitäten seien die nöthigen Schritte bei der Stadt erfolgt und stehe eine günstige Beschlußfassung in Aussicht. Die Handwerkerschule zu Darmstadt trete aus der Klasse der ländlichen Schulen heraus, schon jetzt werde Unterricht im Modelliren, in Rundschrift, in technologischen und physikalischen Fächern ertheilt, und hierfür reiche die gewährte Subvention nicht aus, besonders da neue Klassen gegründet werden müßten. Er bäte, in einem späteren Budget, den angeforderten Betrag voll einzusetzen. — Der Präsident bedauert, daß Seitens der Gewerbetreibenden von Darmstadt von der am Ort vorhandenen Landesbaugewerkschule ein so wenig ausgiebiger Gebrauch gemacht werde, woran die Höhe des Schulgeldes (30 Mark) nicht Schuld sein könne, da Schüler aus ländlichen Orten nicht blos dieses, sondern auch die weitaus höheren Kosten der Bestreitung ihres Aufenthaltes in Darmstadt während der Dauer von 4 Monaten gerne ihrer weiteren Ausbildung halber entrichteten. In gleich geringer Weise werde der für die Sommermonate eingerichtete Cursus für kunstgewerbliches Zeichnen von Gewerbetreibenden aus Darmstadt benutzt, für welche das Schulgeld, in einer Höhe von 5 Mark, doch nicht als Abhaltungsgrund gelten könne. Im Uebrigen freue er sich, daß von Seiten der Stadt Darmstadt in Förderung der Zwecke der Handwerkerschule nunmehr vorangegangen werde und bitte für die weitere Behandlung der Angelegenheit zunächst um Klarlegung der Bedürfnisse. — Herr Landtagsabgeordneter Dr. Schröder betont, daß hier andere Verhältnisse, wie in den übrigen größeren Städten vorlägen. Die Landesbaugewerkschule habe höhere Ziele und verlange ein anderes Contingent, während bei dem vorliegenden Antrage nur eine Handwerkerschule zu berücksichtigen sei, deren nothwendige Vergrößerung die Beschaffung weiterer Mittel erfordere, zu welchen der Lokalgewerbverein Darmstadt bereits fast seine ganzen Einnahmen verwende. Die Gründe, warum eine Entscheidung der Stadt sich verzögert, seien ihm unbekannt. Andererseits erkenne er an, daß es nicht möglich sei, sich heute mehr mit dem Gegenstand zu beschäftigen, als durch eine akademische Erörterung. Doch sei der Antrag für später im Auge zu behalten; vielleicht sei es möglich, für das laufende Etatjahr aus den unter Rubrik IX c vorgesehenen Fonds einige Hundert Mark mehr der Handwerkerschule zu Darmstadt zuzuwenden. — Der Präsident schlägt vor, da der Ausschuß über den vorliegenden Antrag heute nicht definitiv entscheiden könne, denselben durch eine Commission vorberathen zu lassen, zu welcher sowohl die Mitglieder des Ausschusses des Lokalgewerbvereins und der Handwerkerschulcommission von Darmstadt, als wie auch Ausschußmitglieder des Landesgewerbvereins einzuladen sein würden, nachdem die sachlichen und rechnerischen Grundlagen durch den Lokalgewerbverein Darmstadt der Centralstelle zugestellt sein werden. Ergäbe eine solche Vorberathung die Nothwendigkeit eines höheren Beitrags, so fände er nichts dabei zu erinnern, wenn aus dem Dispositionsfonds, Rubrik IX c, der Betrag von ungefähr 300 Mark auch für das laufende Rechnungsjahr weiter bewilligt würde. — Herr Professor Dr. Thiel konstatirte, daß die Stadt Darmstadt erst in der letzten Zeit Veranlassung gehabt habe sich mit den Angelegenheiten der Handwerkerschule zu befassen, da ein Antrag früher nicht eingelaufen sei, und daß die Stadtverordnetenversammlung, trotz anderweitiger bedeutender Inanspruchnahme der Stadt für Schulen und andere allgemeine Zwecke, dem Antrage freundliches Entgegenkommen gezeigt habe. Herr Commerzienrath Römheld aus Mainz glaubt aus analogen Verhältnissen in Mainz schließen zu können, daß die Klagen wegen Ueberfüllung der Klassen der Handwerkerschule in Darmstadt nicht unbegründet seien, und ersucht, nach Prüfung der einschlägigen Verhältnisse den ausgesprochenen Wünschen mit disponibelen Mitteln entgegenzukommen. — Herr Bergrath Tecklenburg erklärt sich mit den letzten Ausführungen einverstanden und erläutert kurz die Gründe, weßhalb eine frühere Vorlage an die Stadtverordnetenversammlung nicht möglich gewesen sei. Nach einer weiteren Discussion, an welcher sich insbesondere die Herren Oberbürgermeister Brinck von Offenbach, Landtagsabgeordneter Dr. Schröder, Commerzienrath Müller von Bensheim und Professor Dr. Thiel von Darmstadt betheiligen, wurde beschlossen, zunächst den Beitrag für die Handwerkerschule in Darmstadt in der Höhe von 1300 Mark zu belassen, einer Erhöhung von 300 Mark pro 1888/89 zuzustimmen, wenn die in Aussicht genommene Commissionsberathung das Bedürfniß hierfür ergeben sollte, dagegen aber eine eventuelle Erhöhung über den Betrag von 300 Mark von vorgängiger Beschlußfassung des Ausschusses des Landesgewerbvereins abhängig zu machen.

Nach diesen Verhandlungen genehmigte der Ausschuß die im Budget-Entwurf gemachten Vorschläge für Geldunterstützungen der mit Lokalgewerbvereinen verbundenen Handwerkerschulen mit 3 Abänderungen, betreffend Altenstadt und Homberg a. d. O., wo 30, resp. 20 Mark abgesetzt, und Pfungstadt, wo 50 Mark zugesetzt wurden.

Bezüglich der Geldunterstützung für Handwerkerschulen, welche nicht mit Lokalgewerbvereinen in Verbindung stehen, theilte der Präsident ein Verzeichniß von 24 solcher Anstalten mit, wovon 17 Geldunterstützungen dringend bedürftig sind. Der Ausschuß ertheilte der Centralstelle die Ermächtigung, aus dem Dispositionsfonds nach Maßgabe der Mittel und der Bedürfnisse der einzelnen Schulen dieser Art Beihülfen in Geld von je 50—150 Mark zu gewähren.

Nachdem die einzelnen Rubriken des Voranschlags durchberathen waren, wurde derselbe mit der ausdrücklichen Ermächtigung für die Großh. Centralstelle genehmigt, daß Uebertragungen von einzelnen Sätzen der Rubrik B IX „Lokalgewerbvereine und Handwerkerschulen" stattfinden können, sofern bei den einzelnen Sätzen Mehr- oder Minderausgaben eintreten. (Schluß folgt.)

Der Weidig'sche Gasabsorbtions-Thurm.

Um dem alten Uebelstande des Gasverlustes, des umständlichen Füllens und Entleerens, sowie der durch eine lange Reihe von Gefäßen bedingten Raumversperrung abzuhelfen, hat Herr Dr. H. Weidig von Gießen, jetzt in Philadelphia einen Absorbtions-Zwillings-Thurm für die Fabrikation von Salzsäure und Salpetersäure construirt und patentirt, der sich in Folge seiner äußerst praktischen Einrichtung und einfachen

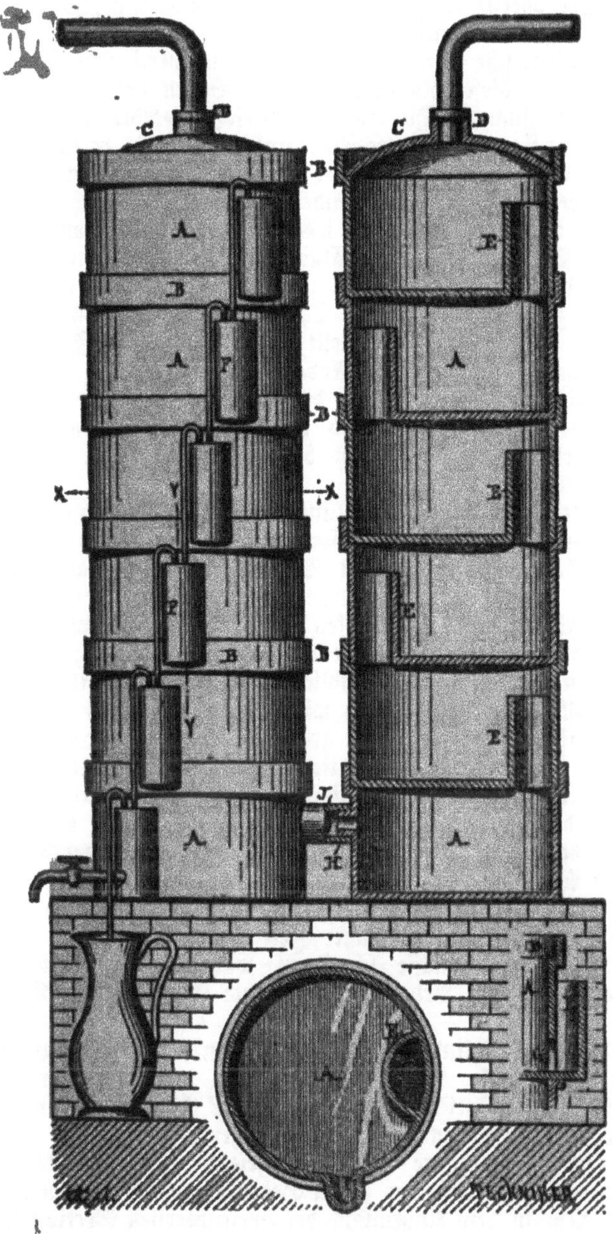

Handhabung bei gleichzeitig absoluter Gasdichtigkeit wohl sehr schnell Eintritt in die chemische Groß-Industrie verschaffen wird.

Jeder der Thürme besteht aus einer Reihe cylindrischer Sectionen A aus Steingut, unten geschlossen, oben offen. Jede dieser Sectionen ist mit einem ringförmigen Flanschen B versehen zur Aufnahme der nächstfolgenden Section. Alle Theile A werden sorgfältig gegeneinander abgedichtet. Der oberste Theil wird mit einem Deckel C geschlossen, welcher zur Anbringung des Einführungs-Rohres mit einem Stutzen D versehen ist. Jede cylindrische Section ist mit einem verticalen Kanal E im Innern versehen; dieser Kanal reicht vom Boden des Gefäßes bis zur Dreiviertelhöhe hinauf. Die einzelnen Gefäße werden so übereinander gestellt, daß die Kanäle E abwechselnd links und rechts zu liegen kommen, um die vom Gas zu durchströmende Strecke möglichst lang zu machen. Außen an jedem Cylindertheil befinden sich Näpfe F, welche dazu dienen, die Beschaffenheit der Säure in jedem Gefäß controliren zu können. Die unterste Section eines jeden Cylinders ist selbstverständlich nicht mit einem verticalen Kanal ausgestattet, sondern hat je einen seitlichen Ausflußstutzen H zur Verbindung der Thürme durch ein Rohr I.

Nachdem die Thürme aufgestellt sind, werden die Fugen der einzelnen Sectionen zunächst mit Asbest und dann mit geschmolzenem Schwefel gedichtet. Jeder Thurm bildet dann eine compacte, gasdichte Säule. Das Zuleitungsrohr wird vom Cylinder aus auf den einen Thurm geführt und die Sectionen beider Thürme durch die Außenöffnungen mit Wasser ³/₄ angefüllt.

Die kräftige Anfangsentwickelung der salzsauren Gase leitet sofort im ersten Thurm eine kräftige Absorbtion ein, die um so vollkommener ist, als die Gase von Section zu Section zu sinken haben und sich, bevor sie den Kanal nach der nächsttieferen Section passiren, auf die Absorbtions-Flüssigkeit lagern müssen. Im zweiten Thurm steigen dann die bedeutend säure-ärmer gewordenen Gase empor und geben den Rest der Säure an die in diesem befindlichen 6 Sectionen mit Wasser ab.

Nach vollendeter Austreibung wird die in den beiden Thürmen nun enthaltene wässrige Salzsäure eine graduelle Abnahme der Stärke zeigen, und zwar so, daß die oberste Section des ersten Thurmes die stärkste, die oberste des zweiten Thurmes die schwächste Säure enthält. Bei der zweiten Cylindercharge wird das Gas-Zufuhrrohr anstatt auf den ersten Thurm auf den zweiten Thurm gelegt; die Säure-Gase machen nun den umgekehrten Weg, die schwache, inzwischen abgekühlte Säure des zweiten Thurmes wird jetzt natürlich das meiste Gas absorbiren und die Säure wird in allen Sectionen zu gleicher Zeit gleich stark sein.

In jedem der Einlässe schwimmt während der Absorbtion ein Hydrometer, der dem Arbeiter eine leichte Controle der Säurestärke gestattet.

Nachdem zwei Cylinderchargen gemacht sind, ist die Säure in allen Sectionen gleich stark. Das Entleeren wird nun folgendermaßen bewerkstelligt. Zu je zwei Thürmen werden 12 thönerne Heberröhren geliefert, deren kurzer Schenkel 14, deren langer 22″ lang ist. Die Heber werden zuerst in die untere Section eingesetzt. Hat die untere Section 2 Minuten gelaufen, wird der zweite Heber eingesetzt, und zwar so, daß sein kurzer Arm in dem Außennapf der zweituntersten Section steht und sein langer Arm in den Außennapf der unteren mündet. Nach weiteren 2 Minuten der dritte, dann der vierte, fünfte und zuletzt der sechste Heber. Die Folge wird sein, daß sich jede Section in die nächst untere entleert, die ganze Säure also den Weg durch alle Sectionen macht und sich auf diese Weise vollkommen mischt; der ganze Thurm-Inhalt läuft also am untersten Heber aus.

Fassen wir die Vortheile des neuen Absorbtions-Thurmes kurz zusammen, so sind sie folgende:

1. Arbeitsersparniß.
2. Raumersparniß.
3. Absolute Vermeidung von Gasverlust und dadurch größere Ausbeute.
4. Größere Reinheit der Säure durch gänzlichen Wegfall der Lehmdichtungen.
5. Größte Einfachheit des Füllens und Entleerens.
6. Leichte und genaue Controle der verschiedenen Säurestärken.

Die Thürme werden in einer Höhe von 10′ und lichten Weite von 30″ aus patentirtem, säurefestem Thongemisch hergestellt.

Jede einzelne Section hat eine lichte Höhe von 18″ und einen Durchmesser von 30″ im Lichten. Die Thürme werden also in ihren 12 Sectionen bei einmaliger Wasserfüllung gerade 2 Tonnen Salzsäure oder entsprechend viel Salpetersäure produciren. Die Thürme haben eine dem eignen und dem Druck des Inhalts entsprechende Wandstärke und sind von außerordentlicher Stabilität und Dauerhaftigkeit.

Extrazüge zu den Ausstellungen in München.

Um den Besuch der im Laufe dieses Sommers zu München stattfindenden drei Ausstellungen, nämlich:

1) der dritten internationalen Kunstausstellung vom 1. Juni bis 31. October,
2) der deutsch-nationalen Kunstgewerbeausstellung vom 15. Mai bis 15. October,
3) der Ausstellung von Kraft- und Arbeitsmaschinen für den Handwerksbetrieb vom 1. August bis 15. October,

thunlichst zu erleichtern und durch Einrichtung billiger und rascher Beförderungsgelegenheiten die Reise nach München auch den weniger bemittelten Kreisen zu ermöglichen, sind Seitens der betheiligten Eisenbahnverwaltungen Extrazüge mit 50% Fahrpreisermäßigung und 30tägiger Gültigkeitsdauer der Billete in Aussicht genommen, wenn auf eine entsprechende Frequenz derselben gerechnet werden kann.

Etwaige Anmeldungen zur Betheiligung können durch die Vorstände der Lokalgewerbvereine übermittelt werden.

Verschiedene Mittheilungen.

Patente von im Großherzogthum Hessen wohnenden Erfindern.

Patent-Anmeldungen. — Kl. 13, R. 4692. Stehender Wasserröhrenkessel; Arthur Rodberg in Darmstadt. — Kl. 15, G. 4511. Billetdruckmaschine; Gandenberger'sche Maschinenfabrik von Georg Göbel in Darmstadt. — Kl. 33, H. 7468. Toiletteneinsatz für Reisekoffer und Taschen; Huppe & Bender in Offenbach a. M. — Kl. 33, L. 4701. Sicherheitsklappverschluß; Hermann Lehmann in Offenbach a. M. — Kl. 37, R. 4491. Vorrichtung zum Aufziehen und Niederlassen von Rolläden; J. Heinr. Renter, Bauschreinerei in Darmstadt. —

Kl. 42, Sch. 4824. Einrichtung an Laufgewichtswaagen zur selbstthätigen Abwägung; Carl Schenck in Darmstadt, Landwehrweg 55.

Patent-Ertheilungen. — Kl. 42, Nr. 43563. Vorrichtung zum Anzeigen schädlicher Gase; P. Binsfeld in Köln a. Rh., Hohenstaufenring Nr. 60 und G. d'Orville in Offenbach a. M., Louisenstr. 54; vom 29. Juli 1887 ab.

Kraft- und Arbeitsmaschinen-Ausstellung in München 1888. Die Ausstellung, für welche noch immer, obwohl der Anmeldetermin abgelaufen ist, zahlreiche Anmeldungen einlaufen, wird ein mannigfaches Bild von den Hilfsmitteln, die dem Kleingewerbe die Technik der Neuzeit bietet, entfalten. Motoren jeder Art und jeden Systems, Arbeitsmaschinen für die verschiedensten Branchen werden eine lebhafte Thätigkeit in den Ausstellungshallen entwickeln, praktische Werkzeuge der neuesten Construction den Interessenten vor Augen geführt werden. An Räumlichkeiten sind von den einzelnen Ausstellern 1—90 qm belegt; alle Bundesstaaten sind vortheilhaft, am hervorragendsten aber das industrielle Sachsen vertreten. Neben der allgemeinen Handwerksmaschinenausstellung werden die beiden Collectivausstellungen für die Bürsten-, Pinsel- und Kammfabrikation, sowie die Schuh-Industrie einen hochinteressanten Anziehungspunkt bilden; auch hiefür sind schon zahlreiche Anmeldungen eingetroffen und werden solche fortlaufend, nachdem der Anmeldetermin vorläufig auf unbestimmte Zeit verlängert wurde, entgegengenommen. Wir haben schon wiederholt Beweise angeführt, daß dem Unternehmen von hoher und höchster Stelle größte Sympathie entgegengebracht wird; neuerdings hat nun auch der Wittelsbacher-Landesstiftungs-Rath eine bedeutende Summe bewilligt, welche in erster Linie für Erlassung oder Ermäßigung der Platzgebühr an minderbemittelte bayerische Aussteller zu verwenden ist, worauf wir hiermit ganz besonders aufmerksam machen.

Petroleum gegen Kesselsteinbildung. Nach Mittheilungen englischer Fachleute soll Petroleum ein sehr wirksames Mittel gegen Kesselsteinbildung sein. Unter anderem sei es auf einem Oceandampfer mit gutem Erfolge angewendet worden. Das Petroleum wurde dem Speisewasser zugesetzt und zwar eine geringe Menge zu Anfang der Speisung und eine ebensolche während derselben. Es soll dabei nicht nur die Entstehung von Kesselstein verhindert, sondern auch schon vorhandenen Kesselstein wieder gelöst haben. Auch auf den ostindischen Bahnen werde Petroleum mit Erfolg als Anti-Kesselsteinmittel verwendet.

Postpacketverkehr mit Chile. Vom 1. Mai ab ist unter den Bedingungen des Vereinsdienstes ein Postpacketaustausch mit Chile, auf dem Wege über Hamburg, eingerichtet worden. Zugelassen sind gewöhnliche Postpackete, ohne Werthangabe oder Nachnahme, bis zum Gewicht von 5 kg. Die Taxe beträgt in Deutschland 3 Mark 20 Pf.

Ueber das Nähere ertheilen die Postanstalten Auskunft.

Anzeigen.

Die Modellsammlung

eines seit 26 Jahren bestehenden, altrenommirten Bildhauer-Ateliers und Decorationsgeschäftes ist wegen Erkrankung des Inhabers zu verkaufen.

Die Modelle von Gyps in bestem Zustande bestehen aus: **Reliefs, Medaillons, Kariatyden, Hermen, Garten-** und **Fontaine-Figuren, Säulen-** und **Pilaster-Kapitälen, Fries-, Brüstungs-, Füllungs-** und **Pilaster-Einsätzen, Cassetten, Metopen, Cartouchen, Akroterien, Consolen, Schlußsteinen,** verzierten **Gesimsen, Stäben** und **Gliederungen,** sowie **Rosetten, Balustres, Vasen** und **Postamenten** rc., und dienten zur Ausschmückung von **Façaden** und inneren Räumlichkeiten reicher **Palast-, Theater-, Justiz-, Bahnhofs-, Kirchen-** und **Privat-Bauten.**

Dieselben sind Originale, anderweitig noch nicht vervielfältigt und größtentheils im Geschmack der italienischen Renaissance ausgeführt.

Auch wird eventuell das ganze Etablissement mit Atelierbauten, Hofraum und Wohnhaus unter günstigen Bedingungen verkauft. Anfragen u. H. 1955.

Redacteur Dr. Hesse. — Druck von Heinrich Brill.

In Commission bei L. Brill in Darmstadt.

Gewerbeblatt

für das

Großherzogthum Hessen.

Zeitschrift des Landesgewerbvereins.

Erscheint wöchentlich. Auflage 4500. Anzeigen für die durchgehende Petitzeile oder deren Raum bei ein- und zweimaliger Aufnahme 30 Pf., bei drei- und mehrmaliger Aufnahme 25 Pf.

№ 19. Mai **1888.**

Ausschuß-Sitzung des Landesgewerbvereins vom 19. April 1888.

(Schluß.)

7) Zu dem folgenden Punkte der Tagesordnung „Vorlage und Berathung des Voranschlags für die Landesbaugewerkschule und die erweiterten Handwerkerschulen" übergehend, erläuterte der Präsident zunächst das Wesen der erweiterten Handwerkerschulen und die Verhältnisse der Hauptlehrer derselben. Von dem Grundsatze ausgehend, daß Bezahlung wie Beschäftigung eine gleich ausreichende sein müsse, bei einigen der kleineren Schulen aber Unterricht im Sommer nicht ertheilt werde, erachte er es für nothwendig, daß bei jeder neuen Annahme eines Lehrers es demselben zur Pflicht gemacht werde, die Zeit, in welcher er von der betreffenden Schule nicht in Anspruch genommen werde, der Großherzoglichen Centralstelle zur Bearbeitung von Vorlegeblättern u. dergl. zur Verfügung zu stellen. Der Präsident wies weiter darauf hin, daß die von den Landständen bewilligten Mittel nur für Schulzwecke bestimmt seien und nur für diese ihre Verwendung finden könnten, daß er es ferner für durchaus zweckmäßig erachte, daß der für die Neugründung einer weiteren erweiterten Handwerkerschule genehmigte Betrag nicht für einen Ort ausdrücklich bestimmt worden sei, und die Verfügung hierüber dem Ausschusse zustehe. Zunächst sei Bensheim versuchsweise in Aussicht genommen; wenn es sich zeige, daß ein Be-

dürfniß daselbst vorhanden sei und daß die Schule daselbst sich lebensfähig erweise, so würde kein Grund zu einer Aenderung vorliegen; anderen Falles sei dem Ausschusse immer das Recht zu wahren, eine solche vorzunehmen und die Schule da einzurichten, wo Bedürfnisse vorliegen und die Bedingungen des Gedeihens derselben gegeben seien.

Gegen diese allgemeinen Gesichtspunkte wurde keinerlei Einspruch erhoben und erklärte sich die Versammlung ausdrücklich damit einverstanden, daß bei Neuanstellung von Lehrern die oben erwähnte Bedingung, die freie Zeit derselben Großh. Centralstelle zur Verfügung zu stellen, immer vertragsmäßig festgestellt werde.

Auf die einzelnen Posten des Voranschlags eingehend, bemerkte der Präsident zuerst, daß die Beiträge für die Landesbaugewerkschule, sowie die Kunstgewerbeschulen zu Mainz und Offenbach und die erweiterten Handwerkerschulen zu Gießen, Worms und Friedberg nach Maßgabe der früheren Verhandlungen eingestellt worden seien, ferner schlug er vor, den für Büdingen vorgesehenen Betrag zunächst auf 2200 Mark zu belassen, das Mehr von 500 Mark aber einstweilen, bis zu einer Neuordnung der Verhältnisse an der Büdinger Schule, dem Dispositionsfonds zuzuführen. Begründend erläuterte er hierzu die zur Zeit in Büdingen bestehenden Verhältnisse, worauf der Vorsitzende des Lokalgewerbvereins Büdingen, Herr Kreistechniker Muth, Veranlassung nahm, ausdrücklich seine volle Uebereinstimmung mit dem Vorgetragenen zu betonen. Bezüglich der Schule in Erbach bemerkte der Präsident, daß für die Weiterentwicklung derselben in dem Dispositionsfonds ein Betrag von 500 Mark vorgesehen worden sei, zur Zeit aber noch keine Veranlassung vorliege, dieselben dem Vorstande des dortigen Lokalgewerbvereins zu überweisen. Der Vorsitzende desselben, Herr Kreisbaumeister Braun, besprach hierauf die Verhältnisse der dortigen Schule und hob anerkennend hervor, daß der Gemeinderath zu Erbach sich im Interesse der Schule bereit erklärt habe, einen jährlichen Zuschuß von 700 Mark zu bewilligen, wenn der Staatsbeitrag auf 1500 Mark festgestellt werde. Er sei mit dem Vorschlage des Herrn Präsidenten vollständig einverstanden, es genüge ihm einstweilen, die Versicherung mitzunehmen, daß in dem Dispositionsfonds der erforderliche Betrag aufgenommen worden sei, bis die Verhandlungen, welche er zur Beschaffung eines geeigneten Hauptlehrers bereits eingeleitet habe, zum Abschlusse gediehen sein würden.

Die Versammlung erklärte sich damit einverstanden, daß bei Büdingen der Betrag von 500 Mark abgesetzt und dem Dispositionsfonds einstweilen zugeführt werde, sowie daß aus letzterem ein weiterer Betrag von 500 Mark für die erweiterte Handwerkerschule in Erbach verwendet werden könne.

Für die Gründung einer erweiterten Handwerkerschule in Bensheim ist ein Betrag von 3000 Mark eingestellt worden, dessen Ueberweisung aber erst nach dem Inslebentreten derselben erfolgen soll. Herr Commerzienrath Müller, Vorsitzender des Lokalgewerbvereins Bensheim, wies nach, daß die gegenwärtige Handwerkerschule daselbst, deren Schülerzahl nunmehr auf 102 gestiegen, im erfreulichsten Aufschwunge begriffen, und daß nicht nur das Bedürfniß nach weiteren Lehrern, sondern auch dasjenige der Gründung einer erweiterten Handwerkerschule vorhanden sei. Er erkenne es an, daß dieselbe sich als lebensfähig erweisen müsse, wenn zu ihrem Fortbestande der Ausschuß die Mittel bewilligen solle; nur bäte er, für den Anfang etwas Milde und Rücksicht walten zu lassen. — Herr Rentner August Heß, Vorsitzender des Lokalgewerbvereins zu Gießen, hätte gehofft, einen größeren Betrag für die dortige erweiterte Handwerkerschule zu erhalten, für welche das Bedürfniß der Vermehrung der Lehrer und der Beschaffung neuer Ausstattungen vorliege. Jedoch bescheide er sich angesichts der Verhältnisse. Gegenüber einem mehrfach erfolgten Hinweise darauf, daß die Stadt Gießen der erweiterten Handwerkerschule eine größere Fürsorge zuwenden dürfte, glaube er nur noch betonen zu sollen, daß dieselbe außer einem Beitrage von 500 Mark auch Heizung und sämmtliche Lokale zur Verfügung stelle, deren Miethwerth nach den dortigen Verhältnissen gleichfalls einen bedeutenden Beitrag darstelle. Herr Hug, Hauptlehrer zu Gießen, hob nochmals das Bedürfniß hervor, einen vierten Zeichensaal mit dem nöthigen Mobiliar auszustatten und bat hierfür um Verwilligung eines einmaligen Betrags von 500 Mark. Der Präsident wies auf die Folgen hin, welche die Gewährung dieses Gesuches mit sich bringen würde, während Herr Jochem, Vorsitzender der Handwerkerschulcommission zu Worms, an dem daselbst gegebenen Beispiele den Weg zeigte, wie eine Befriedigung der Bedürfnisse, auch ohne eine Inanspruchnahme der Kasse des Landesgewerbvereins, in Worms erreicht worden sei, und auch anderswo erreicht werden könnte. Dem gestellten Antrage wurde demnach keine Folge gegeben. — Hierauf wurde die Sitzung um 1½ Uhr auf eine halbe Stunde vertagt.

8) Nachdem um 2 Uhr Nachmittags die Verhandlungen wieder aufgenommen worden waren, theilte der Präsident mit, daß von den Herrn Landtagsabgeordneten Vogt, Lautz, Schönberger, Dr. Schröder, Zinßer, Erk, Stephan, Wolz, Breimer und Wernher in der zweiten Kammer der Stände ein Antrag eingebracht worden ist, diese Kammer wolle Großh. Ministerium ersuchen, zur vorzugsweisen Unterstützung der ländlichen Lokalgewerbvereine und Handwerkerschulen für Verwilligung einer Summe von 10000 Mark bald Vorlage zu machen. Dieser Antrag wurde von Großh. Ministerium des Innern und der Justiz der Centralstelle für die Gewerbe zur berichtlichen Aeußerung mitgetheilt. Der betr. Berichts-Entwurf, in welchem die hier in Betracht kommenden Verhältnisse der Lokalgewerbvereine und Handwerkerschulen in kleineren Orten des Landes ausführlich dargelegt sind, wurde von dem Präsidenten vorgetragen und der Ausschuß stimmte demselben in allen seinen Theilen einstimmig zu.

9) Zu Punkt 9 der Tagesordnung „Antrag, betreffend Revision des Gewerbsteuertarifs" erstattete der Generalsecretär zunächst einen kurzen Bericht. In Folge einer in der zweiten Kammer der Stände gestellten Interpellation der Herrn Abgeordneten List und Hanstein ist Großherzogliche Centralstelle von der Abtheilung für Steuerwesen des Großh. Ministeriums der Finanzen veranlaßt worden, betreffende Gutachten der Lokalgewerbvereine einzuziehen und sich über den Gegenstand zu äußern. Von 42 Lokalgewerbvereinen, welchen das entsprechende Ausschreiben seiner Zeit zuging, haben 33 geantwortet, von welchen 21 keine besonderen Wünsche äußerten; von den übrigen wurden verschie-

dene Desiderien bekannt gegeben, unter welchen besonders das Verlangen eines größeren Schutzes für das stehende Gewerbe, nämlich durch höhere Besteuerung des Hausirhandels und vorübergehender Betriebe, hervorzuheben ist. Auf Wunsch einzelner Ausschußmitglieder verlas der Generalsecretär einen Auszug aus den eingegangenen Gutachten, worauf der Präsident darauf hinwies, daß eine sich anschließende Debatte sich wohl nur auf eine allgemeine Beurtheilung des Gegenstandes, nicht aber etwa auf die Details des Gewerbesteuertarifs erstrecken könnte, worauf er einen allgemeinen Ueberblick über die geschichtliche Entwicklung der Steuergesetzgebung im Großherzogthum Hessen und die dabei innegehaltenen Grundsätze, insbesondere denjenigen, die Steuerveranlagung an sichtbare, äußere Merkmale anzuknüpfen, gab.

Nach längerer Debatte, an welcher sich außer dem Präsidenten besonders die Herrn Jochem von Worms, Ulrich von Pfungstadt, Dr. Schröder von Darmstadt, Heß von Gießen und Müller von Bensheim betheiligten, und in deren Verlauf auf einige allerdings bestehende Beschwerden hingewiesen wurde, beschloß der Ausschuß, das eingegangene Material dem Großh. Ministerium der Finanzen, Abtheilung für Steuerwesen, vorläufig zur Kenntniß zu bringen, die von Seiten einzelner Ausschußmitglieder gewünschte, weitere eingehendere Behandlung der Angelegenheit aber einer Commission zu überweisen, für welche einzelne bestimmte Vorschläge gemacht wurden.

10) Hierauf trat die Versammlung zunächst in die Berathung des Punktes 12 der Tagesordnung „Bestimmungen bezüglich der ferneren Veranstaltung von Ausstellungen der Zeichnungen und Schülerarbeiten aus den Handwerkerschulen, sowie wegen periodischer Visitationen dieser Anstalten" ein. Da der Vorsitzende der Handwerkerschulcommission, Herr Geh. Ober-Baurath Dr. Müller, verhindert war, der Nachmittagssitzung beizuwohnen, verlas der Generalsecretär Namens dieser Commission folgendes Referat:

„Die während der letzten Jahre stetig gestiegene Zahl der Handwerkerschulen und die wachsenden Schülerzahlen dieser Anstalten gestatten nicht mehr die jährlichen Ausstellungen von Schülerarbeiten aus den Handwerkerschulen in der seitherigen Weise fortzuführen.

Nur in den größten Städten des Landes befinden sich so große Schulgebäude, welche, je während der Schulferien zur Verfügung gestellt, ausreichenden Raum zur Ausstellung der Zeichnungen und Schülerarbeiten aus allen Handwerkerschulen des Landes bieten. — Solche Schulgebäude können in der Regel nicht länger als 4 Wochen für Zwecke einer Ausstellung benutzt werden. Hiervon kommen 8 Tage auf die Ausräumung der Schulsääle und die Herstellung der Ausstellung; 15 Tage, mit 3 Sonntagen, auf die Offenhaltung der Ausstellung für das Publikum und die Schulen; 6 Tage auf das Abräumen der Zeichnungen 2c., die Wieder-Einräumung der Schulsääle und die Reinigung der Letzteren. — Nach dem Umfang der Geschäfte, wie sich solcher bei den letzten Ausstellungen in Offenbach und Darmstadt ergeben hat, sind die Arbeiten der ersten und letzten Woche nur mit Aufwand vieler Kräfte und Kosten zu bewältigen.

Seither wurden die Ausstellungen an den Orten veranstaltet, in welchen die Jahres-Generalversammlungen der Mitglieder des Landesgewerbvereins abgehalten wurden. Man hat hierbei Werth darauf gelegt, daß bei der Wahl der betreffenden Orte auch kleinere Städte der drei Provinzen berücksichtigt wurden. Dies würde fernerhin nicht mehr möglich sein, wenn mit den Generalversammlungen Ausstellungen von Schülerarbeiten sämmtlicher Handwerkerschulen verbunden werden sollen. Man wird deßhalb genöthigt sein, entweder die Generalversammlungen mit den Ausstellungen nur in den größten Städten des Landes wechselnd abzuhalten, oder es müssen die Ausstellungen in deren Umfang beschränkt werden; oder endlich, man müßte sich dazu entschließen, an kleineren Orten Generalversammlungen ohne Ausstellungen abzuhalten und letztere nur alle 2—3 Jahre mit Generalversammlungen zu verbinden, welche in größeren Städten veranstaltet werden.

Seither boten die jährlichen Ausstellungen von Schülerarbeiten sämmtlicher Handwerkerschulen eine Controle über die Unterrichtsführung in diesen Anstalten und deren Leistungen. Kommen diese jährlichen Ausstellungen in Wegfall, so müssen häufigere Visitationen der Handwerkerschulen durch die Mitglieder der Handwerkerschul-Commission oder andere geeignete Persönlichkeiten stattfinden.

Die Großherzogliche Centralstelle für die Gewerbe und den Landesgewerbverein hat in Gemeinschaft mit der Handwerkerschul-Commission die bezeichneten Verhältnisse zunächst einer vorgängigen Erwägung unterzogen, sodann wurden die in Betracht kommenden Gesichtspunkte in der am 20. Juli 1887 in Darmstadt abgehaltenen Lehrerconferenz, an welcher circa 120 Lehrer von Handwerkerschulen Theil nahmen, zur Verhandlung gebracht. Die Conferenz entschied sich für den Versuch, abwechselnd in den drei Provinzen jährlich provinzielle Ausstellungen, dagegen allgemeine Landes-Ausstellungen nur in größeren Perioden zu veranstalten. Als erwünscht wurden häufigere Visitationen der Handwerkerschulen erachtet und hierfür soll eine Instruction Seitens der Centralstelle bearbeitet werden. Bezüglich der jährlich von den Handwerkerschulen an die Centralstelle zu liefernden Berichte, mit Nachweisungen über die Schülerbestände, und Uebersichten der Einnahmen und Ausgaben der Schulen, wurden verschiedene Wünsche geäußert; ebenso bezüglich der Ergänzung des Unterrichtsmaterials an Vorlegeblättern, Modellen 2c.

In einer vereinigten Sitzung der Centralstelle mit der Handwerkerschul-Commission, am 10. April l. J., wurden die Anträge und Wünsche der bemerkten Lehrer-Conferenz nochmals eingehend berathen. Das Resultat dieser Berathung ist in Nachstehendem gegeben, und an den Ausschuß des Landesgewerbvereins wird hiermit der Antrag gestellt, seiner Seits den gemachten Vorschlägen seine Zustimmung ertheilen zu wollen.

1. Vom Jahr 1888 an werden jährliche Provinzial-Ausstellungen von Zeichnungen und Schülerarbeiten aus den Handwerkerschulen veranstaltet werden. — Die erste derartige Ausstellung findet 1888 für Rheinhessen statt; dann folgt Oberhessen 1889; Starkenburg 1890, u. s. f.

An jeder Provinzial-Ausstellung betheiligen sich sämmtliche in der betreffenden Provinz befindlichen Handwerkerschulen und stets auch die Landesbaugewerkschule in Darmstadt.

2. Von 7 zu 7 Jahren sollen allgemeine Landes-Ausstellungen für Handwerkerschulen, an welchen sich alle Kunstgewerbe-Schulen, die erweiterten Handwerkerschulen und die übrigen Handwerkerschulen des Großherzogthums betheiligen werden. — Die nächste Ausstellung dieser Art wird, von der letzten Ausstellung 1887 in Darmstadt an gerechnet, 1894 in Rheinhessen stattfinden.

3. Es wird den Handwerkerschulen empfohlen, jährlich Lokal-Ausstellungen ihrer Schülerarbeiten zu veranstalten, um das Interesse für diese Schulen in den eigenen Kreisen lebendig zu erhalten.

4. Schulvisitationen sollen in der Art eingerichtet werden, daß jede Handwerkerschule mindestens alle drei Jahre einmal visitirt wird.

Nicht nur an Sonntagen, sondern auch an Wochentagen können solche Visitationen vorgenommen werden, mit welchen Revisionen der Vorlegeblätter und Unterrichtsmittel, sowie Erhebungen bezüglich der Wünsche von Schulvorständen und Lehrern zu verbinden sind.

5. Die Berichte der Handwerkerschul-Commission über die Provinzial-Ausstellungen und die Landes-Ausstellungen der Handwerkerschulen sollen, wie seither, in einem allgemeinen Theil statistische Uebersichten über den Bestand sämmtlicher Anstalten und Aeußerungen über die Ausstellungen im Allgemeinen, sowie in einem speciellen Theil Kritiken der Leistungen im Einzelnen enthalten. Letztere werden den betreffenden Anstalten vertraulich mitgetheilt und nicht im Gewerbeblatt veröffentlicht.

6. Für die statistischen Erhebungen bezüglich des Bestands der einzelnen Handwerkerschulen sollen die abgelaufenen Etatsjahre, also die Perioden je vom 1. April bis zum 31. März, maßgebend sein. — Von jeder Schule werden verlangt: a. Verzeichniß sämmtlicher Schüler mit Angabe von Alter, Beruf und Zeit des Unterrichts; b. Angabe der Schülerzahlen in den einzelnen Abtheilungen und mit Bezeichnung deren Lehrer; c. Uebersicht der Einnahmen und Ausgaben im abgelaufenen Etatsjahr.

Auszüge aus diesen Materialien und die Gruppirung derselben werden von der Centralstelle für die Gewerbe und den Landesgewerbverein besorgt."

Nach einigen Debatten, an welchen sich außer dem Präsidenten insbesondere die Herrn Müller von Bensheim, Jochem von Worms, Heß und Hug von Gießen, Wentzel von Butzbach und Kühn von Groß-Gerau betheiligten und welche im Wesentlichen die Zweckmäßigkeit mehr oder weniger häufiger Visitationen betrafen, wurden die Anträge der Commission angenommen.

11) In Erledigung des 11. Punktes der Tagesordnung „Bestimmungen bezüglich der Generalversammlung der Mitglieder des Landesgewerbvereins im Jahre 1888 wird Bingen als Ort der Versammlung vorgeschlagen und angenommen. Der anwesende Vorsitzende des Lokalgewerbvereins Bingen, Herr Spenglermeister Wittner, nimmt die Wahl dankend und mit der Versicherung an, daß Bingen bestrebt sein werde, bei seinen Gästen im besten Andenken zu bleiben. Die Generalversammlung wird unter Anderm sich auch mit der Neuwahl des Ausschusses zu beschäftigen haben.

12) Es gelangt nun der einstweilen zurückgestellte Punkt 10 der Tagesordnung „Frage wegen Anregung zur Förderung gewerblicher Erwerbs- und Wirthschaftsgenossenschaften zur Verhandlung. Anlaß hierzu bot eine bezügliche, in der zweiten Kammer der Landstände von Herrn Bergrath Tecklenburg aus Darmstadt bei Berathung des Gesetzes betr. die Landesculturgenossenschaften gemachte Bemerkung; in Folge welcher Herr Tecklenburg als Vorstand des Lokalgewerbvereins in Darmstadt ersucht wurde, seine Ansichten näher darüber mitzutheilen, in welcher Weise er eine staatliche Förderung der Erwerbs- und Wirthschaftsge-

nossenschaften für räthlich erachte. Die betreffenden, schriftlich geäußerten Wünsche des Herrn Bergraths Tecklenburg waren Seitens der Centralstelle zunächst den Vorständen der Lokalgewerbvereine zu Mainz, Offenbach und Worms zur gutachtlichen Aeußerung zugestellt worden. Die eingelaufenen, in der Versammlung verlesenen Antworten sprachen sich einstimmig dahin aus, daß ein Act der Gesetzgebung zur Förderung der Erwerbs- und Wirthschaftsgenossenschaften für die Gewerbe weder nothwendig noch räthlich erscheine. Man ging dabei von der Ansicht aus, daß durch das Gesetz vom 4. Juli 1868 in genügendem Maße die Bildung von Erwerbs- und Wirthschaftsgenossenschaften ermöglicht und gesetzlich geregelt sei. Die Frage, ob die Bildung derartiger Genossenschaften überhaupt wünschenswerth und deren Förderung auf dem Wege der Gesetzgebung sonach räthlich erscheine, lasse sich in dieser Allgemeinheit nicht von vornherein entscheiden. Eine solche Genossenschaft vermöge da sehr ersprießlich zu wirken, wo alle Voraussetzungen dazu gegeben seien, sie könne dagegen, wo diese Voraussetzungen fehlen, höchst nachtheilige Folgen haben. Bei der Verschiedenheit der Erwerbs- und Wirthschafts-Verhältnisse ließen sich die Erwerbs- und Wirthschafts-Genossenschaften nicht durch die Gesetzgebung in die Bevölkerung verpflanzen, sondern müßten aus der eigenen Initiative der betheiligten Kreise hervorgehen und könnten höchstens die dabei gemachten Erfahrungen auf die Vervollständigung und Verbesserung der bestehenden Gesetzgebung einwirken. Die Erfahrungen, welche man an einzelnen Orten mit der Errichtung derartiger Genossenschaften gemacht habe, führten zu der Ueberzeugung, daß eine besondere, gesetzgeberische Begünstigung derselben um so weniger empfehlenswerth sei, als solche erfahrungsgemäß häufig zur Bildung von Erwerbs- und Wirthschafts-Genossenschaften auch da, wo ein Bedürfniß nicht vorliege, verleite. Denselben Standpunkt vertraten auch die an der nachfolgenden Debatte sich betheiligenden Redner, insbesondere der Präsident und die Herrn Heß von Gießen und Dr. Schröder von Darmstadt. Es wurde geltend gemacht, daß, wenn auch die vorliegende Anregung die besten Absichten verfolge, man doch des Guten zuviel thun könne, daß man, nachdem das Reich sich bereits mit der Revision des Genossenschaftsgesetzes beschäftige, nicht auch die Landesgesetzgebung noch in Thätigkeit treten lassen solle. Die gewünschte Anregung zu staatlicher Förderung erscheine bedenklich und durch die seitherige Entwicklung des Genossenschaftswesens nicht begründet, man möge doch lieber wieder auf die Selbstthätigkeit und eigene Initiative zurückgreifen und nicht Alles von der Staatshülfe erwarten. Bei den landwirthschaftlichen Genossenschaften lägen die Verhältnisse insofern anders, als sie weit auseinander liegende Betriebe, jedoch alle mit einerlei Interesse, zusammenfaßten und dadurch förderten. Wo in den Gewerben gesunde Grundlagen dafür vorhanden seien, würden sich Genossenschaften von selber bilden; umfaßten ja doch die meisten Erwerbs- und Wirthschaftsgenossenschaften, wie Creditgenossenschaften, Volksbanken u. s. w. bereits den größten Theil der Gewerbetreibenden. Zu Wünschen nach weiterer Staatsunterstützung liege durchaus kein Anlaß vor. Der Präsident wies auch noch auf die Innungen hin, welche, für Förderung der Interessen gleichartiger Gewerbetreibenden bestimmt, allerdings bei uns noch wenig Verbreitung gefunden haben. Doch sei der angeregte Gegenstand wichtig genug, im Ausschusse zur Sprache gebracht zu werden. Herr Bergrath Tecklenburg sprach sich nochmals, ähnlich wie es bei der Landwirthschaft geschehen, für Bildung von freien und öffentlichen Genossenschaften auch für die Gewerbe aus. Obgleich er die Folgen seiner Anregung nicht vorausgesehen, so freue er sich doch über dieselben, auch wenn die einzelnen Vereine sich nicht so günstig ausgesprochen hätten, als er erwartet habe. Die Pflege des Schulwesens habe ja die Gewerbe gefördert; aber durch Genossenschaften würden den Gewerbetreibenden größere Einnahmen zugewendet und solche trügen auch zur Hebung der Gewerbe bei. Das Genossenschaftswesen habe sich auf dem landwirthschaftlichen Gebiete bewährt, es werde sich auch bei dem Gewerbe bewähren. Die Verordnung über die obere landwirthschaftliche Behörde habe in §. 3, Pos. 5 insbesondere auch der staatlichen Fürsorge für das Genossenschaftswesen auf dem Gebiete der Landwirthschaft Ausdruck gegeben. Wenn er auch hier einer ablehnenden Haltung begegne, so habe er doch immerhin eine Anregung gegeben und diese werde weiter wirken, wodurch seine Absicht erreicht sei. Im Lokalgewerbverein Darmstadt seien von dem Vorstande auch schon einzelne Anregungen gegeben worden, und es werde der Gegenstand dort im Auge behalten werden.

Die Versammlung schloß sich den Gutachten der Lokalgewerbvereine Mainz, Offenbach und Worms an, und fand dadurch der vorliegende Gegenstand seine Erledigung.

13) Von Herrn Dillinger in Wien war ein Schreiben eingelaufen, in welchem er sich gegen ein Honorar von 150 Mark zur Abhaltung eines Vortrags über seine Sammlung älterer Schlösser und Schlüssel unter Vorzeigung eines Theiles derselben bereit erklärte. Da eine Beschränkung eines solchen Vortrages auf Darmstadt allein nicht angängig erschien, die Sammlung auch nach den Aeußerungen einzelner Ausschußmitglieder mehr historischen als kunstgewerblichen Werth hat, so lehnte es der Ausschuß ab, von Seiten des Landesgewerbvereins dem Gesuche zu willfahren. — Die Direction des Exportmusterlagers zu Frankfurt a. M. hatte sich mit dem Gesuche um eine zeitweilige oder ständige Unterstützung des Unternehmens durch den Landesgewerbverein an Großh. Centralstelle gewendet. Der Präsident bezweifelte, ob der Landesgewerbverein befugt sei, die ihm bewilligten Staatsgelder zu diesem Zwecke zu verwenden; so sympathisch man dem Unternehmen auch gegenüberstehe, so diene dasselbe doch hauptsächlich den Zwecken der exportirenden Groß-Industrie und es seien die erforderlichen Mittel von den betheiligten Industriellen selbst aufzubringen. Nach weiterer Erwägung der in Betracht kommenden Verhältnisse gab der Ausschuß zwar seiner Sympathie Ausdruck, glaubte aber der Verwendung von Mitteln des Landesgewerbvereins zu diesem Zwecke nicht zustimmen zu sollen. — Der Verein für Volksbildung zu Berlin hatte mehrfache Aufforderungen an den Landesgewerbverein zum Eintritt mit seiner gesammten Mitgliederschaft ergehen lassen. Nachdem die Herrn Ulrich, Müller, Wenzel und Kühn ihre in dieser Beziehung gemachten Erfahrungen mitgetheilt hatten, wies Herr Heß darauf hin, daß die vorliegende Frage mehr Sache der Lokalgewerbvereine, nicht des Landesgewerbvereins sein könne. Es führe zu Unzu-

träglichkeiten, wenn allgemeine Interessen, wie die des Volksbildungsvereins mit gewerblichen Interessen vermischt würden. Der Landesgewerbverein habe nicht allgemeine, sondern ganz bestimmt bezeichnete Ziele zu verfolgen, weßhalb er sich nicht dafür aussprechen könne, daß der Landesgewerbverein dem gestellten Ansuchen näher trete. Nachdem Herr Wenzel aus Butzbach noch darauf aufmerksam gemacht hatte, daß Lokalgewerbvereine sich zweckmäßiger an den mittelrheinischen Bezirksverband des deutschen Volksbildungsvereins, statt an den Hauptverband in Berlin wenden würden, beschloß der Ausschuß, die Einladung zum Eintritt des Landesgewerbvereins in den Volksbildungsverein abzulehnen. — Der Präsident schloß hiernach um 4½ Uhr die Sitzung mit dem Danke für die Ausdauer der Ausschußmitglieder bei der heutigen Verhandlung.

Neue Telephon-Stationen mit verbessertem Mikrophon „Mix & Genest“.

Nachdem seit der ersten Electricitäts-Ausstellung zu Paris 1881 das Telephon aufhörte nur für die Fachgelehrten ein wissenschaftliches Interesse zu haben und sich in den praktischen Dienst der Welt gestellt hatte, blieb das Fernsprechwesen ein ebenso interessantes, wie unerschöpfliches Gebiet immer emsigerer Forschungen und Versuche.

Schon hatten einzelne Erfinder und Constructeure Apparate hergestellt, welche hohen Ansprüchen für eine zweckmäßigr Verwendung im öffentlichen Verkehrsleben entsprachen. Die Amerikaner Bell und Blake hatten ebenso wie der Franzose Ader u. a. m. bereits eine Combination der einfachen Telephone mit dem von dem Engländer Hughes zuerst praktisch zur Geltung gebrachten Princip des Mikrophons erdacht, durch welche weitere Kreise gelegentlich jener Ausstellung überrascht wurden.

Diese Apparate, welche die Deutlichkeit und Fernwirkung der Telephone wesentlich erhöhen, verwendet man vornehmlich für große Entfernungen sowie für Kabel-Leitungen. Freilich blieben bei allen Vorzügen, welche diese Constructionen boten, auch verschiedene Mängel und Unzuträglichkeiten nicht aus, so daß sich sowohl unter Gelehrten und Fachleuten wie Telephon-Gesellschaften und Unternehmern ein reger Wettstreit entwickelte, um der Telephonie, dem neuen Wunderkinde auf wissenschaftlich-technischem Gebiete, zu einem vollständigen Triumphe zu verhelfen. Man war bestrebt ein Mikrophon herzustellen, welches unter Vermeidung der Mängel der vorhandenen Systeme deren Vorzüge in sich vereinigt und seine Leistungsfähigkeit derartig steigert, daß die Fernsprech-Verbindung zwischen entfernt von einander liegenden Orten in zuverlässiger Weise, unbeeinflußt von Witterungs- und Temperatur-Einflüssen, unabhängig von sonstigen äußeren Einwirkungen auch für Erdkabel-Leitungen ermöglicht wird.

Es ist hier nicht der Ort die Vorzüge und Mängel der einzelnen Systeme zu schildern, wie es auch füglich unterbleiben kann, hier eine eingehendere technische Beschreibung des an sich in weitesten Kreisen bekannten Mikrophon-Principes zu geben, es genüge vielmehr nur zu erwähnen, daß es in Deutschland den praktischen Hinweisen und Fingerzeigen der Reichs-Postverwaltung zu danken war, daß ein deutsches Mikrophon schließlich den unbedingten Sieg über alle Concurrenten des Auslandes bei den dauernden Versuchen errang, welche die Kaiserliche Behörde mit den Apparaten angestellt hatte. Das Mikrophon, System „Mix & Genest“, mit Kohlen-Contacten und einer eigenartigen Bremsvorrichtung, durch welche den störenden Nebengeräuschen fast endgültig vorgebeugt wird, trat in Folge seiner vortrefflichen Bewährung alsbald an die Stelle der bisher im Fernsprechverkehr des Deutschen Reiches angewendeten Telephone und Mikrophone und wurde als Geber ausschließlich eingeführt, während es in den meisten anderen Ländern vorläufig die Eigenart seiner speciellen Construction erst durch Patente geschützt hat, sich daselbst aber voraussichtlich auch baldigst einführen dürfte.

Das Mikrophon „Mix & Genest“ ist für Luft- wie für Erdkabel-Leitungen geeignet und wird gleichmäßig im Stadtverkehr und auf weite Entfernungen zwischen großen Städten (Berlin-Hamburg, Berlin-Magdeburg 2c.) benutzt.

Dasselbe zeichnet sich neben seiner Verwendbarkeit in jeder beliebigen Lage auch dadurch aus, daß es in Kabel- und freien Leitungen auf fremden Parallel-Leitungen weniger störend mitspricht als andere Mikrophone.

Die Regulirbarkeit desselben ist eine wesentlich vereinfachte, dabei aber dauerhafte und die Lautübertragung erheblich deutlicher und stärker. Um dem großen Publikum diesen Apparat auch zugänglich zu machen, haben die Constructeure verschiedene Combinationen aller zur Fernsprechstation erforderlichen Theile ausgeführt, die, je nach der Bestimmung, der Praxis oder dem Luxusbedürfniß in vollem Maße entsprechen und sowohl durch mäßigen Preis wie Leistungsfähigkeit überraschen.

Je nach den praktischen Anforderungen sind sowohl die einzelnen Apparate, wie die ganzen Telephonstationen verschieden ausgestattet. Zum Theil sind bekannte und bewährte Formen beibehalten, zum Theil aber neue geschaffen.

Eine complete Telephonstation, wie sie von der Reichspost-Verwaltung in vielen Tausend Exemplaren für die staatlichen Fernsprech-Anlagen und speciell auch zur telephonischen Verbindung in den größeren Städten untereinander in Gebrauch sind, findet sich in nachfolgender Abbildung No. 1 dargestellt. Diese Telephonstation besteht aus Mikrophon „Mix & Genest", zwei Löffeltelephonen, selbstthätigem Umschalter, Spindel-Blitzfänger, Morsetaster und Wecker.

No. 1.
Telephonstation neuerer Form der Kaiserl. Deutschen Reichs-Post- und Telegraphen-Verwaltung.

No. 2.
Telephonstation.

Eine ebenfalls complete Telephonstation, bestehend aus Mikrophon „Mix & Genest", zwei Löffeltelephonen gleichen Systems, selbstthätigem Umschalter, Taster, Spindel-Blitzfänger und Wecker in einem elegant geschnitzten Nußbaum-Gehäuse und in sauberster Ausführung der einzelnen Theile, wie sie in No. 2 veranschaulicht ist, hat die gleiche Construction wie die der Reichspost-Verwaltung, eignet sich aber ihrer eleganten Ausstattung wegen zu einem Salonstück.

Für eine Haus-Anlage von 3 eventuel auch 4—5 Telephonstationen sind noch sogenannte Zwischenstellen erforderlich. Dieselben dienen dazu, je nach Stellung des Umschalters nach der einen oder anderen Richtung hin sprechen zu können, oder auch von einer Station zur anderen durch die Zwischenstelle ohne Störung durchsprechen zu lassen. Im Uebrigen sind dieselben aber so eingerichtet wie die gewöhnlichen Telephonstationen, nur um ein geringes größer. Dieselben eignen sich zum Gebrauch in

Fabriken, militärischen Etablissements, großen staatlichen Anstalten und dergleichen mehr, welche mit einer Telephon-Anlage versehen werden sollen.

Bietet das vorbesprochene Mikrophon schon an sich so wesentliche Vorzüge, die einen nicht zu unterschätzenden Fortschritt für das ganze Fernsprechwesen bedeuten, so zieht es auch praktische Consequenzen nach sich, welche den Werth desselben noch erhöhen.

Hierzu gehört die Verwendung desselben zu einem

Transportablen Fernsprech-Apparat.

Es erwies sich für die auf den Vermittelungs-Aemtern den Dienst versehenden Beamten als große Umständlichkeit, gegen ein festes, viel Raum einnehmendes Mikrophon stehend sprechen zu müssen. Das Kaiserliche Reichs-Postamt wünschte daher einen transportablen, leicht handlichen Fernsprech-Apparat, welcher Mikrophon und Telephon in bequemer Weise vereinigt und den Beamten erlaubt, denselben vom Platze aus sitzend zu benutzen.

Man versuchte anfangs einige derartige Apparate französischer und anderer Herkunft, welche indessen wegen der leicht zerbrechlichen, aus künstlicher Kohle hergestelllen Mikrophon-Membran den an sie gestellten Anforderungen nicht vollkommen entsprachen.

Den Herren Mix & Genest gelang es mit Anwendung des neuen Mikrophon-Princips einen derartigen Apparat herzustellen, der — im Detail auf das Genaueste durchgebildet — im Ganzen den angestrebten Zweck durchaus erfüllt.

Derselbe wurde alsbald von der Reichs-Postbehörde für die großen Vermittelungs-Aemter des Deutschen Reiches (Berlin, Hamburg, Frankfurt a. M. u. a. m.) nach vorhergegangenen eingehenden Proben eingeführt.

No. 3.
Telephonstation zum Aufhängen und Ausstellen mit Mikro-Telephon Mix & Genest, Berlin.

No. 4.
Transportable Tischstation in eleganter Ausstattung.

Das transportable Mikro-Telephon eignet sich außerdem auch für diejenigen Nutzanwendungen, wo eine bestimmte und oft gezwungene

Stellung zu einem festangebrachten Apparate unthunlich oder unbequem ist, z. B. am Schreibtisch, am Krankenbette, in Bergwerken, auf Schiffen, in großen Anstalten und namentlich für militärische Zwecke (Vorposten, Luftballons ꝛc.).

Die Abbildung No. 3 führt das Mikro-Telephon mit einer für Privatzwecke geeigneten, einfachen Wandstation mit Glocken-Wecker, Taster, Inductionsrolle, Umschalt-Vorrichtung und Blitzfänger vor, während No. 4 eine transportable Tischstation darstellt, welche die Annehmlichkeit bietet, ohne sich vom Platze zu erheben, vom Schreibtisch aus sprechen zu können und gleichzeitig den Beweis ablegt, daß auch für diese transportablen Fernsprech-Apparate die elegantesten Constructionsformen hergestellt werden, so daß sich dabei die Praxis mit der Aesthetik in gefälliger Weise verbindet und diese Mikro-Telephone auch jedem Salon oder eleganten Privat-Comtoir als Zierstück dienen können.

Die Berliner Fabrik der Herren Constructeure hat auch von diesen transportablen Apparaten umfangreiche Lieferungen an verschiedene Militär- und Civilbehörden zu bewirken, während das Privat-Publikum dieser äußerst angenehmen und für den Hausverkehr so praktischen Construction ebenfalls das lebhafteste Interesse entgegenbringt.

No. 5.

Ueberhaupt garantirt die vielseitige Verwendbarkeit der Apparate, deren Preis in keinem Verhältniß zu ihren Annehmlichkeiten steht, eine schnelle und allgemeine Verbreitung im öffentlichen wie privaten Verkehr und dürfte die Zeit wohl nicht mehr fern sein, wo das transportable Mikro-Telephon, Dank der vorstehend beschriebenen praktischen Vervollkommnung, sich ebensowohl auf dem Tische jedes Bureau-Chefs und Geschäftsleiter, wie im Salon und Boudoir der Damen befinden wird. Während die in No. 3 vorgeführte Construction, neben anderen Nutzanwendungen, sich vornehmlich als sehr geeignet bei Kranken-Stationen für ansteckende Krankheiten bei event. Besuch, wie überhaupt in Krankenzimmern erweist, da sie sich den bettlägrigen Leidenden als äußerst handliches Mittel empfiehlt in schnellster Weise Hülfe herbeizurufen, ist No. 5 die Benutzung der transportablen Mikro-Telephons am Schre tisch in klarster Weise vor Augen geführt, so daß das Bild spricht, als dies dem Worte gelingen könnte.

Versuchsstationen für Leder-Industrie.

Mittheilungen aus öffentlichen Blättern entnehmen wir, daß Bayerische Gewerbemuseum zu Nürnberg eine Versuchsstation für Le Industrie als gesonderte Abtheilung seines chemischen Laboratoriums gerichtet hat, welche am 1. d. M. ihre Thätigkeit beginnen sollte. hauptsächlichsten Aufgaben derselben bilden Untersuchungen von Ma rialien, deren die Lederfabrikation, sowie die Leder verarbeitende dustrie bedürfen (Gerbstoffe, Gerbextracte, Fette, Wasser u. s. w.), P fungen von Leder auf Vorhandensein von Beschwerungsmitteln dergl., Ertheilung von Auskunft über technische Fragen der Lederindust Versuche und Proben in gleicher Richtung. Wir nehmen hieraus V anlassung darauf hinzuweisen, daß die Großherzogliche chemische P fungs- und Auskunfts-Station für die Gewerbe zu Darmstadt derglei Untersuchungen von Gerbstoffen, Degras, Wasser u. s. w. gleichfalls zwar zu sehr mäßig berechneten Preisen ausführt. Bei der Ausführu einer größeren Anzahl Analysen dieser Art im Laufe eines Jahres die Station in der Lage, den Auftraggebern noch eine weitere Pre ermäßigung zugestehen zu können.

Verschiedene Mittheilungen.

Handelsbeziehungen des Großherzogthums Hessen. Für diese kommen hauptsächlich Leder und Lederwaaren in Betracht. Oberleder ist nach dem Deutschen Handelsarchiv Deutschland wegen der Geschmeidigkeit seines Fabrikates die Hauptbezugsquelle geworden und hat Frankr in den letzten Jahren in diesem Artikel völlig verdrängt. Es sind hauptsächlich hervorragenden Wormser Häuser zu nennen. Dieselben, sowie Firmen in Mai liefern auch, ohne jegliche Concurrenz, ihre berühmten Lackleder und lacki Kuhhäute (vachettes). Was vom Oberleder gesagt ist, nämlich betreffs beinahe ausschließlichen Consums deutschen Fabrikates, gilt auch für Ziegenle (Kirn a. d. Nahe) und für feines Sattler-, Etuis- und Glaceeleder, von Offenbach und Mainz bezogen wird. In Ledergalanteriewaar hat Offenbach aus unbekannten Gründen in den letzten Jahren in Wien einen bedeutenden Concurrenten erhalten.

Goldleisten, wie auch Spiegel- und Bilder-Rahmen werden aus Mainz bezogen, desgleichen wollene und baumwollene Gewebe, Posament waaren, Filz und Bekleidungsgegenstände, in welch letzteren Mainz, Berlin Frankfurt a. M. so ziemlich den ganzen Bedarf befriedigen.

Verein Creditreform. Die am 20. April im Köthenhof zu Mainz st gehabte ordentliche Generalversammlung war mäßig besucht; zum Protokollfü wurde von der Versammlung Herr Ferdinand Istel ernannt, als Scrutato fungirten die Herren Heinr. Reitz und Julius Liebau. Der vom Vorsitzen Herrn H. Hommel, abgestattete Geschäftsbericht über das abgelaufene Geschä jahr fand allgemein Anklang. Herr Bernhard Mayer berichtete dann über Cassabefund, worauf dem Vorstande einstimmig Decharche ertheilt wurde. Versammlung bewilligte dann von dem Ueberschusse 100 Mark für die Ue schwemmten. Bei der darauf stattgehabten Ergänzungswahl des Vorstandes wur die Herren J. Albrecht und C. L. Schäfer wieder- und Carl Gunderloch, Rechtsanwalt Dr. Otto Scherer und Heinr. Schwarz neu in den Vorstand gewählt.

Für Spengler, Dachdecker ꝛc. Auf dem hygienischen Kongreß in Wien ist unter den Einrichtungen zur Sicherung der Bauarbeiter gegen Unfälle besonders eine Sicherung der Spengler und Dachdecker gegen Herabstürzen beifällig begrüßt worden. Die Einrichtung besteht aus einem Rollträger, der auf einer Führung längs des Dachfirstes mit eingehängtem Sicherheitsseil den Bewegungen des Arbeiters folgt. Der Rollträger kann sich nie aushängen und ist mit einer Blechkappe geschützt. Bei Satteldächern ist die Vorrichtung für beide Seiten benutzbar und wird bei der Anlage von Blitzableitern die Führungsschiene zugleich als Verbindung der Auffangstangen benutzt. Zur Befestigung des Rollträgers dient ein Steigseil aus verzinktem Eisendraht, welches auf dem Dache verbleibt.

Postanweisungen im Verkehr mit Chile. Vom 1. Mai ab können nach Chile Zahlungen bis zum Betrage von 100 Pesos Gold im Wege der Postanweisung durch die deutschen Postanstalten vermittelt werden.

Auf den Postanweisungen, zu deren Ausstellung Formulare der für den internationalen Postanweisungsverkehr vorgeschriebenen Art zu verwenden sind, ist der dem Empfänger zu zahlende Betrag vom Absender in Pesos und Centavos Goldgeld anzugeben; die Umrechnung auf den hierfür in der Markwährung einzuzahlenden Betrag wird durch die Aufgabe-Postanstalt bewirkt. Die Auszahlung in Chile erfolgt in Papiergeld, jedoch unter Vergütung des Coursunterschiedes.

Die Postanweisungsgebühr beträgt 20 Pf. für je 20 Mark, mindestens aber 40 Pf. Der Abschnitt kann zu Mittheilungen jeder Art benutzt werden. Telegraphische Postanweisungen nach Chile sind vorerst nicht zulässig. Ueber die sonstigen Versendungsbedingungen ertheilen die Postanstalten auf Erfordern Auskunft.

Aus den Lokalgewerbvereinen.

Ober-Ramstadt. Am 15. April sprach Herr Generalsecretär Dr. Hesse in unserem Lokalgewerbvereine über den Hausschwamm, desgleichen am 22. Herr Ingenieur Brockmann aus Offenbach über das Vaselin und seine technische Verwendung.

Büdingen. Am 15. April hielt der Großh. Universitätsamtmann, Herr Dr. Dietz aus Gießen, in unserem Lokalgewerbvereine einen Vortrag über das Bauunfallversicherungsgesetz vom 11. Juli 1887 vor zahlreicher Versammlung und unter wiederholtem Beifall derselben. Da dieses Gesetz für den Handwerker sowohl, als auch für den Privatmann von Wichtigkeit und Interesse ist, so haben wir den Vortrag dem Wortlaut getreu stenographiren lassen und unter Zustimmung des Herrn Dr. Dietz der Redaktion unseres Gewerbeblattes zur Verfügung gestellt.*) M.

Groß-Umstadt, 23. April. Vor zahlreichen Zuhörern hielt gestern Nachmittag im „Rheinischen Hof" der Generalsekretär des Landesgewerbvereins, Herr Dr. Hesse, von dem Präsidenten des hiesigen Lokalgewerbvereins, Herrn A. Staab, freundlich begrüßt, einen Vortrag über den Hausschwamm. Redner schilderte an der Hand der Forschungen wissenschaftlicher Autoritäten, besonders des Professors Hartig, die Enstehung dieses gefährlichen Feindes der Gebäude, die verschiedenen Stadien der Entwickelung, die Ursachen der durch ihn angerichteten Verheerungen und die Mittel seiner Bekämpfung, bezw. Verhütung, in einem etwa einstündigen, klaren und interessanten Vortrag. Er hob dabei das Unzureichende der zahlreichen, öffentlich angepriesenen Chemikalien (Geheimmittel) für die Vertilgung hervor und zeigte, daß Luft und Licht und die Verwendung nur völlig ausgetrockneten Holzes zu den Bauten, sowie nur völlig trockenen Sandes oder gewaschenen Kieses u. dergl. unter die Fußböden der Gefahr des Hausschwammes vorbeugten; dagegen sei vor Verwendung von Steinkohlenasche entschieden zu warnen. Ebenso müsse man vermeiden, von dem Schutt alter Häuser und von den Steinen zu neuen Bauten zu verwenden, weil dadurch gar oft der Hausschwamm eingeschleppt wird. Dann sei darauf zu

*) Wir kommen darauf zurück. Die Red.

halten, daß die Kellerräume mit genügenden Luftlöchern, welche eine stetige gründliche Durchlüftung ermöglichten, versehen würden, denn dumpfe, mit verdorbener Luft angefüllte Räume seien für die Bildung des Hausschwammes sehr günstig, der dann sich unaufhaltsam weiter ausbreite und schließlich das ganze Holzwerk des Baues zerstöre. Ferner müsse bei Neubauten, ehe man die Wände anstreiche und tapeziere, erst eine vollständige Austrocknung abgewartet werden. Wo einmal der Schwamm aufgetreten, könne man ihn nur ausrotten durch vollständige Vernichtung des angegriffenen Holzes, gründliches Abkratzen der Mauerwände, Anlegung von Luftkanälen, völlige Trockenlegung der Unterräume. Dagegen sei bisher der Beweis nicht geliefert worden, daß die mannichfachen chemischen Mittel den Schwamm zerstört haben.

Redner machte schließlich darauf aufmerksam, wie groß die Summe sei, die an Nationalvermögen erspart werden könne, wenn man in der vorgetragenen Weise verfahre.

Herr A. Staab dankte darauf dem Herrn Generalsekretär für den interessanten und gemeinnützigen Vortrag und die Versammelten erhoben sich zum Zeichen der Zustimmung von ihren Sitzen. Desgleichen dankte er dem anwesenden Abg. Lautz dafür, daß er mit seinem Collegen Herrn Dr. Vogt in der Ständekammer einen, von derselben angenommenen, Antrag auf Zuwendung einer Unterstützungssumme für die ländlichen Lokalgewerbvereine von 10000 Mark aus der Staatskasse eingebracht und überhaupt für die Interessen und die Entwicklung ꝛc. des hiesigen Vereins stets eingetreten sei. Herr Lautz dankte und hob die unbestreitbaren Verdienste des Herrn Staab um den hiesigen Lokalgewerbverein hervor, der in Herrn Staab den richtigen Vertreter gefunden. Herr Dr. Hesse sprach auf das fernere Blühen und Gedeihen des Vereins und Herr Realschuldirektor Dr. Dersch auf den um das hessische Gewerbewesen so hochverdienten Präsidenten des Landesgewerbvereins, Herrn Geheimerath Fink. Sämmtliche Ansprachen wurden mit lebhaftem Beifall aufgenommen.

So schloß die anregende und lehrreiche Versammlung. (D. B.)

Homberg a. d. O., 1. Mai. Am Nachmittag des 29. April hielt Herr Dr. Dietz aus Gießen in dem hiesigen Gewerbverein einen sehr interessanten und belehrenden Vortrag über das „Bauunfallversicherungsgesetz vom 11. Juli 1887". Nachdem er zuerst die übrigen Unfallversicherungsgesetze kurz charakterisirt hatte, gab er eine recht übersichtliche, durch zahlreiche Beispiele illustrirte Darstellung des Gesetzes, das er fortwährend mit den genannten Gesetzen verglich. So wurden viele, gerade über das Gesetz vom 11. Juli 1887 herrschende Zweifel beseitigt und die Anwesenden über ihnen unklare Punkte aufgeklärt. Nach Schluß des Vortrags sprach die ansehnliche Versammlung dem Redner durch Erheben von den Sitzen ihren Dank aus. P.

Groß-Gerau. In den verflossenen Jahren ist ein recht erfreuliches Wachsen des Interesses an den Vereinsangelegenheiten zu constatiren, welches sich nicht nur im Besuche der Versammlungen und der Mitgliederzahl, sondern auch in Vermehrung der Schülerzahl und Betheiligung seitens der Mitglieder des Vereins an den Verhandlungen zu erkennen gab. Während in früheren Jahren die Versammlungen von etwa 12—20 Personen besucht wurden, hatten wir im letzten Jahre Versammlungen zu verzeichnen, in welchen bis zu 60 Theilnehmer anwesend waren und wobei die schwach besuchten immerhin 30 aufzuweisen hatten. Im Einzelnen sind folgende Angaben zu machen: Die Mitgliederzahl ist vom 1. April 1885 bis zum 31. März 1888 von 56 auf 71 gestiegen; Versammlungen wurden in den 3 letzten Jahren 4, resp. 6 und 5 gehalten; Ausschuß-Sitzungen 4, resp. 2 und 1; Vorträge 1, resp. je 5. Die Schülerzahl ist in der Schule zu Groß-Gerau von 66 auf 110, in derjenigen zu Bischofsheim von 55 auf 70 gewachsen. Das Schulgeld beträgt 12 Mark pro Jahr, dasselbe wird jedoch einer großen Anzahl unbemittelter Schüler erlassen. Außer den Zuschüssen aus der Kasse des Landesgewerbvereins leistet die Sparkasse zu Groß-Gerau in dankenswerthester Weise einen Beitrag von 700 Mark. Bei der im vorigen Jahre zu Darmstadt stattgefundenen Ausstellung von Lehrlingsarbeiten betheiligten sich aus unserem Bezirke 12 Lehrlinge, von welchen 7 mit den Noten 1 und 2, die übrigen mit der Note 3 bedacht wurden. K.

Redacteur Dr. Hesse. — Druck von Heinrich Brill.
In Commission bei L. Brill in Darmstadt.

Gewerbeblatt

für das

Großherzogthum Hessen.

Zeitschrift des Landesgewerbvereins.

Erscheint wöchentlich. Auflage 4500. Anzeigen für die durchgehende Petitzeile oder deren Raum bei ein- und zweimaliger Aufnahme 30 Pf., bei drei- und mehrmaliger Aufnahme 25 Pf.

№ 20. Mai 1888.

Das Bauunfall-Versicherungsgesetz.

Vortrag des Herrn Universitätsamtmanns Dr. Dietz von Gießen, gehalten im Lokalgewerbverein Büdingen.

Am 15. April 1888 hielt Herr Dr. Dietz, Großh. Universitätsamtmann von Gießen, im neuen Saale des Gasthauses zum Stern in Büdingen nachstehenden Vortrag über das Bauunfall-Versicherungsgesetz vor einer zahlreichen Versammlung aus allen Ständen:

Meine Herrn! Der Gegenstand unserer heutigen Tagesordnung, das Reichsgesetz vom 11. Juli 1887, betreffend die Unfallversicherung der bei Bauten beschäftigten Personen, das sog. Bauunfall-Versicherungsgesetz, bildet vorläufig den Schlußstein in der Unfallversicherungsgesetzgebung und hat, wie Ihr Herr Vorsitzender bereits hervorgehoben, nicht allein für die Gewerbtreibenden, sondern auch, und zwar in hervorragendem Maße, für jeden Privatmann die größte Bedeutung.

Um Sie mit den Vorschriften dieses Gesetzes vertraut zu machen, wollen wir uns zunächst einmal vergegenwärtigen, in welcher Weise sich die Versicherung der bei Bauten beschäftigten Personen überhaupt entwickelt hat. Nach §. 1, Absatz 2 des Unfallversicherungsgesetzes vom 6. Juli 1884 wurden gegen die Folgen der beim Betrieb sich ereignenden Unfälle versichert: alle Meister und Betriebsbeamten, und zwar die letzteren insofern ihr Jahresarbeitsverdienst 2000 Mk. nicht übersteigt, welche von einem Gewerbtreibenden, dessen Gewerbebetrieb sich auf die Ausführung von Maurer-, Zimmer-, Dachdecker-, Steinhauer-, wozu auch die Steinbildhauer zu rechnen sind, und Brunnenarbeit erstreckt, in diesen Gewerben beschäftigt werden.

In Absatz 8 jenes §. 1 war dem Bundesrath die Befugniß ertheilt, noch weitere bei Betrieben beschäftigte Arbeiter der Versicherungspflicht und zwar nach Maßgabe des Unfallversicherungsgesetzes vom 6. Juli 1884 zu unterwerfen.

Der Bundesrath hat in Folge dessen für versicherungspflichtig erklärt Beschluß vom 22. Januar 1885 alle Arbeiter und Betriebsbeamte, welch einem Gewerbetreibenden, dessen Gewerbebetrieb sich auf Ausführung von binder-, Tüncher-, Verputzer-, Gypser-, Stuckateur-, Maler-, Glaser-, Sp und Lackier-Arbeiten bei Bauten, sowie auf die Anbringung, Abnahme, Ver oder Reparatur von Blitzableitern erstreckt, in diesem Betrieb beschäftigt w sodann durch Beschluß vom 27. Mai 1886: alle Arbeiter und Betriebsb welche von einem Gewerbtreibenden, dessen Gewerbebetrieb sich auf die A rung von Schlosser- oder Anschläger-, Schreiner- oder Einsetzer-Arbeiten bei erstreckt, in diesem Betrieb beschäftigt werden; endlich durch Beschluß vom 1 cember v. J.: alle Arbeiter und Betriebsbeamte, welche von einem Gewe benden, dessen Gewerbebetrieb sich erstreckt auf das Bohnen von Fußböde die Anbringung, Abnahme oder Reparatur von Oefen und anderen Feue anlagen, oder von Tapeten bei Bauten, auf die Anbringung, Abnahm Reparatur von Wettervorhängen und Läden (Jalousien, Rouleaux, Marq oder Ventilatoren bei Bauten, sowie auch auf sonstige Bauarbeiten, welche in das Gebiet der Hochbauten, als in das Gebiet der Tiefbauten fallen, in Gewerbe beschäftigt werden. Die Versicherungspflicht erstreckt sich auf al geführten Baubetriebe, wenn auch nur ein Arbeiter in denselben beschäfti einerlei ob die Betriebe Arbeiten bei Neubauten oder Reparaturarbeiten an B zum Gegenstande haben, einerlei ob sie sich dauernd oder nur vorübergehen Bauarbeiten beschäftigen. Das Letztere ist indessen selbstverständlich nicht aufzufassen, daß z. B. die zeitweise bei handwerksmäßigem Schlossereibetrieb kommenden Reparaturarbeiten an Thürschlössern in Gebäuden nunmehr sofor versicherungspflichtige Schlosser- oder Anschläger-Arbeiten bei Baubetrieben z trachten seien, es hängt die Versicherungspflicht vielmehr ganz von den meinen Umständen und Verhältnissen ab. Die Voraussetzung der Versicher pflicht bei allen genannten Baubetrieben ist jedoch, daß die betreffenden Ar von einem Baugewerbtreibenden, nicht etwa von einer Privatperson, bei Bau beschäftigt werden, welchen diese letztere ohne Zuhülfenahme eines Gew treibenden durch direct angenommene Arbeiter ausführen läßt. Diese Bet die sog. Regiebetriebe, waren früher nicht versicherungspflichtig, nur mit Ausnahme:

Durch das Reichsgesetz vom 28. Mai 1885 waren nämlich für ve rungspflichtig erklärt: der gesammte Betrieb der Eisenbahn-, Post- und Telegra verwaltungen, sowie sämmtliche Betriebe der Marine- und Heeresverwalt und zwar einschließlich der von diesen Verwaltungen auf eigene Rechnung geführten Bauten.

Der Versicherungspflicht unterlagen ferner nicht die sog. Tiefbauten, Wasser- und Erdbauarbeiten.

Wie Sie sehen, meine Herrn, wurde die Versicherungspflicht bei den arbeiten erst nach und nach auf immer weitere Kreise erstreckt, die Reichs rung hielt es jedoch für nothwendig, schon im Interesse der Gleichheit, all Bauten beschäftigten Arbeiter der Unfallversicherung theilhaftig zu machen. Reichsregierung sah sich hierzu umsomehr veranlaßt, als der Umstand, o Arbeiter von einem Gewerbetreibenden, oder von einer Privatperson für Rechnung beschäftigt wird, für die Unfallgefahr ohne Bedeutung ist, als die tägliche Erfahrung lehrte, daß auch bei Tiefbauten beschäftigte Arbeiter, auch in etwas geringerem Maße, wie bei Hochbauten, ebenfalls einer Unf fahr ausgesetzt sind. Zur Ausdehnung der Unfallversicherung erwies sich reits vorhin erwähnte Vorschrift des Absatzes 8, §. 1 des Unfallversiche- gesetzes vom 6. Juli 1884 für nicht ausreichend. Denn nach dieser Vor- konnte die Ausdehnung der Versicherungspflicht nur nach Maßgabe des es vom 6. Juli 1884 erfolgen, die Vorschriften dieses Gesetzes waren je- für die hier in Betracht kommenden Arbeiter nicht überall anwendbar. Es daher der Erlaß eines neuen Gesetzes nothwendig, und es kam auch nach ltnißmäßig kurzen Berathungen im Reichstage ein solches zu Stande, welches n 11. Juli 1887 veröffentlicht wurde und unter dem Namen des „Bau- versicherungsgesetzes" allgemein bekannt ist.

Das Gesetz bestimmt, daß alle bei Bauten beschäftigten Arbeiter, welche bereits durch das Reichsgesetz vom 6. Juli 1884 und die dasselbe ergän- Bundesrathsbeschlüsse, sowie das Ausdehnungsgesetz vom 28. Mai 1885 as Reichsgesetz vom 5. Mai 1886, betreffend die Unfall- und Kranken- erung der in land- und forstwirthschaftlichen Betrieben beschäftigten Personen, ert sind, nunmehr der Unfallversicherung unterliegen. Hierunter fallen: werbsmäßige Ausführung von Eisenbahn-, Wege-, Canal-, Fluß-, Damm- estungsbauarbeiten, Be- und Entwässerungsanlagen, überhaupt Bodencultur- en; ferner — soweit nicht bereits versicherungspflichtig — die von dem den Bundesstaaten, den Provinzen, Kreisen, Gemeinden, sonstigen Corpo- en, sowie die von Privatpersonen auf eigene Rechnung ausgeführten Bauten.

Der Versicherungspflicht unterliegen sämmtliche in diesen Betrieben beschäf- Personen, einerlei, ob sie Gehalt oder Lohn beziehen, einerlei, ob die Be- gung eine dauernde oder nur vorübergehende ist. Es unterliegen also auch diesen Betrieben beschäftigten Hausangehörigen, insbesondere die Haus- der Versicherungspflicht. Der Versicherungspflicht unterliegen nur nicht hemänner und Ehefrauen, welche nach dem Gesetz nicht als versicherungs- ige Arbeiter zu betrachten sind.

Die Unternehmer versicherungspflichtiger Betriebe sind berechtigt, andere bei Bauten beschäftigte nicht versicherungspflichtige Personen, z. B. solche, welche rbeitern das Essen zutragen und, sofern ihr Jahresarbeitsverdienst 2000 Mk. übersteigt, sich selbst gegen die Folgen der Betriebsunfälle zu versichern.

Herrn! Hier begegnen wir einem wesentlichen Unterschiede gegenüber dem versicherungsgesetz vom 6. Juli 1884. Nach diesem Gesetze kann die so- angeführte Befugniß nur durch Statut gewährt werden, nach dem Bau- versicherungsgesetz haben dagegen die Unternehmer und zwar die Unternehmer licher Baubetriebe, also auch die durch jenes Gesetz für versicherungspflichtig ten, kraft Gesetzes das Recht, sich gegen die Folgen der Betriebsunfälle rsichern. Außerdem kann durch Statut bestimmt werden, daß Unternehmer, Jahresarbeitsverdienst 2000 Mark übersteigt, berechtigt sind, sich gegen die der Betriebsunfälle zu versichern; daß ferner die Versicherungspflicht aus- t werden kann auf Betriebsbeamte, deren Jahresarbeitsverdienst 2000 Mk. eigt, und auf solche Unternehmer, welche nicht regelmäßig wenigstens einen ter beschäftigen. Zu letzteren gehören auch diejenigen Unternehmer, welche upt keine Arbeiter beschäftigen. Meine Herrn, diese Bestimmung ist von rößten Wichtigkeit, und ich will hier gleich beifügen, daß sowohl die Tiefbau- he Baugewerksberufsgenossenschaften die Bestimmung getroffen haben, daß ersicherungspflicht ausgedehnt wird auf alle Unternehmer, die nicht regel- einen Arbeiter beschäftigen, eine Bestimmung, die anfänglich von den be- den Unternehmern vielleicht nicht sehr freundlich aufgenommen werden wird, aber trotzdem für höchst wichtig halte, denn viele Unternehmer, welche regelmäßig nicht einen, oder überhaupt keinen Arbeiter beschäftigen, sind kaum besser, oder vielleicht schlechter gestellt, als die Gehilfen selbst und die betreffenden Unternehmer werden die Wohlthat des Gesetzes schon empfinden, wenn ein Unfall eintritt und sie alsdann vor Noth und Elend bewahrt werden. Zudem stellt die Versicherung an die finanziellen Kräfte keine so bedeutenden Ansprüche, daß die Unternehmer denselben nicht genügen könnten.

Das Gesetz lehnt sich im Allgemeinen an die frühere Unfallversicherungsgesetzgebung an. Es gilt dies insbesondere von den Ansprüchen der Versicherten, von der Feststellung und Auszahlung der Entschädigungen und von einigen anderen Bestimmungen. So einheitliche Vorschriften, wie sie in den eben angeführten Richtungen gegeben werden konnten, wären indessen bei der Organisation der Bauunfallversicherung nicht durchführbar. Hier mußte die Organisation verschieden ausfallen, je nachdem es sich um Tiefbauten Gewerbetreibender oder um Regiebauten handelt, und bei letzteren mußte wieder ein Unterschied gemacht werden zwischen denjenigen Regiebauten, die zu Lasten des Reiches, der Bundesstaaten oder von Communalverbänden ausgeführt werden und zwischen denjenigen, die von Privatpersonen ausgeführt werden. Durch das Gesetz vom 4. Juli 1884 ist die Unfallversicherung allgemein so geregelt, daß die Versicherung durch die Betriebsunternehmer erfolgt, welche zu diesem Zweck zu Berufsgenossenschaften vereinigt werden. Eine derartige gleichmäßige Behandlung war, wie ich bereits hervorgehoben habe, bei den hier in Betracht kommenden Baubetrieben nicht möglich.

Bei den von Gewerbtreibenden ausgeführten Tiefbauten erfolgt die Versicherung ebenfalls durch die Unternehmer, dieselben werden aber kraft Gesetzes zu einer das ganze Reich umfassenden Berufsgenossenschaft vereinigt. Diese Vereinigung zu einer das ganze Reich umfassenden Berufsgenossenschaft war um deswillen nothwendig, weil die Tiefbaubetriebe, wie sie ja wohl alle wissen, oft nur von sehr kurzer Dauer sind. Sie können leicht eröffnet, ebenso leicht wieder aufgelöst werden, sie werden ohne Schwierigkeit von der einen Grenze des Reichs bis zur anderen verlegt. Es würde also ein stetiger Wechsel innerhalb der Berufsgenossenschaft stattfinden. Außerdem kam noch in Betracht, daß auch die Unternehmer derartiger Betriebe eine hinreichend finanzielle Sicherheit nicht immer bieten, um den Stand der Berufsgenossenschaften zu sichern. Aus diesen Gründen sah sich die Reichsregierung veranlaßt, zu bestimmen, daß nur eine Genossenschaft, die Tiefbaugenossenschaft, gegründet werde. Für diese Berufsgenossenschaft sind im Uebrigen die Bestimmungen des Unfallversicherungsgesetzes vom 6. Juli 1884 maßgebend, jedoch mit einer und zwar sehr wesentlichen Ausnahme. Wie Sie sich aus meinem letzten Vortrage noch erinnern, werden die Beiträge bei den Berufsgenossenschaften nach dem Umlageverfahren aufgebracht; für die Tiefbaugenossenschaften ist dagegen das Capital-Deckungsverfahren eingeführt. Das Umlageverfahren besteht, wie ich kurz rekapituliren will, darin, daß jährlich immer nur diejenigen Mittel aufgebracht werden, welche thatsächlich zur Auszahlung der Unterstützungen, zur Bildung eines Reservefonds und für die Kosten der Verwaltung nothwendig sind. Das Capital-Deckungsverfahren besteht dagegen darin, daß für die durch Betriebsunfälle entstehenden Lasten der Capitalwerth berechnet und alsdann dieser von den Mitgliedern der Berufsgenossenschaft erhoben wird. Schon bei Berathung des Gesetzes vom 6. Juli 1884 war von vielen Seiten das Capital-Deckungsverfahren in Vorschlag gebracht, man nahm jedoch damals davon Abstand, weil man einerseits die Industrie nicht von Anfang an allzusehr *belasten wollte*, weil man andererseits der Industrie nicht bedeutende Capitalien entziehen wollte, die nachher nicht so nutzbringend hätten angelegt werden können. Für diese verschiedene Behandlungsweise im Bauunfallversicherungsgesetze waren dieselben Gründe maßgebend, welche zur Bildung nur einer Berufsgenossenschaft geführt haben.

Ich wende mich nunmehr zu den Regiebauten, und zwar zunächst zu denjenigen des Reichs und der Bundesstaaten. Hier glaubte man nach dem Vorgange des Reichsgesetzes vom 28. Mai 1885 dem Reich und den Bundesstaaten es überlassen zu sollen, die Lasten der Unfälle auf eigene Schultern zu nehmen, indem man es allerdings dem Reiche und den Staaten anheim gab, Mitglieder der betreffenden Berufsgenossenschaften zu werden. Auch für die Provinzen, Kreise und sonstigen Communalverbände hat sich das Verfahren empfohlen, vorausgesetzt, daß die Leistungsfähigkeit dieser Verbände sicher gestellt wird. Die Versicherung ist daher so geregelt, daß bei den vom Reich und den Bundesstaaten auf eigne Rechnung ausgeführten Bauten die Versicherung durch das Reich und die einzelnen Staaten erfolgt, daß es dem Reich und den Bundesstaaten aber freisteht, Mitglieder der einschlägigen Berufsgenossenschaft zu werden. Das gleiche Verhältniß besteht bezüglich der Provinzen, Kreise und sonstigen Communalverbände, sofern auf deren Antrag die Landescontrolbehörde erklärt, daß die betreffenden Verbände für leistungsfähig zu erachten sind. Auch diesen Verbänden steht es frei, Mitglieder der Berufsgenossenschaft zu werden. Anders gestaltet sich das Verhältniß bei den von sonstigen Corporationen und insbesondere von Privatpersonen ausgeführten Bauten. Hier war weder der eine noch der andere Weg gangbar. Die von Privatpersonen ausgeführten Bauten sind meistens nur von sehr kurzer Dauer, die Unternehmer wechseln ständig und war es daher nicht möglich, die Unternehmer zu einer Berufsgenossenschaft oder zu einer sonstigen Corporation zu vereinigen. Auf der anderen Seite konnte man aber auch den Unternehmern nicht zumuthen, die Fürsorge für die durch Unfälle Verletzten auf eigne Rechnung zu übernehmen. Es hätte alsdann das Capital-Deckungsverfahren eingeführt werden müssen, und es wären hierdurch die meisten Unternehmer finanziell ruinirt worden, ganz abgesehen davon, daß viele überhaupt nicht in der Lage gewesen wären, den Zweck, den das Gesetz beabsichtigte, zu erfüllen. Es war daher nur der eine Ausweg möglich, die in den Regiebetrieben beschäftigten Arbeiter bei einer mit öffentlicher Garantie versehenen Versicherungsanstalt gegen Prämien zu versichern. Daß hierbei Privatgesellschaften in Betracht kommen könnten, war nach dem ganzen Gang, den die Unfallversicherungsgesetzgebung genommen hat, ausgeschlossen, denn es handelt sich hier um Einrichtungen des öffentlichen Rechtes, für welche Privatversicherungsgesellschaften eine ausreichende Garantie nicht bieten. Die Versicherung mußte so organisirt werden, daß Jedermann weiß, bei welcher Versicherungsanstalt seine Arbeiter versichert sind, daß ferner die Versicherungsgesellschaft verpflichtet ist, jede Versicherung anzunehmen, daß der Unternehmer seinen Betrieb nur bei der Gemeindebehörde, resp. Bürgermeisterei anzumelden hat, und nicht verpflichtet ist, sich lästigen Versicherungsbedingungen zu unterwerfen, oder besondere Versicherungsverträge abzuschließen, daß endlich der Unternehmer nach kurzer Zeit erfährt, welchen Betrag er zu entrichten hat. Am Einfachsten war die Versicherung so zu organisiren, daß man die Versicherungsanstalten mit den bereits bestehenden Berufsgenossenschaften in Verbindung brachte. Das Gesetz bestimmt daher, daß bei jeder für Baubetriebe errichteten Berufsgenossenschaft eine Versicherungsanstalt zu errichten ist.

Hierbei, meine Herrn, müssen wir etwas länger verweilen, denn das Hinzutreten einer besonderen Versicherungsanstalt ist etwas ganz Neues in dem Unfallversicherungswesen. Einige Schwierigkeit bot hierbei nur die Frage, bei welcher Versicherungsanstalt diejenigen Arbeiter zu versichern sind, welche im Regiebetriebe Schlosser- oder Anschläger-, Schreiner- oder Einsetzerarbeiten ausführen. Die gewerbsmäßigen Schlosser- oder Anschlägerbetriebe waren nämlich nach Beschluß des Bundesraths der Eisen- und Stahl-Berufsgenossenschaft zugetheilt, die Schreiner- und Einsetzerarbeiten der Holzberufsgenossenschaft. In beiden Berufsgenossenschaften konnten jedoch Versicherungsanstalten nicht errichtet werden, weil beide Berufsgenossenschaften nicht eigentliche Baubetriebe umfassen. Durch den Bundesrath wurde daher nach Benehmen mit der betreffenden Berufsgenossenschaft bestimmt, daß die im Regiebetriebe mit Schlosser-, Anschläger-, Schreiner- oder Einsetzerarbeiten beschäftigten Arbeiter bei der Versicherungsanstalt der für die Betriebsart errichteten Baugewerbsberufsgenossenschaft zu versichern sind. Träger der Versicherungsanstalt ist die Berufsgenossenschaft. Der Genossenschaftsvorstand und die Genossenschaftsversammlung führen die Verwaltung der Versicherungsanstalt, deren Einnahmen und Ausgaben indessen besonders zu verrechnen sind. Für die Versicherungsanstalten haben die Genossenschaftsversammlungen ein Nebenstatut zu errichten, welches Bestimmung treffen muß über die Erfordernisse der An- und Abmeldung der beitretenden Unternehmer, über die Abgrenzung der Befugnisse des Vorstandes und der Genossenschaftsversammlung, über die Ansammlung des vorgeschriebenen Reservefonds, über die Aufstellung, Prüfung und Abnahme der Jahresrechnung u. a. m. Die Nebenstatuten, sowie die Abänderung derselben bedürfen der Genehmigung des Reichsversicherungsamtes.

Die Versicherung in der Versicherungsanstalt erfolgt auf zweierlei Weise, nämlich:

1) bei Bauarbeiten, zu deren Ausführung einzeln genommen mehr als 6 Arbeitstage thatsächlich verwendet worden sind, auf Kosten des Unternehmers gegen feste im Voraus bemessene Prämien nach Maßgabe eines Prämientarifs,
2) bei Bauarbeiten von geringerer Dauer auf Kosten der Gemeinden oder Kreise, über deren Bezirke die Berufsgenossenschaft sich erstreckt, gegen Beiträge, welche auf diese Verbände nach Maßgabe der in den einzelnen Jahren thatsächlich erforderlich gewesenen Zahlungen jährlich umgelegt werden.

(Schluß folgt.)

Kiste für Ausstellungen.

Eine recht praktische Neuerung im Ausstellungswesen sahen wir in diesen Tagen bei Herrn Reißzeugfabrikanten Traiser in Darmstadt.

Es ist die Verwendung der Verpackungskiste eines Ausstellungsgegenstandes zum Ausstellungstische.

Wer Ausstellungen schon beschickte, wird erfahren haben, welche Kosten und Unannehmlichkeiten die Aufbewahrung des Verpackungsmaterials verursachte, welcher Zeitverlust mit dem Abwarten auf Rückgabe desselben verbunden war, wie oft Verwechslungen oder Verluste vorkamen. Herr Traiser, welcher sehr viele Ausstellungen beschickt und viele Erfahrungen dabei gesammelt hat, traf, wie nachstehende Skizzen zeigen, die Einrichtung, die Verpackungskiste einfach und schnell in einen Tisch zu verwandeln, zu welchem Zwecke alle Vorbereitungen an der Kiste getroffen sind.

Die 4 in der Seitenabtheilung der Kiste enthaltenen Beine werden in die auf dem Kistenboden aufgeleimten Holzmuttern geschraubt, die Kiste wird umgedreht, der Deckel aufgelegt und der Tisch ist fertig.

Eine Verhüllung des rohen Holzes geschieht einfach mit einer bis zu den Tischbeinen herunterhängenden Decke.

Die Ausstellungsgegenstände können entweder frei oder in flachen Glaskästen aufgelegt werden; letztere verschraubt man zur Sicherheit während des Transportes im Innern der Kiste, Boden auf Boden.

Weiteres Verpackungsmaterial läßt sich passend während der Ausstellung im Innern des Tisches, durch einige verspreizte Lattenstückchen festgehalten, aufbewahren.

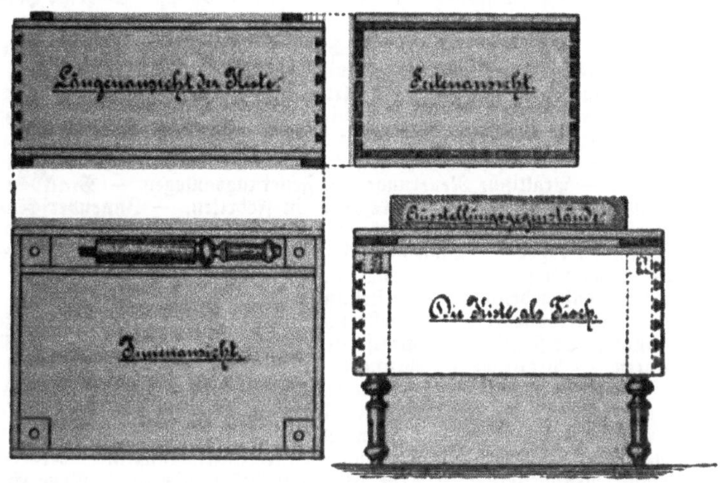

Beim Einpacken hat man alsdann alles Zugehörige hübsch zusammen und ist dasselbe in kürzester Zeit abgethan. Es ist rathsam, alle einzelnen einem Aussteller gehörigen Stücke, um Vertauschungen zu verhüten, mit deutlicher Namensbezeichnung zu versehen.

Sind mehrere Kisten erforderlich, so empfiehlt es sich, dieselben gleich groß, oder doch von gleicher Länge, Breite oder Höhe machen zu lassen, so daß man sie aneinander rücken und dadurch eine größere Tafel herstellen kann.

Für sehr weite Reisen, besonders über See, müssen die Kisten selbstredend stark gebaut sein. Für die kommende Ausstellung in Melbourne hat Herr Traiser solche Kisten aus 3 cm starken, sauber gehobelten Brettern, die verschraubt und an den Kanten verzinkt sind, herstellen lassen.

Ein derartiger Tisch, welcher die Ausstellung in Philadelphia mitgemacht hat, ist noch vorhanoen und zeigt in seinem Zustande, wie gut er sich bewährt hat.

Die besprochene Einrichtung ist in allen Fällen anwendbar, in welchen ein Tisch zur Ausstellung der Ausstellungsobjecte genügt.

Alberti.

Litteratur.

Galvanotechnik. Elektrometallurgisches. Von Hubert Steinach, München. — Die Arbeit beschäftigt sich in eingehender Weise mit den Detailconstructionen der betreffenden Technik und ihrem Einflusse auf das Gelingen des ganzen Prozesses. Sie gibt uns Aufschluß über die Art und Weise, wie z. B. die Leitungsdrähte zu befestigen sind, über die Stromvertheilung und Stromregulirung, über das Einhängen der Gegenstände, über die Wirkungen der Bewegung des Bades u. s. w. Die Arbeit steht durchaus auf dem Boden der Praxis und sind deßhalb Interessentenkreise besonders darauf aufmerksam zu machen.

„Neueste Erfindungen und Erfahrungen" auf den Gebieten der praktischen Technik, der Gewerbe, Industrie, Chemie, der Land- und Hauswirthschaft 2c. (A. Hartlebens Verlag in Wien). Pränumerationspreis ganzjährig für 13 Hefte franco 4 fl. 50 kr. = 7 Mk. 50 Pf. Einzelne Hefte für 36 kr. = 60 Pf. in Briefmarken.

Von dieser gediegenen gewerblich-technischen Zeitschrift erschien soeben das vierte Heft ihres XV. Jahrganges, das wie gewöhnlich einen Reichthum an nützlichen und wichtigen Belehrungen jeder Art für Gewerbetreibende und Techniker enthält. Aus dem reichen Inhalt heben wir folgende Originalarbeiten hervor, die dem Fachmann viele werthvolle Neuerungen bieten: Praktische Beiträge zur Kohlensäure-Industrie. — Praktische Bemerkungen über Gerberei. — Landwirthschaftliche Verbesserungen. — Praktische Neuerungen in Feuerungsanlagen. — Praktische Einrichtungen zur Verhütung von Unglücksfällen in Fabriken. — Innenverschluß für Wasserrohrkessel. — Versilberungsverfahren für Spiegel. — Neuere Verwendung von Wasserstoffsuperoxyd. — Praktische Verbesserungen von Arbeitsmethoden. — Fortschritte in der Glaserei. — Pharmaceutische Notizen. — Fortschritte auf dem Gebiete der Metallbearbeitung. — Herstellung von Normal-Wasserwaagen. — Neue galvanische Vernickelungsart. — Schnelle und sichere Entfernung alter, verhärteter und beschmutzter Oelfirnisse. — Chemisch-technische Neuerungen. — Unschädliche Töpferglasuren. — Praktische Erfahrungen und Regeln bei Herstellung galvanoplastischer Abdrücke. — Elektrische Signalvorrichtungen für Wasserbehälter. — Neues automatisches System der elektrischen Beleuchtung von Eisenbahnzügen. — Elektrochemische Färbung der Metalle. — Thermo-elektrischer Versuch. — Neuer Condenswasser-Ableiter. — Schnelle Vervielfältigung von Umrißzeichnungen. — Neuerungen in der Briquetten-Fabrikation. — Neue Füll- und Wägemaschine. — Neue Erscheinungen auf dem Gebiete der Färberei. — Bezugsquellen für Maschinen, Apparate und Materialien. — Bestimmung von Aetznatron in Handelssoda. — Praktische Methode zur Entwickelung arsenfreien Schwefelwasserstoffes. — Erkennung des Heidelbeerfarbstoffes. — Neue Tanninprobe. — Praktische Conservirung und Versendung von Pflaumen und Zwetschen, insbesondere für Ausstellungszwecke. — Praktische Anweisung zum Waschen und Reinigen von Stickereien. — Wollabfälle als Dünger. — Darstellung von Babbit-Metall. — Blitzpulver. — Darstellung von Carbolglyceringelatine. — Kleinere Mittheilungen. — Neuigkeiten vom Büchermarkte. — Eingegangene Bücher und Brochuren. — Neue Erscheinungen auf dem Patentgebiete. — Fragekasten. — Beantwortungen. — Briefkasten.

Anzeigen.

Gebrüder Fischel in **Mainz,**
Zwetschenallee No. 13,
Specialität:
Cassenschränke, Gewölbethüren, Cassetten.
Kostenanschläge und Preiscourante gratis.

Redacteur Dr. Hesse. — Druck von Heinrich Brill.
In Commission bei L. Brill in Darmstadt.

Gewerbeblatt

für das

Großherzogthum Hessen.

Zeitschrift des Landesgewerbvereins.

Erscheint wöchentlich. Auflage 4500. Anzeigen für die durchgehende Petitzeile oder deren Raum bei ein- und zweimaliger Aufnahme 30 Pf., bei drei- und mehrmaliger Aufnahme 25 Pf.

№ 21. Mai **1888.**

Das Bauunfall-Versicherungsgesetz.

Vortrag des Herrn Universitätsamtmanns Dr. Dietz von Gießen, gehalten im Lokalgewerbverein Büdingen.

(Schluß.)

Betrachten wir zunächst einmal diejenigen Regiebauten, zu deren Ausführung, einzel genommen, mehr als 6 Arbeitstage erforderlich sind! Um die Prämien berechnen zu können, müssen die Unternehmer derartiger Betriebe Nachweisungen bei den Bürgermeistereien einreichen. Zur Einreichung einer Nachweisung sind verpflichtet die Corporationen und diejenigen Privatpersonen, welche Bauarbeiten ausführen, zu deren Ausführung einzeln genommen mehr als 6 Arbeitstage erforderlich sind. Hierzu gehören nicht allein diejenigen Arbeiten, zu deren Ausführung ein Arbeiter mehr als 6 Tage nöthig hat, sondern auch diejenigen, zu deren Ausführung mehr als 6 Arbeiter je einen Tag erforderlich sind, überhaupt diejenigen Arbeiten, zu deren Ausführung insgesammt mehr als 6 Arbeitstage verwendet werden. Zur Einreichung einer Nachweisung sind nicht verpflichtet: das Reich und die Bundesstaaten bezüglich der von ihnen auf eigene Rechnung ausgeführten Arbeiten, die Eisenbahnverwaltungen, Gewerbetreibende bezüglich der in ihrem Gewerbebetrieb ausgeführten Arbeiten, endlich diejenigen Unternehmer, welche eine Arbeit ausführen, die als Nebenbetrieb oder Theil eines andern Betriebs bereits anderweit versicherungspflichtig ist. Die laufenden Reparaturen an den der Land- und Forstwirthschaft dienenden Gebäude und die zum Wirthschaftsbetriebe gehörende Bodenkultur und sonstige Bauarbeit werden als Nebenbetriebe der Land- und Forstwirthschaft betrachtet, wenn sie von den Unternehmern des Land- und Forstwirthschaftsbetriebs ohne Vermittelung eines Gewerbetreibenden auf eigene Rechnung ausgeführt werden. Geschieht dies nicht, so gelten sie nicht als land- und forstwirthschaftliche Nebenbetriebe. Die laufenden Reparaturen an Gebäuden, welche den im Reichsgesetz vom 6. Juli 1884 aufgeführten Betrieben dienen, z. B. die laufenden Reparaturen an Fabrikgebäuden gelten als Nebenbetrieb der betreffenden Fabrik, wenn sie von den Unternehmern auf eigene Rechnung ohne Vermittelung eines Gewerbtreibenden ausgeführt werden. Läßt dagegen ein Fabrikbesitzer an seiner Wohnung eine Reparatur vornehmen, so gilt dies nicht als Nebenbetrieb des Fabrikbetriebs, und muß also für diese Arbeiten eine Nachweisung eingereicht werden.

Die Nachweisungen sind einzureichen für alle Bauarbeiten, für Maurer-, Zimmer-, Dachdecker-, Tüncher-, Brunnen-, Schreiner-, Schlosser- und Anschlägerarbeiten, wie gesagt für alle Bauarbeiten, die überhaupt nur denkbar sind.

Läßt ein Gewerbtreibender eine Bauarbeit vornehmen, die nicht in sein Gewerbe schlägt, und bedient er sich hierzu nicht eines Gewerbetreibenden, sondern nimmt direct Arbeiter an, so muß er ebenfalls eine Nachweisung einreichen; läßt z. B. ein Schlosser sein Haus repariren und benutzt hierzu zufällig außer Arbeit stehende Maurergesellen, so muß er eine Nachweisung einreichen.

Die Nachweisung muß eingereicht werden binnen 3 Tagen nach Ablauf desjenigen Monats, in welchem die Arbeit vorgenommen worden ist, also für die im Monat April vorgenommenen Arbeiten spätestens bis zum 3. Mai. Erstreckt sich eine Arbeit über mehrere Monate und sind im ersten Monat weniger als 6 Tage auf die Arbeit verwendet worden, so braucht hierüber eine Nachweisung nicht eingereicht zu werden. Die Arbeitstage müssen aber in der Nachweisung für den zweiten Monat aufgeführt werden und ebenso die verdienten Löhne und Gehälter. Ein Beispiel, meine Herrn, wird Ihnen die Sache sofort klar machen. Nehmen Sie an, ein Privatmann habe durch einen augenblicklich stellenlosen Dachdeckergesellen sein Dach umdecken lassen.*) Zur Ausführung der Arbeit waren 8 Tage erforderlich, die Arbeit wurde den 30. Januar begonnen und am 7. Februar, da der 5. Februar ein Sonntag war, beendigt. Auf den Monat Januar fallen 2 Arbeitstage, auf den Monat Februar 6 Arbeitstage. Es braucht alsdann keine Nachweisung für den Monat Januar eingereicht zu werden, sondern nur für den Monat Februar und zwar spätestens bis zum 3. März; in der Nachweisung müssen aber die 8 aufgewendeten Arbeitstage aufgeführt werden. Wären zu dieser Arbeit 14 Tage erforderlich gewesen, hätte die Arbeit am 24. Januar begonnen und am 8. Februar geendet, so wäre sowohl für den Monat Januar, wie für den Monat Februar eine Nachweisung einzureichen gewesen. Wäre dagegen, dies ist der dritte Fall, der in Betracht kommt, im ersten Monat mehr als 6 Tage, im zweiten Monat nur 2 Tage verwendet worden, so hätte sowohl für die im Monat Januar aufgewendeten Arbeitstage, als für die im Monat Februar aufgewendeten 2 Arbeitstage eine Nachweisung eingereicht werden müssen.

Zur Einreichung des Nachweises ist verpflichtet der Unternehmer, also derjenige, für dessen Rechnung die Arbeit ausgeführt wird. Wenn die betheiligten Unternehmer die vorgeschriebene Nachweisung nicht rechtzeitig oder nicht vollständig einreichen, haben die Bürgermeistereien die Nachweisungen nach ihrer Kenntniß der Verhältnisse selbst aufzustellen oder zu ergänzen. Sie können zu diesem Zwecke die Verpflichteten zu einer Auskunft innerhalb einer zu bestimmenden Frist durch Geldstrafen bis zu 100 Mark anhalten. Ferner können Unternehmer, welche den ihnen obliegenden Verpflichtungen in Betreff der Einreichung der Nachweisungen nicht rechtzeitig nachkommen, mit einer Ordnungsstrafe bis zu 300 Mark belegt

*) Nach unserer Gewerbesteuer-Gesetzgebung nicht zulässig. Die Red.

werden; und endlich können gegen Unternehmer Ordnungsstrafen bis zu 500 Mark verhängt werden, wenn die von ihnen eingereichten Nachweisungen unrichtige thatsächliche Angaben enthalten. In der Nachweisung sind aufzuführen: 1. die für die Arbeit aufgewendeten Arbeitstage, 2. die hierfür bezahlten Löhne und Gehälter und zwar sind diese Löhne in ihrem vollen Betrage aufzuführen, also auch dann, wenn der Lohn pro Tag 4 Mark übersteigt. Sind für die Arbeit Akkordsummen vereinbart worden, dann muß diese Summe für die einzelnen Arbeitstage vertheilt, und hiernach der Arbeitslohn pro Tag ausgeschlagen werden.

Die Arbeitsnachweisung bildet also die Grundlage für die Prämien, welche von den Unternehmern zu entrichten sind, und muß der im Voraus festgesetzte Prämientarif die der Berechnung der Prämien zu Grunde zu legenden Einheitssätze ganz genau bestimmen, er muß bestimmen, welcher Betrag für jede verdiente ganze Mark und angefangene halbe Mark zu entrichten ist. Sind nach den für die Berufsgenossenschaft bestehenden Gefahrentarifen die einzelnen Arten der Baubetriebe zu verschiedenen Sätzen herangezogen, dann sind auch die Einheitssätze der an die Versicherungsanstalt zu entrichtenden Prämien nach dem durch den Gefahrentarif festgestellten Verhältnisse verschieden zu bemessen. Die Hessen-Nassauische Baugewerks-Berufsgenossenschaft hat z. B. 5 Gefahrenklassen, und diesen entsprechend sind auch die Einheitssätze für die Prämienberechnung verschieden abgestuft. Soviel mir erinnerlich ist, beträgt in der ersten Klasse, zu welcher die Ofensetzer gehören, die Prämie 1½ Procent des verdienten Lohnes, es müssen also für jede verdiente Mark 1½ Pf. Prämie bezahlt werden, in der vierten Klasse, zu welcher u. a. die Maurer gehören, beträgt die Prämie 3½ Procent, so daß also hier für jede verdiente Mark 3½ Pf. Prämie zu entrichten sind. Die Prämie ist also, wie Sie sehen, ein Vielfaches des Einheitssatzes; als Multiplikator gelten die verdienten Löhne. Sind z. B. für eine Bauarbeit insgesammt 100 Mark bezahlt worden und waren nur Maurer dabei beschäftigt, so hat der betreffende Unternehmer eine Prämie von 3½ Mark zu entrichten. Als Grundlage für die aufzubringenden Summen dienen die Kapitalwerthe der zu leistenden Entschädigungen, die Mittel zur Bildung eines Reservefonds, und zur Deckung der Verwaltungskosten. Es ist also auch hier das Kapitaldeckungsverfahren eingeführt, d. h. die Prämien werden so berechnet, daß dadurch der Kapitalwerth der voraussichtlich durchschnittlich in einem Jahre zu leistenden Entschädigungen gedeckt wird. Es war dies um deßwillen nothwendig, weil bei den Regiebauten noch mehr wie bei den Tiefbauten ein ständiger Wechsel stattfindet, weil die Regiebauten meistens von sehr kurzer Dauer sind, die Last daher nicht auf die späteren Bauunternehmer abgewälzt werden kann.

Die Nachweise sind, wie ich bereits oben hervorgehoben habe, spätestens am dritten Tage nach Beendigung des Monats, in welchem die Arbeiten vorgenommen wurden, einzureichen. Die Bürgermeistereien haben alsdann binnen zwei Wochen nach Ablauf eines jeden Kalenderquartals, also bis 14. April, Juli, October und Januar, die Nachweisungen den Vorständen der Berufsgenossenschaften oder den von denselben bezeichneten Organen mitzutheilen und eine Bescheinigung beizufügen, daß nach ihrer Kenntniß keine weiteren Regiebauten ausgeführt worden sind. Auf Grundlage dieser Nachweisungen und des Prämientarifs haben alsdann die Vorstände der Berufsgenossenschaften zu berechnen, welche Prämie jeder einzelne Unternehmer zu bezahlen hat. Es ist hierüber eine Heberolle aufzustellen, und den Bürgermeistern werden Auszüge daraus mitgetheilt für diejenigen Unternehmer, welche in ihrem Bezirk Bauarbeiten ausgeführt haben.

Die Bürgermeistereien werden ersucht, die Beiträge einzuziehen und binnen 4 Wochen, nach Abzug der Portokosten, an die Vorstände oder das von denselben benannte Organ abzuliefern. Die Bürgermeister bekommen für ihre Bemühung 4 Procent Hebgebühren; für diejenigen Bauten, welche die Gemeinden auf eigene Rechnung ausführen, erhalten sie jedoch keine Gebühren. Die Bürgermeister müssen die Beträge voll abliefern, vorausgesetzt, daß sie nicht deren wirklichen Ausfall, oder die fruchtlose Zwangsvollstreckung nachweisen können. Der Auszug aus der Heberolle, oder vielmehr den Heberollen selbst, muß genau erkennen lassen, in welcher Weise die Prämien berechnet sind, damit jeder Zahlungspflichtige in der Lage ist, die Richtigkeit der Berechnung zu prüfen. Die Bürgermeistereien haben diese Auszüge aus den Heberollen 2 Wochen lang zur Einsicht der Interessenten offen zu legen und den Termin des Beginns der Offenlegung auf ortsübliche Weise bekannt zu machen. Die Zahlungspflichtigen sind berechtigt, binnen 2 weiteren Wochen gegen die Prämienberechnung Einspruch zu erheben. Der Einspruch kann jedoch nur begründet werden auf Rechnungsfehler, auf unrichtigen Ansatz der Löhne, unrichtige Anwendung des Prämientarifs, oder auf die Behauptung, daß der betreffende Unternehmer überhaupt nicht verpflichtet ist, eine Prämie zu zahlen. Wird diesem Einspruch gar nicht, oder nicht im vollen Umfange stattgegeben, so kann, und zwar ebenfalls binnen 2 Wochen, Beschwerde an das Kreisamt und gegen dessen Bescheid Rekurs an das Reichs-Versicherungsamt ergriffen werden. Dieser kann jedoch nur auf die Behauptung gestützt werden, daß eine Verpflichtung zur Prämienzahlung überhaupt nicht vorliege. Die Prämien werden beigetrieben wie Gemeindeabgaben.

Meine Herrn! Wenden wir uns nunmehr zu denjenigen Bauarbeiten, deren Ausführung nur 6 Tage oder weniger als 6 Tage in Anspruch nimmt. Wie ich bereits vorhin erwähnt habe, erfolgt hier die Versicherung durch die Gemeinde oder sofern dies angeordnet wird, durch die Kreise. Das letztere Verfahren wird sich im Allgemeinen empfehlen, denn es werden dadurch nicht nur unnöthige Schreibereien, sondern auch Portokosten gespart. Außerdem würden unsere, durch die neue Gesetzgebung schon an und für sich belasteten Bürgermeister dadurch etwas entlastet werden, wenn der Kreis die Kosten auf sich nimmt. Dies wird sich ferner um deswillen empfehlen, weil nur Minimalbeträge in Betracht kommen, die hier zu entrichten sind. Die Beträge werden auf dem Wege des Umlageverfahrens erhoben, d. h. es werden nur diejenigen Mittel, welche thatsächlich im verflossenen Jahre zur Auszahlung der Unterstützungen nothwendig waren, auf die Gemeinden, bezw. Kreise und zwar nach der Zahl der Bevölkerung ausgeschlagen und erhoben.

Meine Herrn! Vergegenwärtigen wir uns noch einmal die verschiedenen Arten der Versicherungen, wie solche im Gesetze zum Ausdruck gekommen sind. Zunächst kommen die gewerbsmäßigen Tiefbauten. Hier erfolgt die Versicherung durch die Unternehmer, welche zu einer Berufsgenossenschaft vereinigt werden; zu Grunde gelegt ist das Kapitaldeckungsverfahren. In zweiter Linie kommen die Regiebauten, welche auf Rechnung des Reichs, einzelner Staaten, eventuell der Communalverbände ausgeführt werden. Hier erfolgt die Versicherung zu Lasten des Reichs, der Staaten und Communalverbände. Drittens kommen in Betracht die Regiebauten, welche von anderen Corporationen, oder Privatpersonen ausgeführt werden und zu deren Ausführung mehr als 6 Tage erforderlich sind. Hier erfolgt die Versicherung durch die Unternehmer der betreffenden Betriebe bei einer Versicherungsanstalt. Zu Grunde gelegt ist das Kapitaldeckungsverfahren. Bei den Regiebauten endlich, zu deren Ausführung 6 oder weniger als 6 Tage nöthig sind, erfolgt die Versicherung durch die Gemeinden oder Kreise, unter Zugrundlegung des Umlageverfahrens.

Soviel über die Organisation des Versicherungsverfahrens! Im Uebrigen gelten im Wesentlichen die Bestimmungen, welche das Unfallsversicherungsgesetz vom 6. Juli 1884 getroffen hat. Es gilt, wie ich bereits hervorgehoben habe, die Vorschrift über die Ansprüche der Versicherten, über das Verhältniß des Versicherten zu den Krankenkassen und sonstigen Unterstützungskassen. Als eine wichtige Ausnahme möchte ich jedoch herausgreifen, daß die Vorschriften des Unfallversicherungsgesetzes vom 6. Juli 1884 über die Unterstützung der Verletzten während der ersten 13 Wochen, insbesondere vom Beginn der 5. bis zur Beendigung der 13. Woche nicht maßgebend sind. Wie Ihnen erinnerlich, ist nach jenem Gesetz die Unterstützung in den ersten 13 Wochen den Krankenkassen zugewiesen, jedoch mit der Maßgabe, daß vom Beginn der 5. bis zur Beendigung der 13. Woche ein erhöhtes Krankengeld zu gewähren ist. Ist ein Verletzter überhaupt nicht Mitglied einer Krankenkasse, dann haben die Unternehmer sämmtliche Kosten zu tragen. Diese Bestimmung, meine Herrn, gilt nicht für das Bauunfallversicherungsgesetz. Es ist hier die Bestimmung getroffen, daß während der ersten 13 Wochen die Gemeinde den Verletzten die Kosten des Heilverfahrens, das ist also seine ärztliche Behandlung, Arzneien, Brillen, Bruchbänder u. a. m. zu tragen hat, vorausgesetzt, daß der Verletzte sich nicht im Auslande aufhält, oder daß er auf Grund des Krankenversicherungsgesetzes, oder eines sonstigen Rechtsverhältnisses Anspruch auf gleiche Unterstützung hat. Kommt die Krankenkasse aber ihren Verpflichtungen nicht nach, so hat die Gemeinde — vorbehaltlich des Rückersatzes — die Kosten des Heilverfahrens ebenfalls zu tragen. Sie ist sonach in allen Fällen verpflichtet, für die Kosten der ersten 13 Wochen — wenn auch nur vorlagsweise — aufzukommen. Von dem Beginn der 14. Woche hat der Verletzte dieselben Ansprüche, wie sie nach dem Gesetz vom 6. Juli 1884 gewährt werden. Es haben also die Verletzten von der 14. Woche an Anspruch auf Ersatz der Kosten des Heilverfahrens und auf eine Rente, welche bis zur Beendigung der Erwerbsunfähigkeit gewährt und nach dem Arbeitsverdienste berechnet wird. Im Falle der Tödung ist als Ersatz der Beerdigungskosten das Zwanzigfache des täglichen Arbeitsverdienstes, wenigstens jedoch 30 Mark, zu gewähren; außerdem eine Rente an die Hinterbliebenen. Alle diese Zahlungen leisten auf Anweisung des Genossenschaftsvorstandes die Postkassen zu Lasten der Berufsgenossenschaft, bezw. der Versicherungsanstalt. Auf die Unfalluntersuchungen, Anzeigen der Unfälle, Feststellung der Entschädigungen, Berufungen gegen diese Bescheide finden die Bestimmungen des Gesetzes vom 6. Juli 1884 Anwendung und ich möchte Ihnen nur noch in das Gedächtniß zurückrufen, was in Betreff der Anzeigen der Unfälle gilt: Von jedem Unfall, der vorkommt, muß bei der Polizeibehörde Anzeige erstattet werden, vorausgesetzt, daß durch den Unfall der Tod oder eine Körperverletzung herbeigeführt wurde, welche den Tod, oder Arbeitsunfähigkeit von voraussichtlich mehr als 3 Tagen, im Gefolge hat; alle derartigen Unfälle sind also der Polizeibehörde — bei Meidung von Strafe — durch die Unternehmer binnen 2 Tagen anzuzeigen. Auch bezüglich der Auszahlung der Entschädigungen durch die Postverwaltungen und der Liquidationen der letzteren finden die Bestimmungen des Gesetzes vom 6. Juli 1884 Anwendung. Nachdem die Centralpostverwaltungen die von ihnen ausgezahlten Beträge liquidirt haben, stellt der Genossenschaftsvorstand fest, welcher Theil der liquidirten Beträge den Mitgliedern der Berufsgenossenschaft und welcher Theil der Versicherungsanstalt zur Last fällt. Soweit der Betrag auf die Mitglieder der Berufsgenossenschaft (Tiefbauberufsgenossenschaft) entfällt, wird er aus den verfügbaren Beständen entnommen. Gleichzeitig ist der Kapitalwerth der im verflossenen Rechnungsjahr neu entstandenen der Berufsgenossenschaft erwachsenen Lasten zu berechnen und von den Mitgliedern einzuziehen. Der der Versicherungsanstalt zu Last fallende Theil ist, soweit er durch Unfälle verursacht ist bei Bauten, deren Ausführung mehr als 6 Tage in Anspruch nehmen, aus den verfügbaren Beständen an Prämien zu entrichten, soweit der Betrag aber durch Unfälle verursacht ist, die sich bei Bauten ereignet haben, deren Ausführung 6 oder weniger als 6 Tage erforderte, ist derselbe auf die Gemeinden, bezw. Kreise umzulegen und von diesen einzuziehen.

Meine Herrn, noch eine kleine Abweichung von dem Unfallversicherungsgesetze will ich herausheben, die sich aber eigentlich von selbst versteht. Wie Ihnen wohl erinnerlich ist, können von den Berufsgenossenschaften Unfallverhütungsvorschriften erlassen werden. Dies gilt auch von den hier in Betracht kommenden Baubetrieben, ohne Rücksicht darauf, daß die Unternehmer nicht Mitglieder der Berufsgenossenschaft sind. Zuwiderhandlungen gegen die Bestimmungen werden bei denjenigen Bauarbeiten, zu deren Ausführung mehr als 6 Tage nothwendig sind, dadurch bestraft, daß die Prämien erhöht werden, und zwar bis zum doppelten Betrage. Bei Bauarbeiten, deren Ausführung 6 oder weniger als 6 Tage in Anspruch nimmt, können Exekutionsstrafen bis zu 100 Mark angedroht werden. Außerdem haben die Berufsgenossenschaften die Befugniß, auch die Betriebe der Nichtmitglieder zu überwachen und Einsicht in deren Geschäftsbücher zu verlangen.

Meine Herrn! Wie Sie sehen, ist das Bauunfallversicherungsgesetz nicht sehr einfacher Natur, insbesondere werden auch wieder unsere Bürgermeister mit großer Arbeit belastet; aber es ist auf der anderen Seite zu bedenken, daß durch dieses Gesetz nunmehr Gleichheit unter den Bauarbeitern hergestellt ist, und daß dadurch mancher Arbeiter und mancher Bauunternehmer vor Elend und Noth geschützt sein wird.

Nach beendigtem Vortrage wurde Herrn Dr. Dietz der lebhafteste Dank der aus etwa 70 Personen bestehenden Versammlung in herzlichen Worten von dem Vorsitzenden des hiesigen Lokalgewerbvereins dargebracht.

Büdingen, den 30. April 1888. M.

Zur graphischen Berechnung des Flächeninhaltes von Querprofilen.

Wenn man in der Lage ist, den Flächeninhalt von Querprofilen ohne Zuhilfenahme eines Polarplanimeters zu berechnen, dann empfiehlt sich das graphische Verfahren. Dasselbe besteht darin, daß man die Querprofile zunächst in inhaltsgleiche Dreiecke verwandelt und alsdann deren Flächeninhalt ermittelt. Jedes Querprofil wird im Allgemeinen ein ebenes Vieleck darstellen und man führt das erwähnte Verfahren in der Weise aus, daß man das vorliegende Querprofil nach und nach durch inhaltsgleiche Vielecke ausdrückt, von denen das folgende immer eine Seite weniger enthält, als das vorhergehende, bis sich zuletzt das obengenannte Dreieck ergibt. Der Flächeninhalt desselben ist jetzt auszuwerthen und es geschieht dies in der Regel durch Berechnung des halben Produktes der Grundlinie und Höhe, welche beide Linien zu diesem Zweck aus der Zeichnung abzugreifen sind. Soweit dürfte das beschriebene Verfahren allgemein bekannt sein und angewandt werden.

Die nachträgliche Berechnung des, dem gegebenen Querprofile inhaltsgleichen, Dreieckes im Anschluß an die vorausgegangene graphische Behandlung ist aber zeitraubend und umständlich. Es soll daher in Nachstehendem ein in weiteren Kreisen weniger bekanntes Verfahren mitgetheilt werden, welches in einfacher Weise die vorliegende Aufgabe vollständig graphisch zu lösen gestattet und den gesuchten Flächeninhalt auf zeichnerischem Wege in einer Linie darstellt. Es ist nämlich nur nöthig, das mehrerwähnte, zuletzt erhaltene Dreieck in ein anderes, inhaltsgleiches Dreieck zu verwandeln, dessen Höhe 2 beträgt und zwar in demjenigen Maßstab, in welchem die Querprofile gezeichnet sind. Der Flächeninhalt des letzteren Dreiecks wird alsdann direkt durch das Maß seiner Grundlinie angegeben und beträgt soviel Quadrateinheiten, als die Grundlinie Längeneinheiten mißt. Es kann nach dem Vorstehenden der Flächeninhalt eines jeden Querprofiles durch eine einfache Konstruktion in einer Linie dargestellt werden und es wird das Verfahren selbst für Querprofile mit sehr vielen Ecken nicht umständlich, weil die Verwandlung eines beliebigen Vieleckes in ein inhaltsgleiches Dreieck bei einiger Uebung eine einfach und rasch auszuführende Aufgabe ist.

An den folgenden speciellen Beispielen dürfte die Brauchbarkeit des Verfahrens ersehen werden. Es soll ein Straßenkörper von 6 m Kronenbreite mit einfacher Einschnitts-, 1,5facher Dammböschung vorausgesetzt und die graphische Berechnung des Flächeninhaltes für je ein Querprofil im Auftrag, im Abtrag und für ein gemischtes Profil durchgeführt werden.

In Fig. 1 sei 1 2 3 4 5 6 das gegebene Dammprofil. Die senkrechte Mittelaxe theilt dasselbe in das Fünfeck 1 m 4 5 6 und das Viereck m 2 3 4. Durch Parallelziehen von 5 a zu 6 4 wird das Fünfeck 1 m 4 5 6 in das Viereck 1 m a 6 verwandelt, denn es ist Dreieck 4 a 6 inhaltsgleich mit Dreieck 4 5 6 (gleiche Grundlinie und gleiche Höhe). Ferner wird durch Parallelziehen von 6 b zu 1 a das Viereck 1 m a 6 in das Dreieck 1 m b verwandelt. Trägt man m M = 2 auf und zieht A b parallel zu 1 M, so wird das Dreieck m A M inhaltsgleich mit dem Dreieck 1 m b. Die Linie m A ergibt in ihrem Maß den Inhalt des Dreiecks m M A und somit den Flächeninhalt des Fünfecks 1 m 4 5 6. — Durch Parallelziehen von 3 c zu 2 a wird das Viereck m 2 3 4 in das Dreieck m 2 c verwandelt. Zieht man B c parallel zu M 2, so wird das Dreieck m M B inhaltsgleich mit dem Dreieck m 2 c, und die Linie m B ergibt als Inhalt des Dreiecks m 2 c den Flächeninhalt des Vierecks m 2 3 4. Die Linie A B stellt somit als Inhalt des Dreiecks A B M den Flächeninhalt des gesammten Querprofils 1 2 3 4 5 6 dar.

In Fig. 2 wird das gegebene Einschnittsprofil 1 2 3 4 5 6 durch die senkrechte Mittelaxe in das Fünfeck 1 m 4 5 6 und das Viereck m 2 3 4 getheilt. Die Seitengräben sind hier ausgeschlossen worden, weil man dieselben am einfachsten ein für alle Mal für sich ausrechnet und dem Endresultat zufügt. Es hat indessen auch nicht die geringste Schwierigkeit, dieselben in das graphische Verfahren einzubeziehen. Durch Parallelziehen von 5 a zu 4 6 wird das Fünfeck 1 m 4 5 6 in das Viereck 1 m a 6,

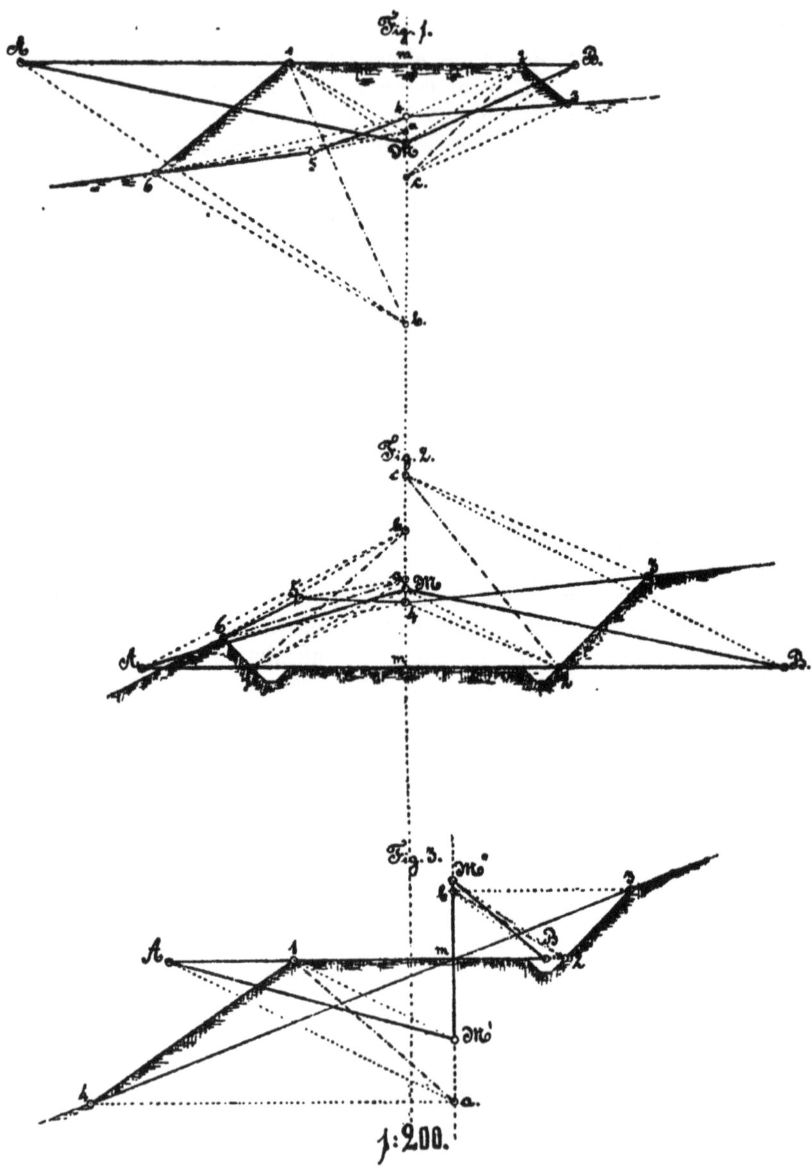

durch Parallelziehen von 6 b zu 1 a das Viereck 1 m a 6 in das Dreieck 1 m b verwandelt. Trägt man m M = 2 auf und zieht A b parallel zu 1 M, so wird das Dreieck A m M inhaltsgleich mit dem Dreieck 1 m b und die Linie A m ergibt als Inhalt des Dreiecks m A M den Flächeninhalt des Fünfecks 1 m 4 5 6. — Das Viereck m 2 3 4 wird durch Parallelziehen von 3 c zu 2 4 in das inhaltsgleiche Dreieck m 2 c verwandelt. Durch Parallelziehen von B c zu M 2 geht dieses Dreieck in das inhaltsgleiche Dreieck m B M über und die Linie m B ergibt als Inhalt des *Dreiecks m B M den* Flächeninhalt des Vierecks m 2 3 4. Der Flächeninhalt des Einschnittsprofiles, ausschließlich der Gräben, wird sonach durch die Linie AB als Inhalt des Dreiecks ABM dargestellt.

In Fig. 3 stelle das Dreieck 14m den Damm, das Dreieck m23 den Einschnitt, ausschließlich des Grabens dar. Für die gemischten Profile ist es am zweckmäßigsten, durch den Punkt m eine senkrechte Hilfslinie zu ziehen und sowohl die Profilfläche des Dammes, als auch diejenige des Einschnittes in rechtwinklige Dreiecke zu verwandeln, deren rechte Winkel ihren Scheitel in dem Punkte m haben. Durch Parallelziehen von 4a zu 1m verwandelt man das Dreieck 14m in das Dreieck 1am und durch Parallelziehen von aA zu 1M' (mM' = 2) das Dreieck 1ma in das inhaltsgleiche Dreieck AmM'. Am stellt den Flächeninhalt von AmM' oder von 14m dar. — Durch Parallelziehen von 3b zu 2m verwandelt man das Dreieck m23 in das Dreieck m2b und durch Parallelziehen von bB zu 2M'' (mM'' = 2) das Dreieck m2b in das inhaltsgleiche Dreieck mBM''. mB stellt den Flächeninhalt von mBM'' oder von m23 dar.

Bei der praktischen Ausführung können alle, in den Figuren 1—3 enthaltenen Hilfslinien fortbleiben, die 2 Punkte A und B genügen zur Darstellung der Lösung. Doch empfiehlt es sich der Controle wegen das Schlußdreieck ABM, bezw. AmM' und BmM'' zu zeichnen.

Der Unterzeichnete hat die beschriebene Methode der Berechnung von Querprofilen seit länger als 10 Jahren bei verschiedenen Eisenbahn-, Straßen- und Dammprojekten praktisch angewandt und zieht dieselbe der Berechnung von Flächen mittelst Polarplanimeter vor. Die Arbeit ist nach jenem Verfahren weniger einförmig, in Folge dessen anregender und werden Fehler seltener vorkommen, weil die Berechnung durch Vergleichung des Dreieckes mit dem gegebenen Profil schon nach dem Augenmaß controlirt wird.

Selbstverständlich kann die beschriebene Methode auch zur graphischen Berechnung des Flächeninhaltes beliebiger Flächen Verwendung finden und somit nicht nur im Erdbau, sondern auch in der praktischen Geometrie, der Hydraulik, dem Maschinenbau, der Meteorologie u. s. w. ersprießliche Dienste leisten.

Darmstadt, im März 1888.

Reinhardt, Gr. Baumeister und Culturingenieur.

Aus den Lokalgewerbvereinen.

Gießen, Anfangs Mai. Besuch der Brühl'schen Druckerei in Gießen durch den Lokalgewerbverein daselbst. — Denjenigen Mitgliedern unseres Lokalgewerbvereins, welche dies seit einer langen Reihe von Jahren zu beobachten Gelegenheit gehabt und welche für derartige Leistungen ein geübteres Auge haben, ist es nicht entgangen, wie die mannichfaltigsten Arbeiten aus dem schönen interessanten Gebiete der Typographie, welche aus der hiesigen Brühl'schen Druckerei hervorgehen, von Jahr zu Jahr in vortrefflicherem Gewande erscheinen und Zeugniß ablegen sowohl von den großen Fortschritten auf dem Gebiete der vervielfältigenden Künste überhaupt, als auch von der rühmenswerthen Leistungsfähigkeit genannter Anstalt, welche sich — unbeschadet des Rufes der anderen hiesigen Druckereien, welche gleichfalls Vorzügliches, ja in Specialitäten Hervorragendes leisten — unseres Dafürhaltens auf der Höhe typographischer Aufgaben befindet. — Diese erfreuliche Erscheinung gab unserm Vorstande Veranlassung, Herrn Fr. Chr. Pietsch, Besitzer dieser Druckerei, „um eine Einladung zu bitten", die alsbald in der entgegenkommendsten Weise an alle Vereinsmitglieder erfolgte, so zwar, daß um recht Vielen die Besichtigung zu ermöglichen, an einem der jüngsten Sonntag-Nachmittage unter der sachkundigen Führung des Herrn Geschäftsführers und Redakteurs Scheyda, die ausgedehnte Druckerei mit allen Nebenabtheilungen und in ihrer gesammten zu Ehren des Besuchs eigens in Betrieb gesetzten maschinellen und übrigen Einrichtung in Augenschein genommen werden konnte.

Zunächst wurde eine für den Besuch des Gewerbvereins besonders veranstaltete, umfangreiche, äußerst belehrende Ausstellung aus allen Gebieten der Buchdruckerkunst eingehend besichtigt, es entrollte sich hierdurch vor den Augen der Besuchern nicht allein eine illustrirte Geschichte der Entwickelung genannter Anstalt, sondern auch des Buchdrucks im Allgemeinen, zu interessanten Parallelen vielfach Gelegenheit bietend; wobei die zahlreichen eigenen Leistungen der Brühl'schen Druckerei, theilweise wahre Pracht- und Meisterstücke, die Anerkennung und Bewunderung aller Besucher erregten. Da waren neben geschichtlich merkwürdigen Druckarbeiten vorzügliche Lettern- und Figurendrucke in Schwarz- wie in geschmackvoll ausgestattetem prächtigem Buntdruck, mit zum Theil dem Inhalte der Schriftstücke trefflich angepaßter Ornamentirung, Diplome und Karten aller Art in gefälligen Randeinfassungen, Zink- und Selenotypiedrucke, von welchen allen schöne Proben namhafter auch auswärtiger Aufträge vorlagen. Architekturstücke „in Linien" und Portraits „in Punkten" gesetzt — bewunderungswürdige Leistungen des typographischen Künstlers, aber auch ebenso Proben seiner großen Geduld!

Mit besonderem Interesse sahen wir die flüchtig hingeworfenen Skizzen des bewährten Meisters der Anstalt, Herrn Elle, zierliche Einfassungen zu Titelblättern, Geschäftskarten 2c. darstellend, woraus ersichtlich, daß auch in diesen Räumen „nach Zeichnung" gearbeitet wird. — Wenn auch jede noch so reichlichst ausgestattete Officin in der figürlichen und ornamentalen Darstellung selbst nicht diejenige Freiheit der Linienführung zuläßt, wie dies der Stift in des Künstlers Hand gestattet, so zeigt sich gerade in dieser natürlichen Beschränkung die Meisterschaft des zum Künstler werdenden Typographen, welcher aus seinem Figuren- und Ornamentenvorrath das jeweils passendste und schönste Material, welches hier allerdings in großer Auswahl vorhanden, hervorzuholen versteht. Daß durch die Vervollkommnung des Buchdrucks und das Hinzukommen immer neuerer Verfahren auf dem Gebiete der vervielfältigenden Künste dem Lithographen zwar manch schönes Stück Arbeit entzogen wird, kann nicht geleugnet werden, doch die Aufgaben für den kunstgewandten Lithographen bleiben immerhin noch sehr zahlreiche, namentlich nach derjenigen Richtung hin, wo die durch metallene Fesseln nicht beengte, freihändig geschwungene Linie ihre Triumphe feiert! — Doch nun genug dieser Betrachtungen und Belehrungen eines Nichtfachmannes und fort von der fesselnden kleinen Fachausstellung — durch den Maschinen- in den Setzersaal und die übrigen Räumlichkeiten des ausgedehnten Etablissements.

Ehe wir die verschiedenen Druckpressen und sonstigen Maschinen betrachten, wollen wir uns an einige Setzkasten und sonstige Einrichtungen im Setzersaal, welcher mittelst Treppe und Aufzugs den Verkehr mit der Druckerei vermittelt, begeben, um uns durch die eingehendsten Erläuterungen unseres Führers und das Beispiel seiner geübten Hand mit den Arbeiten des Schriftsetzers, des Formatbildners, des Ornamentensetzers bekannt zu machen. Wir erhielten dabei den Eindruck, daß die sog. „Accidenzarbeiten" nach dem heutigen Stand ihrer Entwickelung keine „Nebenarbeiten", sondern vielmehr typographische „Hauptarbeiten" geworden seien. — Vom „Winkelhaken", der „Setzlinie", dem „Spacius", dem „Kegel", der „Signatur" wurden uns die technischen Erklärungen gegeben, nebenbei auch bestätigt, daß man statt „metteur en pages" recht wohl „Seitensetzer" verdeutschen könne und daß, erinnern wir uns recht, ein „Schweizerdegen" gut sei für alle vorkommenden Fälle, vom „Preßbengel" zu schweigen! Daß im Setzersaal eine „heilige Ordnung" herrschen müsse, man insbesondere beim Setzen und Auseinanderlegen der Lettern keine „anderen Gedanken" haben dürfe als die vorliegenden geschäftlichen, wenn nicht der „Druckfehlerteufel" sein unwillkommenes Spiel treiben soll, das wird uns bei Besichtigung dieser Einrichtungen besonders inne. Das der genauere Beobachter von Druckarbeiten z. B. mitunter einen verkehrten Fünfer (ç) anstatt ein c mit Cedille (ç) wahrnimmt, scheint mehr auf einem Kunstgriff des Setzers als auf mangelnder Sorgfalt bei Austheilung der Lettern zu beruhen. — In der mit der Druckerei verbundenen Stereotypen-Gießerei befinden sich

2. Gießapparate. Bekanntlich werden zur Herstellung öfters wiederkehrender Drucksachen, namentlich von Formularen, flott gehenden Werken ꝛc., um dieselben nicht bei jedem Auftrag aufs neue setzen zu müssen, Druckplatten aus Letternmetall — sog. Stereotypen — angewandt, deren vollständige, äußerst interessante Anfertigungsweise, einschließlich der zugehörigen Hohlform — Matrize — von dem betreffenden Meister, Herrn Hoß, uns sehr ausführlich gezeigt wurde. — Auch das Gebiet des Holzschnitts und seines Druckes wurde durch die am galvanoplastischen Apparat gezeigte Herstellung der Galvanos — verkupferte Formen von Holzschnitten oder Schriftformen — ausführlicher erörtert. — Weitere Nebenwerkstätten übergehen wir in unserer Berichterstattung, mit Rücksicht auf den uns ohnehin schon überal genug zugemessenen Raum, um zum Schlusse noch einen Rundgang durch den großen Druckereisaal zu machen, wo die Maschinen unter Aufsicht des Meisters, Herrn Andreas, wie oben erwähnt, dem Besuche in voller Thätigkeit gezeigt wurden. Es sind vorhanden: 5 Schnellpressen neuerer und neuester Construction, darunter eine Doppel-Schnellpresse für Zeitungsdruck, auf welcher z. B. der „Gießener Anzeiger" — je nach Gewandtheit der Einleger in 2500—3000 Exemplaren in der Stunde — gedruckt wird, ferner eine Handpresse, eine Abziehpresse, eine Kopfdruckmaschine, eine Visitenkarten-Druckmaschine (welch letztere innerhalb weniger Minuten für eines unserer Vorstandsmitglieder 100 feine Visitenkarten auswarf, eine Nummerirmaschine, eine Drahtheftmaschine, eine große Papierschneidmaschine, ein Ovalwerk, eine Steindruckpresse, eine hydraulische und eine Gewinde-Glättpresse — 2 Gasmotoren von zusammen 6 Pferdekräften dienen zum Betrieb der Buchdruckmaschinen — gewiß eine schon recht stattliche maschinelle Anlage!

Das Personal dieses Geschäftes besteht aus 32 geschulten Köpfen, größentheils seit über 10 Jahre, ja einzelne seit vielen Jahrzehnten im Geschäft, darunter Redakteure, Faktoren, stenographiekundige Berichterstatter, ja auch über einen eigenen Poeten, Meister Th. Loos, der schon im Jahre 1883 sein 50jähriges Schriftsetzerjubiläum gefeiert und der die Leser des „Unterhaltungsblatts" gar manchmal durch seine gefühlvollen Dichtungen erfreut, verfügt die Druckerei.

Es gilt ja im Allgemeinen als ein erfreuliches Zeichen, wenn die geschäftlichen Räume beginnen, zu klein zu werden und so mag auch den Inhaber dieses schönen Geschäftes, Herrn Pietsch, manchmal der anregende Gedanke beschäftigen: „die Räume wachsen, es dehnt sich das Haus!" Und haben wir seit Jahren recht beobachtet, so ist es ja gerade eine Lieblingsbeschäftigung des Geschäftseigenthümers, die alten Räumlichkeiten „immer praktischer" einzutheilen und neuen Raum zu schaffen, allerdings oft ein besonderes Kunststück innerhalb der gegebenen Grenzen!

Der im Verlage dieser Druckerei erscheinende „Gießener Anzeiger", welcher sich den Bestrebungen unseres Lokalgewerbvereins seit Jahrzehnten stets aufs Bereitwilligste dienstbar gemacht, er hätte einer Besprechung vorstehend geschilderter interessanten Excursion für diesmal trotz sonstigen Entgegenkommens vermuthlich die „Aufnahme verweigert", aber dankbar wie unsere Belehrung suchenden Vereinsgenossen stets für jede Bereicherung ihres Wissens sind, können sie nicht umhin, dem Besitzer, dem Geschäftsführer und den Meistern der Brühl'schen Druckerei neben dem durch Herrn Direktor Schiele seiner Zeit mündlich ausgesprochenen Dank, auch gelegentlich dieser Berichterstattung durch Vermittelung des Organes unseres Landesgewerbvereins Dank und Anerkennung zu zollen, sowohl für die uns gebotene lehrreiche Ausstellung von Druckarbeiten, wie für die gleich belehrende Excursion durch alle Geschäftsräume der Anstalt. Gerne wollen wir an unseren Bericht die Hoffnung knüpfen, durch unsere ausführlicheren Betrachtungen zunächst der hiesigen Geschäftswelt, dem hiesigen Publikum die Anregung dazu gegeben zu haben, mit Bestellungen auf dem besprochenen Gebiet — sofern dies nicht schon geschieht — zunächst heimathliche Geschäfte zu berücksichtigen, da dieselben nicht minder Vortreffliches leisten als auswärtige!

Wenn wir die Entwickelung und Leistungen der Buchdruckerkunst vergleichen von ihren ersten Anfängen bis zu ihrer heutigen Vollendung, wie sich deren Proben z. B. in der oben geschilderten kleinen Fachausstellung vor unseren Augen entrollten und wenn wir sehen, wie immer aufs Neue geistreiche Vervielfältungs-Verfahren in die Erscheinung treten, dann erfüllt uns hohe Achtung vor den Pionieren auch auf diesem Gebiete der Kultur, die nicht zum Geringsten aus dem Fache selbst hervorgegangen sind; erinnert sei z. B. in dieser Hinsicht an den uns befreundeten, auf dem Gebiete der graphischen Künste so vortheilhaft bekannten Herrn Professor K. Faulmann in Wien, welcher, ähnlich wie unser verstorbener Mitbürger, der

Sanskritforscher Herr Professor Bullers, seine ersten Arbeiten und Studien am Setzkasten begann.

Wenn auch nicht „Jedermann sein eigener Drucker" sein kann, hat doch auch unser hochverehrter Kaiser Friedrich in jüngeren Jahren die schöne Buchdruckerkunst erlernt und liebgewonnen, so haben doch ohne Zweifel manche Leser des Gewerbeblattes ein besonderes Interesse für die unentbehrliche, segenspendende und lichtbringende „schwarze Kunst" Meister Gutenbergs, weshalb wir unserer Berichterstattung glaubten die gewählte Form geben zu dürfen. —o —n.

Butzbach. Am 21. April fand in der Restauration Kalbfleisch eine gut besuchte Versammlung des Lokalgewerbvereins statt. Der Vorsitzende, Herr Spenglermeister Wenzel, referirte in fast einstündigem Vortrage über die am 19. April zu Darmstadt stattgefundene Ausschuß-Sitzung. Eine besonders anregende Debatte rief die beantragte Revision des Gewerbesteuertarifs hervor. W.

Litteratur.

Geschichte der preußischen Handwerkerpolitik. Nach amtlichen Quellen von Dr. Moritz Meyer, Docent für Nationalökonomie an der Königlichen Technischen Hochschule zu Berlin. II. Band. Minden i. W. J. C. C. Brun's Verlag. 1888. Preis 10 Mark.

Der vorliegende zweite Band des angezogenen Werkes beschäftigt sich speciell mit der Zeit von 1713—1740, mit der Handwerker- und Gewerbepolitik König Friedrich Wilhelms I. Ein Studium dieser Politik des thatkräftigen Herrschers, der in der Solidarität zwischen Volks- und Staatswohl die Richtschnur seiner Wirthschaftspflege erblickte, die Kenntniß der durch ihn geschaffenen Verwaltungsorganisation und ihres Geistes, wie der herrschenden Grundsätze, die Verfolgung des Einflusses der theoretischen Anschauungen der neugegründeten Lehrstühle für Nationalökonomie auf die Handels- und Zollpolitik, sowie auf den Standpunkt, welchen der König dem Zunftwesen gegenüber einnahm, dieses durch das vorliegende Werk ermöglichte Studium ist geeignet, hohes Interesse zu erregen und lehrreiche Vergleiche für unsere heutige Zeit zu ziehen, weßhalb wir nicht versäumen, auf dieses Erzeugniß unserer neueren Litteratur empfehlend hinzuweisen.

Zeitschrift **„Fürs Haus".** Nr. 291 des praktischen Wochenblattes für alle Hausfrauen „Fürs Haus" (vierteljährlich nur 1 Mark) enthält:

Wochenspruch:
Befiehl Dich Gott, sei stark in Noth,
Bedenk den Tod, gieb Armen Brot!

Gedicht (Im Frühling). Der Vogel im Käfig. An den Rhein. Sitzplätze im Garten. Einen großen Kalbsbraten praktisch für eine kleine Familie zu verwenden. Praktischer Strumpf für Kinder von 2—12 Jahren. Nur die Mutter. (Erzählung.) Geschäfte für Erstlingsausstattungen. Gurgeln. Wie beseitigt man Flechten? Ernährung kleinster Kinder. Zuschuß von Bräuten unbemittelter Offiziere. Gemalte Porzellansachen. Waldmeister. Unterscheidungszeichen des Gartenschierlings. Pflanzt Rhabarber. Federn zu sparen. Kopfkissen. Reine Luft im Schlafzimmer. Unsere Kachelöfen. Türkische Veilchenkonfitüre. Mai-Bowle. Schottische Marmelade. Eier einzulegen. Gesundheitskaffee. Leberknödel. Küchenzettel. Räthsel. Auflösung des Räthsel in Nr. 288. Fernsprecher. Echo. Aus allen Düten. Briefkasten der Schriftleitung. Anzeigen.

Der Formenschatz. Herausgegeben von Georg Hirth. Jährlich 12 Hefte, Preis 15 Mark. G. Hirth's Verlag in München und Leipzig.

Die jüngsten Hefte II—IV des Jahrgangs 1888 bieten auf den Blättern 17—45 durch ihren reichen Inhalt wieder die manigfachsten Motive und entsprechen hiermit der Absicht des Herausgebers, wonach das ganze Werk eine Quelle der Belehrung und Anregung nicht nur für Künstler und Gewerbtreibende, sondern für alle Freunde stylvoller Schönheit sein soll.

Redacteur Dr. Hesse. — Druck von Heinrich Brill.
In Commission bei L. Brill in Darmstadt.

Gewerbeblatt

für das

Großherzogthum Hessen.

Zeitschrift des Landesgewerbvereins.

Erscheint wöchentlich. Auflage 4500. Anzeigen für die durchgehende Petitzeile oder deren Raum bei ein- und zweimaliger Aufnahme 30 Pf., bei drei- und mehrmaliger Aufnahme 25 Pf.

№ 22. Juni 1888.

Bekanntmachung, betreffend die Einrichtung und den Betrieb der zur Anfertigung von Cigarren bestimmten Anlagen.

Vom 9. Mai 1888.

Auf Grund des §. 120 Absatz 3 und des §. 139 a Absatz 1 der Reichs-Gewerbeordnung hat der Bundesrath folgende Vorschriften über die Einrichtung und den Betrieb der zur Anfertigung von Cigarren bestimmten Anlagen erlassen:

§. 1. Die nachstehenden Vorschriften finden Anwendung auf alle Anlagen, in welchen zur Herstellung von Cigarren erforderliche Verrichtungen vorgenommen werden, sofern in den Anlagen Personen beschäftigt werden, welche nicht zu den Familienglieder des Unternehmers gehören.

§. 2. Das Abrippen des Tabacks, die Anfertigung und das Sortiren der Cigarren darf in Räumen, deren Fußboden 0,5 m unter dem Straßenniveau liegt, überhaupt nicht, und in Räumen, welche unter dem Dache liegen, nur dann vorgenommen werden, wenn das Dach mit Verschalung versehen ist.

Die Arbeitsräume, in welchen die bezeichneten Verrichtungen vorgenommen werden, dürfen weder als Wohn-, Schlaf-, Koch- oder Vorrathsräume noch als Lager- oder Trockenräume benutzt werden. Die Zugänge zu benachbarten Räumen dieser Art müssen mit verschließbaren Thüren versehen sein, welche während der Arbeitszeit geschlossen sein müssen.

§. 3. Die Arbeitsräume (§. 2) müssen mindestens drei Meter hoch und mit Fenstern versehen sein, welche nach Zahl und Größe ausreichen, um für alle Arbeitsstellen hinreichendes Licht zu gewähren. Die Fenster müssen so eingerichtet sein, daß sie wenigstens für die Hälfte ihres Flächenraums geöffnet werden können.

§. 4. Die Arbeitsräume müssen mit einem festen und dichten Fußboden versehen sein.

§. 5. Die Zahl der in jedem Arbeitsraum beschäftigten Personen muß so bemessen sein, daß auf jede derselben mindestens sieben Kubickmeter Luftraum entfallen.

§. 6. In den Arbeitsräumen dürfen Vorräthe von Taback und Halbfabrikaten nur in der für eine Tagesarbeit erforderlichen Menge und nur die im Laufe des Tages angefertigten Cigarren vorhanden sein. Alles weitere Lagern von Taback und Halbfabrikaten, sowie das Trocknen von Taback, Abfällen und Wickeln in den Arbeitsräumen auch außerhalb der Arbeitszeit ist untersagt.

§. 7. Die Arbeitsräume müssen täglich zweimal mindestens eine halbe Stunde lang, und zwar während der Mittagspause und nach Beendigung der Arbeitszeit, durch vollständiges Oeffnen der Fenster und der nicht in Wohn-, Schlaf-, Koch- oder Vorrathsräume führenden Thüren gelüftet werden. Während dieser Zeit darf den Arbeitern der Aufenthalt in den Arbeitsräumen nicht gestattet werden.

§. 8. Die Fußböden und Arbeitstische müssen täglich mindestens einmal durch Abwaschen oder feuchtes Abreiben vom Staube gereinigt werden.

§. 9. Kleidungsstücke, welche von den Arbeitern für die Arbeitszeit abgelegt werden, sind außerhalb der Arbeitsräume aufzubewahren. Innerhalb der Arbeitsräume ist die Aufbewahrung nur gestattet, wenn dieselbe in ausschließlich dazu bestimmten verschließbaren Schränken erfolgt. Die letzteren müssen während der Arbeitszeit geschlossen sein.

§. 10. Auf Antrag des Unternehmers können Abweichungen von den Vorschriften der §§. 3, 5, 7 durch die höhere Verwaltungsbehörde zugelassen werden, wenn die Arbeitsräume mit einer ausreichenden Ventilationseinrichtung versehen sind.

Desgleichen kann auf Antrag des Unternehmers durch die höhere Verwaltungsbehörde eine geringere als die im §. 3 vorgeschriebene Höhe für solche Arbeitsräume zugelassen werden, in welchen den Arbeitern ein größerer als der im §. 5 vorgeschriebene Luftraum gewährt wird.

§. 11. Die Beschäftigung von Arbeiterinnen und jugendlichen Arbeitern ist nur gestattet, wenn die nachstehenden Vorschriften beobachtet werden:

1) Arbeiterinnen und jugendliche Arbeiter müssen im unmittelbaren Arbeitsverhältniß zu dem Betriebsunternehmer stehen. Das Annehmen und Ablohnen derselben durch andere Arbeiter oder für deren Rechnung ist nicht gestattet.

2) Für männliche und weibliche Arbeiter müssen getrennte Aborte mit besonderen Eingängen und, sofern vor Beginn und nach Beendigung der Arbeit ein Wechseln der Kleider stattfindet, getrennte Aus- und Ankleideräume vorhanden sein.

Die Vorschrift unter Ziffer 1 findet auf Arbeiter, welche zu einander in dem Verhältniß von Ehegatten, Geschwistern, oder von Ascendenten und Descendenten stehen, die Vorschrift unter Ziffer 2 auf Betriebe, in welchen nicht über zehn Arbeiter beschäftigt werden, keine Anwendung.

§. 12. An der Eingangsthür jedes Arbeitsraumes muß ein von der Ortspolizeibehörde zur Bestätigung der Richtigkeit seines Inhalts unterzeichneter Aushang befestigt sein, aus welchem ersichtlich ist:

1) Die Länge, Breite und Höhe des Arbeitsraumes,

2) der Inhalt des Luftraumes in Kubikmeter,

3) die Zahl der Arbeiter, welche demnach in dem Arbeitsraum beschäftigt werden darf.

In jedem Arbeitsraum muß eine Tafel ausgehängt sein, welche in deutlicher Schrift die Bestimmungen der §§. 2 bis 11 wiedergiebt.

§. 13. Die vorstehenden Bestimmungen treten für neu errichtete Anlagen sofort in Kraft.

Für Anlagen, welche zur Zeit des Erlasses dieser Bestimmungen bereits im Betriebe stehen, treten die Vorschriften der §§. 2 bis 6 und 11 mit Ablauf eines Jahres, alle übrigen Vorschriften mit Ablauf dreier Monate nach dem Erlasse derselben in Kraft.

Für die ersten fünf Jahre nach dem Erlaß dieser Bestimmungen können Abweichungen von den Vorschriften der §§. 2 bis 6 für Anlagen, welche zur Zeit des Erlasses bereits im Betrieb waren, von den Landes-Centralbehörden gestattet werden.

Berlin, den 9. Mai 1888.

Der Reichskanzler.
In Vertretung:
von Boetticher.

Schutzrolle für Walzen.

Dem Berichte über die Fabrikinspection in der Schweiz für die Jahre 1886 und 1887 entnehmen wir die Beschreibung einer ebenso einfachen als sicheren Schutzeinrichtung, welche durch die beigegebene Figur veranschaulicht wird und welche besonders für Satinirmaschinen in Cartonfabriken zu empfehlen ist. Auf der unteren Walze der Maschine ruht eine leichte Metallrolle, am besten ein Gasrohr g, von etwa 5—6 cm Durchmesser auf, das zu beiden Seiten in Eisenträgern h gelagert ist, welche an dem entgegengesetzten Ende sich frei um die an den Seitenschilden befestigten Stifte i drehen können. Der zu satinirende

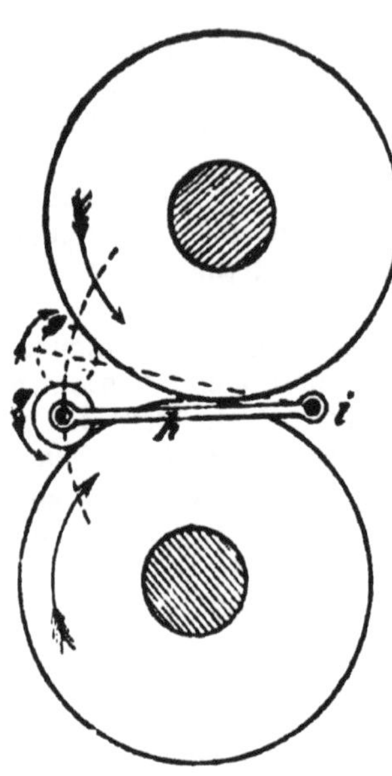

Papierbogen (Cartondeckel) wird zwischen der Schutzrolle und der unteren Hauptwalze eingeschoben.

Nähert sich die Hand des Arbeiters zu sehr der Maschine, so wird die Schutzrolle g gehoben und gegen die obere Hauptwalze gedrückt, welche ihr eine entgegengesetze, die Hand von den Walzen wegschiebende Bewegung gibt, sodaß der Arbeiter gegen Verletzungen vollkommen geschützt ist.

Mit dieser Einrichtung können die hauptsächlichsten Gefahren an Walzmaschinen und Calandern vollständig vermieden werden und da diese vorgeschlagene Schutzvorrichtung ohne erhebliche Kosten ausgeführt werden kann, und wenn richtig ausgeführt, die Arbeit in keiner Weise hindert, so sollten sämmtliche Walzmaschinen damit versehen werden.

Zugangs-Verzeichniß der Bibliothek des Großh. Gewerbvereins vom 1. Januar bis 31. März 1888.

Technologie.

Hoyer, Egbert. Lehrbuch der vergleichenden mechanischen Technologie. I. Band: Verarbeitung der Metalle und des Holzes. Wiesbaden, 1888.

Jacobsen, Dr. Emil. Chemisch-technisches Repertorium. Jahrgang 1886.

Mechanik und Maschinenbau, Werkzeuge.

Schwarz, Alois. Die Eis- und Kühlmaschinen. München und Leipzig, 1888.

Feuerungsanlagen, Anwendung der Wärme.

Zeuner, Dr. Gustav. Technische Thermodynamik. I. Band: Fundamentalsätze der Thermodynamik. Lehre von den Gasen. Leipzig, 1887.

Dampfmaschinenlehre.

Stein, B. Tafel zur Bestimmung von Dampfmaschinen in ihren Hauptdimensionen. Berlin, 1888.

Physik, Elektrotechnik etc.

Krieg, Dr. M. Taschenbuch der Elektricität. Leipzig, 1888.

Chemie.

Roscoe und Schorlemmer. Ausführliches Lehrbuch der Chemie. Vierter Band. Die Kohlenwasserstoffe und ihre derivate oder organische Chemie. Zweiter Theil. 3. Abtheilung. Braunschweig, 1888.

Bierbrauerei, Weinbereitung, Branntweinbrennerei, Essig- und Hefefabrikation.

Ulbricht, Dr. R. und L. von Wagner. Handbuch der Spiritusfabrikation. Anleitung zum rationellen Branntweinbrennerei-Betrieb. Mit einem Atlas. Weimar, 1888.

Werke über darstellende Geometrie, Schattenconstruction, Perspective, Zeichnen überhaupt, Zeichenvorlagen und Schreibvorschriften.

Häuselmann. Agenda für Zeichenlehrer. 3. Abtheilung. Zürich.

Hofmann, Richard. 20 Vorlagen für den Zeichenunterricht in den oberen Mädchenklassen mittlerer und höherer Volksschulen, Töchterschulen ꝛc. Plauen i. V., 1887. 1. Lieferung.

Hrachowina, Carl. Relief-Ornamente. Mustergültige Vorlagen für das ornamentale Zeichnen. Wien, 1887. Blatt 1—4 in Mappe.

Papillons et fleurs d'après Nature. Paris. 2 Hefte.

Studien, Bunte Blätter, Frühlingsblüthen mit Schmetterlingen und Vögel, je 4 Tafeln.

Wegede, A. zur. Wie fertigt man technische Zeitungen. Berlin, 1887.

Wunderlich, Theodor. Geschichte der Methodik des Freihandzeichenunterrichts. Bernburg, 1886.

Wunderlich, Th. Methodik des Freihandzeichenunterrichts der Neuzeit. Bernburg, 1886.

Werke über Architektur, Bau- und Ingenieurwesen, sowie über einzelne Baugewerke.

Geschichte und Aesthetik der Baukunst.

Issel, H. und J. Krusewitz. Der Fassadenbau der deutschen Renaissance. Leipzig, 1884.

Koch und Seitz. Das Heidelberger Schloß. Darmstadt, 1887. 1. Lieferung.

(Schluß folgt.)

Verschiedene Mittheilungen.

Patente von im Großherzogthum Hessen wohnenden Erfindern.

Patent-Anmeldungen — Kl. 38, Sch. 5080. Selbstthätige Schärfmaschine für Sägen; Friedrich Schmaltz in Offenbach a. M. — Kl. 45, L. 4667. Insektenfalle; J. Lind in Darmstadt, Wilhelminenstr. 6. — Kl. 47, A. 1847. Kugelgelenk mit innerem Gummischlauch für Rohrleitungen; Michael Aleiter sen. in Mainz, Kapuzinergasse 50.

Patent-Ertheilungen. — Kl. 6, Nr. 42069. F. A. Hartmann & Co. in Offenbach a. M.; Malzwender; vom 26. Januar 1887 ab. — Kl. 6, Nr. 43641. Verfahren zur Vorbereitung des Malzes für die Herstellung von Farbmalz; M. Haumüller in Worms; vom 25. Oktober 1887 ab. — Kl. 9, Nr. 43646. Lederstanze mit ein- und ausschaltbarem Auswerfer; H. Kraft in Gießen; vom 15. November 1887 ab. — Kl. 22, Nr. 43714. Verfahren zur Darstellung gelber basischer Farbstoffe der Phenylacridingruppe, genannt Benzoflavine; K. Oehler in Offenbach a. M.; vom 28. Juli 1887 ab. Nr. 43720. Neuerung in dem Verfahren zur Darstellung gelber basischer Farbstoffe der Phenylacridingruppe, genannt Benzoflavine; Zusatz zum Patent Nr. 43714; K. Oehler in Offenbach a. M.; vom 27. Oktober 1887 ab. — Kl. 33, Nr. 43746. Toilette-Einsatz für Reisetaschen; C. Ph. Hinkel in Offenbach a. M.; vom 16. September 1887 ab. — Kl. 47, Nr. 43747. Als Bremse verwendbares Klinkenschaltwerk mit doppelten Antriebshebeln; H. Herrmann in Mainz, Bahnhofsplatz 1; vom 29. September 1887 ab.

Ueber ein neues graphisches Verfahren wird in Heft 15 der „Kunst für Alle" (München, Verlagsanstalt für Kunst und Wissenschaft) berichtet: Die Kunstanstalt von Dr. E. Albert in München erhielt soeben ein Patent auf ein neues Verfahren der photographischen Aetzung zur Herstellung von Autotypien, bezw. von Platten, die sich für die Buchdruckpresse eignen. Sie will hierzu einen Stoff verwenden, der wegen seiner großen Widerstandsfähigkeit gegen Säuren in der Photographie längst Anwendung gefunden, nämlich Harz-Chromgelatine. Dr. Albert benutzt hierbei die Eigenschaft der Chromgelatine, durch Belichtung in warmem Wasser unlöslich zu werden, worauf er der Gelatine durch Zusatz eines Harzkörpers in feiner Vertheilung und späteres Schmelzen des Harzes die zum Aetzen nöthigen Eigenschaften giebt. Die Vorzüge des Verfahrens bestehen in der großen Lichtempfindlichkeit der Harzgelatine, indem die Expositionszahl in der Sonne nur 3, im zerstreuten Licht höchstens 45 Minuten dauert. Auch bewirkt die Uebertragung auf Metall eine möglichst große Schärfe und Feinheit der Linien. — Andererseits giebt L. J. H. Cellérier in Paris-Asnières ein neues Verfahren zur Herstellung kolorirter Photographien an, durch welches die Feinheit der Lichtbilder angeblich nicht im geringsten leidet. Das Verfahren ist in Kürze Folgendes: Man nimmt einen gewöhnlichen Silberdruck und legt ein Blatt Papier von gleichmäßigem Gefüge darauf, welches mit Arrow-Root überzogen ist. Nachdem beide in einem kalten Wasserbad genügend durchfeuchtet sind, werden sie auf den Retouchirtisch gebracht. Sobald die Umrisse des Silberdrucks durch das Papier sichtbar werden, kann man die Farben anlegen, und zwar Wasserfarben, die man an der entsprechenden Stelle auf die mit Arrow-Root bedeckte Papierfläche dünn aufträgt. Ein Verwaschen der Farbe ist nicht nöthig. Von dem Negativ war bisher nicht blos ein Silber-, sondern auch ein Pigmentdruck angefertigt, den man nunmehr über das kolorirte Papier legt. Sobald das Papier trocken ist, kann man es mit dem darauf sitzenden Häutchen von der Glaspatte leicht ablösen, und das Bild ist fertig. Das Verfahren ist gleichfalls patentirt.

Veränderungen der Kautschukröhren beim Liegen an der Luft. Das bei längerem Lagern eintretende Brüchigwerden von Kautschukröhren ist nach der „Gummi-Zeitung" durch eine allmählige Bildung von Schwefelsäure durch die feuchte Luft und den im Kautschuk enthaltenen Schwefel begründet. Diese Säurebildung soll noch durch die Eigenschaft des Kautschuks, je nach dem Feuchtigkeitsgehalte der Luft, Wasser aufzunehmen oder zu verlieren, begünstigt werden. Als Vorbeugungsmittel gegen dieses Uebel empfiehlt genanntes Fachblatt öfteres Waschen mit Wasser oder sehr schwacher Lauge.

Glasgeräthe zu feilen. Ein einfaches Mittel, Glasgeräthe zu feilen, besteht nach dem „Repert. für anal. Chemie" darin, daß man eine Feile in starke Natronlauge und dann noch naß in groben Sand steckt. Mit dieser mit Sand und Natronlauge bedeckten Feile kann man Glasgeräthe in ganz rücksichtsloser Weise bearbeiten, ohne ein Springen des Glases befürchten zu müssen.

Spiritus-Mattlack. Man bereitet sich nach der „Lack- und Firnißzeitung" zuerst folgende Ansätze: 1. 1 kg Terpentin wird mit 100 gr Bleizucker heiß digerirt. 2. In 325 gr absolutem Alkohol löst man 50 gr Kampfer und 25 gr Walrath. 3. In 2 kg 96 pCt. Sprit löst man 1 kg Manilla-Kopal auf. Die drei Ansätze müssen vor der Verwendung filtrirt werden. Hierauf mischt man 200 gr Ansatz I. mit 100 gr Terpentinöl und 100 gr vom Ansatz II., setzt 600 gr 96 pCt. Sprit zu und mischt die trübe Lösung tüchtig durcheinander, worauf auf Zusatz von 500 gr vom Ansatze III. die Mischung durchsichtig werden und bleiben muß. Wird dieser Lack auf lackirte und polirte Flächen gestrichen (das Streichen kann mit Watte und Pinsel geschehen), so werden diese Flächen sofort matt. Auf Schwarz erscheint der Lack bereits in der sonst gewünschten Tonung, ist indeß lasirend. Zur Vermeidung der Lasur werden auf 3000 gr weißen Mattlack 45 gr Nigrosin und 5 gr Methylviolett untermischt und der schwarze Lack ist fertig. Ein guter Mattlack muß auf lackirte Flächen ebensowohl, als auf polirte anwendbar sein, er muß äußerst wenig Farbstoff in homogener Mischung besitzen und darf niemals Veränderungen in der Nuance aufweisen. Nach dem Auftragen muß die Fläche eben und waschbar sein.

Feuerfester und unverwüstlicher Anstrich. Salz, Alaun, Wasserglas und wolframsaures Soda wird zu gleichen Theilen mit vier Theilen Kalk gemischt und mit Leinsamenöl angerieben. Ein dreimaliger Anstrich macht, nach der „Dtsch. B. Gwks.-Bl.", das Holz feuersicher, und wie versichert wird, ist dieser Anstrich gegen Wind und Wetter bis 30 Jahre haltbar.

Kraft- und Arbeitsmaschinen-Ausstellung, München 1888. Die Ausstellung wird nach der Quantität und Qualität der angemeldeten Gegenstände als eine hervorragende bezeichnet werden dürfen. Auch die Specialausstellungen der Bürsten- und Pinselfabrikanten und der Schuhmacher versprechen ein hübsches Bild dieser Fabrikationszweige zu entrollen; diesen beiden Specialausstellungen wird sich auch noch eine weitere von Maschinen, Einrichtungsgegenständen und Backöfen der Conditorei anschließen, welche aus Anlaß des im heurigen Sommer dahier stattfindenden bayerischen Conditorentages inscenirt wird. Auch die Ausstellung der technischen Literatur verspricht eine sehr reichhaltige zu werden und ist für diese die Platzgebühr für 1/4 □m von 25 Mark auf 15 Mark reducirt worden. Bemerkt muß noch werden, daß der Anmeldetermin für die allgemeine Ausstellung bereits zu Ende ist, während für die Specialausstellungen noch fortlaufend Anmeldungen entgegengenommen werden.

Das Gebäude, das auf dem Isarthorplatz in der Nähe der Kunstgewerbeausstellung errichtet wird, ist bereits unter Dach und zeigt eine äußerst günstige Hallenvertheilung.

Litteratur.

Handbuch der Ornamentik von Franz Sales Meyer, Professor an der Großh. Kunstgewerbeschule in Karlsruhe. Leipzig, Verlag von E. A. Seemann, 1888. Preis je einer der 9 Lieferungen 1 Mark.

Abweichend von der großen Mehrzahl der die Ornamentik behandelnden Werke, welche das Material nach Zeiten und Völkern ordnen, schlägt das vorliegende Handbuch einen anderen Weg ein. Unter Anlehnung an die Ausführungen von Semper, Bötticher und Jakobsthal legt es ein System zu Grunde, welches mehr aufbauend, aus den Elementen entwickelnd, als zerlegend und rückschließend veranlagt ist. Das Handbuch zerfällt in 3 Hauptabtheilungen: 1) Grundlagen des Ornaments; 2) das Ornament als solches und 3) Angewandte Ornamentik. Es ist eine Handausgabe der allgemein bekannten in groß Folio mit 300 Tafeln erschienenen Ornamentalen Formenlehre desselben Verfassers und bedarf deshalb keiner weiteren Empfehlung. Nur das sei noch gesagt, daß es nicht nur dem Fachmanne reiche Belehrung zu bieten geeignet erscheint, sondern auch für jeden gebildeten Laien eine Quelle genußreicher Unterhaltung sein dürfte. Das vorliegende 1. Heft behandelt von Abtheilung I, Grundlagen des Ornaments die geometrischen Motive und einen Theil der Naturformen (Flora des Ornaments).

Geographisch-Statistisches Weltlexikon. Herausgegeben von Emil Metzger. Stuttgart, Verlag von Felix Krais.

Von diesem schätzbaren Werke, auf welches wir unsere Leser schon mehrmals aufmerksam machten, liegen nunmehr die 3 letzten Lieferungen vor und kann die mühevolle Arbeit, für welche wir Autor und Verleger dankbar sein können, nunmehr als vollendet begrüßt werden. Von besonderem Werthe erscheinen uns noch die beigegebenen Beilagen, wie Uebersicht über die wichtigsten Eisenbahn-, Post- und Zollanschlüsse, den Briefverkehr nach überseeischen Ländern, Maß- und Gewichts-Tabelle, Münzentabelle, vergleichende Zeittabelle, sowie die Liste der Dampferlinien und die Karte des Weltverkehrs.

Karmarsch und Heerens technisches Wörterbuch. Dritte Auflage, ergänzt und bearbeitet von Kick und Gintl, Professoren an der k. k. deutschen technischen Hochschule zu Prag. Prag 1888, Verlag von A. Haase.

Von diesem in seinem Fortschreiten sich auf der gleichen Höhe haltenden Werke liegt jetzt die 89. Lieferung (Preis 2 Mark) — Trocknen bis Tunnel — vor. Der Tuchfabrikation ist dabei ein besonders ausführlicher Artikel gewidmet worden.

Das Stilisiren der Pflanzen. Von Ritter Schubert von Soldern, Architect und K. K. Professor an der deutschen technischen Hochschule zu Prag. Mit 134 Abbildungen. Zürich und Leipzig, Verlag von Orell Füßli & Co. Preis 3 Mk. 80 Pf.

Der Verfasser ist durch seine Vorlesungen über das Ornament an der Akademie der bildenden Künste in Prag zu dem Resultate gelangt, daß ein kleines, nicht zu theures Werk über das Ornament, worin der Text der Abbildung nicht untergeordnet ist, und welches in Kürze die wichtigsten ornamentalen Formen dem Leser vorführt, ein Bedürfniß sei. Demselben soll durch die vorliegende Arbeit, in welcher für diesmal nur das Pflanzenornament als das Hauptsächlichste behandelt wurde, genügt werden. Möge das Buch unter den Jüngern der Kunst und der studirenden Jugend sich bleibende Freunde erwerben und jenen Nutzen bringen, den der Verfasser mit bestem Willen angestrebt.

C. Scharowsky-Berlin: Das Musterbuch für Eisen-Constructionen. Als eine hochwichtige Neuigkeit für alle Leiter von Bauunternehmungen, seien es Architekten oder Ingenieure, Maurermeister oder Zimmermeister, bietet sich das im Verlag von Otto Spamer-Leipzig erscheinende, vom Verein Deutscher Eisen- und Stahlindustrieller herausgegebene und vom Civilingenieur C. Scharowsky-Berlin bearbeitete Musterbuch für Eisen-Constructionen, ein Werk von eminent großer Bedeutung. Es führt mit Hilfe seiner zahlreichen Tafeln und Tabellen sofort in die Technik der Eisenconstructionen ein, indem es für ganz bestimmte, in der Baupraxis regelmäßig wiederkehrende Fälle die detaillirten Constructionen mit Angabe der zu verwendenden Profile liefert und hierzu dem Baumeister die eingehendsten Berechnungen in die Hand giebt. Der letztere ist somit vollständig der Mühe des Entwerfens und Berechnens überhoben. Während in einer Reihe anderer Hilfsbücher für die Anwendung von Eisenconstructionen in der Hauptsache nur die Methode zur Bestimmung der Dimensionen entwickelt wird, wendet sich das gedachte Werk direct an die Praxis. Wie sehr es ihr dient, das beweist die allgemeine und unumwundene freudige Anerkennung, welche sich den bereits erschienenen zwei Lieferungen (die Tragfähigkeit der Säulen und ihre Berechnung enthaltend) zugewendet hat.

Auch die gegenwärtig vorliegende dritte Lieferung des ersten Theils dürfte derselben guten Aufnahme in allen Interessentenkreisen begegnen, wie die vorangegangenen Hefte. Sie enthält Deckenconstructionen und Dachconstructionen. Nach ersterer Richtung hin werden zunächst die gleichmäßig vertheilten Belastungen, die Einzellasten, die Deckenträger und Unterzüge, dann die gußeisernen Verbindungsstücke, Auflagerplatten und Verankerungen in ihrem Verhältniß zu den Deckenconstructionen unter Hinweis auf das überaus reiche Tabellenmaterial ererörtert und eingehend vorgeführt.

Maier-Rothschild, Handbuch der gesammten Handelswissenschaften für ältere und jüngere Kaufleute, sowie für Fabrikanten, Gewerbetreibende, Verkehrsbeamte, Anwälte und Richter. Bearbeitet von Prof. Dr. Max Haushofer, Dr. J. Landgraf, Prof. H. Gießler und L. F. Huber. Vierte neu bearbeitete Auflage. (Stuttgart, Verlag von Julius Maier.) Vollständig in genau 21 Lieferungen à 50 Pfennig.

Dieses Buch erscheint nun in vierter Auflage. Die überaus günstige Aufnahme, welche die drei ersten Auflagen gefunden haben, berechtigen zu der Hoffnung, daß auch die vierte Auflage rasch ihre Freunde finden wird. Sie berechtigt zu der Ueberzeugung, daß Maier-Rothschild geleistet hat, was man von ihm erwartete und hoffte, daß er sich als wohlgeordnetes Lehrbuch des gesammten Geschäftslebens für den Anfänger, wie als Rathgeber und Nachschlagebuch für den reiferen Geschäftsmann erweisen werde.

Farbige Bleiverglasungen, für Profan- und Kirchenbauten. Reichhaltige, practisch gut verwendbare Vorlagen für Architekten und practische Glaser. Herausgegeben von Hermann Kreuzer, Architekt, Frankfurt a. M. Erste Sammlung; Verglasungen von Profanbauten, 10 Tafeln. Weimar 1888. B. F. Voigt, Preis 10 Mark.

Nicht allein die Kirchen, sondern auch die Profanbauten, besonders die Villen und Gartenhäuser bieten ein großes Feld zur Anbringung hübscher Glasfenster. Der Herausgeber war bestrebt, in dieser vorliegenden ersten Sammlung originelle neue, wirklich practisch ausführbare Muster zu bringen, und zwar in möglichst geordneter Reihenfolge von den leichter herstellbaren bis zu den reicheren.

Für die in Aussicht genommenen zwei weiteren Sammlungen sind auch farbige Bleiverglasungen für Kirchenbauten bestimmt.

Redacteur Dr. Hesse. — Druck von Heinrich Brill.
In Commission bei L. Brill in Darmstadt.

Gewerbeblatt

für das

Großherzogthum Hessen.

Zeitschrift des Landesgewerbvereins.

Erscheint wöchentlich. Auflage 4500. Anzeigen für die durchgehende Petitzeile oder deren Raum bei ein- und zweimaliger Aufnahme 30 Pf., bei drei- und mehrmaliger Aufnahme 25 Pf.

№ 23. Juni 1888.

Zugangs-Verzeichniß der Bibliothek des Großh. Gewerbvereins vom 1. Januar bis 31. März 1888.

(Schluß.)

Lehrbücher der gesammten Baukunst und der Bau-Ingenieurkunst.

Durm, Ende, Schmitt und Wagner. Handbuch der Architektur. Vierter Theil. 7. Halbband: Gebäude für Verwaltung, Rechtspflege und Gesetzgebung; Militärbauten. Darmstadt, 1887.

Lehrbücher und Zeichnungen für Wasser-, Straßen- und Brückenbau.

Sympher und Maschke. Karte der deutschen Wasserstraßen. Berlin, 1887.

Tabellarische Uebersicht über die Wasserstände des Rheins, Mains, Neckars und der Lahn im Jahr 1887. Darmstadt.

Civilbauwesen, Pläne für Stadt- und landwirthschaftliche Gebäude 2c., Skizzen, Details.

Die Hausentwässerung unter besonderer Berücksichtigung der für die Stadt Köln gültigen Verordnungen. Köln, 1887.

Vorlegeblätter und Schriften für Maurer, Steinhauer, Zimmerleute und Tüncher.

Hesky, Carl. Einfache Objekte des Bau- und Maschinenfachs. Erster Theil: Einführung in das projektivische Zeichnen. — Zweiter Theil: Vorlagen für das angewandte geometrische Zeichnen; Atlas mit einem Textheft. Wien, 1887. Zweite Auflage.

Schmid, H. Steinmetz-Arbeiten im Hochbau. Vorlageblätter zum Gebrauche an gewerblichen Lehranstalten. Wien, 1888.

Kunstgeschichte, Kunstindustrie, Ornamentirung und Erzeugung von Gegenständen der Kunst und Kunstindustrie.

Bender, Elise. Das Stickerei-Monogramm. Für Ausführung in Gold-, Seide- und Weiß-Stickerei. Leipzig. 1. bis 3. Lieferung.

Caspar, L. Vorlagen zu Holz-Intarsien in verschiedenen Stilarten. Dresden. 1. Lieferung.

Hirth, Georg. Der Formenschatz. Leipzig. Jahrgang 1887.

Hrachowina, Carl. Vorlagen für das Kunstgewerbe. I. Band: Künstliches Alphabet. Von J. Th. de Bry. Wien, 1886.

Handbücher über Stubenmalerei, Firniß- und Politurbereitung, Vergoldung.

Trunk, Rudolf. Der praktische Dekorationsmaler. II. Serie. 1. Lieferung.

Zander, W. Die Praxis des Decorationsmalers. Berlin. I. Sammlung.

Möbel- und Tapezierarbeiten, Dreherarbeiten und Korbmacherarbeiten.

Avanzo, Dominik. Entwürfe zu hausindustriellen Objekten der Holzdrechslerei. I. und II. Serie. Wien, 1882 und 1884.

Graef, A. und M. Graef. Stöckels's Bau-, Kunst- und Möbelschreiner. 9. Aufl. Mit einem Atlas. Weimar, 1888.

Huber, Anton. Allerlei Schreinwerk. IV. Serie: Die Arbeiten des Bautischlers. Berlin. 1. Lieferung.

Backstein-, Ziegel-, Thonwaaren-, Glas- und Porzellan-Fabrikation.

Lehnert, H. Anleitung zur Cabinet-Glasmalerei. Berlin, 1887.

Beleuchtungswesen (Oel- und Gasbeleuchtung, elektrisches Licht).

May, Dr. Oscar. Anweisung für den elektrischen Lichtbetrieb. Leipzig, 1888.

Flachs, Hanf, Baumwolle und Seide, deren Kultur und Verarbeitung.

(Spinnerei, Weberei, Bleicherei, Zeugdruck, Posamentirkunst, Färberei, sowie Musterzeichnungen hierfür.)

Froehlich, W. Neue farbige Kreuzstichmuster. Berlin, 1888.

Lefébure, Ernest. Broderie et dentelles. Paris, 1887.

Bekleidung, Schuhmacherei.

Franke, H. Die Schuhmacherei. Lehr- und Handbuch für Schuhmacher, Fachschulen, Fabrikanten und Händler. 3. Auflage. Mit einem Atlas. Artern i. Th., 1887.

Gerhart, Emanuel. Vorlagen für das Fachzeichnen der Schuhmacher an gewerblichen Fortbildungsschulen und verwandten Anstalten. Mit einem Textheft. Reichenberg, 1885.

Klemm und Hockenholz. Stigmatographische Vorlagen zum freien Handzeichnen *für Fachschulen* des Bekleidungs-Gewerbes. Dresden. 3 Hefte.

Knöfel, Robert. Lehrbuch der Fußbekleidungskunst. 2. Aufl. Leipzig, Wien, 1878.

Knöfel, Robert. Die zweckmäßigste Form der Fußbekleidung. Darstellung der bei der Allg. Ausstellung für Fußbekleidung in Bern beobachteten Systeme. Wien, 1876.

Knöfel, Robert. Der menschliche Fuß und seine Bekleidung. 2. Aufl. Leipzig.

Rodegast, B. Die Fußbekleidungskunst. Unterrichtsbuch für Schuhmacher, Fachschulen und Fachvereine, sowie zum Selbstunterricht. Mit einem Atlas. Weimar, 1888.

Starcke, Dr. Paul. Der naturgemäße Stiefel. 2. Aufl. Berlin, 1881.

Waarenkunde.

Zippel, Hermann. Ausländische Handels- und Nährpflanzen. 4.—8. (Schluß-) Lieferung. Braunschweig.

Handel, Buchführung, Handelsgesetzgebung, Wechsellehre, Geschäftsbetrieb.

Franke, H. Die einfache Buchführung für Schuhmacher. Artern i. Th.

Oberholzer und Osmond. Kurze Anleitung zu deutschen, französischen, englischen und italienischen Geschäftsbriefen für Kaufleute und Gewerbtreibende. Heidelberg, 1888.

Röhrich, Wilhelm. Buchhaltung für Fabrikgeschäfte. Leipzig, 1888.

Wagner, Gustav. Buchhaltung für Gewerbtreibende. Leipzig, 1888.

Volkswirthschaft.

Volkswirthschaft im Allgemeinen.

Mayer, Dr. Moritz. Geschichte der Preußischen Handwerkerpolitik. II. Band. Minden i. W., 1888.

Gewerbebetrieb im Allgemeinen und in einzelnen Ländern.

Hirschfeld, Paul. Leipzigs Großindustrie und Großhandel in ihrer Kulturbedeutung. Leipzig, 1887.

Sax, Dr. Emanuel. Die Hausindustrie in Thüringen. III. Theil. Die Korbflechterei in Oberfranken und Coburg, Hausindustrie in Neustadt a. R. und Bürgel.

Gewerbeordnungen, Zunftwesen, Gewerbefreiheit, allgemeine gewerbliche Verhältnisse.

Bechtle, Otto. Die Gewerkvereine in der Schweiz. Jena, 1887.

Westien, Johannes (W. Koch). Das zünftige Handwerk. 3. Aufl. Leipzig.

Patentwesen, Musterschutz.

Nachweisung der im Deutschen Reiche gesetzlich geschützten Waarenzeichen, herausgegeben im Auftrage des Reichsamts des Innern. II. Band.

Gesetzgebung, insbesondere Gewerbegesetze und Gewerbepolizei.

Becker, Dr. L. Anleitung zur Bestimmung der Arbeits- und Erwerbsunfähigkeit nach Verletzungen. Berlin, 1888.

Das Bundesgesetz betreffend die Arbeit in den Fabriken vom 23. März 1877. Kommentirt durch seine Ausführung in den ersten 10 Jahren seines Bestehens 1877—1887. Bern, 1888.

Huber, Dr. F. C. Ausbau und Reform des Krankenversicherungs-Gesetzes. Minden i. W., 1888.

Statuten und Jahresberichte von Gewerbvereinen, Gewerbeschulen, Handelskammern, Verkehrsanstalten u. s. w.

Geschäfts-Bericht über den Betrieb der Main-Neckar-Eisenbahn im Jahre 1886. Darmstadt, 1887.

Jahres-Bericht (neunter) des Gewerbvereins für Aachen, Burtscheid und Umgegend in Aachen, für 1887. Aachen.

Jahresbericht der Großherzoglichen Handelskammer zu Gießen für die Jahre 1885 und 1886. Gießen.

Jahresbericht der Handels- und Gewerbe-Kammer zu Stuttgart für 1886. Stuttgart.

Sprachwörterbücher, Repertorien der technischen Literatur, Bücherkataloge, Adreßbücher.

Alphabetisches Verzeichniß der Wohnplätze im Großherzogthum Hessen. Herausgegeben von der Großh. Centralstelle für die Landesstatistik. 4. Auflage. Darmstadt, 1888.

Repertorium der technischen Journal-Litteratur. Herausgegeben von Dr. Rieth. Jahrgang 1886. Berlin.

Verzeichniß der verkäuflichen Gyps-Abgüsse von in Bremen (Gewerbe-Museum) befindlichen älteren Arbeiten des Kunsthandwerks. Bremen, 1887.

Verschiedenes (Technisches und Allgemeines).

Hüllen, A. van. Leitfaden für den Unterricht im Schiffbau an den Lehranstalten der Kaiserlich deutschen Marine. Kiel und Leipzig, 1888.

Lassar, Dr. med. Oscar. Ueber Volks- und Arbeiter-Bäder. Mainz, 1887.

Zeitschriften.

Mittheilungen des Verbandes deutscher Architekten- und Ingenieur-Vereine. I. Band. 1885—86. Vorort Hamburg.

Von der Elfenbeinindustrie des Odenwaldes.

Der treffliche Elfenbeinschnitzer Hartmann zu Michelstadt arbeitet seit vielen Jahren an einem Heiligenschrein, der in Form eines Flügelaltars gebildet ist. Herr Hartmann hat das Werk im Verlaufe dieses Frühjahrs vollendet und dasselbe zur deutsch-nationalen Kunstgewerbe-Ausstellung nach München gesandt. Der Künstler, welcher den ersten Entwurf zu dem Schrein in den Kunstformen der Gothik zeichnete, sah sich veranlaßt, eine zweite Skizze im Geiste italienischer Früh-Renaissance zu fertigen und diesen Entwurf der Ausführung zugrunde zu legen. Der kräftig hervortretende mittlere Theil — der eigentliche Schrein — ist seitlich von canellierten korinthischen Säulen begrenzt. Dazwischen sind die Flügelthüren angeordnet, welche Füllungen mit reichem Blattornament und die Symbole der vier Evangelisten zeigen. Die Säulen selbst erheben sich auf einem schön gegliederten Unterbau. Hier wird das Mittelfeld durch ein mit prächtigem Akanthus und Engelköpfen geschmückten Weihwasserbecken belebt. An diesen Schrein schließen sich *rechts und links* durch Pilaster getheilte Felder, welche von Nischen unterbrochen sind. Die Apostel Petrus und Paulus finden daselbst eine würdige Aufstellung. Vortrefflich gebildete Konsolen geben dem Altar nach unten einen stilvollen Abschluß, während der Schrein von einer reich ornamentirten Verdachung und die beiden Seitenfelder von einer zierlichen Balustrade in gefälliger Weise bekrönt werden. Ueber dem Archivolt des Mitteltheiles erhebt sich nochmals ein Konsolengesims mit giebelartiger Verdachung, den Fries belebt prächtiges Rankenornament, und das Giebelfeld wird durch die Jungfrau Maria mit dem Jesuskinde geschmückt. Der mittlere, durch korinthische Säulen begrenzte Theil öffnet sich nach beiden Seiten und die Innenwand zeigt alsdann die Kreuzabnahme Christi und die Rückseiten der aufgeschlagenen Thüren die Heimsuchung Marias und die Darbringung Christi im Tempel. Diese Darstellungen sind nach dem Rubens'schen Gemälde in der Kathedrale zu Antwerpen in wirkungsvollstem Hochrelief gebildet. Der 115 Centimeter hohe und 61 Centimeter breite Flügelaltar ist in hellem und dunklem Nußbaumholz gearbeitet, der gesammte figürliche Theil, desgleichen das Weihwasserbecken und einige Füllungen sind in Elfenbein geschnitzt. Der Werth der Komposition entspricht dem Werth der Ausführung — beide müssen als mustergültig bezeichnet werden.

Erbach i. O. Braun, Großh. Kreisbaumeister.

Entscheidungen des Reichsversicherungsamts.

Ein Fabrikarbeiter, welcher nachweislich zuletzt gegen 7 Uhr Abends in Betriebsthätigkeit gesehen worden war, wurde, nachdem inzwischen der Betrieb eingestellt worden war, gegen 8 Uhr desselben Abends todt in der auf dem Fabrikhofe befindlichen, nur mit einer Sitzlatte versehenen und sonst nicht geschützten offenen Abtrittsgrube aufgefunden. Entgegen der Berufsgenossenschaft, welche diesen Unfall mangels Zusammenhangs der Benutzung der Grube mit dem technischen oder mechanischen Theile des Betriebes als Betriebsunfall nicht anerkennen wollte, hat das Schiedsgericht den Hinterbliebenen die gesetzliche Rente zugesprochen mit der Begründung, daß als Betriebsunfälle nicht nur solche Unfälle, welche mit dem gewerblichen Betriebe im engeren Sinne zusammenhängen, anzusehen seien, sondern auch die mit einer durch den Betrieb bedingten Anlage zusammenhängenden. Unter Billigung der Auffassung des Schiedsgerichts ist der gegen das Urtheil des letzteren von der Berufsgenossenschaft eingelegte Rekurs mittelst Entscheidung vom 6. Februar d. J. vom Reichs-Versicherungsamt zurückgewiesen worden und dabei noch besonders auf die durch eine so mangelhafte Betriebseinrichtung gesteigerte Unfallgefahr hingewiesen worden. —

Der Fuhrknecht eines Bauunternehmers erlitt einen Unfall, als er sich vor Tagesanbruch von seiner eigenen Wohnung nach dem etwa eine Viertelstunde entfernten Stallgebäude seines Dienstherrn begab, durch einen Sturz auf der städtischen Straße.

Das Reichs-Versicherungsamt hat durch Entscheidung vom 6. Februar d. J. den Anspruch des Verletzten auf Gewährung einer Rente zurückgewiesen, indem es die Behauptung des Klägers, daß er seinem Dienstherrn nicht wie ein Fabrikarbeiter nur innerhalb einer ein- für allemal abgegrenzten Arbeitszeit, sondern überall und jederzeit zu Diensten stehen müsse, im vorliegenden Fall nicht für genügend zur Begründung der Annahme erachtete, daß er bereits auf dem Gange zur Arbeit als im Dienste befindlich gewesen zu betrachten sei.

Auf die nähere Begründung, daß er oft auf dem Hin- und Herwege von seiner Behausung nach dem Stalle mit seinen Dienstverrichtungen im Zusammenhang stehende Besorgungen auszurichten pflege, war nicht einzugehen: Diese Gepflogenheit kann nicht jeden Hin- und Herweg zu einer Thätigkeit „im Betriebe“ gestalten, und kann im vorliegenden Falle hinsichtlich ihrer etwaigen Wirkungen um so mehr unerörtert bleiben, als der Kläger unstreitig unterwegs keinerlei Besorgungen zu machen hatte. Sein Weg zur Betriebsstätte war lediglich eine zu dem Zweck, in den Betrieb zu gelangen, unternommene Handlung, nicht eine zum Betrieb selbst gehörige oder mit demselben zusammenhängende Handlung.

Der Umstand, daß der Kläger gezwungen war, den Weg in der Dunkelheit, also unter Voraussetzungen, welche die Gefahr eines Unfalls erhöhen, zurückzulegen, macht den Gang ebensowenig versicherungspflichtig, wie dies etwa bei einem Bergarbeiter, der von seiner Wohnung zu einer Nachtschicht geht, der Fall ist. —

Ein Probenehmer, welcher bei dem städtischen Centralviehhofe zu Berlin angestellt war, erlitt in einem zu dem letzteren gehörigen Gebäude einen Sturz von einer Treppe. Späterhin erkrankte derselbe an paralytischem Blödsinn und wurde völlig erwerbsunfähig. Die betheiligte Berufsgenossenschaft lehnte seinen Entschädigungsanspruch ab, weil weder ein Betriebsunfall vorliege, noch auch die Erkrankung und Erwerbsunfähigkeit mit dem Sturze von der Treppe in einem ursächlichen Zusammenhang stehe. Die die Berufsgenossenschaft verurtheilende Entscheidung des Schiedsgerichts wurde vom Reichs-Versicherungsamt aus dem letzteren Grunde wieder aufgehoben, dabei aber in Betreff des Vorliegens eines Betriebsunfalls Folgendes ausgeführt: Ob der Sturz des Klägers von der Treppe durch einen Schwächeanfall, welcher auf einer inneren psychischen Erkrankung beruhte, an der er nach ärztlicher Auskunft schon von Beginn des dem Unfall voraufgegangenen Kalenderjahres an gelitten hat, veranlaßt worden war, kann dahin gestellt bleiben. Denn da das Unfallversicherungsgesetz unter den subjektiven Unfallmomenten nur dem vorsätzlichen Verhalten die Bedeutung beimißt, daß dadurch die Entschädigungsverbindlichkeit der Berufsgenossenschaften ausgeschlossen wird (§. 5 Absatz 7 des Unfallversicherungsgesetzes), so kommt es nicht darauf an, ob der Unfall durch Zufall oder durch Fahrlässigkeit oder durch andere innere Umstände in der Person des Verletzten veranlaßt worden, sobald nur, wie hier, die Vorsätzlichkeit ausgeschlossen ist. Dagegen muß allerdings der Zusammenhang mit dem Betriebe, wenn auch nicht mit dessen besonderen Gefahren, dargethan sein. Dies ist auch bei der dem Kläger widerfahrenen Verletzung der Fall. Denn nach der von ihm selbst gemachten glaubhaften Schilderung befand er sich, als er die fragliche Treppe hinabging, zwar erst auf dem Wege, seine eigentliche Betriebsthätigkeit, das Abstempeln der untersuchten und geschlachteten Schweine, auszuüben, aber immerhin im Banne des versicherungspflichtigen Betriebes. Die Treppe stand, wie die Unfallanzeige ersehen läßt, insofern sogar unter dem Einfluß der besonderen Art des Betriebes, als auf ihr höchst wahrscheinlich Stückchen von Fett und Abgänge aus den Schlachthäusern gelegen haben, welche von den Schlächtern und Probenehmern mit den Stiefeln aus den Schlachthäusern dorthin verschleppt zu werden pflegen und ihrer Beschaffenheit nach zur Vermehrung der Gefahr des Ausgleitens und Hinstürzens offenbar *beitragen*. Hiernach kann ein Zweifel darüber füglich nicht bestehen, daß Kläger in der That, indem er sich am 5. Juli 1886 durch den Sturz von der Treppe verletzte, einen Unfall bei dem Betriebe erlitten hat, für dessen Folgen die Beklagte an sich haften muß.

Verschiedene Mittheilungen.

Postaufträge im Verkehr mit San Salvador. Vom 1. Juni ab können im Verkehr mit San Salvador, der Hauptstadt der Republik Salvador, Gelder bis zum Meistbetrage von 200 Pesos Gold im Wege des Postauftrages unter den für den Vereinsverkehr geltenden Bestimmungen und Gebühren eingezogen werden.

Wechselproteste werden nicht vermittelt.

Der **Freiluftathmer** von Julius Wolff in Groß-Gerau hat in der Schweiz eine größere Anwendung gefunden. Herr Konnbly, Besitzer einer bedeutenden Zündholzfabrik in Reichenbach und stets besorgt für das Wohl seiner Arbeiter, hat das Tragen des Apparates bei denselben eingeführt. Im Anfang verursachte es einige Mühe, weil die Leute, besonders die Mädchen fürchteten, ihr Aussehen möchte verunstaltet werden; nach einiger Zeit sprachen sich jedoch sämmtliche Arbeiter mit großer Befriedigung über die Einrichtung aus. Der betreffende Schweizerische Fabrikinspektor bemerkt, daß die Anschaffung des „Freiluftathmers“ für den Arbeitgeber mit ziemlichen Kosten verbunden gewesen sei, die indirekt aber wieder durch größere Produktionsfähigkeit eingebracht wurden. Abgesehen vom günstigeren Gesundheitszustand der Angestellten werden sie durch das Tragen des Apparates mehr auf ihren Platz gebannt. Das Verlassen desselben ist mit einer kleinen Unbequemlichkeit verbunden, daher stehen die Arbeiter weniger herum, plaudern auch nicht mehr so viel wie früher und liefern daher auch bessere und mehr Arbeit. Das Aussehen der Arbeiter und Arbeiterinnen ist in dieser Fabrik ein auffallend besseres und gesunderes als in den übrigen Anlagen dieser Betriebsart.

Deutsche Allgemeine Ausstellung für Unfallverhütung, Berlin 1889. Die bisherige Entwickelung des Unternehmens berechtigt zu der Erwartung, daß die Ausstellung ungemein reich und vielseitig beschickt werden wird.

Aus den vorliegenden Ergebnissen läßt sich schon jetzt der Schluß ziehen, daß Berlin im Jahre 1889 eine Ausstellung größten und vornehmsten Styls in seinen Mauern bergen wird, welche die Aufmerksamkeit des In- und Auslandes auf sich lenken und das Interesse aller industriellen Kreise für sich in Anspruch nehmen dürfte.

Die junge Reichshauptstadt wird dann endlich auch auf dem Gebiete des Ausstellungswesens den gleichen Rang behaupten neben allen den anderen Weltstädten, welche schon seit Jahrzehnten ein internationales Publikum für solche Unternehmen zu interessiren wußten.

Die Ausstellung wird unbeschadet ihrer humanitären Ziele und Zwecke den Industriellen Gelegenheit bieten, alle ihre Erzeugnisse — Maschinen, Geräthe 2c. — den betheiligten Kreisen vorzuführen und sich neue Absatzgebiete zu eröffnen.

Den Behörden, welche das Unternehmen fortdauernd direct und indirect zu fördern suchen, — beispielsweise wird auch seitens der Staats-Eisenbahnen eine sehr interessante Collectiv-Ausstellung vorbereitet — hat sich in den letzten Tagen auch die Berliner Stadtvertretung zugesellt und ihr werkthätiges Interesse dadurch bekundet, daß sie den gesammten Gas- und Wasserverbrauch unentgeltlich zur Verfügung stellt.

Der Vorstand hat neuerdings mit Rücksicht auf das große Interesse, welches auch das Ausland der Ausstellung entgegenbringt, sein Programm in englischer und französischer Uebersetzung erscheinen lassen, um es außerdeutschen Interessenten zugänglich machen zu können.

Die bekanntlich zur Ausführung der Ausstellung gebildeten 16 Commissionen haben inzwischen eine reiche Thätigkeit entwickelt.

Die von ihnen aufgestellten Special-Programme bieten eine systematische Uebersicht aller in den einzelnen Gewerben des deutschen Reiches vorkommenden Einrichtungen — Maschinen — Utensilien.

Diese Programme sind mit eigenen Begleitschreiben der betreffenden Commissionen an die resp. Fachgenossen zur Versendung gelangt und werden in dieser Form sich als eine wirksame Anregung und zweckmäßige Anleitung für eine möglichst vollkommene Lösung aller derjenigen Aufgaben erweisen, die sich das Unternehmen gestellt hat.

Man wird sich bald davon überzeugen, daß Unfallverhütungs-Einrichtungen in jedem Betriebe und an jeder Arbeitsstelle zweckmäßig und unter Umständen erforderlich sind.

Wenn diese Thatsache allgemeine Beachtung und auf der Ausstellung selbst ihren praktischen Ausdruck findet, dann werden wir zum ersten Male Gelegenheit haben, ein getreues und umfassendes Gesammtbild von Industrie und Landwirthschaft im räumlichen Zusammenhange bewundern zu können.

Litteratur.

Schablonen in natürlicher Größe für Decken, Wände, Säulenschäfte 2c. aus dem Ende des 15. und Anfang des 16. Jahrhunderts ausgeführt auf der Königlichen Albrechtsburg zu Meißen und herausgegeben von Ernst Händel, Professor. Zweite Folge. 25 Tafeln in Royal-Plano, wobei eine Tafel in Farben ausgeführt. Zweite wohlfeilere Ausgabe. Weimar 1888, Bernhard Friedrich Voigt. Preis 6 Mark.

Von der Absicht geleitet, das Studium der Schablonenmalerei des Mittelalters für die Jetztzeit zu erleichtern und derselben gleichzeitig einen wohlverdienten Platz auch in der modernen Malerei zu verschaffen, veröffentlichte der Verfasser vor nunmehr 10 Jahren unter dem Titel „die Schablonenmalerei des Mittelalters“ eine erste Lieferung von Vorlagen zu Schablonen für Decken u. s. w. Der Erfolg dieses Bestrebens veranlaßte ihn, in den vorliegenden Blättern eine zweite Lieferung Schablonen in wirklicher Größe für Wand- und Deckenmalerei der Oeffentlichkeit zu übergeben. Möge das vorliegende Werk in Fachkreisen freundliche Aufnahme finden und zur besseren Kenntniß und ausgedehnteren praktischen Verwendung der mittelalterlichen Flachmalerei beitragen.

Verzierte farbige Alphabete. Vorlagen für Firmenschreiber, Decorations-, Glas- und Porzellanmaler, Lackirer, Bild- und Steinhauer 2c. 25 Groß-plano-Tafeln in Tondruck. Herausgegeben von Theodor Reineck. Zweite vermehrte und verbesserte Auflage. Weimar 1888. Bernhard Friedrich Voigt. Preis 10 Mark.

Die vorliegenden Blätter sollen nicht Vorlagen im gewöhnlichen Sinne des Wortes sein. Durch die verschiedene Stellung der Farben und den Wechsel der Verzierungen in den Buchstaben und Zeilen eines Alphabetes sollen sie zum Nachdenken und Weiterschaffen anregen. Ornamente, Eckstücke, Einfassungen, Bänder, Wappen, Embleme 2c. sind zur Vervollständigung auf den 4 letzten Tafeln beigegeben.

Entwürfe zu Grabdenkmalen. Ein Musterbuch für praktische Bildhauer. Herausgegeben von Karl Knoblauch, Bildhauer in Seidenberg, Ober-Lausitz. 36 Blatt. Weimar 1888, Bernhard Friedrich Voigt. Preis 10 Mk.

Die Skizzen enthalten leicht ausführbare Entwürfe unter Verwendung von figürlichen Darstellungen aus Sandsteinmasse. Preisverzeichniß für letztere ist beigefügt.

Renaissance-Geräthe und Galanteriestücke für Feintischler, Bildhauer und Drechsler. 24 Tafeln in Folio, gezeichnet und herausgegeben von Max Gräf in Erfurt. Weimar 1888, Bernhard Friedrich Voigt. Preis 9 Mark.

Der Verfasser hat es unternommen, auf vorliegenden Tafeln hauptsächlich die kleinen Möbel und Geräthe, denen sonst wenig Aufmerksamkeit geschenkt wird, zu behandeln. Die verschiedensten Gebrauchs- und Ausschmückungsgegenstände sind zumeist in 1/5 der natürlichen Größe dargestellt, Maßstab, die nöthigen Profile und Grundrisse, sowie ausgiebige Erklärungen sind beigefügt.

Berichtigung. In Nr. 21 des Gewerbeblatts S. 203, Zeile 38 von oben statt „28“ zu setzen **24**.

Redacteur Dr. Hesse. — Druck von Heinrich Brill.
In Commission bei L. Brill in Darmstadt.

Gewerbeblatt

für das

Großherzogthum Hessen.

Zeitschrift des Landesgewerbvereins.

Erscheint wöchentlich. Auflage 4500. Anzeigen für die durchgehende Petitzeile oder deren Raum bei ein- und zweimaliger Aufnahme 30 Pf., bei drei- und mehrmaliger Aufnahme 25 Pf.

№ 24. Juni 1888.

Jahresbericht des Fabrik-Inspektors für das Großherzogthum Hessen für 1887.

Der vorliegende, von dem Großherzoglichen Fabrik-Inspektor Herrn Möser erstattete Bericht ist kürzlich als Beilage der „Darmstädter Zeitung" veröffentlicht und von Großherzoglichem Ministerium des Innern und der Justiz der Großherzoglichen Centralstelle für die Gewerbe und den Landesgewerbverein in einer Anzahl von Exemplaren zur Verfügung gestellt worden. Soweit der Vorrath reicht, können solche an Interessenten abgegeben werden. Wir entnehmen diesem Berichte Folgendes:

1. **Allgemeines.** Im Jahre 1887 sind eingegangen 4 Fabriken, neu entstanden sind 25 Fabriken und gewerbliche Anlagen.

Wieder aufgenommen wurde der unterbrochene Betrieb in 3 Fabriken.

Nach einer vorgenommenen Zählung befanden sich im Großherzogthum Hessen im September 1887 271 Dampfdreschereien mit 317 Dampfkesseln.

Die Aufnahme der Erzeugung von Wollstoffhüten in der Hutfabrikation, die Einfuhr von Wollstoffhüten aus England, hohe Preise für Rohfelle am Anfang des Jahres und die verminderte Ausfuhr geschnittener Hasenhaare nach Amerika brachten die Hasenhaarschneiderei-Industrie im Berichtsjahre in eine ungünstige Geschäftslage. Dieselbe hatte die Kürzung der Arbeitszeit und Entlassungen von Arbeitern zur Folge. Die ungünstige Lage der Hasenhaarschneiderei beeinflußte auch die Hausindustrie im Schneiden der Haare von Fellabfällen, welche von der weiblichen Bevölkerung mehrere Landorte betrieben wird. Die Filzhutfabrikation leidet ebenfalls durch die vermehrte Verwendung von Wollstoffhüten.

In der Portefeuillewaarenfabrikation, in der Metallschleiferei und Gürtlerei für das Portefeuillegeschäft sind die Akkordlöhne in den letzten Jahren theilweise gesunken. In der lithographischen Druckerei hat ein starkes Angebot von Arbeitskräften, wenn auch nicht in allen Druckereien, ein Sinken der Löhne verursacht.

Eine bedeutende Notendruckerei hat die Arbeitszeit gekürzt und es haben dadurch die Akkordarbeiter Lohnrückgänge erfahren. Auch in einer Kunstgießerei (hauptsächlich für cuivre poli) wurde die Arbeitszeit abgekürzt. Als Ursache der ungünstigen Geschäftslage in diesem Industriezweig wird das Ueberhandnehmen des Zinkgusses, zu dessen Ausübung kleine Anlagen und Einrichtungen genügen, bezeichnet. Gestiegen sind die Stücklöhne der Sattler in Fabriken für Militärausrüstungsgegenstände.

Im Berichtsjahre wurden 348 gewerbliche Anlagen besucht, darunter 27 zweimal und 2 dreimal. 119 ganze Tage wurden auf Dienstreisen zugebracht. Revisionen zur Nachtzeit haben 2 stattgefunden.

Im Ganzen wurden 122 schriftliche Gutachten und Berichte erstattet und zwar an Großh. Ministerium des Innern und der Justiz 5, an Großh. Kreisämter 77, an Gerichtsbehörden 5, an andere Behörden, Berufsgenossenschaften, Gewerbtreibende u. A. 35. Von Ortspolizeibehörden ergingen 118 Einladungen zur Theilnahme an polizeilichen Unfalluntersuchungen und es wurde in 32 Fällen solchen Einladungen Folge gegeben. Von Gerichtsbehörden wurde der Fabrik-Inspektor in 3 Civilsachen und drei Strafsachen in Anspruch genommen. Die große Zahl der geforderten schriftlichen Gutachten in Genehmigungs-, Beschwerde- und anderen Angelegenheiten und die dafür erforderlichen Reisen, Besichtigungen und Erhebungen störten vielfach eine mehr den eigentlichen Aufgaben des Fabrik-Inspektors entsprechende Thätigkeit.

Zwei im Berichtsjahr selbst erlebte Unfälle hatten schmerzhafte Verletzungen zur Folge.

In mehreren Fällen haben Arbeiter Vermittelung zur Beseitigung von Mißständen oder Benachtheiligungen in Anspruch genommen, auch haben in mehreren Fällen Nachbarn von Fabriken Beschwerden über Belästigungen durch solche direkt erhoben und um Einwirkung auf die Beseitigung der Beschwerde-Ursachen ersucht.

II. **Jugendliche Arbeiter, Arbeiterinnen und Arbeiter im Allgemeinen.** Die zur Beantwortung im Jahresbericht gestellten Fragen: In welchen Industriezweigen besteht ein Bedürfniß nach Heranbildung „gelernter" Arbeiter, Vorarbeiter und Werkmeister, in welchem Umfange wird diesem Bedürfnisse durch ein förmliches Lehrlingsverhältniß Rechnung getragen? Inwieweit entspricht dies Verhältniß den §§. 126—133 der Gewerbeordnung? In welcher Weise ist, wo ein solches Verhältniß vorliegt, durch besondere Regelung der Beschäftigung der Lehrlinge Fürsorge für deren Ausbildung getroffen worden und welche besonderen Einrichtungen bestehen, abgesehen von der Beschäftigung im Betriebe, für die gewerbliche und die sittliche Ausbildung der Lehrlinge? Sind Betriebe bekannt geworden, in welchen die Zahl der Lehrlinge in auffallendem Mißverhältniß zu der Zahl der beschäftigten Arbeiter steht? geben dem Fabrik-Inspektor zu nachfolgenden Bemerkungen Anlaß.

„Wird in einer Fabrik Mangel an gelernten Arbeitern empfunden, so ist dies nicht immer darin begründet, daß es überhaupt an Arbeitern in dem betr. Industriezweige fehle. Die Lage der Fabrik, die Wohnungs- und andere Verhältnisse sind dabei von Einfluß. Viele Arbeiter ziehen den Aufenthalt in größeren Städten dem an kleinen Plätzen bei weitem vor, auch sind gewöhnlich geeignete und billige Arbeiterwohnungen auf dem Lande und in kleinen Städten selten. Es sind daher Fabriken auf dem Lande hauptsächlich darauf angewiesen, sich brauchbare Arbeiter aus der Bevölkerung der Umgebung selbst heranzuziehen. Wird hierauf *rechtzeitig und stetig* die nöthige Sorgfalt verwendet, ist die Anlernung eines guten

Arbeiterstammes gelungen, wird selbst für Arbeiterwohnungen gesorgt, so sind dann die Verhältnisse auf dem Lande bezüglich der Arbeiter weit günstiger für die Fabrikbesitzer, als in den größeren Städten. Mangel an Arbeitern ist in nicht seltenen Fällen durch die örtliche Lage der Fabrik, ja selbst durch die Jahreszeit bedingt. Es sind z. B. Steinhauer für Granit und Syenit rar, weil die Bearbeitung harter Steine ein im Aufsichtsbezirk verhältnißmäßig noch neuer Industriezweig ist. Einer Waggonfabrik hält es zu Zeiten starken Geschäftsganges schwer, tüchtige Schmiede zu erhalten, da solche zumeist in anderen Gegenden Arbeit suchen und Verwendung finden. In der Arbeits-Saison der Schuhfabriken sind Zwicker begehrte Arbeiter, während dies in der stillen Geschäftszeit weniger der Fall ist. Selbst tüchtige Portefeuiller sind in Perioden starken Geschäftsganges sehr gesucht, während solche zu anderen Zeiten mitunter arbeitslos sind.

Die Angaben der Arbeitgeber über Arbeitermangel sind mitunter mit Vorsicht aufzunehmen. Selbst in einer Cigarrenfabrik wurde Arbeitermangel behauptet, da es dem Arbeitgeber wirklich schwer hält, Arbeiter zu erhalten. Bei näherer Untersuchung der Verhältnisse ergab sich als Grund: niedrige Löhne im Vergleich mit andern Cigarrenfabriken der Gegend, verbunden mit dem Verlangen der höchsten Leistung in Güte und Menge der Arbeit.

In einer Faßfabrik ohne Maschinenbetrieb wird über Mangel an guten Holzarbeitern geklagt. Durch die Arbeit in Brauereien und Weinhandlungen werden die Küfer der Holzarbeit entzogen und vielfach an den Genuß geistiger Getränke gewöhnt. Die jungen Küfer wenden sich im Winter der Kellerarbeit zu und suchen für den Sommer Holzarbeit. Letztere wird besser bezahlt als erstere.

Der Besitzer einer Strickwaarenfabrik klagt über Mangel an geeigneten Arbeiterinnen und erläßt in Zeitungen häufig Arbeiterinnen-Gesuche. Trotz letzterer sind die Plätze in der Fabrik nur theilweise besetzt und es findet ein häufiger Wechsel statt. Eine andere Strickwaarenfabrik in derselben Stadt erläßt keine Arbeiterinnen-Gesuche in Zeitungen, empfindet keinen Mangel an Arbeiterinnen, die Plätze sind besetzt und Wechsel ist selten.

Von einem wirklichen Mangel an Arbeitern, Vorarbeitern und Werkmeistern in irgend welchem Industriezweige ist Nichts bekannt geworden.

Der tüchtigen Ausbildung jugendlicher Arbeiter in einer Berufsrichtung steht die Sucht mancher Eltern im Wege, daß ihre Kinder von vornherein den möglichst höchsten Lohn mit nach Hause bringen sollen. Erfährt der Vater eines jugendlichen Arbeiters, daß ein anderer Junge einen höheren Lohn aus der Stadt mitbringt, so veranlaßt er den Sohn wohl zum Verlassen der seitherigen Arbeitsstelle und Aufsuchen einer Stelle mit höherem Lohne, wenn auch dadurch die begonnene Ausbildung unterbrochen wird. Steht ein schriftlicher Lehr-Vertrag dem Austritt im Wege, so müssen Ausreden herhalten. Oft wird behauptet, daß die Beschäftigungsweise für den betreffenden Lehrling ungesund sei, daß er das Arbeiten im Stehen oder Sitzen nicht vertragen könne, es werden selbst ärztliche Zeugnisse beigebracht, um den Vertrag zu Fall zu bringen. Es kommt auch vor, daß die Lehre vorzeitig unterbrochen wird, um in einem Geschäfte gleicher Art als besser bezahlter Gehülfe eintreten zu können, wenn auch dadurch für die Zukunft ein gehöriges Können ausgeschlossen ist und der Betreffende für immer ein mittelmäßiger Arbeiter bleibt.

Im allgemeinen tritt die Ausbildung von Lehrlingen für die Fähigkeit des Fortkommens in einem bestimmten Beruf um so mehr in den Hintergrund, als dieselben mit der fabrikmäßigen Anfertigung von einzelnen oder wenigen Artikeln bei größtmöglichster Arbeitstheilung beschäftigt werden. Das Sinken der Preise vieler Industrieerzeugnisse, durch übermäßige Konkurrenz hervorgerufen, führt zum Bestreben der Fabrikanten nach möglichst billiger Herstellung. Die möglichst billige Herstellung ist bedingt durch Spezialeinrichtungen, größtmöglichste Arbeitstheilung und geringe Arbeitslöhne. Geringe Arbeitslöhne sind bei möglichst ausgedehnter Verwendung jugendlicher Arbeiter oder Arbeiterinnen zu erzielen.

Beim Beginn der Lehrzeit gilt es zunächst, den Lehrling zu unterweisen und ihm Handfertigkeiten und praktische Kenntnisse beizubringen. In den meisten Fällen geschieht die Anlernung durch Arbeiter, welche dafür einen gewissen Theil der Arbeitszeit verwenden müssen. Dieser Aufwand an Arbeitszeit entspricht einer Einbuße des Arbeitgebers. Empfängt z. B. der unterweisende Arbeiter einen Wochenlohn von 24 Mark bei zehnstündiger Arbeitszeit, so hat jede Stunde Arbeitszeit für den Arbeitgeber einen Wert von mindestens 40 Pfennig. Der Lehrling erhält ebenfalls Lohn. Je schwieriger und zeitraubender die Anlernung des Lehrlings sich gestaltet, desto mehr Einbuße erleidet der Arbeitgeber. Ein Ausgleich muß dadurch herbeigeführt werden, daß der Lehrling im letzten Teil seiner Lehrzeit dem Arbeitgeber mehr nützt, als der dem Lehrling während dieser Zeit bezahlte Lohn beträgt. Bei schwieriger, zeitraubender Anlernung ist daher ein Austritt des Lehrlings im späteren Theil der Lehrzeit ein Verlust für den Arbeitgeber. Bei leicht zu erlernenden Handfertigkeiten für die Herstellung einzelner Gegenstände wird wenig Zeit auf das Anlernen verwendet. Da der Lohn in den meisten Fällen mit dem Alter des Lehrlings wächst, indem die Eltern auf die Erhöhung des Lohnes drängen, so ist es in manchen Fällen von Vortheil für den Arbeitgeber, wenn er den jugendlichen Arbeiter entläßt, oder seinen Weggang herbeizuführen sucht, noch ehe der Lohn eine gewisse Höhe erreicht hat und daß er den weggegangenen jugendlichen Arbeiter durch einen jüngeren Anfänger ersetzt.

In der That giebt es einzelne Arbeitgeber, welche im Bestreben, der Konkurrenz durch billige Produktion die Spitze zu bieten, nach diesem Grundsatz verfahren. Zur Ehre der Arbeitgeber sei jedoch gesagt, daß die nach dem angedeuteten Grundsatz handelnde Art von Arbeitgebern nur in geringer Zahl im Aufsichtsbezirk vertreten ist.

Leider legen manche Eltern von Lehrlingen auf die Höhe des Lohnes einen höheren Werth, als auf die tüchtige berufsmäßige Ausbildung und bringen ihre Söhne in Fabriken, wo eine tüchtige Ausbildung nicht erzielt wird. Die Lehrlinge verlassen auch mitunter die Fabrik vor beendeter Lehrzeit und suchen als Arbeiter zweiter oder dritter Klasse Arbeit. Das Verfahren der Eltern oder eigener Leichtsinn rächt sich später bitter an ihnen, da sie zusehen müssen, wie tüchtige ausgebildete Arbeiter einen weit höheren Lohn erzielen als sie.

Es giebt Arbeitgeber, welche in Zeiten flotten Geschäftsganges kein Bedenken tragen, Arbeiter aus Konkurrenzfabriken anzunehmen, auch wenn solche dort nicht ordnungsmäßig austreten. Auch wollen manche nicht die Opfer, welche mit dem Anlernen und tüchtigen Ausbilden jugendlicher Arbeiter verbunden sind, bringen, obgleich die Folgen dieses Verfahrens dem betreffenden Industriezweig im Allgemeinen zum Schaden gereicht. Von ihnen wird der günstige Augenblick ausgenutzt.

Es ist jedoch nicht für alle Fälle zutreffend, daß die tüchtige Ausbildung und der Fleiß eines jungen Arbeiters während seiner Lehre demselben auch später als Gehülfe den entsprechend hohen Lohn sichert. Ungelernte Arbeiter, welche nur gewisse Handfertigkeiten und Uebung in Spezialitäten sich angeeignet haben, verdienen mitunter mehr, als berufsmäßig gelernte Arbeiter, z. B. verdienen Arbeiter, welche früher in ganz anderen Gewerben oder Berufsarten beschäftigt waren, in einer Lederfabrik 25—30 Mark wöchentlich, während gelernte Gerber es nicht zu diesem Verdienste bringen. Selbst in anderen als Fabrikbetrieben kommen derartige Verhältnisse vor, und werden z. B. in Gärtnereien gewöhnliche Gartenarbeiter in nicht seltenen Fällen besser bezahlt, als gelernte Gehülfen.

Nur in sehr seltenen Fällen erhalten Lehrlinge keinen Lohn. Ein kleiner Lohn wird fast überall schon von Beginn der Lehrzeit an gegeben. Während ein Arbeitgeber beklagt, daß verdienter Lohn in den Händen der jungen Arbeiter dieselben zu frühzeitigen Genüssen und Wirthshausbesuch, bei jugendlichen Arbeiterinnen zu Putz- und Vergnügungssucht verleite, klagt ein anderer in derselben Stadt darüber, daß die jugendlichen Arbeiter ihren verdienten Lohn zu Hause abgeben müßten, was dieselben gleichgiltig und interesselos bei der Arbeit, träge und unfleißig mache.

Die Bestimmungen der Gewerbe-Ordnung in §§. 126 bis 133 sind zum großen Theile den meisten Arbeitgebern unbekannt. Zeugnisse werden nach beendeter Lehrzeit gewöhnlich nur auf Verlangen ausgefertigt.

In vielen Fabriken kann von einem Lehrlingsverhältniß in gewöhnlichem Sinne überhaupt nicht die Rede sein. Hierher gehören chemische Fabriken, Cementfabriken, Oelfabriken, Zuckerfabriken, Stärkefabriken, Lackfabriken, Cellulosefabriken, Stearinfabriken, Cichorienfabriken, Kistenfabriken.

Auf die nun folgenden speciellen Beobachtungen in den verschiedenen Gewerbebetrieben beschränken wir uns hier nur hinzuweisen, da dieses bedeutende und umfangreiche Material den Raum unseres Blattes zu sehr in Anspruch nehmen würde und dem Interessenten ja doch im Original jederzeit zugänglich ist.

Bei der von der Großh. Centralstelle für die Gewerbe und den Landesgewerbverein im Sommer 1887 veranstalteten Ausstellung von Lehrlingsarbeiten aus dem Großherzogthum Hessen, an welcher sich ca. 1600 Lehrlinge (meist Handwerker) betheiligten, war die Fabrikindustrie durch folgende Industriezweige vertreten: Syenit- und Granitbearbeitung, Fayenceofenfabrikation, Eisengießerei, Kesselfabrikation, Metallgießerei, Schlosserei, Metallwaarenfabrikation und Installation, Maschinenfabrikation, Nähmaschinenfabrikation, Eisenbahnbetriebswerkstätten, Wagenfabrikation, Fabrikation von Reißzeugen und Instrumenten für Lithographen, Portefeuillewaarenfabrikation, Ledergalanteriewaarenfabrikation, Möbelfabrikation, Hutfabrikation, Lithographie und Buchdruck. Von den 1600 Ausstellern wurden 482 mit Büchern, Reißzeugen und Werkzeugen prämiirt und 397 lobend erwähnt. Von Lehrlingen aus fabrikmäßigen Betrieben befanden sich unter den 482 Prämiirten 96 und unter den 397 lobend erwähnten 68.

In Offenbach gibt der Gewerbverein Lehrlingen bei beendeter Lehrzeit Gelegenheit, ihre erlernten Fertigkeiten und Kenntnisse durch freiwillige Prüfungen darzulegen. Die Prüfungsarbeiten werden nicht in den Werkstätten der zu prüfenden ausgeführt. Die Prüfungen können auch auf Zeichnen, Rechnen, schriftliche Arbeiten &c. ausgedehnt werden. Es betheiligten sich 1887 16 junge Leute, deren Lehrzeit um Ostern zu Ende ging. Von denselben gehörten 10 der Fabrik-Industrie an (6 Portefeuiller, 3 Galanteriesattler, 1 Metalldreher). Im ersten Jahre (1886) hatten sich nur 7 Lehrlinge an den Prüfungen betheiligt.

Arbeitseinstellungen fanden in zwei Schuhfabriken statt; ferner in einer Fabrik in Offenbach, welche in Folge übernommener Sattlerarbeiten für Militärausrüstung eine größere Anzahl Arbeiter als sonst gewöhnlich beschäftigt. Der eigentliche Arbeiterstamm dieser Fabrik blieb dem Strike jedoch vollständig fern. Es befinden sich darunter Arbeiter, welche schon lange Zeit in der Fabrik beschäftigt sind, einer z. B. 50 Jahre.

In einer anderen derartigen Fabrik in Offenbach wurden den Sattlern auf Verlangen dreimal Erhöhungen der Stücklohnsätze gewährt. Ein weiteres Verlangen der Erhöhung gab ein Theil der Arbeiter durch einen zweitägigen Ausstand ohne Kündigung zu erkennen. Es wurde darauf von den Arbeitgebern abermals dem Verlangen entsprochen. Ein Theil der Arbeiter wollte auch bei dem seitherigen Lohn weiterarbeiten. In Arbeiterkreisen besteht vielfach eine vollständige Unkenntniß in den für dieselben früher und jetzt giltigen gesetzlichen Bestimmungen. Arbeiter, welche früher durch den Arbeitgeber gegen Unfälle versichert waren und bei eintretender zeitweiliger Erwerbsunfähigkeit den vollen Lohn von der Versicherungsgesellschaft durch den Arbeitgeber erhielten, glauben, dies sei früher gesetzliche Bestimmung gewesen und sind unzufrieden, weil sie jetzt in ähnlichen Fällen nicht den vollen Lohn erhalten. Es ist ihnen unbekannt, daß die Unfallversicherung der Arbeiter früher im freien Willen der Arbeitgeber stand und sie wähnen sich durch die neue Gesetzgebung benachtheiligt. Derartige Irrthümer sind geeignet, der vollständigen Irreleitung der Arbeiter durch Andere Vorschub zu leisten. Es wäre nützlich, auf Mittel und Wege zu sinnen, wie den Arbeitern eine bessere Kenntniß der sie betreffenden gesetzlichen Bestimmungen beigebracht werden könne. Ein Irreleiten der Arbeiter und eine Zunahme der Unzufriedenheit unter denselben würde bei besserer Kenntniß der gesetzlichen Bestimmungen und ihrer Motive weit weniger Platz greifen.

III. **Schutz der Arbeiter vor Gefahren.** A. Unfälle. Durch Einsendung der Abschriften von Unfall-Anzeigen seitens der Ortspolizeibehörden kamen 1153 Unfälle zur Kenntniß. Dieselben vertheilen sich auf die Berufsgenossenschaften wie folgt:

Berufsgenossenschaft	Unfälle
Hessen-Nassauische Baugewerksberufsgenossenschaft	289
Süddeutsche Eisen- und Stahlberufsgenossenschaft	241
Berufsgenossenschaft der chemischen Industrie	100
Brauerei- und Mälzereiberufsgenossenschaft	79
Lederindustrie-Berufsgenossenschaft	66
Privatbahn-Berufsgenossenschaft	63
Südwestdeutsche Holzberufsgenossenschaft	60
Speditions-, Speicherei- und Kellerei-Berufsgenossenschaft	41
Süddeutsche Edel- und Unedelmetall-Berufsgenossenschaft	40
Westdeutsche Binnenschifffahrts-Berufsgenossenschaft	23
Bekleidungsindustrie-Berufsgenossenschaft	22
Steinbruchs-Berufsgenossenschaft	21
Nahrungsmittelindustrie-Berufsgenossenschaft	19
Fuhrwerks-Berufsgenossenschaft	14
Deutsche Buchdruckerei-Berufsgenossenschaft	11
Müllerei-Berufsgenossenschaft	10
Papierverarbeitungs-Berufsgenossenschaft	9
Berufsgenossenschaft der Gas- und Wasserwerke	8
Berufsgenossenschaft der Feinmechanik	7
Ziegelei-Berufsgenossenschaft	7
Tabaks-Berufsgenossenschaft	7
Süddeutsche Textil-Berufsgenossenschaft	6
Straßenbahn-Berufsgenossenschaft	5
Zucker-Berufsgenossenschaft	2
Leinenindustrie-Berufsgenossenschaft	1
Papiermacher-Berufsgenossenschaft	1
Brennerei-Berufsgenossenschaft	1
Zusammen	1153

Unter den Verletzten befanden sich 55 im Alter von unter 16 Jahren und 48 im Alter von 16 Jahren (in den Anzeigen als 16 Jahr alt bezeichnet).

Zur Verhütung von Unfällen wurden seitens des Fabrik-Inspektors 436 Anordnungen getroffen oder auf Beseitigung bestehender Mängel und Mißstände hingewirkt, und zwar an Dampfkesseln, Dampfleitungen und Gefäßen unter Dampfdruck 26, an Kraftmaschinen 27, an Triebwerken 104, an Fahrstühlen, Aufzügen 19, an Centrifugen 1, an Maschinen zur Metallbearbeitung 24, an Maschinen zur Holzbearbeitung 59, an Maschinen zur Verarbeitung sonstiger Farbstoffe 80, an sonstigen maschinellen Vorrichtungen 2, zur Verhütung von Explosionen und Entzündungen feuergefährlicher Stoffe 5, gegen Ausströmen giftiger Gase, heißer, ätzender Flüssigkeiten 6, an Vorrichtungen zum Transport von Lasten 2, an Treppen, Gallerien, Vertiefungen, Bassins ꝛc 48, gegen Herabfallen von Gegenständen 2, an Verschiedenem 31.

Die zur Unfallverhütung getroffenen Anordnungen verteilen sich auf die Industrie-Gruppen wie folgt: Industrie der Steine und Erden 44, Metallverarbeitung 20, Herstellung von Maschinen, Werkzeugen, Instrumenten, Apparaten, 53, chemische Industrie 1, Industrie der Heiz- und Leuchtstoffe, Fette, Oele, Firnisse 18, Textil-Industrie 18, Papier und Leder 106, Industrie der Holz- und Schnitzstoffe 58, Nahrungs- und Genußmittel 58, Bekleidung und Reinigung 35, polygraphische Gewerbe 25.

Die Theilnahme des Fabrik-Inspektors an den Unfalluntersuchungen der Ortspolizeibehörden erweist sich als sehr nützlich für die Unfallverhütung. Diese Untersuchungen ermöglichen ein klares Erkennen der Ursachen der Unfälle und es zeigen sich die Arbeitgeber nach vorgekommenen Unfällen gewöhnlich sehr bereitwillig zur Ausführung entsprechender Unfallverhütungsmaßregeln. Vielfach wurde von Vertretern von Berufsgenossenschaften besonders der Wunsch geäußert, daß der Fabrik-Inspektor an den Untersuchungen theilnehmen möge und es wurde solchen Wünschen nach Möglichkeit entsprochen.

In einer Zuckerfabrik beklagte der Direktor den Mangel an Unfallverhütungsvorschriften. Die Arbeiter entfernen mitunter Schutzverdeckungen, Geländer ꝛc. bei Vornahme von Arbeiten an Maschinen oder Maschinenteilen, ohne dieselben dann wieder anzubringen. Es sei schwierig, hierin stets Ordnung zu halten. Beständen aber Unfallverhütungsvorschriften seitens der Berufsgenossenschaft, so sei unter Berufung auf dieselben die Einhaltung viel leichter durchzuführen. Auch bestehe bei dem Mangel an Unfallverhütungsvorschriften eine Ungewißheit und Unsicherheit, wie weit man in der Anbringung und Anwendung von Schutzmaßregeln zu gehen habe.

Vorschriften zur Unfallverhütung haben von im Großh. Hessen wirkenden Berufsgenossenschaften erlassen: die Süddeutsche Edel- und Unedelmetall-Berufsgenossenschaft, die Berufsgenossenschaft der Feinmechanik, die Südwestdeutsche Holzberufsgenossenschaft, die Buchdrucker-Berufsgenossenschaft, die Hessen-Nassauische Baugewerksberufsgenossenschaft, die Papierverarbeitungs-Berufsgenossenschaft, Töpferei- Berufsgenossenschaft, Seiden-Berufsgenossenschaft, Nahrungsmittelindustrie-Berufsgenossenschaft, Süddeutsche Textil-Berufsgenossenschaft, Steinbruchs-Berufsgenossenschaft und die Süddeutsche Eisen- und Stahl-Berufsgenossenschaft.

In einer Fabrik mit vielen Maschinen für die Holzbearbeitung werden jugendliche Arbeiter in ausgedehnter Weise an solchen Maschinen im Stücklohn beschäftigt und nach einer gewissen Zeit, wenn die Nothwendigkeit der Zahlung höherer Löhne eintritt, wieder entlassen, wenn sie nicht unterdessen freiwillig ausgetreten sind. Ich fand unter den Arbeitern einen noch nicht 14 Jahre alten Jungen vor. Ein eingetretener 16 Jahre alter Arbeiter war sofort an einer Kreissäge beschäftigt worden und verlor am zweiten Tage einen Finger vollständig und ein Glied eines andern Fingers. Die Südwestdeutsche Holzberufsgenossenschaft ist einem derartigen Unwesen durch ihre Unfallverhütungsvorschriften entgegengetreten, welche die Bestimmung enthalten, daß Lehrlinge und jugendliche Arbeiter unter 16 Jahren weder Riemen auflegen, noch an den Kreis-, Band- und Gattersägen, Fräsen und Hobelmaschinen als Arbeiter bezw. Säger beschäftigt werden dürfen.

Zum Zwecke der Verminderung der Unfälle an Tischfräsen für die Holzbearbeitung wurde eine Zusammenstellung von Zeichnungen mit kurzen Beschreibungen bewährter Schutzvorrichtungen für Tischfräsen gedruckt und an Besitzer solcher abgegeben. Als zweckmäßige und einfache Schutzvorrichtung für Abrichthobelmaschinen kann ich diejenige von Krummrein & Katz in Stuttgart bezeichnen. Zur Vermeidung von Unfällen sollten auf Abrichthobelmaschinen Holzstücke unter 30 cm Länge nicht bearbeitet werden.

In Betrieben, wo die gesammte durch eine Kraftmaschine betriebene Anlage in einzelne Abtheilungen in verschiedenen Lokalen oder Stockwerken zerfällt, wurden Einrichtungen empfohlen oder verlangt, welche es ermöglichen, jede einzelne Abtheilung rasch und sicher zur Ruhe zu stellen. Als Einrichtungen solcher Art sind gute Friktionskuppelungen für die Transmissionswellen zu bezeichnen.

Zum Sicherstellen von Leitern auf glatten Fußböden haben sich cylindrische Gummistücke, welche in die unteren Enden der Leiterbäume eingesetzt werden, gut bewährt.

In der chemischen Fabrik zu Mombach bei Mainz wird eine große Anzahl von Destillirgefäßen mit dicht aufgeschraubten Deckeln benützt und es könnten bei etwa eintretender Rohrverstopfung und dadurch entstehendem zu hohem Druck Explosionen und Verletzungen von Arbeitern durch spritzende ätzende Flüssigkeit erfolgen. Die Destillirgefäße sind deswegen mit empfindlichen Instrumenten ausgerüstet worden, durch welche bei der geringsten Drucküberschreitung elektrische Signale gegeben werden. An einem Tableau kommt dann auch die Nummer des betr. Destillirgefäßes zum Vorschein. In derselben Fabrik sind auch recht zweckmäßig eingerichtete Brillen zum Schutz der Augen beim Verspritzen von Flüssigkeiten im Gebrauch.

Dampfkessel ohne Konzession und Ueberwachung wurden vorgefunden in einer Ziegelei, Tuchfabrik, Strohhutfabrik und Konservenfabrik. Es wurde die Herbeiführung des gesetzlichen Zustandes bewirkt. Bei den Dampfkesseln einer Lederfabrik, einer Eisfabrik, einer Kehlleistenfabrik und einer Möbelfabrik fand ich die Sicherheitsventile überlastet. Das offene Standrohr des Kessels in einer Faßfabrik hatte nicht die vorgeschriebene Weite von mindestens 8 cm.

(Fortsetzung folgt.)

Entscheidungen des Reichsgerichts.

Die Verrückung eines Grenzsteins zum eigenen Vortheil des Thäters mit dem Bewußtsein, daß er seinen Nachbar dadurch benachtheiligt, ist nach einem Urtheil des Reichsgerichts, III. Strafsenats, vom 3. November v. J., aus §. 274 Z. 2 (Mit Gefängniß ... wird bestraft, wer einen Grenzstein ... in der Absicht, einem Anderen Nachtheil zuzufügen, verrückt rc.") zu bestrafen.

Redacteur Dr. Hesse. — Druck von Heinrich Brill.
In Commission bei L. Brill in Darmstadt.

Gewerbeblatt
für das
Großherzogthum Hessen.
Zeitschrift des Landesgewerbvereins.

Erscheint wöchentlich. Auflage 4500. Anzeigen für die durchgehende Petitzeile oder deren Raum bei ein- und zweimaliger Aufnahme 30 Pf., bei drei- und mehrmaliger Aufnahme 25 Pf.

№ 25. Juni 1888.

Bekanntmachung,
betr. die Generalversammlung der Mitglieder des Landesgewerbvereins für 1888.

Die diesjährige Generalversammlung der Mitglieder des Landesgewerbvereins soll Anfangs August in **Bingen** abgehalten werden. Der Tag dieser Versammlung wird mit der Tagesordnung den verehrlichen Mitgliedern demnächst bekannt gegeben werden.

Hiernach ersuchen wir alle diejenigen Mitglieder des Landesgewerbvereins, welche beabsichtigen, bei dieser Versammlung Anträge zu stellen oder Vorträge zu halten, uns hiervon bis spätestens den 9. Juli l. J. Kenntniß geben zu wollen, damit wir danach die Tagesordnung für die Generalversammlung festsetzen können.

Darmstadt, den 11. Juni 1888.

Großherzogliche Centralstelle für die Gewerbe und den Landesgewerbverein.

Fink. Dr. Hesse.

Jahresbericht des Fabrik-Inspektors für das Großherzogthum Hessen für 1887.

(Schluß statt Fortsetzung.)

B. Gesundheitsschädliche Einflüsse. In vielen Fällen wurden Anregungen zum Schutz von Arbeitern gegen die Einwirkungen von Staub, unreiner Luft, Dünsten, Feuchtigkeit, Kälte, Hitze u. a. m. gegeben.

In Schriftgießereien wurde zur Abführung der beim Schmelzen des Metalls in den Schmelzlokalen sich entwickelnden Dünste die Anbringung zweckmäßiger Dunstfänge über den Schmelzkesseln empfohlen. Solche Dunstfänge werden aus Eisenblech hergestellt. Der untere Theil bildet einen senkrechten Cylinder, der obere Theil einen abgestumpften Kegel mit senkrechtem Rohr nach Oben. Mit diesem Rohr ist der Dunstfang in einem feststehenden senkrechten Rohr verschiebbar, welches in den Schornstein geführt ist. Wenn Metall geschmolzen wird, so wird der Dunstfang, dessen unterer cylindrischer Theil dem Durchmesser des Kesselrandes entspricht, auf den Schmelzherd heruntergelassen. Am Dunstfang befinden sich kleine Thüren zum Einwerfen oder Umrühren. Um das Verschieben des Dunstfanges nach Unten oder Oben leicht zu ermöglichen, sind an demselben Ketten oder Seile befestigt, welche über Rollen gelegt sind und Gegengewichte tragen. Dergleichen Dunstfänge sind auch in vielen anderen Fällen zur Abführung von schädlichen oder die Arbeiter belästigenden Dünsten aus Kesseln zweckmäßig.

Gewöhnlich wird in Schriftgießereien zur Verminderung der strahlenden Wärme die Ummantelung der Rauchrohre der Gießmaschinen empfohlen. Die Rauchrohre sind gewöhnlich von den Gießmaschinen aus senkrecht nach oben in den nahestehenden Kamin geführt. Weit zweckmäßiger ist es, den Rauch aus den Feuern der Gießmaschinen direkt auf dem kürzesten Wege horizontal in den nahestehenden Schornstein zu führen, wodurch die Rauchrohrlänge und die vom Rauchrohr ausgehende Hitze anf das geringste Maß beschränkt werden. In einer Schriftgießerei wurde eine neuartige Gießmaschine in Gebrauch genommen, welche zwar in der Art der zu liefernden Arbeit bedeutende Vortheile bietet, aber den Nachtheil hat, daß das Metall durch Gasheizung in Fluß erhalten wird, wodurch zu den Metalldünsten und der Hitze auch noch die Verbrennungsprodukte des Gases kommen und in den Arbeitsraum eintreten. Dem Besitzer wurde die Abführung der Verbrennungsdünste möglichst nahe an der Enstehungsstelle zur Auflage gemacht.

In einer Fabrik, in welcher mineralische Rohöle und Fette zum Zweck der Reingung mit Schwefelsäure vermischt werden, belästigen die dabei sich entwickelnden Gase schwefeliger Säure die Arbeiter in hohem Grade und es wurde daher dem Fabrikbesitzer die Auflage gemacht, die Gase abzuleiten und unschädlich zu machen. Hierauf wurde nahe bei den Mischkesseln ein geschlossener Eisenblechkasten von ca 1 cbm. Inhalt aufgestellt. Aus dem Deckel des Mischkessels führt ein Rohr durch den Deckel des Kastens hindurch nach einer Rohrschlange am Boden des Kastens. Das Ende der Rohrschlange, welche mit zahlreichen Lochbohrungen versehen wurde, ist geschlossen. Der Blechkasten ist zu $^3/_4$ mit einer starken Lösung von kohlensaurem Natron gefüllt und aus dem Deckel desselben führt ein Rohr zu einer Luftpumpe, durch deren Betrieb zunächst ein Vacuum erzeugt, schwefelige Säure in die Sodalösung gesogen und von derselben absorbirt wird. Es tritt die chemische Umsetzung des kohlensauren Natrons in schwefeligsaures Natron ein, während die frei werdende Kohlensäure von der Luftpumpe abgesogen wird.

In einigen Brauereien besteht die Einrichtung, daß das Malzschrot vor dem Verwiegen in einen großen viereckigen Kasten einläuft und dann durch ein Loch im Boden des Kastens ausgeschaufelt werden muß. Dabei muß ein Arbeiter in den Kasten sich begeben und, besonders wenn der Kasten bis nahe an die Decke des Raumes reicht, in einer äußerst staubigen Atmosphäre das Ausschaufeln ausführen. Es wurde in solchen Brauereien die Anwendung trichterförmiger Schrotkasten mit selbstthätigem Auslauf empfohlen. Eine Brauerei, welche, um einen solchen trichterförmigen Kasten anwenden zu können, bedeutende bauliche Veränderungen vornehmen müßte, hat den Schrotkasten mit einem Staubsammelapparat System Prinz verbunden.

Erfreulich ist es, daß in Offenbach nicht wenig Portefeuille- und Lederwaarenfabriken in letzterer Zeit Neubauten mit geräumigen schönen Werkstätten errichtet, oder die Fabriken in solche verlegt haben.

In einer Zündhölzerfabrik wurde die verlangte bessere Ventilation des Abfüllraumes durch Anwendung eines Ventilators nach dem System Rusp von C. Leins u. Co. in Stuttgart mit Betrieb durch den Druck des Wassers der städtischen Wasserleitung bewerkstelligt. Der Durchbruch der gewölbten Decke des Abfüllraumes zum Zwecke der Anlage eines erwärmten Ventilationsschlotes hatte sich als unthunlich erwiesen. Durch den Rusp'schen Ventilator wird unreine Luft aus dem Raum geführt. Die Herbeiführung frischer Luft geschieht, wie in den Abfüllräumen der anderen Zündhölzerfabriken des Aufsichtsbezirks, durch einen Kanal im Fußboden, welcher zu einem Mantelofen führt. Der Besitzer einer Zündhölzerfabrik hatte den Vorschriften über Einrichtung der Zündhölzerfabriken nur theilweise entsprochen und um Erlaubniß zum Weiterbetrieb der Fabrik bei den Behörden und selbst beim Bundesrath nachgesucht. Der Bundesrath hat die Genehmigung des Fortbetriebs abgelehnt.

IV. **Schutz der Nachbarn genehmigungspflichtiger Anlagen.** Im Berichtsjahr wurden Genehmigungen ertheilt für Errichtung von 17 Anlagen, Erweiterungen wurden genehmigt für 20 Anlagen.

In Gemeinschaft mit einem Beamten der oberen Medicinalbehörde wurden Beobachtungen über den Einfluß der Abwasser aus Fabriken, besonders Lederfabriken, auf die Beschaffenheit des Mainwassers angestellt, die Abwasserverhältnisse und Abwasserleitungen in den Fabriken untersucht und ein Gutachten mit Bezeichnung von Maßregeln zur Verhütung von Verunreinigungen des Mainwassers an Großh. Kreisamt Offenbach erstattet.

Eine neu konzessionirte Hasenhaarschneiderei hatte den Betrieb begonnen, jedoch einen großen Theil der zum Zwecke der Erhaltung der Gesundheit der Arbeiter gestellten und sonstige Concessionsbedingungen nicht erfüllt, auch die bedungene vorherige Revision der Fabrik nicht veranlaßt. Der Fabrikbetrieb wurde deshalb bis zur Herstellung des concessionsmäßigen Zustandes polizeilich untersagt und es dauerte die Unterbrechung des Betriebs einige Wochen.

Beschwerden wegen Verunreinigung eines Wasserlaufes wurden geführt gegen eine Stearinfabrik. Die Abwasser erwiesen sich als schwefelsäurehaltig und fetthaltig. Der Fettgehalt rührte zumeist aus der Destillation der Fettsäuren mit überhitztem Dampf her. Die bei der Destillation sich ergebenden Abwasser sollen deshalb für sich aufgefangen und bei der Kalkverseifung wieder benutzt werden. Die übrigen Abwasser sollen neutralisirt, geklärt und filtrirt werden.

Besondere Thätigkeit verursachten die Beschwerden von Nachbarn einer Cellulosefabrik über Boden- und Brunnenverunreinigung durch Abwasser, einer Maisstärke- und Sagofabrik und einer chemischen Fabrik über Gerüche, einer Talgschmelzerei und einer Seifensiederei mit Talgschmelze über Gerüche beim Talgschmelzen, eines Kalkofenbetriebs über Belästigungen durch Gase beim Kalkbrennen, einer Maschinenfabrik über Geräusch bei Herstellung von Eisenbaukonstruktionen, einer Hasenhaarschneiderei über Schädigung durch Ruß aus dem Fabrikschornstein in der Nähe einer Wäscherei.

V. **Wirthschaftliche und sittliche Zustände der Arbeiter-Bevölkerung, Wohlfahrts-Einrichtungen. Verschiedenes.** In der Cigarrenfabrikation sowohl, als auch in der Hasenhaarschneiderei wirkt die vermehrte Heranziehung weiblicher Arbeitskräfte drückend auf die Lohnverhältnisse der männlichen Arbeiter. Der niedrige Stand der Löhne in der Cigarrenfabrikation, welcher wohl auch eine Folge der Ueberproduktion ist, wird besonders von den männlichen Cigarrenarbeitern (Rollern) schwer empfunden. In einigen Bezirken sind die beschäftigten Roller nur männlichen Geschlechts, in anderen Bezirken werden männliche und weibliche Roller und in anderen Bezirken fast nur weibliche Personen in Cigarrenfabriken verwendet. Der Stücklohn der Roller ist seit 1873 gesunken, und man kann sagen, daß jetzt wöchentlich nur noch so viel Mark verdient werden, als früher Gulden (1 Gulden = 1,71 Mark). In einer neu gegründeten Cigarrenfabrik, welche sich durch niedrige Löhne auszeichnet, ist der Durchschnittslohn der Roller 7—8 Mark wöchentlich. Der Werkführer dieser Fabrik hat als Roller in den Jahren 1872 und 1873. 11—$13^3/_4$ Gulden wöchentlich verdient.

Die Stückpreise für Metallschleiferarbeiten sind gesunken. Ein selbständiger Schleifer in Offenbach erhielt z. B. für das Schleifen von 1 Gros Schlößchen vor 5—6 Jahren 4,50 Mark, wofür jetzt nur 1 Mark bezahlt wird. Das Schleifen einer anderen Sorte Schlößchen, welche nur auf einer Seite bearbeitet werden, wurde früher mit 50 Pfennig und jetzt mit 15 Pfennig bezahlt.

Besonders niedrig sind die Löhne der Arbeiterinnen in einer mit einer lithographischen Druckerei verbundenen Colorieranstalt in einer Stadt. Dieselbe wird von einem Meister geleitet, welcher die Arbeiterinnen löhnt und die fertige Arbeit von der Firma im Stückpreis bezahlt erhält. Die Arbeiterinnen erhalten anfangs 30 Pfennig, dann 40, 50 Pfennig u. s. w. per Tag. Der höchste Lohn ist 1 Mark. Es ist ein sehr starker Wechsel im Arbeitspersonal dieser Colorieranstalt.

Mit der durch das Unfallversicherungsgesetz geschaffenen Einrichtung ist man besonders in den Kreisen der Arbeitgeber zufrieden, welche bereits vor dem Bestehen des Unfallversicherungsgesetzes ihre Arbeiter gegen Unfälle versichert hatten. Der Unterschied zwischen vordem und jetzt tritt vielfach scharf hervor und zeigt sich besonders in der ruhigen und sicheren Abwickelung des Geschäfts nach eingetretenen Unfällen und bei der Zahlung der Beiträge (Umlagen) an die Berufsgenossenschaft. In den meisten Fällen sind diese Beiträge bis jetzt bei weitem niedriger, als die früher an die Versicherungsgesellschaften gezahlten Prämien.

Weniger zufriedengestellt durch das Unfallversicherungsgesetz äußern sich die Arbeitgeber, welche ihre Arbeiter früher nicht gegen Unfälle versichert hatten, entweder weil sie gleichgiltig gegen Nothlage der Arbeiter waren oder sind, oder weil sie glauben, daß bei ihrem ungefährlichen Betriebe ein Unfall ausgeschlossen sei. Solchen Arbeitgebern erscheint die Ausgabe für die Unfallversicherung als hoch oder überflüssig.

Eine Thätigkeit der Beauftragten von Berufsgenossenschaften für die Unfallverhütung ist bis jetzt eingetreten in Betrieben der Südd. Eisen- und Stahlindustrie-Berufsgenossenschaft Section VI., der Lederindustrieberufsgenossenschaft Section IV., der Südwestd. Holzberufsgenossenschaft Section III., der Müllereiberufsgenossenschaft, Section XI.

Für den Fall, daß ein bei einem Unfall verletzter Arbeiter schon vor Ablauf der 13. Woche vom Arzt als geheilt erklärt oder aus dem Krankenhaus entlassen wird, läßt es das Unfallversicherungsgesetz zweifelhaft, ob er an seine Krankenkasse Anspruch auf eine weitere Krankenunterstützung hat, auch wenn eine Erwerbsunfähigkeit eingetreten ist. Erst nach Ablauf der 13. Woche hat der Verletzte einen Anspruch auf Rente an die Berufsgenossenschaft. Wird z. B. ein Arbeiter, welcher einen Armbruch erlitten hat, in der 5. Woche von der ärztlichen Behandlung freigegeben, so ist ein Anspruch auf weitere Unterstützung aus der Krankenkasse bis zum Ende der 13. Woche fraglich, auch wenn er vollständig erwerbsunfähig ist, da eine Krankenunterstützung eine vorhandene Krankheit voraussetzt. Das Reichsversicherungsamt hat in einem derartigen Falle unterm 7. Oktober 1886 eine Berufsgenossenschaft auf deren Anfrage dahin beschieden, daß es nicht im Sinne der in Frage kommenden Gesetze liege, den Verletzten in der Zeit von Beendigung des Heilverfahrens an bis zum Beginn der 14. Woche unterstützungslos zu lassen, daß vielmehr der Krankenkasse die Fürsorge für den Verletzten obliege und es diesem überlassen bleiben müsse, sich an die Krankenkasse zu halten. In einem solchen Falle erklärte der Vorstand der betreffenden Krankenkasse, zu seinem Bedauern statutenmäßig nicht in der Lage zu sein, weitere Unterstützung gewähren zu können, weil der Kassenarzt sich weigerte, das dafür erforderliche Zeugniß auszustellen. Der Verletzte war auf Wunsch seines Arbeitgebers in einem auswärtigen Krankenhause in ärztliche Behandlung und Pflege genommen worden. Es wäre daher eine klare gesetzliche Bestimmung über die Verpflichtung der Krankenkassen in derartigen Fällen von Nutzen.

Von einer Zuckerfabrik wird bei Unfällen die Krankenunterstützung aus der Geschäftskasse auf den vollen Lohn erhöht. In einer Oelfabrik geschieht dies auch in Krankheitsfällen der Arbeiter. Die Arbeiter einer Fournierschneiderei und Kistchenfabrik erhalten bei Krankheitsfällen 70 Pfennig pro Tag und ärztliche Behandlung nebst Heilmitteln durch die Krankenkasse. Der Arbeitgeber hat die Arbeiter noch in einer Stuttgarter Kasse versichert, so daß sie vom 3. Tage der Erkrankung an 1 Mark Zuschuß erhalten. Die Prämie dafür zahlt der Arbeitgeber zu $^2/_3$, die Arbeiter zu $^1/_3$ (4 bezw. 2 Pf. pro Woche und Arbeiter). Eine Buchdruckerei unterhält zum Zwecke der Erhöhung der Krankengelder auf den vollen Lohn eine Krankenunterstützungskasse, zu der die Mitglieder geringe Beiträge zahlen. In nicht wenig Fällen werden die Beiträge von Lehrlingen und jugendlichen Arbeitern, auch von Arbeiterinnen mit niedrigen Löhnen zu Gemeinde- oder Ortskrankenkassen von den Arbeitgebern vollständig bezahlt.

Durch Säumigkeit von Arbeitern in der Zahlung der Mitgliederbeiträge zu den freien Hilfskassen verlieren dieselben die Mitgliedschaft bei ihren Kassen und es werden dadurch nicht wenig Arbeiter den Orts- und Gemeindekrankenkassen als Mitglieder zugeführt.

Das bereits im Jahresbericht für 1885 erwähnte Stadtbad in der Fabrikstadt Offenbach ist im Berichtsjahre dem Betriebe übergeben worden. Daselbst können Erwachsene täglich während einiger Stunden und Samstags von 1—9 Uhr Bäder zum ermäßigten Preise von 10 Pfennig nehmen.

Bleirohrfräser von Erdmann Kircheis in Aue in Sachsen.

(Nach Mittheilung des Patentinhabers.)

Wenn dem Gas- und Wasserleitungsarbeiter auch heutzutage viele und zum Theil recht gute Werkzeuge zu Gebote stehen, so fehlte ihm doch immer noch ein recht nöthiges, zum schnellen und exacten Vorrichten der Bleirohr-Löthstellen. Bis jetzt war dazu der Arbeiter lediglich nur auf die Zinnfeile, den Schaber und dergleichen allgemeine Werkzeuge angewiesen, mit denen er jedoch, selbst bei aller Fertigkeit, die für diese Arbeit nöthige Akkuratesse niemals erreichen konnte.

Das unten abgebildete, Herrn Erdmann Kircheis patentirte Werkzeug, soll diesem Bedürfniß abhelfen und befriedigt thatsächlich auch diejenigen, die es sich sofort nach seinem Bekanntwerden anschafften, vollständig. Trotz seiner Einfachheit bietet es die folgenden Vortheile:

1. fräst es die Bleirohrenden, sowohl innen wie außen — je nachdem der Griff in die Glocke eingeschraubt ist — schnell und sauber conisch an, so daß diese zum Zusammenlöthen bestimmten Enden, Abzweigungen 2c. genau in einander passen; dadurch wird
2. das Löthen dieser Stellen wesentlich erleichtert,
3. nicht unbedeutend Löthzinn erspart und
4. eine größere Haltbarkeit der Löthstellen erzielt;
   dabei ist der Apparat wegen seiner erwähnten Einfachheit
5. so billig, daß ihn sich Jedermann anschaffen kann. —

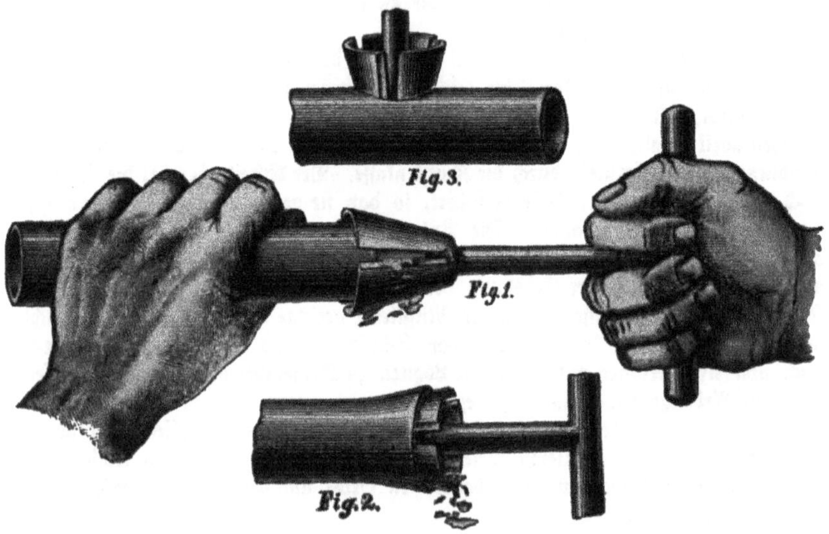

Fig. 1 der Abbildung zeigt die Anwendung des Bleirohrfräsers beim Anschneiden des Rohrendes, welches zum Einstecken in ein anderes bestimmt ist. Hier schneiden oder fräsen die nach innen vorstehenden Schneidkanten.

Schraubt man die Glocke vom Griff und diesen wieder in die Innenseiten der Glocke — Fig. 2 —, so fräsen die nach außen vorstehenden Schneidkanten und es kann auf diese Weise die Innenseite des vorher durch den Auftreiber etwas ausgeweiteten Bleirohres sauber, blank und genau rund ausgeschabt werden, wobei sich die abfallenden Bleispähne in der Glocke sammeln, bezw. sich aus dieser entfernen; in das Bleirohr selbst können sie nicht fallen.

Da die Innen- und Außenfläche der Glocke gleiche Conicität haben, so entstehen natürlich auch gleiche Conicitäten an den Rohrenden, so daß diese fest in einander passen, wodurch, wie schon erwähnt, die Haltbarkeit der Verbindung bedeutend erhöht und das Verlöthen — bei beträchtlicher Zinnersparniß — wesentlich erleichtert wird.

Fig. 3 zeigt die Benutzung des Fräsers bei Herstellung einer Bleirohr-Abzweigung. Das vorher mittelst eines Scheibenschneiders, oder sonstigen geeigneten Werkzeuges vorgeschnittene Loch wird auf gleiche Weise hübsch blank, rund und dem einzulöthenden Rohre gleich conisch gefräst, wobei sich die Bleispähne ebenfalls in der Glocke des Fräsers ansammeln und nicht in das Innere des Rohres gelangen können.

Der patentirte Bleirohrfräser wird in 6 Größen angefertigt, von denen die 4 mittleren (No. 1—4) für die couranten Bleirohrdimensionen genügen. Von diesen 4 mittleren Größen passen die 2 kleineren und 2 größeren je immer an einem Griff, so daß bei Anschaffung dieses Satzes nur 2 Griffe nöthig sind. Für den kleinsten und größten Fräser (No. 0 und 5) ist dagegen je ein besonderer Griff erforderlich.

Die Preise sind:

für Größe No.	0	1	2	3	4	5	
anwendbar für Bleirohre von	1/2	5/8	3/4	7/8	1	1 1/8—1 1/4"	engl. i. Lichten
oder ca.	13	16	19	22	25	28—32 mm	" "
complet (Glocke mit Griff)	4	4	5	5	6	7	Mark
1 Glocke allein	3	3	4	4	5	6	"

2 Glocken und 1 Griff zusammen 7,50 9 Mark.

1 Satz (4 Glocken No. 1—4 u. 2 Griffe) 15 Mark.

Jeder Glocke wird eine Verstärkungshülse beigegeben, die mit dem Griff über die Glocke zu schrauben ist, wenn, wie bei Fig. 1, die nach innen vorstehenden Schneidkanten fräsen oder schneiden sollen.

Die erfreuliche Thatsache, daß sich die Besitzer dieses nützlichen Werkzeuges ohne Ausnahme in anerkennendster Weise über dessen Leistungsfähigkeit aussprechen, veranlassen uns, dasselbe auch weiteren Kreisen bekannt zu machen und es allen Interessenten aufs Wärmste zu empfehlen.

Ein Satz dieser Bleirohrfräser ist in unserer technischen Mustersammlung einzusehen.

Schutzmaßregeln gegen Fabrikbrände in Amerika.

In dem Bestreben, die seither übliche ungewöhnlich hohe Versicherungsgebühr herabzudrücken, ist in Amerika durch die Besitzer der zahlreichen Baumwollspinnereien eine Reihe von Maßregeln bezüglich der Bauart, der Löschvorrichtungen und des Fabrikbetriebs ins Leben gerufen worden, für deren Zweckmäßigkeit am besten der Umstand spricht, daß die zur Deckung der entstandenen Brandschäden zu entrichtenden Beiträge bereits auf den 8. bis 10. Theil der früheren Versicherungsgebühr heruntergegangen sind.

Die hierbei zu befolgenden baulichen Regeln erstreben keineswegs die Herstellung durchaus feuersicherer bezw. unverbrennlicher Gebäude, was sich schon der großen Kosten wegen von selbst verboten hätte, sondern sie verfolgen den Zweck, die Gebäude trotz ausgedehnter Verwendung des Holzbaues so zu errichten, daß Constructionen, welche erfahrungsmäßig zum schnellen Umsichgreifen eines Brandes beitragen, grundsätzlich vermieden und eine Reihe von Sicherungsmaßregeln getroffen werden, welche die Unterdrückung oder Beschränkung eines etwa entstandenen Brandes erleichtern. Man hat den nach dieser Bauart errichteten Gebäuden den bezeichnenden Beinamen langsam brennend (Slow burning) gegeben.

Besonders wichtig ist hierbei die Vermeidung aller Hohlräume in Wänden, Fußböden und Dächern, weil diese einerseits durch Zugbildung zur Anfachung eines Feuers besonders geeignet sind, andererseits aber unter Umständen den Herd des Feuers dem Eingreifen der Löschmannschaften zu entziehen vermögen. Die übliche Unterschalung der Decken kommt daher in Wegfall, die Balken werden vielmehr zur Erlangung einer dichten Decke mit einem Blindboden aus Bohlen von 8 bis 10 cm Stärke und dem gewöhnlichen Dielenbelag versehen. Unter letzterem wird häufig noch eine Zwischenlage von Mörtel und Asbestpappe angeordnet. Bei besonders zu schützenden Räumen wird die Decke überdies mit einem Mörtelbewurf auf Drahtlatten versehen. In ähnlicher Bauart werden die Dächer errichtet. Eiserne Thüren werden als unzuverlässig und gefährlich bezeichnet, da sie erfahrungsmäßig die Weiterverbreitung eines Brandes nicht hindern, vielmehr unter Umständen den Löschmannschaften den Zutritt und ein erfolgreiches Eingreifen wehren. Man verwendet statt dessen hölzerne Thüren. welche auf allen Seiten mit Weißblech bekleidet sind. Erfahrungsmäßig verkohlt das Holzwerk einer derartig geschützten Thür nur an der Oberfläche ohne sich zu entzünden; die Verkohlung schreitet nur langsam vorwärts und erhält als schlechter Wärmeleiter gleichzeitig die innere Holzfaser kühl und fest, so daß schädliche Formveränderungen nicht entstehen. Die im Innern der Fabrikgebäude anzubringenden Löscheinrichtungen, welche von zwei verschiedenen, von einander unabhängigen Seiten an die Druckwasserleitung anzuschließen sind, umfassen neben den Hydranten, Feuerhähnen u. s. w. ein Netz von Sprührohren, welche bei einem ausbrechenden Brande selbstthätig in Wirkung treten. Derartige selbstthätige Springvorrichtungen (Automatic Sprinklers) zeigen einen hohen Grad von technischer Vollkommenheit und kommen immer allgemeiner in Gebrauch.

Die Vorschriften über Einrichtung und Handhabung des Betriebes endlich betreffen eine Reihe von bemerkenswerthen Einzelheiten bezüglich der Beleuchtung mit elektrischem Glühlicht oder Petroleum, der Vermeidung der unter Umständen einer Selbstentzündung unterworfenen Thier- und Pflanzenöle als Schmiermaterial und der ausschließlichen Verwendung reines Steinöles, sowie der Durchführung eines geregelten Wachtdienstes, der noch weiterhin durch jährlich wiederkehrende eingehende Besichtigungen von seiten besonderer Aufsichtsbeamten ergänzt wird.

Alle diese Einrichtungen zeigen einen sicheren praktischen Blick, und die finanziellen Erfolge, die hier in erster Linie ausschaggebend sind, beweisen, daß der Gedanke, welcher dem Verfahren, „langsam brennende" bauliche Einrichtungen zu schaffen, zugrunde liegt, ein sachlich und wirthschaftlich richtiger ist. (Maschinenbauer.)

Dampfkesselüberwachungsverein mit dem Sitz in Offenbach a. M.

Dem 15., für das Jahr 1887 erstatteten Geschäftsbericht entnehmen wir das Nachstehende:

Der Verein zählte am 1. Januar 1887 474 Mitglieder mit 867 Dampfkesseln. Ab- und Zugänge veränderten den Bestand bis zum 1. Januar 1888 auf 497 Mitgliedern mit 886 Dampfkesseln.

Der geographischen Lage nach beträgt die Betheiligung:

a) Im Großherzogthum Hessen:

Provinz Starkenburg	166	Mitgl.	mit	243	Kesseln.
„ Rheinhessen	131	„	„	263	„
„ Oberhessen	77	„	„	129	„

b) im Königreich Preußen:

Reg.-Bez. Wiesbaden	88	„	„	172	„
„ Kassel	34	„	„	75	„

c) im Großherzogthum Oldenburg:

Fürstenthum Birkenfeld	1	„	„	4	„
	497	Mitgl.	mit	886	Kesseln.

Es besitzen:

a) in Hessen:

246	Mitglieder	je	1	Kessel,	zus.	246 Kessel
81	„	„	2	„	„	162 „
22	„	„	3	„	„	66 „
8	„	„	4	„	„	32 „
6	„	„	5	„	„	30 „
3	„	„	6	„	„	18 „
2	„	„	7	„	„	14 „
4	„	„	8	„	„	32 „
1	Mitglied	„	16	„	„	16 „
1	„	„	19	„	„	19 „
374	Mitglieder					635 Kessel

b) in Preußen:

63	Mitglieder	je	1	Kessel,	zus.	63 Kessel
37	„	„	2	„	„	74 „
10	„	„	3	„	„	30 „
5	„	„	4	„	„	20 „
1	Mitglied	„	5	„	„	5 „
2	Mitglieder	„	6	„	„	12 „
1	Mitglied	„	8	„	„	8 „
1	„	„	9	„	„	9 „
1	„	„	12	„	„	12 „
1	„	„	14	„	„	14 „
122	Mitglieder					247 Kessel

c) in Oldenburg:

1	Mitglied	mit	4	Kessel,	zus.	4 Kessel
Zusammen 497	Mitglieder					886 Kessel.

Die Zahl der im vorigen Jahre der Ueberwachung des Vereins unterstellten Dampfkessel hat — durch Ab- und Zugänge und Auswechselung alter gegen neue — die Höhe von 948 erreicht.

Es wurden an denselben von den Vereins-Ingenieuren:
999 äußere Revisionen,
607 innere „
239 Druckproben, von denen 70 an neuen oder neu concessionirten Dampfkesseln, 23 nach kleineren und größeren Reparaturen und 133 periodische waren; ferner
71 Schlußprüfungen, die eine äußere Revision einschließen, ausgeführt.
13 Druckproben wurden an neuen Kesseln, die nicht für Mitglieder bestimmt waren, vorgenommen.

Durch freundliches Entgegenkommen des Hannöverischen Vereines wurde es ermöglicht, daß ein Lehrheizer in einer größeren Anzahl von Dampfkesselanlagen angehende Heizer unterweisen konnte.

Im abgelaufenen Rechnungsjahr stellten sich die Einnahmen auf 24568 Mark 63 Pf., die Ausgaben auf 25045 Mark 21 Pf., so daß der Reservefonds mit 476 Mark 58 Pf. in Anspruch genommen werden mußte.

Der bedeutenden Vermehrung der Dienstgeschäfte, deren Wahrnehmung dem ersten Ingenieur allein zusteht, wurde von Großherzoglichem Ministerium des Innern und der Justiz, auf Nachsuchen des Vorstandes des Vereins, dadurch Rechnung getragen, daß der zweite Ingenieur in Behinderungsfällen als Stellvertreter fungirt. Dem Vorgange der preußischen Regierung entsprechend wurde auch der dritte Ingenieur für die übertragenen Geschäfte vereidigt.

Wiederholt hat der Vorstand Anlaß genommen, auf die großen Gefahren hinzuweisen, welche das Anstreichen der inneren Kesselwandungen mit Theer mit sich bringt, und empfehlen hierfür Graphit oder Mennige zu verwenden.

Von Seiten der deutschen freiwilligen Dampfkessel-Ueberwachung wird eine geschlossene Betheiligung an der im Jahr 1889 zu Berlin stattfindenden „Deutschen allgemeinen Ausstellung für Unfallverhütung" geplant und ist hierfür eine Ausstellungs-Kommission zusammengetreten.

Von den im Großherzogthum Hessen der Ueberwachung unterstehenden Kessel dienen

zum Betriebe feststehender Dampfmaschinen .	399	Kessel
„ „ beweglicher „ .	88	„
(hiervon 21 auf Dampfbooten u. 21 auf Baggern)		
zu Destillationszwecken	2	„
zum Maschinenbetrieb und Kochzwecken . .	116	„
„ „ „ Heizzwecken . .	29	„
Zusammen	635	Kessel.

Der älteste Kessel wurde angefertigt im Jahr 1882.

Aus Deutschland sind bezogen	590	Kessel
„ England	32	„
„ Holland	7	„
„ Belgien	2	„
„ Frankreich	2	„
„ Schweiz	1	„
„ Vereinigte Staaten von Nord-Amerika .	1	„
	635	Kessel.

In besonderen Kesselhäusern sind aufgestellt .	509	Kessel
in Arbeitsräumen	36	„
auf Höfen mit offenem Dach	14	„
im Freien	76	„
	635	Kessel.

Entscheidungen des Reichsgerichts.

Die Bestimmung des §. 35 Abs. 4 der Reichs-Gewerbeordnung vom 1. Juli 883, daß Personen, welche die in diesem Paragraphen bezeichneten, der Unter- ung unterliegenden Gewerbe — darunter die gewerbsmäßige Besorgung fremder chtsangelegenheiten und bei Behörden wahrzunehmender Geschäfte — beginnen, Eröffnung ihres Gewerbebetriebes der zuständigen Behörde hiervon Anzeige machen haben, erstreckt sich nach einem Urtheil des Reichsgerichts, III. Straf- ats, vom 17. November v. J., auch auf die sogenannten Rechtskonsulenten, lche bereits vor dem Inkrafttreten des Gesetzes ihr Gewerbe begonnen und be- eben haben. Auch diese Gewerbetreibenden mußten nach dem Inkrafttreten des setzes ihren Betrieb der zuständigen Behörde anzeigen, und die Unterlassung ser Anzeige ist aus §. 148 Z. 4 der Gew.-Ordn. zu bestrafen.

Der Schutz der §§. 115 ff. der Reichs-Gewerbeordnung, betr. die Baar- hlung der Arbeitslöhne, erstreckt sich nach einem Urtheil des Reichsgerichts, Straffenats, vom 17. November v. J., auch auf Arbeiter, welche für mehrere timmte Gewerbetreibende außerhalb der Arbeitsstätten, in ihren eigenen Wohnungen ernd beschäftigt sind.

Die Vereinbarung, es solle Jemand für gewisse Leistungen, die er einem dern zu machen verspricht, zu seiner Sicherheit eine Hypothek erhalten, als Hypothek für ein gegebenes Darlehn eingetragen werden solle, ist nach em Urtheil des Reichsgerichts, III. Civilsenats, vom 2. Dezember v. J., zu- sig.

Ist ein Grenzzeichen vom Nachbarn nicht ausdrücklich anerkannt, sondern r seit langen Jahren geduldet worden, so macht sich nach einem Urtheil des chsgerichts, II. Straffenats, vom 20. Januar d. J., der Nachbar durch die kürliche Beseitigung des Grenzzeichens, weil es seiner Meinung nach die richtige enze nicht bezeichnet, aus §. 274 Z. 2 Str.-G.-B. strafbar.

In einem Strafverfahren gegen einen Gewerbetreibenden, welcher in seiner erkstätte jugendliche Arbeiter beschäftigt hatte, wegen Kontravention gegen Bestimmungen der Reichs-Gewerbeordnung über die Beschäftigung jugendlicher beiter in Fabriken, hatte die Strafkammer den Angeklagten freigesprochen, [illegible] festgestellt hatte: Angeklagter habe in seinem Betriebe keine Elementar- äfte, wie Dampf, Wasser, Gas benutzt und im Ganzen 20 jugendliche Arbeiter schäftigt, welche bei ihrem Mangel an Uebung und Geschicklichkeit kaum mehr s 10 tüchtige Arbeiter geleistet; es habe bei dem Gewerbebetrieb mehr die ndarbeit als das mechanische Element vorgeherscht; die einzelnen Erzeugnisse en, ohne daß eine Theilung der Arbeit stattgefunden, durch eine und dieselbe nd hergestellt worden; endlich habe auch der Angeklagte nur auf Bestellung Kleinen und nicht auf Vorrath im Großen gearbeitet. Mit Rücksicht auf die [illegible] dieser thatsächlichen Elemente gelangte der erste Richter zu der Schluß- erung, daß der Gewerbebetrieb des Angeklagten ein fabrikmäßiger nicht gewesen sei. Die Revision des Staatsanwalts wurde vom Reichsgericht, IV. Strafsenat, durch Urtheil vom 13. Dezember v. J. verworfen, indem es begründend ausführte: „In dem Urtheil des R.-G. v. 20. Juni 1884 (1458/84; Rechtsprechung in Straff. B. 8 S. 625) ist ausgeführt, daß es in Ermangelung einer gesetzlichen Begriffsbestimmung dem Richter überlassen sei, unter Berücksichtigung der in der Wissenschaft aufgestellten Unterscheidungsmomente im Einzelfalle zu entscheiden, ob ein Fabrikbetrieb vorliegt. Im Anschluß an diesen Satz ist auf die Zahl der Arbeiter als eines der in Betracht kommenden Momente hingewiesen worden, neben welchem jedoch als gleichwerthig andere Momente, nämlich die Größe der ganzen Einrichtung, die Arbeitstheilung, die Art der Benutzung von Naturkräften, die mehr mechanische oder mehr kunstmäßige Mitwirkung des Menschen, sowie die Anfertigung der Erzeugnisse auf Bestellung oder auf Vorrath, hervorgehoben werden. Hieraus ergiebt sich klar, daß der Richter keineswegs, sobald ein einzelnes jener thatsächlichen Elemente, also z. B. eine erhebliche Zahl von Arbeitern, vorhanden ist, rechtlich genöthigt wäre, einen „Fabrikbetrieb“ anzunehmen, sondern daß er die Gesammtheit der im Einzelfalle vorhandenen und fehlenden Unterscheidungsmomente gegen einander abzuwägen und unter Berücksichtigung aller konkreten Umstände zu entscheiden hat, ob ein Fabrikbetrieb vorliege.“

Der Gewerbeunternehmer kann nach einem Urtheil des Reichsgerichts, VI. Civilsenats, vom 13. Februar d. J. wegen Zuwiderhandelns gegen den Absatz 3 des §. 120 der Gewerbeordnung („Die Gewerbeunternehmer sind verpflichtet, alle diejenigen Einrichtungen herzustellen und zu unterhalten, welche mit Rücksicht auf die besondere Beschaffenheit des Gewerbebetriebs und der Betriebsstätte zu thunlichster Sicherheit gegen Gefahr für Leben und Gesundheit nothwendig sind.“) nur dann zum Schadenersatz angehalten werden, wenn die Nichtherstellung oder Nichtunterhaltung einer zum Schutze der Abeiter nothwendigen Einrichtung ihm als eine schuldhafte Unterlassung anzurechnen ist; er kann aus §. 120 Absatz 3 nicht ersatzpflichtig gemacht werden für Versehen seiner an sich tüchtigen Betriebsleiter, deren schuldhaftes Verhalten er wissentlich nicht geduldet hat, wenn er trotz der Anwendung der gebotenen Sorgfalt nicht in der Lage war, den durch seinen Bevollmächtigten herbeigeführten schädlichen Erfolg abzuwenden.

Ein Gewerbetreibender ist nach einem Urtheil des Reichsgerichts, I. Strafsenats, vom 8. März d. J., nicht verpflichtet, in seiner Fabrik sich stets persönlich von der Einhaltung der zum Schutz der Fabrikarbeiter erlassenen Bestimmungen der Reichs-Gewerbeordnung zu überzeugen, vielmehr kann er auch zuverlässigen und sachkundigen Personen die Fürsorge für die Einhaltung der Schutzbestimmungen übertragen.

Anzeigen.

Gebrüder Fischel in Mainz,
Zwetschenallee No. 13,
Specialität:
Cassenschränke, Gewölbethüren, Cassetten.
Kostenanschläge und Preiscourante gratis.

Redacteur Dr. Hesse. — Druck von Heinrich Brill.
In Commission bei L. Brill in Darmstadt.

Gewerbeblatt

für das

Großherzogthum Hessen.

Zeitschrift des Landesgewerbvereins.

Erscheint wöchentlich. Auflage 4500. Anzeigen für die durchgehende Petitzeile oder deren Raum bei ein- und zweimaliger Aufnahme 30 Pf., bei drei- und mehrmaliger Aufnahme 25 Pf.

№ 26. Juni **1888.**

Simshobel

von C. Pohl in Steglitz, Heesestraße Nr. 2. (D. R.-P. Nr. 33684.)

Für unsere technische Mustersammlung haben wir zwei neue Hobelarten erworben, welche die seither im allgemeinen Gebrauche befindlichen Formen der gewöhnlichen Simshobel ersetzen sollen. Die alten Constructionen des Simshobels führen den Span nur nach der Seite, während der Pohl'sche Patenthobel dessen Abführung nach oben erreichen will. Aus der betreffenden Patentschrift entnehmen wir hierzu:

„Die Spanabführung nach oben wird bedingt durch ein nach oben gehendes Spanloch, dessen Seitenwangen mit besonders geformten eingelegten Metallplatten nach unten konisch verlaufen und zur Ergreifung und Leitung des Spanes dienen. Mit dieser Spanführung nach oben ist das lästige und das Arbeiten erschwerende Festsetzen der Späne, wie solches bei den alten Simshobeln immer der Fall ist, aufgehoben. Diese Spanführung nach oben gestattet, dem Hobel eine breitere Spanfläche zu geben, da mit der Verbreiterung der Bahn bei den alten Simshobeln die Unannehmlichkeit der schnellen Verstopfung des Spanloches wächst.

Die Festhaltung des Hobeleisens ist für Doppelhobel jeder Art wie auch für Simshobel zu verwenden. Der bei älteren Hobeln vorhandene hölzerne Keil und somit das durch den letzteren nur allzu häufig hervorgerufene Stopfen, Werfen und Ziehen der Bahnfläche wird vermieden.

Die Spannung des Hobeleisens wird erreicht durch eine Klappe, welche, sobald die betreffende Schraube angezogen wird, sich gegen einen Bolzen anlegt und in seinem unteren Theil das Hobeleisen an den Block andrückt, während der obere Theil desselben durch die Schraube ein Gleiches erfährt.

Der Druck, welchen die Klappe auf den Bolzen ausübt, wird von den beiderseitig eingelegten Metallplatten, welche zu gleicher Zeit an beiden Seiten dem zur Hälfte durchschnittenen Block die erforderliche Stabilität wiederzugeben haben, aufgenommen, wodurch eine bedeutende Dauerhaftigkeit und Solidität des Hobels erzielt wird.

Die Lage des Hobeleisens ist bei dieser Construction abweichend von der bei älteren Simshobeln angewendeten, insofern dieselbe gegen die Horizontale eine viel geneigtere ist. Mit Hülfe dieser geneigten Lage des Hobeleisens, der tief heruntergezogenen, parabelförmig angeschärften und leicht verschiebbaren Klappe ist es möglich, dem widerspänigen Holze wirksam entgegenarbeiten zu können, und dadurch wird der doppelte Simshobel unnöthig gemacht, wie auch durch die vorgenannten Eigenschaften der nur in engen Grenzen zu verwendende abgefälzte Doppelhobel ersetzt wird."

Eine weitere Neuerung besteht darin, daß mit dem Simshobel ein davon unabhängiger, zerleg- und verstellbarer Anschlag in Verbindung gebracht werden kann, durch dessen Anwendung eine ganze Reihe von Specialhobeln, wie verstellbare Falzhobel zu beliebigen Breiten und Tiefen, Kittfalzhobel, Hobel zum Anstoßen von Federn und Nuthen, zur Herstellung schräger Falzen und Kanten u. s. w. ersetzt werden können, was besonders für kleinere Werkstätten von nicht zu unterschätzendem Vortheil erscheint.

Wir haben die Hobel durch einige Schreinermeister einer Probebenutzung unterziehen lassen, welche die praktische Verwendbarkeit des Simshobels mit Anschlag und dessen Vorzüge älteren Constructionen gegenüber erwiesen hat; nicht gleich günstig waren die Resultate in Betreff der Spanabführung. Der allgemein empfehlenswerthe Simshobel mit Anschlag kostet 11 Mark, ist daher bedeutend billiger, als die Hobel, welche durch ihn ersetzt werden und in kleineren Werkstätten nicht ausgenutzt werden können.

Schutzvorrichtungen.

Nach dem Jahresbericht des Fabrik-Inspektors für das Großherzogthum Hessen für 1887.

1) Vorrichtung zum Schutz der Hand bei der Arbeit an der Kreissäge.

Diese Vorrichtung zum Schutze der Hand gegen Verletzungen bei der Arbeit an der Kreissäge mit Anschlag ist beim Schneiden dünner Brettchen für die Fabrikation von Kistchen in der Cigarrenwickelformen- und Kistenfabrik von Fr. Moller in Offenbach in Anwendung. Sie wird zum Vorschieben des Holzes benutzt, wenn dasselbe durch das Abtrennen von Brettchen nach und nach schmal geworden ist.

In den Abbildungen (1/4 der natürlichen Größe) ist a der Holzstab, mittelst dessen eingekerbtem Ende das zu schneidende Holz erfaßt und längs des Anschlags vorgeschoben wird. Dieser Stab ist mit seinem

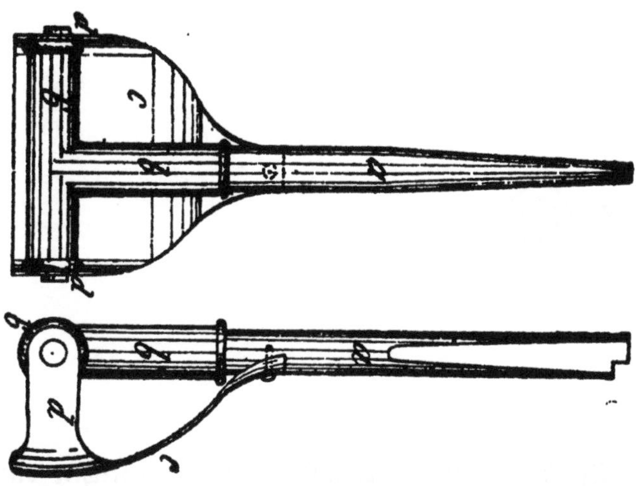

ren Ende in einem kreuzförmigen Handgriff bb' aus Messingrohr tigt. c ist ein der Form der Hand entsprechend gestaltetes und ge-nes Eisenblechstück. Es ist mit zwei abgebogenen Lappen dd am l b' des Handgriffs und vermittelst einer Schraube am Stabe a tigt. Das Blech c umgibt die den Griff b' umschließende Hand Arbeiters und ist bei der Arbeit gegen den Anschlag gerichtet. In ren Fabriken wendet man zum Vorschieben des Holzes statt eines stabes mit gekerbtem Ende einen zugespitzten Stahlstab an, weil t das Holz sicherer vorgeschoben werden kann.

2) Schutzvorrichtung für Tischfräsen zur Holzbearbeitung.

Diese Schutzvorrichtung ist in der Möbelfabrik des Herrn J. ckert in Darmstadt in Gebrauch. Die beistehenden Abbildungen n dieselbe in der Ansicht und im Grundriß in ¼ der natürlichen ze dar. Sie besteht aus einem durchbrochenen Eisenblechcylinder a

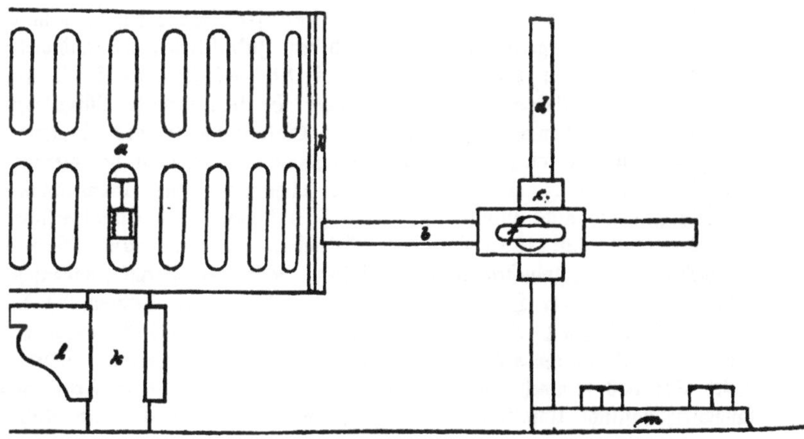

über der Spindel k. Am Blechcylinder a ist ein wagrechter vierkantiger Arm b befestigt, welcher sich in einer Doppelnuß c in wagrechter Richtung verschieben und mittelst der Flügelschraube f feststellen läßt. In senkrechter Richtung läßt sich die Nuß auf dem senkrechten vierkantigen Stabe d verschieben und durch die Flügelschraube g befestigen. Der Stab d ist mittelst der Grundplatte m und zweier Schrauben auf dem Tische der Fräsemaschine befestigt. Der Blechcylinder läßt sich also heben und senken und in wagrechter Richtung bei Seite schieben.

Bei der Arbeit ist das Fräsemesser l oder der Fräser dem Arbeiter sichtbar. Beim Abgleiten des zu bearbeitenden Holzes oder anderen Zufälligkeiten, welche gewöhnlich Unfälle an der Tischfräse verursachen, kommt die Hand des Arbeiters nicht an das Messer oder den Fräser, sondern stößt ungefährdet an den feststehenden Blechcylinder.

(Schluß folgt.)

Entscheidungen des Reichsversicherungsamts.

Der Vorstand der Ziegelei-Berufsgenossenschaft hat bei dem Reichs-Versicherungsamt vorgetragen, daß es nach dem Inkrafttreten des landwirthschaftlichen Unfallversicherungsgesetzes vom 5. Mai 1886 wünschenswerth sei, Anträgen wegen Aufnahme kleiner landwirthschaftlicher Betriebe, welche Mitgliedern der Ziegelei-Berufsgenossenschaft gehören, durch Eintragung in das Kataster dieser Berufsgenossenschaft stattzugeben. Das Reichs-Versicherungsamt hat hierauf unter dem 17. April d. J. erwidert, daß eine solche Aufnahme landwirthschaftlicher Betriebe gesetzlich nicht zulässig ist. Nach §. 9 Absatz 3 des Unfallversicherungsgesetzes vom 6. Juli 1884 sind zwar Betriebe, welche wesentliche Bestandtheile verschiedenartiger „Industriezweige“ umfassen, derjenigen Berufsgenossenschaft zuzutheilen, welcher der Hauptbetrieb angehört. Aus dieser Bestimmung kann jedoch die Berechtigung, einen landwirthschaftlichen Betrieb als Nebenbetrieb eines industriellen Unternehmens zu behandeln, nicht hergeleitet werden. Ebensowenig bietet aber das nunmehr in einem großen Theile des Reichs in Kraft getretene landwirthschaftliche Unfallversicherungsgesetz vom 5. Mai 1886 einen Anhalt für ie dorthseitige Absicht; der Inhalt desselben spricht vielmehr dafür, daß zwischen ewerblichen und landwirthschaftlichen Betrieben hinsichtlich der berufsgenossenschaftlichen Zugehörigkeit grundsätzlich eine Scheidung stattzufinden hat, wie denn auch die gewerblichen Arbeiter bezüglich der ihnen zustehenden Entschädigungsansprüche wesentlich anders gestellt sind, als die landwirthschaftlichen.

Ein Arbeiter, welcher als Hof- und Gartenarbeiter angestellt war, aber auch nach Bedarf zu Dienstleistungen im Fabrikbetriebe seines Arbeitgebers herangezogen wurde, verunglückte beim Abladen von Kohlen vor dem von dem Fabrikraum (einer Tabackspinnstube) einige Minuten entfernt gelegenen Wohnhause seines Dienstherrn, in welchem gleichzeitig die dem Fabrikbetriebe dienenden Kontorräume sich befanden. Der größere Theil der Kohlen war zur Versorgung des Wohnhauses und der Kontorräume, der kleinere Theil zur Versorgung des Fabrikraums mit Brennmaterial bestimmt. Ueber die Versicherungspflichtigkeit des Arbeiters waltet kein Streit ob. Das Reichs-Versicherungsamt hat in seiner Rekursentscheidung vom 19. März d. J. die Entschädigungspflicht der Berufsgenossenschaft für den Unfall anerkannt, indem es von der Erwägung ausging, daß auch das Abladen von Kohlen, welche der Heizung von Kontorräumen dienen, als eine Thätigkeit anzusehen ist, welche mit dem versicherungspflichtigen Betriebe in wesentlicher Beziehung steht, und daß bei dem dadurch ausreichend begründeten Zusammenhang zwischen Betrieb und Unfall der Umstand, daß die Kohlen zum Theil auch außerhalb des versicherungspflichtigen Betriebs, nämlich zu Zwecken der häuslichen Wirthschaft des Unternehmers Verwendung finden sollten, in den Hintergrund tritt.

Ein für gewöhnlich in der Fabrik beschäftigter Arbeiter wurde zeitweilig bei Erdarbeiten beschäftigt, welche auf einem an die Fabrikanlagen stoßenden Gelände behufs Einebnung desselben und Verwerthung für etwaige Erweiterungsbauten vorgenommen wurden. Der Arbeiter wurde bei der Abtragung eines Böschungskammes getödtet, welche noch den besonderen Zweck verfolgte, den daran stoßenden Fabrikgebäuden mehr Licht zu verschaffen und dieselben trockener zu legen. Entgegen der Berufsgenossenschaft, welche den Anspruch der Hinterbliebenen ablehnte, weil der Unfall nicht bei dem Betrieb der Fabrik eingetreten sei, hat das Reichs-Versicherungsamt in der Rekurs-Entscheidung vom 30. Januar d. J. in Uebereinstimmung mit dem Schiedsgericht den Anspruch anerkannt, weil die fraglichen Arbeiten im Interesse des Fabrikbetriebes vorgenommen wurden und mit demselben in einem so nahen Zusammenhange standen, daß die Thätigkeit der dabei beschäftigten Arbeiter nicht von der Thätigkeit des Gesammtbetriebes getrennt werden darf.

Ein in einer Maschinenfabrik als Maler beschäftigter Arbeiter wurde von seinem Arbeitgeber beauftragt, das Glasdach eines in der Verwaltung des letzteren stehenden Privatwohnhauses zu reinigen; hierbei erlitt der Arbeiter einen Unfall. Der Verletzte hatte zur Begründung seines Entschädigungsanspruchs geltend gemacht, daß er zur Zeit des Unfalls im Lohn seines Arbeitgebers gestanden habe, und daß der Unfall während der gewöhnlichen Arbeitszeit erfolgt sei; die erwähnte Arbeit sei als eine Nebenarbeit des Hauptbetriebes seines Arbeitgebers zu erachten. Das Reichs-Versicherungsamt hat in Uebereinstimmung mit dem Schiedsgericht in seiner Rekurs-Entscheidung vom 27. Februar d. J. das Vorhandensein eines Betriebsunfalls nicht anerkannt und die Ansprüche des Verletzten zurückgewiesen, da zwischen dem Betrieb der Maschinenfabrik und der Verwaltung des Hauses ein Zusammenhang nicht bestand, zum Vorhandensein des

Verhältnisses von Haupt- und Nebenbetrieb aber ein gewisser, sich gegenseitig bedingender Zusammenhang verlangt werden muß.

Eine Landgemeinde hat das Anfahren und Zerkleinern der zur Unterhaltung der Gemeindewege nöthigen Steine in einzelnen Loosen an die mindestfordernden Gemeindeangehörigen zu vergeben; der Akkordpreis entspricht dem ortsüblichen Tagelohn. Das Reichs-Versicherungsamt hat sich unter dem 28. April d. J. dahin ausgesprochen, daß die Gemeinde als Unternehmerin der fraglichen Bauarbeit anzusehen ist, und daß alle von den Akkordanten bei der übernommenen Arbeit beschäftigten Personen (Ehefrauen, Kinder, Gesinde ꝛc.) ebenso wie die Akkordanten selbst als versichert im Sinne des §. 22, Absatz 1 des Bauunfallversicherungsgesetzes vom 11. Juli 1887 anzusehen sind.

Entscheidungen des Reichsgerichts.

Die Fälschung eines Fleischeinfuhr-Attestes, durch welches die Einfuhr des Fleisches in einen mit einem öffentlichen Schlachthause versehenen Ort (in dem durch Regulativ nur dasjenige auswärtige Fleisch zugelassen ist, von welchem durch Attest dargethan wird, daß es von einem einer sachverständigen Untersuchung unterzogenen Thiere herrührt) ermöglicht werden soll, ist nach einem Urtheil des Reichsgerichts, II. Strafsenats, vom 27. Januar d. J., als Urkundenfälschung zu bestrafen.

Verschiedene Mittheilungen.

Patente von im Großherzogthum Hessen wohnenden Erfindern.

Patent-Anmeldungen. — Kl. 21, G. 4518. Neuerung in der Herstellung von Trockenelementen; Dr. Carl Gaßner jun. in Mainz, Betzelsstraße 24. — Kl. 22, A. 1906. Holzanstrich; Richard Avenarius in Firma Gebrüder Avenarius in Gau-Algesheim a. Rh. — Kl. 22, O. 997. Neuerungen in dem Verfahren zur Darstellung gelber basischer Farbstoffe der Phenylacridingruppe, genannt Benzoflavine; Zusatz zum Patente Nr .43714; K. Oehler in Offenbach a. M. — Kl. 44, M. 5732. Cigarrenbehälter mit Cigarrenabschneider; Martin Müller in Offenbach a. M., Rohrstr. 30. — Kl. 45, H. 7653. Ein durch Gewichte gegen die horizontale Trommel gepreßter Dreschkorb; Aktiengesellschaft Hüttenwerk, Eisengießerei und Maschinenfabrik Michelstadt in Michelstadt.

Patent-Ertheilungen. — Kl. 6, Nr. 43651. Dr. Heinrich Conrad Schneider in Worms; Verfahren zur Vorbereitung des Malzes für die Herstellung von Farbmalz; vom 25. Oktober 1887 ab. — Kl. 21, Nr. 44166. Vorrichtung zum Anrufen einer beliebigen einzelnen Station in einer Reihe von elektrisch mit einander verbundenen Stationen; Dr. Weckerling, Bahnarzt in Friedberg; vom 30. September 1887 ab. — Kl. 39, Nr. 44129. Verfahren zum Bedrucken von Celluloid; F. Meyer in Bingen a. Rh.; vom 8. November 1887 ab. — Kl. 42, Nr. 441[illegible]. Billet-Coupirzange; Gandenberger'sche Maschinenfabrik, Georg Göbel in Darmstadt, Schützenstr. 8; vom 28. Februar 1888 ab.

Post- und Eisenbahnkarte des Deutschen Reichs. Von der im Kursbureau des Reichs-Postamts bearbeiteten neuen Post- und Eisenbahnkarte des Deutschen Reichs sind jetzt im Weiteren die Blätter II und XII erschienen. Ersteres umfaßt die Provinz Schleswig-Holstein, letzteres Thüringen und das nördliche Bayern.

Die Blätter können im Wege des Buchhandels zum Preise von 2 Mark für das unausgemalte Blatt und 2 Mark 25 Pf. für jedes Blatt mit farbiger Angabe der Grenzen von dem Verleger der Karten, dem Berliner Lithographischen Institut *von Julius Moser* (Berlin W., Potsdamerstr. 110) bezogen werden.

Postverkehr mit Togo. In Klein-Popo, im deutschen Togo-Schutzgebiet, ist eine Kaiserliche Postanstalt eingerichtet worden, welche unter den für den Weltpostverein geltenden Bedingungen den Austausch von gewöhnlichen und eingeschriebenen Briefsendungen, sowie von Postpacketen bis 5 kg vermittelt. Die Beförderung der Briefsendungen erfolgt mit sämmtlichen sich bietenden deutschen und britischen Post-Dampfschiffverbindungen.

Für Sendungen aus Deutschland beträgt das Porto: für Briefe 20 Pf. für je 15 gr, für Postkarten 10 Pf., für Drucksachen, Waarenproben und Geschäftspapiere 5 Pf. für je 50 gr, mindestens jedoch 10 Pf. für Waarenproben und 20 Pf. für Geschäftspapiere.

Zu diesen Sätzen tritt u. A. die Einschreibgebühr von 20 Pf.

Für Postpackete bis 5 kg nach Togo beträgt die Taxe 1 Mk. 60 Pf.

Ueber das Weitere ertheilen die Postanstalten Auskunft.

Mainzer Industrie. Die Leistungsfähigkeit unserer vaterländischen Industrie hat wieder ein ehrendes Zeugniß erhalten. Bei der dieser Tage stattgehabten Vergebung der inneren Ausstattung des gegenwärtig in der Vollendung begriffenen prachtvollen Kaiserpalastes zu Straßburg wurde ein großer Theil dieser Ausstattung der hiesigen Möbelfabrik von Heinrich Rauch übertragen. (D. Z.)

Selbstthätiger Hosenknopf. Eine recht praktische Neuerung ist uns von den Herrn Kuhr & Nölle, Knopf- und Metallwaarenfabrik zu Lüdenscheid, mitgetheilt worden, welche allen Touristen, Jägern, Offizieren u. s. w., besonders aber auch den Junggesellen empfohlen werden kann, weßhalb die Verfertiger ihr Fabrikat auch „Junggesellenfreund" genannt haben. Es ist dies ein aus zwei Theilen (Fuß und Kopf) bestehender Hosenknopf, dessen Fuß mittelst einer konischen, hohlen Nadel durch das Tuch geschoben wird, worauf der Knopf, welcher vermittelst vier einspringender Federn seinen Halt findet, mit leichtem Fingerdrucke darauf befestigt wird, wodurch das für Viele lästige Annähen fortfällt. Ein Loslösen kann nur durch die Zerstörung des Stoffes oder des metallischen Knopfes erfolgen. Eine Garnitur von 12 derartigen Knöpfen mit Nadel kostet 50 Pf.; in Darmstadt sind solche bei D. Faix & Söhne zu beziehen.

Ueber ein neues Malverfahren wird in Heft 17 der „Kunst für Alle" (München, Verlagsanstalt für Kunst und Wissenschaft, vormals Friedrich Bruckmann) berichtet. Fr. Elise Bender in Wiesbaden erhielt soeben ein Patent auf ein neues Verfahren zum Bemalen von Sammet, Atlas, Seide und ähnlichen Stoffen. Sie verfährt dabei in folgender Weise: Die Farben, womöglich Erdfarben, werden in fein vertheiltem Zustande mit gepulvertem Colophonium innig gemischt, was dadurch erricht wird, daß man die geschmolzene Masse tüchtig umrührt und nach dem Erkalten pulvert. Die so gewonnenen harzhaltigen Farben werden alsdann in trockenem Zustande mit dem Finger, dem Wischer oder einem stumpfen Pinsel aufgetragen und in den Stoff eingerieben. Ist das Bild fertig, so setzt man den Stoff heißen Spiritusdämpfen aus und zwar am besten mittels eines Inhalationsapparates. Die Dämpfe lösen das Harz und fixiren die Farbe auf dem Stoffe. Dieser verliert angeblich dadurch von seinem Glanz nichts. Das Verfahren gestattet, der Erfinderin zufolge, das Auftragen der feinsten Malerei auf Stoffe der kostbarsten Art. Vielleicht eine unterhaltende und gar gewinnbringende Beschäftigung für junge Damen. Dieselben müssen sich aber vorher mit der Erfinderin in Verbindung setzen.

Deutsche Allgemeine Ausstellung für Unfallverhütung, Berlin 1889. Nachdem man sich in den Kreisen der Industrie und Landwirthschaft immer mehr mit dem Gedanken vertraut gemacht hat, daß die Ausstellung sich nicht auf die bloße Vorführung von Unfallverhütungs-Apparaten beschränken soll, sondern als eine

> **Ausstellung für Industrie, Bergbau, Baugewerbe, Landwirthschaft, Schifffahrt, Verkehrsgewerbe u. s. w. mit besonderer Berücksichtigung des Arbeiterschutzes,**

in die Erscheinung treten wird, wächst das Interesse dafür von Tag zu Tag und bekundet sich durch zahlreiche Anmeldungen von Ausstellungsobjekten aus allen Gewerben.

Am umfangreichsten wird die Eisen- und Metall-, sowie die Holzbranche vertreten sein.

Die See- und Flußschifffahrt entsendet armirte Schiffskörper und Modelle verschiedenster Art.

Auch auf dem Gebiete des Landtransports wird eine reiche Fülle von Ausstellungsgegenständen vorhanden sein. Ein kompleter Musterstall mit Wagenremise, Futterboden 2c. mit den erprobtesten Vorrichtungen zur Verhütung von Unfällen wird den ganzen Raum eines Stadtbahnbogens einnehmen.

Die Betheiligung der Staatseisenbahnverwaltungen ist gesichert. Se. Excellenz der Herr Minister der öffentlichen Arbeiten hat unterm 7. d. M. dem Vorstand die Mittheilung zugehen lassen, daß die Kgl. Eisenbahndirektion in Berlin mit der Leitung der Angelegenheit beauftragt worden sei.

Neuerdings hat auch Se. Excellenz der Herr Minister für Landwirthschaft, von Lucius, dem Unternehmen seine lebhafteste Sympathie zum Ausdruck gebracht und insbesondere hervorgehoben, daß es mit Genugthuung begrüßt werden müsse, wenn die zur Fürsorge für verunglückte Arbeiter getroffenen Einrichtungen dazu dienen, das Interesse an der Unfallverhütung selbst zu wirksamer Bethätigung anzuregen.

Bedeutende Firmen bereiten Kollektivausstellungen vor.

Eine solche ist seitens der Firma Krupp in Essen für ihre zahlreichen Industriezweige in Aussicht genommen. Auch die Mülhauser Gesellschaft zur Verhütung von Fabrikunfällen, welche ganz Elsaß-Lothringen umfaßt, wird mit einer sehr werthvollen und überaus umfangreichen Kollektivausstellung vertreten sein.

Den staatlichen Werksverwaltungen, welche auf Veranlassung Sr. Excellenz des Herrn Ministers von Maybach umfangreiches Material vorbereiten, werden die privaten Unternehmen nicht nachstehen.

Mit besonderer Energie und anerkennenswerthem Eifer sind u. A. nach dieser Richtung bereits vorgegangen:

die anonyme Aktiengesellschaft des Silber- und Bleibergwerks Friedrichssegen,
die Bergwerksgesellschaft Hibernia zu Herne,
die Bergwerksgesellschaft Gneisenau zu Derne,
die Gelsenkirchener Bergwerks-Aktiengesellschaft,
die Ober-Berg- und Hütten-Direktion der Gewerkschaft Mansfeld,
die Bergbaugesellschaft Holland zu Wattenscheid,
der Mechernicher Bergwerksverein zu Mechernich, Rheinland.

In Aussicht gestellt sind ferner noch Kollektivausstellungen
der Berg- und Hüttenwerke Oberschlesiens,
der Braunkohlenwerke der Provinz Sachsen u. s. w.

Das Interesse für die Ausstellung wird auch durch die in Aussicht genommene Prämiirungen eine nicht unwesentliche Förderung erfahren. So haben z. B. die Herrn Gebr. Stumm in Neunkirchen, die übrigens auch auf der Ausstellung würdig vertreten sein werden, einen Preis von 10000 Mark, für die beste, die Beseitigung der Staubgefahr in der Thomasschlackenmühle behandelnde Arbeit ausgesetzt. Die Zuerkennung dieses Preises soll während der Ausstellung durch ein Preisgericht erfolgen, dessen Constituirung unter Mitwirkung des Reichsversicherungsamts und des Vorstandes der Ausstellung vor sich gehen wird.

In kürzester Frist wird auch das Plakat für die Ausstellung erscheinen; der Vorstand hat dessen Ausführung einem der ersten Berliner Künstler, Herrn Doepler jun., übertragen und giebt damit seinem unablässigen Bestreben, das Unternehmen auch bezüglich der äußeren Repräsentation stets auf vornehmer Höhe zu halten, wieder ein beredtes Zeugniß.

Ueberaus dankenswerth erweist sich das Entgegenkommen der beiden städtischen Körperschaften von Berlin. Die Stadtverwaltung stellt dem Unternehmen den Bedarf an Gas und Wasser aus den städtischen Leitungen unentgeltlich zur Verfügung und wird auch die Herstellung, Vorhaltung und demnächstige Beseitigung der erforderlichen Leitungsanlagen unentgeltlich übernehmen.

Zum Schluß machen wir noch darauf aufmerksam, daß die Anmeldungen bis zum 1. Juli 1888 bei dem Vorstandsmitgliede und Schriftführer der Ausstellung, Direktor Max Schlesinger in Berlin SW., Kochstraße 3, II. einzureichen sind, von welchem auch Haupt- und Specialprogramme und Anmeldeformulare unentgeltlich bezogen werden können.

Sollten größere Aussteller den Platzbedarf bis zu dem genannten Termine noch nicht genau feststellen können, dann wird der Vorstand sich zunächst mit ungefähren Angaben einverstanden erklären.

Redacteur Dr. Hesse. — Druck von Heinrich Brill.
In Commission bei L. Brill in Darmstadt.

Gewerbeblatt

für das

Großherzogthum Hessen.

Zeitschrift des Landesgewerbvereins.

Erscheint wöchentlich. Auflage 4500. Anzeigen für die durchgehende Petitzeile oder deren Raum bei ein- und zweimaliger Aufnahme 30 Pf., bei drei- und mehrmaliger Aufnahme 25 Pf.

№ 27. Juli 1888.

Die Conservirung des Holzes, insbesondere das Carbolineum Avenarius.*)

(Nach der Naturwissenschaftlich-Technischen Rundschau.)

„Bei dem Konserviren von Holz handelt es sich hauptsächlich darum, diejenigen Stoffe zu entfernen oder unschädlich zu machen, welche bei gegebenen Bedingungen die Fäulniß einleiten und unterhalten. Die Natur kennt keinen absoluten Tod, sondern nur eine Zerstörung der Formen, den Wiederaufbau neuer Formen auf Kosten von vorhandenen. Auch die Fäulniß im Allgemeinen ist ein derartiger Umwandlungsprozeß: [illegible] Lebewesen finden in dem Inhalte nicht mehr widerstandsfähiger [illegible] ihren Nährboden, und ihr Vermehren vernichtet den ernährenden Körper. Wo solche Lebewesen pflanzlicher oder thierischer Form gedeihen sollen, müssen stickstoffhaltige Körper, muß für letztere in erster Linie Eiweiß vorhanden sein. Um solche Zersetzung einzuleiten, ist der Zutritt von Luft und die Anwesenheit von Feuchtigkeit erforderlich.

Zur Konservirung des Holzes — mit welcher wir es in dem vorliegenden Thema speziell zu thun haben — richten sich deshalb auch die ersten Versuche auf den Abschluß der Luft und die Fernhaltung von Feuchtigkeit: man gab dem Holze einen undurchlässigen Anstrich. Hierbei wurde völlig übersehen, daß jedes Holz mehr oder weniger Feuch-

*) Vergl. Gewerbeblatt 1880, S. 117, wo wir dem Gegenstande bereits eine Besprechung gewidmet haben. Die fortgesetzt günstige Beurtheilung dieses Imprägnirungsmittels gibt uns Veranlassung, wiederholt auf dasselbe hinzuweisen. Die Red.

tigkeit in sich enthält und daß die Luft außerordentlich schwer abzuhalten ist, abgesehen davon, daß sie alle porösen Körper durchdringt. Werden Holztheile, welche nicht ganz trocken sind, welche also noch ungebundenes Wasser enthalten, mit einer nicht durchlassenden Decke versehen, so führt diese, indem sie die Fortführung des überschüssigen Wassers verhindert, die Verstockung in weit kürzerer Zeit herbei, als der ungehinderte Einfluß der Atmosphäre das nicht gestrichene Holz zerstört hätte. Hierzu ist jeder Theeranstrich zu zählen, der auch deßhalb bei trockenem Holze seinen Zweck nicht erfüllt, weil die von gebildete Decke, der Luft, dem Licht und dem Regen ausgesetzt, sehr bald ihren Zusammenhang verliert, abbröckelt und dann den beabsichtigten Schutz nicht mehr leistet. Getheerte Hölzer, welche in die Erde gesteckt werden, erweisen sich deßhalb nur in seltenen Fällen dauerhafter als ungetheerte.

Man erkennt hieraus, wie nöthig es ist, bei der beabsichtigten Konservirung des Holzes einen Stoff in Anwendung zu bringen, [illegible]cher nicht nur Luft und Wasser abhält, sondern auch das poröse [illegible] durchdringt, jede einzelne Zelle desselben einschließt und gleichzeitig [illegible] die stickstoffhaltigen Eiweißkörper in demselben unschädlich macht.

Mit dem rastlos sich steigernden Fortschritt sind in dieser Richtung Verfahren, sogenannte Imprägnirverfahren, aufgetreten, welche [illegible] beabsichtigen und in mehr oder minder guter Weise erreichen. [illegible] das allbekannte Ankohlen der Hölzer ist eigentlich weiter nichts [illegible] ein freilich sehr primitives Imprägnirverfahren. Bei dem Ankohlen [illegible] Holzes wird im Rauche Kreosot, der wirkende Bestandtheil des Theers, entwickelt. Der meiste Theil des entwickelten Kreosots geht allerdings nutzlos in die Luft, und nur ein geringer Theil wird von den noch nicht angebrannten Schichten aufgenommen und äußert auf diese seine erhaltende Wirkung.

Bethell hat deßhalb auch das Imprägniren des Holzes mit [illegible]sot vorgeschlagen (Bethelliren) und hierbei staunenswerthe [illegible] erzielt. Die Imprägnirung nach der bisher bekannten Weise [illegible] entweder durch Einsumpfung durch den Druck einer Flüssigkeit [illegible] durch Luftdruck. Das Einsumpfen besteht darin, daß die Hölzer [illegible] in die Imprägnirungsflüssigkeit gelegt und mehrere Tage in der[illegible] gelassen werden. Diese Methode wurde durch den Engländer Kyan, nach welchem dieselbe Kyanisiren genannt wird, unter Anwendung von Quecksilberchlorid ausgebildet. Das Holz, lufttrocken bearbeitet, wird längere Zeit in eine Auflösung von Quecksilber gelegt; die [illegible]sung dringt während dieser Zeit von der Hirnfläche der Längenrichtung folgend in den Stamm. Das Verfahren ist äußerst wirksam, das [illegible]silberchlorid jedoch so gefährlich giftig, daß eine generelle Anwendung dieses Verfahrens im allgemeinen Bauwesen und im landwirthschaftlichen Betriebe völlig ausgeschlossen ist. Hölzer, welche zum Bau von [illegible]häusern, Ställen u. s. w. dienen sollen, dürfen deßhalb nicht [illegible] werden.

Beim Paynisiren (nach dem Erfinder, dem Engländer Payne so benannt) läßt man das Holz in einer Eisenvitriol- und dann in einer Kalklösung liegen, wodurch sich in den Poren Eisenoxyd absetzt; dieses Verfahren ist nur für kleinere Stücke anwendbar.

Bei der von dem französischen Arzt Boucherie empfohlenen Imprägnirung durch den Druck einer Flüssigkeitssäule wird eine Lösung von Kupfervitriol benutzt, die aus einem hochgelegenen Reservoir durch Röhren derart gegen das Hirnende des Stammes geleitet wird, daß sie nur in die Poren des Holzes eintreten, nirgends aber seitlich ausfließen kann.

Nach der Methode zur Imprägnirung im luftleeren Raume, wie sie von den Franzosen Bréant und Payen angegeben wurde, wird das Holz in fest verschließbare Gefäße gebracht. Nachdem man aus denselben die Luft ausgepumpt hat, läßt man die Imprägnierungsflüssigkeit einströmen, worauf man mittelst Druckpumpen einen hydraulischen Druck von 6 bis 7 Atmosphären erzeugt.

Burnett verwendet als Imprägnirungsflüssigkeit Chlorzink in wässeriger Lösung. Das Burnettiren oder Burnettisiren wird jetzt vielfach in den Imprägnirungsanstalten der Eisenbahnen in Anwendung gebracht, indem das Chlorzink unter pneumatischem Druck eingetrieben wird. Diese Imprägnirungsweise ist jedoch nur für Chlorzink verwendbar.

Nach diesem Rückblick auf das bereits Bekannte soll im Nachstehenden ein Imprägnirungsmittel besprochen werden, das, in seiner Wirkung keinem der vorstehend beschriebenen nachstehend, eine große Annehmlichkeit im Gebrauche hat, an Ort und Stelle verwendet werden kann, keiner Maschinen oder Apparate bedarf, um in das Holz einzudringen, sondern höchstens eines Pinsels benöthigt, um auf das zu imprägnirende Holz aufgestrichen zu werden. Es ist dies das Carbolineum Avenarius.

Die Erfindungsgeschichte des neuen Imprägnirungsmittels ist eine kurze: Anfang der siebziger Jahre trat bei den immer höher steigenden Holzpreisen an die Landwirthe der weinbauenden Gegenden des Rheins die Anforderung heran, Mittel zur Erhaltung ihrer theuren Rebstützträger zur Verwendung zu bringen. Theeren hatte aus den oben angegebenen Gründen zu keinem Resultat geführt, ein dem Landwirthe zugängliches billiges Mittel existirte damals noch nicht. Da stellte der Kgl. Preuß. Hauptmann a. D. R. Avenarius in Gau-Algesheim in den Jahren 1874 bis 1875 durch Versuche fest, daß sich die Weichhölzer in heißem Oele unter Abkühlung mit demselben bei Verwendung von offenen Gefäßen theilweise imprägniren lassen. —

Ein gutes Imprägnirmittel soll sicher und selbst unter den ungünstigen Bedingungen jeder Verstockung und Fäulniß des Holzes entgegentreten; auch muß es so billig sein, daß seiner Massenanwendung nichts im Wege steht, außerdem muß es leicht zu verarbeiten sein, also zur Verwendung fertig geliefert werden. Ferner ist noch erwünscht, jedoch kann es keine Bedingung sein, daß ein Imprägnirmittel gleichzeitig einen Anstrich ersetzt.

Solchen Eigenschaften entspricht das Carbolineum Avenarius. Dasselbe ist ein Kohlenwasserstofföl von 1,14 spezifischem Gewicht und enthält energisch antiseptisch wirkende Körper. Siedepunkt 295° C.

Die Wirkungen des Carbolineum Avenarius sind theils mechanische, theils chemische. Die mechanischen sind folgende: Vermöge seiner spezifischen Schwere 1,14 dringt es leicht in das Holz ein und drängt das in dem Holze enthaltene Wasser in den Poren des Holzes vor sich her und gestattet dem zugeführten ferner nicht mehr das Aufsteigen oder Vordringen in die Kapillargefäße. Sodann schützt der Fettgehalt des Oels direct vor der Berührung mit Wasser und weist Regen oder sonstige atmosphärische Niederschläge ab. Wichtig ist, daß in der That das Carbolineum Avenarius bis in die Kapillargefäße vordringt und diese, nachdem das Wasser ausgetrieben ist, gewissermaßen mit einem schützenden Mantel umgiebt; auf diese Weise ist das Holz vor dem Eindringen von Wasser oder Feuchtigkeit geschützt.

Der mit dem hohen spezifischen Gewicht verbundene sehr hohe Siedepunkt des Carbolineum Avenarius 295° C. läßt bei heißer Anwendung des Oels alles Wasser aus den berührten Schichten verdampfen, erzeugt in den inneren Hohlräumen der Holzstruktur annähernd leere Räume, welche bei eintretender Abkühlung das ihnen gebotene Oel begierig einsaugen und so ein freiwilliges Imprägniren (Selbst-Imprägniren) veranlassen. (Schluß folgt.)

Schutzvorrichtungen.

Nach dem Jahresbericht des Fabrik-Inspektors für das Großherzogthum Hessen für 1887.

(Schluß.)

3) Vorrichtungen zur Beseitigung des Staubes in der Cementfabrik der Herrn Dyckerhoff und Söhne in Amöneburg bei Biebrich.

In der Cementfabrik der Herrn Dyckerhoff & Söhne in Amöneburg bei Biebrich sind die zahlreichen Mahlgänge zum Mahlen der trocknen Rohmaterialien und des gebrannten Cements mit Vorrichtungen zur Ventilation und Staubabführung versehen. Dieselben sind nach Plänen und Anordnungen des Herrn Civilingenieur Fr. Pelzer in Dortmund ausgeführt und je nach den vorhandenen Räumlichkeiten verschieden angepaßt. Als Beispiel diene die durch die Abbildungen und die nachstehenden Erläuterungen näher bezeichnete Einrichtung in einer der vorhandenen Mühlen.

Im oberen Stock des Mühlengebäudes befinden sich im Fußboden die Einlauftrichter-Oeffnungen für die Mahlgänge. Diese Oeffnungen sind gemeinschaftlich durch einen langen ganz geschlossenen Kasten überdeckt. Die Mahlgänge selbst stehen im darunter befindlichen Stock des Gebäudes und sind ventilirt. Aus je 4 Mahlgängen führen aufsteigende Ventilationsrohre in ein horizontales Rohr an der Decke des Mahlgangstockwerks. Ueber jeder Gruppe von 4 Mahlgängen befindet sich ein solches Rohr. Diese horizontalen Rohre an der Decke des Mahlgangstockwerkes münden sämmtlich in einen Saugkanal, der im oberen Stockwerk neben dem bereits erwähnten Kasten längs der einen Langseite desselben herläuft. Am Ende dieses Saugkanals ist ein Exhaustor aufgestellt, welcher den abgesogenen Cementstaub zunächst in einen Kanal längs der Schmalseite des erwähnten Kastens und von hier aus in eine große Staubkammer wirft. Letztere befindet sich an der zweiten Langseite des Kastens

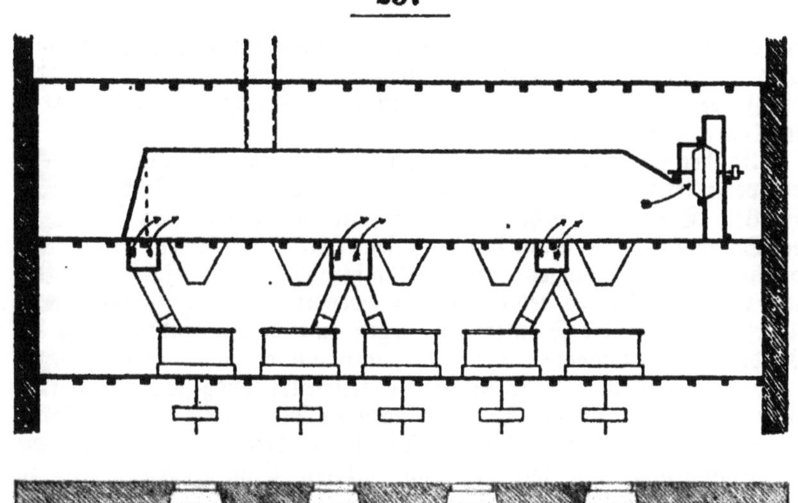

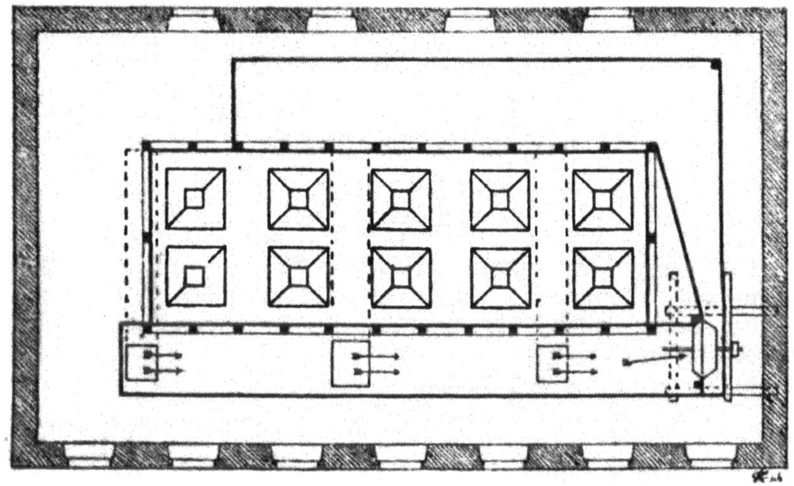

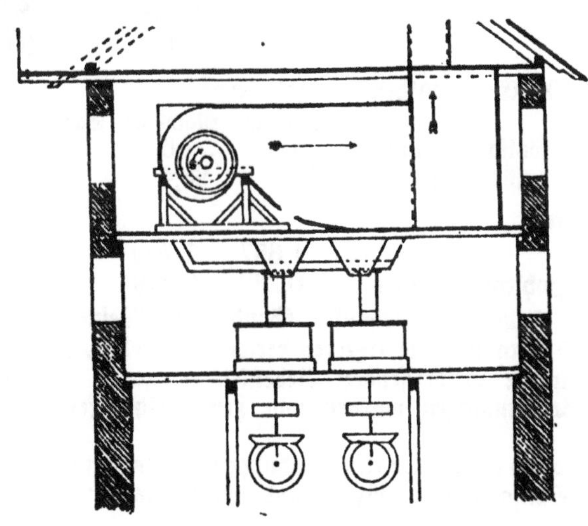

und ist an ihrem Ende mit einem über Dach führenden Schlot versehen, durch welchen die fast vollständig von Staub befreite Luft entweicht. Die Flügelräder der Exhaustoren haben einen Durchmesser von 1,20 m, die Tourenzahl derselben ist 450.

In der Staubkammer hängen Fransenfilter von Manillafasern nach dem patentirten System von Fr. Pelzer in Dortmund (D. R.-P. 30896). Bei diesem System werden statt der Tücher zum Auffangen des Staubes in den Staubkammern senkrechte Filterflächen, welche aus von horizontalen Stangen fransenartig herabhängenden Fasern gebildet sind, zum Zurückhalten des Staubes verwendet. Die horizontalen Aufhängestangen für die Fransenfilter ragen mit beiden Enden durch die Wände der Staubkammer und sind außen mit einfachen Vorrichtungen versehen, vermittelst welcher die Filter zeitweilig ausgeschüttelt werden können, so daß die an den Fasern hängenden Staubtheile auf den Boden der Staubkammer herunterfallen. Die beschriebenen Einrichtungen zur Staubabführung sind wirksam und anderen Cementfabriken sehr zu empfehlen.

Mittheilungen der chemischen Prüfungs- und Auskunfts-Station für die Gewerbe.

(Darmstadt, Heinrichstraße 55.)

Bausande.

Vor einiger Zeit wurden verschiedene Bausandsorten zur Untersuchung und Begutachtung eingesendet und dabei folgende Ergebnisse erhalten, welche vielleicht für Bautechniker von einigem Interesse sind und deßhalb hier veröffentlicht werden.

I. Es enthielt in 100 Gewichtstheilen:

	Rheinsand.	Mainsand.	Sand von Wixhausen.
Wasser	0,15	0,09	0,16
Abschlämmbaren Antheil (Thon)	0,28	0,08	0,84
Reinen Sand	99,57	99,83	99,00
	100	100	100.

II. In 100 Gewichtstheilen ergab ferner:

	Rheinsand.	Mainsand.	Sand von Wixhausen.
In Salzsäure löslichen Antheil	4,8	1,6	1,2
„ „ unlöslichen „	95,2	98,4	98,8.

III. 1 Liter

wog in Kilo	1,657	1,700	1,635
und enthielt Hohlräume, Liter .	0,232	0,349	0,232.

Demnach steht der Wixhäuser Sand dem Rhein- und Mainsand sehr nahe und kann wie die letzteren verwendet werden, wenn nicht seine etwas feinkörnigere Beschaffenheit Bedenken erregt.

Diese Bestimmungen wurden von Herrn Chemiker Kutscher ausgeführt.

Sollten weitere derartige Untersuchungen von den im Großherzogthum *verwendeten* Bausandsorten nützlich und wünschenswerth sein, so ist die

Station gerne bereit, sie gegen sehr mäßige Vergütung auszuführen und bittet gute Durchschnittsproben von 150 gr. als Muster ohne Werth einzuschicken. Prof. Dr. Thiel.

Zur Prüfung von Bernsteinlacken.

Die im Handel unter dem Namen „Bernsteinlacke" vorkommenden Präparate können nur dann mit Recht so bezeichnet werden, wenn zu deren Bereitung in der That wirklicher Bernstein, wenn auch von geringer Qualität, oder Bernsteincolophonium genommen worden ist. Nach einem von mir ausgearbeiteten Verfahren, welches auf dem Verhalten der Lacke gegen Salpetersäure beruht, läßt sich der Nachweis, ob bernsteinhaltige Stoffe von den Fabrikanten angewendet worden sind, rasch und auch dann noch mit Sicherheit führen, wenn nur geringe Mengen des Untersuchungsobjectes vorliegen.

Darmstadt. Juni 1888. Dr. W. Sonne.

Ein Ersatzmittel für Brechweinstein in der Färberei.

Seit einigen Jahren wird von der Firma Rud. Koepp & Cie. Oestrich a. Rh. (Rheingau) ein Doppelsalz in den Handel gebracht, welches Oxalsäure, Antimon, Kalium und Krystallisationswasser enthält, den Namen oxalsaures Antimon-Kali führt und vortheilhaft in der Färberei als billiger Ersatz des Brechweinsteins für manche Zwecke Verwendung findet. Eine vollständige Analyse dieses Salzes hat Herr Chemiker P. Gaedt ausgeführt und als Wassergehalt der Salzes 12,26 Procent, als Antimongehalt 21,36 Procent gefunden. Nach Fertigstellung dieser Analyse brachte eine englische Zeitschrift (Chemical News Vol. 57, 193) eine Analyse desselben Salzes von Percy Kay, nach welcher das oxalsaure Antimon-Kali 20,96 Procent Antimon, aber nur 6,30 Procent Wasser enthalten soll. Das von dem englischen Analytiker untersuchte Muster soll ebenfalls von R. Koepp bezogen worden sein. Die Richtigkeit dieser Angabe vorausgesetzt, müßte angenommen werden, daß das oxalsaure Antimon-Kali von der betreffenden Firma in zwei Sorten von verschiedenem Krystallwassergehalt in den Handel gebracht wird. —

Die Einzelheiten beider vorstehenden Untersuchungen werden in der „Zeitschrift für angewandte Chemie" veröffentlicht werden.

Darmstadt, Juni 1888. Dr. W. Sonne.

Verschiedene Mittheilungen.

Imitirte Weichselrohre werden hergestellt, indem gewöhnliches Weichselrohr oder auch Haselnußrohr mit einer Lösung von 10 Theilen Tonkabohnen, 1/4 Theil Vanilleschote und 1/10 Theil Bismarckbraun (Vesuvin) in 1000 Theilen Alkohol und 1 Theil Glycerin durchtränkt werden. Diese Holzbeize eignet sich auch vorzüglich für Odorisirung von imitirtem Weichselholz für Tischlerdecorationsarbeiten und ausgelegte Holzbijouterie.

Imitation von Boullemöbeln werden in tadelloser Weise hergestellt, indem die, eventuell in diversen Holzschattirungen vorgerichteten Möbelflächen an jenen Stellen, wo Metallplattirung angestrebt wird, mittelst einer aus Graphit und Gummi arabicum oder Graphit und Holzlack oder auch Graphit und [illegible] a la Sgraffito bemalt und nachher einem galvanoplastischen Bade unterworfen werden, wodurch an den von Graphit belegten Stellen das betreffende Metall (Kupfer, Silber zc.) niedergeschlagen wird, welches unter dem Polirstahl geglättet und nachher mittelst passendem Lack (Copallack zc.) gedeckt, resp. geschützt wird.

Imitation von Cedernholzgeruch. Oleum Santali, in jeder Apotheke um wenige Pfennige erhältlich, wird in absolutem oder auch starkem Alkohol gelöst, und hiermit eine im Fadergefüge dem Cedernholz ähnliche Holzart (Weide, Pappel) bestrichen, resp. damit durchtränkt. Eine kleine Zuthat von Vesuvin (Bismarkbraun), welche dem lichten Holz die entsprechende dunkel roth-bräunlich-gelbe Nuance gibt, steigert den Effect.

Herstellung von schöner, nußbrauner Holzgrundirung. Asphaltlack, in Benzin gelöst, und damit Holzflächen beliebiger Abstammung und [illegible] Färbung gestrichen, geben dem Holze, bei entsprechend schnellem Trocknen des Anstriches, eine schöne kirschrothe bis Birnbaumfarbe. Nachträglicher Anstrich transparenter Lacke steigert den Effect.

Vorstehende Vorschriften verdanken wir der gütigen Mittheilung des Herrn A. Gawalovski, Gerichtschemiker in Brünn. Die Red.

Anzeigen.

Lehrer-Gesuch.

Für die Uebernahme des Unterrichtes im Zeichnen und der technischen Fächer an der erweiterten Handwerkerschule zu Bensheim in Hessen wird ein erster Lehrer gesucht. — Gehalt 2000 Mark jährlich. — Geeignete Bewerber (Absolvirung einer Baugewerkeschule ist erwünscht) wollen ihre Meldungen unter Vorlage von Zeugnissen und Lebenslauf bis zum 21. Juli 1888 an Herrn Commerzienrath Müller zu Bensheim in Hessen einreichen.

Auskunftsertheilung durch die Großherzogliche Centralstelle für die Gewerbe und den Landesgewerbverein.

Den verehrlichen Mitgliedern des Landesgewerbvereins wird hiermit ergebenst in Erinnerung gebracht, daß unentgeltliche Auskunftsertheilungen über vorliegende technische specielle Fragen, über Constructionen, Einrichtungen, Bezugsquellen u. dergl. seitens Großherzoglicher Centralstelle für die Gewerbe und den Landesgewerbverein durch die Beamten derselben jederzeit ertheilt oder vermittelt werden. Obgleich von dieser Einrichtung fortwährend vielseitiger Gebrauch gemacht wird, so scheint dieselbe doch nicht bei allen unseren Mitgliedern bekannt zu sein. Nicht alle diese Auskunftsertheilungen erscheinen zum Abdruck im Gewerbeblatte geeignet; es gelangen aber auf Wunsch der Fragesteller allgemeinere Gegenstände daselbst zur Veröffentlichung. Doch wird ergebenst gebeten, Anfragen und Wünsche, betreffend Ertheilung von Auskunft über technische Gegenstände zc. nicht anonym, sondern stets mit der betreffenden Adresse an die Großherzogliche Centralstelle für die Gewerbe und den Landesgewerbverein oder die Redaction des Gewerbeblattes gelangen zu lassen.

Die Redaction.

Redacteur Dr. Hesse. — Druck von Heinrich Brill.
In Commission bei L. Brill in Darmstadt.

Gewerbeblatt

für das

Großherzogthum Hessen.

Zeitschrift des Landesgewerbvereins.

Erscheint wöchentlich. Auflage 4500. Anzeigen für die durchgehende Petitzeile oder deren Raum bei ein- und zweimaliger Aufnahme 30 Pf., bei drei- und mehrmaliger Aufnahme 25 Pf.

№ 28. Juli 1888.

Die Conservirung des Holzes, insbesondere das Carbolineum Avenarius.

(Nach der Naturwissenschaftlich-Technischen Rundschau.)

(Schluß.)

Unter den chemischen Wirkungen des Carbolineum Avenarius nimmt seine antiseptische Wirkung den ersten Platz ein. Sein hoher Gehalt an specifisch fäulnißwidrigen Körpern koagulirt die im Holze vorhandenen Eiweißbestandtheile und hebt so deren Neigung, die Zersetzung einzuleiten und fortzuführen, auf, er desinficirt gewissermaßen alle mit dem Imprägniröl in Berührung kommenden Flächen und Theile des Holzes, indem die Keimsporen der zersetzenden Organismen (Pilze, Schwämme ꝛc.) durch dasselbe zerstört werden und der Nährboden diesen Mikroben entzogen wird. Als Insekticid hält es die nagenden und bohrenden kleinen Feinde des Formbestandes der Holztheile in ihren entwickelten Formen sowohl wie in den Eiern fern.

Eine weitere chemische Eigenschaft des Carbolineum Avenarius ist seine Oxydation an der Luft. An sich grün, beizt es bald nach dem Anstrich oder Tränken das Holz braun; wo deshalb Werth auf das Aussehen des Holzwerks gelegt wird, empfiehlt es sich, in entsprechenden Zwischenräumen den Anstrich zu wiederholen, damit die nußbraune, intensive Färbung erhalten bleibt. Schließlich zeigt das Carbolineum Avenarius die gleichzeitig auf seiner physikalischen und chemischen Wirkung basirende Eigenschaft, in einem bisher nicht erreichten Grade alles Ungeziefer, besonders Mäuse, Ratten ꝛc. fernzuhalten.

Zwischen dem ebenfalls zur Imprägnirung verwendeten Kreosotöl und dem Carbolineum Avenarius bestehen tiefgreifende Unterschiede: Während Carbolineum Avenarius ein specifisches Gewicht von 1,14 und einen Siedepunkt von 295° C. aufweist, wiegt Kreosotöl nur 1,03, ist also ganz unbedeutend schwerer als Wasser, und siedet schon bei 185° C. Zudem enthält letzteres große Mengen flüchtiger Oele und gehört in Folge dessen wie auch auf Grund seines niedrigen Siedepunktes zu den feuergefährlichen Oelen. Das Carbolineum Avenarius ist dagegen weniger feuergefährlich als das Rüböl; es bietet deshalb nur geringe Neigung sich zu entzünden und stellt an seine Aufbewahrung und Verwendung nicht die Forderung besonderer Vorsichtsmaßregeln. Carbolineum fühlt sich zwischen den Fingern als fettes gebundenes Oel an, während Kreosot sich dem Gefühle gegenüber wie Petroleum verhält. Hierzu kommt noch, daß unter dem Kreosotöl manchmal Destillationsprodukte in den Handel kommen, welche der rohen Karbolsäure sehr nahe stehen; eine Verwendung von 30procentiger Karbolsäuremischung ist aber im Stande, zersetzend auf die Holzfaser einzuwirken.

Das Carbolineum Avenarius trocknet bei gutem Wetter in 24 Stunden, in geschlossenen Räumen ohne Luftzutritt dagegen erst in 8 Tagen. Beim Trocknen bleibt oft ein feiner gelber Staub auf der Oberfläche zurück, der aus Krystallen besteht, die sich beim Trocknen aus dem Carbolineum Avenarius abgeschieden haben, der sich abwischen läßt oder mit der Zeit von selbst verschwindet. Wird das Oel stark abgekühlt, so schlagen sich Krystalle in Form eines gelbgrünen Sandes nieder, die bei Erwärmung sich wieder auflösen. Freie Säuren sind in dem Carbolineum Avenarius, wie aus genauen Untersuchungen hervorgeht, nicht vorhanden, deshalb wird auch die Faser der mit Carbolineum getränkten Gegenstände nicht angegriffen. Deshalb ist auch dasselbe zum Imprägniren von Tauwerk jeder Art empfehlenswerth, und die bis jetzt in dieser Richtung erhaltenen Resultate lauten sehr günstig: das Tauwerk bleibt leichter und geschmeidiger als das mit Theer und Leinöl getränkte, wird nicht hart und setzt keine Kruste an; anstatt 18—20 Procent Theer verbraucht man zum Imprägniren mit Carbolineum nur 10 Procent.

Zum Unterschied von vielen anderen Imprägnirmitteln, welche dem Holze etwas von seiner Konsistenz nehmen, verleiht Carbolineum Avenarius dem Holze eine größere Widerstandsfähigkeit gegen jede mechanische Einwirkung; das Holz wird härter und zäher. Das Carbolineum Avenarius schützt ferner vor Verziehen, Reißen und Schwinden des Holzes, was bei technischer Verwendung oft eine wichtige Rolle spielt.

Zum Zwecke des Imprägnirens wird das Oel erhitzt, die Hölzer mit dem zu imprägnirenden Theil in das siedende Oel getaucht und in demselben abkühlen gelassen. Das Verfahren wird so lange wiederholt, bis die Hölzer genügendes Oel aufgenommen haben. Meistens aber wird das Carbolineum Avenarius durch Anstreichen verwendet werden. Bei warmem Wetter und bei Holzflächen, die nicht unter die Erde gebracht werden, genügt ein kräftiger Anstrich mit nicht erhitztem Oele; nicht ganz lufttrockenes Holz muß zu allen Jahreszeiten mit heißem Carbolineum Avenarius behandelt werden. Selbstredend sind die [illegible]-

flächen, wo die Gefäßgänge des Holzes münden, mit Oel zu sättigen. Auch Mauern und Wände kann man durch einen kräftigen Anstrich von Carbolineum Avenarius gegen Feuchtigkeit sichern.

Die Leistungsfähigkeit des Carbolineum Avenarius ist eine hervorragende: mit 1 kg auf 20° C. erwärmtem Carbolineum Avenarius kann man 6 qm unbearbeitete Tannenholzfläche einmal streichen; ist das Oel sehr heiß, so wird mehr vom Holz aufgenommen; ist es ziemlich kalt, so erscheint es schwerflüssig und trägt sich dicker auf. Das kg Carbolineum Avenarius kommt durchschnittlich auf 32—40 Pf. zu stehen, demnach würde 1 qm Anstrich 6—7 Pf. kosten. Infolge dieser Leistungsfähigkeit und durch seine leichte und schnelle Verarbeitung wird der Anstrich bedeutend billiger wie ein Oelanstrich und bleibt selbst hinter den Kosten eines Theeranstrichs zurück.

Diese Eigenschaften des Carbolineum Avenarius haben demselben schon ein großes Anwendungsfeld verschafft. Auf Eisenbahnen wird es zum Imprägniren der Holzbaulichkeiten u. s. w., von den verschiedensten Wasserbauämtern zum Anstrich von Schleusen und Schleusenschiebern, Wehren und Wehrnadeln, Pfosten u. s. w. verwendet und hat sich während und nach dem Verlauf von 10 Jahren als gut bewährt. In großen zoologischen Gärten, besonders im Frankfurter und Berliner, wird alles Holzwerk, welches in der Erde, im Freien oder im Wasser Verwendung findet, mit Carbolineum Avenarius imprägnirt. Im Schiffsbau wird es seit einigen Jahren statt des Theeranstriches zum Streichen der Schiffsdecke ꝛc., in der Seilerei zum Konserviren der Seile verwendet. Das dem Meerwasser ausgesetzte Holzwerk an Hafenbauten und Schiffen hat bis jetzt beinahe weniger unter der Fäulniß als durch den Pfahlwurm (Teredo navalis) und der Bohrmuschel zu leiden gehabt; und hier ist für das Carbolineum Avenarius die Erfahrung sehr günstig, die man mit demselben gemacht hat: es enthält diejenigen Stoffe, welche sich als die einzig wirksamen gegen die äußerst schädlichen Thiere erwiesen haben; infolge dessen wird das mit Carbolineum Avenarius getränkte Holz nicht auf diese Weise angegriffen. Ein großes Absatzgebiet findet es in der Landwirthschaft; zunächst für das Imprägniren von Weinbergpfählen bestimmt (der Fabrikationsort des Carbolineum Avenarius, Gau-Algesheim bei Bingen am Rhein, ist einer der bedeutendsten Weinbauorte Deutschlands), hat es zum Imprägniren sämmtlicher landwirthschaftlicher Geräthe und Baulichkeiten ausgedehnte Verwendung gefunden. Hier hat sich gezeigt, daß das Carbolineum Avenarius auf längere Zeit die lästigen Insekten, Fliegen und Mücken vertreibt, ohne das Vieh zu belästigen, daß Pferde mit Behagen und ohne Nachtheil an carbolinirtem Holze leckten; auch lassen die mit Carbolineum Avenarius gestrichenen Karren gegenüber den ungestrichenen (infolge des Oelüberzuges) sich leicht reinigen. Auch in der Industrie findet das Carbolineum Avenarius besondere Anwendung: Badeanstalten, die Fabriken der Textilindustrie, die Papierfabriken, Hüttenwerke, chemischen Fabriken, Lederfabriken und Gerbereien, Bierbrauereien und Mühlen, kurz alle Fabriken und Anlagen, bei denen Holz theilweise oder stets mit Feuchtigkeit in Berührung kommt, finden in dem Carbolineum Avenarius ein geeignetes und billiges Mittel, das zunehmend theuerer werdende Holz gegen Verwesung zu schützen. Auch im Hochbauwesen verdient seine Anwendung Berechtigung, denn imprägnirte Holztheile (z. B. Thüren, an Ställen und Kellern) schwellen lange nicht so auf, als nicht angestrichene; im übrigen ist ja die specifisch braune Färbung, welche Carbolineum Avenarius dem Holze gibt, die an Bauholz neuerdings beliebt gewordene „Naturfarbe“, und Carbolineum Avenarius, wie erwähnt, billiger als Oelfarbenanstrich.

In allen europäischen und überseeischen Staaten hat das Carbolineum Avenarius ebenfalls schon die ihm gebührende Beachtung und Verwendung gefunden.

Die Centralleitung des gesammten Verkaufs von Carbolineum Avenarius liegt in den Händen der Firma Paul Lechler in Stuttgart.“

A. K.

Nachrichten aus der chemischen Prüfungs- und Auskunfts-Station für die Gewerbe.

(Darmstadt, Heinrichstraße 55.)

Bei der chemischen Prüfungs-Station sind in dem letzten Vierteljahre vom 1. April bis 30. Juni eingegangen:

1) vier Wasser; 2) eine Erdfarbe; 3) ein Sand; 4) acht Erze; 5) eine Wärmeschutzmasse; 6) zwei Kalke; 7) vier Mörtel; 8) acht Schmieröle; 9) ein Lack; 10) drei Weine; 11) zwei Leime. Zusammen 35 Proben.

Ferner wurden Gutachten und Auskünfte ertheilt, darunter ein Gutachten, welches vom vorigen Vierteljahr noch rückständig war. Die eben vorgenannten Proben nebst den rückständigen sind bis auf zwei, welche zuerst in den letzten Tagen eingesendet wurden, vollständig erledigt.

Glasdachplatten mit Zinkeinfassung

von Anton Häußler in Lauchheim, Oberamt Ellwangen, Württemberg.

Der „Illustrirten Zeitung für Blechindustrie“ entnehmen wir hierüber das Nachstehende:

„Auf dem Lande kommt es sehr häufig vor, daß man tagelang auf dem Bodenraum arbeiten muß, welcher gewöhnlich ganz dunkel ist, weil Dachfenster sehr selten angebracht sind und stellt man sich dann das nöthige Licht dadurch her, daß man eine oder mehrere Dachplatten aufschiebt, — eine Aushülfe die selten vollkommen ist und manches Unangenehme in Gefolge hat.

Bald wird einmal eine Dachplatte zerbrochen oder man vergißt, sie wieder an ihren Platz zu stecken, wenn die Arbeit fertig ist, sodaß Regen und Schnee eindringen, Vögel und andere Thiere auf den Bodenraum gelangen können — kurz, es ist eben eine Unregelmäßigkeit, welche besser vermieden würde.

Da hat nun einer unserer Fachgenossen, der Flaschner Anton Häußler in Lauchheim, die praktische Idee gehabt, eine Glasdachplatte zu konstruiren, welche mit einer Zinkeinfassung umgeben ist und die Normalgröße einer Dachplatte besitzt.

Dieselbe kann in beliebiger Anzahl an Stelle der gewöhnlichen Dachplatten von Jedermann selbst eingehängt werden und es läßt sich auf diese Weise ein Bodenraum dauernd und ausreichend beleuchten, was jedenfalls viel vortheilhafter ist, als die vorerwähnte fortwährende Störung der Dachdeckung.

Die Platte ist bei aller Einfachheit äußerst zweckmäßig; sie wird so eingehängt, daß die Ziegelplatten rechts und links über den Wasserfalz greifen. Das Glas steht dann senkrecht und es kann sich weder Schnee darauflegen noch Staub und Schmutz von außen die Wirkung beeinträchtigen. Sollte je einmal das Glas zerbrechen, so kann von jedem Glaser wieder ein neues eingeschoben werden, da das Glas einfach von innen mit Haften befestigt ist, jedoch in der Weise, daß weder Regen noch Schnee nach innen eindringen kann.

Herr Häußler hat bei mehreren Oekonomen die Glasdachplatten mit Zinkfassung seit längerer Zeit zur Probe gegeben und man spricht sich sehr befriedigend darüber aus.

Der Artikel ist unter Musterschutz gestellt, wird aber zu billigem Preise verkauft, sodaß er sich leicht überall einführen wird."

Eine solche Glasdachplatte ist in unserer technischen Mustersammlung einzusehen. Der Verfertiger hat sich bereit erklärt, den Mitgliedern des Landesgewerbvereins ein Paar gegen Einsendung von 1 Mark 50 Pf. in Briefmarken oder mit Postnachnahme portofrei zuzusenden. Lieferungen von 50 Stück kosten 35 Mark mit 15% Sconto innerhalb dreier Monate.

Regeln zur Conservirung von Alterthümern.

Der preußische Kultusminister hat „kurzgefaßte Regeln zur Konservirung von Alterthümern" zusammenstellen lassen, welche durch Vermittlung der Anthropologischen Gesellschaft den Vorständen kleiner Lokalsammlungen und Privatsammlern überwiesen werden sollen. Die Regeln sollen den Zweck haben, eine Anleitung zu der ersten Behandlung der Alterthümer bei der Auffindung derselben zu geben, damit sie nicht von vornherein so sehr beschädigt werden, daß eine spätere Behandlung nicht mehr von Erfolg ist. Sodann sollen die Regeln als Leitfaden dienen, um sich darüber zu unterrichten, wie weit ohne Schaden für die Alterthümer eine Behandlung derselben erfolgen kann. Da auch Privatpersonen, namentlich auf dem Lande, häufig in die Lage kommen, interessante Funde zu machen, so dürften einige der Regeln auch dem größeren Publikum erwünscht sein.

Bronze ist den Regeln zufolge höchst vorsichtig zu behandeln, da sie oft sehr mürbe und brüchig ist. Auf Spuren von anhaftendem Holz, Haaren und Gewebe ist sorgfältig zu achten, ebenso auf das Vorkommen von Einlagen in Gold, Silber, Knochen, Glasfluß u. dergl. Die Reinigung erfolgt durch behutsames Abspülen in lauwarmem Wasser oder, wenn die Patina fester ist und ersteres nicht genügt, durch Einlegen in Seifenwasser und sehr dünne Lösung von reiner Pottasche und nachheriges

Abspülen in lauwarmen Wasser oder Bürsten mit ganz weichen Bürsten oder Haarpinseln. Schöne grüne feste Patina erfordert alsdann keine weitere Behandlung, sehr mürbe und lose aufsitzende Patina wird mit einer Harzlösung getränkt (15 gr Dammarharz werden in 130 gr Benzin gelöst und dann 20 gr gebleichtes Mohnöl und 150 gr Terpentinspiritus zugesetzt). Gold ist nur von anhaftenden Verunreinigungen durch Abspülen mit lauwarmen Wasser zu reinigen. Feste, noch ganz metallische Stücke Silbers sind in dünner Ammoniaklösung zu waschen, dann in lauwarmem Wasser abzuspülen und vorsichtig zu erwärmen, um das Ammoniak wieder zu entfernen. Brüchige Stellen sind nach vorsichtigem Abspülen in lauwarmem Wasser mit der Harzlösung zu tränken. Blei und Zinn sehen meist knochenähnlich, weißlich grau aus und sind außerordentlich mürbe und zerbrechlich. Sie sind in warmem Wasser abzuspülen, ganz vorsichtig zu trocknen und mit der Harzlösung zu tränken. Abbröckelnde Eisentheile, auch Rost, müssen sorgfältig aufbewahrt und mit Fischleim wieder angekittet werden. Vollständig gut erhaltenes Eisen mit schwarzblauem „Edelrost“ ist abzuspülen und mit einem die Luft abhaltenden dünnen Ueberzug (Belmontylöl, Kerotine oder weißes Wachs in Benzin gelöst) zu versehen. Gerostetes Eisen muß mit Gaze umhüllt und in lauwarmem Wasser, dem etwas chemisch reine Soda zugesetzt ist, ausgelangt werden. Die Gegenstände werden hierauf getrocknet, 6—8 Tage in absoluten Alkohol gelegt und bei gelinder Wärme allmählich getrocknet und dann mit der Harzlösung getränkt. Drohen derartige Stücke schon gleich nach der Auffindung zu zerfallen, so tränke man sie wiederholt mit einer Lösung gebleichten Schellacks in Alkohol, der einige Tropfen Ricinusöl zugesetzt sind. Thongegenstände werden vorsichtig getrocknet, bis der Thon wieder fest ist, dann mit weichen Stielbürsten abgebürstet, wieder getrocknet und abgebürstet. Dabei ist aber darauf zu achten, daß Malereien nicht beschädigt werden. Sehr mürbe Stücke werden mit Belmontylöl getränkt. Farbiges Glas wird in lauwarmem Wasser vorsichtig abgespült. Weißes Glas bedarf keiner weiteren Behandlung. Holz muß vor zu schnellem Trocknen geschützt werden. Knochen dürfen ebenfalls nur ganz allmählich trocknen. Dasselbe gilt vom Leder und von Geweben.

Entscheidungen des Reichsgerichts.

Die fehlerhafte Konstruktion eines Baugerüstes, wodurch für Andere Gefahr entsteht, fällt nach einem Urtheil des Reichsgerichts, III. Strafsenats, vom 12. März d. J., unter die Strafbestimmung des §. 330 des Strafgesetzbuchs. („Wer bei der Leitung oder Ausführung eines Baues wider die allgemein anerkannten Regeln der Baukunst dergestalt handelt, daß hieraus für Andere Gefahr entsteht, wird mit Geldstrafe bis zu 900 Mark oder mit Gefängniß bis zu 1 Jahre bestraft.“)

Das **Inverkehrbringen von gesundheitsgefährlichen Nahrungsmitteln** ist nach einem Urtheil des Reichsgerichts, IV. Strafsenats, vom 21. März. d J., nur dann strafbar, wenn der Thäter die gesundheitsgefährliche Beschaffenheit des Nahrungsmittels gekannt hat und ihm das Bewustsein innegewohnt hat, daß der Abnehmer der Sache diese selbst genießen oder als Nahrungsmittel an Andere weiter veräußern oder abgeben werde. Kann die gesundheitsgefährliche Eigenschaft des Nahrungsmittels durch eine besondere, hierzu geeignete Behandlung beseitigt werden, so ist das Inverkehrbringen dieses Nahrungsmittels nur dann straflos, wenn der Abgebende die nöthigen Vorsichtsmasregeln getroffen hat, um den Gebrauch des Nahrungsmittels in seiner gesundheitsgefährlichen Beschaffenheit zu verhindern.

Die Hingabe eines Wechsels an einen seinen Lohn beanspruchenden Arbeiter an Zahlungs statt oder auch nur zahlungshalber, d. h. mit der wenn auch nicht ausdrücklich geäußerten Intention der Betheiligten, daß der Gläubiger (Arbeiter) zwar seinen Anspruch nicht aufgiebt, dagegen sich bereit finden läßt, durch Verwerthung des ihm anstatt baaren Geldes gewährten Wechsels sich, soweit möglich, Befriedigung zu verschaffen, ist nach einem Urtheil des Reichsgerichts, IV. Strafsenats vom 27. März d. J., als eine Zuwiderhandlung gegen §. 115 der R.-Gewerbe-Ordn. („Die Gewerbetreibenden sind verpflichtet, die Löhne ihrer Arbeiter baar in Reichswährung auszuzahlen") zu bestrafen, selbst wenn der Wechsel wegen formaler Mängel ungültig ist. Dagegen würde die Hingabe eines Wechsels ausschließlich in der Absicht, dadurch die Lohnforderung des Arbeiters zu bestätigen und zu sichern, nicht strafbar sein.

Verschiedene Mittheilungen.

Verkehrs-Anstalten. Es wird darauf aufmerksam gemacht, daß, während für die Briefe nach den außerhalb des Weltpostvereins befindlichen britischen Kolonien Australiens und Süd-Afrikas sowie nach dem Orange-Freistaat und der südafrikanischen Republik (Transvaal) das Franko 60 Pfennig für je 15 g Gewicht beträgt, doch die Briefe nach den australischen Hafenorten Adelaide, Melbourne und Sydney, welche mittelst deutscher Postdampfer als Schiffsbriefe von Bremen direkt auf dem Seewege nach jenen Anlaufsplätzen befördert werden, nur einer Taxe von 20 Pfennig für je 15 g unterliegen. Diese Briefe müssen zum vollen Betrage frankirt und außerdem mit der Bezeichnung „Schiffsbrief über Bremen" versehen sein.

Vom 1. Juli ab trat die Republik Salvador der Pariser Uebereinkunft des Weltpostvereins in Betreff des Austausches von Postpacketen bei. Zunächst sind indeß nur Packete im Verkehr mit der Hauptstadt San Salvador bis zum Gewicht von 3 kg und ohne Werthangabe zulässig.

Das Porto, welches vorauszubezahlen ist, beträgt 3 Mark 40 Pfennig. Daneben kommt eine vom Empfänger in Salvador zu entrichtende Gebühr von 40 Pfennig für je 500 g für die Beförderung über den Isthmus von Panama zur Erhebung.

Vom 1. Juli ab trat die Regentschaft Tunis dem Weltpostvertrage und den Nebenabkommen, betreffend den Werthbrief-, Postpacket-, Postanweisungs- und Postauftragsverkehr, bei. Es finden daher fortan die Vereinsbestimmungen, welche bisher nur hinsichtlich der dort unterhaltenen fremden Postanstalten Geltung hätten, auf das ganze Gebiet der Regentschaft Anwendung. Ueber alles Einzelne ertheilen die Postanstalten auf Verlangen Auskunft.

Die Papierfabrikation des Alterthums. Man nimmt allgemein an, daß Leinwandlumpen zur Papierfabrikation erst seit dem vierzehnten Jahrhundert benützt wurden und daß früher die Schreibmaterialen im Orient aus nicht künstlichen Stoffen bestanden hätten. Diese Ansicht ist, wie uns das Patentbureau von Richard Lüders in Görlitz mittheilt, neuerdings durch eine von Herrn Dr. Julius Wiesner angestellte mikroscopische Untersuchung des Papiers von El Faijum widerlegt, welches in dem österreichischen Museum in Wien in der Sammlung aufbewahrt wird, die als „Papyrus Erzherzog Rainer" bekannt ist. Viele dieser Papiere stammen aus dem neunten und einige sogar aus dem achten Jahrhundert. Die von Herrn Dr. Wiesner angestellte Prüfung ergab das unerwartete Resultat, daß diese Papiere alle aus Lumpen hergestellt waren. Die Fasern bestehen hauptsächlich aus Leinen, vermischt mit Baumwolle, Hanf und thierischen Fasern. Die Papierfabrikation a Lumpen ist demnach weder eine deutsche noch eine italienische Erfindung, sonde stammt aus dem Orient. Neben den Papieren aus Faijum prüfte Dr. Wies auch mehr als fünfhundert orientalische Schriften aus dem neunten bis fünfzehn Jahrhundert; nicht ein einziges Papier war aus Baumwollenfasern, sondern a aus Leinenfasern gebildet. Die Prüfung der als Zusatz zur Papiermasse verw deten Stoffe ergab gleichfalls unerwartete Resultate. In allen Faijum-Papie wurde Stärke gefunden, eine Substanz, welche nach der bisherigen Annahme i seit dem letzten Jahrhundert zu diesem Zwecke verwendet wurde. Zuweilen wa wohlerhaltene Stärkekörner, die in Form und Größe denen der Waizenstärke glei kamen, untermischt. In zwei Stücken, die aus dem zehnten und elften Jahrhund stammten, wurde Buchweizenstärke gefunden. Der Zweck dieser Surrogate w augenscheinlich der, das Papier weißer zu machen.

Kraft- und Arbeitsmaschinen-Ausstellung zu München 188 Das kgl. bayerische Staatsministerium des kgl. Hauses und des Aeußern hat d Bittgesuch des Directoriums, für die Aussteller und deren Personal die gleic Fahrpreisbegünstigungen einzuräumen, wie sie hinsichtlich der Deutsch-nation Kunstgewerbe-Ausstellung zugestanden worden sind, durch Gewährung von Fa preis-Ermäßigung für die Aussteller und deren Personal, ferner durch Verlän rung der Giltigkeitsdauer der Retourbillete der Aussteller auf 30 Tage stattgeg und außerdem den Hin- und Rückfahrtsbilleten jener Arbeiter, welche die währ der Ausstellung in Betrieb gesetzten Maschinen zu bedienen haben, eine 3½ mon liche Giltigkeitsdauer und zwar für die Zeit vom 15. Juli bis 31. October l. zugesichert. Die Generaldirection der kgl. Staatseisenbahnen ist ermächtigt word auch mit den in Betracht kommenden außerbayerischen Bahnen in entsprechen Benehmen zu treten und über das Ergebniß dem Directorium unmittelbar M theilung zu machen.

Das Ausstellungsgebäude wird im Innern bis 1. Juli fertiggestellt wor sein, so daß an diesem Tage mit Aufstellung der Objekte begonnen werden kon und wird, wenn nicht ganz unvorhergesehene Ereignisse eintreten, die Ausstell am Eröffnungstage ein vollkommen fertiges Bild bieten.

Mittel gegen Brandwunden. Bezugnehmend auf die von mir ber vor Jahren in verschiedenen Zeitschriften veranlaßte Veröffentlichung empfehle rohes Glycerin für sich allein oder gemischt mit Alkohol oder auch im Nothf Alkohol allein als äußerst wirksames Mittel, um den ersten heftigsten Schmerz Zuziehung von Brandwunden vor Ankunft des Arztes zu stillen. Es sollte Gießereien u. s. w., wo häufig Brand- oder Brühwunden vorkommen, nie größeres Gefäß mit obigen Linderungsmitteln fehlen, und genügt ein wiederhol Eintauchen des verletzten Körpertheiles bezw. ein theilweises Bad, um den Schm sofort zu lindern. Nach 2—3maliger Wiederholung des Bades hört der Schm selbst hochgradiger Brüh- oder Brandwunden gänzlich auf. A. Gawalovski

Signirtinte für Herschel'sche Cyanotypie (Blaudruck). Als sol empfiehlt der Unterzeichnete Thonerde-Natron (Natriumaluminat) oder n vortheilhafter: Eine Mischung von Alaun, oder concentrirtem Alaun und phosph saurem Natron in wässeriger Lösung von 1:10, und so lange mit Natronlauge v setzt, bis der entstandene voluminöse Niederschlag gerade wieder verschwunden Letztere Signirtinte schreibt ungemein scharf, und in Folge des Phosphorsäure haltes, welcher zur Bildung von phosphorsaurem Thonerde-Eisen beiträgt, sc weiß. A. Gawalovski

Anzeigen.

Lehrer-Gesuch.

Für die Uebernahme des Unterrichtes im Zeichnen und der technischen Fä an der erweiterten Handwerkerschule zu Bensheim in Hessen wird ein er Lehrer gesucht. — Gehalt 2000 Mark jährlich. — Geeignete Bewerber (Abs virung einer Baugewerkeschule ist erwünscht) wollen ihre Meldungen unter Vorl von Zeugnissen und Lebenslauf bis zum 21. Juli 1888 an Herrn Commerzienr Müller zu Bensheim in Hessen einreichen.

Redacteur Dr. Hesse. — Druck von Heinrich Brill.

In Commission bei L. Brill in Darmstadt.

Gewerbeblatt

für das

Großherzogthum Hessen.

Zeitschrift des Landesgewerbvereins.

Erscheint wöchentlich. Auflage 4500. Anzeigen für die durchgehende Petitzeile oder deren Raum bei ein- und zweimaliger Aufnahme 30 Pf., bei drei- und mehrmaliger Aufnahme 25 Pf.

№ 29. Juli 1888.

Bekanntmachung,

betr. die Generalversammlung der Mitglieder des Landesgewerbvereins für 1888.

Mit Bezugnahme auf die vorläufige Bekanntmachung in Nr. 25 des Gewerbeblatts beehren wir uns, die verehrlichen Mitglieder des Landesgewerbvereins und der sämmtlichen Lokalgewerbvereine auf

Montag den 6. August l. J. zu einer Generalversammlung nach Bingen

einzuladen.

Vor der gemeinschaftlichen Sitzung: Besichtigung der Ausstellung von Zeichnungen und Schülerarbeiten aus den rheinhessischen Handwerker- und Kunstgewerbe-Schulen und aus der Landesbaugewerkschule. — Ausstellungslokal: Neues Schulhaus auf dem Freidhofe.

Die Sitzung beginnt um 12½ Uhr und wird abgehalten im oberen Saale des „Pariser Hofes“.

Zum Vortrag und zur Berathung sind vorgesehen:

1) Ansprache des Präsidenten des Landesgewerbvereins.
2) Vortrag des Herrn Choquet von Bingen über die gewerbliche Entwickelung von Bingen.

3) Bericht der Handwerkerschul-Commission des Lande[s]werbvereins.
4) Mittheilung des Herrn Direktors Schurig von Offenbach die Erfahrungen, welche bei den dort eingeführten freiwil[ligen] Lehrlingsprüfungen bis jetzt gemacht worden sind. — Bestel[lung] einer Commission zur Begutachtung der Frage, ob solche freiwi[llige] Prüfungen allgemein einzuführen sind.
5) Bestimmung des Orts für die nächste ordentliche [Ver]sammlung.
6) Neuwahl des Ausschusses des Landesgewerbvereins.

Darmstadt, den 10. Juli 1888.

Großherzogliche Centralstelle für die Gewerbe und den Landesgewerbve[rein].

Fink. Dr. Hesse.

Bemerkungen. Nach der Versammlung findet um 2 Uhr ein gemeinschaft[liches] Mittagessen im „Pariser Hofe" statt. Preis des Couverts ohne Wein 1 Mk. 50 [Pf.] Die verehrlichen Mitglieder des Gewerbvereins sind gebeten, ihre Theilnah[me an] dem Mittagessen entweder bei den Vorständen ihrer Lokalgewerbvereine oder bei dem Vorstand des Lokalgewerbvereins Bingen, Herrn Spenglermeister Witt bis längstens zum 1. August anzumelden.

Das neue englische Markenschutzgesetz und dessen Einwirku[ng] auf die deutsche Industrie.

(Nach dem Berichte der Handelskammer zu Dresden.)

Von durchgreifendster Bedeutung für den Handel nach Eng[land] ist der Erlaß des merchandise act vom 23. August 1887, dessen [Be]stimmungen mit dem 1. Januar 1888 in Kraft getreten sind. Wie gegen alle Waaren ausländischen Ursprungs gerichtet, werden do[ch zu]nächst und am meisten die deutschen Waaren, seien sie nur für den [eng]lischen Markt, seien sie für die Wiederausfuhr nach den englischen [Colo]nien bestimmt, betroffen. Es ist eine selbst von den Engländern [zuge]standene Thatsache, daß viele deutsche Waaren — wir wollen nur Erzeugnisse der Messerindustrie nennen — mit englischen Fabrikm[arken] bestellt und als englische Fabrikate auf den englischen oder den Weltm[arkt] gebracht worden sind. Ebensowenig ist in Abrede zu stellen, daß [eng]lische Bezeichnungen von deutschen Fabrikanten auch ohne ausdrück[liche] Bestellung für ihre Waaren verwendet werden. Durch den merchan[dise] act ist dieser Sitte, oder besser gesagt, Unsitte in unseren Handel[sbe]ziehungen zu England mit einem Schlage ein Ende gemacht. Wir h[aben] bereits in unserem letzten Bericht bei Besprechung einer ähnlichen [Maß]regel Frankreichs unserer Ansicht dahin Ausdruck gegeben, daß es Zeit für die deutsche Industrie ist, sich von der mißbräuchlichen Be[zeich]nung ihrer Fabrikate als französische oder englische zu befreien und deutsche Waare als solche und nicht unter fremder Flagge auf den [Welt]markt zu bringen; sind die deutschen Erzeugnisse gut und konkurrenz[fähig] — und daß dies von einer großen Anzahl derselben gilt, davon [haben] gerade die erwähnten französischen und englischen Gegenmaßregeln rechtes Zeugniß ab, — nun, so brauchen sie auch ihren Ursprung nicht zu verleugnen, im Gegentheil, dem deutschen Fabrikanten muß daran gelegen sein, daß sein ausländischer Abnehmer auch die wahre Bezugsquelle kennen lernt; sind sie minderwerthig, dann wird doch gegebenen Falles der englische oder französische Zwischenhändler kein Bedenken tragen, sie als „billiges aber schlechtes" Produkt deutscher Industrie zu erkennen zu geben, und das kann dem Rufe derselben in keinem Falle förderlich sein. Wenn nun die Bezeichnung deutscher Waaren mit englischen, beziehentlich französischen Marken bisher einigermaßen durch die Anforderungen der ausländischen Käufer entschuldbar war, so ist das gleiche Verfahren auf dem inländischen Markte in keiner Weise zu beschönigen, verdient vielmehr die strengste Verurtheilung. Freilich gab es eine Zeit, in welcher in Deutschland nur geschätzt wurde, was ausländischen Ursprungs war; der abscheuliche Ausdruck für eine geringwerthige Sache: „es ist nicht weit her" dürfte in dieser Zeit entstanden sein; aber nachdem Deutschland als geeintes Reich, Gott sei Dank, sich die ihm gebührende Stelle unter den Nationen erworben, nachdem es dem Auslande die widerwillige Anerkennung seiner Leistungen auch auf industriellem Gebiete abgezwungen hat, sollte es der Stolz jedes deutschfühlenden Industriellen sein, seine Erzeugnisse nicht zu verleugnen, seiner Waare nicht ein ausländisches Mäntelchen umzuhängen; das Publikum aber sollte seiner zumeist unbegründeten Vorliebe für alles Fremde entsagen und den Fabrikanten und Kaufmann durch Nachfrage nach deutschen Waaren unterstützen, den ersteren durch die damit gegebene Anerkennung seiner Leistungen zu weiterer Vervollkommung derselben anspornen, den letzteren ermuthigen, daß er der Täuschung durch fremde Bezeichnung entsage und die Dinge mit ihrem rechten Namen nenne.

So sehr daher das englische Gesetz auch geeignet sei, den deutschen Exporthandel zunächst zu erschweren, auf die Dauer werde er nur Nutzen davon ziehen und sich immer mehr von der englischen Vermittelung freimachen.

Bogenhalter, um Nähmaschinen zum Gebrauch in der Buchbinderei geeignet zu machen.

Mittheilung des Patentbureaus von Richard Lüders in Görlitz an die „Illustrirte Zeitung für Buchbinderei und Cartonagefabrikation".

Maschinen sind im Handwerk heutzutage nicht allein unentbehrlich, sie sind ein Bedürfniß für Jeden, der nicht zurückbleiben will, eine Nothwendigkeit, um nur einigermaßen Schritt halten zu können mit dem Großbetrieb. Mit der Handarbeit, und wäre sie noch so vorzüglich, kann bezüglich der Bedarfsartikel nicht concurrirt werden. Die Handarbeit leistet Vieles, was durch mechanische Herstellung mittelst Maschinen nie zu erzeugen sein wird, die Maschinen aber kann sie nicht ersetzen. Auffallend ist es, daß die Einführung von Maschinen im Buchbindereigewerbe verhältnißmäßig so spät und so langsam stattfand, und dieser Stand, aus dem in allen Jahrhunderten so viel klare Denker und Erfinder hervorgingen, bezüglich guter Arbeitshilfsmittel vielfach gegen andere Gewerbe zurückblieb.

Ein Beispiel hierfür bietet die Anwendbarkeit der Nähmaschinen zum Heften und Binden. Welche Gewerbe arbeiten heutzutage nicht alle mit der Nähmaschine, während der Buchbinder verleitet würde, das elastische von Alters her einzig bewährte Material des gesponnenen Fadens zu verlassen und mit Draht zu verbinden, lediglich deshalb, weil es bisher noch nicht so recht geglückt, die Nähmaschine für seine Arbeiten nutzbar zu machen. Sobald es aber anerkannt ist, daß sich die Nähmaschine practisch und mit Vortheil verwenden läßt, wird das mit Hanf geheftete Buch wieder zu seinem Rechte kommen, man wird lieber schon aus alter Gewohnheit, gut mit nachgiebigem Hanf durchgenähte Bücher kaufen als mit Draht geheftete, da Faden weit weniger aufträgt, weniger schneidet, bei genügendem Durchnähen die Bogen weit unverschiebilicher zusammenhält und schließlich das Buch bequemer zu handhaben ist, denn die gezwungene Steifheit der Metallheftung ist unbestreitbar.

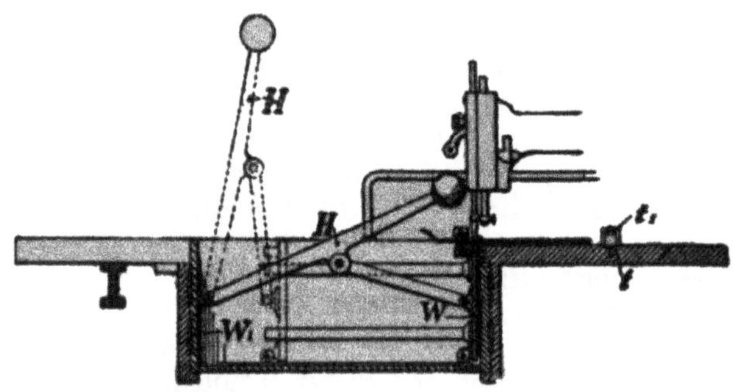

Diese Vortheile werden durch nachfolgend beschriebene Vorrichtung vorzüglich erreicht, so daß, wie einfach die Anordnung auch ist, diese Erfindung ohne Zweifel in Buchbinderkreisen epochemachend werden muß.

Das schließliche Resultat mehrfacher Verbesserungen bildet folgende einfache Zusammensetzung.

Unter der Nadel der Nähmaschine befindet sich eine senkrechte Anschlagfläche, welche somit mit der horizontalen Tischfläche einen rechten Winkel einschließt. Man legt die Bogen gefalzt so an die Kante dieser Anschlagfläche, daß die eine Hälfte auf dem horizontalen Tisch, die andere herabhängend an der Seite des Anschlages sich befindet. Die Rückenbänder mit dem etwa schon gemachten Theil des Buches sind an einem Support befestigt, welcher längs dem Anschlag hin und her geführt werden kann und im Wesentlichen aus zwei senkrechten, durch einen Winkelhebel verbundenen Platten W und W 1 besteht. Der Winkelhebel H witd in Thätigkeit gesetzt, sobald ein neuer Bogen eingelegt werden soll. Dazu hebt man einfach sein Gewicht, wodurch die Platte W sich vom Anschlag entfernt, den genähten Bogen herabfallen läßt und Tisch und Anschlagfläche freimacht zur Auflage eines weiteren Bogens. Die linkseitigen Enden der Rückenbänder werden, wie schon erwähnt, von einer Klemmvorrichtung, welche sich über der Platte W befindet, gehalten, während die anderen Enden von einem seitlich mitgeführten Rollenhalter ablaufen. Nach Vollendung eines Buches wird nach Durchschneiden der Rückenbänder auf der rechten Seite eine weitere Klammer in Thätigkeit gesetzt, welche so lange die Rückenbänder-Enden festhalten muß, bis die erstgenannte Klammer zur Aufnahme der Bandenden für ein weiteres Buch disponibel gemacht ist.

Ohne Zweifel wird der einfache Apparat bei einiger Uebung des Arbeiters eine weit höhere Leistung hervorbringen, als dies mit Metalldraht möglich ist, ohne auszuschließen, daß statt der Hanffaden-Nähmaschinen auch Heftvorrichtungen benutzt werden können.

Die übrigen Details ergeben sich aus der Zeichnung, oder sind so einfach und selbstverständlich, daß es ohne besonderes Interesse ist, denselben eingehendere Aufmerksamkeit hier zu schenken.

Aber auch die Einfachheit des Geschilderten kann nur die beste Empfehlung für den neuen Apparat sein und wird sich gewiß als Ursache erweisen, daß diese nützliche Vorrichtung in kurzer Zeit allseitigen Beifall gefunden haben wird.

Rollläden mit drehbaren Stäben.

Nach Mittheilungen des Patentinhabers, Herrn C. W. Fuchs in Pforzheim.
(D. R.-P. Nr. 40190.)

Die fast allgemein gewordene Anwendung von Jalousien und Rollläden in der modernen Bauart, erstere in Folge deren bequemer Luft- und Licht-Regulirung, letztere durch ihren guten Verschluß, verursachte verschiedene Bestrebungen, die beiden Systemen eigenen Vortheile in ein und derselben Construction zu vereinigen. Auch Herr Fuchs hat seit einer Reihe von Jahren sich mit der Lösung dieser Aufgabe beschäftigt und scheint, nach den vorliegenden Zeichnungen und Modellen zu urtheilen, dieselbe in seiner neuen und in verschiedenen Ländern bereits patentirten Construction gefunden zu haben. Dieselbe ist in Bezug auf Luft- und Licht-Regulirung noch weit einfacher und bequemer, als an Jalousien, da sowohl der Aufzug, als die Regulirung an einem und demselben Gurt und zwar im Innern des Zimmers besorgt wird.

Vergängliche und empfindliche Verbindungstheile kommen nicht zur Verwendung, sämmtliche Constructionstheile, welche auf den Gang des Ladens Bezug haben, sind von Metall hergestellt und kann die Witterung deßhalb niemals störend auf den Gang derselben einwirken.

Der Laden functionirt folgendermaßen:

Die einzelnen Stäbchen sind auf ihrer inneren Seite durch eine Gliederkette, von welcher jedes Glied an dem oberen Ende eines Stäbchens durch eine Schraube befestigt ist, unter einander verbunden. An den Stirnseiten derselben sind von Metallzwingen umschlossene Zapfen eingeschraubt, welche sich in den rechts- nnd linksseitig angeordneten Führungen auf und ab bewegen. In diesen Führungen ist ein leicht drehbarer und nach der Theilung der Ketten gezahnter Eisenstab gelagert, an welchem am oberen Ende ein mit schraubenförmiger Nuthe versehenes Segment aufgesteckt ist. Der oberste Stab, welcher zunächst mit der Aufzugswalze verbunden ist, hat beiderseits verlängerte Laufzapfen, die beim Herablassen des Ladens in die schraubenförmige Nuthe an dem Segment eingreifen und dadurch die hiermit verbundenen Zahnstangen in den Lauf der Führungen eindrehen. Hierdurch werden letztere fast momentan abgeschlossen und die Laufzapfen eines jeden Stabes ruhen nun für sich in den Zahnstangen auf. Hierdurch wird die innere Seite des Ladens, welche mit der Aufzugswalze durch die Ketten verbunden ist, entlastet und senkt sich beim Nachlassen des Aufzugsgurtes parallel nach innen. Da jeder Stab sich in einem Halbkreis dreht, so läßt sich durch diese einfache Handhabung und selbstthätige Wirkung jede beliebige Stellung durch Feststellen der Aufzugsgurte erzielen. Die äußere Seite des Ladens kann also auch zum Reinigen derselben nach innen gelegt werden.

Eine große Annehmlichkeit liegt darin, daß der Laden ohne Geräusch und ohne ein Fenster öffnen zu müssen, jeder Zeit vom Zimmer aus geschlossen oder geöffnet werden kann, ohne daß man von der Straße aus bemerkt wird. Wird der Laden aufgezogen, so drehen die beiden verlängerten Laufzapfen des obersten Stabes die Zahnstangen aus dem Lauf der Führungen und machen dadurch die Bahn für die Laufzapfen frei, sodaß das Aufziehen ungehindert geschehen kann.

Die Construction läßt sich überall da anwenden, wo Raum für den Rollkasten des aufgewickelten Ladens vorgesehen ist. Mit Bezug auf den Gang des Ladens ist noch zu erwähnen, daß zwischen den Schraubenköpfen der Laufzapfen und den Stabstirnseiten Metallröhrchen gelegt sind, welche beim Auf- und Ablassen eine rollende Bewegung ergeben, wodurch die Reibungen vermieden und eine leichte Gangart erzielt wird.

Die Vortheile der neuen Ladenconstruction liegen augenscheinlich in folgenden Punkten:

Einfache, leichte Handhabung, Dauerhaftigkeit, angemessene Regulirung von Luft und Licht, leichter und geräuschloser Gang. Diesen Vorzügen gegenüber stellen sich allerdings die Preise auch etwas höher, wie bei einer Anzahl anderer Ladenconstructionen, der Quadratmeter wird sich in Darmstadt fertig angeschlagen auf ungefähr 22 Mark berechnen, was sich durch den größeren Aufwand von Material und Arbeitszeit bei Herstellung des Ladens erklärt.

In unserer technischen Mustersammlung ist ein solcher Rolladen mit drehbaren Stäben zur allgemeinen Besichtigung ausgestellt.

Mittheilung der chemischen Prüfungs- und Auskunfts-Station für die Gewerbe.

(Darmstadt, Heinrichstraße 55.)

Bausand.

Veranlaßt durch die in Nr. 27 d. Bl. enthaltenen Mittheilungen haben wir Großh. Prüfungs- und Auskunfts-Station auch einen der in Darmstadt gewöhnlich verwendeten Bausande zur Untersuchung eingesendet. — Das Resultat derselben ist in nachstehender Antwort enthalten:

Der von Ihnen am 26. Juni eingesendete Bausand (Nr. 408) *enthält in 100* Gewichtstheilen (Mittel aus je 2 Bestimmungen):

I.	Wasser (bei 100° entweichend) . .	4,48		0,00
	Abschlämmbarer Antheil		oder	
	(Thon) . .	1,30	frei von Wasser .	1,36
	Reiner Sand . .	94,22	trockner bei 100° C. .	98,64
		100,00		100,00

II.	Wasser bei 100° entweichend	4,48
	Chemisch gebundenes Wasser und organische Substanzen	7,03
	Nicht flüchtiger Antheil	88,49
		100,00
III.	In Salzsäure löslicher Antheil	12,04
	In Salzsäure Unlösliches	87,96
		100,00

IV. 1 Liter des Bausandes wiegt 1,539 Kilo und enthält 0,356 Liter Hohlräume.

Sein Gehalt an organischen Substanzen und an in Salzsäure löslichen Bestandtheilen, sowie auch an Thon ist erheblich größer, als bei Main- und Rheinsand, dagegen enthält er mehr Hohl- oder Zwischenräume, als der Rheinsand und dürfte demnach ein größeres Gewicht oder Volum Kalkbrei aufzunehmen im Stande sein, als der letztere.

Prof. Dr. Thiel.

Litteratur.

H. Wolff: Sätze und Regeln der Arithmetik und Algebra, nebst Beispielen und gelösten Aufgaben. Zum Gebrauche an Baugewerkschulen, Gewerbeschulen 2c. Leipzig, B. G. Teubner, 1888.

In leicht verständlicher, gedrängter Darstellung bietet das vorliegende Werkchen ungefähr das Nöthigste desjenigen Materiales, was im Unterricht in der Arithmetik und Algebra an Baugewerkschulen vorgetragen und der Erwerbung anderer technischer Kenntnisse als Grundlage dienend angesehen wird. Durch Anleitung zur Lösung von Aufgaben eignet es sich auch zum Selbstunterricht.

Moderne Grabdenkmale. Zur Auswahl und zum Gebrauch für Bildhauer, Steinmetzen, Steinhauer, Thonwaarenfabrikanten und Zinkgießereien. Entworfen und gezeichnet von Gustav Linsenbarth sen., Bildhauer zu Wetzlar. Dritte vermehrte und verbesserte Auflage mit 44 Tafeln. Weimar 1888. Bernhard Friedrich Voigt. Preis 6 Mark.

Der Verfasser berücksichtigt in dem nunmehr in 3. Auflage vorliegenden Werke hauptsächlich die härteren Gesteinsarten, als Granit und Syenit, und hat es sich zur Aufgabe gemacht, für dieses Material entsprechende und ausführbare Grabdenkmale zu bringen. Da die Herstellung plastischer Ornamente in diesen Gesteinsarten sehr mühsam ist, so ist hauptsächlich Werth auf Profilirungen und die architektonischen Verhältnisse gelegt worden; die angebrachten Verzierungen sind in Stock- und Gravir-Manier gedacht, welche bei sorgfältiger Durchführung sehr wirksam sind.

Die Metalle, ihre Gewinnung und ihre Verarbeitung von A. Ledebur. Mit 64 Holzschnitten. Stuttgart bei Otto Weisert. 1887.

Weniger in Einzelheiten eingehend, als das frühere bekannte Werk desselben Verfassers „Die Verarbeitung der Metalle auf mechanischem Wege", welches als Nachschlagebuch oder als Ergänzung für Vorlesungen über metallurgische Technologie dient, unterscheidet sich das vorliegende kleinere Werk von jenem auch dadurch, daß es die Gewinnung der Metalle in den Kreis seiner Besprechungen zieht.

Beide Werke ergänzen sich, das kleinere erscheint als Leitfaden beim Unterrichte an Gewerbeschulen und ähnlichen Lehranstalten sehr geeignet. Metallgießern,

Schmieden, Schlossern, Spenglern ꝛc., welche das Bestreben zu weiterer Ausbildung empfinden, kann die vorliegende Arbeit (Preis 4 Mk. 70 Pf.) bestens empfohlen werden.

Von dem Werk: **„Nachweisung der im deutschen Reich gesetzlich geschützten Waarenzeichen“**, herausgegeben im Auftrage des Reichsamts des Innern (Berlin, P. Stankiewicz' Buchdruckerei), liegt der erste und zweite Band vor. Der erste Band umfaßt (auf 476 S. 4°) die bis Ende 1886 geschützten Zeichen der Gruppen I—VIII: Kunst- und Handelsgärtnerei, Baumschulen, Bergbau, Hütten und Salinen, Torfgräberei; Industrie der Steine und Erden; Metallverarbeitung; Maschinen, Instrumente und Apparate; chemische Industrie; forstwirthschaftliche Nebenprodukte, Leuchtstoffe, Fette, Oele und Firnisse. Der zweite Band umfaßt (auf 368 S. 4°) die bis Ende 1886 geschützten Zeichen der XII. Gruppe „Nahrungs- und Genußmittel“, der zahlreichsten, für deren Publikation das Bedürfniß am dringensten war und die daher auch zuerst der Oeffentlichkeit übergeben worden sind. Diese Bände legen Zeugniß ab von dem außerordentlichen Fleiß und der großen Sorgfalt, welchen der Herausgeber auf das schwierige Werk verwendet hat. Daß er durch die finanziellen Ergebnisse ermuthigt worden sei, läßt sich kaum voraussetzen, denn der Werth einer solchen Sammlung wird in den Kreisen der Interessenten noch bei Weitem nicht nach Gebühr gewürdigt und der Unternehmer hat, soviel uns bekannt, noch immer mit einem gewaltigen Risiko zu rechnen. Aber desto anerkennenswerther ist es, daß er keine Mühe und Kosten scheut, das Werk in würdigster Weise herzustellen, in der Ueberzeugung, daß den industriellen Kreisen je länger je mehr eine solche Sammlung unentbehrlich werden muß. Wir wünschen dem Unternehmer, daß sich diese Ueberzeugung recht schnell in den industriellen Kreisen in deren eigenstem Interesse verbreite, denn es liegt auf der Hand, daß das Werk nur auf eine bestimmte Anzahl von Exemplaren beschränkt bleiben kann, die dem Bedürfniß nicht lange genügen können und später nicht zu ersetzen sein werden. Wie bereits früher hervorgehoben, ist besonders der klare und korrekte Druck der Zeichen zu loben, ebenso die übersichtliche Anordnung derselben, in denen das Zurechtfinden auch durch ein alphabetisch geordnetes Firmenregister und ein Sachregister erleichtert ist. Der letzte (III.) Band wird enthalten: Textilindustrie; Papier und Leder; Holz- und Schnitzstoffe, Bekleidung und Reinigung, Baugewerbe, polygraphische Gewerbe, künstlerische-, Handels-, Versicherungs-, Verkehrsgewerbe, Beherbergung und Erquickung. Sobald die Ende 1886 gültigen Zeichen publicirt sein werden, wird das Werk durch jährliche Nachträge im Laufenden erhalten werden.

Anzeigen.

Die Königlich Sächsische Fachschule für Seifensieder zu Chemnitz

eröffnet am **1. October 1888** einen neuen Lehrcurs. Anmeldungen sind bis zum **15. September** zu bewirken. Die Direction der technischen Staatslehranstalten zu Chemnitz sendet auf Erfordern Prospect und Lehrplan.

Regierungsrath Professor **Berndt.**

Möbelzeichner.

Ein flotter, gelernter Tischler sucht Stelle. Offerten an die Red. d. Bl.

Gebrüder Fischel in Mainz,

Zwetschenallee No. 13,

Specialität:

Cassenschränke, Gewölbethüren, Cassetten.

Kostenanschläge und Preiscourante gratis.

Redacteur Dr. Hesse. — Druck von Heinrich Brill.

In Commission bei L. Brill in Darmstadt.

Gewerbeblatt

für das

Großherzogthum Hessen.

Zeitschrift des Landesgewerbvereins.

Erscheint wöchentlich. Auflage 4500. Anzeigen für die durchgehende Petitzeile oder deren Raum bei ein- und zweimaliger Aufnahme 30 Pf., bei drei- und mehrmaliger Aufnahme 25 Pf.

№ 30. Juli 1888.

Zur Frage der Gefängnißarbeit.

Hierzu schreiben die Berliner Politischen Nachrichten, allerdings zunächst unter Bezugnahme auf preußische Verhältnisse, das Nachstehende, dem wohl auch eine allgemeine Gültigkeit beizulegen sein dürfte:

„Die Nothwendigkeit der produktiven Beschäftigung unserer Strafgefangenen wird von keiner Seite bestritten, ihre Arbeit darf, wenn sie ihren Zweck erreichen soll, keine Penelopearbeit, sie muß eine nutzbringende sein, gerade deßhalb aber und weil sie damit naturgemäß den freien Gewerbetreibenden Konkurrenz bereitet, gibt sie nur zu häufig in den Kreisen der letzteren den Gegenstand von Klagen ab. Meistens allerdings zu Unrecht. Noch neuerdings wurde diese Frage anläßlich der Berathung einer Petition in der Petitionskommission des preußischen Abgeordnetenhauses einer eingehenden Erörterung unterzogen und dabei seitens eines Regierungsvertreters Erklärungen über die Art und Weise der Beschäftigung der Gefangenen abgegeben, die wohl geeignet wären, in den von der Strafanstaltsarbeit sich allzusehr geschädigt glaubenden Kreisen eine andere Ansicht zu erzeugen. Es ist nach diesen Erklärungen anzuerkennen, daß die für die Strafanstaltsarbeit gezahlten Löhne fast ohne Ausnahme sehr niedrig sind, jedoch muß demgegenüber auch betont werden, daß die Strafanstaltsarbeit einen bedeutend geringeren Werth hat als die freie Arbeit. Abgesehen davon, daß die Arbeitsunternehmer jeden Gefangenen beschäftigen müssen, der ihnen zugewiesen wird, daß in den meisten Fällen Gefangene zu Arbeiten herangezogen werden, für welche sie durchaus nicht ausgebildet sind und daß der Werth der Arbeit durch den vielfachen Schaden, den die Entrepreneurs an Material und Arbeitsgeräth durch die ungeübten und meist widerwillig arbeitenden Sträflinge erleiden, bedeutend herabgemindert wird, dürften von den Unternehmern doch auch kaum als Annehmlichkeiten die Verpflichtungen empfunden werden können, ihre Entreprisekontrakte auf höchstens drei Jahre abschließen zu können und stets eine gewisse Minimalzahl von Gefangenen zu beschäftigen, gleichviel ob sie für die von denselben gefertigten Waaren Absatz finden oder nicht. Es ist denn auch wegen aller dieser Uebelstände dahin gekommen, daß vieler Orten von der Submission auf die Anstaltsarbeit Abstand genommen werden muß, weil sich keine Bieter finden, ja daß Unternehmer Konventionalstrafen zahlen, um nur von ihren Kontrakten loszukommen und daß schon mehrfach Unternehmer die Gnade Sr. Majestät angerufen haben, um dieses Ziel zu erreichen. Wenn also einzelne Entrepreneure der Arbeitsanstalt so günstig stehen sollten, so ist das durchaus nicht durchgängig der Fall. Dazu kommt, daß die Gefängnißverwaltung, soweit es in ihren Kräften liegt, der Beeinträchtigung des freien Gewerbes durch die Gefängnißarbeit entgegenzuwirken bemüht ist. Zu diesem Behuf sorgt sie für eine möglichst große Mannigfaltigkeit in der Beschäftigung der Sträflinge, damit nicht einzelne Arbeitszweige in der Gefängnißverwaltung monopolisirt werden, sie nimmt darauf Bedacht, daß die Arbeit in den Strafanstalten auf Artikel beschränkt wird, welche bereits Gegenstand des fabrikmäßigen Betriebs geworden sind, während der Absatz von Handwerkswaaren, welche auf Maß und Bestellung angefertigt zu werden pflegen, für die Orte, an denen die Strafanstalten sich befinden, und für den Umkreis von 10 km ausdrücklich verboten ist, und wenn trotzdem in einzelnen Arbeitszweigen die Strafanstaltsarbeit der Privatindustrie eine Konkurrenz macht, so stellt die Verwaltung entweder diese Arbeit ganz ein, oder sie beschränkt sie wenigstens. Was die Beschäftigung mit Meliorations- und landwirthschaftlichen Arbeiten betrifft, so geschieht hier, trotzdem die Regierung mit der Ausführung von Kulturarbeiten durch Gefangene schlimme Erfahrungen gemacht hat, was in dieser Beziehung geschehen kann. Daß übrigens auch für staatliche Ressorts in den Strafanstalten gearbeitet wird, ist ja bekannt und noch neuerdings sind, nachdem der Kriegs-Minister sich hierin entgegenkommend bewiesen, Einleitungen getroffen, um die Arbeiten für das Militär noch weiter auszudehnen. Nach alledem wird man nur anerkennen können, daß Seitens der Regierung alles geschieht, um die Konkurrenz der Gefängnißarbeit gegenüber der freien Arbeit abzuschwächen. Zu einer vollständigen Einstellung der produktiven Gefängnißarbeit aber glaubt die Regierung, und unseres Erachtens mit Recht, abgesehen von dem mit derselben verfolgten Zweck der Erziehung der Gefangenen, um so weniger Anlaß zu haben, als dadurch die Gesammtheit der Steuerzahler geschädigt werden würde, die dann den gegenwärtig in den Strafanstalten des Ministeriums des Innern durch die Arbeit der Gefangenen erzielten Reinertrag von jährlich 3 Millionen aus eigenem Säckel aufzubringen hätte."

Das Trockenelement von Dr. Carl Gaßner jun. in Mainz.

(Nach der Naturwissenschaftlich-technischen Umschau.)

Bei den bisherigen Trocken-Elementen wurde es häufig als Uebelstand empfunden, daß sich auf dem Zinkcylinder harte Krusten oder nicht leitende Stoffe ablagerten, welche die Stromkraft allmählig durch Erhöhung des inneren Widerstandes schwächten. Dr. Gaßner's patentirte Trocken-Elemente sind die ersten, bei denen dieser Fehler erfahrungsgemäß nicht vorkommt. Die u. A. seitens der Direktion der kgl. bayerischen Posten und Telegraphen im Juni und Juli v. J. angestellten Messungen beweisen dies hinlänglich. Ein Gaßner'sches Trocken-Element wurde in einen Schließungsbogen von 5,6 Ohm äußeren Widerstand eingeschaltet und dieser Schließungsbogen je 3 Minuten geschloßen und 7 Minuten geöffnet. Hierbei ergab sich am Beginn des Versuches eine elektromotorische Kraft von 1,28 Volt und ein innerer Widerstand von 0,3 Ohm; am Ende des Versuchs, nämlich nach 22 Tagen, war die elektromotorische Kraft noch 1,13 Volt, der innere Widerstand 0,7 Ohm.

Seit dieser Zeit sind die Elemente durch eine Aenderung in der Construction noch wesentlich verbessert worden; einen Beweis für die ungewöhnliche Stromstärke und Ausdauer derselben liefert der Umstand, daß eines dieser verbesserten Elemente eine 7 cm Schelle über 500 Stunden hindurch ununterbrochen in Thätigkeit zu erhalten vermochte.

Die Trocken-Elemente besitzen außerdem aber den Vorzug großer Bequemlichkeit und Reinlichkeit den naßen Elementen gegenüber. Alle die bekannten Störungen, der große Uebelstand der Grünspahn- und Oxydbildung, sowie Ausschlagen und Näßen der Standgläser fallen weg. Das Dr. Gaßner'sche Trocken-Element, welches von der Fabrik gebrauchsfertig geliefert wird, ist in einer starken Zinkbüchse, welche bei normalem Gebrauch nicht zerstört wird, montirt und hermetisch geschlossen. Es bedarf keinerlei Wartung, denn, einmal in die Leitung eingeschaltet, arbeitet es unbeaufsichtigt bis zu seiner vollständigen Erschöpfung. Die Füllungskosten sowohl, wie die bei naßen Batterien unvermeidlichen Unterhaltungskosten (Reinigen des Zinkes, Nachschütten von Wasser und Salmiak 2c.) werden mithin erspart.

Durch diese Vortheile ist Installation und Betrieb mit Trocken-Elementen nicht nur billiger und einfacher als solcher mit naßen Batterien, sondern letzterer erreicht auch einen viel höheren Grad von Sicherheit, da alle durch Vernachlässigung der Batterie (versäumtes Auffüllen der Elemente 2c.) so häufig erzeugten Betriebsstörungen vollständig in Wegfall kommen. Ohne Schaden zu leiden, können die Trocken-Elemente in sehr warmen Räumen (Küchen 2c.) aufgestellt werden, ebenso hat die Einwirkung starker Kälte keinen schädlichen Einfluß auf das Element. Bei Nichtgebrauch des Elementes findet keine nennenswerthe chemische Action und Verbrauch der Füllmasse und des Zinkcylinders statt.

Infolge ihrer großen Leistungsfähigkeit eignen sich die Gaßner'schen Trocken-Elemente außer zum Betrieb der elektrischen Schellen und Haustelegraphen noch vorzüglich zum Telephonbetrieb, zu Mikrophonen, elektrischen Uhren, sowie zu allen mobilen Telegrapheneinrichtungen, überhaupt können sie zu allen Apparaten verwendet werden, bei welchen bisher die nassen Leclanché-Elemente Anwendung fanden. Für Apparate jedoch, welche mit Ruhestrom betrieben werden müssen, sind die Trocken-Elemente nicht geeignet. Kittler.

Ueber das Härten des Gipses für Bauzwecke.

Der Gips ist von allen Baumaterialien, schreibt die chemisch-technische Zeitung, die einzige Masse, die nach der Anwendung einen größeren Raum einnimmt, welche kostbare Eigenschaft den Gips zu einem sehr nützlichen Baustoffe macht; unglücklicher Weise wird er leicht zerdrückt und er bröckelt ab, wenn feuchte Luft darauf einwirkt. Man hat nun in letzter Zeit entdeckt, daß man diese Mängel beseitigen kann, ohne seine guten Eigenschaften zu beinträchtigen.

Hierzu genügt es, 6 Theile guten Gips mit einem Theil gelöschten und fein gesiebten Kalke zu vermischen Diese Mischung wird wie gewöhnlicher Gips angewandt; nachdem sie gut ausgetrocknet, wird dann die Schicht mit der Lösung irgend eines schwefelsauren Salzes, deren Base durch Kalk in unlöslichem Zustande ausgefällt wird, getränkt, z. B. mit Eisen- oder Zinkvitriol. Bei Anwendung des letzteren bleibt die Masse weiß, während der erstere sie rostfarben macht.

Der Widerstand dieses so präparirten Gipses gegen das Zerbrechen ist ungefähr 20 Mal größer als der des gewöhnlichen Gipses; gegen atmosphärische Einflüsse ist er nunmehr unempfindlich. Das Verfahren verdient deshalb ausgedehnte Anwendung und gestattet zugleich, den Zinkvitriol, der heute so gut wie gar keine Anwendung in der Industrie findet, zu benutzen.

Schließlich sei noch einer merkwürdigen Anwendung des Gipses gedacht, der 1/6 seiner Masse Kalkzusatz erhalten hat und dann mit Eisenvitriol getränkt wurde. Ueberstreicht man eine derartige Oberfläche mit Leinöl, das mit Bleioxyd gekocht und durch das Erhitzen etwas gebräunt wurde, so nimmt sie das Aussehen von Mahagoniholz an und der Farbenton wird sehr schön, wenn man dann noch mit hartem Kopallack überstreicht.

Bereitet man in einem Zimmer eine Schicht von solchem mit Kalk und Eisenvitriol behandelten Gips in 6—7 cm Dicke aus und behandelt sie dann mit Oel und Lack, so erhält man ein gleichmäßiges spiegelndes Parquet, das in den meisten Fällen Eigenholzparquet ersetzen kann, aber vor diesem letzteren den Vortheil bietet, daß es 4 Mal weniger kostet, denn man braucht nur für 25 Pfennig Eisenvitriol auf das qm.

Sicherheit der Arbeiter bei Bedienung elektrischer Maschinen.

Mittheilung des Patentbureaus von Richard Lüders in Görlitz.*)

Die immer mehr wachsende Anwendung von Dynamomaschinen, die ungemein starke elektrische Ströme produciren, legt die Frage nahe,

*) Auskünfte ohne Recherchen werden den Lesern unseres Blattes durch das Bureau unentgeltlich ertheilt.

wie es mit der Sicherheit der Arbeiter steht, die an der Maschine zu thun haben. Die Gefahr beschränkt sich in den meisten Fällen auf die von der Art der Maschine abhängige Selbstinduction; Spannung und Intensität kommen nicht in Betracht. Bei Gleichstrommaschinen tritt eine Gefahr nur dann ein, wenn die Leitung unterbrochen wird, da in diesem Augenblicke ein Nebenstrom entsteht, der zu Unfällen Veranlassung geben kann. Zur Verhütung derartiger Unfälle hat ein Herr d'Arsonval in Paris einen einfachen Apparat erfunden; derselbe besteht aus einem mit Quecksilber gefüllten Hahn von Glas oder Thon, welcher in den Stromkreis eingeschaltet wird. Beim Umdrehen des Hahnes wird die Quecksilbersäule allmählich getheilt und dadurch eine plötzliche Unterbrechung des Stromes verhütet. In Maschinen mit Wechselstrom ist die Gefahr eine bedeutend größere, und Herr d'Arsonval bekennt auch seine Unfähigkeit hier ein ganz sicheres und praktisches Verhütungsmittel anzugeben. Es gelingt indessen in beinahe allen Fällen, besonders wo Thiere durch den Strom derartiger dynamoelektrischer Maschinen getroffen worden waren, dieselben durch künstliche Athmung wieder zum Leben zu bringen. Diese Behandlung dürfte auch für Menschen bei derartigen Unfällen sich als zweckentsprechend erweisen.

Nicht geringes Aufsehen erregte s. Z. ein neues Verfahren, Metalle mit Hülfe des elektrischen Bogenlichtes zusammenzuschweißen oder zu löthen; es hat jedoch dies Verfahren auch seine Schattenseiten. Desfontaine Creuzot beobachtet an Arbeitern, die mit dem Zusammenschweißen von Stahl durch den elektrischen Heerd beschäftigt waren, eine auffallende Wirkung des elektrischen Bogenlichtes. Die eintretenden Symptome hatten große Aehnlichkeit mit denjenigen des Sonnenstiches; Hals und Gesicht wurden roth und schmerzhaft. Später würden die afficirten Oberflächen in Folge einer Desquamation entblößt, welche derjenigen analog war, die einer Verbrennung ersten Grades folgt. An den Augen intensive Hyperämie mit starken Schmerzen und Thränenträufeln; die Retina war trotz der Ruhepausen während der Arbeit und der intensiv dunklen Gläser stark abgestumpft, die Gegenstände schienen alle safrangelb gefärbt. Den schädlichen Einfluß des elektrischen Lichtes auf die Haut und die Augen hat schon der Physiker Foucault beobachtet und Charcot hat darüber in der „Biologischen Gesellschaft" berichtet. Der letztere hat sich der Wirkung eines elektrischen Focus in einer Entfernung von 1,5 m ausgesetzt und dabei seinen Arm entblößt, während er seine Augen mit rothen und grünen Gläsern gut schützte. Der Versuch dauerte nur einige Minuten. Nach einer halben Stunde entstand ein Jucken am Vorderarme, dann eine intensive Röthe; Nachts schlechter Schlaf und Schmerzen. Diese Symtome verschwanden nach 4 Tagen, und dann trat Desquamation ein. Die Augen waren sehr ermüdet, wenn auch nicht sehr hyperämisch. Die Heftigkeit der Symtome hängt von der Stärke des elektrischen Focus und der Dauer der Einwirkung ab. Man nimmt an, daß ein Focus von über 200 Ampère Stärke gefährlich werden kann.

Verschiedene Mittheilungen.

Verkehrswesen. Postpacketverkehr mit Neu-Süd-Wales. Mittels der Deutschen Reichs-Postdampfer können von jetzt ab Postpackete nach der britischen Kolonie Neu-Süd-Wales (Australien) versandt werden.

Die Beförderung der Packete erfolgt, je nach der Wahl des Absenders, über Bremen oder über Brindisi.

Auf dem Wege über Bremen sind Packete bis zu 5 kg, auf demjenigen über Brindisi Packete bis zu 3 kg Gewicht zugelassen.

Die vom Absender im Voraus zu entrichtende Taxe beträgt für jedes Packet bei der Beförderung über Bremen 6 Mk. 80 Pf., bei der Beförderung über Brindisi 7 Mk. 60 Pf.

Ueber das Weitere ertheilen die Postanstalten auf Verlangen Auskunft.

Der Gewerbverein zu Wiesbaden. Der Gewerbverein zählte im abgelaufenen Jahre 1239 Schüler und Schülerinnen, welche in 31 Abtheilungen von 23 Lehrern unterrichtet wurden. Es wurden circa 8530 Zeichnungen, 130 Stück ornamentale, figürliche und constructive Modellirarbeiten, sowie eine große Anzahl Facharbeiten angefertigt. Die Verwaltungskosten beliefen sich auf 17576 Mark. Mitglieder zählt der Verein nahezu 1000. Der Gemeinderath hat nunmehr, da die dermaligen Räumlichkeiten unzureichend sind, 90000 Mark für einen Erweiterungsbau des Gewerbeschulgebäudes bewilligt. Der Bau wird noch in diesem Jahre begonnen werden.

Tief-Nuß-Braunbeize für Holz, Bein, Horn, Elfenbein, Leder, Pelzwerk, Papiermasse ꝛc. Man beizt mit scharfer Schmier-Seifenlösung vor, spült, legt kurze Zeit in Kalkwasser ein, nimmt heraus und bringt in eine 1—3procentige wässerige oder alkoholige Pyrogallussäurelösung einige 5—6 Minuten ein, nimmt heraus, schleuert aus, läßt 4—5 Stunden an der Luft liegen und spült mit Wasser rein. Das durch alkalische Einwirkung des Kalkes auf die Pyrogallussäure bei Luftzutritt entstandene Humin ist lichtecht und ziemlich säure- und alkalibeständig.

A. Gawalovski, Brünn.

Deutsche Allgemeine Ausstellung für Unfallverhütung, Berlin 1889. Die Zahl der Anmeldungen zur Ausstellung hat alle Erwartungen übertroffen; der verfügbare Raum ist jetzt schon fast vollständig in Anspruch genommen. Es empfiehlt sich deshalb, daß alle Diejenigen, welche auszustellen gesonnen sind, ihre Anmeldungen aber noch nicht eingereicht haben, dem Centralbureau (Berlin, Kochstraße 3, z. H. des Vorstandsmitgliedes, Director Max Schlesinger) zunächst wenigstens ungefähre Angaben über den benöthigten Platz schleunigst übermitteln.

Mit Rücksicht auf diese überaus starke Betheiligung sieht sich der Vorstand der Ausstellung zu Erweiterungsbauten veranlaßt und wird demnächst mit Errichtung besonderer Maschinenhallen vorgehen.

Die von einigen Seiten gehegte Befürchtung, daß die Großindustrie sich von der Ausstellung fern halten werde, ist nicht eingetreten. Gerade aus diesen Kreisen sind die zahlreichsten und interessantesten Anmeldungen eingegangen.

Aus dem überreichen Material heben wir hervor die Anmeldungen der Firmen: Grusonwerk, Magdeburg; Briegleb, Hansen & Cie., Gotha; Maschinenfabrik Rhein und Lahn, Oberlahnstein; A. Borsig, Maschinenbauanstalt, Berlin; Maschinenfabrik Cyklop — Mehlis & Behrens, Berlin; Siemens & Halske, Berlin; Gebr. Stumm, Neunkirchen; R. Wolf, Maschinenfabrik, Magdeburg-Buckau; P. Herbrandt & Cie., Ehrenfeld bei Cöln; Carl Beermann, Maschinenfabrik, Berlin; Westinghouse-Eisenbahn-Bremsen-Gesellschaft, Hannover; Gesellschaft zur Verhütung von Fabrikunfällen, Mühlhausen i. E.; Vereinigte Salzwerke von Staßfurt und Umgegend, Staßfurt; W. Spindler, Berlin und Spindlersfeld; Braunschweigische Maschinenbauanstalt, Braunschweig; Rhein. Röhrendampfkessel-Fabrik, Uerdingen a. Rh.; David Grove, Berlin; die Königl. Eisenbahn-Verwaltungen.

Die Anmeldung der letzteren enthält 93 Gegenstände. Auf einem besonderen, 45 m langen Geleise wird ein kompleter Eisenbahnzug mit Maschine, Wagen I./II. und IV. Klasse, einem Hülfsgeräthschaftswagen, sowie eine Barriere zum Auslassen von eingeschlossenen Thieren, Fuhrwerk ꝛc. vorgeführt werden.

Unfüllbare Flaschen. Um dem Betrug zu steuern, welchen gewisse Industrielle ausüben, indem sie minderwerthige Produkte in Flaschen mit renommirten

Marken füllen, ist eine sogenannte unfüllbare Flasche, d. h. eine Flasche erfunden worden, welche sich nur einmal füllen läßt. Wie das Patentbureau von Richard Lüders in Görlitz mittheilt, ist in den Hals der patentirten Flasche eine Verbindungsröhre angebracht. Diese getrennt fabricirte Röhre erhält eine äußere Ausbauchung zur Erhöhung der Adhäsion eines Pfropfens in Gestalt eines umgekehrten Glases. In dem Augenblick, wo das Glas der Flasche noch weich ist, wird die Verbindungsröhre in den Hals der Flasche eingeführt und angeschmolzen. Wenn das Glas erkaltet ist, füllt man die Flasche mit Flüssigkeit und verstopft die Röhre mittelst eines Pfropfens, der an seine Stelle niedersinkt, wenn man ihn in den Hals sinken läßt. Darüber ist ein Verschluß aus Glas am Hals in geeigneter Entfernung vom Pfropfen befestigt. Dieser Verschluß ist mit Löchern versehen, aus denen die Flüssigkeit gegossen wird. Wenn nun die Flasche geneigt wird, um sie vom Inhalt zu entleeren, fließt die Flüssigkeit in den Hals der Flasche und läuft durch die Oeffnung des Verschlusses. Versucht man hingegen, die leere Flasche von Neuem zu füllen, so drückt die in den Flaschenhals eingefüllte Flüssigkeit auf den Pfropfen, welcher sich an den Verschluß heftet und die Flasche hermetisch verschließt.

Litteratur.

Karmarsch und Heeren's technisches Wörterbuch. Dritte Auflage, ergänzt und bearbeitet von Kick und Gintl, Professoren an der k. k. technischen Hochschule zu Prag. Prag 1888, Verlag von A. Haase.

Nunmehr liegen die 90—92 Lieferung (Preis 2 Mk.) vor, welche die Artikel „Tunnel" bis „Wärme" umfassen. Ein Wort der Empfehlung des Werkes hinzuzufügen, erscheint überflüssig.

Wilhelm Eick: Praktischer Rathgeber für Gewerbetreibende aller Art. Unter Mitwirkung praktischer Juristen herausgegeben. Berlin, Verlag von A. Hofmann u. Co.

Es bedarf keiner Frage, daß heute auch der kleine Geschäftsmann mit der Wechsellehre, mindestens der einfachen Buchführung, den allgemeinen Grundzügen unseres Rechtswesens und der gegenwärtigen Gerichtsorganisation bekannt sein muß, um sein Geschäft mit Umsicht und Erfolg zu betreiben. Ihn hierzu in die Lage zu setzen, ist der Zweck des vorliegenden Buches, welches in die entsprechenden Kapitel „Wechsellehre", „Buchführung", „Gesetzeskunde" und „Versicherungsgesetzgebung" zerfällt. Der Anhang enthält kurze Angaben über Kosten und Gebühren, sowie eine Erklärung der gebräuchlichsten Fremdwörter und technischen Ausdrücke.

Franz Sales Mayer: Handbuch der Schmiedekunst für Schlosser, Kunstschmiede, gewerbliche und kunstgewerbliche Schulen, Architekten und Musterzeichner. Leipzig, Verlag von E. A. Seemann. Preis 3 Mk. 20 Pf.

Ein durchaus empfehlenswerthes Werk, wofür schon der Name des Verfassers bürgt. Die verschiedenen Abschnitte behandeln zunächst das Chemisch-Technologische in Bezug auf das Material, seine Herstellung und Eigenschaften, dann die Werkzeuge und Bearbeitung, die geschichtliche Entwickelung der Kunstschmiede-Technik und die Hauptgebiete derselben. Ein Anhang enthält verschiedene Tabellen über Maaß und Gewicht-Berechnungen u. s. w., sowie ein Verzeichniß der Literatur des Eisens und der Kunstschmiedearbeiten. 196 treffliche Abbildungen erläutern den Text.

Journal für Tapeziere und Decorateure. Herausgegeben von Max Gräf. Halle a. S. Druck und Verlag von Wilhelm Knapp. 1888.

Das vorliegende erste Heft enthält zwei Fensterdecorationen, eine Wanddecoration mit zwei Fenstern und hohem Spiegel, sowie zwei Lambrequins. Der Beibogen enthält Schnittmuster in natürlicher Größe. Ein bestimmtes Urtheil müssen wir uns bis zum Erscheinen weiterer Lieferungen vorbehalten, doch erwarten wir von dem Verfasser, daß er Tapezieren und Decorateuren nur Gutes bringen wird. Jedes Jahr soll ein Band von 6 Heften erscheinen, der Preis eines Heftes ist auf 1 Mk. 50 Pf. festgesetzt.

„Neueste Erfindungen und Erfahrungen" auf den Gebieten der praktischen Technik, der Gewerbe, Industrie, Chemie, der Land- und Hauswirthschaft rc. (A Hartleben's Verlag in Wien). Pränumerationspreis ganzjährig für 18 Hefte 7 Mk. 50 Pf. Einzelne Hefte 60 Pf. in Briefmarken

Von dieser gediegenen gewerblich-technischen Zeitschrift erschien soeben [illegible] achte Heft ihres XV. Jahrganges, das wie gewöhnlich einen Reichthum an [illegible]lichen und wichtigen Belehrungen jeder Art für Gewerbetreibende und Techni[illegible] enthält. Aus dem reichen Inhalte heben wir folgende Originalarbeiten hervor, [illegible] dem Fachmann viele werthvolle Neuerungen bieten: Neue praktische Fortschr[illegible] in der Rahmenleisten-Fabrikation. — Zur Verwerthung der Kohlensäure in der Spiritus-Fabriken. — Theoretische und praktische Erfahrungen und Fortschritte in der Färberei. — Neuer Fett-Schmierbüchsen-Füll-Apparat. — Neue Feuerungsvorrichtungen. — Praktische Verbesserungen in der Construktion von Glasdächern. — Erfahrungen im praktischen Bauwesen. — Praktische Werkstatts-Erfahrungen. — Neuere Erscheinungen auf dem Conservirungsgebiete. — Praktische und erprobte Anweisungen zum Färben des Mooses. — Praktische Erfahrungen in der Weinbehandlung. — Praktische Anweisung zur Türkischroth-Erzeugung. — Pharmaceutische Notizen. — Blau-Anlassen und stellenweises Blankbeizen von eisernen Bändern und Schildern. — Wässerige Schellacklösung. — Herstellung eines farbenwechselnden Ueberzuges. — Praktisch erprobte Methode zum Einrahmen kostbarer Bilder. — Neues, sehr empfindliches Galvanometer. — Verhinderung des Auffangens von Kriegstelegrammen. — Neuer Apparat, um eine elektrische Batterie aus der Entfernung in Thätigkeit zu setzen und die Intensität zu reguliren. — Neues Dampfdruck-Reducirventil mit Sicherheitskegel, verstellbarer Einströmung und mit Absperrvorrichtung combinirt. — Praktische Fortschritte in der Tapeten-Fabrikation. — Erfahrungen in der chemischen Industrie. — Praktisches Verfahren Spiritus zu prüfen. — Fortschritte im Eisenbahnwesen. — Neue Erscheinungen in der Wollfärberei. — Neue Erfahrungen in der Textil-Industrie. — Bezugsquellen für Maschinen, Apparate und Materialien. — Praktische Beiträge zur analytischen Chemie. — Praktische Erfahrungen in der industriellen Chemie. — Nachweis von Saccharin. — Beiträge zur Nahrungsmittel-Chemie. — Elektricitäts-Verwendung im Hause. — Die Lupine als allgemeines Futtermittel in der Landwirthschaft. — Neuartige Aufbringung von Kunstdünger. — Rothes Möbelwachs. — Praktische Aufbewahrung kleiner Mengen von Eis. — Schutz hölzerner Maschinentheile gegen Wasser. — Praktische Vorschrift zur Herstellung eines matten schwarzen Lackes. — Kleinere Mittheilungen. — Neuigkeiten vom Büchermarkte. — Eingegangene Bücher und Broschüren. — Neue Erscheinungen auf dem Patentgebiete. — Fragekasten. — Beantwortungen. — Briefkasten.

Das Gesetz über die Bäche und die nicht ständig fließenden Gewässer im Großherzogthum Hessen vom 30. Juli 1887, sowie die Ausführungs-Verordnung vom 24. September 1887 nach den Vorarbeiten zum Gesetzesentwurfe, den Motiven, Ausschußberichten und landständischen Berathungen unter Berücksichtigung der neueren deutschen Wassergesetzgebung bearbeitet von Dr. W. Zeller, Großh. Hessischer Regierungsrath. Mainz, Verlag von J. Diemer, 1888.

Abgesehen von einigen Specialgesetzen auf dem Gebiete der Landescultur [illegible] es im Großherzogthum Hessen bisher an einer einheitlichen, gleichförmigen [illegible] des Wasserrechtes. Die vorhandenen Gesetze entsprachen den Bedürfnissen [illegible] ihrer Entstehung, hielten aber mit den erweiterten Interessen und den ge[illegible] Anforderungen der Landescultur nicht gleichen Schritt. Man fühlte, daß [illegible]schlossene Gesetzgebung nothwendig sei, um die Eigenthumsverhältnisse [illegible] fließenden Gewässern auf eine feste, rechtliche Grundlage zu stellen und die [illegible]kräfte der Gesammtheit und dem Einzelnen zugänglich zu machen. Diese[illegible]dürfniß ist nun durch das Gesetz vom 30. Juli 1887 genügt worden. Die [illegible] Anwendung des neuen Gesetzes und sein Erfolg hängt nun von der klaren [illegible]fassung des Sinnes des ganzen Werkes und der einzelnen Bestimmungen ab. [illegible] Verfasser der vorliegenden Arbeit gebührt nun das Verdienst, durch eine [illegible] Darstellung des neuen Wasserrechtes das Verständniß des Gesetzes und sein[illegible]tischen Anwendung zu erleichtern. Die Wiedergabe der umfangreichen [illegible] Gesetzentwurfs, der Ueberblick über die Entwicklung des neuen Rechtes au[illegible] früheren, dürfte für Justiz- und Verwaltungsbeamte, Rechtsanwälte, Gewer[illegible]bende, die Anlieger fließender Gewässer, sowie alle Landwirthe dem vorlie[illegible] Werke ein hohes Interesse und eine besondere Bedeutung verleihen.

Redacteur Dr. Hesse. — Druck von Heinrich Brill.
In Commission bei L. Brill in Darmstadt.

Gewerbeblatt

für das

Großherzogthum Hessen.

Zeitschrift des Landesgewerbvereins.

Erscheint wöchentlich. Auflage 4500. Anzeigen für die durchgehende Petitzeile oder deren Raum bei ein- und zweimaliger Aufnahme 30 Pf., bei drei- und mehrmaliger Aufnahme 25 Pf.

№ 31. August 1888.

Zugangs-Verzeichniß der Bibliothek des Großh. Gewerbvereins vom 1. April bis 30. Juni 1888.

Technologie.

Jahresbericht über die Leistungen der chemischen Technologie für das Jahr 1887. Leipzig.

Lamling, Joseph. Der Photochemiker und die Hausindustrie. II. Bändchen. Halle a. S., 1888.

Mechanik und Maschinenbau, Werkzeuge.

Ott, Karl v. Vorträge über Baumechanik. 3. Aufl. Prag, 1888. 1. Theil.

Hülfsbücher für Mechaniker, Ingenieure, Architekten, Fabrikanten, Handwerker u. s. w.

Eick, Wilhelm. Praktischer Rathgeber für Gewerbetreibende aller Art, enthaltend Buchführung, Gesetzeskunde, Fremdwörter ꝛc. Berlin, 1888.

Jaeger, Th. Der gewerbliche Aufsatz. Wittenberg, 1887.

Kayser, Dr. R. Chemisches Hülfsbuch für die Metall-Gewerbe. Würzburg, 1885.

Laeven, M. Tabellen der Spannweiten für Träger und Balken. Leipzig, 1888.

Schanze, J. Praktische Geometrie. Wittenberg, 1887.

Schanze und Jaeger. Rechenheft für Handwerkerschulen. Wittenberg, 1887.

Wolff, H. Sätze und Regeln der Arithmetik und Algebra nebst Beispielen und gelösten Aufgaben. Leipzig, 1888.

Metallurgie, Hüttenkunde, Bergbau, Salinenwesen.

Ledebur, A. Die Metalle, ihre Gewinnung und ihre Verarbeitung. Stuttgart, 1887.

Eisenbahnwesen.

Bock und Scholz. Der Eisenbahn-Werkmeister. 2. Auflage. Leipzig, 1888.

Chemie.

Muspratt's theoretische, praktische und analytische Chemie in Anwendung auf Künste und Gewerbe. Encyklopädisches Handbuch der Technischen Chemie von F. Stohmann und Bruno Kerl. 4. Auflage. Braunschweig, 1888. 1. Band.

Naturkunde, Mineralogie, Geologie, Quellenkunde.

Berichte über die Thätigkeit des Offenbacher Vereins für Naturkunde. Von 1884 bis 1887. Offenbach a. M.

Galvanoplastik.

Steinach, H. Galvanotechnik. Elektrometallurgisches. München, 1888.

Photographie.

Jeserich, Dr. Paul. Die Mikrophotographie. Berlin, 1888.

Werke über darstellende Geometrie, Schattenconstruction, Perspective, Zeichnen überhaupt, Zeichenvorlagen und Schreibvorschriften.

Doll, Dr. M. Uebungsblätter zum Plan- und Terrainzeichnen. Karlsruhe, 1888.

Reineck, Th. Verzierte farbige Alphabete. Zweite Auflage. Weimar, 1888.

Vogel, C. Wandtafeln für das Freihandzeichnen. Stuttgart. 1888. 1. und 2. Lieferung.

Werke über Architektur, Bau- und Ingenieurwesen, sowie über einzelne Baugewerke.

Lehrbücher der gesammten Baukunst und der Bau-Ingenieurkunst.

Gottgetreu, Rudolph. Lehrbuch der Hochbau-Konstruktionen. Vierter Theil. Der innere Ausbau. Mit einem Atlas. Berlin, 1888.

Lehrbücher und Zeichnungen für Wasser-, Straßen- und Brückenbau.

Wasserstandsbeobachtungen an den Pegeln des Rheins und seiner größeren Nebenflüsse im Großherzogthum Hessen. Jahrgang 1887. Vier Tafeln. Darmstadt.

Winckler. Vorträge über Brückenbau. Eiserne Brücken. IV. Heft. 3. Lieferung.

Civilbauwesen, Pläne für Stadt- und landwirthschaftliche Gebäude 2c., Skizzen, Details.

Bickell, L. Hessische Holzbauten. Marburg, 1888. 1. Heft.

Kreuzer, Hermann. Farbige Bleiverglasungen für Profan- und Kirchenbauten. I. Sammlung. Weimar, 1888.

Musterzeichnungen für Dachrinnen. Entworfen in der Abtheilung für Bauwesen im Kgl. Preußischen Ministerium der öffentlichen Arbeiten im Jahr 1887. 6 Musterzeichnungen nebst den Bestimmungen. Berlin.

Sutter, Conrad und Dr. F. Schneider. Thurmbuch. Thurmformen aller Stile und Länder. Berlin, 1888. 1. und 2. Lieferung.

orlegeblätter und Schriften für Maurer, Steinhauer, Zimmerleute und Tüncher.

ändel, Ernst. Schablonen in natürlicher Größe für Decken, Wände, Säulenschäfte 2c. aus dem Ende des XV. und Anfang des XVI. Jahrhunderts auf der Kgl. Albrechtsburg zu Meißen. Weimar, 1888.

Grabdenkmale.

noblauch, Carl. Entwürfe zu Grabdenkmalen. Weimar, 1888.
nsenbarth, Gustav. Moderne Grabdenkmale. Weimar, 1888.

Bautischlerarbeiten.

ick und Seubert. Der Bautischler. Ravensburg, 1888. 1. Lieferung.

Bauschlosserarbeiten.

eyer, Fr. S. Musterbuch moderner Schmiedeisen-Arbeiten einfacher Art. 100 Tafeln mit Motiven zu Geländern, Füllungen, Kreuzen, Wandarmen und Leuchtern. Karlsruhe, 1888.

Ornamentik.

eyer, Franz Sales. Handbuch der Ornamentik. Leipzig, 1888. 1. Lieferung.

Kunstgeschichte, Kunstindustrie, Ornamentirung und Erzeugung von Gegenständen der Kunst und Kunstindustrie.

ischer, L. H. Die Technik der Aquarellmalerei. Wien, 1888.
urlitt, Cornelius. Geschichte des Barockstiles, des Rococo und des Klassicismus in Belgien, Holland, Frankreich, England. Stuttgart, 1888.
eyer, Fr. S. Handbuch der Schmiedekunst. Leipzig, 1888.
olbern, Zdenko Ritter Schubert von. Das Stilisiren der Pflanzen. Zürich und Leipzig, 1887.

Möbel- und Tapezierarbeiten, Dreherarbeiten und Korbmacherarbeiten.

raef, Max. Journal für Tapezierer und Dekorateure. Halle a. S., 1888. I. Band. 1. Heft.
raef, Max. Renaissance-Geräthe und Galanteriestücke. Für Feintischler, Bildhauer und Drechsler. Erste Sammlung. Weimar, 1888.
ick und Seubert. Der Tapezier. Supplementhefte und Text. Ravensburg, 1888. 1. Heft.

Wagenbau und Sattlerarbeiten.

Leitinger, Gg. jun. Constructions-Zeichnung zu einem Tonneau. München, 1888.
Leitinger, G. Der Chaisen- und Wagenbau. II. Band. München, 1881.
Lessard, Dr. A. Album des équipages, voitures et omnibus, Paris.

Papierfabrikation, Buchbinderei, Portefeuillefabrikation, Lithographie, Xylographie, Buchdruck etc.

Papierfabrikation, Buchbinderei 2c.

orn und Patzelt. Zierschnitte. Vorlagen zum Verzieren von Gold- und Farbschnitten durch Ciseliren, Bemalen und Bedrucken. Gera, 1888.

Handel, Buchführung, Handelsgesetzgebung, Wechsellehre, Geschäftsbetrieb.

Jaeger, Th. Die gewerbliche Buchführung. Wittenberg, 1887.

Rothschild, Maier. Handbuch der gesammten Handelswissenschaften. 4. Aufl. Stuttgart, 1888. 1. Lieferung.

Volkswirthschaft.

Gewerbeordnungen, Zunftwesen, Gewerbefreiheit, allgemein gewerbliche Verhältnisse.

Krebs, Werner. Organisation und Ergebnisse der Lehrlings-Prüfungen im In- und Auslande. Zürich, 1888.

Patentwesen, Musterschutz.

Register zu den Auszügen aus den Patentschriften. Jahrgang 1887. Berlin.

Gesetzgebung, insbesondere Gewerbegesetze und Gewerbepolizei.

Berichte über die Fabrikinspektion in der Schweiz 1886 und 1887. Aarau.

Cruesemann, Dr. Das englische Waarenzeichengesetz von 1887. Berlin, 1888.

Weyer, Otto W. Die englische Fabrikinspektion. Tübingen, 1888.

Zeller, Dr. W. Das Gesetz über die Bäche und nicht ständig fließenden Gewässer im Großherzogthum Hessen vom 30. Juli 1887. Mainz, 1888.

Ausstellungen (Cataloge und Berichte).

Internationale Jubiläums-Ausstellung zu Melbourne 1888—89. Deutsche Abtheilung. Verzeichniß der Aussteller. Berlin, 1888.

Statuten und Jahresberichte von Gewerbvereinen, Gewerbeschulen, Handelskammern, Verkehrsanstalten u. s. w.

Dampfkessel-Ueberwachungs-Verein mit dem Sitz in Offenbach a. M. Geschäftsbericht für 1887. Frankfurt a. M.

Einladungsschrift zum dritten internationalen Binnenschifffahrts-Congreß 1888. Frankfurt a. M.

Geschäftsbericht der hessischen Ludwigs-Eisenbahn-Gesellschaft für die 53. Generalversammlung der Actionäre über den Bau und Betrieb der Bahn im Jahre 1887.

Jahresbericht der Großherzoglichen Handelskammer zu Offenbach a. M. für das Jahr 1887. Offenbach a. M.

Jahresbericht der Handels- und Gewerbekammer zu Stuttgart für 1887. Stuttgart.

Voranschlag der Haupt- und Residenzstadt Darmstadt für 1888—89. Darmstadt.

Schriften über Landwirthschaft und landwirthschaftliche Maschinen, Gartenbaukunst.

Zemliczka, F. H. Die Centrifugenmolkerei. Prag, 1888.

Geographische Werke, Karten, Reisehandbücher, geschichtliche Mittheilungen.

Andree, Richard. Allgemeiner Handatlas. Zweite Auflage. Bielefeld und Leipzig, 1887.

Droysen's allgemeiner historischer Handatlas in 96 Karten mit erläuterndem Text. Bielefeld und Leipzig, 1886.

Juraschek, Dr. Fr. v. Hübner's geographisch-statistische Tabellen aller Länder der Erde. Jahrgang 1888.

Sprachwörterbücher, Repertorien der technischen Litteratur, Bücherkataloge, Adreßbücher.

Sandfort, Const. Neuer Bezugsquellen-Nachweiser der Metallindustrie Deutschlands. Hannover, 1885. 1. Theil.

Verschiedenes (Technisches und Allgemeines).

Dornblüth, Dr. med. Fr. Gesundheitspflege in Haus und Familie. Stuttgart, 1888.

alkner, R. P. Die Arbeit in den Gefängnissen. Jena, 1888.

Kreissäge mit Blatt zum Heben und Senken, sowie mit Vorrichtungen zum Bohren und Langlochbohren, Zapfenschneiden und Schlitzen, Hobeln etc.

Mittheilung von Gebr. Schmaltz zu Offenbach a. M.

Diese vielfach bewährte Maschine kann als eine Art Universal-Maschine für Schreiner betrachtet werden, die für kleinere Werkstätten eine Reihe von Spezial-Werkzeugen zu ersetzen geeignet ist, deren man sich in größeren Etablissements für die verschiedenen Zwecke der Holzbearbeitung bedient. Aber auch für Tischlereien von größerer Ausdehnung bewährt sie sich als ein vielseitig verwendbares Werkzeug und zugleich als Universal-Reserve- und Aushülfsmaschine.

Das tischförmige Gestell der Maschine ist in seinem oberen Haupttheil in einem Stück gegossen. An der unteren Fläche der Tischplatte ist ein etwas schrägstehender Support befestigt, an welchem sich die Arbeitswelle mit ihren beiden Lagern auf- und niederschrauben läßt. Diese Welle ist an beiden Enden zur Aufnahme von Werkzeugen vorgerichtet. In der Mitte, zwischen den Lagern, sitzt eine kleine Stufenscheibe, welcher ein Gegenkonus auf der Vorgelegwelle entspricht; hierdurch ist es möglich, der Arbeitswelle und somit auch den Werkzeugen eine verschiedene Geschwindigkeit zu ertheilen.

Zunächst dient die Maschine als Kreissäge, und zwar eignet sie sich als solche nicht nur zum Längs-, Quer- und Schrägeschneiden, sondern auch namentlich für solche Tischlerarbeiten, wobei der Schnitt nur bis zu einer gewissen Tiefe in das Holz geführt werden soll, was man durch die vertikale Verstellung der Arbeitswelle bequem reguliren kann. Auf dem Tisch befindet sich ein Führungswinkel, der mittelst Kurbel und Gewindespindel parallel zum Sägeblatt verschoben werden kann, außerdem zum Schrägstellen eingerichtet ist, und auch durch einfaches Umklappen ganz vom Tisch entfernt werden kann, sobald Querschnitte an längeren Hölzern auszuführen sind.

Um jedoch auch bei derartigen Arbeiten eine Führung zu haben, ist an der vorderen Langseite des Tisches eine mit dem Sägeblatt parallel laufende Nuth eingehobelt, in welcher ein Schieber seine Führung erhält,

der mit einem unter beliebigem Winkel einzustellenden Queranschlag verbunden ist.

Der ersterwähnte Führungswinkel ist an seiner oberen Kante mit einer prismaförmigen Leiste versehen, auf welcher sich eine abnehmbare schraubstockartige Einspannvorrichtung hin- und herschieben läßt, welche namentlich beim Ausschneiden von Zapfen an längere Hölzer und bei ähnlichen Arbeiten benutzt wird. — Das Ansetzen stärkerer Zapfen — dieselben können auf unserer Maschine sowohl grade, als auch konisch oder schwalbenschwanzförmig hergestellt werden — geschieht am Besten

urch viermaliges Einschneiden mittelst des auf richtige Höhe eingestellten
ewöhnlichen Kreissägeblattes. Schwächere Zapfen, ferner Schlitze,
edern und Nuthen erzeugt man vortheilhafter mittelst einer sogenannten
hwankenden Säge, die, mehr oder weniger schräge auf der Sägewelle
zend, diese Arbeiten sehr rasch und exact verrichtet.

An Stelle der Kreissägeblätter kann man auch einen schmalen Hobel-
pf auf die Arbeitswelle setzen, und, indem man die Hölzer über den
obel hinwegführt, dieselben abrichten, mit Feder und Nuth oder auch
einen Profilen versehen, falsen u. s. w. — Das Auswechseln der Werk-
uge geht sehr rasch vor sich.

An dem hinteren Theil der Maschine ist schließlich noch eine Vor-
chtung zum Bohren und Langlochbohren angebracht. Zu diesem Zweck
itt die Arbeitsspindel durch einen in der hinteren Gestellwand befind-
chen Schlitz hindurch, und ist an diesem Ende zur Aufnahme eines
Bohrers vorgerichtet. Die mit runden oder länglichen Löchern zu ver-
henden Hölzer werden auf einem Kreuzsupport befestigt, dessen oberer
heil mit einer zweckmäßigen Aufspannvorrichtung versehen ist. Das
indringen des Bohrers in das Holz erfolgt nun, sobald der Support
urch Drehung einer kleinen Kurbel dem Werkzeug entgegengeführt wird.
Dabei dient ein verstellbarer Anschlag zur Begrenzung der Tiefe des
Bohrloches.

Behufs Herstellung von Langlöchern (Zapfenlöchern) wird der obere Supporttheil mit dem darauf befestigten Holze vermittelst eines Hand-
ebels hin- und hergeschoben, und nach jeder Tour die vorhin erwähnte Kurbel ungefähr einmal umgedreht, um so das allmählige Eindringen des Bohrers bis auf die gewünschte Schlitztiefe zu bewirken. Zur Begrenzung der Länge des Schlitzes sind ebenfalls verstellbare Anschläge angeordnet.

Der Antrieb der Maschine erfolgt von einem Vorgelege aus, welches auf dem Fußboden seine Befestigung erhält.

Mittheilungen der chemischen Prüfungs- und Auskunfts-Station für die Gewerbe.

(Darmstadt, Heinrichstraße 55.)

Zusammensetzung und Darstellung eines Papierfirnisses.

Vor längerer Zeit wurde eine Flüssigkeit zur Untersuchung eingesandt, welche dazu dient, Tapeten mit einem firnißartigen Ueberzuge zu versehen, durch welchen die Farben derselben vor dem schädlichen Einflusse der Nässe geschützt werden sollen. Dieser Papierfirniß war eine dünne hellbraune Flüssigkeit vom specifischen Gewicht 1,021 bei 20°. Auf Zusatz von Salzsäure wurde aus derselben ein Harz abgeschieden, welches sich bei näherer Prüfung als ziemlich reiner Schellack erwies. Die anorganischen Bestandtheile des Firnisses waren Borax (borsaures Natrium), etwas Chlornatrium und eine Spur schwefelsaures Natrium. Der Firniß ist also eine Auflösung von Schellack in verdünnter Boraxlösung; derselbe enthält in 100 Theilen:

Krystallisirten Borax (verunreinigt durch etwas Chlornatrium und schwefelsaures Natrium) .	3,5 Theile
Schellack	5,7 „
Wasser	90,8 „
	100,0 Theile.

Daß Schellack von einer wässerigen Boraxlösung reichlich aufgenommen wird, ist eine schon seit langer Zeit bekannte Thatsache. Da indessen derartige Lösungen ohne eine Angabe über ihre Zusammensetzung in den Handel kommen, so erscheint es angezeigt, die Darstellungsart dieser Papierfirnisse kurz mitzutheilen. Man kann dabei auf folgende Weise verfahren: Vierzig Gramm käuflicher Borax werden in 1 Liter destillirtem Wasser gelöst, die Lösung zum Sieden erhitzt und 65 gr reiner, möglichst fein pulverisirter Schellack nach und nach in dieselbe eingetragen. Dann wird über freiem Feuer unter beständigem Umrühren und unter Ersatz des verdampfenden Wassers etwa eine Stunde lang gekocht. Nach Verlauf dieser Zeit hat sich der Schellack nahezu vollständig gelöst. Nach dem Erkalten wird die Flüssigkeit mehrmals durch ein Tuch abgeseiht und nun, zweckmäßig auf dem Dampfbade, noch etwas eingedampft, da stets ein kleiner Theil des angewendeten Schellacks als schleimige Masse zurückbleibt. Man erhält so einen sehr dünnen Firniß, welcher mehrmals auf die Tapete aufgetragen werden muß, um dieselbe wirklich zu schützen. Um ein rascher wirkendes Präparat zu erhalten, kann man entweder die nach obiger Vorschrift dargestellte Flüssigkeit auf dem Dampfbade bis auf die Hälfte ihres ursprünglichen Volumens eindampfen oder nach der Vorschrift von Andes auf 1 Liter Wasser 150 gr Borax und 150 gr Schellack anwenden. Erwähnt sei noch, daß der beschriebene Firniß nur für dunkle Tapeten Anwendung findet, für helle Tapeten nimmt man anstatt Schellack die gleiche Menge Sandarac, wie L. E. Andes in seinem sehr empfehlenswerthen Werke über die Fabrikation der Copal- Terpentin- und Spirituslacke (A. Hartlebens Verlag, Wien. Pest. Leipzig 1883) angiebt.

Darmstadt, Juli 1888. Dr. W. Sonne.

Zusammensetzung eines Waschpulvers.

Unter dem Namen „Neues desinficirendes Ozon-Wasch-Pulver" bringt Apotheker R. Cunradi, Neu-Ulm, ein Präparat in den Handel, welches, wie die jedem Packet beigegebene „Belehrung" sagt, nicht nur die besten Seifen entbehrlich machen, sondern auch wegen seiner „Ozon bildenden Bestandtheile" bleichend wirken, bzw. alle möglichen Flecken entfernen und schließlich noch ein Präservativmittel gegen ansteckende Krankheiten und daher speciell für Krankenwäsche geeignet sein soll. Es ist ein grobes gelbliches Pulver, in dem sich deutlich weiße Körnchen unterscheiden lassen.

Die Analyse ergab in 100 Theilen:

Wasser	29,67 Theile
Seife	10,75 „
Soda (wasserfrei) . . .	48,72 „
Unlösliches (Thon) . .	10,86 „
	100,00 Theile.

Vor allen Dingen dürfte der Thon für Waschzwecke ziemlich werthlos und nur zugesetzt sein, um das Gewicht zu vergrößern.

„Ozon bildende Bestandtheile" enthält das Waschpulver gar nicht. Von Desinfectionsmitteln wurde auf Borsäure, Carbolsäure und Salicylsäure geprüft, doch konnte keines derselben nachgewiesen werden.

Was den Preis anbelangt, so kostet ein Packet mit 500 gr 40 Pfennig. Nach der Analyse sind darin außer Wasser annähernd 50 gr Seife, [illegible] gr wasserfreie Soda und 50 gr Thon. Da nun 1 Pfund beste Kernseife nicht über 40 Pf., ein Pfund wasserfreie Soda nicht mehr als 10 Pf. kostet und der Thon einen noch geringeren Werth hat, so läßt sich leicht ausrechnen, daß ein solches zu 40 Pf. käufliches Packet im allerhöchsten Fall einen reellen Werth von 10 Pf. hat.

Die wirksamen Bestandtheile des Waschpulvers sind nur Seife und Soda. Ob dieselben gerade in dem angewendeten Verhältnisse in besonderem Grade reinigend wirken, ist zweifelhaft. Sollte dies aber wirklich der Fall sein, so kann in jeder Haushaltung durch Mischen von 1 Theil Seifenpulver mit 5 Theilen wasserfreier (calcinirter) oder 12 Theilen der gewöhnlichen, käuflichen (kristallisirten) Soda auf sehr einfache und vor allen Dingen billigere Weise ein Präparat hergestellt werden, das ganz dieselben Dienste leistet wie das oben besprochene Waschpulver.

Darmstadt, Juli 1888. Dr. W. Fahrion.

Maschinenschmier-Mineralöle.

Von A. Gawalovski, Brünn.

Daß zu Maschinenschmierzwecken sich die gereinigten Mineralschweröle besser als wie die Vegetabil- oder Animalfette eignen, habe ich seit Jahren wiederholt rückhaltlos ausgesprochen. Auch andere Fachgenossen sind gleich mir dieser Ansicht, und wurde dieselbe durch die stichhaltigsten Argumente vielfach erhärtet. Dennoch existiren heute noch Leute, welche Olivenöl als das non plus ultra der Maschinenschmiermittel ansehen.

So z. B. ist erst vergangenes Jahr ein geliefertes Olivenöl (Ia. Baumöl), welches die damit geschmierten Maschinen fast zu Grunde gerichtet hätte, Anlaß eines hartnäckigen Prozesses gewesen. Dies Oel hatte sich nach der von mir und dem zugezogenen, temporär vereidigten zweiten Chemiker durchgeführten übereinstimmenden Untersuchung als nachstehend zusammengesetzt erwiesen:

		Proc.
Spec. Gewicht bei + 15° C. 0,91718 Wasser und bei 100° C. flüchtige Stoffe	=	0,2000
Asche	=	—
Freie Schwefelsäure	=	0,0024
Unverseifbares Fett	=	0,2700
Freie sehr leicht verseifbare Fettsäuren	=	3,6100
Neutralfett	=	95,9176

und bestand, der qualitativen Untersuchung gemäß, nur zum Theil aus Neutralöl, dagegen enthielt es reichlich das sogenannte Sulfuröl (grünes Olivenöl) beigemengt, welches immer reich an freien Fettsäuren ist und wovon auch im vorliegenden Falle thatsächlich 3,61 Proc. vorgefunden wurden.

Bedenkt man, daß aber diese freien Fettsäuren ungemein rasch Messing, Kupfer und selbst Eisentheile angreifen und zerstören, so wird man die verheerende Wirkung dieses Schmieröls auf Schmierbüchse, Stopfbüchse, Kolbenstange, Lager 2c. 2c. begreifen.

Daß die freien Fettsäuren thatsächlich oben erwähnte Metalle schnell angreifen, kann man wiederholt und täglich sehen.

Das sogenannte Stearinöl, welches die Köchin zum Blankscheuern der Küchengeräthe benützt, ist nichts anderes als freie Oelsäure der Stearinkerzenfabriken. Ein alter Kupferkreuzer hineingelegt wird in kürzester Zeit, selbstredend auf Kosten seiner Masse und Oberflächenschichte, blank.

In gleicher Weise greift grünes Olivenöl (Sulfuröl) Kupfer oder Messing und selbst Eisen an, auch wenn gar keine freie Schwefelsäure oder sonstige, von der Raffination allfällig zurückgebliebene Mineralsäure darin enthalten wäre.

Jedermann wird schon beobachtet haben, daß ein Messingleuchter, in dem Stearinkerzen gebrannt werden, oben in der Kerzennabe immer grünes Stearin enthält. Der Laie sagt, es sei Grünspan. Mit Nichten! Die Kerze ist eben kein Stearin, sondern Stearinsäure, d. i. die schwerst schmelzbare Fettsäure des Unschlitts, Palmöls 2c. 2c. Die Stearinsäure greift das Kupfer des Messingleuchters an, zerstört es oberflächlich und bildet stearinsaures Kupfer, jene grüne Fettmasse. Die Putzpasten (Metallputzpomaden), welche neuerer Zeit vielfach im Handel kursiren, und deren ich eine erkleckliche Zahl analysirte und deren Zusammensetzung in Fachblättern publizirte, enthalten größtentheils freie Fettsäuren, daher selbe so schnell Messing 2c. blank beizen, während das Englischroth, Bimsteinmehl, Ossa Sepiapulver 2c., darum nur mehr die Oberfläche mechanisch nachpolirt.

Wir sehen, daß all' diese Vorgänge bei Anwendung fettsäurenhaltiger Schmiermittel unbeabsichtigter Weise auch bei den Maschinentheilen eintreten und so mancher Fabrikant ist des Lobes voll über die Güte des von ihm verwendeten Maschinenbaumöls „weil es die Kolbenstange 2c. 2c. so schön blank hält" bis ihn Undichtigkeiten, kostspielige Reparaturkonti 2c. 2c. zu spät eines Bessern belehren.

Es ist demnach kaum nothwendig, die Thatsache, daß Mineralschweröle die einzig richtigen Maschinenschmiermittel sind, noch weiter zu beweisen.

Allerdings ist ein Mineralschweröl für genannten Zweck um so tauglicher, je konsistenter und gleichzeitig schwerer entzündlich es ist, wie nachstehende, von mir theils im Auftrage galizischer Firmen, theils auf Ordre von Assekuranz-Gesellschaften untersuchte Mineral-Maschinenschmieröl-Analysen beweisen.

	Gorlice	Gorlice	Gorlice	Ragosine
Spec. Gewicht bei + 15° C.	0,9296	0,9236	0,906	0,9056
		Procent		
Wasser und bei 100° C. flüchtige Antheile . . .	3,4200	3,4200	4,920	0,3200
Asche	—	—	—	—
Freie Säure . . .	—	—	—	—
Verseifbare Antheile . .	0,1200	0,1600	0,790	—
Reines Mineralöl . . .	96,4600	96,4200	95,290	99,6800
Entzündungspunkt . . .	103° C.	107° C.	126° C.	203° C.

Man ersieht aus Obigem, daß die spezifische Schwere nicht absolut mit dem Entzündungspunkt steigen muß, und ein spezifisch schwereres Oel dennoch viel mehr niedriger siedende Oele enthalten kann, als ein solches von geringerem spezifischen Gewichte.

Maßgebend ist demnach vor Allem der Entzündungspunkt, da er ein Criterium abgiebt, ob die leichteren Oele genügend vollständig abgetrieben wurden, doch müssen auch die sonstigen Bestandtheile zu Gunsten des Oels sprechen, d. h. das Oel muß frei von Mineralsäuren (Schwefelsäure, Salzsäure, Salpetersäure, Phosphorsäure rc. rc.), aber auch frei von verseifbaren Fetten, besonders Fettsäuren sein. Dann aber ist ein solches Mineral-Maschinenschmieröl unübertrefflich.

(Wochenschrift für Spinnerei und Weberei).

Inländische Gießereiroheisen-Erzeugung.

Es dürfte nur wenig bekannt sein, daß der Sitz der bedeutendsten Productionsstätte von Qualitäts-Gießereiroheisen des deutschen Reichs sich in unserem Lande und zwar zu Main-Weser-Hütte bei Lollar befindet. Die vier an den Stationen Lollar, Gießen, Wetzlar und Burgsolms gelegenen Hochofenwerke der Buderus'schen Eisenwerke liefern mit ihren 7 großen Hochöfen — neben namhaften Quantitäten Puddlingsroheisen, das zu den bevorzugtesten Qualitäten von Stabeisen, Draht und Blech verarbeitet wird — im Gegensatz zu den phosphorreichen und deßhalb minderwerthigen Zuschlageisensorten von Luxemburg und Lothringen, das sogenannte Qualitäts-Gießereiroheisen aus Roth-, Braun- und Magnet-Eisenerzen der Provinz Hessen-Nassau, des Kreises Wetzlar und der Provinz Oberhessen zur Zeit in Höhe von circa 80000 Tonnen (8000 Doppellader) pro Jahr. Production und Absatz haben sich in den letzten Jahren jährlich um 10—15000 Tonnen vermehrt und nehmen dieselben noch stetig zu, sie werden bald 100000 Tonnen erreicht haben!

Der Versand erfolgt zur Zeit mit täglich 25—30 Doppelladern nach allen Konsumtionsgebieten Deutschlands einschl. Elsaß-Lothringen, sowie der Schweiz und in kleineren Quantitäten auch in das Ausland. Die Fabrikation hat vor etwa 10 Jahren begonnen, als die Roheisenpreise ganz erheblich höher standen als heute.

Uns[illegible] diese erfreuliche Thatsache, wo bei Verwendung lediglich inländischer Bodenschätze das früher importirte ausländische (englische) Fabrikat in gleicher Höhe verdrängt, die inländische Produktivität um diese erhebliche Summe, ohne Benachtheiligung der Konsumenten, erhöht wurde, eine gute Folge der heutigen wirthschaftlichen Verhältnisse, allerdings auch der eifrigen und umsichtigen Bestrebungen der Fabrikanten.

G.

Verschiedene Mittheilungen.

Patente von im Großherzogthum Hessen wohnenden Erfindern.

Patent-Anmeldungen. — Kl. 44, S. 4237. Selbstthätiger Verkaufsapparat; P. Simons in Darmstadt. — Kl. 70, Sch. 5312. Tintenfaß; Adolf Schmidt in Darmstadt, Ernst-Ludwigstr. 11. — Kl. 73, E. 21. Doppelspinnmaschine Seiler; Jakob Ehrhardt III. in Ober-Ramstadt bei Darmstadt.

Patent-Ertheilungen. Kl. 11, Nr. 44578. Bildergeständer mit auswechselbaren Kulissen; C. H. Hammann in Offenbach a. Main; vom 6. März 1888 ab. — Kl. 13, Nr. 44581. Stehender Wasserröhrenkessel; A. Rodberg in Darmstadt; vom März 1888 ab. — Kl. 33, Nr. 44822. Sicherheitsklappverschluß; H. Lehmann in Offenbach a. Main; vom 1. März 1888 ab. — Kl. 37, Nr. 44881. Vorrichtung zum Aufziehen und Niederlassen von Rollläden; J. H. Reuter in Darmstadt; vom 6. November 1887 ab. Kl. 42, Nr. 44605. Einrichtung an Laufgewichtswaagen zur selbstthätigen Abwägung; C. Schenck in Darmstadt, Landwehrweg 55; vom 4. September 1887 ab.

Bleischrift auf weißem Marmor. Wie verschiedene Blätter mittheilen, hat Herr Hofbildhauer C. Scholl in Darmstadt eine von ihm vervollkommnete Methode hier eingeführt, Bleischrift in weißen Marmor einzufügen, ein Verfahren, welches die Schrift so fest, scharf und tiefschwarz erscheinen läßt, wie es mit den bisher üblichen nicht erreicht wurde. Dabei hat diese Bleischrift eine so außerordentliche Haltbarkeit, daß die Einflüsse der Witterung an ihr spurlos vorübergehen. Diese Bleischrift eignet sich deshalb besonders zur Anbringung auf Friedhofs-Denkmälern, sowie auf Monumenten irgend welcher Art, und statt zu verblassen, wie es bei den vergoldeten rc. Inschriften der Fall ist, wird sie mit der Zeit nur noch intensiver und kann geradezu als unzerstörbar bezeichnet werden. Eine solche von Herrn Scholl verfertigte Inschrift zeigt sich beispielsweise, außer auf vielen Denkmälern in den Friedhöfen von Darmstadt und einer Reihe anderer Städte, an dem Hartig-Denkmal in der Fasanerie; auch wird dieses Verfahren angewendet an einer von Herrn Scholl in Arbeit befindlichen Gedenktafel, welche die Stadt Darmstadt zum Andenken an die Königin Luise von Preußen an dem Hause am dem Marktplatz in Darmstadt anbringen läßt, in welchem die hochgefeierte Fürstin längere Zeit gewohnt hat.

Hessische Techniker in auswärtiger Stellung. Wie wir den Verhandlungen der Kölner Stadtverordneten-Versammlung entnehmen, sind bei dem Tiefbauamte der Stadt Köln die ehemaligen Bauaccessisten Herr Abtheilungsbaumeister Steuernagel (früher in Mainz), sowie Herr Ingenieur Bauer zu Bauinspectoren für Kanalisation, resp. Wasserbau ernannt worden. Der Gehalt der beiden Herrn beträgt 6600, resp. 5900 Mark.

Anzeigen.

Möbelzeichner.

Ein flotter, gelernter Tischler sucht Stelle. Offerten an die Red. d. Bl.

Redacteur Dr. Hesse. — Druck von Heinrich Brill.
In Commission bei L. Brill in Darmstadt.

Gewerbeblatt

für das

roßherzogthum Hessen.

Zeitschrift des Landesgewerbvereins.

eint wöchentlich. Auflage 4500. Anzeigen für die durchgehende Petitzeile oder Raum bei ein- und zweimaliger Aufnahme 30 Pf., bei drei- und mehrmaliger Aufnahme 25 Pf.

August 1888.

Die Innungen und die Handwerkergenossenschaften.

Der „Badischen Gewerbezeitung" entnehmen wir nachstehende, auch Vertreter verschiedener Anschauungen interessante Auslassung:

„Der Streit um die Hebung des Handwerks durch Innungen ist Zeit in den Kreisen der Handwerker so lebhaft, daß es nicht un-essant sein dürfte, das Hauptsächlichste einer in der Zeitschrift „Deutsche ossenschaft" darüber ausgesprochenen Ansicht zu vernehmen. Es gibt viele Handwerker, die der Innungsbewegung gleichgiltig, andere, ihr geradezu feindlich gegenüberstehen, und in den Innungen nichts n als Sammelstätten für die Gegner der Gewerbefreiheit. Die letztere fassung beruht auf Uebertreibung; denn auch in den Innungen be-en sich Anhänger der Gewerbefreiheit, die an derselben nicht gerührt en wollen, die Innungen aber, da sie einmal da sind, als die ge-eten Organe für die Förderung des Lehrlings- und Gesellenwesens, Arbeitsvermittelung, Feststellung einheitlicher Preise und dergl. be-hten. Diese Handwerker bilden gewissermaßen eine Mittelpartei chen denjenigen, welche die Innungen für eine alte und überlebte richtung halten, und jenen Handwerkern, welche im Gegensatz dazu n Kultus mit dieser Einrichtung treiben und durch die bisher schon Innungen durch die Gesetzgebung zugesprochenen Privilegien noch ier nicht zufriedengestellt, erst von der Zwangsinnung das wahre Heil Handwerkers *erwarten.*

Die Innungen können aber nicht nur an das Lehrlingswesen ꝛc. verbessernde Hand anlegen, sondern §. 97a. der Gewerbeordnung berechtigt sie auch: „zur Förderung des Gewerbebetriebes der Innungsmitglieder einen gemeinschaftlichen Geschäftsbetrieb einzurichten“; die hierzu erforderlichen Bestimmungen sind in Nebenstatuten zusammenzufassen und der höheren Verwaltungsbehörde zur Genehmigung vorzulegen. Für die Verbindlichkeiten, welche aus solchem Geschäftsbetriebe entstehen, würde nur die Innung den Gläubigern mit ihrem Vermögen

Mit Rücksicht auf den Umstand, daß Handwerker, welche si halb der Innung zu gemeinschaftlichem Bezug von Rohstoffen oder zur Magazinirung ihrer Waaren oder dergleichen vereinigen, dies nur auf Grundlage der unbeschränkten Gesammtheit nach Maßgabe des Genossenschaftsgesetzes vom 4. Juli 1868 thun können, während sie in der Innung für einen solchen gemeinsamen Geschäftsbetrieb persönlich gar kein Risiko eingehen, sollte man meinen, daß die Innungsschwärmer eifrig die Gelegenheit wahrnehmen würden, durch die günstigen Erfolge solchen Geschäftsbetriebs für das Innungswesen in weiten Kreisen immer mehr Freunde zu gewinnen. Man hat aber, abgesehen davon, daß Schuhmacher- oder Schneiderinnungen gemeinschaftlich Rohstoffe eingekauft und gegen Baarzahlung unter ihren Mitgliedern vertheilt haben, über die Anwendung des §. 97a. Ziffer 4 bisher noch wenig gehört.

Es entstehen daraus die Fragen: wie kommt es, daß die Innungen den Beweis des materiellen Vortheils, welchen sie dem Gewerbe jedes einzelnen Mitgliedes bringen können, schuldig geblieben sind? Wie kommt es, daß der Betrieb von Rohstoffgeschäften, gemeinschaftlichen Verkaufsstellen u. dgl. bislang den freien Genossenschaften überlassen geblieben ist? Den Grund hierfür finden wir vorzugsweise in der auf das Innungsvermögen beschränkten Haftpflicht und dann in der Aufsicht der höheren Verwaltungsbehörde über den Geschäftsbetrieb. Das Vermögen der meisten Innungen ist so geringfügig, daß es den Gläubigern für Forderungen von einiger Bedeutung keine Sicherheit bietet und selbst wenn es dazu ausreichen würde, entzieht es sich der Kontrole aller außerhalb der Innung stehenden Personen, so daß das nothwendige Vertrauen zu solchen Innungsunternehmen immer fehlen wird. Der höheren Verwaltungsbehörde ist durch die Aufsicht über den Geschäftsbetrieb eine so große Verantwortlichkeit aufgeladen, daß sie mit den Geschäftsleitern leicht in Widerspruch kommen dürfte, folglich letztere, zum Schaden des Innungsunternehmens, in ihrer Thätigkeit rasch erlahmen werden.

Wenn es somit gilt, durch günstige Produktions- oder Verkaufsbedingungen die Konkurrenz mit der Großindustrie aufzunehmen, so mögen die Handwerker ihre Hoffnungen nicht auf die Innungen setzen, sondern ihr Heil einzig und allein in Genossenschaften suchen. Die Zahl der Erwerbs- und Wirthschaftsgenossenschaften ist allerdings noch gering, gut geleitete Unternehmen dieser Art beweisen aber, daß auf dem genossenschaftlichen Wege viel zur materiellen Hebung des Handwerks geschehen kann, ohne daß nöthig ist, die Gesetzgebung immer wieder um neue Paragraphen zur Gewerbeordnung anzugehen. Darum sollten die Handwerker dem Beispiel ihrer großen Vorfahren in den Zünften des Mittelalters folgen, nicht auf andere warten, sondern sich selbst helfen, frisch ans Werk gehen und sich genossenschaftlich organisiren.“ B.

Universal-Bildhauer-Maschine.

Von Fiedler & Faber, Lindenau-Leipzig.

Täglich steigern sich die Anforderungen, die betreffs Leistungsfähig-it, einfacher und zuverlässiger Bauart an Holzbearbeitungsmaschinen mit echt gestellt werden und unablässig sind. Techniker im Vereine mit raktikern sind bestrebt, nicht nur neue Maschinen zu erfinden, sondern r Allem auch die vorhandenen Typen den Anforderungen gemäß zu rbessern, und zwar gilt dies nicht nur für solche Maschinen, die für n Großbetrieb bestimmt sind, sondern insbesondere auch für kleinge-erbliche Hilfsmaschinen (welche wenig Raum einnehmen dürfen), unter nen diejenigen für Fuß- und Handbetrieb eine besonders sorgfältige onstruction erfordern.

Als neu und sorgfältig durchdacht und den Bedürfnissen der Klein-dustrie angepaßt, können wir die in Nachstehendem beschriebene und rgestellte Universal-Bildhauer-Maschine bezeichnen.

Dieselbe besteht aus einer Verbindung von Decoupirsäge, Tischfraise, ohrmaschine mit senkrechter und waagerechter Spindel nebst Bockfraise, elche derart an einem soliden eisernen Gestell angeordnet sind, daß jede orrichtung gut zugänglich und handlich ist, und ohne Umstände in und ßer Betrieb gesetzt werden kann, ohne daß eine Vorrichtung der an-ren beim Arbeiten hinderlich ist.

Auf dieser Universal-Bildhauer-Maschine werden die vorkommenden rbeiten schnell, äußerst genau und sauber hergestellt. Wir nennen ßer den bekannten Arbeiten mit der Decoupirsäge, die Herstellung von hlstößen an einfach geschweiften und geraden Leisten, sowie Nuten, punden und Falzen auf der Tischfraise, die Vorrichtung der Bohr-beit auf den Bohrmaschinen; die Ausführung von Stemmarbeiten d die Herstellung von Kehlungen an den doppelt gekrümmten Hölzern ittelst der als Bockfraise verwendbaren waagerechten Bohrspindel.

Die Bauart dieser Universal-Bildhauer-Maschine ist eine in jeder insicht solide, übersichtliche, verständliche, und der zu leistenden Arbeit tsprechende. Sie ist mit Fuß- und Handbetrieb versehen und geschieht e Uebertragung der Kraft von dem Kurbelvorgelege auf die Hauptwelle d von dieser nach der Triebvorrichtung der Decoupirsäge und der raise ausschließlich mittelst der bewährten amerikanischen Original-reibkette. Diese vorzügliche, bis jetzt unerreichte Original-Treibkette steht aus einzelnen ungemein leicht beweglichen Gliedern, die ohne ieten mit einander verbunden sind. Die Original Treibkette läuft cker ohne jegliche Stauung auf gezahnten Rädern, belastet daher die tirenden Zapfen nicht im geringsten und überträgt mit absoluter icherheit ohne den geringsten Verlust durch Rutschen, wie bei Riemen d Schnuren, die Kraft. In Folge des Wegfalls der Spannung erden nicht nur die Lagerstellen geschont, sondern der Betrieb ist auch n spielend leichter und zuverlässiger, wobei die lästigen Reparaturen, e bei Riemen und Schnuren unvermeidlich, vollständig in Wegfall mmen.

Die Bewegung des Decoupirsägeblattes erfolgt durch die an der bbildung am Vordertheil unten ersichtliche Einrichtung. Der wech-

selnden Beanspruchung entsprechend sind diese Theile mit besonderer Sorgfalt ausgeführt und constructiv durchgebildet. Sämmtliche der Abnützung unterworfenen Theile sind nachstellbar sehr reichlich dimensionirt.

Der obere Theil weicht vollständig von den bisher gebräuchlichen Arten ab. Die Spannung des Sägeblattes, nach amerikanischen Grundsätzen gebaut, wirkt sehr energisch und sicher, die Verstärkung oder Abweichung der Spannung erfolgt durch einen Einstellhebel, der gut zur Hand ist, und ohne Fehl functionirt. Beim Einspannen der Sägeblätter entspannt man durch einen einzigen Griff die Vorrichtung vollständig. Die obere Geradführung des Sägeblattes ist ebenfalls nachstellbar eingerichtet; die einfache Blasevorrichtung wirkt zuverlässig, und kann man den Luftstrom beliebig einstellen. Die Ausladung beträgt 700 mm.

Die Fraisvorrichtung befindet sich ebenfalls an der vorderen Tischseite handlich angebracht. Hier sind verschiedene Neuerungen und Vortheile zu erwähnen. Die Fraisspindel, natürlich von Stahl gefertigt, ist in einem geschlossenen Gußstück gelagert und mittelst Handrad und Schraube hoch und tief verstellbar. Die Fraiser können also schnell und sicher auf die erforderliche Höhe eingestellt werden. Sämmtliche Lagerstellen sind nachstellbar mit Patentschmierapparaten und mit Schutzvorrichtungen gegen Spähneeinfall versehen. Ein Anlagewinkel von Eisen und mit Aussparung versehen, in der die Fraiser verdeckt laufen, befindet sich auf dem Tisch. Der Antrieb der Fraisspindel erfolgt von einem Vorgelege aus, welches ebenfalls in nachstellbaren und mit continuirlich wirkenden Schmiervorrichtungen versehenen Lagern versehen ist. Die Fraisspindel läuft rechts und links herum, je nachdem dies der Wuchs des Holzes erfordert. Der Betrieb der Fraise ist ein sehr leichter, theils in Folge der richtigen Lagerung der laufenden Theile, theils in Folge der günstig gewählten Uebersetzungsverhältnisse und der Anwendung der amerikanischen Original-Treibkette, deren große Vortheile schon erwähnt wurden.

Die Bohrmaschine mit senkrechter Spindel findet ihren Platz vorn am Aufsatztheil und wird vom Vorgelege der Fraisspindel aus betrieben. Sie dient zur Herstellung gewöhnlicher runder Tieflöcher mittelst der gebräuchlichen Bohrer; die Niederbewegung der Bohrspindel geschieht mittelst Hebeldruckes, der Betrieb durch Fußtritt. Die Bohrmaschine mit horizontaler Welle wird auf dem Tisch angebracht und ist zum Wegnehmen eingerichtet. Man kann mit derselben ebenfalls gewöhnliche runde Tieflöcher herstellen. Hauptsächliche Verwendung findet dieselbe jedoch zur Ausführung von Stemmarbeiten mittelst der neuen Stemmbohrer, Patent Fiedler & Faber. (Siehe Illustration.) Diese Stemmbohrer arbeiten ungemein leicht, ohne jede Splitterung des Holzes. Sie erfordern nur eine geringe Umdrehungszahl zur Erzielung einer sauberen Arbeit und in Folge ihres leichten Schnittes, sehr wenig Betriebskraft. Daher sind diese Stemmbohrer von großem Werthe, insbesondere für Fußbetriebmaschinen. Der Bohrtisch ist durch Schraube und Handrad hoch und tief stellbar, die Führung des Holzes geschieht durch Hand. Die Langlöcher fallen ganz gleichmäßig und accurat aus, insbesondere auch der Grund der Löcher. Die Bohrspindel ist ebenfalls in einem geschlossenen Gußstück solid gelagert und mit Vorrichtung versehen, um dieselbe als Bockfraise zu verwenden. Während die Tischfraise zur Herstellung von Kehlungen an geraden und geschweiften Hölzern dient, ist die Bockfraise mit waagerecht liegender Spindel zur Herstellung von Kehlungen an nach 2 Richtungen hin gekrümmten Gegenständen, wie z. B. an den sogenannten Wiener Stühlen, unentbehrlich. So bietet diese Maschine für Bildhauer ein Hülfswerkzeug, welches in Bezug auf vielseitige Ausnützung nichts zu wünschen übrig läßt, dabei im Preise so gehalten, daß dieselbe von Jedermann angeschafft werden kann.

(Zeitschrift für Drechsler, Elfenbeingraveure u. Holzbildhauer.)

Verzeichniß der Handwerkerschulen, der daran betheiligten Lehrer und Schüler.*)

Jahrgang 1887/88.

	Schulen.	Lehrer.	Schülerzahl: der einzelnen Lehrer.	Schülerzahl: zusammen.	Schülerzahl: des Abendunterrichts.	Beruf der Schüler: Bauhandwerker.	Beruf der Schüler: Nichtbauhandwerker.	Beruf der Schüler: ohne Gewerbe.	Alter der Schüler: unter 14 Jahre alt.	Alter der Schüler: von 14—20 Jahre alt.	Alter der Schüler: über 20 Jahre alt.
1	Alsfeld	Seibert	40		—						
		Schoberth	12	41	—	36	5	—	—	35	6
		Becker	20		20						
2	Altenstadt	Boll	17	17	—	13	4	—	—	17	—
3	Alzey	Lehr, Schmitt	46	74	¹)	37	34	3	—	73	1
		Eckelhöfer	40								
4	Babenhausen	Lang	27	27	—	25	2	—	—	27	—
5	Bad-Nauheim	Sturmfels, Kögel	27	27	—	22	5	—	—	27	—
6	Beerfelden	König, Heilmann	27	27	—	17	6	4	4	22	1
7	Bensheim	Buxmann	80	126	—	95	22	9	3	120	3
		Hüttenberger	53								
8	Bessungen	Neuschäfer, Lang	59	59	²)	41	18	—	—	58	1
9	Bingen	Christmann	42								
		Künstler	33	114	—	96	18	—	—	110	4
		Illert	47								
0	Bischofsheim	Schuchmann	37	69	—	42	6	19	5	64	—
		Asmuth	32								
1	Büdingen	Wenk, Freimann (Erweiterte Handwerkerschule)	21	61	—	50	10	1	—	61	—
		Wenk und Müller	40		—						
		Wenk und Freimann	12		12						
12	Butzbach	Weide	72	72	—	65	7	—	—	71	1
		Metzger	58								
13	Darmstadt (Handwerker-Sonntags-Zeichensch.)	Schmandt	65		—						
		Götz	75		—						
		Wenkel	66		—						
		Neumann	62		—						
		Rumpf	48	299	—	201	98	—	—	296	3
	Darmstadt (Abendschule)	Göttmann	56		56						
		Hönig	49		49						
		Neumann	39		39						
		Fölix	17		17						
4	Darmstadt (Landesbaugewerkschule)										
	I. Untere Abtheilung	Esselborn, Alberti, Kopp, Hönig, Dr. Wiederhold, Fölix, Göttmann	37	72		64	8			63	.
	II. Obere Abtheilung	Müller, Esselborn, Alberti, Fölix, Göttmann	35								

*) Die Schüler gehören theilweise mehreren Abtheilungen an, weßhalb die einzelnen Zahlen mit der Gesammtzahl öfters scheinbar nicht übereinstimmen.
¹) Unterricht in Buchführung an Sonntagen.
²) Ist nicht genau angegeben.

Schulen.	Lehrer.	Schülerzahl der einzelnen Lehrer.	Schülerzahl zusammen.	Schülerzahl des Abendunterrichts.	Beruf der Schüler: Bauhandwerker.	Beruf der Schüler: Nichtbauhandwerker.	Beruf der Schüler: ohne Gewerbe.	Alter der Schüler: unter 14 Jahre alt.	Alter der Schüler: von 14—20 Jahre alt.	Alter der Schüler: über 20 Jahre alt.
rmstadt (Kunstgewerbl. Unterricht)	Prof. Müller	9	9	—	1	8	—	—	8	1
rmstadt (Aliceschule für Frauenbildung und Erwerb)	E. Bender	126	126	—	—	—	—	—	—	—
eburg	Lang	55	55	—	47	7	1	1	51	3
erstadt	Alberti	42	42	¹)	34	8	—	2	37	3
hzell	J. Hof	14	30	14	23	7	—	—	26	4
	Kraft	23		—						
bach (Erweit. Handwerkersch.)	Willmann	64	98	—	31	19	—	46	52	—
	Weirich	34		—						
zhausen	Fink	27	27	—	16	5	6	6	21	—
iedberg (Erweiterte Handwerkerschule)	Bronner, Hieronimus	22	127	—	100	19	8	—	124	3
	Kredel, Müller	30		30						
iedberg (Handwerker-Sonntags-Zeichensch.)	Kredel, Philipps	60		—						
	Bronner	54		—						
	Zörb	21		—						
rth i. O.	Weber	23	49	—	23	4	22	19	30	—
	Sax	27								
dern	Jeckel	27	27	—	18	3	6	5	20	2
rnsheim	Böhm	20	32	—	23	4	5	2	27	3
	Zörb	12								
eßen (Erweiterte Handwerkerschule)	Hug	17	205	—	152	47	6	6	185	14
(Abendschule)	Hug, Barthel, Gerhard, Lehr, Kalbfleisch	51		51						
eßen (Handwerker-Sonntags-Zeichensch.)	Hug	33		—						
	Dr. Molly	44		—						
	Barthel	36		—						
	Gerhard	81		—						
eßen (Alicevereinsschule für erwachsene Mädchen)	Hug	58	58	—	—	—	—	—	—	—
iesheim	Bauer	25	25	—	22	3	—	—	25	—
oß-Bieberau	Christ	31	31	—	24	5	2	2	29	—
oß-Gerau	Ramspeck	43	66	—	66	—	—	—	64	2
	Heinzelmann	28								
.-Steinheim	G. Busch	41	59	—	8	2	49	49	9	1
	J. Busch	18								

einem Cursus zur Erlernung der Rundschrift unter Leitung des Steno-
hen Göttmann nahmen 26 Schüler Theil.

Ordnungs-Nr.	Schulen.	Lehrer.	Schülerzahl der einzelnen Lehrer	Schülerzahl zusammen	Schülerzahl des Abendunterrichts	Beruf der Schüler: Bauhandwerker	Beruf der Schüler: Nichtbauhandwerker	Beruf der Schüler: ohne Gewerbe	Alter der Schüler: unter 14 Jahre alt	Alter der Schüler: von 14—20 Jahre alt	Alter der Schüler: über 20 Jahre alt
34	Groß-Umstadt	Sturmfels Hauff	33 14	47	—	37	10	—	—	47	—
35	Groß-Zimmern	Hottes	26	26	—	26	—	—	—	21	5
36	Guntersblum	Schröder	34	34	—	23	4	7	5	28	1
37	Heppenheim a. d. B.	Hornef Klein	30 44	68	—	50	12	6	—	63	5
38	Herbstein	Mohr (Faust), Ziegler	14 14	28	—	24	4	—	—	18	10
39	Heusenstamm	Paul	55	55	—	9	18	28	28	25	[illegible]
40	Hirschhorn	Mathes	28	28	—	19	1	8	8	19	1
41	Höchst	Häusel, Flath	133	133	—	56	13	64	48	83	[illegible]
42	Homberg a. d. O.	Klemm II.	19	19	—	12	1	6	2	17	—
43	Hungen	Heineck	32	32	—	20	3	9	9	23	—
44	König	Hrch. Fleckenstein III., Ad. Fleckenstein II.	94	94	—	22	22	50	37	57	—
45	Langen	Leinberger Dingelbein Weckmann	58 48 30 28	159	¹) — 28	94	8	57	48	108	[illegible]
46	Lauterbach	Stumpf	38 28	52	— 28	28	23	1	—	52	—
47	Lich	Berkes	37	37	—	21	3	13	11	26	—
48	Lindenfels	Maurer	34	34	—	25	2	7	6	22	[illegible]
49	Mainz (Erweiterte Handwerkerschule)	Gehry Becker Schneider Petscher Kübel Keusch Wagner Locher Schneider Zulauf Köllner Müller, Küßner, Geißler, Dr. Nies	41 82 101 61 49 65 46 49 40 43 29 115	590	25 — 115	404	169	17	—	557	[illegible]
50	Mainz (Kunstgewerbeschule)	Crecelius, Stängle, Kübel, Köllner Dr. Belke, Geißler	84	84	32	22	51	11	—	74	10
51	Mainz (Damenkurs der Kunstgewerbeschule)	Crecelius und Kübel	17	17	—	—	—	—	—	—	—
52	Michelstadt	Adam Fleckenstein Wilh. Geist	41 29	70	—	38	27	10	5	61	[illegible]
53	Mörfelden	Sommer	41	41	—	39	2	—	—	39	[illegible]
54	Neckar-Steinach	Mahn	20	20	—	8	6	6	6	12	[illegible]
55	Neustadt i. O.	Fülbert	51	51	—	22	4	25	17	34	—
56	Nidda	Lorz Wolf	44 15	51	—	42	6	3	—	49	[illegible]
57	Ober-Ingelheim	Siebfried	42	42	—	31	11	—	—	38	[illegible]

¹) Nachmittags-Unterricht für schulpflichtige Knaben.

Ordnungs-Nr.	Schulen.	Lehrer.	Schülerzahl: der einzelnen Lehrer	Schülerzahl: zusammen	Schülerzahl: des Abendunterrichts	Beruf der Schüler: Bauhandwerker	Beruf der Schüler: Nichtbauhandwerker	Beruf der Schüler: ohne Gewerbe	Alter der Schüler: unter 14 Jahre alt	Alter der Schüler: von 14–20 Jahre alt	Alter der Schüler: über 20 Jahre alt
58	Ober-Ramstadt	Karpp	47	47	—	38	9	—	—	47	—
59	Offenbach	Schurig	85		41						
	(Tages- und	Vollhaber	171		115						
	Abendschule)	Brockmann	82		?						
		Wiegand	38		—						
	(Sonntags-	Steuerwald	48		—						
	und Abend-	Wiegand	64	360	—	86	266	8	—	330	30
	schule)	Erckrath	42		—						
		Rupp	45		—						
		Dörsam	49		49						
		Henrich	54		54						
		Rupp	63	[1])	63						
60	Offenbach	Vollhaber	15								
	(Damenklassen	Wiegand	7	31	—	—	—	—	—	—	—
	der Kunstge-	Schurig	9								
	werbeschule)										
61	Oppenheim	Schmuck	53								
		Engelhardt	24	71	—	53	14	4	—	68	3
		Geil, Frolob	40	40	40	—	—	—	—	—	—
62	Ortenberg	Tamm	11	11	—	9	2	—	—	10	1
63	Pfungstadt	Oswald	63	63	—	45	11	7	—	63	—
64	Reichelsheim	G. W. Heil	55	55	—	20	13	22	20	34	1
65	Reinheim	Braun	22	34	—	23	2	9	4	30	—
		Schwalb	12								
66	Schlitz	Krömmelbein	25	34	9	16	8	10	8	25	1
		Kreiß	9								
67	Schotten	Hohenadel	14	14	—	7	4	3	2	12	—
68	Seligenstadt	Rettinger	60	89	—	23	26	50	21	67	1
		Weil	[2]) 46								
69	Sprendlingen i. Rheinhessen	Schäfer	45	45	—	25	8	12	5	37	3
70	Sprendlingen Kreis Offenb.	Jäckel	54	70	—	15	8	47	35	35	—
		Eisenhardt	34								
71	Urberach	Huther	30	30	—	16	10	4	1	27	2
72	Viernheim	Schuster	44	44	—	27	1	16	15	29	—
73	Vilbel	Steffens	28	28	—	?	?	?	?	?	?
74	Westhofen	Gröbe	25	25	—	11	1	13	13	10	2
75	Wöllstein	Weis, (Lang)	34	34	—	29	3	2	—	31	3
76	Wörrstadt	Grosch	36	50	—	34	11	5	—	46	4
		Wiener	17								
77	Worms	Grüner und Kerber	75								
	(Sonntags-	Engel und Schreiber	49								
	Zeichensch.)	Engel und Schreiber	46								
		Wedel	37								
		Eberlein	26	322	—	173	62	87	59	251	12
		Muth	32								
	(Modellirsch.)	Bender	64								
	(Abendschule)	Hembel, Kastell	107		107						
	(Offener Zeichensaal)	Muth und Grüner	70								

[1]) Diese Schüler vertheilen sich auf 3 Abtheilungen mit je 26, 22 u. 15 Personen.
[2]) An *Wochentagen im Winter.*

Erwerbungen für die technische Mustersammlung.

(Juli 1888.)

Metallarbeiten.

Spindeluhrkloben. Eine Sammlung von reich verzierten durchbrochenen Handgravirungen aus dem Ende des 17. bis Anfang des 19. Jahrhunderts. (Die Spindelkloben dienten in den früheren sog. Spindeluhren der Unruhe als Deckplatte, welche die Uhrmacher der damaligen Zeit reich zu graviren und zu durchbrechen pflegten.) 75 Nummern auf 4 Rahmen aufgezogen. Von Carl Kreuder in Frankfurt a. M.

Thürbeschläge, alte, mit getriebener Verzierung. Ein Schloß (Kastenschloß) ohne Schlüssel; eine Klinke; ein Thürzieher; ein Thürknopf mit zwei gleichen durchbrochenen Zierblechen; 4 große gleiche Thürbänder; 2 große gleiche Thürbänder. — Geschenk.

Hosenknopf, selbstthätiger, genannt Junggesellenfreund. Zwei Schachteln mit Mustern. — Geschenk der Firma Kuhr & Noelle, Knopf- und Metallwaaren-Fabrik in Lüdenscheid. (Gewerbeblatt 1888, S. 251.)

Maschinen, Werkzeuge, Instrumente, Apparate.

Bleirohrfräser von Erdmann Kircheis in Aue i. S. für Gas- und Wasserleitungsarbeiter. Ein Satz: 4 Glocken Nr. 1—4 und 2 Griffe. (Vergl. Gewerbeblatt 1888, S. 237.) — Geschenk der Firma.

Bauwesen.

Glas-Dachplatte (Rahmen von Zinkblech). — Geschenk von Anton Häußler in Lauchheim a. Jagst. (Vergl. Gewerbeblatt 1888, S. 264.)

Litteratur: Prachtwerke, Photographien, Zeichnungen, Musterbücher.

Aufnahmen von Glasmalereien des Mittelalters und der Renaissance. Von Kreisbaumeister Herrn E. Braun zu Erbach i. O. 4 Blätter.

Blatt 1. Glasmosaiken aus dem 13. Jahrhundert. Originale im National-Museum zu München.

Blatt 2. Glasmosaiken in der Kirche zu Michelstadt; Mitte des 16. Jahrhunderts: 3 Wappen; seit 1805 der Erbacher Sammlung gehörig.

Blatt 3. Zwei Glasmosaiken des 13. Jahrhunderts; Originale im Museum zu Darmstadt. — Mittelfenster im Chor der Dominikanerkirche zu Wimpfen a. B., 14. Jahrhundert; das Original befindet sich in der Erbacher Sammlung.

Blatt 4. Zwei Fenster im südlichen Seitenchor der Stiftskirche zu Wimpfen i. Th.; 13. Jahrhundert. — Glasmosaik im National-Museum zu München; 13. Jahrhundert.

Drach, C. Alhard von. Urkundliche Nachrichten über noch in den Königlichen Sammlungen zu Cassel vorfindliche Kunstgegenstände aus dem Landgräflich Hessischen Besitz. Erstes Heft. Aeltere Silberarbeiten. *Marburg in Hessen*, 1888.

Kleinodien des Heiligen Römischen Reiches Deutscher Nation. Herausgegeben im Auftrag Seiner Majestät des Kaisers Franz Joseph von Dr. Fr. Bock. Wien.

Luthmer, Prof. F. Malerische Innenräume aus Gegenwart und Vergangenheit. In Aufnahmen nach der Natur. Frankfurt a. M. 1. Lieferung.

Streitenfeld, A. und L. Ausstattung vornehmer Wohnräume. Berlin, 1888.

Veludo, Giovanni. La pala d'oro de la basilique de St. Marc à Venise. Venise, 1887.

Verschiedene Mittheilungen.

Gewerbliche Anlagen, welche einer besonderen Genehmigung bedürfen. Auf Grund des §. 16 der Gewerbeordnung für das Deutsche Reich hat der Bundesrath, vorbehaltlich der Genehmigung des Reichstags beschlossen, in das Verzeichniß der einer besonderen Genehmigung bedürfenden Anlagen die Anstalten zum Trocknen und Einsalzen ungegerbter Thierfelle, sowie die Verbleiungs-, Verzinnungs und Verzinkungs-Anstalten aufzunehmen.

Oelfarbanstrich auf Carbolineum Avenarius. Dunkle, dem geölten Eichenholz ähnliche Töne lassen sich auf gut abgetrocknetem Carbolineum-Anstrich ohne Schwierigkeiten in Oelfarbe auftragen. Werden helle Töne gewünscht, so empfiehlt es sich, den Carbolineum-Anstrich ein Jahr alt werden zu lassen und denselben vor Aufbringung eines Oelanstriches mit einer nicht zu leichten Lösung von thierischem Leim zu behandeln. Bei ganz hellen Farben hat es immer Schwierigkeiten, weil einzelne Partien des Holzes ziemlich große Mengen des Carbolineums aufnehmen und dieses unter der Einwirkung der Sonnenwärme durchschlägt. Für die meisten Zwecke genügt es, den gut aufgebrachten Carbolineum-Anstrich nochmals mit einem Firniß zu überstreichen, um ein gefälliges Aussehen zu erzielen.

Kraft- und Arbeitsmaschinen-Ausstellung in München 1888. Wir haben bereits früher mitgetheilt, daß gelegentlich der Kraft- und Arbeitsmaschinen-Ausstellung nachstehende Preisermäßigungen auf den bayerischen Bahnen gewährt werden:

1) Für die Aussteller und das Personal derselben wird die Giltigkeitsdauer der in der Zeit vom 15. Juli mit 31. Oktober l. J. gelösten Hin- und Rückfahrtsbillete von bayerischen Staatseisenbahn-Stationen nach München auf 30 Tage verlängert.

2) Für jene Arbeiter, welche die während der Ausstellung in Betrieb gesetzten Maschinen zu bedienen haben, wird die Giltigkeitsdauer der Hin- und Rückfahrtsbillete von bayerischen Staatseisenbahn-Stationen nach München auf 3½ Monate und zwar für die Zeit vom 15. Juli mit 31. Oktober l. J. verlängert.

Die hessische Ludwigsbahn hat die gleichen Begünstigungen zugestanden, die übrigen deutschen Bahnverwaltungen jedoch gewähren keine Ermäßigung.

Es sei übrigens noch darauf aufmerksam gemacht, daß von süddeutschen Stationen, sowie von solchen der Werrabahn 14tägige Hin- und Rückfahrtsbillete nach München ausgegeben werden. Genügt diese Giltigkeit für einen Aussteller, so bedient er sich am Vortheilhaftesten dieser Billete, genügt sie nicht, so wird er bis zur bayerischen bezw. hessischen Uebergangsstation ein Billet zur einfachen Fahrt, von dort aus ein Hin- und Rückfahrtsbillet nach München lösen.

Münzen als Gewichte. Zum Abwiegen kleiner Mengen fehlt es oft an geeigneten Gewichten. Hier läßt sich nun vielfach durch Benutzung einzelner deutscher Reichsmünzen helfen. Es beträgt z. B. das Gewicht von 1 Pfennig Kupfer 2 gr, von 3 Zweipfennigstücken Kupfer 10 gr, 2 Fünfpfennigstücken Nickel 5 gr, 1 Zehnpfennigstück Nickel 4 gr, 9 Zwanzigpfennigstücke Silber 10 gr, 9 Fünfzigpfennigstücke Silber 24 gr, 9 Einmarkstücke Silber 50 gr, 9 Zweimarkstücke Silber 100 gr, 9 Fünfmarkstücke Silber 250 gr, 1 Fünfmarkstück Gold 2 gr, 1 Zehnmarkstück Gold 4 gr, 1 Zwanzigmarkstück Gold 8 gr.

Kabelbahn in Paris. Wie bereits bekannt sein dürfte, beschäftigt sich der Gemeinderath von Paris gegenwärtig mit einem Plane, den hochgelegenen Stadttheil Belleville durch eine Kabelbahn mit dem Republik-Platz zu verbinden. Ueber diesen Plan theilt uns das Patentbureau von Richard Lüders in Görlitz noch Folgendes mit: Die Spurweite soll 1 m betragen und der Abstand von Mitte zu Mitte Geleis auf den Strecken, wo Doppelgeleis vorgesehen ist, ungefähr 2 m. Die Dimensionen der Wagen werden 1,6 m Breite und 3,50 m Höhe nicht überschreiten. Die größte Steigung ist 7 pCt., der kleinste Krümmungshalbmesser 30 m. Die Bewegung der Wagen erfolgt durch ein Kabel ohne Ende mit einer größten Geschwindigkeit von 12 km in der Stunde. Das Kabel läuft unter den Wagen durch und soll durch feststehende Maschinen in Gang gesetzt werden; die Züge sollen höchstens aus drei Wagen bestehen, mit einer Gesammtlänge von 12 m und nur auf den bestimmten Halteplätzen anhalten. Während 12 Stunden des Tages sollen in jeder Richtung 12 Züge und während 6 Stunden des Tages 8 Züge verkehren, im Ganzen also 192 Züge täglich in jeder Richtung. Der Fahrpreis beträgt 10 Centimes für die Person und 5 Centimes während der Stunden, in welchen die Arbeit in den Werkstätten u. dergl. beginnt und endigt Die Anlage erfolgt auf Kosten der Stadt; die Anschlagsumme ist auf 1060000 Franken ermittelt.

Regenwürmer zu beseitigen, begießt man die Pflanze mit einer Abkochung von Roßkastanien. Hierzu genügt auf 1 Liter Wasser die Anwendung von etwa 8—10 Kastanien.

Altona, den 1. August 1888. Die Tagesordnung des am 12., 13. und 14. August d. Js. hierselbst in der „Tonhalle" stattfinden Fünften deutschen Sattler-, Riemer-, Täschner- und Tapeziertages umfaßt 22 Punkte. Bei einzelnen derselben dürften sich hochinteressante Debatten entspinnen. Die Verbandszeitung („Centralblatt für Wagenbau, Sattlerei, Tapeziererei 2c.", Berlin 12 SW, Kochstraße 36) läßt eine Festnummer mit Inseratenanhang zu diesem Verbandstage erscheinen (ca. 40 Seiten stark), welche gegen Einsendung von 50 Pf. in Briefmarken jedem Interessenten franko zugesandt wird. Die Abonnenten und sämmtliche Verbandstagstheilnehmer erhalten dieselbe gratis. — Da auch der Preis der Eintrittskarten, welche zur Betheiligung an den Debatten berechtigen, ein äußerst niedriger (50 Pf.) ist, rathen wir Allen, welche das Sattler-, Riemer-, Täschner- oder Tapeziergewerbe betreiben oder mit ihm in Verbindung stehen, dringend zur Reise nach Altona, namentlich aber den im nördlichen Theile des Reiches ansässigen Interessenten, da erst nach Verlauf vieler Jahre hier in unserer Gegend ein derartiger Verbandstag für die erwähnten Gewerbe wieder stattfinden dürfte. Für Wohnungen zu ermäßigten Preisen ist Sorge getragen. Seitens der Verbands-Innungen zu Altona und Hamburg sind Vergnügungs-Comitees gebildet, damit nach den ernsten Stunden der Berathung den Verbandstagstheilnehmern auch die nöthige Erholung nicht fehle. Weitere Auskünfte werden bereitwilligst von dem Verbandbureau des Bundes deutscher Sattler-, Tapezier- 2c. Innungen, Berlin 12 SW., Kochstraße 36, ertheilt.

Anzeigen.

Gebrüder Fischel in Mainz,
Zwetschenallee No. 13,
Specialität:
Cassenschränke, Gewölbethüren, Cassetten.
Kostenanschläge und Preiscourante gratis.

Redacteur Dr. Hesse. — Druck von Heinrich Brill.
In Commission bei L. Brill in Darmstadt.

Gewerbeblatt

für das

Großherzogthum Hessen.

Zeitschrift des Landesgewerbvereins.

Erscheint wöchentlich. Auflage 4500. Anzeigen für die durchgehende Petitzeile oder deren Raum bei ein- und zweimaliger Aufnahme 30 Pf., bei drei- und mehrmaliger Aufnahme 25 Pf.

№ 33. August 1888.

Generalversammlung der Mitglieder des Landesgewerbvereins zu Bingen am 6. August 1888.

Die diesjährige Generalversammlung der Mitglieder des Landesgewerbvereins, deren Tagesordnung in Nr. 29 des Gewerbeblattes veröffentlicht wurde, fand am 6. August im Saale des „Pariser Hofes" zu Bingen statt. Die andauernde Ungunst der Witterung beeinträchtigte auch den Besuch der schön gelegenen Rheinstadt, doch nahmen an den Verhandlungen gegen 70 Herrn aus allen Gegenden des Großherzogthums, darunter 28 aus Bingen selber, Antheil. Der Gewerbverein für Nassau hatte in der Person des Herrn Oberlehrer Lautz, des ständigen Sekretärs des Centralvorstandes zu Wiesbaden, einen Vertreter entsandt. Zum allgemeinsten Bedauern der Versammlung war der Präsident des Landesgewerbvereins, Großh. Geheimerath Fink, durch Unwohlsein zum ersten Male an der Theilnahme und der Führung des Vorsitzes abgehalten; an seiner Stelle übernahm letzteren der Vorsitzende des Lokalgewerbvereins Mainz, Herr Commerzienrath Reuleaux, indem er zunächst die Versammlung von der Verhinderung des Herrn Präsidenten in Kenntniß setzte und die Mittheilung machte, daß er auf Wunsch des abwesenden Herrn Geheimeraths als Vertreter des größten Lokalgewerbvereins der Provinz Rheinhessen hiermit die Leitung der Verhandlungen übernähme. Die vorliegende Tagesordnung gab Veranlassung, zunächst den Punkt 6 derselben, Neuwahl des Ausschusses des Landesgewerbvereins zu berühren. Der Vorsitzende wies darauf hin, daß nach §. 8 der Statuten des Landesgewerbvereins je für die Dauer von 2 Jahren ein Ausschuß zu wählen sei. Derselbe besteht: a) aus

48 in den verschiedenen Theilen des Landes wohnenden Mitgliedern, welche in einer Generalversammlung aus der Gesammtheit der Vereinsmitglieder erwählt werden; b) aus den zeitigen Vorständen der mit dem Landesverein in Verbindung stehenden Lokalgewerbvereine, sowie deren Stellvertreter. Die letzte Wahl von 48 Ausschußmitgliedern erfolgte vor 2 Jahren in der zu Offenbach abgehaltenen Generalversammlung; mithin ist jetzt eine Neuwahl vorzunehmen. Während der letzten Jahre sind durch Tod aus dem Ausschusse ausgeschieden die Herrn: 1) Arnold, Großh. Geheimerath in Darmstadt; 2) Horstmann, Civilingenieur in Darmstadt; 3) Lerch, Fabrikant in Lauterbach; 4) Schröder, J., Rentner in Darmstadt; 5) Soherr, Baumeister in Bingen.

Es hatten weiter die Herrn Bose, Oberforstdirector in Darmstadt, und Möser, Schlossermeister in Darmstadt der Centralstelle den Wunsch ausgedrückt, daß man bei der Neuwahl des Ausschusses keine Rücksicht mehr auf sie nehmen wolle, weil die Betheiligung an längeren Sitzungen und den Arbeiten des Ausschusses ihnen schwerer geworden sei.

Hiernach waren jedenfalls 7 neue Ausschußmitglieder zu wählen, für welche die Centralstelle unter Rücksicht darauf, daß Oberhessen nur noch durch ein Mitglied vertreten ist, und von Darmstadt vier Mitglieder ausgeschieden sind, entsprechende Vorschläge gemacht hatte. Nachdem aus der Versammlung heraus noch einige weitere Wünsche laut geworden waren, wurde die Wahl durch Ausgabe der Stimmzettel, deren Ausfüllung im Verlaufe der Verhandlungen erfolgen sollte, eingeleitet.

Nach diesen geschäftlichen Vorbereitungen trat der Vorsitzende in die eigentliche Tagesordnung ein und verlas zunächst die nachstehende Ansprache des Präsidenten des Landesgewerbvereins:

„Hochgeehrte Herren!

Zu meinem lebhaften Bedauern bin ich verhindert, Sie heute persönlich zu begrüßen. Ein ernstes Unwohlsein, das durch den Gebrauch einer Badekur gelindert, aber noch nicht gehoben ist, versagt es mir, heute in Ihrem Kreise zu erscheinen und der Generalversammlung zu präsidiren.

Die Statuten des Landesgewerbvereins sehen vor, daß in Verhinderungsfällen des Präsidenten dessen Stelle durch einen Vicepräsidenten vertreten werden soll und daß zu diesem Ende von dem Ausschuß ein erster und ein zweiter Vicepräsident gewählt wird. Von dieser statutarischen Bestimmung ist bis jetzt kein Gebrauch gemacht worden; ich werde den Gegenstand aber auf die Tagesordnung der nächsten Ausschußsitzung setzen und den Ausschuß einladen, die Wahl eines ersten und zweiten Vicepräsidenten zu vollziehen. — Für die heutige Generalversammlung hat, meinem Wunsche entsprechend, das Ausschußmitglied Herr Commerzienrath Reuleaux meine Stellvertretung freundlichst übernommen.

Die Richtungen, in welchen sich die Thätigkeit Ihrer Centralstelle bewegt, sind Ihnen bekannt. Eine detaillirte Darstellung dieser Thätigkeit während des abgelaufenen Jahres, sowie Nachweis der steigenden Benützung unserer Bibliothek und der Erledigung mannichfaltiger Auskunftsertheilungen über technische und verwandte Fragen, dürfte überflüssig erscheinen. Gestatten Sie mir indessen wenige Mittheilungen und Rückblicke von allgemeinerem Interesse.

Neue Lokalgewerbvereine wurden gegründet in Ober-Ramstadt, Butzbach und Bad-Nauheim. Es bestehen jetzt 44 solcher Vereine. —

Die Gesammtzahl der Mitglieder des Landesgewerbvereins beträgt gegenwärtig 4141. Hiervon gehören 117 keinem Lokalgewerbverein an und die übrigen 4024 Mitglieder vertheilen sich wie folgt auf die Lokalvereine: Alsfeld 82, Altenstadt 32, Alzey 29, Babenhausen 29, Bad-Nauheim 45, Beerfelden 23, Bensheim 68, Bingen 106, Büdingen 60, Butzbach 55, Darmstadt 574, Eberstadt 71, Echzell 33, Erbach 27, Friedberg 117, Fürth i. O. 58, Gießen 108, Griesheim 12, Groß-Gerau 71, Groß-Umstadt 72, Guntersblum 28, Heppenheim 33, Herbstein 43, Hirschhorn 44, Homberg a. d. O. 24, Hungen 50, Langen 57, Lauterbach 29, Mainz 620, Michelstadt 70, Nidda 57, Ober-Ingelheim 50, Ober-Ramstadt 52, Offenbach 294, Oppenheim 68, Pfungstadt 159, Schlitz 69, Schotten 44, Sprendlingen in Rheinhessen 48, Vilbel 70, Westhofen 22, Wöllstein 40, Wörrstadt 107 und Worms 273.

Die Veranstaltung von Vorträgen über wirthschaftliche und technische Fragen bei den Lokalgewerbvereinen an kleineren Orten ist, wie früher, von der Centralstelle gefördert und auch durch Geldbeiträge unterstützt worden. Solcher Vorträge wurden im verflossenen Winter ca. 80 abgehalten, wobei der Vorstand und der erste Assistent der chemisch-technischen Versuchs- und Auskunfts-Station für die Gewerbe die Centralstelle in dankenswerther, uneigennütziger Weise unterstützt haben.

Neue Handwerkerschulen sind entstanden in Ober-Ramstadt, Mörfelden, Sprendlingen im Kreise Offenbach, Groß-Zimmern und Bad-Nauheim. — Die Zahl der gewerblichen Fortbildungsschulen, welche mit dem Landesgewerbverein in Verbindung stehen, beträgt nunmehr 77 an 68 Orten des Großherzogthums, mit über 5400 Schülern. Nähere Mittheilungen über den Bestand dieser Anstalten wird Ihnen der Bericht der Handwerkerschul-Commission geben.

Seither war es Grundsatz, daß Seitens des Landesgewerbvereins an alle mit demselben in Verbindung stehenden Handwerkerschulen kostenfrei die erforderlichen Vorlegeblätter und Unterrichtsmittel geliefert wurden, daß dagegen Geldunterstützungen nur an solche Schulen gegeben werden sollten, welche unter specieller Leitung von Lokalgewerbvereinen stehen. Ihr Ausschuß hat in seiner letzten Sitzung beschlossen, diesen Grundsatz dahin zu ändern, daß nunmehr auch Geldzuschüsse, insbesondere zur Bestreitung der Lehrergehalte, Handwerkerschulen gewährt werden können, welche nicht unter specieller Leitung von Lokalgewerbvereinen stehen, sofern die Bedürfnisse hierfür nachgewiesen werden und die betreffenden Schulen gute Leistungen aufzuweisen haben. Hierzu wird der Landesgewerbverein durch erhöhte Staatsbeiträge in die Lage versetzt.

Dem Wohlwollen Großherzoglicher Staatsregierung und der Stände des Großherzogthums verdanken wir eine abermalige Erhöhung der Staatsbeiträge für unsere Schulen. — Von der laufenden Finanzperiode an wurde der Staatsbeitrag für die Landesbaugewerkschule und die erweiterten Handwerkerschulen um jährlich 15000 Mark erhöht und beträgt jetzt 55000 Mark. Hierdurch können die Kunstgewerbe- und erweiterten Handwerkerschulen wirkungsvoller als seither unterstützt und die Schule in Bensheim kann in eine erweiterte Handwerkerschule umgebildet werden. — Ferner wurden 5500 Mark jährlich mehr bewilligt als in vorderen Finanzperioden für die nicht erweiterten Handwerkerschulen; hiervon sollen 3500 Mark für wirksamere Geldunterstützungen solcher Anstalten und 2000 Mark jährlich zur Vervollständigung der Unterrichtsmaterialien, Vorlegeblätter, Modelle ꝛc., verwendet werden. — Hierzu wurde bei der Berathung d Staatsbudgets in der zweiten Kammer der Stände von einer Anzahl Landta abgeordneter der Antrag eingebracht, nachträglich weiter noch jährlich 10 000 zur Unterstützung von Lokalgewerbvereinen und Handwerkerschulen in klein Orten auf dem Lande zu bewilligen. Mit diesem Antrag ist eine Anerkenn der Bedeutung der Lokalgewerbvereine und Handwerkerschulen zur Förderung Gewerbethätigkeit ausgesprochen. Der Antrag harrt noch seiner Erledigung; dessen wurde Ihrer Centralstelle von Großherzoglichem Ministerium des Inn und der Justiz Gelegenheit gegeben, sich, im Einvernehmen mit dem Auss des Landesgewerbvereins, über diesen Antrag zu äußern und darzulegen, in w nützlicher Weise solche weitere Geldunterstützung verwendet werden kann.

Für die Landesbaugewerkschule kann nunmehr eine dritte Abt lung errichtet werden, welche Maschinenbauer, Schlosser, Spengler und an Metallarbeiter aufnehmen soll, nachdem Regierung und Stände die Mittel willigt haben, welche zur Erweiterung der Lokalitäten der Landesbaugewerksc und der technischen Mustersammlung erfordert wurden. Der betreffende Neu ist in Ausführung begriffen; wird derselbe bis zum Herbst nicht beziehbar sollen doch provisorische Einrichtungen getroffen werden, welche es ermöglic die dritte Abtheilung der Landesbaugewerkschule schon für den Unterrichtsja 1888—89 einzurichten.

Je umfänglicher die staatlichen Unterstützungen für die Handwerkersch werden, um so mehr ist es Pflicht der Centralstelle, über die zweckmäßigste wendung dieser Unterstützungen zu wachen. Nach den Statuten des Lande werbvereins steht den Lokalgewerbvereinen zwar die selbstständige Verfügung den Mitgliedertheilbetrag von je 2 Mark für das Mitglied zu, dieselben ha aber der Centralstelle und dem Ausschuß über die Verwendung besonderer G unterstützungen zu bestimmten Zwecken, und insbesondere zur Gründung und terhaltung von Handwerkerschulen, jährlich Rechenschaft abzulegen. — Mit e allgemeinen Revision des Budgets der Handwerkerschulen ist die Centralst gegenwärtig beschäftigt.

Auch jetzt wieder gereicht es mir zu besonderem Vergnügen, den Dank seres Vereins auszusprechen den Vorständen von Lokalgewerbvereinen, Mitglied von Handwerkerschul-Commissionen und Lehrern, welche sich thätig und erfolgr für die Weiterführung und Weiterentwicklung unseres gewerblichen Fortbildun wesens bemüht haben.

Der Unterricht an Lehrer von Handwerkerschulen auf Bureau der Centralstelle ist auch im verflossenen Jahr fortgesetzt worden und haben sich eine Anzahl Lehrer mit Erfolg an demselben betheiligt.

Die Ergänzung des Unterrichtsmaterials der Handw kerschulen wird fortgesetzt von der Centralstelle eifrig betrieben. Seither stan indessen zu diesem Zweck nur unzureichende Mittel zur Verfügung. Jetzt diese Mittel vermehrt worden, und es kann nunmehr in rascherer Folge an Umarbeitung älterer Auflagen der Vorlegeblätter, sowie an der Bearbeitung terer Abtheilungen derselben, gearbeitet werden. Einstweilen wurden, soweit th lich, die Bedürfnisse einzelner Schulen durch Ankäufe im Buchhandel zu be gesucht. — Auf dem Bureau der Centralstelle wurden im letzten Jahr bearbe und an sämmtliche Handwerkerschulen abgegeben: „Freihandzeichnungen Schlosser, bestehend in Gitterwerken“; „dritte Auflage der Rößler'schen Arbei des Bautischlers in neuer Bearbeitung“. — Nahezu vollendet ist eine Abtheilu

„Schulhausbauten aus dem Großherzogthum Hessen", wozu die Materialien von den Schul- und Bau-Behörden freundlichst zur Verfügung gestellt wurden. — Das 4. Heft der Rößler'schen Vorlegeblätter „Zimmermannsarbeiten und Dachconstruktionen in Holz" wird gegenwärtig in dritter Auflage umgearbeitet und in Ueberdruck vervielfältigt. — Leider konnte bis jetzt eine Neubearbeitung der Abtheilung „Wagner- und Schmiedearbeiten" nur in Angriff genommen, aber nicht wesentlich gefördert werden. Alle Bemühungen, geeignetes Unterrichtsmaterial für Wagner und Schmiede auf dem Wege des Buchhandels zu erwerben, oder durch Beirath der betreffenden Innungen zu gewinnen, waren bis jetzt erfolglos; wir sind deßhalb auf die eigene Aufnahme guter Muster und Bearbeitung derselben für Vorlegeblätter angewiesen.

An die sämmtlichen Gewerbetreibenden und Techniker richte ich die Bitte, die Centralstelle in der Bearbeitung geeigneter Vorlegeblätter für verschiedene Zweige des Gewerbebetriebs zu unterstützen. Es handelt sich vorzugsweise um gute Construktionen ausgeführter Arbeiten, und auch um solche Gewerbserzeugnisse, welche nach Form und Ornamentirung beachtenswerth sind. Es können der Centralstelle, zum Zweck der Copienahme, entweder betreffende Arbeitszeichnungen leihweise mitgetheilt, oder es kann auch in einzelnen Fällen darauf hingewiesen werden, wo sich gute Muster für Vorlegeblätter befinden, die von einem Beauftragten der Centralstelle an Ort und Stelle zeichnerisch aufgenommen werden können.

Aus der während sechs Jahre von dem Landesgewerbverein unterstützten Korbflechtschule zu König hat sich nunmehr ein Privatbetrieb entwickelt, was von uns von vorne herein beabsichtigt war. Die Schule zu König besteht als solche nicht mehr. Dagegen hat der landwirthschaftliche Bezirksverein von Erbach eine neue derartige Schule in Beerfelden errichtet, welcher die früher der Königer Schule von verschiedenen Seiten gewährten Unterstützungen zugewendet worden sind. Auch der Landesgewerbverein hat, nach Beschluß Ihres Ausschusses, zunächst eine dreijährige Geldunterstützung zugesagt, und Großherzogliches Ministerium des Innern und der Justiz gewährt der Anstalt, ähnlich wie früher derjenigen von König, eine Subvention aus dem Fonds für öffentliche und gemeinnützige Zwecke. Wir hoffen, daß sich demnächst auch aus dieser Korbflechtschule Privatbetriebe entwickeln.

Nach der Fertigstellung des erwähnten Neubaus stehen für die technische Mustersammlung drei weitere Sääle zur Verfügung, welche es ermöglichen, die Gegenstände besser als seither zu ordnen und aufzustellen. Mit der Neuordnung wird auch ein vollständiger Katalog fertig gestellt, an welchem seither schon gearbeitet wurde. — Mit der periodischen Ausstellung von Gegenständen der technischen Mustersammlung bei Lokalgewerbvereinen wurde begonnen und es soll hiermit in größerem Umfang fortgefahren werden, um die Sammlung allgemeiner nutzbringend zu machen. — Werthvolle Ankäufe wurden in der im verflossenen Jahr in Karlsruhe abgehaltenen Concurrenz-Ausstellung deutscher Kunstschmiedearbeiten gemacht und die gegenwärtig in München stattfindenden Ausstellungen dürften ebenfalls Gelegenheit zu geeigneten Ankäufen bieten.

Die chemisch-technische Prüfungs- und Auskunfts-Station für die Gewerbe ist in erfreulicher Entwickelung begriffen und wird vielseitig in Anspruch genommen. Dem Antrag Ihrer Centralstelle entsprechend, ist der Staatsbeitrag für diese Station erhöht worden um einen zweiten Assistenten einzustellen; es war dies nothwendig zur Beschleunigung der Erledigung eingehender Aufträge.

Es wurde Anregung gegeben, die Frage wegen staatlicher Förderung gewerblicher Erwerbs- und Wirthschafts-Genossenschaften zu erörtern. Ihr Ausschuß sprach sich dahin aus, daß ein Act partikularer Gesetzgebung für das Großherzogthum Hessen zur staatlichen Förderung solcher Genossenschaften weder nothwendig noch räthlich erscheint.

In Folge eines Antrags bei den Ständen, betreffend Revision des Gewerbesteuertarifs, wurden sämmtliche Lokalgewerbvereine zur Aeußerung ihrer Ansichten und Wünsche ersucht. Die Mehrzahl der eingegangenen Antworten enthält indessen keine besonderen Beschwerden und Wünsche; nur von einzelnen dieser Vereine wurde das Verlangen größeren Schutzes der stehenden Gewerbe gegen den Hausirhandel und vorübergehende Gewerbsbetriebe, durch höhere Besteuerung Letzterer, gestellt. Nach Beschluß des Ausschusses wurde das eingegangene Material zur vorläufigen Kenntniß Großh. Ministeriums der Finanzen, Abtheilung für Steuerwesen, vorgelegt; es soll aber demnächst die Frage der Gewerbebesteuerung durch eine besondere Commission eingehend geprüft werden, und die Lokalgewerbvereine sind eingeladen, sich vorgängig weiter mit dem Gegenstand zu beschäftigen.

Ein von den Herren Landtags-Abgeordneten Jöst und Ulrich in der zweiten Kammer gestellter Antrag wegen Anstellung eines weiteren Fabrik-Inspektors, worüber gutächtlich zu äußern die Centralstelle von Großh. Ministerium des Innern und der Justiz veranlaßt worden war, wurde einer besonderen Commission von Sachverständigen, welche theils aus Ausschußmitgliedern des Landesgewerbvereins, theils aus hervorragenden Industriellen verschiedener Branchen der drei Provinzen bestand, zur Beurtheilung überwiesen. Einstimmig hat sich die Commission der Tendenz des Antrags zustimmend ausgesprochen; ferner erklärte sich die Majorität für zwei Fabrik-Inspektoren mit getrennten Aufsichtsbezirken, während die Minorität dem gegenwärtigen Fabrik-Inspektor nur einen Assistenten beigegeben zu sehen wünschte. Hierbei wurde darauf hingewiesen, daß eventuell eine Scheidung der Geschäftskreise beider Fabrik-Inspektoren nach Industriezweigen, anstatt nach Provinzen, eintreten könnte. — Bekanntlich hat jüngst die Großh. Regierung eine Proposition an die Stände wegen Anstellung eines zweiten Fabrik-Inspektors gelangen lassen.

Zu meinem lebhaften Bedauern hat sich die Veranstaltung einer Collectivausstellung hessischer Kunstgewerbs-Erzeugnisse in der deutsch-nationalen Kunstgewerbe-Ausstellung zu München nicht ermöglichen lassen, trotz der vereinten Bemühungen der von Großherzoglicher Regierung bestellten Landescommission mit der Großh. Handeskammer in Offenbach und den Vorständen der Lokalgewerbvereine in Offenbach, Mainz und Worms. Es haben sich nur 6 Gewerbetreibende des Großherzogthums an der Münchener Ausstellung betheiligt. — An der internationalen Gewerbeausstellung zu Melbourne nehmen 13 Firmen des Großherzogthums in der deutschen Abtheilung Antheil. — An der Ausstellung in Kopenhagen haben sich Hessische Aussteller mit kunstgewerblichen Erzeugnissen nicht betheiligt. — Die Theilnahme an der Ausstellung in Brüssel, dem sogenannten Wettkampf der Industrieen, konnte, schon des sehr eigenthümlichen Programms wegen, nicht befürwortet werden. — Selbstverständlich werden diesseitige Industrielle sich an der das nächste Jahr in Paris stattfindenden internationalen Ausstellung nicht betheiligen. Dagegen ist Theilnahme an der deutschen allgemeinen Ausstellung für Unfallverhütung in Berlin sehr erwünscht.

Ueber den Bestand von Innungen im Großherzogthum war die Centralstelle veranlaßt, neuerlich Erhebungen anzustellen. Hiernach gibt es 7 Innungen der Friseure und Perrückenmacher, Barbiere und Heilgehülfen, 5 Bäckerinnungen, 4 Fleischer-Innungen, je 2 Spengler-, Schuhmacher- und Schneider-Innungen, sowie je eine Innung für Schreiner, Schlosser, Weißbinder und Lackirer, Glaser, Wagner und Schmiede; ferner eine Kaminfeger-Innung für das Großherzogthum Hessen. Diese 29 Innungen zählen zusammen 1247 Mitglieder; gegen ca. 70 000 selbstständige, gewerbesteuerpflichtige Gewerbetreibende im Großherzogthum. — 9 der bemerkten Innungen haben ihren Sitz in Darmstadt, 8 in Mainz, 3 in Gießen, je 2 in Offenbach, Worms, Alzey und Heppenheim, 1 in Groß-Gerau. — 20 Innungen gehören größeren deutschen Innungsverbänden an; au 7 Innungen sind die Rechte des §. 100 e., Ziffer 3 der Gewerbeordnung verliehen worden, wonach Arbeitgeber, welche der Innung nicht angehören, obwohl sie ein in der Innung vertretenes Gewerbe betreiben und selbst zur Aufnahme in die Innung fähig sein würden, Lehrlinge nicht mehr annehmen dürfen.

Während hiernach die Neubildung von Innungen im Großherzogthum geringe Fortschritte macht, mehren sich in Deutschland die Vereinigungen von Großgewerbetreibenden, um den nachtheiligen Folgen eines zügellosen Wettbewerbes entgegenzuwirken und die Preise auf einer lohnenden Höhe zu halten. Der Versuch, die Gütererzeugung und Preisbildung künstlich zu ordnen, ist besonders bei dem Eisengewerbe durch Syndikate, welche mit einander in Verbindung stehen und einheitlich geleitet werden, gemacht worden. In anderen Industriezweigen wurden ähnliche Vereinigungen geschlossen. — Wie bei den Innungen und wie bei den Arbeitervereinigungen, liegt auch hier die Absicht zu Grunde, durch Beschränkung der persönlichen Gebahrung, das Wohl der Berufsgruppe in gemeinschaftlichem Wirken zu fördern. — Verbindungen der bemerkten Art können aber nur so lange bestehen, als sie einem Zeitbedürfniß entsprechen; versuchen sie Preise zu erzwingen, welche dem allgemeinen Markt nicht entsprechen, so wirken sie nachtheilig und verfallen in sich selbst.

Auch im letzten Jahr war die Gewerbethätigkeit des Großherzogthums in erfreulicher Fortentwicklung begriffen; sie nahm Antheil an dem allgemeinen Aufschwung in Produktion und Handel, welcher in der zweiten Hälfte des Jahrs 1886 bei der deutschen Industrie sich bemerklich machte und welcher im Jahr 1887, trotz der Kümmerniß, welche alle Deutschen wegen der schwankenden Gesundheitsverhältnisse der Kaiser Wilhelm und Friedrich empfanden, sich noch mehr entwickelte. Allerdings wird noch vielfach darüber geklagt, daß manche Industrien keine lohnende Preise erzielen und daß leider die Concurrenz, mit Nachgiebigkeit in der Preisstellung, minderwerthige Waaren auf den Markt bringt. — Im Großherzogthum sind 25 neue Fabriken entstanden; die Zahl der Dampfkessel und Dampfmaschinen, sowie der Gaskraftmaschinen wurde erheblich vermehrt; die Arbeitslöhne haben sich auf ihrer Höhe behauptet; die Zahl der Arbeitskräfte wurde vermehrt. Sparsinn und Sparfähigkeit stiegen, was die vermehrten Einlagen in die Sparkassen darthun.

Von den während des letzten Jahrs erlassenen Reichs-Gesetzen betreffen insbesondere gewerbliche und wirthschaftliche Verhältnisse und sind für uns von besonderem Interesse: Besteuerung des Branntweins; Verkehr mit blei- und zinkhaltigen Gegenständen; Verwendung gesundheitsschädlicher Farben bei der Herstellung von Nahrungsmitteln, Genußmitteln und Gebrauchsgegenständen; Abänderung der Gewerbeordnung, §. 100 f. bis m., betr. Erweiterung der Innungsbefugnisse; Unfallversicherung der bei Bauten beschäftigten Personen.

Der erste dem Bundesrath vorgelegene Entwurf der Grundzüge für eine Alters- und Invaliden-Versicherung der Arbeiter, über welchen von Großh. Regierung die Aeußerung der Centralstelle erfordert worden war, wurde einer besonderen Commission von Sachverständigen, gebildet aus Mitgliedern des Ausschusses des Landesgewerbvereins und Vertretern von Lokalgewerbvereinen, zur Berathung überwiesen. Die Ansichten und Wünsche dieser Commission, mit Berathungsprotokoll, sind Großh. Ministerium des Innern und der Justiz mitgetheilt worden. Bekanntlich ist mittlerweile der bemerkte erste Entwurf umgearbeitet und in wesentlichen Punkten abgeändert worden. Der neue Entwurf eines betreffenden Gesetzes wurde kürzlich veröffentlicht und der allgemeinen Kritik unterstellt. Es ist zu wünschen, daß Seitens betheiligter und berufener Kreise, insbesondere auch aus Arbeiterkreisen, sachliche, objective Begutachtungen recht bald erfolgen und den Regierungen mitgetheilt werden.

Verehrte Herren! Dank der von der Reichs-Regierung befolgten Politik scheint der Friede für längere Zeit gesichert. Nöthigte auch die Haltung unserer Grenznachbarn zu erneuerter Verstärkung unserer Wehreinrichtungen, so müssen doch die hierdurch bedingten Lasten in der Hoffnung und Erwartung getragen werden, daß jeder hierdurch errungene Friedenstag dazu beitragen wird, die Wege ehrlichen Handels und Wandels mit den uns gegenwärtig wenig freundlichen Nachbarn zu ebnen und die errungene Machtstellung Deutschlands zu befestigen. — Auch jetzt wieder schließe ich mit dem Wunsche ferneren einmüthigen, rüstigen Zusammenwirkens in unserem Verein, zur Förderung gewerblicher Thätigkeit, zur Pflege fleißiger Arbeit in den Werkstätten, zur sachlichen Unterrichtung in unseren Schulen und zur Förderung des Wohls der arbeitenden Klassen; Dank unserer Landes-Regierung für die uns zu diesen Bestrebungen gewährten Unterstützungen und der Reichs-Regierung für den Schutz der nationalen Arbeit."

Nach Beendigung dieses mit großer Zustimmung aufgenommenen Vortrags beantragte der Vorsitzende, dem abwesenden Präsidenten den Dank der Versammlung in der Weise auszudrücken, daß ihm auf telegraphischem Wege die Anerkennung seiner allzeit bewiesenen, für den Landesgewerbverein so sehr ersprießlichen Thätigkeit und der Wunsch nach noch langjähriger Fortsetzung derselben ausgesprochen werde. Dieser Antrag wurde einstimmig zum Beschlusse erhoben.

Auf den zweiten Punkt der Tagesordnung übergehend, ertheilte nunmehr der Vorsitzende Herrn Choquet von Bingen das Wort zu nachstehendem Vortrage „über die gewerbliche Entwicklung von Bingen":

„Hochgeehrte Herren!

Froh waren wir Binger, als wir vernahmen, daß die diesjährige Ausstellung der Zeichnungen und Schülerarbeiten der Handwerkerschulen unserer Provinz, nebst der Landesbaugewerkschule von Darmstadt hier in Bingen stattfinden sollte, aber noch froher sind wir, Sie, hochwerthe Herrn, heute in unsern Mauern begrüßen zu dürfen. Ich heiße Sie im Namen des Binger Lokalgewerbvereins und aller Binger recht herzlich willkommen.

Da mir der ehrenvolle Auftrag wurde, Ihnen eine geschichtliche Skizze über „Bingen und seine Entwickelung in gewerblicher und industrieller Beziehung" vorzutragen, so beehre ich mich, Ihnen dieselbe bekannt zu geben.

Begünstigt durch ihre ausgezeichnete geographische Lage, dicht am Ufer der verkehrsreichsten Wasserstraße, am Ausgangspunkte des gesegneten Pfalz- und *Nahegaues*, des Hunsrücks u. s. w. trieb die Stadt Bingen schon im Mittelalter nach allen Richtungen ausgebreiteten Handel. Die großen italienischen Handelshäuser, welche sich in jener Zeit hier niedergelassen, geben dafür den besten Beweis. Unsere Stadt war damals eines der frühesten und wichtigsten Mitglieder des rheinischen Städtebundes. Bei dem Fleiß und der Rührigkeit der Bevölkerung entwickelte sich Handel und Gewerbe aufs Vortheilhafteste, der Wohlstand nahm immer mehr zu und dürfte im 14. und 15. Jahrhundert seine höchste Blüthe erreicht haben. In diese Epoche fällt auch die Thatsache, daß die Stadt Bingen eine der bedeutendsten Münzstätten war, wo die Mainzer Erzbischöfe einen großen Theil ihrer Gold- und Silbermünzen ausprägen ließen. Von dem günstigen Stande und der Wichtigkeit des damaligen Handels- und Schifffahrtsverkehrs von Bingen giebt auch der von Kaiser Karl IV. zu Frankfurt am 2. Febr. 1368 errichtete sogenannte Binger Landfriede den offenbarsten Beweis. Nach ihm sollen während 4 Jahren in einem Umkreise von 12 Meilen der Stadt alle Bewohner und Reisende gegen jede Beschädigung geschirmt und gesichert sein. Im Jahre 1464 gestattete das Mainzer Domkapitel, unter dessen Herrschaft Bingen damals stand, einer aus 12 Personen bestehenden Handelsgesellschaft, in den Bergen um Bingen Erz zu suchen und zu graben. Von dem was sie finden werden, (heißt es in der darüber ausgestellten Urkunde), es sei Gold, Silber, Kupfer, Zinn, Blei oder anderes Erz, hat die Gesellschaft den Zehnten an die Herrschaft zu geben. Um diesen Industriezweig zu heben, wurden den Bergwerksgenossen und ihren Arbeitern gewisse Rechte und Freiheiten gewährt. — Wie die Eisenindustrie sich entwickelt, welche Erfolge sie gehabt, darüber finden sich aber keine Nachrichten mehr vor.

Der wichtigste Handelsartikel ist hier seit vielen Jahrhunderten der Wein. Der Weinbau in Bingen und überhaupt am Mittelrhein läßt sich bis in die Römerzeit verfolgen, besonders stark wird er betont in Urkunden vom 8. Jahrhundert an. Wenigstens 20 Stifts- und Klostergenossenschaften, sogar aus ziemlich entfernten Gegenden, in denen kein Wein wuchs, hatten in hiesiger Gemarkung Weinberge und in der Stadt Hof und Keller. Auch werden namentlich Binger Weinhändler in Urkunden als Weinspekulanten genannt, die auf den bedeutenden Rheingauer Weinmärkten die edlen Rheingauer Weine aufkauften und sie nach dem Niederrhein und in die nordischen Gegenden verschleißten.

Gerade diesem Handelsartikel scheint Bingen wie jetzt, so auch in früheren Jahrhunderten hauptsächlich seinen Wohlstand zu verdanken. Ueber den durch Weinbau, Handel und Gewerbe hervorgebrachten Wohlstand in unserer Gegend heißt es in einem zu Mainz im Jahre 1498 gedruckten „Buch von den Früchten, Bäumen und Kräutern“: „In deutschen Landen gibt es kein schöner und fruchtbareres Land als das Rheingau. Da ist ziemlich Wein in Ueberfluß, so daß auch der arme Mann sich wohl daran ersättigen mag. Da ist auch Weizen, Roggen und Obst aller Art in großer Menge. Das Land von Mainz bis Bingen ist ein gar volkreich Land auf beiden Seiten des Stromes. Da ist Hof an Hof und Dorf an Dorf, und wenn man sehen will, was der Reichthum des Bodens und der Fleiß der Menschen zu wege bringt, muß man dies Land sehen. Da ist Armuth wenig zu finden bei solchen, die da wollen arbeiten. Gar stark ist auch die Bienenzucht allenthalben in dem Lande.“

Aber auch die Handwerker blühten im alten Bingen. Da finden sich in Urkunden erwähnt: Bäcker, Faßbinder, Gerber, Metzger, Leinweber, Schiffleute, Schmiede, Schneider, Schuhmacher, Seiler, Tuchscheerer und Wollenweber.

Als besonders blühend findet man bezeichnet das Gewerbe der Schiffleute, Leinweber und Wollenweber. Im Jahre 1765 waren hier seßhaft unter anderen

Gewerben: 16 Bäcker, 16 Metzger, 26 Küfer, 10 Gastwirthe, 29 Kaufleute, 11 Gerber, 38 Schiff- und Steuerleute, 14 Schneider, 12 Seiler, 25 Schuhmacher, 10 Zimmerleute, 18 Maurer — und zwar bei einer Bevölkerung von 2812 Seelen.

Sehr vortheilhaft wirkte auf den Wohlstand der Stadt der von jeher sehr bedeutende Wochenmarkt. Derselbe war so bedeutend, daß er im Jahre 1401 die Ursache eines Krieges ward zwischen dem auf Bingens Wohlstand eifersüchtigen Pfalzgrafen und dem Kurfürsten von Mainz. An dieses Ereigniß erinnert uns noch die Ruine „Trutzbingen“ an der Straße von Bingen nach Münster, sowie die schöne spätgothische Kirche von Münster selbst, die an Stelle der im Kriege verbrannten Kirche erbaut ward.

Gleichen Einfluß auf Hebung von Handel und Gewerbe übten am Anfang des 18. Jahrhunderts ebenfalls zwei italienische Kaufleute, Brentano nämlich und Manera.

Eine schriftliche Notiz aus den 1820er Jahren berichtet: „1820 wurde in Bingen von Kaufleuten versandt: Wein, Potasche, Kleesamen, Salz, Getreide, Essig, Branntwein, Leder und Rüböl. Die Frucht-, Vieh- und Wochenmärkte daselbst sind bedeutend. Eine Barchent- und Flanell-Manufakturenfabrik, sowie 10 Lohgerbereien haben guten Absatz, ebenso eine große Tabaksfabrik. Sonst waren die Weingeschäfte die bedeutendsten, aber seit der preußischen Mauth ist dieser Handel ins Stocken gerathen.“ Daher kam es, daß die Binger jetzt ihren Wein meist selbst trinken mußten. So wird erzählt, daß damals der Schoppen 4 Kreuzer kostete, ja daß man in Straußwirthschaften gegen einen Eintrittspreis von 6 Kreuzer soviel trinken durfte als man wollte!!

Die Stadt Bingen wurde in den Zeiten des 30jährigen Krieges arg mitgenommen, an dessen Folgen sie bis gegen Ende des vorigen Jahrhunderts zu leiden hatte. Aber kaum schienen diese traurigen Rückwirkungen einigermaßen überwunden, als der französische Revolutionskrieg ausbrach, der uns neues und vieles Ungemach auferlegte.

Im Frieden von Campo Formio wurden wir sodann mit dem ganzen linken Rheinufer Frankreich einverleibt und bildeten von da ab einen Cantons-Hauptort des Departements du Mont Tonnèrre. Dieser Zustand währte bis zu den Jahren 1813 und 1814, wo das ganze linke Rheinufer und somit auch Bingen von den siegreich verbündeten Heeren wieder erobert und besetzt wurde, bis wir durch Artikel 47 der deutschen Bundesacte vom Jahre 1815 das Glück hatten, unter Hessen-Darmstädtische Hoheit zu kommen, und nun einen Theil der Provinz Rheinhessen bilden.

Die günstigen Folgen der neuen Verhältnisse ließen nicht lange auf sich warten, Handel und Wandel traten in andere Bahnen ein, Gewerbe und Verkehrsleben nahmen wieder zu. Große, während der erwähnten Zeit eingetretene Ereignisse haben tief in unsere wirthschaftlichen Verhältnisse eingegriffen. Allen voran steht die Gründung des deutschen Zollvereins, die Aufhebung des alten Stapelrechts einschließlich der Rheinzölle, in Folge dessen die Eröffnung der freien Rheinschifffahrt und die zum Wasser- wie zum Landtransport in Anwendung gekommene Dampfkraft.

Inzwischen war die Bedeutung unserer Stadt als Handelsplatz gestiegen, was auch von Großherzoglicher Regierung immer mehr anerkannt und dadurch bethätigt wurde, daß sie die Vertretung der kommerziellen Interessen der Stadt von nun an einer dahier neu creirten Handelskammer übergab.

Speciell für unsere Stadt war von großer Wichtigkeit die Errichtung unseres auptsteueramtes mit Freihafenrechten und Niederlage.

In Folge Zunahme des Güterverkehrs mußte städtischerseits ein neues Lager-us am Krahnen erbaut werden, während die hessische Ludwigsbahn Räume hufs Lagerung von Getreide miethweise zur Verfügung der Händler stellte.

Alle hier passirende Dampfer haben ihre Agenturen und Ausladestellen, und t sich der Schleppschifffahrts-Verkehr ins Ungeheuere vermehrt, der Personen-mpfer gar nicht zu erwähnen.

Aus allem diesem geht hervor, daß in der Neuzeit der Handels- und Ge-äftsverkehr der Stadt Bingen in hohem Grade zugenommen hat, und nament-h ist es der Weinhandel, der in dieser Richtung den ersten Rang einnimmt.

Daß bei unserer Stadt die Bedingungen vorhanden zu sein scheinen, welche wöhnlich an einen lohnversprechenden Handelsplatz gestellt zu werden pflegen, rd **heute** um so einleuchtender, wenn man erwähnt, daß Bingen als Stapel-atz so vieler den Rhein befahrender Fahrzeuge und als Centralpunkt so ver-iedener, nach allen Himmelsrichtungen gehender Schienenwege mit dem großen eltverkehr in unmittelbare Verbindung gesetzt ist.

Dies scheint denn auch in diesen Tagen von dem Direktorium der Reichs-uptbank in Berlin, erkannt worden zu sein, welche eine Reichsbank-Nebenstelle hier zu etabliren für gut befunden hat.

Aus dem freilich nur zu skizzenhaften Bilde über Handel und Gewerbe zu ingen in älteren und neueren Zeiten mag die geehrte Festgesellschaft ersehen, e gerade Bingen ein Punkt ist, wo Handel, Gewerbe und Industrie, durch eschicklichkeit, eisernen Fleiß und ernstes Streben zu hoher Blüthe gelangen nnen, und sollen wir Binger durch das Beispiel der Vorfahren uns mächtig getrieben fühlen, unsere Handwerke und Gewerbe hoch zu halten, eingedenk, daß s Handwerk auch in Bingen einen „goldnen Boden" hat."

Der Vortrag fand allseitiges Interesse, welches sich in dem Herrn **hoquet** durch Herrn Commerzienrath **Reuleaux** dargebrachten ank der Versammlung aussprach.

(Schluß folgt.)

Allgemeine Aufklärungen über Patentwesen.

Von **Otto Sack**, Patentanwalt, Leipzig. *)

nternationaler Verein zum Schutz des gewerblichen Eigenthums.

Das wesentliche Ziel des internationalen Schutzvereins ist, wie s dessen hauptsächlichsten Bestimmungen hervorgeht, dem Bürger zw. dem Gewerbe-Schutzsuchenden des einen Vertragslandes Gelegen-it zu geben, mit der Patentirung seiner Erfindung in den anderen ertragsländern 6 Monate warten zu können, ohne daß er das Recht, n vollgiltiges Patent zu erlangen, verliert.

Von deutschen Patentsuchern wird oft angenommen, daß die 6mo-atige Schutzfrist für die Vertragsländer auch dann erlangt werde, wenn B. der deutsche Erfinder in Belgien, also einem Vertragslande ein atent nachsucht.

*) Der Verfasser ist auch gern bereit, den Lesern dieses Blattes über etwa ent-stehende Fragen auf dem Gebiete des Patentschutzes kostenlos Auskunft zu er-theilen.

Es ist diese Anschauung irrig, denn die internationale Vereinbarung betrifft lediglich die Bürger oder seßhafte Gewerbtreibende der Vertragsstaaten, nicht aber außer dem Vertrag stehende, z. B. deutsche Erfinder.

Betrachtet man die praktische Wirkung der sechsmonatlichen Schutzfrist, wie sie von dem internationalen Verein gewährt wird, etwas näher, so findet sich, daß diese Bestimmung wenigstens für Patente nicht Vortheile in dem Maße bietet, als sie von Manchen angenommen werden mögen.

Die Bestimmung des Vereins lautet:

> Der patentsuchende Bürger des Vertragsstaates kann innerhalb sechs Monaten in den anderen Vertragsländern rechtsgiltiges Patent erlangen, vorbehaltlich der Rechte Dritter.

Mit diesen letzteren Worten ist die Quelle der Rechtsstreitigkeiten in hohem Maße eröffnet, um so mehr, als stets der Bewohner des einen Vertragslandes gegen den Bewohner eines anderen Vertragslandes vorzugehen gezwungen ist.

Inwiefern nun ein solches streitiges Vorgehen zweier Bürger verschiedener Vertragsländer seinen Anfang nehmen kann, lehrt folgendes Beispiel.

Ein Belgier hat eine Erfindung auf einen kleinen Gegenstand gemacht, der als Massenbedarfsartikel rasch hergestellt werden kann.

Kraft der internationalen Bestimmungen nimmt er zunächst sein billiges Heimathspatent und gedenkt nach 6 Monaten auch das französische, sowie die übrigen Patente zu nehmen. — Ein Franzose erfährt von dem neuen Artikel kurz nach Eingabe des belgischen Patentes, findet denselben sehr lohnend und macht sich sofort daran, diesen Gegenstand in Frankreich auszubeuten. Er fabricirt lebhaft, schafft sich großen Vorrath und hat eben mit seinem in großem Style angelegten Vertrieb begonnen, als nunmehr der Belgier kraft der internationalen Abmachung in Frankreich ein Patent ver- und erlangt.

Was wird nun mit dem Fabrikanten und dessen Vorrath und seinen beabsichtigten und eingeleiteten Vertriebsoperationen?

Wer entscheidet nun, ob der durch internationale Abmachungen Geschützte befugt ist, jenem Fabrikanten den Vertrieb der im Glauben des guten Rechts hergestellten Fabrikate zu verbieten und als Patentverletzungen zu behandeln?

Es ist dies gewiß eine schwer zu entscheidende Frage, die zu allerlei unerquicklichen und nicht abzusehenden Streitigkeiten führen kann, die noch dadurch erhöht werden können, daß dem nachträglich Patentsuchenden ebenso in anderen Vertragsländern Schwierigkeiten entstehen. — Diese Schwierigkeiten können auch darin bestehen, daß irgend Jemand in dem oder jenem Lande bereits Patent auf den betreffenden Gegenstand genommen hat, ehe der durch internationale Vereinbarung Geschützte zur Patentirung schritt.

Derartige Fälle sind durchaus nicht als selten eintretend zu betrachten und lehrt die praktische Wirklichkeit, daß auch in den Vertragsländern die Patentsucher fast nicht von der sechsmonatlichen Gebrauch machen, sondern dem Grundsatz huldigen: „Wer Nachtheile und Patentstreitigkeiten vermeiden will, muß seine Erfindung stets so schnell als möglich unter wirklich rechtskräftigen Schutz bringen.“

Redacteur Dr. Hesse. — Druck von Heinrich Brill.

In Commission bei L. Brill in Darmstadt.

Gewerbeblatt

für das

Großherzogthum Hessen.

Zeitschrift des Landesgewerbvereins.

Erscheint wöchentlich. Auflage 4500. Anzeigen für die durchgehende Petitzeile oder deren Raum bei ein- und zweimaliger Aufnahme 30 Pf., bei drei- und mehrmaliger Aufnahme 25 Pf.

№ 34. August 1888.

Generalversammlung der Mitglieder des Landesgewerbvereins zu Bingen

am 6. August 1888.

(Schluß.)

Herr Geh. Oberbaurath Dr. Müller, der Vorsitzende der Handwerkerschul-Commission des Landesgewerbvereins, ergriff hierauf das Wort zu nachstehendem Bericht derselben:

„Die diesjährige 41. von dem Landesgewerbverein dahier veranstaltete Ausstellung von Zeichnungen und Schülerarbeiten aus den Handwerker- und Kunstgewerbeschulen des Großherzogthums Hessen ist die erste der Provinzialausstellungen, welche nunmehr nach Maßgabe des auf Antrag der Handwerkerschul-Commission gefaßten Ausschußbeschlusses zu veranstalten sind und an welchen sich sämmtliche in der betreffenden Provinz befindlichen Handwerkerschulen und stets auch die Landesbaugewerkschule in Darmstadt zu betheiligen haben.

Vertreten sind demnach diesmal die Handwerker-Sonntags-Zeichenschulen von Alzey, Bingen, Guntersblum, Ober-Ingelheim, Oppenheim, Sprendlingen i. Rh., Westhofen, Wöllstein und Wörrstadt, die erweiterte Handwerkerschule zu Worms, die Kunstgewerbe- und Handwerkerschule zu Mainz, sowie endlich die Landesbaugewerkschule in Darmstadt; mit einer Gesammtzahl von ca. 1550 Schülern.

Die sämmtlichen Anstalten des Großherzogthums, welche nunmehr die Zahl von 77 an 68 verschiedenen Orten erreicht haben, wurden in dem Schuljahre

1887—88 von ca. 5400 Schülern besucht, die Zahl der betheiligten Lehrer betrug 160.

Neu hinzugetreten sind die Schulen zu Bad-Nauheim, Groß-Zimmern und Mörfelden; eine Reorganisation der Schulen hat stattgefunden zu Butzbach, Groß-Umstadt und Lich. Ein übersichtliches statistisches Verzeichniß sämmtlicher Schulen wird demnächst im Gewerbeblatt veröffentlicht werden.

Zunächst, bevor wir zur Beurtheilung der diesjährigen Ausstellung übergehen, liegt uns die angenehme Pflicht ob, im Namen des Landesgewerbvereins den Vertretern der Stadt Bingen Dank auszusprechen für das freundliche Entgegenkommen, mit welchem uns das schöne und zweckmäßig eingerichtete neue Schulhaus zur Verfügung gestellt wurde, durch dessen günstige Räume es möglich geworden ist, der Ausstellung eine einheitliche, concentrirte Gestalt zu geben und durch welche ein neuer Beweis für die Fürsorge des Stadtvorstandes für die Jugendbildung erbracht wurde; Dank auch dem Vorstande, und den Mitgliedern des Localgewerbvereins Bingen, sowohl für ihre thätige Mitwirkung bei der Einrichtung der Ausstellung, als auch für die gefällige geschmackvolle Ausschmückung, welche dem Ganzen erst die richtige festliche Stimmung verliehen hat.

Die Handwerkerschul-Commission, welche am 23. Juli zur Beurtheilung der bei der hiesigen Ausstellung vertretenen Schulen zusammentrat, hat gegen das Vorjahr eine Veränderung in ihrer Zusammensetzung nicht erfahren. Bei der Beurtheilung der einzelnen Leistungen waren nachstehende Gesichtspunkte maßgebend: Bei den Kunstgewerbeschulen und der Landesbaugewerkschule findet der Unterricht an Wochentagen, entweder vertheilt auf das ganze Jahr für bestimmte Tagesstunden, oder, wie bei der Landesbaugewerkschule, während vier Wintermonaten an allen Wochentagen statt. Die erweiterten Handwerkerschulen ertheilen ihren Unterricht entweder an den Sonntagen und an einzelnen Wochentagen während des ganzen Jahres, oder an den Sonntagen und Wochentagen nur während der Wintermonate. In der Mehrzahl der übrigen Handwerkerschulen beschränkt sich der Unterricht auf Freihandzeichnen, geometrisches und technisches Zeichnen, wofür nur wenige Stunden an den Sonntagen zur Verfügung stehen. In denjenigen dieser Anstalten, in welchen auch Unterricht im Rechnen, deutscher Sprache, Buchführung, Modelliren &c. gegeben wird, findet derselbe an Wochenabenden oder auch an einzelnen Stunden der Sonntage statt.

Hieraus ist ersichtlich, daß das Maß von Zeit, welches in den einzelnen Anstalten den Uebungen im Zeichnen und dem Unterricht überhaupt gewährt wird und gewährt werden kann, sehr verschieden ist, wodurch selbstverständlich auch die Anforderungen, welche man an die Leistungen der einzelnen Anstalten zu machen berechtigt ist, nicht gleich sein können. Von diesem Gesichtspunkte aus hat die Commission ihre Beurtheilungsarbeiten erledigt. Wenn dieselben auch nicht das Resultat ergeben haben, daß die diesjährige Ausstellung wesentlich neue Gesichtspunkte in der Behandlung des Stoffes, in der zeichnerischen Darstellungsweise u. s. w. zu Tage gefördert habe, so ist doch durch dieselben bei der Commission die Ueberzeugung befestigt worden, daß das Streben der Schulen nach zufriedenstellenden Leistungen, nach immer vervollkommneter Ausbildung der ihnen anvertrauten gewerblichen Jugend auch in dem vergangenen Schuljahre lebendig geblieben ist. Demzufolge sind denn auch die Resultate im Allgemeinen recht zufriedenstellend und gereicht es der Commission zur besonderen Genugthuung, ausdrücklich hervorheben zu können, daß neben den guten, theilweise vorzüglichen Leistungen der Kunstgewerbeschule zu Mainz, der erweiterten Handwerkerschule zu Worms, sowie der Landesbaugewerkschule zu Darmstadt, die ausgestellten Arbeiten der Sonntags-Zeichenschulen nicht mindere Befriedigung erregt haben.

Nicht ausgeschlossen ist damit, daß Manches die Zustimmung der beurtheilenden Commission nicht gefunden hat, daß einzelne Mißgriffe in der Wahl der Aufgaben, in der Schätzung der Kräfte der Schüler u. s. w. vorgekommen sind, daß die schon wiederholt geäußerten Wünsche in Bezug auf Lehrgang, Haltung der Zeichnungen und Sorgfalt in der Darstellung hier und da unberücksichtigt geblieben sind. Die Ausstellungen, zu welchen die Commission im Einzelnen Veranlassung zu haben glaubte, hat dieselbe besonders niedergelegt und werden dieselben demnächst den Vorständen und Lehrern der Schulen vertraulich mitgetheilt werden. Ebenso wird denselben eine Veröffentlichung zugehen, in welcher die allgemeinen Wünsche der Commission wiederholt und generelle Anleitungen für Lehrplan und Unterrichtsführung gegeben worden sind.

Die Commission spricht die Hoffnung aus, daß für diejenigen Schulen, für welche die Anforderung einer Steigerung der Leistungen noch zulässig ist, die diesjährige Ausstellung den Lehrern Gelegenheit zu lehrreichem Vergleiche und Anregung zu berechtigtem Wetteifer gegeben haben möge, den Vorständen aber bestehende Mängel dargelegt und damit bei denselben das Bestreben zur Entfernung derselben erweckt habe.

Eine nachahmenswerthe Bereicherung hat die diesjährige Ausstellung durch die Anordnung des Localgewerbvereins Bingen erfahren, eine Anzahl selbstgefertigter Arbeiten von Lehrlingen daselbst zur Darstellung zu bringen und hierdurch Theorie und Praxis, Schule und Werkstatt im Bilde zu verbinden. Diese zufriedenstellenden, theilweise recht lobenswerthen Arbeiten gestatten einen günstigen Rückschluß auf die Lehrverhältnisse, sowie die lehrenden Meister des Binger Gewerbestandes.

Die Commission spricht zum Schlusse unter Wiederholung der Befriedigung, welche die diesjährige Ausstellung bei ihr hervorgerufen hat, der Großherzoglichen Centralstelle ihren Dank aus für die Unterstützung, welche sie, wie immer, auch im verflossenen Schuljahre den einzelnen Anstalten allseitig gewährt hat. Deßgleichen den Corporationen und Gemeinden, welche in richtiger Erkenntniß des Werthes gewerblicher Bildung für ihren Handwerkerstand und damit für ihr Gemeinwesen thatkräftige Hülfe nicht versagen, den Vorständen, welche sich in opferwilliger Weise der Pflege des gewerblichen Schulwesens unterzogen haben und zuletzt, aber nicht zum wenigsten, den Herrn Lehrern, deren thätiger Hingabe und regem Streben in erster Linie die dargelegten Erfolge zu verdanken sind."

Herr Professor Dr. Thiel aus Darmstadt sprach den Wunsch aus, daß der specielle Theil der Kritik der Handwerkerschul-Commission nicht blos vertraulich den Vorständen und Lehrern der einzelnen Schulen mitgetheilt, sondern auch einer weiteren Veröffentlichung, insbesondere den Gemeindebehörden, nicht vorenthalten werde. Herr Generalsecretär Dr. Hesse bemerkte dazu, daß dieses seit einer langen Reihe von Jahren eingehaltene Verfahren neuerdings wieder durch einen Beschluß des Ausschusses des Landesgewerbvereins bestätigt worden sei, welch' letzterer sich wieder auf die bei der vorjährigen Lehrerconferenz ausgesprochenen Wünschen gründe. Herr Geh. Oberbaurath Dr. Müller hielt eine nochmalige Erwägung der Frage im Ausschusse vielleicht für zweckmäßig, während Herr Fabrikant Jochem von Worms diese speciell kritisirenden Mittheilungen auf die betheiligten Vorstände und Lehrer beschränkt zu sehen wünschte, durch welche den Gemeindebehörden 2c. ja auf Wunsch direkte Auskunft gegeben werden könne. Herr Professor Dr. Thiel erklärte sich mit einer weiteren Behandlung im Ausschusse einverstanden und wies auf das Verfahren der Kreisschulcommissionen hin, deren Urtheile auch allgemeiner veröffentlicht würden, die Lehrer müßten sich eine solche Kritik ihrer Leistungen gefallen lassen. Dem gegenüber betonte der Vorsitzende die Unterschiede in den Befugnissen einer freigewählten Vertrauenscommission und den Rechten einer staatlichen, welch' letztere durch die Autorität des Staates gedeckt werde. Seiner Ansicht nach empfehle es sich, mit Vorsicht zu Werke zu gehen, da das Gedeihen der auf freiwilliger Mitarbeit begründeten Handwerkerschulen der Opferwilligkeit und des Entgegenkommens bedürfe.

Die Generalversammlung beschloß hierauf, dem Ausschusse zur Erwägung anheimzustellen, sich nochmals mit der angeregten Frage zu beschäftigen.

Der vierte Punkt der Tagesordnung betraf die Erfahrungen, welche bei den von dem Lokalgewerbverein Offenbach eingeführten freiwilligen Lehrlingsprüfungen bis jetzt gemacht worden sind. Das Referat darüber hatte der Direktor der dortigen Kunstgewerbe- und erweiterten Handwerkerschule, Herr Schurig, übernommen.

Dasselbe lautete:

„Die Zerfahrenheit der Offenbacher Verhältnisse auf dem Gebiete des Lehrlingswesens hat unseren Gewerbverein veranlaßt, die sogenannten Handwerkerprüfungen ins Leben zu rufen. Abgesehen vom Metzger- und Friseurgeschäft, für welche Innungen bestehen, und abgesehen von den Berufsgenossenschaften der Neuzeit zur Regelung der Arbeiterversicherungen, ist meines Wissens keine Spur zu finden von einem Zusammenschluß irgend welcher gewerblichen Körperschaft zur Vertretung und Vermittelung gemeinsamer Interessen.

Auf keinem Gebiet nun macht sich dieser Mangel so fühlbar, als auf dem des Lehrlingswesens, dieser so überaus wichtigen Frage für das Gedeihen des Handwerks und der Industrie, und wenn wir nach eingehender Prüfung der obwaltenden Verhältnisse uns vor die bedauerliche Unmöglichkeit gestellt sahen, etwas Wesentliches zur Regelung der Lehrlingsverhältnisse thun zu können, so durften wir immerhin von den Handwerkerprüfungen eine Menge nicht zu unterschätzender Vortheile erhoffen und es sind denn auch unsere Erwartungen nach jeder Seite hin in Erfüllung gegangen.

Welchen Gewinn die Prüfungen den jungen Handwerkern bieten sollen, ist in der Vorrede zu den Satzungen ausgesprochen, worin es heißt:

„Es ist von vielseitigem Werthe, wenn dem angehenden Handwerker Gelegenheit gegeben ist, durch eine Prüfung Seitens vorurtheilsfreier, sachkundiger Männer das Maß seines Wissens und Könnens feststellen zu lassen. Solche Prüfungen werden den Lehrling aneifern, sich möglichst gründlich in seinem Berufe auszubilden, den Geprüften auf die Mängel seiner Ausbildung hinweisen, dementsprechend auch bei dem Lehrherrn wirken und somit einer gedeihlichen Entwickelung des Gewerbes überhaupt förderlich sein.

Aus solchen Gründen hat sich der Ortsgewerbverein zu Offenbach berufen gefühlt, für Offenbach und die übrigen Orte des Kreises Offenbach auf durchaus freisinniger Grundlage Prüfungen von Handwerkern und Arbeitern einzuführen, damit dem Geprüften ein wahrheitsgetreues Zeugniß über seine Fähigkeiten ausgestellt werden kann. Dieses Zeugniß wird für das fernere Fortkommen seines Inhabers um so wirksamer sein, je mehr bekannt wird, daß die Zeugnisse des Offenbacher Gewerbvereins zuverlässig sind."

Es ist jedoch damit die Reihe der durch die Prüfungen erhofften Vortheile bei Weitem noch nicht erschöpft, ist doch der Gewinn, der aus dem Verkehr der Lehrmeister und Prüfungsmeister und aus der gemeinschaftlichen Berathung gleicher oder verwandter beruflicher Interessen entspringt, nicht hoch genug anzuschlagen.

Für die Prüfungen sind nun folgende Bestimmungen aufgestellt worden:

1. Ein vom Gewerbverein gewählter Ausschuß von 9 Mitgliedern hat auszuführen:

a) die Annahme der Anmeldungen zur Prüfung,
b) Entscheidung über die Zulassung der sich dazu Meldenden,
c) Ernennung der Sachverständigen zur Abhaltung der Prüfungen,
d) Einleitung und Ueberwachung des Prüfungsverfahrens,
e) Ausfertigung der Zeugnisse im Verein mit denjenigen, welche die Prüfung selbst vorgenommen haben.

2. Die Prüfungen erstrecken sich auf die im Handwerk erlangten Fertigkeiten, können aber auch auf mit dem Beruf mehr oder weniger in Verbindung stehende Fächer, insbesondere z. B. auf Zeichnen, Rechnen, Schreiben, Buchführung, Sprachen u. s. w. ausgedehnt werden und werden durch besonders dazu berufene Sachverständige vorgenommen.

3. Die Sachverständigen brauchen weder Vereinsmitglieder, noch in Offenbach wohnhaft zu sein.

4. Vor abzuhaltender Prüfung haben sich die Sachverständigen mit dem Ausschuß über die Einzelheiten des Verfahrens zu vereinbaren.

5. Als Sachverständige sind heranzuziehen nur Solche, welche mit dem zu Prüfenden weder verwandt sind, noch zu ihm in einer Beziehung stehen, die das Urtheil im Entferntesten beeinflussen könnte.

6. Zur Prüfung werden zugelassen alle unbescholtenen Gehülfen oder Arbeiter, welche ihren Wohnsitz zur Zeit der Anmeldung in einem Orte des Kreises Offenbach haben, in welchem nicht etwa auch ein Gewerbverein sich befindet. In der Regel wird vorausgesetzt, daß der zu Prüfende vorher eine mit dem Lehrmeister vereinbarte Lehrzeit zurückgelegt habe.

7. Schüler oder ehemalige Schüler der hiesigen Kunstgewerbeschule erhalten besonders bemerkt, in welchen Fächern und mit welchem Erfolg sie in denselben unterrichtet wurden.

8. Gegen die Anordnungen und Beschlüsse des Ausschusses ist Berufung an die Hauptversammlung des Gewerbvereins zuläßig.

9. Nachprüfungen können gestattet werden, wenn anzunehmen ist, daß der sich Anmeldende weitere Fortschritte in seinem Wissen und Können aufzuweisen hat.

10. Die Prüfung und die Ausfertigung des Zeugnisses erfolgt kostenfrei.

11. Die Prüfungen finden alljährlich 2 Mal statt und zwar im Monat April und October.

Ich kann aber nicht umhin, zum besseren Verständniß unserer Einrichtungen, die Offenbacher Verhältnisse etwas näher zu beleuchten.

In Offenbach ist der Fabrikbetrieb groß und das Handwerk klein, beide stehen sich in einem Verhältniß gegenüber, wie es in einer zweiten Stadt kaum wieder der Fall sein dürfte. Fast sämmtliche Bedingungen gestalten sich zu Gunsten der Großindustrie und des Handels, so vornehmlich die vorzüglichen

Verkehrsmittel zu Wasser und zu Lande, so die Nähe der Großstadt Frankfurt, ferner die vielen benachbarten kleineren Orte, welche reichen Zufluß der erforderlichen Arbeitskräfte gewähren.

Das Handwerk dagegen hat mit großen Schwierigkeiten zu kämpfen. Möbel, Kleidung, selbst Lebensbedürfnisse werden in großen Mengen von Frankfurt bezogen, gute Arbeitskräfte und Gehülfen sind schwer zu erhalten, denn sie werden von den größeren Städten oder von den Fabriken angezogen, und was noch besonders schlimmer ist, größere Fabriken unterhalten meist eigene Handwerksstätten für Schlosserei, Schreinerei, Spenglerei u. s. w.

Unter den Fabrikbetrieben lassen sich in Bezug auf das Lehrlingswesen 4 Arten unterscheiden:

1. solche, bei denen es Lehrlinge nicht giebt, weil besonders vorgebildete Arbeitskräfte überhaupt nicht erforderlich sind,
2. die es vortheilhafter finden, nur mit Gehülfen zu arbeiten und sich mit der Ausbildung von Lehrlingen nicht befassen,
3. in denen fast ausschließlich mit Lehrlingen gearbeitet wird, (dergleichen Betriebe gewähren einen eigenthümlichen Anblick, sie sind zu verwerfen und wurden auch im diesjährigen Jahresbericht des Großh. Fabrikinspektors getadelt)
4. Geschäfte, in denen mit Gehülfen und Lehrlingen gearbeitet wird, welche Gruppe wieder zerfällt:
   a) in Geschäfte, bei denen die Lehrlinge im Dienste der Fabrik selbst stehen, und
   b) wo die Betreffenden von einem sogenannten Meister oder Arbeiter angenommen werden, dem sie dann in die Hand zu arbeiten haben.

Es ist hier weder die Aufgabe noch die Absicht, diese Verhältnisse eingehend nach ihrem Werth zu prüfen oder etwa gar zu bemängeln; Thatsache ist, daß es den Fabrikbetrieben in den meisten Fällen gelingt, die Arbeiterverhältnisse ihren Bedürfnissen und Anforderungen anzupassen, es regelt sich die Sache gewissermaßen von selbst durch Nachfrage und Angebot, allerdings nicht selten auf Kosten des Kleingewerbes.

Die Handwerke, die an sich unter dem Drucke scharfer Wettbewerbung von Seiten der Fabriken stehen, kommen durch die Gepflogenheit des Fabrikwesens, alle Arbeitskräfte und selbst die Lehrlinge von der ersten Stunde an zu belohnen, in die Lage, nicht wie es früher der Fall war, für die Lehrzeit eine entsprechende Entschädigung zu erhalten, sondern sie werden zur Eingehung ungünstiger Verbindlichkeiten, zu Opfern an Geld oder verkürzter Lehrzeit gezwungen. Nur unter dem einen Gesichtspunkt erscheint diese Veränderung als billig, daß gegenwärtig die Lehrlinge von den Meistern nur in seltenen Fällen bei freier Kost und Wohnung Aufnahme finden.

Dem Meister bringt gegenwärtig der Lehrling während seiner Lehrzeit so geringen Nutzen, daß ersterer es zuweilen vorzieht, es so zu machen, wie der Fabrikherr, er bezahlt lieber die jungen Leute entsprechend höher und kann sie dafür umsomehr für seine Zwecke ausnutzen, ohne zugleich für die sachgemäße Ausbildung des Betreffenden verantwortlich zu sein.

Diese letztere Art macht sich namentlich in den Baugewerben immer mehr geltend, was leider in Hinsicht auf die in Zukunft immer seltener vorkommenden guten Arbeiter sehr zu beklagen ist.

Das Gesagte dürfte genügen, um daraus herzuleiten, weshalb wir gezwungen waren, die Satzungen für die Handwerkerprüfungen auf so durchaus freisinniger

Grundlage zu errichten, z. B. haben wir davon abgesehen, für die einzelnen Handwerksgruppen bestimmte Arten der Prüfung vorzuschreiben und haben vielmehr den Prüfungsmeistern das Recht eingeräumt, nach eigener Entschließung die Prüfung mit dem Lehrling zu vereinbaren und auszuführen.

Wenden wir uns nun den gemachten Erfahrungen zu, so haben sich betheiligt:

an der 1. Prüfung 8 junge Leute,
„ „ 2. „ 16 „ „
„ „ 3. „ 13 „ „

Der scheinbare Rückgang vom vorletzten Jahr auf das letzte von 16 auf 13 hat einen eigenthümlichen Grund und zwar hat dazu die vorjährige Lehrlingsarbeiten-Ausstellung Veranlassung gegeben, indem verschiedene Lehrlinge, die sich sonst der Prüfung unterzogen hätten, in der Ausstellung nur mit dem dritten oder gar keinem Preis ausgezeichnet worden waren, wodurch sie den Muth verloren hatten.

Die angeführten Zahlen verdienen aber auch noch nach einer anderen Seite hin geprüft zu werden; nämlich wie viele der jungen Leute ihre Lehrzeit in Fabriken oder in der Werkstatt eines Handwerkers bestanden haben und dabei ist auffallend die größere Zahl der Lehrlinge aus den Fabriken.

Unter den 8 Geprüften des ersten Jahres befinden sich: 2 Maschinentechniker, 1 Galanteriesattler, 1 Portefeuiller, 1 Mechaniker; zusammen 5 Fabrikarbeiter.

Ferner 1 Weißbinder und Dekorationsmaler, 1 Bau- und Möbeltischler, 1 Maurer; im ganzen 3 Handwerker.

Im zweiten Jahr von 16 Geprüften: 3 Galanteriesattler, 6 Portefeuiller, 1 Eisendreher; zusammen 10 Fabrikarbeiter.

Ferner 2 Bauschlosser, 1 Maler und Lackirer, 1 Maurer, 1 Küfer, 1 Spengler; zusammen 6 Handwerker.

Bei der letzten Prüfung und zwar: 4 Portefeuiller, 1 Galanteriesattler, 1 Metalldreher, 1 Maschinenbauer, 1 Modellschreiner; zusammen 8 Fabrikarbeiter.

Dazu 1 Bau- und Möbelschreiner, 1 Maurer, 2 Bauschlosser, 1 Graveur; zusammen 5 Handwerker.

Wollte man aus diesen Zahlen folgern, daß etwa unter den Handwerkern eine geringere Geneigtheit für die Prüfungen vorhanden sei, so dürfte dies leicht zu einem falschen Schluß führen können, mir erscheint es nur ein Beweis dafür zu sein, welch' untergeordnete Stellung in Offenbach das Handwerk gegenüber dem Fabrikwesen einnimmt.

Ob je die Zahl der Theilnehmer eine viel bedeutendere wird, ist fast zu bezweifeln, es bestehen eine sehr große Menge von Geschäften, bei denen, und zwar aus den verschiedensten Gründen, eine Betheiligung der Lehrlinge an den Prüfungen ausgeschlossen ist.

Was wir aber gefunden haben, hat unsere Erwartungen bis jetzt vollkommen befriedigt, der Verein und die Prüfungsmeister werden sich in Zukunft der wiederholten Arbeit gern unterziehen, denn wenn wir vor versammeltem Verein an die jungen Leute mittelst feierlicher Ansprache der Vereinsvorsitzenden die Zeugnisse zur Vertheilung bringen konnten, dann waren alle Betheiligten einig, daß wir mit der Einführung unserer Handwerkerprüfungen eine zeitgemäße Einrichtung getroffen haben."

Der Vorsitzende sprach dem Redner zunächst den Dank der Versammlung aus und schug dann vor, nicht eine Diskussion zu eröffnen, sondern eine Commission zu bilden, welche die Frage der freiwilligen Lehrlingsprüfungen erwägen und der nächsten Generalversammlung dann bestimmte Anträge unterbreiten solle. Die Versammlung dürfte aufzufordern sein, aus jeder Provinz drei Herrn zu bezeichnen, welche neben den Mitgliedern der Centralstelle in diese Commission, welcher das Recht der Cooptation vorbehalten bleiben solle, zu berufen seien. Herr Geh. Oberbaurath Dr. Müller machte den Gegenvorschlag, die Wahl dieser Herrn der Großh. Centralstelle zu überlassen, womit sich die Versammlung einverstanden erklärte.

Als Ort für die nächstjährige Generalversammlung, welcher nach der Tagesordnung nunmehr zu bestimmen und für welchen eine Stadt der Provinz Oberhessen zu wählen war, schlug der Vorsitzende Alsfeld, Bad-Nauheim oder Nidda vor. Herr Kreistechniker Muth, der Vorstand des Lokalgewerbvereins Büdingen, lud jedoch in dessen Namen die Versammlung dorthin ein, indem er betonte, daß die dortige erweiterte Handwerkerschule im kommenden Jahre die Feier ihres fünfzigjährigen Bestehens begehe, welche er durch die Verlegung der Generalsammlung dahin zu verherrlichen bitte. Die Versammlung entschied sich hierauf einstimmig für Büdingen.

Die für die Neuwahl des Ausschusses ausgegebenen Stimmzettel, deren Ergebniß demnächst im Gewerbeblatt veröffentlicht werden wird, wurden nunmehr den zu Scrutatoren ernannten Herren Wittner, Choquet und Weil von Bingen übergeben, worauf der Vorsitzende mit dem Danke gegen die Erschienenen die diesjährige Generalversammlung des Landesgewerbvereins schloß.

Von der technischen Hochschule zu Darmstadt.

Dem für das Studienjahr 1888—89 ausgegebenen Programme derselben entnehmen wir das Nachstehende:

„In dem abgelaufenen Studienjahre beschäftigten sich die Organe der technischen Hochschule mit Abänderung der Bestimmungen über die Abhaltung der Abgangsprüfungen an der technischen Hochschule im Sinne der neuen preußischen Prüfungsvorschriften vom 6. Juli 1886. Als leitender Gesichtspunkt galt bei den betreffenden Verhandlungen der engste Anschluß an die in Preußen geltenden Vorschriften. Der Entwurf der neuen Prüfungsordnung, insoweit derselbe die Staatsdienst-Aspiranten betrifft, liegt zur Zeit dem Großherzoglichen Ministerium des Innern und der Justiz vor und ist die Genehmigung desselben in Bälde zu erwarten.

Ferner schien es wünschenswerth für Studirende, welche nicht dem deutschen Reiche angehören, Prüfungen zu schaffen, durch welche dieselben ein Zeugniß über die von ihnen erworbenen Kenntnisse in einer Gruppe von mindestens drei Gegenständen erlangen können. Die hierauf bezüglichen Bestimmungen sind ebenfalls Großherzoglichem Ministerium unterbreitet und steht deren Genehmigung in nächster Zeit bevor.

Nach einem zwischen der Großherzoglich Hessischen Regierung mit den Regierungen von Preußen, Sachsen und Braunschweig getroffenen Uebereinkommen ist in Bezug auf die Ausbildung für den Staatsdienst im Hochbau-, Bauingenieur- und Maschinenbaufach das akademische Studium auf den technischen Hochschulen in den bezeichneten Staaten als einander gleichstehend anerkannt; ferner ist neuerdings diese Vereinbarung auf die technischen Hochschulen der sämmtlichen deutschen Bundesstaaten ausgedehnt worden, so daß nunmehr das Studium auf den technischen Hochschulen zu Aachen, Berlin, Braunschweig, Darmstadt, Dresden, Hannover, Karlsruhe, München und Stuttgart als gleichwerthig zu betrachten ist.

Das Hinscheiden weiland Seiner Majestät des Kaisers Wilhelm gab dem Lehrkörper der technischen Hochschule Veranlassung, den Gefühlen der Trauer gemeinsamen Ausdruck zu verleihen.

Die erneute Trauer, in welche das deutsche Volk durch das Hinscheiden weiland Seiner Majestät des Kaisers Friedrich versetzt wurde, gab dem Lehrercollegium wiederum Anlaß zu einer Gedächtnißfeier, welche am 18. Juni d. J. in ähnlicher Weise wie die frühere veranstaltet wurde.

In dem Lehrkörper der technischen Hochschule sind einige Veränderungen eingetreten. Der Privatdocent Professor Leo v. Willmann wurde zum etatsmäßigen Lehrer für Baukunst und Bauwissenschaften ernannt. Der erste Assistent am chemischen Laboratorium Dr. Josef Klein habilitirte sich als Privatdocent für pharmaceutische und analytische Chemie. Drei Assistentenstellen wurden neugeschaffen und in folgender Weise besetzt: Gymnasiallehramtsaccessist Carl Wirtz für das physikalische Institut, Regierungsbauführer Lindner für die Maschinenbauschule, Dr. Fahrion für die chemische Prüfungs- und Auskunftsstation für die Gewerbe. Mit Rücksicht auf die sehr beträchtliche Frequenz am elektrotechnischen Laboratorium wurde aushülfsweise Gymnasiallehrer Fritz zur Ueberwachung der Arbeiten herangezogen.

Der Besuch der technischen Hochschule hat sich auch im verflossenen Jahre in erfreulicher Weise gesteigert.

Die Gesammtzahl der Studirenden und Hospitanten beträgt am Ende des gegenwärtigen Sommersemesters 279; davon gehören 194 dem Großherzogthum Hessen, 58 dem Königreich Preußen, 15 andern deutschen Staaten und 12 dem Auslande an.

Infolge der stetig zunehmenden Frequenz macht sich schon seit einigen Jahren ein bedeutender Raummangel in den Baulichkeiten der technischen Hochschule fühlbar. Das Lehrercollegium hat dementsprechend eine Commission beauftragt, die Raumnoth eingehend klarzulegen und Mittel für Abhülfe vorzuschlagen. Eine hierauf bezügliche Denkschrift wurde jüngst dem Großherzoglichen Ministerium überreicht und ist zu hoffen, daß dieselbe recht bald geneigte Berücksichtigung finden möge.

Während des Studienjahres 1887—88 wurden von Studirenden der technischen Hochschule unter Leitung ihrer Professoren einige größere, außerdem mehrere kleinere Excursionen unternommen.

Alle Excursionen wurden durch die Fahrpreisermäßigungen, welche die Directionen der Main-Neckar-Bahn und der Hessischen Ludwigs-Bahn, sowie eine Reihe anderer Bahn-Directionen gewährten, und durch das bereitwillige Entgegenkommen von Behörden und Privaten in schätzenswerthester Weise gefördert.

Auch im abgelaufenen Studienjahre wurden der technischen Hochschule weitgehende Unterstützungen von der Großherzoglichen Staatsregierung, von der Vertretung der Stadt Darmstadt, sowie von anderen Behörden und Privaten zu Theil.

Auf Veranlassung der Großherzoglichen Regierung bewilligten die Stände des Landes die erforderlichen Mittel für Assistenz am physikalischen und elektrotechnischen Institut und zur Unterstützung des Unterrichts an der Maschinenbauschule. Die Lehrmittelfonds des elektrotechnischen Instituts, des Lehrstuhls für Mineralogie und Gesteinslehre, sowie für Elemente der Bauconstruction, ferner die Mittel für Excursionen, wurden durch das neue Staatsbudget für die Etatsperiode 1888—91 in einer dem Bedürfniß entsprechenden Weise erhöht.

Verschiedene Mittheilungen.

Patente von im Großherzogthum Hessen wohnenden Erfindern.

Patent-Anmeldungen. — Kl. 11, H. 8074. Federndes und verstellbares [illegible]schloß; E. Ph. Hinkel in Offenbach a. M. — Kl. 11, H. 8125. Hängemappe für Zeitungen und ähnliche Papiere; E. Ph. Hinkel in Offenbach a. M. — Kl. 22, L. 4640. Verfahren zur Herstellung von Farbstoffen aus Paranitrotoluolsulfosäure; A. Leonhardt & Co. in Mühlheim. — Kl. 22, O. 1034. Verfahren zur Darstellung neuer orangefarbener Azofarbstoffe aus Kresolcarbonsäuren; K. Oehler, Anilinfarbenfabrik in Offenbach a. M. — Kl. 22, O. 1043. Verfahren zur Darstellung neuer Disazofarbstoffe aus Amidophenol- sowie Amidokresolsulfosäuren und α-Naphtylamin und Verwendung derselben zur Herstellung von Wolle violett, blau und schwarz färbenden Tetrazofarbstoffen; K. Oehler in Offenbach a. M. — Kl. [illegible], P. 3784. Neuerung an Rindenschälmaschinen; Fritz Pettermand in Kelheim a. Donau und Friedrich Schmaltz in Offenbach a. M. — Kl. 64, E. 2199. Neuerung an Apparaten zum Füllen von Fässern mit gashaltigen Flüssigkeiten; Zusatz zum Patente 42361; Lorenz Adalbert Enzinger in Worms. — Kl. 70, W. [illegible]. Füll-Schreib- und Reißfeder; Otto Witt in Neu-Isenburg, Bahnhofstr. [illegible].

Patent-Ertheilungen. — Kl. 33, Nr. 44656. Toiletteneinsatz für Reise[illegible] und Taschen; Huppe & Bender in Offenbach a. Main; vom 11. November 1887 ab.

Deutsche Allgemeine Ausstellung für Unfallverhütung, Berlin 1889. Der dem Vorstande der Deutschen Allgemeinen Ausstellung für Unfallverhütung, Berlin 1889, zur Verfügung stehende Raum war, wie wir dies bereits mittheilen konnten, am 1. Juli, dem offiziellen Schlußtermin für die Anmeldungen, fast vollständig in Anspruch genommen. Mit Rücksicht auf die unerwartet große Betheiligung hat der Vorstand Erweiterungsbauten beschlossen, welche ihn nunmehr in die günstige Lage versetzen, auch fernerhin noch Anmeldungen zuzulassen und auch Denjenigen entgegenzukommen, welche zwar gesonnen sind auszustellen, aber noch nicht im Stande waren, die formelle Anmeldung einzureichen.

Aus dem großen inzwischen eingegangenen Material heben wir im Anschluß an unsere früheren Mittheilungen noch eine Anzahl der bedeutenderen Anmeldungen hervor, und zwar die Firmen:

Verband des deutschen Dampfkessel-Ueberwachungs-Vereins zu Düsseldorf; Frister & Roßmann-Berlin; Berliner Aktiengesellschaft für Eisengießerei und Maschinenfabrikation, vorm. J. C. Freund & Co., Charlottenburg; Maschinenfabrik Augsburg; Maschinen- und Armaturenfabrik Frankenthal; Königlich Technische Hochschule-Hannover; J. Fairfield Carpenter-Berlin;

Ed. Kühlstein-Charlottenburg; Seewarte zu Hamburg; Gebr. Sachsenberg-Roßlau a. E.; Gebr. Naglo-Berlin; Heinr. Lanz-Mannheim; Klein, Forst & Bohn Nachfl.-Johannisberg; Stettiner Aktien-Gesellschaft „Vulcan"; Dresdener Gasmotorenfabrik „Saxonia"; Scharrer & Groß-Nürnberg; Georgs-Marien-Bergwerks- und Hüttenverein-Osnabrück; Kühnle'sche Maschinenfabrik-Frankenthal; Schmidt, Kranz & Co.-Nordhausen; Unruh & Liebig-Leipzig-Reudnitz; Briegleb, Hansen & Co.-Gotha; Theodor Lißmann-Berlin; Stieberitz & Müller-Apolda; F. H. Eckert, Akt.-Ges.-Berlin; E. Becker-Berlin.

Bei dieser Gelegenheit wollen wir wiederholt darauf hinweisen, daß nicht nur die Beschickung der Ausstellung durch Fabrikanten und Verfertiger von Schutzvorrichtungen erwünscht ist, die Ziele und Zwecke des Unternehmens vielmehr insbesondere dadurch gefördert werden, daß auch solche Industrielle, welche in den eigenen Betrieben Einrichtungen für den Arbeiterschutz besitzen, dieselben zum Nutzen der Allgemeinheit zur Ausstellung bringen.

Aussteller der letztgedachten Kategorie haben weder Platzmiethe noch Zulassungsgebühr zu zahlen, auch wird ihnen in sonstiger Beziehung das weitgehendste Entgegenkommen erwiesen werden.

Das Centralbureau der Ausstellung (Berlin SW., Kochstraße 3, z. H. des Vorstandsmitgliedes, Direktor Max Schlesinger) ist jederzeit bereit, weitere Auskunft nach dieser Richtung hin zu ertheilen.

Selbstthätiger Schnurhalter. Bei kaiserlichem Patentamte ist eine Erfindung des Herrn J. Breyer zu Ludwigshafen „Selbstthätige Klemmvorrichtung für Rouleaux rc." zur Patentirung zugelassen worden, auf welche wir unsere Leser aufmerksam machen.

Natürliche Größe.

Nebenstehende Abbildung zeigt den Schnurhalter fertig zum Gebrauch. In dem beweglichen Theil befindet sich unten eine Oeffnung, durch welche die Schnur hindurch gezogen wird. Am besten ist weiche Schnur, welche so gewählt wird, daß dieselbe noch einen kleinen Spielraum in der Oeffnung hat.

Der Schnurhalter wird in 3 Arten geliefert: für dünne, mittlere und dicke Schnur.

Die Vorrichtung wird am besten in halber Fensterhöhe mit 2 Schrauben befestigt.

Soll das Rouleaux herabgelassen werden, zieht man die Schnur ein wenig nach außen und läßt dieselbe lose gehalten durch die Hand gleiten, bis die gewünschte Stellung erreicht, alsdann läßt man die Schnur einfach fallen und sofort tritt selbstthätig die Festhaltung ein. Soll das Rouleaux aufgezogen werden, zieht man die Schnur einfach nach unten und wenn dasselbe in der Höhe, läßt man die Schnur fallen und sofort tritt die Festhaltung ein. Ein Herabstürzen des Rouleaux und das so lästige Verwickeln der Schnur kann nicht vorkommen, weil die Schnur sofort festgehalten wird, so wie sie die Hand verläßt, ob es absichtlich oder zufällig geschieht. Der Schnurhalter besitzt neben seiner Einfachheit eine unbedingte Sicherheit; der Preis stellt sich für das Stück in Messing auf 30 Pf., vernickelt auf 35 Pf. Einzelne Exemplare sind in unserer technischen Mustersammlung einzusehen.

Litteratur.

Handbuch für Kupferschmiede. Nebst den nöthigen Belehrungen über die Erzeugung und Behandlung des Rohkupfers. Herausgegeben von F. Höhne in Weimar und C. W. Rösling in Ulm. Zweite gänzlich neu bearbeitete Auflage von Chr. Schröder in Erfurt. Mit einem Atlas von 12 Foliotafeln. Weimar 1888. Bernhard Friedrich Voigt.

Die ältere Auflage des „Kupferschmieds" von F. Höhne und C. W. Rösling war vergriffen und in Folge vielseitiger Nachfragen eine neue Auflage erforderlich.

Herr Christian Schröder in Erfurt wurde mit Neubearbeitung des Werkes beauftragt und unterzog sich dieser Aufgabe mit großem Fleiße und bestem Erfolge.

Das Werk ist den Fortschritten der Neuzeit angepaßt, eingetretene Verbesserungen, besonders hinsichtlich der Hülfsmaschinen, wurden nachgetragen, Veraltetes dagegen weggelassen.

Allen, welche das Wesen des Kupfers, seine Gewinnung, seine Verarbeitung und Verwendung in vollem Umfange kennen lernen wollen, bietet das vorliegende Werk eine erwünschte Gelegenheit; den Fachleuten aber ist es ein willkommenes Nachschlagebuch. Kein Kupferschmied sollte versäumen, nach genügender Praxis in der Werkstätte, sich auch über die Theorie seines Gewerbes zu informiren; er findet in dem reichen Texte und dem Atlas mit seinen 400 Illustrationen alles Wissenswerthe.

In Anbetracht des gebotenen umfassenden Stoffes ist der Preis des Werkes mit 7 Mark 50 Pf. ein mäßiger zu nennen. A.

„Neueste Erfindungen und Erfahrungen" auf den Gebieten der praktischen Technik, der Gewerbe, Industrie, Chemie, der Land- und Hauswirthschaft &c. (A. Hartleben's Verlag in Wien). Pränumerationspreis ganzjährig für 13 Hefte franco 4 fl. 50 kr. = 7 Mk. 50 Pf. Einzelne Hefte für 36 kr. = 60 Pf. in Briefmarken.

Von dieser gediegenen, gewerblich-technischen Zeitschrift erschien soeben das neunte Heft ihres XV. Jahrganges, das wie gewöhnlich einen Reichthum an nützlichen und wichtigen Belehrungen jeder Art für Gewerbetreibende und Techniker enthält. Aus dem reichen Inhalte heben wir folgende Originalarbeiten hervor, die dem Fachmann viele werthvolle Neuerungen bieten: Neue Fortschritte in der Cultur von Hefe für gährungs-technische Zwecke. — Neue praktische Fortschritte in der Rahmenleisten-Fabrikation. — Praktische Erfahrungen über das Filtriren. — Fortschritte im Dachdeckungswesen. — Praktische Bestimmung des Alkohols im Wein. — Neue technische Vollendungsarbeiten. — Bautechnische Erfahrungen. — Chemisch-industrielle Erfahrungen. — Wiederbenützung denaturirten Sprits. — Pharmaceutische Erfahrungen. — Beiträge zur Imitations-Technik. — Photographische Erfahrungen aus dem Atelier. — Retouchiren photo-lithographischer Ueberdrucke. — Praktische Beiträge zu Braunfärbungen. — Vorschriften zur Bereitung von Putzmitteln für edle Metalle. — Praktische Erfahrungen in den graphischen Fächern. — Elektrotechnische Fortschritte. — Neues Verfahren bei der Behandlung von Gold- und Silbererzen mittelst Elektricität. — Praktische Neuerung für Dynamomaschinen. — Praktische Erfahrungen in der Eisschrank-Fabrikation. — Fortschritte und Erfahrungen in der Thonwaaren-Fabrikation. — Praktische Gerberei-Fortschritte. — Neues Verfahren zur Herstellung und zum Poliren von künstlichem Marmor. — Chemisch-technische Untersuchungen. — Bezugsquellen für Maschinen, Apparate und Materialien. — Neue chemische Erscheinungen. — Beiträge zur technischen Chemie. — Nachweis von Verfälschungen des Olivenöles. — Nachweis von Margarin in Butter. — Zur praktischen Obstbaumpflege. — Kunstdünger für Gemüse. — Entfernung der Flecken von Anilinfarben aus Stoffen. — Baumwachs. — Pudern von Borsäure. — Kleinere Mittheilungen. — Neuigkeiten vom Büchermarkte. — Eingegangene Bücher und Broschüren. — Volkswirthschaftliches Feuilleton. — Neue Erscheinungen auf dem Patentgebiete. — Fragekasten. — Beantwortungen. — Briefkasten.

Nur von „kleinen Dingen", behaupten unsere Nachbarn jenseits der Vogesen, hänge das Lebensglück ab und ein Menschenkenner wie Thackeray stimmt den Kennern des savoir-vivre in diesem Punkte bei. Dieser kleinen Dinge, welche fast ausschließlich in den Bereich der Hausfrau gehören, giebt es so viele und mancherlei, daß auch die weiseste Herrscherin im häuslichen Kreise einen Rathgeber und Erinnerer, welcher ihr Gedächtniß unterstützt, ihre Erfahrung bereichert, nicht entbehren kann. Einen solchen Hausfreund (einen, der nicht die geringste häusliche Angelegenheit der Nachbarin mittheilt), findet jede Hausfrau an der praktischen Wochenschrift **„Fürs Haus"**, welche für 1 Mark vierteljährlich durch alle Buchhandlungen und Postämter zu beziehen ist.

Redacteur Dr. Hesse. — Druck von Heinrich Brill.
In Commission bei L. Brill in Darmstadt.

Beilage zum Gewerbeblatt Nr. 34 von 1888 für das Großherzogthum Hessen.

Statistik

der

ndwerkerschulen und Kunstgewerbeschulen

des

Großherzogthums Hessen.

Jahrgang 1887—88.

Aufgestellt

bei

herzoglicher Centralstelle für die Gewerbe und den Landesgewerbverein.

Darmstadt im August 1888.

In dem verflossenen Schuljahre 1887—88 hat die Anzahl der Schüler und der Handwerkerschulen, welche mit dem Landesgewerbverein in Verbindung stehen, wieder eine Zunahme erfahren. Gegenüber dem vorjährigen Stande, welcher 74 Schulen an 65 verschiedenen Orten mit einer Schülerzahl von ca. 4800 aufwies, zählen wir in diesem Jahre an 68 verschiedenen Orten 77 Schulen mit ca. 5400 Schülern und 160 Lehrern. Neu hinzugetreten sind die Schulen zu Bad-Nauheim, Groß-Zimmern und Mörfelden; weitere Verhandlungen sind mit verschiedenen Orten eingeleitet, ohne bis jetzt zu einem Resultate geführt zu haben. Nachstehend geben wir speciellere statistische Mittheilungen über die einzelnen Schulen.

1. **Alsfeld. Handwerker-Sonntags-Zeichenschule.**

Die Gesammtzahl der Schüler betrug im Jahre 1887—88 41; 35 derselben standen im Alter von 14—20 Jahren, 6 darüber. 26 Schüler gehörten den Baugewerben an; 29 derselben waren von Alsfeld, die übrigen aus den umliegenden Ortschaften. Der Unterricht wird in 3 Abtheilungen ertheilt: 1. Abtheilung, Lehrer: Herr Kreisbauaufseher Seibert; Freihandzeichnen, ebene Geometrie und Fachzeichnen, Sonntags von 8—12 Uhr, 40 Schüler; 2. Abtheilung, Lehrer: Herr Eisenbahnbaumeister Schoberth; darstellende Geometrie, Winters an einem Wochenabend in 1½ Stunden, 12 Schüler; 3. Abtheilung, Lehrer: Herr Karl Becker; Aufsatz, Rechnen und Geometrie, Winters an 3 Wochenabenden in je 1½ Stunden, 20 Schüler, welche alle auch die erste Abtheilung besuchen.

Von den Zöglingen der dortigen Korbflechtschule scheint die Anstalt nicht benutzt worden zu sein. Herr Eisenbahnbaumeister Schoberth hat den Unterricht in der darstellenden Geometrie in dankenswerther Weise ohne Gegenleistung ertheilt.

2. **Altenstadt. Handwerker-Sonntags-Zeichenschule.**

17 Schüler, deren Fleiß anerkannt wird. Dieselben standen sämmtlich im Alter zwischen 14—20 Jahren, den Baugewerben gehörten 13 derselben an, 11 waren aus Altenstadt, die übrigen aus den umliegenden Ortschaften. Der Unterricht wird an Sonntagen von 9—12 und von 1—3 Uhr ertheilt und erstreckte sich auf Freihandzeichnen, etwas geometrische Constructionen und Fachzeichnen. Darstellende Geometrie wurde nicht getrieben. Die Erhöhung des Schulgeldes von 4 auf 6 ℳ veranlaßte einzelne Schüler auszutreten.

Lehrer: Herr Steinmetzmeister Volk.

3. Alzey. Handwerker-Sonntags-Zeichenschule.

46 Schüler im Alter von 14—20 Jahren, darunter 31 den Baugewerben angehörige; 22 der Schüler waren aus Alzey, die übrigen aus der Umgebung. Der Unterricht wurde an 2 Stunden Sonntag Vormittags durch Herrn Reallehrer Lehr ertheilt, welcher durch Herrn Bautechniker Schmitt unterstützt wurde. Die früheren Klagen über zu kurze Unterrichtszeit, unregelmäßigen Schulbesuch und mangelndes Interesse Seitens der Eltern und Meister bestanden auch für das vergangene Schuljahr fort.

Neben dem Zeichenunterricht wurde am 9. October 1887 ein einständiger Unterrichtscursus für Buchführung an den Sonntag-Vormittagen eröffnet, welcher von 40 Schülern besucht wurde, wovon 12 auch den Zeichenunterricht besuchten. Von den 28 anderen war 1 über 20 Jahre alt, keiner unter 14; 6 derselben gehörten dem Baugewerbe an; bis auf 3, welche von Flomborn kamen, waren sämmtliche in Alzey ansässig. Den Unterricht ertheilte Herr Joseph Eckelhöfer, welcher mit dem Betragen der Schüler sehr zufrieden war, jedoch auch über einen unregelmäßigen Schulbesuch zu klagen Veranlassung hatte.

4. Babenhausen. Handwerker-Sonntags-Zeichenschule.

Die Zahl der Schüler betrug 57, welche sämmtlich im Alter von 14—20 Jahren standen. 14 Schüler waren von Babenhausen, die übrigen aus der Umgebung, bis auf 2 Gärtner gehörten dieselben sämmtlich den Baugewerben an. Der Unterricht wird an Sonntagen in je 4 Stunden von Herrn Gemeindebauaufseher Lang ertheilt und erstreckt sich auf Freihandzeichnen, geometrisches Zeichnen und Fachzeichnen.

5. Bad-Nauheim. Handwerker-Sonntags-Zeichenschule.

Die Schule wurde erst am 13. Mai 1888 eröffnet. Besucht wird dieselbe zur Zeit von 27 sämmtlich in dem Alter von 14—20 Jahren stehenden Schülern aus Bad-Nauheim, von welchen 22 den Baugewerben angehören. Der Unterricht wird vierstündlich an Sonntag-Vormittagen von Herrn Werkmeister Sturmfels unter Beihülfe von Herrn Siedemeister Kögel ertheilt.

6. Beerfelden. Handwerker-Sonntags-Zeichenschule.

27 Schüler, von welchen 22 zwischen 14 und 20 Jahren standen, während 1 das letztere Alter überschritten hatte, 4 noch nicht 14 Jahre alt waren. Bis auf 6 Schüler, Angehörige der näheren Umgebung, waren sämmtliche in Beerfelden ansässig; 17 gehörten den Baugewerben, 6 anderen Berufszweigen an, während 4 noch schulpflichtige Knaben an dem Unterrichte theilnehmen. Derselbe wird an den Sonntagen von den Herren Zimmermeister König und Maurermeister Heilmann ertheilt; der Besuch der Schule soll ein unregelmäßigerer geworden sein, was auf die Wahl eines weniger geeigneten Schulhauses zurückgeführt wird.

7. Bensheim. Handwerker-Sonntags-Zeichenschule.

Gesammtschülerzahl 126, wovon 3 unter 14 Jahren, 120 zwischen 14 und 20 Jahren und 3 darüber waren. 95 Schüler gehörten den Baugewerben an, die übrigen bis auf 5 Gymnasiasten und 4 Schüler anderer Lehranstalten verschiedenen Gewerben. 51 Schüler waren aus Bensheim, 3 aus nichthessischen Orten (Frankfurt), der Rest aus der näheren und weiteren Umgebung Bensheims.

Der Unterricht wurde in 2 Abtheilungen ertheilt; die Abtheilung für Freihandzeichnen, geometrische Constructionen und Perspective zählte 80 Schüler und wurde von Herrn Seminarlehrer Buxbaum geleitet; Unterrichtszeit Sonntags von 9—12 und 1—4 Uhr; Herr Kreisbauaufseher-Aspirant Hüttenberger ertheilte Sonntags in je 5 Stunden (3 Vormittags und 2 Nachmittags) Unterricht in darstellender Geometrie und Fachzeichnen an 53 Schüler, wobei die vorgeschrittenen vielfach mit Detailzeichnungen in natürlicher Größe beschäftigt wurden.

Bei der großen Schülerzahl wurde in der Abtheilung des Herrn Buxbaum ein Hülfslehrer zur Unterstützung herangezogen. Die Schule wird demnächst mit einer erweiterten Handwerkerschule verbunden werden.

8. **Bessungen. Handwerker-Sonntags-Zeichenschule. (Annastift.)**

59 Schüler, wovon 58 zwischen 14 und 20 Jahren standen, 1 älter war. 41 Schüler gehörten den Baugewerben an, 50 derselben waren in Bessungen, resp. Darmstadt ansässig. Der Unterricht im Freihand- und technischen Zeichnen wird an den Sonntag-Vormittagen in je 3 Stunden ertheilt; bis zum 23. October war Herr Lehrer Schauppner thätig, von da ab trat für denselben Herr Architect Neuschäfer ein. Vom Januar d. J. ist für den Unterricht im Freihandzeichnen, Rechnen und für Geschäftsaufsätze (6 Stunden an Wochenabenden) noch Herr Volksschulverweser Lanz angenommen worden.

9. **Bingen. Handwerker-Sonntags-Zeichenschule.**

Gesammtschülerzahl 114, wovon 110 im Alter von 14—20 Jahren, 4 darüber. 96 Schüler gehörten den Baugewerben an, 55 waren in Bingen ansässig, die übrigen kamen aus der Umgebung, theilweise aus den benachbarten preußischen Ortschaften. Die Unterrichtszeit betrug 3½ Stunden wöchentlich an Sonntag-Vormittagen.

Es bestehen 3 Abtheilungen: a. Abtheilung für Freihandzeichnen, Lehrer: Herr Bildhauer Christmann, 42 Schüler; b. Abtheilung für geometrische Constructionen und darstellende Geometrie, Lehrer: Herr Gustav Künstler, 33 Schüler; c. Abtheilung für Fachzeichnen, Lehrer: Herr Kreisbauaufseher Illert, 47 Schüler.

Die größte Zahl der Schüler wird als strebsam und willig bezeichnet, doch wird eine Erleichterung der einzelnen überfüllten Abtheilungen gewünscht.

10. **Bischofsheim. Handwerker-Sonntags-Zeichenschule.**

69 Schüler, darunter 5 unter 14 Jahren, die übrigen von 14—20 Jahren. Darunter befanden sich 19 schulpflichtige Knaben, 42 gehörten den Baugewerben, die übrigen anderen Berufsarten an. 39 Schüler waren in Bischofsheim ansässig, die übrigen kamen aus den Ortschaften der Umgebung. Der Unterricht wird in 2 Abtheilungen ertheilt; die Abtheilung für Freihand- und geometrisches Zeichnen (37 Schüler) wird während 4 Stunden Sonntag-Vormittags von Herrn Kreisbauaufseher-Aspiranten Schuchmann von Groß-Gerau unterrichtet, die Abtheilung für Fach-

zeichnen (32 Schüler) hat an den Sonntag-Vormittagen im Winter $3^1/_2$stündigen, im Sommer $4^1/_2$stündigen Unterricht. Lehrer dieser Abtheilung ist Herr Kreisbauaufseher-Aspirant Aßmuth von Groß-Gerau.

11. **Büdingen. Erweiterte Handwerkerschule.**

Gesammtzahl der Schüler 61 im Alter von 14—20 Jahren, von welchen 50 den Baugewerben angehören. 18 Schüler sind von Büdingen, die übrigen aus der Umgebung. Das Unterrichtsprogramm hat eine Aenderung nicht erfahren. Die Anstalt zerfällt in A. Tagesschule mit 2 Klassen, Unterrichtszeit während 5 Wintermonaten an allen Wochentagen, Vormittags von 8—12 Uhr, Nachmittags von 1—3 Uhr, 21 Schüler; Lehrer: Herr Techniker Wenk als Hauptlehrer und Herr Lehrer Freimann; B. Abendschule, 12 Schüler, die Lehrer Herren Wenk und Freimann; der Unterricht wird an 4 Wochentagen, je von $7^1/_2$ bis 9 Uhr ertheilt und erstreckt sich auf ebene und darstellende Geometrie, Arithmetik, Deutsch, Wechselkunde und Buchführung; C. Sonntags-Zeichenschule, 40 Schüler, Lehrer: Herr Wenk und Herr Hülfslehrer Müller, Unterricht während des ganzen Jahres an den Sonntagen von 9—12 und 1—3 Uhr in Freihandzeichnen, darstellender Geometrie, technischem und kunstgewerblichem Zeichnen. Der Unterricht erfolgt in der Tagesschule nach ausgearbeiteten Vorträgen, welche von den Schülern in Heften eingetragen und mit den nöthigen Skizzen versehen werden. Die darstellende Geometrie wird nach Aufgaben geübt, welche sich der Praxis vollständig anschließen.

12. **Butzbach. Handwerker-Sonntags-Zeichenschule.**

Gesammtschülerzahl 72, bis auf einen älteren zwischen 14 und 20 Jahren. 65 Schüler gehören den Baugewerben an, 22 sind von Butzbach, die übrigen aus Ortschaften der Umgegend. Der Unterricht wird in 2 Abtheilungen ertheilt, Sonntag-Vormittags von 8—10 Uhr durch Herrn Lehrer Weide in Freihandzeichnen, Ornament- und geometrischem Zeichnen (72 Schüler), von 10—12 Uhr durch Herrn Bezirksbauaufseher Metzger in Fachzeichnen (58 Schüler).

Die Schule ist im verflossenen Jahre reorganisirt worden.

13. **Darmstadt. Handwerker-Sonntags-Zeichenschule.**

Die Gesammtzahl der Schüler beträgt 299, welche alle verschiedenen Gewerben angehören und bis auf 3 ältere im Alter von 14—20 Jahren stehen. 201 derselben widmeten sich den Baugewerben, 246 waren von Darmstadt, die übrigen aus den Ortschaften der Umgegend.

Der Zeichenunterricht wird an den Sonntagen Vormittags in je 4 Stunden ertheilt. Es bestehen hierfür folgende Klassen:

a. Abtheilung für Freihandzeichnen. 75 Schüler. Lehrer bis zum 1. Juli 1888 Herr Maler Götz, von da ab Herr Bildhauer Drach. Diese Abtheilung ist zugleich Fachklasse für Maler, Lackirer, Goldarbeiter, Graveure und Weißbinder.

b. Abtheilung für Freihand- und geometrisches Zeichnen, zugleich Fachklasse für Gärtner. 65 Schüler. Lehrer bis zum 1. Juli 1888 Herr Architect Kuhlmann, von da ab Herr Bauinspector Schmandt. Es wird darüber Klage geführt, daß die Vorbildung für das geometrische Zeichnen Vieles zu wünschen übrig lasse.

c. Abtheilung für darstellende Geometrie. 66 Schüler. Lehrer: Herr Architect Wenkel. Es wird die Errichtung einer Parallelklasse, sowie eine bessere Placirung der Schüler und Subsellien gewünscht.

d. Abtheilung für Fachzeichnen, insbesondere für die Baugewerbe. 62 Schüler. Lehrer: Herr Techniker Neumann.

e. Abtheilung für Fachzeichnen, insbesondere für Metallarbeiter. 48 Schüler. Lehrer: Herr Aichungs-Inspections-Assistent Rumpf. Es wird Klage geführt über theilweisen unregelmäßigen Schulbesuch, dessen Ursache in der in den Maschinen- ꝛc. Werkstätten zunehmenden Sonntagsarbeit erblickt wird.

Der Abend-Unterricht (144 Schüler) wurde in 3 Abtheilungen an je 3 Werktagen von 8—9½ Uhr ertheilt:

a. Untere Abtheilung, Stylübungen, Geometrie und Rechnen, 56 Schüler, Lehrer: Herr Stenograph Göttmann.

b. Mittlere Abtheilung, Rechnen, Naturlehre und Technologie, 49 Schüler, Lehrer: Herr Hönig.

c. Obere Abtheilung, Rechnen, Materialienkunde, Anfertigung von Voranschlägen, Aufstellung von Rechnungen, gewerbliche Buchführung, 39 Schüler, Lehrer: Herr Techniker Neumann.

Der Modellir-Unterricht, wöchentlich 6 Stunden, wurde von 17 Schülern besucht. Lehrer: Herr Bildhauer Fölix.

14. **Darmstadt. Landesbaugewerkschule.**

Zu dem Besuche des Unterrichtes während des Wintersemesters 1887—88 hatten sich 86 Schüler angemeldet; 6 davon trafen nachträglich nicht ein und 8 weitere mußten wegen Platzmangels zurückgestellt werden, sodaß der Cursus von 72 Schülern besucht wurde, von welchen 9 Schüler das 20. Lebensjahr überschritten hatten. Unter denselben befanden sich 49 aus Starkenburg (davon 18 aus Darmstadt), 14 aus Oberhessen, 6 aus Rheinhessen und 3 aus Rheinpreußen. Den Gewerben nach hatten sich eingefunden 25 Maurer, 3 Steinhauer, 7 Zimmerleute, 6 Schlosser, 8 Schreiner, 2 Mechaniker, 2 Maschinenbauer, 11 Weißbinder, Maler und Lackirer, 2 Dachdecker, 1 Glaser, 1 Ziegler, 1 Baueleve, 1 Geometergehülfe und 2 Zeichner. 45 davon besuchten die Anstalt zum ersten Male, 20 zum zweiten Male, 6 zum dritten Male und endlich 1 zum vierten Male. Der Unterricht, welcher während 4 Monaten vom 15. November 1887 bis 15. März 1888 gewährt hatte, umfaßte in wöchentlich 52 Unterrichtsstunden in der unteren Abtheilung 33 Stunden für Zeichnen und Modelliren, 19 Stunden für andere Lehrfächer, in der oberen dagegen 39 Stunden für Zeichnen und Modelliren und nur 13 für andere Fächer. Die Großherzogliche Centralstelle, unter deren Leitung die Anstalt steht, beabsichtigt für den nächsten Cursus eine dritte Abtheilung hinzuzufügen und das Unterrichtsprogramm entsprechend zu erweitern.

Es bestanden seither 2 Abtheilungen mit folgenden Unterrichtsplänen:

I. Untere Abtheilung. 37 Schüler.

Freihand- und Ornamentenzeichnen; Vorträge und Uebungen für Bauconstructionen und technisches Fachzeichnen für die verschiedenen

Gewerbe. Täglich von 8—12 Uhr. Lehrer: Herr Ingenieur Esselborn.

Darstellende Geometrie, 6 Stunden wöchentlich. Lehrer Derselbe.

Geometrie, 2 Stunden wöchentlich. Lehrer: Herr Kopp.

Deutsche Sprache und Aufsätze, 4 Stunden wöchentlich. Lehrer: Derselbe.

Physik und Mechanik, 2 Stunden wöchentlich. Lehrer: Herr Ingenieur Alberti.

Anfangsgründe der Bauführung, 1 Stunde wöchentlich. Lehrer: Derselbe.

Technisches und Geschäftsrechnen, 6 Stunden wöchentlich. Lehrer: Herr Hönig.

Materialienkunde, 3 Stunden wöchentlich. Lehrer: Herr Dr. Wiederhold.

Modelliren in Thon, Wachs und Holz, 3 Stunden wöchentlich. Lehrer: Herr Bildhauer Fölix.

Uebungen in der Rundschrift, 1 Stunde wöchentlich. Lehrer: Herr Göttmann.

II. Obere Abtheilung. 35 Schüler.

Freihand- und Ornamentenzeichnen; Vorträge und Uebungen für Bauconstructionen, technisches Fachzeichnen, Entwerfen von Bauanlagen und Gewerbserzeugnissen mit Hinweis auf stylgemäße Behandlung, mit Vorträgen über Stylkunde, täglich von 8 – 12 Uhr; Lehrer: Herr Architect Professor H. Müller.

Schattenconstructionen und Perspective, 6 Stunden wöchentlich. Lehrer: Herr Ingenieur Esselborn.

Stabilitäts- und Festigkeitsberechnungen, 2 Stunden wöchentlich. Lehrer: Derselbe.

Physik und Mechanik, 2 Stunden wöchentlich. Lehrer: Herr Ingenieur Alberti.

Feldmeßkunde und Planzeichnen, 6 Stunden wöchentlich. Lehrer: Derselbe.

Buchstabenrechnung, 2 Stunden wöchentlich. Lehrer: Derselbe.

Bauführung, Anfertigen von Voranschlägen 2c., 2 Stunden wöchentlich. Lehrer: Derselbe.

Buchführung, 3 Stunden wöchentlich. Lehrer: Derselbe.

Wechselkunde, 1 Stunde wöchentlich. Lehrer: Derselbe.

Modelliren in Thon, Wachs, Holz 2c., 3 Stunden wöchentlich. Lehrer: Herr Bildhauer Fölix.

Uebungen in der Rundschrift, 1 Stunde wöchentlich. Lehrer: Herr Göttmann.

15. Darmstadt. Kunstgewerblicher Zeichenunterricht.

9 Schüler, wovon 1 das 20. Lebensjahr überschritten hatte, bis auf 1 sämmtlich von Darmstadt. Darunter waren 5 Lithographen, 2 Zeichner, 1 Mechaniker und 1 Weißbinder. Der Unterricht wird während 6 Sommermonaten wöchentlich an 2 Nachmittagen ertheilt und erstreckt sich auf Ornamentenzeichnen, sowie Entwerfen und Zeichnen kunstgewerblicher Gegenstände. Lehrer: Herr Prof. H. Müller.

16. **Darmstadt. Aliceschule des Vereins für Frauenbildung und Erwerb.**

Die Schule bezweckt einerseits die Ausbildung von Lehrerinnen für weibliche Handarbeiten in Volksschulen, andererseits die Ausbildung von Mädchen und Frauen in weiblichen Handarbeiten (Nähen, Flicken, Stopfen, Kleidermachen 2c.). Mit diesem Unterricht ist auch ein solcher für Rechnen, deutsche Sprache, Buchführung und Zeichnen verbunden. Dieser Zeichenunterricht wird von der Centralstelle des Landesgewerbvereins durch kostenfreie Abgabe von geeigneten Vorlegeblättern und Gewährung eines Geldbeitrags unterstützt. Derselbe wurde im Sommerhalbjahr 1887 von 59, im Winterhalbjahr 1887—88 von 67 Schülerinnen, im Ganzen von 126 jungen Damen besucht. Lehrer: Herr Emil Bender.

17. **Dieburg. Handwerker-Sonntags-Zeichenschule.**

55 Schüler, darunter 1 unter 14 Jahren, 51 zwischen 14 und 20 Jahren, 3 darüber. Den Baugewerben gehörten davon 47 an; 26 kamen aus Dieburg selbst, die übrigen aus den Ortschaften der Umgebung. Der Unterricht wird von Herrn Bautechniker Lang an den Sonntagen von 9–12 und 1—3 Uhr in zwei der Stadt Dieburg gehörigen Schulsälen ertheilt, wobei bei den in dem zweiten Saale untergebrachten Anfängern ein älterer Schüler die Ordnung zu handhaben hat.

Unterrichtsgegenstände sind: Freihandzeichnen, geometrische Constructionen, darstellende Geometrie und Fachzeichnen, bei letzterem soweit angängig auch Parallelperspective. Um das mechanische und verständnißlose Copiren zu vermeiden, werden Dimensionen und Formen der Aufgaben geändert und in der Regel in größerem Maßstabe angenommen. Da viele Schüler auswärts beschäftigt sind und meist nur alle 14 Tage nach Hause kommen, so wird deren Schulbesuch dadurch lückenhaft. Der Lehrer sieht in der Einführung der Meisterprüfung ein Mittel, das Streben, zeichnen zu lernen, bei den jungen Gewerbetreibenden mehr als seither lebendig werden zu lassen.

18. **Eberstadt. Handwerker-Sonntags-Zeichenschule.**

Gesammtschülerzahl 42, davon 2 unter 14 Jahren, 37 von 14–20 Jahren, 3 darüber. 34 derselben gehörten den Baugewerben an, die übrigen vertheilen sich auf verschiedene Berufsarten. Von Eberstadt selbst waren 32 Schüler, der Rest kam von den Orten der Umgebung. Der Unterricht erstreckt sich auf Freihandzeichnen, geometrisches Zeichnen, darstellende Geometrie und Fachzeichnen; derselbe wird in den Wintermonaten Sonntags von 9—12 und von 1—3 Uhr, im Sommer von 8—12½ Uhr ertheilt.

Der Localgewerbverein hat auf seine Kosten bessere Zeichenmaterialien beschafft, welche von den Schülern unter Aufsicht des Lehrers, des Herrn Ingenieurs Alberti, benutzt werden. Der Schulbesuch war ein regelmäßiger und erscheint Fleiß und Fortschritt der Schüler hinreichend.

Während der Monate März und April war an 8 Sonntagen ein Cursus zur Erlernung der Rundschrift eingerichtet worden, welcher von Herrn Stenographen Göttmann aus Darmstadt geleitet und von 26 Schülern mit gutem Erfolge besucht wurde.

19. **Echzell. Handwerker-Sonntags-Zeichenschule.**

Gesammtschülerzahl 30, bis auf 4 ältere zwischen 14 und 20 Jahren, wovon 28 den Baugewerben angehörten. 16 Schüler waren aus Echzell selbst, die übrigen aus den Orten der Umgebung.

Es bestehen 2 Abtheilungen:

a. Abtheilung für Freihand- und Fachzeichnen, 23 Schüler. Lehrer: Herr Bezirksbauaufseher Kraft. Der Unterricht wird an den Sonntagen in je 4 Stunden ertheilt.

b. Abtheilung für Rechnen, Geometrie, Aufsatz und Buchführung, 14 Schüler. Lehrer: Herr Julius Hof; Unterrichtszeit an 2 Wochenabenden von 7—9 Uhr.

20. **Erbach. Erweiterte Handwerkerschule.**

98 Schüler, darunter 46 unter 14 Jahren, die übrigen zwischen 14 und 20 Jahren. Von diesen 50 gehörten 31 den Baugewerben an, 11 waren Graveure, Holzschnitzer oder Drechsler, der Rest widmete sich verschiedenen Berufsarten. 77 Schüler waren aus Erbach selbst, die übrigen 11 aus der Umgegend, darunter 4 von Michelstadt.

Der Unterricht im Freihandzeichnen und Modelliren (64 Schüler) wird von Herrn Bildschnitzer Ph. Willmann Sonntags in 6 Stunden und während der Woche in 4 Stunden ertheilt; die große Mehrzahl der Schüler besteht aus schulpflichtigen Knaben, welche hauptsächlich den Unterricht an den Mittwoch- und Samstag-Nachmittagen besuchen, während der Sonntags-Unterricht nur von 20, meist etwas älteren Schülern frequentirt wird.

Die zweite Abtheilung, Technisches Zeichnen, war von 34 Schülern besucht, welche Sonntags von 9—12 und 1—3 Uhr durch Herrn Straßenmeister Weirich im verflossenen Jahre hauptsächlich in darstellender Geometrie unterwiesen wurden.

21. **Erzhausen. Handwerker-Sonntags-Zeichenschule.**

Schülerzahl 27, wovon 6 unter 14 Jahren, die übrigen zwischen 14 und 20 Jahren. 16 derselben gehörten den Baugewerben an, 6 waren ohne Gewerbe. Aus Erzhausen kamen 12, die andere aus der Umgegend. Der Unterricht wird an den Sonntag-Vormittagen von 8—12 Uhr ertheilt und erstreckt sich auf Freihand- und Fachzeichnen. Lehrer: Herr Maurerpolier Fink.

22. **Friedberg. Erweiterte Handwerkerschule.**

Der Unterricht, welcher in ähnlicher Weise wie im Wintersemester 1886—87 ertheilt wurde, begann am 31. October 1887 und schloß am 19. März 1888. Der Lehrplan umfaßte nachstehende Gegenstände: Rechnen, Naturlehre, Freihandzeichnen, geometrisches Zeichnen, darstellende Geometrie, Baumaterialienkunde, Bauconstructionslehre, Fachzeichnen und Modelliren. Die Unterrichtszeit betrug an den Wochentagen Dienstags—Freitags 22½ Stunden, außerdem besuchen die Schüler noch die Werktagsabendschule, sowie die Sonntags-Zeichenschule. Die erweiterte Handwerkerschule wurde von 22 Schülern, unter diesen 10 aus Friedberg selber, besucht, an dem Unterrichte in der Werktagsabendschule nahmen 30 Schüler, 18 in der oberen und 12 in der unteren Abtheilung, Antheil. Der Unterricht in dieser Abendschule, welcher

Montags, Dienstags und Mittwochs von 8—10, Donnerstags von 8–9 Uhr Abends ertheilt wurde, erstreckte sich auf Naturlehre, Buchführung, Geometrie, Rechnen, Baumaterialienkunde und Aufsatz.

Hauptlehrer: Herr Architect Bronner; an Stelle des an der Abendschule und erweiterten Handwerkerschule thätig gewesenen Hülfslehrers, Herrn Kredel, ist Herr Lehrer Müller getreten. Den Unterricht im Modelliren ertheilt der Vorsitzende des Localgewerbvereins, Herr Hofdecorationsmaler Hieronimus.

Das Schulgeld für die erweiterte Handwerkerschule beträgt 1 ℳ per Monat.

Für ältere Gewerbetreibende, Gesellen und Handwerksmeister, welche sich die Bibliothek und reichlichen Unterrichtsmittel, Musterzeichnungen u. s. w. des Localgewerbvereins nutzbar machen wollen, ist die Einrichtung des offenen Zeichensaales getroffen, in welchem sie Copien von Zeichnungen selbst oder mit Hülfe des Lehrers anfertigen, sich Rath und Belehrung in technischen und gewerblichen Angelegenheiten holen können; auch können, soweit thunlich, durch Schüler unter Anleitung des Lehrers gegen geringe Vergütung Zeichnungen, Copieen und Pausen angefertigt werden.

23. Friedberg. Handwerker-Sonntags-Zeichenschule.

Gesammtschülerzahl 127, 124 zwischen 14 und 20 Jahren, 3 darüber. 100 Schüler gehörten den verschiedenen Baugewerben an, unter den übrigen befanden sich 6 Realschüler und 2 ohne Gewerbe, 19 von verschiedenen Berufsarten. 54 Schüler waren aus Friedberg, die übrigen aus den benachbarten Ortschaften.

Der Zeichenunterricht wird in 3 Abtheilungen ertheilt:

a. Abtheilung für Freihand- und geometrisches Zeichnen: 60 Schüler; Lehrer: die Herren Kredel und Philipps, Lehrer an der Musterschule zu Friedberg. In der Regel wurden 2 Stunden auf das Freihandzeichnen und 2 Stunden auf das geometrische Linearzeichnen verwendet.

b. Abtheilung für Freihand-, geometrisches und Fachzeichnen: 54 Schüler; Lehrer: Herr Architect Bronner. Der Unterricht im Freihandzeichnen wird nach den Vorlagen von Herdtle, sowie Kolb und Högg ertheilt, während im geometrischen Zeichnen die Vorlagen Großherzoglicher Centralstelle, sowie die von Unseld benutzt werden. Im Fachzeichnen wird theilweise nach Vorlagen, theilweise nach ausgeführten Gegenständen gearbeitet.

c. Abtheilung für Fachzeichnen: 21 Schüler; Lehrer: Herr H. Zörb I., Bezirksbauaufseher.

Der Unterricht wird in sämmtlichen Abtheilungen Sonntags in 4 Stunden ertheilt.

24. Fürth i. O. Handwerker-Sonntags-Zeichenschule.

49 Schüler, 19 unter 14 Jahren, die übrigen zwischen 14 und 20 Jahren. 23 gehörten den Baugewerben an, 22 waren noch schulpflichtige Knaben. 20 kamen aus Fürth selbst, die übrigen aus den Orten der Umgebung.

Der Unterricht wird in 2 Abtheilungen ertheilt:

a. Unterricht für Freihandzeichnen, 23 Schüler, Lehrer: Herr Theodor Weber. An den Sonntagen in je 3 Stunden.

b. Unterricht für Fachzeichnen, 4½ Stunden, 27 Schüler, Lehrer: Herr Straßenmeister Sax.

25. **Gedern. Handwerker-Sonntags-Zeichenschule.**

27 Schüler, 5 unter 14 Jahren, 20 von 14—20 Jahren, 2 darüber. 18 gehörten den Baugewerben an, 6 waren ohne Gewerbe. 16 Schüler waren aus Gedern, der Rest aus der Umgebung. Der Zeichenunterricht wird an den Sonntagen in je 4 Stunden durch Herrn Bautechniker Jeckel ertheilt und erstreckt sich auf Freihandzeichnen, geometrische Constructionen und darstellende Geometrie, in welchen Fächern nach der Wandtafel gearbeitet wird, sowie auf Fachzeichnen.

26. **Gernsheim. Handwerker-Sonntags-Zeichenschule.**

32 Schüler, 2 unter 14 Jahren, 27 von 14—20 Jahren, 3 darüber. 23 gehörten den Baugewerben an, 5 waren ohne Gewerbe. 23 Schüler kommen von Gernsheim selber. Der Unterricht wird Sonntags Vormittags in 2 Abtheilungen ertheilt:

a. Abtheilung für Freihandzeichnen, geometrische Constructionen und darstellende Geometrie; Lehrer: Herr Adam Böhm. Unterrichtszeit 3 Stunden.

b. Abtheilung für Fachzeichnen; 12 Schüler. Lehrer: Herr Bahnmeister Zörb. Unterrichtszeit 4 Stunden.

27. **Gießen. Erweiterte Handwerkerschule.**

A. Tagesschule. Im Sommersemester 1887 wurde der Unterricht an je 2 Vormittagen von 5 Schülern, sämmtlich aus Gießen, besucht. Im Wintersemester 1887—88 nahmen 17 Schüler an 4 Vormittagen in je 4 Stunden Antheil. 2 derselben hatten das 20. Lebensjahr überschritten, 13 gehörten den Baugewerben an [illegible] amen von Gießen selbst, die übrigen aus der Umgegend, theils [illegible] preußischen Kreise Wetzlar. Lehrer: Herr Architect Hug.

B. Abendschule. 51 Schüler im Alter von [illegible]—20 Jahren, von welchen 37 den Baugewerben angehören. Fast sämmtliche (49) [illegible] von Gießen. Der Unterricht dauerte vom 10. October 1887 bis zum 15. März 1888 und wurde in 3 Abtheilungen ertheilt, wovon eine den Modellir-Unterricht, die beiden anderen Zeichnen, Deutsch und Rechnen, sowie Buchführung umfassen. Lehrer: Für den Modellir-Unterricht (9 Schüler, 5 Stunden Unterrichtszeit) Herr Bildhauer Barthel; für den Zeichenunterricht (51 Schüler, 6 Stunden Unterrichtszeit) Herr Zeichenlehrer Gerhard; für Deutsch, Aufsatz und Rechnen (47 Schüler, 3 Stunden Unterrichtszeit) die Herren Lehr und Kalbfleisch; für Buchführung (21 Schüler, 1½ Stunden Unterrichtszeit, nur für ältere Schüler) Herr Architekt Hug.

28. **Gießen. Handwerker-Sonntags-Zeichenschule.**

156 Schüler, 6 unter 14 Jahren, 138 von 14—20 Jahren, 12 darüber, wovon 92 aus Gießen selbst. 127 gehörten den Baugewerben, die übrigen verschiedenen anderen Berufsarten an. Der Unterricht wird

an den Sonntag-Vormittagen in je 4 Stunden in 4 Abtheilungen ertheilt:

a. Abtheilung für Freihand- und geometrisches Zeichnen, 81 Schüler; Lehrer: Herr Zeichenlehrer **Gerhard**.

b. Abtheilung für Ornament-Zeichnen, 36 Schüler; Lehrer: Herr Bildhauer **Barthel**.

c. Abtheilung für darstellende Geometrie, 44 Schüler; Lehrer: Herr Dr. **Molly**.

d. Abtheilung für Fachzeichnen, 33 Schüler; Lehrer: Herr Architect **Hug**.

Die erste Abtheilung ist in dem verflossenen Schuljahre neu errichtet worden.

Am 15. Januar 1888 beging die Handwerkerschule zu Gießen ihr 50jähriges Jubiläumsfest, womit eine Ausstellung von Zeichnungen und Schülerarbeiten aus den letzten wie aus früheren Jahren verbunden war.

29. **Gießen. Alice-Vereins-Schule für erwachsene Mädchen.**

Die Schule wird von dem Alice-Verein in Gießen unterhalten, der Zeichenunterricht wird von dem Landesgewerbverein durch Abgabe von Vorlegeblättern unterstützt.

Die Aliceschule wurde im vergangenen Jahre von 160 Schülerinnen besucht, von welchen 58 an dem Zeichenunterricht Antheil nahmen. Derselbe wird wöchentlich in einer Doppelstunde ertheilt. Lehrer Herr Architect **Hug**.

Die schon früher erhobene Klage, daß das Zeichnen vielfach als Zeitverschwendung oder als angreifend für die Augen angesehen werde, wurde wiederholt.

30. **Griesheim. Handwerker-Sonntags-Zeichenschule.**

25 Schüler im Alter von 14—20 Jahren, worunter 22 von Griesheim selbst. Den Baugewerben gehörten 22 derselben an. Der Unterricht wird an Sonntagen Winters von 9—12 und 1—3 Uhr, Sommers von 8—12 Uhr ertheilt. Lehrer: Herr Techniker **Bauer**.

Die örtlichen Verhältnisse bringen es mit sich, daß ein häufiger Wechsel stattfindet und nur wenige Schüler längere Zeit die Anstalt besuchen.

31. **Groß-Bieberau. Handwerker-Sonntags-Zeichenschule.**

Schülerzahl 31, worunter 2 schulpflichtige, die übrigen im Alter von 14—20 Jahren. 24 derselben widmeten sich den Baugewerben, 11 kamen aus Groß-Bieberau selbst, die übrigen aus den Orten der Umgebung. Der Unterricht wird an den Sonntagen von 9—11 und 12—3 Uhr ertheilt und erstreckt sich auf Freihandzeichnen (18 Schüler), ebene und darstellende Geometrie (8 Schüler) und Fachzeichnen (5 Schüler). Lehrer: Herr Gemeindebauaufseher **Christ**.

32. **Groß-Gerau. Handwerker-Sonntags-Zeichenschule.**

Schülerzahl 66, bis auf 2 ältere im Alter von 14—20 Jahren, sämmtlich den Baugewerben angehörig. Nur 16 waren aus Groß-Gerau selbst, die überwiegende Mehrzahl kam aus den umliegenden Ortschaften.

Der Unterricht wurde in 2 Abtheilungen an den Sonntag-Vormittagen von 8—12 Uhr ertheilt.

a. Abtheilung für Linear- und geometrisches Zeichnen, 43 Schüler. Lehrer: Herr Straßenmeister Ramspeck.

b. Abtheilung für Fachzeichnen, 28 Schüler. Lehrer: Herr Kreisbauaufseher Heinzelmann.

33. **Groß-Steinheim. Handwerker-Sonntags-Zeichenschule.**

59 Schüler, wovon 49 schulpflichtige Knaben, 9 im Alter von 14—20 Jahren, 1 darüber. 8 Schüler gehörten den Baugewerben an; 2 waren Silberschmiede. 36 Schüler waren von Groß-Steinheim, 10 von Klein-Steinheim und 13 von Klein-Auheim.

Die Schule hat 2 Abtheilungen:

a. Abtheilung für Anfangsgründe und Freihandzeichnen, 41 Schüler. Unterrichtszeit an Sonntagen im Sommer von 7—9 und von 12—2 Uhr, im Winter von 12—2 Uhr. Lehrer: Herr Holzbildhauer Georg Busch.

b. Abtheilung für Freihand- und Fachzeichnen, 18 Schüler, 2 Stunden Unterrichtszeit. Lehrer Herr Jakob Busch.

34. **Groß-Umstadt. Handwerker-Sonntags-Zeichenschule.**

Durch den Tod des früheren Lehrers dieser Schule, des Herrn Geometer Lohnes, gerieth der Unterricht zeitweise in Stockung und gab dies Veranlassung, die Schule einer Neugestaltung zu unterziehen, worauf am 11. December 1887 der Unterricht wieder aufgenommen wurde. Schülerzahl 47 im Alter von 14—20 Jahren, wovon 37 den Baugewerben angehören und 29 aus Groß-Umstadt selber waren.

Der Unterricht wird in 2 Abtheilungen ertheilt:

a. Abtheilung für Freihandzeichnen, 33 Schüler; Lehrer: Herr Reallehrer Sturmfels. Unterrichtszeit an Sonntagen im Winter 7, im Sommer 4 Stunden.

b. Abtheilung für geometrisches Zeichnen, darstellende Geometrie und Fachzeichnen, 14 Schüler; Lehrer: Herr Reallehrer Hauff. Unterrichtszeit wie vorstehend.

35. **Groß-Zimmern. Handwerker-Sonntags-Zeichenschule.**

Diese Schule ist am 6. November 1887 neu eröffnet worden. Schülerzahl 26, bis auf 5 ältere zwischen 14—20 Jahren, sämmtlich Bauhandwerker, wovon 20 aus Groß-Zimmern, der Rest aus der Umgegend. Der Unterricht wurde Sonntags in je 5 Stunden ertheilt und wurde mit den Anfangsgründen begonnen. Lehrer: Herr Gemeindebauaufseher Hottes.

36. **Guntersblum. Handwerker-Sonntags-Zeichenschule.**

Schülerzahl 34, wovon 5 unter 14 Jahren, 28 zwischen 14—20, 1 darüber. 23 Schüler gehören den Baugewerben an, 7 Schüler sind ohne Gewerbe. Aus Guntersblum kamen 20, die übrigen aus den benachbarten Orten. Der Unterricht wird Sonntags in je 5 Stunden ertheilt und erstreckt sich auf Freihandzeichnen (29 Schüler), sowie geometrisches und Fachzeichnen (5 Schüler). Lehrer: Herr Tünchermeister Heinrich Schröder.

37. **Heppenheim a. d. B. Handwerker-Sonntags-Zeichenschule.**

Gesammtschülerzahl 68, bis auf 5 ältere zwischen 14 und 20 Jahren. 50 derselben gehörten den Baugewerben an, 12 verschiedenen Berufsarten, 6 waren ohne Gewerbe. 39 kamen aus Heppenheim, die übrigen aus den benachbarten hessischen und badischen Orten.

Der Unterricht erfolgte in 2 Abtheilungen:

a. Abtheilung für Freihandzeichnen, 30 Schüler. Zweistündige Unterrichtszeit an den Sonntagen. Lehrer: Herr Hornef.

b. Abtheilung für darstellende Geometrie und Fachzeichnen, 44 Schüler. 4stündige Unterrichtszeit. Lehrer: Herr Stadtbaumeister Klein.

38. **Herbstein. Handwerker-Sonntags-Zeichenschule.**

28 Schüler, 18 im Alter zwischen 14 und 20 Jahren, 10 darüber. Darunter befanden sich 24 Baugewerbetreibende, 15 Schüler waren aus Herbstein, die anderen aus der näheren Umgebung. Der Unterricht wurde an den Sonntag-Nachmittagen von 12—4 Uhr in 2 Abtheilungen ertheilt.

a. Abtheilung für Freihandzeichnen und ebene Geometrie, 14 Schüler; Lehrer: Herr Mohr.

b. Abtheilung für darstellende Geometrie und Fachzeichnen, 14 Schüler; Lehrer: Herr Straßenmeister Faust, von 1888 ab Herr Straßenmeister Biegler.

39. **Heusenstamm. Handwerker-Sonntags-Zeichenschule.**

Schülerzahl 55, darunter 28 schulpflichtige Knaben, 25 im Alter von 14—20 Jahren, 2 darüber. Nur 9 derselben gehören den Baugewerben an, 18 andere verschiedenen Berufszweigen. Alle Schüler bis auf 2 aus Obertshausen sind aus Heusenstamm. Der Unterricht wird in 4—5 Stunden an den Sonntag-Vormittagen ertheilt und erstreckt sich auf Freihandzeichnen, ebene und darstellende Geometrie, sowie Fachzeichnen. Lehrer: Herr Techniker Paul.

40. **Hirschhorn. Handwerker-Sonntags-Zeichenschule.**

28 Schüler, 8 unter 14 Jahren, 19 im Alter von 14 und 20 Jahren, 1 darüber. Den Baugewerben gehörten 19 Schüler an, weitaus die Mehrzahl war aus Hirschhorn selbst. Der Unterricht wird in 2 Abtheilungen ertheilt:

a. Abtheilung für Freihandzeichnen und Geometrie (8 schulpflichtige Knaben);

b. Abtheilung für ebene und darstellende Geometrie, sowie Fachzeichnen (20 Schüler); die Unterrichtszeit beträgt Sommers 4 Stunden, Winters 3 Stunden. Lehrer: Herr Zimmermeister Karl Mathes.

41. **Höchst i. O. Handwerker-Sonntags-Zeichenschule.**

Schülerzahl 133, 48 unter 14 Jahren, 83 von 14—20 Jahren, 2 darüber. Darunter befanden sich 56 Bauhandwerker, 13 in anderen Gewerben Beschäftigte und 64 ohne Gewerbe. 48 der Schüler waren aus Höchst, die anderen aus Ortschaften der Umgegend. Der Unterricht wird an den Sonntagen von 8—12 und von 1—3 Uhr ertheilt und zwar in der Art, daß dem Fachzeichnen, für welches von den Schülern Modelle dargestellt werden, stets Freihand- und geometrisches Zeichnen, sowie darstellende Geometrie vorausgeht. In den Wintermonaten erhalten die älteren Schüler vom Baugewerbe, soweit möglich, entsprechende Belehrung über Festigkeitsberechnungen und Stabilität. Die Ueberfüllung der Schule und der Mangel genügender Lokale wirkte störend auf den Unterricht, doch werden diese Uebelstände abgestellt werden.

Lehrer: Herr Kreistechniker Häusel. Hülfslehrer: Herr Communalbauaufseher Flath.

42. Homberg a. d. Ohm. Handwerker-Sonntags-Zeichenschule.

19 Schüler, bis auf 2 jüngere im Alter von 14—20 Jahren. 12 davon waren Bauhandwerker, 1 Scribent, 6 ohne Gewerbe. Von Homberg kamen 6 Schüler, die anderen aus der Umgebung. Lehrer: Herr Weißbindermeister Wilhelm Klemm II.

43. Hungen. Handwerker-Sonntags-Zeichenschule.

32 Schüler, 9 unter 14 Jahren, die übrigen zwischen 14 und 20 Jahren alt. 20 davon waren im Baugewerbe, 3 in anderen Gewerben thätig, der Rest war noch schulpflichtig. Von Hungen selbst waren nur 4 Schüler, die anderen kamen aus den Ortschaften der Umgebung. Der Unterricht wird an den Sonntag-Vormittagen von 8—12 Uhr ertheilt. Lehrer: Herr Geometer Heineck.

44. König. Handwerker-Sonntags-Zeichenschule.

94 Schüler, 37 unter 14 Jahren, die anderen im Alter von 14—20 Jahren. Den Baugewerben gehörten 22 Schüler an, ebensoviel anderen Berufsarten, 50 waren noch ohne bestimmtes Gewerbe. Von König waren 50 Schüler, während die übrigen aus der Umgebung kamen. Der Unterricht erstreckt sich auf Freihandzeichnen, geometrisches Zeichnen und Fachzeichnen und wird sonntäglich in je 5 Stunden ertheilt. Lehrer: Die Herren Heinrich Fleckenstein III. und Adam Fleckenstein II.

45. Langen. Handwerker-Sonntags-Zeichenschule.

Die Gesammtzahl der Schüler betrug 159. Darunter befanden sich 48 unter 14 Jahren, 108 im Alter von 14—20 Jahren, 3 darüber. Den Gewerben nach waren vertreten 94 Bauhandwerker, 8 Angehörige sonstiger Berufsarten und 57 noch ohne Gewerbe. 125 Schüler waren von Langen, 34 aus der Umgebung.

Es bestehen 3, resp. 4 Abtheilungen:

1. Abtheilung für Freihand- und Ornamentenzeichnen. Lehrer: Herr Georg Leinberger, Bildhauer.

a. Vormittags-Unterricht für die älteren Schüler (58) von 8—12 Uhr;

b. Nachmittags-Unterricht für schulpflichtige Knaben (48) von 1 bis 4 Uhr.

2. Abtheilung für geometrische Constructionen, darstellende Geometrie und Fachzeichnen. 30 Schüler. Unterrichtszeit Sonntags von 8—12 Uhr. Lehrer: Herr Kreisstraßenmeister Dingeldein.

3. Abtheilung für Rechnen, Raumlehre, Aufsatz, Verfassungskunde u. s. w. 28 Schüler. Lehrer: Herr Oberlehrer Weckmann. Wöchentlich 2 Stunden, im Sommer an Sonntag-Nachmittagen von 1—3 Uhr, im Winter an einem Wochenabend von 8—10 Uhr.

46. **Lauterbach. Handwerker-Sonntags-Zeichenschule.**

Gesammt-Schülerzahl 52, im Alter von 14—20 Jahren, darunter 28 Bauhandwerker, 23 von verschiedenen Berufsarten und 1 ohne Gewerbe. 28 Schüler waren von Lauterbach, die übrigen von umliegenden Ortschaften.

Der Sonntags-Unterricht (38 Schüler) wird in je 6 Stunden ertheilt und erstreckt sich auf Freihand- und geometrisches Zeichnen, darstellende Geometrie und Fachzeichnen.

Der Abend-Unterricht (28 Schüler) wird an Wochenabenden 6stündlich von 8—9¼ Uhr ertheilt und umfaßt Rechnen, Geometrie, Stylübungen, Materialienkunde und Physik.

Den Gesammt-Unterricht ertheilt Herr Straßenmeister und Stadtbaumeister Stumpf.

47. **Lich. Handwerker-Sonntags-Zeichenschule.**

Schülerzahl 37, 26 im Alter von 14—20 Jahren, darunter 21 Bauhandwerker, 2 ohne Gewerbe, sowie 2 Wagner und 1 Schmied. Nur 5 davon waren aus Lich, die andern aus der Umgebung. Der Unterricht wird Sonntags von 9—12 Uhr ertheilt.

An den Sonntag-Nachmittagen von 1—3 Uhr erhalten 11 schulpflichtige Knaben, sämmtlich von Lich, einen weiteren Unterricht.

Die Anstalt ist im verflossenen Winter reorganisirt worden und wurde dieselbe am 4. December v. J. wieder eröffnet. Lehrer: Herr Straßenmeister Berkes.

48. **Lindenfels. Handwerker-Sonntags-Zeichenschule.**

34 Schüler, darunter 6 unter 14 Jahren, 22 von 14—20 Jahren, 6 darüber. Den Gewerben nach waren es 25 Bauhandwerker, 1 Schmied, 1 Mühlenbauer, 7 ohne Gewerbe, 18 waren aus Lindenfels, die andern aus Orten der Umgegend. Der Unterricht wurde Sonntags in je 6 Stunden ertheilt. Lehrer: Herr Geometer Maurer.

49. **Mainz. Erweiterte Handwerkerschule.**

Schülerzahl 590, darunter 132 Schreiner, 121 Schlosser und Mechaniker, 84 Maurer, 35 Decorations- und Holzmaler, 26 Bildhauer, 17 Lithographen und Steindrucker, 16 Tüncher, 15 Zimmerleute, 14 Spengler, 13 Tapezierer, 9 Wagner, 9 Gold- und Silberarbeiter, 7 Küfer und Bierbrauer, 6 Glaser, 6 Uhrmacher, 5 Bautechniker, 5 Photo- und Zinkographen, 4 Steinmetzen, 4 Lackirer, 3 Schmiede, 3 Schriftsetzer und Buchdrucker, 3 Buchbinder, 3 Gärtner, 3 Zeichner, der Rest vertheilt sich auf Schuhmacher, Sattler, Schornsteinfeger, Kupferschmiede, Metallgießer, Töpfer, Ciseleure, Bürstenmacher und Schüler dortiger Lehranstalten.

Die Schüler befanden sich fast sämmtlich in dem Alter von 14—20 Jahren, 33 hatten dasselbe überschritten.

Der Heimath nach waren 279 aus Mainz, 224 aus anderen hessischen Gemeinden, 85 aus anderen Staaten des deutschen Reiches, 2 Ausländer.

An dem Sonntags-Unterrichte betheiligten sich alle Schüler, der Modellir-Unterricht wurde im Sommerhalbjahr von 22, im Winterhalbjahr von 29, der Abendunterricht des Herrn Gehry (Gipszeichnen) von 25 und die Abend-Fortbildungsschule von 115 Schülern besucht.

1. Freihandzeichnen. Es bestehen 3 Parallelklassen mit je sonntäglich 3 Stunden Unterricht.
   a. Abtheilung des Herrn Lithographen Edmund Becker. (82 Schüler.)
   b. Abtheilung des Herrn Karl Petscher. (61 Schüler.)
   c. Abtheilung des Herrn Joh. Schneider. (101 Schüler.)
   Die vierte Abtheilung:
   d. für Freihandzeichnen, Ornamenten- und Figurenzeichnen nach Gipsmodellen hat 2 Stunden Sonntags-Unterricht (41 Schüler), sowie an 2 Tagen 4 Stunden Abendunterricht (25 Schüler). Lehrer: Herr Reallehrer Paul Gehry.

2. Geometrisches Zeichnen.
   a. Abtheilung des Herrn Oberlehrer Kübel. (49 Schüler.) Sonntags 2 Stunden Unterrichtszeit.
   b. Abtheilung des Herrn Ingenieur Keusch. (55 Schüler.) 3 Stunden Unterichtszeit.

3. Darstellende Geometrie. Sonntags 3 Stunden Unterrichtszeit.
   a. Abtheilung des Herrn Architecten W. Wagner. (46 Schüler.)
   b. Abtheilung des Herrn Ingenieur Keusch. (10 Schüler.)

4. Technisches Fachzeichnen. Unterrichtszeit Sonntags Vormittags 3—4 Stunden.
   a. Abtheilung des Herrn Architecten H. Locher für Bauhandwerker. (49 Schüler.)
   b. Abtheilung des Herrn Heinrich Schneider für Möbel- und Bauschreiner, Glaser und Tapezierer 2c. (40 Schüler.)
   c. Abtheilung des Herrn Ingenieur Heinrich Zulauf für Metallarbeiter. (43 Schüler.)

Herr Stängle, Lehrer der Kunstgewerbeschule, wurde zu Anfang des Winterhalbjahres daselbst mit einer vermehrten Anzahl von Unterrichtsstunden derart in Anspruch genommen, daß er die von ihm geleitete Fachklasse der Handwerkerschule für Maler, Goldarbeiter u. s. w. nicht weiter beibehalten konnte. Die Schüler dieser Klasse wurden, soweit sie nicht in die Kunstgewerbeschule übertraten, in andere Klassen eingetheilt, um später in eine neu zu gründende Fachklasse der Handwerkerschule einzutreten.

5. Modelliren. Herr Bildhauer Albert Köllner. (29 Schüler.)

6. Abendfortbildungsschule. Dieselbe wurde von 115 Schülern besucht. Die Lehrgegenstände sind diejenigen der obligatorischen Fortbildungsschule, außerdem wird in Buchführung, Geschäftsaufsätzen, Wechselkunde, sowie in den Elementen der Physik und Chemie unterrichtet. Lehrer sind die Herren Oberlehrer Müller, Küßner, Geißler und Dr. Nies, Lehrer am Realgymnasium, welch' letzterer an die Stelle des Herrn Dr. Heinrichs trat.

50. Mainz. Kunstgewerbeschule.

Im verflossenen Sommerhalbjahre wurde der Unterricht im Wesentlichen wie früher weitergeführt, dagegen zeigte sich im Winterhalbjahre die Nothwendigkeit, eine Vorschule von einem Halbjahrescurse für solche

Schüler einzurichten, deren Vorkenntnisse für die Kunstgewerbeschule nicht genügten. Der Unterricht dieser Parallelklasse erstreckte sich auf die Technik des Freihandzeichnens und insbesondere auf Uebung im Linearzeichnen und wurde durch die Herren Crecelius, Stängle und Kübel ertheilt.

Das Malen nach der Natur konnte vom Winter an eingeführt werden, nachdem Herr Stängle von dem Sonntags-Unterricht an der Handwerkerschule entlastet worden war. Das Zeichnen nach Gips wird im kommenden Winter in einem besonders hierzu eingerichteten Saale beginnen und dadurch der Unterrichtsplan wesentlich vervollständigt werden. Das Vorlagematerial hat sich entsprechend vermehrt und wurde auch für das Malen nach der Natur zum ersten Male eine kleine Sammlung kunstgewerblicher Gegenstände erworben.

Der Unterricht an der Kunstgewerbeschule wird in Halbjahrescursen ertheilt und weist folgende Abtheilungen auf:

I. Abtheilung (Vorschule). Dauer 1/2 Jahr. (16 Schüler.)

II. Abtheilung (Fachschulen). Dauer 5 Halbjahrescurse. (38 ordentliche, 11 außerordentliche Schüler.) Diese Fachschulen theilen sich in:
a. Fachschule für Architectur, Bauschmuck, Möbel &c.
b. Fachschule für Kleinkunst, Kunstschlosserei, Goldschmiedekunst, Keramik &c.
c. Fachschule für Decorationsmalerei und verwandte Fächer.

Im ersten, zweiten und dritten Halbjahrescurs werden neben dem Fachunterricht die nöthigen Hülfsfächer gelehrt. Im vierten und fünften Curse wird ausschließlich Fachunterricht ertheilt.

III. Abtheilung (Abendunterricht). In dieser Abtheilung sollen Lehrlinge und Gehülfen sich im geometrischen Zeichnen, in der Projectionslehre und Architectur, sowie im Freihandzeichnen Kenntnisse aneignen. Sie ist auch als Vorschule für die Kunstgewerbeschule anzusehen und bietet fleißigen Schülern Gelegenheit, sich die für den zweiten Curs der Kunstgewerbeschule erforderlichen Kenntnisse zu erwerben, zugleich dient dieselbe als Nachhülfecurs. (32 Schüler.)

Außer den oben erwähnten Fachcursen (je 16 Wochenstunden) wurde in folgenden Fächern Unterricht ertheilt: Geometrisches Zeichnen, darstellende Geometrie, Beleuchtungslehre, Perspective, Architectur, Ornamentale Formenlehre, Freihandzeichnen, Figurenzeichnen, Flächenmalen, Anatomie, Kunstgeschichte, Malen nach Natur, Buchführung, Wechsellehre, Körperberechnung und Modelliren.

Das Lehrer-Collegium setzt sich wie folgt zusammen:
1) Herr Eugen Crecelius, Architect, Director.
2) „ Hermann Stängle, Maler.
3) „ Karl Kübel, Architect.
4) „ Albert Köllner, Bildhauer.
5) „ Dr. Velke, Museumsdirector.
6) „ Joh. Geißler, Elementarlehrer.

Die Gesammtschülerzahl betrug 84, wovon 10 das 20. Lebensjahr überschritten hatten. Dem Baugewerbe gehörten 22 Schüler an, 51 widmeten sich verschiedenen Berufsarten, während der Rest von 11 Schülern auf noch unbestimmte Berufszweige, sowie auf Schüler anderer Lehranstalten entfiel.

51. **Mainz. Damencurs der Kunst-Gewerbe-Schule.**

Dieser Curs bietet Anleitung zum Zeichnen von Ornamenten und Figuren in verschiedenen Darstellungsweisen, sowie zum Zeichnen und Aquarelliren von Blumen und Landschaften, zur Fertigung kunstgewerblicher Entwürfe, endlich zur Erlernung der Perspective. Der Unterricht wird von den Herren Crecelius (6 Stunden) und Kübel (2 Stunden im Sommer) ertheilt. An demselben nahmen im Ganzen 17 Damen Theil, und zwar 10 im Sommer- und 14 im Winterhalbjahre.

52. **Michelstadt. Handwerker-Sonntags-Zeichenschule.**

Gesammtzahl der Schüler 70, von welchen 5 unter 14 Jahren, 61 zwischen 14 und 20 Jahren alt waren, 4 hatten das 20. Lebensjahr überschritten. Den Baugewerben gehörten 33 an, 27 vertheilten sich auf andere Berufszweige, 10 hatten kein bestimmtes Gewerbe. 25 Schüler waren von Michelstadt, die übrigen aus den Orten der Umgebung.

Es bestehen 2 Abtheilungen:

a. Abtheilung für Freihandzeichnen, (41 Schüler); Lehrer: Herr Adam Fleckenstein, Weißbinder und Decorationsmaler.

b. Abtheilung für geometrische Constructionen, darstellende Geometrie und Fachzeichnen, (29 Schüler); Lehrer: Herr Wilhelm Geist, Schreiner und Bildhauer.

Der Unterricht wurde an den Sonntagen im Winter während 5, im Sommer während 4 Stunden ertheilt. Zur Beschaffung geeigneterer Räumlichkeiten hat der Localgewerbverein Michelstadt das frühere Stationsgebäude der Hessischen Ludwigs-Eisenbahn-Gesellschaft angekauft und läßt dasselbe jetzt für die Zwecke der Handwerkerschule herrichten.

53. **Mörfelden. Handwerker-Sonntags-Zeichenschule.**

Diese Schule ist im September vorigen Jahres in das Leben getreten. Für die Errichtung und Unterhaltung dieser Schule wurde ein gewerblicher Verein gegründet, welcher lebhafte Betheiligung gefunden hat, und es wurde für den Unterricht an der bemerkten Schule in der Person des Herrn Bahnmeisters Sommer eine geeignete Lehrkraft gewonnen. Weitere Unterstützungen wurden der Schule zu Theil durch die Sparkasse zu Langen, sowie die Gemeinde Mörfelden; der Landesgewerbverein hat derselben das nothwendige Vorlagematerial zur Verfügung gestellt. Der Unterricht wird an den Sonntag-Vormittagen von 8—12 Uhr ertheilt. Die Schülerzahl betrug 41, 39 im Alter von 14—20 Jahren, 2 darüber. Den Baugewerben gehörten bis auf 1 Maschinenschlosser und 1 Mechaniker sämmtliche Schüler an. Der Heimath nach waren 36 von Mörfelden, während 6 aus dem benachbarten Walldorf die Schule besuchten.

54. **Neckar-Steinach. Handwerker-Sonntags-Zeichenschule.**

Schülerzahl 20, 6 unter 14 Jahren, 12 von 14 bis 20 Jahren, 2 darüber. 8 Baugewerbtreibende, 1 Schiffbauer, 2 Schneider, 2 Küfer, 1 Bierbrauer, 6 ohne Gewerbe. Der Heimath nach bis auf 3 Schüler von Neckar-Hausen sämmtlich aus Neckar-Steinach. Der Unterricht wird an den Sonntag-Vormittagen von ½9 bis 12 Uhr ertheilt und erstreckt sich auf Freihandzeichnen, geometrisches und Fachzeichnen. Lehrer: Herr Peter Mahn, Steinhauermeister.

55. Neustadt. Handwerker-Sonntags-Zeichenschule.

Schülerzahl 51, darunter 17 unter 14 Jahren, die übrigen zwischen 14—20 Jahren. 22 gehörten den Baugewerben, 4 anderen Berufszweigen an, der Rest war ohne Gewerbe, darunter 21 schulpflichtige Knaben. 18 Schüler kamen von Neustadt, die übrigen aus den Ortschaften der Umgegend. Der Unterricht wird Sonntags von 8—11 Uhr und von 1—3 Uhr ertheilt; er erstreckte sich auf Freihandzeichnen, darstellende Geometrie und Fachzeichnen. Die Kosten der Schule werden von der Breuberger Sparkasse, sowie der Gemeindekasse zu Neustadt bestritten. Lehrer: Herr Leonhard Fülbert, Steinhauermeister.

56. Nidda. Handwerker-Sonntags-Zeichenschule.

Gesammtschülerzahl 51, bis auf 2 ältere zwischen 14 und 20 Jahren. 42 derselben waren in den Baugewerben, 6 in anderen Berufsarten thätig, 3 ohne Gewerbe. 11 Schüler waren von Nidda, die übrigen aus der Umgegend.

Es bestehen 2 Abtheilungen, in welchen Sommers von 8—12 Uhr, Winters von 9—12 Uhr an den Sonntag-Vormittagen Unterricht ertheilt wurde:

a. Abtheilung für Freihandzeichnen und geometrische Constructionen, 44 Schüler; Lehrer: Herr Daniel Lorz, Volksschullehrer.

b. Abtheilung für darstellende Geometrie und Fachzeichnen, 15 Schüler; Lehrer: Herr Kreisbauaufseher Wolf.

Nach dem kürzlich leider erfolgten Ableben dieses langjährigen, treuen Lehrers der Handwerkerschulen übernahm vom 24. Juni 1888 ab Herr Straßenmeister Lynker diese Abtheilung.

Auch der Localgewerbverein zu Nidda beabsichtigt die Errichtung eines eigenen Schulgebäudes.

57. Ober-Ingelheim. Handwerker-Sonntags-Zeichenschule.

42 Schüler, bis auf 4 ältere zwischen 14 und 20 Jahren; 31 widmeten sich den Baugewerben, 11 verschiedenen anderen Berufsarten. Der Heimath nach waren 7 Schüler von Ober-Ingelheim, 11 aus Nieder-Ingelheim, die übrigen aus benachbarten Orten. Der Unterricht wurde an 12 Sonntagen Vormittags von 7—10 Uhr, an 35 Sonntagen Nachmittags von 12½ bis 4 Uhr ertheilt; er erstreckt sich auf Freihandzeichnen, geometrisches Zeichnen, darstellende Geometrie und Fachzeichnen. 2 ältere Schüler arbeiteten in der Schule für ihre Privatzwecke (Anfertigung von Concessionszeichnungen :c.). Lehrer: Herr Jakob Siebfried, Architect.

58. Ober-Ramstadt. Handwerker-Sonntags-Zeichenschule.

47 Schüler, sämmtlich im Alter von 14—20 Jahren, darunter 38 Bauhandwerker, 9 von anderen Berufszweigen. 35 Schüler waren von Ober-Ramstadt, die übrigen aus Orten der Nachbarschaft. Der Unterricht wurde an den Sonntag-Vormittagen von 8—12 Uhr ertheilt und erstreckte sich außer auf Freihand- und Fachzeichnen auch auf Erlernung der Rundschrift. Lehrer: Herr Adam Karpp.

59. Offenbach. Kunstgewerbe- und erweiterte Handwerkerschule.

Die Handwerkerschule ist mit der Kunstgewerbeschule enge verbunden und bildet einen Bestandtheil derselben.

Die Kunstgewerbeschule zerfällt in 3 Abtheilungen: A. Tagesschule, B. Abendschule, C. Sonntagsschule. Der Eintritt in alle Abtheilungen der Schule kann nach erfolgter Confirmation geschehen, und muß der Betreffende mindestens das Lehrziel der zweiten Klasse einer achtklassigen Volksschule erreicht haben. In der Tagesschule findet der Unterricht an allen Wochentagen Vormittags von 8—12 und — mit Ausnahme des Samstags — Nachmittags von 2—6 Uhr statt. Da die bei weitem größere Zahl der Schüler als Lehrlinge oder Gehülfen in Geschäften thätig sind, so besuchen die meisten nur einen Theil des Unterrichts, mindestens jedoch sind sie zum Besuche der Schule an 2 halben Wochentagen und dem Sonntag-Vormittag verpflichtet. Im Winterhalbjahr ist die Zahl der täglich kommenden Schüler mit geschlossener Besuchszeit stets stärker, wie im Sommer. — Sämmtliche Klassen haben Jahrescurse, bei besonderer Befähigung eines Schülers kann jedoch in den unteren Klassen eine Verminderung der Besuchszeit eintreten. In der untersten, der dritten, Klasse wird auf den Beruf der Einzelnen noch wenig Rücksicht genommen, dagegen schon in der zweiten Klasse trennen sich die Schüler nach ihren Berufsarten in verschiedene Gruppen. In der ersten Klasse bestehen 4 Fachabtheilungen, und zwar: A. eine für die kunstgewerblichen und künstlerischen Fächer (Lithographen, Graveure, Decorationsmaler u. s. w.), B. für Bildhauer und Modelleure, C. für Bauhandwerker und Architecten, D. für die Maschinenbauer und einschlägigen Fächer. — Der Besuch mehrerer Fachabtheilungen zu gleicher Zeit ist nicht ausgeschlossen. — Die Abend- und die Sonntagsschule, miteinander in engster Verbindung stehend, bilden zusammen eine besondere Abtheilung, wie sie in anderen Städten des Großherzogthums unter dem Namen „erweiterte Handwerkerschulen“ bestehen. Schüler von Offenbach müssen sowohl am Sonntags- als am Abendunterricht Theil nehmen; nur bei Auswärtigen, soweit Platz vorhanden, wird die Ausnahme gestattet, den Sonntags-Unterricht allein zu besuchen.

Sämmtliche Schüler erhalten, bevor sie einer Fachklasse überwiesen werden, Unterricht im Freihandzeichnen, wie in darstellender Geometrie und Schattenconstructionen.

An der Sonntagsschule gibt es 3 Fachabtheilungen und zwar: a. für Metallarbeiter (Maschinenbauer, Schlosser, Dreher u. s. w.); b. für die mehr kunstgewerblichen Fächer (Portefeuiller, Graveure, Maler u. s. w.) c. für Bauhandwerker. Die Schüler der letzten beiden Abtheilungen erhalten den Unterricht gleichzeitig mit den Tagesschülern.

Im Schuljahre 1887—88 wurde der Unterricht von 360 Schülern besucht, bis auf 30 ältere im Alter von 14—20 Jahren; 86 widmeten sich den Baugewerben, 266 verschiedenen anderen Berufsarten, 8 waren ohne bestimmte Gewerbe. 213 Schüler kamen aus Offenbach. Die Schüler waren auf folgende Klassen vertheilt:

1. Sonntagsschule. 4 Stunden Unterrichtszeit.
   a. Abtheilung für geometrisches Zeichnen, 48 Schüler. Lehrer: Herr Architect Steuerwald.
   b. Abtheilung für darstellende Geometrie, Schattenconstructionen, Perspective und Fachzeichnen, 64 Schüler. Lehrer: Herr Architect Wiegand.

c. Abtheilung für Ornamentenzeichnen, 42 Schüler. Lehrer: Herr Graveur Erckrath.
d. Abtheilung für Metallarbeiter, 45 Schüler. Lehrer: Herr Maschinen-Ingenieur Rupp.

Die den kunstgewerblichen Fächern angehörenden Schüler der Sonntagsschule setzen nach beendetem zweiten Jahre ihre Studien in der Fachabtheilung des Herrn Director Schurig fort.

2. Abendschule.

Dieselbe steht mit dem Sonntags-Unterricht in engster Verbindung. Außer in den zeichnerischen Fächern wird noch Unterricht ertheilt in Rechnen, Deutsch, Geometrie, Algebra, Physik, Mechanik und Buchführung. Sämmtliche Schüler (vorausgesetzt, daß sie nicht bereits einen entsprechenden Bildungsgrad nachweisen können) müssen bis zum vollendeten 17. Jahre dem Abendunterrichte beiwohnen, sodaß durch die vielfache Möglichkeit der Betheiligung an theoretischen und zeichnerischen Fächern Gelegenheit geboten ist, die jungen Leute während der in Betracht kommenden 3 Jahre in zweckentsprechender Weise zu beschäftigen. Durch den Todesfall des Herrn Oberlehrer Augst wurde die Klasse desselben (Rechnen, Schreiben und Geometrie) mit der des Herrn Lehrer Henrich verschmolzen und führte letzterer Herr die beiden Klassen gemeinschaftlich weiter.

Der Unterricht wurde in folgenden Abtheilungen ertheilt:

a. Abtheilung für Deutsch und Rechnen, 4stündige Unterrichtszeit an 2 Abenden, 54 Schüler; Lehrer: Herr Henrich.
b. Abtheilung für Rechnen und Aufsatzlehre, 4stündige Unterrichtszeit an 2 Abenden, 49 Schüler; Lehrer: Herr Karl Dörsam.
c. Abtheilung für Buchführung, 2stündige Unterrichtszeit, 26 Schüler; Lehrer: Herr Ingenieur Rupp.
d. Abtheilung für Geometrie und Mechanik, 2stündige Unterrichtszeit, 22 Schüler; Lehrer: Herr Ingenieur Rupp.
e. Abtheilung für Algebra und Mechanik, 2stündige Unterrichtszeit, 15 Schüler; Lehrer: Herr Ingenieur Rupp.

Der Abendunterricht in den zeichnerischen Fächern wurde von den ständigen Lehrern der Kunstgewerbe-Schule ertheilt und findet dort Berücksichtigung.

3. Kunstgewerbeschule mit Unterricht auch an den Werktagen.

a. Abtheilung für Freihandzeichnen und Modelliren. (Tagesschule.) Unterrichtszeit 26 Stunden. 56 Schüler. Lehrer: Herr Ernst Vollhaber, Bildhauer.
b. Abtheilung für Freihand- und Körperzeichnen. (Abend-Unterricht.) Unterrichtszeit 6 Stunden im Ganzen, für einen Schüler nur je 2 Stunden. 115 Schüler. Lehrer: Herr Vollhaber.
c. Abtheilung für technisches Zeichnen. (Tages- und Abend-Unterricht.) 30 Stunden Unterrichtszeit, darunter 6 Abendstunden. 82 Schüler. Lehrer: Herr Ingenieur Brockmann.
d. Abtheilung für Architectur-Zeichnen. (Tagesschule.) 22 Unterrichtsstunden. 38 Schüler. Lehrer: Herr Architect Karl Wiegand.

e. Abtheilung für kunstgewerbliches Zeichnen, Malen und Modelliren. (Tagesschule.) Bis 32 Stunden Unterrichtszeit. 44 Schüler. Lehrer: Herr Director Schurig, Bildhauer.

f. Abtheilung für Freihand- und kunstgewerbliches Zeichnen. (Abendschule.) 4 Stunden Unterricht. 41 Schüler. Lehrer: Herr Director Schurig.

60. **Offenbach. Damenklassen der Kunst-Gewerbe-Schule.**

Es betheiligten sich hieran im Ganzen 31 Damen. Unterricht im Freihandzeichnen ertheilt Herr Vollhaber, im Aquarellmalen Herr Wiegand, im Zeichnen nach Gypsmodellen und Porträtmalerei nach der Natur Herr Director Schurig.

61. **Oppenheim. Handwerker-Sonntags-Zeichenschule.**

Die Gesammtschülerzahl betrug 71, davon 3 über 20 Jahre alt, die übrigen im Alter von 14—20 Jahren. 53 derselben widmeten sich den Baugewerben, 14 verschiedenen anderen Berufszweigen, 4 waren ohne Gewerbe. 34 Schüler waren von Oppenheim, die übrigen von benachbarten Orten. Der Unterricht wird an den Sonntag-Vormittagen von 8—12 Uhr ertheilt. Es bestehen 2 Abtheilungen:

a. Abtheilung für Freihandzeichnen, 53 Schüler; Lehrer: Herr J. J. Schmuck.

b. Abtheilung für Fachzeichnen, 24 Schüler; Lehrer: Herr Straßenmeister Engelhardt.

An dem Abendunterrichte, welcher vom 15. October bis 15. März an 4 Wochenabenden von 7½—9½ Uhr ertheilt wurde, nahmen 40 Schüler Theil. Der Unterricht erstreckte sich auf Aufsatz und Buchführung — Lehrer: Herr Geil —; sowie auf Geometrie und Rechnen — Lehrer: Herr Frolob.

62. **Ortenberg. Handwerker-Sonntags-Zeichenschule.**

11 Schüler, bis auf 1 älteren 14—20 Jahre alt. 9 gehörten den Baugewerben an, 1 war Schmied, 1 Wagner. 4 Schüler von Ortenberg, die andern aus der Umgegend. Der Unterricht wird Sonntags von 8—12 Uhr ertheilt und erstreckt sich auf Freihand- und Fachzeichnen Lehrer: Herr Bezirksbauaufseher Tamm. Die Schule wird im Wesentlichen von der Sparkasse zu Ortenberg unterhalten. Zu bedauern ist die geringe Schülerzahl, welche auf mangelndes Interesse und Verständniß schließen läßt.

63. **Pfungstadt. Handwerker-Sonntags-Zeichenschule.**

Die Gesammtschülerzahl betrug 63 im Alter von 14—20 Jahren. 45 derselben widmeten sich den Baugewerben, 11 anderen Berufszweigen. 7 waren ohne Gewerbe. Von Pfungstadt kamen 46 Schüler, die anderen aus der Umgebung. Der Unterricht wird an den Sonntagen Winters in 6, Sommers in 4 Stunden ertheilt und umfaßt Freihandzeichnen, geometrisches Zeichnen und Fachzeichnen. Lehrer: Herr Techniker Oswald.

64. **Reichelsheim. Handwerker-Sonntags-Zeichenschule.**

Anzahl der Schüler 55, 20 unter 14 Jahren, 34 zwischen 14—20 Jahren, 1 darüber. 20 Schüler gehörten den Baugewerben, 13 verschiedenen Berufsarten an, 22 waren ohne Gewerbe. 23 Schüler (darunter 11 unter 14 Jahren) kamen von Reichelsheim, die übrigen aus umliegenden Ortschaften.

Die Schüler waren in 2 Abtheilungen getheilt, und zwar so, daß die älteren aus der Volksschule entlassenen 35 Schüler Morgens 3 Stunden Unterricht in ebener und darstellender Geometrie, sowie Fachzeichnen erhielten, während die 20 jüngeren Schüler an den Nachmittagen während 2 Stunden mit Freihandzeichnen und Erlernung der Rundschrift beschäftigt wurden. Hierdurch wurde in beiden Klassen ein pünktlicher Schulbesuch erzielt, der Lehrer ist, da die Klassen während der kürzeren Zeit mit doppeltem Eifer arbeiteten, mit dem gewonnenen Resultate vollständig zufrieden.

Lehrer: Herr G. W. Heil.

65. **Reinheim. Handwerker-Sonntags-Zeichenschule.**

Schülerzahl 34, 4 unter 14 Jahren, die übrigen zwischen 14 und 20 Jahren. Den Gewerben nach waren es 23 Bauhandwerker, 2 Schmiede und 6 ohne Gewerbe. 24 Schüler kamen von Reinheim, je 3 von Ueberau und Lengfeld, 2 von Spachbrücken und je 1 von Lichtenberg und Niedernhausen. Der Unterricht wird Sonntags in 2 Abtheilungen ertheilt:

a. Von 12—2 Uhr im Freihandzeichnen, 22 Schüler; Lehrer: Herr Braun, Controleur der Spar- und Creditkasse.
b. Von 12—3½ Uhr im Fachzeichnen, 12 Schüler; Lehrer: Herr Baucontroleur Schwalb.

66. **Schlitz. Handwerker-Sonntags-Zeichenschule.**

Gesammtschülerzahl 34, 8 unter 14 Jahren, 25 zwischen 14 und 20 Jahren, 1 darüber. 16 Bauhandwerker, 8 in verschiedenen Berufsarten thätig, 10 ohne Gewerbe. 32 Schüler waren von Schlitz, 2 von Queck. Unterrichtszeit 2 Stunden Sonntags von 8—10 Uhr, außerdem wurde vom 15. October bis 15. April an Wochenabenden in 2 Stunden Unterricht im geschäftlichen Rechnen, Buchführen und Materialienkunde ertheilt. (4 Schüler.)

Es bestehen 2 Abtheilungen:

a. Abtheilung für Freihandzeichnen, 25 Schüler; Lehrer: Herr Krömmelbein.
b. Abtheilung für geometrisches und Fachzeichnen, 9 Schüler; Lehrer: Herr Bauverwalter Kreiß. (Auch Lehrer des Abendunterrichts.)

67. **Schotten. Handwerker-Sonntags-Zeichenschule.**

14 Schüler, 2 von 13 Jahren, die übrigen von 14—20 Jahren. Darunter 8 Bauhandwerker, 1 Schuhmacher, 1 Tuchmacher, 1 Thierarzt und 3 ohne Gewerbe; 11 Schüler waren von Schotten, 3 von Rüdingshain. Der Unterricht wird Sommers von 9—11, Winters von 9—11 und Nachmittags von 12—2 Uhr ertheilt. Lehrer: Herr Kreisstraßenmeister Hohenadel.

68. **Seligenstadt. Handwerker-Sonntags-Zeichenschule.**

Gesammtschülerzahl 89, davon 17 unter 14 Jahren, 71 von 14—20 Jahren, 1 darüber. Dabei 23 Bauhandwerker, 26 andere Gewerbetreibende, 50 Schüler, darunter 12 Progymnasiasten. 74 Schüler kamen aus Seligenstadt, 15 aus der Umgebung.

Der Unterricht wird in 2 Abtheilungen ertheilt:

a. Abtheilung für Rechnen und Aufsatzlehre, 46 Schüler, sämmtlich von Seligenstadt. Lehrer: Herr J. Weil. Der Unterricht wird Sommers an Sonntagen in 1 Stunde, Winters an Wochentagen in 4 Stunden ertheilt. Bei der Flächen- und Körperberechnung wurde das Werkchen von L. Kehr, Seminarlehrer in Halberstadt: „Geometrische Aufgaben für gewerbliche Fortbildungsschulen“ benutzt. In der Aufsatzlehre wurde hauptsächlich auf Uebung in der Abfassung verschiedenartiger Geschäftsbriefe Werth gelegt.

b. Abtheilung für Freihand- und Fachzeichnen. 60 Schüler. Unterrichtszeit Sonntags von 12—2 Uhr. Lehrer: Herr Karl Rettinger, Maler.

69. **Sprendlingen i. Rh. Handwerker-Sonntags-Zeichenschule.**

45 Schüler, 5 unter 14 Jahren, 37 im Alter von 14—20 Jahren, 3 ältere. 25 Bauhandwerker, 4 Schmiede, 1 Wagner, 3 Geometergehülfen, 12 ohne Gewerbe. 21 Schüler kamen von Sprendlingen, die übrigen aus der Umgegend. Der Unterricht wird an den Sonntag-Vormittagen in je 4 Stunden ertheilt und erstreckt sich auf Freihand- und technisches Zeichnen. Lehrer: Herr Geometer Schäfer.

70. **Sprendlingen**, Kr. Offenb. **Handwerker-Sonntags-Zeichenschule.**

70 Schüler, 35 unter 14 Jahren, 35 zwischen 14 und 20 Jahren. 15 Bauhandwerker, 8 von verschiedenen Berufsarten, 47 ohne Gewerbe, sämmtlich von Sprendlingen.

Der Unterricht wird in 2 Abtheilungen ertheilt:

a. Abtheilung für Geometrie, Rechnen und Geschäftsaufsätze, 34 Schüler. An den Sonntagen zweistündig. Lehrer: Herr L. Eisenhardt.

b. Abtheilung für Freihandzeichnen, darstellende Geometrie und Fachzeichnen, 54 Schüler. Unterrichtszeit für die älteren Schüler Sonntags von 10—1 Uhr, für die jüngeren von 2—4 Uhr. Lehrer: Herr F. Jäckel, Techniker.

71. **Urberach. Handwerker-Sonntags-Zeichenschule.**

30 Schüler, 1 von 13 Jahren, 27 von 14—20 Jahren, 2 darüber. 16 Bauhandwerker, 2 Wagner, 7 Häfner, 1 Schneider, 4 ohne Gewerbe. 13 Schüler kamen von Urberach, die anderen aus benachbarten Orten. Unterrichtszeit: Sommers von 8—9 und $11\frac{1}{2}$—$1\frac{1}{2}$ Uhr, Winters von $11\frac{1}{2}$—$1\frac{1}{2}$ und $2\frac{1}{2}$—$4\frac{1}{2}$ Uhr. Die neu eintretenden Schüler werden zunächst mit Freihandzeichnen beschäftigt, erhalten dann Unterricht in ebener und darstellender Geometrie, schließlich je nach dem Beruf im Fachzeichnen. Lehrer: Herr Georg Huther, Häfner.

72. **Viernheim. Handwerker-Sonntags-Zeichenschule.**

44 Schüler, 15 unter 14 Jahren, 29 zwischen 14 und 20 Jahren. 27 Bauhandwerker, 1 Scribent, 16 ohne Gewerbe; 37 Schüler waren aus Viernheim, 7 aus Heddesheim.

Die Schüler werden Sonntags getrennt in 2 Abtheilungen unterrichtet. Die erste Abtheilung umfaßt die älteren aus der Volksschule entlassenen Schüler mit 4 Stunden Unterricht, welcher sich auf Freihand- und Ornamentenzeichnen, Constructionszeichnen, darstellende Geometrie und Fachzeichnen erstreckt; die zweite Abtheilung umfaßt die noch die Volksschule besuchenden Schüler und dient als Vorbereitungsklasse für die erste Abtheilung. Der Unterricht währt 1½ Stunden und erstreckt sich auf die ersten Anfänge des Freihandzeichnens. Mehr als 3 unentschuldigte Versäumnisse schließen von dem Unterricht aus. Lehrer: Herr Oberlehrer Schuster.

73. **Vilbel. Handwerker-Sonntags-Zeichenschule.**

28 Schüler, von welchen 20 aus Vilbel kamen, bis auf 1 älteren 14—20 Jahre alt, darunter 22 Baugewerbtreibende. Die Zahl der Schüler ist auffallend zurückgegangen.

Der Gesammtzeichenunterricht wurde Sonntags in 4 Stunden von Herrn Nikolaus Steffens ertheilt.

74. **Westhofen. Handwerker-Sonntags-Zeichenschule.**

25 Schüler, 13 unter 14 Jahren, 10 von 14—20 Jahren, 2 darüber. 11 Bauhandwerker, 1 Schmied und 13 ohne Gewerbe. 15 Schüler waren von Westhofen, 10 aus benachbarten Orten. Der Unterricht findet Sonntags-Vormittags von 8—12 Uhr statt und erstreckt sich auf Freihandzeichnen, geometrische Constructionen und Fachzeichnen.

Lehrer: Herr Schlossermeister Gröbe.

75. **Wöllstein. Handwerker-Sonntags-Zeichenschule.**

34 Schüler, 31 zwischen 14 und 20 Jahren, 3 ältere. Darunter befanden sich 29 Bauhandwerker, 2 Geometerlehrlinge, 1 Kaminfeger und 2 ohne Gewerbe. 14 Schüler waren aus Wöllstein, 20 aus benachbarten Orten. Unterrichtszeit: Sonntags von 8—12 Uhr. Der Gesammtunterricht in Freihandzeichnen, Constructionslehre, darstellende Geometrie und Fachzeichnen wurde, da der Hülfslehrer Herr Lang erkrankte, von Herrn Geometer und Kreistechniker Weis ertheilt. Die Wiederanstellung eines Hülfslehrers wird als wünschenswerth bezeichnet.

76. **Wörrstadt. Handwerker-Sonntags-Zeichenschule.**

Gesammtschülerzahl 50, darunter 46 zwischen 14 und 20 Jahren, 4 ältere. 34 Bauhandwerker, 4 Wagner, 4 Schmiede, 1 Müller, 1 Kaminfeger, 1 Landwirth und 5 ohne Gewerbe. Nur 7 Schüler waren von Wörrstadt, die übrigen aus der Umgebung. Der Unterricht wird in 4 Stunden Sonntags in 2 Abtheilungen ertheilt:

a. Abtheilung für Freihandzeichnen, 36 Schüler; Lehrer: Herr Maler Ph. Grosch.

b. Abtheilung für ebene und darstellende Geometrie, sowie Fachzeichnen, 17 Schüler; Lehrer: Herr Bahnmeister Wiener.

77. **Worms. Erweiterte Handwerkerschule.**

Gesammtschülerzahl 322; davon 59 unter 14 Jahren, 251 zwischen 14 und 20 Jahren, 13 darüber. 180 Schüler gehörten den Baugewerben, 61 verschiedenen anderen Berufsarten an, 81 waren Schüler oder ohne Gewerbe.

Mit dem im vorigen Jahre erfolgten Bezuge des neuen, prächtigen Schulgebäudes erschien es zweckmäßig, die Schüler je nach ihrer gewerblichen Beschäftigung in Gruppen einzutheilen und zwar:

a. in die Gruppe der Baugewerbe — Maurer, Steinhauer, Zimmerleute, Dachdecker, Schreiner, Schlosser, Spengler u. s. w. —
b. in die Gruppe der Maschinengewerbe — Mechaniker, Maschinenschlosser, Dreher, Gießer, Wagner, Uhrmacher u. s. w. —
c. in die Gruppe der Kunst- und Kleingewerbe — Bildhauer, Decorationsmaler, Lithographen, Gold- und Silberarbeiter, Tapezierer, Sattler, Gärtner u. s. w.

Die Schüler, deren Kenntnisse und Fertigkeiten im Zeichnen für die Theilnahme am Unterricht in einer der Fachgruppen nicht ausreichen, werden der Vorklasse zugetheilt, welche sich in eine Abtheilung für das geometrische Zeichnen, sowie in eine Abtheilung für das Freihandzeichnen gliedert, sodaß die Schüler der Gruppen a. und b. in ersterer, diejenigen der Gruppe c. hauptsächlich in letzterer vorbereitet werden.

Nach dem Bedürfnisse des Berufes muß übrigens auch ein Theil der Schüler, welche der Gruppe c. angehören, z. B. Gold- und Silberarbeiter, Buchbinder 2c. dem Vorbereitungs-Unterricht für geometrisches Zeichnen beiwohnen.

Bei Beginn des neuen Schuljahres müssen alle Schüler, sofern sie nicht die nothwendigen Vorkenntnisse für den Eintritt in eine Fachklasse nachweisen, in die Vorklasse eintreten.

Der Cursus an der Vorbereitungsabtheilung ist einjährig, derjenige der Fachabtheilungen mindestens zweijährig.

Die Stundenzahl für den Zeichenunterricht an den Sonntag-Vormittagen ist auf 4 Stunden festgesetzt, und zwar für die Vorklasse, Abtheilung für geometrisches Zeichnen von 8—10 Uhr, Abtheilung für Freihandzeichnen von 10—12 Uhr. Diese Klasse wird seit Januar 1888 von dem seitherigen Hülfslehrer J. Grüner unter Assistenz des Hülfslehrers Stephan Kerber selbstständig geleitet.

Mit dem Uebertritt in eine Fachklasse beginnt für die Schüler der Gruppen a. und b. der Unterricht in der Projectionslehre, beginnend mit der Darstellung von Punkten, Linien, Flächen und Körpern in verschiedenen Lagen, von Durchschnitten, unter Anwendung praktischer Beispiele aus den verschiedenen Gewerben. Im Anschlusse an die Projectionslehre werden befähigtere Schüler mit den Elementen der Schattenconstructionen und der Axonometrie bekannt gemacht. Der Unterricht wird von 8—10 Uhr ertheilt und ist einjährig. Die Leitung dieser Abtheilung hat Herr Fritz Engel unter Assistenz des Hülfslehrers H. Schreiber. Von 10 Uhr ab beginnt dann der Unterricht in den eigentlichen Berufszweigen.

Für die Gruppe a. der Baugewerbe bestehen 2 Parallelklassen. Die von Herrn Bautechniker Wedel geleitete Klasse umfaßt Maurer, Steinhauer, Dachdecker, Zimmerleute 2c., während die Klasse des Herrn Architekten Paul Eberlein (seit dem 15. Januar 1888 thätig) in erster Linie Schreiner, Glaser, Dreher, soweit der Platz reicht, auch andere Bauhandwerker besuchen. Der Unterricht dauert in beiden Klassen von 8—12 Uhr. Die Gruppe b. „Maschinengewerbe“ sind noch Schlosser und Spengler zugetheilt, wodurch diese Abtheilung mehr den Charakter einer Fachabtheilung für Metallarbeiter erhält, welche von den Herren Engel und Schreiber geleitet wird.

Für den Freihandzeichen- und Fachunterricht der Gruppe c. ist der Unterricht auf 9—12 Uhr festgesetzt. Leiter dieser Abtheilung ist Herr Muth.

Der Modellir-Unterricht blieb in seiner früheren Einrichtung belassen und findet derselbe an 2 Wochenabenden in getrennten Abtheilungen von 8—9½ Uhr, an Mittwoch- und Samstag-Nachmittagen von 2—4 Uhr und Sonntags-Vormittags von 10—12 Uhr statt. Derselbe ist für die Schüler der Abendschule, deren Gewerbe es nothwendig erscheinen läßt, obligatorisch.

Der Unterricht an der Abendschule wird in 2 Abtheilungen ertheilt, und zwar an 4 Wochenabenden von 8—9½ Uhr.

Der offene Zeichensaal blieb in seiner bekannten Einrichtung bestehen, sodaß der Leiter desselben, Herr Muth, täglich 6 Stunden anwesend ist. Derselbe besorgt auch die technische Leitung der Schule.

Außerdem wird an 2 Nachmittagen von 1—4 Uhr an Schüler der Volksschule, der Realschule und des Gymnasiums Unterricht im Freihandzeichnen ertheilt.

Es bestehen demnach folgende Abtheilungen:

Sonntagsschule:

Vorklasse:

a. Abtheilung für geometrisches Zeichnen, 75 Schüler. Lehrer: die Herren Grüner und Kerber.
b. Abtheilung für Freihandzeichnen, 67 Schüler. Lehrer: die Herrn Grüner und Kerber.

Fachklassen:

c. Abtheilung für darstellende Geometrie, 49 Schüler. Lehrer: die Herren Engel und Schreiber.
d. Abtheilung für Fachzeichnen, Maurer, Zimmerleute 2c., 37 Schüler. Lehrer: Herr Wedel.
e. Abtheilung für Fachzeichnen, Schreiner, Glaser, Dreher 2c., 26 Schüler. Lehrer: Herr Eberlein.
f. Abtheilung für Metallarbeiter, 46 Schüler. Lehrer: die Herren Engel und Schreiber.
g. Abtheilung für Kunst- und Kleingewerbe, 32 Schüler. Lehrer: Herr Muth.
h. Abtheilung für Modelliren, 64 Schüler. Lehrer: Herr Bender.

Abendschule:

i. Ober-Abtheilung, 57 Schüler. Lehrer: die Herren Hembel und Kastell.
k. Unter-Abtheilung, 50 Schüler. Lehrer: die Herren Hembel und Kastell.

Offener Zeichensaal, 87 Schüler. Lehrer: die Herren Muth und Grüner.

Verzeichniß der Handwerkerschulen, der daran betheiligten Lehrer und Schüler.*)

Jahrgang 1887/88.

Ordnungs-Nr.	Schulen.	Lehrer.	Schülerzahl: der einzelnen Lehrer.	Schülerzahl: zusammen.	Schülerzahl: des Abendunterrichts.	Beruf der Schüler: Bauhandwerker.	Beruf der Schüler: Nichtbauhandwerker.	Beruf der Schüler: ohne Gewerbe.	Alter der Schüler: unter 14 Jahre alt.	Alter der Schüler: von 14–20 Jahre alt.	Alter der Schüler: über 20 Jahre alt.
1	Alsfeld	Seibert	40		—						
		Schoberth	12	41	—	36	5	—	—	35	6
		Becker	20		20						
2	Altenstadt	Boll	17	17	—	13	4	—	—	17	—
3	Alzey	Lehr, Schmitt	46	74	1)	37	34	3	—	73	1
		Eckelhöfer	40								
4	Babenhausen	Lang	27	27	—	25	2	—	—	27	—
5	Bad-Nauheim	Sturmfels, Kögel	27	27	—	22	5	—	—	27	—
6	Beerfelden	König, Heilmann	27	27	—	17	6	4	4	22	1
7	Bensheim	Buxmann	80	126	—	95	22	9	3	120	3
		Hüttenberger	53								
8	Bessungen	Neuschäfer, Lang	59	59	2)	41	18	—	—	58	1
9	Bingen	Christmann	42								
		Künstler	33	114	—	96	18	—	—	110	4
		Illert	47								
10	Bischofsheim	Schuchmann	37	69	—	42	6	19	5	64	—
		Asmuth	32								
11	Büdingen	Wenk, Freimann	21		—						
		(Erweiterte Handwerkerschule)		61		50	10	1	—	61	—
		Wenk und Müller	40		—						
		Wenk und Freimann	12		12						
12	Butzbach	Weide	72	72	—	65	7	—	—	71	1
		Metzger	58								
13	Darmstadt (Handwerker-Sonntags-Zeichensch.)	Schmandt	65		—						
		Götz	75		—						
		Wenkel	66		—						
		Neumann	62		—						
		Rumpf	48	299	—	201	98	—	—	296	3
	Darmstadt (Abendschule)	Göttmann	56		56						
		Hönig	49		49						
		Neumann	39		39						
		Fölix	17		17						
14	Darmstadt (Landesbaugewerkschule)										
	I. Untere Abtheilung	Esselborn, Alberti, Kopp, Hönig, Dr. Wiederhold, Fölix, Göttmann	37	72	—	64	8	—	—	63	9
	II. Obere Abtheilung	Müller, Esselborn, Alberti, Fölix, Göttmann	35								

*) Die Schüler gehören theilweise mehreren Abtheilungen an, weßhalb die einzelnen Zahlen mit der Gesammtzahl öfters scheinbar nicht übereinstimmen.

1) Unterricht in Buchführung an Sonntagen.

2) Ist nicht genau angegeben.

Ordnungs-Nr.	Schulen.	Lehrer.	Schülerzahl: der einzelnen Lehrer.	Schülerzahl: zusammen.	Schülerzahl: des Abendunterrichts.	Beruf der Schüler: Bauhandwerker.	Beruf der Schüler: Nichtbauhandwerker.	Beruf der Schüler: ohne Gewerbe.	Alter der Schüler: unter 14 Jahre alt.	Alter der Schüler: von 14—20 Jahre alt.	Alter der Schüler: [illegible]
15	Darmstadt (Kunstgewerbl. Unterricht)	Prof. Müller	9	9	—	1	8	—	—	8	[illegible]
16	Darmstadt (Aliceschule für Frauenbildung und Erwerb)	E. Bender	126	126	—	—	—	—	—	—	—
17	Dieburg	Lang	55	55	—	47	7	1	1	51	[illegible]
18	Eberstadt	Alberti	42	42	[1])	34	8	—	2	37	[illegible]
19	Echzell	J. Hof Kraft	14 23	30	14 —	23	7	—	—	26	[illegible]
20	Erbach (Erweit. Handwerkersch.)	Willmann Weirich	64 34	98	—	31	19	—	46	52	[illegible]
21	Erzhausen	Fink	27	27	—	16	5	6	6	21	—
22	Friedberg (Erweiterte Handwerkerschule)	Bronner, Hieronimus Kredel, Müller	22 30	127	— 30	100	19	8	—	124	[illegible]
23	Friedberg (Handwerker-Sonntags-Zeichensch.)	Kredel, Philipps Bronner Zörb	60 54 21		— — —						
24	Fürth i. O.	Weber Sax	23 27	49	—	23	4	22	19	30	—
25	Gedern	Jeckel	27	27	—	18	3	6	5	20	[illegible]
26	Gernsheim	Böhm Zörb	20 12	32	—	23	4	5	2	27	[illegible]
27	Gießen (Erweiterte Handwerkerschule) (Abendschule)	Hug Hug, Barthel, Gerhard, Lehr, Kalbfleisch	17 51	205	— 51	152	47	6	6	185	14
28	Gießen (Handwerker-Sonntags-Zeichensch.)	Hug Dr. Molly Barthel Gerhard	33 44 36 81		— — — —						
29	Gießen (Alicevereinsschule für erwachsene Mädchen)	Hug	58	58	—	—	—	—	—	—	—
30	Griesheim	Bauer	25	25	—	22	3	—	—	26	—
31	Groß-Bieberau	Christ	31	31	—	24	5	2	2	29	—
32	Groß-Gerau	Ramspeck Heinzelmann	43 28	66	—	66	—	—	—	64	[illegible]
33	Gr.-Steinheim	G. Busch J. Busch	41 18	59	—	8	2	49	49	9	[illegible]

[1]) An einem Cursus zur Erlernung der Rundschrift unter Leitung des Stenographen *Göttmann* nahmen 26 Schüler Theil.

Ordnungs-Nr.	Schulen.	Lehrer.	Schülerzahl der einzelnen Lehrer	Schülerzahl zusammen.	Schülerzahl des Abendunterrichts.	Beruf der Schüler: Bauhandwerker.	Beruf der Schüler: Nichtbauhandwerker.	Beruf der Schüler: ohne Gewerbe.	Alter der Schüler: unter 14 Jahre alt.	Alter der Schüler: von 14—20 Jahre alt.	Alter der Schüler: über 20 Jahre alt.
34	Groß-Umstadt	Sturmfels	33	47	—	37	10	—	—	47	—
		Hauff	14								
35	Groß-Zimmern	Hottes	26	26	—	26	—	—	—	21	5
36	Guntersblum	Schröder	34	34	—	23	4	7	5	28	1
37	Heppenheim a. d. B.	Hornef	30	68	—	50	12	6	—	63	5
		Klein	44								
38	Herbstein	Mohr	14	28	—	24	4	—	—	18	10
		(Faust), Biegler	14								
39	Heusenstamm	Paul	55	55	—	9	18	28	28	25	2
40	Hirschhorn	Mathes	28	28	—	19	1	8	8	19	1
41	Höchst	Häusel, Flath	133	133	—	56	13	64	48	83	2
42	Homberg a. d. O.	Klemm II.	19	19	—	12	1	6	2	17	—
43	Hungen	Heineck	32	32	—	20	3	9	9	23	—
44	König	Hrch. Fleckenstein III., Ad. Fleckenstein II.	94	94	—	22	22	50	37	57	—
45	Langen	Leinberger	58	159	—[1]	94	8	57	48	108	3
			48								
		Dingeldein	30								
		Weckmann	28		28						
46	Lauterbach	Stumpf	38	52	—	28	23	1	—	52	—
			28		28						
47	Lich	Berkes	37	37	—	21	3	13	11	26	—
48	Lindenfels	Maurer	34	34	—	25	2	7	6	22	6
49	Mainz (Erweiterte Handwerkerschule)	Gehry	41	590	25	404	169	17	—	557	33
		Becker	82								
		Schneider	101								
		Petscher	61								
		Kübel	49								
		Keusch	65								
		Wagner	46		—						
		Locher	49								
		Schneider	40								
		Zulauf	43								
		Köllner	29								
		Müller, Küßner, Geißler, Dr. Nies	115		115						
50	Mainz (Kunstgewerbeschule)	Crecelius, Stängle, Kübel, Köllner Dr. Belke, Geißler	84	84	32	22	51	11	—	74	10
51	Mainz (Damenkurs der Kunstgewerbeschule)	Crecelius und Kübel	17	17	—	—	—	—	—	—	—
52	Michelstadt	Adam Fleckenstein	41	70	—	33	27	10	5	61	4
		Wilh. Geist	29								
53	Mörfelden	Sommer	41	41	—	39	2	—	—	39	2
54	Neckar-Steinach	Mahn	20	20	—	8	6	6	6	12	2
55	Neustadt i. O.	Fülbert	51	51	—	22	4	25	17	34	—
56	Nidda	Lorz	44	51	—	42	6	3	—	49	2
		Wolf	15								
57	Ober-Ingelheim	Giebfried	42	42	—	31	11	—	—	38	4

[1]) Nachmittags-Unterricht für schulpflichtige Knaben.

Ordnungs-Nr.	Schulen.	Lehrer.	Schülerzahl der einzelnen Lehrer.	Schülerzahl zusammen.	Schülerzahl des Abendunterrichts.	Beruf der Schüler: Bauhandwerker.	Beruf der Schüler: Nichtbauhandwerker.	Beruf der Schüler: ohne Gewerbe.	unter 14 Jahre
58	Ober-Ramstadt	Karpp	47	47	—	38	9	—	
59	Offenbach	Schurig	85		41				
	(Tages- und	Vollhaber	171		115				
	Abendschule)	Brockmann	82		?				
		Wiegand	38		—				
	(Sonntags-	Steuerwald	48		—				
	und Abend-	Wiegand	64	360	—	86	266	8	
	schule)	Erckrath	42		—				
		Rupp	45		—				
		Dörsam	49		49				
		Henrich	54		54				
		Rupp	63	[1]	63				
60	Offenbach	Vollhaber	15						
	(Damenklassen	Wiegand	7	31	—	—	—	—	
	der Kunstge-	Schurig	9						
	werbeschule)								
61	Oppenheim	Schmuck	53	71	—	53	14	4	
		Engelhardt	24						
		Geil, Frolob	40	40	40	—	—	—	
62	Ortenberg	Tamm	11	11	—	9	2	—	
63	Pfungstadt	Oswald	63	63	—	45	11	7	
64	Reichelsheim	G. W. Heil	55	55	—	20	13	22	
65	Reinheim	Braun	22	34	—	23	2	9	
		Schwalb	12						
66	Schlitz	Krömmelbein	25	34	9	16	8	10	
		Kreiß	9						
67	Schotten	Hohenadel	14	14	—	7	4	3	
68	Seligenstadt	Rettinger	60	89	—	23	26	50	
		Weil	[2]) 46						
69	Sprendlingen i. Rheinhessen	Schäfer	45	45	—	25	8	12	
70	Sprendlingen	Jäckel	54	70	—	15	8	47	
	Kreis Offenb.	Eisenhardt	34						
71	Urberach	Huther	30	30	—	16	10	4	
72	Viernheim	Schuster	44	44	—	27	1	16	
73	Vilbel	Steffens	28	28	—	?	?	?	
74	Westhofen	Gröbe	25	25	—	11	1	13	
75	Wöllstein	Weis, (Lang)	34	34	—	29	3	2	
76	Wörrstadt	Grosch	36	50	—	34	11	5	
		Wiener	17						
77	Worms	Grüner und Kerber	75						
	(Sonntags-	Engel und Schreiber	49						
	Zeichensch.)	Engel und Schreiber	46						
		Wedel	37						
		Eberlein	26	322	—	73	62	87	
		Muth	32						
	(Modellirsch.)	Bender	64						
	(Abendschule)	Hembel, Kastell	107		107				
	(Offener Zeichensaal)	Muth und Grüner	70						

[1]) Diese Schüler vertheilen sich auf 3 Abtheilungen mit je 26, 22 u. 15

[2]) *An Wochentagen im Winter.*

Gewerbeblatt

für das

Großherzogthum Hessen.

Zeitschrift des Landesgewerbvereins.

Erscheint wöchentlich. Auflage 4500. Anzeigen für die durchgehende Petitzeile oder deren Raum bei ein- und zweimaliger Aufnahme 30 Pf., bei drei- und mehrmaliger Aufnahme 25 Pf.

№ 35. | August | 1888.

Verzeichniß der Vorlesungen, Uebungen und Praktika,

welche im Wintersemester 1888—89 in den sechs Fachabtheilungen der Großherzoglichen technischen Hochschule zu Darmstadt gehalten werden.

Mathematische Wissenschaften. — Trigonometrie, Prof. Dr. Nell. — Algebraische Analysis, Prof. Dr. Mehmke. — Einleitung in die höhere Mathematik I, Prof. Dr. Gundelfinger. — Höhere Mathematik I, Prof. Dr. Gundelfinger; Uebungen in Gemeinschaft mit Prof. Dr. Graefe. — Höhere Mathematik II, Prof. Dr. Gundelfinger. — Darstellende Geometrie I, Prof. Dr. Mehmke. — Darstellende Geometrie II, Derselbe. — Arbeiten im mathematischen Institut, Derselbe. — Mathematische Einleitung in die Theorie des Fachwerkes, Prof. Dr. Henneberg. — Repetitorium der niederen Mathematik, Prof. Dr. Graefe. — Funktionentheorie, Derselbe. — Kettenbrüche, mit besonderer Rücksicht auf zahlentheoretische Anwendungen, Privatdocent Dr. Wolfskehl. — Geodäsie, Prof. Dr. Nell. — Mechanik (einschließlich der graphischen Statik), Prof. Dr. Henneberg. — Reine Kinematik, Derselbe. — Elemente der Mechanik, Derselbe. — Theorie der Konstruktionen, Prof. Landsberg.

Naturwissenschaften. — Zoologie I, Prof. Dr. von Koch. — Zoologisches Praktikum, Derselbe. — Allgemeine Botanik, Vegetabilische Morphologie und Physiologie, Prof. Dr. Dippel. — Allgemeine Mikroskopie, Derselbe. — Mineralogie und Gesteinslehre, Prof. Dr.

Lepsius. — Mineralogisches Praktikum, Derselbe. — Experimental-Physik, Prof. Dr. Himstedt. — Mechanische Wärmetheorie, Derselbe. — Physikalisches Praktikum, Derselbe. — Elemente der Elektrotechnik, Prof. Dr. Kittler. — Experimental-Chemie, Anorganische Chemie, Prof. Dr. Staedel. — Ausgewählte Abschnitte der Chemie, Derselbe. — Analytische Chemie II, Dr. Klein. — Chemische Uebungen, Prof. Dr. Staedel und zwei Assistenten. — Chemische Technologie [illegible] organischer Theil, Prof. Dr. Thiel. — Chemisch-technische Uebungen, Derselbe. — Pharmaceutische Chemie, Organischer Theil, Dr. Klein. — Repetitorium der organischen Chemie, Assistent Dr. Bauer.

Pharmacie. — Allgemeine Botanik, Prof. Dr. Dippel. — Experimental-Physik, Prof. Dr. Himstedt. — Experimental-Chemie, Prof. Dr. Staedel. — Analytische Chemie II, (Quantitative Analyse einschließlich Maßanalyse), Dr. Klein. — Pharmaceutische Chemie, Derselbe. — Pharmakognosie mit besonderer Berücksichtigung der mikroskopischen Untersuchung von Nahrungs- und Genußmitteln, Obermedicinalrath Dr. Uloth. — Chemische Uebungen, Prof. Dr. Staedel und zwei Assistenten.

Elektrotechnik. — Elemente der Elektrotechnik, Prof. Dr. Kittler. — Specielle Elektrotechnik, Derselbe. — Elektrotechnisches Seminar, Derselbe. — Elektrotechnisches Praktikum, Derselbe. — Selbstständige Arbeiten aus dem Gebiete der Elektrotechnik für vorgeschrittenere Studirende, Derselbe. — Praktische Telegraphie, Telegraphenverwalter Ingenieur Anton.

Technologie. — Mechanische Technologie, Prof. Brauer. — Chemische Technologie I, Anorganischer Theil, Prof. Dr. Thiel. — Chemische Technologie II, Technologie der Schmiermittel, Derselbe. — Grundzüge der Eisenhüttenkunde, Derselbe. — Geschichte der Waffen-Technik, Major von Pfister.

Baukunst und Bauwissenschaften. — Baumaterialien, Prof. Marx. — Elemente der Baukonstruktion, Derselbe. — Elemente der Baukonstruktion, Uebungen, Prof. von Willmann. — Steinschnitt, Derselbe. — Theorie der Konstruktionen, Prof. Landsberg. — Konstruktionen des Hochbaues, Prof. Simons. — Eisenkonstruktionen des Hochbaues, Prof. Landsberg. — Bauzeichnen, Prof. Marx. — Bauformenlehre, Derselbe. — Baustile I, Derselbe. — Baustile II, Derselbe. — Baustil-Uebungen, Derselbe. — Anlage und Einrichtung von Gebäuden I, Geh. Baurath Prof. Wagner. — Anlage und Einrichtung von Gebäuden II, Derselbe. — Entwerfen von Gebäuden, Derselbe. — Bauführung, Derselbe. — Ornamentik, Prof. Simons. — Malerische Perspektive, Derselbe. — Elemente des Wege- und Brückenbaues, Prof. von Willmann. — Elemente der Elektrotechnik, Prof. Dr. Kittler.

Ingenieurwissenschaften. — Baumaterialien, Prof. Marx. — Elemente der Baukonstruktion, Uebungen, Prof. von Willmann. — Steinschnitt, Derselbe. — Bauzeichnen, Prof. Marx. — Theorie der Konstruktionen, Prof. Landsberg. — Mathematische Einleitung in die Theorie des Fachwerkes, Prof. Dr. Henneberg. — Brückenbau II, Geh. Baurath Prof. Dr. Schmitt. — Brückenbau III, Prof. Landsberg. — Uebungen zum Brückenbau III, Derselbe. — Elemente des

Wege- und Brückenbaues, Prof. von Willmann. — Wasserbau I, Geh. Baurath Prof. Dr. Schmitt. — Uebungen zum Grundbau, Brückenbau I und II und Wasserbau, sowie zu Erd- und Tunnelbau, Derselbe. — Wasserbau II, Geh. Baurath Prof. Sonne. — Elemente des Wasserbaues B, Prof. von Willmann. — Erd- und Tunnelbau, Geh. Baurath Prof. Dr. Schmitt. — Straßenbau, Geh. Baurath Prof. Sonne. — Eisenbahnbau II, Derselbe. — Elemente der Elektrotechnik, Prof. Dr. Kittler. — Praktische Telegraphie, Telegraphenverwalter Ingenieur Anton.

Kulturtechnik. — Encyklopädie der Kulturtechnik, Landeskulturinspektor Dr. Klaas. — Encyklopädie der Landwirthschaftslehre, Landwirthschaftslehrer Stimmel. — Wasserbau I, Geh. Baurath Prof. Dr. Schmitt. — Wasserbau II, Geh. Baurath Prof. Sonne. — Feldbereinigung, Landeskulturinspektor Dr. Klaas. — Wiesenbau- und Drainage, Derselbe.

Maschinenkunde. — Beschreibende Maschinenlehre, Prof. Brauer. — Mechanische Technologie I, Derselbe. — Mechanische Technologie II, Derselbe. — Werkzeugmaschinen, Derselbe. — Maschinenelemente, Prof. Lincke. — Hebemaschinen, Derselbe. — Maschinenkonstruiren, Derselbe. — Kinematik, Derselbe. — Maschinenmeßkunde, Prof. Brauer. — Kraftmaschinen II, Prof. Werner. — Seminar für Maschinenbau, Prof. Brauer. — Die Kostenberechnungen der Maschinenfabrikation, Privatdocent Ingenieur Beck. — Repetitorium zu Maschinenelementen und Hebemaschinen, Assistent Regierungsbauführer Lindner. — Elemente der Elektrotechnik, Prof. Dr. Kittler.

Allgemein bildende Fächer. — Goethe's Faust, Prof. Dr. Roquette. — Geschichte der deutschen Litteratur im achtzehnten Jahrhundert, Derselbe. — Allgemeine Kunstgeschichte, Geh. Hofrath Prof. Dr. Schaefer. — Das Zeitalter des Michelangelo und Rafael, Prof. Dr. Adamy. — Logik, Prof. Dr. Graefe. — Grundzüge der Volkswirthschaftslehre, Oberlandesgerichtsrath Heinzerling. — Geschichte deutscher Sprache von Ulfilas bis Luther, Major von Pfister. — Französische Sprache, Prof. Eger. — Englische Sprache, Derselbe. — Englische Sprache, Dr. Hangen. — Russische Sprache, Major von Pfister.

Darstellende Künste. — Freihandzeichnen, Prof. Kumpa. — Zeichnen und Malen, Prof. Noack. — Technisches Zeichnen, Prof. Kumpa. — Ornamentik, Prof. Simons. — Malerische Perspektive, Derselbe. — Bauzeichnen, Prof. Marx. — Maschinenzeichnen, Prof. Lincke. — Planzeichnen I, Katasteringenieur Goebel. Planzeichnen II und III, Derselbe.

Die Anmeldungen zur Aufnahme werden bis zum 13. Oktober von der Direktion entgegengenommen. Aufnahme und Immatrikulation beginnen am 15. Oktober. — Beginn der Vorlesungen und Uebungen des Wintersemesters 1888—89 Dienstag den 16. Oktober. — Programme sind unentgeltlich durch Vermittelung des Sekretariats zu beziehen.

Zur Entwickelung der elektrischen Beleuchtungsanlagen.

Mitgetheilt von Ingenieur G. Wagner zu Darmstadt.

Mit den zunehmenden und überraschenden Fortschritten der Elektrotechnik, welche in den letzten Jahren im Wetteifer der Gelehrten, Industriellen und Techniker der verschiedenen Nationen gezeitigt wurden, ist in der jüngsten Zeit die praktische Anwendung des elektrischen Lichts in ein Stadium größerer Ausbreitung und rascherer Entwickelung eingetreten, um zu einer augenscheinlichen Blüthenentfaltung heranzureifen und der so rasch erklommenen Entwicklungsstufe zu Ende des 19. Jahrhunderts einen in wahrem Sinne des Wortes glanzvollen, ja blendenden Abschluß zu verleihen.

Die nachfolgende Zusammenstellung, welche auf Vollständigkeit keinen Anspruch machen will, möge einen Ueberblick gewähren über den Umfang, welchen diese Bewegung bereits erreicht hat. — (Die Daten wurden aus Einzelberichten verschiedener Zeitschriften ꝛc. zusammengetragen, von welchen wir nennen: Centralblatt für Elektrotechnik, Journal für Gasbeleuchtung, Uhland's Wochenschrift für Industrie und Technik, Dingler's polytechnisches Journal, Deutsche Bauzeitung.)

Die Vereinigten Staaten von Nord-Amerika. Vor allen anderen Ländern ist es das in Industrie und Handel so mächtig vorwärts schreitende Nord-Amerika, welches mit der Errichtung von Centralstationen für elektrisches Licht den Anfang gemacht hat. Die Vereinigten Staaten von Nord-Amerika sind es auch, welche sich die Elektricität zu Beleuchtungszwecken sofort in größtem Maßstabe dienstbar gemacht haben, sowohl in Bezug auf die Menge des Aufwandes an elektrischer Kraft, als auch bezüglich der Zahl seiner Städte, welche Elektricitätswerke errichtet haben, sowie auch der Zahl der Einzelanlagen mit elektrischer Beleuchtung. Einige Streiflichter dürften dies erkennen lassen.

Bereits im Jahre 1885 zählte man, nach dem Centralblatt für Elektrotechnik, circa 80 Städte mit elektrischen Beleuchtungsanlagen, worunter sich schon viele Städte mit Centralstationen befanden. Beleuchtungsinstallationen nach dem Edison-Systeme allein bestanden in folgenden Anlagen: Hospitäler, Asyle ꝛc. 26, Hotels, Clubs 23, Theater, Konzertlokale 20, Banken 73, Zeitungen und Druckereien 30, Raffinerien 11, Mühlen 26, Spinnereien 81, Papierfabriken 30, Chemische Fabriken 29, Maschinenfabriken 40, Möbelfabriken 15, Verschiedene Industrien 39, Dampfer 51. Zusammen 494 Anlagen mit 125 293 Lampen.

Nach Uhland's Industrieller Rundschau schätzt T. C. Martin in der New-Yorker Zeitschrift „Electrical World“, Jahrgang 1887, die Zahl der im Betriebe befindlichen Bogenlampen auf 140 000 und die der Glühlampen auf 550 000. Stellt man die nothwendigen Anlagen, Kessel, Dampfmaschinen, Dynamomaschinen, Leitungen, Lampen, deren Zubehör u. s. w. mit einem Durchschnittswerthe von 300 Dollars für die Bogenlampe in Rechnung, so erhält man als Anlagekapital für diese Einrichtungen 42 Millionen Dollars, und unter Ansatz der Anlagekosten für eine Glühlampe mit 25 Dollars erhält man für den Glühlichtbetrieb ein

Anlagekapital von 13750000 Dollars. Da viele Gesellschaften eigene Stationen erbaut haben, so sind hierzu noch die Kosten für die Immobilien zu rechnen, welche mit 10 Millionen Dollars angesetzt werden können. Das Anlagekapital der Fabriken für Beleuchtungsgegenstände und Zubehörtheile rc. läßt sich annehmen zu 85 Millionen Dollars. Das gesammte in der elektrischen Beleuchtungsindustrie angelegte Kapital beläuft sich hiernach auf die bedeutende Summe von 150750000 Dollars.

Einem im Jahre 1887 auf Grund persönlicher Kenntniß an den elektrotechnischen Verein in Wien erstatteten Bericht des Elektrikers Roß entnehmen wir, nach dem Journal für Gasbeleuchtung, die folgenden Bemerkungen: In den Vereinigten Staaten von Nord-Amerika gibt es gegenwärtig 426 Centralstationen für elektrische Beleuchtung. Roß schätzt die Zahl der Bogenlampen auf 80000, die der Glühlampen auf 300000, wobei die privat betriebenen Einzelanlagen nicht berücksichtigt sind. Abgesehen von kleineren Elektricitätsunternehmungen geht die ganze große Bewegung von vier Gesellschaften aus: der Edison-Company, der Brush-Company, der United States electric Light Company und der Thomson-Huston-Company. Der Betrieb der vorgenannten Lampenzahlen erfordert 150000 Pferdekräfte. Wasserkräfte werden verhältnißmäßig noch selten benutzt. (Vergl. eine spätere Mittheilung.) Die Gesammtlänge der Leitungsnetze dieser Anlagen dürfte die Ausdehnung von 600 km gewonnen haben, wovon 550 km ober- und etwa 50 km unterirdisch geführt sind. Chicago hat ungefähr 2 Meilen unterirdische Leitungen, New-York weniger. Dagegen sind die Städte mit einem dichten Netze oberirdisch geführter Drähte umwoben. 30 Städte haben bereits Thurmbeleuchtung. Die Thürme haben die Höhen von 38—76 m und stehen in Abständen von 240—850 m. Manche Thürme tragen nur Einzellichter, die meisten jedoch Gruppen von 4 Lampen. So besitzt die Stadt Detroit (Mich.) mit 180000 Einwohnern und einem Gebiet von 52 qkm 122 Thürme; diese Thürme sind sehr elegant gebaut, behindern den Verkehr gar nicht und beleuchten eine Fläche, welche die der Stadt Wien um das Doppelte übertrifft.

Nach einem im Jahr 1887 versandten Circular der Edison-Company sollen von dieser Gesellschaft allein etwa 400000 Edison-Lampen von durchschnittlich 16 Kerzen Lichtstärke im täglichen Gebrauche sein.

Von den Niagara-Fällen, auf deren Leistungsfähigkeit Dr. W. Siemens bereits vor 9 Jahren hinwies und welche dieser hervorragende Techniker auf circa 17 Millionen Pferdekräfte veranschlagte, hat man nunmehr, nach dem Centralblatt für Elektrotechnik, einen Kanal abgezweigt, welcher dem Niagara ungefähr 1 Procent seiner Wassermenge entzieht und welcher etwa 100000 Pferdekräfte zu liefern im Stande ist. Zunächst soll Buffalo, 32 km von dem Niagara entfernt, von dieser Kraft Nutzen ziehen, welches ungefähr 1/10 dieser Kraft für seine elektrische Beleuchtung aufwenden wird. 1 Pferdekraft soll sich hierbei für das Jahr nur auf 60 Mark stellen.*)

*) Für entsprechenden kontinuirlichen Großbetrieb mittelst Dampf dürften sich die jährlichen Kosten einer Pferdekraft für europäische Verhältnisse auf ca. 900 Mark berechnen; für unterbrochenen und kleinen Betrieb auf das Doppelte und Dreifache.

Nach solchen Zahlenverhältnissen dürfte eine Aufzählung amerikanischer Städte mit elektrischen Beleuchtungsanlagen wohl überflüssig erscheinen, und wenden wir uns nun zu den übrigen Ländern, welche von Nord-Amerika weit zurückgelassen werden und von welchen zunächst Deutschland, England, Frankreich, Italien und Oesterreich-Ungarn, sodann Rußland, Belgien, die Niederlande, die Schweiz, Norwegen und Schweden, Dänemark, Spanien 2c. zu nennen sind.

Deutschland. In einem Ueberblicke, welche Staatssekretär Dr. von Stephan im Herbste 1887 im elektrischen Verein zu Berlin erstattete, theilte derselbe u. A. mit, daß in Deutschland nach annähernder Schätzung die Zahl der im Betriebe befindlichen Bogenlampen zu 15000 und die Zahl der Glühlampen zu 170000 angenommen werden dürfte. Diese Lampen würden von ca. 4000 elektrischen Maschinen mit ungefähr 30000 Pferdekräften versorgt werden.

Nach dem Geschäftsbericht der deutschen Edison-Gesellschaft für angewandte Elektricität war im Jahr 1886 der Absatz von Glühlampen von 60000 Stück auf 90000 Stück gestiegen. Durch die im gleichen Zeitraum hinzugekommenen Neuanlagen ist die Summe der von dieser Gesellschaft in Deutschland allein errichteten Installationen auf circa 260 gestiegen, in welchen ca. 70000 Glühlampen und 1000 Bogenlampen im Gebrauche sind.

Von den deutschen Städten weist natürlich Berlin die größte Zahl der Lampen auf; nächstdem kommt München, in welcher Stadt die elektrische Beleuchtung verhältnißmäßig am stärksten vertreten ist.

Elektricitätswerke, bezw. Centralstationen, sind in folgenden deutschen Städten im Betriebe oder in der Ausführung begriffen: Altenessen (Centralstation, in Ausführung). Barmen (Centralstation für 5000 Glühlampen). Berlin (3 Centralstationen, Aktiengesellschaft). Darkehmen in Ostpreußen. Darmstadt (Centralstation für 3000 Glühlampen). Dessau (Centralstation, Privatgesellschaft). Elberfeld (Centralstation für 10000 Glühlampen). Ems. Halle a. S. (Centralstation für 3300 Glühlampen und 380 Bogenlampen). Hamburg (2 Centralstationen in Ausführung für 20000 Glühlampen, nach Bedarf sollen weitere Centralen für 10000 Glühlampen errichtet werden). Leipzig (Centralstation, Privatgesellschaft). Lübeck (Centralstation für 1500 Glühlampen und 20 Bogenlampen). Metz. München. Nürnberg. Stuttgart (Privatgesellschaft). Swinemünde (23 Bogenlampen). Triberg (Baden).

Elektricitätswerke in anderen Ländern außer den bereits genannten befinden sich in folgenden Städten: Frankreich: Angers, Bellegarde, Dijon, St. Etienne, Marseille, Médane, La Roche s. Feron, Tours. England: (Von diesem Lande stand uns zur Zeit der Abfassung dieser Zusammenstellung kein geeignetes Material zur Verfügung). Oesterreich-Ungarn: Budapest (Centralstation), Gastein (1000 Glühlampen und einige Bogenlampen), Kolm-Saigurn bei Salzburg Prag (845 Glühlampen, 5 Bogenlampen), Salzburg, Scheibs, Temesvar (Centralstation, von einer Privatgesellschaft betrieben), Wien (Centralstation, Privatgesellschaft). Italien: Mailand (Centralstation für ca. 10000 Glühlampen), Rom (Centralstation, von einer Privatgesellschaft betrieben), Terni, Tivoli, Venedig. Belgien:

Antwerpen, Brüssel (Privatgesellschaft). Niederlande: Amsterdam. Rußland: Odessa, St. Petersburg, Saratow, Warschau. Schweden und Norwegen: Hernosand (Schweden). Spanien: Gerona. Schweiz: Luzern (Privatgesellschaft), Montreux (Privatgesellschaft), Tarasp (500 Glühlampen, 12 Bogenlampen). Canada: Quebeck.

Elektricitätswerke sind beschlossen oder geplant in folgenden Orten: Deutschland: Apolda, Braunschweig, Bremen, Breslau, Chemnitz, Dresden, Eberstadt (an der Bergstraße), Essen, Frankfurt a. M., Görlitz, Köln (12000 Glühlampen), Königsberg, Leipzig, Magdeburg, Mühlhausen i. E. (Privatgesellschaft), Nürnberg, Wiesbaden. Oesterreich-Ungarn: Budapest (Privatgesellschaft), Trient, Znaim. Frankreich: Paris. Schweiz: Martigny, Schaffhausen. Italien: Udine, Varese (bei Mailand). Norwegen: Christiania. Dänemark: Kopenhagen.

(Schluß folgt.)

Verschiedene Mittheilungen.

Diaphanien als Ersatz für Glasmalereien. In der modernen Behausung spielt die Glasmalerei eine wichtige Rolle und der effektvolle Eindruck mancher Wohnräume ist hauptsächlich darauf hinzuführen, daß man in der Pracht und Harmonie ihrer Farben ein Mittel wie kein zweites besitzt, um den Blick und das Herz des Beschauers zu erfreuen. Für das große Publikum sind jedoch Glasmalereien, auch selbst dann, wenn sie aus keiner renommirten Anstalt hervorgingen, viel zu kostspielig, um sich diesen Luxus zu gestatten. Man war daher bedacht, wohlfeile Imitationen herzustellen und benützte sogenannte Abziehbilder für genannte Zwecke, späterhin Pariser und Belfaster Glacier-Fensterverzierungen, jedoch mit ungünstigem Erfolge. Dem Bedürfniß nach einem Ersatz für Glasmalerei ist nunmehr nach langen Versuchen in der Erfindung der Diaphanien durch die lithographische Kunstanstalt Grimme & Hempel in Leipzig, welche in der Herstellung von Carton- und Transparent-Plakaten sich eines achtungsvollen Rufes erfreut, Rechnung getragen. Diese Diaphanien bilden nicht nur vollständig Ersatz für echte Glasmalerei, sondern zeichnen sich auch durch ihre Billigkeit und leichte Handhabung, bezw. Anbringung an Festern, auch noch ganz besonders aus.

Genug, kein anderer Ersatz für gemaltes Glas ist so gefällig, originell und so einfach in seiner Verwendung als diese Diaphanien; sie sind auf festem, dünnen, gelatineartigen, sehr transparenten Stoffe in echten, dauerhaften Farben, welche weder durch Hitze, Nässe oder Kälte leiden, ausgeführt und lassen sich, wie jedes Fenster, auf welches sie aufgezogen werden, mit Wasser reinigen. Die Zeichnungen der Diaphanien selbst sind höchst geschmackvoll, der heutigen Technik entsprechend, und rein ausgeführt, die Farben von einer Glut und Klarheit, welche gegenwärtig in der Glasmalerei kaum erreicht, keinesfalls aber übertroffen wird. Besonders reizvoll sind die Mittelstücke, von welchen einzelne einen reichen ornamentalen Schmuck aufweisen, andere durch edle Einfachheit imponiren.

Die Diaphanien eignen sich nicht nur als augenerfreuende Decoration der Fenster bürgerlicher Behausungen, von Villen, Landhäusern, Badezimmern, Gängen, Treppenhäusern, Schulen ꝛc., sondern auch zur Ausschmückung von Kirchen und Kapellen ärmerer Gemeinden, und eignen sich hierzu besonders jene Mittelstücke, welche religiöse Motive behandeln. Hotelbesitzer, Restaurateurs ꝛc., welche oft eine große Anzahl Fenster haben, die nach Höfen hinaus gehen oder aus anderen Gründen bedeckt sind, werden die Diaphanien besonders geeignet und zweckmäßig finden.

Allein ihre Anwendung kann nicht nur auf Fenster, Thüren, Glaswände, Oberlichtern erfolgen, sondern es können auch Lichtschirme, Vorhängebilder, Fenstervorsätze ꝛc. hergestellt werden. Die Zusammenstellung der beabsichtigten Decorationen geschieht aus den in reicher Auswahl vorhandenen einzelnen Theilen, als Mittelstücken (Bildern jedweden Genres), Kanten, Ecken, Füllmustern, Rosetten ꝛc. und ermöglichen dieselben Combinationen in unbegrenzter Zahl für jede Fenstergröße. Alle Muster sind derart hergestellt, daß sie, ohne daß der Effekt beeinträchtigt wird, auch zerschnitten werden können, bei durch Querleistchen unterbrochenen Scheiben also durchaus keine Rücksicht darauf genommen zu werden braucht, sondern jedes Dessin ohne Beeinträchtigung seiner Wirkung da zusammengesetzt werden kann.

Eine andere, den höchsten decorativen Reiz entfaltende Verwendung der Diaphanie-Bilder besteht darin, dieselben mit Glasmosaik-Fassung zu versehen, und können solche Bilder, welche kaum den zehnten Theil wie echte Glasmalerei kosten, nur vom Kenner von dieser unterschieden werden. Bei Ausfertigung in obenerwähnter Art sind also nur die Mittelstücke aufgeklebte Diaphanien, während weitere Einrahmung und Fassung jedoch echtes, verbleites, farbiges, durchsichtiges oder undurchsichtiges, sogenanntes Cathedralglas, Butzenscheiben, Rauten, Knöpfe &c., kurz echte Glasmosaik ist.

Im Allgemeinen kann diese Erfindung sehr empfohlen werden, da sie auch dem Minderbegüterten erlaubt, sein Auge an mustergiltigen, farbenprächtigen Ornamenten zu erfreuen und den Farbensinn der in solcher Umgebung heranwachsenden Jugend zu bilden. Der reich in Farben ausgeführte Hauptkatalog wird von der Firma gegen Einsendung von 2 Mark abgegeben, dieser Betrag aber bei einem Auftrage von 20 Mark an wieder zurückvergütet. Derselbe nebst Preisliste kann in unserem Lesezimmer eingesehen werden.

Fischerei mit elektrischem Licht. Es dürfte unseren Lesern nicht unbekannt sein, daß die Anwendungen des elektrischen Stromes und speciell die des elektrischen Lichtes neuerdings dadurch vermehrt wurde, daß man das letztere auch für Fischereizwecke als Lockmittel für Fische &c. vorschlug und anwandte. Diese Anwendung des elektrischen Lichtes bestand, wie uns das Patent- und technische Bureau von Richard Lüders in Görlitz mittheilt, darin, daß man meistens über dem Köder ein kleines Glühlämpchen anbrachte. Es hat sich jedoch keine besondere Wirkung dieser elektrischen Angeln gezeigt und sind dieselben deshalb wider in Mißkredit gerathen. Dieser schlechte Erfolg liegt indessen nur an der Anwendung ganz kleiner Lämpchen, denn daß das elektrische Licht im Allgemeinen eine große Anziehungskraft auf freischwimmende Seethiere ausübt, ist zweifellos erwiesen, und wird durch einen neueren Versuch des „Marine Biology Committee" in Liverpool vollauf bestätigt. Dieses Comité unternahm kürzlich eine dreitägige Tour an der Küste von Wales, um Versuche über das Fischen nach Eintritt der Dunkelheit anzustellen. In der ersten Nacht fischte man in der Ramsey-Bucht. Es wurde ein Netz, in dessen Mündung eine submarine Incandescenz-Lampe von 60 Kerzen Lichtstärke angebracht war, bis zu einer Tiefe von drei Faden herabgelassen; gleichzeitig ließ man ein anderes Netz ohne Licht auf der anderen Seite des Schiffes bis zu derselben Tiefe herab. Nach Verlauf von einer halben Stunde holte man beide Netze auf und konnte unzählige kleine Thiere (namentlich Crustaceen) in dem Licht- der Lampe sehen. Das Netz mit der Lampe enthielt denn auch eine Unmenge dieser Thiere, während das nicht erleuchtete Netz thatsächlich leer blieb. Die beiden Netze wurden abermals herabgelassen, aber bis auf den Meeresboden (6 Faden); nach dem Aufholen der Netze zeigte sich derselbe Erfolg wie beim ersten Zug. — In der zweiten Nacht wurden in der Port Erin Bay beide Netze erleuchtet und das eine in einer Tiefe von 5 Faden bis auf den Boden herabgelassen, das andere dagegen an der Oberfläche gehalten. Der Erfolg dieses, verschiedene Male wiederholten, Experiments war, daß nun beide Netze überreich mit Seethieren gefüllt waren.

Kraft- und Arbeitsmaschinen-Ausstellung in München [illegible]. Die große Anzahl der ausgestellten Kraftmaschinen, sowie auch ein großer Theil der Arbeitsmaschinen, sind nun täglich 9—12 Uhr Vormittags und 3—6 Uhr Nachmittags im Betrieb. Dadurch gewinnt die Ausstellung nicht nur für den Fachmann, sondern auch für den Laien größtes Interesse. Fast alle ausgestellten Gasmotoren, sowie auch die in der Nebenhalle aufgestellten Dampfmaschinen arbeiten exakt und sehr ruhig. Die Gasmotorenfabrik Deutz hat 7 Gas- und 1 Petroleum-Motoren, die Maschinenbaugesellschaft München 5 Gasmotoren ausgestellt. Außer diesen Firmen haben Gasmotoren ausgestellt: Buß, Sombart & Co. in Friedrichstadt bei Magdeburg, Heilmann, Ducommun und Steinlen in Mühlhausen i. E., Werkzeugmaschinenfabrik „Union" in Chemnitz, Bielefelder Nähmaschinenfabrik Dürkopp & Co. in Bielefeld, Gebr. Körting in Hannover, Dresdener Gasmotorenfabrik Moritz Hille in Dresden und Rheinische Gasmotorenfabrik Benz & Co. in Mannheim.

Redacteur Dr. Hesse. — Druck von Heinrich Brill.
In Commission bei L. Brill in Darmstadt.

Gewerbeblatt

für das

Großherzogthum Hessen.

Zeitschrift des Landesgewerbvereins.

Erscheint wöchentlich. Auflage 4500. Anzeigen für die durchgehende Petitzeile oder deren Raum bei ein- und zweimaliger Aufnahme 30 Pf., bei drei- und mehrmaliger Aufnahme 25 Pf.

№ 36. September 1888.

Zur Entwickelung der elektrischen Beleuchtungsanlagen.

Mitgetheilt von Ingenieur G. Wagner zu Darmstadt.

(Schluß.)

Einzelanlagen mit elektrischer Beleuchtung. Die Zahl der Anlagen, welche der Industrie, dem Handel und dem Verkehr, sowie sonstigen privaten und öffentlichen Zwecken dienen, ist eine sehr erhebliche geworden. Es finden sich darunter sehr viele Fabriken verschiedener Industriezweige, Gruben und Eisenwerke, große Handels- und Kaufhäuser, Banken, Zeitungsinstitute, Bahnhöfe, Eisenbahnzüge, Dampfschiffe, Hafenanlagen, ferner Theater, Schlösser, Hotels, Cafés und Restaurationen, Brauereien u. s. w. — Die Kriegsschiffe und die Hafenvertheidigungsanlagen fast aller größeren Länder sind mit elektrischer Beleuchtung versehen. — Wir beschränken uns darauf einige von den größeren oder besonderes Interesse bietenden Anlagen aufzuführen:

Amsterdam: Café Krasnapolski (1000 Glühlampen). Baden-Baden: Sanatorium (7 Bogenlampen, 300 Glühlampen). Berlin: Königliches Schloß; Kaiser-Gallerie (59 Bogen- und 1500 Glühlampen); Continental-Hotel (12 Bogen- und 1000 Glühlampen). Bremen: Freihafengebiet (für Bauarbeiten bei Nacht, 12 Bogenlampen zu je 3000 Normal-Kerzen); Badeanstalt. Bremerhafen: die Docks, Werkstätten und Bureaux des Norddeutschen Lloyd; ferner die Dampfer dieser Gesellschaft, sowie die Subventionsdampfer. Brüssel: die kgl. Ministerien (ca. 7000 Glühlampen); Militärhospital (1000 Glühlampen). Frankfurt a. M.: Palmengarten; Deutsche Vereinsbank (400 Glühlampen); Hafen und Lagerhaus (280 Glühlampen, 4 Bogenlampen); Café Bauer. Friedrichsort bei Kiel: Terrain und Werkstätten des Kaiserlichen Torpedo-Depots (500 Glühlampen). Glasgow: Hauptpostgebäude. Hamburg: Freihafengebiet (50 Bogenlampen, 4000 Glühlampen); Gebäude der „Hamburger Nachrichten" (500 Glühlampen); Verkaufshäuser der Firma J. Braun (28 Bogenlampen, 250 Glühlampen). Kortau: Irrenanstalt. London: die Museen und die Gemäldegallerie; die Tilbury Docks; Prudential-Assurance-Company (2000 Lampen). Liverpool: die Mersey Docks. München: die Kgl. Artillerie-Werkstätten in Oberwiesenfeld; Hotel Deutscher Kaiser (300 Lampen); die Knorrhäuser (1000 Glühlampen); Wagnerhaus (240 Glühlampen); Gummiwaarenfabrik von Metzler & Co. (12 Bogen- und 200 Glühlampen); die Kunstgewerbe-Ausstellung 1888 (60 Bogen und 250 Glühlampen); die Kgl. Erziehungsinstitute; das Kriegsministerium (400 Glühlampen); Vereinsbank (4 Bogen- und 300 Glühlampen); Löwenbrauerei (17 Bogenlampen); Colosseum (21 Bogenlampen). New-York: Beleuchtung der Freiheitsstatue im Hafen von New-York (8 Bogenlampen von je 6000 Kerzen strahlen ihr Licht zum Himmel empor, und weitere 8 Lampen von gleicher Stärke sind dazu bestimmt, die Statue selbst zu beleuchten). Paris: Hippodrom; Palais Royal; Magasins du printemps; Au Bon Marché (500 Pferdekräfte). St. Petersburg: Winterpalast (12000 Glühlampen, 56 Bogenlampen). Rom: der Vatikan; Etablissement der Gebrüder Bocconi (86 Bogenlampen, 200 Glühlampen). Der Suezkanal. Schloß Sinaia des Königs von Rumänien (400 Glühlampen). Soeul: Palast des Königs von Korea. Teheran: Palast des Schahs von Persien. Triest: Hafen (45 Bogenlampen zu 800 Normalkerzen). Wien: Hofburg; Rathhaus (ca. 1000 Glühlampen).

Bemerkenswerth ist die Thatsache, daß man auch Kirchen mit elektrischer Beleuchtung versehen hat: es sind zu nennen: die St. Clemenzkirche in Prag; die Kirche zu St. Jacob in Nürnberg (3 Bogenlampen) und die Marktkirche zu Clausthal.

Für verschiedene Zwecke, besonders militärischer und bautechnischer Art, hat man mobile Beleuchtungsapparate, Beleuchtungswagen, gebaut. Die bekannte Firma Siemens & Halske zu Berlin hat gegenwärtig in der Jubiläums-Gewerbe-Ausstellung in Wien in ihrer reichhaltigen Schaustellung einen derartigen Apparat vorgeführt, welcher, wie Ackermann's Ill. Wiener Gewerbe-Zeitung berichtet, entweder ein Bogenlicht von 50000 Kerzen in einem großen Reflector oder 9 Bogenlampen zu 2000 Kerzen oder 80 Glühlampen zu 16 Kerzen versorgen kann. — Die Stadt Köln soll für die städtischen Bauarbeiten von der Firma S. Schuckert in Nürnberg bereits einen Beleuchtungswagen beschafft haben.

Die elektrische Beleuchtung von Bahnhöfen hat besonders in den letzten Jahren weitere Ausbreitung erfahren, wie dies, nach dem Centralblatt für Elektrotechnik, auf dem zweiten internationalen Eisenbahn-Kongreß in Mailand konstatirt werden konnte.

In Deutschland ist diese Beleuchtung auf circa 46 Stationen versucht worden, von welchen hervorzuheben sind:

Straßburg	mit	70	Bogen- und	100	Glühlampen;
München	"	47	" "	80	"
Mainz	"	27	" "	—	"
Karlsruhe	"	24	" "	250	"
Hannover	"	24	" "	—	"
Darmstadt	"	17	" "	170	"

ferner die Bahnhöfe zu Berlin, Braunschweig, Kaiserslautern, Ludwigshafen, Neustadt, Nürnberg, Stuttgart, Frankfurt a. M. (Centralbahnhof).

Bahnhöfe in England: Tilbury Docks, die Stationen in St. Enoch, Glasgow, Paddington, Victoria-Station in London ꝛc.

Bahnhöfe in Oesterreich-Ungarn: Wien-Centralbahnhof und Südbahnhof, Budapest (70 Bogenlampen und 685 Glühlampen), Feldkirch (Arlbergbahn, 10 Bogenlampen, 250 Glühlampen).

In Belgien werden 17 Stationen mit zusammen 163 Bogen- und 322 Glühlampen beleuchtet.

In Frankreich ist die elektrische Beleuchtung von Bahnhöfen noch spärlich; es sind zu nennen: der Güterbahnhof von La Vilette, Bahnhof der Ostbahn in Paris, die Bahnhöfe in Marseille, Bellegarde und Laroche.

Bahnhöfe in Italien: Mailand (2) 24000 Normalkerzen, Turin, Genua, Pisa, Rom, Sampierdarena.

Bahnhöfe in der Schweiz: Zürich, Basel, Chiasso (300 Glühlampen und einige Bogenlampen), St. Gotthard Tunnel.

Mit elektrischer Beleuchtung von Eisenbahnwagen und Eisenbahnzügen wurden auf einigen preußischen Staatsbahnen bereits in den Jahren 1883 und 1884, später in größerem Umfang auf den württembergischen Staatsbahnen und in neuester Zeit auch auf der Main-Neckar-Eisenbahn Versuche angestellt. Auch auf englischen, amerikanischen und russischen Bahnen haben solche Versuche stattgefunden. — In Württemberg ist die elektrische Beleuchtung nunmehr auf sämmtlichen Linien der Staatsbahn eingeführt. Auf der Connecticut-River-Eisenbahn und auf der Boston- und Albany-Eisenbahn in den Vereinigten Staaten verkehren seit 1887 Züge mit elektrischer Beleuchtung. Die russische Südwestbahn hat 1887 auf einem Zuge elektrisches Licht eingeführt, nachdem dieselbe bereits früher einen kaiserl. Specialzug hierfür eingerichtet hatte. Ebenso sind die Schnellzüge zwischen Kiew und Odessa mit elektrischer Beleuchtung versehen worden. Bei der Glasgow-City- and District-Railway ist ein System elektrischer Beleuchtung der Eisenbahnwaggons in Anwendung, welches stets beim Passiren eines Tunnels selbstthätig functionirt.

Die elektrische Beleuchtung in Theatern. Ein besonderes Interesse beanspruchen die Theater. Die Einrichtung der Theater mit elektrischer Beleuchtung nahm verhältnißmäßig raschen Fortgang. Die so häufig auf einander folgenden und fast unvermeidlich scheinenden, in ihren Folgen so furchtbaren Theaterbrände veranlaßten viele, insbesondere die Direktionen der hervorragendsten Theater neben Ergreifung anderer Vorsichtsmaßregeln auch zur Einführung elektrischer Beleuchtung. Die getroffenen Einrichtungen, um die Feuersicherheit der Theater aufs Möglichste zu steigern, hatten den erfreulichen Erfolg, daß seit 1882 eine beständige Abnahme in der Zahl der Brände verzeichnet werden konnte. Während aber die Zahl solcher Brände im Jahr 1886 nur 8 betrug, ereigneten sich im Jahre 1887 leider wieder 18 Brände. Es darf hierbei nicht unerwähnt bleiben, daß der am 27. December 1886 erfolgte Brand des Templetheaters in Philadelphia durch eine elektrische Glühlampe veranlaßt sein soll.

Nach dem Urtheil eines angesehenen Ingenieurs, Herrn Cornuault (mitgetheilt im „Journal für Gasbel. u. Wasserv."), welcher als Direktor einer großen Gasgesellschaft, zwei Theater mit elektrischer Beleuchtung versehen hat, darf die elektrische Beleuchtung nur als letzte Ergänzung der übrigen in den Theatern getroffenen Vorkehrungen zur Erhöhung der Feuersicherheit betrachtet werden.

Elektrische Beleuchtungsanlagen in Theatern bestehen zur Zeit in den Städten: Bayreuth (1888), Berlin (Kgl. Opernhaus 565 Pferdekräfte, Schauspielhaus 335 Pferdekräfte), Brünn (1882), Brüssel, Budapest, Darmstadt, Fiume (800 Glühlampen, 5 Bogenlampen), Frankfurt a. M. (Opernhaus), Glasgow (300 Glühlampen), Halle a. S., Köln (Stadttheater, 208 Glühlampen), London, Magdeburg, Mailand, Manchester (seit 1882) München (die 3 Kgl. Theater), Nancy, Nürnberg, Odessa, Paris (Große Oper [1881 und 1887] und mehrere kleinere Theater), Philadelphia, Prag (seit 1884), Preßburg, Riga (Stadttheater, ca. 1800 Glühlampen und 2 Bogenlampen), Rom (3 Theater), Santiago (Chile) (seit 1886), Schwerin (seit 1886), Stuttgart (seit 1883, 1000 Glühlampen), Wien.

In folgenden Städten ist die Einrichtung von Theatern mit elektrischer Beleuchtung beschlossen oder geplant: Brüssel, Genf (2400 Glühlampen), Lyon, Madrid, Mainz, Olmütz, Paris (sämmtliche Theater, die mit elektrischer Beleuchtung noch nicht versehen sind).

Die folgenden Zahlen mögen den Umfang einzelner Anlagen in Theatern erkennen lassen. — Wohl die größte elektrische Beleuchtungsanlage dieser Art auf dem Erdball besitzt die Königliche Oper in Berlin mit 3870 Glühlampen, welche 90 400 Normalkerzen entsprechen. Hieran reihen sich: Große Oper in Paris mit 67 950 Normalkerzen, Kaiserliche Oper in Wien mit 64 000 Normalkerzen, Schauspielhaus in Berlin mit 53 000 Normalkerzen, Hofburgtheater in Wien mit 48 000 Normalkerzen, Theater in Prag mit 25 408 Normalkerzen, Theater in München mit 13 568 Normalkerzen, Theater in Stuttgart mit 8000 Normalkerzen.

Betriebskosten und Kraftbedarf elektrischer Beleuchtungsanlagen. Die Vortheile der elektrischen Beleuchtung werden mehr und mehr anerkannt und geschätzt. Die Vervollkommnungen, welche man in den letzten Jahren bei Accumulatoren und Transformatoren erzielt hat, haben der Anwendung desselben bedeutenden Vorschub geleistet, und für die weitere Verbreitung kommt fast allein noch der Kostenpunkt in Betracht. Die Kosten des elektrischen Lichtes sind gegenwärtig im Allgemeinen noch etwas höher als diejenigen der Gasbeleuchtung. In besonders günstigen Fällen soll jedoch das elektrische Licht billiger zu stehen kommen, wenigstens was den Betrieb anbelangt, als Gasbeleuchtung. — So werden beispielsweise die Betriebskosten der elektrischen Beleuchtung des Bahnhofs zu Feldkirch (an der Arlbergbahn) für die Brennstunde eines einer Gasflamme gleichwerthigen Glühlichts zu

2,56 Pf. berechnet, während die Brennstunde einer Gasflamme nach dem Voranschlag 3,89 Pf. kosten würde.

Die Firma Ganz & Co. in Budapest, welche die Patentrechte eines neuen Stromvertheilungssystemes mittelst Transformatoren (System Zipernowsky-Deri) besitzt und ausübt, baut Centralstationen für 1000 Glühlampen vollständig mit unterirdischer Leitung neuester Konstruktion zum Preise von 900000 Mark, wobei sich die Betriebskosten pro Lampe und Stunde nur auf 2½ Pf. berechnen sollen.

Ueber den Kraftbedarf und die Betriebskosten kleinerer elektrischer Beleuchtungsanlagen geben die nachfolgenden Beispiele, welche wir einem von der Fachzeitschrift „Dampf" gebrachten Referate eines Vortrags des Civilingenieurs W. Helmsky entnehmen, willkommenen Aufschluß.

a) Elektrische Beleuchtungsanlage am Stefansplatz in Wien von der Firma Kremenezky, Mayer & Co.: 322 Glühlampen zu je 16 Normalkerzen, betrieben durch 2 verticale Dampfmaschinen mit Expansion von zusammen durchschnittlich 44,1 Pferdekräften indicirter Leistung, 4 Zwergkessel, Adm. Sp. 4 At. Jährliche Gesammtbetriebszeit etwa 1800 Stunden. Die Kosten sind der folgenden Aufstellung zu entnehmen:

Tabelle a. Jährliche Betriebskosten.

	fl. ö. W.
An Kohlen	4100,80
„ Anzündholz	178,45
„ Schmieröl und Putzmaterial	569,33
„ Instandhaltung	60,00
„ verschiedenen Ausgaben	130,00
„ Gehalt für 1 Maschinisten, 2 Heizer	2800,00
Zusammen	7838,58.
Für 1 Pferdekraft und Betriebsstunde	11,8 kr.
„ Zinsen und Amortisation	3,6 „
Insgesammt für 1 Pferdekraft und Betriebsstunde	15,4 kr.

b) Elektrische Beleuchtungsanlage, Mariahilferstraße Nr. 46/48: 265 Glühlichter zu je 16 Normalkerzen; erforderliche Betriebskraft 34,4 Pferdekräfte durch jährlich 1300 Stunden. 5 Bogenlampen, erforderliche Betriebskraft 2,8 Pferdekräfte durch jährlich 800 Stunden. Betrieben durch eine Zwillings-Gaskraftmaschine von Langen & Wolf mit einer durchschnittlichen indicirten Leistung von 33,4 Pferdekräften. (Ein Theil des Kühlwassers wird mittelst einer von der Gasmaschine getriebenen Pumpe beschafft.)

Tabelle b. Jährliche Betriebskosten.

	fl. ö. W.
An Gasverbrauch	2834,50
„ Schmieröl und Putzmaterial	337,40
„ Kühlwassersteuer	100,00
„ Instandhaltung	340,00
„ verschieden Auslagen	114,00
„ Maschinistenlohn	720,00
Zusammen	4445,90.
Für 1 Pferdekraft und Betriebsstunde	10,24 kr.
Hierzu 5% Zinsen und Amortisation aus 11 600 fl.	5,39 „
Insgesammt für 1 Pferdekraft und Betriebsstunde	15,63 kr.

c) Elektrische Beleuchtungsanlage im Stadttheater zu Fiume von Kremenezky, Mayer & Co.: 806 Glühlampen zu je 16 Normalkerzen, wovon 700 zu gleicher Zeit brennen; 5 Bogenlampen zu je 1000 Normalkerzen. 2 Wasserröhrenkessel, System Belleville, für je 900 kg Dampf für Stunde, Admissionsspannung 10 At. Ueberdruck, Nutzeffekt der Kessel 64%. Zwei schnellgehende Dampfmaschinen von G. Sigl, 245 mm Cylinderdurchmesser, 245 mm Hub, 300 Umdrehungen für 1 m. Normale Leistung beider zusammen 90 indicirte Pferdekräfte. Jährliche Betriebszeit 500—600 Stunden in 120 Tagen.

Tabelle c. Jährliche Betriebskosten.	fl. ö. W.
An Kohlen (beste englische)	1681,00
„ Anzündholz	46,00
„ Schmieröl und Putzmaterial	384,00
„ Instandhaltung	390,00
„ verschiedenen Auslagen	134,00
„ Löhnen für Maschinisten und Heizer . .	1080,00
Zusammen	3710,00.

Für 1 Pferdekraft und Betriebsstunde . . .	7,56 kr.
Hierzu 15% für Zinsen u. Amortisation aus 26000 fl.	7,80 „
Insgesammt für 1 Pferdekraft und Betriebsstunee	15,36 kr.

Bei dieser Anlage erscheinen die Betriebskosten für Betriebsstunde und Pferdekraft wegen der kurzen Betriebsdauer ungewöhnlich hoch. Würde dieselbe Anlage statt 500—600 Stunden jährlich zum Beispiel 1500 Stunden im Betriebe stehen, so sänken deren Betriebskosten für 1 Pferdekraft und Betriebsstunde auf etwa . . . . . 6,22 kr.

und die 15% Zinsen und Amortisation auf $\frac{3900}{1500 \times 90} =$ 2,89 „

folglich zusammen für 1 Pferdekraft und Betriebsstunde auf etwa 9,11 kr.

Die Lampenbrennstunde (für 16 Normalkerzen) würde sich bei diesen Anlagen auf ca. 4 Pf. berechnen. Auf den Kostenpunkt hat die Betriebsdauer bedeutenden Einfluß, wie auch der Nachsatz bei dem letzteren Beispiel erweist.

Die Aufstellung der Gasuhren.

(Nach der Bayerischen Gewerbezeitung.)

Klagen über den großen Gasverbrauch von Gasmotoren gaben in den letzten Sommermonaten der Technolog. Versuchsstation des Bayer. Gewerbemuseums Veranlassung, einige Untersuchungen vorzunehmen, welche folgendes Resultat hatten:

Ein einpferdiger Gasmotor wurde gebremst und zeigte hierbei einen thatsächlichen Gasverbrauch von 1300 l pro Stunde und Pferdestärke, während der normale Gasverbrauch dieser Maschinen 1000 l nicht wesentlich überschreiten soll.

Man suchte den Ursachen dieses hohen Gasverbrauchs nachzugehen und es fand sich, daß die Gasuhr in einem 25° Celsius warmen Raume aufgestellt war; zugleich zeigte das Barometer einen Stand von 730 mm.

Es wurde nun nach dem Gay-Lussac-Mariott'schen Gesetze das verbrauchte Gasquantum auf 12° und 760 mm Barometerstand reducirt, wobei sich dann ein ziemlich normaler Gasverbrauch von 1183 l pro Stunde und Pferdestärke ergab.

Diese namentlich zum Vergleiche des Gasverbrauches von verschiedenen Motorensystemen unbedingt nöthige Reduction des Gasverbrauches ergibt sich, wenn man den thatsächlichen Gasverbrauch mit einem Coefficienten C multiplicirt, der aus folgender Gleichung erhalten wird:

$$C = \frac{273 + 12^\circ}{273 + t^\circ} \times \frac{B\,mm}{760},$$

wobei t° die Temperatur des Gases in der Gasuhr in Graden des 100theiligen Thermometers und B der beim Versuch herrschende Barometerstand in Millimetern ist.

Im vorliegenden Falle betrug der Reductions-Coefficient C = 0,91, d. h. der reducirte Gasverbrauch betrug 9% weniger als die Gasuhr thatsächlich angab.

Aus dieser theoretischen Betrachtung folgt aber auch ein praktisches Resultat, welches für alle Gasconsumenten von Bedeutung ist, gleichviel, ob sie das Gas zur Beleuchtung, Heizung oder für Motoren benutzen. Es zeigt sich nämlich, daß es für den Consum nicht gleichgiltig ist, ob die Gasuhr in einem kalten oder in einem warmen Raume Aufstellung findet.

Ein Beispiel möge diese Behauptung erhärten:

Für eine 12pferdige Gasmaschine mit täglich 10stündigem Betriebe betrüge der jährliche Gasconsum, wenn die Gasuhr in einem 25° Celsius warmen Fabrikraume aufgestellt ist, bei 300 Arbeitstagen ca. 30000 Kubikmeter. Wäre hingegen die Gasuhr in einem Raume von nur 8° Celsius mittlerer Temperatur aufgestellt, so würde sich der thatsächliche Gasverbrauch zu

$$30000 \times \frac{273 + 8^\circ}{273 + 25^\circ} = 28350 \text{ Kubikmeter}$$

ergeben, d. h. es wäre in diesem Falle eine Ersparniß von 1650 Kubikmetern eingetreten, welche bei einem Gaspreise von 15 Pfennig die Summe von 248 Mark jährlich repräsentiren, die dem Gaswerke auf Kosten des Consumenten zu Gute kommt.

Hieraus ergibt sich der Satz: Es ist für den Consumenten vortheilhaft, wenn die Gasuhr an einem möglichst kühlen, aber frostfreien Platze aufgestellt wird. L. Erhard.

Verschiedene Mittheilungen.

Stuck für Wandmalerei. Wie bekannt sein dürfte, wird das Treppenhaus des Berliner Rathhauses mit Wandmalereien nach den Entwürfen des Malers Mühlenbruch versehen, der seiner Zeit bei der ausgeschriebenen Concurrenz den Preis erhielt. Die Wandflächen werden hierfür nach einer besonderen Methode vorbereitet, über die uns das Patent- und technische Bureau von Richard Lüders in Görlitz folgendes mittheilt: Es wird zuerst eine ½ cm starke Stuckschicht aufgetragen. Die Stuckmasse besteht aus einem Gemisch von feingesiebten carrarischem

Marmorstaub, gelöschtem Kalk, der lange Zeit gestanden hat, und Wasser. aufgetragene Putzstuck wird geglättet und getrocknet und nimmt dann eine so g Härte an, daß er sogar dem Eindringen scharfer Gegenstände Widerstand le Die Porosität ist gering und werden daher Wasser und Farben nur mäßig au sogen. Der Malgrund für die Malereien in der Ruhmeshalle ist in ähnl Weise hergestellt. Die Stuckarbeiten werden von Detona ausgeführt. Man gl schon im November mit dem Malen beginnen zu können.

Ries' Zeugschneider. Herr George A. Ries in Polar Bluff, hat sich einen Apparat zum Zerschneiden von Geweben patentiren lassen. Wi der Abbildung zu sehen, besteht dieser Apparat aus einer geschlitzten Platte, deren vorderem Ende sich ein kreisförmiger Behälter befindet, welcher zum H einer mit Schnur umwundenen Rolle dient, die mit einer sich zurückziehenden ausgestattet ist. Mit dieser Rolle steht auc Messerhalter in Verbindung, welcher, w der Figur gezeigt wird, mitten durch den S geht und mit doppelten Gummirollen vers ist, von denen zwei oberhalb des Schlitzes zwei unterhalb desselben laufen; außerdem dieser Messerhalter auch noch einen Ring den Gummirollen, welche oberhalb des Schl laufen und dient derselbe beim Zerschneiden Gewebes zum Einstecken des Fingers.

Der Apparat wird mit mehreren Schra auf der Ladentafel befestigt und der Me halter ist stets in bequemer Stellung zum liebigen Gebrauche. Das Gewebe, welches schnitten werden soll, wird glatt über die T gelegt und mittels vorstehender Stifte straff halten, wenn das Messer gerade dem Schlitz entlang läuft. Die Gummiro welche oberhalb des Schlitzes laufen, drücken das Gewebe, welches zerschnitten w fest auf die Tafel und die Gummirollen, welche unterhalb des Schlitzes lau dienen als Reibungswelle und sollen das schnelle und leichte Bewegen des Me bewirken, wenn dasselbe mit der Hand vorwärts oder vermöge der Feder rückw gezogen wird. (Bayer. Industrie- u. Gewerbeblatt.)

Litteratur.

Entwicklung der Industrie und Gewerbe in Oesterreich in Jahren 1848—1888. Herausgegeben von der Commission der Jubiläu Gewerbe-Ausstellung. Wien 1888. In Commission der R. Lechner'
K. K. Hof- und Universitätsbuchhandlung.

Die aus Veranlassung des Regierungsjubiläums Sr. Maj. des Kaisers Fr Joseph veranstaltete „Jubiläums-Gewerbe-Ausstellung" hat das vorliegende ins Leben gerufen und damit ein Gesammtbild der Entwicklung von Industrie Gewerbe in Oesterreich, auf welches man sowohl dort, wie auch in Deutsch mit voller Genugthuung blicken kann. Wenn uns einerseits das Werk zu w hafter Ueberraschung die mächtige Aeußerung der Urkraft des österreichischen V körpers entrollt, wie solche sich auf dem Gebiete der Industrie, des Kunstgew und des Gewerbes erwiesen hat, so tritt uns damit auch die zweite, nicht we erfreuliche Thatsache vor Augen, daß es nur der deutsche Geist gewesen, wel auf brachem Boden herrlichste Ernte heimsend, alles Neue, Große und Schöne schaffen, was die Industrie und das Gewerbe geleistet seit den Jugendtagen neuen Oesterreichs bis zur Gegenwart. Dieses Buch verkündet einen Sieg deut Arbeit, deutschen Fleißes, deutscher Solidität, und sei damit allen unseren Le bestens empfohlen.

Redacteur Dr. Hesse. — Druck von Heinrich Brill.
In Commission bei L. Brill in Darmstadt.

Gewerbeblatt

für das

Großherzogthum Hessen.

Zeitschrift des Landesgewerbvereins.

scheint wöchentlich. Auflage 4500. Anzeigen für die durchgehende Petitzeile oder ren Raum bei ein- und zweimaliger Aufnahme 30 Pf., bei drei- und mehrmaliger Aufnahme 25 Pf.

№ 37. September 1888.

Instruction
zur Visitation der Handwerkerschulen.

Die Kunstgewerbe- und Handwerkerschulen des Großherzogthums essen, insoweit dieselben durch Mittel des Landesgewerbvereins unterützt werden, unterstehen, als technische Fachschulen für Handwerker in iferen Jahren, der oberen Leitung der Großherzoglichen Centralstelle r die Gewerbe und den Landesgewerbverein. Die unmittelbare ufsicht über dieselben wird von den Vorständen der Localgewerbvereine ber von besonderen Localschulcommissionen ausgeübt.

Zur Unterstützung der Großherzoglichen Centralstelle wählt der usschuß des Landesgewerbvereins eine Handwerkerschulcommission, welche aus 7—9 gewählten Mitgliedern und dem Großherzogchen Generalsecretär, als ständigem Mitglied, besteht. Die Wahl erlgt nach Bedürfniß.

Die Handwerkerschulcommission wählt aus ihrer Mitte einen Vorenden, welcher zur Erledigung laufender Geschäfte die Versammlungen zuberufen und die Berathungen zu leiten hat; Schriftführer der Comission ist der Großh. Generalsecretär.

Dem Präsidenten der Großherzoglichen Centralstelle für die Gewerbe nd den Landesgewerbverein steht es zu, die Handwerkerschulcommission i Bedarf zu berufen und die Verhandlungen selbst zu leiten.

Aufgabe der Handwerkerschulcommission ist es, fortlaufend den Zuand und die Wirksamkeit der Schulen zu überwachen und von allen ichtigen Vorkommnissen bei denselben Kenntniß zu nehmen. Dies gechieht theils durch Prüfung und Begutachtung der bei den periodischen

Ausstellungen von Zeichnungen und Schülerarbeiten dargelegten Leistungen der Schulen, theils durch zeitweise Visitationen derselben.

Die über solche Prüfungen erstatteten Gutachten der Gesammt-Commission, sowie die von einzelnen Mitgliedern aufgenommenen Protokolle über stattgehabte Visitationen bieten einerseits der Großherzoglichen Centralstelle für die Gewerbe und den Landesgewerbverein wesentliches Material für die Beurtheilung der an die Schulen zu gewährenden besonderen Unterstützungen, andererseits können dieselben der Commission Anlaß zu allgemeinen und besonderen Andeutungen über Unterrichtsmethoden, Lehrpläne ꝛc. geben.

Die erweiterten Handwerker- und Kunstgewerbeschulen sollen nur unter Antheilnahme eines Mitgliedes der Centralstelle visitirt werden, weil sich die Erhebungen und Untersuchungen auch auf Budgetverhältnisse dieser Anstalten erstrecken können. Mitglieder der Handwerkerschulcommission, welche Lehrer an einer erweiterten Handwerker- und Kunstgewerbeschule sind, sollen nicht als Visitatoren gleichartiger anderer Anstalten verwendet werden.

Die Visitationen der übrigen Handwerkerschulen werden in der Regel von je einem Mitgliede der Handwerkerschulcommission vorgenommen. Diese Commission vertheilt periodisch die betreffenden Geschäfte unter ihre Mitglieder und gibt der Großherzoglichen Centralstelle hiervon Kenntniß. Auch können Lehrer erweiterter Handwerkerschulen zu Visitationen der Handwerkersonntagsschulen, insoweit dieselben hierdurch in der eigenen Unterrichtsertheilung nicht verhindert sind, veranlaßt werden. Es soll dies geschehen, wenn die Kräfte der Mitglieder der Handwerkerschulcommission für sämmtliche ordnungsgemäße Visitationen nicht ausreichen und solches der Großherzoglichen Centralstelle begründet wird. Auf Veranlassung der Commission ertheilt dann die Großherzogliche Centralstelle geeigneten Lehrern Special-Aufträge zur Vornahme bestimmter Visitationen.

Es wird nicht für nothwendig erachtet, daß jährlich jede Schule visitirt wird. Maßgebend für die mehr oder minder häufige Visitation einer Schule ist deren allgemeiner Zustand. Jedoch soll jede Handwerkerschule mindestens alle 3 Jahre einmal visitirt werden.

Die Visitationen haben sich im Allgemeinen zu erstrecken auf den Unterricht und seine Erfolge, die Schulordnung, das Verhalten der Schüler, die Ausbildung von Lehrern, die Schullocale und Schulgeräthe, die Lehrmittel und deren Aufbewahrung, sowie die Ermittelung etwaiger Wünsche der Schulvorstände und Lehrer. Solche Visitationen können nicht nur an Sonntagen, sondern auch an Wochentagen vorgenommen werden.

Bezüglich des Lehrplans und der Behandlung der Zeichnungen geben die nach den derzeitigen Anschauungen der Handwerkerschulcommission ausgearbeiteten Anlagen A. und B. Aufschluß.

Das Ergebniß der Visitationen wird nach bestehendem Schema dem Vorsitzenden der Handwerkerschulcommission und durch denselben sodann der Großherzoglichen Centralstelle mitgetheilt. Weitere Lehrgegenstände einzelner Schulen, welche in dem Schema nicht aufgeführt sind, können unter der Rubrik „Bemerkungen", unter welcher auch die übrigen Verhältnisse der Schulen Berücksichtigung zu finden haben, besprochen werden; für sonstige persönliche Bemerkungen und Erfahrungen eignet sich ein Begleitschreiben. Diese Mittheilungen dienen als Grundlage für etwaige Anträge der Handwerkerschulcommission bei der Centralstelle und für die Verhandlungen der Centralstelle mit den betreffenden Schulvorständen.

Es sollen, da die Commission den Herrn Lehrern als freundlicher Rathgeber zur Seite stehen und bei denselben eine gewisse Vertrauensstellung einzunehmen hat, die Herrn Visitatoren die bei ihren ersten Visitationen gemachten Bemerkungen den Herrn Lehrern und Schulvorständen direct in geeigneter Weise mittheilen, und erst dann, wenn vorgefundene Mißstände hierdurch nicht beseitigt werden, sind die Verhandlungen mit den betreffenden Schulvorständen von der Großherzoglichen Centralstelle zu führen.

Die Herrn Visitatoren sind ersucht, auf Grund ihrer Wahrnehmungen für die von der Centralstelle periodisch veranlaßten provinziellen oder Landes-Lehrer-Conferenzen geeignete Themata in Antrag zu bringen und solche Lehrer für Vorträge zu bezeichnen, welche sie zu der Einleitung der Besprechungen als besonders geeignet betrachten.

Darmstadt, im August 1888.

Großherzogliche Centralstelle für die Gewerbe und den Landesgewerbverein.

Fink. Dr. **Hesse.**

Anlage A.

Der Unterrichtsgang.

Die Handwerkerschulen sollen dem angehenden Gewerbetreibenden eine solche Ausbildung im technischen Zeichnen, sowie in den anderen ihm gleich nothwendigen Kenntnissen verschaffen, daß er in den Stand gesetzt wird, den gegenwärtigen Anforderungen an das Handwerk in ausgedehntestem Maße zu entsprechen; dieser Zweck kann aber nur dadurch erreicht werden, daß durch mehrjährigen fleißigen Schulbesuch, unter Befolgung eines zweckmäßigen Unterrichtsplanes, die Hauptaufgaben des Zeichenunterrichts erfüllt werden.

Dieselben bestehen aber in der Bildung des Formensinnes und des Geschmackes, in der Weckung und Ausbildung des Augenmaßes und der Bildung von Raumanschauungen, in der Uebung der Verstandeskräfte und Angewöhnung an genaue Arbeit, in der Erzielung einer möglichst guten Zeichenfertigkeit und endlich in der Ergänzung und Verallgemeinerung des praktischen Unterrichts in der Werkstatt.

Als Mittel hierzu dienen das Freihandzeichnen, das Zeichnen nach Körpern und Modellen, das geometrische Zeichnen mit seinen Abzweigungen und das Fachzeichnen.

Es ist daher vor Allem nothwendig, daß der Lehrer die Schüler nicht nach eigenem Willen gewähren und sie das zeichnen läßt, was ihnen gerade angenehm ist oder nützlich dünkt, sondern er muß von vornherein nach wohldurchdachtem Lehrplan handeln, wobei allerdings auch Rücksicht auf die individuellen Fähigkeiten der Schüler zu nehmen ist. Wenn auch ein solcher, streng durchgeführter Unterrichtsplan manchem Schüler, der sich der Anfangsgründe glaubt entschlagen zu können, nicht zusagt und ihn vielleicht gar zum Austritte aus der Schule bewegt, so darf sich doch hierdurch der Lehrer nicht irre leiten lassen, indem er nur den Zweck der Schule und die einzig mögliche Weise, denselben zu erreichen, unverrückt im Auge behalten muß.

Wenn wir hiernach im Nachstehenden den Unterrichtsgang für den Zeichenunterricht an einer Handwerkerschule in großen Zügen andeuten, so muß andererseits dabei auch betont werden, daß je nach den localen Verhältnissen für einzelne Schulen Abänderungen werden eintreten müssen, es überhaupt der Einsicht der Lehrer überlassen bleibt, an der Hand der gegebenen Andeutungen ihren Unterricht im Einzelnen unter verständnißvoller Berücksichtigung der besonderen Bedürfnisse ihrer Schulen und in der für die Schüler nutzbringendsten Weise einzurichten. Wir können aber nicht genug davon abrathen, den Lehrplan auf Kosten der Gründlichkeit abzukürzen; nur bei älteren Schülern, welche die Anstalten nicht mehr lange besuchen können, wird man bei dem Sonntags-Unterrichte sich auf die allernothwendigsten Gegenstände beschränken müssen. Bei jüngeren Schülern aber wird man einen stufenweisen Lehrplan jederzeit verfolgen können.

Wir halten es für unumgänglich nöthig, daß jeder Schüler sowohl im Freihand-, als im Linearzeichnen geübt werde. Am zweckmäßigsten dürfte es sein, die Anfänger vorzugsweise zunächst mit Freihandzeichnen zu beschäftigen und nach und nach, wenn darin ein gewisser Grad von Fertigkeit erlangt worden ist, die Unterrichtszeit mehr und mehr, später ausschließlich, auf das Linear- und Fachzeichnen zu verwenden, wobei durch einzelne Arbeiten (Gesimse, Consolen 2c.) Freihandzeichnen immer noch geübt wird. Das Gewerbe der Schüler ist hierbei zu berücksichtigen.

Das Ziel des elementaren Freihandzeichnens soll die Herstellung eines richtigen Umrisses sein. Die Erläuterung einfacher Begriffe aus der Formenlehre — gerade und krumme, senkrechte, wagrechte, schiefe, parallele Linie, Dreiecke, Kreis, Vielecke 2c. — sollte mit dem Zeichnen von geraden und krummen Linien, sowie mit der Darstellung einfacher geometrischer Figuren verbunden werden, woran sich am besten das Zeichnen leichter Pflanzen- und anderer Ornamente anschließt.

Für derart vorgebildete Schüler ist nunmehr das Zeichnen nach körperlichen Vorlagen sehr zu empfehlen. Zunächst können hierfür elementare Gypsmodelle benutzt werden, bei weiterem Fortgange neben solchen Modellen auch einfache Gegenstände der Natur und Kunst, des gewerblichen und häuslichen Gebrauches. Von dem Gewerbe der Schüler wird es abhängen, inwieweit auch in anderen Zweigen des Freihandzeichnens Unterricht zu ertheilen ist; figürliches Zeichnen ist auf vorangeschrittenere Schüler, insbesondere Bildhauer, Graveure, Gold- und Silberarbeiter, Decorationsmaler u. s. f. zu beschränken; landschaftliches Zeichnen ist der Regel nach nur für einzelne Geschäftszweige, z. B. Lithographen, zu üben.

Das Schattiren ist erst zuzulassen, wenn der Schüler im Stande ist, correcte Umrißzeichnungen auszuführen; hierzu ist sich der einfachsten Mittel ohne zu großen Zeitaufwand zu bedienen.

Das Linearzeichnen bezweckt zunächst, die Schüler mit der richtigen Handhabung der Zeicheninstrumente bekannt zu machen, sie in der Darstellung einfacher geometrischer Figuren zu üben und für den Unterricht im technischen Fachzeichnen vorzubereiten. Man fange mit den einfachsten geometrischen Constructionen an und lasse diese, nach gegebener Erläuterung, ohne Vorlegeblatt und in einem anderen Maßstabe nachzeichnen. Hierauf kann zum Quadratnetzzeichnen, den Kreisconstructionen und dem Zeichnen gesetzmäßiger Curven übergegangen werden.

Als Uebergang zu der darstellenden Geometrie empfiehlt es sich, unter Anderem, einfache Werkzeuge des Gewerbes, welchem der Schüler angehört, darstellen zu lassen. Die Schüler finden sich an diesen bekannten Gegenständen leicht in die Darstellungsweise und erkennen, was Grundriß, Aufriß und Durchschnitt bedeuten. Auch geben die Werkzeuge, in natürlicher Größe dargestellt, willkommene Gelegenheit, das Anlegen von Farbentönen, sowie das Schattiren zu üben.

Es wird sich nun nach den Fähigkeiten jedes einzelnen Schülers ermessen lassen, ob derselbe zur darstellenden Geometrie, der Grundlage alles technischen Zeichnens, geführt werden kann oder vorher noch durch andere Arbeiten zum Verständniß derselben vorzubereiten ist. In diesem Falle lasse man ihn einfache Arbeiten seines Gewerbes, zuerst nach Vorlegeblättern zeichnen; dann gebe man ihm z. B. nur den Grund- und Aufriß eines Gegenstandes und lasse ihn selbstständig hiernach Durchschnitte herstellen, die Austragung einzelner Theile vornehmen u. s. w. Er wird sich, da dies Gegenstände seines Gewerbes sind und er ähnliche Anschauungen, wie die zum Zeichnen verlangten, in der Wirklichkeit schon gehabt hat, leichter hier zurecht finden.

Die gründliche Uebung und Verständigung in der darstellenden Geometrie, wobei keineswegs nur die Vorlagen copirt, sondern die Aufgaben selbstständig gelöst werden sollen, halten wir für eine der Hauptrichtungen, welche der Lehrer seinem Unterrichte im technischen Zeichnen geben sollte, und rathen daher angelegentlichst dazu, daß jeder Schüler in der darstellenden Geometrie unterrichtet werde. Der Unterricht hat zu umfassen die Darstellung des Punktes, der Linie und der Ebene in verschiedenen Lagen, die Bestimmung des Neigungswinkels und der wahren Größe begrenzter ebener Figuren, die Projection regelmäßiger Körper, Durchschnitte und Durchdringungen von Körpern, die Darstellung einfacher Körpernetze, sowie Abwicklungen.

Bei der Auswahl der Beispiele ist nach praktischen Gesichtspunkten zu verfahren und sind solche, zum Theil auch als Abschluß des Unterrichts, dem Gewerbe des betreffenden Schülers zu entnehmen. Solche praktische Aufgaben bieten sich für jedes Gewerbe und ihre Lösung trägt nicht wenig zu vollständigerem Verständniß der vorher behandelten, allgemeinen Aufgabe bei; sie fesselt das Interesse des Schülers und veranschaulicht ihm den hohen Werth der Kenntniß der darstellenden Geometrie. Die Schüler bringen dann selbst aus ihrem Geschäftskreise Aufgaben in die Schule, deren Lösung sie mit Hülfe des Lehrers versuchen. Es kann nur von Nutzen sein, wenn derartige instructive Beispiele allgemein verbreitet werden.

Der Unterricht in der darstellenden Geometrie wird durch die Anwendung von Modellen außerordentlich unterstützt und sind die Lehrsätze und Aufgaben von dem Lehrer unter Zuhülfenahme derselben zu erläutern.

Als Fortsetzung und Anwendung der darstellenden Geometrie ist das Zeichnen von Schattenconstructionen recht empfehlenswerth. Der Lehrer wird in jedem einzelnen Falle am sichersten bemessen, ob dasselbe dem Schüler anzurathen ist oder nicht. Ein Aehnliches kann von dem Zeichnen der linearen Perspective gesagt werden, desgleichen muß sich nach dem Bedürfnisse der Schule und ihrer Schüler richten.

Nachdem der Schüler in der darstellenden Geometrie die genügende Uebung und Fertigkeit erlangt hat, wird er die Arbeiten seines Gewerbes erst mit Nutzen und selbstständig zu zeichnen vermögen. Aufgabe des technischen Fachzeichnens ist, den Schüler zu befähigen, Gegenstände seines Berufes mit einfachen Mitteln darzustellen und umgekehrt aus bildlichen Darstellungen einen Gegenstand so aufzufassen, daß er denselben danach richtig auszuführen im Stande ist. Eine möglichst ausgedehnte Auswahl von Aufgaben des betreffenden Gewerbes ist dabei zu empfehlen; desgleichen das Aufnehmen von Arbeiten in der Werkstatt und wo sich hierzu Gelegenheit bietet, um hiernach Reinzeichnungen in der Schule anzufertigen. Diese Uebungen sind von außerordentlichem Nutzen; sie tragen nicht nur dazu bei, dem Schüler die Constructionen seiner Gewerbsarbeiten deutlicher zu machen, den Werth der abweichenden Constructionen vergleichend zu beurtheilen und ihm die Größenverhältnisse der Arbeitsgegenstände sowohl, als die Stückverhältnisse seiner Constructionstheile einzuprägen, sondern sind auch ganz besonders geeignet, denselben in der Darstellung durch Zeichnung zu üben.

Eine weitere sehr zweckmäßige Uebung ist das Fertigen von Arbeits-Zeichnungen in natürlicher Größe.

Die letzte Stufe bilden dann eigene Entwürfe der Schüler, nach den von dem Lehrer gegebenen Aufgaben. Hierzu werden nur einzelne Schüler geführt werden können und auch dann erst, wenn sie längere Zeit in den Elementen vorgeübt worden sind; besondere Vorsicht ist hierfür anzurathen. Für die Entwürfe genügen ganz einfache Aufgaben, wie sie dem Handwerker im praktischen Leben wirklich zur selbstständigen Lösung vorkommen, und es sind alle Projekte zu vermeiden, zu welchen andere Kenntnisse gehören, als diejenigen, welche in den Handwerkerschulen erworben werden können.

Bei dem technischen Fachzeichnen ist thunlichste Specialisirung am Platze und läßt sich bei größeren Schulen und Orten mit specifisch ausgesprochenen Industriezweigen eine klassenweise Einreihung nach verwandten Berufsarten wohl zur Durchführung bringen. Der Unterricht ist hier, wenn irgend möglich, nur durch praktische Techniker zu ertheilen.

Wenn nun auch nach Vorstehendem dem Zeichenunterrichte in den Handwerkerschulen von Seiten des Landesgewerbvereins die meiste Beachtung gewidmet wird, so verkennt doch derselbe keineswegs, daß außer dem Zeichnen auch das Modelliren in Thon, Wachs, Gyps, Holz etc., sowie die Unterrichtsertheilung in Rechnen, Stylübungen, Geometrie, Materialienkunde, Naturlehre, Buchführung u. s. w. nicht blos wünschenswerth, sondern nothwendig für die Schüler der Handwerkerschulen ist, da die aus den Volksschulen in diesen Fächern mitgebrachten Kenntnisse für das praktische Leben theils nicht ausreichen, theils, wenn sie nicht fortgeübt werden, bald vergessen sind.

Anlage B.

Die Behandlung der Zeichnungen.

Die Zeichnungen im Allgemeinen und das Zeichenmaterial.

1) Eine möglichst staubfreie Aufbewahrung der Schülerarbeiten während der Zeit, in welcher nicht daran gearbeitet wird, ist unerläßlich.

2) Das zu den Zeichnungen verwendet werdende Papier — welches jetzt vielfach besser als früher geworden ist — sollte in nicht zu rauher, aber doch möglichst starker Beschaffenheit, unter Beobachtung einer gewissen Gleichförmigkeit für die betreffende Zeichnungs-Abtheilung gewählt werden. Für gleichartige Zeichnungs-Darstellungen, z. B. geometrische Constructionen, Aufgaben aus der darstellenden Geometrie 2c. empfiehlt es sich, gleichartiges Format des Papiers zu wählen und Randumziehungen mit Linien, etwa wie hier:

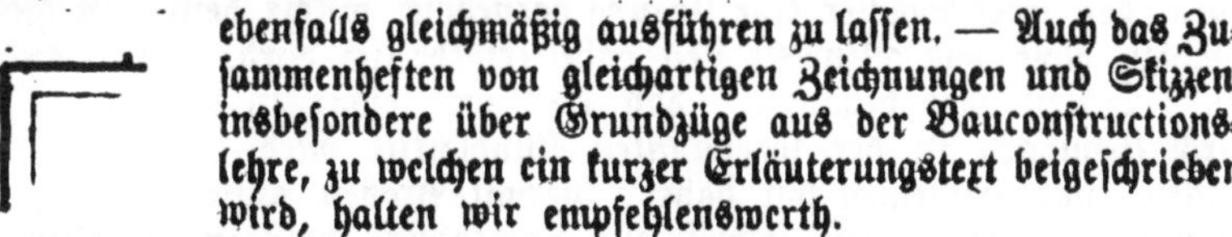

ebenfalls gleichmäßig ausführen zu lassen. — Auch das Zusammenheften von gleichartigen Zeichnungen und Skizzen, insbesondere über Grundzüge aus der Bauconstructionslehre, zu welchen ein kurzer Erläuterungstext beigeschrieben wird, halten wir empfehlenswerth.

Zur leichtern Uebersicht bei den Ausstellungen halten wir für wünschenswerth, daß jeder Schüler angehalten werde, seine Zeichnungen zu numeriren.

3) Wenn irgend möglich, ist immer auf gehörig aufgespannte (nicht aufgestiftete) Papierbogen zu zeichnen.

4) Manche Arbeiten von einzelnen Schulen lassen annehmen, daß vielfach noch schlechte Reißzeuge und Zeichen-Materialien, insbesondere auch geringwerthige Farben und Pinsel zur Verwendung gelangen. Die Herrn Lehrer und Schulvorstände wollen hierauf besonders Acht haben und diesen Mißstand thunlichst beseitigen und verhüten. Die betreffenden Schulvorstände dürften wohl beim Fehlen der Mittel zur Beschaffung guter Werkzeuge 2c. den Schülern mit Rath und Hülfe zur Hand sein können. — Die von Großherzoglicher Centralstelle für die Gewerbe und den Landesgewerbverein getroffene Einrichtung, daß eventuell durch Vermittelung des Großherzoglichen Gewerbvereins-Bureaus stets gute Werkzeuge und Materialien bezogen werden können, ist den Herrn Lehrern wohl bekannt.

5) Den Herrn Lehrern wird auf das Angelegentlichste empfohlen, bei Benutzung der denselben zur Verfügung gestellten Vorlagen für den Zeichenunterricht stets auf das Sorgfältigste zu erwägen, wie der Schüler darnach seine eigene Arbeit einzurichten und zu behandeln hat. Es ist besonders wünschenswerth, daß der Rath des Lehrers gerade hierin dem Schüler zur Seite sei, bevor derselbe mit der Arbeit beginnt. Alles blose, directe Copiren in derselben Größe und Behandlung wie das auf den Vorlagen Dargestellte

möchte thunlichst einzuschränken und statt dessen das „Zeichnen nach anderem Maßstabe" zu empfehlen sein.

6) Auf jeder Zeichnung soll bemerkt werden:

1. oben links das Datum des Beginnens und das der Vollendung der Zeichnung;
2. unten links Namen und Gewerbe des Schülers;
3. unten rechts die Unterschrift des betreffenden Herrn Lehrers, zum Zeichen, daß er die Arbeit als beendigt anerkennt.

Angefangen am	
Beendet am	
C. Nahm, Schreiner.	Lehrer.

NB. Die Schrift ist nicht zu groß zu wählen, weil sonst die Zeichnung hierdurch entstellt wird.

7) Zur Ermöglichung gefälliger Aufschriften scheint unbedingt geboten, daß jeder Schüler eine Uebung vornehme, welche denselben hierzu befähigt, ohne daß allzuviele Zeit dabei erforderlich wird. Von verschiedenen Seiten wird behauptet, daß dies am leichtesten und schnellsten durch Uebungen in der sogenannten Rundschrift wird bewirkt werden können, und empfehlen wir daher, hiermit Proben anstellen und, bei günstigen Erfolgen, diese Schrift zur Anwendung bringen zu lassen.

8) Das „Schraffiren" von Durchschnitts-Darstellungen und das Aufschreiben von Fig. 1, Fig. 2 2c. ist zu vermeiden; ersteres soll thunlichst durch Anlegen mit geeigneten Farbentönen, letzteres, in der Regel, durch eine Ueberschrift, welche das Dargestellte kurz bezeichnet, ersetzt werden.

Beim Anlegen mit Farbentönen sind dieselben nicht zu grell zu verwenden.

Das Freihand- und Ornamentenzeichnen.

1) Es ist dringend geboten, daß auf reine sorgfältige Contouren bei Fertigung aller Arten von Zeichnungen, insbesondere beim Freihandzeichnen strenge geachtet, daß überall auf größte Reinlichkeit des Gezeichneten gesehen, daß zum Auswischen der Bleistiftlinien kein Radirgummi verwendet werde und daß sich die Schüler, besonders beim Freihandzeichnen, wenn nöthig der Papier-Unterlagen unter die Hand bedienen.

2) Ganz besonders beim Freihandzeichnen sollte in erster Linie und namentlich bei Anfängern stets auf reines, sorgfältiges Contourzeichnen gesehen werden, und die Umrisse solcher Zeichnungen sollen hauptsächlich nur mit Bleistift oder mit der Rohrfeder und nur ausnahmsweise mit schwarzer Kreide hergestellt werden. Ferner sollen die Schüler erst dann zum Schattiren mit Blei, Kreide, Tusche oder Farben angehalten werden, wenn sie durchaus fehlerfreie Umrisse bei den Aufgaben des Freihandzeichnens herzustellen erlernt haben.

3) Es ist unbedingt nöthig, daß die Verwendung von Zirkel und Lineal beim Freihandzeichnen möglichst beschränkt werde.

4) Zum Zeichnen nach Gypsmodellen mit Schattirungen sind nur vorgeschrittenere Schüler zuzulassen; das Zeichnen von Ornamenten 2c. nach solchen Modellen in reinen Umrissen kann dagegen allen Schulen nur angelegentlich empfohlen werden.

Es darf jedoch der Vorliebe mancher vorgerückteren Schüler für zu sehr zeitraubende Ausarbeitungen, wie schöne Schattirungen u. dergl. nicht allzuviel Vorschub geleistet werden. Statt dessen empfiehlt sich vielmehr als ungemein bildend das eben erwähnte Zeichnen von reinen Contouren und Auftragen leichter Schattirungen nach Gypsmodellen.

5) Die starken, dicken Contouren der Vorlagen aus Jakobsthals „Grammatik der Ornamente" haben besonders den Zweck, daß diese Vorlagen als Wandtafeln benutzt werden können; in den meisten Fällen empfiehlt es sich daher nicht, solche in der dargestellten kräftigen Weise nachahmen zu lassen.

Geometrisches Zeichnen.

1) Bei den geometrischen Constructionen sollte möglichst frühe das Zeichnen nach Maß vorgenommen, der Gebrauch des Maßstabes hierbei allgemein eingeführt werden, und vor Beginn der betreffenden Zeichnung müßte der Lehrer dem betreffenden Schüler jeweilig angeben, in welchen resp. Größen die Figuren beziehungsweise die Einzeltheile zu zeichnen sind, wobei alles Copiren thunlichst zu vermeiden ist.

2) Sorgfältiges Ausführen der Zeichnungen ist namentlich auch hier niemals außer Acht zu lassen. Erfolgt das Entwerfen der Zeichnungen ohne Vorlage, z. B. nach Vorzeichnen an der Tafel und dergl., so sind den Anfängern beim Ausziehen und Ausarbeiten des Entworfenen correct gearbeitete Vorlagen als Muster für die Ausarbeitung in die Hand zu geben.

3) Es erscheint wünschenswerth, daß das Anlegen der Flächen in leichten Farbentönen, und ein nicht zu starkes Ausschattiren der Körper mit Tusche bei den verschiedenen Aufgaben der darstellenden Geometrie vorgenommen werde.

Die Hülfslinien beim geometrischen Zeichnen und der darstellenden Geometrie können, zur Vermeidung unnöthigen Zeitaufwandes, entweder mit schwächerer Tusche und feinen Linien oder ebenso mit leichten Farbentönen scharf ausgezogen werden. Wenn solche aber punktirt werden, so empfiehlt es sich, dieselben mit einzelnen Punkten . . . . ., verdeckte Kanten aber mit Strichen — — — — — — — — oder mit Strichpunkten — · — · — · herstellen zu lassen.

4) Ganz besonders empfiehlt es sich, beim Unterricht in der darstellenden Geometrie die von Großherzoglicher Centralstelle oder sonstwie gelieferten Modelle gehörig zu benutzen, um den Schülern die Grundbegriffe schnell klar zu machen. — Auch können dieselben angewiesen werden, die von ihnen gezeichneten Körperdarstellungen in steifem Papier, Pappe oder anderem Material zu modelliren.

Fachzeichnen.

1) Einem Wunsch ist hier besonders Ausdruck zu verleihen und dessen Berücksichtigung den betreffenden Herren Lehrern speciell zu em-

pfehlen. Derselbe betrifft das häufige Fehlen der Maßstäbe auf den Fachzeichnungen und der Angabe der Maßgrößen auf denselben. Die Baupläne und Werkzeichnungen sollten stets mit eingeschriebenen Maßen, nach Art der für die Ausführung bestimmten Zeichnungen, versehen werden. Es empfiehlt sich aber auch weiter, daß für alle Zeichnungen von Stein-, Holz- und Eisenconstructionen die Hauptmaße, selbst da, wo sie auf den Vorlagen nicht angegeben sind, deutlich und sauber eingeschrieben werden. Zweckmäßig werden dieselben in Centimeter, auf mit lichtem rothgelbem Ton (Carminlack mit etwas Gummigutt vermischt) scharf gezogenen Linien, mit mäßig schwarzer Tusche und nicht zu großen Zahlen (auch nicht mit rother oder blauer Farbe) eingeschrieben.

Der betreffende verjüngte Maßstab muß stets beigezeichnet und darauf gesehen werden, daß derselbe ein möglichst einfaches Verhältniß zu der wirklichen Größe einhalte, sowie, daß an demselben dieses Verhältniß zur wirklichen Größe beigeschrieben werde.

2) Den betreffenden Herren Lehrern des Fachzeichnens wird empfohlen, sich mit den hauptsächlichsten Bestimmungen der Bauordnung bekannt zu machen.

Darmstadt, im August 1888.

Die Handwerkerschul-Commission des Landesgewerbvereins.

Erwärmte Luft unter dem Fußboden.

Die im Erdgeschoß fußkalt gelegenen Räume können nur vortheilhaft erwärmt werden, wenn die durch den Zimmerofen erzeugte Wärme gleichzeitig auch dem Hohlraum unter dem Fußboden mitgetheilt wird. Durch eine von dem Ofenfabrikanten Alfr. Bertram in Woldegk erfundene Vorrichtung wird dieser Zweck in sehr einfacher Weise erreicht. Es befinden sich am Ofen zwei Kanäle, welche am Ofenfundament in den Hohlraum des Fußbodens ausmünden. Ohne die eigentliche Ofenconstruction zu beschränken, werden die Kanäle vortheilhaft an der Hinterwand, meist bis zur mittleren Ofenhöhe, zwischen Ofen und Brandmauer aufgeführt und mit einem Luftgitter abgedeckt. Hierbei wird die durch den Ofen angesaugte Luft, welche in dem der Wirkung des Feuers am meisten ausgesetzten Kanal nach oben strömt, durch Luft ersetzt, die durch den zweiten Kanal gleichfalls den Ofen passiren muß und alsdann erwärmt unter den Fußboden tritt. Damit hier die Wärme gleichmäßig vertheilt werde, sind vom Ofenfundament aus die Kanäle durch eine Zunge noch weiter getheilt. Diese Zunge ist, der Stellung des Ofens entsprechend, unter dem Fußboden derart fortgeführt, daß die Luftcirculation um dieselbe herum stattfinden muß. Es können die beiden Luftkanäle auch abwechselnd zur Wirkung kommen, und findet dies statt, wenn der eine zuerst durch die Flamme stärker erwärmt wird, der andere aber darauf durch die zurückbleibende Kohlenglut eine höhere Temperatur annimmt. Es eignen sich für diese Vorrichtung besonders Kachelöfen nach Berliner Bauart, sogenannte Grundöfen. Dieselbe ist von der *Firma* Ferd. Bertram & Sohn, Ofenfabrikation in Woldegk in Mecklenburg, bereits in Anwendung gebracht und können nähere Instructionen über die Anlage von genannter Firma bezogen werden. Außerdem, daß das Zimmer in sehr vortheilhafter Weise erwärmt wird, ist durch die unter dem Fußboden stattfindende Luftcirculation zugleich der Entstehung des Hausschwammes vorbeugt. Für besonders feucht gelegene Räume kann man, um die Luftcirculation zu verstärken, die Kanäle anstatt in das Zimmer in einen kälteren Raum oder ins Freie ausmünden lassen. Bei eisernen Oefen würde schon bei Anfertigung des Modells auf die Luftkanäle Rücksicht zu nehmen sein, da sich dieselben bei den gebräuchlichsten, fertiggestellten Oefen nicht in geeigneter Weise anbringen lassen. (Deutsche Töpferzeitung.)

Verschiedene Mittheilungen.

Verkehrswesen. Für Telegramme nach **Amerika** über die transatlantischen Kabel ist vom 1. September ab eine Erhöhung der Wortgebühren eingetreten, nachdem in Folge der Beschlüsse der betheiligten Privat-Telegraphen-Gesellschaften die bisherige Gebühr für die Strecken zwischen London, Brest oder Hâvre einerseits, und New-York oder den canadischen Provinzen Ontario und Quebec andererseits auf 1 Mark 5 Pfennig festgesetzt worden ist.

Die anderweiten Gebührensätze für Telegramme nach Amerika sind bei den Telegraphenanstalten zu erfragen.

Das Hochzeitsgeschenk der schleswig-holsteinischen Ritterschaft für Ihre Königlichen Hoheiten den Prinzen und die Prinzessin Heinrich (geb. Prinzessin Irene von Hessen) besteht in einem silbernen Tafelaufsatz in Gestalt einer Bowle. Die Arbeit ist, nach der Beschreibung des „Hamb. Corr.", ein wahres Meisterwerk deutscher Kunstindustrie und in den Werkstätten der Königlichen Hof-Goldschmiede Sy & Wagner in Berlin ausgeführt. Ein Untersatz mit seitlichen Vorsprüngen umschließt mit seinem gegliederten Rande eine stark bewegte Wasserfläche, aus welcher ein Triton und eine Nereïde sich erheben. Der Triton und die Nereïde umfassen den Schaft der auf dem Untersatz ruhenden Bowle. Ein jugendlicher Triton hält jubelnd eine Austernschaale empor, während ein zweiter in eine Muschel bläst. Für die Komposition dieser Gruppe war der Gedanke „Schleswig-Holstein meerumschlungen" leitend; in dem markig gehaltenen Triton soll die Nordsee, in der zarter ausgebildeten Nereïde die Ostsee zum Ausdruck gelangen. Der Rand des Untersatzes ist vorn und hinten mit reichen Schildern geziert, welche die Widmungsinschrift tragen, während an den seitlichen Vorsprüngen die Wappen und Namen der Geber, darunter auch die Siegel der vier adeligen Klöster Itzehoe, Preetz, Uetersen und St. Johannis vor Schleswig, angebracht sind. Der Untersatz wird von Delphinen getragen; der Schaft der Bowle ist nach oben in eine Muschelschaale ausgebildet, in welcher der Körper der Bowle ruht. Dieser zeigt auf seinen stark ausgebauchten vier Füßen vorn das Doppel-Wappen, den preußischen Adler und den hessischen Löwen auf Hermelinmantel mit der Königskrone; gegenüber befinden sich vereint die Namenszüge des Hohen Paares, mit Krone von Myrthen umgeben. Die Seitenflächen sind gefüllt mit symbolischen Emblemen, von Blumen und Ranken durchwoben. Die kräftig gehaltenen, ornamentirten Henkel tragen Satyrköpfe; den oberen Abschluß des Deckels bildet eine Allegorie der Ritterschaft: zwei in Helm und Rüstung prangende Putten sind um das Wappen der Provinz Schleswig-Holstein gruppirt, von denen der Eine durch eine Fanfare der Welt das frohe Ereigniß verkündet, während der Andere den hoch erhobenen Myrthenkranz schwingt. Der zur Bowle gehörige Löffel trägt an einem gewundenen Stiel einen muschelförmig ausgebildeten Ausguß, während der Griff in ornamentaler Umrahmung den Namenszug H. I. mit Krone trägt. Das ganze Werk ist im Stil der Renaissance gehalten; die Wappen 2c. sind in durchscheinendem Email, der Körper in getriebener Arbeit ausgeführt. Reiche Vergoldung und Oxydirung sind in Anwendung gebracht. Die Höhe des Ganzen beträgt 75 cm, die Breite des Untersatzes 80 cm.

Dessau. (Anh. St.-A.) Am 1. Oktober d. J. wird die **Handwerkerschule** in Dessau eröffnet. Die Schule hat ihren Sitz in den Räumen des Luisen-Instituts und ist mit allen erforderlichen Lehrmitteln an Modellen, Vorlagen 2c. ausgestattet, um einen erfolgreichen Unterricht garantiren zu können. Die Schule verfügt zunächst über Platz für circa 180 Schüler. Diese Handwerkerschule ist ausschließlich bestimmt für Lehrlinge und Gehülfen des Gewerbestandes und soll denselben Gelegenheit bieten, sich die für ihren Beruf nothwendige Fertigkeit im Zeichnen und Modelliren, sowie die für einen erfolgreichen Betrieb ihres Geschäfts, bezw. für die erfolgreiche Wahrnehmung ihrer Funktionen als Werkführer, Polier, Monteure 2c. erforderlichen theoretischen Kenntnisse anzueignen. Für Knaben über 10 Jahre, welche sich später einem gewerblichen Berufe widmen wollen, sind besondere Zeichenkurse in Aussicht genommen. Es besteht die Absicht, die Schule im Laufe ihres Bestehens allmählich auch zu einer Kunstgewerbeschule auszubilden, sobald vorgeschrittene Schüler, welche die Elemente ihres Faches sicher innehaben, vorhanden sind. Für jetzt soll jedoch die Schule nur diejenige, dem jedesmaligen Beruf entsprechende, zeichnerische und theoretische Ausbildung geben, welche zu der Praxis des Handwerks als nothwendige Ergänzung hinzutreten muß. Die Unterrichtszeit zerfällt auf die Wochentage von Abends 6—9½ Uhr und auf den Sonntag Vormittag von 8—10 Uhr. Für Maler soll während der Zeit vom 15. Oktober bis 15. März an einigen Nachmittagen eine Malklasse eingerichtet werden.

Anzeigen.

Deutsche Steinmetzschule

Abtheil. E. der Anhaltischen Bauschule zu Zerbst.

Erste und einzige Fachschule dieser Richtung in Deutschland. Staatliche Reifeprüfung. Billiger und angenehmer Aufenthalt.

Vorkursus 8. October. Wintersemester 5. November.

Kostenfreie Auskunft und Programme durch die Direction.

Im Verlage von **C. Dülfer** in **Breslau** erschien soeben und ist durch jede Buchhandlung zu beziehen:

Die Schmiedekunst

älterer und neuerer Zeit

herausgegeben von

Gustav Trelenberg und **Oscar Kalfpaap**

Schlossermeister Eisentechniker u. Zeichenlehrer.

Heft 1

Preis 5 Mark.

Gebrüder Fischel in Mainz,

Zwetschenallee No. 13,

Specialität:

Cassenschränke, Gewölbethüren, Cassetten.

Kostenanschläge und Preiscourante gratis.

Redacteur Dr. Hesse. — Druck von Heinrich Brill.
Brill in Darmstadt.

Gewerbeblatt

für das

Großherzogthum Hessen.

Zeitschrift des Landesgewerbvereins.

Erscheint wöchentlich. Auflage 4500. Anzeigen für die durchgehende Petitzeile oder deren Raum bei ein- und zweimaliger Aufnahme 30 Pf., bei drei- und mehrmaliger Aufnahme 25 Pf.

№ 38. September 1888.

Mittheilungen der chemischen Prüfungs- und Auskunfts-Station für die Gewerbe.

(Darmstadt, Heinrichstraße 55.)

Zusammensetzung einiger 1600 Jahre alten Mörtel.

Von Dr. W. Fahrion.

Im März dieses Jahres stieß der Oekonom Herr W. Stoffel in einem Acker bei Ober-Florstadt, als er nach Bausteinen suchte, auf das Fundament eines alten Bauwerkes. Dasselbe wurde später auf Veranlassung des Herrn Rentner Kofler aus Darmstadt vollständig ausgegraben. Es hat die Form eines Rechtecks in der Richtung von Süden nach Norden. Den mittleren Raum nimmt eine Grube ein, zu der an der Südseite 4 Stufen hinabführen. Verschiedene Altäre, Figuren, Münzen 2c. wurden vorgefunden und dem Großh. Museum in Darmstadt eingesandt. Herr Professor Dr. Adamy unterwarf dieselben, sowie auch die baulichen Ueberreste an Ort und Stelle einer eingehenden Untersuchung, auf Grund deren er zu dem Schlusse kam, daß das betreffende Bauwerk ein dem Cultus des persischen Lichtgottes Mithras geweihtes Heiligthum, ein Mithraeum war und aus dem zweiten oder dritten Viertel des dritten Jahrhunderts nach Christus stammt.

Der Großh. chemischen Prüfungs- und Auskunfts-Station für die Gewerbe wurden zur Begutachtung 4 Mörtelproben eingesandt, und zwar:

I. Deckenverputz,
II. Wandverputz der Umfassungsmauer,
III. Wandverputz der Grube,
IV. Mörtel.

Die Analyse ergab folgende Resultate:

	I.	II.	III.	IV.
Feuchtigkeit	0,97	1,32	2,41	1,55
Chemisch gebundenes Wasser . .	3,05	2,76	2,90	3,33
Sand (in Salzsäure unlöslicher Antheil)	73,62	77,02	64,17	76,71
Kohlensaurer Kalk	12,18	8,41	15,68	5,78
Kohlensaure Magnesia . . .	0,38	0,42	1,24	1,14
Schwefelsaurer Kalk	0,07	0,32	0,37	0,37
Kalk, anderweitig gebunden . .	1,21	0,97	2,27	1,39
Lösliche Kieselsäure	1,11	1,37	2,46	1,08
Thonerde und Eisenoxyd . . .	7,44	7,35	8,33	8,17
Chlor, Alkalien	Spur	Spur	Spur	Spur
	100,03	99,94	99,83	99,52

Auffallend ist bei sämmtlichen Mörteln der geringe Gehalt an Magnesia, sowie der verhältnißmäßig sehr hohe Gehalt an Eisenoxyd und Thonerde.

Die vorhandene Kohlensäure genügt in keinem Fall, um Kalk und Magnesia vollständig zu sättigen. Es muß daher ein Theil des Kalks noch als Hydrat vorhanden, oder, was wahrscheinlicher ist, an Kieselsäure gebunden sein, von der ja jeder der 4 Mörtel über 1 % in löslicher Form enthält. Dieselbe bildet sich nach Petzhold*) durch Einwirkung des Kalkhydrats auf den Quarzsand. Nach Winkler**) rührt sie von einem Thongehalt des zum Mörtel verwendeten gebrannten Kalks her und bildet sich schon beim Brennen des Kalksteins. Schließlich hält es Feichtinger***) auch für möglich, daß an der Berührungsstelle zwischen Mörtel und Baustein eine Bildung von kieselsaurem Kalk stattfindet.

Für die Beurtheilung eines Mörtels ist ferner von Wichtigkeit das Verhältniß von Kalk zu Sand. In den vorliegenden 4 Mörtelproben berechnen sich für 1 Gewichtstheil wasserfreien Kalk:

I.	II.	III.	IV.
8,86	12,65	5,33	13,87

Gewichtstheile Sand. Das vorgeschriebene Verhältniß ist verschieden je nach
des Sandes. Feinkörniger Sand erfordert weniger Kalk
da er weniger Zwischenräume hat. Der zu den
verwendete Sand ist nun außerordentlich grob
d II lassen sich mit bloßem Auge verhältnißmäßig sehr große Quarzstücke in der Masse unterscheiden, noch größere bei Nr. IV. Nr. III besteht aus 2 verschiedenen Schichten, von denen die untere ebenfalls große Quarzstücke erkennen läßt, während die obere einen etwas feineren Sand zu enthalten scheint, aber außerdem noch große Stücke von gebrannten Backsteinen zeigt. In der Praxis rechnet man gewöhnlich bei Anwendung von magerem Kalk, wie er jedenfalls hier vorliegt, auf 1 Theil steifen Kalkbrei, der etwa ⅓ wasserfreien Kalk enthalten mag, 2½—3 Gewichtstheile Sand, also auf 1 Theil wasserfreien Kalk 8—12 Theile Sand. Das Verhältniß von Kalk zu Sand

*) Journal für praktische Chemie Bd. 16, S. 96.
**) Dingler's polytechnisches Journal Bd. 154, S. 58.
***) Chemische Technologie der Mörtelmaterialien, S. 77.

ire demnach bei Nr. I, II und IV annähernd richtig, während Nr. III iar noch mehr Kalk enthält. Doch ist zu bedenken, daß der verwendete ınd im vorliegenden Falle so grobkörnig ist, daß er, um einen guten örtel zu liefern, bedeutend mehr Kalk braucht, als oben angegeben d daß in Folge dessen wohl nur der Mörtel Nr. III die genügende enge Kalk enthält.

Dr. Ziurek gibt an, daß ein dauerhafter guter Kalkmörtel 13 bis % Kalkhydrat in der Trockensubstanz enthalten soll. Der Gehalt an lkhydrat berechnet sich nun für die 4 Mörtel auf:

I.	II.	III.	IV.
10,76	8,16	16,29	7,42 %.

Es würde demnach nur der Mörtel Nr. III der obigen Bedingung enüge leisten.

Aus den vorstehenden Betrachtungen geht hervor, daß die vorgenden altrömischen Mörtel nicht als gute zu bezeichnen sind, sondern Gegentheil eine sehr mangelhafte Beschaffenheit zeigen. Es ergibt) dies auch bei der mechanischen Untersuchung, denn sie besitzen sämmt) eine sehr geringe Festigkeit und bröckeln leicht ab. Das Mithraeum eint demnach ziemlich nachlässig aufgebaut worden zu sein, was auch : Beobachtung des Herrn Prof. Adamy entspricht, daß der äußere rband des Mauerwerks kein ganz regelmäßiger ist und sogar manchıl Fuge auf Fuge stößt.

Die Mörtel I und II waren als Untergrund für die Bemalung t einer feinen weißen Schicht überzogen. Die Analyse dieses Uebers ʒs ergab in 100 Theilen:

Feuchtigkeit	2,29	Theile
Chemisch gebundenes Wasser . .	6,05	„
Kohlensauren Kalk	79,89	„
Kohlensaure Magnesia . . .	0,55	„
Schwefelsauren Kalk . . .	0,39	„
Kalk, anderweitig gebunden . .	4,61	„
Lösliche Kieselsäure . . .	2,37	„
Thonerde und Eisenoxyd . .	3,84	„
	99,99	Theile.

Derselbe besteht demnach zum größten Theil aus kohlensaurem Kalk, ḫ reicht auch hier die Kohlensäure nicht aus zur vollständigen Sätung von Kalk und Magnesia. Es wurde also entweder geschlämmte eide verwendet oder einfach abgelöschter Kalk, der durch die lange Einrkung der stets Kohlensäure enthaltenden Luft fast vollständig in kohlenıren Kalk überging.

Endlich wurden noch die auf den oben beschriebenen Untergrund fgetragenen Farben untersucht. Es waren hauptsächlich schwarze, gelbe d braunrothe geradlinige Streifen. Zu einer vollständigen Analyse ır die vorhandene Menge zu gering. Die qualitative Prüfung ergab ıen hohen Gehalt an Eisenoxyd, so daß man es höchst wahrscheinlich t Erd- oder Ockerfarben zu thun hat.

Darmstadt, September 1888.

Feldscheunen.

(Nach der Baugewerkszeitung.)

Durch die Einführung der Dreschmaschine und der Dampfkraft als Motor derselben ist die Benutzungsdauer der Scheunen im Jahre als Aufbewahrungsort von Getreide eine verhältnißmäßig sehr kurze geworden. Großleibige Scheunen, früher die Werkstatt des Dreschers

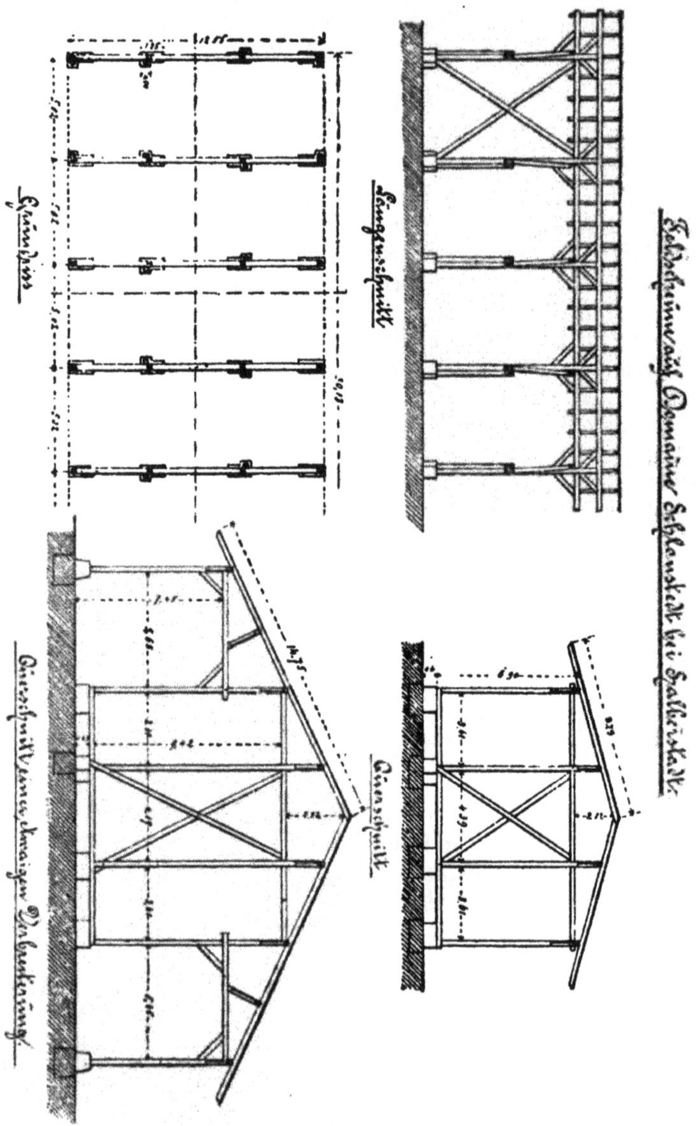

während des ganzen Winters, sind daher nicht mehr dringendes Bedürfniß des ohnehin unter dem Drucke eines zu großen Kapitals leidenden Landwirths, vielmehr bieten die viel billiger als die geschlossenen Scheunen herzustellenden offenen Feldscheunen oder Diemenschuppen sehr erhebliche wirthschaftliche Vortheile. Am zweckmäßigsten ist diejenige Construction der letzteren, welche unter Anwendung einer möglichst geringen Quantität von Bauholz, neben hinreichender Festigkeit, die Vortheile leichten Abbruchs und schneller Wiederaufstellung gewährt.

Eine solchen Anforderungen entsprechende Feldscheune, in welcher man mit der Dreschmaschine gut und leicht arbeiten kann und welche im freien Feld stehend, den oft heftigen Stürmen trotzt, ist auf einem Vorwerke der Domaine Schlanstedt von Herrn Wilhelm Gerland in Halberstadt errichtet worden. Sie hat wegen ihrer Einfachheit, Zweckmäßigkeit und Dauerhaftigkeit bereits eine ziemlich große Verbreitung gefunden.

Der 30,13 m lange, 12,55 m tiefe und in den Pfosten 7,45 m hohe Schuppen faßt 450 Schock (ein Schock = 60 Garben) Wintergetreide und geben die auf S. 364 beigefügten Zeichnungen des Grundrisses, des Längendurchschnitts und des Querdurchschnitts ein anschauliches Bild seiner Construction.

Das Dach ist mit Theerpappe gedeckt, um es gegenüber der Eindeckung mit Stroh und Rohr flacher machen zu können. In einem höheren Dache kostet das Einbarren des Getreides mehr und ist auch die Gefahr größer, daß die Binderbalken durch die Last des auf ihnen sich lagernden Getreides brechen könnten.

Der Billigkeit der Herstellung wegen sind alle Hölzer, außer Pfetten und Sparren, unbeschlagen abgebunden.

Zum besseren Schutz gegen die Feuchtigkeit ist es zweckmäßig, Schwellen und äußere Pfosten mit Steinkohlentheer anzustreichen.

Die Feldscheune muß so gestellt werden, daß den herrschenden Stürmen die Giebelseiten zugekehrt sind. Diese können mit Brettern verschalt oder nur mit Langstroh und Latten zugemacht werden.

Soll eine größere Feldscheune angelegt werden, so braucht man nur auf beiden Seiten, wie aus dem betreffenden Querschnitt ersichtlich ist, je einen Anbau zu machen. In diesem Falle ist es vorzuziehen, die Mitte des Schuppens bis zum Binderbalken um 1,9 m zu erhöhen, also statt 7,53 m Höhe 9,43 m Höhe anzunehmen, damit das Dach nicht zu flach wird. Selbstredend muß in letzterem Falle auch das zur Verwendung gelangende Verbandholz von stärkeren Dimensionen sein. Eine solche Feldscheune faßt 850 Schock Wintergetreide.

In den nächsten drei Figuren auf S. 366 ist durch Längenschnitt, Grundriß und Querschnitt eine Feldscheune dargestellt, deren Construction das Ergebniß eines seitens des Bauernvereins des Saalkreises erlassenen Preisausschreibens ist. Es gingen 13 Projekte ein und wurde als das brauchbarste das vorliegende von Herrn Zimmermeister Leibner in Gröbers, Reg.-Bez. Merseburg, herrührende Projekt befunden und mit einer Prämie von 100 Reichsmark ausgezeichnet.

Bedingung war, daß die Scheune 100 Schock Getreide aufzunehmen im Stande ist.

Die Scheune hat eine Länge von 75,0 m und eine Tiefe von 18,0 m; die Höhe bis unter das Dach beträgt 6,0 m; das Satteldach hat eine Höhe von 2,0 m und ist zur Eindeckung Dachpappe vorgesehen. Der Rauminhalt der ganzen Scheune beträgt 9450 cbm.

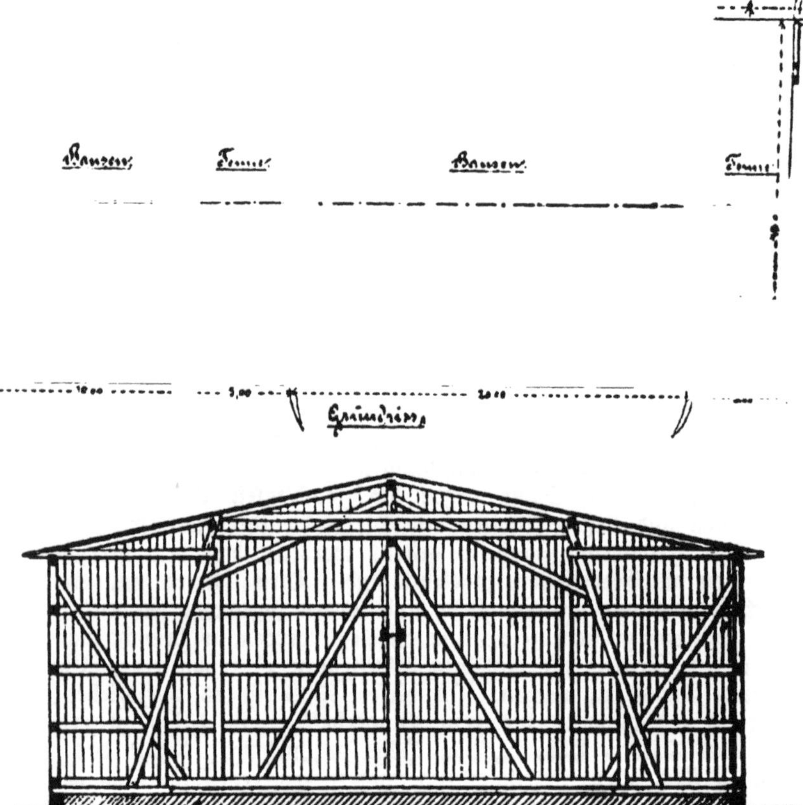

Querschnitt

Die Fundamente sind Bruchsteingemäuer von 0,4 m Stärke und 0,6 m Höhe, darauf erhebt sich Ziegelgemäuer von 0,25 m Stärke und 0,4 m Höhe, als Unterlager für die Schwellen.

Der ganze übrige Bau ist Fachwerk und im Innern von 5 zu 5 m Entfernung durch einen guten Querverband befestigt. Sämmtliche Außenflächen sind mit 20 mm starken Brettern zu bekleiden.

Einige von Herrn Baurath Engel als nothwendig erachtete Verstärkungen der Construction wurden hier gleich mit aufgenommen.

Die Scheune enthält 3 Quertennen zum Durchfahren von je 5,0 m Breite und 4 Bansen oder Barren, von denen die beiden Giebelbarren je 10,0 m breit sind, während die beiden Mittelbarren, welche zu beiden Seiten der Mitteltenne liegen, 20,0 m Breite erhalten. Die Tennen sind zum Einfahren der Dampf-Dreschmaschine vollkommen groß genug. Da die Scheune, wie oben erwähnt, 9450 cbm Inhalt hat und pro Schock Winter- und Sommergetreide durchschnittlich 8 cbm Raum beansprucht wird, so werden 1181 Schock Getreide in erstere hineingehen.

Rechnet man den Inhalt der 3 Tennen mit 1890 cbm ab, so würde die Scheune, wenn die Tennen leer bleiben, nur noch 945 Schock Getreide zu fassen vermögen.

Die Kosten für die ganze Anlage belaufen sich für unsere Verhältnisse in Darmstadt nach dem hier folgenden Kostenanschlage auf etwa 10148 Mark, mithin würden auf 1 cbm Raum 1,07 Mark Baukosten kommen.

Kosten-Anschlag zum Neubau einer Feldscheune
75,0 m lang, 18,0 m tief.

Pos.	Stückzahl.	Gegenstand der Veranschlagung.	Im Einzelnen. M.	Gesammtpreis. M.
		Erdarbeiten:		
1	57,216	cbm Erdaushub für die Fundamente auszuschachten und bis auf 20 m Entfernung zu verkarren . . . . . . à cbm	0,50	28,61
		Maurerarbeit (einschl. Material):		
		a. Bruchsteingemäuer:		
2	57,216	cbm Bruchstein der Fundamente in blauem Kalkmörtel anzufertigen einschl. alles Materials . . . . à	7,50	429,12
		b. Ziegelmauerwerk:		
3	19,7	cbm Ziegelmauerwerk zur Untermauerung der Schwellen in Kalkmörtel anzufertigen einschl. Material . . . . . . à	16,—	315,20
		Zimmerarbeiten (einschl. Material):		
4	4532	lfd. Meter Floßholz zu den erforderlichen Verbandhölzern zuzurichten, abzubinden und aufzustellen . . . . à	0,25	1 133,—
5	92,678	cbm Floßholz in den erforderlichen Längen und Stärken anzuliefern . . à cbm	35,—	3 243,73
6	1014,12	qm Bretterverschlag der Außenflächen von 20 mm starken Brettern anzufertigen einschl. Material . . . . . à	1,30	1 318,36
7	546	Stück 24 cm lange Drahtnägel zum Befestigen der Sparren zu liefern . . . . à	0,07	38,22
8	128	Stück schmiedeiserne Bolzen zur Befestigung der Zangen anzuliefern . . . . à	0,75	96,—
		Dachdeckerarbeiten:		
9	1477,5	qm Pappdach einschl. Schalung anzufertigen mit Lieferung des sämmtl. Materials à qm	2,40	3 546,—
		Summe	. .	10 148,24

Die letzte Figur stellt den Querschnitt eines Getreideschuppens in Luttringhausen bei Münder a. D. dar. Derselbe ist projektirt vom Architekten Klücher daselbst und ausgeführt vom Zimmermeister Schmidt.

In der Gegend am Deister fangen nämlich einzelne Besitzer an, wenn es an Scheunenraum fehlt, offene Getreideschuppen zu erbauen. Nach der vorliegenden Construction wurde ein solcher im Frühjahre [illegible] für den Herrn Baron von Lenthe auf Luttringhausen zur Ausführung gebracht. Zur weiteren Veranschaulichung wird bemerkt, daß die Länge ohne Ueberständer 58,5 m beträgt, auf welcher 12 Binder, wie die Skizze einen solchen zeigt, zur Aufstellung gekommen sind. Zwischen den einzelnen Bindern ist außer dem Gespärre Alles frei. Die Bedachung wurde aus Pappe hergestellt. Auf speciellen Wunsch des Bauherrn wurden die Binderpfosten in die Erde eingegraben und durch Anstrich und Thonumhüllung vor zu schnellem Faulen geschützt.

Getreideschuppen in Lüttringhausen bei Münder.

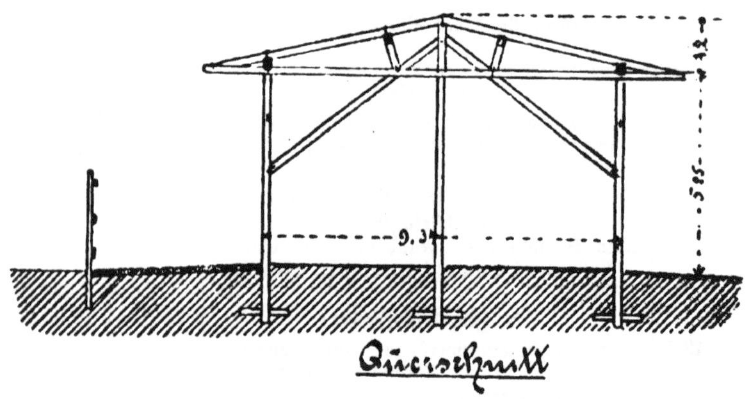

Querschnitt

Bei späterem Schlechtwerden der Ständer ist eine Anschuhung resp. Sockelstellung immer noch ausführbar.

Zum Maschinendreschen soll sich der Schuppen besonders gut eignen. Um das ganze Gebäude ist eine Einfriedigung in gehörigem Abstande aus Stangen gemacht und sind nur Einfahrten, die ebenfalls geschlossen werden können, gelassen; auf diese Weise ist einiger Schutz vor Frevel vorhanden.

Anzeigen.

Deutsche Steinmetzschule

Abtheil. E. der Anhaltischen Bauschule zu Zerbst.

Erste und einzige Fachschule dieser Richtung in Deutschland. Staatliche Reifeprüfung. Billiger und angenehmer Aufenthalt.

Vorkursus 8. October. **Wintersemester 5. November.**

Kostenfreie Auskunft und Programme durch die Direction.

Redacteur Dr. Hesse. — Druck von Heinrich Brill.

In [illegible] sion bei L. Brill in Darmstadt.

Gewerbeblatt

für das

Broßherzogthum Hessen.

Zeitschrift des Landesgewerbvereins.

rscheint wöchentlich. Auflage 4500. Anzeigen für die durchgehende Petitzeile oder ren Raum bei ein- und zweimaliger Aufnahme 30 Pf., bei drei- und mehrmaliger Aufnahme 25 Pf.

№ 39. September 1888.

Inhalt: Landes-Baugewerkschule Darmstadt. — Verzeichniß der usschuß-Mitglieder des Großh. Gewerbvereins. — Die Kraftaschinen für das Kleingewerbe. — Ueber eine zweckmäßige Ventilations-Einrichtung für Werkstätten. — Litteratur. Ausschmückung nd Einrichtung der Wohnräume unter besonderer Berücksichtigung der Wahl der apeten. — Anzeigen.

Landes-Baugewerkschule Darmstadt.

Am 15. November l. J. beginnt der dreizehnte Jahres-Cursus der andes-Baugewerkschule und schließt am 15. März 1889.

Die Landes-Baugewerkschule soll insbesondere Bauhandwerkern, wie Maschinen- und Mühlenbauern, Mechanikern und Metall-Arbeitern, elegenheit bieten, sich die für einen selbstständigen Gewerbebetrieb errderlichen theoretischen Kenntnisse und die nothwendigen Fertigkeiten n Zeichnen und Entwerfen von Plänen für die praktische Ausführung t erwerben. Auch soll die Landesbaugewerkschule zur Ausbildung von Werkmeistern, Parlieren, Bauaufsehern rc. dienen.

Der Unterricht wird während der bezeichneten 4 Monate an allen Werktagen, Vormittags von 8—12 und Nachmittags von 1—6 Uhr, theilt.

Die Schule umfaßt drei Abtheilungen; zwei für Bauhandwerker Maurer, Steinmetzen, Zimmerleute, Dachdecker, Schreiner, Glaser, ncher, Anstreicher, Stukkatore und Decorationsmaler, Ziegler und öpfer, Pflästerer rc.); eine für Schlosser, Gürtler, Spengler, Installteure, Mechaniker, Maschinen- und Mühlenbauer, Pumpenmacher rc.

Gegenstände des Unterrichts sind: Freihand- und geometrisches eichnen; darstellende Geometrie; Schatten-Constructionen; Perspective; Bauconstructionslehre; Stabilitäts- und Festigkeitsberechnungen; Elemente der Maschinen-Constructionen; Fachzeichnen für die betreffenden Gewerbe; Aufnahme und zeichnerische Darstellung von Bautheilen, Gebäuden, Maschinen und Werkzeugen; Entwerfen von Bauanlagen und von infachen Maschinen; kunstgewerbliches Zeichnen. — Ferner: technisches

Rechnen; Algebra; Geometrie; Feldmeßkunst, einschließlich Trigonometrie und Planzeichnen; gewerbliche Buchführung; Bauführung; Materialienkunde, Aufstellung von Kostenvoranschlägen; Grundlehren der Physik und Mechanik; Modelliren in Thon, Wachs und Holz.

Die Unterrichtslokale befinden sich Neckarstraße Nr. 3 in Darmstadt, unfern von den Bureaulokalitäten, der Bibliothek und der technischen Mustersammlung des Landesgewerbvereins, so daß die letzteren Sammlungen von den Schülern besucht und geeignet benutzt werden können.

Die Schüler nehmen Wohnung und Kost in Privathäusern der Stadt. Die Pensionsverhältnisse sind günstig. Auskunft auf Anfragen ertheilt das Bureau des Landesgewerbvereins.

Bedingungen zur Aufnahme sind:

1) Für die untere Abtheilung der Bauhandwerker, wie für die Abtheilung der Metallarbeiter: Nachweis einer mindestens einjährigen Beschäftigung in einem technischen Gewerbe. Nur in besonderen Fällen wird hiervon abgesehen. — An Vorkenntnissen wird von den Aufzunehmenden nur der Nachweis der Kenntnisse verlangt, welche den aus einer Volksschule Entlassenen zukommen sollen.

2) Für die obere Abtheilung der Bauhandwerker: Nachweis ausreichender Kenntniß der niederen Arithmetik, einer angemessenen Fertigkeit im Freihand- und geometrischen Zeichnen, sowie in der Lösung einfacher Aufgaben der darstellenden Geometrie; Befähigung, sich im Deutschen gehörig schriftlich verständlich zu machen.

Wird zu der Bildung einer oberen Abtheilung für die Metallarbeiter geschritten, so werden für die Aufnahme in dieselbe ähnliche Bedingungen gestellt.

Das **Schulgeld** beträgt für die ganze Unterrichtszeit = 30 Mark und ist beim Beginn des Cursus voraus zu bezahlen.

Anmeldungen zur Aufnahme haben möglichst frühzeitig **und längstens bis zum 31. Oktober l. J.** schriftlich bei der unterzeichneten Stelle, oder auch mündlich auf dem Bureau derselben — Neckarstraße Nr. 3, III. Stock — zu geschehen. — Da die Aufnahme von Schülern durch die Zahl der verfügbaren Plätze für das Zeichnen beschränkt ist, erfolgen Aufnahmen nur nach Maßgabe der Plätze und in der Reihenfolge der Anmeldungen.

Darmstadt, den 15. September 1888.

Großherzogliche Centralstelle für die Gewerbe und den Landesgewerbverein.

Fink.

Verzeichniß der Ausschuß-Mitglieder des Großh. Gewerbvereins,

nach der am 6. August in der Generalversammlung zu Bingen vorgenommenen Wahl.

1. Albert, Professor, Gr. Realschuldirector i. P. in Darmstadt.
2. Amendt, Karl, Bauunternehmer in Oppenheim.
3. Barth, Valentin, Bildhauer in Mainz.

4. **Beck**, Franz, Zimmermeister in Offenbach.
5. **Becker**, Ludwig, Fabrikant in Offenbach.
6. **Brauer**, Professor in Darmstadt.
7. **Büchner**, Wilhelm, Fabrikant in Pfungstadt.
8. **Denninger**, C. F., Gr. Geh. Commerzienrath in Mainz.
9. **Engelhardt**, Gr. Commerzienrath in Darmstadt.
10. **Erck**, Wilhelm, Mühlenbesitzer in Nidda.
11. **Greim**, Gr. Oberschulrath in Darmstadt.
12. **Heyligenstädt**, Maschinenfabrikant in Gießen.
13. **von Heyl**, Wilh., Freiherr zu Herrnsheim in Worms.
14. **Hieronimus**, Hofdecorationsmaler in Friedberg.
15. **Jochem**, F., Instrumentenfabrikant in Worms.
16. **Köpp**, Seminarlehrer in Bensheim.
17. **Kramer**, Gr. Geh. Baurath in Mainz.
18. **Kreyßig**, Gr. Baurath in Mainz.
19. **Kumpa**, Professor in Darmstadt.
20. **Lincke**, F., Professor in Darmstadt.
21. **Merck**, Wilhelm, Fabrikant in Darmstadt.
22. **Möser**, L. W., Gr. Fabrik-Inspector in Darmstadt.
23. **Müller**, Dr., Gr. Geh. Oberbaurath in Darmstadt.
24. **Müller**, Gust., Gr. Commerzienrath in Bensheim.
25. **Pfannmüller**, Gr. Geh. Oberbergrath i. P. in Darmstadt.
26. **Pfeiffer**, Ph., Lederfabrikant in Eberstadt.
27. **Preetorius**, Buchdruckereibesitzer in Alzey.
28. **Reuleaux**, Gr. Commerzienrath in Mainz.
29. **Römheld**, Gr. Commerzienrath in Mainz.
30. **Rönnecke**, J. C., Rentner in Offenbach.
31. **Roos**, K., Architect in Mainz.
32. **Schäfer**, Otto, Fabrikant in Büdingen.
33. **Schäffer**, Dr., Gr. Ministerialrath in Darmstadt.
34. **Schenck**, Karl, Fabrikant in Darmstadt.
35. **Schiele**, Hüttenwerks-Ingenieur in Gießen.
36. **Schirmer**, Fabrikant in Alsfeld.
37. **Schneider**, Dr., Instituts-Director in Worms.
38. **Schröder**, Dr., Landtagsabgeordneter in Darmstadt.
39. **Sonne**, Professor, Gr. Geh. Baurath in Darmstadt.
40. **Stephan**, C., Ziegeleibesitzer in Pfungstadt.
41. **Thiel**, Dr., Professor in Darmstadt.
42. **Ulrich**, J., Bierbrauereibesitzer in Pfungstadt.
43. **Usinger**, Wilhelm, Architect in Mainz.
44. **Werner**, R. R., Professor in Darmstadt.
45. **Windecker**, Brauereibesitzer in Friedberg.
46. **Worret**, J., Rentner in Worms.
47. **Wüst**, L., Fabrikant in Offenbach.
48. **Zöppritz**, Fabrikant, Commerzienrath von Darmstadt.

Außer diesen durch die Generalversammlung gewählten Mitgliedern gehören, nach §. 8 der Statuten des Landesgewerbvereins, noch die zeitigen Vorstände der mit dem Verein in Verbindung stehenden Lokalgewerbvereine, sowie deren Stellvertreter, dem Ausschuß als Mitglieder an.

Die Kraftmaschinen für das Kleingewerbe.

(Aus der Münchener Ausstellungs-Correspondenz.)

Die Kraftmaschinen oder Motoren für das Kleingewerbe, welche auf der diesjährigen Kraft- und Arbeitsmaschinen-Ausstellung figuriren, umfassen stationäre Dampfmaschinen in liegender und stehender Anordnung, Vakuummotoren, Lokomobilen, Wassermotoren mit festen und oscillirenden Cylindern, Turbinen, Gaskraftmaschinen zum Betriebe mittelst Steinkohlengas oder Wasserstoffgas, Petroleummotoren, Heißluftmaschinen, Gewichtsmotoren und Federzugsmotoren, wozu noch die Elektromotoren und die Vorführung der elektrischen Kraftübertragung gezählt werden können. Im Ganzen sind 34 Aussteller mit 68 Motoren vertreten. Wir werden im Verlaufe unserer Berichterstattung auf jede der genannten und ausgestellten Motorengruppen ausführlicher zurückkommen und beschränken uns deßhalb auf eine allgemeine Besprechung der hauptsächlich in Frage kommenden Motoren.

Unter den Naturkräften, mit deren Nutzbarmachung sich die Technik seit jeher beschäftigt, steht obenan das Wasser. Diese, neben der bewegten Luft an und für sich billigste Kraftquelle ist fast allenthalben zu finden und die Benutzung des Wassers als Triebkraft, im gestauten, gehobenen, gespannten, fließenden, insbesondere aber im verdampften Zustande ist wohl nicht nur die am meisten verbreitete, sondern auch in der Regel bequemste Krafterzeugung. Wie wir indessen nachweisen werden, gehören die mit künstlichem Wasserdruck gespeisten Motoren keineswegs zu den billigsten Krafterzeugern.

Für die Kleinindustrie und den Handwerkerstand kommen zunächst die nach dem Principe der Wassersäulenmaschinen arbeitenden Wasserdruckmotoren und die Turbinen in Betracht. Die Wasserdruckmotoren arbeiten, wie schon der Name besagt, durch den Druck einer Wassersäule auf den Kolben und sind im übrigen ganz nach Art der Dampfmaschinen gebaut, entweder mit festem oder oscillirendem Cylinder und in liegender oder stehender Lage. Die Wasserkraftmaschinen mit liegendem, oscillirenden Cylinder, welche wegen ihrer großen Einfachheit und soliden Bauart bisher die weiteste Verbreitung gefunden haben, sind ausschließlich doppelt wirkend und unterscheiden sich im Wesentlichen nur durch die Anordnung der Steuerung. Solche Motoren können überall da Anwendung finden, wo eine Druckhöhe von mindestens 10 m, also eine Spannung von einer Atmosphäre zur Verfügung steht. Da die Kraftleistung im direkten Verhältniß zur Druckhöhe anwächst, während der Wasserverbrauch unverändert derselbe bleibt, so eignen sich diese Motoren am besten für die Kleinindustrie in Städten, welche Hochdruckwasser bei billigen Preisen zur Verfügung haben; doch findet man derartige Maschinen auch bei natürlichem Gefälle und kleinen Wassermengen auf dem Lande in Thätigkeit.

Die Turbinen haben bis jetzt im Kleingewerbe nur sehr beschränkte Verwendung erlangt, denn diese bedingen einerseits verhältnißmäßig sehr große Druckhöhen und anderseits so hohe Umdrehungsgeschwindigkeiten, daß durch die in der Regel erforderlichen Uebersetzungen ganz beträchtliche Reibungsverluste entstehen. Immerhin sind aber für Arbeitsmaschinen von sehr geringem Kraftbedarf, wie Nähmaschinen, kleine Turbinen mit Druckwasser aus gewöhnlichen Wasserleitungen vortheilhaft eingeführt worden. Im Allgemeinen können Turbinen anstatt der Kolbenmaschinen verwendet werden, wenn das Betriebswasser in sehr veränderlichen Mengen vorhanden ist, wenn das Wasser sandig ist, und endlich, wenn die Arbeitsmaschinen große Geschwindigkeiten erhalten sollen, wie bei Ventilatoren, Centrifugalpumpen und Dynamomaschinen.

Die Wasserkraftmaschinen bieten den großen Vortheil, daß ihre Ingangsetzung ohne Weiteres durch Oeffnen des Einlaßventils erfolgen kann, der Betrieb erfordert keinerlei Wartung, während die laufenden Unterhaltungs- und Reparaturkosten, sowie der Ankaufspreis geringer sind, als bei allen anderen Kleinkraftmaschinen. Dagegen sind die Kosten für das Betriebswasser aus städtischen Leitungen gewöhnlich so erhebliche, daß trotz ihrer großen Vortheile die Verwendung der Wassermotoren im Kleingewerbe verhältnißmäßig beschränkt geblieben ist und den unbedingten Vorzug nur da verdient, wo das abfließende Wasser noch weitere Verwerthung findet oder wo der Motor nicht den ganzen Tag über zu arbeiten hat.

Bei einer mittleren Druckhöhe des Betriebswassers von 40 m erfordert ein guter, mit 80 % Nutzeffekt arbeitender Wassermotor von einer Pferdekraft ein Wasserquantum von etwa 9 cbm in der Stunde und bei einem Wasserpreis der städtischen Leitung von 5 Pfg. pro cbm betragen demnach die Kosten der Betriebskraft 45 Pfg. pro Pferdekraftstunde.

Die kleinen Dampfmaschinen finden für das Kleingewerbe vielfache Verwendung, besonders in den Fällen, wo der Kesseldampf noch zu anderen Zwecken erforderlich ist. Die Anschaffungs- und Betriebskosten der kleinen Dampfmaschinen sind geringer, als die der Gaskraftmaschinen, und bei gutem Speisewasser sind auch die Reparaturkosten zum mindesten keine höheren. Die bisher im Kleingewerbe verwendeten Dampfmaschinen gehören fast ausschließlich zu den Hochdruckmaschinen, welche ohne Kondensation des Abgangdampfes arbeiten. Nach der Cylinderlage unterscheidet man liegende und stehende Maschinen und je nach Aufstellung oder Verstellbarkeit der Maschine stabile und halbstabile, ferner lokomobile und halblokomobile Dampfmaschinen. Wohl am meisten verbreitet für kleingewerbliche Zwecke sind die halblokomobilen oder transportablen Dampfmaschinen in stehender Anordnung, welche von einer halben Pferdekraft an aufwärts gebaut werden. In der Regel ist die ganze Maschine nebst dem stehenden Röhrenkessel auf einer gemeinschaftlichen gußeisernen Fundamentplatte aufgebaut; die Triebwelle nebst Schwungrad wird von zwei Säulen, zwischen denen der Kessel steht, getragen, so daß sämmtliche Maschinentheile vom Kessel getrennt sind. Bei den transportablen Dampfmaschinen mit liegendem Cylinder ruht die eigentliche Dampfmaschine ebenfalls auf einer Platte, auf welcher der Kessel gänzlich frei liegt. Der Kohlenverbrauch solcher Kleindampfmaschinen schwankt zwischen 4 und 6 kg pro Pferdekraft und Stunde.

Unter den Dampfmaschinen sind ferner die sogenannten Vacuum-Motoren zu erwähnen, bei denen der Kessel nur eine Spannung von einer Atmosphäre hat, während der Arbeitsdampf bis auf 1/10 Atmosphäre ausgedehnt und durch Oberflächenkondensation niedergeschlagen wird. Eine Explosionsgefahr liegt somit bei diesen Motoren, wo die durch Kondensation erzeugte Luftleere die Kraftquelle bildet, nicht vor und verhindern Sicherheitsventile die Erhöhung der Spannung über das gewünschte Maß.

Die Hochdruck-Dampfmaschinen erfordern eine sehr sorgsame Wartung und sind den anderen Kleinkraftmaschinen gegenüber in Betreff der Explosionsgefahr, der Concessionsertheilung und der gesetzlich vorgeschriebenen Revisionen im Nachtheil. Bei Anschaffung eines Dampfmotors berücksichtige man in erster Linie die Güte und Solidität der Construction von Maschine und Kessel, während der Kaufpreis erst in letzter Linie maßgebend sein sollte. Als stündliche Betriebskosten für die Pferdekraft ergeben sich bei einem Verbrauch von 5 kg und einem Kohlenpreis von 2 Mark pro 100 kg 10 Pfg. ohne Wartung und Schmiermaterial.

In neuester Zeit werden für ganz kleinen Kraftbedarf, wie für Nähmaschinen oder dergleichen, kleine Dampfkessel aus Kupfer getrieben und mit einer Petroleumlampe geheizt. Ein solcher Apparat kann mit dem dazu gehörigen Dampfmaschinchen in jedem Wohnzimmer aufgestellt werden und kostet bei einer Leistung von etwa 1/20 Pferdekraft circa 200 Mark.

Die Gaskraftmaschinen, welche für das Kleingewerbe immer mehr in Aufnahme kommen, besitzen wie die Wasserkraftmaschinen den großen Vortheil, daß die Maschine zu jeder Zeit durch Oeffnen eines Hahnens in Thätigkeit gesetzt werden kann und weder eine Feuerung noch Wartung während des Stillstandes erfordert. Die Aufstellung der Gasmotoren kann in jedem Lokal, nöthigenfalls auch in den oberen Stockwerken bewohnter Häuser geschehen, wodurch die Feuerversicherungs-Prämie nicht beeinflußt wird. Dagegen bedingen diese Motoren das Vorhandensein einer Gasleitung oder eigener Gasapparate, und sind die Kosten der Betriebskraft bei gleicher Leistung etwas höher, als bei den Dampfmaschinen und den Heißluftmaschinen. Die treibende Kraft der Gasmotoren bildet eine Mischung von atmosphärischer Luft und Leuchtgas, also ein Knallgas, welches je nach dem Grade der Mischung schwächer oder stärker wirkt. Je nach dem die Explosivkraft unmittelbar auf einen Kolben wirkt, oder zur Erzeugung eines luftverdünnten Raumes benutzt wird, dem gegenüber der äußere Luftdruck auf den Kolben drückt, unterscheidet man direkt wirkende oder atmosphärische Maschinen. Nach der Anordnung der Cylinder dagegen theilen wir die Gaskraftmaschinen ein in liegende oder stehende, ferner in Maschinen mit einem, zwei und vier Cylindern.

Die Wirkung der Gaskraftmaschinen erfolgt in der Regel in der Weise, daß bei normaler Leistung eine Füllung stattfindet, während die Kurbel zwei Umdrehungen, also der Kolben vier Hube macht. Der Arbeits-Cylinder ist an dem, der Schwungradwelle zugekehrten Ende offen, während am anderen geschlossenen Ende die Steuerung angebracht ist, vermittelst welcher der Eintritt der Gasmischung, sowie die Entzündung derselben durch eine beständig brennende Gasflamme bewirkt wird. Da bei dieser Anordnung während vier Kolbenhüben nur einmal eine Arbeitsübertragung auf den Kolben stattfindet, so muß die bei Ausübung der übrigen Hübe erforderliche Arbeit der in einem entsprechend großen Schwungrade angesammelten lebendigen Kraft entnommen werden. Die Regulirung des Gasverbrauches und der Umdrehungsgeschwindigkeit erfolgt durch einen Kugel-Regulator.

Die Gaskraftmaschinen werden von 1/8 Pferdekraft an gebaut. Der Gasverbrauch beträgt je nach Qualität des Gases 3/4 bis 1 cbm pro Pferdekraftstunde und die entsprechenden Kosten der Triebkraft sind demnach bei einem Gaspreis von 20 Pfg. pro cbm 15 bis 20 Pfg.

(Schluß folgt.)

Ueber eine zweckmäßige Ventilations-Einrichtung für Werkstätten.

Es ist Haupterforderniß, daß in der kalten Jahreszeit die frische Luft den Arbeitsräumen erwärmt zugeführt und daß die verdorbene Luft stetig abgeführt wird. Einfache Oeffnungen, welche kalte Luft zuführen, verursachen Zug- und Kältegefühl, werden erfahrungsgemäß von den Arbeitern häufig verstopft und genügen nicht.

I. Die Zuführung frischer erwärmter Luft.

Die frische Luft wird durch einen im Fußboden des Arbeitsraumes angebrachten, hinreichend weiten Kanal von Außen nach dem Ofen geleitet. Ist die Anbringung eines Luftzuführungskanals unter dem Fußboden zwischen dem Gebälk nicht thunlich, so kann derselbe wohl auch unter dem Gebälk angebracht werden.

Der Ofen wird mit einem Mantel aus Eisenblech umgeben, welcher bis auf den Fußboden herunter reicht. Der Luftzuführungskanal im Fußboden mündet in den Zwischenraum zwischen dem Ofen und seinem Blechmantel. Die eintretende frische Luft erwärmt sich dadurch am heißen Ofen und strömt in Ofenhöhe warm in den Arbeitsraum. Als Oefen können gewöhnliche Säulenöfen, auch Meidinger- oder Wolpert'sche Oefen, welche bereits mit einem Mantel versehen und zur Ventilation eingerichtet sind, benutzt werden.

Große Arbeitsräume bedürfen natürlich der zur ausreichenden Erwärmung nothwendigen Anzahl von Oefen mit Luftzuführungskanälen. Die Luftzuführung ist derart zu bemessen, daß für jede Person circa 20 cbm und für jede Flamme circa 50 cbm frische Luft stündlich zugeführt werden. Die Luftzuführungskanäle sind also von hinreichender Weite anzulegen.

II. Die Ableitung der verbrauchten Luft.

Die verbrauchte Luft wird aus den Arbeitsräumen durch senkrechte Schlote abgeleitet, welche durch die Rauchgase aus den Oefen erwärmt werden. Statt der gewöhnlichen Kamine werden viereckige Schlote von größerer Weite aufgemauert. In dem viereckigen Schlote wird eine eiserne Röhre in die Höhe geführt, so daß ein Zwischenraum zwischen der eisernen Röhre und den Wänden des Schlotes verbleibt. Die eiserne Röhre im Inneren des Schlotes dient zur Abführung des Rauches aus dem Ofen, das Ofenrohr wird in dieselbe geführt, während der Zwischenraum zwischen der eisernen Röhre und den Schlotwänden zur Ableitung der verbrauchten Luft aus dem Arbeitsraume dient. Zu diesem Zwecke wird im Arbeitsraume nahe beim Fußboden eine hinreichend weite Oeffnung in der Schlotwand gelassen. In der Nähe der Decke des Arbeitsraumes kann ebenfalls eine Oeffnung im Schlot gelassen werden für die Ventilation im Sommer. Beide Oeffnungen werden mit Verschlußschiebern versehen. Bei Herstellung der Rauchröhre im Inneren des Schlotes kann man zweckmäßig gußeiserne Rohre, wie sie für Abtrittsröhren verwendet werden, benutzen.

Vortheile einer solchen Ventilation.

1) Stetig wirkende Lufterneuerung ohne schädlichen Zug, weil die frische Luft erwärmt in die Arbeitsräume eintritt.
2) Gleichmäßige Temperatur und warme Fußböden, weil die Abzugsöffnungen in der Nähe des Fußbodens sich befinden.
3) Die in der Nähe des Ofens Arbeitenden werden wegen des Blechmantels nicht so sehr von strahlender Hitze getroffen, wie bei eisernen Oefen ohne Blechmantel.
4) Die in der Nähe der Fenster Arbeitenden verspüren keine unangenehme Kälte, veranlaßt durch kalte Luft, welche durch die Undichtheiten der Fenster eindringt, weil frische Luft durch die Luftzuführungskanäle ungehindert einströmt.
5) Die durch das Brennmaterial erzeugte Wärme wird gut ausgenützt, weil sie nicht unbenutzt durch höher gelegene Oeffnungen entweichen kann und die Arbeitsräume in der Höhe nicht unnöthig stark erwärmt werden.

L. W. Moeser.

Litteratur.

Ausschmückung und Einrichtung der Wohnräume unter besonderer Berücksichtigung der Wahl der Tapeten. Bearbeitet von L. Bodenschatz. Darmstadt, 1888. Verlag von Alexander Koch.

Es ist nur ein kleines Broschürchen; in seiner bescheidenen Form beleuchtet es durch einige Schlaglichter die charakteristischen Verhältnisse, welche bestimmend sein sollen für die zweckdienliche und behagliche Einrichtung der Wohnräume. Von der Thatsache ausgehend, daß Einzelwerke und belehrende Aufsätze über den fraglichen wichtigen Gegenstand, dem größeren Publikum fast unbekannt, meist nur eine Zierde der Bibliotheken von Gewerbe- und Kunstvereinen, von Architekten, Dekorateuren, Möbelfabrikanten u. A. bilden und fast nur von diesen studirt zu werden pflegen, stellte der Verfasser sich die Aufgabe, in gedrängter Kürze das Nothwendigste als Rathgeber für die betheiligten Geschäftsleute, Gewerbetreibenden und deren junge Leute und Verkäufer zusammenzustellen und auch dem Publikum unmittelbar Anregung zu geben, selbstdenkend und handelnd zur geschmackvollen Verschönerung der Wohnungen mitzuwirken. Das gediegene Büchelchen, von einem bewährten Fachmanne mit Lust geschrieben, verdient die weiteste Verbreitung.

W.

Anzeigen.

Deutsche Steinmetzschule

Abtheil. E. der Anhaltischen Bauschule zu Zerbst.

Erste und einzige Fachschule dieser Richtung in Deutschland. Staatliche Reifeprüfung. Billiger und angenehmer Aufenthalt.

Vorkursus 8. October. Wintersemester 5. November.

Kostenfreie Auskunft und Programme durch die Direction.

Redacteur Dr. Hesse. — Druck von Heinrich Brill.
In Commission bei L. Brill in Darmstadt.

Gewerbeblatt

für das

Großherzogthum Hessen.

Zeitschrift des Landesgewerbvereins.

Erscheint wöchentlich. Auflage 4500. Anzeigen für die durchgehende Petitzeile oder deren Raum bei ein- und zweimaliger Aufnahme 30 Pf., bei drei- und mehrmaliger Aufnahme 25 Pf.

№ 40. Oktober 1888.

Ueber Uhrvergleichungen und die dabei vorkommenden Irrungen.

Aus einem von dem Geheimen Regierungsrath Prof. Dr. Förster, Direktor der Berliner Sternwarte, am 17. April 1888 im Berliner Uhrmacher-Verein gehaltenen Vortrage. (Separatabdruck aus der „Deutschen Uhrmacher-Zeitung" Nr. 15 vom 1. August 1888.)

Die Gestaltungen und Bewegungen im Himmelsraume sind in Folge einer ausgleichenden Wirkung der Ferne für uns nur in ihren großen, sozusagen idealen, Linien erkennbar.

Die vergleichsweise sehr vollkommene Beständigkeit und Regelmäßigkeit, in welcher sie demnach sogar für unsere verfeinertste Wahrnehmung zur Erscheinung kommen, hat es der Astronomie zuerst ermöglicht, aus der Natur selber Maßbestimmungen und Kontrolen für die zahlreichen Irrungen und Verfehlungen unserer eigenen Wahrnehmungen und Urtheile abzuleiten.

Es ist der Astronomie im Verein mit der Mathematik gelungen, gewisse Regeln zu erfinnen und zu erproben, nach denen man wenigstens im Ganzen und Großen bei allen mit Maßbestimmungen verbundenen Wahrnehmungen sich von den trübenden Wirkungen vieler menschlicher Irrungen mehr und mehr unabhängig machen kann.

Insbesondere gilt dies auch von den sogenannten persönlichen Fehlern, welche gerade im Gebiete der feineren Zeitmessung und Zeitvergleichung eine sehr wesentliche Bedeutung haben, und welche unter Anderem davon herrühren, daß bei verschiedenen Personen die Geschwindigkeit und die Reihenfolge, in welcher die verschiedenen Sinneswahrnehmungen zum Bewußtsein kommen, recht erheblich von einander abweichen können.

Zur Sicherung gegen solche in manchen Fällen mehr als eine halbe Sekunde *erreichenden persönlichen* Unterschiede hat man in der Astronomie mannigfache Vorkehrungen erdacht und im Allgemeinen mit Erfolg in Anwendung gebracht.

Auf dem Gebiete derjenigen Uhrvergleichungen, bei denen man der Natur der Sache nach nicht bis auf kleine Bruchtheile der Sekunde, sondern etwa bis auf die Sekunde oder in noch viel zahlreicheren Fällen nur bis auf die Minute gehen will, haben natürlich die sogenannten persönlichen Fehler in dem vorerwähnten Sinne keine Bedeutung. Dennoch treten auch hier gewisse Gruppen von Irrungen auf, welche zwar nicht einer bestimmten Person in bestimmter Größe und Richtung anzuhaften pflegen, aber doch mit dem Wesen der persönlichen Wahrnehmungen und Urtheile eng verwachsen sind.

Das Persönlichkeits- oder Selbstgefühl bildet bekanntlich schon an sich eine beständige Gefahr von Urtheilsfehlern auf allen Gebieten des Lebens. Auch die klügsten und besten Menschen haben, so oft ihre eigenen Wahrnehmungen und Behauptungen mit denjenigen anderer Menschen oder sogar ganzer Gemeinschaften anderer Menschen in Konflikt gerathen, die sehr wohl erklärliche instinktive Neigung, den Irrthum oder das Unrecht zunächst nicht auf ihrer eigenen Seite zu suchen, und gerade in Folge dieser Neigung unterläßt man es sehr oft, für die eigenen Wahrnehmungen und Behauptungen noch rechtzeitig diejenigen Selbstkontrolen aufzusuchen, auf deren Rathsamkeit jener Konflikt hinweist, und durch welche man den Schutz gegen eigene Irrungen wesentlich erhöhen könnte. Für diese allgemeine Erscheinung bieten gewisse, in zahllosen Fällen zur Kenntniß der hiesigen Sternwarte gelangte Wahrnehmungen hinsichtlich der Beurtheilung der Normaluhren sehr sprechende Beispiele.

Es hat Jemand die Minutenangaben oder, falls er eine genauere mit Sekundenzeiger versehene Uhr besitzt, die Sekundenangaben zweier oder mehrerer Normaluhren nach einander mit seiner Uhr verglichen und dabei sehr erhebliche Unterschiede gefunden, welche über diejenigen Grenzen hinausgehen, die als Fehlergrenzen der Angaben der hiesigen von der Sternwarte regulirten Normaluhren mehrfach in öffentlichen Erklärungen verbürgt worden sind. Ungeachtet aller Erklärungen letzterer Art und ungeachtet des Rufes der Zuverlässigkeit, dessen sich im Allgemeinen die astronomischen Institutionen erfreuen, wird aber doch von den meisten Menschen ohne Weiteres angenommen, daß die Ursache der gefundenen Abweichung nicht in Unvollkommenheiten des Ganges der eigenen Uhr oder in Irrthümern, die bei der Vergleichung derselben mit den Normaluhren von ihnen selbst begangen worden sind, ihren Grund haben, sondern daß die Angaben der Normaluhren selber fehlerhaft seien. In zahllosen Fällen lautet eben die stehende Aeußerung: „an meiner Uhr und an meiner Vergleichung ist es nicht gelegen“.

Welcher Art sind denn nun aber die Irrthümer, welche Jemand bei Vergleichung seiner Uhr mit den Normaluhren begehen kann? Und welche Abweichungen können dabei durch Unvollkommenheiten der Einrichtungen und Leistungen der eigenen Taschenuhr entstehen?

Was zunächst die Vergleichung der Sekundenangaben der Normaluhr mit derjenigen des Sekundenzeigers einer Taschenuhr betrifft — und zwar mit Ausschluß einer größeren Genauigkeit als etwa bis auf die volle Sekunde —, so kommen dabei zunächst erfahrungsmäßig Ablesungs- und Zählungsfehler von ganzen Zehnern oder Fünfern der Sekunde in Betracht, aber auch Irrungen von einem halben Umkreise, also von runden dreißig Sekunden. Das Entstehen eines Versehens letzterer Art wird, wie es scheint, auch dadurch begünstigt, daß bei manchen Taschenuhren der Knopf und Ring sich nicht bei der Zwölf, sondern gegenüber bei der Sechs befindet, oder daß sonstige Verschiedenheiten der bezüglichen Einrichtungen vorliegen.

Die Gefahr von Ablesungs- oder Zählungsfehlern wird bei solchen Vergleichungen dadurch erhöht, daß die Aufmerksamkeit sich zwischen zwei Bewegungs-Erscheinungen zu theilen hat, und daß bei der Vergleichung mit den Normaluhren die Gehörs-Wahrnehmungen ihrer Sekundenschläge, wodurch sonst die Uebertragung der Zählung von einer Uhr auf eine andere unterstützt wird, in Wegfall kommt, während andererseits das Zählen nach dem Hören der Schläge der Taschenuhr dadurch sehr erschwert wird, daß diese Schläge bei den meisten Taschenuhren in noch kleineren Intervallen als halben Sekunden aufeinander folgen.

Um sich gegen Ablesungs- und Zählungsfehler vorerwähnter Art zu sichern, thut man gut, die Vergleichung mindestens einmal und womöglich in einer von der ersten Vergleichung etwas verschiedenen Art des Verfahrens, und zwar am besten an einer gegenüberliegenden Stelle des Sekunden-Zifferblatts zu wiederholen, sodann bei kleinen Unterschieden der beiden Ergebnisse den Durchschnitt zu nehmen, bei größeren Unterschieden aber noch eine dritte Vergleichung hinzuzufügen, aus deren Uebereinstimmung mit einer der beiden ersten man dann die Entscheidung entnimmt und so fort.

Auch die Vergleichungen der bloßen Minutenangaben der eigenen Uhr mit denjenigen der Normaluhr sind erfahrungsmäßig mit Ablesungsfehlern ähnlicher Art, und zwar am leichtesten bei Zeigerstellungen, welche zwischen den ganzen Viertelstunden liegen, beispielsweise mit Ablesungsversehen von fünf Minuten, behaftet.

Bei den Ablesungen der Minutenangaben der Normaluhren kommen außerdem diejenigen nicht unmerklichen Verschiebungen in Betracht, welche die anscheinende Stellung der Spitze des Minutenzeigers gegen die Eintheilung des Zifferblattes an verschiedenen Stellen des Umkreises dadurch erfährt, daß das Auge des Ablesenden sich im Allgemeinen erheblich unter der Mitte des Zifferblattes und oft auch seitlich von derselben befindet. Auch entstehen bei den vorderen Zifferblättern unserer Normaluhren, welche nur die Minutenangabe enthalten, während das auch mit Sekundenzeiger versehene Zifferblatt sich auf der gegenüberliegenden Seite der Uhr befindet, kleine Mängel dadurch, daß die Bewegung des vorderen vom Uhrwerke etwas entfernteren Zeigerwerkes nicht so genau centrisch geschieht, wie die Bewegung auf der mit Sekundenzeiger versehenen Seite. Sodann ist auch der Eintheilung des vorderen Zifferblattes wegen der vorerwähnten unvermeidlichen Uebelstände der Ablesung, welche nur durch eine Verbindung mit einer Sekunden-Ablesung eingeschränkt werden, nicht ganz dieselbe Genauigkeit gegeben, wie der Eintheilung des anderen Zifferblattes. Die Unterschiede indessen, welche durch alle diese kleinen Unvollkommenheiten der Minutenangabe der Normaluhr selber an dem vorderen Blatte entstehen können, werden jetzt eine halbe Minute niemals erreichen.

Viel erheblicher sind bei den Vergleichungen einer Taschenuhr mit den Normaluhren diejenigen Unsicherheiten, welche aus den Eintheilungsfehlern der *Minuten-Zifferblätter* der Taschenuhren in Verbindung mit den Centrirungsfehlern der Zeigerbewegung zu dem in Minuten eingetheilten Umkreise entstehen können. Bei einer sehr großen Anzahl von Taschenuhren, selbst guter Qualität, sind die Eintheilungsfehler und Excentricitätsfehler der Minuten-Zifferblätter bis zu 1 oder 2 Minuten vorhanden. Die Einwirkungen dieser Fehler auf die Angaben der Uhren bedingen im Allgemeinen die größten Verschiedenheiten an einander gegenüberliegenden Stellen des Blattes, also nach dem Verlaufe einer halben Stunde, demnach ungefähr in einem zwischen den Vergleichungen zweier Normaluhren verfließenden Zeitintervalle. In einzelnen Fällen kommt es auch vor, daß durch eigenthümliche Fehler oder Störungsursachen im Werke periodische, z. B. allstündlich wiederkehrende, dagegen in längeren Zeiträumen neben den sonstigen Veränderungen des Uhrganges in den Hintergrund tretende Veränderungen der Schwingungsbedingungen in der Uhr entstehen, welche gerade in Intervallen von halben Stunden Unterschiede bis zu Bruchtheilen einer Minute hervorbringen können.

Von größerer Wichtigkeit sind allerdings Schwankungen letzterer Art bei denjenigen Vergleichungen, bei welchen man die Sicherheit von etwa einer Sekunde zu erreichen wünscht und glaubt.

Es giebt viele Taschenuhren, auch von guter Qualität, welche bei regelmäßig wiederkehrenden Vergleichungen von Tag zu Tage bis auf wenige Sekunden übereinstimmende Gänge zeigen, dagegen innerhalb eines Tages, sei es in Folge der Verschiedenheiten der Temperatur und der Lage, denen sie am Tage und in der Nacht ausgesetzt sind, sei es wegen Unvollkommenheiten der vorerwähnten Art, um ganze Zehner der Sekunde in ihren Angaben derartig hin- und herschwanken, daß sie sehr wohl innerhalb einer ganzen oder halben Stunde, geschweige denn in mehrstündigen Zeiträumen, von dem regelmäßigen, nach ihren sehr kleinen täglichen Durchschnittsabweichungen zu erwartenden Verlauf der Angaben um viele Sekunden abweichen können.

Alle diese Unvollkommenheiten der Vergleichungsmittel, mit welchen man oft in bester Meinung und größtem Vertrauen die Normaluhren zu kontroliren glaubt, werden sofort zur Erscheinung kommen, wenn man die Vorsichtsmaßregel befolgt, zu der ersten Normaluhr, mit welcher man die eigene Uhr verglichen hat, nach einem nicht zu langen Zeitraume zurückzukehren und alsdann eine erneute Vergleichung vorzunehmen.

Die uralte Erfahrung, daß Irrungen bei menschlichen Wahrnehmungen und Urtheilen Naturerscheinungen sind, welche auch mit einer gewissen Nothwendigkeit und Gesetzmäßigkeit auftreten, drückte man früher mit den harten Worten aus: Eines Mannes Rede ist keines Mannes Rede. — — In der Sprache der Messungs- und Rechnungstechnik heißt dies jetzt milder und ermuthigender für den Einzelnen: Ein Erfahrungs- und Schlußergebniß, bei welchem es an jeglicher Kontrole gegen die der Natur der Sache nach unvermeidlichen Irrungen gebricht, ist nichtig, auch wenn es von der Rede vieler Männer getragen ist.

Es liegt demgemäß auf der Hand, daß das Ergebniß jeder Vergleichung zweier oder mehrerer Normaluhren mit einer Taschenuhr, wenn diese Vorsichtsmaßregel nicht befolgt und auch keinerlei sonstige Kontrole über die Gangfehler der zur Vergleichung dienenden Uhr erlangt ist, *nicht entfernt* in Frage kommen kann neben der großen Sicherheit und

Stetigkeit, mit welcher die Normaluhren selber von der Sternwarte regulirt und überwacht werden. Jede gegen die Genauigkeit der Uebereinstimmung der Angaben der Normaluhren unter einander gerichtete Bemängelung, bei welcher nicht die zahlenmäßigen Ergebnisse solcher Selbstkontrolen der Vergleichung vorgelegt werden können, muß unbedingt abgelehnt werden, zumal dann, wenn aus der Art der Vergleichung sich ergiebt, daß auch bei jeder einzelnen Vergleichung die oben erwähnten Kontrolen gegen bloße Ablesungs- oder Zählungsfehler versäumt worden sind.

Dagegen werden alle solche Vergleichungen, bei welchen die Ergebnisse sorgfältig aufgezeichnet, und bei welchen durch rechtzeitige und systematische Wiederholungen im Sinne obiger Rathschläge auch der Einfluß der Gangfehler der zur Vergleichung dienenden Taschenuhr gehörig erkennbar und kontrolirbar gemacht worden ist, der hiesigen Sternwarte aufs Aeußerste willkommen sein, weil sie nicht bloß die Mittel und Wege der Kontrole der Normaluhren vermehren, sondern auch den Beweis liefern, daß die von der Sternwarte dargebotene Genauigkeit der öffentlichen Zeitangaben zur Erhöhung der Genauigkeit und der Vorsicht des Urtheils zunächst auf dem Gebiete der Zeitmessung beträgt, eine Wirkung, welche den sonstigen Wohlthaten der einheitlichen Zeitregulirung an Bedeutung keineswegs nachsteht und auch geeignet ist, die noch vorhandenen kleinen Unvollkommenheiten der bezüglichen Einrichtungen ausgleichen zu helfen.

Entwurf zu einem Pokal.

Der auf S. 382 in ¹/₈ der natürlichen Größe dargestellte Entwurf eines in Silber, mit theilweiser Vergoldung, auszuführenden Pokals im Style der deutschen Renaissance wurde von Herrn Rudolph Strecker in Mainz mitgetheilt.

Die Kraftmaschinen für das Kleingewerbe.

(Aus der Münchener Ausstellungs-Correspondenz.)

(Schluß.)

Das Prinzip der Petroleumkraftmaschinen besteht darin, daß Petroleum im fein zerstäubten oder dampfförmigen Zustande, mit atmosphärischer Luft gemischt, in einen Cylinder gesaugt und hinter einem Kolben entzündet wird. In dieser Hinsicht erfolgt also die Krafterzeugung in ähnlicher Weise wie bei den Gasmotoren; während jedoch bei den letzteren die Explosivkraft im wesentlichen ein künstliches Vacuum erzeugen soll, handelt es sich bei den Petroleummotoren um unmittelbare Ausnutzung der in Arbeit verwandelten Wärme. In Amerrika sind diese Kleinmotoren der billigen Petroleumpreise wegen sehr verbreitet; die Anwendung der Motoren ist an keine Oertlichkeit gebunden und wenn 'weder Leuchtgas noch Druckwasser zu haben sind, so bildet die Verwendung des Petroleums, außer den Dampfmaschinen und Heißluftmaschinen fast die einzige Kraftquelle des Kleingewerbes. Für den Betrieb verwendete man bisher minderwerthige Oele, denn erstens stellt sich dadurch der Betrieb billiger, ohne die Wirkung der Maschine zu beeinträch-

tigen, und zweitens eignen sich die schlechteren Petroleumsorten, wegen weniger vollkommener Verbrennung der Explosivmischung, besser zur Schmierung von Cylinder und Kolben. In neuester Zeit werden indessen fast ausschließlich Destillate des Petroleums angewendet.

Nach der Art der Entzündung können die Petroleumkraftmaschinen in Explosions- u. Verbrennungsmaschinen eingetheilt werden. Die neueren Maschinen werden im Allgemeinen nach dem Prinzip der liegenden Gasmotoren angeordnet, mit freihängendem, an dem Maschinenbette angeschraubtem Arbeitscylinder, auf welchem die Oeldruckpumpe angebracht ist. Wie bei den Gasmotoren wirkt die Maschine ebenfalls im Viertakt und mit Verdichtung der Ladung. Zur Bewegung der Pumpe, des Eintrittsventils, des Zündschiebers und des Austrittventils dient eine parallel zur Cylinderachse liegende Steuerwelle.

Unter die Verwerthung flüssiger Brennstoffe zum Betriebe von Kraftmaschinen gehört auch das Benzingas, wobei die Luft in fein vertheiltem Zustande durch das Benzin geleitet wird, während das von der Maschine angesaugte Gas durch ein gesteuertes Ventil eintritt und die Zündung durch einen elektrischen Funken erfolgt.

Die kleineren Petroleumkraftmaschinen machen in der Regel 200 Umdrehungen in der Minute und verbrauchen pro Pferdekraft und Stunde etwa $^3/_4$ kg oder für 21 Pfg. an rohem Petroleum, das kg zu 28 Pfg. gerechnet.

Die Heißluft- oder kalorischen Maschinen werden im Besonderen zum Betriebe der Arbeitsmaschinen für das Kleingewerbe benutzt. Das Princip dieser Motoren beruht auf der Nutzbarmachung der Ausdehnung und Zusammenziehung atmosphärischer Luft durch Erwärmung, bezw. Abkühlung derselben und unterscheidet man offene und geschlossene Maschinen. Bei den offenen Maschinen wird lediglich der durch die Ausdehnung der Luft erzeugte Druck als motorische Kraftquelle benutzt, während bei den geschlossenen Maschinen auch die Zusammenziehung der Luft durch Abkühlung derselben nutzbar gemacht ist. Die Heißluftmaschinen erfordern einen geringeren Brennstoffaufwand, als die Dampfmaschinen und ist daher das Bestreben, die atmosphärische Luft anstatt Dampf im Dienste der Kleinindustrie zu verwerthen, vollkommen gerechtfertigt. Sodann bedürfen die Heißluftmaschinen zu ihrer Aufstellung keiner behördlichen Concession, der Betrieb benöthigt keine geschulte Wartung und die Kraftquelle, die Luft, ist überall kostenfrei zu haben. Dagegen hat die zur Anwendung kommende hohe und trockene Hitze einen schädigenden Einfluß auf die verschiedenen Maschinentheile und unterliegt namentlich die Feuerungsanlage einer raschen Abnutzung.

Die offenen Heißluftmaschinen neueren Systems sind einfach wirkend und bestehen aus einem Arbeitscylinder und einem Luftpumpencylinder mit Saug- und Druckventilen. Die atmosphärische Luft wird in einem luftdicht abgeschlossenen Heizraum erhitzt und nimmt dabei eine entsprechend größere Spannung an. Läßt man nun einen Theil der erhitzten Luft auf einen Cylinderkolben wirken, so wird derselbe fortgetrieben bis die Verbindung zwischen Cylinder und Heizraum unterbrochen und dafür der durch den Kolben abgegrenzte Cylinderraum mit der Atmosphäre verbunden wird, worauf die eingeschlossene erwärmte Luft entweicht und der Kolben, vermöge der im Schwungrad aufgenommenen Arbeit wieder in seine ursprüngliche Lage zurückgeht. Bei den geschlossenen Heißluftmaschinen wird ein und dasselbe Luftquantum, ohne die Maschine zu verlassen, abwechselnd erhitzt und abgekühlt, indem es die durch Erwärmung aufgenommene Arbeit abgibt. Die geschlossenen Maschinen sind ebenfalls einfachwirkend gebaut und besitzen anstatt der Luftpumpe einen zweiten Kolben, den Verdränger, welcher die Luft abwechselnd nach dem Heizraum und dem kalten Cylindertheile zu schaffen hat. Triebkolben und Verdränger sind durch je eine Kurbel mit der Schwungradwelle gekuppelt, welche vom Triebkolben in Bewegung gesetzt wird, während der Verdränger mitgenommen wird. Die Abkühlung der Luft erfolgt durch äußere Wassercirculation um die den Verdränger umgebenden Cylinderwandungen und der Rücklauf des Triebkolbens wird wie bei den offenen Maschinen durch das Schwungrad bewirkt. In Fällen, wo die Beschaffung des Kühlwassers leicht möglich, oder das erwärmte Wasser weiter benutzt werden kann, ist die Anschaffung einer geschlossenen Maschine wegen dem höheren Nutzeffekt vortheilhafter.

Der Brennmaterialverbrauch der Heißluftmaschinen ist ein verhältnißmäßig geringer und beträgt bei den kleineren Motoren durchschnittlich 4 kg guter Steinkohlen pro effektive Pferdekraft und Stunde, oder 8 Pf. bei einem Kohlenpreis von 2 Mk. pro 100 kg. Auch können Sägespäne, *Lohe* 2c. zur Feuerung verwendet werden.

Nach Obigem kostet also die bloße Betriebskraft bei den verschiedenen Kraftmaschinen pro effektive Pferdekraft und Stunde: 1. für Heißluftmaschinen 8 Pf., 2. für Dampfmaschinen 10 Pf., 3. für Gaskraftmaschinen 15 Pf., 4. für Petroleumkraftmaschinen 21 Pf., 5. für Wasserkraftmaschinen 45 Pf.

Für die übrigen Betriebskosten ist vor allen Dingen die Dauer des täglichen Betriebes und die durch lokale Verhältnisse bedingte Art und Weise der Wartung maßgebend. Unter den angeführten Kleinmotoren werden für Schmiere, Wartung und Reparaturen die Wasserkraftmaschinen die geringsten, die Dampf- und Heißluftmaschinen aber die höchsten Betriebskosten beanspruchen.

Bei Vergleichung der Kaufpreise der erwähnten Motoren ist zu beachten, daß die Aufstellung der Gaskraftmaschinen Kosten für eigene Gasleitung und Fundamentirung verursacht, während die Heißluftmaschinen, mit Ausnahme der sogenannten Feuerluftmaschinen, einen aufgemauerten Ofen bedürfen. Ferner ist die Art der in Bewegung zu setzenden Arbeitsmaschinen und der dadurch bedingte Kostenaufwand für die Zwischenglieder oder die Transmissionen zu berücksichtigen.

Um bei Anlage einer Kleinkraftmaschine den erforderlichen Kraftbedarf annähernd abschätzen zu können, ergibt ein Vergleich mit Menschenarbeit, daß ein Arbeiter an der Kurbel etwa 1/5 Maschinenpferdekraft zu leisten vermag, daß also dieser die Arbeitsleistung von fünf Männern entspricht. Im Uebrigen sind die Kaufpreise der angeführten Kleinmotoren unter sich nicht wesentlich verschieden und schwankt der Grundpreis für einen einpferdigen Motor gegenwärtig zwischen 800 (Wasserkraftmaschinen) und 1200 Mk. (Heißluftmaschinen) frei deutsche Bahnstation. Für Verzinsung und Abschreibungen sind 15 % zu rechnen, also bei 1000 Mk. Kapital und 300 Arbeitstagen 50 Pf. pro Tag.

Bei einer täglichen Betriebszeit von 10 Stunden und mit Zugrundelegung obiger Kosten der Betriebskraft nebst 50 Pf. täglicher Verzinsung und Abschreibungen betragen die Kosten einer Kleinmotoren-Anlage von einer effektiven Pferdekraft pro Tag: 1. für Heißluftmaschinen 1,30 Mk., 2. für Dampfmaschinen 1,50 Mk., 3. für Gaskraftmaschinen 2 Mk., 4. für Petroleumkraftmaschinen 2,60 Mk., 5. für Wasserkraftmaschinen 5 Mk.

Damit soll indessen blos ein theoretisches Kostenverhältniß gegeben sein, da, wie oben bemerkt, in der Praxis noch andere Faktoren zu berücksichtigen sind, und wird in allen Fällen, wo der Kleinkraftbetrieb kein kontinuirlicher ist, denjenigen Motoren der Vorzug einzuräumen sein, welche während dem Stillstande keinerlei Feuerung und Wartung erfordern.

Die Wartung der kleineren Kraftmaschinen wird in der Regel von dem, im gleichen Raume bei den Arbeitsmaschinen beschäftigten Personal besorgt werden können. Für Schmierung, Reinigung, Dichtungen und laufende kleine Reparaturen sind bei den erstgenannten vier Motorensystemen im Durchschnitt etwa 50 Pf. täglich, bei den Wasserdruckmotoren aber kaum halb so viel anzusetzen. Diese Zahlen geben ein überraschendes Bild von der nutzbringenden Verwendung der Kraftmaschinen gegenüber den menschlichen Arbeitskräften. Die Leichtigkeit, mit welcher die bewegende Kraft gegenwärtig billig beschafft werden kann, bietet aber neben den geringeren Regiekosten und dem intensiveren Betriebe einen Hauptstützpunkt für das Gedeihen des Kleingewerbes. **A. Brunner.**

Redacteur Dr. Hesse. — Druck von Heinrich Brill in Darmstadt.

Gewerbeblatt

für das

Großherzogthum Hessen.

Zeitschrift des Landesgewerbvereins.

Erscheint wöchentlich. Auflage 4500. Anzeigen für die durchgehende Petitzeile oder deren Raum bei ein- und zweimaliger Aufnahme 30 Pf., bei drei- und mehrmaliger Aufnahme 25 Pf.

№ 41. Oktober 1888.

Mittheilungen der chemischen Prüfungs- und Auskunfts-Station für die Gewerbe.

(Darmstadt, Heinrichstraße 55.)

Ueber eisenhaltige Legirungen, insbesondere das Delta-Metall.

Von Dr. W. Sonne.

Die Eigenschaften von Metallen und von Metalllegirungen werden bekanntlich schon durch geringe Mengen anderer Stoffe bedeutend geändert. So wird Stabeisen, welches Schwefel oder Arsen enthält, rothbrüchig, d. h. es zerbröckelt, wenn es rothglühend gehämmert wird. Durch einen Gehalt an Phosphor wird Eisen kaltbrüchig, es läßt sich zwar glühend verarbeiten, bricht aber beim Erkalten schon durch Biegen, ferner ist Eisen, welches Calcium enthält, nicht mehr schweißbar.*) Andererseits werden durch einen Zusatz von Eisen die Eigenschaften verschiedener Metalllegirungen bedeutend verbessert. Im Folgenden soll zunächst der Einfluß des Eisens auf die Eigenschaften einer der ältesten bekannten Metalllegirungen, das Messing, etwas näher besprochen werden.

Versuche, Eisen in das Messing einzuführen, wurden schon vor mehr wie 40 Jahren von Aich und Rosthorn in Wien angestellt und so in der That Legirungen gewonnen, welche eine erhebliche Festigkeit und Zähigkeit besaßen und sich namentlich dadurch auszeichneten, daß sie in

*) Wagner-Fischer, Handbuch der chemischen Technologie, XII. Aufl. 1886, S. 38.

der Hitze schmiedbar waren. Diese Metallcomposition kam unter dem Namen Sterrometall oder Aichmetall in den Handel und enthielt in 100 Theilen: 60 Theile Kupfer, 38,2 Theile Zink und 1,8 Theile Eisen.*) Da es indessen nicht gelang, Legirungen von gleichem Eisengehalt zu gewinnen, so wurde die Herstellung des Sterrometalls wieder aufgegeben. Dagegen glückte es im Anfang dieses Jahrzehnts Alexander Dick, Kupferzinklegirungen von gleichmäßigem Eisengehalt herzustellen. Dick gab der neuen Legirung den Namen „Delta-Metall", weil er das Metall mit seinem Namen in Verbindung bringen wollte, zu welchem Zwecke er dasselbe nach der griechischen Form des Anfangsbuchstabens seines Namens benannte. Die Herstellung des Delta-Metalls wird durch die Deutsche Delta-Metall-Gesellschaft von A. Dick & Comp. in Düsseldorf fabrikmäßig betrieben und ist durch mehrere englische**) und deutsche***) Patente geschützt. Dick bediente sich einer Legirung von Zink und Eisen, in welcher das letztere Metall bis zur Sättigung eingeschmolzen war und welche er dem reinen Kupfer oder der Kupferzinklegirung zusetzte. Zur Vermeidung von Ungleichmäßigkeiten in der Zusammensetzung, welche durch theilweise Oxydbildungen veranlaßt werden könnten, fand er für gut, einen Zusatz von Phosphor oder nach Künzel's Vorschlage von Phosphorkupfer beizufügen, außerdem setzte er, zur Erstrebung besonderer Eigenschaften, je nachdem Zinn, Mangan und Blei zu. Nach dem D. R.-P. Zusatz Nr. 28546 vom 3. Januar 1884 wird an Stelle von reinem Eisen Spiegeleisen oder Ferromangan bei etwa 900° in Zink eingetragen. Das Mangan löst sich dabei mit dem damit verbundenen Eisen gleichmäßig auf und es wird eine gesättigte Lösung von Eisen und Mangan in Zink erhalten, welche an beiden Stoffen zusammen bis 9 Procent des angewendeten Zinks enthält. Diese Lösung wird in Barren gegossen und die letzteren mit oder ohne Zusatz von reinem Zink dem geschmolzenen Kupfer zugesetzt. Im Delta-Metall ist das Eisen chemisch gebunden, denn unter der Einwirkung der atmosphärischen Luft tritt keine Rostbildung auf und das Metall wirkt nicht ablenkend auf die Magnetnadel. Von den Eigenschaften der Legirung ist Folgendes zu erwähnen. Das specifische Gewicht des Delta-Metalls ist durchschnittlich 8,4, sein Schmelzpunkt liegt bei 980° C., seine Farbe ist hellgelb und gleicht der einer Gold-Silberlegirung, es kann sowohl kalt wie warm bearbeitet werden. Im Guß ist es leichtflüssig, die daraus erzeugten Gußstücke sind gesund und von feinkörnigem Bruch. Es läßt sich nicht schweißen, ist jedoch bei gehöriger Vorsicht löthbar. In Sand gegossen, besitzt es eine Zerreißfestigkeit von 33 kg, welche sich durch Schmiedung im warmen Zustande auf 52—55 kg und durch kalte Hämmerung oder Walzung auf über 63 kg steigern läßt. Das Delta-Metall kann warm gestanzt werden, die so hergestellten Gegenstände sind sehr sauber, billiger und dreimal so stark wie Messingguß. Auch kommt es beim Delta-Metall niemals zum Auftreten von Blasen, welche sich beim Messing oft erst zeigen, nachdem die Bearbeitung ziemlich weit vorgeschritten ist. Nach

*) Ledebur, Metallverarbeitung, S. 81.

**) Engl. Patent 2537 vom 10. Juni 1881 und 2484 vom 25. Mai 1882.

***) D. Patent 18603 vom 9. December 1881, 22620 vom 2. November 1882 und Zusatz-Patent 28546 vom 3. Januar 1884.

Ermittelungen der Königl. Prüfungsanstalt in Berlin ist bei einem Probestab von 20 mm Durchmesser und 250 mm Länge die Elasticitätsgrenze 22 kg, die Bruchfestigkeit 58,8 kg, die Dehnung 12,9 Procent, die Contraction 17,4 Procent. Die Probe auf Druckfestigkeit ergab bei Belastungen in Kilogramm pro Quadratcentimeter folgende Abnahme in der Länge:

1500	0,8 Proc.,
3000	1,33 „
5400	2,71 „
6200	5,77 „
8500	10,76 „
9500	Maximum.

Das Delta-Metall wird vorzugsweise angewandt zum Ersatz von bestem Messing, Geschützbronze und Stahl, zur Anfertigung von Gewehrschloßtheilen, Torpedos, Zweirädern, sowie von Walzen in Pulverfabriken, da es keine Funkenbildung veranlaßt. Ferner soll sich das Delta-Metall gut eignen zum Schmieden von Pumpenstangen und Spindeln für Wasserschieber, da es die doppelte Festigkeit wie Rothguß besitzt und dabei billiger als letzterer zu stehen kommt. Auch werden allerlei Schiffsbeschläge, Lager, Schiffsschrauben, Nieten, Kesselausrüstungen, Röhren, Pferdegeschirre u. dergl. daraus angefertigt. Heiß ausgestanzt werden aus Delta-Metall: Schraubenschlüssel, Hämmer, Lager für Eisenbahn- und Pferdebahnwagen, Glocken von 4—30 cm Durchmesser u. s. w. Auch ein kleines Dampfschiff von 11 m Länge ist von Yarrow & Comp. in London durchweg aus Delta-Metall statt aus Stahl angefertigt worden. Es wird empfohlen, solche Schiffe für den Verkehr auf den Flüssen im Innern von Afrika zu verwenden, da die höheren Anlagekosten durch die Unmöglichkeit der Rostbildung und die so herbeigeführte längere Dauer wieder ausgeglichen werden.*)

Weniger günstig spricht sich ein anderes Fachblatt**), allerdings nur in einigen kurzen Anmerkungen, über das Delta-Metall aus. Danach schwindet das Metall stark und es liegen Schmelzpunkt und Erstarrungspunkt nahe bei einander, so daß große Vorsicht beim Schmelzen und Vergießen zu empfehlen ist. Ferner erscheint es nach demselben Blatte zweifelhaft, ob die Kupferzinkeisenlegirungen im Stande sein werden, die bewährten Rothguß-Phosphorbronze- und Weißgußmetalle aus der Verwendung zu Lagerschalen zu verdrängen.

Bei einer so vielfach empfohlenen Metalllegirung mußte es auffallen, daß über die Zusammensetzung derselben bis vor Kurzem gar keine Angaben vorlagen. Durch Vermittelung von Siecke und Schulz in Berlin bezog daher die chemische Prüfungsstation für die Gewerbe von der bereits erwähnten Deutschen Delta-Metall-Gesellschaft einige Proben Delta-Metall zum Zwecke der Untersuchung. Nachdem dieselbe beendet war, veröffentlichte Prof. Hampe***) eben-

*) Vorstehende Angaben über das Delta-Metall sind, wo nicht anders bemerkt, im Wesentlichen zwei Referaten aus „Stahl und Eisen" Jahrg. V, S. 201 f. und aus Dingler's polytechnischem Journal Bd. 255, S. 73 f. entnommen worden.

**) Chemiker-Zeitung, Jahrg. IX, S. 641.

***) Chemiker-Zeitung, Jahrg. XII (1888), S. 893.

falls einige Analysen von Delta-Metall, welche nachstehend wiedergegeben sind.

Es enthält:

	Delta-Metall:			
	Gegossen.	Geschmiedet.	Gewalzt.	Heiß ausgeschm.
Kupfer:	55,94 Proc.	55,80 Proc.	55,82 Proc.	54,22 Proc.
Blei:	0,72 „	1,82 „	0,76 „	1,10 „
Eisen:	0,87 „	1,28 „	0,86 „	0,99 „
Mangan:	0,81 „	0,96 „	1,38 „	1,09 „
Zink:	41,61 „	40,07 „	41,41 „	42,25 „
Nickel:	Spur	Spur	0,06 „	0,16 „
Phosphor:	0,013 „	0,011 „	Spur	0,02 „
	99,963 Proc.	99,941 Proc.	100,29 Proc.	99,83 Proc.

Dagegen ergab die von mir vorgenommene Untersuchung zweier Proben von gegossenem Delta-Metall:

	I.	II.	Im Mittel.
Zinn:	0,12 Proc.	0,09 Proc.	0,11 Proc.
Blei:	1,15 „	1,05 „	1,10 „
Kupfer:	60,35 „	60,74 „	60,54 „
Eisen:	1,42 „	1,24 „	1,33 „
Mangan:	—	—	Spur
Nickel:	—	—	Spur
Zink:	36,49 „	36,92 „	36,71 „
			99,79 Proc.

Es enthält also die der Prüfungsstation vorliegende Probe Delta-Metall (gegossen) mehr Kupfer (4,6 Proc.) und weniger Zink (4,9 Proc.), wie die von Hampe analysirte Legirung. Dagegen enthält die von mir untersuchte Probe weniger Mangan, dasselbe konnte nur in Spuren nachgewiesen werden und wurde nicht quantitativ bestimmt; Phosphor ließ sich trotz mehrmals wiederholter Prüfung gar nicht auffinden. Es ergiebt sich aus den vorstehenden Zahlen, daß das gegossene Delta-Metall in allen seinen Theilen eine durchaus gleichartige Beschaffenheit besitzt. In der That hatte auch das Probestück alle für das Delta-Metall angegebenen Eigenschaften. Daß eine Legirung, zu deren Herstellung der betreffenden Gesellschaft so viel verschiedene Verfahrungsweisen zu Gebote stehen, in ihrer Zusammensetzung kleinere Schwankungen zeigt, läßt sich wohl erklären. Ganz auffallend aber ist der sowohl durch die Hampe'schen, wie durch meine Analysen nachgewiesene geringe Eisengehalt. Es ist wohl bisher allgemein angenommen worden, daß das Delta-Metall einen größeren Eisengehalt habe wie 1,11 Procent*), zumal sich im D. P. 18603 vom 9. December 1881**) die Angabe findet: „Niemals soll der Eisengehalt der fertigen Legirung 10 Procent übersteigen.“ Es wäre daher sehr zu wünschen, daß die Deutsche Delta-Metall-Gesellschaft auch einmal die Herstellung einer eisenreicheren Legirung versuchte.

*) Mittelzahl aus den 6 vorstehenden Analysen.
**) Technisch-Chemisches Jahrbuch 1882/83, S. 40.

Im Anschlusse an Vorstehendes möge noch Einiges über eine eisenhaltige Zinnkupferzinklegirung mitgetheilt werden, welche vor einigen Jahren von einer Metallhandlung als ein „Mittel zur Herstellung von porenfreiem und besonders zähem Guß" empfohlen wurde. Wenn diese Legirung, wie wohl anzunehmen, dem Delta-Metall Concurrenz machen sollte, so hat sie nach dem mir vorliegenden Urtheile eines namhaften Fachmannes ihren Zweck nicht erfüllt. Das der Prüfungsstation übersandte Probestück war mattglänzend, hatte eine silbergraue Farbe und war ziemlich spröde.

Die Analyse ergab:

Zinn:	19,41	Proc.,
Antimon:	Spur	
Blei:	6,10	„
Kupfer:	58,71	„
Eisen:	1,42	„
Zink:	14,06	„
	99,70	Proc.

Der Eisengehalt der Legirung kommt also dem des Delta-Metalls gleich, die Sprödigkeit derselben ist durch den großen Zinngehalt veranlaßt.

Zu ausgedehnter Verwendung ist die Masse jedenfalls nicht geeignet. Wahrscheinlich hat man*) es mit einem Metall zu thun, welches aus Abgängen von Eisenbahnwerkstätten, besonders wohl aus Rothgußlagern, die mit Weißmetall ausgegossen und deßhalb schwer verkäuflich waren, zusammengeschmolzen ist und gar nicht gleichmäßig fällt. — Nach Ledebur**) erreicht eine Kupferzinnlegirung bei einem Zinngehalte von etwa 17,5 Procent ihr Maximum hinsichtlich der relativen und absoluten Festigkeit, bei fernerer Anreicherung des Zinngehaltes tritt eine rasche Abnahme der Festigkeit ein. Wenn der Zinngehalt über 20 Procent steigt, so nimmt die Festigkeit rasch ab, die Sprödigkeit in noch beträchtlicherem Maße zu. Diese Angaben Ledebur's können auch auf die vorliegende Legirung Anwendung finden, deren Zinngehalt 20 Procent beinahe erreicht.

Vielleicht können durch diese Mittheilung Hessische Gewerbetreibende, welchen die beschriebene silbergraue Legirung angeboten wird, vor Schaden behütet werden.

Zum Schlusse möchte ich noch darauf hinweisen, daß es im hohen Grade wünschenswerth ist, daß diejenigen Mitglieder des Landesgewerbvereins, welche Erfahrungen über die Verwendung und das Verhalten des Delta-Metalls zu sammeln in der Lage sind, hiervon die Großherzogliche Centralstelle für die Gewerbe benachrichtigen und auf diese Weise zur Vermehrung unserer Kenntnisse über die Producte der Düsseldorfer Gesellschaft beitragen.

Darmstadt, September 1888.

---

*) Nach gefälliger Mittheilung einer großen Gießerei Hessens.

**) Metallverarbeitung, S. 34 (Versuche von Thurston).

Verschiedene Mittheilungen.

Patente von im Großherzogthum Hessen wohnenden Erfindern.

Patent-Anmeldungen. — Kl. 54, H. 8054. Düttenmaschine mit Druckvorrichtung; Louis Hauff in Darmstadt. — Kl. 84, M. 5980. Umsetzbarer Fangdamm; F. Minthe in Mainz.

Patent-Ertheilungen. — Kl. 15, Nr. 45214. Neuerung an Banddruckmaschinen für numerirte Papierbillets; Gaudenberger'sche Maschinenfabrik von Georg Göbel in Darmstadt; vom 5. November 1887 ab. — Kl. 21, Nr. 45251. Neuerung in der Herstellung von Trockenelementen; Dr. C. Gaßner jun., prakt. Arzt in Mainz, Betzelsstr. 24; vom 8. November 1887 ab. — Kl. 22, Nr. 45294. Neuerungen in dem Verfahren zur Darstellung gelber basischer Farbstoffe der Phenylacridingruppe, genannt Benzoflavine; II. Zusatz zum Patent Nr. 43714; K. Oehler in Offenbach a. M.; vom 20. December 1887 ab. — Kl. 22, Nr. 45298. Neuerung in dem Verfahren zur Darstellung gelber basischer Farbstoffe der Phenylacridingruppe, genannt „Benzoflavine"; III. Zusatz zum Patent Nr. 43714; K. Oehler in Offenbach a. M.; vom 22. Januar 1888 ab. — Kl. 44, Nr. 45090. Cigarrenbehälter mit Cigarrenabschneider; M. Müller in Offenbach a. M., Rohrstraße 30; vom 29. März 1888 ab. — Kl. 45, Nr. 44866. Insektenfalle; J. Lind in Darmstadt, Wilhelminenstr. 6; vom 31. Januar 1888 ab. — Kl. 45, Nr. 45243. Ein durch Gewicht gegen die horizontale Trommel gepreßter Dreschkorb; Aktiengesellschaft Hüttenwerk, Eisengießerei und Maschinenfabrik Michelstadt in Michelstadt; vom 15. Januar 1888 ab. — Kl. 64, Nr. 42363. Lorenz Adalbert Enzinger in Worms; Flaschenschwenkmaschine; vom 24. Mai 1887 ab.

Deutsche Allgemeine Ausstellung für Unfallverhütung, Berlin 1889. Nach den Anmeldungen, welche für diese Ausstellung bereits eingegangen sind, verspricht dieselbe eine Ausdehnung zu erhalten, wie sie zur Erreichung des ihr gesteckten Zieles umfassender wohl kaum gedacht werden kann. Nicht nur die Mehrzahl der größeren deutschen Etablissements werden sich an derselben betheiligen, auch der größte Arbeitgeber, der preußische Staat selbst, wird mit den verschiedensten Ausstellungsgegenständen, wie Bergwerksmodellen, Eisenbahnvorrichtungen, statistischen und kartographischen Arbeiten aller Art, dabei hervortreten. So große Erwartungen deshalb die in Aussicht stehende Betheiligung bezüglich des Erfolges der Ausstellung hervorzurufen geeignet ist, so sind doch, dem Vernehmen nach, innerhalb der betheiligten Kreise Zweifel darüber angeregt worden, ob dieser Erfolg nicht etwa durch die Kürze der Zeit, für welche vorläufig das Ausstellungsgebäude benutzt werden darf, in ungünstiger Weise beeinflußt werden könnte. Es läßt sich nicht leugnen, daß der Zeitraum von drei Monaten, April bis Juni einschließlich, wie er bisher ins Auge gefaßt werden konnte, nicht blos verhältnißmäßig kurz ist, sondern daß auch das Frühjahr als solches nicht gerade die günstigste Zeit für Ausstellungen, namentlich bezüglich des Zuzuges der Besucher von außerhalb, ist. Das Landesausstellungsgebäude ist nun aber vom 1. Juli jedes Jahres ab für die akademische Kunstausstellung reservirt, und es erheben sich hieraus Schwierigkeiten für die Verlängerung der Unfallverhütungsausstellung, die, da das Gebäude beide Ausstellungen zugleich nicht in sich aufnehmen kann, nur durch ein Verzichtleisten auf die Eröffnung der akademischen Kunstausstellung schon am 1. Juli nächsten Jahres gehoben werden könnten. Wie wir erfahren, werden gegenwärtig zwischen den betheiligten Kreisen zur Hebung dieser Schwierigkeiten Verhandlungen gepflogen und wenn auch deren Ergebniß bisher nicht abzusehen ist, so darf man doch überzeugt sein, daß namentlich seitens der dabei in Frage kommenden Behörden Alles aufgeboten werden wird, um den Wünschen nach Verlängerung der Dauer der Unfallverhütungsausstellung so viel als nur irgend möglich entgegenzukommen. (B. P. N.)

Kraft- und Arbeitsmaschinenausstellung, München 1888. In den letzten Tagen wurde die Vacuum-Eismaschine in Betrieb gesetzt und bildet dieselbe einen großen Anziehungspunkt für die Laien und Interessenten, auch der Patent-Motor-Wagen von Benz in Mannheim zeigt fortwährend eine hervorragende Anziehungskraft und kann derselbe von Interessenten in der Ausstellung einer Probe unterzogen werden. — Der Besuch der Ausstellung ist in Folge dessen ständig in Steigung begriffen und ist in sehr anerkennenswerther Weise eine ganz besondere Nachfrage nach den Eintrittskarten zu ermäßigten Preisen für die Arbeiterschaft zu verzeichnen.

Litteratur.

Maier Rothschild, Handbuch der gesammten Handels-Wissenschaften. 4. neu bearbeitete Auflage. Stuttgart. Verlag für Sprach- und Handelswissenschaft (Dr. P. Langenscheidt). Vollständig in genau 21 Lieferungen. Preis per Lieferung 50 Pf.

Die vorliegenden (2—5.) Lieferungen enthalten nach Abschluß der Handelsgeschichte die Handelsgeographie der Erde, sowie den Anfang der Grundzüge der Nationalökonomie. Die „Kaufmännische Correspondenz" schreibt über das vorliegende Werk: Zum viertenmal erscheint in neuer Form und doch dem Wesen nach das alte Handbuch. Denn Maier-Rothschild hat sich bewährt als Rathgeber des angehenden Geschäftsmannes, als Wegweiser zu einer selbständigen Lebensstellung, zum Erwerb eines Wohlstandes, welcher auf Fleiß und Kenntnissen, auf kaufmännischer Bildung und Arbeitstüchtigkeit beruht. Maier-Rothschild ist in die Kontors der Kaufleute und Gewerbetreibenden, in die Geschäftszimmer und in die Lehrsäle eingedrungen, so weit die deutsche Sprache als Geschäftssprache reicht; er ist zum wohlgeordneten Lehrbuch für den Anfänger, wie zum Nachschlagebuch für den reiferen Geschäftsmann geworden. Wir empfehlen das Werk allen unsern Lesern. -tt.

Die Schmiedekunst älterer und neuerer Zeit. Herausgegeben von Gustav Trelenberg und Oskar Halspaap unter Mitwirkung hervorragender Fachmänner. Druck und Verlag von C. Dülfer in Breslau. Preis des Heftes 5 Mark.

Kein Zweig des Kunstgewerbes hat wohl in letzter Zeit einen solchen verhältnißmäßigen Aufschwung erfahren, wie gerade die Schmiedekunst; mit dem wachsenden Interesse des Publikums an derselben ist naturgemäß auch die Literatur gewachsen, welche sich mit dieser Technik beschäftigt. In erster Linie sind es aber zumeist die älteren und neueren Schmiedearbeiten des Südens und Westens Deutschlands, deren Kenntniß durch Wort und Bild vermittelt wurde; das uns neu vorliegende Werk, in der mächtig aufstrebenden Metropole Schlesiens entstanden, verspricht uns außerdem auch mit dem Osten näher bekannt zu machen und dessen Reichthümer der Kunstschmiedetechnik ans Licht zu fördern. St. Maria-Magdalena, die Universität zu Breslau, Schloß Goschütz i. Schl. haben die Ausbeute für das vorliegende erste Heft gegeben; Darstellung und Ausstattung desselben ist eine durchaus gute. Halten die nachfolgenden Hefte sich auf derselben Höhe, so glauben wir das neue Unternehmen, welches eine Encyclopädie der Schmiedekunst zu werden verspricht, Fachleuten und Laien wohl empfehlen zu dürfen.

Der „Formenschatz". Eine Quelle der Belehrung und Anregung für Künstler und Gewerbetreibende, wie für alle Freunde stylvoller Schönheit, aus den Werken der besten Meister aller Zeiten und Völker. Herausgegeben von Georg Hirth. — Jährlich 12 Hefte. Preis 15 Mark. G. Hirth's Verlag in München und Leipzig.

Von dem rühmlichst bekannten Werke liegen uns nunmehr die Lieferungen 5—8 vor, welche wieder eine Fülle schätzbaren Materiales bieten. Von den dabei vertretenen Meistern der Kunst nennen wir u. A.: Albrecht Dürer, Peter Paul Rubens, Gilles Marie Oppenord, Paolo Veronese, Raffael Santi, Tintoretto, Virgil Solis, Francois de Cuvilliers, Hans Holbein d. J. u. s. f.

Leske's Schreib- und Geschäftskalender für das Jahr 1889. Darmstadt. Druck und Verlag von C. W. Leske. 78. Jahrgang. Preis 1 Mark 25 Pf.

Seit den 78 Jahren seines Bestehens bietet er: 1 Kalender und Notizenblätter für alle Tage des Jahres, 1 Kalender der Juden, 1 Kassabuch, die Interessen-Rechnung von 3 bis 6%. Umrechnungstabellen von 6 verschiedenen Währungen in die jetzige Deutsche Reichswährung, viele wichtige und höchst interessante, im Geschäftsleben wohl zu verwendende Notizen, 1 Post- und Gebühren-Tarif für Telegramme, 1 ausführlicher Verloosungs-Kalender, sowie oft verwerthbare statistische Notizen in Betreff unsers Großherzogthums Hessen und schließlich 1 ausführliche Genealogie der Regenten und aller hohen fürstlichen Häuser. Sauber und solid gebunden.

Redacteur Dr. Hesse. — Druck von Heinrich Brill.
In Commission bei L. Brill in Darmstadt.

Gewerbeblatt

für das

Großherzogthum Hessen.

Zeitschrift des Landesgewerbvereins.

Erscheint wöchentlich. Auflage 4500. Anzeigen für die durchgehende Petitzeile oder deren Raum bei ein- und zweimaliger Aufnahme 30 Pf., bei drei- und mehrmaliger Aufnahme 25 Pf.

№ 42. Oktober 1888.

Vorträge bei den Lokalgewerbvereinen.

Entsprechend dem §. 20 der Statuten des Landesgewerbvereins werden von den Lokalgewerbvereinen zur Belehrung ihrer Mitglieder Vorträge technischen und wirthschaftlichen Inhalts veranstaltet. Die Großh. Centralstelle für die Gewerbe und den Landesgewerbverein ist stets bemüht, diese Bestrebungen zu unterstützen und hat auf Ansuchen immer die Gewinnung geeigneter Persönlichkeiten zur Abhaltung derartiger Vorträge vermittelt, sowie auch die Mitglieder der Centralstelle, soweit es deren sonstige dienstliche Geschäfte zulassen, selber zur Uebernahme einzelner Vorträge bereit sind. Eine dankenswerthe Hülfe findet die Großh. Centralstelle bei den Beamten der Großh. chemisch-technischen Prüfungs- und Auskunfts-Station, den Herrn Prof. Dr. Thiel und Dr. Sonne zu Darmstadt, welche, wie in den verflossenen Wintern, so auch in dem kommenden Halbjahre eine Reihe von Vorträgen zur Verfügung stellen, wofür den Lokalgewerbvereinen ebenso wie bei den Mitgliedern der Großh. Centralstelle besondere Kosten nicht entstehen, da Honorare nicht beansprucht und die Reisekosten auf die Kasse des Landesgewerbvereins übernommen werden.

Eine besondere Unterstützung gewährt aber die Großh. Centralstelle noch weiter an eine Reihe von kleineren Lokalgewerbvereinen, wenn es denselben in den eigenen Kreisen an Mitgliedern fehlt, welche befähigt und geneigt sind, solche Vorträge zu übernehmen. Hierbei wird von folgenden Grundsätzen ausgegangen.

Die Vorträge, für welche Unterstützung beansprucht wird, sollen rein technischer und wirthschaftlicher Natur, nicht aber blos allgemein bildenden Inhaltes sein.

Werden geeignete Personen von Außen für Vorträge berufen, so können an dieselben Reisekosten, Ersatz besonderer Auslagen und auch Honorare vergütet werden. Aus der Kasse des Landesgewerbvereins können Beiträge von je 25—30 Mark für einen solchen Vortrag den betreffenden Lokalgewerbvereinen gewährt werden; allein nicht für mehr als je für zwei Vorträge im Jahr. Wir unterstellen im Allgemeinen, daß weitere Kosten in solchen Fällen den Lokalgewerbvereinen nicht entstehen, worauf wir deren Vorstände hiermit hinweisen.

Diejenigen Lokalgewerbvereine, welche von dieser Beihülfe Gebrauch machen wollen, sind ersucht, uns solches mit Angabe der Vortragenden und der gewählten Vortragsgegenstände vor Abhaltung der betreffenden Vorträge mitzutheilen. Wir werden nach Maßgabe der uns für den fraglichen Zweck zu Gebote stehenden Mittel und der bei uns eingegangenen Gesuche bemessen, welche Unterstützung wir jedem Lokalgewerbverein zur Verfügung stellen können.

Den Vorständen der Lokalgewerbvereine bleibt es überlassen, sich mit geeigneten Personen für bestimmte Vorträge, sowie wegen Zeit, Ort und Honorar direkt zu benehmen. In Fällen, wo besonderer Werth auf die Abhaltung eines Vortrags über eine für die Mitglieder eines Lokalgewerbvereins vorzugsweise interessante Frage gelegt wird und es sich um die Wahl einer betreffenden geeigneten Persönlichkeit handelt, sind wir auf bezügliches Ersuchen gerne bereit, bei der Wahl der Persönlichkeit behülflich zu sein.

Wir wünschen, daß die Vorstände uns, nachdem ein Vortrag in einem Lokalgewerbvereine gehalten wurde, je eine Mittheilung über den Inhalt und die Aufnahme desselben seitens der Mitglieder des Vereins zugehen lassen.

Um besondere Wünsche einzelner Lokalgewerbvereine möglichst berücksichtigen zu können, haben wir mittelst Ausschreiben vom 23. Mai d. J. die Vorstände ersucht, diese Angelegenheit schon frühzeitig in den Vereinsversammlungen zur Sprache zu bringen und uns von den dort festgestellten Wünschen Mittheilung zu machen. Soweit Antworten hierauf eingelaufen sind, werden dieselben Berücksichtigung finden.

Außer den Herrn Prof. Dr. Thiel und Dr. Sonne haben uns folgende Herrn ihre Bereitwilligkeit zur Abhaltung von Vorträgen ausgesprochen: Herr Ingenieur Brockmann zu Offenbach; Herr Universitätsamtmann Dr. Dietz zu Gießen; Herr Patentanwalt Otto Sack zu Leipzig; Herr Ober-Medicinalrath Dr. Uloth zu Darmstadt. Wir stellen den Lokalgewerbvereinen anheim, sich mit diesen Herrn direkt zu benehmen.

Die in Aussicht genommenen Vortragsgegenstände sind folgende:

I. Von Herrn Prof. Dr. Thiel:

1) Ueber Zweck und Benutzung der Großh. chemischen Prüfungs- und Auskunfts-Station für die Gewerbe.
2) Ueber Kunstbutter.

3) Ueber die Luft in Wohngebäuden.
4) Thema vorbehalten, eventuell von den Vereinen in Vorschlag zu bringen.

II. Von Herrn Dr. Sonne:

1) Ueber die Haltbarmachung der Nahrungs- und Genußmittel.
2) Ueber die Verfälschung der Nahrungsmittel.
3) Ueber die Verfälschung der Genußmittel.
4) Ueber das Wasser in gesundheitlicher und technischer Beziehung.
5) Ueber die Kellerbehandlung der Weine.
6) Ueber die Bereitung des Bieres.
7) Ueber Eisen und Stahl.
8) Ueber die Herstellung und Verwendung des Wassergases.
9) Ueber die Reinigung und Verwerthung industrieller Abwasser.
10) Ueber die Geschichte der Sprengstoffe.

III. Von Herrn Ingenieur Brockmann:

1) Ueber Feuerstätten in alter und neuer Zeit.
2) Zur Geschichte der Dampfmaschine.
3) Neuere Arbeitswerkzeuge mit Vorlage von Musterstücken.
4) Fortschritte in der praktischen Anwendung der Elektricität mit Experimenten.
5) Gewitter und Blitzableiter.
6) Brennstoffe und Verbrennung.
7) Die neueren Cement-Eisen-Constructionen (Moniersystem) und ihre vielseitigen Anwendungen im Gewerbe.
8) Das Vaselin und seine Anwendung in den Gewerben mit Experimenten.
9) Ueber Kleinmotoren.
10) Die technische Verwendung der flüssigen Kohlensäure.
11) Ueber Beleuchtung.

IV. Von Herrn Universitäts-Amtmann Dr. Dietz:

1) Ueber Kranken- und Unfall-Versicherung.
2) Das Unfallversicherungsgesetz vom 6. Juli 1884.
3) Das Bauunfallversicherungsgesetz vom 11. Juli 1887.
4) Das Wesen der Innungen.
5) Die gewerblichen Arbeiter.
6) Die Kranken- und Unfallversicherung der land- und forstwirthschaftlichen Arbeiter.

V. Von Herrn Patentanwalt Otto Sack:

Ueber Patent-Muster- und Markenschutz.

VI. Von Herrn Ober-Medicinalrath Dr. Uloth:

Wie hat sich bisher das Nahrungsmittelgesetz bewährt?

Wir haben über Vorstehendes den Herrn Vorstände der betreffenden Lokalgewerbvereine noch besondere Mittheilungen zukommen lassen.

Darmstadt, den 9. Oktober 1888.

Großherzogliche Centralstelle für die Gewerbe und den Landesgewerbverein.

Fink. Dr. Hesse.

Nachricht über die chemische Prüfungs- und Auskunfts-Station für die Gewerbe.

(Darmstadt, Heinrichstraße 55.)

In der Zeit vom 1. Juli bis 30. September 1888 sind der chemischen Prüfungs-Station folgende Aufträge zugegangen:

1) Sechs Wasser, 2) eine Erde, 3) vier Erze, 4) sechs Kalksteine, 5) eine Holzprobe, 6) eine Drogue, 7) drei Fruchtsäfte, 8) drei Gerbstoffe, 9) zwei Wärmeschutzmassen, 10) ein Aetzkalk, 11) eine Metalllegirung, 12) eine Mineralfarbe, 13) ein organischer Farbstoff, 14) ein Desinfektionsmittel, 15) ein Sprengstoff, 16) ein Nahrungsmittel, 17) eine Seifensiederlauge, 18) ein Kesselstein, 19) zwei Fabrikabfälle; zusammen 38 Proben.

Außerdem wurden 11 Gutachten und Auskünfte ertheilt.

Die rückständigen Aufträge sowie die vorstehenden, mit Ausnahme von Nr. 2 und 14, sind vollständig erledigt.

Zugangs-Verzeichniß der Bibliothek des Großh. Gewerbvereins vom 1. Juli bis 30. September 1888.

Mechanik und Maschinenbau, Werkzeuge.

Brown, Henry T. 507 Bewegungsmechanismen. Deutsch von Otto v. Pelser-Berensberg. Stuttgart, 1886.

Pohlhausen, A. Constructionen aus dem Dampfkesselbau. Mittweida, 1888.

Schmelzer, H. Einrichtung und Betrieb der Schmieden. Leipzig, 1888.

Brennmaterialien.

Toula, Franz. Die Steinkohlen. Wien, 1888.

Feuerungsanlagen, Anwendung der Wärme.

Bolz, C. H. Die Pyrometer. Eine Kritik der bisher construirten höheren Temperaturmesser. Berlin, 1888.

Physik, Elektrotechnik etc.

Krieg, Dr. Martin. Die Erzeugung und Vertheilung der Elektricität in Central-Stationen. Magdeburg, 1888. Band II.

Stokes, George Gabriel. Das Licht. Deutsch von Dr. Otto Dziobek. Leipzig, 1888.

Thompson, Silvanus Ph. Elementare Vorlesungen über Elektricität und Magnetismus. Deutsch von Dr. A. Himstedt. Tübingen, 1887.

Chemie.

Johnston's Chemie des täglichen Lebens. Neu bearbeitet von Dr. Fr. Dornblüth. Stuttgart, 1887.

Bierbrauerei, Weinbereitung, Branntweinbrennerei, Essig- und Hefefabrikation.

Durst, Otto. Handbuch der Preßhefefabrikation. Berlin, 1888.

Werke über Architektur, Bau- und Ingenieurwesen, sowie über einzelne Bauwerke.

Lehrbücher und Zeichnungen für Wasser-, Straßen- und Brückenbau.

Ludwig, Richard. Wegbrücken. (Wegüberführungen in Stein, Eisen und Holz.) Weimar, 1888.

Baumaterialienkunde.

Considère, M. Die Anwendung von Eisen und Stahl bei Constructionen. Deutsch von Emil Hauff. Wien, 1888.

Grabdenkmale.

Wagner und Strecker. Grabdenkmäler. Original-Entwürfe im Style der Renaissance, Gothik ꝛc. Berlin, 1888.

Kunstgeschichte, Kunstindustrie, Ornamentirung und Erzeugung von Gegenständen der Kunst und Kunstindustrie.

Christy, E. Decorations-Motive zum allgemeinen Gebrauch. 30 Blatt Lichtdruck. Wien, 1888.

Cuvilliés, François de. Kunstschmiedearbeiten im Style des Rococo. 12 Tafeln. Berlin.

Huber, Wilhelm. Rococo. Ornamente und Decorationsmotive. 2. Auflage. Berlin, 1888.

Metallarbeiten.

Blech-, Gürtler- und Broncearbeiten, Metallwaaren.

Höhne und Rösling. Handbuch für Kupferschmiede. Zweite Auflage von Chr. Schröder. Mit einem Atlas. Weimar, 1888.

Beleuchtungswesen (Oel- und Gasbeleuchtung, elektrisches Licht).

Fodor, Etienne de. Materialien für Kostenvoranschläge elektrischer Lichtanlagen. Wien, Pest, Leipzig, 1888.

Volkswirthschaft.

Gewerbebetrieb im Allgemeinen und in einzelnen Ländern.

Entwicklung von Industrie und Gewerbe in Oesterreich in den Jahren 1848—1888. Herausgegeben von der Commission der Jubiläums-Gewerbe-Ausstellung Wien 1888. Wien, 1888.

Patentwesen, Musterschutz.

Paget und Moeller. Der Erfindungsschutz in Oesterreich-Ungarn, Deutschland, Großbritannien und Frankreich. 2. Aufl. Wien und Budapest, 1888.

Zollwesen, Besteuerung.

Ausführungs-Bestimmungen zu dem Gesetz vom 9. Juli 1887, betreffend die Besteuerung des Zuckers. Berlin, 1888.

Verschiedenes.

Holyoake, George Jacob. Selbsthilfe des Volkes. Geschichte der redlichen Pionniere von Rochdale. Deutsch von H. Häntschke. Mit einem Vorwort von F. Schenck. Leipzig und Berlin, 1888.

Gesetzgebung, insbesondere Gewerbegesetze und Gewerbepolizei.

Schmitz, J. Sammlung der Bescheide, Beschlüsse und Rekursentscheidungen des Reichs-Versicherungsamts nebst den wichtigsten Rundschreiben desselben. Berlin, 1888.

Allgemeine und Gewerbe-Statistik.

Beiträge zur Statistik des Großherzogthums Hessen. 31. Band. Darmstadt, 1888.

Statistisches Jahrbuch für das Großherzogthum Baden. 19. Jahrgang. 1886. Karlsruhe.

Statuten und Jahresberichte von Gewerbevereinen, Gewerbeschulen, Handelskammern, Verkehrsanstalten u. s. w.

Jahres-Bericht der Großherzoglich Hessischen Handelskammer zu Worms für die Jahre 1886 und 1887. Worms.

Jahresberichte der Handels- und Gewerbekammern in Württemberg für das Jahr 1887. Stuttgart.

Programm der Kgl. Technischen Hochschule zu Hannover für das Studienjahr 1888/89. Hannover.

Verzeichniß der Kaiserlich deutschen Consulate. Juli 1888. Berlin.

Schriften über Landwirthschaft und landwirthschaftliche Maschinen, Gartenbaukunst.

Einsiedel, Graf von. Gedankenzettel zur Ausübung des englischen Hufbeschlages. Mit 16 Steindrucktafeln. 9. Auflage. Bautzen, 1889.

Sprachwörterbücher, Repertorien der technischen Litteratur, Bücherkataloge, Adreßbücher.

Adreßbuch des deutschen Reiches und seiner Industrie. Nach amtlichen Quellen. Jahrgang 1888. Berlin.

Hof- und Staatshandbuch des Großherzogthums Hessen. 1888. Darmstadt.

Die Farbe des Bernsteins und dessen Nachahmungen.

Ueber diesen Gegenstand hielt vor einiger Zeit Dr. Richard Klebs in der physikalisch-ökonomischen Gesellschaft zu Königsberg einen interessanten Vortrag, der als Ergebniß aufmerksamer Beobachtungen und eingehender Studien interessante Aufschlüsse über das erwähnte Thema ertheilt. Genannter hat durch eine große Zahl von mikroskopischen Untersuchungen festgestellt, daß die Trübheit oder Undurchsichtigkeit vieler Bernsteinsorten durch die Anwesenheit zahlloser kleiner Bläschen im Bernstein verursacht wird, welche um so kleiner sind und in um so größerer Menge auftreten, je undurchsichtiger der Bernstein ist. Während der klare Bernstein reines Harz darstellt, ist die Entstehung des mit Bläschen durchsetzten Bernsteins (flohmiger, Bastard-, knochiger Bernstein) darauf zurückzuführen, daß das Harz mit Saft gemischt aus der Bernsteinfichte ausfloß. Durch Einwirkung der Sonne auf das eben ausgeflossene, noch weiche, safthaltige und daher trübe und schaumige Harz wurden die kleinen Bläschen mehr oder weniger zum Zusammenfließen oder Austreten gebracht, und so entstanden alle die Uebergänge vom ganz undurchsichtigen (knochigen) bis zum klaren Bernstein. Daß wirklich eine Umwandlung in dieser Weise stattgefunden hat, geht aus der Untersuchung von Bernsteinstücken hervor, welche (eine nicht seltene Erscheinung) um einen trüben Kern einen klaren Mantel zeigen. Auch kann jeder die Erscheinung an seiner Cigarrenspitze aus trübem Bernstein beobachten, welche durch den Gebrauch allmählig immer klarer wird. Auch dies beruht auf einem Zusammenfließen der Bläschen, welches hier infolge der Einwirkung der Wärme allerdings verhältnißmäßig schneller vor sich geht. Die hier aufgestellte Ansicht ist der bisherigen gerade entgegengesetzt, denn letztere geht von dem klaren Bernstein aus und erklärt die anderen Abarten aus einer Aufnahme von Wasser. Von den ferneren Bernsteinsorten ist besonders der blaue bemerkenswerth, dessen Farbe sich in allen Tönen vom himmelblau bis zum dunkelcyanblau bewegt. Die Farbe ist, wie Dr. Klebs mit Sicherheit feststellen konnte, eine bloße Interferenzerscheinung, ein Opalisiren, hervorgerufen durch ungemein kleine Bläschen, welche dicht aneinander, aber nur in einer ganz dünnen Lage, den klaren Bernstein durchsetzen. Auch ein grüner Bernstein kommt, wiewohl äußerst selten, vor; über die Ursache der grünen Färbung hat Dr. Klebs noch keine Mittheilungen gemacht. Brauner oder rothbrauner Bernstein ist entweder durch Nachdunkelung des gelben Bernsteins oder durch Einwirkung des Feuers bei Gelegenheit von Bränden während der Vorzeit entstanden. Doch werden auch häufig andere fossile Harze für brauner Bernstein ausgegeben. Unter den Nachahmungen des Bernsteins hat in erster Reihe das Glas eine Rolle gespielt. Kälte und Härtegefühl beim Anfassen machen es jedem sofort kenntlich. Von Harzen wird das Kopal am meisten zur Fälschung benutzt, das man anfangs rein, später, um den Bernsteingeruch beim Brennen zu erhalten, mit Pulver und Stückchen von Bernstein versetzt in den Handel brachte. Sämmtliche Arbeiten von Kopal sehen schmutzig aus, beim Reiben in der Hand werden sie klebrig; sie sind weicher als Bernstein und verlieren beim Einweichen in Essigäther ihren Glanz und quellen auf. Eine im Aussehen recht geschickte, sonst aber sehr schlechte Nachahmung des Bernsteins stellt man aus Celluloid dar, das ja auch zur Herstellung von künstlichem Schildpatt, Korallen, Malachit, Lapis Lazuli u. s. w. dient. Dieser Stoff, welchen man dadurch bereitet, daß man Schießbaumwolle unter Zusatz von Kampher und bestimmten Farbstoffen in hydraulischen Pressen einem starken Druck aussetzt, besitzt zwar vorzügliche technische Eigenschaften, ist aber andererseits sehr feuergefährlich. Es ist nämlich sehr leicht entzündlich, und bei starkem Schlag oder beim Erwährmen auf 140° C. explodiert es. Die Zusätze von phosphorsaurem Natron und borsaurem Blei haben diese Feuergefährlichkeit nicht abschwächen können. Außerdem wirkt das Celluloid bei denjenigen Fabrikaten, welche, wie Cigarrenspitzen, längere Zeit im Munde getragen werden, giftig. Man erkennt die Celluloidnachahmungen leicht am Kamphergeruch beim Reiben; in Schwefeläther gelegt, verlieren sie den Glanz und werden trübe, ein Versuch, den man, wenn er nicht über eine Viertelstunde ausgedehnt wird, dreist mit jeder Bernsteinarbeit ohne Schaden anstellen kann. Hält man das Celluloid nur einen Augenblick in die Flamme, so flammt es schnell und hoch auf, und dies gilt auch für die neueren, wirklich nicht feuergefährlichen französischen „Ambroide". — Schließlich ist noch des aus kleinen Stücken gepreßten Bernsteins zu gedenken, welcher in der neuesten Zeit eine große Rolle spielt. Das Preßverfahren beruht auf der Eigenschaft des Bernsteins, bei 140° unter Luftabschluß weich und biegungsfähig zu werden. Gepreßter Bernstein ist an den ungewöhnlichen Farbeneffekten und an den meistens in ihm enthaltenen bräunlichen Flimmern zu erkennen, welche dadurch entstehen, daß der Bernstein beim Erwärmen oberflächlich dunkler wird.

Diamant.

Mittheilungen der chemischen Prüfungs- und Auskunfts-Station für die Gewerbe.

(Darmstadt, Heinrichstraße 55.)

Ueber die Gewichtsverminderung der Darmstädter Brodsorten beim Lagern.

Von Dr. W. Sonne.

Anläßlich einer auf Schwankungen im Gewichte von Roggenbrod bezüglichen Anfrage eines Großherzoglichen Kreisamtes ergab sich bei der Durchsicht der einschlägigen Litteratur, daß über die Gewichtsverminderung oder den Wasserverlust des Brodes beim Lagern bis jetzt nur sehr wenig veröffentlicht worden ist. Daher habe ich auf Anregung des Herrn Professor Dr. E. Thiel die Gewichtsabnahme bestimmt, welche die Darmstädter Brodsorten beim Aufbewahren während eines Zeitraumes von 6 Tagen erleiden. Die Ausführung des Versuchs geschah mit großen und kleinen Brodlaiben, welche von vier bedeutenden hiesigen Bäckereien geliefert worden waren, derart, daß die Brode zuerst möglichst bald nach ihrer Fertigstellung und dann nach je 24 Stunden gewogen wurden. Zur Aufbewahrung der Brode diente ein großer heller, sehr trockener Raum, welcher während der Dauer des Versuchs nicht anderweitig benutzt wurde. Nach Verlauf von 6 Tagen wurden die Wägungen eingestellt, da man wohl annehmen kann, daß Brod, welches über 6 Tage alt ist, nicht mehr in den Handel kommt. Die erhaltenen Resultate sind nachstehend in zwei Tabellen zusammengestellt. Der Gewichtsverlust des Brodes ist jedesmal sowohl in Gramm wie in Procenten angegeben:

I. Gewichtsverlust von Schwarzbrod beim Liegen an trockner Luft.

Nr.	1		2		3		4		5		6		7	
Gewicht des frischgebackenen Brodes.	407 gr		426 gr		960 gr		1001 gr		1193 gr		1940 gr		1956 gr	
	gr	%	gr	%	gr	%	gr	%	gr	%	gr	%	gr	%
Gewichtsverlust nach 1 Tag	3	0,74	6	1,41	12	1,25	15	1,50	10	0,84	24	1,24	26	[illegible]
„ nach 2 Tagen	9	2,21	14	3,29	21	2,19	26	2,60	18	1,51	42	2,17	41	[illegible]
„ „ 3 „	16	3,93	21	4,93	28	2,92	35	3,50	27	2,26	57	2,94	57	[illegible]
„ „ 4 „	20	4,91	26	6,10	35	3,65	45	4,50	35	2,93	73	3,76	69	[illegible]
„ „ 5 „	25	6,14	31	7,28	44	4,58	54	5,40	42	3,52	87	4,48	[illegible]	4,1[illegible]
„ „ 6 „	29	7,13	35	8,22	49	5,10	60	5,99	48	4,02	97	5,00	91	[illegible]

ewichtsverlust																		
nach 1 Tag	20	1,78	20	0,82	12	2,30	18	1,48	40	3,26	19	1,55	32	1,32	29	1,19	46	1,84
„ 2 Tagen	32	2,76	36	1,48	23	4,41	30	2,47	53	4,32	36	2,93	51	2,11	53	2,18	70	2,79
„ 3 „	43	3,71	54	2,23	32	6,14	43	3,53	68	5,55	49	3,99	75	3,10	72	2,96	95	3,79
„ 4 „	53	4,57	71	2,93	39	7,49	55	4,52	82	6,69	61	4,96	94	3,89	86	3,54	116	4,63
„ 5 „	63	5,44	86	3,55	44	8,45	64	5,26	92	7,50	71	5,78	109	4,51	101	4,15	134	5,35
„ 6 „	71	6,13	98	4,04	50	9,60	72	5,92	101	8,24	81	6,59	124	5,13	115	4,73	145	5,78

Aus diesen Zahlen folgt, daß das Austrocknen der verschiedenen Brodsorten durchaus nicht gleichmäßig vor sich geht. Auch bei der gleichen Brodsorte zeigen sich recht erhebliche Unterschiede. Im Allgemeinen gibt Weißbrod etwas rascher einen Theil seines Wassergehaltes an die umgebende Luft ab, wie Schwarzbrod, wobei ohne Zweifel außer der Mehlsorte auch die Form der Brodlaibe von Einfluß ist, indem die runden Laibe des Schwarzbrodes ihrer kleineren Oberfläche wegen weniger leicht austrocknen, wie die langen Laibe des Weißbrodes. Ferner wird die schon längst bekannte Thatsache, daß kleine Brode schneller wie große ihren Wassergehalt verlieren, durch das Ergebniß vorstehender Versuche von Neuem bestätigt.

Darmstadt, Oktober 1888.

Verschiedene Mittheilungen.

Preisausschreiben. Der Verein deutscher Ingenieure erläßt ein Preisausschreiben, welches eine Frage von außerordentlicher wissenschaftlicher und praktischer Bedeutung zum Gegenstande hat. Um diese Bedeutung ins rechte Licht zu stellen, sei erwähnt, daß überall, wo in der Technik durch Wandungen hindurch Erwärmung oder Abkühlung bewirkt werden soll, der genauen und scharfen Berechnung dieser Wärmevorgänge Schwierigkeiten sich entgegenstellen, zu deren Lösung beizutragen der Zweck der Preisaufgabe ist; so auf den Gebieten der Heizung von Gebäuden, bei der Dampfheizung im Dampfkessel, der Dampfbenutzung in der Dampfmaschine, der Eis- und Kaltluftbereitung, bei den Verdampfapparaten der Zuckerfabriken, den Destillirvorrichtungen der Brennereien, den zahlreichen Abdampfvorrichtungen der chemischen Fabriken u. s. w. Das Preisausschreiben lautet:

Im Ausführung eines Beschlusses der letzten Hauptversammlung des Vereins deutscher Ingenieure wird hierdurch vom Gesammtvorstande ein Preis bis zu 5000 Mark ausgesetzt für die beste Lösung der folgenden Aufgabe:

Es soll eine kritische Zusammenstellung aller bis jetzt vorliegenden Experimental-Untersuchungen über den Wärmedurchgang durch Heizflächen in seiner Abhängigkeit von Material, Form und Lage der letzteren, sowie von der Art, Temperatur und den Bewegungsverhältnissen der die Wärme abgebenden und aufnehmenden Körper gemacht werden, auf Grund welcher die hier noch bestehenden Lücken hervortreten. Durch experimentelle Untersuchungen soll zur Ausfüllung dieser Lücken in einer frei zu wählenden Richtung beigetragen werden.

Im Einvernehmen mit den gewählten Preisrichtern werden an dieses Ausschreiben die folgenden Bestimmungen geknüpft: 1) Für die Beurtheilung ist in erster Linie maßgebend die Vollständigkeit der Lösung nach den beiden im Ausschreiben bezeichneten Richtungen, wobei ein besonderes Gewicht auf die Ergänzung der bestehenden Lücken durch Versuche gelegt wird. 2) Die Höhe des Preises ist nach diesen Erwägungen durch das Preisgericht gegebenen Falles auch bis zu einem verminderten Betrage von wenigstens 2000 Mark zu bemessen, wenn eine vollständig erschöpfende Lösung nicht vorliegt. 3) Die einzusendenden Arbeiten haben, soweit sie Versuchsresultate enthalten, die Orginalzahlen nebst den daraus zu ziehenden Folgerungen aufzuführen; ein besonderes Augenmerk ist darauf zu richten, daß die gewonnenen Ergebnisse unmittelbar in der Praxis verwendbar sein sollen. 4) Die Preisbewerbung ist unbeschränkt, insbesondere weder an die Mitgliedschaft des Vereins deutscher Ingenieure noch auch an die deutsche Nationalität des Bewerbers gebunden. 5) Die Einsendungen haben in deutscher Sprache an den General-Sekretär des Vereins, Hrn. Th. Peters in Berlin, bis zum 31. Dezember 1890 zu erfolgen. 6) Jede Einsendung ist mit einem Motto zu versehen und ihr ein versiegelter Briefumschlag beizufügen, welcher außen durch dasselbe Motto bezeichnet ist, und innen die Adresse des Einsenders enthält. 7) Durch die Preisertheilung erwirbt der Verein deutscher Ingenieure das Recht zur Veröffentlichung der betreffenden Arbeit. 8) Jede Einsendung, welcher ein Preis nicht zuerkannt worden ist, wird auf Verlangen an die namhaft gemachte, mit der in geöffnetem Umschlag enthaltenen übereinstimmend gefundene Adresse zurückgesendet; andernfalls bleiben diese Umschläge uneröffnet. 9) Als Preisrichter sind gewählt und haben das Amt angenommen die Herren Dr. Hans Bunte, Professor an der Technischen Hochschule, Karlsruhe; J. Einbeck, Ober-Ingenieur und Privatdozent, Stuttgart; W. Gyßling, Direktor des bayerischen Dampfkessel-Revisionsvereins, München; E. Hausbrand, Ober-Ingenieur, Berlin; M. Schröter, Professor an der Technischen Hochschule, München. Die Preisrichter haben als Kommission das Recht, sich bei eintretenden Vakanzen durch freie Wahl zu ergänzen; ihr Urtheil ist bindend für den Verein.

Arbeiter-Wohnungen. Die Arbeiter von Mainz gedenken ein Stück der socialen Frage unserer Zeit, die Errichtung guter und billiger Arbeiterwohnungen, auf eine neue Art im Wege der Selbsthilfe zu lösen. In einer in der Stadthalle abgehaltenen Versammlung wurde, der Kölnischen Zeitung zufolge, nämlich eine „gemeinnützige Baugesellschaft" gegründet, welche mit den gleichen Unternehmungen in anderen Städten eigentlich nur den Namen gemein hat. Nach dem Statut schließt die für Mainz gebildete Gesellschaft die Mitwirkung capitalistischer Kräfte zwar nicht aus, die zu errichtenden Arbeiterwohnhäuser sollen aber kein capitalistisches Eigenthum, sondern solches der organisirten Arbeiterbevölkerung werden. Jeder Gesellschafter erwirbt nur beschränktes Eigenthum. Die Mitgliedschaft an der Gesellschaft im weiteren Sinne wird durch Zahlung von 80 Pf. Beitrittsgeld und 1 Mark Jahresbeitrag erworben. Wer mit der Zeit eine Wohnung in einem Gesellschaftshause zu erhalten wünscht, zahlt 20 Mark weiteren Jahresbeitrag und erwirkt dadurch Antheilscheine zu je 50 Mark, welche mit 4 Procent verzinst, später auch getilgt werden und den eigentlichen Baufonds bilden. Man erwartet, daß bei einiger Erstarkung der Gesellschaft diese Antheilscheine von Fabrikherren und Capitalisten gern abgenommen werden. Die Stadt Mainz soll die benöthigten Bauflächen aus ihrem Gelände in der Neustadt zu günstigen Bedingungen ablassen und unter Umständen auch für die Gesellschaft bei Abnahme von Baugeldern eine Sicherheit leisten. Die zu errichtenden Häuser sind vierstöckig mit je acht abgetrennten Wohnungen gedacht. Die Miether der Wohnungen erhalten je nach der Dauer der Miethzeit einen Miethnachlaß, welcher bei 5 Jahren beginnt und 5 Procent beträgt und nach 30 Jahren auf 90 Procent steigt. Die Nachlässe werden jedoch nicht an der Miethe in Abzug gebracht, sondern nur gutgeschrieben und nach Austritt des Mitgliedes aus der Gesellschaft oder nach dessen Tode ausbezahlt. Für den Fall einer Auflösung der Gesellschaft, der jede politische oder religiöse Bestrebung fern bleiben soll, würde das Activvermögen der Stadt Mainz zufallen.

Das Grundwasser und die Blitzgefahr. Eine sehr bemerkenswerthe Beziehung des Grundwasserstandes, also auch der Niederschlagsmengen, zu der Blitzgefahr ist, nach einer Mittheilung der „Naturwissenschaftlichen Rundschau" von Dr. C. Lang in München festgestellt worden. Während von verschiedenen Beobachtern die stetige Zunahme der zündenden Blitze behauptet und die wachsende Blitzgefahr mit der Entwaldung, mit Luftverunreinigung und mit der Vermehrung der Telegraphenleitungen und der Eisenbahnschienen in Zusammenhang gebracht wurde, zeigt Lang durch eine Zusammenstellung der zündenden Blitze von 1833—1886, daß für Bayern eine stetige Zunahme nicht bestehe, daß vielmehr die Blitzgefahr in den vierziger und siebziger Jahren eine Abnahme aufwies, welche sehr auffallend mit dem in diesen Jahren sich geltend machenden Vorstoß der Gletscher zusammenfiel. Dies veranlaßte eine Vergleichung der Blitzgefahr mit den Niederschlägen und den Grundwasserständen, und das Ergebniß war, daß der Verlauf von Grundwasser und Blitzgefahr ein gleichmäßig entgegengesetzter ist, d. h. daß die Blitzgefahr um so größer ist, je niedriger das Grundwasser steht. Dieser ziffernmäßig festgestellte Verlauf läßt sich, nach Dr. Lang, folgendermaßen erklären: „Der trockene Erdboden ist für die Elektricität ein schlechter Leiter; es wird also der allmähliche Ausgleich der Elektricität der Luft und des Bodens um so mehr verhindert, dagegen die Heftigkeit der sprungweisen Entladungen, d. h. der Blitzschläge, um so größer sein, je mächtiger die trockene, isolirende Erdschicht ist, was natürlich vom Stande des Grundwassers abhängt. Zeitabschnitte zunehmender Niederschlagsmengen und steigenden Grundwassers sind daher gleichzeitig auch Abschnitte abnehmender Blitzgefahr, während sich in Zeiten abnehmender Niederschlagsmengen und sinkenden Grundwassers eine wachsende Zahl verheerender Blitze einstellt." R. A.

Litteratur.

Dampf, Kalender für Dampfbetrieb. Ein Hand- und Hülfsbuch für Dampfanlagen-Besitzer, Fabrikleiter, Ingenieure, Techniker, Werkführer, Werkmeister, Monteure, Maschinisten und Heizer. Bearbeitet und herausgegeben von Richard Mittag, Ingenieur und Chef-Redakteur der Zeitschrift „Dampf". Zweiter Jahrgang 1889. Mit einer Eisenbahnkarte und vielen Holzschnitten im Text. Hierzu eine Beilage, enthaltend: Gewerbliche Gesetzgebung und Inseraten-Anhang. Preis in Brieftaschenform in Leder fein gebunden nebst Beilage 4 Mark.

Dieser Kalender, auf welchen wir schon im verflossenen Jahre empfehlend hinwiesen, liegt nunmehr in seinem zweiten, wiederum bereicherten Jahrgange vor. Derselbe weist eine ungewöhnliche Menge von praktischen Betriebsregeln und Rathschlägen für die Leitung des Betriebes auf, so daß ihn ebensowohl der Fachmann wie auch der nicht ausgiebig technisch vorgebildete Fabrikbesitzer mit Vortheil und ständigem Nutzen gebrauchen wird.

Ganz besonders wollen wir aber auf die Beilage hinweisen, welche eine Bearbeitung der gewerblichen Gesetzgebung enthält und alle für den Gewerbebetrieb in Frage kommenden Vorschriften, Polizeiverordnungen u. s. w. umfaßt. Die Zusammenstellung der auf den Dampfkesselbetrieb bezüglichen Bestimmungen ist noch niemals in so umfassender Form geboten. Wer beobachten konnte, welche Unklarheiten über die gewerbliche Gesetzgebung in den Kreisen der Industriellen noch vorherrschen, wird die hier gebotene vortreffliche Arbeit mit Freuden begrüßen.

Das projective Zeichnen nebst den für das Zeichnen wichtigsten Aufgaben aus der ebenen Geometrie. Im Auftrage der Kgl. Kunstgewerbeschule zu München herausgegeben von Max Kleiber, Professor an der Kgl. Kunstgewerbeschule und Docent an der Kgl. Akademie der bildenden Künste zu München. 50 Vorlegeblätter mit begleitendem Texte. Für gewerbliche Fortbildungsschulen, Realschulen, Kunstgewerbe-, Baugewerk- und Industrie-Schulen, sowie zum Selbstunterricht. Stuttgart und Leipzig. Verlag von Wilhelm Effenberger (F. Loewes Verlag). Preis 12 Mark.

Bei der Durchsicht des vorliegenden Werkes haben wir bedauert, daß es eigentlich jetzt erst an die Oeffentlichkeit tritt und seither ein allzu bescheidenes Dasein geführt hat. Der Lehrer des projectiven Zeichnens wird freudig in ihm ein Hülfsmittel erblicken, den vielfach etwas trocken ausfallenden Unterrichtszweig seinen Schülern mit geschickt gewählten Anwendungs-Beispielen zu beleben und damit bei einer großen Anzahl junger Leute eine gewisse Abneigung zu überwinden. Die Voraussetzungen an die Vorbildung der Schüler sind dabei keine höheren, als bei anderen derartigen Bearbeitungen.

Der „Patentverwerther", eine illustrirte Zeitschrift, welche zum Zwecke weitgehendster Bekanntmachung patentirter Gegenstände gratis an die deutschen

Gewerbvereine, sowie andere Interessenten versandt und vom Patentanwalt Otto Sack in Leipzig redigirt wird, bringt in diesmaliger Ausgabe Beschreibungen und Abbildungen über: Circulations-Röhrenkessel; Apparat zum „Ersehen" der Flächen für Bildhauer, Steinmetzen rc.; Hobelmaschine mit nur einer Antriebsscheibe; Apparat zum Tapezieren von Decken in Zimmern rc.; Baugerüsthalter; Auswechselbarer Kragenverschluß; Rocksackmaschine; Apparat zum Heben und Transportiren von Möbeln; Rindenschäl- und Holzschleifmaschine; Allgemeinnützige Aufklärungen über Patentwesen. Bücher-Empfehlungen.

„Neueste Erfindungen und Erfahrungen" auf den Gebieten der praktischen Technik, der Gewerbe, Industrie, Chemie, der Land- und Hauswirthschaft rc. (A. Hartleben's Verlag in Wien). Pränumerationspreis ganzjährig für 13 Hefte franco 4 fl. 50 kr. = 7 Mk. 50 Pf. Einzelne Hefte für 36 kr. = 60 Pf. in Briefmarken.

Von dieser gediegenen gewerblich-technischen Zeitschrift erschien soeben das elfte Heft ihres XV. Jahrganges, das wie gewöhnlich einen Reichthum an nützlichen und wichtigen Belehrungen jeder Art für Gewerbetreibende und Techniker enthält. Aus dem reichen Inhalte heben wir folgende Originalarbeiten hervor, die dem Fachmann viele werthvolle Neuerungen bieten:

Die neuesten Fortschritte in der Theerfarben-Industrie. — Neue Verbesserunngen in der Einrichtung von Essig-Fabriken. — Ueber die praktische Verwendung von Sägespänen zu chemisch-technischen neuen Erzeugungen und für Bauzwecke. — Neue Verbesserungen in Arbeitsvorrichtungen. — Verbesserte technische Ausführungen. — Milch-Champagner-Apparat. — Bautechnische Erfahrungen. — Praktische Bemerkungen über das Vernickeln von Messerklingen und chirurgischen Instrumenten. — Neue amerikanische Erfindungen und Fortschritte. — Praktische Erfahrungen in der Lackirerkunst. — Graphische Neuheiten. — Praktische Arbeitserfahrungen. — Neueste Fortschritte in photographischen Aetzungen. — Neue Vorschläge zur Herstellung feuerfester Steine. — Ueber die Construction von Automaten. — Praktische Herstellung von Leder-Appretur. — Praktische Anweisungen zur Ausführung der Marmor-Imitationen. — Ein neues elektrisches Boot. — Praktische Bemerkungen über das Zerfallen der Anode bei der Elektrolyse. — Elektrolytischer Niederschlag von Aluminium. — Praktische Anwendung der Elektrolyse zur Behandlung der edlen Metalle mit Quecksilber. — Neueste Fortschritte und Erfahrungen auf dem Gebiete der Holzverarbeitung. — Neue Erfahrungen in der Zucker-Industrie. — Neue Maschine zum Aufreihen von Perlen. — Fortschritte und Erfahrungen in der Färberei. — Zur Abfall-Industrie. — Ein neues Antikesselsteinmittel. — Billige Wärmeschutzmasse zur Umhüllung von Dampfröhren. — Bezugsquellen für für Maschinen, Apparate und Materialien. — Fortschritte in der chemisch-technischen Industrie. — Praktisch-chemische Beobachtungen und Erfahrungen. — Beiträge zur analytischen Chemie. — Gärtnerische Fortschritte. — Praktische Eierprüfung. — Praktische Verwendung des durch Nässe beschädigten Futters. — Kitt für Celluloid. — Eleganter Flaschenlack. — Herstellung von Fliegen- und Mückenstiften. — Kleinere Mittheilungen. — Neuigkeiten vom Büchermarkte. — Eingegangene Bücher und Broschüren. — Technisches Feuilleton. — Neue Erscheinungen auf dem Patentgebiete. — Fragekasten. — Beantwortungen. — Briefkasten.

Anzeigen.

Gebrüder Fischel in **Mainz,**

Zwetschenallee No. 13,

Specialität:

Cassenschränke, Gewölbethüren, Cassetten.

Kostenanschläge und Preiscourante gratis.

Redacteur Dr. Hesse. — Druck von Heinrich Brill.

In Commission bei L. Brill in Darmstadt.

Gewerbeblatt

für das

Großherzogthum Hessen.

Zeitschrift des Landesgewerbvereins.

Erscheint wöchentlich. Auflage 4500. Anzeigen für die durchgehende Petitzeile oder deren Raum bei ein- und zweimaliger Aufnahme 30 Pf., bei drei- und mehrmaliger Aufnahme 25 Pf.

№ 43. Oktober 1888.

Ueber die Behandlung von Werkzeugstahl.

Von Herrn Felix Bischoff, Werkzeug-Gußstahl-Fabrikant in Duisburg a. Rhein.

Der Werkzeugstahl, wie er in Stangen von dem Fabrikanten geliefert wird, muß behufs Fertigstellung guter Werkzeuge in den Werkstätten des Stahlkonsumenten noch verschiedenen Arbeiten unterworfen werden. Die gute Ausführung dieser Arbeiten und die möglichste Schonung des Materials sind von großer Wichtigkeit, und es erfordern dieselben stets einen mehr oder minder hohen Grad von Sachkenntniß, Vorsicht und Geschicklichkeit. Ich will hier auf die wichtigsten Punkte, welche in Betracht kommen, aufmerksam machen.

Zum Gebrauch bestimmte Stücke sollen niemals von den Stangen kalt abgeschlagen, sondern warm abgeschrotet werden. Das Warmmachen des Stahles soll niemals in ganz frischer Steinkohle geschehen, sondern die Steinkohle muß bereits bis zur Entfernung des flüchtigen Schwefels angebrannt sein; besser ist es, Koaks oder Holzkohle zu verwenden, damit der Stahl an seiner Oberfläche keinen Schwefel aufnehmen kann, wodurch Risse bei dem Schmieden, und Sprünge bei dem Härten entstehen. Das Anwärmen soll in nicht zu heißem Feuer langsam und ohne Ueberhitzung vorgenommen werden, und bei dem Schmieden ist, besonders bei den härteren Stahlsorten, jedes Stauchen zu vermeiden; man muß also eine Stahlstange wählen, die der dicksten Stelle des Werkzeuges entspricht. Bei Beendigung des Ausschmiedens muß an derjenigen Stelle, an welcher das Werkzeug Arbeit zu verrichten hat, stets etwas Stoff von der Oberfläche weggearbeitet werden, weil der Stahl durch das öftere Warmmachen an der Oberfläche etwas gelitten hat. Viele schneidende Werkzeuge, z. B. Hand- und Drehmeißel u. s. w.

werden abgeschliffen, andere, z. B. Gewindebohrer, Fräser, Scheerenmesser u. s. w. werden abgedreht oder abgehobelt.

Noch viel wichtiger als bei der Formgebung ist vorsichtiges Anwärmen bei dem Härten der Werkzeuge. Wenn Stahl vor dem Ausschmieden etwas, wenn auch wenig überhitzt wird, so kann der Fehler meistens durch das nachfolgende Schmieden einigermaßen wieder gut gemacht werden; ist jedoch das Werkzeug bis zum Härten fertig, dann kann es nicht mehr nachgeschmiedet und ein durch Ueberhitzung gemachter Fehler also auch nicht wieder gut gemacht werden. Das Werkzeug springt dann leicht bei dem Härten, und wenn es auch nicht springt, so ist es doch nicht haltbar und dauerhaft und hat keinen scharfen Schnitt.

Weicher Werkzeug-Gußstahl darf bekanntlich wärmer als harter Werkzeugstahl gemacht werden. Wie wichtig das richtige Aufwärmen des Stahles behufs des Härtens ist, ersieht man am besten, wenn man eine Stahlstange an einem Ende in Abständen von 20 mm einkerbt, dann an diesem Ende bis zum Abtropfen überhitzt, in Wasser ablöscht und an den eingekerbten Stellen bricht. Die ersten, am stärksten überhitzt gewesenen Stücke zeigen einen grobkörnigen Bruch und sind der Länge nach aufgerissen, jedes folgende Stück hat feinkörnigeren Bruch, und ungefähr da, wo die Härterisse aufhören, erkennt man auf der Bruchfläche fast kein Korn mehr. Diese Stelle ist nicht allein vollkommen hart, sondern hat auch die der Stahlhärte entsprechende höchste Zähigkeit erhalten, weil erstere die richtige Wärme zum Härten gehabt hat. Nur diese kleine Stelle aus dem Stahlstück würde, als Werkzeug benutzt, gut und lange scharf bleiben. Die vorhergehenden Stücke sind verdorben; die nachfolgenden, minder feinkörnigen und allmählich in das Bruchansehen ungehärteten Stahles verlaufenden Stücke sind nicht warm genug gewesen und nicht hart geworden.

Ferner ist zu beachten, daß der Stahl bei dem Anwärmen für das Härten keinen oxydirenden Gasen ausgesetzt werde, die ihm an der Oberfläche den Kohlenstoff und somit die Härte entziehen würden. Vor dem Einbringen des zu härtenden Werkzeuges ist das Feuer oder der Ofen genügend anzuwärmen, so daß nachher der Wind oder der Zug möglichst abgestellt werden kann. Stücke, welche ganz gehärtet werden sollen, müssen in allen Theilen bis zum Kerne vollständig gleichmäßig angewärmt werden, vor allen Dingen dürfen die Ecken und Enden nicht wärmer sein, als der übrige Theil. Bei dem Eintauchen in das Wasser müssen die zu härtenden Werkzeuge ganz senkrecht und nicht schiefstehend gehalten werden, weil sie sich sonst krumm ziehen und springen. Während des Erkaltens im Wasser bewege man sie auf und ab und etwas hin und her, damit alle Theile gleichmäßig abgekühlt werden.

Werkzeuge, welche nicht ganz, sondern nur an einer Stelle gehärtet werden müssen, sollen nicht weiter die zum Härten nothwendig richtige Wärme erhalten, als sie gehärtet werden müssen. Die Hitze muß ganz allmählich verlaufen; das Werkzeug ist während des Abkühlens auf- und abzubewegen, so daß ein plötzliches Uebergehen aus dem gehärteten in den ungehärteten Theil vermieden wird, da sonst an diesem Uebergang das Werkzeug sehr leicht springen oder brechen würde. Lange Stücke, z. B. Scheerenmesser u. a., müssen von oben nach unten der Länge nach und ganz senkrecht eingetaucht werden, damit sie sich nicht krumm ziehen.

Dürfen Werkzeuge nach dem Härten nicht abgelassen werden, so müssen diese im Härtewasser, oder noch besser, unter Abschluß von Luft vollständig erkalten.

Das Anlassen geschieht am einfachsten, indem man das Werkzeug noch hinreichend heiß aus dem Wasser zieht, das Erscheinen der gewünschten Anlauffarbe abwartet, nur so weit mit Wasser abkühlt, daß ein weiteres Anlaufen verhütet wird, und dann, vor Zugluft geschützt, langsam erkalten läßt. Wird das Werkzeug nicht früh genug aus dem Härtewasser genommen, so ist die erforderliche Anlauffarbe sofort, bevor das Werkzeug weiter erkaltet; über dem Feuer, in heißem Sande, auf glühenden Eisenstücken oder auf irgend eine andere zweckmäßige Weise hervorzubringen.

Das Härten mancher Werkzeuge erfordert, wie schon erwähnt, einen hohen Grad von Erfahrung und Geschicklichkeit; kleine Fehler, die bei dem Anwärmen, Härten und Anlassen begangen werden, haben das Mißrathen des Werkzeuges zur Folge, sei es, daß dieses stellenweise zu hart und stellenweise zu weich ausfällt oder sich krumm zieht und von neuem gehärtet werden muß, sei es, daß der Stahl seine Güte verloren hat oder bei dem Härten springt und so das ganze Stück zu Grunde geht. Es kommt zuweilen vor, daß Werkzeuge, bei denen man des Erfolges bereits vollständig sicher zu sein glaubt, mehrere Tage nach dem Härten bei ruhigem Liegen plötzlich springen, scheinbar ohne jede Veranlassung.

Gewerbeblatt aus Württemberg.

Apparat zum Heben und Transportiren von Möbeln etc.

Patentirt im In- und Ausland.

Original-Mittheilung von Otto Sack, Patentbureau, Leipzig.

Wie die Erfahrung lehrt, ist das Aufheben, Wegrücken und Transportiren von Möbeln in einem Zimmer, bei Umzügen oder sonstigen Veränderungen schwer und auf umständliche Weise zu bewirken, hauptsächlich lassen sich hierbei Beschädigungen der Stücke oft schwer vermeiden; es ist deshalb als wesentlicher Fortschritt zu begrüßen, daß ein Apparat erfunden wurde, welcher das Aufheben und Trans-

Fig. 1. Ansicht des Apparates von unten.

Fig. 2. Apparat fertig zum Gebrauch.

portiren von Möbeln in Wohnungen ꝛc. auf eine äußerst leichte und bequeme Weise gestattet.

Der Nutzen dieses Apparates für jeden Haushalt ꝛc. liegt auf der Hand, denn

1. wird beim Reinigen von Wohnungen der den Lungen der Menschen so schädliche Zimmerstaub, welcher sich unter und hinter den Möbeln ansammelt, wie sonstiger Schmutz, Spinngewebe ꝛc. ohne große Mühe und Kraftaufwand in kurzer Zeit entfernt werden können;
2. wird das Abrücken schwerer Möbelstücke von der Wand (in feuchten Wohnungen, bei Pilz- und Schwammbildungen) das Werk einiger Augenbicke;

Fig. 3. Transport eines Schrankes.

3. bei Veränderung eines Wohnzimmers — wie das in Hotels oft vorzukommen pflegt — ist dieser Apparat behufs Dislocirung von Möbeln unentbehrlich;
4. werden beim Gebrauch des Apparates von den Möbeln keine Füße abgebrochen (welche in der Regel nicht wieder angeleimt werden, oder wenn es geschieht, doch nicht den früheren Halt gewinnen);
5. wird keine Diele, Parquet oder Fußbodenanstrich beschädigt;
6. kann der Transport auch über Thürschwellen erfolgen;

7. erfolgt der Transport eines Möbels geräuschlos;
8. kann der Transport nach jeder beliebigen Richtung hin erfolgen;
9. ist der Gebrauch des Apparates mit keiner Gefahr verknüpft, da ein Umfallen des Möbelstückes ausgeschlossen ist;
10. läßt sich die Arbeit mit geringem Kraftaufwande durch eine Frau oder Mädchen ausführen;
11. kann die Arbeit zur beliebigen Zeit ausgeführt werden, ohne fremde Kräfte heranzuziehen und somit von diesen abhängig werden zu müssen;
12. wird durch diesen Apparat Zeit und Geld gespart;
13. kann ein Möbellackirer einen frisch gestrichenen Schrank ꝛc., ohne den Anstrich desselben zu beschädigen, nicht vom Platze entfernen, mit Hilfe dieses Apparates ist es ihm möglich;
14. können Tapezirer und Stubenmaler bei Ausübung ihrer Thätigkeit in bewohnten Räumen behufs schnellen und mühelosen Wegschaffens von Möbelstücken den Apparat mit großem Vortheil gebrauchen;
15. ist dieser Apparat für jede Möbel-Fabrik und -Handlung ein unentbehrliches Hilfs- und Transportmittel;
16. kann ein stark gebauter Apparat auch zum Transport von Geldschränken verwendet werden;
17. ist dieser Apparat auch zum Transport anderer beliebiger Lasten in Wohnungen, Niederlagen ꝛc. verwendbar;
18. ist bei der Aufbewahrung des Apparates ein nur geringer Raum erforderlich;
19. ist dieser Apparat im Interesse der Reinlichkeit für jede Hausfrau ein unentbehrliches Hilfsmittel.

Fig. 4. Transport eines Schrankes durch eine Thür.

Der Gebrauch des Apparates ist ein höchst einfacher.

Man fährt den Apparat unter das betreffende Möbelstück, drückt mit beiden Händen die Zugfeder a a in die Höhe und hebt den Schrank (siehe Fig. 3) in die Höhe. Der Transport kann hierauf nach beliebiger

Richtung hin erfolgen. Schränke mit weniger als 4 Füßen läßt man aber nicht eher nieder, bis dieselben am Bestimmungsorte angelangt sind, da dieselben sonst umfallen würden.

Beim Transport von Möbeln durch eine Thür endlich verfährt man ebenso, wie bereits angegeben, drückt jedoch den Hebel so weit herunter, als es geht, löst dann die Verriegelung b b durch Herausziehen der beiden an den Ketten hängenden Stifte, klappt den Hebel in die Höhe und der Transport kann beginnen.

Die Apparate zum Heben und Transportiren von Möbeln ꝛc. werden gegenwärtig angefertigt und kommen demnächst in den Handel. Die Höhe des Preises ist — weil für den allgemeinen Gebrauch bestimmt — mäßig.

Zur weiteren Auskunft, auch betreffs Abgabe der ausländischen Patentrechte sind gern erbötig: Ernst Grätz in Reudnitz-Leipzig und C. Ferd. Reinhold in Neustadt-Leipzig, sowie die Verwerthungsabtheilung von Otto Sack's Patentbureau, Leipzig.

Die Kohlenanzünder.

Unter diesem Namen wird seit geraumer Zeit ein Präparat in den Handel gebracht, welches das Anfeuern von Heizungen dadurch fördern soll, daß Holz, Torf, Braunkohlen, Briquettes und Steinkohlen durch dasselbe mit Leichtigkeit in Brand gesteckt werden sollen. Das Präparat besteht aus Kolophonium und Sägespähnen oder aus Kolophonium und Torfmull. Herr Hugo Bornträger zu Bremen, welcher diese Präparate untersucht und die Resultate in der chemisch-technischen Zeitung, der wir diese Mittheilungen entlehnen, veröffentlicht hat, hält das aus Kolophonium und Sägespähnen dargestellte für das bessere, da das andere sich schon selbst sehr schwer entzünden läßt.

Zur Darstellung der Masse wird am besten amerikanisches Kolophonium mit gelindem Feuer zum Schmelzen gebracht und werden alsdann die Sägespähne hineingerührt. Die geschmolzene Masse wird noch heiß zu rechtwinkligen Tafeln verarbeitet, welche pro Stück ca. 10 bis 15 Pf. kosten und zum Anzünden von 20 Feuerungen dienen.

Die Kohlenanzünder enthalten ca. 80—85 % Holz und 10—15 % Kolophonium. Da dieselben sich nach den angestellten Versuchen mehr für Holz, Braunkohlen und besonders Braunkohlen-Briquettes eignen, so hat Herr Bornträger eine Firma, H. Jahme in Magdeburg-Neustadt, veranlaßt, dieselben für technische, resp. militärische Zwecke, z. B. für Kesselfeuerungen oder Wachtfeuer größer anzufertigen und zwar anstatt rechteckig und flach in Form eines hohlen Halbcylinders, um der Luft mehr Zutritt zu gestatten und somit eine heißere Flamme zur Entzündung des Brennmaterials zu erzielen. Die Versuche mit dem neuen Produkt sind sehr zur Zufriedenheit ausgefallen und hofft man auf baldige Einbürgerung desselben in der Technik im Interesse der Verminderung der Feuersgefahr, sowie der Billigkeit und Reinlichkeit. Für Haushaltungen würde sich mehr ein Präparat aus Tannenzapfen mit Kolophonium eignen, welches man, um demselben ein gefälliges Aussehen zu geben, noch mit irgend einem Farbstoffe färben könnte.

Jedenfalls ist nach Ansicht des Herrn Vornträger die Industrie der Kohlenanzünder noch einer weiteren Ausbildung fähig und sollte besonders in ärmeren und industrielosen Gegenden, wie Torfmooren, in großen Waldungen ꝛc., wo das Holzmaterial und das Fichtenharz im Ueberfluß vorhanden ist, mit mehr Ausdehnung betrieben werden.

Entscheidungen des Reichsgerichts.

Bei der Enteignung eines als Ackerland benutzten Grundstücks genügt nach einem Urtheil des Reichsgerichts, V. Civilsenats, vom 4. Juli d. J., die Bebauungsfähigkeit desselben allein nicht, um es hinsichtlich der Entschädigung als höherwerthige Baustelle zu erachten; vielmehr muß als zweites Moment hinzukommen, daß der Verkehr bei der Preisregulirung dieses Umstandes sich bemächtigt hat und damit für die Verwerthbarkeit als Baustelle eine sichere Grundlage in der Gegenwart gegeben ist, ohne daß es darauf ankommt, daß gerade für die Parzelle, für welche die Bauplatzeigenschaft behauptet wird, bereits Angebote gemacht sind. Der Umstand, daß Mangel an Bauplätzen am Orte herrsche, bildet keinen allein ausreichenden Nachweis der Bauplatzeigenschaft eines Grundstücks.

Fabrik-Cantinen, bei welchen die sofortige Verzehrung der verkauften Getränke nicht in der im Fabrikgebäude befindlichen Verkaufsstätte (Ausschank), sondern in den räumlich mit derselben in Verbindung stehenden Arbeitsstellen erfolgt, sind nach einem Urtheil des Reichsgerichts, III. Strafsenats, vom 7./14. Juni d. J., Schankwirthschaften im Sinne der Reichs-Gewerbe-Ordnung, zu deren Errichtung die obrigkeitliche Erlaubniß erforderlich ist. Cantinenwirthe, welchen der Fabrikherr einen Raum in der Fabrik zum Betriebe ihrer Schankwirthschaft eingeräumt hat, und die demnach auf Anweisung des Fabrikherrn an die Arbeiter Speisen und Getränke verabfolgen, dürfen den Arbeitern ebenso wenig, wie der Fabrikherr selbst, Speisen und Getränke zu einem die Anschaffungskosten übersteigenden Preise kreditiren.

Verschweigt bei der Ertheilung einer Auskunft über einen Dritten, mit welchem der Anfragende in Geschäftsverbindung zu treten gedenkt, der Befragte auf die Bemerkung des Anfragenden, daß der Dritte behauptet habe, keine Schulden zu haben, bewußt die Thatsache, daß der Dritte ihm resp. seiner Firma einen erheblichen Betrag schuldet, so haftet, nach einem Urtheil des Reichsgerichts, I. Civilsenats, vom 11. Juli d. J., der Angefragte für den dadurch verursachten Schaden.

Kauft Jemand eine Baustelle in der auch vom Verkäufer in gutem Glauben getheilten Meinung, daß die obrigkeitliche Bauerlaubniß ohne wesentliche Kosten zu erlangen sei, so giebt die später hervorgetretene Thatsache, daß die Bauerlaubniß nur gegen Zahlung eines bedeutenden Geldbetrages zu erreichen ist, nach einem Urtheil des Reichsgerichts, III. Civilsenats, vom 3. Januar d. J., dem Käufer nicht das Recht, die Aufhebung des Kaufvertrages zu verlangen.

Verschiedene Mittheilungen.

Verkehrswesen. Von jetzt ab können Postpackete ohne Werthangabe im Gewicht bis 3 kg nach den Falklands-Inseln versandt werden. Ueber die Taxen und Versendungsbedingungen ertheilen die Postanstalten auf Verlangen Auskunft.

Entfernung von Vergoldungen. Bei der Benutzung eis der folgenden Verfahren bleibt es sich gleich, ob die Sachen im Feuer er galvanisch vergoldet sind. Man kann, nach dem „Metallarbeiter“, die Entgoldung mittelst galvanischer Batterie, mit Säuren oder aber, wenn die Form des Gegenstandes dieses leicht zuläßt, mittelst Abschaben vornehmen. Beim Entgolden mittelst Batterie verfährt man folgendermaßen: Man hängt den Gegenstand an Stelle der Anode in ein fast unbrauchbar gewordenes altes Goldbad, nachdem man dasselbe erwärmt hat. An Stelle der Waare dient am besten ein auf irgend eine Art isolirtes Stück Kupferblech. Das Gold wird, nachdem der Strom kurze Zeit gewirkt hat, gänzlich von der Waare entfernt sein. Man gewinnt das Gold wieder, indem man die Entgoldungsflüssigkeit mit der doppelten Menge Wasser verdünnt und sodann eine Lösung von Eisenvitriol zusetzt. Das Gold wird in Pulverform niedergeschlagen und kann nun wieder eingeschmolzen werden. Zweitens kann man das Gold durch Eintauchen des Gegenstandes in ein Gemisch von 200 gr Schwefelsäure, 40 gr Salzsäure und 20 gr Salpetersäure gewinnen; das Gold löst sich hierin langsam auf. Die Gegenstände sind stets trocken in das Säuregemisch zu bringen. Zur Wiedergewinnung verdünnt man dieses Säuregemisch mit der 10—20 fachen Menge Wasser und setzt eine Lösung von schwefelsaurem Eisenoxydul zu. Das Gold wird auch hier in Pulverform niedergeschlagen und kann ebenfalls eingeschmolzen werden. Hat der Gegenstand eine Form, bei welcher das Abschaben möglich ist, so kann man die beim Abschaben mit entfernten Kupferspäne durch Salpetersäure abscheiden und das Gold dann einschmelzen.

Hessische Techniker in auswärtiger Stellung. Wieder hat einer unserer vormaligen Bauaccessisten einen Erfolg zu verzeichnen; Herr Bauinspector Steuernagel zu Köln hat bei dem Wettbewerb zu einem Bebauungsplane für die Stadt Hannover neben den Herrn Hermanns und Riemann in Elberfeld den dritten Preis erhalten. Die beiden ersten Preise erhielten die Architecten Havestadt und Contag zu Berlin, resp. Angeneydt zu Hannover. Zum Ankauf wurden ferner die Pläne der Herrn Philipp zu Köln und Unger zu Hannover empfohlen.

Anzeigen.

Das Verwaltungs- und Verfassungsrecht

des Großherzogtums Hessen

im Auszuge und in leicht faßlicher Form, zum Gebrauche in Fortbildungsschulen und zum Selbstunterricht.

Eine gekrönte Preisschrift von

Valentin Funk

Lehrer an der Großherzoglichen Strafanstalt zu Marienschloß.

2. Aufl. 8° XVII und 172 Seiten; brosch. statt 2 Mk. nur 1 Mk. 20 Pf.

Amtlich empfohlen von Großherzoglichem Ministerium des Innern und der Justiz, Abteilung für Schulangelegenheiten durch Ausschreiben vom 18. März 1878.

Inhalt: I. Abteilung: Verfassung des Deutschen Reichs. II. Abteil.: Verfassung des Großherzogtums Hessens. III. Abteil.: Landständische Angelegenheiten. IV. Abteil.: Heimats- und Niederlassungs-Angelegenheiten. V. Abteil.: Kreis- und Provinzial-Verwaltung. VI. Abteil.: Land- und Stadt-Gemeindeverwaltung. VII. Abteil.: Schul-Angelegenheiten. VIII. Abteil.: Kirchen-Angelegenheiten. IX. Abteil.: Finanz-Angelegenheiten. X. Abteil.: Justiz-Angelegenheiten.

Kaum dürfte es eine Frage in der öffentlichen Staatsverwaltung geben, die der Verfasser nicht mit Klarheit, Kürze und Gründlichkeit behandelt hätte. Das Werkchen sollte darum als treuer Ratgeber, als unentbehrliches Nachschlagebuch in keinem bürgerlichen Hause fehlen.

Durch alle Buchhandlungen zu beziehen.

Darmstadt. **G. Jonghaus'sche Hofbuchhandlung, Verlag.**

Redacteur Dr. Hesse. — Druck von Heinrich Brill.

In Commission bei L. Brill in Darmstadt.

Gewerbeblatt

für das

Großherzogthum Hessen.

Zeitschrift des Landesgewerbvereins.

Erscheint wöchentlich. Auflage 4500. Anzeigen für die durchgehende Petitzeile oder deren Raum bei ein- und zweimaliger Aufnahme 30 Pf., bei drei- und mehrmaliger Aufnahme 25 Pf.

№ 44. November 1888.

Ursachen und Wirkungen der veränderten wirthschaftlichen Verhältnisse der Gegenwart.

Die andauernd laut werdenden Klagen der gegenwärtigen ungünstigen Lage der wirthschaftlichen Verhältnisse beziehen sich bekanntlich in der Hauptsache auf die Ueberproduktion, die niedrigen Preise, das Sinken des Zinsfußes und des Unternehmergewinnes, und vor allem auch auf den Niedergang der Landwirthschaft. Der letztere wird namentlich von einer Partei behauptet, welche ganz besondere Heilmittel, wie z. B. die permanente Erhöhung der Schutzzölle, den Bimetallismus u. a. dergl. stets zur Abhülfe in Vorschlag zu bringen bereit ist. Solche einzelne Heilmittel giebt es aber überhaupt nicht, vielmehr sind es bei weitem tiefer liegende Gründe, welche diese Wirkung hervorgerufen haben. Es liegen bestimmte Motive für die Erscheinung vor, daß die wirthschaftlichen Fragen heute im Vordergrunde der Erörterungen stehen; befinden wir uns doch in einer wirthschaftlichen Entwicklungsperiode, die unzweifelhaft bedeutender ist als eine der vorhergehenden! Sie wird charakterisirt durch die Erfindung der Dampfkraft und die Ausnutzung der Elektricität. Die Anwendung dieser Erfindungen im wirthschaftlichen Leben hat sich in der Hauptsache bereits vollzogen und hierin sind auch in erster Linie die erwähnten Ursachen zu suchen.

Wenn man zunächst den Rückgang des Zinsfußes ins Auge faßt, so liegt es auf der Hand, daß die vielfachen Anlagen zur Einführung und Anwendung der Dampfkraft im Verkehrsleben und in der Industrie große Kapitalien beanspruchten, die sich gut verzinsten. Dadurch stieg die Kapitalrente, welche noch in den dreißiger Jahren niedrig war, und damit auch der Unternehmergewinn, bis eben in neuerer Zeit solche Anlagen nicht mehr zu schaffen waren oder doch nur in verhältnißmäßig geringer Zahl. Die Durchführung jener großen Erfindungen hat durch 40 bis 50 Jahre die ganze Industrie beschäftigt und alles Kapital für sich absorbirt. In der Hauptsache wurde die Montanindustrie in großem Umfange herangezogen, wodurch wiederum naturgemäß neue, bedeutende Anlagen und eine große Produktionsfähigkeit geschaffen wurden, für welche in der Gegenwart nicht mehr genügende Beschäftigung vorhanden ist, und ebenso hat sich bei andern Industrien ein gleicher Vorgang vollzogen. Um die große Erfindung der Dampfkraft zu verwerthen, sind neubegründete Industrien erforderlich gewesen, welche ein außerordentliches Kapital für sich absorbirten, das mit 100 Milliarden nicht zu hoch geschätzt sein dürfte. Jedoch es haben nicht nur die Anlagen an sich Kapital erfordert, sondern die ganze an denselben mitarbeitende Bevölkerung fand ihre Ernährung, denn alle, die in den verschiedensten Vorstadien der Anlagen beschäftigt waren, verdienten, und so fanden die Erzeugnisse der verschiedensten Art leicht und willig Abnahme; es herrschte eine fieberhafte Thätigkeit, und es ergab sich befriedigender Unternehmergewinn.

Auf der einen Seite kommen solche Anlagen in dem früheren Umfange nicht mehr vor, weniger Kapital und Arbeit ist erforderlich; nach der anderen Seite ist durch die mehrere Jahrzehnte angestrengte Thätigkeit und durch die modernen Hülfsmittel des Verkehrs eine viel größere Leistungsfähigkeit eingetreten; für diese, wie für die in großen Dimensionen gestiegene Produktionskraft und Kapitalbildung ist heute nicht genügende Beschäftigung vorhanden. Dazu kommt, daß die neuen Betriebsverhältnisse eine Reduktion nicht gestatten, da bei den auf Dampf- und maschinellen Kräften beruhenden Betrieben Minderproduktion theurere Produktion bedeutet. Dem steht außerdem eine weniger lebhafte Nachfrage gegenüber. Ferner tritt als beachtenswerthes Moment hinzu, daß die Güter mit Hülfe der neuen Verkehrsmittel mit Leichtigkeit gleichzeitig auf vielen Plätzen des Weltmarktes angeboten werden, wodurch ein Druck auf den Preis ausgeübt wird. Durch diese Verhältnisse wird die allgemeine Wirthschaftslage weit intensiver beeinflußt, als wie dies durch die Währungsfrage und dergl. m. je geschehen kann, weil letzteren Fragen nur eine untergeordnete Bedeutung beigelegt werden darf.

Für die Landwirthschaft hatten die vorher angeführten Gründe für den allgemeinen Aufschwung den erleichterten Absatz der landwirthschaftlichen Erzeugnisse zur Folge, woraus eine größere Prosperität der Landwirthschaft hervorging. Ja die einheimische Landwirthschaft konnte den Bedarf nicht decken, es wurden Zufuhren vom Auslande erforderlich, welche bei den früheren schlechten Verkehrsmitteln jedoch so theuer gewesen waren, daß sie die Preise der inländischen Erzeugnisse nicht drücken konnten. Die heimische Landwirthschaft erfreute sich damals der Vortheile der vorgeschrittenen Verkehrsmittel und der lohnenden Preise. Nunmehr haben die theils entfernten und unkultivirten Länder sich zur Vervollkommnung der Verkehrsmittel der Erfindung des Dampfes bemächtigt; durch Eisenbahnen in jenen Ländern und mittelst großer Dampfer werden die ausländischen Produkte zu billigsten Preisen eingeführt und damit ist unserer Landwirthschaft eine schwer wiegende Konkurrenz bereitet, welche durch das Sinken des Zinsfußes nicht ausgeglichen wird. Rechnet man dazu die Lasten, welche der Grundbesitz zu tragen hat, so ist die schwierige Lage der Landwirthschaft nicht zu verkennen. Es fragt sich nur, ob eine solche aus der Entwicklung der Verhältnisse hervorgehende Lage durch irgend welche künstliche Mittel zum Bessern gebracht werden kann. Ohne die ethische Bedeutung der Landwirthschaft zu verkennen, darf man doch den zur Bearbeitung bestimmten Boden mit einer Fabrik vergleichen; wenn diese aber zu theuer bezahlt ist, so wird sie auch nicht rentiren. Alle diese Verhältnisse, welche in der ganzen Kulturwelt wirken, haben ein Gefühl des Unbehagens erzeugt, welches aber nicht zur Verleugnung des Kulturfortschrittes verleiten darf, der in dem jetzigen Zustande zu erblicken ist, denn wenn heute weniger Kapital, weniger Arbeit zur Befriedigung der Bedürfnisse erforderlich sind, so ist es gerade für die breiten Volksklassen leichter geworden, nicht nur die nothwendigen Bedürfnisse des Lebens zu befriedigen, sondern auch darüber hinaus zu gehen.

Die Massenhaftigkeit der heutigen Gütererzeugung ist eben in der Art zum Durchbruch gekommen, daß überall eine Fülle von Gütern sich zeigt, die auch in Folge der so erleichterten Verkehrsmittel zum Gemeingut der gesammten Erde geworden sind. Allerdings hat dies zur Folge gehabt, daß manche Producenten wegen Ueberproduktion zu klagen haben. Im großen Ganzen aber hat die vermehrte Produktion es bewirkt, daß ein weit größeres Angebot von Gütern vorhanden ist und daß demgemäß die Preise der Güter, namentlich der Lebensmittel gesunken sind. Da dies nur vor allem dem gemeinen Manne, dem Arbeiter zu gute kommt, so darf man darin ein wirthschaftliches Unglück wohl nicht erblicken.

Wenn in Folge der vermehrten Produktion manche Unternehmer mit geringerem Gewinn als früher sich begnügen müssen, so ist dies gewiß für sie selbst zu beklagen, da sie nur in vergrößertem Absatze, obwohl die Verhältnisse, solchen zu erreichen, schwieriger geworden sind, den unvermeidlichen Ausfall wieder einholen können, was jedenfalls keine leichte Aufgabe ist. Um so merkwürdiger muß andererseits die Thatsache erscheinen, daß die Arbeitslöhne nur in verschwindendem Maße zurückgegangen, vielmehr meist ständig geblieben sind. Zufolge des Sinkens der Preise der Lebensmittel einerseits und der stehengebliebenen Arbeitslöhne andererseits, ist ohne Zweifel die Lebensführung der deutschen Arbeiter eine etwas bessere geworden. In Bezug darauf enthält der letzte Jahresbericht der Aeltesten der Berliner Kaufmannschaft einen recht bemerkenswerthen Passus über die gegenwärtige soziale Frage der deutschen Arbeiter, so daß wir denselben, da der Inhalt ein allgemeines Interesse für sich in Anspruch nehmen dürfte, hier folgen lassen. Derselbe lautet: „Eine eigenthümliche Erscheinung des Jahres 1886 war das Auftreten massenhafter Arbeiterstrikes und sozialistischer Demonstrationen, zum Theil unter Einwirkung anarchistischer Elemente, im April und Mai in Nordamerika, im Februar und November in London, im Frühjahr in Belgien, im Sommer in Frankreich ꝛc.; Deutschland ist von solchen Scenen glücklicher Weise verschont geblieben. Zwar zeigen sich auch bei uns die Illusionen sozialdemokratischer Doktrinen noch immer wirksam, indessen hoffen wir, daß die große Mehrzahl der arbeitenden Klassen sich dem

Eindrucke des Ernstes, mit welchem die Sozialgesetzgebung und deren Durchführung unter Mitwirkung der Arbeitgeber und der Arbeitnehmer in Deutschland betrieben wird, auf die Dauer nicht entziehen werde. Das Sinken des Preises der Lebensmittel und anderer unentbehrlicher Bedürfnisse hat ohne Zweifel eine Verbesserung der Lage der arbeitenden Klassen herbeigeführt, und das starke Anwachsen der Sparkasseneinlagen in Preußen während der letzten 8 Jahre (von 1385 auf 2261 Millionen Mark) um 876 Millionen läßt mit einiger Sicherheit darauf schließen, daß Sparsinn und Sparfähigkeit gestiegen sind. Die sinkenden Preise und die zeitweise Geschäftsstockung der letztvergangenen Zeiten haben in hohem Maße den Unternehmergewinn, aber in sehr verschwindendem Maße die im Ganzen stabil gebliebenen Löhne geschmälert.“ (Neue Deutsche Ind. Ztg.) I.

Die richtige Anlage einer Schreinerwerkstätte.

Was den Fußboden der Werkstätte anbelangt, so wird es immer gut sein, wenn derselbe möglichst hoch über dem Straßenniveau gelegen ist. Die Höhe der Werkstätte ist nicht immer gerade von besonderer Bedeutung, doch sollte dieselbe mindestens $3^1/_2$ m Höhe und entsprechend hohe Eingänge haben. Wichtiger ist die Fenstervertheilung. Die Werkstätte soll licht sein, ohne daß deshalb allzuviel von der Länge der Wandfläche verloren geht; es empfehlen sich daher für eine Tischlerwerkstätte hohe, jedoch nicht allzubreite Fenster. Wünschenswerth wäre, daß jede Hobelbank ihr eigenes Fenster hätte; da dies aber nicht gut möglich ist, so kann man immerhin solche Werkstätten als zweckmäßig bezeichnen, wo wenigstens zwei Wände mit Fensteröffnungen versehen sind; die Entfernung eines Fensters von dem anderen sollte sich ebenfalls nach der Länge der Hobelbänke richten und der Ordnung wegen darauf Rücksicht genommen werden, daß für jede Hobelbank noch ein Stück freie Wandfläche in der Länge von 1—$1^1/_2$ m entfällt zum Anlehnen des Werkholzes und Unterbringen der Werkzeuge; der Abstand zweier Fenster sollte also bei 1 m Breite des Fensters wenigstens $2^1/_2$ m betragen.

Ein Hauptaugenmerk sollte bei Errichtung einer Möbeltischler-Werkstätte auf die Beheizung derselben gerichtet werden. Die Erwärmung des ganzen Raumes soll womöglich eine gleichmäßige und der Ofen bei der Arbeit nicht hinderlich sein. Gewöhnliche eiserne Oefen, welche meistens zugleich auch zum Leimwärmen eingerichtet sind, entsprechen den Anforderungen keineswegs. In der Nähe des Ofens ist gewöhnlich die Hitze eine so intensive, daß auf mehrere Schritte in der Umgebung desselben weder ein Arbeiter auszuhalten vermöchte, noch Arbeitsholz untergebracht werden könnte, weil dasselbe zerreißen würde, was jedoch nicht hindert, daß die entfernten Arbeitsplätze kalt und die Wände feucht sind, da alle Wärme zur Decke aufsteigt, welche allerdings erwärmt ist.

Eine zweckmäßige und gleichmäßige Erwärmung bei groß[illegible]
heit wird durch die Heißwasser-, Luft- oder Dampfheizun[illegible]
der Ofen außerhalb, womöglich unter der Werkstätte an[illegible]
Röhren in der Nähe des Fußbodens den Wänden en[illegible]
können; außer einer trockenen, gleichmäßigen W[illegible]

erzielt wird, ist auch noch der Vortheil damit verbunden, daß die Feuersgefahr eine geringere ist, der Raum, den sonst der Ofen einnimmt, jetzt anderweitig verwendet werden kann und die feuchten Winkel und Wände in der Nähe des Fußbodens, die der Tischler zum Anlehnen des Arbeitsholzes während der Arbeit so gut zu verwenden weiß, solcherweise zu einer Art Trockenkammer umgestaltet werden. Diese Art der Beheizung kann freilich nicht in jeder kleinen Werkstätte durchgeführt werden, doch wo es möglich wäre, eine solche anzuwenden, ist der Vortheil ein bedeutender, wenngleich vielleicht auch die erste Anlage etwas theurer zu stehen käme, als die Beschaffung anderer Oefen.

Die Leimküche sollte immer in einem eigenen Raume untergebracht sein, jedoch anstoßend an die Werkstätte, und wenn mehrere Abtheilungen vorhanden wären, ungefähr in der Mitte derselben, so daß jede Abtheilung die Leimküche in der Nähe hat. Dieselbe soll mit einem Herde, welcher zugleich zum Wärmen der Zulagen geeignet ist, einem Leimtische, den Schraubstöcken, Leimzwingen und den verschiedenen Zulagen u. a. m. ausgestattet sein. Außerdem ist zu einer zweckmäßig eingerichteten Möbeltischler-Werkstätte noch ein staubfreies Zimmer zum Poliren und Anstreichen, sowie eine Kammer zum Unterbringen der Abfälle, ebenfalls in unmittelbarer Nähe der Werkstätte nöthig. („Mittheilungen des k. k. technologischen Gewerbe-Museums zu Wien, Section für Holzindustrie.“)

Entscheidungen des Reichsversicherungsamts.

Ein Fabrikkutscher hatte, wie ihm das zu thun oblag, seinen Dienstherrn mit dessen für Geschäftsfahrten bestimmtem Kutschwagen von einem entfernt wohnenden Kunden abgeholt. Der Dienstherr nahm dort für einen Bekannten ein Packet mit und ließ dasselbe unterwegs im Wohnort des Empfängers durch den Kutscher abgeben. Als letzterer nach Erledigung des Auftrages den Kutscherbock wieder besteigen wollte, gerieht er mit dem Fuß in das Rad und brach denselben, da das Pferd anzog. Die Berufsgenossenschaft lehnte den erhobenen Anspruch ab, weil zwischen dem Unfall und dem Betrieb nur ein zeitlicher Zusammenhang bestehe. Das Reichs-Versicherungsamt dagegen hat in der Rekursentscheidung vom 14. Mai 1888 den Unfall als bei dem Betrieb erlitten angesehen. Es ist zwar richtig, daß der Unfall sich aus Veranlassung der Erledigung eines mit dem Fabrikbetriebe des Dienstherrn des Klägers in keinem Zusammenhang stehenden Auftrages zur Bestellung eines Packetes zugetragen hat, aber daraus folgt noch nicht der Mangel eines Zusammenhanges mit dem Betriebe. Auf die Veranlassung des Unfalls kommt es nicht an, sondern auf dessen unmittelbaren Grund, welcher aus dem Grund und Zweck derjenigen Handlung des Verletzten zu entnehmen ist, bei welcher der Unfall eintrat. Wurde diese durch den Betrieb hervorgerufen und diente sie dem Betriebe, so liegt ein Betriebsunfall vor. Der Kläger nun hatte sich mit der Abgabe des Packetes des seinem Herrn oder ihm selbst ertheilten Auftrages entledigt; der Auftrag bildete zwar die Veranlassung für das Herabsteigen des Klägers vom Kutscherbock und
den Weg zu dem Empfänger des Packetes, seine Wirkung reichte aber darüber
Der Kläger befand sich nach Erledigung des Auftrages in der-
irgend einem anderen Anlaß abgestiegen gewesen
Herrn wieder bestieg, hatte seinen Grund in

seiner Stellung als Kutscher und seinen Zweck in der Ausführung des von dem Herrn ertheilten Auftrages, ihn nach Hause zu fahren. Diese Fahrt geschah aber zweifellos im Geschäftsbetriebe, weil der Betriebsherr sie vornehmen mußte, um den Verkehr mit einem entfernt wohnenden Geschäftskunden zu ermöglichen. Danach stellt sich das Besteigen des Bocks durch den Kläger als eine Betriebshandlung und der ihm dabei durch das Fabrikgespann zugefügte Unfall als ein Betriebsunfall dar, für welchen die beklagte Berufsgenossenschaft einzutreten hat.

Nach einer Entscheidung des Reichs-Versicherungsamts vom 2. Juli 1888 ist eine mit sechs Arbeiterinnen betriebene Vergolderei, in welcher ohne Verwendung von Dampfkesseln oder durch elementare Kraft bewegten Triebwerken jährlich annähernd 450 Millionen Nadeln vergoldet werden, mit Rücksicht darauf, daß in dem Betriebe ein Halbfabrikat in großen Massen für den Großhandel fertig gestellt wird, nach dem Umfange und der Natur des Betriebes als fabrikmäßig im Sinne des §. 1 Absatz 1 des Unfallversicherungsgesetzes betrieben anzusehen und demgemäß versicherungspflichtig.

Nach einer Entscheidung des Reichs-Versicherungsamts vom 30. Juni 1888 ist ein auf die Anfertigung von patentirten Metall-Jalousiebändern — an Stelle der Jalousiegurte — gerichteter Betrieb, wenngleich Dampfkessel oder durch elementare Kraft bewegte Triebwerke nicht zur Verwendung kommen und nur drei Arbeiter in demselben beschäftigt werden, nach seiner Natur als Fabrik im Sinne des §. 1 Absatz 1 des Unfallversicherungsgesetzes anzusehen und demgemäß unfallversicherungspflichtig. Es handelt sich nicht um die handwerksmäßige Erzeugung von Gegenständen zum Einzelverkauf, sondern um die Herstellung eines gleichartigen Massenartikels.

Der Magazinverwalter einer Spinnerei, aus deren Magazinräumen verschiedene Gegenstände gestohlen waren, wurde von der Direktion der Spinnerei beauftragt, den mit einer auf den Diebstahl bezüglichen Haussuchung betrauten Polizeibeamten behufs etwaiger Rekognition der Gegenstände zu begleiten; er stürzte in dem betreffenden Hause in einen offenen Keller. Die Berufsgenossenschaft lehnte den erhobenen Entschädigungsanspruch ab, weil dem Kläger der Auftrag nicht im Interesse des Betriebes, sondern lediglich im polizeilichen Interesse der Entdeckung des Diebstahls ertheilt worden sei, und der Unfall somit nicht bei dem Betriebe der Spinnerei sich ereignet habe. Lediglich das Seitens der Polizei an die Direktion gestellte Verlangen um Gestellung eines [illegible] habe die Veranlassung zu dem Gange des Klägers gegeben. In Uebereinstimmung mit dem Schiedsgericht hat indessen das Reichs-Versicherungsamt, [illegible] Rekursentscheidung vom 11. Juni 1888 den Unfall als bei dem Betriebe der Spinnerei eingetreten anerkannt. Es ist für die Beurtheilung des Falls ohne Bedeutung, welche Beweggründe jenem Auftrage zu Grunde gelegen haben, ob der Kläger ging, weil der „Betrieb“ im engeren Sinne des Worts (die Erzeugung und der Absatz von Gütern) es an und für sich erheischte, oder weil Anforderungen von dritter Seite an den Unternehmer gestellt wurden, welchen derselbe genügen mußte. Ueberdies lag es im dringenden Interesse der Spinnerei, wieder in den Besitz ihres Eigenthums zu gelangen. Jeder Gang, den ein Arbeiter als „Arbeiter“ im Interesse des Betriebes im Auftrag seines Arbeitgebers unternimmt, ist als ein dienstlicher, das heißt ein aus seinem Dienst- beziehungsweise Arbeitsverhältniß entspringender Gang anzusehen, gleichviel ob die Veranlassung zu diesem Gange aus dem „Betriebe“ selbst oder von außen her sich ergeben hat.

Verschiedene Mittheilungen.

Von der Kaiserlichen Yacht „Hohenzollern“, auf welcher Kaiser
ilhelm II. die Fahrt nach St. Petersburg unternommen hatte, giebt die Zeit-
rift „Das Rheinschiff“ folgende Beschreibung: Die Yacht ist auf der früheren
orddeutschen, jetzigen Germania-Werft in Gaarden bei Kiel erbaut. Sie besitzt
ie Länge von 86 m bei einem Tiefgang von 4—5 m. Der Durchmesser ihrer
äder beträgt 7 m; sie ist mit 2 Geschützen armirt und besitzt eine Geschwindigkeit
s zu 20 Knoten. Ihre äußere Form ist höchst gefällig. Die Mitte des sehr breiten
chiffs nimmt die in der schlesischen vormals Egel'schen Maschinenfabrik gebaute
00 ind. Pferdekraft starke Maschine mit 6 Kesseln ein. Auf der „Hohenzollern“
d sämmtliche Neuerungen und Verbesserungen der modernsten Schiffskonstruktion
gewandt. Sechs eiserne Schotten machen den Rumpf wasserdicht, die Steuerung
olgt mittschiffs auf Deck vermittelst eines Dampfsteuerapparats und durch mehrere
ampf- und Handspritzen auf Deck ist für schleunigste Hülfe bei Feuersgefahr ge-
gt. Außer dem Königsboot hängen an Bord eine Dampfpinasse, zwei Kutter,
e Pinasse, zwei Gigs und eine Jölle. Die Dekoration ist in Renaissancestil gelten, vom Architekten Moldenschardt in Kiel entworfen und ausgeführt und ist
erhaupt ein wahres Meisterstück deutscher Schiffsbaukunst. Die Besatzung wird
eils von der Marinestation der Ostsee und theilweise von der Marinestation der
ordsee gestellt. Am Heck prangt das Hohenzollernwappen, am Bugspriet als Gallion
r Reichsadler in starker Vergoldung. Die Schanzverkleidung des Decks ist innen
nd umher mit Täfelung aus Teakholz versehen und in Naturfarbe gelassen. Aus
mselben Material ist die Haupttreppe gearbeitet, welche direkt auf das Deckhaus
hrt. Die Brüstung zeigt eine reich profilirte Täfelung. Das Ganze ist gekrönt
n einem konsolengetragenen Gesims mit Schnitzarbeit. Die Außenseiten der Rad-
en zeigen auf der strahlenförmigen Durchbrechung eine kolossale Kaiserkrone mit
chem Lorbeergezweig. Auf den Spitzen der beiden Masten sitzen vergoldete Kaiser-
nen aus Bronze. Das Deckhaus besteht aus drei Räumen. Durch einen Vor-
um mit der Haupttreppe gelangt man in den Decksalon, der durchgehends in
ßbaumholz getäfelt ist, mit figürlichen Darstellungen, die auf das Meer Bezug
en. Bemerkenswerth ist, daß das unter einem Spiegel stehende Piano nicht
twinklig ist, sondern sich genau den ansteigenden Linien der Wände anpaßt.
ie Möbel sind in Nußbaum geschnitzt, von schwerem Charakter, wie er auf
em Schiff erforderlich ist. Die Ueberzüge bestehen aus schwerem Seidenstoff.
t diesen Salon schließt sich, dem Steuer zunächst, ein zweiter kleiner Vorraum,
n dem man auf das Außendeck gelangt. Im Zwischendeck liegen die Kaiserlichen
mächer. Die große Treppe im ersten Vorraum führt zu einem Treppenvorplatz,
lcher 5 Thüren enthält, von denen eine Flügelthür geradeaus in den Speisesaal,
eine rechts und links in das Empfangszimmer des Kaisers und der Kaiserin und
eine rechts und links im Hintergrund des Raums, welche in die Schlafzimmer
ren. Der Speisesaal ist ganz in Eichenholz getäfelt. Er nimmt die ganze Breite
Schiffs ein, hat an jedem Ende zwei Fenster und in der Mitte ein großes, mit
asgemälde versehenes Oberlicht, in welchem eine reiche Krone im Mittel hängt.
e Decke ist an den Balken mit Eichenholz getäfelt, die Felder sind in blaugrauem
d tief blaugrünem Ton bemalt. Die Brüstung der Wände zeigt reich profilirte
felung mit geschnitzten Pilastern; der Obertheil der Wände enthält Rahmen,
lche aus Wollen- und Seidenstoff, mit Gold durchwirkt, ausgefüllt sind. Die
ngangsthür und die zwei gegenüberliegenden, zu den Schlafzimmern führenden
üren sind durch freistehende Holzsäulen eingefaßt, welche ein reich geschnitztes
esims tragen. Zwischen den beiden letzten Thüren befindet sich ein großer Spiegel
t Konsole, als Bekrönung darüber die Kaiserkrone, von Meeresthieren getragen.
ter den Fenstern an der Außenseite sind Intarsiafüllungen mit Inschriften: „Die
et Zollre alleweg“ und „Vom Fels zum Meer“. In den vier Ecken des Saales
finden sich Etagèren zum Dienst der Tafel. In der Mitte steht ein großer runder
sch, welcher für 24 Gedecke genügt. Die Füße werden von geflügelten Sphinxen
bildet; die Stühle sind gedrechselte Rohrstühle. Alle Schnitzereien zeigen vielfach
spielungen auf das Meer und seine Bewohner. Die rechts und links liegenden
pfangszimmer zeigen Täfelung in Nußbaum und gelbgefärbtem Ahorn. Die
ecke ist kasettirt und bemalt, die Möbel aus Nußbaum sind mit Leder bezogen.
ie Schlafzimmer hinter dem Treppenraum sind ganz in Rothbuchenholz ge-
elt; aus demselben Material sind die matt geschliffenen Möbel. Die Bettstellen,

reich geschnitzt, mit Bekrönung am Kopfende, enthalten die Kaiserliche Krone mit dem Hohenzollernwappen, von Meeresungeheuern umgeben. An die Schlafzimmer schließt sich das Badezimmer, welches nach hinten an die Kammer für die Dienerschaft stößt.

Das elektrische Licht wird in London gegenwärtig bereits zur Beleuchtung von Omnibussen verwandt. Die Akkumulatoren befinden sich in einem kleinen Kasten, der unterhalb des Wagenkastens angebracht ist. Die elektrische Lampe steht auf einem Gestell im Innern des Wagens und wird dadurch, daß man sie um einige Centimeter nach rechts oder nach links rückt, entzündet resp. ausgelöscht. Das Gestell ist mit den Akkumulatoren durch einen dünnen, leicht zu verbergenden Draht verbunden. Die Ladung der Batterien erfolgt alle zwei Tage. Die neue Erfindung ist auf einigen Londoner Omnibuslinien praktisch im Gebrauch und funktionirt vorzüglich. (B. C.)

Verwendung der Holzwolle. Oft fehlt es an warmen Hühnerställen im Winter, welche von großem Einfluß auf das Befinden und Eierlegen der Hühner sind. Man hat in letzter Zeit Versuche mit Holzwolle, welche ein besonders schlechter Wärmeleiter ist, gemacht und sollen dieselben gute Erfolge gehabt haben. Es genügt, den Fußboden der Hühnerställe fausthoch mit Holzwolle zu bedecken, der Harzgehalt bezw. der Harzgeruch ist außerdem noch ein gutes Mittel gegen das Ungezieser. (Baug. Zeitg.)

Von der Eisenindustrie im Großherzogthum Hessen. Nach Mittheilungen der Berg- und Hüttenmännischen Zeitung geben wir nachstehende Ziffern. Die Eisenerzgewinnung des Großherzogthums betrug in Tonnen:

Im Jahre	1862	1869	1873	1882	1884	1885
	17058 t	39192 t	170532 t	111105 t	128105 t	109831 t
An Roheisen wurde erzeugt:						
	7207 t	15141 t	18141 t	34720 t	36592 t	28311 t

Während im Jahre 1862 im Großherzogthum 38 Werke für Erzgewinnung bestanden, finden wir nach der Abtrennung des Hinterlandes im Jahre 1882 nur noch 15; die Anzahl der dabei beschäftigten Arbeiter war aber trotzdem von 467 auf 657 gestiegen; der Werth des gewonnenen Erzes betrug 1862 134301 Mark oder auf den Arbeiter 287 Mark; im Jahre 1882 dagegen 670291 Mark, auf den Arbeiter 1020 Mark. Mit der Erzeugung des Roheisens waren im Jahre 1862 zehn, im Jahre 1882 nur noch drei Werke beschäftigt, die Zahl der Arbeiter betrug 311, resp. 258, dagegen war der Werth des erzeugten Roheisens von 816126 Mk. auf 2603959 Mk. gestiegen. Der Werth des im ganzen deutschen Reiche im Jahre 1882 erzeugten Roheisens betrug 178631484 Mk. bei 125 Werken und einer Gesammtzahl von 21476 Arbeitern.

Patent-Terpentin. Dem Chemiker Dr. Eugen Schaal in Feuerbach-Stuttgart ist es gelungen, aus gewöhnlichen Harzsorten durch ein patentirtes Verfahren Terpentin herzustellen, der den theuren venetianischen Terpentin zu ersetzen vermag und überdieß wasserfrei und klarer ist. Doch besitzt er eine etwas geringere Löslichkeit in Alkohol als der venetianische Terpentin.
(Auszug aus „Technische Mitth. für Malerei“.)

Reinigung von Statuen aus Elfenbein. Statuen von Elfenbein reinigt man mit Milch mittelst eines kleinen, weichen Pinsels. Das Verfahren nimmt den Staub weg und gibt neuen Glanz.

Anzeigen.

Wer seinen Absatz erweitern will, inserire in dem von hunderttausenden deutscher Frauen gelesenen praktischen Wochenblatt für Hausfrauen

„Fürs Haus“

(Dresden). Zeilenpreis nur 1 Mark. Für Beilage von je 1000 Preislisten, Zirkularen ꝛc. 3 Mark. Probenummer gratis.

Redacteur Dr. Hesse. — Druck von Heinrich Brill.
In Commission bei L. Brill in Darmstadt.

Gewerbeblatt

für das

Großherzogthum Hessen.

Zeitschrift des Landesgewerbvereins.

Erscheint wöchentlich. Auflage 4500. Anzeigen für die durchgehende Petitzeile oder deren Raum bei ein- und zweimaliger Aufnahme 30 Pf., bei drei- und mehrmaliger Aufnahme 25 Pf.

№ 45. November 1888.

Unfallverhütungsvorschriften der Berufsgenossenschaft der chemischen Industrie.

I. Bauanlagen und Einrichtung der Gebäude.

§. 1. Die Fußböden, sowie die feststehenden Laufbühnen und Treppen sind an den Verkehrs- und Arbeitsstellen in einem gangbaren sicheren Zustande zu erhalten.

§. 2. Die Arbeitsräume und Betriebsstätten müssen, soweit es die Eigenart des Betriebes zuläßt, nach Möglichkeit so eingerichtet oder mit solchen Vorrichtungen versehen sein, daß die Luft von schädlichen Mengen gesundheitsgefährlicher Gase, Dämpfe oder Stoffe jeder Art (Staub) freigehalten wird.

§. 3. Feststehende Treppen von mehr als 1 m Höhe müssen mindestens an einer Seite mit schützender Einfassung (Geländer oder Wand mit einer Vorrichtung zum Festhalten), Treppen, welche gleichzeitig in beiden Richtungen benutzt werden, müssen auf beiden Seiten mit umfaßbaren Geländern versehen sein.

§. 4. An denjenigen Stellen der Arbeitsräume, an welchen bei gewöhnlicher Vorsicht Gefahr besteht, daß Menschen durch Hinabstürzen sich verletzen oder durch herabfallende Gegenstände beschädigt werden, sind, soweit es ohne erhebliche Störung des Betriebes ausführbar ist, Sicherheitsvorrichtungen anzubringen.

§. 5. In allen Anlagen, in welchen feuergefährliche Gewerbe betrieben oder leicht brennbare Stoffe verarbeitet werden, muß nach Möglichkeit durch geeignete Vorrichtungen, insbesondere Anbringung von feuersicheren Treppen oder Sicherheitsleitern, sowie durch Thüren, die nicht nach innen schlagen, Sorge dafür getragen werden, daß bei Ausbruch einer Feuersbrunst die Rettung der Arbeiter bewerkstelligt werden kann.

II. Beleuchtung.

§. 6. Die Arbeitsräume und Betriebsstätten, einschließlich der Zugänge müssen während der Betriebszeit bezw. während der Dauer ihrer Benutzung genügend erleuchtet sein.

§. 7. Räume, in welchen sich explosive oder brennbare Gase befinden oder bei Anwendung gewöhnlicher Vorsicht in gefahrdrohender Menge entwickeln können, sowie Räume, in welchen Explosivstoffe erzeugt oder aufbewahrt werden, dürfen nur vermittelst zuverlässiger isolirter Innen- oder Außenbeleuchtung erhellt oder nur mit Sicherheitslampen betreten werden.

III. Maschinen und Transmissionen.

§. 8. Sämmtliche Maschinen und Triebwerke (Transmissionen oder deren Theile, Wellen, Riemenscheiben, Zahnräder, Schwungräder, gezahnte Getriebe, Treibriemen, Treibseile und Ketten u. s. w.) müssen, soweit solches nicht durch den Zweck derselben ausgeschlossen wird, so eingefriedigt oder mit geeigneten Schutzvorrichtungen versehen werden, daß Menschen bei der Arbeit oder beim Verkehr durch die bewegten Theile nicht gefährdet werden.

Mit der Bedienung der Betriebsmaschinen (Motoren) sollen jugendliche und weibliche Arbeiter nicht betraut werden.

§. 9. Alle vorstehenden Theile an Wellen, Riemenscheiben, Kupplungen müssen vermieden oder zweckentsprechend eingekapselt werden.

§. 10. Das Reinigen, Schmieren und Repariren der Maschinen und Transmissionen während der Bewegung, das Anlegen von Leitern an bewegte Wellen, das Auflegen von Riemen auf bewegte Scheiben darf nur geduldet werden, wenn bei gewöhnlicher Vorsicht eine Gefahr für den Arbeiter nicht damit verbunden oder durch Benutzung geeigneter Vorrichtungen ausgeschlossen ist.

§. 11. Alle Vorrichtungen, Ausrückungen, welche dazu dienen, Maschinen und Transmissionen in Ruhe zu setzen, müssen bequem erreichbar, leicht zu handhaben und so beschaffen sein, daß sie rasch und sicher wirken und in jeder ihrer Lagen so feststehen, daß sich an denselben nichts selbstständig auslöst oder einrückt.

§. 12. Arbeitsmaschinen (Kreissägen, Fräsen und andere Holzbearbeitungsmaschinen, Werkzeugmaschinen, Walzen, Koller- und Mahlgänge, Steinbrecher, Centrifugen u. s. f.), namentlich solche mit rasch laufenden Schneidezeugen, müssen mit Schutzvorrichtungen versehen sein, insofern solche ohne wesentliche Behinderung des Betriebes angebracht werden können.

§. 13. Beginn und Ende der Bewegung der Betriebsmaschinen muß nach allen Räumen, in denen sich Arbeitsmaschinen oder Apparate befinden, die an die Kraftmaschine angeschlossen sind, in passender und verständlicher Weise signalisirt werden. Ebenso muß von jenen Räumen aus ein Signal zum Stillstellen der betreffenden Betriebsmaschinen gegeben werden können, wenn nicht Einrichtungen zur Aussetzung der

Transmissionen in den betreffenden Räumen vorhanden sind, oder wenn nicht durch die Art der Anlage und des Betriebes eine Gefahr überhaupt ausgeschlossen ist.

§. 14. Wo dieselbe bewegende Kraft von verschiedenen Unternehmern selbstständig benutzt wird, müssen Einrichtungen getroffen sein, welche es ermöglichen, jeden einzelnen Betriebstheil unabhängig von dem Gesammtbetriebe rasch und sicher in Ruhe zu versetzen.

IV. Apparate unter Druck.

§. 15. Kochgefäße, in denen mit Ueberdruck gearbeitet wird, sollen ihrer Benutzung entsprechend konstruirt und vor ihrer Inbetriebsetzung mit 1½ fachem Maximalarbeitsdruck sachverständig geprüft werden.

Es ist Sache des Betriebsunternehmers bezw. Betriebsleiters, je nach der Inanspruchnahme des Gefäßes diese Prüfung in geeigneten Zeiträumen wiederholen zu lassen.

V. Aufzüge.

§. 16. Alle Aufzüge und Fahrstühle, welche durch mehrere Stockwerke gehen, müssen so eingerichtet werden, daß:

- die Bahn des Fördergefäßes und des Gegengewichtes zweckentsprechend abgeschlossen ist,
- die Zugangsöffnung zum Schachte mit einer zweckmäßigen Abschlußvorrichtung versehen ist,
- die Förderschale, wenn sie beim Auf- und Abladen von Arbeitern betreten werden muß, festgestellt werden kann,
- die Verständigung zwischen den Förderstellen durch leicht funktionirende Vorrichtung gesichert ist.

Die Förderung von Menschen darf nur da zugelassen werden, wo sie mit Rücksicht auf die Natur des Betriebes nicht zu umgehen ist. Der Aufzug muß in diesem Falle mit Fangvorrichtung und Korbdach versehen und die Förderschale allseitig umschlossen sein. Wo die Förderung von Personen stattfindet, darf die Belastung ein Drittel der angegebenen Tragfähigkeit nicht überschreiten.

§. 17. An Fahrstühlen und mechanischen Aufzügen muß die Tragfähigkeit in Kilogrammen an einer in die Augen fallenden Stelle, ebenso müssen an den Zugangsthüren der Fahrstühle die Worte „Vorsicht, Fahrstuhl“ in deutlicher Schrift angebracht werden.

VI. Geräthe.

§. 18. Die bei Fördermaschinen und Hebevorrichtungen zur Verwendung kommenden Ketten, Seile und Gurte müssen in geeigneten Zeiträumen einer Revision unterworfen werden.

VII. Schutzmittel und Kleidung.

§. 19. Schutzbrillen, Masken und Respiratoren sind den Arbeitern bei solchen Verrichtungen zur Verfügung zu stellen und ihre Benutzung zu empfehlen, wo dieselben erfahrungsgemäß erforderlich sind und die Art der Arbeit solche zuläßt.

§. 20. Anliegende Kleider sind überall da zu benutzen, wo solche erfahrungsgemäß erforderlich sind.

VIII. Verwaltung.

§. 21. Auf jeder Fabrik, auf der nicht mit Leichtigkeit sachgemäße Hülfe zu erlangen ist, müssen die nöthigsten Mittel für erste Hülfeleistung bei plötzlichen Unglücksfällen (Verbandzeug, event. Tragbahren, Krankenbetten u. s. w.) vorhanden sein.

§. 22. Die Vorschriften zur Verhütung von Unglücksfällen sind an geeigneter Stelle durch Anschlag bekannt zu machen.

IX. Uebergangsbestimmungen.

§. 23. Für die in Gemäßheit vorstehender Bestimmungen zu treffenden Aenderungen wird den Betriebsunternehmern eine Frist von sechs Monaten vom Tage der offiziellen Bekanntmachung durch den Reichs-Anzeiger an gewährt.

§. 24. Der Genossenschaftsvorstand ist berechtigt, die Frist der Einführung der Betriebseinrichtungen, wie sie in diesen Vorschriften gefordert werden, auf Antrag des betreffenden Unternehmers und Befürwortung des Sectionsvorstandes zu verlängern.

X. Strafbestimmungen.

§. 25. Genossenschaftsmitglieder, welche den vorstehenden Unfallverhütungsvorschriften zuwiderhandeln, können durch den Genossenschaftsvorstand in eine höhere Gefahrenklasse eingeschätzt, oder, falls sich dieselben bereits in der höchsten Gefahrenklasse befinden, mit Zuschlägen bis zum doppelten Betrage ihrer Beiträge belegt werden. (§. 78 Absatz 1 Ziffer 1 des U. V. G.)

Versicherte Personen, welche den vorstehenden Unfallverhütungsvorschriften zuwiderhandeln, oder welche die angebrachten Schutzvorrichtungen nicht benutzen, mißbrauchen oder beschädigen, verfallen in eine Geldstrafe bis zu 6 Mark, welche der betreffenden Krankenkasse zufällt. Die Festsetzung der hiernach event. zu verhängenden Geldstrafen erfolgt durch den Vorstand der Betriebs-(Fabrik-)Krankenkasse, oder wenn eine solche für den Betrieb nicht errichtet ist, durch die Ortspolizeibehörde. Die betreffenden Beträge fließen in die Krankenkasse, welcher der zu ihrer Zahlung Verpflichtete zur Zeit der Zuwiderhandlung angehört. (§. 78 Abs. 1 Ziffer 1 und §. 80 des U. V. G.)

Die vorstehenden Unfallverhütungsvorschriften der Berufsgenossenschaft der chemischen Industrie werden gemäß §. 78 Absatz 2 des Unfallversicherungsgesetzes vom 6. Juli 1884 genehmigt.

Berlin, den 26. September 1888.

(L. S.) Das Reichs-Versicherungsamt.

R. V. A. I. 19029. Bödiker.

Besondere Unfallverhütungsvorschriften für Seifenfabriken.

Außer den Unfallverhütungsvorschriften der Berufsgenossenschaft der chemischen Industrie gelten für Seifenfabriken die folgenden Bestimmungen:

§. 1. Es ist darauf Bedacht zu nehmen, daß der Fußboden der *Siedereien* möglichst rein und trocken gehalten wird, um Unfälle durch usgleiten auf dem durch Fette oder Seifen schlüpfrig gewordenen Fuß-)den zu verhüten.

§. 2. Die Höhe der Kesselwandungen, Laugenreservoire u. s. w. soll m Fußboden, beziehentlich von dem die Kesselwand umgebenden Podium s mindestens 90 cm betragen, um das Hineinstürzen der Arbeiter bei igem Ausgleiten zu verhindern.

§. 3. In Fabriken, in welchen die Siedekessel so hoch stehen, daß denselben nur auf den sie umgebenden Podien gearbeitet werden kann, llen letztere entweder gemauert oder, falls sie aus Holz errichtet sind, ft am Boden verankert sein, um das Kippen derselben unmöglich zu achen. Die Podien sollen möglichst breit sein und rein und trocken halten werden, um dem Ausgleiten der Arbeiter vorzubeugen. Falls) die Podien mehr als 1 m hoch über den Fußboden der Siederei er- ben, sollen sie mit einem Geländer versehen werden, um bei plötzlichem ırücktreten des an dem Kessel Beschäftigten ein Herabstürzen rücklings verhindern.

§. 4. Es soll nicht gestattet sein, daß Arbeiter auf Brettern, die er den Kessel gelegt werden, arbeiten, sondern wo eine Bearbeitung r Seifen im Kessel von oben her erforderlich ist (z. B. durch Krücken), l diese von einem neben dem Kessel aufzustellenden Podium aus er- gen. Dieses Podium muß so konstruirt sein, daß ein Kippen desselben sgeschlossen ist, auch soll dasselbe nach dem Kessel zu mit einem Ge- nder versehen sein.

§. 5. Wo es nöthig ist, die in hohen Formen befindliche, noch flüssige eife zu krücken, sollen zu diesem Zwecke als Standort des Arbeiters er den Formen breite und starke Bretter verwendet werden, die an rer unteren Seite mit starken Knaggen versehen sind, um ein Aus- ichen nach den Seiten zu verhindern. Diese Bretter sollen auch, enn thunlich, mit einem kleinen Geländer versehen sein.

§. 6. Alle im Fußboden befindlichen Keller- oder Feuerungs-Ein- nge sollen mit starken, durch Charniere befestigten Deckeln verschlossen id, wo es nöthig, auch umfriedigt sein. Das Gleiche gilt für alle im ıßboden befindlichen Reservoire und sogenannte Sümpfe.

§. 7. Für das Einstellen von Pottasche, kalzinirter und kaustischer oda, ist, um das Ausspritzen zu vermeiden, in der Regel über dem instellkessel ein Flaschenzug oder eine Rolle anzubringen und daran ein serner Korb zu befestigen. Letzterer wird mit dem Kalk, der kaustischen oda u. s. w. angefüllt und dann vorsichtig in das im Kessel befindliche affer versenkt.

§. 8. Bei dem Bleichen des Palmöls vermittelst Säure sollen die treffenden Arbeiter mit Respiratoren oder Schwämmen versehen werden, im Bleichen des Palmöls vermittelst Hitze dagegen sollen die Kessel ıg fest mit Deckeln verschlossen und die sich im Kessel entwickelnden afe durch den Schornstein abgeleitet werden.

§. 9. Bei dem Entladen der Rollwagen dürfen schwere Fässer nur it Hülfe eines Taues abgeladen werden. Das Gehen zwischen der chrotleiter beim Auf- und Abladen von Lasten ist verboten.

§. 10. Giftige, feuergefährliche oder der Gesundheit schädliche Ma- rialien, wie Mirbanöl, chromsaures Kali, Bittermandelöl, Schwefelsäure, alzsäure, Aetzlauge in Ballons u. s. w. müssen, soweit es sich um größere Quantitäten handelt, so aufbewahrt werden, daß dieselben Unberufenen nicht zugänglich sind.

Ballons, in welchen Säuren und Aetzlaugen aufbewahrt werden, müssen durch Körbe geschützt sein, um Bruch und dadurch leicht entstehende Verbrennungen zu verhüten.

Die vorangeführten Materialien in kleineren Quantitäten zum laufenden Gebrauch bestimmt, sollen niemals in solchen Gefäßen aufbewahrt werden, welche zur Aufbewahrung von Genußmitteln dienen und daher Verwechselungen mit letzteren begünstigen. Ferner müssen die zur Verwendung kommenden Gefäße mit Stöpseln verschlossen und mit Etiquetten versehen sein, welche den Inhalt bezeichnen und Worte wie z. B. „Gift", „feuergefährlich" u. s. w. als Warnung enthalten.

Das Arbeiterpersonal ist über die Gefährlichkeit oder Schädlichkeit solcher Stoffe zu unterrichten.

§. 11. Genossenschaftsmitglieder, welche den vorstehenden Unfallverhütungsvorschriften zuwiderhandeln, können durch den Genossenschafts-Vorstand in eine höhere Gefahrenklasse eingeschätzt, oder, falls sich dieselben bereits in der höchsten Gefahrenklasse befinden, mit Zuschlägen bis zum doppelten Betrage ihrer Beiträge belegt werden. (§. 78 Absatz 1 Ziffer 1 des U. V. G.)

Versicherte Personen, welche den vorstehenden Unfallverhütungsvorschriften zuwiderhandeln, oder welche die angebrachten Schutzvorrichtungen nicht benutzen, mißbrauchen oder beschädigen, verfallen in eine Geldstrafe bis zu 6 Mark, welche der betreffenden Krankenkasse zufällt. Die Festsetzung der hiernach event. zu verhängenden Geldstrafen erfolgt durch den Vorstand der Betriebs-(Fabrik-)Krankenkasse, oder wenn eine solche für den Betrieb nicht errichtet ist, durch die Ortspolizeibehörde. Die betreffenden Beträge fließen in die Krankenkasse, welcher der zu ihrer Zahlung Verpflichtete zur Zeit der Zuwiderhandlung angehört. (§. 78 Abs. 1 Ziffer 1 und §. 80 des U. V. G.)

Die vorstehenden besonderen Unfallverhütungsvorschriften für Seifenfabriken der Berufsgenossenschaft der chemischen Industrie werden gemäß §. 78 Absatz 2 des Unfallversicherungsgesetzes vom 6. Juli 1884 genehmigt.

Berlin, den 26. September 1888.

(L. S.) Das Reichs-Versicherungsamt.

R. V. A. I. 19029. Bödiker.

Verschiedene Mittheilungen.

Patente von im Großherzogthum Hessen wohnenden Erfindern.

Patent-Anmeldungen. — Kl. 3, K. 6487. Korsetstab; Aug. Kohlstadt & Co. in Darmstadt. — Kl. 14, K. 6345. Hochdruck-Motor für Dampf- oder Wasserkraft; Friedrich Kranich sen. in Darmstadt, Louisenstraße 24. — Kl. 18, B. 8772. Neuerung an Schmelz- und Cupol-Oefen; Ernst Boeing in Bad-Nauheim. — Kl. 42, N. 4826. Durchsichtiger Winkelnonius für Zeiger-Meßinstrumente; Dr. Naeß, Oberförster in Neustadt, Odenwald.

Patent-Ertheilungen. — Kl. 11, Nr. 45600. Hängemappe für Zeitungen und ähnliche Papiere; C. Ph. Hinkel in Offenbach a. M.; vom 18. Juli 1888 ab. — Kl. 70, Nr. 45595. Tintenfaß; A. Schmidt in Darmstadt, Ernst-Ludwigstr. 11; vom 8. Juni 1888 ab. — Kl. 73, Nr. 45616. Doppelspinnmaschine für Seile; J. Ehrhardt III. in Ober-Ramstadt bei Darmstadt; vom 13. März 1888 ab.

Patentmöbelsockel. (Mittheilung von Herrn A. Darmer, Patentmöbelsockelfabrik zu Stralsund.) Diese Sockel, aus bestem vulkanisirten Gummi hergestellt, in Holz- resp. Metallhülsen (Nickel, Messing, Neusilber) eingefaßt, werden unter Stühlen, Tischen und anderen Möbeln mittelst Schrauben, resp. verleimten Stiften angebracht, verhindern jegliches Geräusch, schonen die Fußböden und Teppiche, und bedingen ein sicheres Stehen der genannten Möbel, selbst auf nicht ganz ebenem Fußboden, und halten von den mit ihnen versehenen Möbeln den Wurmfraß ab. Die genannten Möbelsockel sind in den wichtigsten Staaten patentirt, bezw. gesetzlich geschützt. Da die Möbelrollen nur bei wirklich schweren Möbeln, welche häufig fortbewegt werden, einen guten Zweck haben, dagegen alle Rollen meist nur schädlich für den Fußboden und Teppich wirken, so sind bei allen leichteren Möbeln, sowie auch bei den schwereren, wenn letztere nicht täglich fortbewegt werden müssen, die Patentmöbelsockel bedeutend angenehmer.

Für die Sockel in Metallfassung kann volle Garantie geleistet werden, die Holzsockel sind deßhalb weniger empfehlenswerth, weil die Haltbarkeit derselben von mancherlei Zufälligkeiten abhängt. Bei dem Anbringen von Holzsockel ist besonders sorgfältig darauf zu achten, daß die obere Fläche am Zapfen genau an die Fläche des Möbelfußes anschließt. So unbedeutend dieser Hinweis erscheinen mag, so hängt doch hiervon die größere Haltbarkeit der Holzhülsen ab, weßhalb Beachtung geboten erscheint. — (Proben, Preisverzeichnisse 2c. können in unserer technischen Mustersammlung eingesehen werden. Die Red.)

Verkehrswesen. Die Reichs-Postdampfer der australischen Hauptlinie werden fortan auf der Ausreise von Genua anstatt am Dienstag 2 Uhr Morgens bereits am Montag 3 Uhr Nachmittags weitersegeln.

Litteratur.

Verwaltungs- und Verfassungsrecht des Großherzogthums Hessen von Val. Funk. Gekrönte Preisschrift. Zweite Auflage. Darmstadt, G. Jonghaus'sche Hofbuchhandlung, Verlag. Preis brosch. seither 2 Mark jetzt 1 Mark 20 Pf.

Die Verlagshandlung des vorgenannten preisgekrönten Werkchens beabsichtigt durch die eingetretene außerordentliche Preisermäßigung, dasselbe den weitesten Kreisen für die es bestimmt ist zugänglich zu machen und erwirbt sich nach unserer Meinung damit ein wahrhaftes Verdienst. Die vielverzweigte heutige Organisation des Staates und der Gesellschaft, das allgemeine Wahlrecht und die auf die Selbstverwaltung der Gemeinde, des Kreises und der Provinz gegründete Gesetzgebung fordern von jedem intelligenten Staatsbürger Kenntnisse in der Verwaltungsgesetzgebung, die er nur durch Selbstunterricht aus einer klaren, verständlichen und gründlichen Anleitung gewinnen kann. Eine solche treffliche Anleitung zur Einführung in die Verwaltungsgesetzgebung bietet das obengenannte Werkchen, welches bei seinem Erscheinen von einem höheren hervorragenden hessischen Verwaltungsbeamten, mit dem Wunsche begrüßt wurde, es möge „als treuer Rathgeber, als unentbehrliches Nachschlagebuch in keinem Hause fehlen". In 10 Abschnitten hat der Verfasser die sämmtlichen Zweige der Staatsverwaltung im Auszuge behandelt und es dürfte kaum eine Frage in der Staats-, Provinzial-, Kreis-, Gemeinde-, Kirchen-, Schul-, Finanz- und Justizverwaltung geben, die nicht mit Klarheit, Kürze und Gründlichkeit beantwortet ist. Für den mäßigen Preis ist außerordentlich viel geboten. Die Ausstattung des Werkchens in Druck und Papier ist vorzüglich.

Lehrbuch der Optik. Dritte Auflage von Dr. W. Barfuß' „Populäres Lehrbuch der Optik, Katoptrik und Dioptrik", vollständig neu bearbeitet von Ferdinand Meisel, Director der gewerblichen Zeichenschule in Halle a. S. Mit einem Atlas von 17 Foliotafeln. Weimar 1889, Bernhard Friedrich Voigt. Preis 12 Mark.

Der Hauptzweck des vorliegenden Werkes ist, dem Praktiker, dem Studirenden, dem Lehrer ein klares Bild von der Wirkungsweise der optischen Instrumente zu vermitteln. Daher liegt der Schwerpunkt des Buches in der elementaren Optik in der Lehre von der Reflexion und der Brechung des Lichtes. Die Erscheinungen sind hierbei soweit theoretisch verfolgt, wie es das Maß der bei dem Leser vorausgesetzten mathematischen Vorbildung gestattete. Das Werk soll eben ein durchaus elementares sein und erfordert daher auch nur elementare mathematische Kenntnisse; dieses Maß des Wissens — Kenntniß der elementaren Algebra, Geometrie und Trigonometrie — ist freilich für das Studium des Buches unentbehrlich, wie es überhaupt für jeden Optiker und Mechaniker unentbehrlich ist, der den Ansprüchen, welche unsere Zeit an ihn stellt, gewachsen sein will.

Ornament, Organ für den Zeichenunterricht und das Kunstgewerbe. Herausgegeben von J. Häuselmann. Preis pro Jahr 3 Mark.

In dem bekannten Verlage von Orell Füßli & Co. zu Zürich erscheint von nun ab ein neues Monatsblatt, welches sein Hauptaugenmerk auf den Zeichenunterricht in der Volksschule, d. h. für alle Anstalten, welche nicht über die allgemeine Schulpflicht hinausreichen, in Beziehung auf Stoffauswahl, Lehrgang und Methode zu richten beabsichtigt. Das Zeichnen ist aber hier, wie das vorliegende Programm richtig bemerkt, nicht Selbstzweck, es darf nicht als formal bildendes Unterrichtsfach in sich selbst aufgehen, ihm kommt eine durchaus praktische Bedeutung zu als vorzüglichstes Mittel zur Hebung der Kunsthandwerker und der Kleingewerbe. Und damit gelangt das Blatt zu seiner zweiten Aufgabe: Förderung und Verbreitung der Zeichenkunst zum Zwecke der Hebung des Kunstgewerbes. Wir verfehlen nicht, auf diese neue Erscheinung aufmerksam zu machen.

Anzeigen.

Cöln a. Rh., Hamburg, im October 1888.

P. P.

Wir beehren uns hierdurch zur Anzeige zu bringen, daß wir den

Allein-Verkauf

unseres wasserdichten, wetterfesten und feuersicheren

Dachbedeckungs-Materials

aus imprägnirten Leinenstoffen für den Kreis Mainz

Herrn Carl Martel in Mainz

übertragen haben und bitten im Bedarfsfalle sich direct an denselben zu wenden.

Hochachtungsvoll

Rhein. Dachbedeckungsfabrik **Hoy, Leopold & Co.**

Mainz, im October 1888.

Mit Bezug auf vorstehende Annonce der Rhein. Dachbedeckungsfabrik **Hoy, Leopold & Co.,** gestatte ich mir, alle Interessenten hierselbst darauf aufmerksam zu machen, daß ich ein großes Lager in dem oben bezeichneten Dachbedeckungsmaterial unterhalte und daß ich solches als beste, leichteste und dauerhafteste Dachbedeckungs-Material empfehlen kann.

Dasselbe trotzt allen Witterungsverhältnissen, hält die Hitze ab, wird von Säuren nicht angegriffen, bietet, wie offizielle Brandproben ergeben haben, dem Feuer keine Nahrung, kann (zumal bei provisorischen Bauten) ohne Verschalung auch zu wiederholten Malen verwandt werden, ist fast 3mal so leicht wie Dachpappe und eignet sich bestens für Dach- und Giebelbekleidung.

Muster und Prospecte stehen zu Diensten.

Hochachtungsvoll

Carl Martel, Schieferdeckerei, Rheinstraße 91.

Redacteur Dr. Hesse. — Druck von Heinrich Brill.

In Commission bei L. Brill in Darmstadt.

Gewerbeblatt

für das

Großherzogthum Hessen.

Zeitschrift des Landesgewerbvereins.

Erscheint wöchentlich. Auflage 4500. Anzeigen für die durchgehende Petitzeile oder deren Raum bei ein- und zweimaliger Aufnahme 30 Pf., bei drei- und mehrmaliger Aufnahme 25 Pf.

№ 46. November 1888.

Ausschuß-Sitzung des Landesgewerbvereins vom 30. October 1888.

Auf Einladung Großherzoglicher Centralstelle für die Gewerbe und den Landesgewerbverein fanden sich am 30. October l. J., Nachmittags 3 Uhr, 32 Mitglieder des Ausschusses in den Räumen Großh. Centralstelle zur Berathung der vorliegenden Tagesordnung ein; 20 Herren hatten ihr Nichterscheinen entschuldigen lassen.

Der Präsident der Großh. Centralstelle für die Gewerbe und den Landesgewerbverein, Herr Geheimerath Fink, eröffnete die Sitzung, indem er die Anwesenden, insbesondere den gleichfalls erschienenen Referenten des Großh. Ministeriums, Herrn Ministerialrath Emmerling, sowie die neu eingetretenen Mitglieder begrüßte und dabei dem Wunsche Ausdruck gab, daß, wie seither auch fernerhin herzliches Einverständniß des Ausschusses und der Centralstelle zur Förderung der gemeinnützigen Zwecke des Landesgewerbvereins bestehen bleiben möge. Ferner gedachte er des langjährigen, nunmehr verstorbenen Ausschußmitgliedes, des Herrn Bauunternehmers Struth von Nieder-Ingelheim, und machte sodann einige 1) geschäftliche Mittheilungen. — Bei 5 Lokalgewerbvereinen haben Wechsel in den Aemtern der ersten Vorsitzenden stattgefunden. — In Babenhausen trat an Stelle des Herrn Buchdruckereibesitzers Grünewald Herr Bahnmeister Schilling; in Bingen an Stelle des Herrn Spenglermeisters Wittner Herr Schlossermeister Weyl; in Erbach an Stelle des Herrn Kreisbaumeisters Braun Herr Rentamtmann Bickelhaupt; in Ober-Ingelheim an Stelle des Herrn Bauunternehmers Struth Herr Weinhändler Jakob Müller II. und in Wöllstein anstatt des Herrn Apothekers Reuling Herr Ziegeleibesitzer Ph. Jungk II. — Mit dem Lokalgewerbverein Bensheim wurden die Entwürfe für den Unterrichtsplan in der erweiterten Handwerkerschule und der Vertrag mit dem Hauptlehrer vereinbart. — Die Anmeldungen zum Besuche der Landesbaugewerkschule beliefen sich auf 124. Trotzdem eine dritte Abtheilung errichtet worden ist, konnten nur 104 Schüler aufgenommen werden, sodaß leider etwa 20 Anmeldungen unberücksichtigt bleiben mußten. — Seitens der Centralstelle wurden die Jahresvoranschläge für die Einnahmen und Ausgaben der Handwerkerschulen einer Revision unterzogen und es wurden hiernach die Geldzuschüsse aus der Kasse des Landesgewerbvereins regulirt, wozu der Ausschuß in seiner Sitzung vom 19. April l. J. die Ermächtigung ertheilt hatte. Es hat sich hierbei ergeben, daß bei einigen Lokalgewerbvereinen die Budgets der Handwerkerschulen von den Budgets der betreffenden Lokalgewerbvereine nicht getrennt gehalten werden. Der Präsident wies aus dieser Veranlassung nochmals darauf hin, daß in keinem Falle Geldzuschüsse aus der Kasse des Landesgewerbvereins, welche speciell für Schulzwecke bewilligt wurden, für allgemeine Zwecke des betreffenden Lokalgewerbvereins verwendet werden dürften; während umgekehrt die Zuwendung von Mitteln der Lokalgewerbvereine an deren Handwerkerschulen die Regel bilden solle. — Theils durch Selbstbearbeitung auf dem Bureau der Centralstelle, theils durch Ankäufe von Verlegern, sind auch jüngst wieder weitere Abtheilungen von Vorlegeblättern an die Handwerkerschulen abgegeben worden. Wegen der Bearbeitung einer neuen Auflage der Wagner- und Schmiede-Arbeiten, in Verbindung mit landwirthschaftlichen Geräthen und Maschinen, ist die Centralstelle für die Gewerbe und den Landesgewerbverein mit der Großh. Obern landwirthschaftlichen Behörde in Benehmen getreten und diese Behörde hat bereitwilligst ihre Mitwirkung, insbesondere bei der Auswahl geeigneter Muster für die Aufnahme nach der Natur, zugesagt. — Die Thätigkeit, resp. Unthätigkeit eines Lokalgewerbvereins hat Veranlassung zu der Erwägung gegeben, ob die diesem Vereine angehörenden Mitglieder des Landesgewerbvereins von diesem Zustande mit der Aufforderung zur Abhülfe in Kenntniß zu setzen seien; widrigenfalls der betreffende Lokalgewerbverein als nicht mehr mit dem Landesgewerbverein in Verbindung stehend zu erklären wäre. Die dortige Handwerkerschule könnte in diesem Falle fortbestehen und, wie seither, vom Landesgewerbverein unterstützt werden. — Nach der Ausschuß-Sitzung vom 19. April v. J., in welcher von dem Vorstande des Lokalgewerbvereins Darmstadt ein Antrag auf Bewilligung eines größeren Geldbeitrages für die Darmstädter Handwerkerschule gestellt wurde, ist der genannte Vorstand sofort ersucht worden, die erforderlichen Vorlagen für die Begründung der Bedürfnisse seiner Handwerkerschule zu machen, wonach eine Commission zur Beurtheilung der einschlägigen Verhältnisse berufen werden sollte. Der Vorstand des Lokalgewerbvereins in Darmstadt hat die bemerkten Vorlagen zwar gemacht, hat aber gleichzeitig bemerkt, es möge der Gegenstand vorerst beruhen, bis seine Verhandlungen mit dem Stadtvorstand wegen Bewilligung geeigneter Unterrichtslokalitäten zum Abschluß gekommen seien.

2) Der zweite Punkt der Tagesordnung betraf die nach §. 6 der Statuten vorzunehmende Wahl zweier Vicepräsidenten, welche bisher aus Gründen, die der Präsident erläuterte, unterblieben war.

Herr Dr. Schröder aus Darmstadt beantragte diese Wahl durch Acclamation vorzunehmen und schlug für die zu besetzenden Ehrenstellen die Herrn Professor Dr. Thiel aus Darmstadt und Commerzienrath Reuleaux von Mainz vor. Nach einer Discussion, an welcher sich die Herrn Commerzienrath Römheld-Mainz, Commerzienrath Müller-Bensheim, Bergrath Tecklenburg-Darmstadt, Director Dr. Schneider-Worms, Dr. Schröder-Darmstadt und Fabrikant W. Büchner-Pfungstadt betheiligten, wurde, da sich Herr Büchner gegen die Abstimmung durch Acclamation erklärte, zu einer solchen mittelst Stimmzettel geschritten. Die Wahl, welcher sich die Mitglieder der Großh. Centralstelle enthielten, ergab 25 Stimmen für Herrn Prof. Dr. Thiel als ersten und 24 Stimmen für Herrn Commerzienrath Reuleaux als zweiten Vicepräsidenten. Herr Dr. Thiel dankte für das ihm durch die Wahl erzeigte Vertrauen, indem er gegebenen Falles auf die bereitwillige Mitwirkung des Ausschusses zähle, doch hoffe er, daß er nicht in die Lage versetzt werde, in diesem seinem neuen Amte thätig aufzutreten, sondern es dem Herrn Präsidenten vergönnt sein möge, für lange noch die Leitung in bewährter Weise weiter zu führen. Herr Commerzienrath Reuleaux äußerte sich gleichfalls in diesem Sinne, indem er den Dank für die auf ihn gefallene Wahl aussprach.

3) Bei Gelegenheit der Berathung des Voranschlags über die Einnahmen und Ausgaben des Landesgewerbvereins für 1888/89 wurde von einzelnen Ausschußmitgliedern der Wunsch geäußert, daß für die Vereinszeitschrift ein größerer Betrag in das Budget eingestellt werden möge, um Papier und Format entsprechender zu gestalten, sowie Mittel für Honorare zu Beiträgen und Mittheilungen für das Gewerbeblatt zu beschaffen, da solche seither nicht gewährt werden konnten. Es wurde beschlossen, die weitere Berathung dieses Gegenstandes zunächst durch eine Commission erfolgen zu lassen.

In einer Sitzung am 15. Mai l. J., an welcher Mitglieder des Ausschusses, sowie Fabrikanten und Gewerbtreibende aus den 3 Provinzen geladen waren und Theil nahmen, kam die Frage mit einem anderen Gegenstande zur Verhandlung und es vertrat insbesondere Herr Professor Brauer von Darmstadt den Antrag auf Erweiterung der Vereinszeitschrift, während von anderen Seiten solche Erweiterung nicht für nothwendig erachtet wurde. Herr Professor Brauer beantragte, es möchten die Wünsche in einer Arbeit niedergelegt werden, welche der Generalversammlung als Grundlage zu weiteren Beschlüssen dienen könnte. Der Gegenstand kam in der bemerkten Sitzung nicht zur Erledigung; es wurde vielmehr nochmalige Berathung in einer besonderen Commission beschlossen, für welche die Centralstelle heute Vorschläge zu machen sich bereit erklärte. Sie wünsche aber, daß der Ausschuß sich gleichzeitig darüber ausspreche, ob eine Erhöhung des Mitgliederbeitrages über 4 Mark pro Jahr hinaus zu dem Zwecke in Aussicht genommen werden solle, das Gewerbeblatt für das Großherzogthum Hessen zu erweitern.

Herr Oberbürgermeister Brink von Offenbach glaubt, daß der Wunsch nach einer Erweiterung des Gewerbeblattes kein allgemeiner sei, wenigstens sei er in Offenbach noch nicht nahe gelegt worden; er seinerseits müsse sich gegen eine Erhöhung des Beitrages, wie gegen eine Erweiterung des Blattes, aussprechen. Herr Buchdruckereibesitzer Preetorius von Alzey ist gleichfalls gegen eine Erhöhung der Beiträge, glaubt aber in einer größeren Pflege des Inseratentheiles die Mittel für eine Erweiterung des Blattes, nach welcher schon öfter der Wunsch laut geworden, finden zu können. Herr Commerzienrath Römheld von Mainz hält es für schwierig, den Beitrag für den vorliegenden Zweck zu erhöhen, auch könne die Vereinszeitschrift nicht von der mehr oder minder zufälligen Anzahl von Anzeigen abhängig gemacht werden. Er wies darauf hin, daß die Zeitschrift doch für die Mitglieder des Landesgewerbvereins gedruckt werde, welche ohnehin ihre Zeit zu Rathe halten müßten und welche eine größere Menge des Stoffes nicht bewältigen könnten. Bei der Masse vorhandener Zeitschriften erscheine es nicht rathsam, wenn das Vereinsblatt, welches sich eben in angemessenen Grenzen bewege, darüber hinausgehe. Er wünsche, daß der Ausschuß sich möglichst einmüthig gegen eine Erweiterung ausspreche. In gleicher Weise äußerten sich die Herrn Commerzienrath Müller von Bensheim und Dr. Schneider von Worms, der eine Einnahmequelle aus Inseraten nur durch eine Annoncenjagd für möglich erklärte. Herr Commerzienrath Reuleaux von Mainz hält die Wahl des Formates für eben so glücklich, wie die Beschränkung des Inhaltes; würde das Material nicht mehr gehäuft, so würde es auch wirklich gelesen, während eine Vermehrung den Werth des Blattes für die Mitglieder beeinträchtige. Herr Fabrikant Büchner von Pfungstadt erklärte zwar eine Erweiterung für wünschenswerth, er sei aber gegen jede Erhöhung des Beitrages; auch halte er den Standpunkt, den Inseratentheil mehr in den Vordergrund zu schieben, nur für bedenklich und könne hierzu nicht rathen. Ebenso spricht sich Herr Bergrath Tecklenburg von Darmstadt gegen eine Erhöhung der Beiträge aus, doch scheine eine Erweiterung vielleicht geboten, welche unter Umständen darin gefunden werden könnte, wenn der Landesgewerbverein in Gemeinschaft mit anderen größeren Vereinen der Nachbarländer eine umfangreichere, dem Gewerbeblatte beizulegende Zeitschrift halte. Die hierdurch entstehenden Kosten fänden wohl dadurch ihre Deckung, daß das Gewerbeblatt für das Großherzogthum Hessen etwa nur alle 14 Tage erscheine und sein Inhalt sich mehr als bisher auf die inneren Verhältnisse des Vereines beschränke. Nachdem Herr Geheimerath Fink darauf hingewiesen, daß hierdurch die statutenmäßige Grundlage der Vereinszeitschrift verrückt werde und ein ähnlicher Vorschlag bereits früher schon abgelehnt worden sei, erachtete er die Vorfrage für genug geklärt, um zur Abstimmung übergehen zu können. — Der Ausschuß erklärte sich einstimmig gegen eine Erhöhung der Mitgliederbeiträge. Auf die zweite Frage des Präsidenten: „Sind die Anwesenden einverstanden, die Angelegenheiten, welche sich auf die Zeitschrift des Landesgewerbvereins beziehen, durch eine besondere Commission weiter erwägen zu lassen?“ stimmten hierfür nur 6 Mitglieder des Ausschusses (der Präsident, Herr Geheimerath Fink, Prof. Brauer, Dr. Schröder, Prof. Lincke, Buchdruckereibesitzer Preetorius, Wenzel, Butzbach) und wurde die Bildung einer Commission und die weitere Verhandlung des Gegenstandes damit abgelehnt.

4) Der Präsident bemerkt: In der diesjährigen Generalversammlung der Mitglieder des Landesgewerbvereins am 6. August in Bingen kam die Frage wegen allgemeiner Einführung von freiwilligen

Lehrlingsprüfungen zur Verhandlung. Die Generalversammlung beschloß Bestellung einer Commission zur Vorprüfung dieser Frage und wollte die Wahl der betreffenden Commissionsmitglieder der Centralstelle überlassen. Letztere wünscht aber das Einverständniß des Ausschusses für die Wahl der betreffenden Commission und schlägt unter Berücksichtigung der von dem Ausschuß geäußerten Wünsche folgende Herrn vor: Brauer, Professor in Darmstadt; Crecelius, Architekt, Hauptlehrer an der Kunstgewerbeschule in Mainz; Dr. Hesse, Generalsecretär des Landesgewerbvereins in Darmstadt; Heyne, Fabrikant in Offenbach; Hug, Architekt, Hauptlehrer der erweiterten Handwerkerschule in Gießen; Jochem, Fabrikant in Worms; Johannsen, Schreinermeister in Mainz; Ringshausen, Möbelfabrikant in Nidda; Schäfer, Schreinermeister in Guntersblum; Schurig, Director der Kunstgewerbeschule in Offenbach; Staab, Schneidermeister in Groß-Umstadt; Wenzel, Spenglermeister in Butzbach. Diese Commission solle das Recht der Selbstverstärkung erhalten. Der Ausschuß stimmte dem Vorschlage zu und wurde Herr Professor Brauer vorläufig als Obmann dieser Commission bestellt.

5) In der Generalversammlung vom 7. October 1885 zu Pfungstadt wurde die Frage wegen Veranstaltung einer Enquête über die Lage des Kleingewerbes im Großherzogthum Hessen verhandelt und es wurde beschlossen, zur Erörterung der Vorfragen eine Commission zu bestellen, bestehend aus Vertretern der Lokalgewerbvereine und Innungen, sowie von Ausschußmitgliedern des Landesgewerbvereins. Ferner wurde beschlossen, die Lokalgewerbvereine zu veranlassen, sich über allgemeine Beschwerden der Kleingewerbe eingehend zu äußern.

Zur Ausführung dieser Beschlüsse hat die Centralstelle für die Gewerbe und den Landesgewerbverein sofort das Erforderliche veranlaßt.

Die bemerkte Commission, zu welcher 10 Ausschußmitglieder des Landesgewerbvereins, 26 Delegirte von Innungen und 26 Vertreter von Lokalgewerbvereinen geladen waren, trat am 24. Februar 1886 zusammen. 51 Herrn waren erschienen. Die Versammlung entschied sich einstimmig dahin, daß von einer Erhebung über die Lage der Kleingewerbe, wie solche in einem Nachbarstaate angeordnet wurde, für das Großherzogthum Hessen abzusehen sei. Dagegen beschloß die Versammlung den Druck einer Uebersicht der bis dahin bei der Centralstelle eingegangenen gutächtlichen Aeußerungen von Lokalgewerbvereinen und Anregung der Lokalgewerbvereine und Innungen zu weiterer Begutachtung und Berathung der eingegangenen Beschwerden und Wünsche. — Auch diese Anregung wurde seitens der Centralstelle durch Uebersendung des gedruckten Berichtes über die Commissions-Sitzung und die gutächtlichen Aeußerungen von 19 Lokalgewerbvereinen gegeben. — Bei einigen Lokalgewerbvereinen sind die aufgeworfenen Wünsche und Beschwerden wiederholt in Vereinsversammlungen berathen und die Ergebnisse dieser Verhandlungen der Centralstelle mitgetheilt worden. Dagegen haben andere Lokalgewerbvereine und auch Innungen sich ganz passiv verhalten und dadurch bezeugt, daß bei denselben kein besonderes Interesse für die Erörterung der betreffenden Fragen besteht. Mit Rücksicht hierauf ist es auch nicht angezeigt, Vertreter dieser Vereine und Innungen zu ferneren Commissionsberathungen zuzuziehen. Die früher bestellte Commission wäre hiernach zu modificiren. Es dürfte sich indessen empfehlen, vorliegende Material vorgängig durch eine kleinere Commission sichten lassen und bestimmte Fragen oder Anträge zu formuliren, welche nächst der größeren Commission vorzulegen sein werden. Auch mittlerweile von der Großh. Badischen Regierung Druckexemplare dort veranstalteten „Erhebungen über die Lage des Kleingewerbes“ hi mitgetheilt worden und es empfiehlt sich, daß die vorgeschlagene klei Commission Kenntniß der Resultate dieser Erhebungen im Nachbarst nimmt.

Die Großh. Centralstelle schlage nun als Mitglieder dieser mit Rechte der Cooptation auszurüstenden Commission die nachfolge Herrn vor: Amendt, Bauunternehmer in Oppenheim; Di Schlossermeister in Friedberg; Dr. Dietz, Universitätsamtman Gießen; Geißler, Obermeister der Barbier- und Friseur-Innun Offenbach; Dr. Hesse, Generalsecretär des Landesgewerbverein Darmstadt; Kinkel, Hofweißbindermeister und Innungs-Vorstan Darmstadt; Köberich, Obermeister der Bäcker-Innung zu Mi Reuleaux, Commerzienrath in Mainz; Rößner, Dachdeckerm in Alsfeld und Dr. Schröder, Landtagsabgeordneter in Darmst

Der gemachte Vorschlag wurde seitens des Ausschusses angenom und Herr Dr. Schröder als vorläufiger Obmann bestellt.

6) Zu dem folgenden Punkte der Tagesordnung, Verstärk der Handwerkerschulcommission, übergehend, bemerkte der sident, daß derselbe in innerem Zusammenhange mit Punkt 7 — An des Herrn Dr. Schröder, betreffend regelmäßige Untersuchung ganzen Großh. Centralstelle für die Gewerbe unterstellten gewerbl Unterrichts — stehe, daß aber die Tagesordnung vor Einlauf d Antrages schon festgestellt worden sei, dieser Antrag auch im Falle s Annahme nicht sofort ausführbar sei, weßhalb er doch vorschlage in Berathung der pos. 6 einzutreten. — Mit Bezugnahme auf die handlungen und Beschlüsse in der Ausschuß-Sitzung vom 17. März und in Rücksicht darauf, daß mittlerweile Mitglieder der Handwe schulcommission erkrankt und außer Stande sind, sich in nächster Zei Schulvisitationen und Commissions-Sitzungen zu betheiligen, sei eine stärkung der Handwerkerschulcommission erwünscht. Die Central schlage hierfür folgende Herrn vor: Cellarius, Großh. Kreisbaume in Alsfeld; Schenck, Maschinenfabrikant in Darmstadt; Son Großh. Professor und Geh. Baurath in Darmstadt, sowie Quern Großh. Maschinenmeister in Gießen. Ferner könnten, nachdem num auch eine Instruction zur Visitation der Handwerkerschulen bearbeitet veröffentlicht worden ist, dem von dem Ausschusse in der beme Sitzung vom 17. März 1887 gefaßten Beschluß entsprechend, auch N mitglieder der Handwerkerschulcommission (Lehrer anderer Handwe schulen oder geeignete Techniker) mit Einzelvisitationen von Schulen auftragt werden. — Auch diesem Antrage stimmte der Ausschuß zu

7) Von dem Ausschußmitgliede, Herrn Dr. Schröder in Da stadt, war der folgende Antrag eingebracht worden:

„Jährlich nehmen die einfacheren wie die erweiterten Handwerker- und K *Industrie*-Schulen im Großherzogthum an Zahl, Umfang und Bedeutung für *gewerbliche*, damit für das wirthschaftliche Leben überhaupt, zu.

In erfreulich wachsendem Maße unterstützt der Staat dieselben finanziell, bringen die Gemeinden, wie sogar Einzelne Opfer zu ihrer Förderung, und lassen es sich unsere Lokalgewerbvereine wie freie Vereinigungen angelegen sein, das so wichtige gewerbliche Schulwesen zu heben.

Großh. Centralstelle für die Gewerbe und den Landesgewerbverein erachtet es als eine ihrer vornehmsten Aufgaben, rathend, helfend dabei einzutreten, weil auf der Grundlage richtig veranlagten und geleiteten gewerblichen Schulwesens mit der gute Bestand, wie die Zukunft unseres ganzen ehrenwerthen Handwerker- und Gewerbestandes ruhen, dieses bedeutenden Theiles des staatlichen Gemeinwesens und seines Wohlbefindens.

Erfahrungsmäßig gehören eine örtliche, wie eine darüber stehende allgemeine Beaufsichtigung und Leitung, durch Sachkundige, zum gleichmäßig und dauernd guten Bestande des Schulwesens. Unsere Volksschulen und die höheren Schulen erfreuen sich solcher Organisationen längst.

Der Natur und Entstehungsgeschichte unserer Handwerker- und Kunst-Industrie-Schulen entsprechend, welche hervorragend auf dem Grundsatz der Freiwilligkeit und bewußten Opferbereitschaft basiren, wurden, unter Leitung Großh. Centralstelle für die Gewerbe, regelmäßige Ausstellungen von Schülerarbeiten und deren Prüfung durch sachkundige freiwillige Commissionen, die seit Jahren mit Segen wirkende „Handwerkerschul-Commission des Landesgewerbvereins", eingerichtet. Lokale öffentliche Prüfungen sind vielfach nebenher laufend. Sicher ist Gutes für Lehrer und Schüler damit erreicht worden.

Das Gefühl persönlicher Verantwortlichkeit und Wirksamkeit wurde damit in allen betheiligten Kreisen wachgehalten und mancher Schlendrian verhütet, oder wieder beseitigt.

Großh. Centralstelle für die Gewerbe war und ist stets darauf bedacht, diesen sittlich-pädagogischen Impuls wach zu halten.

Aber die Zahl und die Vielartigkeit dieser Schulen, wie die wachsende Bedeutung (Aequivalent für die obligatorischen Fortbildungsschulen unserer staatlich geleiteten Volksschulen) und Complicirtheit derselben ließ eine öftere, unerwartet im Laufe des Jahres da und dort eintretende, sachlich aber doch gleichmäßige Visitation wünschenswerth, ja nicht selten nothwendig erscheinen.

Es wurde dies erkannt, demgemäß von diesseitigem Ausschusse beschlossen und versucht, hiernach zu verfahren.

Indessen mangelten die dafür erforderliche Zeit und Kräfte, letztere sind vielfach anders belastet.

So blieb und bleibt die oben näher bezeichnete öftere, autoritative Controle von zu vielen Zufälligkeiten abhängig, zum Nachtheil des gewerblichen Schulwesens, dieses Grundsteins des Gedeihens des Gewerbestandes.

Wurde neuerdings von den Ständen des Landes beschlossen, „Großh. Regierung zu ersuchen, die öconomische und technische Leitung der landwirthschaftlichen Winterschulen der oberen landwirthschaftlichen Behörde zu unterstellen, und die Organisation des landwirthschaftlichen Unterrichtswesens überhaupt, unter entsprechender finanzieller Betheiligung des Staats daran, in Erwägung zu ziehen", so ist man im Großherzogthum Baden, das im gewerblichen Schulwesen jetzt schöne Erfolge aufweist, einer zusammenfassenden, regelmäßigen, sachkundigen Controle und Visitation aller dieser Schulen von Staatswegen näher getreten.

Gleiches, besonders auch für unsere zahlreichen einfachen Handwerkerschulen in Stadt und Land (Sonntags- und Abendschulen) unter dauernder Führung und Mitarbeit durch Großh. Centralstelle für die Gewerbe, einzurichten, die dafür nöthigen Kräfte und Gelder aufzuwenden, erscheint angezeigt.

Demgemäß erlaube ich mir zu beantragen:

der Ausschuß Großh. Gewerbvereins wolle beschließen, Großh. Centralstelle für die Gewerbe zu ersuchen:

1) daß, neben den Seitens der „Handwerkerschul-Commission des Landesgewerbvereins" vorzunehmenden Prüfungen der Schülerarbeiten, an Ort und Stelle öfter eine sachliche und disciplinäre Controle des ganzen, Großh. Centralstelle für die Gewerbe unterstellten gewerblichen Unterrichtswesens hergestellt, die entsprechenden Kräfte in genügender Zahl dafür gewonnen, und unter der Auflage geordnet wiederkehrender Beschlußfassungen, Berichterstattungen u. s. w. an Großh. Centralstelle für die Gewerbe, dieselben zu dem dafür erforderlichen Vorgehen, jedoch mit voller Beachtung der Individualität dieser Schulen und ihrer besonderen Bedürfnisse, in organisirter Weise beauftragt werden,

2) daß im Falle der Zustimmung zu pos. 1 des Antrags, bei Großh. Staatsregierung die Bitte auf dazu erforderliche, wie ausreichende finanzielle und sonstige Hülfe des Staats gestellt werde."

Der Präsident theilte hierzu mit, daß dieser Antrag auf Wunsch des Antragstellers sofort gedruckt und dann zunächst den Mitgliedern der Handwerkerschulcommission zur Aeußerung zugestellt worden sei; auch sei deren Vorsitzender ersucht worden, das Referat in der heutigen Sitzung zu übernehmen, woran derselbe jedoch durch zwingende Abhaltung verhindert worden sei. Die eingelaufenen Aeußerungen der Mitglieder der Handwerkerschulcommission betonten im Allgemeinen, daß der Antrag zunächst einer eingehenden Erwägung und Vorberathung unterzogen werden möge. Für die heutige Sitzung erscheine es wünschenswerth, wenn der Antragsteller seine Anschauungen und Absichten etwas näher erläutere. Herr Dr. Schröder dankt dem Präsidenten für die Ermöglichung der Begründung seines Antrages, dessen Veranlassung er in einem ähnlichen Vorgange im Großherzogthum Baden, sowie in der geschichtlichen Entwicklung unserer Handwerkerschulen erblickte, zu deren Auswachsen der Antrag durch Schaffung eines regen persönlichen, sachkundigen und thätig eingreifenden Verkehrs der Aufsichtsorgane mit den Schülern Gelegenheit geben solle. Diesen Organen seien gegenüber den von ihnen zu übernehmenden Verpflichtungen auch Rechte, insbesondere das der eigenen Initiative, sowie eine pecuniäre Entschädigung zu gewähren, zu welchem Zweck der Absatz 2 des Antrages eingestellt worden sei. Nach weiterer Begründung des Antragstellers, für deren Ausführlichkeit der Präsident den Dank der Versammlung aussprach, gab letzterer der Meinung Ausdruck, daß der Ausschuß heute über den gestellten Antrag wohl nicht schlüssig werden könne, eine sachliche Debatte daher auch nicht angezeigt sei. Er beantrage die Vorberathung des Gegenstandes einer Commission zu überweisen, welcher er gerne seine persönlichen Ansichten mittheilen werde. Für jetzt wolle er nur einigen persönlichen Bedenken darüber Ausdruck geben, daß die von dem Antragsteller ins Auge gefaßten Einrichtungen die Grundlagen unserer Schulen verrücken und hemmend auf die Freiheit der Bewegung der einzelnen Schulen innerhalb des Vereines einwirken würden. Auch lege er hohen Werth auf die freiwillige, unbesoldete *Thätigkeit* der Aufsichtsorgane, für welche er eine Inanspruchnahme von

Staatsmitteln nicht für wünschenswerth erachte, zudem finde der vorliegende Antrag in den seitherigen Erfolgen der freiwilligen Thätigkeit der Lehrer und Schul-Vorstände keine Begründung. Der Antrag entkleide die Handwerkerschulen ihres Charakters als Fach- und Vereinsschulen und sei geeignet, Schwierigkeiten entstehen zu lassen. Es empfehle sich deßhalb eine Vorberathung in einer Commission, für welche er folgende Herrn in Vorschlag bringe: Albert, Realschuldirector und Professor in Darmstadt; Brink, Oberbürgermeister zu Offenbach; Bronner, Hauptlehrer der erweiterten Handwerkerschule zu Friedberg; Gehry, Reallehrer in Mainz; Greim, Geh. Oberschulrath in Darmstadt; Dr. Hesse, Generalsecretär des Landesgewerbvereins; Jochem, Fabrikant in Worms; Dr. Müller, Geh. Oberbaurath in Darmstadt; Dr. Schröder, Landtagsabgeordneter in Darmstadt und Schurig, Director der Kunstgewerbeschule zu Offenbach. Als Obmann schlage er vorläufig Herrn Oberbürgermeister Brink von Offenbach vor. Nachdem Herr Geh. Oberschulrath Greim noch zu dem Antrage gesprochen und seine Mitwirkung in der Commission zugesagt hat, sowie nach einigen weiteren kurzen Bemerkungen des Antragstellers und des Herrn Oberbürgermeisters Brink, welcher sich mit dem Antrage nicht einverstanden erklärte, wurde die Commission nach dem Vorschlage des Präsidenten bestätigt.

8) In der Ausschuß-Sitzung vom 19. April l. J. wurde über den Stand der Erhebungen bezüglich eines Antrages, betreffend die Revision des Gewerbsteuertarifs, referirt und der Ausschuß beschloß die Bestellung einer Commission zur Vorberathung der eingegangenen betreffenden Desiderien und der einschlägigen Verhältnisse. Seit dieser Zeit sind der Centralstelle weitere Materialien von Lokalgewerbvereinen nicht zugegangen, weßhalb nunmehr die Bildung der bemerkten Commission vorzunehmen sein dürfte. Mit Rücksicht auf die in der Sitzung vom 19. April bereits gemachten Vorschläge proponirte die Centralstelle unter Berücksichtigung der von dem Ausschuß gewünschten Abänderungen die Wahl folgender Herrn: Habicht, Bürgermeister zu Echzell; Heß, Rentner zu Gießen; Dr. Hesse, Generalsecretär des Landesgewerbvereins; Heyne, Fabrikant in Offenbach; Junck, Kaufmann in Sprendlingen i. Rh.; Römheld, Commerzienrath in Mainz; Dr. Schröder, Landtagsabgeordneter in Darmstadt; Sommerlad, Steuerrath in Lauterbach; Ulrich, Brauereibesitzer und Reichstagsabgeordneter in Pfungstadt; Worett, Rentner in Worms. Die Commission solle das Recht der Cooptation haben; als vorläufiger Obmann wurde Herr Ulrich vorgeschlagen. Der Ausschuß erklärte sich hiermit einverstanden.

9) Bei der Großh. Centralstelle war von Seiten eines Geschäftstreibenden eine Anfrage eingelaufen, welche sich auf die Haftung bei Lieferungen bezog. Der Ausschuß war der Ansicht, daß die Centralstelle dieselbe unter Zuziehung eines oder mehrerer Sachverständigen erledigen solle, weßhalb von einer commissarischen Behandlung abgesehen wurde.

Schließlich berührte Herr Dr. Schröder den neulichen Synodalbeschluß, die Sonntagsfeier betreffend, und sprach den Wunsch aus, Großh. Centralstelle möge, im Falle dieselbe zu einer Aeußerung veranlaßt werde, den Gegenstand dem Ausschusse zur Berathung und Beschlußfassung vorlegen. Der Präsident schloß hierauf um 6 Uhr die Sitzung mit dem Ausdrucke des Dankes für die Erschienenen.

Neuester Handvergolde-Apparat

von J. P. Sann & H. Kraft, Gießen. (D. R.-P. Nr. 42435.)

Die eigentliche Kunst des Handvergoldens, Kenntniß der Materialien, der dazu nöthigen Wärmegrade und Grundirungsmittel, vor allem aber die geschmackvolle künstlerische Zusammenstellung der Verzierungen, kann durch keinen Hülfsapparat entbehrlich gemacht werden. Diese Kenntnisse lassen sich vor wie nach nur durch aufmerksames Studium und längere praktische Uebung bei einem tüchtigen Meister, oder in unseren renommirten Vergoldeschulen erwerben.

Unser Apparat bezweckt einzig und allein, die physische Ausführung des Handvergoldens so viel nur irgend möglich zu vereinfachen und zu erleichtern; Hindernisse, wie persönliche Aufregung, Zittern der Hände, schlechtes Augenmaß, mangelhafte Beleuchtung, das Abmessen, Abzirkeln, oder Abzeichnen mit dem Faden, kurzum Alles, was seither geübten oder ungeübten Vergoldern Aerger und Aufenthalt verursacht hat, unschädlich zu machen. Daß uns dies gelungen ist, bezeugt das höchst anerkennende Urtheil hiesiger und auswärtiger Collegen, die schon einige Zeit damit arbeiten.

Das Handvergolden strengt körperlich und geistig an. Mit dem Apparat wird diese doppelte Anstrengung sehr vermindert, fast aufgehoben. Der geübte Vergolder wird diese Wohlthat ebenfalls empfinden, abgesehen von sonstigen Vortheilen, die derselbe gerade einem solchen bietet.

Es ist anerkennenswerth, wer ohne jede Hülfe, nur auf sein Augenmaß und seine sichere Hand vertrauend, eine tadellose Vergoldung herstellt; sehr angenehm aber ist es auch gerade in unserer Zeit, wenn der weniger Geübte in kurzer Zeit eine saubere und gleichmäßige Vergoldung mit Hülfe eines Apparats ausführen kann. „Zeit ist Geld!“

Die Vorrichtung der Fileten und des Schriftkastens ist, wie durch Fig. m ersichtlich, sehr einfach: ein mit einem Stift versehenes 2 mm dickes Messingplättchen wird so auf die linke Seite und in die Mitte der Filete aufgeschraubt, daß der Stift 10—12 mm von der Druckfläche abzustehen kommt. Beim Schriftkasten ist nach unten noch ein kleiner Zeiger angebracht, welcher genau in der Mitte des Central-Schriftkastens zu stehen kommen muß, jedoch so, daß er über die niedrigsten Kegelschriften nicht hinausragt.

Ebenso einfach ist die Handhabung und Einrichtung des Apparats. *Derselbe ist* bei c an den Tisch festgeschraubt, d ist die Drehscheibe, welche es ermöglicht, den Band in jede Beleuchtung für das Auge zu stellen; doch kann die Scheibe auch festgestellt werden. A ist das vordere Preßbrett, welches mit dem schmiedeeisernen Theil c vorgezogen und wieder bis an das Buch zurückgeschoben wird. Der links unten sichtbare Tisch ist festgestellt, damit der Band jederzeit wagrecht unter den Apparat zu stehen kommt, h sind 2 Spalten, welche nur bei klein Octav- oder Duodez-Bändchen eingesetzt werden. Diese Vorrichtung ist einfacher wie das unsichere Hoch- und Niederstellen des Tisches, i sind 2 Kästchen, in welchen links die Gold-Putzlappen, rechts Fett und Vergoldepulver Aufnahme finden, doch sind dieselben leicht abzunehmen, wem sie nicht passen.

Die Hauptsache nächst dem eigentlichen Vergolde-Apparat B ist der deutlich sichtbare Schieber g. Derselbe ist mit Schieferpapier überzogen und werden auf demselben, um alles Messen mit dem Zirkel, mit Faden 2c. zu vermeiden, an der unteren Kante des Buches für jede Filete oder Titelzeile kleine Striche mit weißer Kreide gemacht. Der Apparat B steht fest, es ist also leicht begreiflich, daß jedes Zeichen, welches ich mir nach meinem Musterband mache, für Hunderte und Tausende von Bänden benutzt werden kann; ich habe nur nöthig, dieselben immer mit der unteren Kante nach diesen Strichen zu richten. Daß hierbei viel weniger eine Differenz vorkommen kann wie beim vorsichtigsten Abmessen mit Zirkel oder Faden, ist begreiflich.

Durch den Hebel f wird der Band im Moment zum Weiterrücken freigestellt und ebenso rasch auch wieder festgestellt.

Durch die in die Höhe gehende Schiene k wird der Apparat je nach der Höhe und durch die obere Querschiene l je nach der Dicke des Bandes gerichtet und zwar so, daß das Messingklötzchen bei n 5—10 mm über die Mitte des Rückens zu stehen kommt. In diesem Messingklötzchen ist ein Einschnitt und ein Loch, in welches die Messingplättchen und der Stift bei den Fileten und Schriftkasten genau paßt, 1, 2, 3 sind die drei Gelenke, welche es möglich machen, im Bogen über den runden Rücken zu drucken. Der Druck selbst muß genau wie beim Freihanddruck dem Gefühl überlassen bleiben, nur um die gerade Führung hat sich der Vergolder nicht zu kümmern. Wenn der Band nach dem betreffenden Zeichen auf dem Schieber gerichtet ist, kann man bei Fileten getrost die Augen zumachen. Beim Titeldrucken ist nur vorher ein Zeichen in die Mitte des Titelfeldes über der zu druckenden Zeile zu machen und dann beim Druck der kleine Zeiger darnach zu richten. Die Fileten kann man ansetzen wie man will, in der Mitte, vorn oder hinten. Bei der Schrift empfiehlt es sich, wenn der Zeiger nach dem Mittelpunkt gerichtet ist, die Schrift auf den Rücken aufzusetzen und dann mit sicherem, gleichmäßigem Druck vor- und zurückzufahren. Durch ein am unteren Ende der Schiene k angebrachtes Loch kann dieselbe über die feststehende Schraube weggehoben werden. Der Apparat ist demnach mit einem Griff zu entfernen. Durch die außerordentlich massive Konstruktion des Stockes wird es möglich, denselben auch jeden Tag für andere Zwecke außer dem Vergolden zu verwenden. Als Einsägepresse läßt sich nichts Praktischeres denken; außerdem können Einzelbände rascher und müheloser einem tüchtigen Druck ausgesetzt werden wie bei jeder anderen Vorrichtung, wenn der Apparat nur stets an einem recht zugänglichen Orte placirt ist. Bei genauer Vorrichtung der Fileten 2c. und bei, wie schon oben bemerkt, einiger Vertrautheit und Uebung mit dem Apparat wird der Fachmann sein inniges Vergnügen an diesem neuesten Hülfsmittel der Buchbinderei haben.

Die Messingplättchen liefere ich à 15 Pfennig für Fileten und 1 Mark für den Schriftkasten mit. Nach dem Anschrauben durch einen Mechaniker oder tüchtigen Schlosser müssen alle gerichtet werden und zwar so, daß bei kleinen Abweichungen von der geraden Richtung der Stift durch einen kleinen Druck im Apparat selbst richtig gestellt wird. Geht z. B. die Filete etwas nach links, dann setze ich dieselbe mit dem Stift ein und drücke etwas nach rechts. Sind alle Fileten und Schriftkasten einmal genau gerichtet, dann genügt dies bei vorsichtiger Behandlung für immer. Die einzelnen Gelenke 1, 2, 3 müssen immer ziemlich festgestellt bleiben und zeitweise mit etwas Oel versehen werden.

Wer deßhalb ohne große körperliche und geistige Anstrengung in kürzester Zeit eine tadellose Vergoldung gebundener Bücher herstellen will, der scheue den verhältnißmäßig sehr billigen Preis von 40 Mark für den Universal-Schnellvergolder nicht. Die kleine Kapitalanlage wird sich reichlich verzinsen und viel Freude bereiten.

Gießen, September 1888. J. P. Sann, Buchbinder.

Anzeigen.

Cöln a. Rh., Hamburg, im October 1888.

P. P.

Wir beehren uns hierdurch zur Anzeige zu bringen, daß wir den

Allein-Verkauf

unseres wasserdichten, wetterfesten und feuersicheren

Dachbedeckungs-Materials

aus imprägnirten Leinenstoffen für den Kreis Mainz

Herrn Carl Martel in Mainz

übertragen haben und bitten im Bedarfsfalle sich direct an denselben zu wenden.

Hochachtungsvoll

Rhein. Dachbedeckungsfabrik **Hoy, Leopold & Co.**

Mainz, im October 1888.

Mit Bezug auf vorstehende Annonce der Rhein. Dachbedeckungsfabrik **Hoy, Leopold & Co.,** gestatte ich mir, alle Interessenten hierselbst darauf aufmerksam zu machen, daß ich ein großes Lager in dem oben bezeichneten Dachbedeckungsmaterial unterhalte und daß ich solches als beste, leichteste und dauerhafteste Dachbedeckungs-Material empfehlen kann.

Dasselbe trotzt allen Witterungsverhältnissen, hält die Hitze ab, wird von Säuren nicht angegriffen, bietet, wie offizielle Brandproben ergeben haben, dem Feuer keine Nahrung, kann (zumal bei provisorischen Bauten) ohne Verschalung auch zu wiederholten Malen verwandt werden, ist fast 3mal so leicht wie Dachpappe und eignet sich bestens für Dach- und Giebelbekleidung.

Muster und Prospecte stehen zu Diensten.

Hochachtungsvoll

Carl Martel, Schieferdeckerei, Rheinstraße 91.

Redacteur Dr. Hesse. — Druck von Heinrich Brill.
In Commission bei L. Brill in Darmstadt.

Gewerbeblatt

für das

Großherzogthum Hessen.

Zeitschrift des Landesgewerbvereins.

Erscheint wöchentlich. Auflage 4500. Anzeigen für die durchgehende Petitzeile oder deren Raum bei ein- und zweimaliger Aufnahme 30 Pf., bei drei- und mehrmaliger Aufnahme 25 Pf.

№ 47. November 1888.

Bekanntmachung,

die Prüfung der Kreisbauaufseheraspiranten betreffend.

Es wird hiermit zur Kenntniß der Interessenten gebracht, daß zu Anfang Mai 1889 eine Prüfung für Kreisbauaufseheraspiranten in Darmstadt stattfinden wird. Den Gesuchen um Zulassung sind ein Sittenzeugniß, sowie die nach Maßgabe der Bekanntmachung vom 28. November 1839 (Regierungsblatt Nr. 36) aufzustellende Beilage beizufügen. Der Nachweis über die erforderliche, den Bestimmungen der Bekanntmachung vom 17. Januar 1862 (Regierungsblatt Nr. 5) entsprechende körperliche Qualifikation ist durch Vorlage der Militärpapiere oder, in Ermangelung von solchen, eines kreisgesundheitsamtlichen Zeugnisses zu erbringen.

Die Bewerber um Zulassung zur Prüfung müssen zur Zeit des Beginns derselben, entsprechend den Vorschriften der Verordnung vom 27. August 1881 (Regierungsblatt Nr. 19), mindestens das 20. Lebensjahr erreicht haben.

Die Gesuche sind, unter Anwendung des gesetzlichen Stempels, bei der unterzeichneten Ministerialabtheilung 6 Wochen vor Beginn der Prüfung einzureichen.

Darmstadt, den 18. Oktober 1888.

Großherzogliches Ministerium der Finanzen, Abtheilung für Bauwesen.

Schaeffer.

Jaeger.

Vorkommen und Gewinnung des Petroleums.

Auszug aus dem im Lokalgewerbverein Darmstadt gehaltenen Vortrage.

Das Beleuchtungswesen hat heutzutage einen hohen Grad der Vollkommenheit erreicht. Dies zeigt am besten ein kurzer Rückblick auf seine Entwicklung. Schon in den ältesten Urkunden ist von Lampen mit Olivenöl die Rede. Die alten Römer verwendeten außerdem noch mit Pech oder Wachs getränkte Schnüre. Eine noch einfachere Beleuchtungsvorrichtung waren die Kienspähne. Wann zuerst Kerzen gebrannt wurden, ist nicht genau bekannt. Ihre Anwendung wurde erst sehr spät eine allgemeine. Viel billiger wurden dieselben, nachdem zu Anfang dieses Jahrhunderts das Stearin und in den 30er Jahren das Paraffin entdeckt worden waren. Ein bedeutender Fortschritt im Beleuchtungswesen war die Erfindung des Argand'schen Brenners, der noch unseren heutigen Lampen zu Grunde liegt, im Jahr 1789. Von da an wurden die Lampen mehr und mehr vervollkommnet. Von epochemachender Bedeutung war natürlich die Einführung des Leuchtgases, besonders für die öffentliche Beleuchtung, welche vor einigen Jahrhunderten noch sehr im Argen lag. In Paris z. B. wurde eine allgemeine Straßenbeleuchtung auf Kosten der Stadt erst im Jahr 1767 eingeführt. London war die erste Stadt, welche, im Jahr 1810, mit Steinkohlengas beleuchtet wurde. In Deutschland wurde zuerst Hannover im Jahr 1825 durch eine englische Gesellschaft mit Gas beleuchtet. Berlin folgte 1826. Die erste deutsche Gasfabrik wurde in Dresden 1828 errichtet, dann folgte Cöln 1840, Stuttgart 1845 und Mitte der 50er Jahre alle übrigen Städte von irgend welcher Bedeutung. Darmstadt, Ulm und andere Städte hatten zuerst Holzgas, das aber auf die Dauer die Concurrenz mit dem Steinkohlengas nicht aushalten konnte. Dagegen ist dem letzteren in dem elektrischen Licht ein gefährlicher Concurrent erwachsen, das verschiedene Vorzüge vor ihm hat und nach Beseitigung der ihm bis jetzt noch anhaftenden Mängel jedenfalls die Beleuchtungsart der Zukunft sein wird. Ob es das Leuchtgas vollständig verdrängen wird, ist zweifelhaft und kommt ja auch nur für die öffentliche und die Beleuchtung großer Räume in Betracht. Im Privatleben wird nach wie vor fast ausschließlich die Petroleumlampe angewendet werden.

Die Kenntniß des Petroleums ist schon sehr alt. In Indien, China und Japan wurden schon vor Christi Geburt Petroleum und Erdgase gebrannt. Bekannt sind die heiligen Feuer von Baku am kaspischen Meer, welche früher göttlich verehrt wurden und nichts anderes sind als fortwährend aus der Erde strömende Petroleumgase. In Deutschland waren unbedeutende Vorkommen in Hannover, bei Tegernsee in Bayern, bei Pechelbronn im Elsaß auch schon vor mehreren Jahrhunderten bekannt. Die allgemeine Einführung des Petroleums in Europa datirt erst aus dem Jahr 1859, wo bei Titusville in Pennsylvanien die erste Erdölquelle erbohrt wurde. Sofort warf sich natürlich die Spekulation auf dieses Gebiet, es entstand ein wahres Oelfieber und eine derartige Ueberproduktion, daß im Jahr 1861 ein Rückschlag eintrat. Doch hob sich die Petroleumindustrie bei dem sich immer mehr steigernden Verbrauch rasch wieder. Natürlich wurde auch anderorts nach Petroleum gebohrt, so auch in Deutschland, leider nur mit sehr geringem Erfolg.

1880 wurde in Hannover bei dem bekannten Oelheim die erste Quelle erbohrt. Sofort bildeten sich 23 Actiengesellschaften, von denen 1883 noch 6 den Betrieb weiter führten und auch bei diesen lohnte das erbohrte Oel kaum die Betriebskosten. Dagegen soll die Gewinnung von Asphalt in Hannover ein sehr lohnender Industriezweig geworden sein. In Rußland wurde, vorzugsweise in der Umgebung von Baku, angefangen nach Erdöl zu bohren und zwar mit solchem Erfolg, daß schon im Jahr 1872 die Verpachtung der Naphtaquellen dem russischen Staat 3 Millionen Rubel einbrachte. Heute beherrscht das russische Petroleum neben dem amerikanischen den Weltmarkt. Höchstens kommt noch Galizien in Betracht, das fast den gesammten Bedarf Oesterreich-Ungarns deckt. Die entweder allein oder gemeinschaftlich mit flüssigem Petroleum aus der Erde hervorströmenden brennbaren Gase werden hauptsächlich in Nordamerika technisch verwerthet. Pittsburg sparte durch Verbrennung solcher Erdgase im Jahr 1885 circa 10000 Tonnen Kohlen.

Die Gewinnung des Rohpetroleums ist natürlich am einfachsten, wenn dasselbe von selbst ausläuft und nur in Fässer gefüllt zu werden braucht. Solche Springquellen finden sich in allen Oelgebieten, am häufigsten im russischen. Doch lassen sie in der Regel bald nach und das Petroleum muß, wie in den meisten Fällen, mit Pumpwerken in die Höhe geschafft werden.

Vor seiner Anwendung als Leuchtöl wird das Rohpetroleum verschiedenen Reinigungsprozessen unterworfen, es wird „raffinirt". Die wichtigste der hierher gehörigen Operationen ist die „fractionnirte Destillation". Das Rohpetroleum wird in großen eisernen Kesseln erhitzt, die Dämpfe durch geeignete Kühlvorrichtungen wieder verdichtet und in getrennten Abtheilungen oder „Fractionen" aufgefangen. Das eigentliche Leuchtöl, auch Kerosen, Photogen, Brennpetroleum oder kurzweg Petroleum genannt, ist die Fraction von 160—250° C. Aus den niedriger siedenden Antheilen des Rohpetroleums erhält man als Nebenprodukte Petroläther, Benzin, Putzöl rc., aus den höher siedenden hauptsächlich die sogenannten Mineralschmieröle, ferner Paraffin und Vaselin und als Rückstand das Petrolpech, das ähnlich wie Asphalt verwendet werden kann. Neuerdings stellt man aus ihm Benzol, Naphtalin, Anthracen rc. dar, die zur Fabrikation von Theerfarben dienen. Der allerletzte Destillationsrückstand sind die Petroleumcokes, die ein sehr gutes Brennmaterial liefern. Die Ausbeute an Photogen beträgt bei dem amerikanischen Rohpetroleum 50—60, bei dem russischen nur 30—40%. Dasselbe wird nach seiner Abscheidung durch Destillation noch weiter chemisch gereinigt, indem es in großen Bottichen, die entweder mit einem Rührwerk oder mit einer Vorrichtung zum Einblasen von Luft versehen sind, zuerst mit Schwefelsäure, nachher mit Natronlauge behandelt wird.

Das Petroleum ist seiner chemischen Zusammensetzung nach ein Gemenge verschiedener Kohlenwasserstoffe. Es wird darüber gestritten, ob es giftig ist oder nicht. Todesfälle durch Verschlucken von Petroleum sind nicht bekannt. Seine Dämpfe bilden mit Luft explosive Gemische, weßhalb der Verkehr mit Petroleum gesetzlich geregelt ist. In Deutschland darf der „Entflammungspunkt", d. h. derjenige Temperaturgrad, bei welchem das Petroleum entzündliche Dämpfe ausführt, nicht unter 21° C. liegen.

Außer zur Beleuchtung wird das Petroleum auch zur Heizung angewendet. Sein Heizwerth ist ungefähr 3mal so groß als der von trockenem Holz und 1½mal so groß als der einer guten Steinkohle. Man benützt entweder direkt das Rohpetroleum oder die Destillationsrückstände bei der Darstellung des Leuchtöls. Auf diese Weise heizen z. B. alle russischen Raffinerien, sowie die meisten auf dem kaspischen Meer und der Wolga verkehrenden Dampfer ihre Kessel.

Ueber die Bildung des Petroleums in der Natur sind eine Menge von Hypothesen aufgestellt worden. Die meisten Anhänger hat gegenwärtig diejenige, nach welcher das Petroleum aus thierischen Ueberresten durch einen der Destillation ähnlichen Vorgang entstanden ist.

Die Produktion an Rohpetroleum betrug im Jahr 1885:

Vereinigte Staaten	21 842 041	Barrels.
Rußland	13 056 024	"
Oesterreich-Ungarn	500 000	"
Deutschland	41 329	"

Die Gesammtproduktion belief sich in jenem Jahr auf 36 535 833 Barrels oder 5 809 197 447 Liter. Dr. W. Fahrion.

Preisausschreiben des Württembergischen Kunstgewerbevereins über dekorative Holzarbeiten.

In der Absicht, über die Leistungen der gegenwärtigen dekorativen Holzbearbeitung, ein möglichst vollständiges Bild zu geben, einerseits um das Interesse für die Verwendung feiner Holzarbeiten zur Innendekoration des Hauses im Publikum zu beleben, und anderseits um den auf diesem Gebiete arbeitenden, namentlich den jüngeren Kräften Gelegenheit zu bieten, für ihre Leistungen in den weitesten Kreisen sich Anerkennung zu erwerben, erläßt der Württembergische Kunstgewerbeverein ein Preisausschreiben über ausgeführte dekorative Holzarbeiten figürlichen und ornamentalen Charakters. Als zur Bewerbung geeignet sind solche Arbeiten in Holz zu bezeichnen, welche sowohl durch ihre Bestimmung als durch ihre Ausstattung als kunstgewerbliche Erzeugnisse erscheinen. Hierbei ist beispielsweise an folgende Arbeiten gedacht: Figuren, soweit solche dekorativen Zwecken dienen, Karyatiden, Hermen, Pilaster, Kapitäle, Thüren, Füllungen ꝛc., mit figürlichem oder ornamentalem Schmuck, einschließlich Flach- oder Relief-Intarsien, eingelegte Arbeiten überhaupt in Holz, Elfenbein, Perlmutter oder Metall, Boulearbeiten, Konsolen, Rahmen, Kassetten, Phantasiemöbel und größere Möbelstücke mit Skulptur oder sonst reicher Behandlung ꝛc. Ein bestimmter Stil für die Arbeiten ist nicht vorgeschrieben; es wird nur betont, daß bei der Ausführung dem Charakter des Holzes volle Rechnung getragen werden soll. Eine farbige Behandlung der Holzskulpturen ist zulässig; bei der Beurtheilung der Arbeiten für die Preisbewerbung kommt aber nur die Behandlung der Form in Betracht. Die Arbeiten sollen Originale sein. Die Ausstellungs-Kommission ist berechtigt, solche Gegenstände, welche nicht unter das Programm fallen oder unter der Grenze des Mittelmäßigen bleiben, von der Preisbewerbung und Ausstellung auszuschließen. Zur Konkurrenz sind alle Arbeiter Deutschlands, sowie im Auslande wohnende Arbeiter deutscher Reichsangehörigkeit zugelassen. Als Bewerber sollen die Verfertiger der Arbeiten oder die Meister, aus deren Werkstätten die Arbeiten hervorgegangen sind, auftreten und nicht etwa Auftraggeber oder Wiederverkäufer. Die Arbeiten sind längstens bis 1. April 1889 auf dem vom Sekretariat des Vereins zu beziehenden Anmeldebogen durch genaue Ausfüllung des letzteren anzumelden und spätestens bis zum 15. Mai 1889 Abends 6 Uhr bei dem Württembergischen Kunstgewerbeverein, Stuttgart, Königsbau, einzusenden. Als Preise sind ausgesetzt: 4 Preise je zu 500 Mark, 3 Preise je zu 300 Mark, 2 Preise je zu 200 Mark, 2 Preise je zu 100 Mark, 10 Preise je zu 50 Mark. Der Gesammtbetrag der vorgenannten Preise kommt unter allen Umständen zur Vertheilung. Dem Preisgericht bleibt aber vorbehalten, erforderlichenfalls Veränderungen in der Zahl und den Stufen der Preise vorzunehmen.

Grundsätze für amtliche Tintenprüfungen im Königreich Preußen.

Klassifizierung der Tinten.

Klasse I. Eisengallustinte, eine nach dem Trocknen schwarze Schrift liefernde Flüssigkeit, welche mindestens 30 gr Gerb- und Gallussäure, die lediglich Galläpfeln entstammt, und 4 gr metallisches Eisen im Liter enthält.

Klasse II. Tinte, welche schwarze Schriftzüge liefert, die nach achttägigem Trocknen durch Alkohol und Wasser nicht ausgezogen werden können. — Jede Tinte muß leicht fließen und darf selbst unmittelbar nach dem Trocknen nicht klebrig sein.

Verwendungsart der Tinten.

Klasse I. Eisengallustinte, findet bei Schriften auf Papier Verwendung, welche nach der Stoffklasse I (vergl. Grundsätze für amtliche Papier-Prüfungen vom 5. Juli 1886, Mittheilungen aus den Königlichen technischen Versuchsanstalten 1886 S. 89)*) nur aus Hadern besteht und nicht mehr als 2 Procent Asche giebt, oder nach der Stoffklasse II aus Hadern mit Zusatz von Cellulose, Strohstoff, Esparto besteht, aber frei von Holzschliff ist und nicht mehr als 5 Procent Asche giebt.

Klasse II findet bei Schriften auf Papier Verwendung, welches nach Stoffklasse III oder IV beliebige Stoffzusammensetzung enthält.

Eine dieser beiden Tintenklassen findet für alle amtlichen Schriftstücke Anwendung, welche nicht durch Umdruck vervielfältigt werden sollen.

Prüfung der gelieferten Tinten.

Die Behörden sind befugt, die zum Dienstgebrauch bestimmten Tinten in der Königlichen chemisch-technischen Versuchsanstalt zu Berlin (N. Invalidenstraße 44) einer Prüfung unterwerfen zu lassen.

Ergiebt sich hierbei, daß die Lieferungsbedingungen nicht innegehalten sind, oder ergiebt sich auf andere Weise, daß der Fabrikant bei Tintenklasse I die Gerb- und Gallussäure nicht lediglich aus Galläpfeln

*) Gewerbeblatt 1886, S. 278.

gewonnen hat, so trägt derselbe, abgesehen von etwa festgesetzten Konventionalstrafen, die Kosten der Untersuchung. Sind derartige Ausstellungen nicht zu erheben, so werden die Kosten von der Behörde getragen, welche die Prüfung veranlaßt hat.

Kosten der Tintenprüfung.

Die Kosten der Prüfung einer Tinte der Klasse I auf Gerb- und Gallsäure, sowie auf Eisen betragen 20 Mk., diejenigen der Prüfung einer Tinte der Klasse II auf Verlöschbarkeit 10 Mk.

Die übrigen Untersuchungen finden nach Maßgabe der Vorschriften für die Benutzung der Abtheilung für Tintenprüfung vom 1. September 1884 statt. Eine gesammte Tintenprüfung auf Erfüllung der Lieferungsbedingungen der Klasse I kostet 50 Mk., der Klasse II 40 Mk.

Vorschriften bei Ausschreibungen.

Bei Ausschreibungen von Tintenlieferungen wird außer der Klasse auch noch der Flüssigkeitsgrad und der Farbenton, welchen die Tinte beim Ausfließen aus der Feder haben soll, der aber stets nach dem Trocknen in ein tiefes Schwarz übergehen muß, vorgeschrieben.

Der Regel nach wird auch vorzuschreiben sein, daß nur frisch bereitete Tinte geliefert werden darf und deshalb die Ablieferung größerer Mengen in einzelnen Posten erfolgen muß, welche auf höchstens je ein Vierteljahr berechnet sind.

Entscheidungen des Reichsversicherungsamts.

Der Kutscher eines Seifenfabrikanten, welcher als solcher theils zu Privatzwecken seines Dienstherrn verwendet wurde, fuhr letzteren nebst anderen Personen auf ein nahe gelegenes Gut, auf welches derselbe eine Hypothek ausleihen wollte. Auf der Heimfahrt verunglückte der Kutscher. Den daraufhin erhobenen Rentenanspruch hat das Reichsversicherungsamt in der Rekursentscheidung vom 14. Juli 1888 als unbegründet abgewiesen. Unbestritten war der Zweck der Fahrt die Erledigung einer reinen Vermögensangelegenheit, welche begrifflich und wirthschaftlich zu dem Betriebe der Seifenfabrikation als solcher nicht gehört; der Kläger war zur Zeit des Unfalls nicht ein im Betriebe der Fabrik beschäftigter gewerblicher „Arbeiter“ im Sinne des §. 1 Absatz 1 des Unfallversicherungsgesetzes, sondern ein im Gesindedienst beschäftigter Privatkutscher. Er war mithin nicht versichert. Unerheblich ist der Umstand, daß der Kläger den im Uebrigen auch für Zwecke der Seifensiederei benutzten Wagen leitete, da letzterem zur Zeit des Unfalls die Eigenschaft eines Betriebsmittels der Fabrik fehlte. Die Verwendung des Wagens geschah nicht zu wirthschaftlichen Zwecken der Seifenfabrikation, sondern zu finanziellen Zwecken der Vermehrung oder Sicherung des Vermögens des Fabrikanten.

Betreffs der Frage, wie der Jahresarbeitsverdienst zu berechnen ist, wenn der Verletzte zwar als ausgelernter Arbeiter (Geselle) von dem Unfalle betroffen worden ist, aber noch einen Theil des vor dem Unfalle zurückliegenden Jahres als Lehrling in demselben Betriebe gearbeitet hat, ist in einer Rekursentscheidung des Reichsversicherungsamts vom 11. Juni 1888 Folgendes ausgeführt worden: Den vom Kläger zwischen einem Lehrling und einem Gesellen gemachten Unterschied kennt das Gesetz nicht. Auch der Lehrling ist ein Arbeiter im Sinne des Gesetzes, er bezieht, wie das beim Kläger zutrifft, bisweilen einen festen Lohn, und wenn dieser den ortsüblichen Tagelohn erreicht oder übersteigt, so wird er der Rentenberechnung ebenso zu Grunde gelegt, wie der Lohn des ausgebildeten Arbeiters. Eine Sonderstellung nimmt der Lehrling nur insofern ein, als bei ihm für die Rentenberechnung mindestens der ortsübliche Tagelohn gewöhnlicher Tagearbeiter zu Grunde zu legen sein wird. Dies gilt sowohl dann, wenn der Unfall den Verletzten noch als Lehrling betroffen hat, als auch dann, wenn er den ausgebildeten Arbeiter betraf, der einen Theil des letzten Jahres, vom Unfalltage zurückgerechnet, als Lehrling gearbeitet hat. Im letzteren Falle ist für die Gesellenzeit der in derselben thatsächlich verdiente Lohn in Ansatz zu bringen, während für die Lehrlingszeit mindestens der ortsübliche Tagelohn zu Grunde zu legen ist, wie dies vom Reichsversicherungsamt auch schon in der Rekursentscheidung 516 ausgesprochen ist. Es ist richtig, daß bei dieser Rechtslage der Kläger besser daran sein würde, wenn er nach vollendeter Ausbildung als Geselle in ein fremdes Geschäft eingetreten wäre, da alsdann, falls ihn vor Ablauf eines Jahres ein Unfall betroffen hätte, nach §. 5 Absatz 4 a. a. O. für die Berechnung seiner Rente der Lohn gleichartiger Arbeiter des neuen Betriebes für das ganze letzte Jahr in Ansatz gekommen wäre. Es ist dabei aber nicht zu übersehen, daß es sich bei der Vorschrift des §. 5 Absatz 4 a. a. O. um eine aushülfsweise Ausnahmebestimmung handelt, deren rein zufälliger Vortheil übrigens ebenso gut jedem Arbeiter entgeht, welcher innerhalb des letzten Jahres vor Eintritt eines Unfalles in eine höher gelohnte Klasse seines Betriebes aufgerückt ist.

In der Sitzung vom 28. Mai d. J. hat das Reichsversicherungsamt in einer Rekurssache entschieden, daß die einer Wittwe gemäß §. 6 Ziffer 2 unter a Absatz 3 des Unfallversicherungsgesetzes bei Vorhandensein von mehr als zwei rentenberechtigten Kindern im Falle der Wiederverheirathung zu gewährende Abfindung nicht auf das Dreifache der laut Absatz 1 a. a. O. der Wittwe eines durch einen Betriebsunfall getödteten Arbeiters zustehenden Rente von 20 Prozent des Arbeitsverdienstes des letzteren, sondern auf das Dreifache der gemäß Absatz 2 ebendaselbst von der Wittwe zur Zeit der Wiederverheirathung thatsächlich bezogenen geringeren Rente zu bemessen ist.

Ein „Reisender" einer Fabrik für Grabdenkmäler, dessen Beschäftigung nach seiner eigenen Angabe „lediglich im Umherreisen, größtentheils zu Fuß, um Denkmäler zu verkaufen oder Bestellungen auf solche entgegen zu nehmen", bestand, verunglückte auf einer solchen Geschäftsreise, als er aus einem Hause kam, wo er Gelder eingezogen hatte. In Uebereinstimmung mit den Vorinstanzen hat das Reichsversicherungsamt den erhobenen Rentenanspruch, welcher auf die Behauptung gegründet war, die Thätigkeit des auf den Fußmarsch angewiesenen Klägers lasse denselben als „Arbeiter" im Sinne des §. 1 Absatz 1 des Unfallversicherungsgesetzes erscheinen, in der Rekursentscheidung vom 9. Juli d. J. zurückgewiesen. Die Thätigkeit des Klägers, bei welcher er verunglückte, war weder die eines „Arbeiters" noch eines „Betriebsbeamten". Gesetzlich sind aber nur die Arbeiter und Betriebsbeamten gegen die Folgen der bei dem Betriebe sich ereignenden Unfälle versichert.

Ein Ehegatte ist nicht als ein in dem Betriebe des andern Ehegatten beschäftigter „Arbeiter" oder „Betriebsbeamter" im Sinne des §. 1 Absatz 1 des Unfallversicherungsgesetzes anzusehen. Dadurch wird nicht ausgeschlossen, daß durch Aufnahme eines Ehegatten als Arbeiters oder Betriebsbeamten in die von dem andern Ehegatten als Betriebsunternehmer eingereichte Betriebsanmeldung und in die Lohnnachweisung unter Umständen ein formell-rechtliches Versicherungsverhältniß begründet, und dadurch Seitens des so Versicherten ein Rentenanspruch erworben wird. Auch kann im Falle statutarischer Zulässigkeit die Selbstversicherung eines solchen Ehegatten als Mitunternehmer in Frage kommen. Die vorstehenden Grundsätze hat das Reichsversicherungsamt in einer Rekursentscheidung vom 18. Juni d. J. aufgestellt aus Anlaß der Geltendmachung eines Rentenanspruchs Seitens eines Verletzten, welcher als Betriebsbeamter seiner Ehefrau in der von derselben als Betriebsunternehmerin eingereichten Betriebsanmeldung sowie mit seinem Gehalt in der Lohnnachweisung aufgeführt, von dem Genossenschaftsvorstande aber wieder gestrichen war, sobald demselben das eheliche Verhältniß zur Betriebsunternehmerin bekannt wurde, und bevor überhaupt noch ein Umlagebeitrag Seitens der Letzteren geleistet worden war.

Zwei im Dienste des Maurermeisters G. stehende Arbeiter waren an einem 6 Fuß hohen Gerüst mit Bretterschneiden beschäftigt. Als sie bei dieser von G. ihnen ausdrücklich angewiesenen Thätigkeit einen ungewöhnlich starken Baum zum Zwecke des Zerschneidens auf das Gerüst heraufbringen wollten und merkten, daß ihre Kräfte für diese Arbeit nicht ausreichten, forderten sie den zufällig des Weges kommenden Arbeiter B. zur Hülfeleistung auf; bei dieser Hülfeleistung verunglückte B. in Folge des Zusammensturzes des Gerüstes und starb nach einigen Tagen an den Folgen der erlittenen Verletzungen. Entgegen den Vorinstanzen, welche den von den Hinterbliebenen erhobenen Rentenanspruch zurückwiesen, weil B. nicht in einem Lohn- und Arbeitsverhältniß zum Maurermeister G. gestanden habe, hat das Reichsversicherungsamt in der Rekursentscheidung vom 9. Juli d. J. die Berufsgenossenschaft, welcher der Betrieb des Genannten angehörte, für entschädigungspflichtig erachtet. Nach den thatsächlichen Feststellungen war B., wenn auch nur vorübergehend, im Betriebe des G. beschäftigt; die Kräfte der zur Ausführung der Arbeit von G. angestellten beiden Arbeiter reichten nicht aus, und wenn diese bei solcher Sachlage den B. zur Hülfeleistung aufforderten, so muß die Durchführung der letzteren als ein dem Willen des Arbeitgebers entsprechendes, für dessen Betrieb förderliches Eingreifen des demselben bis dahin fremden Arbeiters, mithin als Beschäftigung des letzteren im Betriebe des G. angesehen werden. B. verunglückte somit als im Betriebe des G. beschäftigter Arbeiter und bei diesem Betriebe. Der Umstand, ob B. für jene Hülfeleistung Lohn bezogen hat, ist für die Entschädigungsfrage ohne Einfluß, wie das Reichsversicherungsamt bereits in wiederholten Entscheidungen ausgeführt hat.

Nach einem zwischen dem Bäckermeister R. und dem Zimmermeister S. bestehenden Vertrage hatte Ersterer sein Fuhrwerk, wenn er es entbehren konnte, und S. dessen bedurfte, diesem zufolge mündlicher Bestellung allwöchentlich einen oder mehrere Tage gegen Entgelt zu überlassen; die Bestimmung, zu was für Fuhren und auf welchen Strecken das Fuhrwerk verwendet werden sollte, stand dem S. allein zu. Das Fuhrwerk wurde stets von dem im Dienst des R. stehenden Kutscher P. geleitet, welcher eines Tages während einer solchen Ueberlassung tödtlich verunglückte. In der Rekursentscheidung vom 28. Mai d. J. hat das Reichsversicherungsamt entgegen den Vorinstanzen angenommen, daß P. im Betriebe des Zimmermeisters S. verunglückt sei. Die Ueberlassung des ganzen Fuhrwerks unter Uebertragung der freien Verfügungsgewalt über die Arbeitsleistung von dem bisherigen Arbeitgeber (dem Ueberlassenden) an einen anderen stellte sich im Sinne des Unfallversicherungsgesetzes als eine Uebernahme in den

Betrieb des andern dar. Mit der Ueberlassung trat der Geschirrführer P. mit dem Geschirr aus dem Betrieb des Bäckermeisters, seines regelmäßigen Arbeitgebers, vorübergehend in den Betrieb des Zimmermeisters; dieser wurde Herr der Arbeit des P. Die Art der Lohnzahlung vermag hieran nichts zu ändern. Eine solche Ueberlassung hat unbestritten auch am Unfalltage stattgefunden, und der Geschirrführer P. ist nach erfolgter Uebernahme in den Betrieb des Zimmermeisters durch einen mit den Gefahren dieses Betriebes ursächlich zusammenhängenden Unfall tödtlich verunglückt, als er Bretter an einen von dem Zimmermeister unternommenen Bau von dessen Holzplatz aus anfuhr. Der Unfall des P. ist demnach ein Betriebsunfall, für welchen die beklagte Baugewerks-Berufsgenossenschaft aufzukommen hat.

Der Besitzer eines Brunnens ersuchte den Bauunternehmer Ch., ihm seinen Brunnen zu reinigen. Nach anfänglicher wiederholter Ablehnung, welche damit begründet wurde, die Bauarbeiter verständen sich auf das Brunnenreinigen nicht, stellte Ch. jenem anheim, sich unmittelbar an einen seiner Leute, den Arbeiter St., zu wenden. St. erklärte sich zur Uebernahme der Arbeit bereit, sofern ihm sein Dienstherr Ch. noch einen zuverlässigen Arbeiter mitgebe. Dies geschah, und Ch. gewährte beiden Arbeitern zur Vornahme der Brunnenreinigung einen vollen Arbeitstag, gab ihnen Stricke und eine Leiter aus dem Baugeschäft mit, ließ auch den St. einmal probeweise in den Brunnen hinab, unterwies ihn in der Arbeit und erschien demnächst noch zweimal, um nach dem Fortgang derselben zu sehen. Nach Ausführung der eigentlichen Reinigung brannten St. und sein Mitarbeiter behufs Beseitigung der schlechten Luft den Brunnen mit Stroh aus, ohne jedoch die Brandreste wieder zu beseitigen, und erhielten alsdann ihren Lohn von dem Brunnenmeister ausgezahlt. Demnächst meldeten sie die erfolgte Ausführung der Reinigung dem Ch., welcher dabei die Ausbrennung als überflüssig mißbilligte, und nahmen ihre gewöhnliche Arbeit wieder auf. Daß sie die Brandreste hatten liegen lassen, verschwiegen sie, nachdem ihnen inzwischen das Fehlerhafte dieser Unterlassung klar geworden war, begaben sich vielmehr nach Feierabend ohne Vorwissen des Ch. nochmals zum Brunnen, um jene Reste heraufzuholen. Der zu diesem Zweck in den Brunnen hinabgelassene St. ist während der Vornahme dieser Arbeit erstickt. Das Reichsversicherungsamt hat in der Rekursentscheidung vom 4. Juni d. J. angenommen, daß dieser Unfall den St. im Betriebe des Ch. betroffen habe. Der Letztere erscheint für die Brunnenreinigung als der Arbeitsherr, denn dieselbe wurde, wenn er auch einen ausdrücklichen Auftrag zu ihrer Vornahme nicht ertheilt hat, mit seinem Einverständniß, vermittelst seiner Werkzeuge und unter seiner Leitung vollzogen. Wenn nun die Arbeiter aus Unkenntniß denn Brunnen überflüssigerweise ausbrannten, so verlor diese Handlung dadurch nicht ihren Charakter als Betriebshandlung, und das Beseitigen der Brandreste war lediglich eine Fortsetzung dieser Betriebshandlung und eine verständige Beendigung der Reinigungsarbeit, da die Arbeiter die Brandreste in dem Brunnen nicht füglich verfaulen lassen durften. Ch. würde auch diese Arbeit, wenn er davon vorher Kenntniß gehabt hätte, sicher nicht verboten haben. Daß dieselbe nach Feierabend vorgenommen ist, läßt sie ebenfalls nicht außerhalb des Betriebes fallen. Endlich ist bei dieser Sachlage auch unerheblich, daß nicht Ch., sondern der Brunnenbesitzer den Lohn gezahlt hat.

Zur Gewerbsmäßigkeit eines Baubetriebes im Sinne des §. 1 Absatz 2 des Unfallversicherungsgesetzes ist es nach einer Rekursentscheidung des Reichsversicherungsamts vom 30. April d. J. nicht erforderlich, daß die Ausführung von Maurer- *u. s. w. Arbeiten* den Bau eines einem Anderen als dem Ausführenden gehörenden Gebäudes zum Gegenstande hat; vielmehr sind [illegible] auch Bauten, welche zwar für eigene Rechnung des Ausführenden ([illegible] triebe), aber auf Spekulation zum Wiederverkauf errichtet werden, als [illegible] betrieben anzusehen.

Aus den Lokalgewerbvereinen.

Bensheim. Unter Betheiligung der Behörden, des Stadtvorstandes, sowie einer größeren Anzahl Gewerbetreibender und Freunde des Handwerks wurde am 5. November Vormittags dahier die erweiterte Handwerkerschule in dem vor 2 Jahren neu erbauten Gewerbeschulhause eröffnet. Nach Besichtigung der von der seitherigen Sonntags-Zeichenschule in den beiden Lehrsälen ausgestellten Zeichnungen, sowie der für die erweiterte Schule nunmehr bestimmten Modellsammlung, ergriff der Präsident des hiesigen Lokalgewerbvereins, Herr Commerzienrath Müller, das Wort, dankte zunächst den Anwesenden für ihre freundliche Betheiligung und wies auf die Wichtigkeit der gewerblichen Erziehung unseres Volkes hin. Unsere Industrie könne auf die Dauer ihre Aufgabe nicht lösen, wenn [illegible] die arbeitende Bevölkerung auf eine höhere Stufe gewerblicher und wirthschaftlicher Tüchtigkeit gehoben werde. Werkstatt und Schule seien die beiden Anstalten, [illegible] denen die geschäftliche Tüchtigkeit unserer gewerblichen Jugend, der zukünftige [illegible]schaftliche Wohlstand des Volkes hervorgehen müsse. Daher sei man [illegible] eifrigst bestrebt, die praktische gewerbliche Ausbildung mit der theoretischen zu [illegible]einigen. Das erstrebe auch die neu gegründete Handwerkerschule, für welche [illegible] Staat die Mittel bewilligt habe und von welcher die jungen Handwerker [illegible] fleißigen Gebrauch machen möchten.

Herr Bürgermeister van Gries begrüßt die Errichtung der erweiterten Handwerkerschule für die Gewerbtreibenden mit lebhafter Freude und wünscht, daß [illegible] Anstalt zum Nutzen des Volkes all den Segen bringen möchte, den man für [illegible] gewerbliche Erziehung erhoffe. Er danke insbesondere dem Präsidenten für [illegible] volle Hingabe an die Aufgabe des Gewerbvereins und hoffe, derselbe werde [illegible] fernerhin dem Verein seine tüchtige Kraft widmen.

Herr Richartz, der als Lehrer der erweiterten Handwerkerschule mit dem heutigen Tage seine Lehrthätigkeit beginnt, dankte dem Vorstande des Lokalgewerbvereins für das Vertrauen, welches derselbe durch seine Berufung an die neue Schule in ihn gesetzt habe und welches er zu rechtfertigen bestrebt sein werde. — Die Schule wurde hierauf mit 14 jungen Handwerkern eröffnet.

Pfungstadt. Der von dem Lokalgewerbverein Pfungstadt nunmehr eingeführte Abendunterricht wurde am 5. November mit 34 Schülern durch eine geeignete Ansprache des Vorsitzenden, Herrn Reichstagsabgeordneten Ulrich, eröffnet. Der Unterricht, welcher in 2 Abtheilungen ertheilt wird, erstreckt sich auf Berechnung von Flächen und Körpern, Geometrie und Materialienkunde, Aufstellung von Voranschlägen und Bauverträgen, Buchhaltung, Wechsellehre, Correspondenz und kaufmännisches Rechnen. Als Lehrer wirken die Herrn Grünig und Zacheis.

Mainz. Am 10. November starb unerwartet Herr Paul Gehry, Zeichenlehrer an der Realschule zu Mainz und seit 35 Jahren segensreich an der Mainzer Handwerkerschule wirkend, in welcher ihm der Unterricht in der oberen Freihandzeichenklasse, vorzugsweise das Zeichnen nach Gips, übertragen war. Was Gehry als Lehrer geleistet hat, wissen am besten diejenigen zu beurtheilen, welche Zeugen seiner an glücklichen Erfolgen so reichen Thätigkeit waren. Ein sicherer pädagogischer Blick unterstützte diese Thätigkeit. Wenn Gehry bei einem Schüler Anlage, [illegible] und Streben wahrnahm, da waltete er dessen wie ein Vater, allerdings keine geringe Anforderungen stellend, die aber stets dem Maße der jugendlichen Kräfte entsprachen. Auf den alljährlichen Ausstellungen der Zeichnungen aus den Handwerkerschulen erwiesen sich die unter der Leitung Gehry's ausgeführten Arbeiten als solche, die von keiner anderen Schule übertroffen wurden.

Mit der freudigen Hingebung an die Schule, mit der Treue und Wachsamkeit im allezeit schwierigen Berufe, verband sich bei Gehry ein edler Charakter, Ehrenhaftigkeit in der Handlungsweise, ein Herz ohne Falsch und aufrichtige Freundes*treue*. So sprach sich denn auch bei der Beerdigung das Gefühl des großen Vers im dem feierlichen Ernste aller derer aus, die als Angehörige des Verlebten, Freunde und Kollegen, als Schüler und Verehrer zugegen waren. Der Vor- und zahlreiche Mitglieder des Gewerbvereins begleiteten die irdischen Reste Verlebten zur letzten Ruhestätte, an welcher Herr Commerzienrath Römheld, ter Vorsitzender des Lokalgewerbvereins Mainz, in pietätvoller Weise des dahin- iedenen treuen Lehrers gedachte, dessen Andenken in lebendiger, dankbarer Er- rung bei Allen gesichert bleiben wird, welche dem trefflichen Manne im Leben r getreten sind. A.

Litteratur.

as Linearzeichnen. Ein Leitfaden für Real-, höhere Bürger- und gewerb- liche Fortbildungsschulen, sowie zum Selbstunterricht, bearbeitet von Adolf Gut, Zeichenlehrer an der Realschule zu Wiesbaden. III. Theil. Die Perspective und die perspectivischen Schattenconstructionen. Mit 8 Tafeln. Wiesbaden, Verlag von Chr. Limbarth, 1888. Preis 1 Mark 80 Pf.

Das vorliegende Werkchen gibt zusammengedrängt die Lehre von der construc- Perspective, da in vielen Lehranstalten hierauf nur eine kurze Zeit verwendet en kann. Es behandelt zunächst in übersichtlicher Weise die Durchschnitts- ode und sodann die Methode der Verschwindungspunkte. Zu den Beispielen vorzugsweise architectonische Gebilde gewählt worden. Ein Anhang behandelt kurz die perspectivische Schattenconstruction, welche jedoch auf das Nothwendigste ränkt wurde.

Als eine sehr schätzbare Neuheit ist das: „Lehrbuch der praktischen metrie" von W. Woelfer, Berlin, Verlag von Julius Springer, zu be-

Es wird den Lernenden als ein Nachschlagebuch und den Lehrenden als Leit- i für den Unterricht empfohlen. Wenn es ersteren Zweck auch gewiß vollständig t, so möchten wir doch seine Bedeutung in letzterer Hinsicht, entgegen manchen en existirenden Werken, ganz besonders hervorheben.

Der Herr Verfasser hatte als Lehrer der Feldmeßkunde an einer Baugewerk- bei langjähriger Thätigkeit Gelegenheit, sich über die Anforderungen, welche chüler solcher Anstalten gestellt werden müssen, eingehend zu informiren.

Wenn sein Buch auch an manchen Stellen, wie er selbst ausspricht, den Rahmen Unterrichtsstoffs einer derartigen Schule überschreitet, so enthält es aber auch Nöthige und kann daher von dem Lehrer leicht seinen Verhältnissen angepaßt en. Das Werk sei daher in erster Linie allen Lehrern der Feldmeßkunde an gewerkschulen als Leitfaden für ihren Unterricht empfohlen. Dem Schüler, er sich dasselbe anschafft, wird es bei späterer Ausübung seines Berufs ein clässiges Nachschlagebuch sein. Die Ausstattung des Werkes, besonders auch ahlreichen Illustrationen, sind musterhaft. C. A.

er praktische Seifensieder oder gründliche Anleitung zur Fabrikation aller im Handel vorkommenden Riegel-, Schmier-, Textil- und Toilettenseifen. Unter Berücksichtigung der neuesten Erfindungen und Fortschritte, nach dem jetzigen Standpunkte der Seifenfabrikation. Sechste Auflage des Werkes: „Die Kunst des Seifensiedens ꝛc." in vollständiger Neubearbeitung heraus- gegeben von H. Fischer. Mit 44 Abbildungen. Verlag von Bernhard Friedrich Voigt, Weimar 1889. Preis 4 Mark 50 Pf.

Eine populär gehaltene Arbeit des dermaligen Standes dieses Industriezweiges, ksichtigt dieselbe die wichtigsten und neuesten inzwischen gemachten Erfahrungen, e auch die neuesten zur Seifenfabrikation erforderlichen Maschinen, Apparate Geräthschaften. Hauptsächlich ist der Praxis Raum gewährt, weil dieses Buch t allein dem großen Industriellen, sondern auch dem kleinen Seifensieder und n praktische Rathschläge ertheilen, sowie auch gleichzeitig über die Theorie der rikation aufklären soll, weil deren Kenntniß unerläßlich ist und die Grundlage s rationellen Betriebes bildet.

chenbuch für Gewerbeschulen und gewerbliche Fortbildungs- schulen. Von J. F. Ahrens, Direktor der Gewerbeschule in Kiel. Kiel und Leipzig, Verlag von Lipsius & Fischer. 1889. Ladenpreis 1 Mark.

„Rechnen muß ein Knabe, ein Jüngling lernen", sagt Herder „damit er sein Leben berechne; denn die gesammte Vernunft, zumal in der Führung menschlicher Dinge, heißt Rechnen." Ganz besonders anwendbar sind diese Worte auf den Gewerbetreibenden, und deßhalb legen die gewerblichen Fortbildungsschulen mit Recht einen solchen Werth auf das Rechnen, und zumal auf das praktische Rechnen. Diesem Zwecke zu dienen, ist auch die Aufgabe des vorliegenden Werkchens, dessen 9 Abschnitte das Gebiet umfassen, dessen Bearbeitung den gewerblichen Fortbildungsschulen obliegt. Die etwas lokale Färbung, welche hier und da hervortritt, verdankt ihre Entstehung den lokalen Verhältnissen, aus welchen heraus die vorliegende Aufgabensammlung erwachsen ist, und wirkt nicht störend; vielmehr gibt sie dem Lehrer einen Fingerzeig, die heimischen Verhältnisse ebenfalls zur Stellung neuer Aufgaben heranzuziehen.

Anzeigen.

Gebrüder Fischel in Mainz,

Zwetschenallee No. 13,

Specialität:

Cassenschränke, Gewölbethüren, Cassetten.

Kostenanschläge und Preiscourante gratis.

Cöln a. Rh., Hamburg, im October 1888.

P. P.

Wir beehren uns hierdurch zur Anzeige zu bringen, daß wir den

Allein-Verkauf

unseres wasserdichten, wetterfesten und feuersicheren

Dachbedeckungs-Materials

aus imprägnirten Leinenstoffen für den Kreis Mainz

Herrn Carl Martel in Mainz

übertragen haben und bitten im Bedarfsfalle sich direct an denselben zu wenden.

Hochachtungsvoll

Rhein. Dachbedeckungsfabrik **Hoy, Leopold & Co.**

Mainz, im October 1888.

Mit Bezug auf vorstehende Annonce der Rhein. Dachbedeckungsfabrik **Hoy, Leopold & Co.,** gestatte ich mir, alle Interessenten hierselbst darauf aufmerksam zu machen, daß ich ein großes Lager in dem oben bezeichneten Dachbedeckungsmaterial unterhalte und daß ich solches als beste, leichteste und dauerhafteste Dachbedeckungs-Material empfehlen kann.

Dasselbe trotzt allen Witterungsverhältnissen, hält die Hitze ab, wird von Säuren nicht angegriffen, bietet, wie offizielle Brandproben ergeben haben, dem Feuer keine Nahrung, kann (zumal bei provisorischen Bauten) ohne Verschalung auch zu wiederholten Malen verwandt werden, ist fast 3mal so leicht wie Dachpappe und eignet sich bestens für Dach- und Giebelbekleidung.

Muster und Prospecte stehen zu Diensten.

Hochachtungsvoll

Carl Martel, Schieferdeckerei, **Rheinstraße [illegible]**

Redacteur Dr. Hesse. — Druck von Heinrich Brill.

In Commission bei L. Brill in Darmstadt.

Gewerbeblatt

für das

Großherzogthum Hessen.

Zeitschrift des Landesgewerbvereins.

Erscheint wöchentlich. Auflage 4500. Anzeigen für die durchgehende Petitzeile oder deren Raum bei ein- und zweimaliger Aufnahme 30 Pf., bei drei- und mehrmaliger Aufnahme 25 Pf.

№ 48. December 1888.

Zur Nachricht.

Seine Königliche Hoheit der Großherzog haben Allergnädigst geruht:

am 7. November den Präsidenten der Centralstelle für die Gewerbe und den Landesgewerbverein, Geheimerath Franz Fink, auf sein Nachsuchen, unter Anerkennung seiner ausgezeichneten Verdienste um die Entwicklung des Gewerbewesens, von dieser Stelle zu entheben.

Der Verkehr mit blei- und zinkhaltigen Gegenständen.

Das Gesetz vom 25. Juni 1887, welches den Verkehr mit blei- und zinkhaltigen Gegenständen regelt, ist am 1. October d. J. in Wirksamkeit getreten. Die „Deutsche Töpferzeitung" hat hieraus Veranlassung genommen, nachstehende Anleitung zur Untersuchung der glasirten Geschirre auf ihren Gehalt an Blei- und Kupferoxyd in einem leicht löslichen und gesundheitsschädlichen Zustande zu veröffentlichen, welche wir hier im Interesse unserer heimischen Producenten mittheilen.

Vorbemerkungen. Die marktpolizeiliche Untersuchung der Glasuren und Emailüberzüge der zum Bereiten oder Aufbewahren von Speisen und Getränken bestimmten Thon- und Eisengeschirre hat sich darauf zu beschränken, festzustellen, ob die zum Verkauf gebrachten Geräthe Bleioxyd, und soferne die Bleiglasur durch Kupferoxyd grün gefärbt ist, neben jenem auch Kupferoxyd in einem solchen Zustande enthalten, daß der Uebergang des Bleioxydes oder dieses und des Kupferoxydes in die Speisen und Getränke stattfinden könne, welche in solchen Geschirren bereitet oder aufbewahrt werden.

Für die Untersuchung müssen vor Allem solche Geschirre gewählt werden, welche das Gepräge einer mangelhaften Glasur an sich tragen, schon durch augenfällige Merkmale eine mangelhafte Beschaffenheit der Glasur oder des Emailüberzuges erkennen lassen und müssen denselben auch noch einige scheinbar tadellose Geschirre hinzugefügt werden; denn bei der großen Anzahl von Geschirren, welche in den Verkaufsräumen gewöhnlich aufgespeichert sind, ist es weder thunlich, jedes einzelne einer Prüfung zu unterziehen, noch zureichend, an einigen auf gut Glück herausgegriffenen Stücken, an sogenannten Stichproben, die Untersuchung vorzunehmen, um nach dem Ergebnisse derselben summarisch über die gute oder schlechte Beschaffenheit der Waare das Gutachten abzugeben. Die gewöhnlichen augenfälligen Merkmale einer mangelhaften und aus Gesundheitsrücksichten bedenklichen Glasur (Email) sind:

Ist der Glasur- oder Emailsatz mit Bleioxyd übersetzt, also sehr leichtflüssig, so erscheint die Glasur (Email) nicht gleichförmig aufgetragen, fleckig, uneben, stellenweise dicker, stellenweise sehr dünn; war die Hitze beim Einbrennen zu schwach, so ist die Oberfläche matt glänzend, rauh, in der geschmolzenen Masse zeigen sich zahlreiche nicht zum Schmelzen gekommene Theilchen, kleine Löcher oder Poren, eine rissige Beschaffenheit deutet auf ungleiche Ausdehnungsfähigkeit der aufgeschmolzenen Glasur im Verhältnisse zu der Masse, aus welcher das Geschirr gemacht ist. Schlecht gebrannte Thongeschirre saugen Flüssigkeiten rasch auf, so daß in kurzer Zeit die Unterlage, auf welcher das mit einer Flüssigkeit gefüllte Gefäß steht, naß erscheint, wogegen eine gute Glasur das Aufsaugen der in das Geschirr gebrachten Flüssigkeit entweder ganz verhindert oder doch sehr beschränkt. Man kann daher einen zuverlässigen Anhaltspunkt für die Beurtheilung der Güte glasirter Thongefäße dadurch gewinnen, daß man in dieselben genau abgemessene Mengen Wasser oder Essig bringt und nach etwa einer Viertel- oder halben Stunde die Flüssigkeit behufs des Vergleiches wieder in das ursprüngliche Maßgefäß zurück gießt.

Was an der Flüssigkeit fehlt, ist auf Rechnung des Aufsaugungsvermögens des Geschirres zu setzen; je größer der Verlust, desto schlechter ist die Glasur.

In chemischer Beziehung widerstehen Glasuren oder Emailüberzüge, in welchen das Bleioxyd mit den übrigen Bestandtheilen des Glasursatzes (Kieselerde oder Lehm) innig gebunden und gut eingebrannt ist, selbst einer 24 stündigen Einwirkung von 6—8 prozentigem Essig, sie geben hierbei keine Spur von Blei an den letzteren ab; auch Schwefelwasserstoffwasser und selbst Schwefelammonium bleibt auf solchen Glasuren oder Emailüberzügen ohne Wirkung.

Dagegen nimmt heißer Essig, welcher 6 bis 8 Prozente Essigsäurehydrat enthält, aus Geschirren, in deren Glasur (Email) das Bleioxyd nicht vollständig von der Kieselerde (oder von dem Lehme) gebunden ist, schon nach kurzer Zeit, etwa nach 10 bis 15 Minuten der Einwirkung, nur lose gebundenes Bleioxyd enthalten, durch Bildung von Schwefelblei eine dunklere Färbung, welche entweder ausgebreitet ist oder blos an einzelnen umschriebenen Stellen, selbst nur in Form von Punkten oder punktirten Strecken erscheint. Die letztere Erscheinung tritt insbesondere auf, wenn der Glasur- oder Emailsatz nicht vollständig zum Schmelzen gekommen und in die Thon- oder Eisenmasse nicht vollständig eingebrannt ist. Das durch Schwefelwasserstoff auf obige Art aus unverbundenem Bleioxyde erzeugte Schwefelblei kann man zum Theile von der Wand des Gefäßes abstreifen oder abspülen, so daß das in ein Glasgefäß zurückgebrachte Schwefelwasserstoffwasser durch fein vertheiltes schwarzes Schwefelblei getrübt erscheint.

c. Das Bespülen mit Schwefelammonium bringt dieselbe Wirkung wie das Bespülen mit Schwefelwasserstoff, nur in noch gesteigertem Maße, hervor.

Schön grün gefärbte Glasuren (Emails) enthalten neben Bleioxyd auch Kupferoxyd, doch bleibt, wenn sie von guter Beschaffenheit sind, unter der Einwirkung obiger chemischer Hilfsmittel auch dieses Metalloxyd von der Kieselsäure fest gebunden, während dasselbe im entgegengesetzten Falle gleichzeitig mit dem Bleioxyde aufgelöst wird. Die Anwesenheit von Kupferoxyd im verwendeten Essig wird durch Zusatz von Ammoniak erkannt, welches je nach der Menge des gelösten Kupferoxydes im Essig eine entweder schwach oder tief dunkelblaue Färbung erzeugt.

Nach diesen Vorbemerkungen ergiebt sich das Verfahren, wie Eß- und Kochgeschirre auf die wenigst umständliche Art auf einen gesundheitsschädlichen Metallgehalt zu prüfen seien und wie das Prüfungsresultat für den Befund zu verwerthen sei.

Vorgang bei der Untersuchung. Haben die zur Untersuchung gebrachten Geschirre eine licht gefärbte Glasur (Email), an welcher sich demnach die Einwirkung des Schwefelwasserstoffwassers auch wahrnehmen läßt, so bringt man zunächst eine solche Menge Schwefelwasserstoffwasser in das Geschirr, daß man damit beim Neigen und Wenden des Gefäßes nach und nach alle Theile seiner Wandung bespülen kann. Beim Bespülen beachtet man einerseits den Grad der Aufsaugung des Schwefelwasserstoffwassers, welchen man nach dem Zurückschütten in das Maßgefäß erkennt, andererseits die Veränderung in der Farbe der Glasur (oder des Emails). Bleibt die Farbe allenthalben unverändert und zeigt sich auch an der Probeflüssigkeit kein über die Befeuchtung der Gefäßwandung hinausreichender Verlust, so ist das Geschirr als tadellos zu betrachten, besonders wenn auch Schwefelammonium sich unwirksam erweist.

Kommt jedoch an der Glasur (Email) eine dunklere Färbung der Eingangs bezeichneten Art zum Vorscheine, welche bei Thongeschirren unter gleichzeitig mit einer entsprechenden Aufsaugung der Probeflüssigkeit einhergeht, so ist das Geschirr als verdächtig anzusehen und ist nunmehr zu prüfen, ob blos Spuren oder ob erhebliche Mengen von durch Speisen und Getränke lösbarem Bleioxyde vorhanden seien.

Zu diesem Zwecke gießt man in das Geschirr ungefärbten 6 bis 8 prozentigen Essig in entsprechender Menge, bringt diesen darin zum Kochen und unterhält das Kochen mindestens durch 10 Minuten. Scheidet nach dieser Zeit der Essig auf Zusatz von gesättigtem Schwefelwasserstoffwasser schwarzbraunes Schwefelblei in Form von Flocken ab, so ist das Geschirr als gesundheitsschädlich zu beanstanden; tritt dagegen nur eine dunklere ins Braune ziehende Färbung auf, ohne daß Schwefelblei in Form von Flocken gefällt erscheint, so ist das Geschirr je nach der Abstufung der Färbung als mehr oder minder gesundheitsbedenklich zu bezeichnen.

Die Untersuchung von Geschirren, welche so dunkle Farben haben, daß sich die Einwirkung von Schwefelwasserstoff und auch von Schwefelammonium an ihnen nicht wahrnehmen läßt, muß sich auf die Essigprobe beschränken.

Hat eine mit Kupferoxyd grün gefärbte Bleiglasur den Probeessig in obiger Weise verändert, so erkennt man die Anwesenheit von Kupferoxyd im Essig nach Zusatz von Ammoniak, welches je nach der Menge des gelösten Kupferoxydes eine schwach oder tief dunkelblaue Färbung erzeugt.

Vorsichten. Die Geschirre, welche zur Prüfung verwendet werden, müssen zuvor sorgfältig vom Staube gereinigt werden. Der zu verwendende Essig muß rein und farblos sein, auf Zusatz von Schwefelwasserstoffwasser klar und farblos bleiben und darf in überschüssiges Ammoniak gegossen keine blaue Färbung annehmen.

Entscheidungen des Reichsgerichts.

Ein öffentliches Kollektiren findet nach einem Urtheil des Reichsgerichts, II. Strafsenats, vom 13. Juli d. J., nicht erst dann statt, wenn mittelst desselben das Publikum in seiner Gesammtheit angegangen, sondern schon dann, wenn über einen festbegrenzten Personenkreis der persönlichen Bekanntschaft, der Arbeitsgemeinschaft oder ähnlicher privater Verbindung hinausgegangen wird.

Die Beschleunigung des Todes eines Todtkranken durch Kurpfuscherei ist, nach einem Urtheil des Reichsgerichts, II. Strafsenats, vom 18. September d. J., als fahrlässige Tödtung zu bestrafen.

Eine strafbare Beihülfe zum einfachen Bankerutt liegt, nach einem Urtheil des Reichsgerichts, IV. Strafsenats, vom 13. Juli d. J., nur dann vor, wenn der Bankerutt vorsätzlich verübt worden ist. Bei unordentlicher Buchführung ist Vorsatz vorhanden, wenn der Schuldner im Bewußtsein seiner Unfähigkeit zur ordentlichen Buchführung ein kaufmännisches Geschäft begründet und geführt hat.

Die Bestimmungen der Reichs-Gewerbeordnung gegen die Beschäftigung *der Kinder in Fabriken* beziehen sich, nach einem Urtheil des Reichsgerichts,

II. Strafsenats, vom 18. September d. J., nur auf die Kinderarbeit innerhalb der Fabrik-Etablissements, nicht aber auf die ausschließlich außerhalb des Fabrik-Etablissements stattfindende Beschäftigung jugendlicher Arbeiter oder Kinder. Die Beschäftigung von Kindern in einer Wohnung, woselbst der Gewerbebetrieb nicht fabrikmäßig geschieht, ist durch die Reichs-Gewerbeordnung nicht beschränkt.

Nach §. 321 des Strafgesetzbuchs wird Derjenige, welcher vorsätzlich in schiffbaren Strömen, Flüssen oder Kanälen das Fahrwasser stört und dadurch Gefahr für das Leben oder die Gesundheit Anderer herbeiführt, mit Gefängniß bestraft, und nach §. 326 ist auch die fahrlässige Störung des Fahrwassers, wenn durch die Handlung ein Schaden verursacht worden, ebenfalls zu bestrafen. In Bezug auf diese Bestimmungen hat das Reichsgericht, II. Strafsenat, durch Urtheil vom 18. September d. J., ausgesprochen: „Unter Fahrwasser ist derjenige Theil der bezeichneten Gewässer zu verstehen, welcher mit Schiffen befahren werden kann. Eine „Störung des Fahrwassers“ im Sinne des §. 321 tritt ein, sobald das Fahrwasser der schiffbaren Ströme, Flüsse und Kanäle durch Handlungen Unbefugter in denjenigen Beziehungen eine Aenderung erleidet, welche für die Benutzung des Fahrwassers für die Schifffahrt von Bedeutung sind, beispielsweise in der Ausdehnung, der Tiefe, der Richtung des Stromlaufes. Hierher würde auch eine Behinderung der Schifffahrt durch Bauwerke, Pfähle, sonstige Vorrichtungen oder Hineinwerfen explodirender Stoffe zu rechnen sein. Dagegen enthält das bloße Befahren eines Flusses mit einem Schiffe, selbst wenn in Folge unrichtiger Lenkung des Schiffes ein anderes Schiff an der Benutzung des Fahrwassers zeitweise gehindert wird, noch keine Störung des Fahrwassers.“

Commissions-Sitzung vom 20. November 1888, betr. das Kleingewerbe.

Zu der ersten Sitzung*) waren in den Räumen Großh. Centralstelle für die Gewerbe und den Landesgewerbverein die nachstehenden Herrn erschienen: Amendt, Bauunternehmer in Oppenheim; Diener, Schlossermeister in Friedberg; Dietz, Dr., Universitätsamtmann in Gießen; Hermann, Friseur und Barbier in Offenbach; Hesse, Dr., Großh. Generalsekretär in Darmstadt; Köberich, Bäckermeister in Mainz; Reuleaux, Commerzienrath in Mainz; Rößner, Dachdeckermeister in Alsfeld; Schröder, Dr., Landtagsabgeordneter in Darmstadt, welcher als vorläufiger Obmann die Sitzung eröffnete und als solcher für die folgenden bestätigt wurde. Die Vertretung des ursprünglich gewählten, aber verhinderten Herrn Geißler in Offenbach durch Herrn Hermann wurde nicht beanstandet; die Commission verstärkte sich weiter durch Hinzuziehung des Herrn Hofdecorationsmalers Hieronimus von Friedberg. Es wurde beschlossen aus dem vorliegenden Materiale 7 Gruppen zu bilden und zur weiteren Bearbeitung dieser Gruppen, resp. zur Formulirung bestimmter Anträge auf den entsprechenden Gebieten, Referenten und Correferenten zu bestellen.

Die Wahl derselben gab für die einzelnen Gruppen folgendes Resultat: für I. Bildung von Innungen und Verhältnisse derselben, insbesondere Verleihung von Vorrechten, die Herrn Dr. Dietz und Köberich; für II. Einführung gewerblicher Prüfungen, die Herrn Amend und Diener; für III. Aenderung bestehender Concurrenzverhältnisse, die Herrn Dr. Dietz und Hermann; für IV. das Submissionswesen, die Herrn Dr. Hesse und Rößner; für V. Verbesserung

---

*) Vergl. S. 433, pos. 5.

verein in Fürth einen Preis von 4000 Mark für eine Schutzvorrichtung gegen das Einathmen von Quecksilber in den Belegereien, ferner die Brauereien in Berlin mehrere Preise für eine gute Bremsvorichtung an Faßbierwagen.

Gefährlichkeit der Carbon-Natron-Oefen. Das Berliner Polizeipräsidium hat folgende Veröffentlichung erlassen: „Unter der Bezeichnung Carbon-Natron-Oefen sind in den letzten Jahren Heizeinrichtungen an den Markt gebracht und mit dem Hinweis darauf empfohlen worden, daß dieselben ohne Erzeugung von Rauch und Geruch Wärme liefern und daher für Räume ohne Schornsteinanlage zu verwenden seien. Sofern es sich um Wohnräume handle, würden die Oefen mit einer überall leicht anzubringenden Abzugsvorrichtung behufs Abführung etwa sich entwickelnder schädlicher Gase zu versehen sein. Während des verflossenen Winters sind dessen ungeachtet in Berlin ein, in Wiesbaden zwei Fälle von Kohlenoxyd-Vergiftung in Folge Aufstellung jener Carbon-Natron-Oefen herbeigeführt worden; durch einschlägige Prüfungen im Berliner hygienischen Institut ist festgestellt worden, daß der gedachte Ofen als eine äußerst gefährliche, unter Umständen todtbringende Heizvorrichtung zu bezeichnen ist. Diese Thatsachen bringe ich hierdurch zur öffentlichen Kenntniß und warne das Publikum vor der Verwendung der Carbon-Natron-Oefen zur Beheiznng von geschlossenen Räumen, welche zum dauernden Aufenthalt für Menschen dienen, insbesondere von Schlafzimmern.“

Hinterlochte Sägen. Neuerdings werden in Remscheid nach dem Vorgange amerikanischer und englischer Fabriken Sägen mit hinterlochten (perforirten) Zähnen hergestellt. Dieselben haben den Vortheil, daß sie leichter im [illegible] zu halten sind und sich nicht so rasch erhitzen. Da die Löcher eine Abführung des Sägemehles begünstigen, so wird hierdurch die Reibung vermindert, wodurch sich ein besserer Schnitt und eine geringere Betriebskraft ergibt. Auch sind die Ausgaben für Feilen und die Möglichkeit des Reißens oder Brechens an der Zahnwurzel wesentlich geringer als bei ungelochten Sägen.

Litteratur.

Musterbuch für den dekorirten Eisenguß. Erste Folge. Vorlage zum Anfertigen von Kandelabern, Pumpen, Gittern, Säulen, Veranden, Stallgeräthen, Heizrosetten, Grabkreuzen, Wandbrunnen, Treppen u. s. w. in theilweise reicher, dem herrschenden Geschmacke entsprechender Ausführung für Eisengießereien, sowie ferner zum praktischen Gebrauche für Kunstschmiede und Kunstschlosser, für Architecten, Bauunternehmer und Kunstgewerbeschüler. Entworfen und gezeichnet von M. O. Fischer, Tangerhütte. 27 Tafeln in Folio. Weimar 1889, Bernhard Friedrich Voigt. Preis 10 Mark.

Die vorliegende Reihe von Original-Entwürfen ist ein Versuch, dem dekorativen Eisenguß neues, hauptsächlich in dem demselben leicht anzupassenden freien Stil der deutschen Renaissance gefaßtes, im großen Ganzen direct verwendbares Material zu bieten und damit dem an vielen Stellen immer mehr fühlbar gewordenen Mangel einer allgemeinen Mustersammlung abzuhelfen. Soweit es im Interesse der Darstellung, der Durchführung neuer und unbenutzter Motive lag, sind die Bedingungen und Anforderungen von Technik und Stil durch den Verfasser bestens erfüllt, möge darum die Arbeit überall verständiger Aufnahme und fleißiger Benutzung begegnen.

Die einfachen Zimmerconstructionen. Ein Lehrgang für das Fachzeichnen der Zimmerer in gewerblichen Fortbildungsschulen. Von H. [illegible], Architect und Lehrer an der Gewerbeschule in Kiel. Kiel und Leipzig, Verlag von Lipsius & Tischer. Ladenpreis 1 Mark 20 Pf.

Das vorliegende Heft enthält eine geschickte Auswahl einfacherer Zimmerconstructionen unter besonderer Berücksichtigung der Dachausmittlungen, bei welchen vielleicht des Guten zu viel geschehen ist, sowie der Schiftungen. Die Darstellung ist eine klare und der Preis für das Gebotene ein so mäßiger, daß es der empfehlenswerthen Arbeit gewiß nicht an Verbreitung fehlen wird.

Redacteur Dr. Hesse. — Druck von Heinrich Brill.
In Commission bei L. Brill in Darmstadt.

Gewerbeblatt

für das

Großherzogthum Hessen.

Zeitschrift des Landesgewerbvereins.

Erscheint wöchentlich. Auflage 4500. Anzeigen für die durchgehende Petitzeile oder deren Raum bei ein- und zweimaliger Aufnahme 30 Pf., bei drei- und mehrmaliger Aufnahme 25 Pf.

№ 49. December **1888.**

Herausgabe einer Sammlung der auf Grund des Reichsgesetzes vom 30. November 1874 geschützten Waarenzeichen.*)

Die im Auftrage des Reichsamtes des Innern herausgegebene Nachweisung der gesetzlich geschützten Waarenzeichen ist mit dem Erscheinen des dritten Bandes, soweit es sich um die Zeit von 1875—1887 handelt, zum Abschluß gelangt. Für die Jahre von 1887 ab sollen, wie bekannt, jährliche Ergänzungsbände zu dem Preise von 6 Mark erscheinen. Leider ist die Betheiligung der gewerblichen Kreise an dem Unternehmen, welches seine Entstehung vornehmlich dem Drängen eben dieser Kreise verdankt, trotz aller amtlichen Bemühungen eine so geringe geblieben, daß der Herausgeber sich vor die Frage gestellt sieht, ob er für die Dauer das Unternehmen wird halten können. Die betheiligten Kreise werden es sich gegenwärtig halten müssen, daß, wenn die Fortsetzung der Veröffentlichungen aus Mangel an genügender Theilnahme wieder eingestellt werden sollte, in Zukunft schwerlich auf eine Wiederholung des Unternehmens zu rechnen und jedenfalls eine amtliche Unterstützung, wie sie der derzeitigen Veröffentlichung zu Theil geworden ist, nicht in Aussicht zu nehmen sein würde. Ob das früher so vielfach und so lebhaft betonte und selbst noch im Laufe dieses Jahres auf gewerblichen Vereinsversammlungen hervorgehobene Interesse von Handel und Ge-

*) Vergl. Gewerbeblatt 1887, Nr. 42, desgl. Anzeiger von 1887, Nr. 32, Gewerbeblatt 1888, Nr. 14 und 29.

werbe an einer Gesammtnachweisung der geschützten Waarenzeichen mit einer Eventualität jener Art zu vereinigen ist, darf der Erwägung der Vertretungen der gewerblichen Kreise anheimgestellt werden, jedenfalls ist von denselben zu berücksichtigen, daß die Erhaltung und Fortführung des äußerlich lebhaft begrüßten Unternehmens von dem Umfange des thatsächlich bekundeten Interesses abhängen wird.

Zur Alters- und Invalidenversorgung.

Der Entwurf zum Alters- und Invalidenversorgungsgesetz ist zum zweiten Mal einer Umarbeitung im Bundesrath unterzogen worden. Es erscheint darum passend, gerade jetzt auf einige Punkte aufmerksam zu machen, welche wesentlich dazu beitragen dürften, das Gesetz im Entwurfe und in der Ausführung einfacher zu gestalten. Der erste dieser Punkte ist:

> „Das pensionsberechtigte Mitglied empfängt die Pension von der Versicherungsanstalt, in deren Bezirk es zuletzt beschäftigt war, und es findet keine Verrechnung unter den Versicherungsanstalten statt."

Um die Richtigkeit dieses Satzes zu verstehen, mache man sich zunächst klar, daß es nicht die Mitglieder selbst, sondern die Arbeits- und Dienststellen sind, welche die Beiträge aufbringen und zwar wird, wie bekannt, ⅓ des Beitrages vom Arbeitnehmer, ⅓ vom Arbeitgeber, ⅓ vom Reich getragen. Die Arbeits- und Dienststellen einer Versicherungsanstalt sind im Allgemeinen dieselben, abgesehen von den periodischen Schwankungen, die von der Lage des Arbeitsmarktes bedingt werden. Jede Versicherungsanstalt empfängt darum von ihren Arbeitsstellen den Beitrag, unbekümmert darum, ob die Personen, welche die Arbeitsstelle inne haben, gewechselt haben. Ueberhaupt ist der Wechsel in den Arbeitsplätzen im Durchschnitt lange nicht so groß, als die bisherigen Entwürfe annehmen. Diese führen als Beispiel die Stahlindustrie der Rheinlande an, eine ganz junge Industrie, welche noch keine seßhafte Arbeiterbevölkerung hat, wie sie in den länger bestehenden Industrien vorhanden ist. Bei den Dienstboten der Stadt- und Landbevölkerung, welche die Hälfte der Mitglieder ausmachen, findet kein Wechsel statt.

Von den 12 000 000 Mitgliedern, welche zeitweise zur Alters- und Invalidenversorgung Beiträge bezahlen, kommen höchstens 5%, also 600 000 wirklich dazu, die Pension zu beanspruchen, und von diesen ist es nur ein kleiner Bruchtheil, der in verschiedene Versicherungsanstalten einbezahlt hat. Solange die Anzahl der Arbeitsstellen zunimmt, hat die Versicherungsanstalt keinen Schaden, auch wenn sie eine Pension bezahlt, deren Empfänger nicht lange bei ihr bezahlt hat, denn dessen Arbeitsstelle hat bezahlt. Was die Anstalt vielleicht an dem Einzelnen zuviel bezahlt, wird durch die allgemeine Zunahme gedeckt. Schaden hat die Versicherungsanstalt nur dann, wenn die Arbeitsstellen abnehmen und deren bisherige Inhaber sich ohne Arbeit befinden. In den *Berufsgenossenschaften* und den Krankenkassen wird ja auch nicht anders *verfahren.*

Mit der Annahme dieser Bestimmung werden die Arbeiten des Rechnungshofes, welcher das Mehr oder Weniger der Pensionslast jedes Einzelnen für die einzelnen Versicherungsanstalten berechnen soll, ganz unnöthig. Die Kosten dieser Verrechnung würden auch in keinem Verhältniß zu dem erzielten Resultate stehen.

Es werden aber auch 12 000 000 Quittungsbücher mit den zahllosen Marken vollständig unnöthig, denn diese sind ja hauptsächlich für diese Rechnung bestimmt. Es ist an und für sich schon eine eigene Sache, 12 000 000 Quittungsbücher mit Marken zu schaffen, von denen 11 400 000 gar nicht benutzt werden.

An die Stelle des Quittungsbuches trete der schon vorhandene Meldezettel der Krankenkassen. Die Mitglieder der Alters- und Invalidenversorgung sind alle Mitglieder von Krankenkassen. Als solche werden sie beim Eintritt in die Arbeitsstelle oder den Dienst durch Meldezettel der gemeinsammen Meldestelle angemeldet, und ebenso beim Austritt aus der Arbeit oder dem Dienst wieder abgemeldet. Auf Grund dieser Meldezettel werden die Krankengeldbeiträge bei den Arbeitgebern und Dienstherrschaften erhoben, und ebenso die Krankengelder in Krankheitsfällen an die Empfänger vertheilt. Beides geschieht durch die Diener der Krankenkassen. Es macht nun nicht im geringsten mehr Arbeit, wenn mit der Krankenkassenmeldung auch die Meldung der Invaliden- und Altersversorgung erfolgt und ebenso die Erhebung der Beiträge und Auszahlung der Pensionen durch die Diener der Krankenkassen geschieht. Die Kosten können sich dadurch nur verringern.

Die Quittungsbücher haben noch den weiteren Zweck, bei der Controle mitzuwirken. Dafür aber nehme man den zweiten Satz an:

> „Der Arbeiter oder Dienstbote, welcher in der Invaliden- und Altersversorgung eine Pension zu erhalten wünscht, hat die dazu nöthigen Arbeitsbescheinigungen geordnet vorzulegen.“

Diese Bestimmung stimmt mit dem überein, was in allen andern Fällen des Lebens gang und gäbe ist. Wer heirathen will, bekommt die Heirathspapiere nicht entgegengebracht, sondern muß selbst sorgen, sie zusammenzubringen. Warum soll es hier anders sein? Der Arbeiter oder Dienstbote erhält für jeden einzelnen Fall seine Arbeitsbescheinigung mit Angabe des Anfangs und des Endes der Arbeit. Er braucht dieselbe also nur aufzubewahren.

Die Versicherungsanstalt, deren Vorstand aus einem tüchtigen Beamten mit dem nöthigen Hilfspersonal gebildet wird, hält die ihr von der allgemeinen Meldestelle der Krankenkassen zugegangenen An- und Abmeldungen nach Jahrgängen geordnet, und hat somit jederzeit eine Uebersicht über diejenigen, welche noch in Arbeit stehen, also noch pensionsberechtigt sind, und über diejenigen, welche aus der Arbeit ausgeschieden sind. Legt nun der Pensionsberechtigte der Versicherungsanstalt seine Papiere vor und ersieht diese, daß er in einem andern Versicherungsanstaltsbezirk früher gearbeitet hat, so hat sie im Zweifelsfalle mit einer vorgedruckten Karte bei dem Vorstande jener Versicherungsanstalt anzufragen. Diese Anfragen sind bei den Invaliditätsfällen, welche weitaus die größte Mehrzahl bilden, ganz unnöthig und nur bei der Alterspension unter Umständen geboten.

Die Controle der Quittungsbücher ist viel schwieriger. Die gefüllten Quittungsbücher sollen bei den Ortsbehörden hinterlegt werden. Um nun diese zu controliren, muß nöthigenfalls bei einer ganzen Reihe von Ortsbehörden angefragt werden. Die Antworten derselben werden in vielen Fällen weder klar noch rasch erfolgen. Zudem sind bei den Quittungsbüchern diese Anfragen auch nothwendig, wenn der Pensionsberechtigte den Bezirk seiner Anstalt nie verlassen hat, was in dem hier vorgeschlagenen Falle nicht der Fall ist.

In den bis jetzt vorliegenden 2 Entwürfen ist die Auszahlung der Pensionen durch die Post vorgesehen, über die Art der Einziehung der Beiträge wird Nichts festgesetzt. Die Erhebung der Beiträge kann den jetzt schon überlasteten Postbeamten nicht zugemuthet werden, diese Arbeit würde den ganzen Postdienst in Unordnung bringen. In den Kreisen des Kleingewerbes, welches mit den Dienstboten die größte Anzahl der Erhebungsstellen bildet, erfordert das Gelderheben mehr Zeit als die Postboten übrig haben. Im deutschen Reiche gibt es 20000 Krankenkassendiener, welche die zu dem Erheben nöthige Zeit und auch die nöthige Erfahrung haben. Die Abführung und Aufbewahrung des Geldes und der Reserven erfolge wie bei den Krankenkassen.

Der Ausschuß der Versicherungsanstalt wird aus den Vorständen der Krankenkassen, welche im Bezirke der Versicherungsanstalt liegen, gebildet, die monatliche Abrechnung der Versicherungsanstalt mit den einzelnen Krankenkassen ist dadurch sehr erleichtert.

Jede Versicherungsanstalt hat ein Schiedsgericht, welches unter Vorsitz eines Gerichtsbeamten zu gleichen Theilen aus Arbeitgebern und Arbeitnehmern gebildet wird. Wenn aber letztere ohne Schaden für ihren Beruf auf die Dauer Mitglieder des Schiedsgerichts bleiben sollen, so dürfen die einzelnen Bezirke nur so groß genommen werden, daß die Theilnehmer am Schiedsgericht nie länger als zwei Tage vom Hause entfernt sind. Kein Arbeitgeber kann einen tüchtigen Arbeiter ohne Schaden zu erleiden auf längere Zeit entbehren, er ist gezwungen, wenn dies unvermeidlich ist, sich dann um Ersatz umzusehen. Hieraus folgt, daß die Größe des Bezirks einer Versicherungsanstalt nicht zu groß genommen werden darf.

150 Versicherungsanstalten im deutschen Reiche werden wohl die richtige Zahl sein. Auf eine Versicherungsanstalt entfallen dann im Beharrungszustande 4000 Pensionäre und ein Kassenumsatz in Ein- und Ausgabe von circa 2000000 Mark. Das Reichsversicherungsamt führe über diese 150 Anstalten ständige und strenge Controle. Es bediene sich dazu 5 Inspektoren, von denen jeder 30 Anstalten im Jahre revidirt. Die 5 Inspektoren wechseln jährlich mit ihren Bezirken. Die Resultate der Revisionen veröffentliche es dann in einem Jahresbericht, welcher auch die statistischen Mittheilungen vollständig und übersichtlich enthält. Auf Grund dieser Jahresberichte ist es leicht, nach einigen Jahren die Beiträge nach dem Bedürfniß zu reguliren.

Die hier vorgeschlagene Einrichtung wird auch auf die Krankenkassen einen sehr wohlthätigen Einfluß ausüben. Es wird sich empfehlen, die bei den Krankenkassen eingeführte und gut bewährte Einrichtung der Eintheilung der Mitglieder in 3 Klassen auch auf die Alters- und Invalidenversorgung zu übertragen. Ebenso wie schon jetzt zwischen dem männlichen und weiblichen Mitgliede ein Unterschied gemacht wird, ebenso sollte zwischen dem Industriearbeiter, welcher 5 Mark im Tag verdient, und dessen ganze Lebenshaltung auf diesen Lohn eingerichtet ist, und dem Taglöhner, dessen Taglohn 1 Mark 20 Pf. beträgt ein Unterschied gemacht werden, und dieser Unterschied sich auch in den Beiträgen und der Höhe der Pension ausdrücken. Mehrarbeit ensteht dadurch für alle Betheiligten nicht. Sch.

Aus den Lokalgewerbvereinen.

Butzbach. Den 11. Nov. Nachmittags 4 Uhr hielt Herr Professor Dr. Thiel aus Darmstadt auf Veranlassung des Vorstandes unseres Lokalgewerbvereins im Saale des Gasthauses zum Löwen einen Vortrag über „Zweck und Benutzung der Großherzoglichen Prüfungs- und Auskunftsstation für die Gewerbe".

Zunächst warf der Vortragende einen Rückblick auf die Verkehrsverhältnisse früherer Zeit, betonte die Wichtigkeit der Handwerkerschulen, der Bibliothek und Mustersammlung der Centralstelle und erklärte daran anknüpfend als den Hauptzweck der Prüfungsstation den Kleingewerbtreibenden für mäßige Vergütung wissenschaftliche und technische Untersuchungen auszuführen, Auskunft und Rathschläge zu ertheilen. Hierbei wies Redner an treffenden Beispielen nach, daß viele Industrien durch die Arbeiten der Gelehrten auf ihren Laboratorien erst entstanden seien. Außerdem zeigte er an einer Menge von Fällen, in welcher Weise die Station Gewerbtreibende schon vor Schaden bewahrt habe. Es seien hier nur die Untersuchungen von Braugerste, ungarischer Lohrinde, von Kalksteinen und Mehl erwähnt. Ferner sei es Aufgabe der Anstalt auf Anfragen Auskunft über Neuerungen, Verbesserungen oder Störungen des Gewerbebetriebs zu geben nnd Gutachten über Untersuchungen zu erstatten. Zum Schluß erwähnte der Vortragende noch, daß derjenige, der etwas untersucht haben wolle, dies nur auf einer Postkarte mitzutheilen brauche und den zu untersuchenden Stoff (in den meisten Fällen genügten 100 gr) als Muster ohne Werth einschicken könne. Nachdem Herr Professor Dr. Thiel sich noch bereit erklärt hatte, Fragen aus dem Zuhörerkreise zu beantworten, schloß der Vorsitzende, Herr Spenglermeister K. Wenzel, die Versammlung, indem er dem Redner den wärmsten Dank für seinen belehrenden klaren Vortrag abstattete.

Eberstadt. Herr Universitäts-Amtmann Dr. Dietz aus Gießen hielt verflossenen Samstag den 17. November in unserem diesjährigen Vereinslokal im Gasthaus zur Eisenbahn einen nahezu 2 stündigen Vortrag über die „Kranken- und Unfallversicherung der land- und forstwirthschaftlichen Arbeiter", welcher von ca. 70 Personen besucht wurde. Herr Dr. Dietz verstand es, in sehr ausführlichem und fesselndem Vortrage, die Zuhörer zu spannender Aufmerksamkeit anzuregen, und hatte die Freundlichkeit, auf die vielseitigen nach Schluß des Vortrages an ihn gerichteten Fragen jedermann eingehend und gemeinverständlich zu antworten und durch Mittheilung verschiedener Beispiele die Anwendung der bereits bestehenden und demnächst in Kraft tretenden Gesetze zu erklären. Pf.

Babenhausen. Am Sonntag den 25. November fand zu Babenhausen im Saale des Darmstädter Hofes ein von dem Lokalgewerbeverein dahier veranlaßter Vortrag des Universitäts-Amtmanns Herrn Dr. Dietz aus Gießen über die Kranken- und Unfallversicherung der in land- und forstwirthschaftlichen Betrieben beschäftigten Arbeiter statt, welcher von ca. 150 Personen besucht war.

Nach kurzer Anrede des Vereinsvorstandes Herrn Schilling entwickelte der Vortragende in einem Zeitraume von 1½ Stunden in klarer Darlegung und logischer Folge seine Rede, mit dem Ursprung und Wesen des Gesetzes beginnend und dasselbe an einigen Beispielen erläuternd.

Nach Schluß des Vortrages, der von den Anwesenden allgemein mit Beifall aufgenommen wurde, dankte der Vorstand im Namen des Vereins und seiner Gäste, welche nun an Bachus- und Gambrinus-Gaben sich noch einige Zeit erquickten, um den Schmerz für Augenblicke zu vergessen, der manchem von ihnen durch diese Neuerung bereitet wird. (?) Sch.

Verschiedene Mittheilungen.

Patente von im Großherzogthum Hessen wohnenden Erfindern.

Patent-Anmeldungen. — Kl. 87, Nr. 28493. Karl Heß in Offenbach a. M.; Plombenpresse. Vom 5. Februar 1884 ab. —

Patentertheilungen. — Kl. 22, Nr. 45994. Verfahren zur Darstellung neuer Disazofarbstoffe aus Amidophenol- sowie Amidokresulfosäuren und a Naphthylamin und Verwendung derselben zur Herstellung von Wolle violett, blau und schwarz färbenden Tetrazofarbstoffen; K. Oehler in Offenbach a. M.; Vom 1. Juni 1888 ab. — Kl. 22, Nr. 46021. Holzanstrich; R. Avenarius in Gau-Algesheim a. Rh.; Vom 24. April 1888 ab.

Verkehrswesen. Zu Victoria (in dem zum Weltpostverein gehörigen deutschen Schutzgebiete von Kamerun) ist eine Kaiserliche Post-Agentur eingerichtet worden, welche sich mit der Beförderung von Briefsendungen aller Art und von Postpacketen bis 5 kg befaßt. Für Sendungen aus Deutschland nach Victoria beträgt das Porto: für frankirte Briefe 20 Pf. für je 15 g, für Postkarten 10 Pf, für Drucksachen, Waarenproben und Geschäftspapiere 5 Pf. für je 50 g, mindestens jedoch: 10 Pf. für Waarenproben, 20 Pf. für Geschäftspapiere, zu welchen Sätzen gegebenenfalls die Einschreibgebühr von 20 Pf. tritt; für Postpackete bis 5 kg 1 Mark 60 Pf.

Von jetzt ab können Postpackete ohne Werthangabe im Gewicht bis 3 kg nach der britischen Kolonie Süd-Australien versandt werden. Ueber die Taxen und Versendungsbedingungen ertheilen die Postanstalten auf Verlangen Auskunft.

Thonlager bei Seligenstadt. Nach einer Mittheilung der Großherzoglichen Bürgermeisterei Seligenstadt ist in dem dortigen Stadtwalde auf mehrere hundert Morgen ein Thonlager von mehr als 8 m Mächtigkeit mit nur 1½ m Abraum erbohrt worden. Der Thon soll von der Beschaffenheit des Hainstädter Materiales sein.

Deutsche allgemeine Ausstellung für Unfallverhütung in Berlin 1889. Um dem Danke an Se. Majestät den Kaiser und König für Uebernahme des Protektorats Ausdruck zu geben und ferner einen Bericht des Vorstandes über den Stand des Unternehmens entgegenzunehmen, fand am 23. d. Mts. im Englischen Hause in Berlin eine Sitzung des Ehrencomités der Deutschen Allgemeinen Ausstellung für Unfallverhütung statt.

An derselben nahmen auch Mitglieder von Behörden, die dem Unternehmen bisher hülfreich zur Seite standen, als Ehrengäste, sowie die Zeichner zum Garantiefonds und die Mitglieder der Commissionen Theil.

Der Ehrenpräsident der Ausstellung, Herr Reichsversicherungsamts-Präsident Bödiker, welcher die Sitzung eröffnete, begrüßte die überaus zahlreich Erschienenen. Er bezeichnete das Ausstellungs-Unternehmen als ein Werk des Friedens und der nationalen Vereinigung, der Sicherung der gewerblichen Anlagen und des Schutzes der Arbeiter.

Die Ausstellung ist ein von den Deutschen Berufsgenossenschaften einmüthig getragenes Unternehmen, welches den Allerhöchsten Intentionen, wie sie in der Proclamation und den ersten Thronreden des jetzt regierenden Kaisers zum Ausdruck kommen, voll entspricht. Der Ehrenpräsident fuhr dann fort: Wir erfüllen eine tiefempfundene Pflicht und genügen einem Herzensbedürfniß, wenn wir Seiner Majestät für diesen hochherzigen Entschluß, durch den das Schwergewicht Seines Namens zu Gunsten der Arbeiter in die Wagschale gelegt wird, unseren allerunterthänigsten Dank aussprechen. (Allseitiges Bravo.) Ich ersuche Sie, zum Beweise dessen sich von Ihren Sitzen zu erheben. (Die Versammlung erhebt sich.)

Redner schloß mit der Aufforderung, nicht nachzulassen und nicht zu ermüden. „Beharrlich im Vorsatz wollen wir vorwärts streben. Als Palme winkt uns das Bewußtsein, den deutschen Arbeitern geholfen, von Manchem schweres Leid oder jähen Tod ferngehalten, viele Familien vor tiefem Kummer bewahrt und zahllose Thränen gewehrt zu haben.“ (Allseitiges Bravo.)

Hierauf gab der Vorsitzende der Ausstellung, Herr Director Roesicke, Berlin, einen Bericht über den Stand des Unternehmens, nachdem er im Eingang seiner Rede dem Ehrenpräsidenten Herrn Bödiker im Namen sämmtlicher Organe des Unternehmens für die bereitwillige Uebernahme der Ehrenpräsidentschaft in warmen Worten seinen Dank ausgesprochen hatte.

Herr Roesicke theilte der Versammlung mit, daß der Schlußtermin für die Anmeldungen zur Ausstellung auf den 8. Dezember festgestellt werden würde, wofür er die Zustimmung der Mitglieder des Ehrencomités sich erbat.

Von besonderem Interesse war die Mittheilung des Redners über die Unfallstatistik der einzelnen Berufsgenossenschaften, aus welcher ersichtlich war, daß das Braugewerbe unter allen Gewerben des Deutschen Reiches die weitaus höchste Unfallsziffer aufweist.

Um so verständlicher sei es, daß das Braugewerbe auch an die Spitze dieser Ausstellung getreten sei. Der Garantiefonds, fährt Herr Roesicke fort, der ursprünglich 100000 Mark betrug, ist jetzt auf nahezu ¼ Million Mark erhöht und lediglich von Mitgliedern des Braugewerbes, welches von vornherein die finanzielle Garantie für das Unternehmen übernommen hatte, aufgebracht worden.

Nach Schluß der Sitzung fand gleichfalls im Englischen Hause ein Festessen statt.

Deutschlands schwimmender Ausstellungspalast. Um dem deutschen Handel weitere Absatzfelder zu erschließen und deutsche Fabrikate ausländischen Consumenten in ihrem eigenen Lande vorzuführen, soll ein permanentes schwimmendes deutsch-nationales Musterlager geschaffen werden, das, in Gestalt eines speciell zu diesem Zwecke zu erbauenden Riesendampfers, eines schwimmenden Ausstellungspalastes, in einem gewissen regelmäßigen Turnus, etwa alle 2 Jahre, alle größeren Häfen des Auslandes besucht und seine Räume nicht blos den Einkäufern öffnet, sondern alle Interessenten, die ganze Bevölkerung der angelaufenen Hafenplätze und des Hinterlandes durch seine Neuheit und Großartigkeit, sowie auch durch das gebräuchliche Anhängsel der Ausstellungen, Concerte, Restaurationen, Cafe's, Conditoreien 2c., heranzuziehen die Bestimmung hat. Als Ausgangspunkt ist Hamburg gedacht, von wo die Reise nach den nordischen Häfen, dann durch den Kanal nach Nordamerika, um das amerikanische Festland herum nach Kalifornien, von dort nach Japan, China, Indien, Australien und heimwärts durch das mittelländische Meer gehen soll. Das Schiff soll beiläufig eine Länge von 172, eine Breite von 21 und eine Höhe von 14 m erhalten und nach jeder Richtung hin den neuesten Anforderungen gemäß ausgestattet werden. Das nöthige Anlage- und Betriebs-Kapital wird auf 5 Millionen Mark geschätzt, die aufgestellte Rentabilitätsberechnung ergibt ein äußerst günstig angenommenes Resultat.

Der Vorstand des deutschen Exportvereins hat sich des Projectes lebhaft angenommen, und ersucht alle Interessenten, welche das Zustandekommen des nationalen Werkes wünschen, sei es durch Kapitalzuschuß, sei es als Aussteller oder Mitreisende sich zu betheiligen und ungesäumt mit dem Bureau des deutschen Exportvereins in Berlin N., Wörtherstraße 11, in Verbindung zu setzen. Bei reger Betheiligung hofft man den Ausstellungsdampfer zum Frühjahre 1890 fertig stellen zu können.

Litteratur.

Tabakkultur, Tabak- und Cigarrenfabrikation, sowie Statistik des Tabakbaues, Tabakhandels und der Tabakindustrie mit besonderer Berücksichtigung der im Handel vorkommenden Tabaksorten, Zubereitung und chemischen Analyse, Verfälschungen und Toxikologie des Tabaks, nebst einem Anhang, enthaltend das deutsche Tabaksteuergesetz vom 16. Juli 1879. Von Ladislaus von Wagner, ord. Prof. an der kgl. technischen Hochschule zu Buda-Pest. 5. Auflage. Mit 106 in den Text gedruckten Abbildungen und 2 lithographirten Tafeln. Verlag von Bernhard Friedrich Voigt, Weimar 1888. Preis 6 Mark.

Auch im Großherzogthum Hessen spielt der Tabak, sowohl im Gebiete der Landwirthschaft, als auch des Handels und der Industrie eine nicht unbedeutende Rolle. Die große Zahl der Landwirthe, welche sich mit der Kultur der Tabakspflanze befassen, alle Angestellten der zahlreichen Fabriken, die Tabakhändler und Agenten, all diesen wird das vorliegende Werk mit seinem reichen Inhalte, welcher diese gesammten verschiedenen Gebiete berücksichtigt, ein willkommenes Belehrungsmittel und Nachschlagebuch sein; mit der vorliegenden fünften Auflage ist zugleich eine

Preisherabsetzung verbunden worden, um den Wünschen und Bedürfnissen auch der weniger Bemittelten zu entsprechen.

Der Gold- und Farbendruck auf Calico, Leder, Leinwand, Papier, Sammet, Seide u. s. w. Von Eduard Grosse. Mit 102 Abbildungen. A. Hartleben's Verlag in Wien, Pest und Leipzig.

Vorliegendes Werk ist auf Grund langjähriger praktischer Thätigkeit und mit Berücksichtigung der neuesten Fortschritte bearbeitet. Alle neu erfundenen Hilfs-Apparate und Maschinen, von deren Brauchbarkeit und praktischem Werthe der Verfasser überzeugt war, fanden eingehende Berücksichtigung; ebenso wurde die Technik nach den neuesten Erfahrungen dargestellt.

Da sowohl der Gold-, als auch der Farbendruck nur auf Grundlage einer gewissen ästhetischen Vorbildung erfolgreich auszuüben ist, so wurde neben der technischen auch dieser Seite durch Beigabe einer kurzen, das Wissenswertheste enthaltenden Farbenlehre und eben solcher Ornamentik gebührende Sorgfalt gewidmet. Dadurch dürfte das Buch auch für jene Fachleute Werth besitzen, welche die Technik bis zu einem gewissen Grade bereits beherrschen.

Ueber den Farbendruck auf Buchdecken existirt noch kein Lehrbuch, welches den Iris- und Vielfarbendruck eingehend behandelt, wohl aus dem Grunde, weil diese Technik noch sehr jung und ihre Anwendung überwiegend auf Fabrikbetriebe beschränkt ist. Deshalb dürfte eine Darstellung derselben von allen Fachleuten als zeitgemäß begrüßt werden, denen bis jetzt die Gelegenheit fehlte, sich näher mit dem Farbendrucke bekannt zu machen und die Anwendung desselben erfolgreich auf den Kleinbetrieb zu übertragen. —

Der praktische Heizer und Kesselwärter. Anleitung für Heizer und Maschinisten, sowie zum Unterricht in technischen Schulen von Paul Brauser, Ober-Ingenieur des Dampfkesselrevisionsvereins für den Regierungsbezirk Aachen und Joseph Spennrath, Direktor der Gewerbeschule zu Aachen. Mit 40 Holzschnitten. Zweite Auflage. Aachen 1889. Verlag von J. A. Mayer, Kgl. Hofbuchhandlung.

Der Zweck des Dampfkesselbetriebs ist, durch Wärme Wasser in Dampf von hinreichend hoher Spannung zu verwandeln, um durch letzteren mechanische Arbeit zu leisten. Das Verständniß des Betriebes erfordert demnach die Kenntniß von der Wärme und der Art und Weise ihrer Erzeugung, von den Eigenschaften des Wassers und des Wasserdampfes, ferner von den mechanischen Einrichtungen, welche zur Erzeugung und Verwendung von gespanntem Dampf nöthig sind, also von den Dampfkesseln und ihren Ausrüstungsgegenständen, sowie von den Feuerungsanlagen. Hierüber gibt uns das vorliegende kleine Buch, welches sich seit seinem Erscheinen im Jahre 1887 überraschend schnell Bahn gebrochen hat, das Nöthige. Die Kapitel: Von der Wärme, von der Erzeugung der Wärme, die Wärmeleitung und ihre Bedeutung für den Kesselbetrieb, das Kesselspeisewasser, Verwandlung von Wärme in Arbeit, Eintheilung der Dampfkessel, ihre Aufstellung und Einmauerung, die Armatur der Dampfkessel, der Dampfkesselbetrieb, das Platzen der Kessel, Dienstforderung für Kesselwärter, Prüfung und Concessionirung von Dampfkesselanlagen, allgemeine Bestimmungen über die Anlegung von Dampfkesseln, endlich das Gesetz, den Betrieb der Dampfkessel betreffend, bilden den Inhalt des empfehlenswerthen Werkchens.

Polytechnikum: Volswirthschaftliche Wochenschrift für die deutschen Techniker in Staatsdienst und Gewerbe des In- und Auslandes. (Helwing'sche Verlagsbuchhandlung in Hannover.) Vierteljährlich 2 Mark 50 Pf.

Soeben erschien die dritte Nummer. Inhalt: Geographische Ortsbestimmungen. Das Seminar für orientalische Sprachen in Berlin. Das geistige Eigenthum der Techniker. Aus allen Welttheilen. Von den technischen Hochschulen. Bücherschau. Vermischtes. Persönliches aus Technikerkreisen. Stellennachweis für Techniker. Probenummern sind gratis durch jede Buchhandlung zu beziehen.

Berichtigung. Auf Seite 457 ist unter den dort genannten in der betreffenden Sitzung Anwesenden Herr Hofweißbindermeister Kinkel von Darmstadt aus Versehen nicht aufgeführt worden.

Redacteur Dr. Hesse. — Druck von Heinrich Brill.
In Commission bei L. Brill in Darmstadt.

Gewerbeblatt

für das

Großherzogthum Hessen.

Zeitschrift des Landesgewerbvereins.

Erscheint wöchentlich. Auflage 4500. Anzeigen für die durchgehende Petitzeile oder deren Raum bei ein- und zweimaliger Aufnahme 30 Pf., bei drei- und mehrmaliger Aufnahme 25 Pf.

№ 50. December 1888.

Nochmals die Kraftmaschinen für das Kleingewerbe.

(Aus dem officiellen Katalog der Kraft- und Arbeitsmaschinen-Ausstellung zu München 1888, redigirt von G. Debrenz & H. Steinach.)

Wir verwenden für die Arbeitszwecke der Kleinindustrie, wie auch in der Großindustrie, das Arbeitsvermögen der Wasserläufe, das chemisch gebundene Arbeitsvermögen der Brennstoffe und das Arbeitsvermögen der Luft als Wind. Letzteres hat für die Kleinindustrie, obwohl als billigste Triebkraft, nur in speciellen Fällen Bedeutung, da die Luft als Wind in ihrer Kraftleistung zu sehr veränderlich und daher wenig verwerthbar ist. Die Windkraftmaschinen gestatten deßhalb eine nur beschränkte Verwendung z. B. für Wasserförderungszwecke und für Betriebe, wo eine Unterbrechung bei Windstille nicht schadet und sollen deßhalb, ebenso wie Federmotoren, nicht näher besprochen werden.

Im Allgemeinen soll ein Motor für Kleingewerbe folgenden Bedingungen möglichst entsprechen:

1. Aufstellung an beliebigen Orten, selbst in oder unter bewohnten Räumen ohne Rücksicht auf das Stockwerk.
2. Keine Concession zur Aufstellung.
3. Geringes Raum-Erforderniß, leichte Montirung und Aufstellung.
4. Keine besondere Wartung.
5. Billiger Betrieb.
6. Keine Belästigung für die Umgebung, sei es durch Geräusch, Geruch, Ruß rc.
7. Einfache Bauart, so daß für Bedienung und Erhaltung nur geringes Verständniß erforderlich ist.

Von diesen Gesichtspunkten ausgehend, müssen wir zunächst darauf hinweisen, daß man sich bei Anschaffung eines Motors nicht nur von den geringeren Anschaffungskosten leiten lassen darf.

Handelt es sich um kleinere Kräfte bis zu ¼ Pferdestärke (die Arbeit, welche man verrichtet, wenn man ein Gewicht von 1 kg 1 m hoch hebt, ist 1 Meterkilogramm und die Arbeit von 75 mkg in 1 Sek. eine Pferdestärke) so ist es ja einleuchtend, daß bei vorhandener Druckwasserleitung eine durch Wasser betriebene Maschine die bequemste und geringste Wartung erfordernde Anlage sein wird, mit welcher — niederer Wasserpreis vorausgesetzt — des billigen Betriebes wegen nur die Gaskraft-Maschine concurrirt.

Handelt es sich um Kräfte von ½ oder 1 Pferdestärke an, so wird in den meisten Fällen die Gaskraftmaschine am Platze sein. Machen wir nun einen Sprung, so finden wir, wenn das Gas nicht gerade zu sehr billigem Preise zu erhalten ist, daß für 10 Pferdestärke und aufwärts die Dampfmaschine — natürliche Wasserkraft selbstredend ausgenommen — das billigste Betriebsmittel ist. In neuerer Zeit sucht auch hier die Gasmaschine der Dampfmaschine Conkurrenz zu machen, indem mit denselben kleine Gaserzeugungsapparate aufgestellt werden, welche das Betriebsgas zu billigen Preisen liefern.

Welche Kraftquelle aber gerade für die Bedürfnisse der kleinen und mittleren Betriebe (also um ca. 5 Pferdestärke herum) zu wählen ist, hängt von der Würdigung aller Umstände in jedem einzelnen Falle ab.

Der Hauptvorzug der Gas- oder Petroleummaschinen liegt in der steten Betriebsfähigkeit, eine Dampfmaschine muß angeheizt werden, ehe dieselbe Kraft zu leisten im Stande ist. Dadurch ist die Gasmaschine eben in Betrieben mit wechselndem Kraftbetrieb wie z. B. Buchdruckereien wesentlich billiger als andere. Während z. B. hier sofort nach dem Abstellen der Maschine jeder Verbrauch an Gas aufhört, hat man bei Dampfmaschinen noch Wärme im Dampfkessel aufgespeichert, die nutzlos verloren geht. Zu den Kosten der Anlage einer Gasmaschine sind die Gaszuleitung, Gasuhr, die Wasserleitung zu rechnen, für den Betrieb Gas, Kühlwasser, Schmieröl. Für die Anlage einer Dampfmaschine kommt in Betracht, die Möglichkeit der Ausnützung des Abdampfes und die Mitentnahme von Dampf aus dem Kessel zu anderweitigen Zwecken, ohne oder doch mit geringer Kostenerhöhung.

Wo also der Dampf zum Heizen, zum Betrieb von Trockenkammern, Erwärmen von Flüssigkeitsmengen verwendet werden kann, wird dies bei der Wahl des Motors zu berücksichtigen sein.

Bei der Anlage einer Dampfmaschine, die Concession vorausgesetzt, ist mitzurechnen die Wasserbeschaffung, bequemer Brennmaterialbezug und Lagerung, die Wasserreinigungsanlage. Für den Betrieb ist ein Heizer oder Maschinist erforderlich, der zugleich die Wartung der ganzen maschinellen Anlage versieht. Zu bedenken ist, daß der von den Kessellieferanten angegebene Kohlenverbrauch sich auf eine rationelle Heizung bezieht, daß aber auch leicht das doppelte verschwendet werden kann. Es empfiehlt sich also, das Heizen selbst zu lernen, um die entsprechende nutzbringende Aufsicht üben zu können. Der Heizer hat auch die Wasserreinigung zu versehen, die wir unbedingt und für alle Fälle schlechten Wassers empfehlen.

Das meiste nicht gereinigte Wasser setzt nämlich beim Verdampfen in den Dampfkesseln feste oder schlammartige Niederschläge ab, die in der Hauptsache aus Kalk oder Gips bestehen. Da diese schlechte Wärmeleiter sind, so beeinträchtigen sie die entsprechende Wärmeausnutzung des Brennmaterials, befördern das Durchbrennen der Kesselwände und sind daher Ursache von Explosionen. Aus diesem Grunde muß die Kesselsteinbildung durch Entfernung der kesselsteinbildenden Körper aus dem Speisewasser möglichst zu vermeiden gesucht werden, was am zweckmäßigsten durch ihre Verwandlung in unlösliche Salze auf chemischem Wege und Absetzenlassen oder Filtrieren geschieht.

Die Kosten einer solchen Anlage sind also in jedem Falle, wie schon bemerkt, zu berücksichtigen.

Ferner tritt die Natur des Brennmaterials in den Vordergrund, event. ist der Verbrauch von Abfällen zu Heizzwecken in Erwägung zu ziehen. Bei der Wahl des Brennstoffes unter gleich günstigen Bezugsbedingungen hat man solchen zu wählen, der 1 kg Wasser am billigsten verdampft, aber nicht solchen Brennstoff, der nur an und für sich den geringsten Preis hat. Dabei hat man auch je nach dem zu verwendenden Brennmaterial einen entsprechend konstruirten Rost zu verwenden.

Erscheint die Anlage einer Gaskraftmaschine zweckmäßig, aber man hat — wie z. B. auf dem Lande — kein Gas zur Verfügung, so tritt hier die Petroleummaschine in ihren Wirkungskreis, event. auch als Aushilfsmaschine bei Wasserkraftanlagen.

Um noch der Heißluftmaschinen zu gedenken, so haben sie eine Reihe von Vortheilen, die es ihnen ermöglichen, mit den anderen Motoren in Conkurrenz zu treten.

Wassermotoren im Allgemeinen als Wasserräder, Turbinen und Wassersäulenmaschinen sind als billigstes Betriebsmittel längst bekannt und mancher Industriezweig ist ohne solche gar nicht existenzfähig. Eine Beschränkung liegt nur darin, daß man mit der Ausnützung an eine bestimmte Stelle gebunden ist. Allerdings wird auch dieses Hinderniß noch überwunden werden und erst dann werden die großen, wenn auch noch so entlegenen Wasserkräfte besonderen Werth gewinnen. Anders liegt die Sache bezüglich der von Hochdruckleitungen aus zu betreibenden Motoren, indem dieselben in mit ersteren versehenen Orten, in jedem Hause, in jedem Stockwerke, überhaupt überall da, wo nur eine Wasser-Zu- und Ableitung möglich, Aufstellung finden können.

Leider sind die meisten städtischen Wasserleitungen nicht für motorische Ausnützung angelegt, indem gewöhnlich zu geringe Wasserquantitäten verfügbar oder der Wasserpreis ein so hoher ist, daß sich die Betriebskosten gegenüber anderen, sonst viel unbequemeren Motoren, unverhältnißmäßig theuer stellen. Für den Kleinbetrieb kommen nur Turbinen mit theilweiser Beaufschlagung und Wassersäulenmaschinen in Betracht. In Betrieb und Construction sehr verschieden, hängt die Anwendung dieser beiden Systeme ganz von den Wasserverhältnissen und dem Betriebszwecke ab. Die Wassersäulenmaschinen — oder einfacher Kolbenmotoren benannt, — geben, solange sie richtig unterhalten, d. h. hauptsächlich in Cylinder und Steuerungsapparat gut dicht sind, einen um ca. 20% höheren Nutzeffect als die Turbinen. Letztere haben dagegen den Vortheil der höheren Tourenzahl und die leichte Regulirfähigkeit für verschiedene Kraftleistung und den entsprechenden Wasserbedarf für sich. Der Kolbenmotor wiederum arbeitet bis zu einer gewissen Grenze bei jeder Geschwindigkeit gleich gut, die Turbine dagegen hat nur bei einer bestimmten, der jeweiligen Druckhöhe entsprechenden Tourenzahl, ihre höchste Leistung.

Der Wasserverbrauch stellt sich pro effect. Pferdestärke für gute Motoren i. Maxim. folgendermaßen:

Druckhöhe	20	40	60	Meter.
Turbine	360	180	120	Liter per Minute.
Kolbenmotor	300	150	100	Liter per Minute.

Je höher der Druck, desto geringer der Wasserverbrauch, so daß z. B. bei 60 m Gefälle und einem Wasserpreise von 5 Pf. per cbm bei Anwendung eines Kolbenmotors die effect. Pferdestärke auf nur 30 Pf. pro Stunde zu stehen kommt. Das bezüglich seines Druckes ausgenützte Wasser wird hierdurch nicht verunreinigt und könnte zu jedem Zwecke weitere Verwendung finden.

Es sei nachfolgend eine Zusammenstellung der angeführten Kosten, Größe, Wasserbedarf &c. von Turbinen- und Wasserradanlagen, sowie von Wassersäulenmaschinen gegeben.

5pferdige Turbinenanlage bei 1,0 m Gefälle und 0,55 cbm Wasser pro Sekunde ca. 70% Nutzeffekt, 5 effektive Pferdestärken Mittlerer Durchmesser ca. 1,200 m bei 45 Umdrehungen per Minute. Complette Turbine mit oberer Lagerung und konischem Räderantrieb, sowie Turbinenkammerfallenzug, Leerfallenzug und Turbinenrechen exklusive Transmission ca. 3000 Mark, mit Regulirung ca. 1200 Mark mehr (Holz- oder Steinwasserbau vorausgesetzt).

5pferdige Turbinenanlage bei 4 m Gefälle und 0,136 cbm Wasser pro Sekunde ca. 70% Nutzeffekt, 5 effektive Pferdekräfte, Partialturbine mit ca. 1 m mittleren Durchmesser bei 80 Umdrehungen pro Minute. Turbine mit Lagerung und Haupträderantrieb, 2 Fallenzüge und Turbinenrechen, exklusive Transmission und Regulirung ca. 2800 M. (Wasserbau von Stein oder Holz vorausgesetzt.)

5pferdige Wasserradanlage 4 m Gefälle, ca. 145 cbm Wasser pro Sekunde, ca. 65% Nutzeffekt. Eisernes, oberschlächtiges Wasserrad 3,8 m Durchmesser ca. 1300 mm breit, mit Einlauf, ca. 5 Touren pro Minute mit Regulirschutz nebst Achse und Lagerung, nebst erster Räderübersetzung ca. 2000 Mark.

5pferdige Wasserradanlage. Eisernes Poncelet-Rad, bei 1 m Gefälle und 0,55 cbm Wasser pro Sekunde, ca. 65 — 70% Nutzeffekt, 5 effektive Pferdestärken, 4 m Durchmesser, ca. 1400 mm breit, ca. 8 — 10 Touren pro Minute mit Regulirschutz, nebst Achse, Lagerung und erster Räderübersetzung ca. 2400 Mark.

Der Stein- oder Holzwasserbau ist besonders zu rechnen.

Die Betriebskosten einer von 30 m Druck gespeisten Wasserkraftmaschine von 1 Pferdestärke (Kosten von 1/10 — 1,2 HP. bei 30 m Gefälle 300 — 600 Mark) ergeben sich wie folgt:

Anschaffung der Maschine 600 Mark, 12% hiervon für Verzinsung, Abschreibung und Erhaltung auf 300 Arbeitstage vertheilt täglich 24 Pf. Bei täglich 10stündigem Betriebe ein Wasserverbrauch von ca. 120 cbm Wasser à 5 Pf. = 6 Mark. Für Schmierung und Wartung rc. noch 1 Mark pro Tag gerechnet, ergibt für eine Leistung von 1 Pferdestärke und pro Tag 7 Mark 24 Pf. oder pro Stunde und Pferdestärke 72 Pf.

(Schluß folgt.)

Aus den Lokalgewerbvereinen.

Pfungstadt. In der am 22. v. Mts. stattgefundenen, recht zahlreich besuchten Versammlung des hiesigen Lokalgewerbvereins sprach Herr Schriftsteller Heinrich Becker aus Frankfurt a. M. über den Bosporus, sowie die Kämpfe, welche seit den ältesten Zeiten um diesen Paß und mit ihm um die Herrschaft über das Mittelländische Meer entbrannt waren.

Der Vortragende veranschaulichte auf einer Landkarte die Wohnplätze und Wanderungen der betr. Völker. Zum Schlusse des sehr interessanten Vortrags besprach der Redner noch die in den letzten Jahren stattgefundenen Kämpfe und Ereignisse auf der Balkan-Halbinsel. Der Vorsitzende, Herr Bürgermeister Schiemer sprach hierauf Herrn Becker den Dank der Versammlung aus. K.

Bingen. Am 25. v. Mts. wurde dem seitherigen Zeichenlehrer der Handwerkerschule, Herrn Gustav Künstler, welcher sich in Folge von Krankheit von seinem Beruf zurückgezogen hatte, für seine durch 47 Jahre lange unermüdliche Thätigkeit vom Vorstand des Lokalgewerbvereins ein Ehren-Diplom überreicht. Zu diesem Zwecke versammelte sich der Vorstand und die Herren Lehrer im Pariser Hof, um sich in die Wohnung des Jubilars gemeinschaftlich zu begeben. Der Vorsitzende des Gewerbvereins, Herr Jac. Weyl überreichte dem Jubilar mit kurzen, herzlichen Worten das Diplom. Herr Jos. Choquet hielt sodann eine längere, ergreifende Ansprache, worin er insbesondere die Mühe und Aufopferung hervorhob, welche Herr Künstler während seiner so langen Thätigkeit der Handwerkerschule in freudiger Hingebung widmete und im Namen seiner früheren Schüler, welche jetzt theils Meister oder Gesellen sind, demselben Anerkennung und Dank aussprach. Hierauf gratulirten sämmtliche Mitglieder des Vorstandes und die Herren Lehrer. Gerührt durch diese unerwartete Auszeichnung vermochte der Jubilar nur mit wenigen Worten seiner Freude Ausdruck zu geben und sich herzlich für die erwiesene Anerkennung zu bedanken. Herr Künstler lud die Anwesenden zu einem Glase ächten Binger Wein, bei welcher Gelegenheit aus dem silbernen Becher des Jubilars, welcher ihm von der Handwerkerschule zu seinem 25jährigen Lehrerjubiläum gewidmet, getrunken wurde. Möge es Herrn Künstler, welcher jetzt dem Verein als Ehrenmitglied angehört, beschieden sein, noch recht viele Jahre der verdienten Ruhe zu genießen.

Homberg a. d. Ohm. In unserem Lokalgewerbverein sprach am 25. v. Mts. Herr Generalsecretär Dr. Hesse von Darmstadt über die Entwicklung und die Mittel zur Bekämpfung des Hausschwammes. Die Versammlung war von hier und der näheren Umgebung gut besucht.

Ober-Ramstadt. In der am 25. v. Mts. im Gasthaus zur Traube dahier stattgehabten Versammlung des hiesigen Lokalgewerbvereins, welche von Mitgliedern sowohl, als auch von Nichtmitgliedern, sowie auch von Schülern der hiesigen Handwerkerschule zahlreich besucht war, hielt Herr Dr. W. Sonne aus Darmstadt einen Vortrag über Eisen und Stahl. Redner gab zunächst einen historischen Ueberblick über die Eisenindustrie, erläuterte dann in klarer und verständlicher Weise mit Hilfe von Zeichnungen die Gewinnung des Roheisens aus den Eisenerzen in den Hochöfen, sowie die Erzeugung der verschiedenen Arten von Eisen aus Roheisen und ferner die Fabrikation des Stahls. Redner unterzog alsdann die Eiseninduſtrie der Gegenwart einer eingehenden Besprechung dabei mittheilend, welche enormen Massen von Eisen und Stahl in den verschiedenen Industriezweigen, unter welchen namentlich die Eisenbahn-, Schiffs- und Maschinenbauten hervorzuheben sind, zur

Verwendung gelangen, woraus hervorging, daß Deutschland nächst England und den vereinigten Staaten von Nord-Amerika die erste Stelle in der Eisenindustrie einnimmt. Mit dem Hinweis, welchen unermeßlichen Nutzen dieselbe unserem deutschen Vaterlande bringt und wie gerade hiervon die Wehrkraft desselben wesentlich abhänge, indem zur Herstellung der Waffen Eisen und Stahl unentbehrlich seien, schloß Herr Dr. Sonne seinen sehr lehrreichen und interessanten Vortrag, welchem lebhafter Beifall von Seiten der Zuhörer folgte. Herr Weißbindermeister K. Bauer, stellvertretender Vorsitzender des Vereins dankte Namens desselben Herrn Dr. Sonne für seinen Vortrag, worauf sich die Anwesenden zum Zeichen des Dankes von den Sitzen erhoben. W.

Worms. Am 27. v. Mts. hielt Herr Ingenieur und Patentanwalt Sack aus Leipzig in Worrets Etablissement einen Vortrag über Patent-, Marken- und Musterschutz. Redner bemerkte zunächst, daß diese drei Gattungen oft verwechselt würden und erläuterte sodann weiter, was Patente sind und welche Bedingungen zu erfüllen seien, um die Erfindung patentfähig erscheinen zu lassen. Irrthümlicherweise werde auch geglaubt, daß das Patentamt die vorliegenden Gegenstände auf ihre Brauchbarkeit und ihren Vortheil hin prüfe. Dies sei aber nicht so; das Patentamt prüfe nur auf Neuheit und patentfähige Merkmale hin. Der Musterschutz diene dazu, solche Gegenstände unter Schutz zu stellen, die in ihrer Form und Farbenzusammenstellung wesentlich von dem Bestehenden abweichen. Für die Frage, ob eine Verletzung des Musterschutzes vorliege oder nicht, sei der Charakter und Gesammteindruck des nachgemachten Gegenstandes im Vergleich zum patentirten ausschlaggebend. Beim Markenschutz erwähnte Redner, daß der Ort der Eintragung das heimathliche Amtsgericht sei. Die Anmeldegebühr betrage 60 Mark; bei einer Verlängerung, die jedesmal von 10 zu 10 Jahren bei der Gerichtsstelle zu melden sei, seien keine Gebühren mehr zu entrichten. Nachahmungen zögen bis 3000 Mark Strafe und 5000 Mark Zubuße an den Geschädigten nach sich. Von dem Markenschutz kam der Redner wieder auf den Patentschutz zurück und erläuterte durch Vorzeigen und Circuliren verschiedener patentirter Gegenstände die Erkennungszeichen, welche für Ertheilung des Patentes maßgebend sind. Ein Topfdeckel war z. B. wegen seines elastischen Deckelbodens patentirt worden, wodurch der Topf luftdichten Verschluß erhält; bei einem Taschenmesser hatte der Pfropfenzieher deshalb Patent erhalten, weil ohne Zuhilfenahme des Fingernagels mittelst drehbaren Hebels der Pfropfenzieher herausgeholt werden kann. Hierauf kam Herr Sack auf die Bestimmungen zu sprechen, welche zur richtigen Eingabe maßgebend sind. Zuvörderst müße sich der Patenterfinder erkundigen, ob sein Patent auch neu sei; Klarheit darüber könne sich derselbe bei der nächsten Handels- und Gewerbekammer durch die daselbst aufliegenden Patentschriften verschaffen. Bei Eingabe sei eine genaue Zeichnung und klare Beschreibung erforderlich, wobei besonders scharf zu betonen wäre, was dem Gegenstand den Charakter der Neuheit verleihe. Eine Zurückgabe des Gesuchsmaterials zur Umarbeitung könne mehrere Male erfolgen, es sei deshalb, um unangenehme Folgen zu vermeiden, darauf zu sehen, daß das Patent vom ersten Tage an auch laute. Sei das Patent angenommen, so werde dasselbe veröffentlicht und ausgelegt. Letzteres geschehe deshalb, damit das Publikum das Patent auch als patentfähig prüfen könne. Bei Einspruch finde Versagung statt. Nach achtwöchentlicher Auslegefrist, werde das Patent vom Patentamt nochmals geprüft, nach weiteren 4—6 Wochen in die Patentrolle eingetragen und nach ferneren 4—6 Wochen werde die amtliche Urkunde ausgehändigt. Von der Anmeldung bis zur Ausstellung der Urkunde vergingen also 7—9 Monate, doch könne dies aber auch noch länger dauern. Die Gültigkeitsdauer des Patents hänge von der rechtzeitigen Einzahlung der jährlichen Taxe ab. Bei Nichteinhaltung der Zahlung der festgesetzten Gebühren verfalle das Patent unwiderruflich; bei Nachweis eines Armuthszeugnisses könne jedoch um Stundung nachgesucht werden. Eine Strafverfolgung könne nur auf Antrag des Patentinhabers eintreten. Eine Folge der Patentverletzung sei außer Strafe die Beschlagnahme der nachgeahmten Waaren und das Verbot der Weiteranfertigung derselben. Sehr oft bereiteten sich die Patentinhaber dadurch Schaden, daß sie oft schon auf blose Gerüchte hin mit Klagen vorgingen. Die Hauptsache für den Patentinhaber, bemittelten wie unbemittelten, sei entschieden die richtige Verwerthung des Patentes. Zum Schluß gab Redner noch werthvolle Winke zu einer rationellen Ausnützung und Verwerthung des Patentschutzes, indem er gleichzeitig den Werth des deutschen Patentes für das Ausland beleuchtete. Mit einer kleinen Statistik über die Entwickelung des Patentwesens, wonach in Deutschland vom Jahre 1877 bis jetzt über 46000 Patente und im Ganzen bereits 90000—100000 Patente ertheilt worden sind, beendete Herr Sack seine leichtfaßlichen Ausführungen über Patent-, Marken- und Musterschutz, wofür ihm der Beifall der Anwesenden und der spezielle Dank des Vorsitzenden des Gewerbvereins zu Theil wurde. Sch.

Bad-Nauheim. Der im vergangenen Frühjahr dahier ins Leben gerufene Lokalgewerbverein eröffnete am 28. v. Mts. im Saale des Herrn Restaurateurs Burk die Reihe der Vorträge, welche von dem Verein für diesen Winter in Aussicht genommen sind, mit einem Vortrage von Hrn. Ingenieur Brockmann aus Offenbach über die Anlage, Einrichtung und verschiedenartige Verwendung von Hauswasserleitungen. Herr Brockmann machte uns in einem kurzgefaßten Abriß mit der Zweckmäßigkeit und Nothwendigkeit von Wasserleitungen im Allgemeinen, die selbst die Römer im vollen Umfange schon zu würdigen wußten, bekannt und ging dann auf das Detail der Hauswasserleitung selbst über.

Beim Mangel einer Wasserleitung überhaupt, oder einer solchen mit genügendem Druck lege man unter dem Dach der Gebäude Reservoire an und hebe das Wasser mittelst Hand- oder Maschinenpumpen aus Brunnen oder Quellen in diese Reservoire. Von den letzteren aus vertheilt eine Reservoirleitung das Wasser an die einzelnen Verwendungsstellen. — Bei dem Vorhandensein einer Wasserleitung mit mindestens 3½ Atmosphären Druck, sogenannten Hochdruckleitungen, kann man entweder die Leitung selbst anzapfen, also das Wasser mit vollem Druck ausfließen lassen, oder man legt Reservoirleitungen an und führt diesen das Wasser aus der Hauptleitung zu. Im ersteren Falle muß die Hausleitung einem bedeutenden Druck widerstehen und deßhalb kräftig ausgeführt sein, im letzteren Falle kann die Hausleitung entsprechend schwächer hergestellt werden. Eine Reservoirleitung empfiehlt sich jedoch nur bei einer größeren Anlage.

An Material für Hausleitungen können Blei- nnd galvanisirte Schmiedeeisenröhren Verwendung finden. Bleiröhren, obwohl für den Installateur das geschmeidigste Material, sind jedoch wegen der schon mehrfach beobachteten Vergiftungserscheinungen für Leitungen, welche Trink- und Kochwasser liefern, höchstens auf kurze Strecken und auch hier nur dann zuläßig, wenn durch Untersuchung festgestellt ist, daß das zur Verwendung kommende Wasser Bleirohr unter gewöhnlichen Verhältnissen nicht angreift.

Eingehend bespricht Redner die verschiedenen Methoden die Leitung gegen das Einfrieren zu schützen und wendet sich nach Besprechung der Wassermesser zu den verschiedenen Verwendungsarten, in welchen sich die Hauswasserleitung dienstbar macht. Als solche bezeichnet Redner: Zapfhahnen für kaltes und warmes Wasser über Herd, Spülstein und Waschtischchen, sowie in den Waschküchen, die Spülung der Aborte (Wasserclosets) und die Einrichtung von Bädern. Die Böden von Küche und Baderäumen werden am besten mit einem wasserundurchläßigen Material belegt und die Wände mit Plättchen bekleidet. Bei allen Zapfhahnen soll, in Ermangelung einer anderen geeigneten Vorkehrung, zum Abfangen des Ablaufwassers stets ein Ausgußbecken mit Ableitungsrohr angebracht werden. Zur Gewinnung von Warmwasser unter Benützung des Küchenherdfeuers wird in dieses ein gebogenes Rohr, sog. Heizschlange, gelegt und das Wasser den verschiedenen Verbrauchsstellen durch eine Röhrenleitung zugeführt. Redner weist auf die Verschiedenartigkeit der Closetkonstructionen hin und bespricht im Weiteren die Badeeinrichtungen, wobei er namentlich auf eine schrankartige Badewanne hinweist, welche in geschlossenem Zustande ihren Zweck nicht erkennen läßt und in jedem Wohnzimmer Aufstellung finden kann.

Der Redner geht dann noch über zur gewerblichen Verwendung des Wassers und schließt mit dem Wunsche, daß sein Vortrag Veranlassung zur weiteren Klärung der Wasserfrage gegeben haben möge. Die Versammlung dankte dem Redner durch Erheben von den Sitzen. Der Vorsitzende des Vereins gab zum Schluß noch das Wissenswertheste aus einem von Gr. Bürgermeisterei gütigst für diesen Zweck überlassenen Gutachten über die Beschaffenheit des hier zur Verwendung kommenden Wassers, sowie aus dem Vertrage des Uebernehmers mit der Stadt bekannt, woran sich noch ein lebhafter Meinungsaustausch schloß. Die Versammlung war von ca. 80 Personen, worunter 30 Vereins-Mitglieder, besucht.

Litteratur.

Tapeten-Zeitung. Fachblatt für Tapetenfabriken und Tapetenhandlungen, sowie deren verwandte Hilfszweige für Deutschland, Oesterreich-Ungarn und die Schweiz. Redaktion und Verlag von Alexander Koch, Darmstadt.

Während heute fast in allen Geschäftszweigen und Berufsklassen zur Wahrung der besonderen Interessen eigene Organe bestehen, hat es in dem Tapetenfache und den verwandten Industriezweigen an einem solchen bis vor Kurzem gefehlt. Diesem Bedürfnisse Abhülfe zu schaffen, ist die in dem ersten Jahrgange nunmehr vorliegende „Tapeten-Zeitung" gegründet worden, um durch freimüthige und unparteiische Darlegung etwa vorhandener Mißstände und durch Angabe der gemeinsam zu ergreifenden Mittel zur Hebung derselben jederzeit die Interessen des gesammten Tapetenfaches wahrzunehmen. Eine Reihe tüchtiger Mitarbeiter — wir nennen Fischbach, Luthmer, Bodenschatz u. a. m. — bürgt für den gediegenen Inhalt des jungen Unternehmens, welches wir hiermit der Beachtung der Interessentenkreise empfehlen. Die „Tapeten-Zeitung" erscheint monatlich zweimal und beträgt der Bezugspreis durch die Post oder Expedition halbjährig 3 Mark (für die Schweiz und das Ausland 3 Mark 50 Pf.) unter Vorausbezahlung.

Neue Initialen von E. Franke. Verlag von Orell Füßli & Co., Zürich. 12. Heft. Preis 1 Mark 60 Pf.

Von der schon mehrfach besprochenen Sammlung liegt uns nunmehr das 12. Heft vor, über dessen Form, Inhalt und Ausstattung wir das früher Gesagte nur wiederholen können.

„Neueste Erfindungen und Erfahrungen" auf den Gebieten der praktischen Technik, der Gewerbe, Industrie, Chemie, der Land- und Hauswirthschaft 2c. (A. Hartleben's Verlag in Wien). Pränumerationspreis ganzjährig für 13 Hefte franco 4 fl. 50 kr. = 7 Mk. 50 Pf. Einzelne Hefte für 36 kr. = 60 Pf. in Briefmarken.

Das soeben erschienene 13. (Schluß) Heft des 15. Jahrgangs bringt nachstehenden Inhalt:

Rückblicke und Ausschau. — Ueber die praktische Verwendung von Sägespänen zu chemisch-technischen neuen Erzeugungen und für Bauzwecke. — Die Flammenschutzmittel in ihrer technischen und praktischen Bedeutung. — Praktische Erfahrungen für die Brauerei. — Neue Fortschritte im Eisenbahnwesen. — Praktische Erfahrungen in der Gerberei. — Fortschritte in der Bronzepulver-Fabrikation. — Neuerungen in der Holzbearbeitung. — Praktische Erfahrungen in der modernen Färberei. — Neuerungen im Vervielfältigungsverfahren. — Graphische Erfahrungen. — Praktische technische Erfahrungen. — Beiträge zur chemischen Technik. — Chemisch-technische und pharmaceutische Erfahrungen. — Praktische Erfahrungen und Fortschritte in der Metall-Industrie und Gießerei. — Praktische Fortschritte und Erfahrungen in der Färberei und Druckerei. — Praktische Erfahrungen und Beobachtungen im Bauwesen. — Praktische Neuerungen in Telephonen. — Praktische elektrotechnische Erfahrungen. — Neue Verbesserungen an Accumulatoren. — Verwendung der Elektricität zum Anlassen von Stahl. — Neuer Elektromagnet mit vielfacher Armatur. — Praktische Erfahrungen in der Essig-Fabrikation. — Praktische Einrichtungen in Cementfabriken. — Praktische Erfahrungen in der Papier-Fabrikation. — Neue Hand-Sandblasmaschine. — Bezugsquellen für Maschinen, Apparate und Materialien. — Chemisch-technische Neuerungen. — Fortschritte in der chemischen Industrie. — Beiträge zur analytischen Chemie. — Methode zur Endeckung des Baumwollsamenöles in Gemischen mit anderen Oelen. — Praktische Verwerthung kranker Kartoffeln. — Neue Erscheinungen im Copirverfahren. — Praktische Aufbewahrung und Versendung von Wildpret. — Darstellung von künstlichem arabischen Gummi. — Räucherkerzen gegen Insekten. — Auffrischen von Oelgemälden. — Kleinere Mittheilungen. — Neuigkeiten vom Büchermarkte. — Eingegangene Bücher und Broschüren. — Kalender-Nachzügler. — Gewerbliches Feuilleton. — Neue Erscheinungen auf dem Patentgebiete. — Fragekasten. — Beantwortungen. — Briefkasten.

Redacteur Dr. Hesse. — Druck von Heinrich Brill.
In Commission bei L. Brill in Darmstadt.

Gewerbeblatt

für das

Großherzogthum Hessen.

Zeitschrift des Landesgewerbvereins.

Erscheint wöchentlich. Auflage 4500. Anzeigen für die durchgehende Petitzeile oder deren Raum bei ein- und zweimaliger Aufnahme 30 Pf., bei drei- und mehrmaliger Aufnahme 25 Pf.

№ 51 u. 52. December 1888.

Zur Nachricht.

Mit Allerhöchster Ermächtigung Seiner Königlichen Hoheit des Großherzogs wurde dem Großh. ordentlichen Professor an der technischen Hochschule dahier Geheimen Baurath Sonne die Wahrnehmung der Geschäfte des Präsidenten der Großh. Centralstelle für die Gewerbe und den Landesgewerbverein mit Wirkung vom 1. Januar 1889 an übertragen.

Nochmals die Kraftmaschinen für das Kleingewerbe.

(Aus dem officiellen Katalog der Kraft- und Arbeitsmaschinen-Ausstellung zu München 1888, redigirt von G. Dedreux & H. Steinach.)

(Schluß.)

Bei den Gaskraftmaschinen hat man die Explosivkraft eines brennbaren Gasgemisches entweder unmittelbar nutzbar gemacht, indem man durch dieselbe einen Kolben arbeitsleistend forttreiben läßt, oder man benützte sie zur Erzeugung eines luftverdünnten Raumes, dem gegenüber der äußere Luftdruck auf den Kolben zur Wirkung gelangt (atmosphärische Maschinen). Letztere kommen hier nicht in Betracht, weil sie für die Praxis wenig Werth haben.

Die ersteren lassen sich eintheilen in:

1. Explosionsmaschinen ohne Verdichtung der Ladung,
2. " " mit " "
3. Maschinen mit allmähliger Verbrennung und Verdichtung der Ladung.

Der Arbeitscylinder wird liegend oder stehend angeordnet und muß durch Wasser oder sonst entsprechend gekühlt werden, um eine zu große Erhitzung desselben vorzubeugen. Steuerung geschieht durch Schieber oder Ventile.

Die Regulirung hat derart zu erfolgen, daß bei Geschwindigkeitssteigerungen die Gaseinströmung unterbrochen wird und der Kolben nur Luft in den Arbeitscylinder einsaugt; infolge dessen wird kein Gas consumirt und die Kraftentwicklung unterbleibt so lange, bis die Maschine wieder ihre normale Geschwindigkeit erreicht hat.

Faßt man kurz zusammen, welche Anforderungen an einen guten Gasmotor zu stellen sind, so haben wir: geringsten Gasverbrauch, gleichmäßigen geräuschlosen Gang, Geruchlosigkeit und Explosions-Sicherheit, zuverlässige Zündung, einfache Construction, geringe Abnützung, geringen Oel- und Kühlwasserverbrauch.

Wir geben nachfolgend eine Zusammenstellung einiger für die Praxis wichtigen Daten von liegenden und stehenden Gasmotoren, wobei wir natürlich nicht absolut maßgebende Zahlen, sondern nur einen Durchschnittswerth angeben können.

Gattung von Motoren.	Effektive Pferdekraft.	Gasverbrauch pro Stunde.	Kühlwasser pro Stunde.	Preis der Maschinen.
		cm.	Liter.	Mark.
Liegende Construction	1	1,2	35	1500
	2	2,20	73	1850
	4	3,58	138	2650
Stehende Construction	1	1,00	45	1350
	2	—	—	1750
	4	3,54	124	2300

Die Betriebskosten rechnen sich darnach für eine Gaskraftmaschine von 1 HP. effektiv: Anschaffungspreis der Maschine 1500 Mark, 15% für Verzinsung, Abschreibung, Erhaltung auf 300 Arbeitstage vertheilt pro Tag 75 Pf. Gasverbrauch täglich 10 cbm à 16 Pf. = 1 Mk. 60, Kühlwasser 0,4 cbm tägl. = 2 Pf., Schmierung und Wartung 0,50—1 Mark, sohin pro Tag = 2,87—3,37 Mark, oder pro Stunde und Pferdestärke 28,7—33,7 Pf.

Es ist dies sohin eine Betriebskraft, die im Verhältniß billig zu stehen kommt. Hierzu tritt noch die Gefahrlosigkeit des Betriebes, keine Concession für die Aufstellung auch in bewohnten Räumen und in jedem Stockwerk, Regulirbarkeit des Gasconsums im Verhältniß zur jeweiligen Kraftleistung, so daß man für den Kleinbetrieb eine Maschine hat, die allen Anforderungen entspricht.

Aehnlich ergibt sich das Verhältniß für die Petroleumkraftmaschinen, bei denen jedoch eine Feuersgefahr in Folge unrichtiger resp. unvorsichtiger Handhabung nicht ausgeschlossen ist.

Die Petroleum-Motoren werden durch die bei der Verbrennung von fein zertheilten, leichten flüchtigen Petroleumölen mit atmosphärischer Luft enthaltene motorischen Kraft betrieben und ist auch hier, wie bei den Gasmotoren eine Kühlung des Arbeitscylinders erforderlich.

Die Brennflüssigkeit wird entweder vergast und dann die Dämpfe mit Luft gemischt oder man schwängert die Luft mit der äußerst fein zertheilten Brennflüssigkeit, indem man entweder Luft durch dieselbe durchtreibt oder die Flüssigkeit zerstäubt, wobei aber die eigentliche Vergasung erst bei Entzündung des Gemenges eintritt. Letzteres Verfahren wird heute fast ausschließlich angewendet und rechnet man pro 1 Stunde und Pferdestärke durchschnittlich 1 Liter Benzin.

Auf die specielle Einrichtung der Maschine übergehend bemerken wir, daß dieselbe im Wesentlichen identisch mit jener der Gaskraftmaschinen ist, nur tritt der Gaserzeugungsapparat hinzu, dessen Preis sich auf ca. 280 Mark für einen einpferdigen und ca. 350 Mark für einen vierpferdigen Motor stellen wird.

Die Betriebskosten rechnen sich für eine einpferdige Petroleumkraftmaschine wie folgt: Kosten der Maschine 1700 Mark, Verzinsung, Abschreibung und Erhaltung auf 300 Arbeitstage vertheilt 15% täglich 85 Pf., Benzin für 10stündigen Betrieb 10 Liter (ca. 7 kg) ca. 2 Mk., Kühlwasser wie bei den Gasmaschinen täglich 2 Pf., Schmierung und Wartung 0,50—1 Mark, sohin pro Tag 3,37—3,87 Mark, oder pro Stunde und Pferdestärke 33,7—38,7 Pf.

Dampfmaschinen für den Kleinbetrieb werden meistens, der Raumersparniß und einmaligen Fundirung halber mit dem Dampfkessel vereinigt ausgeführt. Als besser wäre jedoch zu empfehlen, Maschine und Kessel getrennt aufzustellen.

Was zunächst den Kessel anlangt, so werden an denselben folgende Anforderungen gestellt:

Rasche Dampfentwicklung und Inbetriebsetzung, geringer Raumbedarf, einfache Behandlung, Ausnützung der ganzen Wärme, geringer Brennmaterialbedarf und leichte Reinigung. Um den einschlägigen gesetzlichen Bestimmungen zu genügen, ist man mehr auf kleinere Kessel mit verhältnißmäßig engen Feuer- oder Sieberöhren angewiesen, die man der Raumersparniß halber gern stehend baut und mit innerer Feuerung versieht. Bei solchen Kesseln treten mehr oder minder Nachtheile auf, die hauptsächlich in dem schweren Reinigen bestehen und darin, daß solche Kessel weit mehr Wärme ausstrahlen als eingemauerte Kessel. Man baut sie klein und sucht sie explosionssicher zu machen; je kleiner man aber den Dampf- und Wasserraum nimmt, um so geringer ist die darin aufgespeicherte Arbeitsmenge und um so vollkommener muß die Regelung sein, welche sich natürlich sowohl auf die Speisung als auch auf die Feuerung bezieht und sich selbstthätig vollziehen soll.

Kleine Röhrenkessel liefern nassen Dampf, wodurch der Dampfverbrauch der Maschinen ein verhältnißmäßig hoher ist.

Dadurch und durch die unvermeidlichen Wärmeverluste wirken die kleineren Dampfmaschinen im Verhältniß viel ungünstiger, d. h. ihr Betrieb ist ein weit theuerer, als der von größeren Maschinen.

Die für Dampfmaschinen des Kleinbetriebes am häufigsten angewendeten Kesselsysteme sind Field'sche Lachapelle, Hoffmeister und andere.

Können die Kessel eingemauert werden, so werden kleine Walzenkessel oder Flammrohrkessel verwendet.

Man rechnet durchschnittlich 1,1—1,5 qm Heizfläche für eine Pferdestärke; der Wasserraum kann dabei sehr variabel sein.

Bekanntlich gibt es verschiedene Arten von Dampfmaschinen. Die Wahl derselben richtet sich nach Größe des Kraftbedarfes, der Zeitdauer und größeren oder geringeren Ständigkeit des Betriebes, sowie dessen Gleichförmigkeit.

Bei wechselnden Ansprüchen an die Leistung der Maschine empfiehlt es sich stets (bei Maschinen von 3 oder 4 Pferdekräfte an aufwärts) eine Maschine mit veränderlicher Expansion zu nehmen, da diese eine vortheilhaftere Ausnützung des Dampfes (Brennmaterialersparniß) sichert, als die Drosselung desselben durch den Regulator oder das Absperrventil. Da diese die Oekonomie des Dampfes beeinträchtigt, so bewerkstelligt man die Regulirung des Ganges der Maschine bei veränderlichem Kraftbedarf durch direkte Einwirkung des Regulators auf die Steuerung, und zwar derart, daß die Maschine mit kleinerer Füllung arbeitet, wenn der Kraftverbrauch ein geringerer wird und umgekehrt. Hierdurch wird im ersteren Fall auch ein geringerer Dampfverbrauch erzielt, was in gleichem Maße durch die Einwirkung des Regulators auf die Drosselklappe nicht der Fall ist.

Je nachdem man eine häufig unregelmäßig wechselnde Leistung der Maschine hat, wird man eine vom Regulator beeinflußte Expansion nehmen (z. B. Rider'sche) oder je nachdem zu bestimmten Zeiten eine stark verschiedene Beanspruchung der Maschine vorkommt, wird eine von Hand zu verstellende Expansion (Meyer'sche) anzuwenden sein.

Um die Wirkung des Dampfcylinders möglichst unabhängig von der Einwirkung der Abkühlung durch die Cylinderwände zu machen, ist der Dampfcylinder mit einem Dampfmantel oder doppelten Umhüllung zu umgeben.

Dampfmaschinen für den Kleinbetrieb sollen mit solchem Dampfdruck arbeiten, daß man sie unter bewohnten Räumen oder in Arbeitslokalen aufstellen kann. Maschinen von 1—4 Pferdekräfte werden gewöhnlich für 4 Atmosph. Dampfdruck gebaut.

Durchschnittlich wird eine gut gebaute Kleindampfmaschine 4—5 kg Kohlen für die Pferdestärke und Stunde bedürfen, wobei man ca. 30 Liter Wasserverbrauch rechnen kann. Der Kohlenverbrauch steigt aber, je geringer die Größe der Wasserverdampfung einerseits und je größer der Dampfverbrauch pro Stunde und Pferdekraft ist. Wie schon eingangs erwähnt, hängt der Brennmaterialbedarf auch hauptsächlich davon ab, daß die Feuerungsanlage entsprechend gewählt und aber auch richtig geheizt wird. Die rationelle Wasserverdampfung geht Hand in Hand mit der Qualität des Brennmaterials. Besseres ergibt unter sonst gleichen Umständen natürlich eine viel größere Wasserverdampfung als solches von geringerer Qualität, welches letztere mit Rücksicht auf die Preisverhältnisse, welche an die Oertlichkeit der Maschinenanlage gebunden erscheinen, oft vorzuziehen ist.

Die Leistungen der verschiedenen Brennmaterialien sind aus den folgenden Zahlen ungefähr ersichtlich gemacht. Ein gleiches Quantum (Gewicht) Brennstoff leistet in der Verdampfung

Steinkohle, Anthracitkohle	5—10	Verdampfung (Wasser)
Cokes	4,7—8	„ „
Braunkohle	2—4,5	„ „
Torf	1,5—3,0	„ „

Holz . . . . 2,5—3,6 Verdampfung (Wasser)
Stroh . . . . . . : 1,5—2,0 " "
Gerberlohe . . . . . 1,0—1,5 " "

Die Zahlen wollen auf Genauigkeit keinen Anspruch machen, sie zeigen aber, wie wichtig die Wahl des Brennmaterials für den rationellen Betrieb ist.

Hier kann auch noch gleich erwähnt sein, daß auf einer Rostfläche von 1 qm ca. 65 kg gute Backkohle oder 80—100 kg magere Kohle pro Stunde verbrannt werden.

Schließlich sei noch eine kleine Tabelle über Preise und Dimensionen einiger Kleindampfmaschinen mit Kessel zusammengestellt.

Leistung der Maschinen in effekt. Pferdekräften.	Cylinder-Durchmesser.	Kolbenhub.	Tourenzahl per Minute.	Raum-Bedarf.			Kessel Heizfläche.	Preis der completen Maschinen.
				Länge.	Breite.	Höhe.		
	mm.	mm.		mm.	mm.	mm.	qm.	Mark.
3	120	230	180	1700	1500	2300	4,1	1900
4	150	260	150	1950	1600	2600	5,7	2200
5	170	250	150	2000	1700	2900	6,9	2600

Die Betriebskosten berechnen sich für eine 1 pferdige Dampfmaschine:

Anschaffungspreis 1500 Mark, hiervon 15% für Verzinsung, Abschreibung und Erhaltung auf 300 Arbeitstage vertheilt pro Tag 75 Pf., Kohlenverbrauch 45 kg à kg 1,60 Mark pro 100 kg 72 Pf., Schmierung, Wartung pro Tag 1 Mark 70 Pf.; sohin pro Tag 3 Mark 17 Pf. oder pro Stunde und Pferdekraft 31,7 Pf.

Bei größeren Dampfmaschinen stellen sich die Betriebskosten noch billiger. Doch soll auch hier, wie bei den obigen Angaben die event. Speisewasserreinigung nicht unberücksichtigt gelassen werden.

Aus einem Vergleich der Kosten eines Arbeiters zu den von Klein-Motoren ergibt sich denn, daß ein Arbeiter täglich an der Kurbel: 270,000 mkg oder 0,1 Pferdestärke leisten kann. Ein Taglohn von 2 Mark 50 Pf. und 10stündige Arbeitszeit vorausgesetzt, ergibt für die Pferdestärke und Stunde 2 Mark 50 Pf.

Wir wollen zum Schluße noch auf Folgendes aufmerksam machen:

Bei Anlage eines Betriebes soll man nie vergessen, an eine spätere Vergrößerung derselben zu denken und diese darnach bei der Einrichtung entsprechend zu berücksichtigen.

Bei Calculation über die Kosten der Einrichtung und des Betriebes sind weiters nicht zu vergessen: Fundationen, Rohrleitungen, Transmissionen, Ventilationen, Sicherheits- und Schutzvorrichtungen gegen Unfälle, Verzinsung, Betriebskapital ꝛc.; alles Faktoren, die sehr ins Gewicht fallen, meistens aber zu berücksichtigen vergessen werden.

Die Unfallversicherungsgesetze legen den Arbeitgebern erhebliche Lasten auf, indem sie die von ihnen beschäftigten Arbeiter gegen alle wirthschaftlichen Nachtheile sicher zu stellen verpflichtet sind, welche denselben aus allen Betriebsunfällen erwachsen.

Angesichts dieser Verantwortlichkeit wird man bei Anschaffung einer Maschine auch sein Augenmerk nicht nur auf die Güte derselben allein zu richten haben, sondern man wird immer eine solche wählen, welche gleichzeitig vom Standpunkte der möglichsten Unfallverhütung gut ausgerüstet ist.

Tabelle über Stärke von Tannenholzbalken in Wohngebäuden,

für eine Belastung (sammt Eigengewicht) von 500 k pro qm, und einer Inanspruchnahme von 80 k per qcm bei verschiedener Weite und Balkenlänge.

Balken.		Bei einer Weite von Mitte zu Mitte Balken.					
Höhe.	Breite.	0,20 m.	0,60 m.	0,70 m.	0,80 m.	0,90 m.	1,00 m.
cm.	cm.	Balkenlänge.					
20	10	4,10	3,75	3,50	3,30	3,05	2,90
"	11	4,30	3,95	3,65	3,40	3,20	3,05
"	12	4,50	4,10	3,80	3,60	3,40	3,20
"	13	4,70	4,30	3,98	3,70	3,50	3,30
"	14	4,90	4,45	4,10	3,85	3,65	3,45
"	15	5,05	4,60	4,25	4,00	3,80	3,60
"	16	5,20	4,75	4,40	4,15	3,90	3,70
"	17	5,40	4,90	4,55	4,25	4,05	3,80
"	18	5,55	5,05	4,70	4,40	4,13	3,92
"	19	5,70	5,20	4,80	4,50	4,24	4,05
"	20	5,85	5,35	4,95	4,65	4,35	4,10
22	10	4,55	4,15	3,85	3,60	3,40	3,20
"	11	4,75	4,35	4,05	3,75	3,55	3,37
"	12	5,00	4,55	4,20	3,93	3,70	3,50
"	13	5,20	4,75	4,40	4,10	3,85	3,67
"	14	5,40	4,90	4,55	4,25	4,00	3,80
"	15	5,57	5,10	4,70	4,40	4,15	3,93
"	16	5,75	5,25	4,85	4,55	4,30	4,07
"	17	5,95	5,40	5,00	4,70	4,40	4,20
"	18	6,10	5,58	5,15	4,83	4,55	4,30
"	19	6,25	5,72	5,30	4,95	4,67	4,45
"	20	6,40	5,87	5,43	5,08	4,80	4,55
"	21	6,58	6,00	5,57	5,20	4,90	4,65
"	22	6,75	6,15	5,70	5,33	5,02	4,75
24	10	4,95	4,50	4,20	3,90	3,70	3,50
"	12	5,45	4,95	4,60	4,30	4,05	3,85
"	14	5,85	5,35	4,95	4,65	4,37	4,15
"	16	6,30	5,70	5,30	4,95	4,65	4,45
"	18	6,65	6,05	5,60	5,25	4,95	4,70
"	20	7,00	6,40	5,93	5,55	5,20	4,95
"	22	7,35	6,70	6,20	5,80	5,50	5,20
"	24	7,70	7,00	6,50	6,10	5,70	5,45

Balken.		Bei einer Weite von Mitte zu Mitte Balken.					
Höhe.	Breite.	0,50 m.	0,60 m.	0,70 m.	0,80 m.	0,90 m.	1,00 m.
cm.	cm.	Balkenlänge.					
26	10	5,37	4,90	4,55	4,25	4,00	3,80
"	12	5,90	5,37	4,97	4,65	4,40	4,15
"	14	6,35	5,80	5,37	5,00	4,75	4,50
"	16	6,80	6,20	5,75	5,37	5,05	4,80
"	18	7,20	6,60	6,10	5,70	5,37	5,10
"	20	7,60	6,95	6,40	6,00	5,65	5,37
"	22	7,97	7,27	6,73	6,30	5,95	5,65
"	24	8,30	7,60	7,05	6,60	6,20	5,60
"	25	8,50	7,75	7,17	6,70	6,35	6,00
28	10	5,80	5,30	4,90	4,57	4,30	4,10
"	12	6,35	5,80	5,35	5,00	4,70	4,50
"	14	6,85	6,25	5,60	5,40	5,10	4,85
"	16	7,32	6,70	6,20	5,60	5,45	5,17
"	18	7,75	7,10	6,55	6,13	5,78	5,50
"	20	8,20	7,47	6,90	6,47	6,10	5,78
"	22	8,60	7,83	7,25	6,80	6,40	6,05
"	24	8,95	8,20	7,55	7,10	6,70	6,35
"	25	9,15	8,35	7,75	7,23	6,80	6,47
30	10	6,20	5,65	5,25	4,90	4,60	4,40
"	12	6,80	6,20	5,75	5,37	5,05	4,80
"	14	7,33	6,70	6,20	5,80	5,45	5,20
"	16	7,85	7,15	6,60	6,20	5,85	5,55
"	18	8,30	7,60	7,03	6,55	6,20	5,90
"	20	8,75	8,00	7,40	6,95	6,55	6,20
"	22	9,20	8,40	7,77	7,25	6,85	6,55
"	24	9,60	8,75	8,00	7,60	7,15	6,80
"	25	9,80	8,95	8,28	7,75	7,30	6,90
32	10	6,60	6,00	5,60	5,20	4,90	4,65
"	12	7,25	6,60	6,10	5,70	5,40	5,15
"	14	7,80	7,20	6,60	6,20	5,80	5,50
"	16	8,35	7,60	7,05	6,60	6,20	5,90
"	18	8,85	8,10	7,50	7,00	6,60	6,25
"	20	9,35	8,50	7,90	7,40	6,97	6,60
"	22	9,80	8,95	8,30	7,75	7,30	6,90
"	24	10,25	9,35	8,65	8,10	7,65	7,25
"	25	10,45	9,55	8,85	8,25	7,80	7,40
34	20	9,90	9,05	8,40	7,85	7,40	7,00
"	22	10,42	9,50	8,80	8,25	7,75	7,35
"	24	10,90	9,95	9,20	8,60	8,10	7,70
"	25	11,10	10,15	9,40	8,80	8,30	7,85

Aufgestellt:

Worms, den 8. December 1888.

J. D. Wedel, Bautechniker.

Zu unseren Abbildungen.

Die nachstehenden Skizzen zu 2 Salontischchen sind uns von Herrn Rudolph Schwarzmann in Mainz, von welchem die Entwürfe herrühren, gütigst zur Verfügung gestellt worden. Die Construction ergibt sich aus den beigefügten Grundrissen.

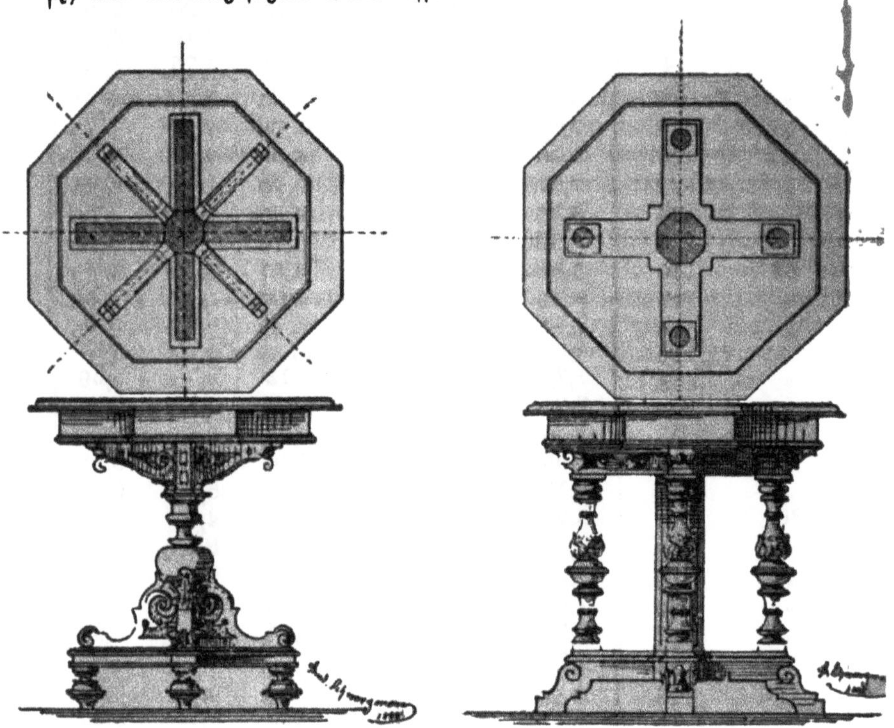

Metallisirte Blätter, Blumen und Früchte ꝛc.*)

Von H. Trautmann in München.

Wohl Jeder, der Galvanoplastik treibt, hat es versucht, Thiere und Pflanzen mit Kupfer zu überziehen — hie und da ist es vielleicht gelungen, aber die Mehrzahl der Mißerfolge haben Jeden bald von weiteren Versuchen abstehen lassen. Herrn Trautmann ist es nun gelungen, auf eine eigene Art derartige Ueberzüge fabrikmäßig in tadelloser Weise auszuführen. Wir finden die feinsten Gräser, Blüthen, Schmetterlinge, Käfer, kurz alles denkbare aus Pflanzen- und Thierwelt, mit Kupfer überzogen und so die schönen Formen in ein dauerndes Gewand gekleidet, das alle die Feinheiten des betreffenden Gegenstandes bewahrt. Die Erzeugnisse der Firma bieten in der That das Reizendste, was sich in dieser Art denken läßt, Bouquets als fast unzerbrechlichen Schmuck für

*) Exemplare in unserer technischen Mustersammlung. Die Red.

Vasen, Rahmen ꝛc., große Guirlanden für Grabmäler, Statuen, Knospen, Blätter zu Brochen verwandt u. s. w. Nur wer selbst mit den Schwierigkeiten derartiger Fabrikation bekannt ist, weiß die Ausdauer zu schätzen, die es ermöglichte, all' diese Sachen fabrikationsmäßig herzustellen und zu einem verhältnißmäßig billigen Handelsartikel zu machen. Herr Trautmann blieb jedoch bei dem einfachen Ueberziehen mit Metall nicht stehen, sondern erweiterte die Fabrikation dahin, daß er nunmehr die metallisirten Pflanzen mit jeder beliebigen Metall- und Oxydfarbe versehen, also die mannigfachsten Schattirungen in Farbe und Wirkung hervorbringen kann, die sämmtlich beständig und meist für Wasser unempfindlich, also auch zur Anwendung im Freien zulässig sind.

Die Verwendung dieser Produkte ist eine so mannigfache, daß sich die Ausdehnung derselben noch gar nicht absehen läßt. Als Haarschmuck ersetzen dieselben die Filigranarbeiten bei wesentlich billigerem Preise und feinerem Aussehen. Für Brochen, Nadeln u. s. w. ist ein weites Feld offen. Die Verwendung zu Bouquets, Schmuck von Rahmen ꝛc. haben wir schon erwähnt, dagegen ist noch anzuführen,. daß derartige verkupferte Pflanzentheile einen guten Ersatz für die zerbrechlichen und stumpfen Gypsmodelle für Schulen abgeben, und zu Sammlungen für botanischen Unterricht dienen werden.

Stärker in Metall hergestellte Pflanzen und Pflanzentheile sind für Innendecoration als Unterlage für den Stuccateur ein Ausstattungsmittel von ungeahnter Schönheit. Das Wesentlichste ist dabei immer die — von einigen Fabrikationsgeheimnissen abgesehen — einfache Herstellung der Gegenstände. In dem Etablissement von Trautmann sehen wir große Schubfächer, angefüllt mit der und der Pflanze, dem und dem Blatt, Knospe u. s. w., die die Fabrik parthienweise abliefert. Wir haben es hier mit einer Neuheit in der Pflanzendecoration zu thun, die für die in der künstlichen Blumenfabrikation bereits wohlbekannte Firma, welche wie bekannt, zur Einführung der Makart-Bouquets die erste Anregung gab und in diesem Artikel Großes leistet, ein neuer, werthvoller Geschäftszweig werden dürfte. (Globus.)

Sitzung der Handwerkerschul-Commission vom 5. December 1888.

Unter dem Vorsitze des Herrn Geh. Oberbauraths Dr. Müller hielt die Handwerkerschulcommission des Landesgewerbvereins am 5. d. Mts. eine Sitzung in den Räumen Großh. Centralstelle für die Gewerbe ab. Dieselbe beschloß zunächst, den aus seiner Stellung scheidenden Präsidenten des Landesgewerbvereins, Herrn Geheimerath Fink, zu ersuchen, seine reichen Erfahrungen auch fernerhin der Commission zur Verfügung stellen zu wollen und wurde der Generalsecretär beauftragt, dieses Ersuchen zum Ausdruck zu bringen. Weiter gedachte der Vorsitzende des herben Verlustes, welchen die Commission durch den Tod ihres allezeit thätigen Mitgliedes, Herrn Paul Gehry zu Mainz, Zeichenlehrer an dem Großh. Realgymnasium und der Realschule daselbst, erfahren habe und ersuchte die Mitglieder, demselben ein ehrendes Andenken bewahren zu wollen. Von den in der letzten Ausschuß-Sitzung neu erwählten Commissions-Mitglieder hatte eines derselben die Annahme der auf ihn gefallenen Wahl aus dienstlichen Gründen dankend abgelehnt. Zu der dadurch nothwendig gewordenen Vervollständigung der Commission wurde — vorbehältlich der Zustimmung des Ausschusses — die Cooptation zweier weiteren Mitglieder beschlossen und Großh. Centralstelle um Veranlassung der zur Ausführung dieses Beschlusses Erforderlichen ersucht. Alsdann schritt die Commission unter Berücksichtigung einzelner vorgebrachter Wünsche zur Vertheilung der einzelnen Schulen behufs Revision derselben durch ihre Mitglieder im kommenden Jahre. Vor diesen Visitationen werden die betr. Herrn den Vorständen der einzelnen Schulen entsprechend Mittheilung machen.

Eine bei der letzten Visitation der Handwerkerschule zu Butzbach erhobenen Bemerkung über die Anwendung von Schattenlinien bei technischen Zeichnungen veranlaßte die Commission nach kurzer Discussion zu der Bemerkung, daß eine principielle Verwerfung derselben nicht gerechtfertigt erscheine, im Uebrigen aber ihre Anwendung nach Art und Bedürfniß der Zeichnung dem Ermessen des Lehrers überlassen werden solle.

Commissions-Sitzung vom 6. December 1888, betr. die Revision des Gewerbsteuertarifes.

Die in der letzten Sitzung des Ausschusses des Landesgewerbvereins zur Revision des Gewerbesteuertarifes erwählte Commission*) trat am 6. d. Mts. zu einer ersten Sitzung in den Räumen Großh. Centralstelle für die Gewerbe und den Landesgewerbverein zusammen. Erschienen waren die Herrn: Habicht, Bürgermeister zu Echzell; Heß, A., Rentner zu Gießen; Dr. Hesse, Generalsecretär zu Darmstadt; Heyne, Fabrikant zu Offenbach; Jochem, Fabrikant zu Worms; Junck, Kaufmann zu Sprendlingen; Römheld, Commerzienrath zu Mainz; Sommerlad, Steuerrath zu Lauterbach; Worret, Rentner zu Worms. Sein Nichterscheinen hatte entschuldigt Herr Landtagsabgeordneter Dr. Schröder zu Darmstadt, durch sonstige Inanspruchnahme abgehalten war Herr Reichstagsabgeordneter Ulrich zu Pfungstadt. In Verhinderung des letzteren hatte Herr Commerzienrath Römheld vorläufig das Amt eines Obmanns übernommen und wurde derselbe von der Versammlung für diese, wie für die folgenden Sitzungen als solcher bestätigt. Die sich hieran anknüpfenden Verhandlungen betrafen zunächst unsere Gewerbsteuergesetzgebung im Allgemeinen, die Ziele und Grundlagen derselben. Aus denselben dürfte insbesondere hervorzuheben sein, daß die Anwesenden in ihrer Mehrheit die Ansicht vertraten, daß die Ausbildung des Gewerbsteuertarifes der Entwicklung von Industrie und Gewerbe nicht gleichmäßig gefolgt sei, sowie daß eine Vermehrung der Befugnisse der zur Regulirung der Gewerbsteuer berufenen Commissionen wünschenswerth erscheine. Es erschien der Versammlung nicht angezeigt, in dieser ersten Sitzung schon in Einzelberathungen einzutreten; es wurde vielmehr beschlossen, Großh. Centralstelle zu ersuchen, den Commissionsmitgliedern sowohl das bereits von den Lokalgewerbvereinen u. s. w. erhobene Material zur Verfügung zu stellen, als auch bei Großh. Ministerium der Finanzen, Abtheilung für Steuerwesen, die nöthigen Schritte zur Erlangung weiteren Materiales zu thun. Die Großh. Centralstelle bislang mitgetheilten Wünsche und Beschwerden, von welchen der Vorsitzende vorläufige Kenntniß gab, betonen u. A. vielfach das Verlangen nach einem größeren Schutze des stehenden Gewerbebetriebes und nach Beschränkung des Hausirhandels. Nach weiteren

---

*) Siehe S. 437, pos. 8.

speciellen Ausführungen der Herrn Jochem und Sommerlad gab Herr Bürgermeister Habicht noch dem Wunsche Ausdruck, daß bei ferneren Verhandlungen den ländlichen Verhältnissen entsprechende Rücksicht getragen werden wolle.

Entscheidungen des Reichsversicherungsamts.

Ein Zeitungsverleger ließ die in der Druckerei eines anderen Unternehmers für ihn gedruckten Zeitungen durch eigene Leute in den Betriebsräumen der Druckerei zum Postversandt beziehungsweise zum Austragen bereitstellen, falzen und verpacken. Diese Verrichtungen wurden innerhalb des Maschinenraumes selbst auf irgend einem gerade leer stehenden Tisch vorgenommen. Als eines Tages einer der damit beauftragten Arbeiter beim Eintritt in den Maschinenraum sich zum Falzen von Zeitungen an seinen Arbeitsplatz begeben wollte und hierbei seinen Weg an einer Papierschneidemaschine vorbei nahm, gerieth er mit seiner Hand in die Maschine und wurde verletzt. Das Reichs-Versicherungsamt hat diesen Unfall durch Rekursentscheidung vom 25. Juni d. J. als einen Unfall bei dem Betrieb erachtet, für welchen die Buchdrucker-Berufsgenossenschaft aufzukommen habe. Maßgebend war hierüber folgende Erwägung: Wenn auch die sogenannte Zeitungsspedition und die ihr dienenden Verrichtungen des Falzens und Verpackens der Zeitungen an sich nicht versicherungspflichtig sind, so bilden doch diese letzteren Thätigkeiten, sobald sie in denselben Räumen stattfinden, in welchen sich die Drucklegung der zu expedirenden Zeitungen vollzieht, mit dieser Drucklegung, wirthschaftlich betrachtet, einen einheitlichen Betrieb, welcher in ganzem Umfange der Versicherungspflicht unterliegt. Er hat lediglich die Eigenthümlichkeit, daß einzelne seiner Bestandtheile für Rechnung verschiedenen Unternehmer betrieben werden. Der Zeitungsverleger war daher für diejenigen seiner Arbeiter, welche von ihm in der oben angegebenen Weise beschäftigt und dadurch mit dem eigentlichen Druckereibetriebe und seinen Gefahren ind die engste Berührung gebracht wurden, ebensowohl bei der Buchdrucker-Berufsgenossenschaft versicherungspflichtig, wie der Druckereibesitzer für sein Druckerpersonal.

Der im Betriebe einer Gasanstalt beschäftigte Heizer K. verunglückte, während er den Nachtdienst versah, dadurch, daß er den mit der Räumung der Abtrittsgrube der Anstalt beschäftigten Arbeitern, welche in Folge der Betäubung durch die Grubengase in Lebensgefahr geriethen, auf ihren Ruf zu Hülfe eilte und dabei selbst durch Einathmung der Gase ohnmächtig wurde, in die Grube stürzte und im Schlamm erstickte. Die Räumung war dem Bauer H., welcher den Inhalt der Grube als Dungmittel benutzen wollte, übertragen und wurde von ihm im Verein mit seinen Söhnen ausgeführt. Die Berufsgenossenschaft, welcher die Gasanstalt angehörte, lehnte den Anspruch der Hinterbliebenen ab, weil K. im Augenblick des Unfalls nicht im Betriebe der Gasanstalt, sondern zeitweilig im Betriebe des H. beschäftigt gewesen sei und den Unfall auch nicht bei dem Betriebe der Gasanstalt erlitten habe, da der von ihm unternommene Rettungsversuch mit diesem Betriebe weder in einem unmittelbaren noch mittelbaren Zusammenhang stehe. Das Schiedsgericht hat dagegen auf erhobene Berufung die Berufsgenossenschaft zur Zahlung der Rente verurtheilt, und das Reichs-Versicherungsamt den gegen dieses Urtheil erhobenen Rekurs in der Entscheidung vom 4. Juni d. J. zurückgewiesen. Aus den Gründen: Nach den angestellten Er- Ermittelungen in Verbindung mit den Angaben der Gas-Gesellschaft steht fest, daß die fragliche Abortgrube, deren Ausräumung dem H. übertragen worden war, für die Arbeiter der genannten Gesellschaft bestimmt war, sowie daß Abort und Grube einen Theil der Fabrikgebäulichkeiten bilden. Ferner ist als festgestellt zu erachten, übrigens auch von der Beklagten demnächst zugegeben worden, daß die Ausräumung der Abortgrube im Interesse des ordnungsmäßigen Betriebes der Fabrik erforderlich war. Schließlich steht fest, daß der verstorbene K. in der fraglichen Nacht in dem Betriebe der Fabrik als Heizer thätig war und in der Abortgrube verunglückte, in welche er zur Rettung der Arbeiter hinabgestiegen war. Auf der Grundlage dieser Feststellungen und des sonstigen Akteninhalts gelangt man dazu, die beiden für den Anspruch der Hinterbliebenen entscheidenden Fragen: ob K. im Augenblick des Unfalls „im" Betriebe der Gasanstalt beschäftigt war, und zutreffendenfalls, ob der Unfall sich „bei" dem Betriebe der letzteren ereignet hat, zu bejahen.

Durch Rekursentscheidung vom 24. September d. J. sind den Hinterbliebenen eines Arbeiters, der sich selbst das Leben genommen hatte, vom Reichs-Versicherungsamt um deswillen Entschädigungsansprüche zuerkannt worden, weil als erwiesen erachtet wurde, daß der Arbeiter in geistiger Gestörtheit und zwar im Zustande der Unzurechnungsfähigkeit den Selbstmord begangen hatte, und daß diese geistige Erkrankung durch einen Betriebsunfall (Sturz mit einem Förderwagen in einen etwa 10 m tiefen Schacht) verursacht worden war. Es lag mithin nicht, wie von einer Seite behauptet worden war, ein Fall der „vorsätzlichen Herbeiführung des Unfalls" (§. 5 Absatz 7 des Unfallversicherungsgesetzes) vor.

Ein bei einem Bauunternehmer stehender Maurer war von seinem Dienstherrn auf ein Fabrikgrundstück geschickt, um daselbst ein Eisengitter in eine Mauer einzulassen. Da derselbe glaubte, die zum Einlassen der Eisenstäbe erforderlichen Löcher besser mit einer Gasröhre als mit seinem Meisel bohren zu können, suchte er nach einer solchen auf dem Fabrikgrundstück. Dabei kam er an dem Kesselhause vorbei, in welchem er einige Arbeiter bemerkte, die ein gerade für seine Zwecke passendes Gasrohr bei der Arbeit benutzten. Während er nun vor dem Kesselhause darauf wartete, daß ihm das Gasrohr von denselben überlassen werde, explodirte der Kessel und der Kläger wurde durch die ausströmenden Dämpfe stark verbrüht. Das Reichs-Versicherungsamt hat in seiner Sitzung vom 15. Oktober d. J. das Vorliegen eines von der beklagten Baugewerks-Berufsgenossenschaft zu entschädigenden Unfalls anerkannt, weil der Kläger in dem Bereich seiner Arbeitsthätigkeit bei dem Suchen eines Werkzeugs verunglückt ist, welches er zur besseren Verrichtung seiner Arbeit nöthig zu haben vermeinte.

Die Herstellung eines Blitzableiters an der Fabrikesse des A. war von B. gegen eine bestimmte Summe in Akkord übernommen worden. Als ein Arbeiter des B. zur Anbringung des Blitzableiters eine an der äußeren Seite der Esse angebrachte Strickleiter besteigen wollte und letztere im Winde stark schwankte, wurde ein in den Fabrikräumen gerade anwesender und beschäftigter Arbeiter des A. herbeigerufen und von den Arbeitern des B. zum Halten der Strickleiter veranlaßt. Derselbe erhielt hierbei durch von der Esse herabfallende Steine Verletzungen, welche seinen Tod nach sich zogen. Das Reichs-Versicherungsamt hat durch Rekursentscheidung vom 24. September d. J. die von den Hinterbliebenen des verunglückten Arbeiters gegen die Berufsgenossenschaft, welcher der Fabrikbetrieb des A. zugehörte, erhobenen Entschädigungsansprüche zurückgewiesen, indem es *davon ausging*, daß der Unfall nicht im Betriebe des A., sondern in dem ebenfalls versicherungspflichtigen Betriebe des B. eingetreten ist, für den die betreffende Hülfeleistung nothwendig gewesen und in Anspruch genommen worden ist.

Wenn der Verletzte nach Ablauf der dreizehnten Woche, nach dem Unfall freie Kur und Verpflegung in einem Krankenhause genossen hat, so läßt §. 7 Absatz 1 des Unfallversicherungsgesetzes die Auslegung zu, daß die Berufsgenossenschaft, deren Fürsorgepflicht später festgestellt wird, nachträglich von dem ihr zustehenden Wahlrecht Gebrauch macht und die Unterbringung des Verletzten im Krankenhause als auf ihre Rechnung geschehen anerkennt. Neben der Uebernahme der vom Beginn der vierzehnten Woche an entstandenen Kur- und Verpflegungskosten ist eventuell der Vorschrift des §. 7 Absatz 2 a. a. O. in solchem Falle nachträglich zu genügen.

Eine Stadtgemeinde, welche mit einem umfangreichen, auf die bauliche Erhaltung und Reinigung der städtischen Straßen, Gräben und Kanäle gerichteten Betriebe der Tiefbau-Berufsgenossenschaft als Mitglied angehört und zugleich von einem Theil der in jenem Betriebe beschäftigten Arbeiter a. die Pflege der in den städtischen Verschönerungsanlagen und auf einem Friedhof befindlichen Anpflanzungen besorgen, außerdem b. einige städtische Wiesen bewirthschaften und abernten, sowie endlich c. das Schneiden und Köpfen von Weiden und Pappeln ausführen läßt, hatte beantragt, daß auch die unter a bis c genannten, in Ausführung landwirthschaftlicher beziehungsweise gärtnerischer Arbeiten bestehenden Betriebe als Nebenbetriebe ihres Baubetriebes in der Tiefbau-Berufsgenossenschaft versichert würden. Während letztere Genossenschaft zur Aufnahme der Nebenbetriebe bereit war, hat andererseits die betreffende landwirthschaftliche Berufsgenossenschaft einer solchen genossenschaftlichen Verbindung landwirthschaftlicher Betriebe mit einem Baubetriebe widersprochen. Das Reichs-Versicherungsamt hat sich aus diesem Anlaß unterm 4. Juli d. J. wie folgt ausgesprochen: Wenn auch diejenige Verrichtungen als Theile des Baubetriebes anzusehen sind, welche sich auf die Anpflanzung und Pflege von Bäumen erstrecken, die, auf dem Straßenterrain stehend, Bestandtheile der Straßen selbst sind und lediglich der Sicherheit und der Bequemlichkeit des Verkehrs auf den letzteren dienen, so werden andererseits die unter a. bis c. genannten Arbeiten ihrer Art nach zu den im §. 1 des landwirthschaftlichen Unfallversicherungsgesetzes bezeichneten Betrieben zu rechnen sein. Nun besteht aber bei der gegenwärtigen Lage der Gesetzgebung keine rechtliche Möglichkeit, land- oder forstwirthschaftliche Betriebe als Nebenbetriebe gewerblicher Unternehmungen derjenigen Berufsgenossenschaft anzuschließen, zu welcher die letzteren gehören. Der im §. 9 Absatz 3 des Unfallversicherungsgesetzes vom 6. Juli 1884 ausgesprochene Grundsatz, daß Nebenbetriebe dem Hauptbetriebe folgen, gilt insoweit nicht für das Verhältniß zwischen gewerblichen und land- oder forstwirthschaftlichen Betrieben. Hierin ist auch, soweit das Verhältniß landwirthschaftlicher Nebenbetriebe zu Baubetrieben als den Hauptbetrieben in Frage kommt, durch §. 9 Absatz 2 des Bauunfallversicherungsgesetzes vom 11. Juli 1887 nichts geändert, welcher bestimmt: Bei Baubetrieben, welche sich auf verschiedene Arten von Bauarbeiten erstrecken, entscheidet für die Zugehörigkeit zur Berufsgenossenschaft der Hauptbetrieb. Auch im Uebrigen folgen Nebenbetriebe den Hauptbetrieben. Denn wenn es auch nach der Wortfassung dieser Gesetzesstelle scheinen könnte, als ob es zulässig wäre, versicherungspflichtige Betriebe aller Art, sofern sie sich nur thatsächlich als Nebenbetriebe von Baubetrieben auffassen lassen, mit den letzteren in der Tiefbau-Berufsgenossenschaft beziehungsweise auch gemäß §. 48 des Bauunfallversicherungsgesetzes in den betreffenden

Baugewerks-Berufsgenossenschaften zu vereinigen, so würde doch eine solche uneingeschränkte Anwendung des §. 9 Absatz 2 a. a. O. dem aus der Entstehungsgeschichte und dem Zusammenhange mit anderen Gesetzen zu beurtheilenden Geiste des Bauunfallversicherungsgesetzes zuwiderlaufen. Aus der Begründung zu dem dem §. 9 des jetzigen Gesetzes entsprechenden §. 7 des Entwurfs geht zweifellos hervor, daß beabsichtigt worden ist, lediglich die Verbindung gewerblicher, unter das Unfallversicherungsgesetz vom 6. Juli 1884 und das Ausdehnungsgesetz vom 28. Mai 1885 fallender Betriebe mit Baubetrieben in der Tiefbau- beziehungsweise einer territorialen Baugewerks-Berufsgenossenschaft zu ermöglichen, und daß der Gedanke fern gelegen hat, eine gleiche berufsgenossenschaftliche Verbindung auch zwischen land- und forstwirthschaftlichen Betrieben und Baubetrieben für zulässig zu erklären. Eine solche Heraushebung einzelner land- oder forstwirthschaftlicher Betriebe aus den landwirthschaftlichen Berufsgenossenschaften würde ein Durchbrechen des dem landwirthschaftlichen Unfallversicherungsgesetz eigenthümlichen Grundsatzes bedeuten, wonach „alle" land- und forstwirthschaftlichen Betriebe in sich geschlossen einer einzigen territorialen Berufsgenossenschaft angehören und einer in wesentlichen Punkten von der Versicherung der gewerblichen und der Baubetriebe abweichenden Unfallversicherung unterworfen sein sollen. Eine derartige strenge Wortinterpretation des §. 9 Absatz 2 a. a. O. würde ein innerlich nicht begründetes Ausnahmeverhältniß der Baugewerks-Berufsgenossenschaften gegenüber allen anderen gewerblichen Berufsgenossenschaften herbeiführen.

Verschiedene Mittheilungen.

Das Thürknarren. „So schmieren Sie doch die Thüre, man versteht ja sein eigen Wort nicht vor dem verd. — — Geknarr!"

„Die ist schon oft und erst gestern wieder geölt worden, aber da hilft Alles nicht."

„Dann ist sie eben schlecht gemacht."

„Ei, Sie haben sie ja selbst gemacht, Herr . . . und Sie Herr . . . haben sie angeschlagen!"

Dieses Gespräch zwischen zwei ehrsamen hiesigen Rentnern und dem Wirth hörte ich jüngst als zufällig einziger weiterer Gast mit an.

Erlauben die Herren, mischte ich mich ein, Ihnen einmal zu erklären, wie ich diesem anscheinend unvermeidlichen Uebelstand in meinem Hause gründlich und dauernd abgeholfen habe. Bei einem nöthig gewordenen größeren Umbau desselben habe ich nach meiner Gewohnheit die einzelnen Vornahmen sorgfältig geprüft und dabei auch den jetzt üblichen Thürbeschlag nicht vergessen, wobei ich zu folgendem Resultat kam: Bei den früher üblichen Thürangeln ruhte die Last der Thüre mit dem Rande des Bandes auf dem horizontalen Schenkel der Angel, was zu starker, oft geräuschvoller Reibung Anlaß gab. Das jetzige sog. Fischband sollte dem abhelfen, indem die ganze Last auf den schmalen Reibflächen zwischen der Spitze des Zapfens und dem Grunde der Pfanne sich bewegt. Es muß daher bei richtiger Construction der Zapfen etwas länger als die Pfanne sein, so daß die beiden Bänder sich gegenseitig nicht berühren. Nach alter Gewohnheit schlägt man das Fischband wie die frühere Thürangel mit nach oben gerichtetem Zapfen an. Die schmale Reibfläche, an welcher das Schmieröl, auch wenn man sich die Mühe machte, es dahin zu schaffen, nicht haftet, nutzt sich bald ab und die blechartigen Theile des Bandes reiben aufeinander mit dem bekannten erbärmlichen Geknarr, während das Oel einfach abläuft und häßliche Flecken macht. — „Wie wärs, Meister, wenn wir einmal die Sache umdrehten und den Theil mit dem Zapfen, und zwar natürlich den letzteren nach abwärts gerichtet, an die Thüre, den Pfannentheil an den Thürpfosten befestigten?" — „Ja, können thut man das wohl, aber man thut's doch nicht." — „Nun, dann machen wir es einmal so verkehrt, ich trage allein die Verantwortung." — Gesagt, gethan, das Fischband wurde mit abwärts gerichtetem Zapfen an die Thüre geschlagen und das Problem war gelöst. Jeder Tropfen

Oel senkte sich abwärts bis zur Reibfläche an der Spitze des Zapfens und erfüllte seinen Zweck bis zum kleinsten Rest.

Nach Jahr und Tag aber, während ich gerade verreist war, begab es sich, daß so meine alte Thür sich etwas gesenkt hatte, und der Meister half, wie üblich, durch Unterlegen zweier Ringe nach, was natürlich bei so erschwerenden Umständen nicht ohne einiges Knurren über die ketzerische Neuerung abging. Indem nun aber die beiden Bandtheile an den eisernen Ringen sich rieben, fing das schon vergessene Gegärr erst recht wieder an. Da kaufte ich mir für einige Pfennige ein Stückchen Messingstab von der ungefähren Dicke des Zapfens, sägte mittelst einer Laubsäge ein paar Scheibchen davon ab und warf sie in die Pfanne. Da war dem Uebel wieder abgeholfen und die Reibung von Eisen auf Messing ging noch viel leichter. —

Sie sind halt so ein Tüftler, meinte dann einer meiner Zuhörer. — Nein, sagte ich, nur ein Grübler, der überall fragt: Warum? Und dieses „warum" sollte ein jeder Handwerker sich zu täglicher Erinnerung über seine Werkstatt schreiben, da würde er sich und seinen Kunden manchen Aerger ersparen. Dr. K.

Litteratur.

Der Formenschatz. Eine Quelle der Belehrung und Anregung für Künstler und Gewerbetreibende, wie für alle Freunde stylvoller Schönheit, aus den Werken der besten Meister aller Zeiten und Völker. Herausgegeben von Georg Hirth. Jährlich 12 Hefte, Preis 15 Mark. Verlag von G. Hirth in München und Leipzig.

Von dem Jahrgange 1888 liegen nunmehr die beiden letzten Hefte nebst der Gesammt-Inhalts-Uebersicht vor. Die Fülle des Materials, welche der beendigte Jahrgang wieder gebracht hat, zerfällt im Wessentlichen in 10 Gruppen: 1) Allgemeine Ornamente und Dekorationsmotive, Intarsien, Buchverzierungen, Niello- und Tauschir-Vorlagen, Vignetten, Rahmen, Zierschilder &c.; 2) Heraldik und Verwandtes, Wehr und Waffen; 3) Innere Dekoration, Wand- und Glasmalerei, Plafonds, Kamine, Oefen &c.; 4) Architektur, äußere Dekorationen, Gartenaulagen &c.; 5) Werke der Plastik, Monumente, Brunnen &c.; 6) Möbel, Gefäße und anderes Kleingeräth, Keramik &c.; 7) Metallotechnik, Schmied- und Schlosserarbeiten; 8) Goldschmied- und Juwelierarbeiten, Medaillen, Niellen u. s. w.; 9) Textile Kunst, sowie endlich 10) Porträts, allegorische und historische Darstellungen, Kostüme, Feste &c.; Von Meistern finden wir hauptsächlich Deutsche, Franzosen, Italiener und Niederländer, außerdem römische, und etruskische Antiken, Werke japanischen Ursprungs &c. Keine andere Publikation ähnlicher Art dürfte die vorliegende an Reichhaltigkeit des Stoffes übertreffen.

Neue Musterblätter für Schlosser und Schmiede I. 50 Motive für Grabgitter und Grabkreuze. Entworfen und gezeichnet von Max Gabler in Dresden. Verlag von Jul. Bloem in Dresden. Preis 2 Mark 50 Pf.

Neue Musterblätter für Schlosser und Schmiede II. 50 Motive für Frontgitter, Treppengeländer, Balkongeländer, Abschlußgitter, Firstgitter, Fenstergitter, Thüreinsätze, Oberlichte, Füllungen. Entworfen und gezeichnet von A. Wittmann in Hamburg. Dresden 1888. Verlag von Julius Bloem. Preis 2 Mark 50 Pf.

Die vorliegende Sammlung zeichnet sich durch billigen Preis und Handlichkeit vor vielen ihrer Vorgänger aus, ohne daß darunter etwa die Qualität des Gebotenen litte. Wie schon im Titel bemerkt, handelt es sich hier nicht um in großem Maßstabe vollständig ausgeführte Werkzeichnungen, welche ohne Weiteres bei Ausführung zu Grunde gelegt werden könnten, sondern um eine große Zahl Skizzen, aus denen sich der Schlosser das passende Muster wählen oder zusammenstellen kann, um dasselbe dann selbst in größerem Maßstabe als Werkzeichnung wiederzugeben und darnach die Einzeltheile auszuführen. Dabei sind aber die einzelnen Skizzen nicht willkürlich nach rein stilistischen Grundsätzen combinirt — hübsche, ansprechende Bilder aber praktisch unausführbar, wie man sie so häufig findet, — sondern der Künstler hat stets den praktischen Standpunkt gewahrt und sich klar gemacht, wie der Handwerker nun auch alles hübsch und ohne zwecklose Schwierigkeiten in seinem spröden Material nachbilden kann. Wo erforderlich, ist hierzu in kleinen Detailskizzen noch nähere Anleitung gegeben.

Otto, kleine französische Sprachlehre; Sauer, kleine italienische Sprachlehre; Sauer-Runge, kleine spanische Sprachlehre; Valette, kleine niederländische Sprachlehre. Die vorliegenden, kurz gefaßten Sprachlehren gehören zu den im Verlage von Julius Groos in Heidelberg erscheinenden Lehrbüchern der Methode Gaspey-Otto-Sauer, welche Seitens der Kritik eine sehr günstige Aufnahme erfahren haben. Der „Literarischen Rundschau" entnehmen wir beispielsweise das Nachstehende: Wir müssen dem Verfasser dieser Lehrbücher das Verdienst lassen, daß sie demjenigen Theile des sprachenlernenden Publikums, der vorzugsweise aus praktischen Gründen ein fremdes Idiom sich bis zur Sprach- und Schreibfertigkeit aneignen will, den grammatischen Stoff in sehr mundgerechter und leichtfaßlicher Form darbieten, wie wir auch nicht umhin können, der Verlagshandlung für die elegante und schöne Ausstattung unsere vollste Anerkennung auszusprechen. Diesen Umständen ist es wohl ganz besonders zu verdanken, daß diese Lehrbücher sich einer solchen Beliebtheit erfreuen, und mehrere derselben ungewöhnlich rasch ihren Weg gemacht haben." Der billige Preis; 1 Mark 60 Pf. — 1 Mark 80 Pf. das Bändchen, trägt hierzu auch nicht unwesentlich bei.

Anzeigen.

Lehrerstelle.

An der erweiterten Handwerkerschule zu Friedberg in Hessen soll die **erste Lehrerstelle** durch einen Techniker besetzt werden. Bewerbungen mit Zeugnissen bittet man bis zum 5. Januar 1889 an Georg **Hieronimus**, den Vorsitzenden des Lokalgewerbvereins, gefl. gelangen zu lassen.

Im Verlage von **C. Dülfer** in **Breslau** erschien soeben und ist durch jede Buchhandlung zu beziehen:

Die Schmiedekunst

älterer und neuerer Zeit

herausgegeben von

Gustav Trelenberg und **Oscar Hakpaap**

Schlossermeister — Eisentechniker u. Zeichenlehrer.

Heft 2

Preis 5 Mark.

Gebrüder Fischel in Mainz,

Zwetschenallee No. 13,

Specialität:

Cassenschränke, Gewölbethüren, Cassetten.

Kostenanschläge und Preiscourante gratis.

Redacteur Dr. Hesse. — Druck von Heinrich Brill.

In Commission bei L. Brill in Darmstadt.

Lightning Source UK Ltd.
Milton Keynes UK
UKHW030039030219
336548UK00005B/505/P